SV

Robert B. Brandom

IM GEISTE DES VERTRAUENS

Eine Lektüre der *Phänomenologie des Geistes*

Aus dem Amerikanischen von
Sebastian Koth und Aaron Shoichet

Suhrkamp

Titel der Originalausgabe:
A Spirit of Trust. A Reading of Hegel's Phenomenology
Die Originalausgabe in englischer Sprache, die dieser Übersetzung zugrunde liegt, erschien erstmals 2019 bei Harvard University Press

Bibliografische Information der Deutschen Nationalbibliothek
Die Deutsche Nationalbibliothek verzeichnet diese Publikation in der Deutschen Nationalbibliografie; detaillierte bibliografische Daten sind im Internet über http://dnb.d-nb.de abrufbar.

Erste Auflage 2021

Satz: Satz-Offizin Hümmer GmbH, Waldbüttelbrunn
Druck: GGP Media GmbH, Pößneck
Printed in Germany
ISBN 978-3-518-58769-0

Dieses Buch ist für John McDowell, meinen nun seit dreißig Jahren engsten Freund und liebsten Kollegen, der während der labyrinthartigen Entwicklung dieser Geschichte treu mit mir gelitten hat – auch wenn er meint, ich hätte sie falsch verstanden, und auch wenn das von mir hier bediente eigentümliche Genre der systematisch-metabegrifflichen kreativen Sachliteratur nicht wirklich seinem Geschmack entspricht.

Inhalt

Abkürzungen

PhG	Phänomenologie des Geistes
EphW	Enzyklopädie der philosophischen Wissenschaften
WL	Wissenschaft der Logik
VGP	Vorlesungen über die Geschichte der Philosophie
PR	Grundlinien der Philosophie des Rechts

Einleitung: Eine pragmatisch-semantische Lektüre der *Phänomenologie des Geistes*

I. Das zentrale Thema: Der Inhalt und die Verwendung von Begriffen

Das vorliegende Buch ist eine rationale Rekonstruktion von Hegels *Phänomenologie des Geistes.* Es wird eine bestimmte Linie durch diesen detailreichen und umfassenden Bildungsroman der Moderne verfolgen und somit den Ausdruck und die Entwicklung einer Menge anscheinend disparater philosophischer Einsichten und Erneuerungen enthüllen, deren Verzweigungen Schritt für Schritt zu einem überzeugenden Gedankengang vereinigt werden. Dieses Narrativ, das ich rückblickend aus Hegels Narrativ herauslese, ist keineswegs das einzige, das man aus der verschachtelten und weitläufigen Darstellung mit Recht und Gewinn in Erinnerung rufen kann. In der Tat wird hier eine in vielerlei Hinsicht sehr selektive Lektüre präsentiert, da ich im Grunde nur an dem interessiert bin, was er zu *einem* gewissen Thema zu sagen hat. Ich bin der Meinung, dass dieses eine Thema zentral und bestimmend ist und dass wir, wenn wir uns darauf konzentrieren, eine hilfreiche Perspektive auf alle anderen Themen gewinnen werden. Die Intention, sich auf ein Thema zu beschränken, bringt jedoch die extensionale Folge mit sich, große Teile des Buches, die anderweitig sehr wichtig sind, nicht zu behandeln (wie beispielsweise die *beobachtende Vernunft*, das ganze Kapitel zur Religion sowie wichtige Teile des

Kapitels zum Geist). Alles, was nicht direkt mit dem Explizitwerden der Erklärung im Zusammenhang steht, die meiner Lektüre zufolge den Kern von Hegels Unterfangen ausmacht, oder dieses Explizitwerden befördert, wird ohne große Rücksicht beiseitegelegt. (Am Ende des Buches wird sich zeigen, dass diese methodologische Entscheidung die charakteristische Form eines erinnernden Geständnisses hat. Als solches stellt sie auch eine vertrauensvolle Anerkennungsbitte dar, eine Bitte um Verzeihung. Möge der kompetente Leser durch das, was die vorliegende Lektüre tatsächlich erfolgreich enthüllt, expressiv ermutigt und zu Weiterem befähigt werden. Auch wenn eine solche Einsicht vermutlich noch weit von uns entfernt liegt.)

Der für die Lektüre bestimmende Gegenstand ist der »*begriffliche Inhalt*«; er dient gleichsam als Linse und Filter. Im Mittelpunkt von Hegels Denken (das seinen Anfang in der Metaphysik und Logik nimmt) steht eine radikal neue Vorstellung vom Begrifflichen. Dieser Vorstellung zufolge ist etwas begrifflich gehaltvoll, wenn es in den von Hegel so genannten Beziehungen »bestimmter Negation« und »Vermittlung« zu anderen solchen Dingen steht. Mit »bestimmter Negation« meint Hegel materiale Unvereinbarkeit bzw. aristotelische Gegensätze, also Ausschlussbeziehungen wie beispielsweise zwischen »rechteckig« und »kreisförmig« innerhalb der Eigenschaften der Planfiguren oder zwischen den Metallen »Kupfer« und »Aluminium«. Es ist *unmöglich*, dass ein Ding beide Eigenschaften gleichzeitig aufweist. Mit »Vermittlung« – angelehnt an die Inferenzen ermöglichende Rolle, die die Mittelbegriffe in aristotelischen Syllogismen spielen – meint Hegel konjunktivisch robuste Beziehungen materialer Folgerung, also Einschlussbeziehungen wie beispielsweise zwischen »dreieckig« zu »mehreckig« oder zwischen »Kupfer« und »elektrischer Leiter«. Wenn ein Ding die eine Eigenschaft aufweist, ist es *notwendig*, dass es die andere Eigenschaft aufweist.

Dieses Verständnis von begrifflichem Gehaltvollsein ist nichtpsychologisch, es hat also keinen wesentlichen Bezug zu psychologischen Akten des Begreifens oder Erfassens begrifflich gegliederter Elemente. Objektive Eigenschaften und Sachverhalte stehen in Unvereinbarkeits- und Folgerungsbeziehungen zueinander: Die Tatsache, dass die Münze aus reinem Kupfer besteht, ist unvereinbar damit, dass sie aus reinem Aluminium besteht, zudem folgt aus dieser Tatsache, dass sie ein elektrischer Leiter ist. Für Hegels Darstellung ist es entscheidend, dass auch Gedanken in solchen Beziehungen zueinander stehen: Der Gedanke, dass die Münze aus reinem Kupfer besteht, ist unvereinbar mit dem Gedanken, dass sie aus reinem Aluminium besteht, zudem folgt aus diesem Gedanken, dass sie ein elektrischer Leiter ist.

Die Art von Unvereinbarkeits- und Folgerungsbeziehungen, die zwischen objektiven Sachverhalten gelten, und die Art von Unvereinbarkeits- und Folgerungsbeziehungen, die zwischen subjektiven Denk- oder Urteilsakten gelten, unterscheiden sich. Es ist unmöglich, dass unvereinbare Sachverhalte bestehen bzw. dass ein Sachverhalt ohne seine notwendige Folgerung besteht. Es ist aber *nicht* un*möglich*, unvereinbare Behauptungen aufzustellen bzw. einer notwendigen Folgerung aus einer bejahten Behauptung nicht zuzustimmen. Es ist lediglich un*erlaubt*, Behauptungen aufzustellen oder Urteile zu bejahen, die unvereinbare Inhalte haben, bzw. eine Behauptung zu bejahen, ohne ihren notwendigen Folgerungen zuzustimmen. Man sollte es bloß nicht tun.

Hegel zufolge sind der deontisch-normative, die Einstellungen erkennender Subjekte gliedernde Sinn von »unvereinbar« und »Folgerung« und der alethisch-modale, die objektiven Tatsachen gliedernde Sinn von »unvereinbar« und »Folgerung« zutiefst verwandt. Sie sind verschiedene *Formen*, die von ein und demselben begrifflichen *Inhalt* angenommen werden. Die Inhalte sind sowohl denkbare und beurteilbare Dinge als auch Tatsachen. (Frege sagt: »Eine Tatsache ist ein Gedanke, der wahr ist.«[1] Mit »Gedanke« meint Frege etwas Denkbares, und nicht einen Akt des Denkens.) Diese hylemorphistische Struktur von Form und Inhalt liegt Hegels *expressiver* Erklärung der Beziehungen zwischen subjektiven Gedanken und objektiven Sachverhalten in den diskursiven Praktiken des Erkennens und Tuns zugrunde. Diese Erklärung ist einem Begriffsrealismus verpflichtet, der die objektive Welt als etwas versteht, das immer schon in begrifflicher (und insofern denkbarer und verständlicher) Form ist, welche sich nicht der Tätigkeit eines denkenden Subjekts verdankt, jedoch für ein solches prinzipiell erkennbar ist. (Es muss zudem darauf hingewiesen werden, dass diese Form auch nichts der denkenden Tätigkeit irgendeines Supersubjekts namens »Geist« zu verdanken hat.) Dieser Begriffsrealismus ist ein wesentliches Grundelement von Hegels Idealismus.

Da ich das Thema des begrifflichen Inhalts als ein zentrales, richtungsweisendes Anliegen der *Phänomenologie* betrachte, bezeichne ich meine Lektüre als *semantisch*. Die Verwendung dieses Begriffs mag anachronistisch erscheinen, ist allerdings nicht ungeeignet oder ungenau. Er stellt den Ariadnefaden dar, auf den sich das vorliegende Buch verlässt, um einen Weg durch Hegels Labyrinth zu finden. Meinem Verständnis nach verfolgt Hegel einen *pragmatischen* Ansatz, um ein semantisches Verständnis von Inhalt zu erreichen. Im weitesten Sinne bedeutet dies, dass Akten, Einstellungen und sprachlichen Ausdrücken dadurch begrifflicher Inhalt verliehen wird, dass sie eine Rolle in den von den Subjekten vollzogenen Praktiken spielen. In diesem weitgehend funktionalistischen Bild wird Bedeutung in Bezug auf Verwendung verstanden. Darüber hinaus meint Hegel, dass es zwar begrifflich gehaltvolle, in gesetzmäßigen Beziehungen stehende Tatsachen über Gegenstände und Eigenschaften

1 Gottlob Frege, »Der Gedanke«, in: ders., *Logische Untersuchungen*, Göttingen 1993, S. 50.

geben würde, auch wenn es keine denkenden Subjekte gäbe oder jemals gegeben hätte, dass wir aber diese begriffliche Struktur der objektiven Welt nur als Teil einer Darstellung *verstehen* können, die sich darauf bezieht, was wir *tun*, wenn wir die Welt als etwas *betrachten* oder *behandeln*, das aus solchen gesetzmäßig verwandten und bestimmten Tatsachen besteht. (Wir können also ohne diesen Bezug auf unser Tun nicht verstehen, was es heißt, zu sagen oder zu denken, dass die objektive Welt bestimmt ist – was Hegel zufolge nichts anderes bedeutet, als eine objektiv modale Struktur zu haben, die durch Unvereinbarkeits- und Folgerungsbeziehungen gegliedert wird.) Um den begrifflichen Inhalt objektiver Sachverhalte zu verstehen, müssen wir das funktionale System in Betracht ziehen, das den subjektiven Einstellungen begrifflichen Inhalt verleiht. Dieses System öffnet sich über den Zyklus von Wahrnehmen, Denken und absichtlichem Handeln seitens einzelner Subjekte zu den Netzwerken sozialer Praktiken, die diese Subjekte vollziehen, und schließt die diachrone Dimension dieser Praktiken ein, die zum einen erinnernd zurückschauen zu ihren geschichtlichen Vorgängern und zum anderen auf ihre zukünftige Entwicklung vorausschauen. Inhalt wird in funktionalistisch-semantischen Darstellungen grundsätzlich holistisch verstanden, also bezüglich seiner Rolle in einem größeren System, das viele solche Inhalte umfasst. Eines der auffälligsten und wertvollsten Merkmale von Hegels Denken besteht darin, mit welcher Gründlichkeit und Strenge er seinem semantischen Holismus nachgeht.

Bei meiner Lektüre der *Phänomenologie* versuche ich herauszufinden, was Hegel uns über die Beziehungen zwischen Bedeutung und Verwendung beibringen kann, zwischen begrifflichem Inhalt und Begriffsanwendung (jeweils die Themen von Semantik und Pragmatik) und zwischen Normativität und Modalität, die die verschiedenen subjektiven und objektiven Formen gliedern, die begrifflicher Inhalt annehmen kann. So wie ich ihn verstehe, verspricht sich Hegel somit eine Erhellung der intentionalen semantischen Beziehungen zwischen den erkennenden und handelnden Subjekten und den Gegenständen, auf die die Subjekte einwirken und über die sie Erkenntnis erlangen. Es ist bekannt, dass Hegel Letzteres als Thema behandelt – der Fokus der vorliegenden Lektüre auf die ersten beiden Themen ist hingegen ungewöhnlich. Die Lektüre steht also orthogonal zu der bereits vorhandenen Literatur, bei der nur wenig Hilfe zu finden ist. Aus dieser Tatsache und der zugegebenermaßen anachronistischen Ansicht, dass Hegel als Denker semantische Theorien vertritt, folgen die beiden Fragen: Warum sollten wir davon ausgehen, dass Hegel sich mit diesen Themen beschäftigt? Und wie genau geht er dabei vor?

II. Die Strategie des semantischen Abstiegs

Auf diese Fragen kann man am besten antworten, wenn man sich zwei von Kants maßgeblichen Ideen anschaut, die dabei helfen, Hegels Programm zu formulieren. Die erste Idee ist die Einsicht Kants, dass es neben jenen Begriffen, die zum Beschreiben und Erklären empirischer Geschehnisse verwendet werden, auch Begriffe gibt, deren spezifisch expressive Rolle im Gliedern der Eigenschaften des Rahmens besteht, der das Beschreiben und Erklären überhaupt erst ermöglicht. Diese »reinen Verstandesbegriffe« sind die Vorgänger von Hegels »spekulativen«, logischen bzw. philosophischen Begriffen. Wie Kants Kategorien sind sie ebenfalls Metabegriffe, also Begriffe, die die zentralen Merkmale der Verwendung und des Inhalts empirischer und praktischer Begriffe ausdrücken sollen, die von Hegel als »bestimmte« Begriffe bezeichnet werden.

Es gibt keine *besonderen* empirischen oder praktischen Begriffe, die man begreifen oder anwenden muss, um im Zuge dessen implizit zu begreifen, was von den kategorialen Begriffen explizit gemacht wird, da diese kategorialen Begriffe eben genau das explizit machen, was in der Verwendung *aller* bestimmt gehaltvollen Begriffe implizit ist, welche im Urteilen und absichtlichen Handeln angewendet werden. Ich möchte also behaupten: Indem man weiß, wie gewöhnliche Begriffe zu verwenden sind (bzw. zu dieser Verwendung in der Lage ist), weiß man bereits alles, was man wissen muss, um Metabegriffe anzuwenden. In diesem Sinne ist das Erfassen höherstufiger Begriffe *apriorisch*, da ihre Inhalte unabhängig von irgendwelchen Begriffsverwendungen auf der unteren Stufe verfügbar sind. Unter den wichtigsten Begriffskandidaten, die diese metabegriffliche expressive Rolle spielen, sind dies (für meine Darstellung) bezeichnenderweise alethisch-modale Begriffe auf der empirischen Seite des Erkennens und deontisch-normative Begriffe auf der praktischen Seite absichtlichen Handelns.

Die Entdeckung bzw. Erfindung dieser expressiven Begriffe ist eine der großen Gründungsideen des Deutschen Idealismus. Die Vorstellung von solchen Metabegriffen ermöglicht eine neue Art und Weise, über das *Selbstbewusstsein* und somit – darauf wird Hegel beharren – über eine neue Art von Selbstbewusstsein nachzudenken. Die kategorialen Metabegriffe sind die expressiven Organe eines solchen Selbstbewusstseins; für diese Tradition rückt folglich das Selbstbewusstsein in den Mittelpunkt. Es ist also keine Überraschung, dass sowohl Kant als auch Hegel sich vorwiegend mit der Entwicklung und Betrachtung der Erklärungen dieser rahmengliedernden Begriffe befassen. Bei der Lektüre ihrer Texte mag man gewöhnliche empirisch-praktische Begriffe schnell aus den Augen verlieren – diese armen Verwandten der erhabenen kategorialen, spekulativ-logischen philosophischen Begriffe. Ich bin aber davon überzeugt, dass wir ihre Aussagen über das ihnen so wichtige Thema, also die Begriffe, die sich in einer reinen, ruhigen Sphäre über dem regen Gedränge und Gefeilsche des Urteilens und Tuns der Straße befinden, am besten verstehen, wenn wir uns darauf konzentrieren, was uns diese Metabegriffe über die Geschehnisse weiter unten sagen lassen, also auf jene aufklärende Perspektive, die sie uns auf das chaotische, laute Spektakel verschaffen. Da es bei den höherstufigen kategorialen Metabegriffen darum geht, die Verwendung und den Inhalt von Begriffen der unteren Stufe zu gliedern, können wir durch die Beschäftigung mit ihnen etwas über die gewöhnlichen empirischen Begriffe der unteren Stufe lernen.

Ich vollziehe also im Folgenden und empfehle insofern eine Strategie des *semantischen Abstiegs*. Dafür müssen wir uns an jeder Stelle der Darstellung darauf fokussieren, was die Behauptungen über die Defekte und Vorteile der unterschiedlichen »Gestalten« des Selbstbewusstseins für unser Verständnis von der Verwendung und dem Inhalt gewöhnlicher, empirisch bestimmter Begriffe bedeuten. Dies entspricht nicht der Vorgehensweise Hegels. Er steigt gelegentlich zur Erde hinab, um Beispiele zu geben (wie etwa die Beispiele zum empirischen Urteilen, die im Verlaufe der ersten beiden Kapitel zum Bewusstsein behandelt werden), doch bleibt sein Blick im Allgemeinen nach oben gerichtet, fixiert auf das erhabene, himmlische Reich philosophischer Metabegriffe. Wie wir sehen werden, ist seine ganze Diskussion hinsichtlich der höherstufigen Unterscheidung zwischen den *Meta*-Metabegriffen von *Vernunft* und *Verstand* (zwischen begrifflichem und repräsentationalem Denken) geordnet. Diese Unterscheidung gliedert die in entscheidender Weise unterschiedlichen Strukturen der Konstellationen von Metabegriffen, die von ihm und Kant verwendet werden. In dieser Hinsicht folgen die Leser Hegels eigentlich immer seinem Beispiel. Jedoch werden auch diese metakategorialen Begriffe am besten, so mein Argument, in Bezug darauf verstanden, wie sie uns beim Nachdenken über die Verwendung und den Inhalt gewöhnlicher, empirisch-praktisch bestimmter Begriffe der unteren Stufe unterstützen. Die im Folgenden richtungsweisende

Methode des semantischen Abstiegs hebt die vorliegende Lektüre substantiell von der etablierten Tradition der Hegel-Interpretation ab.

Dieser Lektüre zufolge versteht Hegel die *Bestimmtheit* bestimmter Begriffe der unteren Stufe in Bezug auf den Prozess des *Bestimmens* ihrer Inhalte. Die Bestimmtheit des begrifflichen Inhalts in Bezug auf einen solchen *Prozess* aufzufassen, und nicht wie Kant und Frege in Bezug auf die *Eigenschaft*, exakte und vollständige Grenzen zu haben, ist bezeichnend für das Verständnis von Bestimmtheit gemäß den dynamischen Metakategorien der Vernunft (im Gegensatz zu den statischen Metakategorien des Verstandes). Den Prozess des Bestimmens begrifflicher Inhalte nennt Hegel »Erfahrung«. Die auf diese Weise bestimmten Inhalte gliedern die Normen der richtigen Anwendung der Begriffe. Der Prozess der Erfahrung ist dementsprechend *sowohl* der Prozess des Anwendens bestimmter begrifflich gehaltvoller Normen im Urteilen und absichtlichen Handeln *als auch* der Prozess des Instituierens dieser Normen. *Rück*blickend betrachtet, ist dieser Bestimmungsprozess ein Entdeckungsprozess, das allmähliche und fortschrittliche *Herausfinden* dessen, was die ganze Zeit über der Inhalt gewesen war bzw. welche Norm die Anwendungen des Begriffs im Urteilen implizit beherrscht hat und immer noch beherrscht. *Voraus*blickend betrachtet, ist derselbe Bestimmungsprozess ein Prozess des Erfindens, also ein Prozess des allmählichen und fortschrittlichen Festlegens, durch den der teilweise bestimmte Inhalt durch das Anwenden des Begriffs in neuartigen Situationen immer *bestimmter* wird. Aus dieser Auffassung von Bestimmtheit folgt, insbesondere für Hegel, dass es unmöglich ist, dem Begriff durch eine Definition Inhalt zu verleihen. Aus tiefen pragmatisch-semantischen Gründen verläuft für ihn der *einzige* Weg, der uns zu einem Verständnis des Inhalts eines bestimmten Begriffs führt, über eine rationale Rekonstruktion einer expressiv-fortschrittlichen Geschichte des Prozesses, in dem er bestimmt wird.

Dieses Modell des begrifflichen Inhalts wendet Hegel auf den Inhalt seiner spekulativen Metabegriffe an, deren Funktionsweise durch die Meta-Metabegriffe der Vernunft beschrieben und vorgeschrieben werden. Er geht also davon aus, dass wir den Inhalt der Metabegriffe, die, mögen sie auch noch so inadäquat sein, die verschiedenen Formen des Selbstbewusstseins gliedern (wie etwa die Unterscheidung zwischen dem Sein der Dinge »an sich« und dem Sein der Dinge »für das Bewusstsein«), nur verstehen und vermitteln können, wenn wir durch Erinnerung einen expressiv-fortschrittlichen Entwicklungsverlauf wiederholen, der in ebendiesem Inhalt gipfelt. Und dies entspricht genau seinem Vorgehen, wenn er die Inhalte seiner spekulativlogischen Metabegriffe entwickelt. Die *Phänomenologie des Geistes* vollzieht eine rationale Rekonstruktion des Bestimmungsprozesses dieser Inhalte, indem sie eine Wiederholung des Entwicklungsverlaufs der tatsächlichen Geschichte der impliziten Selbstverständnisse der Metabegriffe vollzieht, deren Adäquatheit stetig zunimmt bzw. deren Fehlerhaftigkeit immer weiter reduziert wird. In der *Wissenschaft der Logik* wird eine rationale Rekonstruktion des Bestimmungsprozesses der (im Wesentlichen) selben Inhalte vorgenommen. Sie wiederholt einen Entwicklungsverlauf, der durch die schlussendlich adäquate Auffassung des Inhalts und der Struktur der logischen Metabegriffe definiert wird, und zwar unabhängig von den Wechselfällen des sich wandelnden Weges und dem stolpernden Fortschritt, über den wir schließlich zu jener adäquaten Vorstellung gelangen.

Dieses Verständnis der Grundbegriffe, die verwendet werden, um Hegels philosophische Ansichten generisch als Metabegriffe zu gliedern – ähnlich wie Kant es mit seinen reinen Verstandesbegriffen gemacht hat, die Hegels Begriffe inspiriert haben und deren Erben und Nachfolger sie sind –, betont aber den qualitativen, expressiven Unterschied zwischen den klar bestimmten Begriffen der unteren Stufe und den logisch-philosophischen Begriffen. Auch wenn Hegel meines Erachtens mehr oder weniger Recht hat bezüglich der Form, die das Begreifen und Verstehen des Inhalts gewöhnlicher bestimmter Begriffe der unteren Stufe annehmen muss, folgt daraus nicht, dass keine andere Form zum Verständnis des Inhalts philosophischer Metabegriffe zur Verfügung steht. Eben weil sie Metabegriffe sind und diese besondere, expressive Rolle des Explizitmachens des Impliziten in der Verwendung und dem Inhalt gewöhnlicher empirisch-praktischer Begriffe spielen, gibt es einen anderen Weg zum Verständnis ihrer Verwendung und ihres Inhalts. Dieser Weg ist der des semantischen Abstiegs. Wir können diese Metabegriffe verstehen, wenn wir uns anschauen, wie sie uns dazu in die Lage versetzen, über die empirisch-praktischen Begriffe der unteren Stufe zu sprechen und sie zu vermitteln. Da es nichts gibt, was so zur Verwendung und zum Inhalt der empirisch-praktischen Begriffe im Verhältnis steht wie die Verwendung und der Inhalt der philosophischen Metabegriffe, gibt es keine Alternative, um zu einem Verständnis der empirisch-praktischen Begriffe zu gelangen.

Hegel geht einen anderen Weg. Er bedient sich nicht der Möglichkeit, spekulative Begriffe durch ihre spezifisch expressiven Rollen anders zu verstehen als bestimmte Begriffe. Er ist der Meinung, dass es die Beschaffenheit des begrifflichen Inhalts auf beiden Ebenen erforderlich macht, sie auf dieselbe rückblickend-erinnernde geschichtliche Weise zu verstehen. Das Verfolgen der hermeneutischen Strategie des semantischen Abstiegs bedeutet also, nicht ganz mit Hegel einverstanden zu sein. Insofern handelt es sich bei dieser Strategie um eine *kritische* Lektüre von Hegel, die sich bemüht, die von ihm selbst bereitgestellten begrifflichen Ressourcen zusammenzuziehen und anzuwenden, um etwas anderes zu tun, als er getan hat. Ich muss nicht behaupten, dass der semantische Abstieg eine *bessere* Herangehensweise ist als diejenige Hegels. Indem ich die Erklärungsmethode des semantischen Abstiegs neben Hegels Erklärung stelle, ergibt sich ein Fortschritt, ganz so, wie das Sehen mit zwei Augen dem Sehen mit nur einem Auge überlegen ist. Mit diesem Erklärungsversuch ist durchaus eine gewisse Gefahr verbunden (und vielleicht zuletzt sogar eine Anmaßung), da das Ergebnis am Ende den Anspruch hat, den Inhalt von Hegels Einsichten wiederzugeben. Mein wichtigstes Anliegen besteht jedoch darin, die zentralen Lehren Hegels explizit zu machen (was wir von ihm über die Verwendung und den Inhalt gewöhnlicher, empirisch-deskriptiver, empirisch-praktischer Begriffe lernen können) und somit die expressive Kraft der Metabegriffe zu verbessern, die unser eigenes semantisches und pragmatisches Selbstbewusstsein gliedern. Zu diesem Zweck lasse ich mich in meiner kritischen Lektüre vom Prinzip des semantischen Abstiegs leiten.

III. Die soziale Dimension von Diskursivität: Normativität und Anerkennung

Kants zweite für Hegels Darstellung prägende Idee ist das bahnbrechende Verständnis des wesentlich *normativen* Charakters diskursiver Intentionalität. Gemäß Kants Verständnis unterscheiden sich Urteile und absichtliche Handlungen von Reaktionen nichtdiskursiver Lebewesen darin, dass sie Vollzüge darstellen, für die ihre Subjekte in einem spezifischen Sinne *verantwortlich* sind. Für Kant handelt es sich um das Ausüben einer besonderen Art von *Autorität*, also der Autorität diskursiver Subjekte, *Verpflichtungen* einzugehen, wie die Dinge sind oder sein sollten. Das Gewahrsein des Verstandes (Apperzeption) wird als normatives Phänomen betrachtet, das diskursive Reich als ein normatives Reich.

Kant bricht mit der auf ihn kommenden Tradition, indem er das Urteil als die Minimaleinheit des apperzeptiven Gewahrseins betrachtet, als die kleinste Einheit, für die man Verantwortung übernehmen und zu der man sich verpflichten kann. (Frege wird diese Idee bekräftigen, indem er den Gedanken als die Minimaleinheit betrachtet, an der eine pragmatische Kraft ansetzen kann; Wittgenstein wird den Satz als die Minimaleinheit verstehen, mit der ein Zug in einem Sprachspiel vollzogen werden kann.) Urteile (und Bejahungen praktischer Maximen) werden also weiterhin entsprechend der Tradition als Anwendungen von Begriffen betrachtet. Jedoch werden Begriffe jetzt als »Funktionen von Urteilen« verstanden. Das heißt, sie werden in Bezug auf ihre funktionale Rolle beim Bestimmen dessen verstanden, für was man sich im Urteilen verantwortlich macht und für was man sich verpflichtet. Insbesondere ist man dafür verantwortlich, Gründe für das eigene Urteilen und Handeln zu haben. Begriffe sind Regeln, die bestimmen, was ein Grund für (oder gegen) ihre Anwendung sein kann und für (oder gegen) was ihre Anwendung ein Grund sein kann. In Kants Terminologie bedeutet »diskursiv«, dass etwas »zur Verwendung von Begriffen gehört oder ihre Verwendung betrifft«. Diskursive Wesen leben und bewegen sich in einem Raum von Gründen; in ihm haben sie ihr Sein. Diskursive Tätigkeit bedeutet die Anwendung von Begriffen, also doxastische und praktische Verantwortungen zu übernehmen und Verpflichtungen einzugehen, indem man sich durch Regeln in der Form von Begriffen bindet. Während die frühmoderne philosophische Tradition sich auf unseren Zugriff auf Begriffe konzentrierte, richtete Kant sein Augenmerk auf ihren Zugriff auf uns, auf die normative »Verbindlichkeit« der Regeln.

Das »ich denke«, die subjektive Form des Urteils, das Kant zufolge alle unsere Vorstellungen begleitet und insofern das inhaltsloseste Urteil ist, ist die Kennzeichnung dafür, wer *für* das Urteil Verantwortung übernimmt. Die objektive Form des Urteils, das »Gegenstand = X«, ist die Kennzeichnung dafür, was *gegenüber* sich das beurteilende Subjekt im Urteilen verantwortlich macht. Dies ist die *Objektivität* des Urteilens, sein repräsentationaler Anspruch. Kant versteht sie in Bezug auf normative Gültigkeitsansprüche. Das heißt, er versteht repräsentationalen Anspruch, also die Art und Weise, wie die Akte des Subjekts sich diesem *als* Repräsentierendes zeigen, als etwas, dass intentional und normativ über die Subjekte hinaus auf etwas von ihnen Repräsentiertes verweist. Etwas gilt als Repräsentierendes, insofern es *verantwortlich* ist für seine Richtigkeit gegenüber dem, was hierbei als von ihm repräsentiert gilt, insofern es also der *Autorität* zustimmt, die das von ihm Repräsentierte bezüglich der Richtigkeitsbewertungen (Gültigkeit) des Repräsentierenden ausübt.

Aufgrund seines Normativitätsverständnisses von diskursiver *Praxis* (Kraft im Sinne Freges, also das, was man tut, wenn man Begriffe anwendet) lässt sich sagen (im anachronistischen Vokabular, das ich zur Rekonstruktion dieser Ansichten verwende), dass Kant eine normative *Pragmatik* vorschlägt. Auf Grundlage seiner *semantischen* Theorie versteht er zudem diskursiven *Inhalt* funktional in Bezug auf die Rolle, die die gehaltvollen Elemente (Begriffsanwendungen) in dieser diskursiven Tätigkeit spielen. Wenn man urteilt, macht man sich dafür verantwortlich, die neu eingegangene Verpflichtung in die eigenen, früheren Verpflichtungen zu integrieren, um im Zuge dessen eine Konstellation doxastischer Verpflichtungen hervorzubringen, welche jene Art von rationaler (»synthetischer«), für die Apperzeption charakteristische Einheit aufweist. Damit Begriffe ihre funktionale Rolle als Regeln ausspielen können, müssen ihre Inhalte festlegen, was als Grund für oder gegen die Begriffsanwendungen im Urteilen gelten würde als auch wofür und wogegen diese Begriffsanwendungen als Grund gelten würden. Auch die objektive repräsentationale Dimension diskursiver Inhalte wird in Bezug auf normative Pragmatik verstanden. Insofern Kant seine semantische Erklärung von begrifflichem und repräsentationalem Inhalt seiner Lehre der diskursiven Tätigkeit (»Kraft« im Sinne Freges) bzw. seiner Pragmatik entnimmt, verfolgt er eine weitgehend *pragmatische* Erklärungsstrategie.

Die bahnbrechende normativ-pragmatische Theorie diskursiver Tätigkeit, also die pragmatische Strategie, Semantik in Bezug auf Pragmatik zu verstehen, und die hieraus resultierende normativ flektierte semantische Theorie des begrifflichen Inhalts und seiner repräsentationalen Dimension: all diese innovativen Merkmale von Kants Ansichten haben einen ungemein starken Einfluss auf Hegel. Ich habe mich bemüht, die Umrisse von Kant aus Hegels Perspektive zu skizzieren, also das, was er von Kant meint gelernt zu haben, was er aufgreift und an was er anknüpft. Auf die nichtpsychologische Vorstellung vom Begrifflichen, das durch Beziehungen materialer Unvereinbarkeit und Folgerung gegliedert ist, habe ich bereits hingewiesen; diese Vorstellung ist offensichtlich von Kant inspiriert. Zwei weitere wichtige Dimensionen, die an Kants Ideen anknüpfen, sind die *soziale* Erklärung der Normativität in Bezug auf *Anerkennung* und die *geschichtliche* Erklärung der repräsentationalen Dimension des begrifflichen Inhalts in Bezug auf die erinnernde *Rationalität*. Der aufwendigste Teil der Ausarbeitung der im Hauptteil des vorliegenden Buches dargelegten pragmatisch-semantischen Lektüre der *Phänomenologie* besteht darin, diese zwei richtungsweisenden Ideen offenzulegen und die vielschichtigen Beziehungen zwischen ihnen zu begreifen.

Descartes hat die Unterscheidung zwischen geistigen Lebewesen und allem Übrigen als Unterscheidung zwischen einer geistigen und physischen Substanz verstanden. Kants normative Neufassung der Verstandesfähigkeit ersetzt Descartes' *ontologische* Unterscheidung durch eine *deontologische* Unterscheidung. Diskursive Lebewesen unterscheiden sich von anderen Lebewesen durch ihre rationalen Pflichten. Sie sind der normativen Bewertung unterworfen, insofern das, was sie denken und tun, ihren Verpflichtungen oder Verantwortungen entspricht. Descartes' Unterscheidung zwischen geistigen Dingen und körperlichen Dingen, zwischen *res cogitans* und *res extensa*, ist bekanntermaßen beinahe ein Dualismus, eine Unterscheidung, in der die wesentlichen Beziehungen zwischen den verschiedenen Elementen droht, unverständlich zu bleiben. Es besteht zumindest die potentielle Gefahr, dass Kants alternative Unterscheidung von Dingen in Tatsachen und Normen, also in ein kausales Reich (das Gesetzen unterliegt, die in einer alethisch-modalen Terminologie ausgedrückt werden können) und ein diskursives Reich (das Regeln unterliegt, die in einer deontisch-normativen Terminologie ausgedrückt werden können), auf ähnliche Weise in einen Dualismus verfällt. Ob es dazu kommt oder nicht, hängt davon ab, wie Normen und ihre Verhältnisse zur nichtnormativen objektiven Welt verstanden werden, die die Subjekte erkennen bzw. hinsichtlich der sie handeln.

Kants Einsicht in den normativen Charakter des Urteilens und absichtlichen Handelns hat ein Verständnis von diskursiver Normativität philosophisch notwendig gemacht, da alle empirische Tätigkeit, sei es nun erkenntnismäßige oder praktische Tätigkeit, seiner Ansicht nach in der Anwendung von Begriffen besteht, also im Sichselbstbinden von Subjekten durch begriffliche Normen. Die Erklärung des Ursprungs der begrifflichen Normen und ihrer normativ verbindlichen Kraft bleibt jedoch hierbei irgendwie im Dunkeln. Seine Erklärung ist eng mit einigen der problematischsten Aspekte seines transzendentalen Idealismus verzahnt, wie etwa mit der Unterscheidung zwischen den Tätigkeiten noumenaler und phaenomenaler Selbste. Wie auch immer es hier um Kants Erklärungen bestellt ist – Hegel bringt das Normative zur Erde zurück, indem er diskursive Normen als die Produkte sozialer Praktiken erklärt. (John Haugeland hat in diesem Zusammenhang das Motto für diese Erklärungsstrategie vorgeschlagen: »Jede transzendentale Konstituierung ist eine soziale Instituierung.«) Hegel versteht die normativen Autoritäts- und Verantwortungsstatus als die Produkte normativer Einstellungen von Subjekten, die sich gegenseitig *als* autoritativ und verantwortlich betrachten und behandeln, Autorität zustimmen und sie zuschreiben und sich gegenseitig für verantwortlich halten. Sein generischer Begriff für sozial-praktische Einstellungen, wonach jemand als das Subjekt normativer Status betrachtet und behandelt wird, heißt »Anerkennung«. Er geht davon aus, dass normative Status wie etwa Autorität und Verantwortung instituiert werden, sobald Anerkennungseinstellungen eine spezifische *soziale* Struktur, also die Form *gegenseitiger* Anerkennung annehmen.

Wenn wir Normen als die Produkte sozialer Praktiken verstehen, lassen sie sich im weitesten Sinne *naturalisieren*. Ein solches Verständnis lädt uns dazu ein, die Normen, die uns zu diskursiven Wesen machen, indem sie unsere Tätigkeiten durch Bildung beherrschen, welche unserer zweiten Natur entspricht, dem hegelschen Geist, als etwas zu begreifen, das durch diese Tätigkeiten instituiert wird. Ein solcher Ansatz stellt uns als selbstkonstituierende Wesen dar, als Geschöpfe der Normen, die wir selbst erschaffen haben. Indem Hegel Normen in der Natur verortet und als Ergebnis unserer sozialen Interaktionen deutet, stellt er die Möglichkeit in Aussicht, auf die sich anbahnende Bedrohung zu reagieren, dass der kantische Dualismus einfach die Stelle des cartesischen Dualismus einnimmt.

IV. Die geschichtliche Dimension von Diskursivität: Erinnernde Rationalität

Uns steht heute eine aktualisierte Darstellung dieser Argumentation zur Verfügung. Der späte Wittgenstein ist unabhängig von Hegel zu einem Verständnis des wesentlich normativen Stellenwerts der Bedeutung sprachlicher Ausdrücke und Inhalte intentionaler Zustände gelangt. Auch er hat versucht, dieses durchaus rätselhafte konstitutive Merkmal unserer Diskursivität zu domestizieren bzw. zu naturalisieren, wenn er auf die Idee zurückgreift, dass Normen unseren sozialen Praktiken implizit sind. Die normative Bedeutung eines Wegweisers – durch die er uns den Weg *zeigt*, wenn von ihm als einem »bloßen Stück Holz« abstrahiert wird –, die man *miss*verstehen oder auf die man *richtig* reagieren kann, sollte in Bezug auf die Rolle verstanden werden, die der Wegweiser in den sozialen Praktiken (»Gepflogenheiten, Gebräuchen, Institutionen«) derjenigen spielt, für die er *als* Wegweiser funktioniert.

Für Hegel wie für Wittgenstein wirft eine solche Erklärung eine grundlegende Frage auf. Wenn wir die Normen selbst herstellen (sie durch unsere sozial-praktischen Einstellungen instituieren), wie können sie uns dann genuin binden? In welchem Sinne werden wir von ihnen beschränkt? Wenn wir nicht nur entscheiden dürfen (das Bestimmen unserer praktischen Einstellungen), *dass* wir verantwortlich sind (die Kraft im Sinne Freges bzw. des normativen Status), sondern *für was* wir verantwortlich sind (der Inhalt der Verantwortung), wird es schwierig, zu verstehen, inwieweit wir uns überhaupt normativ *gebunden* haben. Wie Wittgenstein sagt: »Man möchte hier sagen: richtig ist, was immer mir als richtig erscheinen wird. Und das heißt nur, daß hier von ›richtig‹ nicht geredet werden kann.«[2]

Wir können dieses Problem in Bezug auf eine Unterscheidung zwischen Normen (oder normativen Status) und normativen Einstellungen auffassen, also die Unterscheidung zwischen einerseits dem, für was wir *tatsächlich* verantwortlich bzw. zu was wir *tatsächlich* verpflichtet sind (der Inhalt dieser normativen Status), und andererseits den Verantwortungen und Verpflichtungen, welchen wir zustimmen und die wir zuschreiben, also das, hinsichtlich dessen wir uns selbst und andere als verant-

2 Ludwig Wittgenstein, *Philosophische Untersuchungen*, Werkausgabe Bd. 1, Frankfurt/M. 1995, § 258, S. 362.

wortlich bzw. als verpflichtet *betrachten* und *behandeln*. Im Zitat von Wittgenstein geht es darum, dass die Normen bzw. die Status als etwas verstanden werden können müssen, das auf eine bestimmte Weise unabhängig ist von den auf sie gerichteten Einstellungen der Praxisteilnehmer, wenn sie als normative Maßstäbe für die normativen Bewertungen der Angemessenheit bzw. Richtigkeit dieser Einstellungen dienen sollen.[3]

Es besteht zumindest *prima facie* eine Spannung zwischen diesem banalen Argument und der Idee, dass Normen durch praktische Einstellungen instituiert werden. Zumindest scheint es erforderlich, zwischen den Einstellungen (Begriffsanwendungen, Verpflichtungszustimmungen und -zuschreibungen), die durch diskursive Normen beherrscht werden, und den Einstellungen, die diese Normen instituieren, zu unterscheiden. Manche Leser Wittgensteins waren womöglich versucht, seine Betonung des sozialen Charakters der Praktiken, die die diskursiven Normen implizit enthalten, so zu deuten, dass die gesuchte Unterscheidung zwischen den Einstellungen der Gemeinschaft (die die Normen instituieren) und den Einstellungen des Individuums verläuft (die der Bewertung gemäß den Normen unterliegen). Das kann meiner Ansicht nach nicht richtig sein. (Davon einmal abgesehen, dass nur Individuen aber nicht die Gemeinschaften Einstellungen besitzen.) Wie auch immer es bei Wittgenstein bestellt ist – Hegels Idee des sozialen Charakters diskursiver Normativität, in welcher normativer Status allein durch gegenseitige Anerkennungseinstellungen instituiert wird, funktioniert entschieden anders, als es derartige Vermutungen nahelegen. Die Unterscheidung verläuft hier zwischen den sozialen Perspektiven, also zwischen jenen, die der Verantwortung *zustimmen* (bzw. Autorität behaupten), und jenen, die die Verant-

3 Dieses Argument macht Hegel am deutlichsten in seiner allegorischen Behandlung des »gewissenhaften Bewusstseins«, das am Ende des 14. Kapitels des vorliegenden Buches behandelt wird.

wortung *zuschreiben* bzw. das Subjekt für verantwortlich *halten*. In Hegels Terminologie hängt das *Ansich*sein eines Selbstbewusstseins (sein normativer Status) von seinem *Fürsich*sein ab, also was es *für sich* und was es *für andere* ist. Diese zwei Arten statusinstituierender normativer Einstellung werden durch ihre jeweiligen sozialen Perspektiven als selbst- und fremdbestimmt unterschieden.

Wer für die Instituierung der normativen Status eines Subjekts relevant ist, wird von den Anerkennungseinstellungen des Subjekts bestimmt; es sind genau die Subjekte, die es anerkennt, welchen es die Autorität erteilt (zuschreibt), es verantwortlich halten zu können. Die Instituierung normativer Status wird aber nicht allein durch diese Einstellungen bestimmt. Auch die Gemeinschaft spielt eine Rolle. Die von Hegel so genannte soziale »Substanz« wird durch gegenseitige Anerkennung synthetisiert. Aus den Anerkennungsbeziehungen zwischen den *einzelnen* Lebewesen, die durch das Einnehmen gegenseitiger praktischer Anerkennungseinstellungen selbstbewusste *einzelne* normative Subjekte werden, entsteht paradigmatisch ein *Allgemeines* (Gemeinschaften). Hegelsche Gemeinschaften sind jedoch immer Konstellationen von Anerkennungsdyaden. Die Anerkennungseinstellungen derer, die das Subjekt verantwortlich halten, sind genauso wichtig wie die normativen Einstellungen des Subjekts, das einer Verpflichtung zustimmt. Hegels Version ist eine »Ich«-»Du«-Sozialität der zweiten Person und keine gemeinschaftliche »Ich«-»Wir«-Sozialität der ersten Person.

Des Weiteren steht die diachrone *geschichtliche* Dimension von Anerkennungsgemeinschaften im Mittelpunkt von Hegels Darstellung, also wie und in welchem Sinne bestimmt gehaltvolle normative Status aus den praktischen Einstellungen der Subjekte hervorgehen, die die begrifflichen Normen *instituieren*, wenn sie sie in ihren Urteilen und absichtlichen Handlungen *anwenden*. Sozial-praktische Erklärungen des normativen Status stehen vor der Herausforderung, die Einstellungsabhängigkeit normativer Status mit der Statusabhängigkeit normativer Einstellungen in Einklang zu bringen. Angewendet auf erkennende und handelnde Subjekte nutzt Hegel die Terminologie von »Unselbständigkeit« und »Selbständigkeit«, um über die normativen Status von *Verantwortung* und *Autorität* zu sprechen. Ein in dieser Terminologie formuliertes Verständnis von der Einstellungsabhängigkeit normativer Status besteht in einer Art von Autorität, die die Einstellungen gegenüber den Status haben, also einer Art von Verantwortung der Status gegenüber den Einstellungen. Laut dieser Idee der Aufklärung gibt es keinen Autoritäts- und Verantwortungsstatus unabhängig von den praktischen Einstellungen der Subjekte, durch die sie sich wechselseitig *als* autoritativ und verantwortlich betrachten oder behandeln. Ein entsprechendes Verständnis von der Statusabhängigkeit normativer Einstellungen besteht in einer Art von Autorität, die die Status gegenüber den Einstellungen haben, also einer Art Verantwortung der Einstellungen gegenüber den Status, welchen sie zustimmen und die sie zuschreiben. Laut dieser traditionellen Idee werden Einstellungen normativ sowohl durch die Status beherrscht, welchen sie zustimmen und die sie zuschreiben, also durch die Autorität, die die Subjekte tatsächlich haben, als auch durch das, für was sie tatsächlich verantwortlich sind. Die Einstellungen sind also richtig, allein insofern die Subjekte den Verantwortungs- bzw. Autoritätsstatus tatsächlich zugestimmt bzw. sie tatsächlich zugeschrieben haben. Sowohl Hegels Vokabular als auch das reglementierte Vokabular, in das ich seines übersetze, gehören zur *Pragmatik*, zumindest in dem Sinne, in dem ich den Begriff verwende: die Lehre von der Verwendung, von der Kraft im Sinne Freges, also von dem, was man *tut*, wenn man sprachliche Ausdrücke verwendet oder durch das Anwenden von Begriffen intentionale Zustände einnimmt. Der wechselseitigen Abhängigkeit von normativen Status und Einstellungen auf der Seite der Pragmatik entspricht aber laut Hegel eine wechselseitige Abhängigkeit von Bedeutung und Verwendung, also zwischen den Inhalten der Begriffe und den Praktiken ihrer Anwendung. Ich beziehe mich auf diese komplexe Lehre über das Verhältnis zwischen Pragmatik und Semantik unter dem Titel »Hegels Pragmatismus«.

Kant ist mit seinen rationalistischen Vorgängern einer Meinung: Die empirisch-praktische Tätigkeit, die Anwendung von Begriffen im Urteilen und Bejahen praktischer Maximen, setzt den Zugang zu bestimmt gehaltvollen Begriffen voraus. Der bestimmte Inhalt dieser Begriffe legt fest, für was man sich im Urteilen oder Beabsichtigen verantwortlich gemacht hat, an welche Norm man sich gebunden hat und zu was man sich bezüglich der Beschaffenheit der Dinge bzw. bezüglich ihrer zukünftigen Gestaltung verpflichtet hat. Der begriffliche Inhalt der angewendeten Regel bestimmt also den normativen Maßstab, an dem die Richtigkeit bzw. der Erfolg der eigenen diskursiven Einstellungen zu bewerten ist. Man mag hier an den von Carnap beschriebenen zweistufigen Prozess für formalisierte Sprachen denken: Erst die Sprache spezifizieren (die Bedeutungen bzw. Inhalte der zu verwendenden Ausdrücke), dann eine Theorie formulieren (die sich zu eigen gemachten Überzeugungen oder eingegangenen Verpflichtungen durch das Äußern von Sätzen dieser Sprache). Als Erwiderung auf Carnap behauptet Quine, dass das Modell der Verwendung von künstlichen bzw. formalen Sprachen hinsichtlich natürlicher Sprachen irreführend sei. Bei natürlichen Sprachen gibt es nur die *Verwendung* der sprachlichen Ausdrücke; sie müssen als die Anwendung bedeutsamer Ausdrücke verständlich sein und zugleich den angewendeten Ausdrücken Bedeutungen verleihen. In ganz ähnlicher Weise wird Kants Einsicht, wonach das Urteilen und Handeln die Verfügbarkeit bestimmt gehaltvoller begrifflicher Normen voraussetzt, durch die man sich selbst und andere bindet, von Hegel durch die Einsicht ergänzt, dass unsere praktischen Anerkennungseinstellungen des Zustimmens zu bzw. Zuschreibens von Verpflichtungen alles ist, was uns zum Herstellen der Verknüpfung zwischen bestimmt begrifflichen Inhalten und diesen Einstellungen zur Verfügung steht, bzw. alles, um die bestimmten Normen und normativen Status der entsprechenden Einstellungen festzulegen. Die Frage, wie wir normative Einstellungen verstehen können, die genuin durch Normen beherrscht werden, wenn Normen durch Einstellungen instituiert werden, und die Frage, wie wir verstehen können, dass normative Einstellungen Normen mit bestimmt begrifflichen Inhalten instituieren, sind zwei Seiten ein und derselben Medaille. Dies ist der Grund, weshalb die Herausforderung, wie begriffliche Normen Einstellungen instituieren können, in Kripkes Wittgenstein-Darstellung zu der Frage führt, wie eine Reihe vorangegangener Anwendungen eines Ausdrucks (praktischer Einstellungen) diesem Ausdruck eine bestimmte Bedeutung bzw. einen Inhalt verleihen kann, so dass eine Norm der Richtigkeitsbewertung einer unbestimmten Anzahl potentiell neuartiger Anwendungen desselben Ausdrucks festgelegt wird.

Hegel hatte die Folgen dieses Problems bereits vor Augen, als er 1806 die *Phänomenologie des Geistes* verfasste. Im Gegensatz zu Wittgenstein besteht seine Antwort darin, eine komplexe systematische Theorie auszuarbeiten, welche erklärt, wie das Einnehmen normativer Einstellungen (die Anwendung von Ausdrücken im Urteilen und absichtlichen Handeln) bestimmt gehaltvolle Normen instituieren kann, wenn die Einstellungen Bedeutungen bzw. begriffliche Inhalte verleihen, die diese Einstellungen selbst semantisch transzendieren. Meines Erachtens ist diese Darstellung ein Charakteristikum von Hegels Denkens; wie keine andere hat sie es verdient, als Beitrag zum zeitgenössischen philosophischen Diskurs aufgegriffen zu werden. Die Erklärung des Bestimmungsprozesses begrifflicher Inhalte durch die Betrachtung der Anwendung dieses Begriffs in wirklichen Umständen bringt die Statusabhängigkeit normativer Einstellungen mit der Einstellungsabhängigkeit normativer Status in Einklang. Im Mittelpunkt dieser Erklärung stehen die beiden

Begriffe ANERKENNUNG und ERINNERUNG, welche die soziale und die historische Dimensionen diskursiver Normativität gliedern. Während die soziale Anerkennungsdimension der Erklärung vor allem auf einer Unterscheidung der sozialen Perspektiven zwischen Einstellungen des Zustimmens zu bzw. Zuschreibens von normativen Status (und der verwandten Unterscheidung zwischen Anerkennen und Anerkanntwerden) beruht, bezieht sich die geschichtliche Anerkennungsdimension der Erklärung auf eine Unterscheidung der zeitlichen Perspektive. (Laut einem sehr weit verbreiteten Missverständnis über die soziale Dimension sind Individuen durch die Übereinstimmung mit gemeinschaftlichen Regularien gebunden; laut einem sehr weit verbreiteten Missverständnis über die geschichtliche Dimension verantwortet sich die Gegenwart gegenüber einem zukünftigen Ideal im Sinne eines peirceschen Konsens. Beides sind bloß Karikaturen von Hegels komplexer Darstellung.)

Vorausblickend betrachtet, wird begrifflicher Inhalt im Erfahrungsprozess fortschrittlich bestimmt, also bestimmter *gemacht*, wenn er in neuartigen Situationen angewendet (bzw. nicht angewendet) wird. Diese Perspektive macht die Einstellungsabhängigkeit normativer Status sichtbar, also die Verleihung von Bedeutung durch Verwendung. Rückblickend betrachtet, wird begrifflicher Inhalt im Erfahrungsprozess bestimmt, insofern fortschrittlich mehr über die Grenzen der Begriffe *herausgefunden* wird, die, wie sich infolgedessen zeigt, die ganze Zeit über implizit vollständig bestimmt gewesen sind. Diese Perspektive macht die Statusabhängigkeit normativer Einstellungen sichtbar, das heißt die Art und Weise, wie Bedeutung bzw. begrifflicher Inhalt die Anwendung bzw. Verwendung des Begriffs bestimmt. Der Deutung der Dinge gemäß den Metakategorien der Vernunft ist es wesentlich, dass weder die eine noch die andere Perspektive unabhängig von ihrer Beziehung zur jeweils anderen verständlich ist und dass die Richtigkeit der einen die Richtigkeit der anderen nicht ausschließt, sondern beinhaltet. Im Kern dieser Darstellung liegt eine der großen Neuerungen Hegels, nämlich seine Vorstellung von *erinnernder Rationalität*. Diese Art von Rationalität auszuüben bedeutet, die verschiedenen Anwendungen eines Begriffs durch die Auswahl eines Verlaufs von tatsächlichen Verwendungen rückblickend rational zu rekonstruieren und somit eine *expressiv-fortschrittliche* Abfolge herzustellen. Sie hat die Form einer allmählichen, kumulativen Enthüllung, das Eintreten in immer umfangreichere Explizitheit, in der die Umrisse einer bestimmt gehaltvollen Norm erscheinen, die die ganze Zeit implizit gewesen ist. Gemäß dieser erinnernden und anerkennenden Darstellung ist die bestimmt gehaltvolle Norm als etwas implizit, das einerseits Begriffsanwendungen *normativ beherrscht hat* und als normativer Maßstab für die Richtigkeitsbewertungen dieser Anwendungen diente und das andererseits gegenüber diesen Anwendungen konjunktivisch responsiv war, also gemäß ihrer erinnernden Begründung andere Anwendungen nach sich gezogen *hätte*, *hätte* sie einen anderen Inhalt gehabt. Dies sind die beiden Bedingungen, die die Auswahlkriterien für die Integration früherer wirklicher Einstellungen in den fortschrittlichen Präzedenzverlauf festlegen, durch den der Inhalt als bestimmt betrachtet wird. Jede Erfahrungsepisode muss einen weiteren Aspekt einer bestimmt gehaltvollen Norm enthüllen (ausdrücken), aus deren Perspektive er als richtig (die deontisch-normative Frage) und der gegenüber er als responsiv betrachtet wird (die alethisch-modale Frage). Hegel zufolge wird durch eine solche erinnernde rekonstruktive Darstellung eine Vergangenheit zu einer Geschichte. Der zufälligen konkreten Wirklichkeit wird die normative Form der Notwendigkeit verliehen; die normative Bedeutung dieser Wirklichkeit wird enthüllt. Das Unmittelbare wird vermittelt; das bloß Vorhandene, objektiv Wirkliche und sinnlich Gegebene erhält begriffliche Form; es wird offenbar, dass es schon immer begriffliche Form hatte. Erinnerung ist die von Hegel erfundene und zugleich entdeckte spezifisch neue Form der Vernunft, je nachdem, welche der ergänzenden geschichtlichen Perspektiven man einnimmt.

Erinnerung ist die Grundlage von Hegels Erklärung des *Ausdrückens*, also der Beziehung zwischen Implizitem und dessen explizitem Ausdruck. Er versteht sowohl die erkenntnismäßige als auch die praktische Phase der Erfahrung als das Hervortreten in die (umfangreichere) Explizitheit dessen, was erinnernd betrachtet die ganze Zeit implizit gewesen war.

> Schon ein *Gedachtes*, ist der Inhalt *Eigentum* der Substanz; es ist nicht mehr das Dasein in die Form des *Ansichseins*, sondern nur das weder mehr bloß ursprüngliche noch in das Dasein versenkte, vielmehr bereits *erinnerte Ansich* in die Form des *Fürsichseins* umzukehren.[4]

Auf der Seite des Erkennens sind es die Tatsachen, die bestimmte objektive Welt an sich, was implizit ist. Auf der praktischen Seite ist das Implizite die Absicht des Handlungssubjekts, also das, was es an sich ist. Hegel erklärt das Implizite in Bezug auf den Prozess seines Ausdrückens und Explizitmachens. Erinnerung rekonstruiert einen Erfahrungsverlauf rückblickend rational als expressiv-fortschrittlich, als das allmähliche Hervortreten in die Explizitheit von Tatsachen und Absichten, die normativ den Prozess beherrschen und lenken, durch den wir die Welt und unsere eigenen Akte als das kennenlernen, was sie an sich sind. Diese Erklärung von Ausdruck durch Erinnerung begründet wiederum eine Erklärung von Repräsentation durch Ausdruck. Das, was explizit gemacht wird, also das Sein der Dinge an sich, ist die Wirklichkeit, welche dem Bewusstsein durch ihre Erscheinungen repräsentiert wird, also das, was diese Wirklichkeit für das Bewusstsein ist. Was die Wirklichkeit für das Be-

4 Georg Wilhelm Friedrich Hegel, *Phänomenologie des Geistes*, Frankfurt/M. 1986 (hiernach *PhG*), S. 34.

wusstsein ist, zeigt sich als das explizit Repräsentierte der Wirklichkeit. Hegels pragmatischer Metabegriff von ERINNERUNG begründet eine expressive Erklärung der repräsentationalen Dimension des begrifflichen Inhalts.

V. Erkennen, Anerkennen und Erinnern: Semantik und Erkenntnistheorie, normative Pragmatik und die Geschichtlichkeit des Geistes

Der Hauptteil des vorliegenden Buches stellt eine rückblickende Erinnerung der *Phänomenologie des Geistes* im hegelschen Sinne dar. Das Werk wird in Form eines selektiven Verlaufs rational rekonstruiert. Diese Rekonstruktion zielt darauf, die sich darin herausbildende sozial-anerkennende normative Pragmatik, die hinsichtlich dieser Pragmatik ausgearbeitete, spezifisch holistische Semantik und die originelle geschichtlich-erinnernde Erklärung der repräsentationalen Dimension von begrifflichem Inhalt hervorzuheben. Wir sollten sowohl die Bestimmtheit begrifflichen Inhalts als auch die Art und Weise, wie die Anwendungen von bestimmt gehaltvollen Begriffen im empirischen Urteilen und praktischen Ausüben der Fähigkeit zum absichtlichen Handeln durch Normen beherrscht werden, durch rückblickende Erinnerung verstehen. Diese expressiv-erinnernde Darstellung erklärt die wechselseitigen Beziehungen zwischen normativen Einstellungen und normativen Status, also die Einstellungsabhängigkeit normativer Status und die Statusabhängigkeit normativer Einstellungen. Die expressiv-erinnernde Erklärung bildet zudem die Grundlage für ein Verständnis der intentionalen Beziehungen zwischen dem objektiven Reich und dem subjektiven Reich, also zwischen einerseits begrifflich gehaltvollen Elementen, die durch Unvereinbarkeiten und Folgerungen gegliedert werden, welche in ihrer objektiven Form wiederum durch alethisch-modale Begriffe spezifiziert werden, und andererseits begrifflich gehaltvollen Elementen, die durch Unvereinbarkeiten und Folgerungen gegliedert werden, welche in ihrer subjektiven Form durch deontisch-normative Begriffe spezifiziert werden. Erinnerung ist folglich der Schlüssel zum Verständnis der Beziehung zwischen Hegels Semantik (die Lehre des begrifflichen Inhalts) und normativer Pragmatik (die Erklärung der praktischen Einstellungen, also der Begriffsverwendung und -anwendung). Sein Pragmatismus ist insofern ein erinnernder begrifflicher Idealismus. Die aus Hegels phänomenologischer Erinnerung gewonnene neue Form theoretischen Bewusstseins soll schließlich eine neue Form praktischer Normativität ermöglichen. Die Vollendung der neuen Form des Geistes rückt in greifbare Nähe, wenn praktische *Anerkennungs*einstellungen und norminstituierende *Anerkennungs*praktiken die Form normzustimmender *Erinnerungs*praktiken und praktischer *Erinnerungs*einstellungen annehmen. Wenn die Anerkennung die großherzige Form der Erinnerung annimmt, heißt sie *Verzeihung*, also jene Einstellung, die die Normativität als völlig selbstbewusstes *Vertrauen* instituiert.

Die Reihenfolge der Darstellung folgt der Anordnung in der *Phänomenologie*, abgesehen davon, dass die »Vorrede« – die, wie die meisten Vorreden, erst nach dem Hauptteil verfasst wurde, und die, anders als die meisten Vorreden, nur schwer verständlich ist, ohne das ganze Buch gelesen zu haben – im Prinzip am Ende des vorliegenden Buches behandelt wird, also im Schlussteil. Der erste Teil des vorliegenden Buches (der die ersten sieben Kapitel umfasst) beschäftigt sich im weitesten Sinne mit Hegels Semantik und bietet eine Einführung in sein Verständnis von begrifflichem Inhalt an. Des Weiteren wird seine Auffassung von den intentionalen Beziehungen zwischen erkennenden Subjekten und der von ihnen erkannten objektiven Welt behandelt und was ihm zufolge an der Formulierung dieser

Auffassung in der metabegrifflichen Terminologie der REPRÄSENTATION richtig ist und wie wir über die engen repräsentationalen Metavorstellungen hinaus zu umfassenderen *expressiven* Metavorstellungen gelangen sollten. Hegel folgt Kant darin, epistemologische Probleme auf ihre semantischen Voraussetzungen zurückzuführen. Dies ist eine gewinnbringende Strategie während des ersten Teils seines Buches, also sowohl beim ersten Auftreten der epistemologischen Probleme in der »Einleitung« als auch in der Diskussion der sinnlichen Erfahrung und beobachtenden Erkenntnis im Kapitel zur sinnlichen Gewissheit und Wahrnehmung, aber auch in der entwickelten Philosophie der Wissenschaft im Kapitel über Kraft und Verstand.

Die achtzehn Absätze der »Einleitung« werden ausführlich in den ersten drei Kapiteln behandelt. Diesem kurzen Text wird so viel Aufmerksamkeit gewidmet, da ich an dieser Stelle die Strategie des semantischen Abstiegs einführen und zum ersten Mal auf die Probe stellen werde. Jede Andeutung in der »Einleitung« verweist auf den größeren Zusammenhang auf der Metaebene der »Gestalten des Bewusstseins«. In der Diskussion der Erfahrung des Irrtums und Widerspruchs, die wir nicht als einen »Weg der Verzweiflung« zum Skeptizismus betrachten sollten, wird das interne Versagen der metabegrifflichen Kategorien erklärt werden, durch den das Bewusstsein seine eigenen Erkenntnistätigkeiten versteht. Dieses interne Versagen bzw. die Erfahrung des Irrtums und Widerspruchs führt vom erkenntnismäßigen Selbstbewusstsein in den Formen der »sinnlichen Gewissheit« zum erkenntnismäßigen Selbstbewusstsein in den Formen der »Wahrnehmung« und von dort zu den Formen, die Hegel unter dem Titel »Verstand« untersucht. Die Einleitung der *Phänomenologie* vertritt anscheinend das Ziel, uns in diesem Sinne beizubringen, wie das Buch als eine Phänomenologie kategorialer Gestalten des Bewusstseins zu lesen ist. Und dieser Eindruck ist so weit richtig. Denn ich behaupte, dass die »Einleitung« uns außerdem zeigen will, dass wir schließlich die Erfahrung des Anwendens und Bestimmens der Inhalte gewöhnlicher empirisch-deskriptiver Begriffe der unteren Stufe verstehen lernen können, wenn uns hierfür adäquate Metabegriffe durch eine rückblickend erinnernd-rationale Rekonstruktion auf der Metaebene (eine Phänomenologie) bereitgestellt werden. Um Argumente für dieses überraschende Ergebnis angeben zu können, ist es erforderlich, den Text bis ins kleinste Detail unter der Maßgabe der Strategie des semantischen Abstiegs zu deuten.

Es wird sich herausstellen, dass der Text diese Lesart hergibt und wir mit ihrer Hilfe durchgehend Verständnis gewinnen können, von der einleitenden Behandlung der traditionellen repräsentationalen erkenntnistheoretischen Modelle bis hin zu jenen rätselhaften Passagen, die davon handeln, wie der Gegenstand des Wissens sich verändert, um mit unserer Erkenntnis über ihn in Einklang zu stehen, also dem Hervortreten des »zweiten, neuen, wahren Gegenstandes«. Diese Lesart zeigt uns zudem, wie Hegel die Diskussion der Erfahrung des Irrtums nutzt, um die grundlegenden Umrisse der positiven Erklärung von Repräsentation einzuführen, die laut seiner Empfehlung die defekten traditionellen Auffassungen von Repräsentation ersetzen sollte, welche zu den Modellen des Wissens als Instrument bzw. des Wissens als Medium führen, die er von Anfang an kritisiert, da sie uns anfällig für Skeptizismus machen. Die Ergiebigkeit der Lektüre aus der Perspektive des semantischen Abstiegs stellt einen klaren Beweis für die Durchführbarkeit des Unterfangens dar, Hegels Metabegriffe durch das zu verstehen, was sie uns über die Verwendung und den Inhalt bestimmter Begriffe der unteren Stufe sagen können. Zweifellos ist es ungewöhnlich, die »Einleitung« auf diese Weise anzugehen. Diese Herangehensweise von vornherein abzulehnen ließe es jedoch als einen verblüffenden Zufall erscheinen, wie gut sie sowohl eine detaillierte Lektüre gemäß dem semantischen Abstieg als auch eine Lektüre gemäß den Gestalten des (wie sich herausstellen wird Selbst-)Bewusstseins zu tragen vermag. Haben wir uns erst einmal ein aussagekräftiges Verständnis der »Einleitung« erarbeitet, das uns auch etwas über die Verwendung und den Inhalt bestimmter, deskriptiver, empirischer Begriffe der unteren Stufe zu sagen hat, so können wir beginnen, uns mit der Möglichkeit auseinanderzusetzen, dass diese Diskussion während des gesamten Buchs auf beiden Ebenen stattfindet – wir also an *jeder* Stelle genauso viel über gewöhnliche Begriffe wie über philosophische-spekulative Metabegriffe lernen können, deren spezifisch expressive Rolle darin besteht, die Verwendung der Begriffe der unteren Stufe explizit zu machen. (Erinnerung ist ein praktisch-hermeneutisches Herstellen, das nur als ein erkenntnisartiges Herausfinden erfolgreich zum Ende kommen kann.)

Auf die »Einleitung«, die uns über empirische Begriffe belehrt, folgt das Kapitel zum Bewusstsein, das sich mit der begrifflichen Gliederung der objektiven Welt und unserer Erkenntnis über sie beschäftigt. Es ist bekannt, dass der Ursprung von Wilfrid Sellars' Kritik des »Mythos des Gegebenen« in Hegels Kapitel zur sinnlichen Gewissheit zu finden ist. Sellars selbst deutet darauf hin, wenn er am Anfang seiner Abhandlung die Verwandtschaft zwischen seiner eigenen und Hegels Argumentation feststellt, jenem »große[n] Feind der Unmittelbarkeit«.[5] Hegel wie Sellars weisen die Verständlichkeit von Begriffen zurück, die reine unmittelbare Erkenntnis behaupten, die sich also nicht auf inferentielle Fähigkeiten und die durch sie erkannten Folgerungsbeziehungen (Hegels »Vermittlung«) beziehen. Obwohl man nichtinferentiell zu Beobachtungsurteilen gelangen kann, also mittels anderer Prozesse als der Inferenz, beharren beide Philosophen darauf, dass diese Urteile in Beziehungen materialer Unvereinbarkeit und Folgerung zu anderen solchen Inhalten stehen müssen, damit sie bestimmt gehaltvoll und für

5 Wilfrid Sellars, *Der Empirismus und die Philosophie des Geistes*, Paderborn 2002, § 1, S. 3.

die Erkenntnis bedeutsam sein können. Sie müssen also *begrifflich* gehaltvoll sein. Es kann kein Wissen ohne Inhalt geben; bestimmter begrifflicher Inhalt muss »durch und durch vermittelt sein«. Beide Philosophen bejahen dementsprechend eine Art semantischen Holismus, wonach es zum Erfassen irgendeines begrifflichen Inhalts erforderlich ist, viele andere Inhalte und ihre Beziehungen zu erfassen. Die Kapitel zum Bewusstsein entfalten und enthüllen allmählich die Feinstruktur dieses Holismus mitsamt den Beziehungen zwischen sinnlicher Unmittelbarkeit und dem von ihr beinhalteten, begrifflich »vermittelten« Inhalt.

Hegels Vorgehen läuft darauf hinaus, Unmittelbarkeit in Bezug auf ihre Rolle bei der Bestimmung begrifflichen Inhalts zu verstehen. Diese Rolle kann als Reibung betrachtet werden, die jede Konstellation von Urteilen und bestimmten Begriffen zwangsläufig instabil macht – in dem Sinne, dass die richtige Anwendung von begrifflichen Normen als Reaktion auf sinnliche Aufforderungen zwangsläufig zu Verpflichtungen führen muss, die mit diesen Normen unvereinbar sind. Es ist diesen begrifflichen Normen wesentlich, uns dazu zu verpflichten, etwas zu *tun*, unsere Verpflichtungen zu *ändern*, wenn wir unvereinbaren Verpflichtungen gegenüberstehen. Dies bedeutet nicht nur, einige Urteile aufzugeben und andere anzunehmen, sondern auch, die Folgerungs- und Unvereinbarkeitsverpflichtungen abzuändern, die die Inhalte der empirisch bestimmten Begriffe gliedern, welche wir in jenen Urteilen angewendet haben. Dies ist der Prozess, durch den die Inhalte dieser Begriffe weiter bestimmt werden.

Diese Art praktischen Tuns ist ein mehrphasiger Prozess und wird von Hegel »Erfahrung« genannt. Die zentrale Frage hierbei ist, wie es den erkennenden Subjekten innerhalb dieses Prozesses gelingt, ihre Verpflichtungen (das Sein der Dinge für sie) praktisch als etwas zu betrachten und zu behandeln, das sich für die Richtigkeit gegenüber der objektiven Beschaffenheit der Dinge (ihr Sein an sich) verantwortet. Der Schlüssel zu dieser Frage findet sich in der normativen Forderung, die vorgeschlagene Nachbesserung der eingestandenen Unvereinbarkeiten durch eine rückblickend-erinnernde Rekonstruktion zu rechtfertigen, welche diese Nachbesserung in einen noch größeren Erfahrungsverlauf integriert, dem die Form eines kumulativen, expressiv-fortschrittlichen Prozesses verliehen wird, in welchem dem Bewusstsein enthüllt wird, was schon immer implizit die Beschaffenheit der Dinge an sich gewesen ist.

Was Subjekte tun müssen, um der Autorität der Beschaffenheit der Dinge an sich gegenüber der Beschaffenheit der Dinge für das empirische Bewusstsein zuzustimmen, wird schrittweise durch die sich vertiefende Darstellung der Entwicklung der kategorialen Struktur der betrachteten objektiven Welt erklärt – eine Entwicklung zu immer holistischeren Metavorstellungen im Zuge der fortschrittlichen Enthüllung der impliziten Feinstrukturen unseres empirischen Verstandes. Die beobachtbaren Merkmale der Welt werden zu Tatsachen über die beobachtbaren Eigenschaften von Gegenständen. Mit dem Nachdenken über die Beziehungen materialer Unvereinbarkeit (»bestimmte Negation«) und Folgerung (»Vermittlung«), durch die die Gegenstände und Eigenschaften bestimmt werden, gelangen wir zum Verständnis der Begriff der rein theoretischen Gegenstände und Eigenschaften. Theoretische Dinge, allegorisiert als »Kräfte«, unterscheiden sich also von beobachtbaren Dingen nur methodologisch und epistemologisch, nicht aber ontologisch. Erkennbar bzw. verfügbar sind diese Dinge dem Subjekt nur durch Inferenzprozesse.

Hieraus folgt unter anderem, dass die Unvereinbarkeits- und Folgerungsbeziehungen, die die Inhalte der Beobachtungsbegriffe und theoretischen Begriffe gliedern, als konjunktivisch robust verstanden werden müssen. Insofern Erfahrungssubjekte diesen Beziehungen nachgehen und Inferenzen vollziehen, begegnen sie in ihrem Tun nicht nur Tatsachen, sondern eben auch gesetzmäßigen Unvereinbarkeits- und Folgerungsbeziehungen, die diese Tatsachen zu bestimmten Tatsachen sowie für die Erkenntnis zugänglich machen. Hegel argumentiert dafür, dass wir die *Bedeutung* kategorialer Begriffe (wie etwa GEGENSTAND, EIGENSCHAFT, TATSACHE und GESETZ), die unser Verständnis der Struktur der objektiven Welt gliedern, nur verstehen können, wenn wir verstehen, was wir *tun* müssen, um als jemand zu gelten, der die Welt praktisch als etwas betrachtet oder behandelt, das eine solche Struktur hat. Dafür müssen wir singuläre Termini und Prädikate verwenden, um auf Dinge Bezug zu nehmen und sie zu beschreiben, Aussagesätze verwenden, um Tatsachen anzugeben und zu behaupten, alethisch-modales Vokabular verwenden, um Gesetzen die Form von Inferenzerlaubnissen zu verleihen, und diese Gesetze anwenden, um Tatsachen zu erklären.

Mithilfe dieser pragmatisch-semantischen Analyse wird verständlich, weshalb sich Hegels Aufmerksamkeit der Natur der Normen zuwendet, die die Praktiken der Erfahrung beherrschen, durch die den Subjekten die begrifflich strukturierte objektive Welt enthüllt wird. Der zweite Teil des vorliegenden Buches (8. bis 12. Kapitel) behandelt Hegels normative Pragmatik. Hierzu gehört sein Verständnis von Normen, die durch gegenseitige Anerkennungseinstellungen sozial instituiert werden, und die Einführung der geschichtlichen Dimension der Bestimmung begrifflicher Inhalte durch die Ausübung erinnernder Rationalität, die einem charakteristischen Verständnis der Fähigkeit zum absichtlichen Handeln nachempfunden ist.

Die Kapitel zum Selbstbewusstsein bieten uns eine Erklärung von Normativität und normativen Subjekten an. Hegel beginnt mit einer Auffassung von Selbstbewusstsein, das der Begierde entstammt. Meine Beschäftigung mit dem *Selbstbewusstsein* beginnt im 8. Kapitel, wo ich das Modell nichtnormativen und somit vor-apperzeptiven orektischen Gewahrseins aus der triadischen Struktur sinnlich-organischer Begierde rational rekonstruiere. Auf dieser Grundlage lässt sich zeigen, wie soziale Normen aus organischer Natur entstehen. Es handelt sich gewissermaßen auch um die Vorauszahlung einer Antwort auf die Gefahren eines Norm/Natur-Dualismus. (Die Antwort wird dann mit der Diagnose des Fehlers, der solchen Dualismen und insbesondere dem reduktiven Naturalismus bezüglich Normen zugrunde liegt, vervollständigt und im Dritten Teil in der Lektüre der Allegorie des Helden und seines Kammerdieners dargestellt.)

Anschließend wird die Terminologie, die Hegel verwendete, um über Normativität zu sprechen, in eine reglementierte Terminologie übersetzt. Das »Ansich« selbstbewusster einzelner normativer Subjekte ist für Hegel ein Ausdruck, um über ihre normativen Status zu reden. Er bespricht diese Status in Bezug auf »Selbständigkeit« und »Unselbständigkeit«, was in der reglementierten Terminologie als »Autorität« und »Verantwortung« wiedergegeben wird. Das »Fürsich« und das »für andere« der selbstbewussten einzelnen normativen Subjekte werden als normative Einstellungen verstanden, also als Einstellungen des Zustimmens zu Verantwortung oder des Behauptens von Autorität bzw. des *Zuschreibens* von Verantwortung oder Autorität an andere.

In dieser reglementierten Terminologie werden im nächsten Schritt Kants Autonomiemodell und Hegels Anerkennungsmodell als zwei Spezifikationen formuliert, wie die Instituierung normativer Status durch normative Einstellungen verstanden werden kann. Es wird deutlich sichtbar werden, wie Hegels Modell aus dem Modell Kants hervorgeht, wie es daran anknüpft und es weiterentwickelt und weshalb sie sich unterscheiden. Im Modell gegenseitiger Anerkennung kann ein Subjekt mit der eigenen Zustimmung zur Verantwortung nur verantwortlich werden, wenn diese Zustimmungseinstellung durch die *Zuschreibung* der Verantwortung seitens eines Subjekts angemessen sozial ergänzt wird, dem das erste Subjekt die entsprechende Autorität hierfür verliehen hat. Einstellungen der Zustimmung und Zuschreibung sind folglich voneinander abhängig. Jede Einstellung ist der anderen gegenüber verantwortlich und zugleich autoritativ; nur wenn sie sich gegenseitig angemessen ergänzen, werden Status instituiert. Eine der wichtigsten Lektionen der Diskussion der Idee reiner Selbstständigkeit in der Allegorie der Herrschaft besteht darin, dass normative Verantwortungs- und Autoritätsstatus in einem noch tiefgreifenderen Sinne zwei Seiten ein und derselben Medaille sind. Denn es geht hier nicht um die triviale Tatsache, dass Y gegenüber X verantwortlich ist, wenn X über Y Autorität hat, und umgekehrt. Vielmehr beinhaltet die Autorität von X immer auch eine entsprechende Verantwortung von X. Unabhängigkeit beinhaltet immer ein entsprechendes Abhängigkeitsmoment, und Abhängigkeit immer ein entsprechendes Unabhängigkeitsmoment.

Die wechselseitige Abhängigkeit (wechselseitige Autorität und Verantwortung) der Einstellungen des Zustimmens zu (also des Behauptens) und Zuschreibens von normativem Status und die wechselseitige Abhängigkeit normativer Verantwortungs- und Autoritätsstatus sind grundlegende Strukturen von Hegels normativer Anerkennungspragmatik. Das Argument für die metaphysische Mangelhaftigkeit der Idee *reiner Selbstständigkeit* (also der Autorität ohne Verantwortung) in der Allegorie von Herr und Knecht ist eines von Hegels Argumenten gegen das traditionelle Normativitätsmodell von Überordnung und Unterordnung. Der entscheidende Schritt in dieser Argumentation ist die Behauptung, dass eine solche Vorstellung die wesentlich notwendige Bedingung des *bestimmten Gehaltvollseins* der vom Herrn behaupteten Autorität leugnet – im Grunde weist diese Vorstellung sogar die notwendige Bedingung des bestimmten Gehaltvollseins der Einstellungen des Behauptens des normativen Status der reinen Selbstständigkeit zurück, also ebenjenes Autoritätsstatus, der keine entsprechende Verantwortung kennt (nach dem Motto: »Was auch immer mir als richtig erscheint, wird richtig sein …«). Hegel untersucht noch andere Formen der Autorität ohne Verantwortung, in welchen bestimmtes Gehaltvollsein in ähnlicher Weise bedroht ist (die Allegorie des Stoizismus und des Skeptizismus). Im Kapitel zum Selbstbewusstsein untersucht Hegel zudem, welche Funktion der semantische Begriff BESTIMMTER BEGRIFFLICHER INHALT in seiner normativen Pragmatik hat. Diese Pragmatik wird durch das verschachtelte Zusammenspiel von normativen Einstellungen und normativen Status charakterisiert, das durch die wechselseitige Abhängigkeit von Einstellungen und die wechselseitige Abhängigkeit von Status in einem Modell strukturiert wird, in welchem normative Status durch gegenseitige Anerkennungseinstellungen instituiert werden. In diesen Argumenten wird die Komplementarität zwischen der Autorität und der Verantwortung der Pragmatik gegenüber der Semantik sichtbar. Diese spezifische Beziehung zwischen den beiden Aspekten der Theorie der Diskursivität spiegelt die besondere Form von Hegels Pragmatismus wider.

Vom Kapitel zur Vernunft bis zum Kapitel zum Geist wird mit zunehmender Bestimmtheit und Explizitheit klar, dass die Instituierung normativer Status durch Anerkennungseinstellungen nur eine Seite der wechselseitigen Abhängigkeit zwischen Status und Einstellungen darstellt. Die eigentliche Rolle des semantischen Begriffs BESTIMMTER BEGRIFFLICHER INHALT wird erst deutlich, nachdem das moderne Verständnis der Einstellungsabhängigkeit normativer Status durch eine neugewonnene Version des traditionellen Verständnisses der Statusabhängigkeit normativer Einstellungen ausgeglichen wird, also durch die Autorität normativer Status gegenüber Statuszuschreibungen und -zustimmungen. Die vollständige Symmetrie und Komplementarität zwischen der Autorität und Verantwortung des Status gegenüber Einstellungen bzw. der Autorität und Verantwortung der Einstellungen gegenüber Status stellt den Rahmen dar, in dem die wechselseitige Abhängigkeit der Zuschreibungs- und Zustimmungseinstellungen und die wechselseitige Abhängigkeit der Autoritäts- und Verantwortungsstatus ihre Plätze einnehmen. Jenes Ganze, das alle drei ineinandergreifenden wechselseitigen Abhängigkeiten auf der Ebene der normativ-pragmatischen Lehre umfasst, ist das funktionale System, in dem Hegels semantische Erklärung der Rolle des begrifflichen Inhalts und dessen repräsentationaler Dimension verstanden werden muss. Um diese komplexe Struktur zu verstehen, müssen wir verstehen, wie die geschichtliche Anerkennungsdimension der Normativität mit der sozialen Anerkennungsdimension verbunden ist.

Die Struktur, in der besondere organische Wesen durch ihre gegenseitigen Anerkennungseinstellungen sowohl Anerkennungsgemeinschaften als auch selbstbewusste einzelne Selbste instituieren, ist nicht nur der *Kontext*, in welchem wir Hegels Verwendung der logischen Ausdrücke »besonders«, »allgemein« und »einzeln« verstehen müssen, sondern auch das *Modell*, durch das wir sie verstehen sollten. Die Anerkennungsgemeinschaft all derjenigen, die anerkennen und anerkannt werden, ist eine Art Allgemeines, unter das die Mitglieder der Gemeinschaft fallen; sie gelten als selbstbewusste Individuen bzw. *als* Einzelne, die durch dieses Allgemeine charakterisiert werden. Selbstbewusstsein in Hegels Sinne ist das praktische Gewahrsein des eigenen Selbsts als ein durch Anerkennung konstituiertes Subjekt mit normativem Status. Es handelt sich dementsprechend um eine soziale Leistung und einen sozialen Status – also nicht einfach um das Anschalten eines cartesischen inneren Lichts oder irgendetwas, das zwischen den Ohren des konstituierten Individuums geschieht. Diese Struktur besteht nicht nur für sich, sondern ist paradigmatisch für die Beziehungen zwischen Besonderem, Allgemeinem und Einzelnem. Als solche ist sie ein wichtiger Bezugspunkt, wenn Hegel auf die holistische Struktur zu sprechen kommt, in der Identitäten durch Unterschiede konstituiert sind, wie etwa im Falle der Beziehungen bestimmter Eigenschaften im Kapitel zur Wahrnehmung und bei den bestimmten objektiven Sachverhalten im Kapitel über Kraft und Verstand.

Die Vermittlung von Unmittelbarkeit wird als etwas begriffen, in dem das Besondere zum Einzelnen erhoben wird, wenn es unter ein Allgemeines fällt. Durch Hegels Perspektive können wir Urteile hinsichtlich der Autorität der Subjekte betrachten, sinnliche Einzeldinge unter begrifflich gegliederte Allgemeinbegriffe zu bringen. Es zeigt sich, dass es sich hierbei um eine Gattung des praktischen Tuns überhaupt handelt. Die Fähigkeit zum absichtlichen Handeln wird der Arbeit gleichgesetzt, die sinnliche Unmittelbarkeit in etwas verwandelt, das in bejahte Allgemeinbegriffe passt, womit also die Dinge zu etwas werden, zu dem man sich verpflichtet hat. Dieses Thema wird dementsprechend im Kapitel zur Vernunft behandelt: »Vernunft [ist] das *zweckmäßige Tun*«.[6] Die von Hegel übernommene (und seither von vielen Philosophen vertretene) Tradition versteht absichtliches Handeln als ein mentales Ereignis des Beabsichtigens oder Wollens, das eine externe Körperbewegung verursacht, welche wiederum klar unterschiedene kausale Folgen in der Welt hat. Wie Davidson fasst Hegel Akte eher als einheitliche Dinge auf, die verschiedenartig spezifiziert werden können (wobei es sich für Hegel um Prozesse und für Davidson um Ereignisse handelt). Sie sind Dinge, die *getan* werden, anstatt Dinge, die bloß *geschehen*, weil sie hinsichtlich einiger Beschreibungen absichtlich sind. Doch sie können auch in Bezug auf ihre kausalen Folgen beschrieben werden; denn auch wenn sie hinsichtlich einiger dieser Folgebeschreibungen absichtlich waren, so sind sie es doch niemals hinsichtlich aller.

Hegel geht über Davidson hinaus, insofern er diese verschiedenen Arten von Beschreibungen mithilfe einer normativen Terminologie von Autorität und Verantwortung versteht. Ihm zu-

6 *PhG*, S. 26.

folge entsprechen die Absichts- und Folgespezifikationen den normativen Einstellungen, die von verschiedenen sozialen Perspektiven eingenommen werden. Absichtsspezifikationen sind normative Einstellungen, in welchen das Handlungssubjekt in einem ganz bestimmten Sinne Verantwortung *zustimmt*; Folgespezifikationen sind normative Einstellungen, in denen andere, in einem komplementären Sinne Verantwortung *zuschreiben* und das Handlungssubjekt für verantwortlich halten. Indem die sozial ergänzten normativen Einstellungen eingenommen werden, die für den normativen Status eines Tuns konstitutiv sind, üben das Subjekt und die Gemeinschaft jeweils eine spezifische Art von Autorität aus. Das Tun an sich ist das Produkt aus dem, was es für das Handlungssubjekt ist, und dem, was es für andere ist.

Das Urteilen zeigt sich als ein Grenzfall des derart verstandenen praktischen Tuns. Doch die wesentlichen Merkmale der Definition des Inhalts normativer Status, welche sowohl Autorität als auch Verantwortung enthalten und durch die richtige Konstellation sozial-perspektivischer normativer Einstellungen instituiert werden, zeigen sich am deutlichsten im allgemeinen Fall des absichtlichen Handelns. Denn gerade hier tritt die *geschichtliche Erinnerungs*dimension der Bestimmung von begrifflichem Inhalt hervor, die Hegel das erste Mal in der »Einleitung« vorstellt. Während das Tun in der objektiven Welt nachhallt und seine Folgen sich ausbreiten, werden neue Spezifikationen des Tuns verfügbar. Jede von ihnen liefert eine neue Sicht auf den Inhalt des Tuns, also darauf, was sich als das Tun herausstellt. Dass der Schuss den Tod nach sich zog, dass jene Beleidigung zum endgültigen Bruch in der Beziehung führte, dass diese Wahl einen politischen Wendepunkt für die Partei bedeutete: das alles sind Ausdrücke des Inhalts dessen, was getan wurde, aber erst rückblickend zur Verfügung steht. Das Bestimmen dieses Inhalts – also das, was das Tun in Wirklichkeit an sich ist und nicht nur, was es für das Handlungssubjekt ist, das dieses Tun einleitet – ist eine Ausübung erinnernder Rationalität. Um das Tun zu verstehen, muss man einen expressiv-fortschrittlichen Verlauf durch eine Unzahl von Absichts- und Folgespezifikationen rational rekonstruieren und einen einheitlichen impliziten Inhalt zuschreiben, der allmählich als Wirklichkeit explizit wird, welche bereits von einigen verschiedenen Erscheinungen teilweise enthüllt wurde. Erst nachdem wir Hegels Auffassung von Handlungsfähigkeit besprochen haben, werden wir vollständig dazu in der Lage sein, die Struktur seiner rückblickend-*erinnernden* Erklärung der Beziehungen zwischen Wirklichkeit und Erscheinung, Noumena und Phaenomena, dem Impliziten und dessen expliziten Ausdrücken, dem Repräsentiertem und Repräsentierendem sowie zwischen (dem hegelschen Analogon zu Freges zentralen semantischen Begriffen) BEDEUTUNG und SINN zu verstehen. Die hegelschen, durch Expression verknüpften Versionen von Sinn und Bedeutung, die sich am Ende der Diskussion der rationalen Handlungsfähigkeit im 12. Kapitel ergeben, stehen in der Nachfolge von Freges Vorstellungen, welche durch Repräsentation verknüpft sind und aus dem metakategorialen Rahmen des Verstandes in Hegels metakategorialen Rahmen der Vernunft transponiert wurden.

Der dritte und letzte Teil des vorliegenden Buches behandelt Hegels Kapitel zum Geist. Dort trägt er die verschiedenen bereits behandelten Themen zusammen: Erkennen in den Kapiteln zum Bewusstsein, Normativität und die soziale Anerkennungsstruktur selbstbewusster Individualität im Kapitel zum Selbstbewusstsein, und die praktische Handlungsfähigkeit und die geschichtlich-rückblickend-erinnernde Zurechnung von Absichten als Normen, die die zeitliche Entwicklung von Handlungen beherrschen, im Kapitel zur Vernunft. Diese drei Themen werden als Aspekte des *Geistes* dargestellt, als Aspekte dessen, mit was sich die *Phänomenologie des Geistes* beschäftigt (und also nicht das, mit was sich später zufälligerweise die Geisteswissenschaften als Wissenschaften beschäftigen). Eine Phänomenologie ist eine rückblickend-erinnerte rational-rekonstruierte Geschichte, die das Hervortreten dessen sichtbar macht, was schon immer in einer expressiv-fortschrittlichen Abfolge von Erscheinungen implizit gewesen war und einen zunehmend adäquateren Ausdruck findet. Der Begriff GEIST wurde von Hegel entwickelt, um zwei seiner zentralen Ideen zu gliedern, die an Kants grundlegende Einsicht in den wesentlich normativen Charakter von Diskursivität anschließen und seine eigene Interpretation von Diskursivität charakterisieren. Die erste Idee besagt, dass die den kantischen diskursiven Lebewesen zukommende Autorität zur Selbstverpflichtung – also sich selbst verantwortlich zu machen durch das Binden an Regeln in Form von Begriffen im Urteilen und absichtlichen Handeln – im Kontext der sozialen Praktiken und Institutionen wirklicher Gemeinschaften verstanden werden muss. Diese Idee des wesentlich *sozialen* Charakters von Normativität wird im *Anerkennungs*modell entwickelt. Die zweite Idee besagt, dass diese wirklichen Praktiken und Institutionen, und somit die selbstbewussten einzelnen Subjekte der normativen Status und Einstellungen, die in den Praktiken und Institutionen gebildet werden, eine *Geschichte* haben. Diese Idee wird im *expressiven* Modell der *Erinnerung* ausgearbeitet. Hegel ist der Meinung, dass sich die Normativitätsstruktur unserer Diskursivität von einer traditionellen Form zu einer spezifisch modernen Form weiterentwickelt hat. Dieser Wandel geschah alles andere als plötzlich; er begann bereits bei den alten Griechen und entwickelte sich zunehmend schneller. Er ist nach wie vor nicht abgeschlossen, doch die wesentlichen Züge sind bereits sichtbar. Hegel meint, dass dieser Wandel das größte Ereignis der menschlichen Geschichte darstellt. »Geist« ist sein Begriff für das, was diese gigantische Verwandlung erfährt.

Die traditionelle Form von Normativität besteht im Wesentlichen darin, Normen als objektive Merkmale der Welt zu behandeln, also als etwas Vorhandenes wie die Sterne, Ozeane und Steine. Wenn Normativität durch die asymmetrische Beziehungsstruktur von Befehl und Gehorsam gedeutet wird, die Hegel in der Allegorie der Herrschaft kritisiert, lässt sich diese traditionelle Vorstellung in besonders reiner Form mithilfe der *scala naturae*, der Großen Kette der Wesen darstellen, in der alle Dinge hinsichtlich ihrer natürlich vorgefundenen und normativ bedeutsamen Überordnungs- und Unterordnungsbeziehungen eingeteilt sind. (In der christlich geprägten Vorstellung wird diese natürliche normative Ordnung als übernatürlich vorgegeben betrachtet.) Dieser Vorstellung zufolge bestehen Tatsachen darüber, wie man sich zu verhalten hat; zudem ist man selbst dafür verantwortlich, diese Tatsachen einzusehen und ihnen praktisch zuzustimmen, indem man gemäß dem eigenen Stand und den entsprechenden Pflichten handelt. Die Statusabhängigkeit normativer Einstellungen ist das implizite Prinzip der traditionellen Lebensformen; hiernach hat das, was die Dinge sein sollen, Autorität darüber, welchen Handlungen wir nachgehen sollen.

Das grundlegende Prinzip der Moderne ist die entgegengesetzte Idee der Einstellungsabhängigkeit normativer Status. Im Grunde genommen bedeutet es, dass es unabhängig von unseren Praktiken und praktischen Einstellungen, in welchen wir uns wechselseitig *als* verantwortlich und autoritativ betrachten bzw. behandeln, keine normativen Verantwortungs- und Autoritätsstatus gibt. In ihrer radikalsten Form bedeutet diese Idee, dass diese Praktiken und Einstellungen die normativen Verantwortungs- und Autoritätsstatus *instituieren*. Von diesem Standpunkt aus betrachtet, besteht das Wesen der traditionellen Vorstellung in dem, was Marx später als »Fetischismus« bezeichnet: Das, was in Wirklichkeit das Produkt unserer eigenen sozialen Praktiken ist, projizieren wir in die objektive Welt und behandeln es so, als ob es ohne Weiteres den menschlichen Tätigkeiten voranginge und von ihnen unabhängig wäre. (Das Musterbeispiel für Marx ist das Verständnis des Werts von Edelmetallen als objektive Eigenschaft, die ihnen in demselben Sinne wesentlich intrinsisch ist wie ihre Dichte.) Von Hegels Standpunkt aus betrachtet, sind in der traditionellen Form von Normativität die normativen Produkte der *Anerkennung* den einstellungsunabhängigen Gegenständen des empirischen *Erkennens* assimiliert. Hegel zufolge kreist die Moderne um die Idee, dass wir die Normen herstellen, die uns zu dem machen, was wir sind. Der Anbruch der Moderne besteht folglich im Aufstieg einer neuen Art von selbstbewusster Subjektivität.

Die moderne Einsicht in unsere Rolle bei der Instituierung von Normen droht aber, das praktische und theoretische Verständnis ihrer normativen Kraft und Verbindlichkeit zu untergraben. Dies wird von Hegel »Entfremdung« genannt und als die charakteristische Pathologie moderner Normativitätsstrukturen betrachtet. Wenn wir die Normen erschaffen und sie in unseren Händen liegen, wie können wir uns dann selbst so verstehen, dass wir genuin durch sie gebunden werden? Um Entfremdung zu überwinden, müssen wir die moderne Einsicht in die Einstellungsabhängigkeit normativer Status durch eine Wiederaneignung der traditionellen Einsicht in die Statusabhängigkeit normativer Einstellungen praktisch und theoretisch ausgleichen. Am Ende des Kapitels zum Geist erzählt Hegel, wie dies seiner Meinung nach gelingen kann und getan werden sollte. Seine Erklärung ist eine Beschreibung der finalen, vollständig adäquaten Form gegenseitiger Anerkennung, die Erinnerungs- und Anerkennungsstruktur von Geständnis und Verzeihung, die ich mit dem Begriff *Vertrauen* erfassen möchte, den ich für diesen Zweck von Hegel übernehme. An dieser Stelle sind wir zum Höhepunkt der *Phänomenologie* gelangt, also das eine ferne göttliche Ereignis, auf das die ganze Schöpfung zustrebt.[7] Mit dieser

7 [Paraphrase zweier Zeilen des Gedichts *In Memoriam* von Alfred *Lord Tennyson*: »And one far-off divine event, / toward which the whole creation moves.« Anm. d. Übers.]

Struktur liegt die endgültige Lehre des Buches vor uns ausgebreitet: Wir müssen uns selbst in Bezug auf die postmoderne Struktur von Normativität, Gemeinschaft und individuellem Selbstbewusstsein verstehen, die durch Anerkennungspraktiken gegliedert wird, die die Form des Vertrauens haben. In dieser Struktur hat gegenseitige Anerkennung die diachrone Form praktischer Geständnis- und Verzeihungseinstellungen. Soziale *Anerkennungs*praktiken nehmen die großherzige geschichtliche Form der *Erinnerung* an.

Die Anerkennungsstruktur von Geständnis und Verzeihung ist die »endgültige« und »vollständig adäquate« Form des Selbstbewusstseins, insofern sie durch Erinnerung das explizit macht, was in allen anderen vorhergehenden Formen implizit war. In diesem Sinne drückt sie das aus, worum es diesen Formen die ganze Zeit ging. Sie gliedert das, was erforderlich ist, um genuin verbindliche normative Status zu instituieren und ihnen bestimmt begrifflichen Inhalt zu verleihen. Das theoretische Erfassen dieser Anerkennungsstruktur (das Stadium, in das Hegel glaubt uns gebracht zu haben, nachdem wir sein Buch durchgearbeitet haben) hat die Form des Selbstbewusstseins, die er als »absolutes Wissen« bezeichnet. Hegels spekulative Metabegriffe sind das Medium, in dem dieses Selbstbewusstsein ausgedrückt wird. Mit der praktischen, zum großen Teil noch vor uns liegenden Umsetzung dieser Anerkennungsstruktur werden die Anerkennungsverpflichtungen und die Verantwortung zur Erinnerung erfüllt. Wir machen somit das explizit und insofern völlig selbstbewusst, was durch die Erinnerung sichtbar geworden ist und zu was wir die ganze Zeit implizit verpflichtet waren: verbindliche Normen instituieren und sie auf bestimmte begriffliche Inhalte übertragen. Die auf uns zukommende dritte Stufe des *Geistes* ist eine Form des Lebens, die die praktische normative Anerkennungsstruktur expressiver Erinnerung aufweist: Verzeihung, Geständnis und Vertrauen. Realisiert wird nicht nur eine neue erkenntnismäßige theoretische Form von

Selbstbewusstsein, sondern auch eine neue großherzige praktische Form von selbstbewusster Handlungsfähigkeit. Die vorliegende Darstellung schließt dementsprechend mit einer Beschreibung von Hegels Vorstellung, wie die Wiedergewinnung des Heroismus der traditionellen Handlungsfähigkeit sich mit dem durch die Moderne gewonnenen, einzelnen Selbstbewusstsein kombinieren lässt, und zwar ohne die tragische Unterwerfung unter das Schicksal und ohne Entfremdung.

Derart rekonstruiert, ausgedrückt und erinnert, verschafft uns Hegels metabegriffliche Darstellung (die die Struktur aufweist, die er »Vernunft« nennt) einen Einblick, inwiefern die *pragmatische* Darstellung von normativer Kraft und die *semantische* Darstellung von begrifflichem Inhalt – also was erforderlich ist für die genuine Verbindlichkeit von diskursiven Normen und was erforderlich ist für die genuine Bestimmtheit von begrifflichem Inhalt – zwei Seiten ein und derselben Medaille, zwei miteinander notwendig verknüpfte und gegenseitig sich stützende Aspekte ein und desselben Prozesses sind. Das Herzstück von Hegels Idealismus zeigt sich in Form einer weitgehend pragmatischen Semantik der gewöhnlichen empirischen Begriffe unterer Stufe, also einer Semantik, die von der Funktion dieser Begriffe in der praktischen Ausübung expressiver erinnernder Rationalität abhängt.

Erstaunlicherweise handelt es sich um eine Semantik mit einem erbaulichen Zweck. Die Natur des begrifflichen Inhalts theoretisch zu verstehen, durch den wir uns in unserer diskursiven Tätigkeit normativ binden, bedeutet, dazu gebildet und motiviert zu werden, bessere Menschen zu sein: großzügige Menschen, die sich im normativen Raum des Geistes in seiner postmodernen Form des Vertrauens bewegen, in ihm leben und ihr Dasein führen. Hegels pragmatische sozial-geschichtliche Semantik zeigt uns unsere immerwährende Verpflichtung auf, an den idealen erinnernden norminstituierenden Anerkennungspraktiken teilzunehmen, die durch Vertrauen strukturiert werden – eine Verpflichtung zur praktischen Großherzigkeit, von der sich erwiesen hat, dass sie dem Sprechen und Handeln schon immer implizit ist.

TEIL EINS

Semantik und Epistemologie. Das Erkennen und Repräsentieren der objektiven Welt

1. Begriffsrealismus und die semantische Möglichkeit von Erkenntnis[1]

I. *Die klassische repräsentationale Epistemologie*

Am Beginn des ersten Absatzes seiner »Einleitung« zur *Phänomenologie des Geistes* führt Hegel ein Modell von Erkenntnisvermögen ein, das seinen Lesern, wie er annimmt, in der kantischen Form am besten bekannt ist. Das Erkennen werde, so heißt es, »als das Werkzeug, wodurch man des Absoluten sich bemächtige, oder als Mittel, durch welches hindurch man es erblicke, betrachtet«.[2] Er ist der Meinung, dass keine Erklärung dieser allgemeinen Form die grundlegenden epistemologischen Adäquatheitskriterien erfüllen könne. Indem er dies beweist, möchte er seine Leser zu der Einsicht führen, dass ein alternatives Modell nötig ist, welches er im Anschluss bereitstellen wird.

Der allgemeine Charakter seiner Kritik an jenem Verständnis, das Erkenntnisvermögen nach dem Werkzeug-oder-Mittel-Modell begreift, lässt sich leicht erkennen; er fasst sie in zwei Schritten zusammen: Dieses Modell führt zu der festen Überzeugung,

1 [Das 1., 2. und 3. Kapitel sind bereits als 4., 5. und 6. Kapitel erschienen in Robert Brandoms *Wiedererinnerter Idealismus*, Berlin 2015. *Im Geiste des Vertrauens* verzichtet auf das Unterkapitel 6.1. Anm. d. Übers.]

2 *PhG*, S. 68.

> (A) dass ein begrifflicher Widerspruch darin liegt, einen Erkenntnisprozess auch nur zu beginnen, der darauf angelegt ist, dem Bewusstsein das an sich Seiende zu eröffnen; und ferner,
>
> (B) dass es eine Grenze gibt, welche das Erkennen und das Absolute schlechthin voneinander scheidet.[3]

Dem ersten Einwand zufolge müssen Theorien dieser Art zu einer Form von Skeptizismus führen: Sie scheitern daran, die Idee verständlich zu machen, dass wir die Dinge so erkennen, wie sie an sich sind. Der zweite Einwand deutet eine Diagnose dieses Scheiterns an. Das Modell reißt eine Kluft auf zwischen dem Bewusstsein und dem, wovon es Bewusstsein ist.

Er erläutert beide Punkte genauer, zunächst den Vorwurf, wonach Werkzeug-oder-Mittel-Theorien zum Skeptizismus führen:

> Denn ist das Erkennen das Werkzeug, sich des absoluten Wesens zu bemächtigen, so fällt sogleich auf, daß die Anwendung eines Werkzeugs auf eine Sache sie vielmehr nicht läßt, wie sie für sich ist, sondern eine Formierung und Veränderung mit ihr vornimmt. Oder ist das Erkennen nicht Werkzeug unserer Tätigkeit, sondern gewissermaßen ein passives Medium, durch welches hindurch das Licht der Wahrheit an uns gelangt, so erhalten wir auch so sie nicht, wie sie an sich, sondern wie sie durch und in diesem Medium ist. Wir gebrauchen in beiden Fällen ein Mittel, welches unmittelbar das Gegenteil seines Zwecks hervorbringt; oder das Widersinnige ist vielmehr, daß wir uns überhaupt eines Mittels bedienen.[4]

In beiden Fällen gibt es einen Unterschied zwischen dem Sein der Dinge für das Bewusstsein (dem Ergebnis der Ausübung von Erkenntnisvermögen) und dem Sein der Dinge an sich

3 Vgl. ebd.
4 Ebd.

(dem Ausgangsmaterial, an welchem die Erkenntnisvermögen ausgeübt werden). Etwas an der Form dieser Unterscheidung, so scheint Hegel zu argumentieren, ist unvereinbar damit, dass in einem solchen Bild das Sein der Dinge für das Bewusstsein als genuine Erkenntnis ihres wirklichen Seins (»an sich«) gilt.

Das unter (B) diagnostizierte Problem wird folgendermaßen erläutert: Das Werkzeug-oder-Mittel-Bild

> setzt nämlich *Vorstellungen* von dem *Erkennen* als einem *Werkzeuge* und *Medium*, auch einen *Unterschied unserer selbst von diesem Erkennen* voraus; vorzüglich aber dies, daß das Absolute *auf einer Seite* stehe und *das Erkennen auf der andern Seite* für sich und getrennt von dem Absoluten doch etwas Reelles, oder hiemit, daß das Erkennen, welches, indem es außer dem Absoluten, wohl auch außer der Wahrheit ist, doch wahrhaft sei, – eine Annahme, wodurch das, was sich Furcht vor dem Irrtume nennt, sich eher als Furcht vor der Wahrheit zu erkennen gibt.[5]

Es scheint wesentlich für das Werkzeug-oder-Mittel-Modell zu sein, dass in ihm ein solcher »Unterschied«, eine solche »Trennung«, und diese beiden »Seiten« der Aufteilung als gegeben vorausgesetzt werden und die Aufgabe der Erkenntnisvermögen darin bestehe, diese Aufteilung zu überbrücken.

Dies ist Hegel zufolge genau die Zwickmühle, die dazu anhält, sich mit dem Wesen der Verwandlung zu befassen, die durch die Ausübung der Erkenntnisvermögen bewirkt wird. Er behauptet jedoch zudem, dass es ein Fehler wäre zu glauben, eine solche Untersuchung könne die Schwierigkeit beheben.

> Es scheint zwar, daß diesem Übelstande durch die Kenntnis der Wirkungsweise des *Werkzeugs* abzuhelfen steht, denn sie macht es möglich, den Teil, welcher in der Vorstellung,

5 Ebd., S. 70. (Hervorhebungen im Orig.)

> die wir durch es vom Absoluten erhalten, dem Werkzeuge angehört, im Resultate abzuziehen und so das Wahre rein zu erhalten. Allein diese Verbesserung würde uns in der Tat nur dahin zurückbringen, wo wir vorher waren. [1] Wenn wir von einem formierten Dinge das wieder wegnehmen, was das Werkzeug daran getan hat, so ist uns das Ding – hier das Absolute – gerade wieder soviel als vor dieser somit überflüssigen Bemühung. [2] Sollte das Absolute durch das Werkzeug uns nur überhaupt näher gebracht werden, ohne etwas an ihm zu verändern, wie etwa durch die Leimrute der Vogel, so würde es wohl, wenn es nicht an und für sich schon bei uns wäre und sein wollte, dieser List spotten; denn eine List wäre in diesem Falle das Erkennen, da es durch sein vielfaches Bemühen ganz etwas anderes zu treiben sich die Miene gibt, als nur die unmittelbare und somit mühelose Beziehung hervorzubringen. [3] Oder wenn die Prüfung des Erkennens, das wir als ein *Medium* uns vorstellen, uns das Gesetz seiner Strahlenbrechung kennen lehrt, so nützt es ebenso nichts, sie im Resultate abzuziehen; denn nicht das Brechen des Strahls, sondern der Strahl selbst, wodurch die Wahrheit uns berührt, ist das Erkennen, und dieses abgezogen, wäre uns nur die reine Richtung oder der leere Ort bezeichnet worden.[6]

Sein Argument scheint hier das folgende: Sobald eine Kluft besteht zwischen der Beschaffenheit der Dinge an sich und der Beschaffenheit der Dinge für das Bewusstsein und es der Tätigkeit der Erkenntnisvermögen bedarf, diese zu überbrücken und die zwei Seiten wieder zu vereinen, wird die Untersuchung solcher Vermögen die Kluft bzw. Trennung nur immer wieder erneuern.

Wir können in diesen Passagen, wie mir scheint, die allgemeine Gestalt des Arguments erkennen. Es zeigt sich jedoch nur schemenhaft; gegen welche Theorien genau es sich richtet und wie genau die Kritik an ihnen funktionieren soll, ist nur schwer

6 Ebd., S. 69. (Hervorhebungen im Orig., Einfügungen von mir, R. B.)

auszumachen. (Die Schemenhaftigkeit des Arguments ist der dichten Darstellung und der metaphorischen Ausdrucksweise geschuldet.) Um seiner habhaft zu werden, müsste man genau angeben, auf welchen Adäquatheitskriterien hinsichtlich epistemologischen Theorien Hegel beharrt, welche Klasse von Theorien ihm zufolge diese Kriterien nicht erfüllen können, welche der Eigenschaften dieser Theorien für das Scheitern verantwortlich sind und wie das Argument für diese Schlussfolgerung genau funktioniert. Ich stelle im Folgenden eine Möglichkeit vor, wie das von Hegel vorgebrachte Argument in diesen vier Dimensionen auszuarbeiten ist, und werde eine erste Charakterisierung des alternativen Modells vornehmen, durch das er das Werkzeug-oder-Medium-Modell zu ersetzen gedenkt.

Um die Bandbreite der epistemologischen Theorien besser abstecken zu können, die ich metaphorisch unter dem Titel »Werkzeug-oder-Medium«-Modell zusammenfasse und die von Hegels Argument ins Visier genommen werden, ist es hilfreich, noch weiter hinten anzufangen. (Ganz nach dem Motto, das wir später noch als den Kern von Hegels Vorgehen und Theorie kennenlernen werden: Erinnerung, oder »um weiter springen zu können, sollte man einen Schritt zurücktreten«.) Bei den von ihm thematisierten Theorien handelt es sich um *repräsentationale* Theorien des Verhältnisses von Erscheinung und Wirklichkeit. REPRÄSENTATION ist ein spezifisch moderner Begriff. Vormoderne (das heißt ursprünglich griechische) Theorien hingegen haben das Verhältnis zwischen Erscheinung und Wirklichkeit als eine Form von *Ähnlichkeit* verstanden. Bei der Ähnlichkeit, deren Paradigma die Beziehung zwischen Bild und Abgebildetem ist, geht es um gemeinsame Eigenschaften. So ähnelt ein Porträt dem Porträtierten, wenn sie Eigenschaften wie Farbe und Gestalt gemeinsam haben, beispielsweise die Nase, das Ohr oder das Kinn (vielleicht von einer gewissen Perspektive aus betrachtet). Dem Ähnlichkeitsmodell liegt somit der Gedanke zugrunde, dass die Erscheinung wahrheitsgetreu ist, wenn sie der Wirklichkeit ähnelt, deren Erscheinung sie ist. Insofern sie dieser Wirklichkeit nicht ähnelt, handelt es sich um eine trügerische Erscheinung, einen Irrtum.

Der Aufstieg der modernen Naturwissenschaft machte diese Auffassung unhaltbar. Kopernikus entdeckte, dass sich hinter der Erscheinung einer feststehenden Erde und einer um sie kreisenden Sonne die Wirklichkeit verbarg, dass die Sonne feststeht und die Erde um sie kreist. Hier gibt es keine Ähnlichkeit im Sinne gemeinsamer Eigenschaften. Das Verhältnis zwischen Wirklichkeit und Erscheinung muss weitaus komplexer gedacht werden. Galileo entwickelte eine ungeheuer produktive und wirkungsreiche Vorstellung der physikalischen Wirklichkeit, in der eine Zeitspanne der Länge einer Strecke und die Beschleunigung dem Flächeninhalt eines Dreiecks entspricht. Für das Verständnis dieser zentralen Form von Erscheinung ist das Ähnlichkeitsmodell nicht hilfreich. Der Begriff GEMEINSAME EIGENSCHAFT, welcher in diesem Fall Anwendung fände, müsste von den Beziehungen her verstanden werden, die zwischen dieser Form der mathematisierten (bzw. genauer: geometrisierten) theoretischen Erscheinung und der Wirklichkeit bestehen, deren Erscheinung sie ist. Es gibt aber keinen im Voraus verfügbaren Begriff von EIGENSCHAFT, durch den dieses Verhältnis verständlich gemacht werden könnte.[7]

Um diese, und nicht zuletzt auch seine eigenen, naturwissenschaftlichen Errungenschaften zu verstehen, führt Descartes den im Vergleich zur ÄHNLICHKEIT abstrakteren Metabegriff REPRÄSENTATION ein. Der besondere Fall, von dem er verallgemeinernd ausging, um ein neues Modell für die Beziehungen zwischen Erscheinung und Wirklichkeit (Geist und Welt) zu ge-

7 Die Idee, dies als einen Übergang von einem Modell der *Ähnlichkeit* zu einem solchen der *Repräsentation* zu formulieren, stammt von meinem langjährigen Kollegen John Haugeland. Vgl. dazu dessen Buch *Artifcial Intelligence. The Very Idea*, Cambridge, Mass./London 1989, Kap. 1.

winnen, war das von ihm entdeckte Verhältnis zwischen Algebra und Geometrie. Descartes hatte festgestellt, dass Algebra sich als eine sehr produktive und leistungsstarke Erscheinung der Wirklichkeit verstehen lässt, die er nach wie vor (Galileo folgend) als eine wesentlich geometrische Wirklichkeit auffasste. Beispielsweise kann man »ax + by = c« als Erscheinung einer euklidischen Linie und »$x^2 + y^2 = d$« als Erscheinung eines Kreises behandeln und berechnen, wie viele Schnittpunkte die beiden haben *können* und welche Schnittpunkte dies *tatsächlich* sind (und natürlich noch viele andere Dinge). Diese Abfolgen von Symbolen *ähneln* in keiner Weise Linien und Kreisen. Dennoch zeigten Descartes' mathematische Ergebnisse (einschließlich der Lösung einer beträchtlichen Anzahl seit der Antike ungelöster geometrischer Probleme durch deren Übersetzung in algebraische Fragestellung), dass algebraische Symbole geometrische Tatsachen in einer Form darstellen, die nicht nur (potentiell und verlässlich) *wahrheitsgetreu*, sondern auch begrifflich *handhabbar* ist.

Um ein Verständnis davon zu gewinnen, wie solche algebraischen Symbolketten (wie auch die kopernikanischen und galileischen Vorläufer) hilfreiche, wahrheitsgetreue und handhabbare Erscheinungen geometrischer Wirklichkeiten sein können, war es für Descartes nötig, das Verhältnis von Erscheinung und Wirklichkeit neu zu konzipieren. Seine philosophische Antwort auf die naturwissenschaftlichen und mathematischen Fortschritte des Denkens in seiner intellektuell turbulenten und aufregenden Zeit bestand in der Entwicklung eines Begriffs der REPRÄSENTATION, der deutlich abstrakter, leistungsstärker und flexibler war als das von ihm verdrängte Ähnlichkeitsmodell. Descartes erkannte, dass der globale *Isomorphismus* zwischen dem gesamten System algebraischer Symbole und dem gesamten System geometrischer Figuren ein algebraisches Verständnis geometrischer Figuren ermöglicht. Dieser Isomorphismus definiert die Idee einer Form, die sowohl den gesetzmäßigen Manipulationen von algebraischen Symbolketten als auch den möglichen Konstruktionen geometrischer Figuren zukommt – einer Form, die also beiden Seiten gemeinsam ist. Der vom Isomorphismus geschaffene Zusammenhang macht die einzelnen materialen Eigenschaften des Repräsentierenden und des Repräsentierten irrelevant gegenüber der semantischen Beziehung zwischen ihnen. Entscheidend sind *ausschließlich* die Korrelationen zwischen den Regeln, denen die Manipulationen des Repräsentierenden gehorchen müssen, und den tatsächlichen Möglichkeiten, die das Repräsentierte kennzeichnen. Inspiriert durch die neuen Formen des naturwissenschaftlichen Denkens in der Moderne, kommt Descartes zu dem Schluss, dass diese *repräsentationale* Beziehung (von der Ähnlichkeit nur eine primitive Unterart zu sein scheint) der allgemeine Schlüssel zum Verständnis des Verhältnisses von Geist und Welt bzw. Erscheinung und Wirklichkeit ist.

Dies war eine großartige und äußerst folgenreiche Idee. Begrifflich (und nicht nur zeitlich) betrachtet, folgt aus ihr alles, was abendländische Philosophen seither gedacht haben, sei es hinsichtlich Praxis oder Theorie, egal, ob sie oder wir das nun bemerkt haben oder nicht. Descartes kombinierte diese Idee aber mit einer weiteren, etwas problematischeren Idee: Damit Dinge *überhaupt* repräsentational erkannt oder auch nur (richtig oder nicht) verstanden werden können, muss es *einige* Dinge geben, die *nicht*repräsentational erkannt oder verstanden werden, das heißt *unmittelbar* und *nicht* aufgrund der Vermittlung durch etwas Repräsentierendes. Könnte Repräsentierendes selbst nur repräsentational erkannt werden, also indem es selbst wiederum repräsentiert wird, so wäre ein schlechter infiniter Regress die Folge. Wir könnten dann von einem repräsentierten Ding nur etwas wissen, wenn wir etwas von dem wissen, was es repräsentiert. Und Letzteres könnte nur dann als Wissen gelten, wenn wir Wissen von etwas hätten, das *dieses* Repräsentierende wiederum repräsentiert und so weiter. Um eine Formulierung zu verwenden, die erst Jahrhunderte später von Josiah Royce geprägt wurde: Noch die Möglichkeit von *Irrtum* (*Fehl*repräsentation), geschweige denn Erkenntnis selbst, setzt voraus, dass es etwas gibt, bei dem die Möglichkeit des Irrtums *ausgeschlossen* ist, etwas, von dem wir *nicht* durch Repräsentation wissen, so dass ein Irrtum im Sinne der Fehlrepräsentation nicht möglich ist. Um irgendetwas repräsentational, also aufgrund der Vermittlung durch ein Repräsentierendes, erkennen (bzw. sich darüber täuschen) zu können, muss es Repräsentierendes geben, das wir *unmittelbar* erfassen, verstehen oder erkennen, einfach, indem wir es *haben*.

Das Ergebnis dieser Überlegung ist eine *zweistufige* Theorie der Repräsentation, die scharf zwischen zwei Arten von Dingen unterscheidet, und zwar nach Maßgabe ihrer jeweiligen Verständlichkeit. Einige Dinge – paradigmatisch physische, materielle, ausgedehnte Dinge – lassen sich aufgrund ihrer Beschaffenheit nur durch Repräsentation erkennen. Andere Dinge – die Inhalte unseres Geistes – sind wesentlich *Repräsentierendes* und werden auf vollkommen andere Weise erkannt. Sie werden *unmittelbar* erkannt, also nicht, indem sie repräsentiert werden, sondern allein, indem man sie *hat*. Sie sind intrinsisch verständlich, da ihr bloßes Vorkommen als ein Erkennen oder Verstehen von etwas gilt. Das hingegen, was sich wesentlich nur als Repräsentiertes erkennen lässt, ist nicht in diesem Sinne intrinsisch verständlich. Sein bloßes Vorkommen impliziert nicht, dass irgendjemand irgendetwas erkennt oder versteht.

Wie bereits angedeutet, wurde Descartes meines Erachtens durch zwei Anforderungen zu dieser Auffassung verleitet. Die erste betraf die neuen theoretischen, mathematisierten Formen der Naturwissenschaft, in denen die Wirklichkeit erscheinen konnte (die zu seiner Zeit besten und effektivsten Formen des Verstehens). Um ein philosophisches Verständnis dieser Formen zu gewinnen, bedurfte es eines neuen, abstrakteren Begriffs der Repräsentation und der Idee, dass wir die Dinge am besten erkennen und verstehen, wenn wir sie angemessen repräsentieren. Wir müssen folglich zwischen Repräsentierendem und Repräsentiertem unterscheiden und die Beziehungen zwischen beiden untersuchen, durch die eine Manipulation der einen Art von Ding als ein Erkennen und Verstehen der anderen Art von Ding gelten kann. Zugleich läuft jedoch ein solches zweistufiges Modell Gefahr, durch einen infiniten Regress in seiner Erklärung unverständlich zu werden, wenn wir nicht zu unterscheiden wissen zwischen den Formen, in welcher wir Repräsentiertes erkennen (mittels unserer Beziehungen zu etwas, das repräsentiert wird), und der Form, in welcher wir zumindest eine Teilmenge des Repräsentierenden erkennen (also unmittelbar, oder zumindest nicht durch eine Beziehung zu etwas, das wiederum selbst nur repräsentiert). Das Ergebnis war ein zweistufiges Modell, dem zufolge wir in einer unmittelbaren Beziehung zu Repräsentierendem und kraft der Beziehung des Repräsentierenden zum Repräsentierten in einer vermittelten Erkenntnisbeziehung zu ebendiesen repräsentierten Dingen stehen. Repräsentierendes muss daher als intrinsisch und unmittelbar verständlich begriffen werden, das Repräsentierte hingegen als etwas, das nur in einem abgeleiteten und kompositionalen Sinne verständlich ist – nämlich als Ergebnis des Produkts aus unseren unmittelbaren Beziehungen zum Repräsentierenden und dessen Beziehungen zum Repräsentierten.

Auf genau dieses epistemologische Modell zielen Hegels Bemerkungen zu Beginn der »Einleitung« in die *Phänomenologie des Geistes.* Sein Einwand richtet sich gegen solche zweistufigen Theorien der Repräsentation, die unterschiedliche Arten der Verständlichkeiten mit sich bringen und dem fundamentalen Unterschied zwischen den Erscheinungen (Repräsentierendem, der Beschaffenheit der Dinge für das Bewusstsein) und der Wirklichkeit verpflichtet sind (Repräsentiertem, der Beschaffenheit der Dinge an sich): Erstere sind unmittelbar und intrinsisch verständlich, Letztere hingegen nicht. Es ist diese Kluft zwischen den Arten der Verständlichkeit, über die sich Hegel beklagt als den »Unterschied«, die »Trennung«, die zwei »Seiten« der Aufteilung in Erscheinung und Wirklichkeit bzw. Erkennen und Erkanntes. Seiner Kritik zufolge ist jede Theorie dieser Art dazu verdammt, zu skeptischen Resultaten zu führen.

Freilich ist Descartes' Auffassung nicht die einzige, die Hegel kritisieren will. Mit der Formel »einen Erkenntnisprozess auch nur zu beginnen, der darauf angelegt ist, dem Bewusstsein das an sich Seiende zu eröffnen« scheint Hegel andeuten zu wollen, dass Kant ebenfalls im Visier steht. Denn auch Kant hat ihm zufolge eine zweistufige Theorie der Repräsentation. Die Erkenntnistätigkeit muss als das Produkt zweier Elemente verstanden werden: der geistigen Tätigkeit der Manipulation von Repräsentationen (im Sinne von etwas Repräsentierendem) und den Beziehungen, in denen dieses Repräsentierende zu dem von ihm Repräsentierten steht. Der Umgang des Geistes mit seinen Repräsentationen sowie deren Beziehungen zu dem, was sie repräsentieren, muss als etwas gedacht werden, das Verantwortung trägt gegenüber den repräsentierten Dingen. Dies ist zum einen eine Verantwortung für die Eigenschaften des Repräsentierenden, die in einem Vokabular beschrieben werden, das sich weder auf die geistige Manipulation von Repräsentationen noch auf das Verhältnis zwischen Repräsentierendem und Repräsentiertem (den Dingen »an sich«) beruft, und zum anderen die Verantwortung für die repräsentationalen Beziehungen und für das, was die Erkenntnisvermögen mit dem Repräsentierenden machen. Letzteres läuft für Kant auf das Sein der repräsentierten Dinge »für das Bewusstsein« hinaus, wie man es in Hegels Terminologie ausdrücken würde – also auf ein gehaltvolles Repräsentierendes.

Kants Theorie unterscheidet sich von derjenigen Descartes', hat aber mit ihr die zweistufige Struktur der Repräsentation gemeinsam, die zwischen der Beziehung des Geistes zu seinen Repräsentationen einerseits und seiner durch das Repräsentierende vermittelten Beziehung zum Repräsentierten andererseits unterscheidet. Kant scheint zwar manchmal durchaus zu denken, dass wir einen besonderen Zugang zu den Produkten unserer eigenen Erkenntnistätigkeit haben. Er begreift unser Gewahrsein von unseren Repräsentationsakten jedoch nicht als *unmittelbar* in einem Sinne des Wortes, der als cartesisch bezeichnet werden könnte. Unser Gewahrsein ist Apperzeption, und die kleinste Einheit der Apperzeption ist das Urteil. Zu urteilen bedeutet, einen begrifflich gegliederten Inhalt in eine Konstellation von Verpflichtungen zu integrieren, die die spezifische synthetische Einheit der Apperzeption aufweist. Aus dieser Konstellation sind dabei die Verpflichtungen auszuschließen, die mit dem gefällten Urteil unvereinbar sind, sowie die inferentiellen Folgerungen des Urteils zu entfalten und der Konstellation von Verpflichtungen hinzuzufügen. Dieser Prozess ist vermittelt durch Beziehungen materialer Unvereinbarkeit und Folgerung, welche die in einem Urteil angewendeten Begriffe zu Begriffen in Beziehung setzen, die in anderen möglichen Urteilen angewendet werden können.

Kant teilt also mit Descartes die zweistufige Struktur der Repräsentation, übernimmt jedoch nicht die Idee, dass unsere Beziehung zu unseren eigenen Repräsentationen eine des unmittelbaren Gewahrseins ist.[8] Dennoch liegt auch seine Auffassung

8 Der Umstand, dass Descartes sich darauf verpflichtet, dass der Geist seiner Repräsentationsakte im nichtrepräsentationalen Sinne unmittelbar gewahr ist (gerechtfertigt durch das Argument des Regresses von Repräsentationen), hindert ihn nicht daran, die Inhalte dieser Akte als etwas zu behandeln, das wesentlich auch Beziehungen zu anderen solchen Inhalten umfasst. Seine Auffassung von Repräsentation, also der Isomorphismus zwischen dem gesamten System des Repräsentierenden und dem gesamten System des Repräsentierten, enthält tatsächlich einen solchen semantischen Holismus. Die verbleibende Spannung zwischen der Unmittelbarkeit seiner Pragmatik (seiner Erklärung der Tätigkeit des Denkens) und dem Holismus seiner Semantik hat er meines Erachtens

immer noch im Einzugsbereich der hegelschen Kritik, da er an der These festhält, dass sich Repräsentierendes und Repräsentiertes hinsichtlich ihrer jeweiligen Art von Verständlichkeit unterscheiden. Das Repräsentierende ist demnach als solches verständlich, das Repräsentierte als solches hingegen nicht. Diese Behauptung, wonach die eine Art von Ding richtig beschaffen ist, um verständlich zu sein, die andere hingegen nicht, werde ich die Verpflichtung zur *strengen Unterscheidung der Verständlichkeit* von Erscheinung und Wirklichkeit nennen. In Kants Modell bedeutet verständlich zu sein, einen Inhalt zu haben, der durch *Begriffe* gegliedert ist. Die in einem Akt des Gewahrseins (der Apperzeption) angewandten Begriffe bestimmen, was als ein erfolgreiches Integrieren (»Synthetisieren«) dieses Urteils in jenes Ganze gilt, das die spezifische Art der Einheit von Apperzeption aufweist. Die begriffliche Gliederung von Urteilen ist jedoch eine Form, die der Verstand als ein Erkenntnisvermögen beiträgt. Wir können weder wissen noch annehmen, was das durch das Repräsentierende begrifflich Repräsentierte kennzeichnet, wenn das Repräsentierte abseits seiner Beziehung zum Repräsentierenden betrachtet wird – also so, wie es an sich beschaffen ist. Insofern sich Kant in jenem von Hegel kritisierten Bereich bewegt, ist er darauf verpflichtet, eine Kluft zwischen Arten der Verständlichkeit anzunehmen, durch die das Repräsentierende von dem getrennt ist, worauf es repräsentierend Bezug nimmt, und zwar in Form der Auffassung, dass das Repräsentierende begriffliche Gestalt hat, das Repräsentierte (die Beschaffenheit der Dinge an sich) hingegen nicht.

Es lohnt sich in diesem Zusammenhang Frege hinzuzuziehen, um uns daran zu erinnern, was auf dem Spiel steht, wenn

niemals aufgelöst. Kants Pragmatik des Urteilens als Integration in ein Ganzes, das die synthetische Einheit der Apperzeption aufweist, steht nicht in einem solchen Spannungsverhältnis zu seiner Version des holistisch semantischen Gedankens.

Hegel die zweistufigen Repräsentationstheorien kritisiert bzw. jenes Verhältnis zwischen Erscheinung und Wirklichkeit samt der damit verbundenen Verpflichtung auf verschiedene Verständlichkeiten. Frege zufolge haben diskursive Symbole einen *Sinn*, den sie *ausdrücken*, und einen *Referenzgegenstand* (Bedeutung), den sie *bezeichnen*. Sinn ist, was man erfasst, indem man den Ausdruck versteht; Referenzgegenstand ist das, was repräsentiert wird, also *worauf* das Sprechen oder Denken *Bezug nimmt*, wenn der Sinn ausgedrückt wird. Ein Sinn ist etwas Repräsentierendes, insofern er die »Art des Gegebenseins« eines Referenzgegenstandes ist. Weder Kant noch Frege deutet das Erfassen eines Sinns als cartesisch unmittelbar, also als ob das bloße Vorkommen von etwas, das diesen Sinn hat, ein geistiges Erkennen oder Verstehen von etwas zu sein hat. Einen Urteilsinhalt zu erfassen, erfordert vielmehr das Beherrschen inferentieller und substitutionaler Beziehungen, in denen der Inhalt zu anderen derartigen Inhalten steht. Genauso wie Descartes und Kant meint Frege jedoch, dass es für das Erfassen eines Sinns – das Verstehen der Repräsentation als Repräsentation – nicht erforderlich ist, diese Repräsentation selbst zu repräsentieren, und dass das Repräsentierende (Sinn) in einer Weise erfassbar ist, in der es das von ihm Repräsentierte nicht ist (abgesehen von dem Spezialfall indirekter Rede, in dem das, was repräsentiert wird, an sich ein Sinn ist). Wenn sich also Hegels Argument, wie von mir behauptet, gegen zweistufige Repräsentationsmodelle richtet, die darauf verpflichtet sind, dem Repräsentierenden eine andere Art der Verständlichkeit zukommen zu lassen als dem Repräsentierten, dann gehören fregesche Theorien von Sinn und Referenz scheinbar ebenso zu den Angriffszielen dieses Arguments wie die kantischen und cartesischen Spielarten.

II. Genuine Erkenntnis und rationale Beschränkung

Um herauszufinden, ob es ein derartiges Argument gibt, das Hegel gegen solche Theorien (zweistufige Theorien der Repräsentation, die zu einer strengen Unterscheidung der Verständlichkeit von Repräsentierendem und Repräsentiertem verpflichtet sind) ins Feld führen möchte, müssen wir als Nächstes überlegen, was ihm zufolge die Adäquatheitskriterien solcher Theorien sind. Wir haben bereits festgehalten, dass das Problem dieser Theorien in ihrer Tendenz zum Skeptizismus besteht. Solche Theorien, so Hegel, schließen die Möglichkeit aus, die Beschaffenheit der Dinge »an sich« zu erkennen. Meines Erachtens geschieht hier Folgendes: Hegel hat von Kant gelernt, dass die Schwachstelle *epistemologischer* Theorien in der *Semantik* liegt, die ihnen implizit ist bzw. die sie zur Voraussetzung haben. Und er ist der Meinung, dass zweistufige Theorien der Repräsentation, die zu einer strengen Unterscheidung der Verständlichkeit von Repräsentierendem und Repräsentiertem verpflichtet sind, eine genuine Erkenntnis des Repräsentierten *semantisch* ausschließen. Ich werde dieses von Hegel angeführte Adäquatheitskriterium epistemologischer Theorien als die *Bedingung genuiner Erkenntnis* bezeichnen. Offenkundig hängt hier viel davon ab, was als eine *genuine* Erkenntnis gilt. Es ist aber jedenfalls klar, dass diese Bedingung von einer epistemologischen Theorie verlangt, dass sie nicht auf eine Semantik – insbesondere auf eine Theorie der Repräsentation – verpflichtet sein darf, die die Möglichkeit ausschließt, die wirkliche Beschaffenheit der Dinge zu erkennen (»genuine« Erkenntnis). So verstehe ich Hegel, wenn er sagt, dass sich derartige epistemologische Theorien als Positionen erweisen, die verstohlen eine »Furcht vor der Wahrheit« zum Ausdruck bringen. Ich denke nicht, dass die Annahme eines Unterschieds zwischen dem Erkennen des Repräsentierten und dem Erkennen des Repräsentierenden bereits auf einen derartigen Fehler hinausläuft. Hegels Behauptung ist vielmehr, dass ein Skeptizismus bezüglich der Idee genuiner Erkenntnis erst dann entsteht, wenn man diesen Unterschied der Verständlichkeit in einem strengen Sinne deutet – Repräsentierendes ist intrinsisch verständlich, Repräsentiertes hingegen nicht. Hegel übernimmt von Kant die Idee, dass Verständlichkeit eine Sache *begrifflicher* Gliederung ist. Verständlich zu sein bedeutet also, eine spezifisch begriffliche Gestalt zu haben. Ist diese Lesart richtig, dann muss Hegels Argument zeigen, dass eine epistemologische Theorie nicht nur Erscheinungen (die subjektive Beschaffenheit der Dinge für das Bewusstsein), sondern auch die Wirklichkeit (die objektive Beschaffenheit der Dinge an sich) als etwas begrifflich Gegliedertes behandeln muss, um die Bedingung genuiner Erkenntnis zu erfüllen. Was als ein gutes Argument für diese Behauptung gelten kann, hängt offenkundig davon ab, was für die Erfüllung dieser Bedingung nötig ist.

Sowohl das Ähnlichkeits- als auch das Repräsentationsmodell des Verhältnisses zwischen Erscheinung und Wirklichkeit sagen etwas darüber, was *Irrtum* ist. Im ersten Fall besteht Irrtum darin, dass eigentlich verständliche Eigenschaften nicht gemeinsame Eigenschaften sind, so dass keine Ähnlichkeit vorliegt; im zweiten Fall liegt ein Irrtum vor, wenn es lokale Störungen in dem global definierten Isomorphismus zwischen dem System des Repräsentierenden und dem des Repräsentierten gibt. Die Diskussion des Irrtums spielt eine wichtige Rolle in den mittleren Passagen der »Einleitung«, wo Hegel seine Alternative zu den zweistufigen Theorien der Repräsentation vorstellt, die zu einer strengen Unterscheidung der Verständlichkeit von Repräsentierendem und Repräsentiertem verpflichtet sind. (Dies ist das Thema des nächsten Kapitels.) Als implizites Adäquatheitskriterium, das Hegel epistemologischen Theorien auferlegt, können wir meines Erachtens folgendes betrachten: Eine solche Theorie muss nicht nur das Phänomen genuiner Erkenntnis, sondern auch das Phänomen des Irrtums verständlich machen. Ich werde dies die *Bedingung der Verständlichkeit des Irrtums* nennen. Die Bedingung genuiner Erkenntnis und die Bedingung der Verständlichkeit des Irrtums sind *epistemologische* Bedingungen. Die Semantik, die in einer epistemologischen Theorie vorausgesetzt bzw. implizit enthalten ist, darf weder die Verständlichkeit genuiner Erkenntnis ausschließen noch die des Irrtums, das heißt des Falschliegens in Bezug auf die wirkliche Beschaffenheit der Dinge. Wir müssen beides verstehen können – was es für etwas Seiendes bedeutet, so zu erscheinen, wie es ist, und was es bedeutet, so zu erscheinen, wie es nicht ist. Eine epistemologische Theorie, die nicht beides verständlich macht, erweist sich als inadäquat für unsere Bemühungen, die wirkliche Beschaffenheit der Dinge zu erkennen und zu verstehen.

Sich der Epistemologie derart aus semantischer Richtung zu nähern, geht mit der Vermutung einher, dass diesen epistemologischen Bedingungen semantische Bedingungen zugrunde liegen. Ich denke, das ist hier tatsächlich der Fall. Aus den äußerst knappen Bemerkungen, die Hegel in den ersten Absätzen der »Einleitung« macht, lassen sich solche semantischen Bedingungen nicht herauslesen. Vielmehr müssen wir sie aus der Lösung ableiten, die er abschließend für die von ihm ebenda aufgeworfenen Probleme vorschlägt. Die erste Bedingung können wir (mit Blick auf Frege) als die *Bedingung der Art des Gegebenseins* bezeichnen. Ihr zufolge müssen Erscheinungen (Sinne, Repräsentierendes) wesentlich, und nicht bloß zufällig, Erscheinungen *von* einer behaupteten Wirklichkeit sein. Damit etwas als richtiges Erfassen von Erscheinendem gilt, muss dieses *als* eine Erscheinung von etwas erfasst werden. Wenn alles gutgeht, so gilt das Erfassen der Erscheinung als eine Art von Wissen über das, von was sie eine Erscheinung ist. Erscheinungen müssen eine Wirklichkeit semantisch sichtbar (oder anderweitig zugänglich) machen. Es geht also nicht darum, Erscheinungen, anstatt sie zu verdinglichen, als adverbiale Bestimmungen zu betrachten, also als etwas, das so und so erscheint. Was an sich kein dummer Gedanke ist, aber trotzdem nicht der Punkt, um den es hier geht. Sondern: Wenn die epistemologische Bedingung genuiner Erkenntnis von einem zweistufigen Repräsentationsmodell erfüllt werden soll, dann muss es sich bei dem Repräsentierenden in einem robusten Sinne um das semantische Gegebensein eines Repräsentierten handeln. Denn das Erfasste ist keine Repräsentation, solange es nicht als Repräsentierendes eines Repräsentierten erfasst wird. Im Weiteren werden wir sehen, wie Hegel diese Forderung im Anschluss an Kant versteht: Etwas praktisch als Repräsentierendes zu betrachten bzw. zu behandeln heißt, es in Hinblick auf seine *Richtigkeit* als Gegenstand einer *normativen* Bewertung zu betrachten bzw. zu behandeln, in der das dabei Repräsentierte als *Maßstab* der Richtigkeitsbewertung dient.

Eine zweite semantische Bedingung, die epistemologische Theorien erfüllen müssen, ist meines Erachtens bereits implizit in Hegels Verständnis der epistemologischen Bedingung genuiner Erkenntnis enthalten: Um Raum für die Möglichkeit genuiner Erkenntnis zu schaffen, muss die repräsentationale Beziehung semantisch als etwas gefasst werden, das das Repräsentierte als etwas abbildet, das dem es Repräsentierenden *rationale* Beschränkungen auferlegt. Wenn die Repräsentationsbeziehung keiner Störung unterliegt, so muss die Beschaffenheit des Repräsentierten einen *Grund* dafür liefern, dass das Repräsentierende so ist, wie es ist. Das, worauf wir im Sprechen (bzw. Denken) Bezug nehmen, muss Gründe für das von uns Gesagte (bzw. Gedachte) liefern können. Nennen wir dies die *Bedingung der rationalen Beschränkung*. Obgleich Hegel in der »Einleitung« nicht für diese Bedingung argumentiert, ist sie meines Erachtens die entscheidende Prämisse des von ihm dort gelieferten Arguments. Man könnte den Gedanken folgendermaßen zusammenfassen: Um das bloße differenzierte Reagieren auf die An- oder Abwesenheit einer Tatsache oder Eigenschaft unterscheiden zu können von dem *verstehenden Erfassen* ebendieser Tatsache oder Eigenschaft – dem Haben von Gedanken, die repräsentational *auf sie Bezug nehmen* und insofern, wenn alles gutgeht, als Erkenntnis über sie gelten –, muss diese Tatsache oder Eigenschaft dem erkennenden Subjekt als Grund dafür dienen können, eine Überzeugung zu bilden bzw. eine Verpflichtung einzugehen. Das Paradigma semantischer Bezugnahme hängt somit von der *rationalen* Fähigkeit ab, die Beschaffenheit der Dinge *als* etwas zu erfassen, das uns Gründe für unsere Einstellungen liefert, die durch diese rationale Rechenschaftspflicht als etwas gelten, das Bezug nimmt darauf, wie die Dinge sind.

Hegel hat von Kant gelernt, Repräsentation als etwas *Normatives* zu begreifen. Das Repräsentierte übt eine besondere Form von *Autorität* über das Repräsentierende aus; das Repräsentierende ist gegenüber dem von ihm Repräsentierten *verantwortlich*. Repräsentiertes dient als eine Art autoritativer *normativer Maßstab* für die *Richtigkeits*bewertungen dessen, was als ein Repräsentierendes gilt (sei es nun eine richtige oder falsche Repräsentation); und das Repräsentierende gilt nur als Repräsentierendes, wenn es Richtigkeitsbewertungen unterliegt, für die das Repräsentierte den Maßstab bereitstellt. Die Bedingung der rationalen Beschränkung fügt hier noch hinzu, dass der Maßstab (das Repräsentierte) *Gründe* für die Bewertung bereitstellen muss. Im Zusammenhang von Kants und Hegels Auffassungen ist das aber in Wirklichkeit keine zusätzliche These. Keiner von ihnen unterscheidet zwischen Normen (bzw. Regeln) überhaupt und Normen (bzw. Regeln), die aufgrund ihrer *begrifflichen* Gliederung *rational* sind. Sie betrachten vielmehr *alle* Normen als begriffliche Normen. Normen (bzw. Regeln) und Begriffe sind nur zwei Formen, um über ein und dieselbe Sache zu sprechen. Begriffliche Normen sind Normen, die bestimmen, was wofür ein Grund ist. Dass eine Norm gehaltvoll ist, bedeutet, dass sie einen *begrifflichen* Inhalt hat. Und um diesen anzugeben, muss man sagen, wofür oder wogegen sie ein Grund sein kann und was ein möglicher Grund wäre, der für oder gegen sie spricht. Dies ist die einzige Form von Inhalt, die Hegel und Kant anerkennen. Die Deutschen Idealisten sind in Bezug auf Normen Rationalisten. Sie denken, dass Normen (bzw. Regeln) nur insofern gehaltvoll sind, als sie begrifflich gehaltvoll sind.

Die Bedingung der rationalen Beschränkung erläutert also den Sinn von »Repräsentation« bzw. »Bezugnahme«, von dem die Bedingung der Art des Gegebenseins abhängt. Diese zwei semantischen Bedingungen liefern die entscheidenden Adäquatheitskriterien, um die beiden epistemologischen Bedingungen zu erfüllen: die Bedingung genuiner Erkenntnis und die Bedingung der Verständlichkeit des Irrtums. Denn die Verständlichkeit des Begriffs der genuinen Erkenntnis (bzw. des Irrtums) darüber, wie die Dinge wirklich beschaffen sind, beruht auf der rationalen normativen Beschränkung, die die Wirklichkeit auf das ausübt, was als eine Erscheinung von ihr bzw. als ein Repräsentierendes gilt. Diese Beschränkung übt die Wirklichkeit nur insofern aus, als Erscheinung bzw. Repräsentierendes der normativen Bewertungen hinsichtlich Richtigkeit bzw. Falschheit unterliegen (Erkenntnis oder Irrtum), wobei diese Wirklichkeit als Maßstab dient und die Gründe für diese Bewertungen bereitstellt.

Wenn diese vier Bedingungen die relevanten Adäquatheitskriterien epistemologischer Theorien (und ihrer impliziten Semantiken) sind, worin genau besteht dann das Argument gegen die zweistufigen Theorien der Repräsentation, die sich auf eine strenge Unterscheidung der Verständlichkeit von Repräsentierendem und Repräsentiertem (Erscheinung und Wirklichkeit) verpflichten? Warum können derartige Theorien die Adäquatheitskriterien nicht erfüllen? Für zweistufige Theorien – sowohl für die Descartes' als auch für die Kants und Freges – ist es charakteristisch, zwischen zwei Formen des Erkennens und Verstehens der

Dinge zu unterscheiden. Einige Dinge werden (nur) repräsentational erkannt, also indem sie repräsentiert werden; andere Dinge (dem Regressargument zufolge auch Dinge, die repräsentieren) werden nichtrepräsentational erkannt, also irgendwie, bloß nicht durch Repräsentation. Wenn wir in einem theoretischen Rahmen wie diesem an der Untersuchung von Erkenntnisvermögen interessiert sind, dann interessieren wir uns für diese Repräsentationsbeziehung, da Erkenntnisvermögen das Werkzeug bzw. Medium sind, das Repräsentationen des Wirklichen hervorbringt. Dies gibt Anlass, uns zu fragen, wie es um die Repräsentationsbeziehung selbst bestellt ist, also die Beziehung zwischen dem Repräsentierenden und dem Repräsentierten. Wird sie repräsentational oder nichtrepräsentational erkannt? Wenn sie selbst nur erkennbar und verständlich ist, wenn sie repräsentiert wird, dann geraten wir scheinbar in einen infiniten Regress à la Bradley (einer jener Nachfolger, denen Descartes mit Bedenken entgegensah). Das epistemologische Projekt bleibt unverständlich, wenn es uns nicht gelingt, die Beziehung verständlich zu machen, die zwischen Repräsentationen von repräsentationalen Beziehungen (was sie für diejenigen sind, die repräsentieren) und diesen repräsentationalen Beziehungen selbst besteht, und dann im nächsten Schritt die Repräsentationen *dieser* Beziehung betrachten und so weiter. Solange wir nicht das Ganze dieser unendlichen Kette aus repräsentierten Repräsentierendem erfassen, sind wir nicht in der Lage, die repräsentationale Beziehung zu verstehen – das »Werkzeug oder Medium« der Repräsentation. Dies hat unvermeidlich einen semantischen Skeptizismus zur Folge, einen Skeptizismus gegenüber dem bloßen *Anspruch*, etwas zu repräsentieren. Das ist im Kern das cartesische Regressargument für die Annahme einer nichtrepräsentationalen Erkenntnis des Repräsentierenden. Allerdings wird es hier nicht nur auf das Repräsentierende angewendet, sondern auch auf die repräsentationale Beziehung, in der das Repräsentierende zum Repräsentierten steht.

Soll Epistemologie und mithin Erkenntnis verständlich sein, so bleibt allem Anschein nach in diesem begrifflichen Rahmen nur noch die Möglichkeit, die andere Seite des Dilemmas zu wählen und anzunehmen, dass die Repräsentationsbeziehung etwas ist, das selbst nichtrepräsentational erkannt und verstanden werden kann und in dieser Hinsicht somit zu derselben Klasse gehört wie Repräsentationen und Erscheinungen selbst. Mit dieser Reaktion auf das Dilemma, dem unser Verständnis von Repräsentationsbeziehung gegenübersteht, erkennen wir faktisch die Bedingung der Art des Gegebenseins an. Denn wir sagen damit, dass es zu unserem nichtrepräsentationalen Verständnis von Erscheinungen (Repräsentierendem) gehören muss, dass sie *als* Erscheinungen (Repräsentierendes) *von* etwas verstanden werden. Ihre repräsentationalen Eigenschaften, ihr Von-etwas-Sein, ihre Beziehung zu dem, was sie zumindest dem Anspruch nach repräsentieren – all dies muss in der gleichen Weise verständlich sein wie das Repräsentierende selbst.

Die Bedingung der rationalen Beschränkung besagt: um als Erscheinung (Repräsentierendes, eine Art des Gegebenseins) *von* etwas verständlich zu sein, müssen Erscheinungen als etwas verstanden werden können, das durch das von ihnen Repräsentierte einer *rationalen* Beschränkung unterliegt. Das Repräsentierte muss also als eine Quelle von *Gründen* für Bewertungen der Richtigkeit oder Falschheit der Erscheinungen bzw. des Repräsentierenden verstanden werden können. Gründe sind etwas, das im Denken bzw. Sprechen vorkommen kann, beispielsweise, wenn sie *als* Gründe für eine Bewertung angeführt werden, wonach ein Repräsentierendes richtig oder falsch, also eine Erkenntnis oder ein Irrtum ist. Damit wird aber gesagt, dass die Quelle der Gründe für solche Bewertungen – nicht weniger als die Bewertungen selbst – *begriffliche* Form haben muss. Gründe für das Eingehen einer Verpflichtung (zum Beispiel zu einer Bewertung der Richtigkeit und Falschheit) anzugeben heißt, exemplarisch eine Begründung zu bejahen, also eine Inferenz, in der die Prämissen gute Gründe für die Verpflichtung bereitstellen. Es bedeutet, die Prämissen anzuführen, deren Bejahung zur Konklusion berechtigt. Gründe müssen begrifflich gegliedert sein, und zwar genauso wie das, für was sie Gründe sind.

Anders gesagt, Erscheinungen müssen als etwas verständlich bzw. erfassbar sein, das begrifflich gegliedert ist. Um das Urteil zu verstehen, dass dies und das der Fall ist, muss man die Begriffe verstehen, die im Urteil angewendet werden. Dies gelingt nur, wenn man die Rolle dieser Begriffe im Begründen praktisch beherrscht, also sowohl versteht, wofür und wogegen ihre Anwendbarkeit Gründe liefert, als auch versteht, inwieweit ihre Anwendbarkeit wiederum von solchen Gründen bestimmt wird, die sich aus der Anwendbarkeit anderer Begriffe ergeben. Wenn die Beziehung zwischen Erscheinungen und Wirklichkeit, deren Erscheinungen sie sind – das, was sie repräsentieren, bzw. dessen Beschaffenheit sie wiedergeben (das »so-und-so«) –, im gleichen Sinne verständlich sein soll wie die Erscheinungen selbst (um einen Regress in der Repräsentation zu vermeiden), dann muss dies daran liegen, dass diese Beziehung selbst eine *begriffliche* Beziehung ist. Sie ist eine Beziehung zwischen Begriffen bzw. Begriffsanwendungen, eine Beziehung zwischen Dingen, die begrifflich gegliedert sind.

Hieraus lässt sich folgende Schlussfolgerung ziehen: Wenn die Bedingung der rationalen Beschränkung erfüllt sein muss, damit auch die Bedingungen genuiner Erkenntnis und der Verständlichkeit des Irrtums erfüllt sind (also falls die Bedingung der rationalen Beschränkung wirklich eine semantisch notwendige Bedingung für das Erfüllen dieser epistemologischen Adäquatheitskriterien ist) – und zwar vielleicht einfach deshalb, weil sie eine notwendige Bedingung für das Erfüllen der Bedingung der Art des Gegebenseins ist, welche selbst eine notwendige semantische Bedingung für das Erfüllen der epistemologischen Bedingungen genuiner Erkenntnis und der Verständlichkeit des Irrtums ist –, dann können diese Bedingungen nicht von zweistufigen Theorien der Repräsentation erfüllt werden, die sich zu einer strengen Unterscheidung der Verständlichkeit von Repräsentierendem und Repräsentiertem verpflichten. Wenn nicht nur Repräsentierendes, sondern auch die Repräsentationsbeziehung in einem Sinn verständlich sein muss, der ihre begriffliche Gliederung fordert, dann müssen beide Seiten der Repräsentationsbeziehung begrifflich gehaltvoll sein. Nur so wird verständlich, wie das Repräsentierte dem Repräsentierenden eine rationale Beschränkung auferlegt und *Gründe* für die Bewertung seiner Richtigkeit oder Falschheit bereitstellt.

III. Eine nichtpsychologische Vorstellung vom Begrifflichen

Ich habe mich bemüht, die Tiefenstruktur freizulegen, die sich hinter der äußerst knapp gehaltenen und mit Metaphern aufgeladenen Oberfläche jener Absätze verbirgt, mit denen Hegel die »Einleitung« beginnt. Mein Anspruch war es bisher nur, ein Argument zu skizzieren, das sich vielleicht weiter ausarbeiten lässt. Es bedarf aber einer weiteren Untersuchung der Gründe, die dafür sprechen, die Bedingung der rationalen Beschränkung zu akzeptieren – die Bedingung also, die ich hier als tragende Hauptprämisse ausgewiesen habe. Ein entscheidendes Element dieses Unterfangens besteht darin, die Begriffe BEGRIFFLICHE GLIEDERUNG und BEGRIFFLICHER INHALT zu klären. Denn die Bedingung der rationalen Beschränkung muss sowohl für das Repräsentierende als auch für das Repräsentierte gelten; und genau dies wird von demjenigen verneint, der sich zu einer Repräsentationstheorie mit einer strengen Unterscheidung zwischen Arten der Verständlichkeit verpflichtet. Für das Unterfangen ist es hilfreich zu untersuchen, welche Formen von Theorien hypothetisch zur Verfügung stehen, nachdem man die strenge Unterscheidung zwischen der Verständlichkeit von Erscheinung und der Verständlichkeit der Wirklichkeit zurückgewiesen hat, das heißt, sobald man sich darauf verpflichtet hat, zwischen Repräsentierendem und Repräsentiertem keine Kluft hinsichtlich ihrer Verständlichkeit aufbrechen zu lassen.

Als Ausgangspunkt kann uns die folgende Definition von Frege dienen: »Eine Tatsache ist ein Gedanke, der wahr ist.«[9] Ein Gedanke ist Frege zufolge der Sinn eines Aussagesatzes. Gedanken sind Behauptungen – nicht im Sinne des Aktes des Behauptens, sondern des behauptbaren Inhalts. Eine Tatsache, so sagt er, ist nicht etwas, das einem solchen Sinn *korrespondiert* oder von ihm *repräsentiert* wird. Sie ist *nichts anderes* als ein solcher Sinn – eben einer, der wahr ist. Tatsachen sind eine Teilmenge der Sinne, der behauptbaren Inhalte, des Repräsentierenden, des gedanklich Erscheinenden. So wie ich es sehe, verbleibt Frege beim zweistufigen Repräsentationsmodell für die Beziehung zwischen Sinn und Referenzgegenstand (in diesem Fall Gedanke und Wahrheitswert). Und dies ist wesentlich für das, was ihm zufolge ein Sinn *ist*, nämlich die Art des Gegebenseins eines Referenzgegenstandes. Soweit es aber um das Verhältnis von Gedanken und *Tatsachen* geht, beruft er sich nicht auf dieses Modell. Auch Wittgenstein sagt: »Wenn wir sagen, *meinen*, daß es sich so und so verhält, so halten wir mit dem, was wir meinen, nicht irgendwo vor der Tatsache: sondern meinen, daß *das und das – so und so – ist.*«[10] Der Inhalt dessen, was wir sagen oder meinen, *ist* in diesen Fällen die Tatsache selbst. Ein solcher Ansatz wird zuweilen unter dem Titel der »Identitätstheorie der

9 Gottlob Frege, »Der Gedanke«, in: ders., *Logische Untersuchungen*, Göttingen 1993, S. 50.

10 Ludwig Wittgenstein, *Philosophische Untersuchungen,* Werkausgabe Bd. 1, Frankfurt/M. 1995, § 95.

Wahrheit« behandelt[11] und unter diesem Label manchmal John McDowell zugeschrieben.[12]

In einem Ansatz wie diesem findet sich keine prinzipielle Kluft zwischen Erscheinung und Wirklichkeit (Geist und Welt), da, wenn alles gutgeht, die Erscheinungen ihren Inhalt von dem Wirklichen erhalten, dessen Erscheinung sie sind. Gedanken (im Sinne von Denkakten) und wahre Gedanken (im Sinne von Denkbarem), die den Tatsachen entsprechen, die sie repräsentieren, können einen gemeinsamen Inhalt haben. (Wie bereits oben angemerkt, würde Frege dies nicht so darstellen. Für ihn sind Tatsachen etwas, das repräsentiert, und nicht unbedingt etwas, das repräsentiert wird.) Auch hier gibt es einen Unterschied zwischen Repräsentierendem und Repräsentiertem, so dass das zweistufige Repräsentationsmodell weiterhin Anwendung findet. Jedoch werden sie jeweils beide als Form verstanden, in der sich ein und derselbe Inhalt manifestieren kann.

Besonders bemerkenswert an solchen Theorien ist ihre Verpflichtung auf die Behauptung, dass »das Begriffliche keine äußere Grenze hat«, wie es McDowell in *Geist und Welt* formuliert. Was denkbar ist, wird mit dem identifiziert, was begrifflich gehaltvoll ist. Die objektiven Tatsachen werden genau wie die subjektiven Denkakte und das, was von ihnen behauptet wird, als begrifflich geformt betrachtet. Dies dachte auch der frühe

11 Vgl. etwa Jennifer Hornsby, »Truth. The Identity Theory«, in: *Proceedings of the Aristotelian Society* XCVII (1997), S. 1-24 (wiederabgedruckt in Michael P. Lynch [Hg.], The *Nature of Truth. Classic and Contemporary Perspectives*, Cambridge, Mass./London 2001, S. 663-681); vgl. auch Julian Dodd, *An Identity Theory of Truth*, Basingstoke/New York 2008.

12 Vgl. etwa Julian Dodd, »McDowell and Identity Theories of Truth«, in: *Analysis* 55.3 (1995), S. 160-165. Ich bezweifle, dass McDowell glücklich wäre über diese Darstellung seiner Ansichten in *Geist und Welt* bezüglich der Notwendigkeit, uns selbst als begrifflich offen gegenüber dem Aufbau der Wirklichkeit zu verstehen.

Wittgenstein: »Die Welt ist alles, was der Fall ist. Die Welt ist die Gesamtheit der Tatsachen [...]«.[13] Und was der Fall ist, kann von ihr *ausgesagt* werden. Tatsachen sind wesentlich, nicht bloß zufällig, etwas *Aussagbares.* Theorien mit dieser Implikation bieten ein äußerst günstiges Umfeld für die Erfüllung der Bedingung der rationalen Beschränkung und daher (im Kontext eines geeigneten kantisch-normativen Verständnisses von Bezugnahme) auch für die Erfüllung der Bedingung der Art des Gegebenseins – also für die Bedingungen, die für ein Verständnis der Beziehung zwischen gedanklichen Erscheinungen und der durch sie je erscheinenden Wirklichkeit nötig sind.

Die Plausibilität eines solchen Ansatzes hängt prinzipiell von dem Verständnis des Metabegriffs BEGRIFFLICH ab (BEGRIFFLICHES GEHALTVOLLSEIN und BEGRIFFLICHE GLIEDERUNG), da er die Erklärung für diesen Ansatz abgeben muss.[14] Es gibt eine ganze Reihe von Auffassungen dieses Metabegriffs, die diesen Ansatz als völlig unplausibel und unhaltbar betrachten. Würde man beispielsweise Begriffe in letzter Instanz *psychologisch* verstehen, so würden der Idee, dass Gedanken (Akte des Denkens und Überzeugtseins) und Tatsachen den gleichen begrifflichen Inhalt haben können, unerwünschte Folgen entspringen. Man könnte meinen, dass Überzeugungen und Gedanken in erster Linie begrifflich gehaltvoll sind und andere Dinge wie zum Beispiel visuelle oder akustische Signale (Zeichen und Laute) nur indirekt als begrifflich gehaltvoll gelten können, da sie bloß Ausdruck von Überzeugungen und Gedanken sind. Behauptet man jedoch, dass (wenn alles gutgeht) die in diesen Überzeugungen und Gedanken (und abgeleitet in Zeichen und

13 Ludwig Wittgenstein, *Tractatus logico-philosophicus. Logisch-philosophische Abhandlung*, Werkausgabe Bd. 1, Frankfurt/M. 1995, Sätze 1 f.

14 Was bei McDowell teilweise zu Recht kritisiert wird, ist sein Unwillen, derartige Details seiner Vorstellung vom BEGRIFFLICHEN in *Geist und Welt* wiederzugeben.

Lauten) ausgedrückten Tatsachen selbst begrifflich gehaltvoll sind, droht die Existenz dieser Tatsachen (einschließlich derer, die niemals ausgedrückt bzw. repräsentiert werden) auf eine problematische Weise von der Existenz von Akten des Denkens und Überzeugtseins abhängig zu werden.[15] Die gleiche unglückliche Implikation ergibt sich, wenn man die Bedingung der Art des Gegebenseins in Gestalt der Bedingung der rationalen Beschränkung mit Davidsons Behauptung verbindet, dass nur eine »Überzeugung eine andere Überzeugung rechtfertigen kann«. Berkeley hat behauptet, das Einzige, von dem wir sinnvollerweise sagen können, dass wir es mit unseren Gedanken repräsentieren, seien andere Gedanken (die Gedanken Gottes). Einige der Britischen Idealisten dachten, dass die Wirklichkeit, die uns in unseren Gedanken und Überzeugungen erscheint, eben im Gedanken über das Absolute besteht – und meinten, dies hätten sie von Hegel gelernt. In jüngerer Zeit legt Derrida (unter Verwendung der begrifflich vorkantischen und vorfregeschen Terminologie de Saussures) eine Auffassung der Welt vor, die allein aus Signifikanten besteht, wobei die einzigen verfügbaren Dinge, die durch sie bezeichnet werden, weitere Signifikanten sind. Hier ist offenkundig etwas völlig schiefgegangen. Im Zuge all dieser Argumente wird ignoriert, was Sellars die »notorious ›ing‹/›ed‹ ambiguity«[16] genannt hat, welche auf die Unterschei-

15 Es ist jedoch möglich (und geboten), die Unterscheidung zwischen einer (problematischen) Abhängigkeit der Referenz und einer (unproblematischen) Abhängigkeit des Sinns ins Feld zu führen; hierauf werde ich im Verlaufe des Buches noch zu sprechen kommen.

16 Diese Mehrdeutigkeit betrifft Wörter wie hier beispielsweise »Urteil«, mit dem entweder ein spezifischer subjektiver Vollzug, das Urteilen bzw. der Urteilsakt, oder der Inhalt eines solchen Vollzugs, das darin Geurteilte bzw. der Urteilsinhalt, bezeichnet werden kann. Im Deutschen entspricht dem die Unterscheidung zwischen dem *Verbalnomen* (»das Urteilen«) und der *Substantivierung des Partizips Perfekt* (»das Geurteilte«). (Anm. d. Übers.)

dung abzielt zwischen einerseits Gedanken und Überzeugungen im Sinne von Denken und Überzeugtsein und andererseits Überzeugungen im Sinne dessen, was gedacht wird oder gedacht werden kann bzw. von was man überzeugt ist oder überzeugt sein kann. Könnte man Hegels Argument am Anfang der *Phänomenologie* nur so explizieren, dass *diese* Art Idealismus aus ihm folgt, dann sollten wir es als Ausgangspunkt für einen *modus tollens* und nicht für einen *modus ponens* verwenden.

Hegel meint jedoch, dass die Adäquatheitskriterien für die Erklärungen des Verhältnisses zwischen Erscheinung und Wirklichkeit, die seinem Argument zugrunde liegen, im Zusammenhang mit einer ganz anderen, vollkommen *nicht*psychologischen Vorstellung vom BEGRIFFLICHEN GEHALTVOLLSEIN erfüllt werden können und somit die unerwünschten Folgen vermieden werden. Die Art von Idealismus, die ebenso einen »Weltdenker« auf objektiver Seite erfordert wie einen endlichen Denker auf subjektiver Seite, ist in der Tat eine *reductio ad absurdum*. Dies sollte uns jedoch nicht dazu verleiten, die Behauptung aufzugeben, dass zweistufige Theorien der Repräsentation es vermeiden müssen, eine strenge Unterscheidung zwischen den Formen der Verständlichkeit des Repräsentierenden und des Repräsentierten vorzunehmen (da sie sonst nicht die Bedingungen der rationalen Beschränkung und der Art des Gegebenseins bzw. nicht die Bedingungen genuiner Erkenntnis und der Verständlichkeit des Irrtums erfüllen können). Vielmehr sollten wir die psychologische Vorstellung von BEGRIFFLICHER GLIEDERUNG (und somit der Verständlichkeit) aufgeben, mit der diese zweistufigen Theorien gewöhnlich verknüpft werden.

Hegel gewinnt seinen Begriff BEGRIFFLICHER INHALT, indem er über Kants Theorie des Urteils nachdenkt und dessen Verständnis von Begriffen als Urteilsfunktionen positiv aufgreift. Kant versteht Urteilen als etwas *Normatives* und *Pragmatisches*: Auf normativer Seite versteht er es als ein Sich-selbst-*Ver-*

pflichten, ein Übernehmen von *Verantwortung* für etwas, ein *Bejahen* des geurteilten Inhalts. Auf pragmatischer Seite versteht er diese normativen Akte *praktisch*; sie zielen darauf ab, sich zu etwas zu verpflichten bzw. Verantwortung für etwas zu übernehmen. Man ist dafür verantwortlich, den bejahten Inhalt in eine Konstellation von Verpflichtungen zu integrieren, die die spezifische Art der Einheit von Apperzeption aufweist. Dies zu tun (die Einheit zu »synthetisieren«) bedeutet, Verpflichtungen aus der dynamisch sich entwickelnden Einheit auszuschließen, die material *unvereinbar* mit der neuen Verpflichtung sind, sowie die materialen *Folgerungen* aus der neuen Verpflichtung zu entfalten und zu bejahen und als weitere Verpflichtungen in die Konstellation einzubauen. Zu urteilen, dass *p*, verpflichtet dazu, *p* in das zu *integrieren*, zu was man bereits verpflichtet ist, also eine neue Konstellation von Verpflichtungen zu synthetisieren, die die *rationale* Einheit aufweist, die für die Apperzeption charakteristisch ist. Hegel betrachtet den Ausschluss und Ausstoß unvereinbarer Verpflichtungen und die Entfaltung und Erweiterung durch Folgerungen als das Ein- und Ausatmen, den Atemrhythmus, durch den rationale Subjekte leben und sich entwickeln.

Das Synthetisieren eines normativen Subjekts, welches die für die Apperzeption spezifische synthetische Einheit aufweisen muss, ist ein *rationaler* Prozess. Wenn ein Urteil mit einem anderen Urteil material unvereinbar ist, dient es als *Grund* gegen das Bejahen dieses anderen Urteils, und wenn ein Urteil ein anderes Urteil als material-inferentielle Folgerung mit sich bringt, dient es als Grund dafür, dieses andere Urteil zu bejahen. Um die Tätigkeit des Urteilens von der Synthesis her zu verstehen, in der Verpflichtungen in eine rationale Einheit der Apperzeption integriert werden, ist es erforderlich, dass mögliche Urteils*inhalte* in Beziehungen materialer Unvereinbarkeit und Folgerung zueinander stehen. Solche Beziehungen sind das, was den apperzeptiven Prozess der Synthesis beschränkt, und zwar indem sie bestimmen, was als eine korrekte und erfolgreiche Erfüllung der praktischen Verantwortung zu Integration durch das urteilende Subjekt gilt. Begriffe bestimmen als Urteilsfunktionen sowohl das, was als ein Grund für bzw. gegen ihre Anwendbarkeit gilt, als auch das, wofür bzw. wogegen ihre Anwendbarkeit ein Grund ist. Weil dies nicht nur für formale oder logische, sondern für *alle* Begriffe wahr ist, müssen die durch Begriffe bestimmten Unvereinbarkeits- und Folgerungsbeziehungen allgemein als *materiale* (mit dem nichtlogischen *Inhalt* der Begriffe verbundene) Beziehungen aufgefasst werden, und nicht als rein *logische* (mit ihrer logischen *Form* verbundene) Beziehungen.[17]

Ich habe nun bereits einige Schritte gemacht: Zunächst habe ich die Idee begrifflichen Inhalts als etwas bestimmt, das durch Beziehungen materialer Unvereinbarkeit und Folgerung gegliedert ist. Diese Gliederung habe ich hier im kantischen Sinne erläutert, nämlich durch die Normen, die diese Inhalte dem Prozess des Urteilens als rationaler Integration auferlegen. Die begrifflichen Inhalte stellen die Maßstäbe bereit, hinsichtlich der diese Integration normativ als richtig und erfolgreich bewertet werden. Sie legen fest, wozu sich jemand verpflichtet bzw. wofür er Verantwortung übernommen hat, wenn er einen Urteilsinhalt bejaht. Ich habe aber auch gesagt, dass Hegels Idee begrifflichen Inhalts *keine psychologische* Idee ist. Damit ist gemeint, dass es *normative* Beziehungen sind, die den begrifflichen Inhalt gliedern. Es geht darum, was jemand tun *soll*, und nicht um das, was sich unmittelbar an seinem *tatsächlichen* Verhalten oder seinen Verhaltensdispositionen ablesen lässt. Diese Unter-

17 Ich habe Kants normative und pragmatische Theorie des Urteilens und wie sie zur Idee begrifflichen Inhalts führt und was Hegel daraus macht, in einem meiner Bücher behandelt. Vgl. Robert B. Brandom, *Reason in Philosophy. Animating Ideas*, Cambridge, Mass./London 2009, Kap. 1-3.

scheidung ist sowohl für Kant als auch für Hegel von entscheidender Bedeutung. Bei Hegel aber erweist sich diese normative Herangehensweise an den Begriff des begrifflichen Inhalts in einem weitaus robusteren Sinne als nichtpsychologisch. Seine Idee besteht darin, dass begriffliche Bestimmtheit in diesem Sinne nicht bloß die subjektive Seite des intentionalen Nexus charakterisiert, sondern auch dessen objektive Seite – nicht bloß den Prozess des Denkens, sondern auch das, worauf das Denken Bezug nimmt.

Denn objektive Eigenschaften und somit die Tatsachen, in denen Gegenstände diese oder jene Eigenschaften aufweisen, stehen *ebenfalls* zueinander in Beziehungen materialer Unvereinbarkeit und Folgerung. Die Naturwissenschaft, paradigmatisch die newtonsche Physik, zeigt, dass Eigenschaften und Tatsachen in *gesetzmäßigen* Beziehungen von Ausschluss und Folgerung zueinander stehen. Dass zum Beispiel zwei Körper, die keinen anderen Kräften unterliegen, miteinander kollidieren, ist material (nicht logisch, da gemäß Naturgesetzen) unvereinbar damit, dass sich ihre jeweilige Beschleunigung nicht ändert. Aus der Tatsache, dass sich die Beschleunigung eines massereichen Körpers ändert, folgt material (also gesetzmäßig notwendig), dass auf ihn eine Kraft einwirkt. Im ersten Fall *heben* sich die beiden möglichen Weltzustände nicht bloß voneinander *ab* (sind nicht bloß unterschieden); es ist vielmehr *unmöglich* (gemäß der newtonschen Physik, nicht der Logik, also *physikalisch* unmöglich), dass beides zugleich Tatsache sein soll. Im zweiten Fall ist es eine physikalische Notwendigkeit (also bestimmt durch physikalische Gesetze), dass, wenn eine Tatsache der ersten Art *besteht*, auch eine Tatsache der zweiten Art besteht.

Wenn wir mit Hegel »begrifflich« als »in Beziehungen materialer Unvereinbarkeit und Folgerung stehend« verstehen, dann haben die objektiven Tatsachen und Eigenschaften, die die Naturwissenschaften als physikalische Wirklichkeit entdeckt, selbst begriffliche Gestalt. Der *modale* Realismus, dem zufolge einige

Sachverhalte andere notwendig bzw. unmöglich machen, das heißt das Anerkennen von Naturgesetzen, impliziert also einen *Begriffs*realismus, dem zufolge die objektive Beschaffenheit der Welt an sich begrifflich gegliedert ist. Diese Vorstellung vom Begrifflichen ist in einem robusten Sinne nichtpsychologisch: Damit etwas begrifflichen Inhalt hat, also in Beziehungen materialer Unvereinbarkeit und Folgerung steht, ist es hiernach nicht erforderlich, dass irgendjemand irgendetwas *denkt* oder irgendeine *Überzeugung* hat. Wenn Newtons Gesetze wahr sind, dann galten sie schon, bevor es denkende Wesen gab, und sie würden selbst dann gelten, wenn es denkende Wesen niemals gegeben hätte. Die durch diese Gesetze beherrschten Tatsachen, beispielsweise jene ersten Partikelkollisionen nach dem Urknall, stehen zu anderen möglichen Tatsachen in gesetzmäßigen Beziehungen relativer Unmöglichkeit und Notwendigkeit und haben dieser Vorstellung des Begrifflichen zufolge einen begrifflichen Inhalt, gleichgültig, ob irgendein subjektiver Denkprozess (in dieser oder einer anderen möglichen Welt) zuvor oder währenddessen stattgefunden hat oder jemals stattfinden wird.

So, wie ich den Ausdruck verwende, versteht eine »psychologische« Theorie des Begrifflichen Begriffe gewissermaßen als mentale Einzeldinge bzw. als Aspekte mentaler Einzeldinge, also wesentlich als Eigenschaften psychologischer bzw. intentionaler Zustände, paradigmatisch formuliert als Akte des Denkens und des Überzeugtseins. Hegels nichtpsychologisches Verständnis vom Begrifflichen – also in Beziehungen nichtlogischer Unvereinbarkeit und Folgerung zu stehen – erlaubt es, psychologische bzw. intentionale Zustände und Episoden als begrifflich gehaltvoll anzusehen. Es schränkt jedoch die Anwendbarkeit begrifflicher Prädikate nicht auf solche Zustände und Episoden ein. Es ist wichtig, diesen Punkt fest im Blick zu behalten, wenn man über Hegels Begriffsrealismus nachdenkt. Verknüpft man den Begriffsrealismus bezüglich der objektiven Welt mit einem psychologischen Verständnis des Begrifflichen, dann ergibt sich ein Idealismus berkeleyscher Prägung, dem zufolge objektive Tatsachen einen Weltdenker erfordern, der diese Tatsachen als Gedanken denkt. Dies ist ausdrücklich *nicht* Hegels Gedanke (ebenso wenig wie der Freges, Wittgensteins oder McDowells) – obgleich seine Verwendung des Terminus »Weltgeist« (der an drei Stellen in der *Phänomenologie* auftaucht) einige Leute (einschließlich einiger seiner Bewunderer wie etwa Royce oder selbst Bradley) in dieser Sache in die Irre geführt hat. Weiter unten werde ich ein alternatives Verständnis jener Bemerkungen in der »Vorrede« vorstellen, wonach »die Substanz wesentlich Subjekt« ist.

Hegel meint, dass der Einsicht in den begrifflichen Charakter der objektiven Wirklichkeit eine noch tiefere Einsicht zugrunde liegt. Er behauptet nämlich, die Idee der BESTIMMTHEIT selbst müsse so verstanden werden, dass ein Ding, das bestimmt ist, in Unvereinbarkeits- und Folgerungsbeziehungen zu einem anderen Ding stehen muss, das ebenfalls derartig bestimmt ist. Hegel bejaht das Prinzip Spinozas: »Omnis determinatio est negatio.« Bestimmt zu sein bedeutet, dass etwas so-und-so beschaffen ist, *anstatt anders*. Dieser Gedanke ist im 20. Jahrhundert (dank Shannon)[18] in den Begriff der INFORMATION eingegangen, wo er als die jedem Bit zugrundeliegende Einteilung verstanden wird, wie die Dinge (gemäß der Information) beschaffen und wie sie nicht beschaffen sind. Jeder würde zustimmen, so nehme ich an, dass eine Eigenschaft *unbestimmt* ist, wenn sie sich nicht von irgendeiner anderen *abhebt* bzw. sich nicht wenigstens von irgendeiner *unterscheidet*. Wüsste man, dass ein Gegenstand eine *solche* Eigenschaft hat, so wüsste man *nichts* über ihn. Bereits im Kapitel zur Wahrnehmung beginnt Hegel dafür zu argumentieren, dass Bestimmtheit mehr erfordert, als bloß von anderen Dingen verschieden zu sein. Sie erfor-

18 Vgl. Claude E. Shannon, Warren Weaver, *The Mathematical Theory of Communication*, Urbana/Illinois 1971.

dert, wie er es nennt, eine »ausschließende« und nicht eine einfache bzw. »gleichgültige« Verschiedenheit. »Viereckig« und »kreisförmig« etwa sind Eigenschaften einer Planfigur, die als verschiedene Eigenschaften einander ausschließen. Wenn eine solche Figur die eine Eigenschaft besitzt, dann ist der Besitz der anderen ausgeschlossen bzw. damit material unvereinbar. »Viereckig« und »grün« hingegen sind einfach bzw. »gleichgültig« voneinander verschieden. Denn obgleich sie verschiedene Eigenschaften sind, ist es möglich, dass etwas sowohl die eine als auch die andere besitzt. Ein wesentlicher Bestandteil des bestimmten Inhalts einer Eigenschaft – was sie zu der Eigenschaft macht, die sie ist und nicht zu einer anderen – sind die materialen (also nichtlogischen) *modal robusten* Unvereinbarkeitsbeziehungen, in welchen sie zu anderen bestimmten Eigenschaften steht (beispielsweise Gestalten zu anderen Gestalten oder Farben zu anderen Farben). Um die Idee einfach verschiedener Eigenschaften wie etwa »viereckig« und »grün« verständlich zu machen, müssen wir auf einen Zusammenhang verweisen, in dem diese Eigenschaften zu Familien (von Gestalten oder Farben) gehören, deren Mitglieder einander ausschließen.

Ein wichtiges Argument dafür, Bestimmtheit so zu verstehen wie Hegel, also von der Idee ausschließender Verschiedenheit bzw. materialer Unvereinbarkeit her (wie im Kapitel zur Wahrnehmung erläutert), ergibt sich aus dem Umstand, dass ebendieses Verständnis einem wesentlichen Aspekt des strukturellen Unterschieds zwischen den fundamentalen ontologischen Kategorien Gegenstand und Eigenschaft (Besonderem und Allgemeinem) zugrunde liegt. Bereits Aristoteles hat auf eine strukturelle Asymmetrie dieser Kategorien hingewiesen. Es ist ein sinnvoller Gedanke, dass jede Eigenschaft ein *Gegenteil* hat, dass dieser Eigenschaft also eine Eigenschaft zugeordnet ist, die alle und ausschließlich die Gegenstände aufweisen, die *nicht* die erste Eigenschaft aufweisen. »Hat ein Gewicht über fünf Gramm« ist eine Eigenschaft, die in diesem Sinne ein Gegenteil hat. Der Gedanke aber, dass *Gegenstände* in einem analogen Sinne ein Gegenteil haben, ihnen also ein Gegenstand zugeordnet ist, der alle und ausschließlich die Eigenschaften aufweist, die der erste Gegenstand *nicht* aufweist, ist *nicht* sinnvoll. Der Grund hierfür liegt in dem ersten Gedanken: Da einige dieser Eigenschaften miteinander unvereinbar sind, können sie *unmöglich* einem einzelnen Gegenstand zukommen. Die Zahl 9 hat die Eigenschaften, eine Zahl, keine Primzahl, ungerade und nicht ohne Rest durch 5 teilbar zu sein. Hätte sie ein Gegenteil, dann müsste dieser Gegenstand die Eigenschaften haben, keine Zahl, eine Primzahl, gerade und durch 5 teilbar zu sein. Kein Gegenstand kann jedoch *alle diese* Eigenschaften haben.

Daraus folgt, dass eine Welt, die *kategorial bestimmt* ist, also bestimmte Eigenschaften (und Beziehungen) und Gegenstände (die durch ihre Eigenschaften und Beziehungen unterschieden werden können) sowie Tatsachen (in denen Gegenstände diese oder jene Eigenschaften aufweisen und in diesen oder jenen Beziehungen zueinander stehen) enthält, eine Welt sein muss, die, in Hegels Sinne, bestimmt ist: Die Eigenschaften müssen zueinander in Beziehungen materialer Unvereinbarkeit stehen. Ist dies der Fall, dann stehen sie auch in Beziehungen materialer Folgerung zueinander, da eine Eigenschaft *P* die Eigenschaft *Q* zur Folge hat, wenn alles, was mit Q unvereinbar ist, auch mit *P* unvereinbar ist. So folgt zum Beispiel die Eigenschaft, ein Wirbeltier zu sein, aus der Eigenschaft, ein Bär zu sein. Denn alles, was damit unvereinbar ist, ein Wirbeltier zu sein – beispielsweise, eine Primzahl zu sein –, ist auch damit unvereinbar, ein Bär zu sein.

Hegel zufolge bedeutet begrifflich gehaltvoll zu sein, zu anderen Elementen in Beziehungen materialer Unvereinbarkeit und Folgerung zu stehen. Betrachtet man daher die objektive Welt als wenigstens minimal bestimmt – und somit als aus Tatsachen bestehend, in denen Gegenstände Eigenschaften aufweisen (und in Beziehungen zueinander stehen) –, so bedeutet dies *nichts anderes*, als die Welt zugleich als *begrifflich* strukturiert zu betrachten. Für Hegel sind allein Begriffsrealisten dazu berechtigt, die objektive Wirklichkeit als in diesem Sinn bestimmt anzusehen. (Den modalen Realismus bekommen wir gratis hinzu. Wir brauchen keine newtonsche Physik, um einen solchen Begriffsrealismus zu entwickeln; die Grundsätze der aristotelischen Metaphysik genügen.) Diese Vorstellung vom BEGRIFFLICHEN ist in einem starken Sinn nichtpsychologisch.

IV. Alethisch-modale und deontisch-normative materiale Unvereinbarkeit

In dieser Hinsicht ist es unproblematisch, beide Seiten der Unterscheidung zwischen Erscheinung und Wirklichkeit als begrifflich strukturiert anzusehen.[19] Dieser Erklärung zufolge sind wir somit nicht genötigt, zwischen ihnen eine Kluft hinsichtlich ihrer Verständlichkeit aufbrechen zu lassen. Das größte Hindernis für die Erfüllung der Bedingung der rationalen Beschränkung und somit der Bedingung der Art des Gegebenseins ist überwunden. (Obgleich ich noch nichts Positives darüber gesagt habe, wie sie erfüllt werden könnten.) Dies bedeutet wiederum, dass sich auch die *semantischen* Voraussetzungen vermeiden lassen, die Hegel meiner Lesart zufolge als Ursache für die Nichterfüllbarkeit der *epistemologischen* Adäquatheitskrite-

19 »Schon ein Gedachtes, ist der *Inhalt* Eigentum der Substanz; es ist nicht mehr das Dasein in die Form des *Ansichseins* [d. i. des Impliziten], sondern nur [das *Implizite*, d. i.] das weder mehr bloß ursprüngliche noch in das Dasein versenkte, vielmehr bereits *erinnerte* Ansich in die Form des Fürsichseins [des *Expliziten*] umzukehren.« (*PhG*, S. 34; meine Einfügungen, R. B.)

rien (also die Bedingung genuiner Erkenntnis und die Bedingung der Verständlichkeit des Irrtums) betrachtet, die den Unterschied zwischen der Verständlichkeit des Repräsentierenden und der Verständlichkeit des Repräsentierten charakterisiert. All diese wünschenswerten Folgerungen werden auf der Grundlage der nichtpsychologischen strukturellen Theorie zugänglich, der zufolge wir das Begriffliche, und insofern das Verständliche, von materialen Beziehungen der Unvereinbarkeit und Folgerung her verstehen müssen.

Hegels Ausdruck für das, was ich »materiale Unvereinbarkeit« nenne, ist »bestimmte Negation«.[20] Sein Ausdruck für das, was ich »materiale Folgerung« nenne, ist »Vermittlung« (nach der Rolle des Mittelbegriffs in klassischen syllogistischen Schlüssen).[21] Für Hegel ist der Erstere der grundlegendere Begriff, vermutlich deshalb, weil, wie ich eben argumentiert habe, überall dort, wo Unvereinbarkeitsbeziehungen bestehen, auch Folgerungsbeziehungen bestehen. Hegel grenzt die *bestimmte* Negation (*materiale* Unvereinbarkeit) von der »formalen« bzw. »abstrakten« Negation ab (logischer Widerspruch): »Viereckig« beispielsweise ist eine (nicht *die*) bestimmte Negation von »kreisförmig«, während »nichtkreisförmig« *die* (nicht *eine*) formale Negation von »kreisförmig« ist. (Es geht bei der bestimmten Negation also eher um das, was Aristoteles allgemein als einen Gegensatz bezeichnet und nicht um kontradiktorische Gegensätze.) Die Entscheidung für den Ausdruck »bestimmt« als Kennzeichen dieses Unterschieds ist, wie wir jetzt sehen können, durch Hegels Ansicht motiviert, dass es ebenjene Beziehungen der bestimmten Negation sind, kraft deren überhaupt etwas bestimmt ist. Dies gilt gleichermaßen für Gedanken wie für Dinge – für diskursive Verpflichtungen auf Seiten der subjektiven Erkenntnistätigkeit nicht weniger als für Tatsachen auf Sei-

20 Vgl. etwa ebd., S. 73f.
21 Vgl. etwa ebd., S. 82f.

ten der objektiven Wirklichkeit, die das Subjekt erkennt und auf die es handelnd einwirkt. Aus diesem Grund findet Hegels Metabegriff BEGRIFFLICH, obgleich die Vorstellung im Grunde nichtpsychologisch ist, auf psychologische Zustände und Prozesse Anwendung. Auch Akte des Denkens und Überzeugtseins gelten als bestimmt und *somit* begrifflich gehaltvoll, und zwar, weil sie zu anderen möglichen Akten des Denkens und Überzeugtseins in Beziehungen materialer Unvereinbarkeit und Folgerung stehen.

Sind aber subjektive Verpflichtungen *im selben Sinne* begrifflich gehaltvoll wie objektive Tatsachen? Auch hinsichtlich Hegels Definition? Wenn wir von den Eigenschaften »ist reines Kupfer« und »ist ein elektrischer Isolator« sagen, sie seien material unvereinbar miteinander, dann meinen wir, es sei (physikalisch, nicht logisch) *unmöglich*, dass ein und derselbe Gegenstand zu ein und derselben Zeit beide Eigenschaften hat. Sagen wir hingegen, die *Verpflichtungen* darauf, dass *A* reines Kupfer und dass *A* ein elektrischer Isolator ist, seien material miteinander unvereinbar, dann meinen wir *nicht*, es sei für ein und dasselbe Subjekt zu ein und derselben Zeit *unmöglich*, beide Verpflichtungen einzugehen. Wir meinen vielmehr, dass man das nicht tun *sollte*. Dieses »sollte« hat eine praktische Bedeutung: Wer es verletzt, unterliegt einer ablehnenden normativen Bewertung. Denn jedes Subjekt mit zwei in diesem Sinne material miteinander unvereinbaren Verpflichtungen hat die Pflicht, etwas *zu tun*, nämlich zumindest eine von ihnen aufzugeben (oder zu modifizieren), um damit diese unangemessene Situation aufzulösen. Es ist jedoch für ein Subjekt durchaus *möglich*, sich selbst in einer solchen normativ unangemessenen Situation zu befinden. Ein ähnliches Missverhältnis findet sich auch auf Seiten der Folgerungen. Dass »ist elektrisch leitfähig« eine objektive Folge der Eigenschaft »ist reines Kupfer« ist, macht es notwendig, dass jeder Gegenstand, der die eine Eigenschaft hat, auch zugleich die andere hat. Wenn hingegen jemand die Verpflichtung anerkennt, dass ein gewisser Gegenstand reines Kupfer ist, so ist es dennoch *möglich*, dass er nicht die Verpflichtung anerkennt, dass dieser Gegenstand elektrisch leitfähig ist. Es ist nur so, dass er es tun *sollte*.

Es handelt sich bei den Beziehungen materialer Unvereinbarkeit und Folgerung, kraft deren objektive Tatsachen und Eigenschaften bestimmt sind, demnach um *alethisch-modale* Beziehungen, also konditionale Beziehungen des Unmöglichen bzw. Notwendigen. Bei den Beziehungen materialer Unvereinbarkeit und Folgerung, kraft deren die von diskursiven Subjekten eingegangenen Verpflichtungen und angewendeten Prädikate bestimmt sind, handelt es sich hingegen um *deontisch-normative* Beziehungen, also konditionale Beziehungen der Verpflichtung bzw. Berechtigung. Wenn wir wollten, könnten wir sie uns als alethische und deontische *Modalitäten* vorstellen, aber sie bleiben dennoch sehr *unterschiedliche* Modalitäten. Vor dem Hintergrund von Kants Verwendung des Ausdrucks nennt Hegel »Notwendigkeit« eine Gattungsbezeichnung, die beide Fälle abdeckt. »Notwendig« bedeutet für Kant so viel wie »gemäß einer Regel«. Entsprechend kann er »natürliche Notwendigkeit« und »praktische Notwendigkeit« als zwei Arten dieser Gattung ansehen. (Sie entsprechen im Deutschen zwei verschiedenen Verwendungen von »müssen«.) Dennoch handelt es sich bei ihnen um sehr unterschiedliche Modalitäten, also erheblich unterschiedliche Sinne von »notwendig« (bzw. »müssen«). Man sollte bedenken, dass hier zwei äußerst verschiedene Phänomene miteinander vermengt werden und dass der Versuch, sie einander anzugleichen, auf eine undifferenzierte Verwendung des sprachlichen Ausdrucks »begrifflich« hinausläuft.

Eine der Metaverpflichtungen, hinsichtlich der ich mich auf Kants Autorität berufen habe, besteht in der Behauptung, dass *verständlich* zu sein (in einem Sinn, der über Descartes' Sinn von Verständlichkeit hinausgeht) bedeutet, begrifflich strukturiert zu sein bzw. – was in dieser, im weitesten Sinne strukturalistisch-funktionalistischen Erklärung auf dasselbe hinausläuft – begrifflich gehaltvoll zu sein. Ebenfalls im Anschluss an Kant begreift Hegel Verstehen (und somit Verständlichkeit) letztlich *pragmatisch*: was man praktisch *tun* können muss, um als jemand zu gelten, der ein solches Verstehen ausübt. Um als jemand zu gelten, der den begrifflichen Inhalt einer Verpflichtung erfasst und versteht, die man selbst eingegangen ist (oder einzugehen erwägt), muss man praktisch für die normativen Pflichten empfänglich sein, die diese Verpflichtung mit sich bringt. Das bedeutet, die Verpflichtungen anzuerkennen, die aus dieser Verpflichtung folgen, und solche zu verwerfen, die mit ihr unvereinbar sind. In einem Sinne handelt es sich um eine *unmittelbare* Verständlichkeit von Verpflichtungen, da man sie als etwas anerkennt, hinsichtlich dessen man bereits Einstellungen hat. In einem anderen Sinne ist diese Form von Verständlichkeit natürlich überhaupt nicht unmittelbar, da sie durch die Beziehungen zu allen anderen möglichen Verpflichtungen vermittelt ist, das heißt durch die Beziehungen materialer Unvereinbarkeit und der Folgerung, die den anerkannten Inhalt gliedern.

Wie steht es nun aber mit der Verständlichkeit objektiver Sachverhalte? Sie sind begrifflich gehaltvoll, und zwar kraft der alethisch-modalen Unvereinbarkeits- und Folgerungsverknüpfungen, die zwischen ihnen und anderen derartigen Sachverhalten bestehen, nicht kraft der deontisch-normativen Beziehungen, die den begrifflichen Inhalt diskursiver Verpflichtungen gliedern (die in dem praktischen Sinne, über den ich eben gesprochen habe, »unmittelbar« verständlich sind). Um das zu verstehen, müssen wir uns anschauen, was man *tun* muss, um als jemand zu gelten, der praktisch zwei objektive Sachverhalte (oder Eigenschaften) als alethisch miteinander unvereinbar betrachtet bzw. behandelt. Hierzu muss man nämlich zugestehen, dass man eine deontische Pflicht hat, einen von beiden zu verwerfen oder anzupassen, sobald man sich mit den beiden entsprechenden Verpflichtungen konfrontiert sieht. Und um als jemand zu gelten, der einen objektiven Sachverhalt praktisch als eine notwendige (gesetzmäßige) Folge eines anderen betrachtet bzw. behandelt, muss man die entsprechende Verpflichtung auf den einen Sachverhalt als eine Folgerung aus der entsprechenden Verpflichtung auf den anderen Sachverhalt anerkennen. Mit »entsprechende Verpflichtungen« sind jene Verpflichtungen gemeint, deren deontisch-normative begriffliche Beziehungen die alethisch-modalen begrifflichen Beziehungen der objektiven Sachverhalte nachvollziehen. Der Isomorphismus zwischen den deontisch-normativen begrifflichen Unvereinbarkeits- und Folgerungsbeziehungen, die zwischen Verpflichtungen bestehen, und den alethisch-modalen begrifflichen Unvereinbarkeits- und Folgerungsbeziehungen, die zwischen den Sachverhalten bestehen, bestimmt unsere Auffassung von der objektiven Beschaffenheit der Dinge. Indem wir anhand einer bestimmten Menge deontischer Unvereinbarkeits- und Folgerungsnormen praktisch Verpflichtungen eingehen und diese verändern, tun wir letztlich nichts anderes, als die alethisch-modalen Beziehungen, die den begrifflichen Inhalt der Sachverhalte gliedern, als isomorph zu diesen Normen zu betrachten.[22]

22 Ich sollte eigentlich »homomorph« sagen, da Subjekte im Allgemeinen nicht annehmen müssen, dass sie aller objektiv bestehenden alethisch-modalen Unvereinbarkeits- und Folgerungsbeziehungen gewahr sind (bzw. sie apperzipieren oder begrifflich repräsentieren müssen). Mit »homomorph« meine ich den technisch-mathematischen Sinn einer strukturerhaltenden Abbildung von einer relationalen Struktur auf eine andere. Die Elemente der einen Struktur sind von subjektiven Verpflichtungen gekennzeichnete Aussagesätze und die Beziehungen zwischen ihnen die deontisch-normativen Unvereinbarkeits- und Folgerungsbeziehungen; die Elemente der anderen Struktur sind objektive – eben kraft des Homomorphismus durch ebendiese Aussagesätze darstellbare – Sachverhalte und die Beziehungen zwischen ihnen die alethisch-modalen Unvereinbarkeits- und Folgerungsbeziehungen. Die Struktur, die erhalten bleibt, sind ebendiese Beziehungen. Der Homomorphismus h ist strukturerhaltend, wenn gilt: Wenn aRb, dann h

Aufgrund dieser Beziehungen vollzieht jemand, der eine Verpflichtung mit gewissem Inhalt normativ anerkennt, *nichts anderes*, als anzunehmen, dass sich die Dinge objektiv so-und-so verhalten. Er nimmt also an, dass ein gewisser Sachverhalt besteht. Im unmittelbaren Erfassen des deontisch-normativen begrifflichen Inhalts einer Verpflichtung erfasst man folglich diesen Inhalt *als* Erscheinung einer Tatsache, deren Inhalt entsprechend dem Isomorphismus durch die alethisch-modalen Unvereinbarkeits- und Folgerungsbeziehungen gegliedert ist. Die Bedingung der Art des Gegebenseins wird in diesem zweistufigen Repräsentationsmodell erfüllt, während zugleich eine strenge Unterscheidung der Verständlichkeit vermieden wird. Auch die Bedingung der rationalen Beschränkung ist damit erfüllt. Wird das Subjekt gefragt, *warum* – also aus welchem *Grund* – man die Pflicht hat, die Verpflichtung zu *Q(a)* aufzugeben, sobald man die Verpflichtung zu *P(a)* anerkennt (was durch deontisch-normatives Vokabular expliziert werden kann), so lautet die vorschriftsgemäße Antwort, dass es *unmöglich* ist, sowohl die Eigenschaft *P* als auch die Eigenschaft *Q* aufzuweisen (was durch alethisch-modales Vokabular expliziert werden kann). Analoges gilt für Folgerungsbeziehungen zwischen Verpflichtungen.[23]

Die Bedingung genuiner Erkenntnis ist in diesem Modell erfüllt. Mit der repräsentationalen Beziehung zwischen Gedanken und Tatsachen ist implizit eine Verpflichtung auf die Mög-

(a)R'h(b) (wobei *R* die normative Unvereinbarkeit (bzw. Folgerung) in der Verpflichtungsstruktur bezeichnet und *R'* die alethische Unvereinbarkeit (bzw. Folgerung) in der objektiven begrifflichen Struktur).

23 Ich blende hier zeitliche Bezüge aus. Es sei aber angemerkt, dass »gleichzeitig« keine hinreichende Einschränkung ist. Vielmehr müssen die Prädikate bzw. Eigenschaften als etwas gedacht werden, das selbst zeitliche Angaben enthält. Denn die Eigenschaft *P* zum Zeitpunkt *t* zu haben kann unvereinbar sein damit, die Eigenschaft *Q* zum Zeitpunkt *t'* zu haben: dass es jetzt regnet, ist unvereinbar damit, dass die Straßen gleich trocken sein werden.

lichkeit eines Isomorphismus zwischen subjektiven Unvereinbarkeits- und Folgerungsnormen und objektiv-modalen Tatsachen verbunden; das Modell schließt also *semantisch* nicht aus, dass dieser Isomorphismus objektive Geltung hat – zumindest lokal und vorübergehend.[24] Des Weiteren erklärt dieses Modell auch die Möglichkeit des *Irrtums* (und erfüllt so die Bedingung der Verständlichkeit des Irrtums). Denn im Anschluss an Kant wird in ihm die Repräsentationsbeziehung *normativ* gedeutet. Bei der Manipulation (dem Aneignen und Verwerfen) von Verpflichtungen *verpflichtet* man sich gemäß einer festen Menge begrifflicher Normen (deontische Unvereinbarkeits- und Folgerungsbeziehungen) darauf, dass es sich mit den objektiv-modalen Tatsachen (alethische Unvereinbarkeits- und Folgerungsbeziehungen) in einer gewissen Weise verhält. Zudem verpflichtet man sich darauf, dass die empirisch-bestimmten Tatsachen der unteren Stufe, die durch diese objektiv-modalen Tatsachen gegliedert sind, so sind, wie sie der eigenen Auffassung nach eben sind. Das Modell gibt somit zugleich an, was der Fall sein muss, damit die Behauptung richtig ist, dass diese isomorphe Beziehung faktisch nicht mehr besteht. In diesem Fall hat man sich bezüglich der Tatsachen geirrt; gegebenenfalls auch hinsichtlich der Tatsachen, die sich darauf beziehen, welche Begriffe die objektive Welt gliedern.

In diesem Kapitel habe ich sechs Ziele verfolgt:

– die Klasse jener epistemologischen Theorien explizit zu bestimmen (paradigmatisch diejenigen Descartes' und Kants), die in den Einzugsbereich der hegelschen Kritik fallen;

24 Dass sie prinzipiell *nicht* global und dauerhaft gelten kann, ist ein tiefgreifender Zug des hegelschen Verständnisses sinnlicher und tatsächlicher *Unmittelbarkeit*. Dieser Punkt wird im nächsten Kapitel diskutiert. Die Vorstellung von genuiner Erkenntnis ist hinsichtlich der Vernunft eine andere als hinsichtlich des Verstandes.

- Hegels Einwand gegen diese Theorien darzustellen;
- die von ihm implizit ins Spiel gebrachten Adäquatheitskriterien einer Theorie zu formulieren, die diesem Einwand entgehen würde;
- die nichtpsychologische Vorstellung vom Begrifflichen zu skizzieren, die das Rückgrat seines Entwurfs bildet (auch wenn sie nicht explizit in der »Einleitung« eingeführt, sondern bis zu den eröffnenden Kapiteln des Abschnitts zum Bewusstsein aufgeschoben wird);
- die allgemeinen Grundzüge eines epistemologisch-semantischen Ansatzes zu skizzieren, der auf dieser Vorstellung vom Begrifflichen basiert;
- aufzuzeigen, wie ein solcher Ansatz die Adäquatheitskriterien einer Theorie erfüllen kann, die Hegels Einwand entgeht.

Im nächsten Kapitel werde ich die Theorie der *Repräsentation* näher betrachten, die Hegel meines Erachtens aus den Elementen konstruiert, die in dieser Diskussion ins Spiel gebracht wurden.

2. Repräsentation und die Erfahrung des Irrtums. Ein funktionalistischer Ansatz zur Unterscheidung von Erscheinung und Wirklichkeit

I. *Einführung*

Ich habe das vorangegangene Kapitel mit der Formulierung eines zentralen Adäquatheitskriteriums für Theorien des begrifflichen Inhalts begonnen. Die Stellung dieses Kriteriums ist Hegel zufolge auf seine entscheidende Rolle für Erkenntnistheorien zurückzuführen. Bereits zu Beginn der »Einleitung« in die *Phänomenologie* betont Hegel nachdrücklich, dass uns nicht bereits unsere *Semantik* zu einem *epistemologischen* Skeptizismus verdammen darf. Unsere Auffassung von diskursivem Gehaltvollsein muss zumindest die Möglichkeit offenlassen, dass wir durch das Eingehen begrifflich gehaltvoller Verpflichtungen die wirkliche Beschaffenheit der Dinge erkennen können (wenigstens manchmal, wenn alles gutgeht).[1] Er argumentiert zudem dafür, dass keine Theorie diese Bedingung einzuhalten vermag, die eine Kluft zwischen Arten der Verständlichkeit aufbrechen lässt, also zwischen der subjektiven Erscheinung der Dinge für uns (»für das Bewusstsein«) und ihrer objektiven Beschaffenheit (»an sich«).

Seit Descartes haben epistemologische Theorien Erkenntnis als ein Produkt zweier Faktoren aufgefasst: dem Erfassen sub-

1 Ich verwende den Ausdruck »Verpflichtung« für das, was Hegel unter der Bezeichnung »setzen« behandelt.

jektiver Gedanken durch das Erkenntnissubjekt einerseits und den repräsentationalen Beziehungen dieser Gedanken zu den objektiven Dingen andererseits. Die Erkenntnisbeziehungen des Erkenntnissubjekts zu den repräsentierten Dingen sind demnach durch das vermittelt, was diese Dinge repräsentiert. Wenn uns kein infiniter Regress drohen soll, dann können wir die Beziehungen zwischen dem Erkenntnissubjekt und diesem Repräsentierenden selbst nicht allgemein als vermittelt und repräsentational begreifen. Zumindest ein Teil des Repräsentierenden muss unmittelbar, also nichtrepräsentational, erfasst werden.

Ich glaube nicht, dass Hegel prinzipiell alle epistemologischen Theorien mit einer solchen zweistufigen Struktur der Repräsentation als untauglich verwirft (obgleich seine Rhetorik an einigen Stellen einen anderen Eindruck erweckt). Der Umstand, dass er solche Theorien zurückweist, ist *kein* wesentliches Element – und sicherlich nicht *das* wesentliche Element – der von ihm empfohlenen metabegrifflichen Revolution, die übergeht von einem Denken in Kategorien, die durch den Verstand strukturiert sind, zu einem Denken, dessen Kategorien durch die Vernunft strukturiert sind. Hegel beginnt die *Phänomenologie* vielmehr mit der Behauptung, dass eine epistemologische Erklärungsstrategie, in der zwei Stufen der Repräsentation unterschieden werden, unvermeidlich zu skeptischen Schlüssen führt, *wenn* diese Strategie mit einer gewissen Hilfsannahme kombiniert wird, die sich auf den Unterschied von Repräsentierendem und Repräsentiertem bezieht – einer Hilfsannahme, die verlockend und in mancher Hinsicht naheliegend ist.[2] Es handelt sich hierbei um die Idee, dass allein Repräsentierendes (Erscheinungen, *Phaenomena*) begriffliche Gestalt hat und das von ihm Re-

2 Die »Vorrede« wurde geschrieben – wie die meisten Vorreden –, nachdem der Hauptteil des Buchs (»die eigentliche *Phänomenologie*«) fertiggestellt war. Anders als die meisten Leser Hegels glaube ich, dass sie am besten nach der Lektüre des Hauptteils gelesen werden sollte.

präsentierte (Wirkliches, *Noumena*) nicht. Dieser Auffassung zufolge haben Erkenntnisprozesse die Funktion, die nichtbegriffliche Wirklichkeit in begriffliche Vorstellungen umzuwandeln bzw. diese Wirklichkeit in solchen Vorstellungen abzubilden; die auf diesen Prozessen beruhenden repräsentationalen Beziehungen verknüpfen also ein nichtbegriffliches Repräsentiertes und ein begriffliches Repräsentierendes. Es ist meines Erachtens die Pointe der hegelschen Metaphern vom »Werkzeug« oder »Medium«, mit denen er in den ersten Absätzen der »Einleitung« über Erkenntnis spricht, auf diesen Zusammenhang aufmerksam zu machen. Die eigentliche Ursache des Problems – das heißt der semantischen Annahme, die uns zum epistemologischen Skeptizismus zu zwingen droht, wenn sie zwischen dem Denken und der Welt, auf die das Denken Bezug nimmt, eine Kluft (der Verständlichkeit) aufkommen lässt – ist die Idee, dass nur unsere Gedanken begrifflich gegliedert und insofern unmittelbar (nichtrepräsentational) erfassbar sind, nicht aber die Welt, auf die wir denkend Bezug nehmen.

Hegels konstruktiver Vorschlag, der uns eine Alternative zu dieser Annahme liefert, besteht in einer radikal neuen, nichtpsychologischen Vorstellung vom Begrifflichen. Dieser Vorstellung zufolge ist etwas begrifflich gehaltvoll, wenn es zu anderen begrifflichen Elementen in Beziehungen materialer Unvereinbarkeit (»bestimmte Negation«) und materialer Folgerung (»Vermittlung«) steht. Ich spreche deshalb hier von einer *nichtpsychologischen* Vorstellung vom Begrifflichen, da wir sie von der Betrachtung der Prozesse bzw. Praktiken abtrennen können, in welchen Begriffe im Sinne des Urteilens und absichtlichen Handelns angewendet werden. Objektive Sachverhalte und Eigenschaften stehen ebenfalls miteinander in Beziehungen materialer Unvereinbarkeit und Folgerung, da sie als etwas aufgefasst werden können, das bereits begriffliche Gestalt hat, das heißt ganz unabhängig von Beziehungen zu den erkennenden und praktischen Tätigkeiten der Erkenntnis- und Handlungssubjekte.

Würden objektive Sachverhalte und Eigenschaften nicht in solchen Beziehungen miteinander stehen, so könnten wir sie im Grunde nicht verstehen – sie wären nicht einmal verständlich als etwas, das *bestimmt* ist. Der Gedanke, dass es feststeht, wie die Welt wirklich beschaffen ist, wäre für uns sinnlos. Denn dieser Gedanke beinhaltet wesentlich den Kontrast zu anderen Möglichkeiten der Beschaffenheit der Welt (also zu anderen Eigenschaften, die die Gegenstände haben könnten). Diese Kontraste, durch die die Sachverhalte und Eigenschaften etwas Bestimmtes sind, müssen sowohl modal ausschließende Verschiedenheit (»Für ein Stück Kupfer bei einer Temperatur über 1085 °C ist es unmöglich, im Festzustand zu verbleiben«) als auch einfache Verschiedenheit enthalten (»ROT und VIERECKIG sind zwar verschiedene, jedoch miteinander vereinbare Eigenschaften«).

Diese nichtpsychologische Vorstellung vom Begrifflichen wird in der »Einleitung« selbst nicht ausgearbeitet, sondern bildet das eigentliche Thema der darauffolgenden Kapitel über das Bewusstsein. Nichtsdestoweniger habe ich sie im vorangegangenen Kapitel diskutiert, da es wichtig ist zu verstehen, in welcher Weise wir durch Hegels Vorschlag die Gefahr vermeiden, eine Kluft zwischen Arten der Verständlichkeit aufbrechen zu lassen, die ein subjektives begriffliches Repräsentierendes von einem objektiven nichtbegrifflichen Repräsentierten trennt. Die Gefahr, in der semantischen Repräsentationstheorie eine derartige Kluft aufbrechen zu lassen, ist nach Hegel für das epistemologische Projekt potentiell fatal. Wenn der Erkenntnisprozess erst einmal solch eine Kluft überbrücken muss, dann ist damit, wie er meint, die Möglichkeit genuiner Erkenntnis – der Erkenntnis der Beschaffenheit der Dinge an sich, und nicht nur die Beschaffenheit der Dinge »für das Bewusstsein« – als etwas prinzipiell Unverständliches ausgeschlossen. Hegels alternative Lösung besteht in einem Begriffsrealismus bezüglich der objektiven Welt, den er im Lichte seiner neuen, nichtpsychologischen Vorstellung vom Begrifflichen versteht.

Laut meiner Lesart sollen die letzten zwei Drittel der »Einleitung« eine Vorstellung davon geben, wie wir den Begriff der Repräsentation verstehen können, wenn das zweistufige Modell der Repräsentation von der parallel bestehenden und problematischen Verpflichtung befreit wurde, dass Repräsentation als etwas aufgefasst werden muss, in dem begriffliches Repräsentierendes zu einem nichtbegrifflichen Repräsentierten in Beziehung tritt. Auf diese Weise zeigt uns Hegel, wie sich die beiden entscheidenden Adäquatheitskriterien erfüllen lassen, die wir im vorangegangenen Kapitel identifiziert haben: Die Bedingung der Art des Gegebenseins erfordert, dass wir erklären, was es heißt, das Repräsentierende eines Repräsentierten zu sein, also eine Erscheinung *von etwas* zu sein bzw. dies zu beanspruchen. Diese Bedingung zu erfüllen bedeutet nichts anderes als zu erklären, was Repräsentation ist. Wenn wir Hegels pragmatische Erklärung der Idee repräsentationalen Anspruchs und Erfolgs in Hinblick auf ihre Struktur und Begründung interpretieren, ergibt sich zugleich das zweite *Desiderat*: Die Bedingung der rationalen Beschränkung fordert eine Erklärung, wie das, *worauf* erkennende Subjekte (das »Bewusstsein«) mit ihrem Reden und Denken *Bezug nehmen* (das Repräsentierte), *Gründe* dafür bereitstellen kann, was sie darüber sagen und denken.[3] Die Aufgabe dieses Kapitels besteht in der Erklärung der von Hegel in der »Einleitung« skizzierten Theorie der Repräsentation bzw. darin, wie sie uns dazu in die Lage versetzt, diese beiden Bedingungen zu erfüllen.

3 Hegels undifferenzierte Rede vom »Bewußtsein« in der »Einleitung« unterscheidet mit Bedacht nicht zwischen *einem* Bewusstsein und Bewusstsein im Allgemeinen. Später, im Kapitel zum Selbstbewusstsein, wird klar, dass die *soziale* Gliederung des Bewusstseins in sich gegenseitig anerkennende *Selbst*bewusstseine im Allgemeinen wesentlich dafür ist, beide Seiten zu verstehen.

II. Zwei Dimensionen der Intentionalität und zwei Erklärungsordnungen

Wenn wir in einer gewöhnlichen, also vorsystematischen und nichttheoretischen Art und Weise darüber nachdenken bzw. reden, was sich über unser Reden und Denken sagen lässt, dann unterscheiden wir zwischen dem, *was* wir denken und sagen, und dem, *worüber* wir nachdenken und reden. Ausgehend von dieser Unterscheidung können wir behaupten, dass Intentionalität, das Gehaltvollsein unseres Redens und Denkens, zwei Dimensionen besitzt: das, was wir ausdrücken, wenn wir etwas sagen oder denken, und das, was wir dabei repräsentieren.[4] Wir können beides sagen: »Kant begann zu glauben, *dass* Lampe ihn verriet« und »Kant glaubte *von* seinem treuen Diener, dass er ihn verriet«. Im ersteren Fall drückt der mit »dass« eingeleitete Nebensatz den Inhalt der Überzeugung aus. Im zweiten Fall gibt die im Skopus des »von« stehende Nominalphrase an, worauf die Überzeugung Bezug nimmt.

Hegels nichtpsychologische Vorstellung vom Begrifflichen,

4 Sobald wir mehr als dies behaupten, tauchen unmittelbar weitere systematische und theoretische Fragen auf: Lässt sich diese Unterscheidung so paraphrasieren, dass sie einteilt zwischen dem, was wir repräsentieren, und dem, wie wir es repräsentieren? Vermengt diese grobe und naheliegende Unterscheidung der natürlichen Sprache nicht zwei Unterscheidungen, die es auseinanderzuhalten gilt, nämlich einerseits die zwischen Sinn und Bedeutung (Referenz) und andererseits die zwischen den Inhalten, die ein Aussagesatz oder ein singulärer Terminus ausdrückt? Worauf verpflichte ich mich noch, wenn ich annehme, dass ich einen Sachverhalt dadurch repräsentiere, dass ich denke bzw. sage, dass die Dinge so-und-so beschaffen sind? Meiner primären Absicht in diesem Kapitel – die Überlegungen, Verpflichtungen und Ideen rational zu rekonstruieren, die den Ansichten, die Hegel in der »Einleitung« erläutert, ihre Gestalt verleihen – ist am besten gedient, wenn wir nicht vorschnell in diese theoretisch anspruchsvollen Probleme einsteigen.

der zufolge etwas dadurch begrifflich gehaltvoll ist, dass es in Beziehungen materialer Unvereinbarkeit und Folgerung steht, liefert uns ein Modell für das, *was* jemand sagt bzw. denkt, also für die erste Dimension der Intentionalität bzw. des Gehaltvollseins (»dass«-Intentionalität). Ich werde hier von der *expressiven Dimension* begrifflichen Gehaltvollseins sprechen.[5] Wir haben jetzt noch die Frage zu beantworten, wie Hegel die andere, *repräsentationale Dimension* intentionalen Gehaltvollseins (»von«-Intentionalität) versteht.

Die Empiristen verfolgten eine Erklärungsordnung, die mit repräsentationalem Gehaltvollsein beginnt und dann versucht, begriffliches Gehaltvollsein im Allgemeinen zu verstehen und zu erklären. Ein möglicher Vorteil eines solchen Ansatzes besteht darin, dass Repräsentation als eine Gattung aufgefasst wird, von der *begriffliche* Repräsentation nur eine Unterart ist. Ich denke, Hegel verfolgt eine hierzu entgegengesetzte Erklärungsordnung. Das Projekt, das er in der »Einleitung« andeutet, besteht darin, den Begriff REPRÄSENTATION auf der Grundlage seines nichtpsychologischen Begriffs BEGRIFFLICHEN GEHALTVOLLSEINS zu erklären. Im Folgenden möchte ich erläutern, wie ich diese Strategie einer *begrifflich-expressiven* Erklärungsordnung verstehe. Eine grundlegende Lektion, die wir meines Erachtens von Hegel lernen sollten, ergibt sich aus seiner Ausarbeitung der Alternative, die er uns für die *repräsentationalistische* Erklärungsordnung dieser zwei Dimensionen der Intentionalität anbietet. Letztere beherrschte sowohl die philosophische Semantik unserer philosophischen Tradition im vergangenen Jahrhundert als auch die philosophische Tradition, in der Hegel stand.[6]

5 Diese Terminologie kann in die Irre führen, insofern Hegel, wie wir sehen werden, annimmt, dass begriffliches Gehaltvollsein wesentlich, und nicht bloß zufällig, eine repräsentationale Dimension aufweist.

6 Natürlich sind diese entgegengesetzten reduktiven Ansätze nicht die

III. Zwei kantische Ideen

Hegels große neue Idee bezieht sich darauf, wie wir repräsentationalen Inhalt durch begrifflichen Inhalt erklären können, der nichtpsychologisch verstanden wird, das heißt als etwas, das durch Beziehungen materialer Unvereinbarkeit und Folgerung gegliedert ist. Wir können die Form, in der Hegel diese begriffliche Idee ausbuchstabiert, am besten als eine Kombination bzw. Weiterentwicklung von zwei kantischen Ideen auffassen. Die erste Idee betrifft Kants *normative* Erklärung des Urteils: Urteile unterscheiden sich von den Reaktionen bloß natürlicher Lebewesen darin, dass wir für unsere Urteile in einer spezifischen Weise *verantwortlich* sind. Sie drücken *Verpflichtungen* unsererseits aus. Urteilen ist eine Form des *Bejahens*, eine Ausübung der *Autorität* des Subjekts. VERANTWORTUNG, VERPFLICHTUNG, BEJAHUNG und AUTORITÄT – das sind allesamt *normative* Begriffe. Kant fasst Begriffe als »Funktionen von Urteilen« auf, insofern die Begriffe, die in einem Urteil angewendet werden, bestimmen, *wofür* sich das Subjekt selbst verantwortlich gemacht, *worauf* es sich verpflichtet, *was* es bejaht bzw. *für was* es seine Autorität eingesetzt hat. Indem Subjekte urteilen, binden sie sich normativ durch Regeln (Begriffe), die die Art und den Umfang ihrer Verpflichtungen bestimmen.

Indem Kant eine Erklärung dieser Art verfolgt, muss er sich der Frage widmen, wie wir die normative Verbindlichkeit der Begriffe zu verstehen haben, die wir im Urteilen anwenden.

einzigen Möglichkeiten. Wir könnten auch versuchen, voneinander unabhängige Theorien der begrifflichen und repräsentationalen Intentionalität bereitzustellen, und dann erklären, wie sich diese zueinander verhalten. Oder wir könnten, was vielleicht am plausibelsten ist, darauf beharren, dass sich beide nur zusammen bzw. wechselseitig erklären lassen.

Während sich die mit Descartes einsetzende frühneuzeitliche Tradition mit unserem (»unmittelbaren«, also nichtrepräsentationalen) Zugriff auf Begriffe beschäftigte, sah Kant das Problem darin, wie wir ihren normativen Zugriff auf uns zu verstehen haben. Was genau heißt es, auf die Behauptung, dass *p*, verpflichtet bzw. für sie verantwortlich zu sein? Kants zweite Idee, auf der Hegels begriffliche Herangehensweise an die repräsentationale Dimension der Intentionalität aufbaut, besteht darin, dass wir die betreffende Verantwortung als eine Form *praktischer* Verantwortung auffassen sollten, als eine Verantwortung, etwas *zu tun*. Das, für was jemand in diesem Sinne verantwortlich ist, was er also tun soll, wenn er sich auf *p* verpflichtet, ist die *Integration* der neuen Verpflichtung in die Konstellation seiner bereits bestehenden Verpflichtungen, um zu gewährleisten, dass diese Konstellation die für die Apperzeption spezifische Form der Einheit aufweist. (Apperzeption ist erkennendes bzw. verstandesfähiges Gewahrsein, also ein Gewahrsein, das in Erkenntnis münden kann. Apperzipieren heißt nichts anderes als zu urteilen. Das Urteil ist die Form der Apperzeption, da Urteile die kleinsten Einheiten darstellen, für die wir bezüglich unserer Erkenntnis Verantwortung übernehmen können.) Diese Integration ist eine Unterart der Gattung, die von Kant »Synthesis« genannt wird (weshalb die betreffende strukturelle Einheit eine *synthetische* Einheit der Apperzeption ist).

Diese umfasst drei Dimensionen: eine kritische, eine erweiternde und eine rechtfertigende. Bei diesen Dimensionen handelt es sich um *rationale* Pflichten, die dadurch gegliedert sind, welche Verpflichtung als ein *Grund* für oder gegen andere Verpflichtungen dienen kann:

- Die integrativ-synthetisierende praktische Verantwortung zur *Kritik* besteht darin, Verpflichtungen zu verwerfen, die mit anderen von uns eingegangenen Verpflichtungen material *unvereinbar* sind.

– Die integrativ-synthetisierende praktische Verantwortung zur *Erweiterung* besteht darin, Verpflichtungen einzugestehen, die aus anderen von uns eingegangenen Verpflichtungen material folgen.
– Die integrativ-synthetisierende praktische Verantwortung zur *Rechtfertigung* besteht darin, Gründe für die Verpflichtungen bereitstellen zu können, die wir eingegangen sind; zu diesem Zweck führen wir andere Verpflichtungen an, die wir eingegangen sind und die materiale Folgerungen aus jenen Verpflichtungen darstellen.

Dies sind Gebote der Form »Tue dies«; sie korrespondieren den Geboten der Form »Es sei so«, die von uns fordern, dass unsere auf Erkenntnis zielenden Verpflichtungen, Urteile oder Überzeugungen konsistent, vollständig und gerechtfertigt sein sollen. Es handelt sich dabei um Normen der Rationalität, die – sobald sie von uns explizit zugestanden werden – Normen der *Systematizität* sind. Da Urteilen im Wesentlichen bedeutet, sich implizit dazu zu verpflichten, der integrativ-synthetisierenden praktischen Verantwortung zur Kritik, Erweiterung und Rechtfertigung nachzukommen, geht man beim Ausführen von Urteilen stets diese rationalen und systematischen Verpflichtungen implizit ein. Zusammengenommen definieren sie die rationale, normative und synthetische Einheit der Apperzeption.

IV. Hegels pragmatisch-funktionalistische Idee

Hegel behauptet im Anschluss hieran, dass, wenn wir die *Tätigkeit* des Urteilens in dieser Weise erklären, dies unmittelbare Folgen für unser Verständnis der Urteils*inhalte* hat – also für das, wofür wir Verantwortung übernommen und worauf wir uns verpflichtet haben, wenn wir urteilen, dass *p*. Die *rationale* Gliederung der integrativ-synthetisierenden praktischen Verantwortung, die Kant als die für das Urteilen charakteristische Form der Bejahung identifiziert, bringt es mit sich, dass wir mögliche Urteilsinhalte in Bezug darauf verstehen können, was wir im Urteilen *tun*. Denn diese Inhalte müssen die rationalen Beziehungen bestimmen, in welchen sie zueinander stehen; sie müssen folglich bestimmen, was ein Grund wofür oder wogegen ist. Die integrativ-synthetisierende praktische Verantwortung zur Kritik setzt voraus, dass die möglichen Urteilsinhalte miteinander in Beziehungen materialer *Unvereinbarkeit* stehen. Ebenso setzt die integrativ-synthetisierende praktische Verantwortung zur Erweiterung und Rechtfertigung voraus, dass die möglichen Urteilsinhalte miteinander in Beziehungen materialer *Folgerung* stehen. Das bedeutet letztlich nichts anderes, als dass mögliche Urteilsinhalte *begriffliche* Inhalte sein müssen, genau wie Hegel es befürwortet. Dieser Begriff des BEGRIFFLICHEN ist also in Kants Theorie des Urteilens bereits implizit enthalten. Urteilsinhalte durch die Tätigkeit des Urteilens zu verstehen – also die semantische Theorie des begrifflichen Inhalts durch eine pragmatische Theorie der Begriffsverwendung zu deuten –, entspricht einer *pragmatischen* Erklärungsordnung.

Hegel entfaltet seine Vorstellung vom begrifflichen Gehaltvollsein, in dem er darauf verweist, was erforderlich ist, um etwas zu einer Konstellation von Verpflichtungen zu synthetisieren, die eine für Apperzeption spezifische rationale normative Einheit aufweist. Das ist in einem weiten Sinne eine funktionalistische bzw. pragmatische Idee. Dieser Idee zufolge verstehen wir mögliche Urteilsinhalte, wenn wir uns die Rolle der Urteilsakte in einem solchen Integrationsprozess kantischer Apperzeption anschauen. Diese pragmatische Erklärungsstrategie ist äußerst wichtig, nicht bloß, um Hegels Vorstellung von der expressiven Dimension der Intentionalität (»dass«-Intentionalität) zu verstehen, sondern auch, wenn wir begreifen wollen, wie er von dort zur repräsentationalen Dimension (»von«-Intentionalität) gelangt und diese erklärt.

Was wir funktional in Bezug auf die Rolle in der Synthesis der Apperzeption rekonstruiert haben, ist allenfalls ein Teil von Kants Auffassung des Begrifflichen. Dieser abstrakte, von Begriffen ausgehende *Top-down*-Ansatz hängt nicht wirklich davon ab, in welcher Weise Begriffe und Anschauungen voneinander abgegrenzt werden bzw. wie sie zusammenwirken. Aus diesem Grund würde Kant darauf beharren, dass ein solches Verständnis von Begriffen rein formal wäre, da sie, unabhängig von jeglicher Beziehung zu Anschauungen, ausschließlich hinsichtlich Beziehungen materialer Unvereinbarkeit und Folgerung betrachtet werden. So verstanden, wären die Begriffe leer, da sie keinen repräsentationalen Inhalt haben. Aus der Perspektive von Hegels *begrifflich-expressiver* Erklärungsstrategie ist es genau diese Vorstellung von der expressiven bzw. begrifflichen Dimension der Intentionalität, die die theoretischen Ressourcen liefert, um die repräsentationale Dimension verstehen zu können.

Hegel ist sich im Klaren darüber, dass Kant einen normativen Zugang sowohl zur expressiv-begrifflichen Dimension der Intentionalität (*de dicto*, »dass«-Intentionalität) als auch zur repräsentationalen Dimension sucht (*de re*, »von«-Intentionalität). Der begriffliche Inhalt eines Urteils ist das, *für was* sich jemand im Urteilen verantwortlich macht, wohingegen sein repräsentationaler Inhalt (was repräsentiert wird) das ist, *gegenüber* was sich jemand verantwortlich macht. Wie wir gesehen haben, besteht aus Hegels Sicht für Kant diese Verantwortung für ein Urteil, dass *p*, in der praktischen Verantwortung, das Urteil in die Konstellation der eigenen bereits bestehenden Verpflichtungen zu integrieren, so dass die für Apperzeption charakteristische rationale normative Einheit aufrechterhalten bleibt. Das, *worauf* das Urteil *Bezug nimmt* – das von ihm Repräsentierte –, übt eine spezifische Form von *Autorität* über die Bewertungen der Richtigkeit des Urteils aus, also über das Repräsentierende (wenn man sich so ausdrücken möchte). Wir können etwas (einen Urteilsakt im paradigmatischen Fall) als Repräsentierendes auffassen, wenn es für seine Richtigkeit gegenüber dem verantwortlich ist, was mit ihm als repräsentiert gilt.

In Kants Terminologie ist »Der Gegenstand = X« die objektive Form des Urteils, gegenüber der jedes Urteil als solches (für seine Richtigkeit) verantwortlich ist. (Die subjektive Form des Urteils, das »Ich denke«, das alle Urteilsakte begleiten kann, markiert das Erkenntnissubjekt, das für das Urteil verantwortlich ist, das heißt verantwortlich, dieses Urteil gemeinsam mit den anderen Urteilen zu integrieren, für die es ebenfalls derartig Verantwortung trägt.) In Hegels »Einleitung« taucht dieser Gedanke in folgender Form wieder auf: Die repräsentierten Gegenstände dienen als normativer *Maßstab* für die Bewertung von Verpflichtungen, die ihrerseits allein aufgrund dieser Konstellation von Autorität und Verantwortung als etwas gelten, das diese Gegenstände repräsentiert. Hegel möchte die pragmatische Strategie – der zufolge wir auf die normative Rolle der integrativ-synthetisierenden Tätigkeit des Urteilens achten müssen, um die begriffliche Dimension möglicher Urteilsinhalte zu erklären – auch für die Erklärung der repräsentationalen Dimension des Inhalts verwenden. Um repräsentationale Beziehungen zu verstehen, konzentriert er sich also auf das, was ein Erkenntnissubjekt *tun* muss, um als jemand zu gelten, der der Autorität von etwas als Bewertungsmaßstab für die Richtigkeit eines Urteils zustimmt. Sollte es Hegel gelingen, diese Art von Tätigkeit als ein Moment der integrativ-synthetisierenden Tätigkeit darzustellen, mit der die begriffliche Dimension des Inhalts erklärt wird, so wird er das Ziel der begrifflich-expressiven Erklärungsstrategie erreicht haben. Ihm wird es gelungen sein, die repräsentationale Dimension der Intentionalität auf der Grundlage ihrer expressiv-begrifflichen Dimension zu verstehen (die »von«-Intentionalität auf Grundlage der »dass«-Intentionalität).

Meiner Auffassung nach besteht die Hauptaufgabe der letzten zwei Drittel der »Einleitung« der *Phänomenologie* darin, die Ausführung der begrifflich-expressiven Erklärungsstrategie zu skizzieren, mit der das Verhältnis der beiden Dimensionen der Intentionalität erfasst werden soll. Die Logik des Gedankengangs lautet meines Erachtens wie folgt:

(1) Der Ausgangspunkt ist Kants normative Vorstellung vom Urteil, der zufolge im Urteilen ein möglicher Urteilsinhalt bejaht wird und wir uns auf diese Weise auf ihn verpflichten bzw. für ihn Verantwortung übernehmen.

(2) Dieser Gedanke wird durch Kants Erklärung des Urteilens spezifiziert: Urteilen besteht demnach im Integrieren einer neuen Verpflichtung in eine Konstellation bereits bestehender Verpflichtungen, so dass die für die Apperzeption spezifische Form rationaler normativer Einheit erhalten bleibt.

(3) Dieser Gedanke wird anhand einer Auffassung der integrativ-synthetisierenden Tätigkeit ausbuchstabiert, wonach diese eine dreiteilige Binnenstruktur hat: die praktischen Verantwortungen zur Kritik, Erweiterung und Rechtfertigung, die es alle zu erfüllen gilt.

(4) Mit diesem Gedanken ist die funktionalistisch-pragmatische Strategie verknüpft, mögliche Urteilsinhalte als etwas aufzufassen, das durch Beziehungen gegliedert ist und somit seine Rolle in jener Tätigkeit ausführen kann, das heißt, damit es das sein kann, was wir bejahen und worauf wir uns verpflichten bzw. wofür wir Verantwortung übernehmen.

(5) Vor dem Hintergrund der dreiteiligen Binnenstruktur des Synthetisierens einer Konstellation von Verpflichtungen, die die für Apperzeption (Intentionalität) spezifische rationale Einheit aufweist, mündet dieser Gedankengang in eine Vorstellung möglicher Urteilsinhalte. Dieser Vorstellung zufolge sind die Inhalte durch rationale Beziehungen materialer

Unvereinbarkeit (auf die sich die Verantwortung zur Kritik stützt) und materialer Folgerung gegliedert (auf die sich die Verantwortung zur Erweiterung bzw. Rechtfertigung stützt). Das Ergebnis ist Hegels Vorstellung vom begrifflichen Gehaltvollsein auf Grundlage der bestimmten Negation und Vermittlung, die in den Kapiteln zum Bewusstsein entwickelt und genauer begründet werden.

Die begrifflich-expressive Erklärungsstrategie besteht dann darin, mit dieser Erklärung der expressiv-begrifflichen Dimension der Intentionalität die theoretischen Ressourcen für das Modell bereitzustellen, mit dem wir die repräsentationale Dimension der Intentionalität und des begrifflichen Inhalts erklären können.

(6) Kants normative Vorstellung vom Urteil unterscheidet sich von seiner normativen Vorstellung der Repräsentation: Ein Urteil gilt als etwas, das einen Gegenstand repräsentiert, wenn es diesem Gegenstand gegenüber für seine Richtigkeit verantwortlich ist, das heißt, wenn dieser Gegenstand Autorität über die Bewertungen seiner Richtigkeit ausübt bzw. als ein Maßstab für diese Bewertungen dient.

(7) Die Strategie lautet dann: Wir wenden die pragmatische Idee hier erneut an und verstehen repräsentationalen Inhalt von der Tätigkeit her, die ein Subjekt vollziehen muss, um als etwas zu gelten, das etwas als Maßstab behandelt, der für Richtigkeitsbewertungen von Urteilen dient. Wir fassen ihn also als Moment des Synthetisierungsprozesses auf, durch den Verpflichtungen in die Konstellation bereits bestehender Verpflichtungen integriert werden, die die für Apperzeption spezifische rationale Einheit aufweist.

V. Die Bedingung der Art des Gegebenseins

Um mit der begrifflich-expressiven Strategie zu einem Verständnis der repräsentationalen Dimension der Intentionalität zu gelangen, müssen wir erklären, was es für einen möglichen Urteilsinhalt – der durch Beziehungen materialer Unvereinbarkeit und Folgerung zu anderen solchen Inhalten gegliedert ist – bedeutet, als etwas zu dienen, das einen Sachverhalt in der Welt repräsentiert. Indem wir also angeben, welche Rolle ein möglicher Urteilsinhalt in dem integrativ-synthetisierenden Prozess des Urteilens spielen muss, damit er als etwas gilt, das etwas anderes zu repräsentieren beansprucht, erfüllen wir die Bedingung der »Art des Gegebenseins«. Denn auf diese Weise geben wir an, was es heißt, eine Art des Gegebenseins von etwas, ein Repräsentierendes des Repräsentierten zu sein bzw. zu beanspruchen, es zu sein. Was ich »Repräsentierendes« genannt habe, bezeichnet Hegel vorzugsweise mit dem Ausdruck »das Sein der Dinge *für* das Bewusstsein«. Das Sein der Dinge für das Bewusstsein beansprucht also, eine Erscheinung der Wirklichkeit zu sein, eine Erscheinung des Seins der Dinge *an sich*. Um die Bedingung der Art des Gegebenseins zu erfüllen, müssen wir somit angeben, was es bedeutet, sich als eine Erscheinung *von* etwas zu erweisen. Diese Unterscheidungen – Repräsentierendes und Repräsentiertes, Erscheinung und Wirklichkeit, das Sein der Dinge *für* das Bewusstsein und das Sein der Dinge *an sich*, Gewissheit und Wahrheit – organisieren sich für Hegel entlang der kantischen Unterscheidung zwischen *Phaenomena* und *Noumena*.

Hegel stellt nun die Frage, was es heißt, dass etwas *für* das Bewusstsein ist. Dabei handelt es sich um die tiefgreifendste und wichtigste Frage bezüglich der repräsentationalen Dimension der Intentionalität. Die Idee von Dingen, die etwas *für* das Bewusstsein sind, setzt Hegel keineswegs voraus; sie ist nichts, wovon er einfach ausgeht. Stattdessen bietet er uns eine funktionalistisch-pragmatische Erklärung der Ideen des repräsentationalen Anspruchs und repräsentationalen Inhalts an, die er einer anderen funktionalistischen Erklärung nachbildet, in dieser verankert und aus ihr heraus entwickelt. Gemeint ist jene aus Hegels Sicht bereits bei Kant angelegte Erklärung, wonach propositionaler Inhalt von der Tätigkeit des Urteilens her verstanden werden muss. Die im Verlauf des Buches noch aufkommende Frage, wie sich die »Einheit der Proposition« holistisch spezifizieren lässt, beantwortet er unter Berufung auf die Beziehungen materialer Unvereinbarkeit und Folgerung zwischen möglichen Urteilsinhalten. Diese Beziehungen erweisen sich dabei als rationale Beziehungen, da sie eine Gliederung etablieren, durch die bestimmt ist, welche Urteile als Gründe für oder gegen andere Urteile dienen. Diese »Einheit der Proposition« versteht Hegel funktional, das heißt als die synthetische, für die Apperzeption charakteristische Einheit einer Konstellation von Verpflichtungen – eine dynamische Einheit, die dadurch hervorgebracht und erhalten wird, dass wir neue Verpflichtungen zusammen mit bereits bestehenden in ein Ganzes integrieren, das der dreiteiligen praktisch-systematischen Verantwortung zur Kritik, Erweiterung und Rechtfertigung unterliegt. Wenn wir die Einheit propositionalen *Inhalts* mit Blick auf jene Einheit verstehen, die die rationalen Normen definiert, die uns in unserem eigenen *Tun* anleiten müssen, damit es als Urteilen gelten kann, das die Einheit aufweist, die für das Propositionale charakteristisch ist, bedeutet dies, dass »es nur eine Einheit gibt« – die synthetische Einheit der Apperzeption.[7]

7 »Dieselbe Funktion, welche den verschiedenen Vorstellungen *in einem Urteile* Einheit gibt, die gibt auch der bloßen Synthesis verschiedener Vorstellungen *in einer Anschauung* Einheit [...].« (Immanuel Kant, *Werkausgabe in 12 Bänden, III. Kritik der reinen Vernunft*, Frankfurt/M. 1977, 117f.)

Wie wir gesehen haben, besteht das erste Puzzlestück in dem Gedanken, dass eine Sache normativ aufgefasst werden muss, um etwas *für* das Bewusstsein zu sein. Sie muss von der spezifischen Form von *Autorität* her verstanden werden, die sie über die Bewertungen der *Richtigkeit* der Urteile ausübt, aus denen das Bewusstsein besteht. Urteile müssen *gegenüber* dem, was sie repräsentieren, *verantwortlich* sein, um überhaupt richtig sein zu können, also um als etwas verstanden werden zu können, das etwas repräsentiert, das Bezug nimmt bzw. eine Erscheinung von etwas ist. In Hegels Worten: Das Repräsentierte muss als ein normativer *Maßstab* für die Urteilsakte dienen. Die nächste Frage lautet, wie wir diesen Gedanken pragmatisch operationalisieren können. Wie kann er dazu dienen zu verstehen, was man *tun* muss, um als jemand zu gelten, der ebendieser Autorität – und somit die Verantwortung der Beschaffenheit der Dinge *für* das Bewusstsein (also der Urteile) gegenüber der Beschaffenheit der Dinge *an sich* – zustimmt? Das Bewusstsein selbst muss seine Urteile als Repräsentationen *von* einer Wirklichkeit betrachten; es muss sie als etwas auffassen, das über sich hinaus auf ein anderes verweist, gegenüber dem es sich für seine Richtigkeit verantwortet. Andernfalls könnten wir nicht davon ausgehen, dass ein Bewusstsein im Urteilen Stellung nimmt dazu, wie die Dinge an sich beschaffen sind. Seine Urteile würden nicht die wirkliche Beschaffenheit der Dinge *für* das Bewusstsein ausdrücken.

Wir müssen also verstehen, wie das Bewusstsein, wie Hegel sagt, »seinen Maßstab an ihm selbst« hat, also verstehen, in welchem Sinne wir an dem, »was das Bewußtsein innerhalb seiner für das *Ansich* oder das *Wahre* erklärt, [...] den Maßstab [haben], den es selbst aufstellt, sein Wissen daran zu messen«.[8] Wie kommt es, dass »gerade darin, daß es überhaupt von einem Gegenstande weiß, [...] schon der Unterschied vorhanden [ist],

8 *PhG*, S. 76 f.

daß *ihm* etwas das *Ansich*, ein anderes Moment aber das Wissen, oder das Sein des Gegenstandes *für* das Bewußtsein ist«?[9] Die Unterscheidung zwischen dem Sein der Dinge *an sich* und dem Sein der Dinge *für* das Bewusstsein muss »*dem* Bewusstsein etwas sein«. Diese Passage markiert eine absolut entscheidende (wenn auch selten zur Kenntnis genommene) Unterscheidung, nämlich zwischen den Dingen, insofern sie *für* das Bewusstsein etwas sind, und den Dingen, insofern sie *dem* Bewusstsein etwas sind. Diese Unterscheidung kann leicht übersehen werden, denn anders als die Wendungen »*für* das Bewusstsein« oder »*an* sich« wird »*dem* Bewusstsein« ohne eine eigene Präposition ausgedrückt, allein durch den Dativ und oft auch nur durch eine anaphorische Konstruktion mit dem Pronomen »ihm«.

Hegel sagt, die Unterscheidung zwischen dem Sein der Dinge *für* das Bewusstsein und dem Sein der Dinge *an sich* ist *dem* Bewusstsein etwas. Ich verstehe das wie folgt: Das Sein von etwas *für* das Bewusstsein ist der Inhalt eines Urteils, also etwas *Explizites.* Mögliche Urteilsinhalte sind explizit, insofern sie in Aussagesätzen (bzw. »dass«-Sätzen) gedacht und konstatiert werden können. Sie sind *propositionale* Inhalte. Wie wir gesehen haben, versteht Hegel solche Inhalte auf Grundlage ihrer Beziehungen materialer Unvereinbarkeit und Folgerung. Diese Beziehungen begreift er wiederum von der Rolle her, die mögliche Urteilsinhalte in dem rational-synthetisierenden Prozess der Integration und Berichtigung von Verpflichtungen spielen, in dem es um die Erhaltung der für die Apperzeption charakteristischen Einheit geht. Wenn wir uns im Gegenzug hierzu fragen, was Dinge *dem* Bewusstsein sind, dann geht es funktional darum, wie sie vom Bewusstsein *implizit* betrachtet bzw. praktisch behandelt werden. Das Bewusstsein unterscheidet in seinen *Akten* praktisch zwischen dem Sein der Dinge *für sich* und dem Sein der Dinge *an sich*, also zwischen Erscheinung und Wirk-

9 Ebd., S. 78.

lichkeit. Das Bewusstsein, so sagt Hegel, *ist* ihre »Vergleichung«.[10] Wie können wir das, was das Bewusstsein wesentlich *tut*, um *als* Bewusstsein verständlich zu sein, als praktisches Eingestehen dieser Unterscheidung auffassen? Indem wir diese Frage beantworten, werden wir zugleich begreifen, in welchem Sinne das Bewusstsein »einerseits Bewußtsein des Gegenstandes, andererseits Bewußtsein seiner selbst [ist]; Bewußtsein dessen, was ihm das Wahre ist, und Bewußtsein seines Wissens davon«.[11] Das Bewusstsein urteilt, das ist, was es als solches *tut* – es vollzieht die integrativ-synthetisierende Tätigkeit, welche die synthetische Einheit der Apperzeption hervorbringt und erhält. Die Unterscheidung zwischen Erscheinung und Wirklichkeit, zwischen der Beschaffenheit der Dinge für das Bewusstsein und der Beschaffenheit der Dinge an sich, zwischen Repräsentierendem und Repräsentiertem, muss also hinsichtlich ihrer funktionalen Rolle innerhalb dieser Tätigkeit verstanden werden können. Das von Hegel so genannte »natürliche Bewusstsein« bedarf dieser metabegrifflichen Begriffe nicht, es muss sie nicht explizit in Urteilen anwenden können.[12] Sobald wir (das »phänomenologische Bewusstsein«) jedoch über die Tätigkeit des Bewusstseins nachdenken, müssen wir ihm zuschreiben können, dass es das begreift, was von diesen Begriffen explizit gemacht wird – ein Begreifen, das in der Tätigkeit des Bewusstseins implizit enthalten ist.

Damit etwas als ein Wirkliches dient, das im Urteil repräsentiert wird bzw. erscheint, muss es praktisch, das lehrt uns die normative Deutung der Repräsentation, die Rolle eines normativen *Maßstabs* für die Bewertung der Richtigkeit des Urteils einnehmen.[13] Was ich im vorigen Kapitel die »Bedingung der ra-

10 Vgl. ebd.
11 Ebd., S. 77.
12 Vgl. ebd., S. 72 f.
13 Die betreffende Bewertung entspricht Hegels »Prüfung« in ebd., S. 77 f.

tionalen Beschränkung« genannt habe, sagt uns zudem, dass das, was als ein *Bewertungsmaßstab* möglicher Urteilsinhalte dient, auch als ein *Grund* für diese Bewertung dienen muss. Es muss also, zumindest im Prinzip, *dem* Bewusstsein *als* ein Grund zur Verfügung stehen. Und damit das, was die Rolle eines Bewertungsmaßstabs spielt, als ein Grund dienen kann, muss es begriffliche Gestalt haben; es muss zum Repräsentierenden und zu dem, was von uns repräsentiert werden kann, in Beziehungen materialer Unvereinbarkeit und Folgerung stehen. Dies ist erforderlich, um als ein Grund für oder gegen Urteile dienen zu können, das heißt als ein Maßstab, anhand dessen wir diese als richtig oder falsch bewerten können.

VI. Die Erfahrung des Irrtums

Mit diesem Gedanken sind wir am Kern von Hegels funktionalistischer Erklärung der Idee repräsentationalen Anspruchs angelangt. Den Prozess, in dem neue Verpflichtungen in eine Konstellation bereits bestehender Verpflichtungen integriert werden, nennt Hegel »Erfahrung«. Für die Erklärung der Idee, dass mögliche Urteilsinhalte einen repräsentationalen Anspruch haben, wendet er sich dem kritischen Aspekt dieses Prozesses zu, bei dem es um das Eingestehen und die Auflösung von Unvereinbarkeiten geht, die sich ergeben, wenn ein neues Urteil hinzugefügt wird. Die systematische normative Pflicht in dieser Dimension ist eine praktische Verantwortung, etwas *zu tun*. Wir haben die Pflicht, die synthetische Einheit wiederherzustellen, die für die Apperzeption charakteristisch ist, und zwar indem wir die Inkohärenz beheben, die sich einstellt, sobald ein Subjekt unvereinbaren Verpflichtungen gegenübersteht. Dieser Prozess ist die Erfahrung des *Irrtums*.

Man betrachte ein Beispiel. Ein naives Subjekt schaut auf einen Stock, der zur Hälfte in einen Teich eingetaucht ist, und gewinnt durch seine Wahrnehmung die Überzeugung, dass der Stock geknickt ist. Sobald das Subjekt ihn herauszieht, kommt es zu der Überzeugung, dass er gerade ist. Es war zudem die ganze Zeit davon überzeugt, dass der Stock starr ist und dass er, wenn man ihn aus dem Wasser zieht, seine Gestalt nicht ändert. Zusammengenommen sind diese Urteile unvereinbar. Dies einzugestehen bedeutet einzugestehen, dass ein Fehler begangen wurde. Mit diesem Eingeständnis wird die praktische Verantwortung akzeptiert, die Vereinbarkeit der eigenen Verpflichtungen wiederherzustellen (die praktische Verantwortung zur Kritik). Zumindest eine der Verpflichtungen innerhalb der fehlerbehafteten Konstellation ist zu verwerfen oder abzuändern. Nehmen wir an, unser Subjekt gibt die Überzeugung auf, der Stock sei geknickt, während es die Überzeugung, dass er gerade ist, aufrechterhält (ebenso wie seine anderen, parallel bestehenden Verpflichtungen). Unser Subjekt mag zu der getroffenen Entscheidung darüber, was beizubehalten und was zu verwerfen ist, durch seine Überzeugung gelangt sein, dass es mehr Erfahrungen hat und entsprechend zuverlässiger dabei ist, Gestalten visuell zu beurteilen, die es entweder durch Luft *oder* durch Wasser betrachtet, bzw. dass es weniger Erfahrungen hat und entsprechend weniger zuverlässig urteilt, wenn es durch Luft *und* durch Wasser schauen muss.

Zunächst sollten wir feststellen: Wenn das Subjekt die zwei Gestalt-Verpflichtungen (im Zusammenhang mit den parallel bestehenden Verpflichtungen auf Starrheit und Beständigkeit der Gestalt) als miteinander unvereinbar behandelt, behandelt es sie implizit so, dass sie ein gemeinsames Thema haben, also *auf* ein und denselben Gegenstand *Bezug nehmen*. Die Verpflichtung darauf, dass Stock Nr. 1 geknickt ist, und die Verpflichtung darauf, dass Stock Nr. 2 gerade ist, sind ja *nicht* miteinander unvereinbar. Erst wenn es *derselbe* Stock ist, dem wir diese unvereinbaren Eigenschaften zuschreiben, sind die resultierenden Urteilsinhalte miteinander unvereinbar. (Hegel diskutiert diesen Punkt eingehender im Kapitel zur Wahrnehmung.) Indem wir zwei Verpflichtungen als miteinander unvereinbar behandeln (indem wir praktisch die Pflicht eingestehen, zumindest eine von ihnen zu überarbeiten), behandeln wir sie so, dass sie auf ein und denselben Gegenstand Bezug nehmen, und schreiben *diesem* Gegenstand dann miteinander unvereinbare Eigenschaften zu. Oder anders ausgedrückt, wir behandeln die Verpflichtungen jeweils als Repräsentierungen ein und desselben Repräsentierten. Das Eingestehen der Unvereinbarkeit der beiden Verpflichtungen bedeutet also eine Art repräsentationale *Triangulation*. Wir behandeln sie implizit so, dass beide dasselbe Thema haben, das heißt auf ein und dasselbe Ding Bezug nehmen. Wenn ich sage, dass das Eingestehen eines gemeinsamen repräsentationalen Anspruchs *implizit* ist, dann ist damit gemeint, dass der repräsentationale Anspruch mit dem eingestanden wird, was das Subjekt *tut* – und nicht mit dem, was der explizite propositionale Inhalt eines Urteils ist, das die verschiedenen Sinne, also die durch Beziehungen materialer Unvereinbarkeit und Folgerung gegliederten begrifflichen Inhalte, des (selben) Referenzgegenstandes herausgreift. Es geht hier folglich darum, was diese Verpflichtungen *dem* Bewusstsein sind, und nicht darum, was sie *für* das Bewusstsein sind. (*Für* das Bewusstsein ist der Stock sowohl geknickt als auch gerade; die Unvereinbarkeit der Verpflichtungen ist in diesem einfachen Fall jedoch allein *dem* Bewusstsein etwas.)

Das eben Gesagte betrifft den ersten Schritt des Prozesses der Erfahrung des Irrtums – das Eingestehen der materialen Unvereinbarkeit von Verpflichtungen, die das Subjekt eingegangen ist. In diesem Schritt befinden sich alle unvereinbaren Verpflichtungen noch auf einer Ebene. Noch wurden keine problematischen Bewertungen ihrer relativen Autorität (Glaubwürdigkeit) angestellt. Ich habe bereits angemerkt, dass wir schon jetzt, in diesem Schritt, das Zugestehen des gemeinsamen repräsentationalen Anspruchs von zwei Verpflichtungen als etwas auffassen können, das implizit im praktischen Eingeständnis der materialen Unvereinbarkeit dieser Verpflichtungen enthalten ist.[14] Diese rein formale Dimension des repräsentationalen Anspruchs wird durch eine andere, reichere Dimension ergänzt, die aber erst im nächsten Schritt der Erfahrung des Irrtums auftritt, also wenn auf das Eingestehen der Unvereinbarkeit (des Umstandes, dass bei den Verpflichtungen, die wir als unvereinbar betrachten, der eine oder andere Irrtum vorliegt) die Überarbeitung zumindest einiger dieser Verpflichtungen folgt. Der zweite Schritt in der Erfahrung des Irrtums, die *Berichtigung*, besteht in der Ausführung dessen, was wir im ersten Schritt als unsere eigene praktische Pflicht zugestanden haben – nämlich die eingestandene Unvereinbarkeit zu beheben, indem wir einige der fehlerhaften Verpflichtungen überarbeiten oder verwerfen.

Indem das Subjekt in unserem Beispiel die Überzeugung, dass der Stock geknickt ist, aufgibt und die Überzeugung, dass er gerade ist, beibehält, behandelt sie die erste als eine bloße *Erscheinung* und die zweite als die entsprechende *Wirklichkeit*. In diesem Schritt der Erfahrung des Irrtums wird der Fehler eingegrenzt und identifiziert. Aus Sicht des Subjekts besteht das Problem in der Verpflichtung darauf, dass der Stock geknickt ist. Diese Verpflichtung war fehlerhaft. Indem das Subjekt sie verwirft, betrachtet es sie praktisch nicht mehr länger als einen Ausdruck der wirklichen Beschaffenheit der Dinge. Wir müssen einen möglichen Urteilsinhalt bejahen, um ihn praktisch als ei-

14 Dieser Punkt lässt sich auf Konstellationen von mehr als zwei Verpflichtungen ausweiten, die zusammengenommen miteinander unvereinbar sind (und zwar solange alle Glieder der Menge notwendig sind für (kollektive) Unvereinbarkeit, so dass, wenn wir eines herausnehmen würden, der Rest nur noch miteinander vereinbare Verpflichtungen umfasst). Der Einfachheit halber werde ich an dem Beispiel mit zwei Verpflichtungen festhalten.

nen Ausdruck der wirklichen Beschaffenheit der Dinge zu betrachten bzw. zu behandeln. Zuvor hatte das Subjekt dem Urteil, dass der Stock geknickt ist, diesen Status erteilt. Indem es nun aber die vorherige Verpflichtung zurückweist, betrachtet es dieses Urteil als etwas, das diesen Status nicht länger verdient. Im Zuge des Konflikts der Verpflichtungen hat sich dem Subjekt offenbart, dass diese Verpflichtung nur *beansprucht* hat, die wirkliche Beschaffenheit der Dinge zum Ausdruck zu bringen, und also nur eine *Erscheinung* gewesen war.

Die Perspektive der Triangulation stellt sicher, dass das verworfene Urteil, wonach der Stock geknickt ist, praktisch nicht bloß als eine Erscheinung aufgefasst wird, sondern als eine Erscheinung *von* etwas, das wirklich ist und mit der beibehaltenen Verpflichtung gegeben ist: Was als geknickt erschien (der Stock), wurde als etwas enthüllt, das in Wirklichkeit gerade ist. In der Erfahrung des Irrtums werden sowohl die Verpflichtung darauf, dass der Stock geknickt ist, als auch die Verpflichtung darauf, dass er gerade ist, als *Arten des Gegebenseins* eines Wirklichen (des Stocks) betrachtet bzw. behandelt – die eine als wahrheitsgemäße Repräsentation, die andere als Fehlrepräsentation. Beide Schritte in diesem Prozess der Erfahrung des Irrtums – das Eingestehen der Unvereinbarkeit und ihre Berichtigung – tragen dazu bei, die für jede Theorie intentionalen Inhalts geltende Bedingung der Art des Gegebenseins zu erfüllen. Denn welche Funktion die Urteile in diesen Phasen der Erfahrung des Irrtums haben, also welche Rolle sie jeweils in ihnen spielen, zeigt uns, was wir *tun* müssen, um als jemand zu gelten, der die repräsentationale Dimension begrifflichen Inhalts praktisch zugesteht. Es zeigt uns, was es heißt, Urteile als Repräsentierendes zu betrachten bzw. zu behandeln, also als eine Erscheinung der wirklichen Beschaffenheit eines repräsentierten Dings.

In der ersten Phase der Erfahrung des Irrtums gerät die Autorität der Überzeugung, dass der Stock gerade ist, mit der Autorität der Überzeugung, dass er geknickt ist, in Widerstreit. In der zweiten Phase wird die Autorität der einen Überzeugung bestätigt, während die Autorität der anderen verworfen wird. Im Zusammenhang der parallel bestehenden Verpflichtungen – die Starrheit, die Veränderbarkeit der Gestalt starrer Gegenstände und die relative Verlässlichkeit visueller Wahrnehmung unter verschiedenen Bedingungen –, akzeptiert das Subjekt die Überzeugung, dass der Stock gerade ist, als *Maßstab* für die Bewertung der *Richtigkeit* (Wahrheitstreue) der Überzeugung, dass der Stock geknickt ist. Da beide Überzeugungen jetzt unvereinbar sind, wird die letztere gemäß diesem Maßstab als falsch verworfen. Die Überzeugung, dass der Stock geknickt ist, wird als etwas betrachtet, das gegenüber der Konstellation von Verpflichtungen verantwortlich ist, die auch die Überzeugung enthält, dass der Stock gerade ist. All dies besagt nun, dass der gerade Stock (so wie er uns mit dem Urteil gegeben ist) die *normativ*-funktionale Stellung einnimmt, die für das Wirkliche charakteristisch ist, das von einem Repräsentierenden repräsentiert wird: Der gerade Stock wird praktisch – für das Bewusstsein – als ein autoritativer Maßstab für die Richtigkeitsbewertung des Repräsentierenden behandelt, das allein dadurch als etwas gilt, das auf ihn Bezug nimmt, weil es ihm gegenüber für solche Bewertungen verantwortlich ist. Wenn wir uns anschauen, welche Rolle unterschiedliche Verpflichtungen in der Erfahrung des Irrtums spielen, dann erkennen wir, dass die von der normativen Theorie des Repräsentierenden geforderten Bedingung der Art des Gegebenseins erfüllt ist.

Wir können auch der Bedingung der rationalen Beschränkung nachkommen, wenn wir die Idee repräsentationalen Anspruchs funktional von der Rolle her verstehen, die begrifflich gegliederte mögliche Urteilsinhalte in den Prozessen spielen, die die Struktur der Erfahrung des Irrtums aufweisen. Im Kontext der Konstellation parallel bestehender Verpflichtungen aus unserem Beispiel liefert uns die Überzeugung, dass der Stock gerade ist, einen *Grund* dafür, die Überzeugung zu verwerfen, dass er geknickt ist. Der Widerstreit beider wird so *rational* aufgelöst. Die Überzeugung, dass die visuelle Wahrnehmung unter solchen Bedingungen (die das Subjekt hinsichtlich der verschiedenen Wahrnehmungsurteile jeweils bejaht hat) immer nur in unterschiedlichem Grade verlässlich ist, bildet zusammen mit der Überzeugung, dass der Stock gerade ist, ein Argument gegen die Überzeugung, dass er geknickt ist. Indem es die Erfahrung des Irrtums macht, behandelt unser Subjekt die Wirklichkeit (den geraden Stock) praktisch als etwas, das der Bewertung, ob Erscheinungen wahrheitsgemäß sind oder nicht, eine rationale Beschränkung auferlegt.

Indem das Subjekt auf diese Weise vorgeht, betrachtet bzw. behandelt es die Überzeugung, dass der Stock geknickt ist, praktisch als Ausdruck des Seins der Dinge für das Bewusstsein und die Überzeugung, dass dieser gerade ist, als Ausdruck des Seins der Dinge an sich. Diese Status sind wiederum das, was die Überzeugungen *dem* Bewusstsein sind, das heißt etwas *Implizites.* Das Subjekt der Erfahrung des Irrtums (das »natürliche Bewußtsein«) braucht keine Begriffe wie WIRKLICHKEIT und ERSCHEINUNG, REPRÄSENTIERTES und REPRÄSENTIERENDES, SEIN DER DINGE AN SICH und SEIN DER DINGE FÜR DAS BEWUSSTSEIN, NOUMENA und PHAENOMENA explizit zum Einsatz zu bringen, damit es das, was es tut, wenn es die eine Verpflichtung des (kontextuell) material unvereinbaren Paares beibehält und die andere verwirft, als etwas versteht, worin es die beiden Verpflichtungen praktisch so betrachtet bzw. behandelt, dass das eine das Wirkliche und das andere bloße Erscheinung darstellt. Die eine Verpflichtung ist *dem* Bewusstsein also, was der Stock an sich ist (gerade), die andere ist *ihm* dagegen das, was der Stock bloß *für* das Bewusstsein ist (bzw. gewesen war).[15] Dies meint Hegel, wenn er sagt, »[d]as Bewußtsein gibt seinen Maßstab an ihm selbst« und »[an] dem [...], was das Bewußt-

15 So drückt sich, wie oben zitiert, Hegel aus; vgl. ebd., S. 76.

sein innerhalb seiner für das *Ansich* oder das *Wahre* erklärt, haben wir den Maßstab, den es selbst aufstellt, sein Wissen daran zu messen«.[16]

Diese Erklärung des praktischen, impliziten Auffassens der Unterscheidung und Beziehung zwischen dem, was die Dinge *für* das Bewusstsein sind, und dem, was die Dinge *an* sich sind – das heißt, wie diese Unterscheidung *dem* Bewusstsein etwas ist aber noch nicht notwendigerweise zugleich etwas *für* das Bewusstsein –, ist die Antwort auf die Herausforderung durch den Regress à la Bradley, der im vorangegangenen Kapitel als Nachfolger des cartesischen Regressarguments der Repräsentation herausgestellt wurde. Dieser Regress ist bedrohlich, nicht wenn man sich darum sorgt, dass das Repräsentierte selbst repräsentational erkannt werden muss, sondern, wenn man sich darum sorgt, dass die *Beziehung* zwischen dem Repräsentierten und dem Repräsentierenden repräsentational erkannt werden muss. Der Regress wird vermieden, da die Repräsentationsbeziehung nicht zwingend etwas Explizites *für* das Bewusstsein zu sein hat; sie muss lediglich *dem* Bewusstsein etwas sein, also etwas, das vom Bewusstsein im Zuge der Erfahrung des Irrtums implizit behandelt und *getan* wird.

VII. Beide Seiten des begrifflichen Inhalts sind repräsentational aufeinander bezogen

In Hegels Modell ist der begriffliche Inhalt, der Repräsentierendem und Repräsentiertem gemeinsam ist (Erscheinung und Wirklichkeit, *Phaenomenon* und *Noumenon*, Verpflichtung und Tatsache), von den beiden Formen abstrahiert, die als Bezie-

16 Ebd., S. 76f.

hungskomplexe materialer Unvereinbarkeiten und Folgerungen auftreten können. Das ist zum einen die subjektive Form, die wir durch das deontisch-normative Vokabular explizit machen, und zum anderen die objektive Form, die wir durch das alethisch-modale Vokabular explizit machen. Es ist nicht bloßer Zufall, sondern dem begrifflichen Inhalt wesentlich, dass er diese beiden Formen annehmen kann. Es handelt sich dementsprechend um eine hylemorphistische Vorstellung: ein Inhalt, zwei Formen. Der zentrale metaphysische Begriff, in dem dieser Punkt theoretisch aufgegriffen und zum Ausdruck gebracht wird, ist der Begriff BESTIMMTE NEGATION. Er bringt deutlich den Sinn zum Ausdruck, wonach alles (Gedanken, Tatsachen, Eigenschaften, begriffliche Inhalte) etwas *Bestimmtes* sein kann – wenn es sich nur von anderen derartig bestimmten Dingen deutlich abhebt und sie ausschließt. Auf objektiver Seite bedeutet dies, dass die Beschaffenheit der Dinge im Wesentlichen von der Struktur ihrer alethisch-modalen Beziehungen abhängt, die die Dinge unmöglich bzw. notwendig macht. Auf subjektiver Seite bedeutet dies, dass wir Verpflichtungen nur im Zusammenhang des *Prozesses* als bestimmt auffassen können, in welchem wir sie erwerben und überarbeiten, da dieser Prozess den deontisch-normativen Unvereinbarkeits- und Folgerungsbeziehungen gehorcht, die den begrifflichen Inhalt der Verpflichtungen gliedern. Hegels Vorstellung von (bestimmter) Negation und somit seine Vorstellung von Begriffen und deren Inhalt, den zu verstehen schon immer eine Herausforderung gewesen war, ist unter dem wichtigen Aspekt zu betrachten, dass er diese traditionellen logischen Begriffe mit *dynamischen* Kategorien wie Bewegung, Prozess und Ruhelosigkeit verbindet.[17] Dahinter verbirgt

17 In der *Phänomenologie* wird dieses Thema in der »Vorrede« hervorgehoben, und zwar als eine partielle Erklärung dafür, weshalb »alles darauf an[kommt], das Wahre nicht als *Substanz*, sondern ebensosehr als *Subjekt* aufzufassen und auszudrücken« (ebd., S. 22f.). Subjekte müs-

sich der Umstand, dass Hegel die normativ verstandene Unvereinbarkeit mit dem Prozess in Verbindung bringt, in dem wir Verpflichtungen erwerben und überarbeiten.

Hegel betrachtet die subjektive Gliederung der begrifflichen Inhalte von Verpflichtungen durch deontisch-normative Beziehungen materialer Unvereinbarkeit und Folgerung und die objektive Gliederung der begrifflichen Inhalte von Sachverhalten und Eigenschaften durch entsprechende alethisch-modale Beziehungen als zwei Seiten ein und derselben Medaille, als zwei Aspekte einer Vorstellung. Eine wichtige Behauptung Hegels ist, dass die Begriffe BESTIMMTE NEGATION und BEGRIFFLICHER INHALT nicht mehrdeutig sind. Sie weisen vielmehr eine Feinstruktur auf, die sich aus dem Verhältnis zwischen den beiden eng aufeinander bezogenen Formen (der subjektiven und der objektiven) ergibt, die begriffliche Inhalte annehmen können, die wiederum durch bestimmte Negation und Vermittlung definiert sind. Diese Behauptung spielt eine wichtige Rolle in Hegels Strategie, die subjektive und die objektive Seite des inten-

sen auf die impliziten normativen Anforderungen reagieren, die in der Anwendung eines Begriffs liegen, dessen Inhalt durch die Beziehungen der bestimmten Negation (materialen Unvereinbarkeit) und Vermittlung (inferentiellen Folgerung) gegliedert ist, durch die er mit anderen derartigen Inhalten verbunden ist. Die Tatsache, dass die Subjekte reagieren müssen, dass sie also etwas *tun* – also andere Verpflichtungen *ändern* (einige verwerfen und andere akzeptieren) –, bildet den Kontext, in dem wir Hegels Rede von der »Bewegung des Begriffs« (vgl. ebd., S. 37f.) verstehen müssen. Hierüber spricht er, wenn er sich auf den »sich bewegende[n] und seine Bestimmungen in sich zurücknehmende[n] Begriff« bezieht: »In dieser Bewegung geht jenes ruhende Subjekt selbst zugrunde; es geht in die Unterschiede und den Inhalt ein und macht vielmehr die Bestimmtheit, d.h. den unterschiedenen Inhalt wie die Bewegung desselben aus, statt ihr gegenüber stehenzubleiben.« (Ebd., S. 57) Deshalb haben »jene Bestimmungen [...] das Ich, die Macht des Negativen oder die reine Wirklichkeit zur Substanz und zum Element ihres Daseins« (ebd., S. 37).

tionalen Nexus der Erkenntnis (später auch der Handlungsfähigkeit) durch die Abstraktion zu verstehen, in der die beiden Seiten als komplementäre Aspekte des begrifflichen Inhalts erfasst werden. Es handelt es sich hierbei um jene Strategie, die er bereits in der »Einleitung« von traditionellen Ansätzen abgrenzt, die versuchen, ohne Weiteres und unabhängig voneinander spezifizierte Vorstellungen von SUBJEKT und GEGENSTAND irgendwie im Nachhinein mithilfe von Repräsentationsbeziehungen zusammenzusetzen, um ein Verständnis der intentionalen Beziehungen zwischen ihnen zu gewinnen. Dieser Ansatz ist Hegel zufolge zum Scheitern verurteilt, solange wir durch eine psychologische Vorstellung vom Begrifflichen (und somit des Verständlichen) den begrifflichen Inhalt auf die subjektive Seite beschränken, so dass eine Kluft zwischen verschiedenen Arten der Verständlichkeit aufbrechen muss, die die erkennenden und handelnden Subjekte von der objektiven Welt abtrennt, die sie doch eigentlich erkennen und in der sie handeln.

Wie können wir die Vorstellung des begrifflichen Inhalts, wonach er durch Beziehungen bestimmter Negation und Vermittlung gegliedert ist, als etwas *Amphibisches* zwischen der subjektiv-normativen und der objektiv-modalen Form auffassen? Diese Frage zielt offensichtlich auf den Kern von Hegels Idealismus. Wir sollten sie meines Erachtens von zwei Behauptungen her begreifen: Erstens ist das deontisch-normative Vokabular ein *pragmatisches Metavokabular*, mit dem das alethisch-modale Vokabular ausgedrückt werden kann. Hieraus folgt, zweitens, dass diese beiden Vokabularien *ihrem Sinn nach* voneinander abhängig sind. Der ersten Behauptung zufolge erlaubt uns das deontisch-normative Vokabular zu *sagen*, was jemand *tun* muss, damit er das *sagt*, was ihm das alethisch-modale Vokabular zu sagen erlaubt.[18] Denn um als jemand zu gelten, der die Inhalte

18 Einige Hintergrundinformationen, Klärungen und Beispiele für den Begriff PRAGMATISCHES METAVOKABULAR biete ich im 1. Kapitel meines

erfasst, die durch das alethisch-modale Vokabular ausgedrückt werden, müssen wir die Verpflichtungen, die wir im Verwenden dieses Vokabulars eingehen, praktisch auf eine gewisse Art und Weise betrachten bzw. behandeln. Um beispielsweise die Behauptungen zu erfassen, dass *p* und *q* zusammengenommen *unmöglich* sind und dass, wenn *p*, dann *notwendigerweise* auch *r* (Hegel zufolge haben diese Behauptungen die expressive Funktion, die Beziehungen explizit zu machen, durch die *p*, *q* und *r* erst ihren jeweiligen begrifflichen Inhalt erhalten), dann müssen wir das Folgende *tun*: Wir müssen die Verpflichtungen auf *p* und *q* praktisch als normativ unvereinbar betrachten bzw. behandeln (man kann nicht zu beiden *berechtigt* sein) und analog die Verpflichtung auf *r* als etwas, das normativ aus der Verpflichtung auf *p* folgt (wer auf das eine verpflichtet ist, gilt damit als jemand, der auch auf das andere *verpflichtet* ist). Steht man unvereinbaren Verpflichtungen gegenüber, so steht man in der Pflicht, etwas zu ändern und diese Unvereinbarkeit zu beheben. Man muss mindestens eine der unvereinbaren Verpflichtungen verwerfen oder sein Verständnis der begrifflich gegliederten Unvereinbarkeits- und Folgerungsbeziehungen zwischen ihnen ändern. Einer Verpflichtung zuzustimmen zieht die Verantwortung nach sich, auch den Verpflichtungen der sich hieraus notwendigerweise ergebenden Folgerungen zuzustimmen. Nur wenn man sein Tun mit den Normen in Übereinstimmung bringen kann, die im deontischen Vokabular ausgedrückt werden, gilt man als jemand, der das modale Vokabular verstehen und anwenden kann. Indem wir unsere eigenen Verpflichtungen praktisch als etwas behandeln, das in solchen normativen Beziehungen steht, tun wir letztlich *nichts anderes*, als sie implizit als Verpflichtungen aufzufassen, die das betreffen, was objektiv unmöglich und not-

Buches *Between Saying and Doing. Towards an Analytic Pragmatism*, Oxford 2008.

wendig ist; wir fassen sie als Erscheinungen *von* einer Wirklichkeit auf, die durch derartige alethisch-modale Beziehungen gegliedert ist. Wie wir gesehen haben, bildet der Vollzug der Erfahrung des Irrtums, die von praktischen Normen geleitet ist, die auf deontischen Unvereinbarkeitsbeziehungen basieren, den Rahmen, in welchem wir unsere Verpflichtungen als Erscheinungen (Repräsentierendes) einer (repräsentierten) Wirklichkeit betrachten bzw. behandeln.

Dem deontisch-normativen Vokabular kommt in diesem Sinne die expressive Funktion eines pragmatischen Metavokabulars zu, in dem das alethisch-modale Vokabular ausgedrückt wird. Das bedeutet, dass niemand das alethisch-modale Vokabular verstehen bzw. es verständlich zum Einsatz bringen kann, wenn er nicht die normativ strukturierten Praktiken beherrscht, die durch das deontische Vokabular explizit gemacht werden. Diese Behauptung betrifft das praktische *Erfassen* dessen, was durch das alethisch-modale Vokabular ausgedrückt wird, das heißt, sie betrifft das, was man *tun* können muss, um das *zu sagen*, was es besagt. Es ist also *keine* Behauptung darüber, was *wahr* sein muss, damit auch das wahr ist, was wir im Verwenden dieses modalen Vokabulars *sagen*. Es wird also *nicht* behauptet, dass keine alethisch-modal formulierbaren Behauptungen wahr sein könnten, wenn nicht einige deontisch-normativ formulierbaren Behauptungen wahr wären. Weder wird behauptet, noch folgt aus dem, was behauptet wird, dass keine modalen Behauptungen wahr wären, wenn es nicht einige Wesen gäbe, die Begriffe verwenden und das normative Vokabular zur Anwendung bringen. Die Behauptung besteht vielmehr im Folgenden: Wenn wir nicht *praktisch* verstehen, was durch das normative Vokabular gesagt wird – also nicht an den Praktiken teilzunehmen vermögen, die im normativen Vokabular spezifiziert werden können –, dann können wir auch nicht das verstehen, was durch das modale Vokabular gesagt wird. Behauptet wird folglich, dass das modale Vokabular *seinem Sinn nach* abhängig ist von dem, was durch das normative Vokabular ausgedrückt wird, nicht jedoch *seiner Referenz nach*.

Diese Unterscheidung können wir anhand eines Beispiels verdeutlichen, das mit Normativität oder Modalität nichts zu tun hat. Unabhängig von der Frage, ob es gut ist, den Begriff SCHÖNHEIT wie folgt aufzufassen oder nicht, können wir einen *von Reaktionen abhängigen* Begriff (*response-dependent concept*) SCHÖNHEIT* definieren. Wir legen Folgendes fest: Ein Gegenstand bzw. eine Situation gilt genau dann als schön*, wenn er bzw. sie unter geeigneten Umständen in einem geeigneten Subjekt, das dem Gegenstand bzw. der Situation auf geeignete Weise ausgesetzt ist, eine Lustreaktion hervorrufen *würde*. (Das, worauf das Beispiel hinauswill, hängt nicht davon ab, wie diese verschiedenen Parameter von Geeignetheit ausbuchstabiert werden.) Die Eigenschaft »schön*« hängt dann ihrem Sinn nach von der Eigenschaft »Lust« ab. Wir könnten also den (amphibisch entsprechenden) *Begriff* SCHÖN* nicht *verstehen*, wenn wir nicht den Begriff LUST *verstanden* hätten – denn der eine ist durch den anderen definiert. Es folgt aber keineswegs, dass etwas nicht schön* *sein* könnte, wenn nicht jemand darauf mit Lust reagieren würde. Dieser Definition zufolge gab es schöne* Sonnenuntergänge bereits, bevor es geeignete Lebewesen gab, die fähig waren, Lust zu empfinden und in entsprechender Weise zu reagieren; und sie würden selbst dann noch schön* sein, wenn es niemals solche Lebewesen gegeben hätte. Denn es könnte immer noch der Fall sein, dass Lebewesen mit derartigen Reaktionen, *wenn* sie denn *existierten*, mit Lust reagieren *würden* (bzw. reagiert *hätten*). In gleicher Weise können wir einen Planeten oder Stern als »supra terram« definieren, und zwar genau für den Fall, dass dieser eine Masse hat, die mindestens doppelt so groß ist wie die der Erde. Mit einer solchen Definition hätten wir uns nicht darauf verpflichtet zu bestreiten, dass ein Planet diese Eigenschaft auch in einer möglichen Welt besitzen kann, in der die Erde nicht existiert. Je nachdem, wie wir sie spezifizieren, kann eine Eigenschaft *ihrem Sinn nach* von anderen Eigenschaften abhängen (wie »schön*« von »Lust« oder »supra terram« von »hat mindestens die doppelte Masse der Erde«), ohne von ihnen auch *ihrer Referenz nach* abhängig zu sein. Ein Gegenstand kann also die Eigenschaft *E* aufweisen, die ihrem Sinn, jedoch nicht ihrer Referenz nach von einer Eigenschaft *E'* abhängt, und das in einer Welt, in der nichts die Eigenschaft *E'* besitzt.

Die Behauptung, dass modale Eigenschaften (durch die ihnen amphibisch entsprechenden Begriffe) von unseren normgeleiteten Tätigkeiten abhängen, in welchen wir Verpflichtungen akzeptieren und verwerfen, bezieht sich auf den Sinn und nicht auf die Referenz dieser modalen Eigenschaften. Die objektive Welt würde selbst dann noch begrifflich strukturiert sein, das heißt aus Tatsachen bestehen (Gegenstände samt ihrer Eigenschaften und Beziehungen), die durch alethisch-modale Möglichkeits- und Notwendigkeitsbeziehungen gegliedert sind, wenn es in dieser Welt niemals erkennende und handelnde Subjekte gegeben hätte, die normativ gegliederte Begriffe anwenden, indem sie Verpflichtungen eingehen und verwerfen. Die Abhängigkeit der objektiven Welt von unserem menschlichen Geist, die der hegelsche Idealismus hier behauptet – was wir als *objektiven Idealismus* bezeichnen können –, ist nicht von jener anstößigen Art (die Kant »subjektiven Idealismus« nennt) wie die von Berkeley behauptete Abhängigkeit hinsichtlich der Referenz; sie hat die weitaus plausiblere (oder zumindest scheinbar plausiblere) Form einer Abhängigkeit hinsichtlich des Sinns. *Wir* können uns mögliche Welten vorstellen ohne Subjekte, auf die ein deontisch-normatives Vokabular Anwendung findet, und diese Welten trotzdem in einer Weise beschreiben, in der alethisch-modales Vokabular geeignet und verwendbar ist. Die Tatsache, dass wir solche Möglichkeiten verstehen können, hängt jedoch davon ab, dass wir imstande sind, an Praktiken teilzunehmen, die durch die Anwendung eines deontisch-normativen Vokabulars explizit gemacht werden.

Das Modell, das Hegel in Abgrenzung zu den zweistufigen Modellen der Repräsentation konstruiert, die darauf verpflichtet sind, streng zwischen der Art der Verständlichkeit des Repräsentierten und des Repräsentierenden zu unterscheiden, hängt von einer Erklärung ab, was es heißt, begrifflich gehaltvoll zu sein. Diese Erklärung beinhaltet eine Verpflichtung darauf, dass begriffliche Inhalte amphibisch sind – sie existieren sowohl in einer subjektiven Form, die durch deontisch-normative Unvereinbarkeits- und Folgerungsbeziehungen gegliedert ist, als auch in einer objektiven Form, die durch alethisch-modale Unvereinbarkeits- und Folgerungsbeziehungen gegliedert ist. Zwischen beiden Formen gibt es eine Entsprechung, insofern wir die eine als ein pragmatisches Metavokabular der anderen auffassen können, womit zugleich eine Art von praktischer Abhängigkeit des Sinns eingeführt wird. Diesem Ansatz nach folgt aus dem modalen Realismus (der Naturgesetze sehr ernst nimmt) der Begriffsrealismus, aus dem wiederum der objektive Idealismus folgt. Mit seiner »Einleitung« führt uns Hegel nicht allein in sein Buch ein, sondern zugleich auch in den metabegrifflichen Rahmen von Kategorien, den er andernorts »Vernunft« nennt. Diese Bezeichnung bedeutet auch eine Abgrenzung zum traditionellen, neuzeitlichen metabegrifflichen Rahmen von Kategorien, der bei Kant seine expliziteste und aufschlussreichste Ausarbeitung erfährt und von Hegel »Verstand« genannt wird. Vom Standpunkt der Vernunft aus enthält das Denken Aussagen, die im traditionellen Rahmen, also vom Standpunkt des Verstandes aus, nicht bejaht werden. So beispielsweise die folgende Behauptung: Da die Welt eine objektive Beschaffenheit aufweist, hat sowohl sie als auch unser auf sie Bezug nehmendes Denken eine begriffliche (mithin verständliche) Form; und das wäre selbst dann noch der Fall, wenn es niemals Subjekte gegeben hätte, die fähig sind, Begriffe anzuwenden. Entsprechend sind Denken und Sein, Repräsentierendes und Repräsentiertes (in der Sprache der »Vorrede«: Subjekt und Substanz), wesentlich paarweise auftretende

Formen, die ein begrifflicher Inhalt annehmen kann. Es handelt sich hierbei um den bimodalen hylemorphistischen Begriffsrealismus, da das Objektive und das Subjektive als zwei verschiedene Formen eines begrifflichen Inhalts aufgefasst werden. Der Begriff NEGATION (Unvereinbarkeit), durch den wir Bestimmtheit (ob nun subjektiver oder objektiver Tatsachen) verstehen sollten, enthält wesentlich ein Prinzip der *Bewegung*, der *Veränderung* bzw. des aktiven praktischen *Tuns* – so wundersam dies auch aus Sicht der logischen Tradition erscheinen mag, die originär dem Verstand zugeordnet ist. Subjektive Praktiken und Prozesse, die wir durch das deontisch-normative Vokabular spezifizieren, und objektive Beziehungen und Tatsachen, die wir durch das alethisch-modale Vokabular spezifizieren, sind zwei einander ergänzende Aspekte bzw. Dimensionen all dessen, was bestimmt und mithin verständlich ist. Wir können diese Dinge jetzt als Behauptungen über praktische Sinnabhängigkeitsbeziehungen betrachten, die sich aus dem Verhältnis zwischen dem normativen und dem modalen Vokabular ergeben, wonach das Erstere ein pragmatisches Metavokabular für das Zweitere darstellt. In den Abschnitten der »Einleitung« möchte uns Hegel davon überzeugen, dass wir, wenn in der Epistemologie die Möglichkeit genuiner Erkenntnis und die Verständlichkeit des Irrtums nicht von vornherein aufgrund unserer Semantik ausgeschlossen sein soll, die Bandbreite möglicher Modelle erweitern müssen, durch die wir das Verhältnis von Erscheinung und Wirklichkeit beschreiben. Sie darf nicht nur das gewöhnliche semantische Paradigma des Verstandes, sondern muss auch das neue, weniger vertraute Modell der Vernunft enthalten.

VIII. Zusammenfassung

Am Schluss des 1. Kapitels habe ich die zwei Formen diskutiert – die subjektive und die objektive Form –, die begriffliche Inhalte annehmen können, wenn wir Hegels nichtpsychologische Vorstellung vom Inhalt übernehmen (der zufolge er durch Beziehungen materialer Unvereinbarkeit und Folgerung gegliedert ist). Mit dieser hylemorphistischen Vorstellung wird uns die Möglichkeit gegeben, in unserer Semantik jene Kluft zwischen dem Erkenntnissubjekt und dem Erkannten (Erscheinung und Wirklichkeit) und insofern zwischen zwei verschiedenen Verständlichkeiten zu vermeiden, die in unserer Epistemologie einen Skeptizismus zur Folge haben würde. Unsere propositionalen Verpflichtungen wie Urteile und Überzeugungen, die sich auf der subjektiven Seite der Gewissheit befinden (das Sein der Dinge für das Bewusstsein), sind durch deontisch-normative Unvereinbarkeitsbeziehungen gegliedert. Die Tatsachen und möglichen Sachverhalte, die sich auf der objektiven Seite der Wahrheit befinden (das Sein der Dinge an sich), sind hingegen durch alethisch-modale Unvereinbarkeitsbeziehungen gegliedert. Wir sind nun in der Lage, die Beziehung zwischen beiden als *repräsentational* aufzufassen, das heißt als eine Beziehung zwischen Repräsentierendem und Repräsentiertem. Wir sehen also, dass unsere Verpflichtungen als *Erscheinungen von* einer objektiven Wirklichkeit zu begreifen sind. Diese Verständlichkeit ist *funktionalistisch* und *pragmatisch*. Wir wissen jetzt, was Subjekte *tun* müssen, um Verpflichtungen implizit (also praktisch) *als* Erscheinungen *von* einer Wirklichkeit zu betrachten bzw. zu behandeln – so dass die Unterscheidung zwischen dem Sein der Dinge *für* das Bewusstsein und dem Sein der Dinge *an* sich *dem* Bewusstsein etwas ist.

Die hier durch die Erfahrung des Irrtums dargelegte Erklärung der Idee repräsentationalen Anspruchs operationalisiert die *epistemologischen* Bedingungen, die im vorigen Kapitel unter den Titeln »Verständlichkeit des Irrtums« und »genuine Erkenntnis« als Adäquatheitskriterien *semantischer* Theorien des intentionalen Gehaltvollseins und der intentionalen Bezugnahme ausgewiesen wurden. Das Kapitel war eine ausführliche Diskussion der Frage, wie wir hinsichtlich dieser Kriterien die Bedingung der Art des Gegebenseins erfüllen können, was nichts anderes bedeutet, als die repräsentationale Dimension der Intentionalität durch ihre expressiv-begriffliche Dimension zu begreifen. Am Ende dieses Kapitels habe ich darüber gesprochen, wie wir die erste und im Zuge dessen die zweite Dimension als etwas verstehen können, das wir *tun*, wenn wir die Erfahrung des Irrtums machen. Es wurde besprochen, wie wir die Tätigkeit des erkennenden Subjekts, die wir in deontisch-normativen Verpflichtungen und Berechtigungen ausgedrückt haben (welche uns den subjektiven Aspekt des Begriffs MATERIALE UNVEREINBARKEIT verdeutlichen), als etwas auffassen können, das einen *repräsentationalen* Anspruch enthält. Es ging also darum, wie wir diese Tätigkeit als eine *Erscheinung* (das Sein der Dinge *für* das Bewusstsein) der *Wirklichkeit* (das Sein der Dinge *an sich*) begreifen können, welche aus objektiven Sachverhalten besteht, die wir in alethisch-modaler Notwendigkeit und Möglichkeit ausgedrückt haben (welche uns den objektiven Aspekt des Begriffs MATERIALE UNVEREINBARKEIT verdeutlichen).

Die im 1. Kapitel so genannte Bedingung der »rationalen Beschränkung« besagt, dass es uns möglich sein muss, das Repräsentierte als etwas aufzufassen, das *Gründe* bereitstellt, um die *Richtigkeit* des Repräsentierenden zu bewerten. Diese Bedingung ergab sich als Folgerung aus der normativen Deutung der Repräsentation, die sich Hegel zufolge schon bei Kant findet. Im Zusammenhang der hier vorgeschlagenen Erklärung des repräsentationalen Anspruchs als etwas, dass hinsichtlich seiner funktionalen Rolle im Erkenntnisprozess verstanden werden muss, der durch die Erfahrung des Irrtums charakterisiert ist, können wir erkennen, inwiefern die wechselseitige Abhängigkeit des Sinns der subjektiven und der objektiven Dimension des Metabegriffs MATERIALE UNVEREINBARKEIT (bestimmte Negation) – der sich ergibt, wenn das deontisch-normative Vokabular als pragmatisches Metavokabular für das alethisch-modale Vokabular dient – die enge Verbindung verdeutlicht zwischen der Erfüllung der Bedingung der Art des Gegebenseins und der Erfüllung der Bedingung der rationalen Beschränkung.

Im nächsten Kapitel werde ich die Auffassung Hegels weiterentwickeln, wonach unser Erfassen des Begriffs WAHRHEIT von der praktischen Erfahrung des Irrtums abhängt; zudem möchte ich detaillierte Deutungen von einigen der rätselhafteren Passagen des Endes der »Einleitung« vornehmen.

3. Entlang des Wegs der Verzweiflung in den bacchantischen Taumel. Woraus der neue wahre Gegenstand entspringt

I. Das Entspringen des zweiten Gegenstandes

Die größte hermeneutische Herausforderung bei der Lektüre der »Einleitung« liegt in den drei Absätzen vor dem abschließenden Absatz.[1] Hier stellt Hegel zwei Behauptungen auf, die so überraschend klingen, dass es sich lohnt, sie in ganzer Länge zu zitieren. Die erste Behauptung wird mit einer Beobachtung eingeführt, die uns nun, nachdem wir uns die entsprechende Position erarbeitet haben, verständlich erscheint: Das Subjekt (»Bewußtsein«) in der Erfahrung des Irrtums ist

> Bewußtsein dessen, was *ihm* das Wahre ist, und Bewußtsein seines Wissens davon. Indem beide *für dasselbe* sind, ist es selbst ihre Vergleichung; es wird *für dasselbe*, ob sein Wissen von dem Gegenstande diesem entspricht oder nicht.[2]

Das Subjekt bewertet die materiale Vereinbarkeit seiner Verpflichtungen und übt als Urteilssubjekt auf diese Weise seine praktische Verantwortung zur Kritik aus. Wo es zwischen ihnen eine Unvereinbarkeit findet, muss es eine Entscheidung treffen:

1 Vgl. *PhG*, S. 77-80.
2 Ebd., S. 77f. (Die erste Hervorhebung ist von mir, R.B., sonstige im Orig.)

Die eine Verpflichtung, die uns die wirkliche Beschaffenheit der Dinge an sich vorstellt, kann weiterhin als eine solche bejaht werden. Dann aber müssen andere Verpflichtungen als bloße Erscheinungen entlarvt werden. Diese werden implizit (also praktisch) als etwas behandelt (»ihm«), das uns die Beschaffenheit der Dinge für das Bewusstsein vorstellt. (Man entsinne sich der wichtigen, von Hegel grammatikalisch gekennzeichneten Unterscheidung aus dem 1. Kapitel zwischen dem, was die Dinge *implizit* dem Bewusstsein, »ihm«, sind, und dem, was sie *explizit* »für das Bewußtsein« sind.) Erinnern wir uns an das Beispiel aus dem vorangegangenen Kapitel: Wenn das Subjekt beobachtet, was mit dem Stock passiert, der eben noch zur Hälfte ins Wasser getaucht war und nun herausgezogen wird, dann wird es wohl seine Verpflichtung darauf, dass er geknickt ist, zurückziehen und sich stattdessen darauf verpflichten, dass er gerade ist.

Es ist nur eine leichte Übertreibung, wenn wir sagen, dass das Bewusstsein, also das Subjekt dieser Erfahrung, »ihre Vergleichung« *ist*.

> [D]er Unterschied [ist] vorhanden, daß *ihm* etwas das *Ansich*, ein anderes Moment aber das Wissen oder das Sein des Gegenstandes *für* das Bewußtsein ist. Auf dieser Unterscheidung, welche vorhanden ist, beruht die Prüfung. Entspricht sich in dieser Vergleichung beides nicht, so scheint das Bewußtsein sein Wissen ändern zu müssen, um es dem Gegenstande gemäß zu machen[.][3]

Nachdem wir also die Nichtübereinstimmung behoben und die materiale Vereinbarkeit der Verpflichtungen wiederhergestellt haben, sollte die Erscheinung (das Sein der Dinge *für* das Bewusstsein), soweit es das Bewusstsein betrifft (»*dem* Bewußtsein«),

3 Ebd., S. 78.

mit der Wirklichkeit (dem Sein der Dinge an sich) in Einklang gebracht worden sein.

Hegel möchte jedoch das, was in einer solchen Erfahrung geschieht, nicht so verstanden wissen. Er schreibt weiter:

> [A]ber in der Veränderung des Wissens ändert sich ihm in der Tat auch der Gegenstand selbst, denn das vorhandene Wissen war wesentlich ein Wissen von dem Gegenstande; mit dem Wissen wird auch er ein anderer, denn er gehörte wesentlich diesem Wissen an. Es wird hiermit dem Bewußtsein, daß dasjenige, was ihm vorher das *Ansich* war, nicht an sich ist oder daß es nur *für* es an sich war. Indem es also an seinem Gegenstande sein Wissen diesem nicht entsprechend findet, hält auch der Gegenstand selbst nicht aus; oder der Maßstab der Prüfung ändert sich, wenn dasjenige, dessen Maßstab er sein sollte, in der Prüfung nicht besteht; und die Prüfung ist nicht nur eine Prüfung des Wissens, sondern auch ihres Maßstabes.[4]

Das ist äußerst sonderbar. Wenn eine Verpflichtung, die aus Sicht eines Subjekts die wirkliche Beschaffenheit der Dinge ausgedrückt hat (also die Verpflichtungen, die *ihm* die Beschaffenheit der Dinge ausdrückt), als etwas enthüllt wird, das bloß zum Ausdruck bringt, wie die Dinge für das Bewusstsein beschaffen sind – warum sollten wir dann glauben, dass sich damit die *Wirklichkeit* verändert? Wenn ich bemerke, dass der Stock, von dem ich angenommen habe, er sei geknickt, in Wirklichkeit gerade ist, dann verändert sich meine Ansicht über den Stock, jedoch nicht der Stock selbst. Meine Annahme, dass er geknickt sei, ist in unserer üblichen Denkweise *kein* wesentliches Merkmal *des Stocks* (der Realität). Es ist klar, dass die entgegengesetzte Behauptung nicht aus dem folgt, was wir gerechtfertigterweise behaupten könnten: Ein wesentliches Merkmal der Erscheinung

4 Ebd.

des Stocks als etwas Geknicktes war ihr Gegenstand, also der Stock. Der Stock dient als Maßstab, durch den die Richtigkeit meiner Verpflichtungen hinsichtlich seiner Gestalt bewertet wird. In welchem Sinne aber verändert sich dieser Maßstab, sobald ich bemerke, dass meine Verpflichtung hinsichtlich seiner Gestalt dem Maßstab nicht entspricht, dass sie also an den Dingen vorbeigeht? Hegels Behauptung scheint an dieser Stelle verstiegen und verdreht. Er bietet folgendes Argument:

> [D]enn das vorhandene Wissen war wesentlich ein Wissen von dem Gegenstande; mit dem Wissen wird auch er ein anderer, denn er gehörte wesentlich diesem Wissen an.[5]

Dieses Argument scheint auf einem Schritt zu beruhen, der offensichtlich nicht gerechtfertigt ist. Selbst wenn wir zugestehen, dass das, *worauf* eine Behauptung *Bezug nimmt* (was sie repräsentiert), wesentlich für die Identität der Behauptung ist – so dass eine Änderung des repräsentierten Gegenstandes den Inhalt der Behauptung ändern würde –, so folgt hieraus nicht, dass der Inhalt der Behauptung auch umgekehrt wesentlich für die Identität des repräsentierten Gegenstandes ist, so dass eine Änderung des Inhalts der Behauptung auch den Gegenstand ändern würde. Die Beziehung »ist wesentlich für« ist nicht immer symmetrisch. So könnten wir beispielsweise behaupten, dass die Identität meiner Eltern für meine Identität wesentlich ist. Jeder, der andere Eltern hat als ich, wäre jemand, der sich von mir unterscheidet. Denn für mich ist es nicht möglich, andere Eltern gehabt zu haben. Betrachten wir aber den umgekehrten Fall, so scheint es durchaus möglich, dass meine Eltern niemals Kinder gehabt hätten (oder nur einige, mich ausgenommen). Aus der Tatsache, dass der Ursprung eines Menschen wesentlich zu ihm gehört, folgt nicht, dass seine Nachkommen für ihn wesentlich

5 Ebd.

sind. Es ist einfach zu meinen, Hegel vollführe hier einen Taschenspielertrick und versuche unter der Hand, eine unplausible Form des Idealismus einzuschmuggeln, wonach die Identität eines Gegenstandes wesentlich von dem Gedanken abhängt, der auf ihn Bezug nimmt. Auf diese Weise würde man, wie wir noch sehen werden, die von ihm aufgestellte Behauptung allerdings verkennen.

Die zweite überraschende Behauptung taucht erstmals als Bestandteil einer Erklärung der Grundstruktur der *Erfahrung* auf, wobei Erfahrung in dem spezifisch technischen Sinne zu verstehen ist, den Hegel hier einführt:

> Diese *dialektische* Bewegung, welche das Bewußtsein an ihm selbst, sowohl an seinem Wissen als an seinem Gegenstande ausübt, *insofern ihm der neue wahre Gegenstand* daraus *entspringt*, ist eigentlich dasjenige, was *Erfahrung* genannt wird.[6]

Das Problem der zuvor genannten Passage findet hier ein Echo. Wie müssen wir die »Bewegung« verstehen, welche das Bewusstsein am *Gegenstand* seines Wissens »ausübt«? Folgende Frage erweist sich als entscheidend: Wenn die Verpflichtung darauf, dass der Stock geknickt ist, abgelegt und durch die Verpflichtung darauf, dass er gerade ist, ersetzt wurde, was genau ist dann der »neue wahre Gegenstand«? Die richtige Beantwortung dieser Frage ist wesentlich, um zu verstehen, in welchem Sinne der repräsentationale Anspruch begrifflich gehaltvoller Verpflichtungen in Hegels Erklärung *dem* Bewusstsein etwas ist, das heißt etwas, das im Prozess der Erfahrung implizit enthalten ist. Damit wir die Rechtfertigung dafür verstehen, dass die Erfahrung des Irrtums nicht allein das verändert, worauf das Subjekt bezüglich der Beschaffenheit der Dinge verpflichtet ist (der Stock wird als gerade betrachtet, nicht als geknickt) – also das »Wissen

6 Ebd.

des Bewusstseins« –, sondern auch den *Gegenstand* dieses Wissens, müssen wir uns Folgendes klarmachen: Der »neue wahre Gegenstand«, welcher dem Bewusstsein »daraus entspringt«, ist *nicht* der gerade Stock. (Schließlich hat *er* sich nicht verändert; er war die ganze Zeit über gerade.)

Hegel beschreibt die Erfahrung folgendermaßen:

> Das Bewußtsein weiß *etwas*, dieser Gegenstand ist das Wesen oder das *Ansich*; er ist aber auch für das Bewußtsein das *Ansich*; damit tritt die Zweideutigkeit dieses Wahren ein. Wir sehen, daß das Bewußtsein jetzt zwei Gegenstände hat, den einen das erste *Ansich*, den zweiten das *Für-es-Sein dieses Ansich*. Der letztere scheint zunächst nur die Reflexion des Bewußtseins in sich selbst zu sein, ein Vorstellen nicht eines Gegenstandes, sondern nur seines Wissens von jenem ersten. Allein wie vorhin gezeigt worden, ändert sich ihm dabei der erste Gegenstand; er hört auf, das Ansich zu sein, und wird ihm zu einem solchen, der nur *für es* das *Ansich* ist; somit aber ist dann dies: *das Für-es-Sein dieses Ansich*, das Wahre, das heißt aber, dies ist das *Wesen* oder sein *Gegenstand*. Dieser neue Gegenstand enthält die Nichtigkeit des ersten, er ist die über ihn gemachte Erfahrung.[7]

Als Erstes ist festzuhalten, dass der erste Gegenstand als das »*erste* Ansich« beschrieben wird. Hieraus lässt sich schließen, dass es (mindestens) noch ein *anderes* Ansich gibt. Aber es gibt nur einen wirklichen Stock (und der ist gerade). Um das zu verstehen, müssen wir uns klar machen, welche Rolle etwas in der Erfahrung spielen kann. Eine solche Rolle besteht darin, *dem* Bewusstsein ein Ansich zu sein, was nichts anderes heißt, als vom Bewusstsein praktisch *als* wirklich betrachtet bzw. behandelt zu werden. Am Anfang der Erfahrung bejaht das Subjekt die Behauptung, dass der Stock geknickt ist. Das ist es, was das

7 Ebd., S. 78f.

Subjekt als wirklich seiend betrachtet. Die Verpflichtung darauf, dass der Stock geknickt ist, bringt zum Ausdruck, was dem Bewusstsein das *erste* Ansich ist, also was ihm anfangs die wirkliche objektive Beschaffenheit der Dinge gewesen war. Das, was dem Bewusstsein das *zweite* Ansich ist, wird von der später bejahten Behauptung, dass der Stock gerade ist, zum Ausdruck gebracht.

Was also ist der zweite Gegenstand, von dem in dieser Passage die Rede ist? Es ist nicht der gerade Stock (welcher dem Bewusstsein das zweite Ansich ist). Hegel sagt hier, der zweite Gegenstand sei das »Für-das-Bewußtsein-Sein« des ersten Ansich. Was heißt das? Indem er die Bewegung der Erfahrung einführt, schreibt Hegel in dem früheren Abschnitt:

> Es wird hiermit dem Bewußtsein, daß dasjenige, was ihm vorher das *Ansich* war, nicht an sich ist oder daß es nur *für* es an sich war.[8]

Das Subjekt entdeckt, dass das, von dem es annahm, es bringe die wirkliche Beschaffenheit der Dinge zum Ausdruck (der Stock ist geknickt), tatsächlich nur Ausdruck einer Erscheinung war. Die Rolle, die die Repräsentation des Stocks als geknickt für das Bewusstsein spielt – also das, was sie dem Bewusstsein ist –, hat sich verändert. Sie wird dem Bewusstsein »zu einer solchen, die nur *für es* das *Ansich* ist«. Der »neue wahre Gegenstand« ist die Repräsentation des Stocks als geknickt, und zwar insofern sie *als* irrtümlich, *als* eine *Fehl*repräsentation dessen enthüllt ist, was dem Subjekt jetzt die wirkliche Beschaffenheit der Dinge ist (also des geraden Stocks). Dieses Repräsentierende ist nicht in dem Sinne »wahr«, das in ihm die wirkliche Beschaffenheit der Dinge repräsentiert wird. Vielmehr ist es insofern »wahr«, als dem Bewusstsein jetzt klar geworden ist, was *dieses Reprä-*

8 Ebd., S. 78.

sentierende wirklich ist – eine bloße Erscheinung, ein fehlerhaft Repräsentierendes. Aus diesem Grund heißt es: »Dieser neue Gegenstand enthält die Nichtigkeit des ersten, er ist die über ihn gemachte Erfahrung.«

Das ist der Sinn, wonach mit der Veränderung des Wissens »sich ihm in der Tat auch der Gegenstand selbst« ändert. Was sich ändert, ist der Status dessen, wodurch der Stock als geknickt repräsentiert wird – also das, was dieses Repräsentierende *dem* Bewusstsein ist. Es hat den Status genossen, *dem* Bewusstsein das Sein des Stocks an sich zu sein. Jetzt aber hat sich sein Status verändert: Es ist *dem* Bewusstsein nur noch das, was der Stock *für* das Bewusstsein war: eine Erscheinung. Die zwei »Gegenstände« sind die Repräsentation des Stocks als geknickt, einmal, insofern sie bejaht wird, und das andere Mal, insofern sie nicht mehr bejaht wird. Wenn wir das verstehen, können wir erkennen, dass wir in der ersten Lektüre das »Wissen von dem Gegenstande« falsch aufgefasst haben. Das Argument war folgendes:

> [D]enn das vorhandene Wissen war wesentlich ein Wissen von dem Gegenstande; mit dem Wissen wird auch er ein anderer, denn er gehörte wesentlich diesem Wissen an.[9]

Dem Bewusstsein gilt als Wissen, was bejaht wird, das heißt, wovon das Subjekt praktisch bzw. implizit annimmt, dass es die wirkliche Beschaffenheit der Dinge ist. Das, was dem Bewusstsein Wissen ist, den Status von Wissen hat, verändert sich im Laufe der Erfahrung über den Stock, der erst geknickt ist und dann gerade. Hier ist nicht ein Wissen *vom* Gegenstand gemeint, wie ein Repräsentierendes *von* etwas Repräsentiertem handelt. Ein Wissen *vom* Gegenstand bedeutet, dass der Gegenstand (die Repräsentation des Stocks als geknickt) den Status

9 Ebd.

(dem Bewusstsein Wissen zu sein) inne hatte. Dass *dieser* Gegenstand (dieser begriffliche Inhalt) den Status besaß, ist diesem Akt des Wissens in der Tat wesentlich, »denn das vorhandene Wissen war wesentlich ein Wissen von dem Gegenstande«. Wird der Status einem anderen Gegenstand verliehen (der Repräsentation des Stocks als gerade), so handelt es sich einfach um einen *anderen* Akt des Wissens. Welchem Gegenstand (begrifflichem Inhalt) der Status verliehen wird, ist also ein *wesentlicher* Teil dieses Wissens. Wenn wir den Akt des Wissens ändern, indem wir einen anderen, unvereinbaren Inhalt bejahen, ändern wir den Status des ursprünglichen Inhalts und somit den »Gegenstand«, der mit dem ursprünglichen Akt des Wissens verbunden ist: Dessen Status verändert sich von einem begrifflichen Inhalt, der bejaht wird, zu einem, der verworfen wird. (Hegel hätte versuchen können, die Verwirrung zu verhindern, indem er entweder jenen neuen Sinn des »Wissens von dem Gegenstande« nicht eingeführt hätte – als etwas, was sich auf den begrifflichen Inhalt eines möglichen Aktes des Wissens bezieht, und nicht auf etwas, was dieser Inhalt repräsentiert – oder einfach erklärt hätte, was genau er damit meint, als er ihn eingeführt hat.)

Wenn wir die Behauptung so lesen, verliert sie ihren anfänglich überraschenden Charakter. Die zweite überraschende Behauptung hebt Hegel selbst als solche hervor:

> An dieser Darstellung des Verlaufs der Erfahrung ist ein Moment, wodurch sie mit demjenigen nicht übereinzustimmen scheint, was unter der Erfahrung verstanden zu werden pflegt. Der Übergang nämlich vom ersten Gegenstande und dem Wissen desselben zu dem anderen Gegenstande, *an dem* man sagt, daß die Erfahrung gemacht worden sei, wurde so angegeben, daß das Wissen vom ersten Gegenstande, oder das *Für*-das-Bewußtsein des ersten Ansich, der zweite Gegenstand selbst werden soll. Dagegen es sonst scheint, daß wir die Erfahrung von der Unwahrheit unseres ersten Begriffs *an einem andern*

> Gegenstande machen, den wir zufälligerweise und äußerlich etwa finden, so daß überhaupt nur das reine *Auffassen* dessen, was an und für sich ist, in uns falle. In jener Ansicht aber zeigt sich der neue Gegenstand als geworden, durch eine *Umkehrung des Bewußtseins* selbst.[10]

Hegel gesteht hier explizit die Gefahr zu, von seiner Beschreibung der Erfahrung des Irrtums in die Irre geführt zu werden. Er bekräftigt ausdrücklich die von uns erwogene Lesart: Der zweite (neue wahre) Gegenstand ist »das Für-das-Bewusstsein des ersten Ansich«. Die so genannte »Umkehrung des Bewußtseins« ist die Statusveränderung des propositionalen begrifflichen Inhalts von »Der Stock ist geknickt«, von etwas, das bejaht wird (als Wirkliches), zu etwas, das verworfen wird (als bloße Erscheinung). Überraschend ist nun Hegels Behauptung, dass gerade *dieses* Element der Erfahrung – das Entlarven dessen, was für die Wirklichkeit an sich gehalten wurde und nun eine bloße Erscheinung ist, eine Repräsentation, die eine Fehlrepräsentation ist – so bedeutend ist, und *nicht* etwa die neue Wahrnehmung, die dazu führt, dass wir die Behauptung bejahen, dass der Stock gerade ist. Dieser neue »Gegenstand« – dieser begriffliche Inhalt, zu dessen Bejahung wir gelangen – treibt in der Tat die Erfahrung des Irrtums an. Wenn wir uns aber auf das Ereignis konzentrieren, das den Prozess der Erfahrung zufällig *veranlasst*, dann werden wir das übersehen, was für diesen Prozess notwendig und wesentlich ist.

Diese neue Auffassung von Erfahrung, die Hegel uns nahelegt, ist in Wahrheit die eigentliche Pointe der gesamten »Einleitung«. Sie ermöglicht die Form der Erzählung, die die *Phänomenologie* ausmacht. Indem wir (die Leser Hegels) uns auf diese spezifische »Umkehrung des Bewußtseins« konzentrieren – in der das, was dem Subjekt die Dinge an sich waren, als bloße Din-

10 Ebd., S. 79.

ge für das Bewusstsein entlarvt werden –, erlangen wir eine phänomenologische Einsicht. Diese Einsicht ist selbst jedoch kein Bestandteil der Erfahrung des Irrtums, der dem betrachteten phänomenalen Bewusstsein unterläuft. Die oben zitierte Passage setzt Hegel daher folgendermaßen fort:

> Diese Betrachtung der Sache ist unsere Zutat, wodurch sich die Reihe der Erfahrungen des Bewußtseins zum wissenschaftlichen Gange erhebt und welche nicht für das Bewußtsein ist, das wir betrachten.[11]

Dieser Perspektivenwechsel macht die »Wissenschaft der Erfahrung des Bewußtseins«[12] möglich – Hegels Arbeitstitel für das Projekt, das zur *Phänomenologie des Geistes* werden sollte. Die einzelnen Verpflichtungen, deren materiale Unvereinbarkeit wir eingestehen (und somit den Erfahrungsprozess anstoßen), sind zufällig. Notwendig ist in diesem Prozess dagegen das Eingestehen des Irrtums und die nachfolgende Enttäuschung, zu der das Eingeständnis führt. Notwendig ist also, wie Hegel ganz am Ende des Buches sagt, »die *Bewegung*, die das Erkennen ist, – die Verwandlung jenes *Ansichs* in das *Fürsich*«.[13] An diesem Punkt unserer Ausführungen verstehen wir, worin diese Bewegung *besteht*. Wir verstehen jedoch noch nicht, warum sie der Schlüssel zur *Wissenschaft* der Erfahrung des Bewusstseins ist. Dies wird das Thema am Ende dieses Kapitels sein.

11 Ebd.

12 Ebd., S. 80. (Hervorhebungen getilgt, R. B.)

13 Nämlich im Kapitel »Das absolute Wissen«, vgl. ebd., S. 585 (erste Hervorhebung von mir, R. B.).

II. Vom Skeptizismus zur Wahrheit durch bestimmte Negation

Wenn wir versuchen, die Bedeutsamkeit des von Hegel angemahnten Perspektivenwechsels zu verstehen, so liegt der Schlüssel zu diesem Verständnis, wie er uns selbst mitteilt, darin, mit Blick auf einen drohenden Skeptizismus die Bedeutsamkeit der Rolle dessen zu untersuchen, was in der Erfahrung durch den Begriff BESTIMMTE NEGATION explizit gemacht wird. Der vorletzte Absatz der »Einleitung« fährt folgendermaßen fort:

> Es ist aber dies in der Tat auch derselbe Umstand, von welchem oben schon in Ansehung des Verhältnisses dieser Darstellung zum Skeptizismus die Rede war, daß nämlich das jedesmalige Resultat, welches sich an einem nicht wahrhaften Wissen ergibt, nicht in ein leeres Nichts zusammenlaufen dürfe, sondern notwendig als Nichts *desjenigen, dessen Resultat* es ist, aufgefaßt werden müsse; ein Resultat, welches das enthält, was das vorhergehende Wissen Wahres an ihm hat. Dies bietet sich hier so dar, daß, indem das, was zuerst als der Gegenstand erschien, dem Bewußtsein zu einem Wissen von ihm herabsinkt und das *Ansich* zu einem Für-das-*Bewußtsein-Sein des Ansich* wird, dies der neue Gegenstand ist [...].[14]

Wir sind nun dazu in der Lage, diesen letzten Satz zu verstehen. Wir können verstehen, inwiefern die Veränderung des normativen Status, die ein möglicher Urteilsinhalt durchläuft, sobald das Subjekt eine frühere Bejahung zurückzieht (die »Umkehrung des Bewußtseins«), als Entspringen eines neuen Gegenstandes aufgefasst werden kann. Was aber hat das mit der Einstellung zu tun, die wir gegenüber dem Skeptizismus haben sollten?

Diese Frage stellt sich aufgrund des Verlaufs der bisherigen

14 Ebd., S. 79f.

Darstellung. Im 1. Kapitel habe ich vorgeschlagen, den Anfang der »Einleitung« so zu lesen, dass Hegel dafür argumentiert, dass wir uns nicht bereits durch unsere Semantik mit einem epistemologischen Skeptizismus belasten sollten. Seiner Diagnose zufolge sind wir zu einem solchen Skeptizismus gezwungen, sobald wir das Verhältnis von Erscheinung und Wirklichkeit so auffassen, dass einem begrifflich gehaltvollen Repräsentierenden ein nichtbegrifflich strukturiertes Repräsentiertes gegenübersteht und beide durch eine Kluft hinsichtlich ihrer Verständlichkeit getrennt sind. Ferner habe ich behauptet, dass die von Hegel vorgeschlagene Therapie (die er in der »Einleitung« andeutet und im Abschnitt zum Bewusstsein ausführt) darin besteht, *begriffliches Gehaltvollsein* mit *Bestimmtheit* zu identifizieren und Bestimmtheit von der *Negation* her zu verstehen. Hierfür beruft er sich auf das spinozistische Prinzip »omnis determinatio est negatio«. Die relevante Negation ist die *bestimmte* Negation und entspricht im Allgemeinen dem, was Aristoteles als »Gegensätze« bezeichnet. Sie ist kein kontradiktorischer Gegensatz im aristotelischen Sinne, den wir als formale bzw. abstrakte Negation verstehen können. Bei der Bestimmtheit eines Gedankens oder Sachverhalts (eines Prädikats oder einer Eigenschaft) geht es um den modal robusten *Ausschluss* anderer Gedanken oder Sachverhalte, die material mit ihm unvereinbar sind.

Diese Konzeption erlaubt es Hegel, eine weitere zentrale spinozistische Lehre zu bejahen: »Die Ordnung und Verknüpfung der Ideen ist dieselbe wie die Ordnung und Verknüpfung der Dinge.«[15] Insofern findet die Idee von Bestimmtheit gleichermaßen auf Dinge wie auf Gedanken, auf Repräsentiertes wie auf Repräsentierendes Anwendung. Die Verständlichkeit von Erscheinung und Wirklichkeit ist folglich nicht durch eine Kluft gespalten. Sowohl bestimmte Gedanken als auch bestimmte Sach-

15 Baruch Spinoza, *Die Ethik*, Stuttgart 1977, Zweiter Teil, Lehrs. 7.

verhalte sind begrifflich gehaltvoll und somit prinzipiell verständlich. In dieser Semantik ist kein epistemologischer Skeptizismus angelegt.

In diesem Zusammenhang spricht nichts dagegen, die semantische Beziehung zwischen Erscheinung und Wirklichkeit repräsentational zu deuten. Doch die Vorgehensweise, begrifflichen Inhalt vom Begriff BESTIMMTE NEGATION her zu verstehen, *erlaubt* uns nicht bloß eine solche repräsentationale Deutung. Dieser Schachzug ermöglicht Hegel zugleich eine konstruktive *Analyse* der repräsentationalen Dimension, die uns als etwas begegnet, das den begrifflichen Inhalten implizit ist.[16] Hegel verbindet diesen fundamentalen Aspekt des spinozistischen Denkens (den strukturellen Isomorphismus zwischen der Ordnung und Verknüpfung der Dinge und der Ordnung und Verknüpfung der Ideen, den er im Sinne der Beziehungen bestimmter Negation deutet) mit einer kantischen Idee, die Spinoza selbst *nicht* gehabt hat, da er noch nicht erkannt hatte, dass die »Ordnung und Verknüpfung der Ideen« einen spezifisch *normativen* Charakter hat, durch den sich diese Ordnung von der Ordnung und Verknüpfung der Dinge unterscheidet. Hegels Synthese von Spinoza und Kant fußt auf der von Kant vorgenommenen Fundierung der Semantik in der Pragmatik, also auf der Theorie darüber,

16 Als einen der positiven Punkte in Hegels »Einleitung« in die *Phänomenologie* betrachte ich die Anregung zu der Frage, was es heißt, solche begrifflichen Inhalte als Erscheinungen *von* einer Wirklichkeit zu behandeln, solche Sinne als Arten des Gegebenseins von Referenzgegenständen zu betrachten, mögliche Denkinhalte, die sich *de dicto* ausdrücken lassen (beispielsweise der Gedanke, *dass* der Gegenstand in der Ecke rund ist), als prinzipiell immer auch *de re* ausdrückbar zu verstehen (beispielsweise *vom* Ball zu denken, dass *er* rund ist). Dazu muss man zugeben, dass diese Dinge einer gewissen Form von normativer Bewertung unterliegen, nämlich der Verantwortung für ihre Richtigkeit *gegenüber* den Tatsachen, Gegenständen und Eigenschaften, hinsichtlich der sie als etwas gelten, worauf sie *Bezug nehmen*.

was man *tun* muss, um Verantwortung für einen möglichen begrifflichen Urteilsinhalt zu übernehmen.

Im 2. Kapitel habe ich dargelegt, wie Hegels Erklärung der Erfahrung des Irrtums – eine Deutung von Kants Idee einer praktisch-integrativen Verantwortung zur Kritik im Rahmen der Synthesis einer Konstellation von Verpflichtungen, die die für die Apperzeption spezifische, rationale Einheit aufweist – sicherstellt, dass wir die Idee repräsentationalen Anspruchs implizit, und das heißt praktisch, erfassen. Hegel setzt sich von Kant ab und verleiht der Konzeption der bestimmten Negation ein wesentlich *dynamisches* Element. Dieses Element ergibt sich aus der verbleibenden und insofern so wichtigen *Asymmetrie* zwischen der Ordnung und Verknüpfung der Ideen und der Ordnung und Verknüpfung der Dinge. Für ein und denselben Gegenstand ist es *unmöglich*, gleichzeitig material unvereinbare Eigenschaften aufzuweisen (bzw. ist es für zwei unvereinbare Sachverhalte unmöglich, zugleich zu bestehen), während es für ein und dasselbe Subjekt lediglich *unangemessen* ist, unvereinbare Verpflichtungen zugleich zu bejahen. Das Repräsentierte ist durch alethisch-modale Beziehungen gegliedert und das Repräsentierende durch deontisch-normative Einschluss- und Ausschlussbeziehungen. Wer bei sich material unvereinbare Verpflichtungen vorfindet, hat die Pflicht, etwas *zu tun*, also diese Verpflichtungen zu überarbeiten, um die Inkohärenz zu beseitigen. Nur von dieser Pflicht zur Behebung her können wir verstehen, was es heißt, zwei objektive Eigenschaften oder Sachverhalte in dem alethisch-modalen Sinne als miteinander unvereinbar zu betrachten bzw. zu behandeln. Wenn wir die repräsentationale Dimension begrifflicher Inhalte verstehen wollen – die Beziehung und Verknüpfung zwischen dem deontischen und dem alethischen Glied in der erkenntnistheoretisch-praktischen Konstellation zwischen Subjektivem und Objektivem –, müssen wir begreifen, wie die normativ strukturierte Erfahrung des Irrtums als die (Re-)Präsentation objektiver alethisch-modaler Unvereinbarkeitsbeziehungen aufgefasst werden kann. Anders als bei Spinoza ist Hegels Begriff BESTIMMTE NEGATION janusköpfig, insofern er sich ergänzende subjektive und objektive Aspekte aufweist, die ihrem Sinn nach wechselseitig voneinander abhängig sind.[17] Die normative Bedeutsamkeit der Negation ist auf der Seite des Subjekts pragmatisch, das heißt, sie liefert uns eine Pflicht zur Bewegung, Veränderung, Entwicklung. Die bestimmte Negation bzw. materiale Unvereinbarkeit vermittelt zwischen Pragmatik und Semantik – und auf semantischer Seite darüber hinaus zwischen der expressiven und der repräsentationalen Dimension der Intentionalität.

Die Entdeckung, dass der semantogene Kern der Erfahrung in der Erfahrung des *Irrtums* liegt, dass also das Wesen der Erfahrung darin besteht, etwas als nicht wirklich, das heißt als bloße Erscheinung zu entlarven, scheint aber einmal mehr das Gespenst des Skeptizismus aufzuscheuchen. Wenn Irrtum die notwendige Form der Erfahrung ist, wenn also das, was in der Erfahrung implizit entdeckt wird, stets die Falschheit und Inadäquatheit unseres Wissens bzw. Verstehens ist, warum ist dann nicht der Skeptizismus die richtige Konklusion, die wir hier zu ziehen haben? Warum erweist sich Hegels eigener Erfahrungsbegriff nicht selbst als »Weg der Verzweiflung«?

Hegel möchte die Beziehung zwischen den zwei »Gegenständen«, dem »ersten Ansich« und dem »Für-das-Bewußtsein-Sein des Ansich«, als eine Beziehung der *Negation* verstehen: »Dieser neue Gegenstand enthält die Nichtigkeit des ersten, er ist die über ihn gemachte Erfahrung.«[18] Dahinter steckt die Idee, dass der Skeptizismus daraus resultiert, dass man den Sinn, in welchem der zweite Gegenstand Negation des ersten ist, als

17 In diesem Sinne heißt es, »die Form des Begriffs [...], vereinigt [...] die gegenständliche Form der Wahrheit und des wissenden Selbsts in unmittelbarer Einheit« (*PhG*, S. 589).

18 Ebd., S. 79.

formale bzw. abstrakte Negation auffasst anstatt als *bestimmte* Negation. Man würde also zulassen, dass das »Resultat, welches sich an einem nicht wahrhaften Wissen ergibt, [...] in ein leeres Nichts zusammenlaufen [darf]«. Die Pointe ist aber gerade, dass der zweite Gegenstand »die Nichtigkeit des ersten« nicht in dem Sinne enthält, dass »Der Stock ist geknickt« von »Der Stock ist *nicht* geknickt« abgelöst wird. Vielmehr haben wir die Einsicht gewonnen, dass »Der Stock ist geknickt« uns nichts darüber sagt, wie die Dinge wirklich beschaffen sind. Es handelt sich um eine Erscheinung, eine *Fehl*repräsentation *von einem geraden Stock*. Das ist die material unvereinbare Verpflichtung, derentwegen die Repräsentation des Stocks als geknickt mit der Veränderung des normativen Status abgelegt wurde. Die ursprüngliche Verpflichtung wurde aufgrund ihrer Falschheit also nicht einfach nur als eine Erscheinung enthüllt (eine Täuschung), sondern als die Erscheinung *von* etwas *Wirklichem*. Sie ist eine genuine Erscheinung von diesem Wirklichen, eine Form, in der sich dieses Wirkliche für das Bewusstsein zeigt. Sie ist falsch, jedoch nicht falsch schlechthin. Sie ist ein Weg zur Wahrheit.

Wenn Hegel sagt, das »Resultat, welches sich an einem nicht wahrhaften Wissen ergibt«, müsse »notwendig als Nichts *desjenigen, dessen Resultat* es ist, aufgefaßt werden [...], ein Resultat, welches das enthält, was das vorhergehende Wissen Wahres an ihm hat«, so gilt dies in zweierlei Hinsicht: Erstens wird die ursprüngliche Meinung über die Dinge nicht einfach durchgestrichen, so dass eine Leere zurückbleibt, wie es bei einem bloßen Widerspruch der Fall wäre. An ihre Stelle tritt vielmehr eine entgegengesetzte, eigenständige Verpflichtung, die material, und nicht bloß formal, mit jener unvereinbar ist. Wir haben etwas Positives gelernt: Der Stock ist gerade. Zweitens handelt es sich beim Übergang vom ursprünglichen Gegenstand zum zweiten, wahren Gegenstand um eine Statusveränderung, nämlich von einer propositionalen Einstellung, die wir dem Subjekt *de dicto* zuschreiben können, hin zu einer propositionalen Einstellung, die wir ihm (auch) *de re* zuschreiben können. Wenn sowohl wir als auch das Subjekt vorhersagen konnten »S glaubt, *dass* der Stock geknickt ist«, so lässt sich, nach der Erfahrung des Irrtums und nachdem wir die anfänglich bejahte Behauptung zugunsten einer material entgegengesetzten Behauptung verworfen haben, dieselbe Einstellung dem Subjekt in folgender Form zuschreiben: »S glaubt *von* einem geraden Stock, dass *er* geknickt ist.« Das ist die Pointe der Analyse des repräsentationalen Anspruchs und dessen, was wir aus ihr lernen im Rahmen der Erfahrung des Irrtums, die ich im 2. Kapitel diskutiert habe. Die Statusumwandlung besteht darin, dass wir eine früher von uns bejahte Behauptung verwerfen, aber sie besteht nicht *allein* darin. In einer wichtigen Hinsicht wird der Inhalt der Behauptung zugleich angereichert, da sie *dem* Subjekt zu einer Behauptung *über* etwas wird. Die repräsentationale Dimension ihres begrifflichen Inhalts (dass es sich *auf* etwas *bezieht*, die Erscheinung von etwas ist, dass der Inhalt etwas repräsentiert) wird auf diese Weise manifest – wenngleich auch aufgrund ihrer Enthüllung als *Fehl*repräsentation dessen, was repräsentiert wird.

Im 1. Kapitel haben wir gesehen, dass die Unverständlichkeit dieser repräsentationalen Dimension das Charakteristikum eines epistemologischen, in der Semantik wurzelnden Skeptizismus ist, dessen Diagnose Hegel in den ersten Absätzen der »Einleitung« liefert. Es überrascht uns daher nicht, hier zu erfahren, dass der spezifische Mangel dieses Skeptizismus in seiner Unfähigkeit besteht, die Rolle zu begreifen, die die bestimmte Negation im Entfalten positiver Schlussfolgerungen aus der Erfahrung des Irrtums spielt.

> [D]ie Darstellung des nicht wahrhaften Bewußtseins [ist] in seiner Unwahrheit nicht eine bloß *negative* Bewegung [...]. Eine solche einseitige Ansicht hat das natürliche Bewußtsein überhaupt von ihr; und ein Wissen, welches diese Einseitigkeit zu seinem Wesen macht, ist eine der Gestalten des unvoll-

> endeten Bewußtseins, welche in den Verlauf des Weges selbst fällt und darin sich darbieten wird. Sie ist nämlich der Skeptizismus, der in dem Resultate nur immer das *reine Nichts* sieht und davon abstrahiert, daß dies Nichts bestimmt das Nichts *dessen* ist, *woraus es resultiert*. Das Nichts ist aber nur, genommen als das Nichts dessen, woraus es herkommt, in der Tat das wahrhafte Resultat; es ist hiermit selbst ein *bestimmtes* und hat einen *Inhalt*. Der Skeptizismus, der mit der Abstraktion des Nichts oder der Leerheit endigt, kann von dieser nicht weiter fortgehen, sondern muß es erwarten, ob und was ihm etwa Neues sich darbietet, um es in denselben leeren Abgrund zu werfen. Indem dagegen das Resultat, wie es in Wahrheit ist, aufgefaßt wird, als *bestimmte* Negation, so ist damit unmittelbar eine neue Form entsprungen [...].[19]

Nur von dem uns durch Hegel empfohlenen Standpunkt aus, können wir verstehen, dass wir in jeder Erfahrung des Irrtums etwas Positives lernen. Ein Puzzleteil – und ein Teil von Hegels Lösung –, das ich hier hoffentlich beitragen kann, ist die Erkenntnis, dass wir die repräsentationale Dimension begrifflicher Inhalte, nicht weniger als deren expressive Dimension, allein aus der wesentlichen und konstitutiven Rolle der bestimmten Negation im Prozess der Erfahrung heraus verstehen können.

Wir können dennoch fragen: Warum liefert uns Hegels Erklärung der Erfahrung als einer Erfahrung des Irrtums – ein für uns vermeintlich Wirkliches wird als Erscheinung entlarvt, das, was uns Subjekten das Sein der Dinge an sich war, als bloßes Sein für das Bewusstsein enthüllt – nicht gerade jene Prämisse, die für eine fallibilistische Metainduktion erforderlich ist? Als fallibilistische Metainduktion bezeichne ich eine Inferenz, die, erstens, von der Beobachtung ausgeht, dass sich jede Überzeugung, die wir hatten, und jedes Urteil, das wir gefällt haben, letzten Endes als, zumindest im Detail, falsch erwiesen hat, und die

19 Ebd., S. 73 f.

daraus, zweitens, die Schlussfolgerung zieht, dass sich alle Überzeugungen bzw. Urteile, die wir jemals haben werden oder auch nur haben könnten, letzten Endes auf analoge Weise als mangelhaft erweisen werden, wenn wir sie nur einer hinreichend kritischen Prüfung unterziehen. Bereits zu Beginn der »Einleitung« meint Hegel, dass diese skeptische Schlussfolgerung typisch ist für Leute, die bisher keine solche Einsicht in die Dinge hatten, wie er sich uns darlegt.

> Das natürliche Bewußtsein wird sich erweisen, nur Begriff des Wissens oder nicht reales Wissen zu sein. Indem es aber unmittelbar sich vielmehr für das reale Wissen hält, so hat dieser Weg für es negative Bedeutung, und ihm gilt das vielmehr für Verlust seiner selbst, was die Realisierung des Begriffs ist; denn es verliert auf diesem Wege seine Wahrheit. Es kann deswegen als der Weg des *Zweifels* angesehen werden oder eigentlicher als der Weg der Verzweiflung; [...] er ist die bewußte Einsicht in die Unwahrheit des erscheinenden Wissens [...].[20]

Wenn wir verstehen wollen, dass diese Schlussfolgerung falsch ist, müssen wir begreifen, welche zentrale *semantische* Bedeutung die Erfahrung des Irrtums für ein Verständnis der repräsentationalen Dimension begrifflicher Inhalte hat. Um aber die positive Bedeutung der Entlarvung der Verpflichtungen als etwas bestimmtes Falsches erfassen zu können, nämlich als Fehlrepräsentation, die korrigiert wurde, bedarf es einer wesentlich neuen Auffassung von Wahrheit. Diese Auffassung wird im Hauptteil der *Phänomenologie* entwickelt und in den einführenden Bemerkungen bloß angedeutet. Sie wirft allerdings bereits in der »Vorrede« ihre Schatten voraus.

> [Wahrheit] schließt also ebensosehr das Negative in sich, dasjenige, was das Falsche genannt werden würde, wenn es als ein

20 Ebd., S. 72.

> solches betrachtet werden könnte, von dem zu abstrahieren sei. Das Verschwindende ist vielmehr selbst als wesentlich zu betrachten, nicht in der Bestimmung eines Festen, das vom Wahren abgeschnitten [...]. Die Erscheinung ist das Entstehen und Vergehen, das selbst nicht entsteht und vergeht, sondern an sich ist und die Wirklichkeit und Bewegung des Lebens der Wahrheit ausmacht.[21]

Anstatt Wahrheit als einen erreichbaren Zustand oder Status aufzufassen, möchte Hegel, dass wir sie als etwas begreifen, das einen *Prozess* charakterisiert, und zwar den Prozess der *Erfahrung*, in dem Erscheinungen »entstehen und vergehen«. Sie entstehen als Erscheinungen, die wir als wahrheitsgemäß betrachten. Sie sind Instanzen der Beschaffenheit der Dinge für das Bewusstsein, die wir aber als Instanzen der Beschaffenheit der Dinge an sich bejahen. Sobald wir in der Erfahrung des Irrtums herausfinden, dass diese Erscheinungen mit anderen Verpflichtungen material unvereinbar sind, verwerfen wir einige von ihnen. Dies ist eine Statusumwandlung, in der der »neue wahre Gegenstand« entsteht – die Erscheinung als eine *Fehl*repräsentation, die *dem* Bewusstsein nur ein Sein der Dinge *für* das Bewusstsein ist. Der Prozess, in dem wir verschiedene Berechtigungen für miteinander konkurrierende Verpflichtungen abwägen, um zu bestimmen, welche beibehalten und welche geändert werden sollten, damit die lokalen materialen Unvereinbarkeiten beseitigt werden, ist folglich *nichts anderes* als der Prozess, durch den wir (mehr über) die wirkliche Beschaffenheit der Dinge herausfinden.

In der zitierten Passage folgt eine berühmte Metapher:

> Das Wahre ist so der bacchantische Taumel, an dem kein Glied nicht trunken ist; und weil jedes, indem es sich abson-

21 Ebd., S. 46.

dert, ebenso unmittelbar [sich] auflöst, ist er ebenso die durchsichtige und einfache Ruhe.[22]

Der Taumel ist das ruhelose Drängen von Verpflichtungen, die als miteinander unvereinbar aufgedeckt wurden. Diejenigen, die wir »absondern«, werden der Umwandlung der Erfahrung unterzogen und verworfen, um so die rationale Selbstregulierung aufrechtzuerhalten, die Hegel als den Zustand der »einfachen Ruhe« identifiziert. Die Feier geht ihren Gang, setzt ihre Entwicklung fort, da der Platz derjenigen Verpflichtungen, die ausfallen, unmittelbar von anderen Verpflichtungen eingenommen wird.

III. Erinnerung und die Wissenschaft der Erfahrung des Bewusstseins

In dieser Kernpassage der »Vorrede« werden drei Themen eingeführt, mit denen ich an dieser Stelle enden möchte.

> In dem Gerichte jener Bewegung bestehen zwar die einzelnen Gestalten des Geistes wie die bestimmten Gedanken nicht, aber sie sind so sehr auch positive notwendige Momente, als sie negativ und verschwindend sind. – In dem *Ganzen* der Bewegung, es als Ruhe aufgefaßt, ist dasjenige, was sich in ihr unterscheidet und besonderes Dasein gibt, als ein solches, das sich *erinnert*, aufbewahrt, dessen Dasein das Wissen von sich selbst ist, wie dieses ebenso unmittelbar Dasein ist.[23]

22 Ebd.
23 Ebd., S. 46f.

Erstens: Im Prozess der Wahrheit, der der Erfahrung des Irrtums strukturgleich ist, entwickeln sich begriffliche Inhalte und werden bestimmt. Er ist nicht nur der Prozess, in dem Urteile ausgewählt werden. In ihm werden darüber hinaus auch Begriffe weiterentwickelt. Er ist der Prozess, durch den mehr und mehr von der wirklichen Beschaffenheit der Welt, also das, was im objektiv-alethischen Sinne tatsächlich womit material unvereinbar ist, in die von Subjekten eingestandenen materialen Unvereinbarkeiten eingeht. Denn unsere Reaktion auf die hin und wieder auftretende und dann eingestandene Unvereinbarkeit zwischen Verpflichtungen besteht meist darin, unsere Verpflichtungen daran anzupassen, was womit unvereinbar ist (und was woraus folgt). Wenn mich zum Beispiel mein Begriff von SÄURE dazu verpflichtet, ihn auf jede Flüssigkeit anzuwenden, die sauer schmeckt, und seine Anwendung mich dazu verpflichtet, dass diese Flüssigkeit Lackmuspapier rot färbt, dann müsste ich auf die Tatsache, dass eine saure Flüssigkeit Lackmuspapier blau färbt (und auf die Unmöglichkeit, mich auf zwei Farben zugleich festzulegen), nicht damit reagieren, dass ich das Wahrnehmungsurteil über die Säuerlichkeit oder das Wahrnehmungsurteil über das Blau verwerfe. Ich kann hierauf auch reagieren, indem ich die Normen überarbeite, die meinen Begriff gliedern. So könnte ich etwa annehmen, dass es sich allein bei *klaren* Flüssigkeiten mit saurem Geschmack um Säuren handelt oder dass trübe Säuren Lackmuspapier nicht rot färben. Nur weil bzw. insoweit Subjekte die Ergebnisse aus vielen solchen Irrtumserfahrungen übernehmen, sind die begrifflichen Inhalte, die sie anerkennen und zum Einsatz bringen, der objektiven modal begrifflichen Gliederung der Welt so gut nachgebildet. Aus diesem Grund ist die Erfahrung des Irrtums zugleich ein Prozess der Wahrheit.

Zweitens ist Hegels Rekurs auf *Erinnerung*, auf die er zum Abschluss der *Phänomenologie* zurückkommt, ein Fingerzeig auf die *dritte* Phase der Erfahrung des Irrtums. Die ersten zwei Phasen haben wir bereits betrachtet – das Eingestehen der materialen Unvereinbarkeit einiger unserer Verpflichtungen und die Überarbeitung dieser Verpflichtungen (einschließlich jener, die sich darauf beziehen, was womit unvereinbar ist) mit dem Ziel, diese Nichtübereinstimmung zu beheben. Was Hegel als »Erinnerung« bezeichnet, ist eine im Nachhinein stattfindende, rationale Rekonstruktion des erweiterten Prozesses der Erfahrung, der zur aktuellen Konstellation von Verpflichtungen geführt hat. Rekonstruiert wird eine Abfolge von Episoden, die alle die dreiteilige Struktur aufweisen, in der die materiale Unvereinbarkeit von Behauptungen, die man mal bejaht hat, eingestanden, überarbeitet und erinnert wird. Aus dem wirklichen Prozess vergangener Erfahrung wählen wir in der Erinnerung einen Verlauf aus, den wir als expressiv-fortschrittlich darstellen, also einen Verlauf, der die Form einer schrittweise umfangreicher werdenden Enthüllung der (aus Sicht von uns Erinnernden) wirklichen Beschaffenheit der Dinge hat. Es handelt sich um eine fortschrittsgläubige (für altmodische Wissenschaftsgeschichte typische) Erzählung darüber, wie es dazu kam, dass die Dinge *für* das Bewusstsein wahrheitsgemäß als Dinge an sich erschienen sind. Dass sich die *Vergangenheit* derart fortwährend in eine *Geschichte* verwandelt (und zwar mit jeder dreiteiligen Erfahrungsepisode auf ein Neues), kann als das spezifisch hegelsche Verständnis gedeutet werden, wie die Vernunft rückblickend »dem Zufall die Form der Notwendigkeit« verleiht.

Dem dritten Punkt zufolge ist die Erinnerung als Phase der Erfahrung ein wichtiges Element dessen, was Hegel die *Wissenschaft* der Erfahrung des Bewusstseins nennt.[24] Ich habe bereits einiges über die Erfahrung des Bewusstseins gesagt, aber noch nichts explizit über die *Wissenschaft* der Erfahrung des Bewusstseins. Dies mag verwundern. Warum rede ich über Allerweltsbegriffe wie »geknickter Stock« und »gerader Stock« und darüber, welche Rolle diese »Stöcker« in der Erfahrung spielen, wenn

24 Vgl. ebd., S. 80.

sich Hegel in der *Phänomenologie*, in die er uns doch hier einführen möchte, ausschließlich auf Begriffe konzentriert wie Bewusstsein, Selbstbewusstsein und Handlungsfähigkeit (bzw., anders ausgedrückt, auf die Autorität im Erkennen, die soziale Institution von Autorität und die praktische Autorität)? Warum habe ich die Entwicklung von Konstellationen von Urteilen und Begriffen diskutiert, wenn Hegel sich – zumindest in der zweiten Hälfte der »Einleitung« wie auch in der *Phänomenologie* selbst – mit der Entwicklung von »Gestalten des Bewußtseins« befasst? Solche Fragen sind, obgleich verständlich, fehl am Platz. Obwohl ich nicht explizit *über* sie gesprochen habe, war das, was ich getan habe, eine Ausübung der »Wissenschaft der Erfahrung des Bewußtseins«. Denn diese »Wissenschaft« ist eben das explizite selbstbewusste *Verständnis* der »Erfahrung des Bewußtseins«.

Ich gehe davon aus, dass jeder Versuch, Hegel (oder auch Kant) zu verstehen, damit beginnen muss, was er uns über die gewöhnliche Erfahrung auf der unteren Stufe in Empirie und Praxis lehrt. Auf dieser Stufe geht es ihm (wie auch Kant) um die Anwendung von sogenannten »bestimmten Begriffen«. Das sind Begriffe wie STOCK und GERADE oder BLAU und SAUER. Bei dem, was Hegel »spekulative« oder »logische« Begriffe nennt, handelt es sich um theoretisch-philosophische Metabegriffe, deren spezifische expressive Rolle darin besteht, die Eigenschaften begrifflicher Inhalte und die Verwendung der Begriffe auf der unteren Stufe (Semantik und Pragmatik) explizit zu machen. Die *Phänomenologie* erläutert die Entwicklung dieser höheren Begriffe, durch die die Leser (das »phänomenologische Bewusstsein«) befähigt werden, die diskursive Tätigkeit im Allgemeinen (das »phänomenale Bewusstsein«) zu begreifen. Unser Verständnis von dem, was Hegel zu diesem Thema zu sagen hat, hängt im Prinzip davon ab, inwiefern wir mithilfe dieser Metabegriffe ein Verständnis der gesamten Konstellation der begrifflich gegliederten, normativen Praktiken und Institutionen gewinnen können, die Hegel »Geist« nennt. Aus diesem Grund habe ich meine Ausführungen mit den Dingen begonnen, die er uns meines Erachtens schlussendlich über die »Erfahrung des Bewußtseins« lehren will. Ich verfolge hier den Ansatz, den ich in der Einleitung als »semantischen Abstieg« bezeichnet habe.

Erst wenn wir uns über die Beziehungen im Klaren sind zwischen der Darstellung der Verwendung und des Inhalts der Begriffe der unteren Stufe einerseits und andererseits der Metabegriffe, mit denen Hegel die Verwendung und den Inhalt dieser Begriffe erklärt, können wir uns überlegen, was es heißt, die Entwicklung *beider* Begriffsarten (in Hegels Sinne) in *wissenschaftliche* Ausdrücke zu fassen. Um dies zu tun, müssen wir eine gewisse Form von rückblickend rational-rekonstruierter Entwicklungserzählung verfassen, also eine Erzählung, die aus der *Vergangenheit* eine expressiv-fortschrittliche *Geschichte* macht und sie als eine solche darstellt. Dies ist die dritte Phase des Prozesses der Erfahrung. Dieser Prozess wird, wie bereits angemerkt, durch unser Eingestehen der materialen Unvereinbarkeit einiger Verpflichtungen eingeleitet, geht über zur lokalen und zeitweisen Auflösung dieser Inkohärenz, also dem Verwerfen oder Modifizieren einiger Verpflichtungen (einschließlich jener Verpflichtungen, die mit diesen unvereinbar sind bzw. aus ihnen folgen), und gipfelt im Begreifen der Erfahrung. Hierbei fassen wir die Erfahrung als aktuellen Endpunkt eines Prozesses auf, in welchem sich frühere Verpflichtungen als etwas erweisen, das immer mehr von der Wirklichkeit enthüllt hat, aber dennoch nur inadäquate Erscheinung *für* das Bewusstsein gewesen ist – die Erscheinung (so nimmt man jetzt an) der Beschaffenheit der Dinge *an sich*. Hegel setzt den Schlussstein seiner Theorie ein (am Ende des Kapitels zur Vernunft bzw. zum Geist), wenn er uns erläutert, wie sich mit der Betrachtung dieser rückblickenden erinnernd-rationalen rekonstruierenden Phase – der *ätiologischen* Phase des Erfahrungsprozesses – herausstellt, dass eine solche Erfahrung zwei Seiten umfasst: *zum einen* die (Weiter-)Bestimmung der Inhalte von Begriffen (seien es nun bestimmte oder philosophische Begriffe) im Sinne der expressiven Dimension des begrifflichen Inhalts (»dass«-Intentionalität), der durch *Beziehungen* bestimmter Negation gegliedert ist; *zum anderen* das Erkennen von Referenzgegenständen (Freges Bedeutungen, bzw. das Sein der Dinge an sich), die von entsprechenden Sinnen (das Sein der Dinge für das Bewusstsein) entlang der repräsentationalen Dimension des begrifflichen Inhalts (»von«-Intentionalität) repräsentiert werden, der durch den *Prozess* der Erfahrung des Irrtums gegliedert und normativ durch die Beziehungen bestimmter Negation beherrscht wird.[25] Der Begriff einer rückblickend-erinnernden Rationalität ist eine der originellsten und tiefgreifendsten Ideen Hegels. Sie zu entfalten und zu zeigen, wie sie die anderen Stränge seiner Darstellung miteinander verknüpft, ist eine der Hauptaufgaben des vorliegenden Buches.

Die einzige Form, in der wir Hegel zufolge den begrifflichen und repräsentationalen Inhalt eines Begriffs theoretisch verstehen können, ist eine Genealogie des Prozesses der Erfahrung, durch den dieser Inhalt bestimmt wird. Dies gilt unabhängig davon, ob wir von einer Konstellation von Begriffen und Verpflichtungen auf der Stufe des wissenschaftlichen Selbstbewusstseins sprechen oder von einer derartigen Konstellation auf der Stufe des empirischen Bewusstseins. Aus diesem Grund werden beide Fälle in der von uns betrachteten Passage der »Vorrede« gleich behandelt:

> In dem Gerichte jener Bewegung bestehen zwar *die einzelnen Gestalten des Geistes* wie die *bestimmten Gedanken* nicht,

25 Der Geist ist »*diese Bewegung* des Selbsts, das sich seiner selbst entäußert und sich in seine Substanz versenkt und ebenso als Subjekt aus ihr in sich gegangen ist und sie zum Gegenstande und Inhalte macht, als es diesen Unterschied der Gegenständlichkeit und des Inhalts aufhebt.« (Ebd., S. 587)

> aber sie sind so sehr auch positive notwendige Momente, als sie negativ und verschwindend sind.[26]

Eine angemessene metastufige Theorie der *Erfahrung* des Bewusstseins besteht in einer *Wissenschaft* der Erfahrung des Bewusstseins der unteren Stufe. Die *Phänomenologie* ist ein Nachvollziehen der *Erfahrung* der Wissenschaft der Erfahrung des Bewusstseins. Sie rekapituliert den Prozess, in welchem die Metabegriffe entwickelt und bestimmt werden, die Hegel zufolge für ein explizites Begreifen des Prozesses der Erfahrung adäquat sind. Die Erfahrung des Irrtums ist, so Hegel, der Vorgang, durch den neue »Gestalten des Bewußtseins« entstehen. Man betrachte nur etwa folgende Passage, die wir im Grunde genommen erst jetzt verstehen können:

> [I]ndem das, was zuerst als der Gegenstand erschien, dem Bewußtsein zu einem Wissen von ihm herabsinkt und das *Ansich* zu einem Für-das-*Bewußtsein-Sein des Ansich* wird, [ist] dies der neue Gegenstand [...], womit auch eine neue Gestalt des Bewußtseins auftritt, **welcher** etwas anderes das Wesen ist als **der** vorhergehenden. Dieser Umstand ist es, welcher die ganze Folge der Gestalten des Bewußtseins in ihrer Notwendigkeit leitet. Nur diese Notwendigkeit selbst oder die *Entstehung* des neuen Gegenstandes, der dem Bewußtsein, ohne zu wissen, wie ihm geschieht, sich darbietet, ist es, was für uns gleichsam hinter seinem Rücken vorgeht. Es kommt dadurch in seine Bewegung ein Moment des *Ansich*- oder *Fürunsseins*, welches nicht für das Bewußtsein, das in der Erfahrung selbst begriffen ist, sich darstellt; der *Inhalt* aber dessen, was uns entsteht, ist *für es*, und wir begreifen nur das Formelle desselben oder sein reines Entstehen; *für es* ist dies Entstandene nur als Gegenstand, *für uns* zugleich als Bewegung und Werden.

26 Ebd., S. 46. (Meine Hervorhebungen, R.B.)

> Durch diese Notwendigkeit ist dieser Weg zur Wissenschaft selbst schon *Wissenschaft* und nach ihrem Inhalte hiermit Wissenschaft der *Erfahrung des Bewußtseins*.[27]

In diesen ersten drei Kapiteln habe ich mich darauf konzentriert, was Hegel über die Semantik und Pragmatik jener Begriffe zu sagen hat, die auf der unteren Stufe, also in der Erfahrung zum Einsatz gebracht und bestimmt werden. Auf diese Weise habe ich uns zugleich darauf vorbereitet, den Gang der Erfahrung auf der Metaebene des *Selbst*bewusstseins zu verstehen. Diesen ruft Hegel für uns im Hauptteil der *Phänomenologie* in Erinnerung. Ich verfolge hier die hermeneutische Strategie, die ich in der Einleitung als »semantischen Abstieg« bezeichnet habe. Sie beginnt mit einer semantischen Lektüre der *Phänomenologie*. Im 1. Kapitel habe ich das Adäquatheitskriterium für die Erklärung der Beziehungen zwischen dem subjektiven und dem objektiven Pol des von Hegel eingeführten intentionalen Nexus bereitgestellt. Eine adäquate semantische Theorie muss in der Lage sein, eine brauchbare Epistemologie zu unterstützen. Hegels Antwort auf diese Forderung besteht in einer nichtpsychologischen Vorstellung vom Begrifflichen, in der begriffliches Gehaltvollsein bedeutet, in Beziehungen materialer Unvereinbarkeit und Folgerung zu anderen, ebensolchen gehaltvollen Elementen zu stehen. Diese Vorstellung von begrifflichem Inhalt unterstützt einen *bimodalen hylemorphistischen Begriffsrealismus*, also die Ansicht, dass sich begrifflicher Inhalt in zwei verschiedenen Formen zeigt, die durch die Modalität der Unvereinbarkeits- und Folgerungsbeziehungen auseinandergehalten werden. Bestimmte objektive Sachverhalte sind begrifflich gehaltvoll und stehen in alethisch-modalen Beziehungen der Nichtkompossibilität und Notwendigkeit zueinander. Bestimmte subjektive Gedanken drücken denselben begrifflichen Inhalt aus, indem

27 Ebd., S. 80. (Kursivierungen im Orig.; Fettungen von mir, R. B.)

sie in deontisch-modalen Beziehungen des normativen Ausschlusses und der Folgerungsverpflichtung stehen. Im 2. Kapitel wurde Hegels pragmatische Idee eingeführt, dass der *repräsentationale* Anspruch des Seins der Dinge für das Bewusstsein hinsichtlich des Prozesses und der Praktik verstanden werden muss, in welchen sich die *Erfahrung des Irrtums* abspielt. Im vorliegenden Kapitel haben wir uns die Feinstruktur des Erfahrungsprozesses näher angeschaut. Zu den ersten beiden Phasen einer Erfahrungsepisode – das Eingestehen unvereinbarer Verpflichtungen und die Behebung dieser Unvereinbarkeit – wurde die rückblickend erinnernd-rationale Rekonstruktion des Prozesses hinzugefügt. Wir brauchen alle diese Aspekte der Verwendung und des Inhalts der Begriffe, um zu verstehen, wie die repräsentationale Dimension des begrifflichen Gehaltvollseins durch den Prozess der Bestimmung des Inhalts mit der Anwendung der Begriffe in der Erfahrung instituiert wird. Die Kapitel zum Bewusstsein in der *Phänomenologie* werden diese pragmatisch-semantische Darstellung vertiefen und zeigen, wie die repräsentationale Dimension aus rein epistemologischen Anliegen heraus entsteht, welche im Zuge dieser Entwicklung schrittweise präzisiert werden und so in der Philosophie der Wissenschaft ihre semantisch angemessenere Form erhalten.

4. Unmittelbarkeit, Allgemeinheit, Erinnerung. Erste Einsichten in die Struktur epistemischer Autorität

I. Die Einführung sinnlicher Gewissheit

Zu Beginn seiner Einleitung in die *Phänomenologie* stellt Hegel ein grundlegendes epistemologisches Adäquatheitskriterium vor: Jedes Verständnis der Prozesse und Praktiken, die erkenntnistheoretische Beziehungen zwischen dem Bewusstsein und der von ihm erkannten Welt erzeugen, muss deutlich machen können, dass das Ergebnis, wenn alles gutgeht, eine genuine Erkenntnis der Dinge ist, wie sie wirklich sind. Im Anschluss hieran argumentiert er, dass diese Bedingung, die ich die »Bedingung genuiner Erkenntnis« genannt habe, nicht von Theorien erfüllt werden kann, deren Paradigma dem der ersten *Kritik* Kants entspricht, ganz gleich, wie vertraut und verlockend eine solche Struktur sein mag. In solchen Ansätzen ist Wissen eine erkenntnistheoretische Beziehung zwischen einem Bewusstsein, das Begriffe anwendet, und einer objektiven Wirklichkeit, die unabhängig von dieser erkenntnistheoretischen Beziehung selbst keine begriffliche Gestalt hat. Hegel zufolge führt jede Auffassung in den Skeptizismus, in der das Bewusstsein eine nichtbegriffliche Wirklichkeit zu verarbeiten oder umzuwandeln hat, um die für Verständlichkeit erforderliche begriffliche Form zu erreichen. Modelle dieser Art müssen sich auf einen Begriff von Inhalt berufen, der dem Erkenntnisakt und dem Erkannten gemeinsam ist und der auf der subjektiven

Seite des intentionalen Nexus in begrifflicher Form und auf der objektiven Seite in nichtbegrifflicher Form erscheint. Da Verständlichkeit mit dem identifiziert wird, was begriffliche Form hat, kann der Begriff eines solchen gemeinsamen amphibischen Inhalts nur unverständlich bleiben. Eine solche Auffassung muss in den Skeptizismus führen, weil die wirkliche Beschaffenheit der Welt (wie sie »an sich« ist) nicht verstanden werden kann. Allein ihre Erscheinungen (was sie »für das Bewußtsein« ist) haben die richtige Gestalt, um verständlich zu sein.

Hinter dem epistemologischen Argument verbirgt sich ein semantisches Argument: Um als *bestimmt* zu gelten, muss der gemeinsame Inhalt begrifflich gegliedert sein, und zwar in dem Sinne, wie Hegel den Ausdruck »begrifflich« gebraucht (als in Beziehungen bestimmter Negation stehend). Die Kapitel zum Bewusstsein widmen sich der Aufgabe, diesen Begriff der BESTIMMTHEIT zu untersuchen. Hegel bezweifelt nicht, dass das Verständliche mit dem zu identifizieren ist, was eine begriffliche Form, Gestalt und Struktur hat. Für ihn ist klar, dass »begrifflicher Inhalt« genau das meint, was das Verständliche als solches charakterisieren muss. Seine eigene konstruktive Antwort auf dieses kritische semantisch-epistemologische Argument besteht darin, einen *Begriffsrealismus* zu entwickeln und einen Sinn des Ausdrucks »begrifflicher Inhalt« herauszuarbeiten, in welchem sowohl der objektive als auch der subjektive Pol des intentionalen Nexus begrifflich strukturiert sind und beide begrifflichen Inhalt aufweisen. Der Unterschied zwischen den objektiven und subjektiven Formen solcher begrifflichen Inhalte wird anders erklärt. Wie ich Hegel lese, bedeutet begrifflich gehaltvoll zu sein nichts anderes, als in Beziehungen materialer Unvereinbarkeit oder ausschließender Verschiedenheit (»bestimmte Negation«) zu anderen begrifflich gehaltvollen Elementen dieser Art zu stehen. Der Unterschied zwischen den begrifflichen Inhalten von Tatsachen auf objektiver Seite und den begrifflichen Gedanken auf subjektiver Seite muss hinsichtlich des Unterschieds zwischen alethisch-modaler Unvereinbarkeit und deontisch-normativer Unvereinbarkeit verstanden werden. Es ist *unmöglich*, dass ein und derselbe Gegenstand zugleich unvereinbare Eigenschaften aufweist, wohingegen ein Subjekt lediglich nicht denken *sollte*, dass er solche Eigenschaften zugleich aufweist. Die Idee, dass Tatsachen auf der objektiven Seite der Welt und Gedanken auf der subjektiven Seite der Erkenntnis zwei verschiedene Formen sind, die der bestimmte begriffliche Inhalt annehmen kann, nennt sich bimodaler hylemorphistischer Begriffsrealismus.

Das ausführliche Argument für diese Vorstellung eröffnet Hegel im ersten Kapitel der *Phänomenologie*, indem er die gegenteilige Vorstellung betrachtet. Der von ihm vertretene Begriffsrealismus versucht der Bedingung genuiner Erkenntnis gerecht zu werden, indem er beide Pole des intentionalen Nexus als begrifflich strukturiert betrachtet. Alle Ansätze, die unter die von ihm so genannte Rubrik der »sinnlichen Gewißheit« fallen, akzeptieren hingegen den Schluss, Begriffsbildung als Falsifikation begreifen zu müssen, sobald Erkenntnis die Bildung von Begriffen aus etwas Nichtbegrifflichem erfordert. Jedoch versuchen alle diese Ansätze dem Gespenst des Skeptizismus zu entgehen und die Bedingung genuiner Erkenntnis zu erfüllen, indem sie empirische Erkenntnis als rein *nichtbegriffliches* Erfassen einer nichtbegrifflichen Wirklichkeit auffassen. Dem komplementären epistemologischen Adäquatheitskriterium, wonach eine Theorie die Möglichkeit des Irrtums zulassen muss (was ich die »Bedingung der Verständlichkeit des Irrtums« genannt habe), glauben solche Ansätze gerecht zu werden, indem sie diese Möglichkeit dort verorten, wo das erkenntnismäßig *nicht*begrifflich Gegebene zu etwas begrifflichem gemacht wird. Man meint ein sicheres Fundament für genuine empirische Erkenntnis zu haben, wenn das in der sinnlichen Erfahrung unmittelbar Gegebene als passiv gedeutet wird, also in Abgrenzung zur begrifflichen Tätigkeit, so das jenseits einer solchen Tätigkeit kein Platz für Irrtum bleibt.[1]

Das Kapitel zur sinnlichen Gewissheit, mit dem Hegel die *Phänomenologie des Geistes* als eine Art intellektueller Abenteuererzählung beginnt, behandelt die sinnliche Erfahrung als Quelle unserer empirischen Erkenntnis und seziert die naive Ansicht des traditionellen Empirismus. Dessen empfindliche Stelle, so argumentiert Hegel, ist die strukturelle Verpflichtung auf einen *semantischen Atomismus*. Dies ist die Ansicht, wonach der Inhalt, der in der Ausübung unserer sinnlichen Vermögen unmittelbar gegeben ist, unabhängig von seinen Beziehungen zu allem anderen ist. Auf der Seite der pragmatischen Kraft (also anstatt auf der Seite des semantischen Inhalts) besitzen solche sinnlichen Episoden epistemische Autorität einfach aufgrund ihres Wesens als passive Ausübungen des sinnlichen Vermögens, also ohne einer entsprechenden Verantwortung gegenüber irgendetwas anderem nachkommen zu müssen. Eine solche Vorstellung von epistemischer Autorität macht die atomistische Perspektive auf die semantischen Inhalte dieser Episoden notwendig. Denn wenn das Erfassen eines Inhalts das Erfassen anderer erfordern würde, hinge die epistemische Autorität jeder Episode von etwas ab, das sich außerhalb von ihr befindet. Dies ist eine Vorstellung, die Wilfrid Sellars eineinhalb Jahrhunderte später in ähn-

1 Neben diesen drei Optionen – eine nichtbegriffliche objektive Welt mit einem begrifflichen subjektiven Erfassen derselben, eine begrifflich gegliederte Welt mit einem begrifflichen Erfassen derselben und eine nichtbegrifflich erfasste und selbst nichtbegriffliche Welt – könnte es so scheinen, als gäbe es noch die abstrakte Möglichkeit einer begrifflich gegliederten Welt, die nichtbegrifflich erfasst wird. Mir ist nicht bekannt, dass eine derartige Ansicht tatsächlich vertreten wird, obgleich sich analoge Ansichten finden, wenn man die Unterscheidung begrifflich/nichtbegrifflich durch andere ersetzt wie etwa unendlich/endlich oder göttlich/menschlich.

licher Weise als »Mythos des Gegebenen« diagnostiziert und kritisiert, wohl wissend, dass er an Hegel anschließt.

Diese Ansicht ist natürlich nicht einfach verschwunden. Es ist unter zeitgenössischen Sprachphilosophen weit verbreitet, dass die Art von kausalem Kontakt zur wahrnehmbaren Welt, die bei der Verwendung von Demonstrativpronomen explizit zum Ausdruck kommt, als nichtbegrifflich bzw. vorbegrifflich zu verstehen ist. Diese *de re*-Komponente der empirischen Erkenntnis wird von der begrifflich gegliederten *de dicto*-Komponente abgegrenzt. Manche Denker berufen sich auf eine ursprüngliche Schicht von Überzeugungen, die »rein *de re*« seien und durch den *alleinigen* Gebrauch von Demonstrativpronomen ausgedrückt würden (obwohl auch Lebewesen ohne Sprache und also ohne Demonstrativpronomen sie besitzen könnten).[2] Von ihrer offensichtlich cartesianischen Hülle befreit, scheint es durchaus attraktiv, von einer Art minimalem Erkennen auszugehen, die in der Ausübung *bloßer* Rezeptivität besteht, im einfachen Aufnehmen, Bemerken oder Aufzeigen von dem, was uns sinnlich gegeben ist. Obwohl man diese Art des Erkennens nicht als unfehlbar ansehen muss (da die kausalen Mechanismen manchmal fehlschlagen mögen), wäre sie doch ausgesprochen sicher. Dieses Erkennen wäre zumindest gegen Irrtümer gefeit, die aus fehlerhaften Assimilationen oder Klassifikationen oder aus fal-

2 Zu diesem Thema vgl. allgemein die Artikel von Sosa und Burge, die McDowell in seinem Aufsatz »De Re Senses« diskutiert (*Philosophical Quarterly* 34, 136 (Juli 1984), S. 283-294). Dieser Aufsatz stellt die Themen auf eine hilfreiche Weise dar, die dem Ansatz verwandt ist, den ich Hegel hier zugeschrieben habe. Die Auffassung, dass demonstrative, gegenstandsbezogene Gedanken (»starke *de re-Zuschreibungen*« in der Terminologie des 8. Kapitels von *Expressive Vernunft*) eine besondere Rolle spielen, aber durch und durch begrifflich sind, wurde von Evans aufgebracht und wird von McDowell (etwa im eben genannten Aufsatz) geteilt. In *Expressive Vernunft* habe ich sie in eine etwas andere Richtung weiterentwickelt.

schen Schlussfolgerungen entstehen, da das Subjekt nichts mit dem *gemacht* hat, was es lediglich passiv aufnimmt, bemerkt oder aufzeigt, und insofern auch gar nichts *falsch* gemacht haben könnte.

Der sinnlichen Gewissheit zufolge leitet sich die Autorität der Unmittelbarkeit gerade von der *Passivität* des Erkenntnissubjekts ab, von dem Umstand also, dass das wahrnehmende Bewusstsein es vermeidet, sich Pflichten aufzuladen. Diejenigen, an die sich die erkenntnistheoretische *Autorität* der Unmittelbarkeit richtet, sind frei von entsprechender *Verantwortung*. Die Argumentation an dieser Stelle ist motiviert durch die Unvereinbarkeit von zwei Merkmalen, die der sinnlichen Gewissheit mit der erkenntnistheoretischen Autorität der Unmittelbarkeit zukommen: die *Unmittelbarkeit* des Inhalts (in dem Sinne, dass das Bejahen dieses Inhalts keine *Verantwortungen* für den Bejahenden bedeutet, welchen er nicht gerecht werden kann, also keine Pflichten, Unterscheidungen zwischen Unmittelbarkeiten treffen bzw. Beziehungen zwischen ihnen erfassen zu müssen – also insgesamt keine Dinge, die man *richtig* oder *falsch* machen könnte) und die minimale *Bestimmtheit* des Inhalts. Um eine mit Unmittelbarkeit assoziierte, nachhaltige Art erkenntnistheoretischer Autorität zu sichern, müssten wir das mögliche Erkenntnissubjekt (Bewusstsein) als etwas verstehen, das etwas *tut*, das über das einfache passive Registrieren von gegebenem Inhalt hinausgeht – es muss zwischen den Instanzen dieser Autorität Unterscheidungen treffen und Beziehungen zwischen ihnen einführen. Hiermit bewegen wir uns von der Vorstellung der sinnlichen Gewissheit zur Vorstellung des empirischen Bewusstseins als Wahrnehmung.

II. Zwei Sinne von »Unmittelbarkeit«

Im Kapitel zur sinnlichen Gewissheit untersucht Hegel die epistemische Autorität der von ihm so genannten »Unmittelbarkeit«. Die Unterscheidung zwischen Unmittelbarkeit und Mittelbarkeit nimmt in Hegels philosophischem Vokabular eine zentrale Stellung ein. Obwohl diese Unterscheidung viele Unterarten und Verästelungen aufweist, findet sich der Grundgedanke in der spezifisch epistemischen Unmittelbarkeit. Diese Terminologie ist in Kants Sprachgebrauch verankert:

> Alle Gewißheit ist entweder eine *unvermittelte* oder eine *vermittelte*, d.h. sie bedarf entweder eines Beweises, oder ist keines Beweises fähig und bedürftig. – Wenn auch noch so Vieles in unserm Erkenntnisse nur mittelbar, d.h. nur durch einen Beweis gewiß ist: so muß es doch auch etwas *Indemonstrables* oder *unmittelbar Gewisses* geben und unser gesammtes Erkenntniß muss von *unmittelbar gewissen* Sätzen ausgehen.[3]

Kant unterscheidet zwischen einem Wissen bzw. Überzeugungen, die das Ergebnis einer *Inferenz* sind, einerseits und dem, was wir auf nichtinferentielle Weise wissen oder meinen, andererseits. Ein Paradigma nichtinferentiell erworbener Überzeugungen sind Beobachtungsurteile, in denen Subjekte direkt auf wahrnehmbare Sachverhalte reagieren, wie beispielsweise auf

3 Immanuel Kant, *Werkausgabe in 12 Bänden, VI. Schriften zur Metaphysik und Logik*, Frankfurt/M. 1977, S. 500. Diese Verwendung von »Gewißheit« ist auch für Hegel wichtig, nämlich im Begriffspaar Gewissheit/Wahrheit. Dieses Paar verwendet er, um die Dominanz des Bildes von Subjekten und Objekten als voneinander unabhängige Dinge zugunsten einer Ansicht aufzubrechen, derzufolge wir anerkennen können, dass Gedanken und Tatsachen in glücklichen Fällen genau dieselben begrifflich gegliederten Inhalte haben.

das sichtbare Rotsein eines Apfels, und meinen, dass der Apfel rot ist. Es ist diese Art epistemischer Autorität, die genau solche Episoden auszeichnet und die Hegel unter der Überschrift »unmittelbare sinnliche Gewissheit« analysiert. Kant hält es für selbstverständlich, von Inferenz (deren robusteste, Wissen garantierende Variante er »Beweis« nennt) als »Vermittlung« zu sprechen, da er an die Rolle von Mittelbegriffen im klassischen Syllogismus denkt (für ihn die Form der Inferenz schlechthin), welche die inferentiellen Verbindungen zwischen Prämissen und Konklusionen garantieren. So werden »Gewissheiten«, das heißt Verpflichtungen, zu denen man durch schlussfolgerndes Denken gelangt, als »vermittelt« bezeichnet. Verpflichtungen nichtinferentiellen Ursprungs werden hingegen »unmittelbar« genannt.

Die epistemologische Vorstellung, die Hegel als »sinnliche Gewißheit« anspricht, ist nicht allein durch Kants Vorstellung von epistemischer *Unmittelbarkeit* geprägt, sondern insbesondere durch dessen Vorstellung von sinnlicher *Anschauung*. Während das erste Modell betont, dass unmittelbare sinnliche Erkenntnis als *nichtinferentiell* verstanden wird, betont das zweite Modell, dass sie als *nichtbegrifflich* verstanden wird. Das heißt nicht, dass Hegel die epistemologische Strategie, welche er im Kapitel zur sinnlichen Gewissheit auseinandernimmt, für Kants epistemologische Strategie hält. Kant behandelt das bloße Vorliegen von Anschauungen nicht als konstitutiv für irgendeine Art von Erkenntnis (»Anschauungen ohne Begriffe sind blind«, so die berühmte Stelle). Mit der kantischen Vorstellung beschäftigt sich Hegel am Anfang der »Einleitung«, wo das Erkennen als ein Prozess (»Instrument« und »Medium«) gedeutet wird, in dem eine nichtbegriffliche Wirklichkeit (das Sein der Dinge an sich) in begrifflich gegliederte Erscheinungen (das Sein der Dinge für das Bewusstsein) umgewandelt wird. Die sinnliche Gewissheit ist eine andere Strategie. Sie versucht, den Skeptizismus zu vermeiden und die Bedingung genuiner Erkenntnis zu erfüllen, indem sie empirische Erkenntnis im nichtbegrifflichen, nichtinferentiellen unmittelbar sinnlichen Aufnehmen der Beschaffenheit der Dinge verankert. Die Idee hierbei ist, dass der Geist, der vollständig passiv und aufnehmend ist, also keine Inferenzen zieht und keine Begriffe anwendet, nichts tut, was den passiv aufgenommenen Inhalt verändern oder verfälschen könnte. Von der kantischen Unterscheidung zwischen Begriff und Anschauung übernimmt Hegel jedoch die Vorstellung einer protoerkenntnismäßigen, aber irgendwie gehaltvollen, nichtinferentiellen und nichtbegrifflichen Episode.

Im Kapitel zur sinnlichen Gewissheit unterscheidet Hegel mehrere Dimensionen der kantischen Unterscheidung zwischen Begriff und Anschauung. Hiervon sind zunächst zwei von besonderer Bedeutung. Erstens schließt bei Kant die Unterscheidung zwischen Anschauung und Begriff an die Unterscheidung zwischen Rezeptivität und Spontaneität an. Anschauung ist ein passives Vermögen, das Vermögen nämlich, sinnlich affiziert zu werden, Repräsentationen zu haben, die das Subjekt einfach bei sich vorfindet. Begriffe anwenden hingegen ist etwas, das das Subjekt aktiv *tut* (wenn auch nicht immer absichtlich). Diese Unterscheidungsdimension ist für die epistemologische Strategie der sinnlichen Gewissheit von größter Wichtigkeit, denn es gilt: Wo das Subjekt nichts *tut*, kann es sich nicht *irren*.[4] Die zweite Dimension der Unterscheidung zwischen Anschauung und Begriff fällt mit der Unterscheidung zwischen *einzelnen* und *allgemeinen* Vorstellungen zusammen. *Was* genau man beim Anwenden von Begriffen tut, wird hier als ein *Klassifizieren* des Einzelnen verstanden, welches man unter etwas Allgemeines bringt (also unter Begriffe, die Kant als Regeln versteht). Diese Dimension passt gut zur ersten, denn etwas zu klassifizieren heißt auch, das

4 Vgl. Immanuel Kant, *Werkausgabe in 12 Bänden, III. Kritik der reinen Vernunft*, Frankfurt/M. 1977, S. 308: »Man kann also zwar richtig sagen: daß die Sinne nicht irren, aber nicht darum, weil sie jederzeit richtig urtheilen, sondern weil sie gar nicht urtheilen.«

zu Klassifizierende mit anderen Dingen zu *vergleichen*. Indem man dies tut, wird es möglich, einen Fehler zu machen und sich zu irren. Klassifikation schließt die Möglichkeit der *Fehl*klassifikation ein, welche darin besteht, das Einzelne unter die *falschen* Allgemeinbegriffe zu bringen, also unter solche, die das Einzelne in Wirklichkeit nicht charakterisieren. Dieser Überlegung zufolge ist epistemischer Irrtum nur möglich, wenn das, was uns sinnlich gegeben ist, unter Begriffe gebracht wird.

Diese zwei Dimensionen von Kants Unterscheidung zwischen Anschauungen und Begriffen bezeichnet Hegel im ersten Absatz des Kapitels zur sinnlichen Gewissheit als »unmittelbares Wissen« und »Wissen des Unmittelbaren«. Bei ersterem verhalten wir uns »unmittelbar oder aufnehmend«. Dies meint die Unmittelbarkeit des *Aktes* des Auffassens ohne ein Begreifen.[5] Es ist vom »Wissen des Unmittelbaren« zu unterscheiden, welches die Unmittelbarkeit des aufgefassten *Inhalts* meint.

Diesen zwei Bedeutungen von »unmittelbar« korrespondieren zwei Formen von Unmittelbarkeit: zum einen Unmittelbarkeit als das *Nichtinferentielle* des Ursprungs einer Episode und zum anderen Unmittelbarkeit als das *Nichtbegriffliche* des Inhalts dieser Episode. An dieser Stelle ist der Vergleich mit einem der zentralen Schritte in Wilfrid Sellars' *Der Empirismus und die Philosophie des Geistes* lohnenswert. Wenn wir Beobachtungsberichte oder Wahrnehmungsurteile als »nichtinferentiell« bezeichnen, müssen wir Sellars zufolge achtsam unterscheiden, ob sich das Prädikat auf den Akt bezieht oder auf den Inhalt. Wir sollten uns jedoch nicht irritieren lassen von dieser bekannten Doppelsinnigkeit. Beobachtungsberichte und Wahrnehmungsurteile sind als Akte des Berichtens und Urteilens nichtinferentiell, insofern sie kein Produkt einer Inferenz sind. Sie sind das Resultat der Ausübung von verlässlichen Dispositionen, durch die wir unterscheidend auf die uns umgebenden Stimuli reagie-

5 *PhG*, S. 82.

ren, und sollten nicht mit dem Schlussfolgern aus Prämissen gleichgesetzt werden. Das heißt aber keineswegs, dass das Erfassen von Begriffen, die in Beobachtungen angewendet werden, unabhängig von der Beherrschung der Verwendung dieser Begriffe in Inferenzen (also unabhängig von Beobachtungen) verständlich ist; ebenso wenig heißt das, dass die Inhalte jener Berichte und Urteile unabhängig davon verständlich sind, wie sie in inferentiellen Beziehungen stehen und welchen inferentiellen Normen sie unterliegen. Für Sellars mag ein Papagei, dem beigebracht wurde, auf das sichtbare Vorhandensein roter Dinge mit Äußerungen wie »Rawk, das ist rot!« zu reagieren, wie ein echter Beobachter roter Dinge über verlässlich unterscheidende Dispositionen verfügen. Doch kommt dies eher der Funktionsweise eines Messinstruments nahe, welches die Dinge, auf die es reagiert, *als* rot anzeigt, sie aber nicht beschreibt.

> Nur weil die Ausdrücke, anhand derer wir Gegenstände [...] beschreiben, diese Gegenstände in einem Raum von Implikationen verorten, beschreiben sie überhaupt erst, anstatt bloß zu benennen.[6]

Anders als derjenige, der bloß unterscheidend auf rote Dinge reagiert, muss der echte Beobachter roter Dinge ebendiese in einen »Raum von Implikationen« einordnen, und also wissen, was folgt, wenn etwas als rot klassifiziert wird, und was für oder gegen die Richtigkeit einer solchen Klassifikation sprechen würde. Versteht man »nichtinferentielles Wissen« als ein Wissen, das man besitzen kann, ohne die Regeln der Inferenz in der Praxis zu beherrschen, dann kann es, so behauptet Sellars,

6 Wilfrid Sellars, »Counterfactuals, Dispositions, and the Causal Modalities«, in: Herbert Feigl, Michael Scriven, Grover Maxwell (Hg.), *Minnesota Studies in The Philosophy of Science*, Bd. II, Minneapolis 1957, § 108. [Übersetzung S. K./A. S.]

kein »nichtinferentielles Wissen« geben. Der Begriff ist nur insoweit zulässig, als er sich auf das Berichten von Beobachtungen oder das Urteilen aufgrund von Wahrnehmungen bezieht (auf Akte des Berichtens und Urteilens) und darauf hinweist, dass ebendiese Akte nicht das Resultat der Ausübung spezifisch inferentieller Vermögen sind. Die Existenz von nichtinferentiellen Gedanken in diesem Sinne ist voll und ganz mit der Behauptung vereinbar, dass es für das Vermögen, *irgendwelche* bestimmt gehaltvolle Gedanken zu haben, erforderlich ist, dass das Subjekt *auch* inferentielle Vermögen besitzt, selbst wenn diese nicht in jedem Erkenntnisakt ausgeübt werden müssen.

Genau hundertfünfzig Jahre vor Sellars macht Hegel ein solches Argument im einleitenden Kapitel der *Phänomenologie*.[7] Der Umstand, dass Gedanken, die rezeptiv durch Sinneseindrücke gewonnen werden, nichtinferentiell sind, also nicht das Resultat der Ausübung von inferentiellen Vermögen sind, bedeutet nicht, dass sie auch nichtbegrifflich sind – nichtbegrifflich in dem Sinne, dass sie unabhängig von ihrer Lage in einem vom inferentiellen Vermögen erschlossenen »Raum von Implikationen« als etwas bestimmt Gehaltvolles verstanden werden können. Hegel formuliert das Argument folgendermaßen: Das Unmittelbare als das Anschauliche im Sinne eines Akts der Rezeptivität enthält nicht das Unmittelbare als das Anschauliche im Sinne eines Inhalts, der nichts Allgemeinbegriffliches enthält. Diese zwei kantischen Bedeutungen von »anschaulich« fallen auseinander. Jeder Versuch, sie zusammenzubringen, läuft auf das hinaus, was Sellars den »Mythos des Gegebenen« nennt. Das Kapitel zur sinnlichen Gewissheit ist unter anderem ein Argument gegen den Mythos des Gegebenen. (Sellars war sich dessen völlig be-

7 *Der Empirismus und die Philosophie des Geistes* geht auf eine Reihe von Vorträgen zurück, die 1956 in London gehalten wurden; abgesehen von der Vorrede hat Hegel die ganze *Phänomenologie* im Jahr 1806 geschrieben.

wusst, als er *Der Empirismus und die Philosophie des Geistes* als seine »angehenden *Hegelschen Meditationen*« beschrieb und sich mit Hegel als dem »große[n] Feind der Unmittelbarkeit« in eine Reihe stellt.[8])

Wenn wir uns Hegels Argument für diesen Punkt anschauen, sehen wir jedoch, dass er den sellarsschen Gedankengang mit einem anderen verbindet, der sich nicht bei Sellars wiederfindet. Hält man die beiden Gruppen von Überlegungen nicht klar auseinander, entsteht der Anschein, als ob Hegel ein fehlerhaftes Argument für die Schlussfolgerung liefert, dass wir die Rolle der sinnlichen Allgemeinbegriffe beim Gliedern der sinnlich gegebenen Inhalte anerkennen müssen, um eine kohärente Vorstellung der epistemischen Autorität sinnlicher Unmittelbarkeit zu erhalten. Hegel unterteilt seine Diskussion in drei Denkbewegungen: Er entfaltet zunächst das, was im Begriff des WISSENS DES UNMITTELBAREN implizit enthalten ist, dann das, was im Begriff des UNMITTELBAREN WISSENS implizit enthalten ist, und schließlich das, was im Begriff des UNMITTELBAREN WISSENS DES UNMITTELBAREN implizit enthalten ist.[9] Obwohl es gute und hinreichende methodologische Gründe gibt, die Diskussion auf diese Weise zu strukturieren, werden auf diesem Wege die Beziehungen zwischen den zwei entscheidenden Unterscheidungen verdeckt, die sein Argument gliedern, so wie ich es verstehe. Die erste von mir hervorgehobene Unterscheidung, die zwischen der Unmittelbarkeit des (Ursprungs des) Wahrnehmungsaktes und der Unmittelbarkeit des wahrgenommenen Inhalts, spiegelt sich wider in der Unterscheidung zwischen der

8 Wilfrid Sellars, *Der Empirismus und die Philosophie des Geistes*, Paderborn 1999.

9 Der erste Begriff wird auf S. 83 (*PhG*) eingeführt und die Folgerungen aus ihm auf S. 84 und S. 85 gezogen, der zweite wird auf S. 86 eingeführt und auf S. 86 und S. 87 entfaltet, und der dritte wird auf S. 87 eingeführt und seine Implikationen werden auf S. 87-89 ausgearbeitet.

Unmittelbarkeit des Wissensaktes und der Unmittelbarkeit des gewussten Inhalts, auf die Hegel seine Diskussion aufbaut.[10] Die andere entscheidende und richtungsweisende Unterscheidung betrifft zwei Bedeutungen von Unmittelbarkeit des Inhalts: Die eine entspricht der Einzelheit gegenüber der Allgemeinheit, die andere entspricht der Autorität von unwiederholbaren Instanzen von Episoden gegenüber wiederholbaren Episodentypen. Die erstere Bedeutung lehnt sich an die Unterscheidung zwischen singulären Termini (Repräsentationen von Einzeldingen) und Prädikaten (Repräsentationen von Allgemeinbegriffen bzw. Eigenschaften) an. Die zweite Bedeutung hingegen ist angelehnt an die Unterscheidung zwischen einerseits demonstrativen und indexikalischen Ausdrücken (»dies«, »jetzt«) – »instanz-reflektiven« Ausdrücken (*token reflexives*) in der Terminologie Reichenbachs –, bei denen jede Instanziierung sich auf etwas anderes beziehen kann, und andererseits Ausdrücken von typengleichen Instanzen (wie »Baum« und »Nacht«), bei denen die entsprechenden Typen koreferential sind. Diesen sehr unterschiedlichen Unterscheidungen korrespondieren zwei weitere Dimensionen von Kants Unterscheidung zwischen Anschauung und Begriff, die über die Unterscheidung zwischen Akt und Inhalt hinausgehen.

10 An die Einführung der Unterscheidung zwischen dem unmittelbaren Wissen und dem Wissen des Unmittelbaren im ersten Satz des Kapitels zur sinnlichen Gewissheit schließt Hegel mit folgender Stelle an, in der er vorwegnimmt, wie er die Unterscheidung in jenen drei Bewegungen des Denkens weiter erschließen wird: »Unter den unzähligen dabei vorkommenden Unterschieden finden wir allenthalben die Hauptverschiedenheit, daß nämlich in ihr sogleich aus dem reinen Sein die beiden schon genannten *Diesen*, ein *Dieser* als *Ich* und ein *Dieses* als Gegenstand herausfallen. Reflektieren *wir* über diesen Unterschied, so ergibt sich, daß weder das eine noch das andere nur *unmittelbar*, in der sinnlichen Gewißheit ist, sondern zugleich als *vermittelt*; Ich habe die Gewißheit *durch* ein Anderes, nämlich die Sache; und diese ist eben so in der Gewißheit *durch* ein Anderes, nämlich durch Ich.« *PhG*, S. 83.

III. Ein schlechtes Argument

Meiner Ansicht nach besteht die wesentliche intellektuelle Leistung des Kapitels zur sinnlichen Gewissheit in Hegels Analyse der Feinstruktur von Kants Unterscheidung zwischen Anschauung und Begriff. Hegel stellt hier die drei Unterscheidungen auf, die die genuinen Dimensionen von Repräsentation gliedern und die, wie er aufmerksam erkennt, orthogonal zueinander stehen. Die Art und Weise, wie er seine Diskussion der ersten Unterscheidung aufbaut, macht es allerdings unnötig schwierig, das Verhältnis zwischen den anderen beiden Unterscheidungen zu erkennen. Dies lädt dazu ein, Hegel ein schreckliches Argument für die folgende Behauptung zuzuschreiben: Wenn die sinnliche Unmittelbarkeit so zu verstehen ist, dass sie eine besondere Art epistemischer Autorität bereithält für das, was uns sinnlich gegeben ist, dann kann der *Inhalt*, in dem diese Autorität angelegt ist, keinesfalls als nichtbegrifflich verstanden werden. Um *bestimmt* zu sein, muss dieser Inhalt *begrifflich* sein, zumindest insofern er eben die Anwendung von *sinnlichen Allgemeinbegriffen*, also beobachtbare Eigenschaften betrifft. Was den Übergang vom Kapitel über sinnliche Gewissheit zum Kapitel über Wahrnehmung motiviert, ist die Einsicht, dass diese Schlussfolgerung implizit die Vorstellung der besonderen epistemischen Autorität der Unmittelbarkeit enthält, die im bestimmten Inhalt angelegt ist. Die hermeneutische Kunst in der Lektüre dieses Teils der *Phänomenologie* besteht darin, die verschiedenen Unterscheidungen, die Hegel in seinem überzeugenden Argument für diese wichtige Schlussfolgerung einsetzt, zu entwirren und die Fallstricke und Täuschungen des »schlechten Arguments«, zu dem uns seine Darstellung einlädt, zu vermeiden.

Das »schlechte Argument« ergibt sich aus dem Versäumnis, zwischen den drei Arten von Wiederholbarkeit zu unterscheiden, auf die Hegel hinweist, und sie nicht so zu behandeln, als ob sie alle drei gleichermaßen auf eine Allgemeinheit hinausliefen, wie sie uns in Form von Allgemeinbegriffen bzw. Eigenschaften gegeben ist, die von Prädikaten ausgedrückt werden und sich von Einzeldingen unterscheiden, die auf singuläre Termini referieren. Alle drei Arten von Wiederholbarkeit sind wichtig für Hegels Argumente, aber sie müssen – genau wie die Argumente, die sich auf sie stützen – sorgfältig voneinander unterschieden werden. Die erste Art von Wiederholbarkeit betrifft die Art epistemischer Autorität, die typisch ist für das, was uns durch sinnliche Unmittelbarkeit gegeben wird. Hegel stellt fest, dass dies eine *Art* von Autorität ist, die sich durch *unterschiedliche* Episoden mit *unterschiedlichem* Inhalt zeigt. »Eine wirkliche sinnliche Gewißheit ist nicht nur diese reine Unmittelbarkeit, sondern ein *Beispiel* derselben.«[11] Diese Feststellung ist ein wichtiger Schritt in Hegels Argument. Aber aus dem Umstand, dass in der *Kraft* der Unmittelbarkeit (*Kraft* im Sinne Freges) eine Art von Allgemeinheit liegt, sie also für verschiedene Repräsentationsakte eingesetzt werden kann, folgt keineswegs, dass die *Inhalte*, für die sie eingesetzt werden kann (das Repräsentierte), etwas Allgemeines sein müssen und nicht etwa auch Einzelnes sein können. Allein die Berechtigung zur letzteren Behauptung kann den Übergang zur Diskussion sinnlicher Allgemeinbegriffe wie beispielsweise WEISS und KUBISCH im Kapitel zur Wahrnehmung motivieren. Obwohl es so scheinen mag, vollzieht Hegel diese Argumentation nicht in einem einzigen Schritt.

Es könnte allerdings den Anschein haben, Hegel mache etwas strukturell Analoges, wenn er zwei andere Bedeutungen von »wiederholbar« zusammenbringt. Er denkt darüber nach, wie wir sprachlich zum Ausdruck bringen können, dass ein Bewusstsein, das etwas sinnlich Gegebenes aufnimmt, bloß etwas »meint«

11 Ebd., S. 83.

oder »aufzeigt«, ohne es zu charakterisieren oder zu klassifizieren, also ohne sich einen Begriff davon zu machen. Wenn *wir* versuchen, die Form, in der die sinnliche Gewissheit ihre unmittelbare Erfahrung versteht, als ein passives *Registrieren* zu explizieren, das ohne Vergleich oder Klassifikation auskommt und ohne Verpflichtung auf irgendwelche klar bestimmten inferentiellen Folgerungen aus dem bloß Vorhandenen (zumindest lässt sich so über Unmittelbarkeit im Sinne der Unabhängigkeit auf Seiten des Dinges sprechen), dann tun wir dies durch die Verwendung eines einzelnen demonstrativen Ausdrucks, nämlich »dies«. Die Verwendung des demonstrativen Ausdrucks ist ein Verfahren der *direkten Referenz*. Es ist eine Form von *Referenz*, denn es wird bloß *aufgezeigt*, was da ist – ohne irgendetwas *darüber auszusagen*. Sie ist *direkt* (unmittelbar), da sie sich nicht auf Begriffe stützt oder diese anderweitig verwendet (nicht durch sie vermittelt wird); sie erfordert überhaupt keine Begriffsanwendung. (Es handelt sich hierbei um eine Art von Unmittelbarkeit des Inhalts. Als Prozess ist die Instanziierung unmittelbar – sie verbleibt bei ihrem Ursprung –, da sie nicht aus einem Inferenzverfahren resultiert. Dies ist aber an dieser Stelle nicht von Belang.) Hegel jedoch weist darauf hin, dass »dies«, obwohl es ein rein demonstrativer Ausdruck ist, ein Ausdrucks*typ* ist, der viele verschiedene *Instanziierungen* haben kann. »Dies« ist wiederholbar und findet allgemein, ja *universell* Anwendung. Alles kann durch irgendeine Instanziierung des Typus »dies« herausgegriffen werden.

> Als ein Allgemeines sprechen wir auch das Sinnliche *aus*; was wir sagen, ist: *Dieses*, d.h. das *allgemeine Diese*, oder: *es ist*; d.h. das *Sein überhaupt*.

> [E]benso indem ich sage: *Ich, dieser einzelne Ich*, sage ich überhaupt: *alle* Ich; jeder ist das, was ich sage: *Ich, dieser einzelne Ich*.

[2]Genauer bezeichnet, als *dieses Stück Papier*, so ist *alles* und *jedes* Papier, *ein dieses* Stück Papier, und ich habe nur immer das Allgemeine gesagt.[12]

Diese drei Passagen stammen jeweils aus den drei verschiedenen Gedankenbewegungen, die den Kern des Kapitels zur sinnlichen Gewissheit ausmachen: Die erste ist der Diskussion über das unmittelbare Wissen entnommen, die zweite der Diskussion über das Wissen des Unmittelbaren und die dritte der Diskussion über das unmittelbare Wissen des Unmittelbaren. Beobachtungen dieser allgemeinen Art markieren wichtige Schritte in allen drei Argumenten. Und die Pointe an dieser Stelle *scheint* das Folgende zu sein: Weil man auf *jeden* Gegenstand mit einer Instanziierung des *Typs* »dies« angemessen reagieren kann (man auf *jedes* Subjekt mit einer Instanziierung des Typs »Ich« verweisen kann), müssen wir diese demonstrativen und indexikalischen Ausdrücke als etwas verstehen, das allgemeine Inhalte hat und somit unweigerlich allgemeine Begriffe zum Ausdruck bringt. Das Argument hätte dann die Form einer Analogie: Der wiederholbare Ausdruck »rot« ist auf viele Einzeldinge anwendbar, also ist »rot« ein Prädikat, welches einen Begriff zum Ausdruck bringt und für einen Allgemeinbegriff bzw. eine Eigenschaft steht, nämlich für ebenden Allgemeinbegriff bzw. die Eigenschaft, die alle Dinge gemeinsam haben, die richtigerweise als »rot« bezeichnet werden. Auf gleiche Weise ist der wiederholbare Ausdruck »dies« (»ich«) auf viele Einzeldinge anwendbar. Tatsächlich ist es möglich, auf *jedes* Einzelding (und im Fall von »ich« auf jedes einzelne Selbst) zu referieren, indem man eine wiederholbare Instanziierung des Typs »dies« verwendet. Also ist »dies« (»ich«) ein Prädikat, das einen Begriff zum Ausdruck bringt und für etwas Allgemeines oder eine Eigenschaft steht, nämlich den Allgemeinbegriff oder Eigenschaft, die alle

12 Ebd., S. 85, S. 87 und S. 92.

Dinge gemeinsam haben, die richtigerweise als »dies« (»ich«) bezeichnet werden, also alle Einzeldinge (oder einzelnen Selbste).

Dies wäre ein schlechtes Argument. In dieser Formulierung sollte offensichtlich werden, inwiefern es sich um einen Fehlschluss handelt. Obwohl »dies« ein wiederholbarer Ausdruckstyp ist, der auf alle Einzeldinge oder jede Situation angewendet werden kann, wird er von ihnen nicht *prädiziert*; er *beschreibt* sie nicht und ist kein Allgemeinbegriff in dem Sinne, dass er eine *Eigenschaft* zum Ausdruck bringt, die sie gemeinsam haben, oder einen *Begriff*, unter den sie fallen. Wenn man auf etwas als »dies« referiert, charakterisiert man es nicht und schreibt ihm auch sicherlich keine Eigenschaft zu, nicht einmal eine sehr allgemeine. »Dies«, »ich« und »rot« sind allesamt wiederholbare Ausdrücke und lassen sich an verschiedensten Stellen auf verschiedene Einzeldinge anwenden. Aber die Bedeutung von »anwenden« ist jeweils durchaus verschieden: Sie ist referentiell im ersten Fall und prädikativ im zweiten. *Wahr* sind »dies« und »ich« *bezüglich* überhaupt nichts. Anders ausgedrückt: Es gibt einen völlig richtigen Sinn, in dem »dies« und »ich« bei verschiedenen Gelegenheiten ihrer Instanziierung etwas Verschiedenes bedeuten. Um zu wissen, was mit »dies« oder wer mit »ich« gemeint ist, reicht es nicht aus, die allgemeine Verwendung des Ausdrucks*typs* zu verstehen. Man muss auch die Umstände der konkreten Instanziierung kennen. In diesem Sinn sind die demonstrativen und indexikalischen Ausdruckstypen *mehrdeutig*. Aber das ist nicht dasselbe wie zu sagen, dass sie Allgemeinbegriffe zum Ausdruck bringen. »Bank« ist kein Allgemeinbegriff, der gleichermaßen auf eine Sitzgelegenheit wie auf ein Finanzinstitut anwendbar ist. Natürlich sind diese Wörter in einem anderen Sinn nicht mehrdeutig. Denn die Bedeutung jeder Instanziierung wird stets durch die Umstände bestimmt, in denen sie hervorgebracht wird. Es ist so, wie Kaplan uns gelehrt hat: Verschiedene Instanziierungen von Ausdrücken haben dasselbe Zeichen (Typ), bringen aber verschiedene *Inhalte* zum Ausdruck. Keine Unterscheidung dieser Art lässt sich auf Ausdrücke wie »rot« anwenden. Die Unterscheidung zwischen Prädikaten und singulären Termini (Allgemeinem und Einzelnem) und die Unterscheidung zwischen Zeichen und Inhalt stehen genau genommen orthogonal zueinander. Denn es gibt neben den Typen singulärer Termini, bei denen ein singuläres Zeichen verschiedene Inhalte für verschiedene Instanziierungen bestimmt (wie »dies« und »ich«), und Typen von Prädikaten, deren Zeichen allen Instanziierungen denselben Inhalt zuweist (wie »rot«), auch Typen von singulären Termini, deren Zeichen allen Instanziierungen denselben Inhalt zuweist (wie »Hegel« oder eine passende Ausformulierung dieses Namens), und Typen von Prädikaten, bei denen ein einzelnes Zeichen verschiedene Inhalte für verschiedene Instanziierungen bestimmt (wie »ist die gleiche Farbe wie dieses Muster«).

IV. Das erste gute Argument: Klassifizieren

Diese Textpassagen können wir nicht ignorieren, doch sollte das Argument, das sie nahelegen, weder leichtfertig Hegel zugeschrieben noch – was viel schlimmer wäre – als ein gutes Argument gebilligt werden. (Wenige Interpreten dieses Kapitels erfüllen diesen dreiteiligen Standard.) Das im Kapitel zur sinnlichen Gewissheit zum Vorschein kommende Argument würde ich folgendermaßen rekonstruieren. Hegel hat die Unterscheidung, die das Argument verdirbt, voll und ganz im Blick und besteht auf ihr. Was die Unmittelbarkeit des Inhalts anbelangt (im Gegensatz zur Unmittelbarkeit des Ursprungs des sinnlichen Wahrnehmungsakts, der nichtinferentiell ist in dem einzigen Sinne, den Sellars und Hegel für nichtinferentielles Denken zulassen), so deutet Kant Anschauungen als etwas *Einzelnes* im Unterschied zur *Allgemeinheit* der Begriffe. Hegel erkennt, dass dieses Lehrstück mehrdeutig ist. In der zweiten Analogie der Erfahrung unterscheidet Kant sorgfältig zwischen Beziehungen von Repräsentationen und Repräsentationen von Beziehungen. Bei ersteren handelt es sich um Beziehungen zwischen den Repräsentationsakten des Subjekts, bei letzteren um Beziehungen, die als objektiv repräsentiert werden. Sein Metabegriff ANSCHAUUNG lässt jedoch die analoge und gleichermaßen wichtige Unterscheidung zwischen der Einzelheit von Repräsentationen und den Repräsentationen von Einzelheit aus. Singuläre Termini sind Repräsentationen von Einzeldingen, während Prädikate und Sortale Repräsentationen von allgemeinen Eigenschaften oder Allgemeinbegriffen sind, also von Dingen, die von vielen Einzeldingen wahr sind, auf diese angewendet oder von ihnen aufgewiesen werden können. Das Einzelding ist hier das, was repräsentiert wird. Instanz-reflektive Ausdrücke wie etwa demonstrative oder indexikalische Ausdrücke sind etwas, das Einzelnes repräsentiert, insofern das, was semantisch bewertet werden muss, die einzelne, unwiederholbare Instanziierung des wiederholbaren Typs ist.[13] Anders ausgedrückt: Dieses Repräsentierende weist

13 Eine penible terminologische Anmerkung:

a) Es sind *Instanziierungen* (Akte oder Episoden einer Instanziierung) und nicht *Instanzen*, die im relevanten Sinn unwiederholbar sind. Ein religiöser Schwärmer, der sich ein Schild anfertigt, auf dem ein Pfeil mit der Erläuterung »Du bist ein Sünder!« geschrieben steht, und im Umhergehen damit auf Passanten zeigt, benutzt eine einzelne Instanz (das Schild), aber vollzieht viele unwiederholbare Sprechakte (Instanziierungen), deren Semantik von Instanziierung zu Instanziierung variiert.

b) Demonstrative und indexikalische Ausdrücke sind unterschiedliche Gattungen von instanziierungs-reflektiven Ausdruckstypen. Es ist falsch, demonstrative als eine Unterart von indexikalischen Ausdrücken aufzufassen, die von einem Index abhängig sind, der nicht auf eine Zeit, einen Ort, Sprecher oder eine Welt, sondern auf ein Hinweisen zurückgreift. Es ist falsch, weil sich im Fall echter Indexikalien der betreffende Index unabhängig von den Merkmalen des ein-

eine Autoritätsstruktur auf, die Sellars als »Glaubwürdigkeit der Instanz« (*token credibility*) bezeichnet.[14] Mit den Herkunftsmerkmalen einzelner Instanziierungen kommt der Verwendung dieser Art von Ausdrücken epistemische Autorität zu; sie kann dementsprechend von Fall zu Fall variieren. Im Gegensatz zu Urteilen wie »Dieses Schwein grunzt« und »Der Frosch sitzt auf dem Holzstamm«, die, wenn überhaupt, dann als Instanzen glaubwürdig sind, besitzen Urteile wie »Schnee ist weiß« und »Baryonen sind Hadronen« eine Art von Glaubwürdigkeit (epistemische Autorität), die allen Instanziierungen dieser Typen gleichermaßen zukommt.

Kant fasst Anschauungen sowohl analog zu singulären Termini auf, insofern sie Einzeldinge repräsentieren, als auch *zugleich* analog zu demonstrativen Ausdrücken, insofern es sich bei ihnen um unwiederholbare instanz(iierungs)-reflektive Repräsentationen handelt. Diese Merkmale können natürlich zusammen auftreten, müssen es aber nicht. Es gibt demonstrative und indexikalische Prädikate wie etwa »diese Gestalt« und »die Lieblingsfarbe meiner Mutter«. Und es gibt singuläre Termini, deren typengleiche Instanziierungen koreferential sind, beispielsweise »Georg Wilhelm Friedrich Hegel« oder »der Erfinder der Bifokalgläser«. Wenn diese Merkmale nicht zusammen auftreten, bricht Kants Unterscheidung zwischen Anschauung und Begriff zusammen. Wir haben bereits gesehen, dass dies auch dort passiert, wo die Unmittelbarkeit des Ursprungs von der Unmit-

zelnen Sprechaktes angeben lässt, dessen Semantik von jenem Index abhängt. Aber was bei demonstrativen Ausdrücken aufgezeigt wird, ist in einer anderen Dimension sehr kontextabhängig. Nehmen wir das Beispiel von Lewis: Was »das herausstechendste Schwein« kennzeichnet, kann im Grunde *jedes* Merkmal der Situation sein. Welches genau den Ausschlag gibt, lässt sich nicht im Voraus entscheiden, wohingegen dies bei echten Indexikalien gerade der Fall ist.

14 Wilfrid Sellars, *Der Empirismus und die Philosophie des Geistes*, Paderborn 1999, § 32.

telbarkeit des Inhalts abweicht, und zwar in *dem einen als auch dem anderen* Fall von »Unmittelbarkeit des Inhalts«.[15]

Zwar möchte Hegel dafür argumentieren, dass *beide* Arten der Unmittelbarkeit des Inhalts (Repräsentationsakte, in welchen Einzeldinge repräsentiert werden, und die einzelnen Repräsentationsakte selbst) nur im Kontext ihrer Beziehung zu Dingen verständlich sind, die selbst als vermittelt gelten. Jedoch sind hier verschiedene Arten von Vermittlung im Spiel, die verschiedenen Bedeutungen des Ausdrucks »unmittelbar« korrespondieren. Hegel wird dafür argumentieren, dass Repräsentationen von Einzeldingen, die singulären Termini nachgebildet sind, als solche nur in einem Kontext verständlich sind, der auch Repräsentationen von Allgemeinem im Sinne allgemeiner Eigenschaften umfasst, die Prädikaten und Sortalen nachgebildet sind. Und er wird argumentieren, dass Repräsentationsakte, die, insofern unwiederholbar, selbst etwas Einzelnes und der Verwendung instanziierungs-reflexiver Ausdrücke nachgebildet sind, als solche nur in einem Kontext verständlich sind, der umfangreichere Strukturen von Wiederholbarkeit umfasst, nämlich Art und

15 Man könnte versucht sein zu argumentieren, dass die zwei Unterscheidungen nicht wirklich drei Bedeutungen von »Anschauung« erzeugen, da die Verwendung von demonstrativen Ausdrücken immer eine Ausübung von Rezeptivität ist, insofern sie nichtinferentiell hervorgerufen wird. Dies wäre im Fall von Indexikalien, zu denen nicht nur »hier«, sondern auch »dort«, nicht nur »jetzt«, sondern auch »damals« gehört, vollkommen unplausibel. Zu ihnen gehört aber auch »eine Woche seit vergangenem Dienstag«, was sicher als Schlussfolgerung in einer Inferenz verwendet werden kann – genauso wie auch, so wird bei näherem Hinsehen klar, die einfachsten Indexikalien der Form hier-jetzt-ich. Die gleichen Überlegungen zeigen, dass sogar demonstrative Ausdrücke, die im Grunde vor allem in nichtinferentiellen Berichten und Wahrnehmungsurteilen gebraucht werden, auch immer inferentiell verwendet werden, so ist der Ausdruck »Wenn sie vor einer Stunde losgegangen ist, sollte sie jetzt hier sein« mit Sicherheit das Ergebnis eines inferentiellen Prozesses.

Weisen, solche unwiederholbaren Ereignisse in Erinnerung zu rufen und an sie als Material für spätere Inferenzen anzuknüpfen. Anders ausgedrückt: Im Kapitel zur sinnlichen Gewissheit behauptet Hegel, dass die Autorität der Unmittelbarkeit, die die Akte des sinnlichen Gewahrseins begleitet, implizit in *zwei* Arten von Wiederholbarkeit des Inhalts solcher Akte enthalten ist. Wir können sie als *klassifikatorische* und *wiedererinnernde* Wiederholbarkeit bezeichnen. Die erste ist die klassifikatorische bzw. charakterisierende Wiederholbarkeit von Prädikaten und Begriffen, welche Hegel »Allgemeines« nennt. Die zweite Art, die im Kontext von Bejahungen, deren erkenntnismäßige Autorität von der Unmittelbarkeit dieser Bejahungen abhängt, eine Voraussetzung der ersten Art ist, zeigt sich paradigmatisch in der Art und Weise, wie Pronomen den Inhalt von demonstrativen Ausdrücken ihrer Vorgänger aufnehmen, wiederholen und damit bewahren. Nur wenn wir die Überlegungen, die beiden Arten der Wiederholbarkeit eigen sind, streng voneinander getrennt halten, können wir das verstehen, was Hegel uns in diesem Abschnitt beizubringen versucht. Das schlechte Argument entsteht, wenn die zwei Argumentationsstränge miteinander vermischt werden. Um dies zu vermeiden, müssen wir sie entwirren und klarstellen, denn beide sind wichtig in jeder der drei Bewegungen (»Dialektik«), welche den Hauptteil des Kapitels zur sinnlichen Gewissheit ausmachen. Das Ergebnis dieses Entwirrens sind zwei gute Argumente.

Die guten Argumente beginnen mit der Beobachtung, dass die Autorität der Unmittelbarkeit selbst eine *Art* von Autorität ist. Dies ist richtig hinsichtlich zwei verschiedener Dimensionen. Erstens kann die Autorität, unmittelbar (also nichtinferentiell) reagierend ausgelöst worden zu sein, für *verschiedene* Inhalte eingesetzt werden. Zweitens muss eine unwiederholbare Episode, um als etwas verstanden werden zu können, das irgendeine Art epistemische Autorität besitzt, zu *anderen* Episoden in Beziehung stehen, die diese Autorität übernehmen oder sich auf sie berufen können. Andernfalls wäre sie ein *bloßes* Vorkommnis wie ein Wirbel in einer Strömung. Da es unser Ziel ist, diese zwei Argumentationsstränge zu entwirren, werden wir sie nacheinander betrachten.

Hegel lässt keinen Zweifel daran aufkommen, dass eine der zentralen Lehren der Diskussion des Kapitels zur sinnlichen Gewissheit darin besteht, dass Unmittelbarkeit unabhängig von ihrer Beziehung zum Allgemeinen letztlich unverständlich bleibt. Er sagt wiederholt Sätze wie:

> Dieser sinnlichen Gewißheit, indem sie an ihr selbst das Allgemeine als die Wahrheit ihres Gegenstandes erweist, bleibt also das reine Sein als ihr Wesen, aber nicht als unmittelbares […].[16]

Das erste Argument beginnt mit einer Beobachtung der folgenden Art: Eine Instanziierung von »dies« wählt einen Baum aus, eine andere ein Haus.[17] Diese Vorstellungen haben die gleiche Art von Autorität: die Autorität sinnlicher Unmittelbarkeit. Für die weitere Diskussion ist es hilfreich, gewisse Konventionen

16 *PhG*, S. 85. Weitere Beispiele wären: »das Allgemeine ist also in der Tat das Wahre der sinnlichen Gewißheit.« (ebd., S. 85), oder »[…] und [es] wird in aller sinnlichen Gewißheit in Wahrheit nur dies erfahren, was wir gesehen haben, das *Dieses* nämlich als ein *Allgemeines* […]« (ebd., S. 90).

17 Hegel teilt die reine Bezeichnung, die durch eine Instanziierung von »dies« explizit gemacht wird, in eine zeitliche und räumliche Dimension, welche durch Instanziierungen von »jetzt« und »hier« explizit gemacht werden können. Diesen Unterschied stellt er heraus, indem er einerseits von einem »das Jetzt ist die Nacht« und einem »das Jetzt ist der Tag« spricht (ebd., S. 84) und andererseits von einem »Hier, welches ein Haus ist« und einem »das Hier ist ein Baum« (ebd., S. 90). Die Einführung dieser Unterscheidung spielt für das hier diskutierte Argument keine Rolle.

bezüglich der Notation zu vereinbaren, welche es uns ermöglichen, zwischen *Typen* von Episoden und Ausdrücken einerseits und Instanziierungen von Episoden und Ausdrücken andererseits zu unterscheiden. Im Folgenden beziehen wir uns auf Typen, wenn wir eine Instanz des betreffenden Ausdrucks in spitze Klammern setzen, und auf Instanziierungen, wenn wir eine solche Instanz zwischen Schrägstriche schreiben. Verschiedene Instanziierungen desselben Typs können durch Indizes unterschieden werden. Somit hat /dies/$_i$, das einen Baum meint, nicht denselben Inhalt wie /dies/$_j$, das ein Haus meint, sowie einen anderen Inhalt als /dies/$_k$, das einen Stein meint. Jede Instanziierung besitzt die Autorität der Unmittelbarkeit, also der Erfahrungen, vermeintlichen oder möglichen Erkenntnisakten, die man bei sich einfach *vorfindet*. Das, *was* dem Subjekt gegeben ist oder vorgestellt wird und sich von Fall zu Fall unterscheiden kann, kann dessen »Inhalt« genannt werden, selbst dann, wenn man sich darauf festgelegt hat, solch einen Inhalt als nichtbegrifflich zu verstehen. Die potentielle *Vielfalt* solcher Inhalte ist anzuerkennen, und zwar als etwas, das die sinnliche Gewissheit »unmittelbar als die *reichste* Erkenntnis« erscheinen lässt.[18] Der Umstand, dass sich die Inhalte verschiedener Akte sinnlichen Erkennens nur kaum voneinander unterscheiden lassen, ist der schwächste Sinn, in dem diese Inhalte als bestimmt gedacht werden könnten.

Wir werden weiter unten sehen, dass noch eine stärkere notwendige Bedingung erfüllt sein muss. Doch bereits diese kleine Feststellung, wonach Episoden mit verschiedenen Inhalten die gleiche Art von epistemischer Autorität der Unmittelbarkeit besitzen (was anerkannt werden muss, wenn sie als etwas verstanden werden soll, das zumindest auf etwas verweist oder etwas »aufzeigt«), bringt implizit etwas Allgemeines oder ein Klassifikationsprinzip ins Spiel, das in diesen Episoden Anwendung

18 Ebd., S. 82.

findet. Denn /dies/$_j$ und /dies/$_k$ ist es gemeinsam, von /dies/$_i$ verschieden zu sein. Ein »dies«, das ein Haus ist (darauf Bezug nimmt, es repräsentiert), und ein »dies«, das ein Baum ist, haben es gemeinsam, sich inhaltlich, also nicht nur als unwiederholbare Instanziierungen, von irgendeinem »dies«, das ein Stein ist, zu unterscheiden. Eine solche Gemeinsamkeit erlaubt eine *Klassifikation* ihrer Inhalte. (Wenn wir »≠« verwenden, um die bloße Verschiedenheit oder Unterscheidbarkeit des Inhalts zu bezeichnen, können wir es wie folgt formulieren: /dies/$_j$ ≠ /dies/$_i$ und /dies/$_k$ ≠ /dies/$_i$; beide sind also von der Art »≠ /dies/$_i$«.) Bereits wenn wir Fälle von Unmittelbarkeit voneinander unterscheiden – sie als verschiedene Fälle derselben Art von Autorität ansehen –, klassifizieren, vergleichen und charakterisieren wir sie implizit in einem schwachen Sinn.

Jedoch ist dies eine minimale Form von Klassifikation: Jede Episode ist das, was sie ist, und nichts anderes. (Sie wird, wie Hegel es ausdrückt, als ein »nicht dies« klassifiziert bezüglich irgendwelcher anderen Instanziierungen von »dies«.[19]) Der degenerierte Charakter von Allgemeinem, der auf diese Weise implizit ins Spiel kommt, ergibt sich aus der Schwäche, die Beziehungen bloßer Verschiedenheit eigen sind. Dies einzusehen ist jedoch erst der erste Schritt.

Außer der »einfachen oder gleichgültigen« Verschiedenheit muss, so behauptet Hegel, in jeder Vorstellung von sinnlicher Erfahrung als etwas, das bestimmt gehaltvoll ist, implizit auch noch ein stärkerer, ausschließender Sinn von »verschieden« eine Rolle spielen. Das gilt selbst für die streng eingeschränkte Vorstellung von sinnlicher Gewissheit. Die Inhalte TAG und NACHT sind nicht einfach *verschieden*. Sie schließen einander aus, die Anwendbarkeit des einen schließt die Anwendbarkeit des anderen aus. Hegel sagt, die Erfahrung des einen *hebt* die Erfahrung des anderen *auf* bzw. ist ihr *entgegengesetzt*. Das bedeutet, dass

19 Ebd., S. 85.

Erfahrungen als miteinander *unvereinbar* erscheinen können, also ihre Inhalte nicht zugleich beide die Autorität der Unmittelbarkeit haben *können* und sie nicht in ein und demselben Akt bejaht werden *sollten.* Da die Autorität der Unmittelbarkeit in unvereinbare Inhalte eingesetzt werden kann, kann sie sich widersprechen, was nichts anderes heißt, als dass sie material *unvereinbare* Verpflichtungen autorisieren kann, also Verpflichtungen, die einander untergraben oder aufheben. Hegel sagt zu einem von ihm aufgeworfenen Beispiel Folgendes:

> Beide Wahrheiten haben dieselbe Beglaubigung, nämlich die Unmittelbarkeit des Sehens und die Sicherheit und Versicherung beider über ihr Wissen; die eine verschwindet aber in der andern.[20]

Wenn sich die Autorität der Unmittelbarkeit einfach widerspricht, dann ist sie gar keine Autorität. Indem wir Unmittelbarkeit als etwas behandeln, das irgendeine Art von Glaubwürdigkeit oder ein Recht zum Bejahen verleiht, unterscheiden wir implizit zwischen der *Art* von Autorität und den *Inhalten* ihrer Instanzen. Tatsächlich behandeln wir Unvereinbarkeit als ein Merkmal der *Inhalte*, in die die Autorität der Unmittelbarkeit eingesetzt ist. Der Inhalt, den ich zu einem Zeitpunkt bloß andeute und den *wir* (unter Verwendung einer Sprache zur Lokalisierung von Eigenschaften, welche uns zu möglichst wenig verpflichtet) mit »Es ist Nacht« ausdrücken können, ist nicht nur nicht derselbe, sondern auch unvereinbar mit dem Inhalt, den ich zu einem anderen Zeitpunkt auf gleiche Weise andeuten könnte und den wir mit »Es ist Tag« ausdrücken können. (Es ginge an der eigentlichen Frage gegenüber der sinnlichen Gewissheit vorbei, würde man darauf beharren, dass das betreffende Bewusstsein diese Begriffe anwenden muss. Die Idee ist, dass *wir* diese Begriffe ver-

20 Ebd., S. 86.

wenden, einfach um den Überblick über den reichen nichtbegrifflichen Inhalt zu behalten, den das betreffende Bewusstsein im Sinne der Vorstellung der sinnlichen Gewissheit lediglich aufzeigt, erwägt oder betrachtet.) Wenn hier überhaupt irgendein Inhalt anerkannt wird, so wird damit auch eingestanden, dass zwei solche Inhalte einander widersprechen können (in einem starken Gegensatz zueinander stehen).

Diese Beziehung von Unvereinbarkeit, für die Hegel oft den Ausdruck »entgegensetzen«[21] (oder auch »ausschließen«) verwendet, ist stärker als bloße Verschiedenheit und erzeugt eine Form von Allgemeinem, die entsprechend reichhaltiger ist. Wir können »≠« verwenden, um den Begriff von Unvereinbarkeit zu bezeichnen, und damit die Tatsache zum Ausdruck bringen, dass ein »dies« (oder »jetzt«), das Nacht ist (der Inhalt also, der bei einer bei Nacht hervorgebrachten Instanziierung von »dies« ausgewählt werden kann), in ein etwas »verschwindet«, das Tag ist: $/\text{dies}/_l \neq /\text{dies}/_m$. Die so verstandene Unvereinbarkeit der Inhalte ist bei Weitem keine so wahllose Beziehung wie die bloße Verschiedenheit der Inhalte. Es muss beispielsweise nicht der Fall sein, dass $/\text{dies}/_l \neq /\text{dies}/_i$, denn Bäume können bei Nacht oder bei Tag erscheinen. Das allgemeine »$\neq /\text{dies}/_m$«, das Hegel »nicht Tag [...] ein *Negatives* überhaupt« nennt,[22] ist ein genuin Allgemeines, unter das $/\text{dies}/_l$, aber nicht $/\text{dies}/_i$ oder $/\text{dies}/_j$ fällt. Genau genommen können wir den wiederholbaren Inhalt einer Erfahrung oder Behauptung durch die Menge von Erfahrungen oder Behauptungen repräsentieren, die mit diesem unvereinbar sind. Die Inhalte von Verpflichtungen sind bestimmt, insofern die Klasse der anderen Verpflichtungen, die von ihnen ausgeschlossen werden bzw. die mit ihnen unvereinbar sind, sich von der ersteren unterscheidet (im Sinne bloßer Verschiedenheit).

21 Ebd., zum Beispiel S. 85.
22 Ebd., S. 84.

Der Prozess, bei dem eine Gewissheit (Verpflichtung) in einer »anderen verschwindet« – also eine Gewissheit, die Autorität kraft der Unmittelbarkeit ihres Ursprungs besitzt (also durch nichtinferentiell hervorgerufene rezeptive sinnliche Prozesse), durch den Eintritt einer weiteren Gewissheit untergraben wird, die genau diese Qualität ebenfalls besitzt, doch deren Inhalt nicht einfach *verschieden* (unterscheidbar) sondern der ersteren *entgegengesetzt* ist –, dieser Prozess ist der Prozess der *Erfahrung*, und zwar in dem Sinne, wie er von Hegel in der »Einleitung« benannt wird. Diese Bedeutung von »Erfahrung« ist viel reichhaltiger als der Begriff SINNLICHE ERFAHRUNG, welcher der Vorstellung der sinnlichen Gewissheit zugrunde liegt. Im Kapitel zur Wahrnehmung wird Hegel argumentieren, dass mit diesem Begriff der Weg zum Eingestehen des *Irrtums* frei wird.

Das erste der zwei guten Argumente, die Hegel meines Erachtens im Kapitel zur sinnlichen Gewissheit vorbringt, besagt Folgendes: Die Möglichkeit einer solchen Erfahrung, bei der eine unmittelbare Gewissheit in einer anderen, ihr entgegengesetzten Gewissheit verschwindet, macht deutlich, dass die sinnliche Gewissheit bereits implizit eingesteht, was sie explizit leugnet – die Präsenz eines *allgemeinen* Elements in ihrer Vorstellung von der Autorität der *Unmittelbarkeit*. Das, was durch ein nur schwach verweisendes /dies/$_n$ (es regnet) ausgewählt wird, ist *ähnlich wie* das, was durch ein nur schwach verweisendes /dies/$_o$ (es schneit) ausgewählt wird, und zwar insofern, als beide mit einem /dies/$_p$ (es ist heiter) unvereinbar sind (es verdrängen, ausschließen, in ihm verschwinden würden, nicht mit ihm in einem Akt kombiniert werden können). Diese Art von Unvereinbarkeit besteht jedoch *nicht* in Bezug auf ein /dies/$_m$ (es ist Tag) oder ein /dies/$_l$ (es ist Nacht), gleichwohl diese wiederum einander ausschließen. Aufgrund von Unvereinbarkeits- bzw. Vereinbarkeitsmustern, die verschiedenen Akten sinnlichen Gewahrseins gemeinsam sein können, lassen sich diese Akte in Arten zusammenfassen, die wiederholbare Inhalte aufweisen, deren Bestimmtheit stärker ist als die, die durch ihre bloße Unterscheidbarkeit eingeführt wurde. Wenn man darauf beharrt, dass die erkenntnismäßige »Reichhaltigkeit« der Akte sinnlichen Gewahrseins verlangt, sie zumindest in diesem kontrastiven Sinn als inhaltlich bestimmt anzuerkennen, schließt dies eine gewisse Auffassung aus, ihre Inhalte als unmittelbar zu denken. Es wird also ausgeschlossen, dass diese Inhalte unmittelbar sind im Sinne bloßer *Einzeldinge*, dass sie keine *Allgemeinheit* beinhalten, kein Gewahrsein von *Allgemeinem* und somit kein implizites *Klassifizieren*, *Vergleichen* oder *Charakterisieren*.

V. Das zweite gute Argument: Anaphorische Erinnerung

Ein zweiter Gedankengang, der durch das gesamte Kapitel zur sinnlichen Gewissheit hindurch mit dem ersteren verwoben ist, wird zum zentralen Schwerpunkt der dritten Bewegung dieses Kapitels.[23] Bei diesem Gedankengang geht es darum, was dafür erforderlich ist, dass ein datierbarer, intrinsisch unwiederholbarer Akt bzw. ein Ereignis – ein einmaliges Geschehnis – mit einem Inhalt verbunden sein kann, der nach dem Ende des Aktes selbst »bewahrt« oder »festgehalten« werden kann, so dass er semantisch verfügbar ist für den Vergleich mit den Inhalten anderer Akte dieser Art. Das zweite gute Argument lehrt uns, dass deiktische oder demonstrative Ausdrücke keine autonome Schicht der Sprache bilden (ein Sprachspiel, das man spielen könnte, ohne zugleich ein anderes zu spielen), selbst dann nicht, wenn das, worauf demonstrativ Bezug genommen wird, die Form

23 Ebd., S. 87-90.

von Tatsachen oder möglichen Urteilsinhalten hätte. Deiktische Instanziierungen sind als solche unwiederholbar, es sind einmalige und datierbare Geschehnisse. Aber das, was von ihnen aufgezeigt, festgestellt oder registriert wird, muss wiederholbar verfügbar sein, um für Erkenntnis bedeutsam zu sein, also beispielsweise, um als Prämisse in Inferenzen auftreten oder als Antezedenz in ein Konditional für hypothetische Konsequenzen eingebettet werden zu können oder innerhalb einer Negation vorkommen zu können, so dass sich seine Verneinung wenigstens denken lässt. Demonstrative Ausdrücke können nur einen Beitrag zu unserer Erkenntnisarbeit leisten, wenn sie semantisch aufgegriffen werden von anderen, nicht demonstrativen Ausdrücken (typischerweise Pronomen). Die Deixis setzt die Anapher voraus. Die aus diesem Gedankengang gewonnene Einsicht ist im Vergleich zur vorherigen meines Erachtens nach kein philosophischer Gemeinplatz: Die Philosophen, die in demonstrativen Ausdrücken ein entscheidendes nichtbegriffliches Fundament unseres Vermögens erblicken, begrifflich gegliederte Behauptungen über die empirische Welt aufzustellen, haben die anaphorischen Mechanismen, durch die das, zu was die Erkenntnissubjekte mit der Verwendung demonstrativer Ausdrücke Zugang erhalten, semantisch in das Reich der Begriffe aufgenommen wird, in der Regel weder hervorgehoben noch genauer angeschaut. Diese Einsicht müssen wir in ihrem vollen Umfang noch von Hegel lernen.

Anders ausgedrückt: Wenn es uns gelingt, den unwiederholbaren (nicht bloß einzelnen, sondern als Geschehnis einmaligen) *Akt* des sinnlichen Wahrnehmens als Quelle epistemischer Autorität zu behandeln, dann muss diese Autorität in einen Inhalt eingesetzt werden können, ohne dass sie im Zuge eines *anderen*, späteren Akts untergraben wird, in welchem *dieselbe* Art von Autorität in einen Inhalt eingesetzt wird, der mit dem ersteren unvereinbar ist. Hierzu müssen wir auf *diesen* Inhalt fokussieren können, den zu bejahen uns der erste Akt berechtigt hat, und zwar unabhängig davon, welche Inhalte durch andere Akte eingeführt oder bestätigt werden können. Der *Akt* als solcher ist intrinsisch *un*wiederholbar. Solange jedoch sein *Inhalt* nicht in irgendeinem Sinn *wiederholbar* ist, ist es unmöglich zu denken, dass durch den Akt überhaupt ein *Inhalt* eingeführt oder bejaht wird. Die Herausforderung besteht nun darin, herauszufinden, was mit einer solchen Unterscheidung zwischen Akt und Inhalt praktisch vorausgesetzt wird, zu was man in der Lage sein muss, um im Zuge dessen diese Unterscheidung implizit treffen zu können. Es wird sich herausstellen, dass wir diese Unterscheidung in keinster Weise verstehen können, solange wir nur den einzelnen Akt unabhängig von dessen Beziehungen zu anderen Akten betrachten (was auf der pragmatischen Ebene also einem anti-atomistischen Ergebnis entspricht). Bei den anderen zu betrachtenden Akten handelt es sich jedoch nicht um Akte mit der gleichen Art von Autorität, sondern um Akte mit *anderem* (sogar *unvereinbarem*) Inhalt, wie es der Fall war beim Argument gegen die Vorstellung der Unmittelbarkeit als reine Einzelheit. Vielmehr haben diese Akte den *gleichen* Inhalt und eine Autorität, die von der Autorität der Unmittelbarkeit des ursprünglichen Aktes *übernommen* wurde. Der spätere Akt wird nicht im selben Sinne unmittelbar sein wie der ursprüngliche, sondern sich auf dessen Unmittelbarkeit als Quelle seiner Autorität beziehen. Diese Überlegungen laufen darauf hinaus, dass der *Inhalt* nicht als *unmittelbar* gedacht werden kann in dem Sinne, dass er *unwiederholbar* ist wie der einmalige *Akt* (der sein Träger ist).

Bereits in der ersten Bewegung der Erfahrung, die Hegel unter dem Titel *sinnliche Gewissheit* erläutert, wird die Idee eingeführt, dass die Vergänglichkeit des »jetzt« (bzw. »dies«) Probleme für die Vorstellung von einer Unmittelbarkeit des Inhalts aufwirft. Der vom phänomenalen Bewusstsein aufgezeigte Inhalt, den wir von unserer phänomenologischen Perspektive aus auswählen können, indem wir ihm eine Instanziierung von »jetzt« zuschreiben, wandelt sich spontan von einem unvereinbaren Inhalt zum nächsten. Die Vorgehensweise in der dritten Bewegung läuft darauf hinaus, ein Verständnis der Autorität der Unmittelbarkeit zu retten, indem gezeigt wird, wie der von einem vergänglichen Akt eingeführte Inhalt von einer anderen Art von Akt »fixiert« oder »festgehalten« werden kann, wie ein »Aufzeigen« des ersten Akts, das diesen aufbewahrt, den Inhalt wiederholbar macht.[24] Wir müssen also über die Unterscheidung und Beziehung zwischen zwei Arten von Akten nachdenken: wesentlich vergängliche Akte, die durch eine Instanziierung von »jetzt« (bzw. »dies«) explizit gemacht werden können, und Akte, die auf die ersteren verweisen und dabei deren Inhalt und Autorität übernehmen. Hier sollten wir uns Hegels Ausführungen näher anschauen:

> Ich zeige das Jetzt auf, es ist als das Wahre behauptet; ich zeige es aber als Gewesenes oder als ein Aufgehobenes, hebe die erste Wahrheit auf [...].[25]

Der eine Akt ist verschwunden und wird eventuell von einem anderen ersetzt, welcher einen hiermit unvereinbaren Inhalt und aber einen gleichen Anspruch darauf hat, bejaht zu werden. Jedoch sehen wir vom Austausch ab und denken allein an die ursprüngliche Behauptung.

> Jetzt behaupte ich als die zweite Wahrheit, daß es *gewesen*, aufgehoben ist.[26]

Laut Hegel ist dies eine Art von Negation der ersten Behauptung. (Man beachte aber, dass es sich hier um eine Form von Negation eines /jetzt/$_q$ (es ist Tag) handelt, die sich grundlegend von

24 Ebd., S. 89f.
25 Ebd., S. 89.
26 Ebd.

jener Negation unterscheidet, die durch ein späteres /jetzt/$_r$ (es ist Nacht) bewirkt wird.) Weiter heißt es:

> Aber das Gewesene ist nicht; Ich hebe das Gewesen- oder Aufgehobensein, die zweite Wahrheit auf, negiere damit die Negation des Jetzt, und kehre so zur ersten Behauptung zurück; daß *Jetzt* ist.[27]

Auf der zweiten Stufe wird somit die Wahrheit deutlich, dass das Unmittelbare nicht wahr ist. Das Unmittelbare war nur wahr gewesen. Die Vergangenheit, die die Wahrheit der Zukunft ist – die einzige Wirklichkeit, die ihr zukommt –, ist eine Negation der Gegenwart. Aber diese Negation wird wiederum negiert. Das ursprüngliche unwiederholbare Ereignis hatte Autorität gerade als die Art von Ding, das ist und Sein hat *als* Verschwundenes. Es wird *jetzt* als etwas betrachtet und aufgezeigt, dessen Autorität darauf beruht, ein unwiederholbares Ereignis zu sein. Richtig verstanden, beinhaltet seine Autorität somit Vermittlung, Beziehung, Gegensatz und Vergleich als die Negation der Negation des unmittelbaren unwiederholbaren Seins. Es ist jetzt bedeutsam, gerade indem es *nicht* jetzt ist. Um die Autorität als etwas zu behandeln, das in dem unwiederholbaren Ereignis besteht bzw. in ihm gründet, muss man das Ereignis *erinnern*. Erinnerung nimmt auf etwas Bezug, das nicht mehr ist, und zwar gerade *als* etwas, das nicht mehr ist. (Mit diesem Begriff bezieht sich Hegel auf die reiche Tradition, die von seinen romantischen Vorgängern wie beispielsweise Friedrich Schlegel eingeleitet wurde, die ihn verwendeten, um ihr Verständnis von Platons *anamnesis* auszudrücken.) Die Autorität, die sie jetzt hat, hängt ab von der Bezugnahme auf das, was nicht mehr existiert, und zwar weil es war, was es war, als es einfach existierte. Laut Hegel erlangt das Unmittelbare Bedeutung durch das Opfer seiner Un-

27 Ebd.

mittelbarkeit, durch seine Beziehung zu einer Zukunft, die seine Negation als Vergangenheit negiert.

Diesen ziemlich dunklen Gedanken interpretiere ich wie folgt. Wie kann ein »jetzt«, das unwiederholbar und unbeständig ist, insofern jede andere Instanziierung dieses Typs einen anderen Inhalt haben wird, dennoch so verstanden werden, dass es seine Autorität für einen bestimmten Inhalt einsetzt? Der Umstand, dass der Moment, in dem allein man den gemeinten Inhalt unmittelbar anzeigen kann, vorübergeht, scheint die Möglichkeit zunichte zu machen, eine solche Autorität für einen klar bestimmten Inhalt einzusetzen. Dies macht aber nur den Anschein, als ob die einzigen Hilfsmittel, die uns zur Verfügung stehen, um diese Autorität aufzurufen, wiederholbare instanz-reflexive *Typen* wie »jetzt« (»dies« oder »ich«) und unwiederholbare *Instanziierungen* dieser Typen sind. Was wir brauchen, ist eine ganz andere Art von Bedeutung – eine Bedeutung, deren Inhalt von der Instanziierung eines solchen Typs *erinnert* wird. Es braucht einen Ausdruck wie »damals«, der den Inhalt und die Autorität des ursprünglichen demonstrativen Ausdrucks übernimmt. Demonstrative Ausdrücke können nur dann sinnvoll verwendet werden, wenn uns anaphorische Pronomen zur Verfügung stehen, um diese Ausdrücke aufzugreifen, zu verwenden und ihrer epistemischen Autorität Bedeutung für das weitere Denken zu verleihen.

Man beachte etwa das »es« in den oben zitierten Passagen, in denen Hegel »das aufgezeigte Jetzt festhält«. »Damals« kann genau wie »es« funktionieren, nämlich als ein Pronomen, das seine Referenz der anaphorischen Antezedenz entnimmt. Ein »damals« von dieser Art ist wiederholbar und wiederverwendbar. Jede Instanziierung von »jetzt«, die ich ausspreche, gibt etwas anderes an, aber ich kann »damals« an vielen verschiedenen Stellen verwenden, um das anzugeben, was auch immer dieses eine »jetzt« angegeben hat. Erst die Möglichkeit des späteren Erinnerns durch einen solchen Ausdruck macht eine Äußerung von

»jetzt« oder »dies« zu einem Zug in einem Sprachspiel, der mehr ist als ein bloßes Geräusch (*flatus vocii*) oder ein Ausruf wie »Au!«. Das Unmittelbare im Sinne des Unwiederholbaren erfordert diese Vermittlung im Sinne einer Beziehung zu anderen Instanziierungen, also zu (inhaltlichen) Wiederholungen, damit eine Instanziierung überhaupt Bedeutung und Inhalt für die Erkenntnis haben kann – selbst einen solchen, der unvereinbar ist mit dem, was spätere Instanziierungen desselben Typs ausdrücken. Entsprechend können wir jede solche Instanziierung nur dann als etwas verstehen, das einen Inhalt mit der Autorität der Unmittelbarkeit ausstattet, wenn sie als ein »Moment«, wie Hegel sagt, in einem größeren, zeitlich ausgedehnten Ganzen gesehen wird, das auch Akte von anderen Typen beinhaltet.[28]

Wir gelangen so zu einem Verständnis des Jetzt, mithin der Unmittelbarkeit im Allgemeinen, als etwas durch und durch Vermitteltes, insofern die Autorität jeder unmittelbaren sinnlichen Episode davon abhängt, in einer größeren relationalen Struktur verortet zu sein, deren Elemente nicht alle in demselben Sinne unmittelbar sind. Denn das Sein des Jetzt, so stellen wir fest, besteht darin, in einem anaphorischen Sinn aufbewahrt und erinnert werden zu können, was eine wesentliche Voraussetzung da-

28 Zur weiteren Verwendung sollten wir an dieser Stelle festhalten, dass diese Struktur beim Sprechen über die Zukunft entsteht, insofern die Gegenwart als Vergangenheit betrachtet und dadurch zu etwas gemacht wird. Wir werden später in der Diskussion des Kapitels zur Vernunft sehen, dass Zukunftsinterpretationen Hegel zufolge ganz allgemein bestimmen, was unsere Akte an sich sind. Wenn wir vom Ansich sprechen, meinen wir nichts anderes als dieses anhaltende Potential für Interpretationen, durch die unsere Akte etwas *für* das zukünftige Bewusstsein sind. Dies ist gerade die in Hegels »Einleitung« angesprochene Lehre der geschichtlichen Bedeutung der Unterscheidung zwischen den *Noumena*, der Wirklichkeit bzw. dem Sein an sich einerseits und seiner phänomenalen Erscheinung, also dem Sein für das Bewusstsein andererseits.

für ist, dass die Unmittelbarkeit einem bestimmten Inhalt epistemische Autorität verleihen kann. Die Möglichkeit, das Jetzt (genau genommen, anaphorisch) »festzuhalten« und es unter Bewahrung seines nämlichen Inhalts zu etwas *Wiederholbarem* zu machen – anders als der Typ ⟨jetzt⟩, der, obwohl wiederholbar, gerade nicht den Inhalt der einzelnen Instanziierung /jetzt/ bewahrt –, ist wesentlich für den Gedanken, dass die Unmittelbarkeit einem einzelnen Inhalt Autorität verleiht:

> Das Jetzt und das Aufzeigen des Jetzt ist also so beschaffen, daß weder das Jetzt, noch das Aufzeigen des Jetzt ein unmittelbares Einfaches ist, sondern eine Bewegung, welche verschiedene Momente an ihr hat; [...].[29]

Diese Erklärung bringt einen entscheidenden Punkt darüber zur Sprache, wie demonstrative und vergleichbare indexikalische Ausdrücke einen Beitrag zur empirischen Erkenntnis leisten. *Die Deixis setzt die Anapher voraus.* Dieser Punkt ist viel zu oft übersehen worden von zeitgenössischen Theoretikern, die sich mit demonstrativen Ausdrücken beschäftigen und zugleich zu der Annahme neigen, dass eine autonome Sprache oder ein Teil von ihr allein aus demonstrativen Ausdrücken bestehen könnte.

Wenn man sich nur auf die Unmittelbarkeit des Kontakts konzentriert, welche in der konkreten Verwendung eines demonstrativen Ausdrucks wie »dies« genuin gegeben ist, wird dabei leicht vergessen, wodurch ein solcher unmittelbarer Kontakt für unsere *Erkenntnis* potentiell bedeutsam werden kann. Das, was den durch Unmittelbarkeit hervorgehobenen Inhalt beispielsweise als eine Prämisse für *Inferenzen* verfügbar macht, um aus ihm etwas zu folgern oder zu lernen, das man sich merken und wiederverwenden kann, ist gerade die Möglichkeit, diesen Inhalt aufzugreifen und wiederholbar zu machen, indem man ihn als

29 Ebd.

etwas behandelt, das eine anaphorische Kette einleitet: »DIESE KREIDE ist weiß; SIE ist auch zylindrisch; und wenn man SIE an der Tafel reibt, würde SIE eine Spur hinterlassen.« (Wir nehmen hier einen Teil der noch anstehenden Ausführungen voraus, denn die inferentielle Gliederung als wesentliches Element erkenntnismäßiger Bedeutsamkeit wird von Hegel erst in seiner Diskussion im Kapitel zur Wahrnehmung ins Spiel gebracht.) Die Kette »Diese Kreide ... sie ... sie ... sie« ist eine Wiederholungsstruktur, die den Inhalt der ursprünglichen demonstrativen Bezugnahme zur Wiederholung verfügbar macht, genau so, als ob wir die Kreide eigentlich auf einen Eigennamen wie »Kristin« getauft und die anderen Instanziierungen dieses wiederholbaren Typs verwendet hätten, um auf sie Bezug zu nehmen. Die Verwendung demonstrativer Ausdrücke setzt die Verwendung nichtdemonstrativer, insbesondere anaphorischer Ausdrücke voraus. In diesem Sinne ist also die Anapher (die Beziehung zwischen einem Pronomen und seiner Antezedenz) grundlegender als die Deixis (die Verwendung demonstrativer Ausdrücke) bzw. in der Erklärungsordnung vorrangig: Es kann eine autonome Menge linguistischer Praktiken geben (an der man beteiligt ist, ohne an anderen beteiligt zu sein), in welchen es anaphorische, aber keine deiktischen Bezugnahmen gibt (obwohl dies dann keine *empirische* Sprache wäre). Umgekehrt kann es aber keine autonome Menge linguistischer Praktiken geben, in welchen es deiktische, aber keine anaphorischen Bezugnahmen gibt.[30]

Das zweite gute Argument, das Hegel in meiner Lesart im Kapitel zur sinnlichen Gewissheit entwickelt, lautet dann wie folgt: Um die Autorität der Unmittelbarkeit verstehen zu können, benötigt die Möglichkeit eines sinnlichen, bestimmt gehaltvollen Gewahrseins implizit etwas, das den Inhalt solcher Akte *erinnernd wiederholbar* macht. Es braucht also eine andere Art von

30 Dieses Argument wird (ohne auf Hegel Bezug zu nehmen) im 7. Kapitel von *Expressive Vernunft* ausgearbeitet.

Akt als die des unmittelbaren sinnlichen Gewahrseins, einen Akt, der indirekt Inhalt und Glaubwürdigkeit bzw. Autorität besitzt, indem er beides von einem ebensolchen Akt des unmittelbaren sinnlichen Gewahrseins übernimmt. Die Unmittelbarkeit des Inhalts im Sinne seiner Unwiederholbarkeit als eines einmaligen Geschehens ist also ausgeschlossen, weil dies unvereinbar ist damit, dass die Autorität der Unmittelbarkeit im bestimmten Inhalt eingesetzt ist. Wir haben bereits gesehen, dass die Unmittelbarkeit des Inhalts im Sinne der Einzelheit dieses Inhalts auch ausgeschlossen ist, da gefordert war, dass dieser Inhalt in einem relativ schwachen Sinn bestimmt ist.

Die Vorstellung von empirischer Erkenntnis, die Hegel »sinnliche Gewißheit« nennt, versucht irrtümlicherweise die Rolle der Unmittelbarkeit des Ursprungs – die Unmittelbarkeit des Aktes, in dem ein Inhalt bejaht wird – durch verschiedene Vorstellungen von der Unmittelbarkeit des Inhalts zu verstehen, also durch die Unmittelbarkeit dessen, was bejaht wird. Unmittelbarkeit ist demnach eine Kategorie der reinen Unabhängigkeit, bzw. der reinen Selbstständigkeit, wenn sie normativ als eine Autorität ohne entsprechende Verantwortung verstanden wird. (Diese Normativitätsvorstellung kritisiert Hegel in der Allegorie von Herr und Knecht im Kapitel zum Selbstbewusstsein.) Das Kapitel zur sinnlichen Gewissheit weist zwei Vorstellungen zurück, in denen man sinnlichen Inhalt als unmittelbar begreifen könnte. Die Unmittelbarkeit des Inhalts, verstanden als Einzelheit, stellt die Ablehnung kontrastiver Wiederholbarkeit dar, also der Mitwirkung von Allgemeinbegriffen oder irgendeines Allgemeinen. Dies bedeutet, dass der Besitz (das Erfassen) irgendeines sinnlichen Inhalts unabhängig von allen Beziehungen zu anderen Akten ist, deren Inhalte irgendwie ähnlich oder unvereinbar sind. Dies führt zu Ähnlichkeitsbeziehungen, die gewissermaßen horizontal zwischen den Inhalten bestehen. Das Klassifizieren oder Charakterisieren eines einzelnen Inhalts durch Unterordnen desselben unter einen Allgemeinbegriff macht es nötig, ihn mit anderen Inhalten zu vergleichen, welche folglich eine gewisse wechselseitige Autorität gegenüber dem Inhalt des ursprünglichen Einzeldings haben. Die Unmittelbarkeit des Inhalts, verstanden als Einzelheit, schließt aus, dass der Inhalt eines Aktes gegenüber den Inhalten anderer Akte verantwortlich ist, dass also das, was er ist, davon abhängt, was sie sind. Laut Hegel zeigt sich somit, dass der Inhalt nicht in diesem Sinne unmittelbar und zugleich in einem minimalen Sinne bestimmt sein kann. Die Unmittelbarkeit des Inhalts als dessen temporale Unwiederholbarkeit zu verstehen ist eine Absage an die Wiederholbarkeit durch Erinnerung. Dies bedeutet, dass der Besitz (das Erfassen) irgendeines sinnlichen Inhalts unabhängig von allen Beziehungen zu anderen Akten ist, die genau (also nicht nur in einigen, sondern in jeder Hinsicht) denselben Inhalt haben. Abgesehen aber von dieser gewissermaßen vertikalen Beziehung zu anderen Akten, die ihren Inhalt und ihre Autorität von Akten des unmittelbaren sinnlichen Gewahrseins übernehmen, sind die Inhalte dieser Akte genauso vergänglich wie die Akte selbst. Folglich kann auch in diesem Sinne kein bestimmter Inhalt unmittelbar sein.

Zu Beginn meiner Diskussion des Kapitels zur sinnlichen Gewissheit habe ich behauptet, dass Hegel Kants Begriff von UNMITTELBARKEIT weiter anreichert, indem er dessen Unterscheidung zwischen Anschauung und Begriff analysiert und zeigt, dass in ihr drei Unterscheidungen zusammengefasst werden, die eigentlich als orthogonal zueinander zu betrachten sind: (1) die Rezeptivität und Spontaneität von Episoden, (2) die Einzelheit und Allgemeinheit des Repräsentierten, und (3) die Unwiederholbarkeit (Glaubwürdigkeit der Instanz) und Wiederholbarkeit (Glaubwürdigkeit des Typs) des Repräsentierenden. Anschließend habe ich argumentiert, dass wir Hegel nicht auf das schlechte Argument verpflichten müssen, wenn wir zwei gute Gedankengänge auseinanderhalten, die in seiner Diskussion nicht ausreichend klar voneinander getrennt sind. Beide heben mit der Beobachtung an, dass die epistemische Autorität sinnlicher Episoden, die ihrer Herkunft nach unmittelbar (nichtinferentiell) sind, eine *Art* von Autorität ist. Es handelt sich um eine Art von Autorität, die erstens für *verschiedene* und sogar miteinander *unvereinbare* Inhalte eingesetzt werden kann, und zweitens *aus* einer unwiederholbaren demonstrativen bzw. indexikalischen (instanziierungs-reflexiven) Episode *in* andere Episoden anaphorisch übernommen werden kann, welche *denselben* Inhalt haben, aber in ihrer Herkunft *nicht* wie die ursprüngliche Episode selbst unmittelbar sind. Die von der sinnlichen Unmittelbarkeit des Ursprungs weitergegebene epistemische Autorität ist genuin und bedeutsam. Sie ist aber prinzipiell nur in einem größeren Kontext verständlich, der sowohl Allgemeinheit als auch Strukturen anaphorischer Wiederholbarkeit beinhaltet, welche unmittelbar autoritative Episoden mit Episoden verbinden, die diese Autorität auf eine *nicht*unmittelbare Weise übernehmen. Diese letztere, die Erinnerungsstruktur, greift ein Thema von Hegels »Einleitung« wieder auf und greift zugleich vor auf jene Struktur, die dann im Kapitel zur Vernunft der Handlungsfähigkeit zugeschrieben wird. Die wesentlich geschichtliche Struktur des begrifflichen Inhalts, der durch Erinnerung praktisch gegliedert wird (die Erinnerungsphase von Erfahrung), ist eines der Hauptthemen der hier vorgenommenen Interpretation der *Phänomenologie*. Der erste Punkt (dass Autorität in *verschiedene* und sogar miteinander *unvereinbare* Inhalte eingesetzt werden kann) findet sich bereits vollständig bei Kant, dem zufolge Urteile sowohl Anschauungen als auch Begriffe enthalten und die kleinsten Einheiten des Gewahrseins bzw. der Erfahrung darstellen und Anschauungen ohne Begriffe blind sind.

Es lohnt sich vielleicht, darauf hinzuweisen, dass die gesamte von Hegel in diesem Kapitel festgestellte Struktur *ebenfalls* schon bei Kant vorgezeichnet ist. Sie kann nämlich als eine Weiterentwicklung der Struktur der transzendentalen Synthesis angesehen werden (die in der Erfahrung gipfelt), welche er in der Deduktion der Kategorien in der ersten Kritik entwickelt.[31] Um überhaupt etwas zu erhalten, das als Erfahrung verstanden werden kann, muss ihm zufolge die *Apprehension in der Anschauung* eine *Reproduktion in der Einbildungskraft* ermöglichen und diese Reproduktion dann wiederum geeignet sein, *durch einen Begriff erkannt* zu werden. Um für das Erkennen bedeutsam zu sein, muss die Art des Aufzeigens, die wir explizit durch die Verwendung von demonstrativen Ausdrücken ausführen, aufgegriffen und reproduziert (bewahrt) werden können, und zwar durch eine Art von Akt, die wir explizit durch die Verwendung von anaphorisch abhängigen Pronomen ausdrücken. Damit wir schließlich zu Inhalten gelangen, die zumindest als minimal bestimmt verstanden werden können, muss das so gewonnene Wiederholbare durch eine Vielzahl von unterscheidbaren und gegensätzlichen Arten bzw. Allgemeinbegriffen klassifiziert werden können. Die zwei Kriterien, die uns zu dem Schluss führen, dass die Inhalte unserer sinnlichen Erfahrungen nicht unmittelbar sind, stehen im engen Verhältnis zu der Ablehnung des Gedankens, wonach wir die Inhalte reproduzieren oder erkennen können müssten, um sie überhaupt auffassen zu können. Die Ablehnung dieses Gedankens ist meines Erachtens genau das, wofür Hegel im Kapitel zur sinnlichen Gewissheit argumentiert.

Die zentrale Lehre des Kapitels zur sinnlichen Gewissheit besteht darin, dass Unmittelbarkeit allein dann bedeutsam ist für das Erkennen, wenn sie in eine Struktur von Vermittlung eingebettet wird. Ein Verständnis dieser Lehre erfordert eine Unterscheidung zwischen drei orthogonalen Dimensionen von Unmittelbarkeit, die den drei Gegensatz- und Übereinstimmungsbeziehungen zwischen Kants ANSCHAUUNG und BEGRIFF entsprechen. Bei der Unmittelbarkeit des Ursprungs geht es darum, dass der sinnliche Akt unmittelbar ist, dass er also als

31 Vgl. Immanuel Kant, *Werkausgabe in 12 Bänden, III. Kritik der reinen Vernunft*, Frankfurt/M. 1977, S. 125-160.

Ergebnis der passiven Ausübung verlässlicher und differenzierter Reaktionsdispositionen im Beobachten nichtinferentiell hervorgerufen wird. Damit solche Akte semantischen Gehalt haben und für das Erkennen bedeutsam sein können, ist es eine notwendige Bedingung, sie in der Struktur der Vermittlung zu verorten. Ich habe dafür argumentiert, dass diese Struktur zwei verschiedene Dimensionen enthält, in denen unmittelbare Anschauungen im Kontrast zu vermittelnden Begriffen stehen. Die eine Dimension entspricht dem Kontrast zwischen Einzelheit und Allgemeinheit, der innerhalb von Ausdrücken durch den Unterschied zwischen singulären Termini und Prädikaten gekennzeichnet ist; die andere Dimension entspricht dem Kontrast zwischen instanz-reflexiven und typ-wiederholbaren Ausdrücken. Die erste deutet darauf hin, dass die sinnlichen Allgemeinbegriffe implizit an der nichtinferentiell erworbenen Erkenntnis teilhaben; die zweite deutet darauf hin, dass demonstrative Ausdrücke implizit von anaphorisch erinnernder Wiederholbarkeit abhängig sind. Die erste Dimension wird im Kapitel zur Wahrnehmung ausgeführt. Anaphorische Wiederholbarkeit ist die erste einfache Form, in der *Erinnerung* als eine wesentliche Struktur von Rationalität in der *Phänomenologie* auftaucht. Wie wir noch sehen werden, ist Hegels Begriff ERINNERNDE RATIONALITÄT eine der originellsten und wichtigsten Ideen des ganzen Buches.

5. Ein Verständnis der Struktur von Gegenstand und Eigenschaft durch Negation. Eine Einführung in die hegelsche Logik und Metaphysik im Kapitel zur Wahrnehmung

In diesem Kapitel werde ich die Feinstruktur des hegelschen Begriffs NEGATION und ihre metaphysischen Implikationen genauer betrachten. Hegel führt den Begriff im zweiten Kapitel der *Phänomenologie* ein (und zwar anhand von Ideen, die dem Übergang von der Sache zum Ding in der *Wissenschaft der Logik* zugeordnet werden können). Dies sind lediglich die ersten kleinen und schon bald »aufgehobenen« Schritte in den komplizierten Ausführungen. Doch die aufgezeigte Struktur ist sowohl für sich genommen interessant als auch eine Warnung an alle Leser, die dazu neigen, zentrale hegelsche Formeln wie »die Negation der Negation« und »Identität durch Verschiedenheit« univok zu verstehen. Mir geht es insbesondere darum, Hegels Erklärungsordnung von der extensionalen Semantik abzugrenzen, die die moderne logizistische Tradition kennzeichnet – eine Tradition, die erst ein halbes Jahrhundert nach der Niederschrift dieser nun zu diskutierenden Passagen richtig beginnt und dann noch ein weiteres Jahrhundert benötigt, um eine vergleichbare expressive Kraft zu erreichen. Die Überlegungen, die dieses explikative Narrativ vorantreiben (die Verwandlung des *Ansich* in das, was *gesetzt* ist), sind jeweils einzeln betrachtet alle wohlbekannt. Aber die durch sie zusammengenommen gegliederte Argumentation ist, wenn sie angemessen ergänzt und ausgeführt wird, ein Paradigma hegelscher Begriffsentstehung. Sie ist zugleich ein Paradigma für eine analytisch-metaphysische Argumentation, die mit begrifflichem Rohmaterial operiert und insofern in einem Rahmen stattfindet, der sich wesentlich vom lewisschen Rahmen der möglichen Welten unterscheidet, in welchem sich die meisten solcher metaphysischen Argumentationen und Konstruktionen momentan bewegen. Ich denke, der metabegriffliche Kontrast, der durch diese beiden verschiedenen Erklärungsordnungen hergestellt wird, ist für sich genommen durchaus interessant und erhellend, ganz unabhängig davon, was er uns über Hegels Ideen beibringen kann.

I. Die Lehren der sinnlichen Gewissheit

Das Verständnis des empirischen Bewusstseins, das Hegel »sinnliche Gewißheit« nennt (eine Form des Selbstbewusstseins, eine Weise, in der sich ein Bewusstsein selbst verstehen kann), versucht die Verständlichkeit genuiner Erkenntnis zu sichern, indem es die Episoden sinnlichen Gewahrseins als etwas auffasst, das unabhängig ist von seinen Beziehungen zu anderen Dingen und somit wie von selbst auf Erkenntnis hinausläuft. Dieser Auffassung zufolge ist Irrtum nur dann möglich, wenn das erkennende Bewusstsein etwas aktiv mit den passiv erworbenen Episoden sinnlichen Gewahrseins tut, also wenn es sie vergleicht, klassifiziert oder Schlussfolgerungen aus ihnen zieht. Die Strategie der sinnlichen Gewissheit besteht darin, ein autonomes Fundament sinnlicher Erkenntnis festzulegen, das nicht korrigiert werden kann, da es auf das beschränkt ist, was uns in Sinneseindrücken gegeben ist. Wo das Bewusstsein nichts tut, so der Gedanke, da kann es sich auch nicht irren. Hegel versucht zu zeigen, dass dieser Begriff des SINNLICHEN GEGEBENSEINS nicht haltbar ist, wenn seine impliziten Annahmen offengelegt werden.

Das Hauptergebnis der Argumentation, die Hegel im Kapitel zur sinnlichen Gewissheit durchläuft, ist die Unverständlichkeit des Gedankens, dass die Glaubwürdigkeit der Instanz (*token credibility*) von unwiederholbaren Episoden unmittelbaren sinnlichen Gewahrseins für sich steht und autonom ist. Diese spezifische Art epistemischer Autorität existiert und ist auch wichtig, doch lässt sie sich nur dann als etwas verstehen, das eine Art Erkenntnis liefert, wenn sie mit einer Struktur verknüpft ist, die es ihr erlaubt, in zwei verschiedenen Arten der Wiederholbarkeit von Inhalt vorzukommen.

Diachron betrachtet, muss es für das Subjekt möglich sein, an dem »festzuhalten«, was es erfahren hat, wenn das Erfahren vorüber ist. Das, was erkannt wurde, muss man in Bewusstseinsakten erinnern und absichern können, die gegenüber dem ursprünglichen Akt sinnlichen Erkennens verantwortlich sind. Die in ihrer Instanz glaubwürdigen Erfahrungsakte sind also gegenüber solchen abhängigen Episoden autoritativ. Was sprachlich durch demonstrative Ausdrücke ausgesagt wird, kann nur auf Erkenntnis hinauslaufen, wenn es Teil jener größeren Struktur ist, in der Instanziierungen sprachlich zum Ausdruck gebracht werden, die anaphorisch von demonstrativen Episoden abhängen, die in ihrer Instanz glaubwürdig sind. Obwohl Episoden sinnlichen Gewahrseins ihrem Ursprung nach unmittelbar, also selbst nicht *Schlussfolgerungen* von Inferenzen sind, wären sie doch epistemisch nutzlos, wenn sie nicht prinzipiell als *Prämissen* von Inferenzen dienen könnten. Eine unwiederholbare deiktische Instanziierung von »das« (beispielsweise in »das ist Regen«) kann nur dann als etwas gelten, das eine Erkenntnis zum Ausdruck bringt, wenn es anaphorisch aufgegriffen und verwendet werden kann, um eine Schlussfolgerung zu ziehen (beispielsweise »es ist nass«). Die Deixis setzt die Anapher voraus.

Die andere Art von Wiederholbarkeit, die im Begriff der empirisch-epistemischen Autorität der Episoden unmittelbaren sinnlichen Gewahrseins implizit zu finden ist und nur in diesem Kontext verständlich ist, bildet das zentrale Thema des Kapitels zur Wahrnehmung. Es handelt sich hierbei um Wiederholbarkeit als Allgemeinheit.[1] Damit Erfahrungen als bestimmt gehaltvoll verstanden werden können (auch die synchronen Erfahrungen), müssen sie als unwiederholbare Exemplare wiederholbarer Arten aufgefasst werden. Das Kapitel zur Wahrnehmung untersucht konkret, was implizit in der Idee *sinnlicher* Allgemeinbegriffe enthalten ist, die die Inhalte dessen gliedern, was sich sprachlich durch Beobachtungsberichte über Wahrnehmungsurteile ausdrücken lässt. Der Verlauf in den Kapiteln zum Bewusstsein führt von der Betrachtung der Voraussetzungen der epistemischen Autorität, die für sinnliche *Unmittelbarkeit* spezifisch ist, zu den Voraussetzungen der epistemischen Autorität, die für *Allgemeinheit* spezifisch ist (im Sinne von sinnlichen Allgemeinbegriffen, die nichtinferentiell anwendbar sind), und schließt mit den Voraussetzungen der epistemischen Autorität, die für reine *Vermittlung* spezifisch ist und als solche theoretische Begriffe kennzeichnet (die allein als Schlussfolgerungen von Inferenzen autorisiert angewendet werden können).

Den Ausgangspunkt des Kapitels zur Wahrnehmung bildet die Einsicht, die wir am Ende des Kapitels zur sinnlichen Gewissheit erlangt haben sollten: Damit wir sinnliche Unmittelbarkeit als inhaltlich bestimmt verstehen können, muss sie ein Element der Wiederholbarkeit im Sinne der Allgemeinheit beinhalten. Dieser Schluss ergibt sich aus der folgenden Beobachtung: Wenn das durch die Sinne Gegebene für Erkenntnis eine Rolle spielt, es also potentiell eine Art von Erkenntnis konstituiert, dann bedeutet dies, dass es nur in einem der beiden Sinne als *unmittelbar* und nichtinferentiell verstanden werden kann, die im empirischen, sich gemäß der Struktur der sinnlichen Gewissheit verstehenden Bewusstsein *nicht* unterschieden werden. Es kann

1 »In diesem Verhältnisse, das sich ergeben hat, ist nur erst der Charakter der positiven Allgemeinheit beobachtet und entwickelt; [...]«, *PhG*, S. 95.

die Unmittelbarkeit des Ursprungs aufweisen, jedoch nicht die Unmittelbarkeit des *Inhalts.* Das uns zum Zwecke der Erkenntnis sinnlich Gegebene *kann* als etwas verstanden werden, das eine spezifische Art von epistemischer Autorität aufweist, die den unwiederholbaren mentalen Ereignissen und Akten aufgrund ihrer Ätiologie innewohnt. Diese Autorität leitet sich von dem Umstand ab, dass es sich um Ausübungen eines reaktiven sinnlichen Bewusstseins handelt und nicht um die Ausübungen inferentieller Vermögen. Der Prozess, aus dem das Gegebene hervorgeht (durch den es hervorgerufen wird), ist nicht inferentiell. Dies ist der Sinn, wonach das Gegebene »unmittelbar« ist: Der Prozess, der in Episoden sinnlichen Gewahrseins mündet, ist nicht durch Mittelbegriffe vermittelt, wie sie für einen syllogistisch verstandenen *Schluss* bzw. einen inferentiellen Schritt charakteristisch sind. Das, was uns auf nichtinferentielle Weise sinnlich gegeben wird und in diesem prozeduralen Sinn unmittelbar ist, muss in einem anderen Sinn eine *vermittelte* Unmittelbarkeit sein, um als etwas verstanden werden zu können, das als Erkenntnis gehaltvoll ist. Das Gegebene muss also in der Anwendung sinnlicher Allgemeinbegriffe bestehen, das heißt in Begriffen, die in Beobachtungen verwendet werden und deren Anwendung in diesen Beobachtungen durch die Ausübung des Wahrnehmungsvermögens auf nichtinferentielle Weise ausgelöst wird.

II. Bestimmtheit und ausschließende Negation

Um die Grundlage dieser Behauptung zu verstehen, muss ein Komplex von philosophischen (Hegel sagt gern »logischen«) Metabegriffen erforscht werden, die auf komplizierte Weise miteinander zusammenhängen, nämlich VERMITTLUNG, ALLGEMEINHEIT, BESTIMMTHEIT und NEGATION. Das wichtigste

Ergebnis der im Kapitel zur sinnlichen Gewissheit vorgenommenen Untersuchung der Voraussetzungen des reinen sinnlichen Gewahrseins als eine Art von Erkenntnis ist die Einsicht, dass dieser Komplex von Begriffen (die Gliederung BEGRIFFLICHEN GEHALTVOLLSEINS) auf jede Art von Empfindungsfähigkeit anwendbar sein muss, die als eine Art von Verstandesfähigkeit verstanden werden kann. Im Kapitel zur Wahrnehmung argumentiert Hegel, dass diese Forderung überraschende *strukturelle* Folgen hat. Die Deutung der Akte sinnlichen Gewahrseins anhand der Kategorien der sinnlichen Gewissheit war damit vereinbar, die Inhalte dieses Gewahrseins als etwas zu verstehen, das durch das von Strawson so genannte »merkmal-lokalisierende« (*feature-placing*) Vokabular (»Es ist Tag« und »Es regnet«) zum Ausdruck gebracht werden kann. Bei genauerer Betrachtung dieser Inhalte zeigt sich allerdings, dass Sinnesakte die ungleich gehaltvollere Struktur von »Gegenständen mit vielen Eigenschaften« aufweisen müssen, welche sich sprachlich in einem Vokabular ausdrücken lässt, das singuläre Termini und Prädikate unterscheidet und aufeinander bezieht. Dieses Argument zielt darauf ab, die Implikationen von Hegels nichtpsychologischer Vorstellung von begrifflichem Gehaltvollsein herauszuarbeiten, welche durch die oben genannten Metabegriffe gegliedert ist: BESTIMMTHEIT, NEGATION (oder VERSCHIEDENHEIT), VERMITTLUNG und ALLGEMEINHEIT.

Nach meiner Auffassung wird uns der Zugang zu den Gliederungsbeziehungen zwischen diesen Begriffen, die schon zu Beginn des Kapitels zur Wahrnehmung eine Rolle spielen, durch den Begriff der BESTIMMTHEIT eröffnet. Wenn wir untersuchen, was für Bestimmtheit erforderlich ist, erkennen wir, dass sie implizit mit einem komplexen Begriff der NEGATION einhergeht. Anhand dieses Begriffs von NEGATION kann die Anwendbarkeit des Begriffs VERMITTLUNG sowie die des Begriffs ALLGEMEINHEIT erklärt und vorgeführt werden. Das Herzstück dieser Struktur ist eindeutig der Begriff NEGATION. Was ist das für ein Begriff und wie geht er aus der Betrachtung der Bestimmtheit hervor?

Den Leitgedanken bildet das spinozistisch-scholastische Prinzip *omnis determinatio est negatio*, alle Bestimmtheit ist Negation. Um bestimmt zu sein, so der Gedanke, braucht es eine Form von Beschränkung, einen Kontrast oder einen Ausschluss. Die Abbildung zeigt etwas, das beschränkt ist oder Grenzen hat, so dass es einen Unterschied gibt zwischen ihm und dem, was es *nicht* ist.

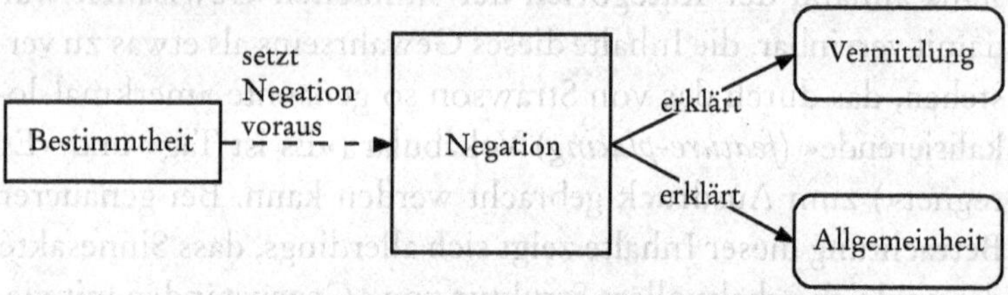

Abb. 5.1

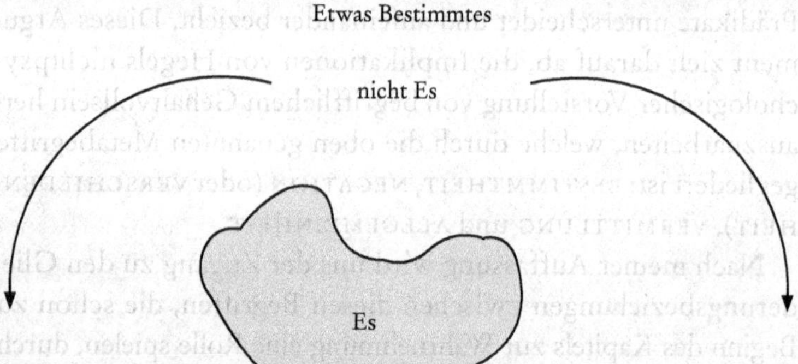

Abb. 5.2

Das »nicht es« ist alles andere, alle Dinge, die außerhalb oder verschieden vom ihm sind. Die Metapher der Beschränkung oder Grenze verstehen wir genau dann, wenn wir verstehen, was die Ausdrücke »nicht«, »anderes«, »außerhalb« oder »verschieden« bedeuten. Zum näheren Verständnis schauen wir uns einige Beobachtungsinhalte an, die im Kapitel zur sinnlichen Gewissheit eingeführt wurden und sich im merkmal-lokalisierenden Vokabular ausdrücken lassen. Das TAG in »Es ist Tag« und das REGNET in »Es regnet« sind verschieden; das Gleiche gilt für TAG in »Es ist Tag« und NACHT in »Es ist Nacht«. Jedoch sind sie jeweils verschieden in einem anderen Sinn von »verschieden«. Wenn wir Hegels Sprache im Kapitel zur Wahrnehmung verwenden, können wir sagen, dass TAG und REGNET *einfach* oder *gleichgültig* verschieden sind, während TAG und NACHT *ausschließend* verschieden sind. Denn TAG und REGNET sind trotz ihrer Verschiedenheit miteinander *vereinbare* Merkmale (es kann zugleich Tag sein und regnen), während TAG und NACHT miteinander *unvereinbar* sind (es kann nicht zugleich Tag und Nacht sein).

Ich verstehe Hegel so, dass einer seiner grundlegendsten Gedanken besagt, dass Bestimmtheit von der ausschließenden Verschiedenheit her verstanden werden muss. Einfache Verschiedenheit ist nicht ausreichend. Der Kontrast zwischen »es« und »nicht es«, den man braucht, damit etwas bestimmt ist (damit ein Merkmal bestimmte Grenzen hat), setzt voraus, dass nichts *sowohl* »es« *als auch* »nicht es« sein kann. Diese modal robuste Ausschlussbeziehung ist Bestandteil des geometrischen Repräsentationsinstrumentariums der Venn-Diagramme, die, wie die Abbildung zeigt, im wortwörtlichen Sinne Grenzen haben. Denn ein Punkt *kann* nicht zugleich innerhalb und außerhalb einer geschlossenen Planfigur sein. Im gleichen modalen Sinn haben Mengen – beispielsweise die, welche den Umfang von Eigenschaften repräsentieren – ausschließende »Grenzen«. Denn es ist *unmöglich*, dass etwas Element einer Menge und zugleich *nicht* Element dieser Menge ist. Das »nicht« des »nicht es« ist ein *aus-*

schließendes »nicht«. Das ist eben genau die Pointe des Satzes vom Widerspruch. Es ist nicht bloß kontingenterweise nicht der Fall, dass einige Bereiche oder Mengen einen Punkt enthalten und zugleich nicht enthalten. Dies ist vielmehr ein *notwendiges* Merkmal von Bereichen und Mengen. Die Negation, die modelltheoretisch als Teil der extensionalen Semantik für Eigenschaften definiert ist, bringt selbst zwar eine modal robuste Form ausschließender Verschiedenheit zum Ausdruck, jedoch nicht eine entsprechende Form einfacher Verschiedenheit. Die modale Kraft ist lediglich im Metavokabular versteckt, welches das Ausdrucksmedium der Semantik bildet (egal, ob diese nun mengentheoretisch oder geometrisch ist).

Die Verbindung von Bestimmtheit und modal robuster Ausschlussbeziehung, dem Ausschließen von Alternativen, ist im technischen Begriff der INFORMATION festgelegt. Ein Signal ist informativ, enthält bzw. bringt Informationen zum Ausdruck, insofern es Alternativen ausschließt. Beim Messen von Informationen, also der Bestimmung der Informationsmenge, werden die alternativen Situationen bzw. Antworten, die *vor* dem Empfang des Signals möglich sind, mit jenen verglichen, die übrig bleiben, *nachdem* das Signal einige von ihnen als unmöglich ausgeschlossen hat. Information unterscheidet zwischen einfach verschiedenen Alternativen, indem sie einige von ihnen als nicht mehr länger möglich *ausschließt*. Die gleiche Idee wird in der Mögliche-Welten-Semantik ausgedrückt, wenn eine klar bestimmte Proposition mit einer *Menge* von möglichen Welten identifiziert wird, also mit einer *Aufteilung* aller möglichen Welten in solche, die mit der Proposition *vereinbar* sind, und solche, die mit ihr unvereinbar sind bzw. durch sie ausgeschlossen werden.

Das Kapitel zur Wahrnehmung beginnt mit dem Gedanken, dass selbst bei einem unmittelbar gegebenen sinnlichen Erkenntnisakt, einem Akt sinnlichen Gewahrseins – im Sinne von Hegels Metavorstellung der sinnlichen Gewissheit –, die Bestimmtheit des Inhalts von dem her verstanden werden muss, was er ausschließt, was von ihm im ausschließenden Sinn verschieden ist, und nicht nur was einfach oder gleichgültig von ihm verschieden ist. Die Metaverschiedenheit der zwei Arten von Verschiedenheit zeigt sich bereits bei den Inhalten der Akte sinnlichen Gewahrseins, welche durch merkmal-lokalisierendes Vokabular ausgedrückt werden können. Die Bestimmtheit dieser Inhalte bleibt unverständlich, wenn wir nur auf ihre einfache Verschiedenheit verweisen. Wir müssen uns vielmehr auch auf die ausschließende Verschiedenheit berufen. Wenn die Inhalte minimal verstandener sinnlicher Erkenntnisakte zueinander lediglich in Beziehungen vereinbarer Verschiedenheit stünden und keiner den anderen ausschlösse, dann wäre ihr Auftreten bedeutungslos und würde keine Information mit sich bringen. Sie wären bloße Ereignisse, ein reines »dass« ohne ein »was«, sie wären Zahnräder ohne Maschine, ihr Auftreten hätte ebenso keine Bedeutung für die Erkenntnis wie jedes andere unwiederholbare Ereignis. Ihre Verschiedenheit wäre weniger bestimmt als »einfache numerische« Verschiedenheit, denn Zahlen sind voneinander im ausschließenden Sinn verschieden. Ihre Verschiedenheit wäre weniger bestimmt als die eigenschaftslosen euklidischen Punkte, selbst dann, wenn man von der Betrachtung all der Linien, Kreise, Dreiecke oder anderen Figuren absieht, die die Punkte zueinander in Beziehung bringen könnten. Denn ein konkreter Punkt zu sein schließt es aus, ein anderer Punkt zu sein, wohingegen einfach verschiedene und vereinbare Inhalte zugleich instantiiert werden können.

Genau genommen sind Inhalte, die einfach und vereinbar verschieden sind, Elemente verschiedener Familien von ausschließend und unvereinbar verschiedenen Inhalten. Formen wie kreisförmig, dreieckig und rechteckig sind im ausschließenden Sinn verschieden voneinander. Eine der Formen aufzuweisen schließt aus, eine der anderen Formen aufzuweisen (solange wir uns auf Formen beschränken, die die gleiche Anzahl von Dimensionen haben wie der Raum, in dem sie verortet sind, da beispielsweise eine dreidimensionale Pyramide mit rechteckiger Grundfläche sowohl dreieckige als auch rechteckige Figuren aufweist). Auch Farben bilden eine Familie von Inhalten, die im ausschließenden Sinn verschieden sind (solange wir uns auf monochromatische Gebiete beschränken). Was vereinbar verschieden sein kann, entspricht Paaren von Inhalten, die jeweils verschiedenen Unvereinbarkeitsfamilien entnommen sind, beispielsweise rot und quadratisch oder grün und dreieckig. Diese einfach und vereinbar verschiedenen Inhalte sind nur *bestimmt*, insofern sie *auch* in *Unvereinbarkeits-* und *Ausschluss*beziehungen zu den Inhalten stehen, die *derselben* Familie entnommen sind. Auf diese Weise übermittelt ihr Auftreten Information, nämlich indem sie das Auftreten anderer Mitglieder *derselben* Familie *ausschließen*. Im Zusammenhang mit der Struktur ausschließender Verschiedenheit ist auch einfache Verschiedenheit verständlich. Einfache Verschiedenheit allein jedoch ist zu schwach, um einen Begriff des bestimmten Inhalts zu liefern.

Es sprechen also grundlegende begriffliche Gründe dafür, den Begriff BESTIMMTE VERSCHIEDENHEIT so zu verstehen, dass er eine Metaunterscheidung zwischen zwei Arten von Verschiedenheit enthält, nämlich zwischen ausschließender Verschiedenheit und vereinbarer Verschiedenheit. Meines Erachtens meint Hegel zudem, dass dieser Metaunterschied *beobachtet* werden kann, dass er zur Phänomenologie der sinnlichen Erfahrung gehört (in einem eher zeitgenössischen, mehr oder weniger husserlschen Sinn). Hegel meint also, dass uns die Vereinbarkeit von TAG und REGNET und die Unvereinbarkeit von TAG und NACHT gegeben wird, wenn wir eine sinnliche Erfahrung der Art haben, die sich durch ein merkmal-lokalisierendes Vokabular ausdrücken lässt (»Es ist Tag«). Wenn wir einen solchen Inhalt erfassen, erfassen wir auch seinen Ort im Raum der Vereinbarkeit und Unvereinbarkeit mit anderen erfahrbaren Inhalten.

Aus diesem Grund glaubt Hegel, dass uns in der sinnlichen Erfahrung mehr gegeben ist, als Empiristen wie Locke und

Hume meinen. Erfahrungen, die wir als »rot« und »grün« bezeichnen, und solche, die wir als »rechteckig« und »dreieckig« bezeichnen, werden jeweils *als* miteinander unvereinbar erfahren, als einander ausschließend (insofern sie gleichzeitig vorliegen), während solche Erfahrungen, die wir als »rot« und »dreieckig« bzw. »grün« und »rechteckig« bezeichnen, zwar als verschieden, aber dennoch als vereinbar erfahren werden. Die verschiedenen Kombinationsmöglichkeiten und damit das Anordnen von Merkmalen in vereinbare Unvereinbarkeitsfamilien bilden für Hegel (nicht jedoch für traditionelle Empiristen) eine Struktur sinnlichen Gewahrseins auf der unteren Stufe. Der modale Unterschied zwischen der Verschiedenheit von ROT und DREIECKIG einerseits und der Verschiedenheit von ROT und GRÜN andererseits ist für Hegel etwas, das man einfach durch das Erfahren dieser Dinge erkennt.

Ist diese Meinungsverschiedenheit in Bezug auf das, was in sinnlicher Erfahrung gegeben ist, eine Uneinigkeit bezüglich der Empirie? Lässt sie sich prinzipiell durch Introspektion klären? Hat der traditionelle Empirismus darunter gelitten, dass er sich selbst auf eine zu enge Vorstellung von der basalen, durch sinnliche Erfahrung gegebenen Erkenntnis beschränkt hat? Hegels Analyse der impliziten Annahmen des Gedankens, dass die basale sinnliche Erkenntnis *bestimmten* Inhalt hat, liefert ein Argument für die Behauptung, dass in der Erfahrung von Merkmalen bereits ein Wissen davon enthalten sein *muss*, welche dieser Merkmale einander ausschließen und welche nur einfach verschieden sind. (Dies bedeutet nicht, dass ein Subjekt diesbezüglich gegebenenfalls nicht korrigiert werden müsste.)

Ein wichtiger Aspekt, in dem sich der gehaltvollere Empirismus, mit dem sich Hegel befasst, vom traditionellen Empirismus (einschließlich seiner Spielarten im 20. Jahrhundert) unterscheidet, besteht in der Zurückweisung des *Atomismus* bezüglich der Inhalte der unmittelbaren sinnlichen Erfahrung. Wenn die ausschließenden Verschiedenheiten zwischen Inhalten wesentlich zu dem gehören, was uns in der Erfahrung gegeben ist, dann hat jeder Inhalt den Inhalt, den er hat, allein als Element eines Komplexes aufeinander bezogener Inhalte bzw. aufgrund der Rolle, die er in diesem Komplex spielt. Mit der Erfahrung eines roten Dreiecks wird der zugehörige Erfahrungsakt in der einfachen (vereinbaren) Verschiedenheit zwischen Mitgliedern zweier verschiedener Unvereinbarkeitsfamilien verortet, nämlich Farben und Formen. (In diesem Zusammenhang ist es interessant zu bemerken, dass es die Überlegungen zur intrinsischen Unvereinbarkeit von Farbeigenschaften waren, die Wittgenstein vom logischen Atomismus des *Tractatus* wegführten, demzufolge elementare Sachverhalte unabhängig voneinander sind.) Hieraus ergibt sich eine Art Holismus dessen, was uns in der sinnlichen Erfahrung unmittelbar gegeben ist. Der Atomismus, der für die Vorstellung des sinnlichen Bewusstseins charakteristisch ist, das sich selbst durch die Kategorien sinnlicher Gewissheit versteht, ist also unvereinbar mit einem Verständnis von diesem Bewusstsein als bestimmt gehaltvoll.

Ebenso wichtig wie radikal ist der Umstand, dass Hegels wichtigster metaphysischer Grundbaustein, die BESTIMMTE NEGATION, in sich und wesentlich ein *modaler* Begriff ist. Es geht bei der materialen Unvereinbarkeit von ROT und GRÜN und von KREISFÖRMIG und DREIECKIG darum, was kombiniert und was nicht kombiniert werden *kann*, was *möglich* und was *unmöglich* ist. Modalität gehört wesentlich zum metaphysischen Fundament seines Systems. Möglichkeit ist begrifflich betrachtet grundlegender als Wirklichkeit, da eine unmittelbar gegebene wirkliche Erfahrung nur dann als etwas verstanden werden kann, das bestimmten Inhalt hat, wenn sie sich in einem Raum von Möglichkeiten befindet, der durch Beziehungen vereinbarer und unvereinbarer Verschiedenheit strukturiert ist. Der Empirismus, mit dem sich Hegel befasst, ist ein spezifisch mit Modalität angereicherter Empirismus. Wir werden noch sehen, dass die wesentlich modale Gliederung des Bestimmten für Hegel, im Gegensatz zu Kant, nicht auf subjektive Gedanken oder Erfahrungsakte beschränkt ist. Sie charakterisiert auch die objektiven bestimmten Sachverhalte, seien dies nun mögliche Gegenstände sinnlicher Erfahrung oder nicht.

III. Formale Negation und zwei Erklärungsordnungen

Wenn die Inhalte, die in sinnlicher Erfahrung gegeben sein *können* (und von denen einige in Wirklichkeit bestehen, also Inhalte, die sich sprachlich durch ein merkmal-lokalisierendes Vokabular ausdrücken lassen), bestimmt sind in dem Sinne, dass sie zueinander in Beziehungen bestimmter Negation stehen, also im Sinne modal ausschließender Verschiedenheit oder materialer Unvereinbarkeit, dann stehen sie zueinander auch in Beziehungen material inferentieller Folgerung. Das bedeutet, wie Hegel sich ausdrückt, dass die Inhalte sinnlicher Erfahrung, auch wenn sie möglicherweise unmittelbar gegeben sein sollten, selbst »ganz und gar vermittelt« sind. Denn irgendein Merkmal A (wie »Es regnet«) hat ein zweites Merkmal B (wie »Es gibt Niederschlag«) nur dann als material inferentielle Folgerung, wenn alles, was mit B material unvereinbar ist (wie »Es ist schön«) auch mit A material unvereinbar ist. In diesem Sinne hat SCHARLACHROT ROT und QUADRATISCH RECHTECKIG zur Folge.

In nahezu gleicher Weise gewährleisten die Beziehungen ausschließender Verschiedenheit zwischen Merkmalen sinnlicher Erfahrungen, dass diese Merkmale mit etwas Wiederholbarem verknüpft sind und somit eine Art von Allgemeinheit aufweisen – selbst wenn diese Merkmale, kraft derer sinnliche Erfahrungen bestimmt gehaltvoll sind, als etwas Unwiederholbares aufgefasst werden. Viele Farben beispielsweise gleichen einander darin, dass sie ausschließend verschieden sind von ROT; und alle Formen gleichen einander darin, dass sie nicht ausschließend, sondern einfach verschieden sind von ROT. Diese wiederholbaren Gemeinsamkeiten verzweigen sich in eine zufällige boolesche Komplexität. Es kann beispielsweise sein, dass zwei sonst unähnliche Merkmale jeweils nicht ausschließend verschieden von A oder B sind, aber ausschließend verschieden von C und D. Etwas natürlichere Beispiele sinnlicher Allgemeinbegriffe lassen sich über Folgebeziehungen konstruieren, die ihrerseits durch Ausschlussbeziehungen definiert werden. So lassen sich alle Merkmale zusammenfassen, die ROT mit sich bringen, also beispielsweise Nuancen von Rot wie Scharlachrot und Purpur. Analog bilden alle Merkmale eine Art, die RECHTECKIG mit sich bringen. Sellars hat bemerkt, dass die Grundbausteine, auf die sich klassische Empiristen berufen, bestimmte sinnliche Wiederholbare sind. Ihnen ging es um die Frage, wie bestimmbare sinnliche Wiederholbare von diesen Grundbausteinen her verstanden werden können, nicht um die Frage, wie etwas Unwiederholbares bestimmte Wiederholbare hervorruft.

Aus diesen Gründen gehe ich davon aus, dass der Begriff BESTIMMTE NEGATION für Hegel, wie oben in der Abbildung dargestellt, metaphysisch grundlegender ist als VERMITTLUNG und ALLGEMEINHEIT. Der Begriff der NEGATION ist reichhaltig und komplex und nimmt in der im Kapitel zur Wahrnehmung eingeführten Metaphysik die zentrale Stellung ein. Wie ich schon angedeutet habe, wird der Begriff als ein Element einer Zweiheit eingeführt. Diese besteht in dem Metaunterschied zwischen zwei Arten von Verschiedenheit, nämlich einfacher bzw. vereinbarer Verschiedenheit einerseits und ausschließender bzw. unvereinbarer Verschiedenheit andererseits. Wir haben gesehen, dass diese zwei Arten von Verschiedenheit klar bestimmte wiederholbare Merkmale in vereinbare Familien von miteinander unvereinbaren Merkmalen gliedern, was wir uns paradigmatisch anhand von Farben und Formen klargemacht haben.

Der nächste Schritt auf dem Weg zu einem Verständnis der ausschließenden Verschiedenheit besteht darin, sie bezüglich einer anderen Art von Negation zu betrachten. Die bestimmte Negation unterscheidet sich auch von der abstrakten formalen Negation. Letztere ist eine *logische* Negation, jedoch nicht im hegelschen Sinn von »logisch«. Zwei Merkmale stehen in einer Beziehung bestimmter Negation zueinander, wenn sie *material* unvereinbar sind. Ich bediene mich hier der sellarsschen Terminologie, die selbst nicht ganz unbeeinflusst ist von Hegel. Der Grundgedanke ist, dass zwei Dinge einander aufgrund ihres nichtlogischen *Inhalts* bestimmt negieren. Solche Dinge stehen in einer Beziehung abstrakter formaler Negation zueinander, wenn sie logisch unvereinbar sind, also unvereinbar aufgrund ihrer abstrakten logischen Form.

Diese Unterscheidung ist genauso alt wie die Logik selbst. Es handelt sich um die aristotelische Unterscheidung zwischen *konträren* und *kontradiktorischen* Gegensätzen. ROT und GRÜN sowie KREISFÖRMIG und DREIECKIG sind konträre Gegensätze, während ROT und NICHT-ROT sowie KREISFÖRMIG und NICHT-KREISFÖRMIG kontradiktorische Gegensätze sind. Beides sind Arten von *ausschließender* Verschiedenheit. Es handelt sich hierbei also um einen weiteren Metaunterschied zwischen zwei Arten ausschließender Verschiedenheit. Der erste Metaunterschied, derjenige zwischen vereinbarer und unvereinbarer Verschiedenheit, stellt eine koordinierende Struktur dar. Keine der beiden Arten von Verschiedenheit kann mittels der anderen definiert werden und beide sind für Bestimmtheit erforderlich. Zusammengenommen liefern sie uns vereinbare Familien von unvereinbaren Arten von Merkmalen. Konträre und kontradiktorische Gegensätze hingegen können sich gegenseitig definieren. Bezieht man sie aufeinander, so ergeben sich zwei Erklärungsordnungen, je nachdem, mit welchem Gegensatz man beginnt. Man kann konträre Gegensätze durch kontradiktorische Gegensätze definieren, also die bestimmte Negation durch die formale

Negation: *Q* ist konträr zu *P* genau dann, wenn *Q* den kontradiktorischen Gegensatz von *P* impliziert, also *nicht-P*. GRÜN ist ein konträrer Gegensatz von ROT bzw. DREIECKIG ein konträrer Gegensatz von KREISFÖRMIG, nur wenn GRÜN NICHT-ROT und DREIECKIG NICHT-KREISFÖRMIG impliziert. Oder man definiert kontradiktorische Gegensätze durch konträre Gegensätze, also die formale Negation durch die bestimmte Negation: Etwas ist der kontradiktorische Gegensatz zu *P* (*nicht-P*) genau dann, wenn es der minimal konträre Gegensatz zu *P* ist, also von jedem konträren Gegensatz zwischen *Q* und *P* impliziert wird. NICHT-ROT wird von allen konträren Gegensätzen zu ROT impliziert (von GRÜN, BLAU, GELB usw.) und NICHT-KREISFÖRMIG wird von allen konträren Gegensätzen zu KREISFÖRMIG impliziert (von DREIECKIG, QUADRATISCH, FÜNFECKIG usw.).

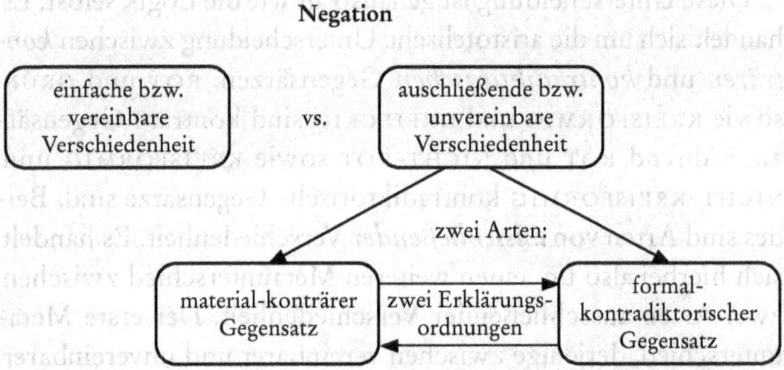

Abb. 5.3

Hegel geht davon aus, dass BESTIMMTE NEGATION gegenüber abstrakter formaler Negation in der Erklärungsordnung vorrangig ist. Dementsprechend hat er das zweite Szenario im Sinn, in welchem kontradiktorische Gegensätze durch konträre Gegensätze verstanden werden. Die Tradition der extensionalen Logik und Semantik, die sich von Boole über Russell bis zu Tarski und Quine erstreckt, geht von der anderen Erklärungsordnung aus, so dass materiale Unvereinbarkeit im Sinne von Kontrarität als formale Unvereinbarkeit im Sinne von Widersprüchlichkeit bzw. Inkonsistenz verstanden wird. Jeder Ansatz hat seine charakteristischen Vorteile. Es lohnt sich an dieser Stelle anzumerken, dass die wechselseitige Definierbarkeit konträrer und kontradiktorischer Gegensätze (mithin von bestimmter und abstrakter formaler Negation) davon abhängt, ob wir über einen Begriff der Implikation bzw. Folgerung verfügen. In der von Hegel verfolgten Erklärungsordnung gibt es hierfür einen Kandidaten. Wie ich oben bereits angemerkt habe, bringt die materiale Unvereinbarkeit nämlich einen Begriff der Folgebeziehung mit sich: *Q* folgt aus *P* genau dann, wenn alles, was mit *Q* material unvereinbar ist, mit *P* material unvereinbar ist. Das, was ich die tarskische extensionalistische Tradition nenne, verfügt auch über einen Begriff von Implikation. Dieser lässt sich jedoch nicht direkt durch die formale logische Negation definieren. Er steht erst zur Verfügung, wenn man den Fokus der tarskischen Erklärungsstrategie verbreitert. Dies wollen wir im Folgenden tun, um das metaphysische Projekt zu erhellen, das Hegel im Kapitel zur Wahrnehmung verfolgt. Hiermit wird insbesondere der Unterschied im Umgang mit Modalität deutlicher werden. Modalität kann, wie bei Hegel, bereits auf der metaphysischen Grundebene eingebaut werden oder aber als ein nachträglicher, möglicherweise fakultativer Nachsatz hinzugefügt werden (man denke an Quine), wie es die extensionalistische Tradition tut.

Die Verbreiterung des Fokus, an die ich denke, zielt auf die Struktur von singulären Termini und Prädikaten, in der Gegenstände und Eigenschaften dargestellt werden. Diese Struktur ist Hegel zufolge bereits implizit in der Idee von klar bestimmten Merkmalen enthalten, die durch merkmal-lokalisierendes Vokabular ausgedrückt werden. Die Vorstellung der objektiven Welt, derzufolge diese aus einzelnen Gegenständen besteht, die wiederholbare Eigenschaften (Allgemeinbegriffe) aufweisen, ist eine Vorstellung mit einer im weitesten Sinne aristotelischen Struktur (zumindest ist das mein Ausdruck dafür). Ich gehe also von einer alltäglichen Vorstellung aus, die von der Funktionsweise unserer Sprachen nahegelegt wird und die Aristoteles mit dem von ihm entwickelten metaphysischen Instrumentarium von Einzelsubstanzen und ihren Wesenheiten zu erklären versucht. Mir geht es dabei vor allem um das aristotelische *explanandum* anstatt das *explanans.* Zudem gehe ich davon aus, dass dies das gemeinsame Erklärungsziel vom Kapitel zur Wahrnehmung und der extensionalistischen Tradition der Semantik ist, die ihren Höhepunkt in der tarskischen Modelltheorie hat. (Russell hat den Übergang von der traditionellen Logik der Eigenschaften zur modernen Logik der Relationen als weitreichenden Wandel angepriesen, und in einem gewissen Sinne war er das auch. Dieser Unterschied ist jedoch nicht von so großer Bedeutung für den Kontrast, den ich hier aufzeigen möchte.) Anders als Aristoteles machen weder Hegel in diesem Kapitel (allerdings später in der *Logik*) noch die extensionalistische Tradition im Allgemeinen etwas aus der Unterscheidung zwischen sortalen Prädikaten, die Arten wie »Fuchs« ausdrücken (und die mit Identitäts- und Individuationskriterien einhergehen), und bloß charakterisierenden Prädikaten, die Eigenschaften wie »rot« zum Ausdruck bringen (und nicht individuieren). Diese Unterscheidung ist aber Teil dessen, was der aristotelische Essentialismus als Theorie behandelt.

Uns stehen zwei grobe Erklärungsstrategien zur Verfügung, um die im weitesten Sinne aristotelische Struktur von Gegenständen und Eigenschaften zu erläutern. Hegel möchte sie durch die BESTIMMTE NEGATION erklären, die eigenschaftsähnliche Merkmale aufeinander bezieht. Ich möchte diesen metaphysischen Ansatz erhellen, indem ich ihn der tarskischen extensionalistischen Tradition gegenüberstelle, welche mit Gegenständen beginnt, die als *einfach* verschieden voneinander verstanden werden. Die beiden Erklärungsordnungen, welche die Beziehungen zwischen konträren und kontradiktorischen Gegensätzen (zwischen bestimmter und abstrakter formaler Negation) nutzen, sind in umfassendere und einander entgegengesetzte Erklärungsstrategien eingebettet. Beide haben das Ziel, jene im weitesten Sinne aristotelische Kategoriestruktur von Gegenstand und Eigenschaft herauszuarbeiten, die in der Metaunterscheidung zwischen unvereinbaren und vereinbaren Verschiedenheiten verankert ist.

Der Begriff VEREINBARE VERSCHIEDENHEIT, der für die Gegenstände gilt, mit welchen der metaphysische Extensionalismus ansetzt, bezieht sich nicht auf die modalen Begriffe MÖGLICHKEIT oder NOTWENDIGKEIT. Die einfache Verschiedenheit, die die Elemente des Gegenstandsbereichs des tarskischen Schemas kennzeichnet, ist eine primitive *materiale* Beziehung, da sie – ähnlich wie der konträre Gegensatz, mit dem Hegels entgegengesetzte Erklärungsstrategie ansetzt – nicht durch formale logische Begriffe definiert ist. Innerhalb der tarskischen Strukturen werden Eigenschaften als Gegenstandsmengen repräsentiert, also durch ihre Extensionen. Aus dieser Definition folgt dann mengentheoretisch die Ununterscheidbarkeit identischer Dinge (sind zwei Gegenstände *a* und *b* identisch, dann haben sie dieselben Eigenschaften). Die andere Richtung des leibnizschen Gesetzes der Identität des Ununterscheidbaren folgt jedoch nicht auf diese Weise, es sei denn, man behauptet, dass *jede* hiervon verschiedene Gegenstandsmenge eine Eigenschaft definiert bzw. konstituiert.

Auf dieser Grundlage lässt sich der kontradiktorische Gegensatz und damit die formale Negation einführen. Kontradiktorische Eigenschaften lassen sich als Eigenschaften definieren, die komplementäre Extensionen innerhalb des Gegenstandsbereiches haben. *Nicht-P*, der kontradiktorische Gegensatz zu *P*, ist die Eigenschaft, deren Extension alle und allein diejenigen Gegenstände im Bereich umfasst, die nicht zur Extension von *P* gehören. Die Beziehung der Kontrarität wird in solchen extensionalen Strukturen nicht wirklich repräsentiert. Das, was wir intuitiv als konträre Gegensätze betrachten, etwa »quadratisch«

und »kreisförmig«, hat disjunkte Extensionen. Nicht jedem Paar disjunkter Extensionen entspricht jedoch ein konträrer Gegensatz. Wenn es im Bereich nicht zufällig einen goldenen Berg gibt, werden »Gold sein« und »Berg sein« disjunkte Eigenschaften sein, ohne einen konträren Gegensatz zu bilden. Das Versagen tarskischer Strukturen, konträre Gegensätze zu repräsentieren, ergibt sich aus dem modalen Charakter dieses Begriffs. Der kontradiktorische Gegensatz zwischen Eigenschaften wird *repräsentiert*, da in allen Modellen das gleiche Verständnis von Negation herrscht: Kontradiktorische Eigenschaften sind Paare, deren Extensionen den Gegenstandsbereich vollständig und einander ausschließend aufteilen. Um den konträren Gegensatz von Eigenschaften zu repräsentieren, könnten wir diesem gegenstandsbasierten Rahmen der tarskischen Interpretationsfunktion eine nichtlogische materiale Beschränkung auferlegen, so dass sichergestellt ist, dass die Extensionen von konträren Eigenschaften *P* und *Q* in *jedem* Modell disjunkt sind.

Dies ist genau das, was mit der tarskischen Modelltheorie durch die Weiterentwicklung im Sinne möglicher Welten geschieht. Wir können uns das modale Element als einen Zusatz vorstellen, indem wir den konträren Gegensatz von Eigenschaften genauso behandeln wie die logische Negation, nämlich als eine Beschränkung *aller* Interpretationen. Der Ansatz behandelt *Intensionen* von Eigenschaften, indem *Funktionen* von *Indizes* als Extensionen betrachtet werden. Die Indizes können Modelle sein, also relationale Strukturen, oder sie können mögliche Welten sein. Wir haben gesehen, dass es große Unterschiede gibt zwischen beiden Varianten. Ein wichtiger Unterschied ist, dass Modelle Gegenstands*bereiche* haben, mögliche Welten hingegen nicht. Ein weiterer Unterschied ist, dass einige *logisch* mögliche Welten (also kombinatorisch mögliche Konstellationen von Gegenständen und Eigenschaften) nicht als wirklich (metaphysisch oder physisch) möglich gelten. Jede relationale Struktur mit der richtigen Anzahl von Stellen kann hingegen ein Modell sein. Erst an dieser Stelle, also zum Schluss, wird Modalität eingebaut. Sie sickert gewissermaßen durch als die Intensionen der Eigenschaften. Es sollte jedoch betont werden, dass diese Beschränkung aus Sicht des zugrundeliegenden Rohmaterials *willkürlich* und *von außen herangetragen* ist. Man legt einfach fest, dass die Disjunktheit der Bereiche gewisser Prädikate wie QUADRATISCH und KREISFÖRMIG *de jure* ist und bei anderen Prädikaten wie GOLD und BERG hingegen nicht. Solche Festlegungen werden erst ganz am Ende und nicht am Anfang des semantischen Konstruktionsprozesses eingeführt. Die Unterscheidung zwischen unvereinbarer und vereinbarer Verschiedenheit (ausschließender und einfacher Verschiedenheit) wird letztendlich *ebenfalls* von der Mögliche-Welten-Semantik vorausgesetzt. Sie baut sie nur an einer anderen Stelle ein und behandelt sie als etwas Nachträgliches.

Eine besonders extreme Variante der extensionalistischen Erklärungsordnung findet sich im *Tractatus.* Hier ist Modalität nicht nur kein Grundbaustein, sondern wird mit der denkbar schwächsten Lesart bedacht, insofern sie erst ganz zum Schluss im Sinne des kontradiktorischen Gegensatzes und somit durch formale Negation gedeutet wird. Das Schema des *Tractatus* beginnt mit der einfachen Verschiedenheit von Gegenständen und der einfachen Verschiedenheit der zwischen ihnen bestehenden Beziehungen. Eigenschaften werden einfach als Beziehungen zwischen verschiedenen Gegenständen verstanden. Alle elementaren Gegenstände können in allen Beziehungen zu allen anderen Gegenständen stehen. Auf der unteren Stufe gibt es überhaupt keine kombinierbaren Einschränkungen außer die, die sich aus der Anzahl der Stellen der Beziehungen ergeben. Was syntaktisch-kombinatorisch und kategorisch möglich ist (»logisch möglich«), das ist *tout court* möglich. Elementare Gegenstände legen den Sachverhalten, in denen sie vorkommen können, *keine* Bedingungen auf, und somit keine Beschränkungen bezüglich der Eigenschaften, die sie gleichzeitig aufweisen können. Auf dieser

Stufe stehen Eigenschaften nicht in Beziehungen ausschließender Verschiedenheit zueinander (wenn beispielsweise die Mutter von A zu sein impliziert, nicht Vater von B sein zu können). (Tatsächlich ist es eine gute Frage, ob und auf welche Weise monadische Eigenschaften überhaupt unterschieden werden können.) Komplexere Tatsachen können miteinander unvereinbar sein – was aber nur verständlich ist, wenn eine Tatsache wahrheitsfunktional die logische Negation einer Elementartatsache einschließt, die in einer anderen enthalten ist. Wie oben bereits angemerkt, scheint eine gewisse Unzufriedenheit mit einer solchen Betrachtungsweise hinsichtlich konträren Farbunterschieden eine wichtige Rolle dafür gespielt zu haben, dass sich Wittgenstein von der Denkweise des *Tractatus* distanziert hat.

IV. Eigenschaften und Gegenstände

Es ändert nichts an der grundlegenden Erklärungsordnung des tarskischen Extensionalismus, wenn auf die zulässigen Modelle am Ende substantielle modale Beschränkungen in Form einer Mögliche-Welten-Semantik aufgepfropft werden. Hegel verfolgt im Kapitel zur Wahrnehmung die entgegengesetzte Erklärungsordnung. Es gehört zum Wesen extensionalistischer Ansätze, dass sie sich allein auf die einfache bzw. vereinbare Verschiedenheit von Gegenständen berufen. Hegel hingegen beginnt mit Merkmalen und nicht mit Gegenständen, und erkennt neben den vereinbaren Verschiedenheiten von Merkmalen auch unvereinbare bzw. ausschließende Verschiedenheiten an. Wir haben gesehen, dass die beiden letzteren zwei aristotelischen Arten von Verschiedenheiten entsprechen, nämlich dem formal-kontradiktorischen und dem material-konträren Gegensatz. Hegel konzentriert sich auf die materiale (nichtlogische) Unvereinbarkeit solcher konträren Gegensätze. Auf Grundlage dieses nichtlogischen modalen Grundbausteins arbeitet er dann die ganze im weitesten Sinne aristotelische Struktur von Gegenständen-mit-Eigenschaften aus (durch Allgemeinbegriffe charakterisierte Einzeldinge).

Es lässt sich in drei Schritten zeigen, dass die metaphysische Struktur von Gegenständen-mit-Eigenschaften bereits implizit in dem enthalten ist, was durch ein reines merkmal-lokalisierendes Vokabular ausgedrückt wird. Dafür müssen wir lediglich verstehen, dass die in diesem Vokabular eingesetzten Merkmale zueinander in Beziehungen vereinbarer und unvereinbarer Verschiedenheit stehen. In jedem Schritt wird dem Bild eine weitere Art von Verschiedenheit hinzugefügt, eine weitere Explikation des komplexen Begriffs BESTIMMTE NEGATION. Der erste Schritt führt die interkategoriale Verschiedenheit zwischen Eigenschaften und Gegenständen bzw. Allgemeinbegriffen und Einzeldingen ein. Der zweite Schritt führt die intrakategoriale Verschiedenheit von zwei Rollen ein, die einzelne Gegenstände hinsichtlich Eigenschaften spielen müssen; hierin spiegelt sich die intrakategoriale Verschiedenheit von einfach verschiedenen und ausschließend verschiedenen Eigenschaften wider. Der dritte Schritt erfasst die grundlegende interkategoriale und metaphysische Verschiedenheit von Gegenständen und Eigenschaften hinsichtlich einfacher und ausschließender Verschiedenheiten.

Beim ersten Schritt in diesem Argument zeigt sich, dass die im weitesten Sinne aristotelische Struktur von Gegenständen-und-Eigenschaften, bzw. von Einzelnem-und-Allgemeinem, bereits implizit in der Feststellung enthalten ist, dass die Merkmale, die die Inhalte sinnlicher Erfahrung gliedern, in Beziehungen materialer Unvereinbarkeit bzw. ausschließender Verschiedenheit stehen. Dieses Argument beginnt also mit der Funktion, die das von Hegel im Kapitel zur sinnlichen Gewissheit sogenannte »jetzt« bei der Unterscheidung zwischen den zwei grundlegenden Arten von Verschiedenheit einnimmt, also die vereinbare und die unvereinbare Verschiedenheit. Was sich durch »Jetzt$_1$ ist Nacht« ausdrücken lässt, ist *nicht* unvereinbar mit dem, was sich durch »Jetzt$_2$ ist Tag« ausdrücken lässt; unvereinbar *ist* es dagegen mit »Jetzt$_1$ ist Tag«. Die Unvereinbarkeit gilt nur für *dasselbe* »jetzt«. Wir können sagen, dass das »jetzt« die Rolle einer *Verrechnungseinheit* für Unvereinbarkeiten hat.

Worin diese Rolle besteht, wird deutlicher, wenn wir sie mit der zweiten Dimension der Wiederholbarkeit in Verbindung bringen, die durch die Betrachtung jenes Selbstbewusstseins zutage getreten ist, das sich als sinnliches Bewusstsein im Sinne der sinnlichen Gewissheit begreift: die *erinnernde* Wiederholbarkeit. Denn was sich durch »Jetzt$_1$ ist Nacht« ausdrücken lässt, ist unvereinbar mit dem, was sich durch »Damals$_1$ war Tag« ausdrücken lässt, vorausgesetzt, »damals$_1$« bringt eine Erinnerung, ein Festhalten, daran zum Ausdruck, was durch »jetzt$_1$« ausgedrückt wird. Die Verrechnungseinheit für Unvereinbarkeiten ist ein »Festhalten«, das durch die gesamte anaphorische Kette von Erinnerungen an das erste demonstrative »jetzt« ausgedrückt wird.

Das »hier« bringt eine ähnliche Verrechnungseinheit für Unvereinbarkeiten zum Ausdruck. Was sich durch »Hier$_1$ ist ein Baum« ausdrücken lässt, ist nicht unvereinbar mit dem, was sich durch »Hier$_2$ ist ein Haus« ausdrücken lässt. Es ist aber mit dem unvereinbar, was sich durch »Hier$_1$ ist ein Haus« ausdrücken lässt. Und es ist unvereinbar mit dem, was sich durch »Dort$_1$ ist ein Haus« ausdrücken lässt, wenn das, was »dort$_1$« ausdrückt, sich zu dem, was »hier$_1$« ausdrückt, verhält wie eine Erinnerung, die das »damals$_1$« als ein »jetzt$_1$« zum Ausdruck bringt, also wie ein wiederholbares anaphorisches »Festhalten« am räumlichen demonstrativen Ausdruck »hier$_1$«. In der Tat können die zeitlichen und räumlichen Indexikalien zur raum-zeitlichen Indexikalie »hier-und-jetzt« verbunden werden. Solche Indexikalien drücken nach wie vor Verrechnungseinheiten für Unvereinbarkeiten aus. Das gilt auch für die aus ihnen gebildeten wiederholbaren anaphorischen Ausdrücke, Ausdrücke der Form »dort$_i$-und-damals$_j$«, die das festhalten, was sich durch irgendein »hier$_i$-und-jetzt$_j$« ausdrücken lässt. Und was für diese indexikalischen Erfahrungsakte gilt, gilt ebenso für demonstrative Erfahrungsakte. Was sich durch »Dies$_1$ ist ein Dreieck« ausdrücken lässt, schließt nicht das aus, was sich durch »Dies$_2$ ist kreisförmig« ausdrücken lässt. Es schließt jedoch das aus, was sich durch »Das$_1$ ist kreisförmig« ausdrücken lässt, vorausgesetzt, das »das$_1$« funktioniert als ein anaphorisch abhängiges Erinnern der ursprünglichen Instanziierung »dies$_1$«.

In all diesen Fällen spielt die anaphorisch erweiterte Struktur, welche unwiederholbare indexikalische oder demonstrative Erfahrungsakte aufeinander bezieht, die Rolle einer Verrechnungseinheit, in der der Besitz material unvereinbarer sinnlicher Merkmale ausgeschlossen wird. An dieser Stelle sehen wir, dass die Begriffe UNVEREINBARE VERSCHIEDENHEIT, BESTIMMTE NEGATION oder MATERIALE UNVEREINBARKEIT (die, so behaupte ich, drei Redeweisen für ein und dieselbe Sache sind) von *Merkmalen* implizit einen Kontrast zu einer anderen Art von Ding beinhalten, etwas, das *nicht* im gleichen Sinn ein Merkmal, aber ein wesentlicher Teil derselben Struktur ist. Unvereinbarkeiten von Merkmalen erfordern schließlich Verrechnungseinheiten. Es ist nicht unmöglich, dass zwei unvereinbare Merkmale vorkommen. Schließlich regnet es gelegentlich und gelegentlich ist es schön. Jedoch ist es unmöglich, dass unvereinbare Merkmale dieselbe Verrechnungseinheit aufweisen. Dies ist unser erster Zugriff auf das, was sich durch eine Instanziierung von »jetzt« oder »hier-und-jetzt« oder »dies« ausdrücken lässt, bzw. auf die anaphorischen Strukturen der Wiederholbarkeit, die diese Instanziierungen initiieren.

Aus der Tatsache, dass verschiedene »jetzt« unvereinbare Merkmale aufweisen können, folgt somit, dass zur Struktur sinnlicher Inhalte, die Merkmale beinhaltet, die sich entweder auf vereinbare oder unvereinbare Weise voneinander unterscheiden können, wesentlich auch Elemente gehören, die selbst keine Merkmale sind, sondern eine andere Rolle spielen. Diese Verrechnungseinheiten gehören zu einer anderen ontologischen Kategorie als jene Merkmale, für die sie die Verrechnungseinheiten sind. In der sinnlichen Erfahrung gibt es also zum einen die *intra*kategoriale Verschiedenheit (bezüglich der Beziehungen zwischen Merkmalen) zwischen zwei Arten der Verschiedenheit (vereinbar und unvereinbar) von Merkmalen, die sich durch Sätze einer merkmal-lokalisierenden Sprache ausdrücken lassen. Zum anderen aber beinhaltet die sinnliche Erfahrung implizit auch die *inter*kategoriale Verschiedenheit zwischen den Merkmalen und den Verrechnungseinheiten für die Unvereinbarkeit von Merkmalen.

Das bedeutet, dass die im weitesten Sinne aristotelische Struktur von Gegenständen-und-Eigenschaften, bzw. Einzelnem-und-Allgemeinem, die ganze Zeit über in der sinnlichen Erfahrung implizit enthalten war, auch wenn wir sie ursprünglich gemäß den Kategorien der sinnlichen Gewissheit aufgefasst haben. Indem wir diese implizite Struktur explizit machen, erhalten wir die Form des sinnlichen Selbstbewusstseins, die Hegel »Wahrnehmung« nennt.

Hiermit wurde eine entscheidende Linie überschritten. Die wiederholbaren Inhalte, die von unwiederholbaren sinnlichen Erfahrungsakten aufgewiesen werden, sind nicht mehr länger als *Merkmale* zu deuten, sondern als *Eigenschaften*. Dieser Übergang wird vollzogen, indem diese wiederholbaren Inhalte nicht mehr damit assoziiert werden, was sich durch das beliebige »es« in »Es regnet« oder das undifferenzierte, bloß existenzielle »es gibt« in »Es gibt Rotes« ausdrücken lässt, sondern mit verschiedenen konkurrierenden Verrechnungseinheiten. Wenn wir dem phänomenalen Selbstbewusstsein über die Schulter blicken und sehen, wie es sich aus den Kategorien der sinnlichen Gewissheit zu den Kategorien der Wahrnehmung entwickelt, dann erkennen wir, dass die Differenzierung dessen, was das sinnliche Wiederholbare aufweist, bereits implizit in den verschiedenen »jetzt« enthalten war, wie sie von der sinnlichen Gewissheit von Anfang eingestanden wurden. Die Inhalte der grundlegenden sinnlichen Erkenntnisakte werden nicht mehr länger als etwas gedeutet, das sich in merkmal-lokalisierendem Vokabular ausdrücken lässt. Sie werden nun als etwas gegliedert, das sich nur in solchen Vokabularien ausdrücken lässt, die über die erweiterte Struktur von Subjekten und Prädikaten verfügen. Das Erfahrene wird jetzt nicht nur als eine Vielheit von Merkmalen verstanden, sondern als Gegenstände mit Eigenschaften – als Einzeldinge, die Allgemeinbegriffe aufweisen.

V. Zwei metaphysische Rollen von Gegenständen

Indem wir die funktionalen Verrechnungseinheiten für das unvereinbare sinnliche Wiederholbare als *Gegenstände* oder *Einzeldinge* begreifen, entfalten wir auch den impliziten Gehalt der Unterscheidung zwischen dem vereinbar bzw. einfach verschiedenen sinnlich Wiederholbaren einerseits und dem unvereinbar bzw. ausschließend verschiedenen sinnlich Wiederholbaren andererseits. Hegel sagt über die Merkmale, sie seien »Bestimmtheiten, die eigentlich erst durch eine ferner hinzukommende Bestimmung Eigenschaften sind«, nämlich durch die Dingheit.[2] Er arbeitet diesen Begriff der DINGHEIT in zweierlei Hinsichten genauer aus: das Ding als etwas *Ausschließendes* und als etwas *Einschließendes*. Diese zwei unterschiedlichen Rollen, die wesentlich dafür sind, ein »Ding von vielen Eigenschaften« zu sein, beschreibt er einerseits als ein »*Eins,* [eine] *ausschließende Einheit*«

2 Ebd., S. 94.

und andererseits als »ein *Auch*, [eine] gleichgültige Einheit«[3]. Die Einheit der Verrechnungseinheiten beinhaltet wesentlich sowohl die Unterscheidung als auch die Beziehung zwischen dem »Eins«-Sein und dem »Auch«-Sein.[4] Sie entsprechen jeweils den Rollen von Gegenständen, zum einen in Bezug auf *unvereinbare* Eigenschaften, die sie ausschließen, und zum anderen in Bezug auf *vereinbare* Eigenschaften, die sie einschließen. Die intrakategoriale Metaverschiedenheit der beiden Arten von Verschiedenheit innerhalb dessen, was wir nun als *Eigenschaften* erkennen, spiegelt sich in der intrakategorialen Verschiedenheit zwischen den beiden komplementären Rollen wider, die die *Gegenstände* in Bezug auf diese Eigenschaften spielen: Sie stoßen unvereinbare Eigenschaften ab und sind ein Medium zur Vereinigung vereinbarer Eigenschaften. Zur ersten Rolle schreibt Hegel Folgendes:

> Nämlich wenn die vielen bestimmten Eigenschaften schlechterdings gleichgültig wären, und sich durchaus nur auf sich selbst bezögen, so wären sie keine *bestimmten*; denn sie sind dies nur, insofern sie sich *unterscheiden*, und sich *auf andere* als entgegengesetzte *beziehen*.[5]

Dies ist der mittlerweile bekannte Punkt, dass Bestimmtheit ausschließende unvereinbare Verschiedenheit erfordert und einfache bzw. gleichgültige vereinbare Verschiedenheit nicht genügt.

> Nach dieser Entgegensetzung aber können sie nicht in der einfachen Einheit ihres Mediums zusammen sein, die ihnen eben so wesentlich ist als die Negation; die Unterscheidung derselben, insofern sie nicht eine gleichgültige, sondern aus-

3 Ebd., S. 95.
4 Ebd.
5 Ebd.

> schließende, Anderes negierende ist, fällt also außer diesem einfachen Medium; [...].[6]

Das »Medium« ist hier Dingheit, also die Gegenstände, die Eigenschaften aufweisen:

> Das Eins ist das *Moment der Negation*, wie es selbst auf eine einfache Weise sich auf sich bezieht und Anderes ausschließt und wodurch die *Dingheit*, als *Ding* bestimmt ist.[7]

Wenn A und B *verschiedene* Dinge sind, kann das eine kreisförmig und das andere dreieckig, das eine rot und das andere grün sein. *Ein und dasselbe* Ding jedoch kann diese unvereinbaren Eigenschaften *nicht* besitzen. Ist A kreisförmig und rot, so ist *ausgeschlossen*, dass A dreieckig und grün ist. Durch solche Ausschlüsse werden Gegenstände individuiert. Andererseits heißt es:

> Dies abstrakte allgemeine Medium, das die *Dingheit* überhaupt oder das *reine Wesen* genannt werden kann, ist nichts anderes als das *Hier* und *Jetzt*, wie es sich erwiesen hat, nämlich als ein *einfaches Zusammen* von vielen; aber die vielen sind in *ihrer Bestimmtheit* selbst *einfach Allgemeine*. Dies Salz ist einfaches Hier und zugleich vielfach; es ist weiß und *auch* scharf, *auch* kubisch gestaltet, *auch* von bestimmter Schwere usw. Alle diese vielen Eigenschaften sind in einem einfachen *Hier*, worin sie sich also durchdringen; [...] und zugleich, ohne durch verschiedene Hier geschieden zu sein, affizieren sie sich in dieser Durchdringung nicht; das Weiße affiziert oder verändert das Kubische nicht, beide nicht das Scharfe usw., sondern da jede selbst einfaches *Sichaufsichbeziehen* ist, läßt sie die andern ruhig und bezieht sich nur durch das gleichgül-

6 Ebd.
7 Ebd., S. 95f.

> tige *Auch* auf sie. Dieses *Auch* ist also das reine Allgemeine selbst oder das Medium, die sie so zusammenfassende *Dingheit*.[8]

Das Ding als das Medium, in dem *vereinbare* Eigenschaften koexistieren können, ist das Ding als »Auch«. Es ist das Ding vieler (vereinbarer) Eigenschaften, nicht das Ding, das unvereinbare Eigenschaften ausschließt. Schon die Instanziierungen von »hier«, die als Merkmale der Erfahrungsakte des sinnlichen Bewusstseins zum Ausdruck kommen, spielen sowohl diese einschließende als auch jene ausschließende Rolle. Bereits in diesem einfachen Fall sehen wir

> […] das *Medium*, worin diese Bestimmtheiten alle sind, sich also in ihr als in einer *einfachen* Einheit *durchdringen*, ohne sich aber zu *berühren*; denn eben durch die Teilnahme an dieser Allgemeinheit sind sie gleichgültig für sich. – Dies abstrakte allgemeine Medium, das die *Dingheit* überhaupt oder das *reine Wesen* genannt werden kann, ist nichts anderes als das *Hier* und *Jetzt*, wie es sich erwiesen hat, nämlich als ein *einfaches Zusammen* von vielen; […].[9]

Auch in dieser Hinsicht erscheint die Dingheit – die Idee, dass Gegenstände wesentlich zu der Struktur gehören, die Eigenschaften enthält – zunächst in der indexikalischen Form von Hier-und-Jetzt. Sie wird zunächst verallgemeinert durch die Idee anaphorischer Ketten, die das »Erinnern«, was durch solche unwiederholbaren indexikalischen und demonstrativen Instanziierungen zum Ausdruck gebracht wird, und erreicht schließlich die voll entwickelte logische Vorstellung von Einzeldingen als Träger von Allgemeinbegriffen.

8 Ebd., S. 95.
9 Ebd., S. 94f.

Hieraus ergibt sich, dass die Idee sinnlicher Erfahrungsakte, die inhaltlich bestimmt sind, insofern sie nicht nur unterscheidbar sind, sondern auch zueinander in Beziehungen materialer Unvereinbarkeit stehen, implizit einen strukturell-kategorialen Kontrast beinhaltet, der sich aus dem Unterschied zwischen den wiederholbaren sinnlichen Allgemeinbegriffen und etwas anderem ergibt. Dieses andere ist »Dingheit« oder Einzelheit. Es stellt sich heraus, dass der Begriff EINZELHEIT selbst einen Kontrast beinhaltet:

> [D]ieses [einfache Medium] ist daher nicht nur ein *Auch*, gleichgültige Einheit, sondern auch Eins, *ausschließende Einheit.*[10]

Diese verschiedenen und dennoch komplementären Rollen entsprechen (in dieser ontologischen Kategorie) der Unterscheidung zwischen vereinbaren und unvereinbaren Verschiedenheiten (in der ontologischen Kategorie der Eigenschaften); siehe Abbildung 5.4.

Wie wir gesehen haben, ist es für Bestimmtheit erforderlich, dass mit der Identität und Individuation von Eigenschaften nicht nur die vereinbaren Verschiedenheiten, sondern auch die unvereinbaren Verschiedenheiten zwischen ihnen anerkannt werden. Hängt die Identität und Individuation von Gegenständen ebenfalls davon ab, dass sie sowohl vereinbare Eigenschaften

10 Ebd., S. 95. Auch: »Ich nehme nun ferner die Eigenschaft wahr als *bestimmte*, Anderem *entgegengesetzte* und es ausschließende. Ich faßte das gegenständliche Wesen also in der Tat nicht richtig auf, als ich es als eine *Gemeinschaft* mit anderen oder als die Kontinuität bestimmte, und muß, vielmehr um der *Bestimmtheit* der Eigenschaft willen die Kontinuität trennen, und es als ausschließendes Eins setzen. An dem getrennten Eins finde ich viele solche Eigenschaften, die einander nicht affizieren, sondern gleichgültig gegeneinander sind; [...].« S. 97f.

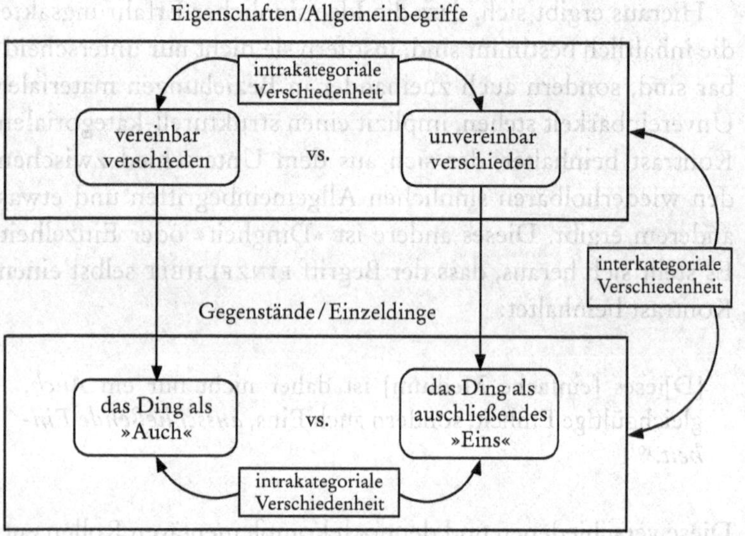

Abb. 5.4

vereinigen als auch unvereinbare Eigenschaften ausschließen? Hegel sagt dazu Folgendes:

> Diese *verschiedenen Seiten* […], sind aber, jede so für sich, […] *bestimmt*; das Weiße ist nur in Entgegensetzung gegen das Schwarze usf., und das Ding Eins gerade dadurch, daß es andern sich entgegensetzt. Es schließt aber andere nicht, insofern es Eins ist, von sich aus […]; sondern durch die *Bestimmtheit*. Die Dinge selbst also sind *an und für sich bestimmte*; sie haben Eigenschaften, wodurch sie sich von andern unterscheiden.[11]

Der ersten Behauptung zufolge ist das Ding als Eines gewissermaßen den anderen Dingen entgegengesetzt, es »schließt andere von sich aus«. Die Rede von einem Ding als Ausschließendes

11 Ebd., S. 100.

bringt die Rolle von Gegenständen als Verrechnungseinheiten für Unvereinbarkeiten von Eigenschaften ins Spiel.

Aber so, wie Gegenstände einander ausschließen und entgegengesetzt sind, können sich Eigenschaften nicht einander ausschließen und entgegengesetzt sein. Was könnten die Verrechnungseinheiten für *diese* Ausschlussbeziehungen sein? Wir haben gesehen, dass uns die materiale Kontrarität von Eigenschaften erlaubt, Gegensätze im kontradiktorischen Sinn zu definieren. In diesem Sinne ist die Eigenschaft *Q* der Gegensatz der Eigenschaft *P* genau dann, wenn die Eigenschaft *Q* von allen und nur den Gegenständen aufgewiesen wird, die nicht *P* aufweisen. Auf diese Weise verhalten sich NICHT-ROT und ROT zueinander. Ein auf Aristoteles zurückgehendes Argument zeigt, dass Gegenstände im kontradiktorischen Sinn keine Gegensätze haben.[12] Der entsprechende Begriff eines Gegensatzes in der ontologischen Kategorie der Gegenstände müsste Folgendes enthalten: Gegenstand *b* ist der kontradiktorische Gegensatz zu Gegenstand *a* genau dann, wenn *b* alle und nur die Eigenschaften aufweist, die *a* nicht aufweist. Aber zu den Eigenschaften, die *nicht* von irgendeinem Gegenstand aufgewiesen werden, gehören immer Eigenschaften, die miteinander unvereinbar sind und insofern nicht alle von einem einzelnen Gegenstand aufgewiesen werden können. Der rote kreisförmige Gegenstand hat nicht die Eigenschaften, grün, gelb, dreieckig oder rechteckig zu sein. Also müsste der ihm entgegengesetzte Gegenstand alle diese Eigenschaften aufweisen (ebenso wie auch alle anderen Farben und Formen außer rot und kreisförmig). Das ist jedoch unmöglich. Das Diagramm oben hat die Eigenschaften, nicht identisch mit meinem kleinen linken Finger sowie nicht identisch mit Bachs Zweitem Brandenburgischen Konzert zu sein. Sein Gegensatz müsste also die Eigenschaft haben, mit beiden Dingen identisch

12 Vgl. Aristoteles, *Die Kategorien*, Buch V, Philosophische Schriften, Bd. I, Hamburg 2019.

zu sein. Da sie aber nicht miteinander identisch sind, ist das unmöglich.

Obwohl sich also Gegenstände auch voneinander unterscheiden und gewissermaßen einander ausschließen, gibt es einen enormen strukturellen Unterschied im Vergleich zu Eigenschaften. Dies ist die Unterscheidung von zwei Arten von Verschiedenheit, die den ganzen Prozess von Explikation und Ausarbeitung anstößt, welcher hier vorgetragen wird. Das, was schon immer in der Unterscheidung der zwei ontologischen Kategorien von Eigenschaften und Gegenständen implizit enthalten war, wird durch das aristotelische Argument entfaltet. Der Schlüssel zum Verständnis dieser Verschiedenheit besteht in ihrer Beziehung zur ausschließenden Verschiedenheit – in ihrer andersartigen Beziehung zu dieser Art von Verschiedenheit.

Was genau heißt es, dass Gegenstände identifiziert und individuiert werden, vor allem im Unterschied dazu, wie Eigenschaften identifiziert und individuiert werden? Die Antwort, die Hegel uns in der oben zitierten Passage anbietet, ist sicherlich richtig, so weit sie eben reicht: Gegenstände werden durch ihre Eigenschaften identifiziert und individuiert. Diese Antwort bekräftigt noch einmal die Erklärungsordnung, die wir hier Hegel zuschreiben, nämlich von den (Ur-)Eigenschaften (Merkmalen) herkommend hin zu den Gegenständen – eine Umkehrung der tarskischen Erklärungsordnung. Indem Gegenstände verschiedene Mengen miteinander vereinbarer Eigenschaften aufnehmen, unterscheiden sie sich als »Auch« voneinander. Indem Gegenstände Eigenschaften ausschließen, die mit den von ihnen aufgenommenen Eigenschaften unvereinbar sind, schließen sie einander aus im Sinne des *»ausschließenden Eins«*, denn einige der miteinander vereinbaren Eigenschaften, die der eine Gegenstand aufweist, sind unvereinbar mit einigen der miteinander vereinbaren Eigenschaften, die ein anderer Gegenstand aufweist.

Hier sehen wir einen weiteren Aspekt des Unterschieds zwischen der Erklärungsordnung der tarskischen extensionalistischen Tradition und Hegels Metaphysik von Allgemeinem und Einzelnem. Die extensionalistische Tradition bietet uns eine Antwort auf die Frage an, wie sich die Identität und Individuation von Gegenständen zur Identität und Individuation von Eigenschaften verhält, nämlich das Leibniz-Gesetz (LG). Es enthält eine schwächere und eine stärkere Behauptung.

LG1: die Ununterscheidbarkeit identischer Dinge.

LG2: die Identität ununterscheidbarer Dinge.

LG1 besagt, dass identischen Gegenständen alle Eigenschaften gemeinsam sein müssen. LG2 besagt, dass Gegenstände, die alle Eigenschaften gemeinsam haben, identisch sind. Die Identität ununterscheidbarer Dinge ist stärker als die Ununterscheidbarkeit identischer Dinge, da sie davon abzuhängen scheint, dass es »genug« Eigenschaften gibt, um alle Gegenstände zu unterscheiden, die tatsächlich verschieden sind. So wie es sich im extensionalistischen Rahmen zeigt, beruft sich das Leibniz-Gesetz nur auf die einfache Verschiedenheit von Eigenschaften und die einfache Verschiedenheit von Gegenständen. Problematisch ist, wie das Gesetz anzuwenden ist, wenn modal robuste Eigenschaften im Spiel sind.[13] Wie gestalten sich diese Prinzipien in einem Umfeld, in dem sowohl die ausschließende Verschiedenheit von Eigenschaften als auch die einfache Verschiedenheit eine Rolle spielen?

Die Ununterscheidbarkeit identischer Dinge besagt, dass die einfache Verschiedenheit von Eigenschaften hinreichend ist für die einfache Verschiedenheit von Gegenständen. Die Identität ununterscheidbarer Dinge besagt, dass einfach verschiedene Gegenstände zumindest einfach verschiedene Eigenschaften haben. Meines Erachtens bejaht Hegel diese Prinzipien. Doch so, wie er darüber spricht, dass Gegenstände einander ausschlie-

13 Dieses Thema behandele ich im 6. Kapitel und in der zweiten Hälfte des ersten Kapitels von *From Empiricism to Expressivism. Brandom Reads Sellars*. Harvard University Press, 2014.

ßen, deutet das darauf hin, dass er auch ein weiteres, stärkeres Prinzip bejaht: Voneinander verschiedene Gegenstände haben nicht nur voneinander *verschiedene* Eigenschaften, sondern sie haben miteinander *unvereinbare* Eigenschaften. Wir können dieses Prinzip die »Ausschließlichkeit von Gegenständen« nennen. Solch eine Ansicht würde drei Adäquatheitskriterien erfüllen, von denen die ersten beiden in der zuletzt zitierten Passage aufgestellt wurden.

- Sie erlaubt uns zu sagen, dass Gegenstände einander ausschließen.
- Dies gelingt ihr, indem sie sich auf den noch grundlegenderen Gedanken beruft, dass Eigenschaften einander ausschließen.
- Und sie respektiert die Unterschiede zwischen dem wechselseitigen Ausschluss von Eigenschaften und dem wechselseitigen Ausschluss von Gegenständen, die vom aristotelischen Argument gestützt werden, dem zufolge Gegenstände anders als Eigenschaften keine kontradiktorischen Gegensätze haben können, die durch ihre Ausschlussbeziehungen (im Fall von Eigenschaften: durch ihre konträren Gegensätze) definiert sind.

In der Tat besagt das Prinzip der Ausschließlichkeit von Gegenständen, dass es niemals vorkommen kann, dass zwei Gegenstände als »Auch« voneinander unterschieden sind und verschiedene vereinbare Eigenschaften verbinden (gemäß LG2), wenn sie nicht *auch* als *»ausschließendes Eins«* unterschieden sind. Es gibt keine einfache Verschiedenheit von Eigenschaften, durch die Gegenstände voneinander unterschieden werden, ohne die ausschließende Verschiedenheit von Eigenschaften (der Besitz unvereinbarer Eigenschaften), durch die die Gegenstände voneinander unterschieden werden. Hierzu sagt das Leibniz-Gesetz nichts.

Das Prinzip der Ausschließlichkeit von Gegenständen gilt sogar im extensionalistischen Kontext, vorausgesetzt, ein entsprechendes logisches Vokabular steht zur Verfügung. Denn selbst hier wird bestritten, dass zwei Gegenstände voneinander verschieden sein können (einfach verschieden), wenn sie einfach oder vereinbar verschiedene Eigenschaften haben. Wenn wir den Hinweis bezüglich der Identitätseigenschaften aufgreifen, der zur Veranschaulichung des aristotelischen Arguments (Gegenstände können keine kontradiktorischen Gegensätze haben) verwendet wurde, dann sehen wir Folgendes: Wenn *a* und *b* in der Tat nicht identisch sind, dann wird *a* die Eigenschaft »identisch mit *a*« und *b* die Eigenschaft »identisch mit *b*« haben. Wenn *a* und *b* nicht identisch sind, kann nichts beide Eigenschaften haben; sie sind nicht einfach verschiedene, sondern einander ausschließend verschiedene Eigenschaften. Es ist unmöglich, dass ein Gegenstand beide Eigenschaften zugleich hat.

Wenn wir also über Dinge aus extensionalistischer Sicht nachdenken, ließen sich Mengen von einfachen Verschiedenheiten zwischen Gegenständen mit einfach verschiedenen Eigenschaften identifizieren – womit wir schließlich eine Variante des Prinzips der Ausschließlichkeit von Gegenständen erhalten. Wenn Gegenstand *a* rot ist und Gegenstand *b* sich von ihm dadurch unterscheidet, dass er diese Eigenschaft nicht hat, dann ergibt sich unter Berufung auf den Begriff der abstrakten formalen Negation, dass *b* die Eigenschaft hat, kontradiktorisch im Gegensatz zu ROT zu stehen. Er hat die Eigenschaft NICHT-ROT. Diese Eigenschaft ist im ausschließenden Sinne von ROT verschieden, da es hinsichtlich der formalen Negation *logisch* unmöglich ist, dass irgendein Gegenstand beide Eigenschaften gleichzeitig besitzt. Wenn wir über das logische Vokabular wie *Identität* oder *Negation* verfügen, um komplexe Eigenschaften zu definieren, werden einfach verschiedene Gegenstände ausschließend verschieden sein. Der Umstand, dass das Prinzip der Ausschließlichkeit von Gegenständen (einfach verschiedene Gegenstände haben nicht bloß vereinbar verschiedene, sondern auch unvereinbar verschiedene Eigenschaften) in Hegels Erklärungsordnung früh und in der extensionalistischen Ordnung spät eingeführt wird, ist Folge und Ausdruck der jeweils von ihnen angenommenen Beziehungen zwischen material-konträren und formal-kontradiktorischen Gegensätzen.

Denn wenn man so wie Hegel von vornherein zwischen vereinbar und unvereinbar verschiedenen Eigenschaften unterscheidet, ist man darauf verpflichtet, Eigenschaften in vereinbare Familien untereinander unvereinbarer Eigenschaften auftreten zu lassen. Den paradigmatischen Fall bilden hier die Formen und Farben von einfarbigen euklidischen Planfiguren. Wenn Gegenstand *a* und Gegenstand *b* sich nur hinsichtlich miteinander vereinbarer Eigenschaften unterscheiden, dann unterscheiden sie sich hinsichtlich Eigenschaften aus verschiedenen Familien, deren Mitglieder untereinander unvereinbar sind. Beispielsweise ist *a* rot und *b* quadratisch. Damit sie aber voneinander unterschieden werden können, darf *a* nicht auch noch quadratisch und *b* nicht auch noch rot sein. Wenn aber *a* nicht quadratisch ist, wird es irgendeine andere Form haben, die unvereinbar damit ist, quadratisch zu sein, und wenn *b* nicht rot ist, wird es irgendeine andere Farbe haben, die unvereinbar damit ist, rot zu sein. Dann aber werden *a* und *b* Eigenschaften haben, die nicht nur einfach verschieden voneinander sind, sondern auch unvereinbar verschieden. Das entspricht genau dem, was das Prinzip der Ausschließlichkeit von Gegenständen behauptet. In diesem Bild sind die Arten von Dingen dadurch charakterisiert, dass sie miteinander vereinbare Familien von untereinander unvereinbaren Eigenschaften aufweisen müssen. Töne können formlos und farblos sein, doch müssen sie eine gewisse Höhe und Lautstärke haben. Aber jede einfarbige euklidische Planfigur muss sowohl eine Form als auch eine Farbe haben, wenn sie als ein klar bestimmtes Einzelding dieser Art gelten soll.

Hieraus folgt, dass die Ausschließlichkeit von Gegenständen, das heißt die Berufung auf die ausschließende Verschiedenheit von Eigenschaften für die Identität und Individuation von Gegenständen, in Hegels Erklärungsordnung grundlegender ist als das Leibniz-Gesetz, das sich auf die einfache Verschiedenheit von Eigenschaften beruft.

VI. Zehn Arten metaphysischer Verschiedenheit

Diese Feststellung vollendet die Darstellung des Arguments über die Rückschlüsse, die sich aus der Idee der Inhalte des sinnlichen Bewusstseins ergeben, die sich durch merkmal-lokalisierendes Vokabular ausdrücken lassen. Dieses Argument führt von der Betrachtung der Implikationen der Forderung, dass die inhaltsgliedernden Merkmale *bestimmt* sein müssen, über die Betrachtung des Verhältnisses zwischen Negation und Allgemeinheit zur ungleich feiner strukturierten Idee, dass diese Inhalte eine Welt vorstellen, die aus empirischen Gegenständen mit vielen beobachtbaren Eigenschaften besteht. Wir sind jetzt in der Lage zu verstehen, worum es Hegel geht, wenn er in den einführenden Absätzen des Kapitels zur Wahrnehmung Aussagen der folgenden Art macht:

> Die Wahrnehmung nimmt hingegen das, was ihr das Seiende ist, als Allgemeines.[14]

> In diesem Verhältnisse, das sich ergeben hat, ist nur erst der Charakter der positive Allgemeinheit beobachtet und entwickelt [...].[15]

14 *PhG*, S. 93.
15 Ebd., S. 95.

> [D]enn nur jene [die Wahrnehmung] hat die Negation […].[16]

> Das Sein aber ist ein Allgemeines dadurch, daß es die Vermittlung oder das Negative an ihm hat; indem es dies an seiner Unmittelbarkeit *ausdrückt*, ist es eine *unterschiedene*, *bestimmte* Eigenschaft.[17]

> Da sein Prinzip, das Allgemeine, in seiner Einfachheit ein *vermitteltes* ist, so muß er dies als seine Natur an ihm ausdrücken; er zeigt sich dadurch als *das Ding von vielen Eigenschaften*.[18]

In diesen Passagen beschreibt Hegel einen Weg von der *Allgemeinheit* über die Entfaltung der Voraussetzungen für die *Bestimmtheit* von Allgemeinbegriffen bis zur *Negation* (und Vermittlung) und landet bei der Struktur von Allgemeinem und Einzelnem – der Struktur des Dinges mit vielen Eigenschaften. Ich habe den Gedankengang ein wenig anders wiedergegeben, doch, wie ich meine, auf eine nicht unvereinbare Weise. Das offizielle Ergebnis aus dem Kapitel zur sinnlichen Gewissheit besteht darin, dass das sinnliche Selbstbewusstsein einsieht, dass es sein unmittelbares sinnliches Wissen als etwas verstehen muss, dessen Inhalte allgemein und insofern wiederholbar sind. (Wir haben gesehen, dass sie nicht nur in diesem Sinn wiederholbar sind.) An diesem Punkt greift Hegel den Gedankengang im Kapitel zur Wahrnehmung wieder auf. Die daran anschließende Bezugnahme auf Bestimmtheit und Negation ist meines Erachtens eine Erinnerung daran, dass das empirische, sich in den Kategorien der sinnlichen Gewissheit verstehende Bewusstsein deswegen Einsicht in die Rolle der Wiederholbarkeit als Allgemeinheit erlangt, weil es mit den Überlegungen über den Stellenwert der Negation für die Bestimmtheit sinnlichen Wissens

16 Ebd., S. 94.
17 Ebd.
18 Ebd.

dazu gedrängt wurde. Dies ist der Grund, weshalb meine Ausführung zum sinnlichen Bewusstsein, das sich als Wahrnehmung versteht, mit der Unterscheidung zwischen zwei Formen begonnen hat, wie sinnliche Inhalte bereits in der Erfahrung der sinnlichen Gewissheit auseinander zu treten scheinen.

Ich möchte nun den Fokus auf eine Passage legen, in der Hegel für uns zusammenfasst, was wir gleich noch genauer verstehen werden: »sinnliche Allgemeinheit oder die *unmittelbare* Einheit des Seins und des Negativen«.[19] Hier kündigt er an, dass wir in diesem Kapitel eine seiner Leitideen kennenlernen werden, nämlich die Idee, dass *Bestimmtheit* als eine Art von *Identität* verstanden werden sollte, die durch *Verschiedenheit* konstituiert wird, also als eine Einheit, die durch Ungleichheit gegliedert ist. (Da es sich um die bestimmte Allgemeinheit des *Sinnlichen* handelt, wird diese Art der Einheit des Seins und des Negativen als »unmittelbar« bezeichnet. Dies habe ich als die »Unmittelbarkeit des Ursprungs« bezeichnet, also die Tatsache, dass die betreffenden Episoden sinnlichen Gewahrseins passiv durch die Ausübung nichtinferentieller differenzierender reaktiver Vermögen hervorgerufen werden.) Hegel hat selbstverständlich auch noch andere wichtige Ideen, aber dies ist die zentrale strukturelle Innovation seines Denkens in dem Bereich, den er »Logik« nennt und der sich später im Laufe seiner Ausführungen einteilt in eine Semantik, in der es um die Struktur des subjektiven Bereichs des Denkens geht, und eine Ontologie bzw. Metaphysik, in der es um die Struktur des objektiven Bereichs des Seins geht. Eine zentrale Behauptung meiner Interpretation läuft darauf hinaus, dass die bestimmte Negation bzw. materiale Unvereinbarkeit in zwei Formen auftritt: Auf der Seite der denkenden Subjekte ist sie eine *deontische* Unvereinbarkeit (bei der es um Verpflichtungen und Berechtigungen geht), auf der Seite der Gegenstände ist sie eine *alethische* Unvereinbarkeit (bei der es um Notwendigkeit und

19 Ebd., S. 96.

Möglichkeit geht). Ferner behaupte ich, dass Hegels Idealismus uns Auskunft über die Einheit gibt, die durch *diese* verschiedenen Formen von Verschiedenheiten konstituiert wird. Dies ist jedoch ein Thema für später.

Wir haben die metaphysische Feinstruktur erforscht, die Hegel in dieser Passage als »das Negative« bezeichnet. Eine von Hegels Zusammenfassungen lautet wie folgt:

> In diesen Momenten zusammen ist das Ding als das Wahre der Wahrnehmung vollendet, soweit es nötig ist, es hier zu entwickeln. Es ist α) die gleichgültige passive Allgemeinheit, das *Auch* der vielen Eigenschaften, oder vielmehr Materien, β) die Negation ebenso als einfach, oder das *Eins*, das Ausschließen entgegengesetzter Eigenschaften, und γ) die vielen *Eigenschaften* selbst, die Beziehung der zwei ersten Momente, die Negation, wie sie sich auf das gleichgültige Element bezieht und sich darin als eine Menge von Unterschieden ausbreitet; der Punkt der Einzelheit in dem Medium des Bestehens in die Vielheit ausstrahlend.[20]

Ich habe dafür argumentiert, dass Hegels metaphysische Analyse der Feinstruktur des im weitesten Sinne aristotelischen Gegenstands-mit-vielen-Eigenschaften sowie die Ableitung dieser Struktur aus dem Begriff BESTIMMTE ALLGEMEINHEIT wesentlich komplizierter ist, als es die vorliegende Zusammenfassung nahelegt. Wie im Kapitel zur Wahrnehmung deutlich wird, handelt es sich um einen Komplex von nicht weniger als zehn miteinander verwandten Arten von Verschiedenheit. Wir haben begonnen mit der Unterscheidung zwischen

(1) der einfachen bzw. »gleichgültigen« Verschiedenheit miteinander vereinbarer Allgemeinbegriffe

und

(2) der ausschließenden Verschiedenheit miteinander unverein-

20 Ebd.

barer Allgemeinbegriffe.

Dies führte uns zur

(3) Metaverschiedenheit zwischen einfacher und ausschließender Verschiedenheit.

Hierbei handelt es sich um die erste intrakategoriale Metaverschiedenheit, die zwischen Verschiedenheiten unterscheidet, die Allgemeinbegriffe aufeinander beziehen. Sie ist eine Form von ausschließender Verschiedenheit, weil die Allgemeinbegriffe entweder miteinander vereinbar oder unvereinbar sind. (Man könnte die Begriffe anders verwenden, so dass Allgemeinbegriffe, die im ausschließenden Sinn voneinander verschieden sind, auch einfach verschieden wären. So scheint aber Hegel die Ausdrücke nicht zu verwenden.)

Innerhalb der ausschließenden Verschiedenheit gibt es zwei Arten, die gemäß zwei entgegengesetzten Erklärungsordnungen aufeinander bezogen werden können:

(4) der material-konträre Gegensatz, welchem die bestimmte Negation korrespondiert,

und

(5) der formal-kontradiktorische Gegensatz, welchem die abstrakte logische Negation korrespondiert.

Dann gibt es noch die

(6) Metaverschiedenheit zwischen der bestimmten und der abstrakten logischen Negation.

Dies ist die zweite intrakategoriale Metaverschiedenheit, die zwischen Verschiedenheiten unterscheidet, die Allgemeinbegriffe aufeinander beziehen. Diese sind nicht ausschließend, sondern nur vereinbar verschieden. Kontradiktorische Gegensätze sind eine Art von konträren Gegensätzen, nämlich minimal konträre Gegensätze.

In der Vorstellung des Wiederholbaren als Allgemeinbegriff ist implizit enthalten

(7) die Verschiedenheit zwischen den Allgemeinbegriffen und den Einzeldingen.

Dies ist die erste interkategoriale Verschiedenheit. Auch sie ist eine Art von ausschließender Verschiedenheit.

In der Vorstellung vom Verhältnis zwischen Einzeldingen und Allgemeinbegriffen ist zudem implizit enthalten

(8) die Verschiedenheit zwischen den zwei Rollen der Einzeldinge bzw. Gegenstände:

– die Einzeldinge als »Auch«, also als Medium, das eine Gruppe vereinbarer Allgemeinbegriffe aufnimmt, und
– die Einzeldinge als »ausschließendes Eins«, also als Verrechnungseinheiten, die unvereinbare Eigenschaften abstoßen.

Dies ist die erste intrakategoriale Verschiedenheit zwischen den Rollen der Einzeldinge. Wir sollten diese als *stark* vereinbare verschiedene Rollen bezeichnen, da *jedes* Einzelding beide Rollen nicht nur haben *kann*, sondern haben *muss*.

Dies korrespondiert

(9) der Verschiedenheit zwischen den zwei Rollen der Allgemeinbegriffe bezüglich der Einzeldinge:

– Allgemeinbegriffe, die zusammen mit anderen vereinbaren Allgemeinbegriffen auf ein einschließendes »Eins« bezogen sind, und
– Allgemeinbegriffe, die andere unvereinbare Allgemeinbegriffe ausschließen, welche jeweils mit anderen ausschließenden »Eins« verbunden sind.

Schließlich gibt es

(10) die Verschiedenheit zwischen Allgemeinbegriffen und Einzeldingen, die darin besteht, dass Allgemeinbegriffe kontradiktorische Gegensätze *haben*, Einzeldinge hingegen *nicht*.

Wir müssen die Unterscheidungen und komplizierten Wechselbeziehungen zwischen diesen verschiedenen Arten des Verschiedenseins und Negierens fest im Blick behalten, da die Beschäftigung mit Hegels Logik und Metaphysik der Negation ansonsten nur in Verwirrung endet. Zur Veranschaulichung Folgendes: Sowohl klar bestimmte Eigenschaften als auch Gegenstände können als »Negationen der Negation« verstanden werden (ein Lieblingsausdruck Hegels) – dies aber auf jeweils verschiedene Weise, da sowohl das Negierte als auch das Negierende einen Sinn haben muss, der den Elementen der Liste oben nachgebildet ist. In einem Fall ist beispielsweise die erste Negation einer Negation intrakategorial, also zwischen Allgemeinbegriffen, und in einem zweiten Fall hingegen interkategorial, also zwischen Einzeldingen und Allgemeinbegriffen. Im ersten Fall besteht die Identität einer klar bestimmten Eigenschaft darin, dass sie alle ihre material-konträren Gegensätze negiert, also von ihnen verschieden ist. Jeder dieser Gegensätze ist im Sinn von (2) die Negation der betreffenden Eigenschaft. Und indem diese Eigenschaft der konträre Gegensatz zu allen sie ausschließenden konträren Eigenschaften ist, diese also negiert, ist sie die bestimmte Eigenschaft, die sie ist. Dies ist ein Sinn, in dem Allgemeinbegriffe als solche »die Negation in sich enthalten«, und weshalb die Wahrnehmung, die »das ihr gegenwärtige als allgemein annimmt«, dabei selbst »die Negation enthält«. Im zweiten Fall werden – gemäß der Erklärungsordnung, die ich Hegel zugeschriebenen habe – Einzeldinge durch ihre ausschließende Verschiedenheit von Allgemeinbegriffen verstanden, also (7) und (9). Da die Allgemeinbegriffe aufgrund ihrer Negation untereinander klar bestimmte Allgemeinbegriffe sind, können Einzeldinge als Negationen eben der Negationen verstanden werden, die diese Allgemeinbegriffe gliedern. Einzeldinge negieren einander nicht so, wie Allgemeinbegriffe einander negieren. Diese beiden Beispiele für Arten der Identität, die durch die Negation einer Negation konstituiert werden, sind offensichtlich sehr verschieden, und zwar eben aufgrund der verschiedenen Arten von Negation.

Wir haben gesehen, dass Hegel dafür argumentiert, dass sich der bestimmte Inhalt sinnlicher Erfahrung in zwei verschiedenen Arten voneinander unterscheiden kann. Außerdem haben wir gesehen, dass er dafür argumentiert, dass das Verhältnis zwischen diesen beiden Verschiedenheiten (den beiden Formen, wie

Inhalte sich gegenseitig negieren können) die aristotelische Struktur von Gegenständen und Eigenschaften impliziert. Es handelt sich hierbei um einen beispielhaften Fall der Vorstellung Hegels, wie eine komplexere Struktur in einer einfacheren Struktur implizit enthalten ist und durch einen Prozess explizit gemacht wird.

VII. Von der Wahrnehmung zum Verstand

Diese durch die zehn Arten von Verschiedenheit bzw. Negation dargestellte Struktur erarbeitet Hegel meines Erachtens aus den Bedingungen der *Bestimmtheit* wiederholbarer Merkmale, die für das empirische Bewusstsein, das sich als sinnliche Gewissheit versteht, kennzeichnend sind. Sie wird in den ersten fünf Absätzen des Kapitels zur Wahrnehmung eingeführt. Im Hauptteil dieses Kapitels beschreibt er die drei großen Bewegungen der Erfahrung des empirischen Selbstbewusstseins, das sich selbst als Wahrnehmung versteht. Gewissermaßen als Hegels phänomenologisches Bewusstsein schauen wir dabei zu, wie sich dem phänomenalen Bewusstsein die zugrundeliegende Struktur manifestiert, wenn sich die Abstraktionen, die sein Selbstverständnis gliedern, als inadäquat erweisen. Die Schwierigkeit dieser Art von Selbstbewusstsein besteht in der Hauptsache darin, dass es die von ihm wahrgenommenen Eigenschaften immer noch als etwas unmittelbar Gegebenes versteht – und zwar nicht nur im Sinne der Unmittelbarkeit ihres Ursprungs, sondern auch noch immer im Sinne der Unmittelbarkeit ihres Inhalts. Für das Selbstverständnis dieser Art von Selbstbewusstsein gilt:

> [E]s hat ihn *nur zu nehmen* und sich als reines Auffassen zu verhalten [...]. Wenn es selbst bei diesem Nehmen etwas täte,

> würde es durch solches Hinzusetzen oder Weglassen die Wahrheit verändern.[21]

Dies bedeutet:

> Sein Kriterium der Wahrheit ist daher die *Sichselbstgleichheit*, und sein Verhalten als sich selbst gleiches aufzufassen.[22]

Vielfältigkeit (Ungleichheit, Vielfältigkeit von Momenten) ist explizit ein Merkmal des Inhalts der sinnlichen Wahrnehmung, wenn dieser als bestimmt gedacht wird. Die drei Bewegungen der Erfahrung des wahrnehmenden Bewusstseins sind begriffliche – und letztlich jeweils erfolglose – Strategien, die Elemente von Einheit und Vielfalt, Sichselbstgleichheit und Verschiedenheit, die in der bestimmten sinnlichen Erfahrung auf der unteren Stufe implizit enthalten sind, explizit miteinander in Einklang zu bringen. Entsprechend dem Selbstverständnis dieses Bewusstseins, so Hegel, muss jeder gescheiterte Versuch, diese verschiedenen Momente miteinander in Einklang zu bringen, nicht einem Merkmal des Wahrgenommenen zugeschrieben werden, sondern dem Wahrnehmen selbst.

Allgemein sehen wir, dass das empirische Bewusstsein, das sich gemäß den Kategorien der Wahrnehmung versteht, zu Verwirrung und zum Scheitern verdammt ist, wenn es seine Erfahrung als etwas versteht, das eigenständige Prinzipien von Einheit und Ungleichheit aufweist, die irgendwie miteinander verbunden sind (diese »leeren Abstraktionen der *Einzelheit* und der ihr entgegengesetzten *Allgemeinheit*«[23]), um eine Vorstellung von den mannigfachen Arten der Identität-durch-Verschiedenheit (»das

21 Ebd., S. 96f.
22 Ebd., S. 97.
23 Ebd., S. 105.

Fürsichsein ist mit dem Gegensatze überhaupt behaftet«[24]) zu ergeben, von der sich herausstellt, dass sie implizit im Begriff der Bestimmtheit enthalten ist. Das, was es in seiner ersten Erfahrung als die unmittelbar einfache, sich selbst gleiche Einheit bemerkt, enthält wesentlich Mannigfaltigkeit bzw. Vielfältigkeit. (Hegel führt uns durch mehrere Dimensionen der Identität-durch-Verschiedenheit, wie sie eben wiedergegeben wurden.) Das empirische, sich selbst als Wahrnehmung verstehende Bewusstsein kann auf dieser Grundlage nicht begreifen, wie es möglich ist, dass Eines aus Vielem entsteht (*e pluribus unum*). Identität und Vielfältigkeit sind verschiedene, sich ausschließende Merkmale. Es ist also unmöglich, dass ein einzelner, sich selbst gleicher Inhalt beide Merkmale aufweist. Unabhängig von den Beziehungen zu ihren Eigenschaften kann man Gegenstände nicht als etwas Bestimmtes auffassen; und man kann die Eigenschaften – aufgrund derer Gegenstände auf bestimmte Weise das sind, was sie sind – nicht unabhängig von ihren (Ausschluss-)Beziehungen zu anderen Eigenschaften als das klar bestimmte Etwas auffassen, das sie jeweils sind. Man kann folglich weder *Gegenstände* noch *Eigenschaften* als *bestimmt* und zugleich als *unabhängig* von ihren Beziehungen zu anderen Dingen verstehen (Eigenschaften zu anderen Eigenschaften, Gegenstände zu Eigenschaften, und Gegenstände zu anderen Gegenständen).

Da diese Formen von Einheit gemäß der leitenden Metavorstellung des wahrnehmenden Bewusstseins unverständlich sind, geht dieses Bewusstsein davon aus, dass es beim Annehmen dessen, was ihm gegeben ist, irgendeinen Fehler macht. Entweder ist der Wahrnehmungsgegenstand einheitlich und sich selbst gleich und die Mannigfaltigkeit fälschlicherweise vom wahrnehmenden Subjekt hinzugefügt; oder das Wahrgenommene ist in Wirklichkeit vielfältig und ihm wird vom wahrnehmenden Subjekt eine falsche Einheit verliehen. Die zweite Erfahrung des

24 Ebd.

wahrnehmenden Bewusstseins wird von der Frage angetrieben, wo die *Verantwortung für* die Vielfalt bzw. Einheit zu verorten ist.[25] Dies ist eigentlich das Thema, das den gesamten Hauptteil des Kapitels durchzieht. Die erste Metaerfahrung versuchte, beides im objektiven Reich des Wahrgenommenen zu verorten. In der zweiten Metaerfahrung werden der wahrgenommene Gegenstand und das wahrnehmende Subjekt als Orte der Verantwortung in Erwägung gezogen. Die zweite Strategie des wahrnehmenden Bewusstseins – das immer noch darunter leidet, Identität als etwas verstehen zu wollen, das Autonomie erfordert, und damit wesentliche Beziehungen zu etwas anderem ausschließt – besteht darin, in Reaktion auf das Scheitern seiner ersten Strategie dem Bewusstsein die Rolle zuzuschreiben, den Komplex von Einheit und Vielfalt verständlich zu machen, der für Bestimmtheit erforderlich ist.

Eine Möglichkeit hierfür besteht darin, das erfahrene Ding als Einheit und autonom zu betrachten und zugleich aber *als* etwas, das nur deshalb in der Erfahrung vielfältige Eigenschaften aufweist, weil es in Beziehung zu unseren verschiedenen Sinnen steht.

> Die gänzliche Verschiedenheit dieser Seiten nehmen wir nicht aus dem Dinge, sondern aus uns; sie fallen uns an unserem von der Zunge ganz unterschiedenen Auge usf. so auseinander.[26]

Diese Idee bringt Shelley in einer Passage aus *Adonaïs* zum Ausdruck, in der er sich »die weiße Ewigkeit« und ihre Brechung im farbenreichen Glasfenster des Geistes vorstellt, in der die Mannigfaltigkeit hervorkommt, die wir sehen.

25 Hegel bringt dieses Thema explizit ins Spiel, wenn er die Wendung »nimmt (sie) auf sich« (vgl. ebd., S. 98 f., S. 100, S. 101 f.) verwendet, bzw. später auch in der Zusammenfassung (S. 105 f.).

26 Ebd., S. 99.

Das eine bleibt, das Viele wandelt rund,
Hell ist der Himmel, flüchtig geben
Die Dinge Schatten. Diese Halle bunt,
Dies von langen Fenstern glühende Leben
Befleckt die weiße Ewigkeit. [...][27]

Shelleys Kunstgriff kann aber die Verpflichtung des wahrnehmenden Bewusstseins nicht retten, Identität als etwas zu verstehen, das keine Substruktur der Verschiedenheit bzw. der Beziehung zu anderem beinhaltet.

> Es kommen nun in der Wahrnehmung auch verschiedene Eigenschaften vor, welche Eigenschaften des Dings zu sein scheinen. [...] Diese *verschiedenen Seiten*, welche das Bewußtsein auf sich nimmt, sind aber, jede so für sich [...], *bestimmt*; das Weiße ist nur in Entgegensetzung gegen das Schwarze [...].[28]

Die Schwierigkeit, Identität als etwas zu verstehen, das durch (ausschließende) Verschiedenheit konstituiert ist, lässt sich somit nicht auf der subjektiven Seite des wahrnehmenden Bewusstseins lösen. Und auf der objektiven Seite schließt das wahrgenommene Ding – dessen als Autonomie verstandene Einheit bzw. Identität bewahrt werden soll, indem die Vielheit dem Bewusstsein zugeschrieben wird – andere Dinge aus:

> Es schließt aber andere nicht, insofern es Eins ist, von sich aus [...]; sondern durch die *Bestimmtheit*. Die Dinge selbst also sind *an und für sich bestimmte*; sie haben Eigenschaften, wodurch sie sich von andern unterscheiden.[29]

27 P. B. Shelley, »Adonaïs. Elegie auf den Tod John Keats«, in: ders., *Dichtungen*, übers. v. Alfred Wolfenstein, Berlin 1922, S. 31.
28 *PhG*, S. 100.
29 Ebd.

Mit der Frage, inwiefern die ausschließende intrakategoriale Verschiedenheit für die Identität sowohl der Eigenschaften als auch der Dinge wesentlich ist, bleibt das Problem bestehen – und zwar auch, nachdem die Verantwortung für die Vielfalt von Eigenschaften dem einen Pol des intentionalen Nexus zugewiesen wurde und die Verantwortung für die Einheit des Dinges dem anderen.

Die umgekehrte, kantische Version dieser zweiten Strategie schneidet auch nicht besser ab. Der Grundgedanke ist hier, dass »das Ding selbst [...] das *Bestehen der vielen verschiedenen und unabhängigen Eigenschaften*« ist und dass allein dem Bewusstsein das »in eins Setzen dieser Eigenschaften« zukommt.[30] Für Kant ist das Gegebene eine sinnliche *Mannigfaltigkeit* der Anschauung. Dass dieser Mannigfaltigkeit eine Einheit auferlegt wird, ist ausschließlich die Verantwortung und das Ergebnis der Arbeit des Verstandes. Aber noch einmal: Die Identität jeder der vielfältigen Eigenschaften besteht in ihrer ausschließenden Verschiedenheit zu anderen Eigenschaften, und die spezifische Einheit, die einer vereinbaren Menge von ihnen verliehen wird, wenn sie zu einem Gegenstand als ein »Eins« und ein »Auch« versammelt werden, unterscheidet sich von anderen derartigen spezifischen Einheiten allein durch die ausschließende Verschiedenheit einiger ihrer vielen Eigenschaften.

Folglich wird das zugrundeliegende Problem nicht dadurch gelöst, dass die Verantwortung für Einheit und die Verantwortung für Vielfalt zwischen dem subjektiven und dem objektiven Pol des intentionalen Nexus, dem Wahrnehmungsakt und dem Wahrgenommenen, aufgeteilt wird. Sowohl Wahrnehmungsakte als auch das Wahrgenommene müssen als ein Bestimmtes verstanden werden. Dies bedeutet, dass beide mit der im weitesten Sinne aristotelischen Struktur von Einzelheit und Allgemeinheit ausgestattet sein müssen, die implizit eine Feinstruktur der ver-

30 Ebd.

schiedenen Arten von Verschiedenheit bzw. Negation besitzt, ein Komplex von Arten kategorialer Identität, der durch Beziehungen zwischen verschiedenen Arten von Verschiedenheit konstituiert wird.

Hegel meint, dass dem empirischen Bewusstsein, das sich gemäß den metabegrifflichen Verpflichtungen des Wahrnehmens versteht, nur noch eine letzte verzweifelte Strategie zur Verfügung steht. Es kann versuchen, sein hoffnungslos einfältiges atomistisches Verständnis von Identität zu retten, das ausschließlich in Selbstbeziehungen besteht und so jede wesentliche Beziehung zu dem ausschließt, was von ihm verschieden ist. Wenn wir uns noch einmal sowohl die metaphysische Analyse der im weitesten Sinne aristotelischen Struktur von Gegenständen-mit-Eigenschaften vorstellen, die uns meines Erachtens Hegel anbietet, als auch die entsprechenden Alternativen, so ist es doch bemerkenswert, dass Hegel gerade die Strategie in Erwägung zieht, die ich in diesem Zusammenhang die *Tractatus*-Variante der tarskischen extensionalistischen Erklärungsordnung genannt habe. Diese beginnt mit der einfachen Verschiedenheit von einfachen (»elementaren«) Gegenständen und deutet die Unterschiede zwischen ihren Eigenschaften dann anhand der unwesentlichen (fakultativen, kontingenten) Beziehungen zwischen ihnen.[31]

Auch diese dritte Strategie ist zum Scheitern verurteilt. Jedes Ding sollte eben das bestimmte Ding sein, das es ist, und sich dadurch von anderen Dingen unterscheiden. Aber es sind seine Eigenschaften, die es auf bestimmte Weise verschieden macht und die nun als Beziehungen aufgefasst werden, in welchen das Ding zu anderen Dingen steht. Folglich sind diese Beziehungen – die Formen, in der das Ding in ausschließendem Sinn von anderen Dingen verschieden ist – wesentlich dafür, dass das Ding das ist, was es ist.

31 Ebd., S. 101 f. und S. 102 f.

> Das Ding ist gesetzt als *Fürsichsein* oder als absolute Negation alles Andersseins, daher absolute, nur sich auf sich beziehende Negation; aber die sich auf sich beziehende Negation ist Aufheben *seiner selbst* oder [dies,] sein Wesen in einem Andern zu haben.[32]

Die atomistische Vorstellung von Identität, in der es keine wesentlichen Verschiedenheiten gibt, muss aufgegeben werden.

In der Rekapitulation der Lehren der drei Erfahrungen des wahrnehmenden Bewusstseins beschreibt Hegel den Ausgangspunkt desselben wie folgt:

> Aus dem sinnlichen Sein wird er ein Allgemeines; aber dies Allgemeine ist [...] mit einem Gegensatze affizierte Allgemeinheit, welche sich darum in die Extreme der Einzelheit und Allgemeinheit [...] trennt. Diese reinen Bestimmtheiten scheinen die *Wesenheit* selbst auszudrücken, aber sie sind nur ein *Fürsichsein*, welches mit dem *Sein für ein Anderes* behaftet ist [...].[33]

Was wir brauchen, ist ein Wandel unseres Verständnisses der Beziehungen der »der Einzelheit entgegengesetzte[n], und durch sie bedingte[n] Allgemeinheit«:

> aber diese beiden widersprechenden Extreme sind nicht nur *nebeneinander*, sondern in *einer* Einheit; oder, was dasselbe ist, das Gemeinschaftliche beider, das *Fürsichsein* ist mit dem Gegensatze überhaupt behaftet [...].[34]

Wenn wir es vollständig aufgliedern, ist das Ergebnis die komplexe Struktur von Einzelnem und Allgemeinem, die die zehn

32 Ebd., S. 103.
33 Ebd., S. 104.
34 Ebd., S. 105.

verschiedenen Arten von Verschiedenheit bzw. Negation umfasst, welche ich oben erläutert habe. Die holistische Form, in der die kompliziert aufeinander bezogenen Elemente dieser Struktur durch ihre Beziehungen zueinander verstanden werden müssen, nennt Hegel »Verstand«. Die so verstandenen Gegenstände nennt er »Kräfte«. Sie sind Thema im abschließenden Kapitel des Abschnittes zum Bewusstsein. Dieses Kapitel trägt den entsprechenden Titel »Kraft und Verstand, Erscheinung und übersinnliche Welt«.

6. »Kraft« und Verstand – Vom Gegenstand zum Begriff. Der ontologische Status theoretischer Entitäten und die sie implizit definierenden Gesetze

I. Kräfte als Allegorien für theoretische Entitäten

Die dreiundvierzig Absätze von »Kraft und Verstand« im dritten und letzten Kapitel des Abschnitts zum Bewusstsein gehören zu den enigmatischsten, aber zugleich wichtigsten Absätzen der *Phänomenologie*. Gleich zu Beginn taucht ein Rätsel auf, das dem Thema des ersten Drittels des Kapitels zugrunde liegt: Was ist *Kraft*? Warum wird, insofern das newtonsche Konzept gemeint ist, der eng verwandte Begriff MASSE auf den vielen dem Thema gewidmeten Seiten nicht einmal erwähnt? Warum wird *Kraft* in der nächstfolgenden Stufe der Entwicklung des Selbstverständnisses des empirischen Bewusstseins als der zentrale Begriff behandelt? Allgemeiner ausgedrückt: Welche Rolle spielt *Kraft* beim Übergang des Bewusstseins von seiner Auffassung des empirischen Wissens, dessen Struktur Hegel »Wahrnehmen« nennt, zu seiner Auffassung des empirischen Wissens, dessen Struktur Hegel »Verstand« nennt? Ein bekanntes, eher begrenztes und strukturell weniger bedeutsames Hindernis betrifft die (nach meiner Zählung) dritte Auffassung der übersinnlichen Welten, die sogenannte verkehrte Welt, die im mittleren Drittel des Kapitels untersucht wird. Dies ist eine Welt, in der alle Dinge der realen Welt ins Gegenteil verkehrt sind: Was süß war, ist hier sauer, was schwarz war, ist hier weiß usw. Aber ist das überhaupt kohärent und schlüssig? Denn schließlich wurde im Kapitel zur Wahrnehmung die wichtige aristotelische Beobachtung hervorgehoben, dass es keinen Gegenstand geben kann, dessen Eigenschaften jeweils genau dem Gegenteil der Eigenschaften eines anderen Gegenstandes entsprechen. Wie erwächst diese seltsame Vorstellung, selbst wenn sie verständlich sein mag, aus der Betrachtung der vorhergehenden, etwas vertrauteren Vorstellung einer übersinnlichen Welt, des »ruhigen Reichs der Gesetze«? Noch wichtiger erscheint mir jedoch: Wie sollten wir das von Hegel befürwortete, abschließende Verständnis des Übersinnlichen auffassen bzw. wie begründet dieses Verständnis den wichtigen Übergang vom *Bewusstsein* zum *Selbstbewusstsein*, der für das Verständnis seines Idealismus so zentral ist?

Im Kapitel zur Wahrnehmung haben wir das phänomenal-empirische Bewusstsein untersucht, dessen eigenes Verständnis darauf hinausläuft, sich einer Welt bewusst zu sein, die aus beobachtbaren und wiederholbaren Dingen besteht. Das sich als Wahrnehmung verstehende Bewusstsein hat erfahren, dass sich dieses Wiederholbare auf zwei verschiedene Arten unterscheidet: Paare von Wiederholbarem wie etwa ROT und QUADRATISCH sind *vereinbar* verschieden; Paare wie etwa QUADRATISCH und KREISFÖRMIG sind *unvereinbar* verschieden. Die Anerkennung dieses Unterschieds zwischen zwei Arten von Verschiedenheit impliziert, dass das sinnlich Wiederholbare als beobachtbare *Eigenschaft* gedacht wird, und zwar im Sinne von *Eigenschaften* als einer ontologischen Kategorie, welche im Gegensatz zur ontologischen Kategorie des *Gegenstandes* steht. Das heißt, die Unterscheidung zwischen (sinnlichen) Allgemeinbegriffen und Einzeldingen ist implizit in der Unterscheidung zwischen bloßer bzw. vereinbarer Verschiedenheit und ausschließender bzw. unvereinbarer Verschiedenheit enthalten (die aristotelische Gegensätzlichkeit und Hegels »bestimmte Negation«). Gegenstände bzw. Einzeldinge spielen in diesem Verständnis eine komplementäre Doppelrolle: einerseits sind sie das Medium, in welchem eine Menge von vereinbar verschiedenen Eigenschaften bzw. Allgemeinbegriffen dargestellt wird, und andererseits sind sie Verrechnungseinheiten, die unvereinbare Eigenschaften bzw. Allgemeinbegriffe ausschließen.

Die Beschränkung auf *sinnliche* Allgemeinbegriffe, das heißt *beobachtbare* Eigenschaften, als die Form des erkennbaren Inhalts ist wesentlich für die von Hegel als »Wahrnehmung« bezeichnete Vorstellung von empirischem Erkennen. Für dieses Erkennen ist das Reale das Beobachtbare. Die beobachtbaren, die wirkliche Beschaffenheit der Dinge zum Ausdruck bringenden Eigenschaften können sich zeigen bzw. dem erkennenden Bewusstsein so erscheinen, wie sie wirklich beschaffen sind – obgleich Irrtum möglich ist und verstanden werden kann. Das sich auf diese Weise selbst verstehende Bewusstsein ist also bemüht, jene Bedingung zu erfüllen, die ich in der Diskussion zu Hegels »Einleitung« die »Bedingung genuiner Erkenntnis« genannt habe: Die Art des Selbstverständnisses schließt also nicht grundsätzlich die Möglichkeit aus, die Dinge so zu erkennen, wie sie »an sich« sind.

Das sich als Wahrnehmung begreifende Bewusstsein hat verstanden, dass das objektive Beobachten wirklicher beobachtbarer Eigenschaften nicht der einzige Weg ist, etwas über sie herauszufinden. Neben ihrer nichtinferentiellen und unmittelbaren Verfügbarkeit durch die Sinne können beobachtbare Eigenschaften auch inferentiell verfügbar sein – vermittelt durch die unmittelbare, nichtinferentielle Verfügbarkeit anderer beobachtbarer Dinge. Auch wenn ich jetzt den Apfel nicht schmecken kann, könnte ich durch die Beobachtung, dass er rot und insofern reif ist, schließen, dass er süß ist. Das, was uns nicht sinnlich unmittelbar durch die Erfahrung verfügbar ist, kann manchmal vermittelt, also inferentiell verfügbar sein.

Im Grunde hat das wahrnehmende Bewusstsein eine noch viel tiefgreifendere Lehre gezogen: *unvermittelter*, sinnlicher, nichtinferentieller Zugang zu den Dingen, der inhaltlich bestimmte, potentielle Erkenntnis liefert, ist *nur* im Kontext der Möglichkeit dieses *anderen*, vermittelten, inferentiellen Zugangs verständlich. Denn sogar das bestimmte Gehaltvollsein des *unvermittelt* Verfügbaren muss in Ausschluss- und Einschlussbeziehungen zu anderen solchen gehaltvollen Elementen möglicher Erkenntnis stehen. Diese Ausschluss- und Einschlussbeziehungen garantieren die inferentiellen Verknüpfungen zwischen beobachtbaren Eigenschaften. Um den bestimmten Inhalt von beobachtbaren Eigenschaften empirischer Gegenstände begreifen zu können, müssen wir jene inferentiellen Verknüpfungen beherrschen. Wir beherrschen also praktisch einen weiteren inferentiellen Zugangsmodus zum Beobachtbaren.

Tatsächlich hat das sich als Wahrnehmung verstehende Bewusstsein noch einen weiteren Schritt gemacht und Einsicht erlangt in eine neue Art von Erkenntnisgegenstand: in das, was *nur* vermittelt verfügbar ist. Der einleitende Satz des Kapitels über Kraft und Verstand sagt uns, dass das Ergebnis der Entwicklung des sich als Wahrnehmung verstehenden empirischen Bewusstseins darin besteht, zum ersten Mal *unbedingte Allgemeinbegriffe* ersichtlich gemacht zu haben.[1] Mit ihnen kommt es zur Vorstellung von GEDANKEN bzw. zur Vorstellung von jenen gehaltvollen Elementen, die so charakteristisch ist für die Vorstellung von Erkenntnis, welche Hegel (den Begriff Kants für seinen eigenen Zweck adaptierend) »Verstand« nennt. Um die Vorstellung der Erkenntnis als Verstand zu verstehen, müssen wir den Unterschied zwischen den »bedingten« Allgemeinbegriffen, die alles waren, was die Vorstellung von Erkenntnis als Wahrnehmung zuließ, und den »unbedingten« Allgemeinbegriffen anerkennen, die der Verstand einführt. Wir haben gese-

1 »Dem Bewußtsein ist in der Dialektik der sinnlichen Gewißheit das Hören und Sehen u. s. w. vergangen, und als Wahrnehmen ist es zu Gedanken gekommen, welche es aber erst im Unbedingt-Allgemeinen zusammenbringt.« Ebd., S. 107.

hen, dass das wahrnehmende Bewusstsein nur *sinnliche* Allgemeinbegriffe zugesteht. Hegels Rede von »bedingten« Allgemeinbegriffen an dieser Stelle bezieht sich demnach auf *sinnlich* bedingte Allgemeinbegriffe, das heißt auf beobachtbare Eigenschaften. Das Denken erfasst ferner sinnlich *un*bedingte Allgemeinbegriffe, das heißt das Allgemeine, das *nicht* beobachtbar ist. Dieses Allgemeine ist rein theoretisch. Wo die Wahrnehmung Entitäten anerkannt hat, die im Prinzip auf zwei Arten erkannt werden können – entweder durch Beobachtungen oder durch Inferenzen aus Beobachtungen –, erkennt das Denken auch Entitäten an, die *nur* inferentiell erkannt werden können. Die Wahrnehmung hat gelernt, dass es keine Eigenschaften gibt, über die *allein* durch Beobachtung etwas herausgefunden werden kann. Sie müssen alle auch inferentiell zugänglich sein, durch Folgerungs- und Unvereinbarkeitsbeziehungen zu anderen beobachtbaren Dingen. Es handelt sich hierbei um eine Erweiterung der Klasse von beobachtbaren Dingen, die auch inferentiell verfügbar sind, zu einer Klasse, die auch Dinge enthält, die *ausschließlich* inferentiell verfügbar sind. *Allein* durch Inferenz lassen sich theoretisch postulierte Entitäten erkennen – und zwar letztlich durch etwas, das beobachtbar ist.

Indem das sich als Wahrnehmung verstehende Bewusstsein einräumt, dass beobachtbare Eigenschaften auch manchmal inferentiell erkannt werden können – im Gegensatz zu jenem Verständnis von empirischem Erkennen gemäß der Vorstellung der sinnlichen Gewissheit –, hat es neben der nichtinferentiellen Beobachtung einen zweiten Modus des epistemischen Zugangs ins Spiel gebracht. Hiermit wird die Idee von Entitäten verständlich, die nur anhand dieses zweiten, inferentiellen Mittels erkannt werden können – und zwar genau so, wie das Verständnis des empirischen Erkennens als sinnlicher Gewissheit sich Elemente vorgestellt hat, die allein durch Beobachtung erkannt werden können.

Wir können aber noch etwas Stärkeres sagen. Das sich als Wahrnehmung verstehende empirische Bewusstsein hat sich nicht nur die begriffliche Grundlage zugelegt, die erforderlich ist, um die Idee von nichtbeobachtbaren theoretischen Entitäten verständlich zu machen. Es hat sich vielmehr zu ihrer Existenz *verpflichtet*. Im Grunde verpflichtet sich das sich selbst als Wahrnehmung verstehende empirische Bewusstsein zur Existenz der Entitäten, die nicht unmittelbar beobachtet, sondern nur vermittelt durch Inferenz erkannt werden können, infolge des Übergangs von einer Auffassung des empirisch Erkennbaren, dessen Inhalte mit der Verwendung einer Sprache zur Lokalisierung von Eigenschaften ausgedrückt werden können – wie es die sinnliche Gewissheit getan hat –, zu einer Auffassung des empirisch Erkennbaren, dessen Inhalte in einer Sprache ausgedrückt werden können, die singuläre Termini und Prädikat unterscheidet (also mittels der Unterscheidung zwischen vereinbar und unvereinbar verschiedenen Inhalten). Der Grund hierfür ist folgender: Für das empirische Bewusstsein besteht das Beobachtbare (und gemäß dieser Art von Denken somit das, was real ist) allein in sinnlichen Allgemeinbegriffen bzw. beobachtbaren Eigenschaften. Die einzelnen Gegenstände, die diese Eigenschaften besitzen, sind selbst nicht unmittelbar beobachtbar. Sie werden als reine Substrate gedacht, die im Prinzip nur indirekt über ihre Eigenschaften erkannt werden können. Sie sind insofern Verrechnungseinheiten der Vereinbarkeit von Eigenschaften (das Einzelding als das »Auch« der »gleichgültigen Materien«) und Unvereinbarkeit von Eigenschaften (das Einzelding als das ausschließende »Eins«). Hier wird ein strukturell notwendiges Merkmal einer Welt von beobachtbaren Eigenschaften sichtbar, welche sich sowohl vereinbar als auch unvereinbar voneinander unterscheiden: *sinnliche Allgemeinbegriffe* aufweisende *Einzeldinge* sind nicht selbst unmittelbar erkennbar. Erkennbar sind nur ihre beobachtbaren Eigenschaften. Die Einzeldinge, die vom Bewusstsein entdeckt werden, das sich gemäß den Kategorien der Wahrnehmung versteht, das heißt durch das wahrnehmende

Aufnehmen sinnlicher Allgemeinbegriffe, sind theoretische Entitäten.

Hieraus ergibt sich meine erste Interpretationsbehauptung: Das vom wahrnehmenden Bewusstsein hervorgebrachte und uns zur Untersuchung hinterlassene Thema betrifft die Natur und den Status theoretischer Entitäten: sie sind nicht beobachtbar und können ausschließlich inferentiell erkannt werden.[2] Mit der Erwägung dieses Themas beginnt die Veränderung des Verständnisses des empirischen Bewusstseins, das nicht mehr länger *Wahrnehmen* ist, sondern *Verstand*, der Gedanken ergreift. Meine zweite Interpretationsbehauptung besagt, dass *Kraft* in Hegels Auseinandersetzung allegorisch für theoretische Entitäten steht. Die im Kapitel zur *Wahrnehmung* ins Spiel gebrachten Überlegungen motivieren dieses Thema allgemein. Die Erwägung von *Kraft* allerdings erlaubt es, über jene Klasse von Dingen zu reden, die allein inferentiell epistemisch und semantisch verfügbar sind. Letztendlich motiviert dies zur Betrachtung des Begriffs der ERKLÄRUNG – ein Thema des mittleren Drittels des Kapitels, welches sich mit dem Bewusstsein beschäftigt, das sich selbst als Verstand versteht.

Um Hegels Vorgehen nachzuvollziehen, ist es meiner Lesart nach entscheidend, seine Verwendung von Allegorien zu verstehen. Bevor ich auf den speziellen Fall eingehe, möchte ich zunächst etwas allgemeines zur Trope Allegorie sagen. In einer paradigmatischen Allegorie, wie etwa John Bunyans *The Pilgrim's Progress*, werden die Figuren, Orte und Ereignisse einer Erzählung durch Ideen oder Begriffe dargestellt (beispielsweise die Figuren Hoffnungsvoll und Gutwillig; oder der Sumpf der Verzagtheit und der Marktplatz der Eitelkeiten; oder das Reißen der Bänder, mit denen Christians Bürde an ihn gebunden ist,

2 Im einleitenden Absatz des Kapitels über Kraft und Verstand bezieht sich Hegel auf das »unbedingte Allgemeine, das nunmehr der wahre Gegenstand des Bewußtseins ist [...]«. Ebd., S. 107f.

und das Erblicken der Himmlischen Stadt durch ein »Vergrößerungsglas«). Ich glaube, dass zumindest Kapitel III bis VI der *Phänomenologie* als Darstellungen *semantischer* bzw. *metabegrifflicher* Allegorien gelesen werden sollten. Ich verwende diese Adjektive, um darauf hinzuweisen, dass die Lektion, die wir meines Erachtens aus den von Hegel vorgelegten Erzählungen lernen sollten, semantische und metabegriffliche Begriffe betreffen, und zwar ebenjene von uns verwendeten Begriffe, die die vielfältigen Möglichkeiten explizit machen, das Wesen des bestimmten Inhalts, des Bewusstseins, des Selbstbewusstseins und der rationalen Handlungsfähigkeit zu verstehen. Figuren wie etwa Herr und Knecht, der Stoizismus, der Skeptizismus, das unglückliche Bewusstsein, das Gesetz des Herzens, der Wahnsinn des Eigendünkels, die Tugend, aber auch der Weltverlauf und die Wechselhaftigkeit der Erfahrungen, durch die diese Figuren entstehen und sich entwickeln, sollen uns aufklären über die Metabegriffe, die unser Selbstbewusstsein philosophisch verdeutlichen.

Es ist dieser Lesart zufolge von höchster Bedeutung, an jeder Stelle von Hegels Erzählung auf die Unterscheidung zu achten zwischen dem, was *innerhalb* der erzählten allegorischen Geschichte geschieht, und den philosophischen Argumenten, die *außerhalb* der Allegorie durch das Erzählen der Geschichte gemacht werden. Insofern diese beiden Aspekte miteinander vermengt werden, kann sich nur Verwirrung ergeben. Im Verlaufe des Buches werden noch weitere Beispiele herausgearbeitet, die durch die sorgsame Beachtung dieser Unterscheidung gesammelt werden können: Es wird dann nicht nur darum gehen, die Allegorie richtig aus sich selbst heraus zu deuten (Was passiert auf der Reise des geplagten christlichen Pilgers, wo geht er hin, wen trifft er, was tut er?), sondern sie auch *als* Allegorie zu lesen (Was sagt Bunyan zum Beispiel über die Bedeutung der christlichen Gemeinschaft, die jedem Gläubigen hilft, mit Zweifeln, Ängsten und Beschwernissen umzugehen?). Es müssen also die wichtigen Lektionen herausgezogen und wenn möglich mit eindeutigeren, nichtallegorischen Termini formuliert werden.

Im vorliegenden Fall wird die allegorische Geschichte der Kraft im begrifflichen Rahmen der newtonschen Physik erfasst, wie sie von Bošković und Kant formuliert wurde.[3] Ihre Formulierungen haben etwas gemeinsam, das für Hegel relevant ist: Anstatt auf den Begriff MASSE zu rekurrieren, beziehen sie sich beide sowohl auf Punkte repulsiver Kräfte, die als solche auf Undurchdringlichkeit hinauslaufen, als auch auf die verschiedenen herkömmlichen Anziehungskräfte, mit denen die repulsiven Kräfte ringen. Um die Allegorie richtig zu lesen, muss man, so behaupte ich, die paradigmatisch von Newton postulierte Größe *Kraft* als etwas verstehen, das im Allgemeinen allegorisch für theoretische Entitäten steht. Um die Diskussion von Kraft als eine semantische Allegorie lesen zu können, die verschiedene ontologische und epistemologische Aspekte theoretisch postulierter Entitäten thematisiert, muss die Adäquatheit der damit einhergehenden hermeneutischen Verpflichtung folgendem Kriterium entsprechen: Es muss möglich sein, den Verlauf der Geschichte von der Kraft und ihrem Ausdruck, über die Verdoppelung der Kräfte und dem Spiel der Kräfte, bis zur Entdeckung des Gesetzes als die Wahrheit des Spiels der Kräfte nachvollziehbar zu machen – und zwar nicht nur *innerhalb* der Allegorie, sondern auch für den allgemeineren Fall. Hierfür ist es erforderlich, die Übergänge zu begründen und zu erklären, *ohne* auf Merkmale zurückzugreifen, die nur innerhalb der Allegorie zur Verfügung stehen. Beispielsweise würden die Randbedingungen

3 Vgl. Rugjer Bošković 1758, *Theoria philosophiae naturalis redacta ad unicam legem virium in natura existentium* (*Theory of Natural philosophy derived to the single Law of forces which exist in Nature*), und Kant 1786, *Metaphysische Anfangsgründe der Naturwissenschaft*. Innerhalb der Allegorie bzw. Diskussion Hegels über die Beziehung des »einzelnen Rechts« zu ungleich bestimmten Gesetzen findet sich Bošković' Titel wieder.

dieser Lesart grob verletzt werden, wenn die spezifischen Eigenheiten der elektrischen Kraft (die zweipolig ist und sowohl Anziehungs- als auch Abstoßungskräfte erzeugt) oder die Universalität des Gravitationsgesetzes in die Erklärung dessen einbezogen werden würden, was Hegel in seiner Diskussion über die Verdopplung der Kräfte oder in seiner Betrachtung der Beziehung zwischen allgemeinen und bestimmten Gesetzen eigentlich genau macht. Die Schritte, die unter den Titeln der »Verdopplung der Kräfte« und dem »Spiel der Kräfte« gemacht werden, müssen so verstanden werden, dass sie nicht nur bei echten Kräften, sondern auch auch bei Genen oder Bosonen zur Anwendung kommen, also auch bei jenen Arten von Dingen, die ausschließlich inferentiell verfügbar sind. Dies ist ein hoher Anspruch.

Wenn Bošković' Allegorie das erste Mal erscheint, steht die Unterscheidung von *Kraft* und dem *Ausdruck* der Kraft im Mittelpunkt.[4] Diesem Gedanken zufolge ist Kraft selbst nicht unmittelbar beobachtbar. Ihr Ausdruck hingegen ist unmittelbar durch nichtinferentielle Beobachtung verfügbar. In der Allegorie ist nicht die Gravitationskraft, sondern die durch sie verursachte Beschleunigung beobachtbar. Die Gegenwart und die Stärke der Kraft müssen von ihren beobachtbaren Erscheinungen abgeleitet werden. Eine solche Struktur haben wir schon einmal im Kapitel zur Wahrnehmung, beim »Ding mit vielen Eigenschaften«, gesehen. Die ontologisch-kategoriale Vorstellung von Einzeldingen als das Substrat der sinnlichen Allgemeinbegriffe ist auch für das Nichtbeobachtbare, allein durch seine beobachtbaren Erscheinungen inferentiell Erkennbare vorgesehen. Die Kraft und ihr Ausdruck stehen allegorisch für die Beziehung zwischen rein theoretisch postulierten Entitäten und dem Beob-

4 Weil Kräfte tatsächlich theoretische Entitäten sind – obschon nicht die einzigen –, ist diese Allegorie auch eine Synekdoche: ein Teil steht für das Ganze (»Die Viehherde zählte fünfzig Köpfe.«) Dies gilt allerdings nicht für alle semantischen Allegorien der *Phänomenologie*.

achtbaren, kraft dessen diese theoretischen Entitäten inferentiell verfügbar sind.

Eines der zentralen Themen ist der ontologische Status dieser postulierten, nur inferentiell verfügbaren nichtbeobachtbaren theoretischen Entitäten. (Die für das wahrnehmende Bewusstsein so wichtige Unterscheidung zwischen dem Einzelding und dem Allgemeinbegriff ist irrelevant und entfällt angesichts der ungleich wichtigeren Frage des ontologischen Status des Nichtbeobachtbaren in diesen Kategorien.[5]) In den Kapiteln zum Bewusstsein wurde die Realität bis zu dieser Stelle mit dem identifiziert, was unmittelbar, nichtinferentiell beobachtet werden kann. Das sich selbst als sinnliche Gewissheit verstehende empirische Bewusstsein bemühte sich die Möglichkeit genuiner Erkenntnis zu sichern, indem es seine Erkenntnisbehauptungen nicht auf das beschränkt, was nichtinferentiell aufgenommen werden kann, sondern auf den Inhalt, der unabhängig ist von inferentiellen Schritten – Schritte, von denen man annehmen muss, dass sie die Möglichkeit des Irrtums einführen. Das sich als Wahrnehmung verstehende empirische Bewusstsein hat die Inkohärenz dieses Anspruchs erkannt und realisiert, dass genuine Erkenntnis (weit von der Notwendigkeit entfernt, Immunität gegen die Möglichkeit des Irrtums vorauszusetzen) und die Verständlichkeit des Irrtums zwei Seiten ein und derselben Medaille sind. Bestimmt gehaltvolle Erkenntnis erfordert die Anwendung von Allgemeinbegriffen, die in Beziehungen materialer Unvereinbarkeit und

5 Dies erachte ich als sinnvoll, da es ansonsten zu dem etwas merkwürdigen Schritt käme, die Einzeldinge den Allgemeinbegriffen als selbst höher gestufte Allgemeinbegriffe anzugleichen und somit die sie kennzeichnenden Allgemeinbegriffe der ersten Stufe miteinzubegreifen. Ich hingegen verwende das *Allgemeine* als Gattung, in der zwei Arten enthalten sind: die Eigenschaften, die die ungleichen, von ihnen gekennzeichneten Gegenstände vereinigen, und die Gegenstände, die die ungleichen, sie kennzeichnenden Eigenschaften vereinigen. Das Letztere begreift das Besondere als ein »allgemeines Medium«.

Folgerung zueinanderstehen (Ausschluss und Einschluss). Jeder Verpflichtung, die wir einem Objekt gegenüber übernehmen, das eine Eigenschaft wirklich aufweist (auch beobachtbare Eigenschaften), sind risikoreiche, da falsifizierbare inferentielle Verpflichtungen implizit, was noch der Fall sein muss und nicht der Fall sein kann.

Diese Beschränkung des sich als Wahrnehmung verstehenden Bewusstseins auf *sinnliche* Allgemeinbegriffe ist Ausdruck der verbleibenden Verpflichtung darauf, das Wirkliche, bzw. die Beschaffenheit der Dinge an sich, mit dem *Beobachtbaren* zu identifizieren. Sowie die Möglichkeit des *Nicht*-Beobachtbaren ins Spiel gebracht wird (womit auch die für das wahrnehmende Bewusstsein charakteristische Form des Einzeldinges gemeint ist, die als Medium für beobachtbare Eigenschaften dienen), stellt sich die vom wahrnehmenden Bewusstsein stammende Gleichsetzung des Realen mit dem Beobachtbaren als ein nicht hinnehmbarer Irrtum dar – vergleichbar mit dem Widerwillen der *Instrumentalisten* des 20. Jahrhunderts, irgendetwas über das Beobachtbare hinaus, irgendetwas »Übersinnliches« als etwas Reales zu tolerieren. Das Verständnis davon, was es an sich gibt und die ontologische Struktur des »Dinges mit vielen Eigenschaften« hat, enthält, wie wir gesehen haben, ebenfalls diese Verpflichtung auf die Realität des Übersinnlichen.

II. Der unglückliche theoretische Realismus von Eddington

Wenn wir die für das wahrnehmende Bewusstsein als nichtbeobachtbare Gegenstände mit beobachtbaren Eigenschaften erscheinende Struktur allegorisch neu deuten im Sinne von Kraft und den Ausdrücken der Kraft, tritt als Zwischenergebnis ein

Gedankengang zutage, der zu einer Umkehrung der ontologischen Verpflichtung der Instrumentalisten führt, welche im bisherigen Selbstverständnis des empirischen Bewusstseins enthalten war. Die beobachtbaren Ausdrücke der nichtbeobachtbaren Kräfte treten als Erscheinungen auf, welche den inferentiellen epistemischen Zugang zur zugrundeliegenden Realität vermitteln, die auch die ausgedrückten Kräfte beinhaltet. Diese Vorstellung von Kraft und ihrem Ausdruck steht allegorisch für eine Art theoretischen Realismus, der die vorherige Sicht auf den Kopf stellt: Das Reale wird identifiziert mit dem, was den beobachtbaren Erscheinungen zugrunde liegt, und ist allein im Herstellen von Schlussfolgerungen aus diesen Erscheinungen verfügbar. Zu dieser Vorstellung sagt Hegel Folgendes: »*Unser Gegenstand* ist hiermit nunmehr der Schluß, welcher zu seinen Extremen das Innere der Dinge und den Verstand und zu seiner Mitte die Erscheinung hat.«[6] Das Beobachtbare wird vom Realen zur bloßen Erscheinung zurückgestuft, welche die übersinnliche Realität inferentiell offenbart.

Diese Identifikation der Realität mit theoretischen Entitäten hat bekanntlich Arthur Eddington befürwortet, beispielhaft am Kontrast zwischen seinen zwei Tischen: der solide, farbige, regungslose, wahrnehmbare Tisch des manifesten Bildes und die von ihm als »wissenschaftlicher Tisch« bezeichnete Konstellation von farblosen geladenen Teilchen, die mit hoher Geschwindigkeit durch den weitgehend leeren Raum zischen. Sein Urteil über ihre Beziehung ist klar: »Ich brauche wohl kaum zu sagen, daß die moderne Physik mit ihren empfindlichen Prüfmethoden und ihrer unbarmherzigen Logik mir versichert, daß mein zweiter, wissenschaftlicher Tisch der einzige ist, der wirklich da ist, wo immer dieses ›da‹ auch sein mag.«[7] Der beobachtbare

6 *PhG*, S. 117.
7 Aus Arthur Eddingtons 1927 gehaltenen Gifford Lectures, die 1928 als *The Nature of the Physical World* bei The Macmillan Company veröf-

Tisch ist eine bloße Erscheinung. Hegel wird zur gegebenen Zeit diesen unglücklichen theoretischen Realismus Eddingtons zurückweisen. In der Allegorie können die Ausdrücke der Kraft nicht weniger real sein als die Kräfte, die ausgedrückt werden. Ein zentrales Ergebnis der Diskussion des Spiels der Kräfte ist die vollständige Entkopplung des Begriffs ERSCHEINUNG vom Begriff BEOBACHTBARKEIT. Das ganze Spiel der Kräfte wird also als bloße Erscheinung entlarvt, genauso wie dessen beobachtbare und unbeobachtbare Aspekte. Dennoch spielt die Strategie der ontologischen Privilegierung der übersinnlich und inferentiell gegebenen Theorie gegenüber dem, was unmittelbar sinnlich beobachtet werden kann, eine entscheidende Rolle in der sich entwickelnden Erfahrung des sich gemäß den begrifflichen Kategorien des Verstandes verstehenden empirischen Bewusstseins.

Innerhalb der Allegorie beginnt dieser Gedankengang mit Überlegungen über unbeobachtbare Kräfte und ihre beobachtbaren Ausdrücke. Ich hatte bereits angedeutet, wie dieses erste Stück der Allegorie meines Erachtens gelesen werden sollte. Doch welche weiteren Lehren über die inferentielle Verfügbarkeit und den Status theoretischer Entitäten sollten wir bei der Lektüre der späteren Stufen der Allegorie noch mitnehmen, insbesondere bei der Verdopplung der Kräfte und dem Schritt von hier zum Spiel der Kräfte? Allegorieintern läuft dies auf die Frage hinaus, wie wir die Einheit einer Kraft in Hinblick auf die Vielfalt ihrer Ausdrücke verstehen sollten. Das Interesse an Identität, die wesentlich Verschiedenheit beinhaltet, hat uns selbstverständlich von Anfang an begleitet – von jener Struktur, die Wiederholbarkeit als Allgemeinheit sowie die diachronisch-anaphorische Wiederholbarkeit einschließt und im Kapitel zur

fentlicht wurde. Aus dem Englischen übersetzt von Marie Freifrau Rausch v. Traubenberg und H. Diesselhorst. Friedr. Vieweg & Sohn, Braunschweig 1931, S. 4: *Das Weltbild der Physik und ein Versuch seiner philosophischen Deutung*.

sinnlichen Gewissheit durch eine merkmal-lokalisierende Sprache ausgedrückt wurde, bis zur verschachtelten Struktur von Allgemeinbegriffen und Einzeldingen, die im Kapitel zur Wahrnehmung vorgetragen wurde. Hegel beruft sich auf die letztere, wenn er den Begriff der KRAFT einführt, um seine allegorische Diskussion in Gang zu setzen. Diese Herangehensweise lässt darauf schließen, dass es *drei* verschiedene begriffliche Ebenen gibt, die am Anfang seiner Geschichte miteinander verflochten sind: Die eine stammt aus dem Kapitel zur Wahrnehmung, die zweite aus der Allegorie von der Kraft und ihrem Ausdruck und die dritte aus der Allegoriediskussion hinsichtlich des ontologischen Status von Elementen, welche nur epistemisch und semantisch inferentiell verfügbar sind, also die Ebene der theoretisch postulierten Entitäten.

Die aus der Erfahrung des sich selbst als Wahrnehmung verstehenden empirischen Bewusstseins entstandenen Einzeldinge enthalten selbst ein Moment der Vielfältigkeit und ein Moment der Einheit bzw. Identität. Das Erstere ist das Einzelne als das Medium von Allgemeinbegriffen, die »bloß gleichgültig verschieden«, also miteinander vereinbar sind. Die einzelnen Gegenständen innewohnenden Eigenschaften »durchdringen sich gegenseitig«, ohne sich zu »berühren«, aufgrund der »reinen Porosität« ihres Mediums, sagt Hegel in seiner metaphorischen Redeweise. Das andere Moment ist das Einzelne als Einheit, welches die unvereinbaren Eigenschaften ausschließt, durch deren Besitz sich die Einzeldinge voneinander unterscheiden.

Die Auffassung, wonach die einschließende Einheit als Vielfältigkeit betrachtet wird, die diese Einheit konstituiert, wird von Hegel »Kraft« genannt.[8] In dieser Wendung wird die einschließende Vielfältigkeit der Kraft mit ihrem Ausdruck, und ihre ausschließende Einheit mit der »in sich zurückgedrängten Kraft«, der »eigentlichen Kraft«, identifiziert. Die Herausforde-

8 Alle Zitate aus *PhG*, S. 110.

rung besteht darin, beide Aspekte als gleichermaßen wesentlich für das zu erachten, was Kraft ist:

> Aber erstens die in sich zurückgedrängte Kraft *muß* sich äußern; und zweitens in der Äußerung ist sie ebenso *in sich* selbst seiende Kraft, als sie in diesem Insichselbstsein Äußerung ist.[9]

Die Frage lautet nun: »Was unterscheidet den Ausdruck von Kraft?« Warum hat sie *viele* Ausdrücke? Wenn sie wie im ursprünglichen Modell gegeneinander gleichgültig sind, wie unterscheiden sie sich? An dieser Stelle ruft Hegel eines seiner allumfassenden logisch-metaphysischen metabegrifflichen Prinzipien auf: Die Verschiedenheit eines Ansichseienden ist immer eine Frage seiner Beziehung zu anderen Einheiten (was es »für ein Anderes« ist).

> In der Tat ist die Kraft das Unbedingt-Allgemeine, welches, was es *für ein Anderes*, ebenso an sich selbst ist; oder welches den Unterschied – denn er ist nichts anderes als das Für-ein-Anderes-Sein, – an ihm selbst hat.[10]

Das wahrnehmende Bewusstsein hatte vereinbar verschiedene Eigenschaften als *andersartige* Eigenschaften verstanden aufgrund ihrer Beziehungen zu *anderen* Eigenschaften, nämlich zu jenen, von denen sie sich auf eine *ausschließende* Weise unterscheiden. Die Diskussion über die mannigfachen Ausdrücke von Kraft, die in Beziehungen zu verschiedenen anderen Kräften bestehen, wird dem sich entwickelnden semantischen Bild eine grundlegend neue Dimension hinzufügen, und zwar durch die weitere Anwendung jenes Prinzips, wonach die Verschiedenheit innerhalb einer Identität immer eine Frage der Beziehung

9 Ebd.
10 Ebd.

zu anderen Identitäten ist. In der Allegorie sind alle Ausdrücke einer Kraft das Resultat der Beziehung dieser Kraft zu einer anderen, von ihr verschiedenen Kraft. Die erstere nennt Hegel das »Sollizitierte«, die zweite das »Sollizitierende«.[11] Ein Beispiel hierfür wäre die Beschleunigung einer gravitierenden Masse aufgrund ihrer Nähe zu einer anderen gravitierenden Masse oder die positive Ladung eines Gegenstandes im Feld der positiven Ladung eines anderen Gegenstandes. Im allgemeineren Fall der Allegorie sollten die verschiedenen beobachtbaren Erscheinungsformen eines theoretischen Gegenstandes verstanden werden als etwas, das sich aus dem Zusammenspiel mit anderen theoretischen Gegenständen ergibt: Aufgrund der Beziehung einer postulierten Höhe der Nachfrage zu einer entsprechenden Höhe des Angebots ergibt sich der zu beobachtende Preis; der Genotyp ergibt ebenjenen einen Phänotyp aufgrund der Umwelt, in dem er sich ausdrückt (intern biochemisch, extern ressourcenabhängig).

Der der »Verdopplung der Kräfte« zugrundeliegende Gedanke besteht darin, dass sich jede theoretische Entität in einer Vielzahl von (vereinbar) verschiedenen beobachtbaren Arten ausdrücken kann, da diese Entität mit einer Vielzahl anderer theoretischen Entitäten in Beziehung steht. Untersuchen wir die Anwendung dieses Prinzips, demgemäß die Vielfalt von *Eigenschaften* durch die *Beziehungen* zu mannigfachen *anderen* Eigenschaften besteht (Hegels »Für-ein-Anderes-Sein«), zeigt sich, dass das Beharren auf einer eineindeutigen Korrelation zwischen Ausdrücken und »sollizitierenden Kräften« unnötigerweise einschränkend ist. Der Unterschied zwischen zwei Ausdrücken ein und derselben Kraft besteht also nicht in der Beziehung dieser Kraft zu zwei verschiedenen anderen Kräften, sondern in der Beziehung zu zwei verschiedenen *Mengen* anderer Kräfte. Anstatt dass der eine Ausdruck einer Kraft von einer einzigen anderen Kraft sollizitiert wird und sich somit von anderen Aus-

11 Ebd., S. 113.

drücken durch die verschiedenen sollizitierenden Kräfte unterscheidet, könnte dieser Ausdruck durch eine Konstellation von mehreren Kräften hervorgerufen werden und sich insofern von anderen Ausdrücken durch die verschiedenen *sollizitierenden Konstellationen von Kräften* unterscheiden. Mit dieser Feststellung erreichen wir die allegorische Vorstellung vom »Spiel der Kräfte«. Die mannigfach beobachtbaren Ausdrücke *aller* nichtbeobachtbaren Kräfte werden als Produkte der Wechselwirkungen zwischen jeder einzelnen Kraft und *vielen* anderen *Kräften* aufgefasst – im äußersten Fall, mit *allen* anderen Kräften.

III. Holismus und das »Spiel der Kräfte«

Nun mag es so erscheinen, als hätten wir diese Form schon einmal gesehen. Schließlich hatte das wahrnehmende Bewusstsein bereits vereinbare, bloß verschiedene Eigenschaften durch verschiedene Eigenschaftsmengen unterschieden (durch welche sie allein verschieden sind). Wo liegt also der begriffliche Fortschritt des sich als Verstand begreifenden empirischen Bewusstseins? Was vor allem haben wir gelernt über die so wichtige Dimension, die jene Art von Identität verständlich macht, welche in den Beziehungen zu unterschiedlichen Dingen besteht? In der Tat wurde ein wichtiger Schritt gemacht und ein substantiell neues Element zur semantischen metabegrifflichen Ausrüstung hinzugefügt, über die uns die Allegorie belehrt. Der Begriff BESTIMMTER BEGRIFFLICHER INHALT, den das sich als Wahrnehmung verstehende empirische Bewusstsein eingerichtet hat, wurde in einer konjunktivisch-hypothetischen Sprache ausgedrückt. Der Inhalt von Allgemeinbegriffen wird durch Beziehungen der folgenden Form artikuliert: *Wenn* ein Einzelding jenen indexikalischen Allgemeinbegriff aufweisen *würde*, dann *könnte* es *keinen* anderen Allgemeinbegriff dieser Klasse aufweisen und *müsste* alle aus dieser anderen Klasse von Allgemeinbegriffen aufweisen. Wir haben gesehen, wie der aufwendige aristotelische Ontologierahmen der »Dinge mit vielen Eigenschaften« anhand der Unterscheidung zwischen vereinbarer und unvereinbarer Verschiedenheit ausgearbeitet werden kann. Dies betrifft alles, was *möglich* und *nicht möglich* und was *notwendig* und *nicht notwendig* ist. Jeder mögliche (tractarianische) Sachverhalt ist zu verstehen als genau der bestimmte Sachverhalt aufgrund seiner Ausschluss- und Einschlussbeziehungen zu anderen *möglichen* Sachverhalten.

Im Kontrast dazu sind die unmittelbaren, beobachtbaren Ausdrücke der zugrundeliegenden unbeobachtbaren inferentiell postulierten theoretischen Entitäten etwas *Wirkliches* und werden allein durch Wechselwirkungen zwischen jenen theoretischen Entitäten zustande gebracht, die als *wirklich* gedeutet werden. Dies wird bereits klar bei der »Verdopplung von Kräften«, wenn der Ausdruck von Kraft als die Wirkung von sollizitierten und sollizitierenden Kräften analysiert wird: »Es ergibt sich hieraus, daß der Begriff der Kraft durch die Verdopplung in zwei Kräfte *wirklich* wird und wie er dies wird.«[12] Die sinnliche Unmittelbarkeit der beobachtbaren Ausdrücke verankert die Inferenz in der Wirklichkeit. Sachverhalte werden als wirklich behandelt, indem sie als ausgedrückt betrachtet werden. Zwar hängt ihr Gehaltvollsein davon ab, dass sie von einem Nimbus anderer möglicher Sachverhalte umgeben werden, von denen sie sich vereinbar oder ausschließend unterscheiden. Jedoch wurde diesem Raum so weit bloß konjunktivischer Beziehungen eine Unterscheidung zwischen jenen Sachverhalten hinzugefügt, welche wirklich sind, also ausgedrückt werden, und jenen, die es nicht sind. (Wir sollten über die »Wirklichkeit« so nachdenken,

12 Ebd., S. 114.

dass sie in die *Possibilia* eingeschrieben ist, bzw. über die Bedeutung dieses Einschreibens.)

Später, wenn wir dieses neue Element von der Seite des Subjekts und nicht wie hier ausschließlich von der Seite der Gegenstände der Erkenntnis betrachten, taucht als Ergänzung zu den *nicht*konditional doxastischen Verpflichtungen (Verpflichtung auf *p*) das neue metabegriffliche Puzzlestück der konditional inferentiellen Verpflichtungen auf. (Wenn man auf *p* verpflichtet wäre, dann wäre man auf *q* verpflichtet.) Die *Semantik* enthält damit eine wesentliche *epistemische* Dimension. Das, was man *meint*, kann nicht unabhängig von dem behandelt werden, was man *als wahr betrachtet*. Diese Lehre werden wir noch besser ausformulieren können, wenn wir die zentralen symmetrischen intentionalen Beziehungen zwischen den objektiven, als *Gesetze* kodifizierten Beziehungen und den subjektiven Praktiken des *Erklärens* in Betracht ziehen. Die Notwendigkeit dieser Ergänzung wird klarer, sobald wir sehen, dass – wenn wir allgemeine Gesetze zum Erklären bestimmter Geschehnisse anwenden – wir uns auf Randbedingungen berufen müssen, die den wirklichen Fall der Gesetzesanwendung spezifizieren. Wenn wir das modale Spektrum der objektiven ontologischen Seite anreichern, indem wir Möglichkeit und Notwendigkeit um Wirklichkeit ergänzen, erkennen wir den Stellenwert des Überzeugtseins hinsichtlich der Bedeutungen auf Seiten des empirisch erkennenden Subjekts.

Wie bereits angemerkt, verändert sich der Status der beobachtbaren Wirkungen, welche die Wechselwirkungen von theoretischen Entitäten ausdrücken, wenn es in der Allegorie zum Spiel der Kräfte kommt. Dies geschieht in zwei Stufen. Erstens wird das Beobachtbare zurückgestuft und als eine bloße Erscheinung der zugrundeliegenden theoretischen Realität betrachtet, was dem Unterschied entspricht zwischen der Beschaffenheit der Dinge für das Bewusstsein und der Beschaffenheit der Dinge an sich. Zweitens wird das, was auf der ersten Stufe als eine ontologische Unterscheidung zwischen Erscheinung und Wirklichkeit betrachtet wurde, zu einer bloß epistemischen und methodologischen Unterscheidung zwischen dem, was beobachtet werden kann, und dem, was bloß inferentiell zugänglich ist. Dies ist eine Unterscheidung zwischen den Dingen bezüglich der Frage, wie sie erkannt werden können (etwas sein können für das Bewusstsein), und nicht, wie sie an sich sind.

Wie bereits angemerkt, sagt Hegel zu der ersten Stufe Folgendes:

> *Unser Gegenstand* ist hiermit nunmehr der Schluß, welcher zu seinen Extremen das Innere der Dinge und den Verstand und zu seiner Mitte die Erscheinung hat;[13]

Und weiter:

> In diesem *innern Wahren*, […] welches […] für den Verstand geworden ist, schließt sich erst über der *sinnlichen* als der *erscheinenden* Welt nunmehr eine *übersinnliche* als die wahre Welt auf […][14]

Die wahre Welt, die Welt der Dinge, so wie sie an sich sind, wird jetzt als aus theoretischen Entitäten zusammengesetzt betrachtet, deren Wechselwirkungen jene beobachtbaren Wirkungen hervorbringen (in der Allegorie die Ausdrücke der Kräfte), die sie als Erscheinungen ausmachen und somit etwas für das Bewusstsein sind. Dies wird der »unglückliche theoretische Realismus von Eddington« genannt. Er ist insofern ein theoretischer Realismus, als mit ihm, wie Eddington in seinem berühmten Essay darlegt, die realen Entitäten mit den postulierten theoretischen Entitäten identifiziert werden, deren Aktivität als die Quelle des Beobachtbaren zu betrachten ist. Er ist insofern un-

13 Ebd., S. 117.
14 Ebd.

glücklich, als er die Unterscheidung beobachtbar/theoretisch ontologisch auffasst und – indem er den impliziten Instrumentalismus des empirischen, sich selbst als sinnliche Gewissheit und Wahrnehmung verstehenden Bewusstseins auf den Kopf stellt – *nur* die theoretischen Entitäten als real behandelt.[15] Das sinnlich Unmittelbare, der Prüfstein und das Paradigma des Realen für die zwei vorangegangenen Formen des empirischen (Selbst-)Bewusstseins, erscheint nun lediglich als ein epistemisches Mittel, das den Zugang des Verstandes zu einer zugrundeliegenden theoretischen Realität vermittelt, die *nur* etwas für das Bewusstsein sind durch die Inferenzen, deren Prämissen von der sinnlichen Unmittelbarkeit bereitgestellt werden. Die Wahrheit der sinnlich unmittelbaren Welt ist die dem empirischen Bewusstsein inferentiell zugänglich gemachte übersinnliche Welt: »Das Übersinnliche ist das Sinnliche und Wahrgenommene, gesetzt, wie es in Wahrheit ist [...].«[16]

Der unglückliche theoretische Realismus von Eddington ist natürlich eine Ansicht, die seit Eddington viele philosophische Anhänger gehabt hat. Ein enger Verwandter dieser Ansicht ist beispielsweise jene Einstellung, die Sellars unter der Rubrik *scientia mensura* bejaht: »[D]aß dort, wo es darum geht, die Welt zu beschreiben und zu erklären, die Wissenschaft das Maß aller Dinge ist, sowohl der bestehenden als auch der nichtbestehenden.«[17] Sellars behandelt diese Ansicht als eine Nachfolgeversion von Kants Ding an sich, die als eine bloß phänomenale gewöhnliche Sprache des »manifesten Bildes« jener noumenalen Version gegenübergestellt werden soll und eine Verallgemei-

15 Dieser Ansicht zufolge, da kein Inhalt für die innere Welt von an sich seienden Dingen anerkannt werden kann, »[...] bliebe nichts übrig, als sich an die Erscheinung zu halten, d.h. etwas als wahr zu nehmen, von dem wir wissen, daß es nicht wahr ist [...]«. Ebd., S. 118.

16 Ebd.

17 Wilfrid Sellars, *Der Empirismus und die Philosophie des Geistes*, Paderborn 1999, § 41.

nerung von Eddingtons beobachtbarem Tisch des einfachen Mannes bzw. Tisch der vortheoretischen Lebenswelt darstellt.[18]

Der von Hegel betrachtete unglückliche theoretische Realismus ist jedoch nicht ganz mit dem wissenschaftlichen Realismus identisch, für den sich Sellars einsetzt. Der Unterschied deutet in jene Richtung, die in Hegels Ansicht implizit ist. Es ist eine Sache zu sagen, dass das uns durch *Wissenschaft* Gegebene dort souveräne Autorität hat, »wo es darum geht, die Welt zu beschreiben und zu erklären« (eine Bedingung, die für beide Denker von größter Bedeutung ist); eine andere Sache aber ist es, zu sagen, dass das Reale ausschließlich die von der Wissenschaft postulierten *theoretischen* Entitäten sind. Das Letztere macht den betreffenden theoretischen Realismus *unglücklich*. Denn auch die Naturwissenschaften billigen (zumindest) einige beobachtbare Eigenschaften als real (auch wenn – hier ist Sellars mehr oder weniger mit Eddington einer Meinung – Farben nicht dazu zählen und nur als sekundäre Qualitäten gelten). Wenn wir einsehen, was am Instrumentalismus falsch ist, sollten wir Sellars zufolge nicht nur gelernt haben, dass theoretische Entitäten (beispielsweise jene, die nur inferentiell zugänglich sind) real sein können, sondern auch die noch viel grundlegendere Tatsache, dass die Unterscheidung zwischen dem Beobachtbaren und dem Theoretischen nicht als eine ontologische Unterscheidung gedeutet werden sollte. Sie hat methodologische bzw. epis-

18 In seinen Locke Lectures, veröffentlicht als *Science and Metaphysics: Variations on Kantian Themes*, Routledge and Kegan Paul, 1968; Neuauflage bei Ridgeview Publishing Company, 1992. Hegel erwähnt diese Interpretation von Kant im Kapitel über Kraft und Verstand (*PhG*, S. 117f.) und stellt fest, es sei eine lächerliche Überreaktion, die Dinge an sich als ein *Nicht-Erkennbares* zu denken, das sich jenseits dieser Vorstellung von ihnen befindet. Sellars ist derselben Meinung und betrachtet diese Tatsache als einen grundlegenden Vorteil seiner kritischen Übertragung der kantischen Idee. In *From Empiricism to Expressivism* kritisiere ich diese Ansicht von Sellars ab dem 1. Kapitel.

temische Bedeutung, ist also eine Frage hinsichtlich unserer Zugriffsart auf die Dinge und keine Unterscheidung ontologischer oder metaphysischer Art.[19] Er weist somit das von ihm so genannte »platonische Prinzip« zurück, demzufolge die wichtigsten ontologischen Unterscheidungen (Sein/Werden) hinsichtlich unserer epistemischen Zugriffsart (Geist/Sinne) getroffen werden sollten. Der kürzlich noch als Planet bekannte Pluto wurde ursprünglich als ein Körper mit einer gewissen Masse und einer gewissen Umlaufbahn theoretisch postuliert, um die Unregelmäßigkeiten der Umlaufbahn des Neptuns zu erklären. Sein ontologischer Status hat sich nicht geändert, als Teleskope entwickelt wurden, welche nichtinferentielle, durch Beobachtung gewonnene Erkenntnisse von ihm ermöglichten.

Meiner Lektüre zufolge bringt Hegel ein entsprechendes Argument in seiner Diskussion der Entwicklung der Vorstellung der übersinnlichen Welt gemäß dem unglücklichen theoretischen Realismus. Der Begriff der ERSCHEINUNG muss von dem des BEOBACHTBAREN (des sinnlich Unmittelbaren) entkoppelt und dem Gedankengang der *Einleitung* entsprechend neu gedeutet werden. Hiernach ist Erscheinung ebenjener Status, wie Dinge für das Bewusstsein sein können, wenn sich durch die Erfahrung des Irrtums zeigt, dass sie *keine* Dinge an sich, sondern nur Dinge *für* das Bewusstsein sind. In diesem Sinne können sich theoretisch postulierte Entitäten als bloße Erscheinung erweisen und beobachtbare Entitäten den Status des Realen beibehalten. Wenn das, was in der Allegorie ursprünglich als der sinnlich unmittelbare Ausdruck sinnlich unkonditionierter Kräfte erscheint, als die Wirkung wirklicher Wechselwirkungen theoretischer Entitäten neu gedeutet wird, kann man erkennen, dass diese Wirkung generell sowohl beobachtbar als auch rein theoretisch ist. In der allegorischen Vorstellung des Spiels der Kräfte

19 Wilfrid Sellars, *Der Empirismus und die Philosophie des Geistes*, Paderborn 1999, § 43.

spielt der Unterschied zwischen beobachtbaren und nichtbeobachtbaren Wirkungen keine Rolle. Wichtig ist, dass einige jener Wirkungen beobachtbar sind, damit wir Prämissen haben, die es uns ermöglichen, etwas inferentiell über die übrigen Wirkungen herauszufinden; dies ist eine epistemische bzw. methodologische und keine ontologische Angelegenheit.

Im Kapitel über Kraft und Verstand wird dieser Schritt vollzogen, indem das Spiel der Kräfte selbst als eine Erscheinung entlarvt wird. Im unglücklichen theoretischen Realismus von Eddington stellt das Spiel der Kräfte allegorisch die theoretisch postulierte Realität dar, welche inferentiell durch die Vermittlung von Beobachtbarem erkannt wird, das sich durch die Wechselwirkungen zwischen sollizitierten Kräften und Mengen von sollizierenden Kräften ergibt. Das Spiel wird als Erscheinung entlarvt: Es ist keine Realität an sich, sondern war nur etwas *für* das verstehende Bewusstsein am Ende seiner ersten dreiteiligen Erfahrung (von der Kraft und ihrem Ausdruck über die Verdopplung der Kräfte bis zum Spiel der Kräfte).

An diesem Wendepunkt sagt Hegel:

> Der Verstand, welcher unser Gegenstand ist, befindet sich auf eben dieser Stelle, daß ihm das Innere nur erst als das allgemeine, noch unerfüllte *Ansich* geworden; das Spiel der Kräfte hat nur eben diese negative Bedeutung, nicht an sich, und nur diese positive, das *Vermittelnde*, aber außer ihm zu sein. Seine Beziehung auf das Innere durch die Vermittlung aber ist seine Bewegung, durch welche es sich ihm erfüllen wird. – *Unmittelbar* für ihn ist das Spiel der Kräfte; das *Wahre aber* ist ihm das einfache Innere; […].[20]

Das Unmittelbare des verstehenden Bewusstseins unterscheidet sich vom Unmittelbaren des empirischen, sich als sinnliche Ge-

20 *PhG*, S. 119.

wissheit und Wahrnehmung verstehenden Bewusstseins. Die Unmittelbarkeit des verstehenden Bewusstseins ist keine *sinnliche* Unmittelbarkeit, keine Unmittelbarkeit des nichtinferentiell Beobachtbaren, sondern die Unmittelbarkeit des Denkbaren, des Begreifbaren, da es in einen begrifflichen Raum gesetzt und durch Beziehungen materialer Folgerung und Unvereinbarkeit (also durch Vermittlung und bestimmte Negation) gegliedert wird. Genau in diesem Sinne ist das Spiel der Kräfte dem Verstand unmittelbar. Es ist eine Menge von Wirklichkeiten, die gemäß den modalen Beziehungen von Notwendigkeit, Möglichkeit und Unmöglichkeit wechselseitig aufeinander wirken und somit *begrifflich* gegliedert und vom empirischen, sich als Verstand betrachtenden Bewusstsein *unmittelbar* begreifbar sind: Es begreift also Denkbares durch dessen Stellung in genau diesen Beziehungen zu anderem Denkbaren.

Wie kommt es dazu, dass das dem verstehenden Bewusstsein unmittelbare Spiel der Kräfte den Status erhält, das für das verstehende Bewusstsein zu sein, was *dem* Bewusstsein die Dinge sind, und nicht vielmehr das, was sie an sich sind; und vor allem, wie kommt es dazu, den Status der Erscheinung zu erhalten im Sinne der *Einleitung* (in dem Beobachtbarkeit irrelevant ist)? Was bedeutet es zu sagen, dass die neue »innere«, übersinnliche Welt, die dem verstehenden Bewusstsein das Ansichsein, das Reale ist, das als das Spiel der Kräfte in Erscheinung tritt, »einfach«, »nur allgemein« und »noch unerfüllt« ist? Wie genau wird das Bild ausgehöhlt, demzufolge die wirklichen wechselwirkenden Kräfte zueinander in Beziehungen von Einschluss, Ausschluss, Notwendigkeit, Möglichkeit und Unmöglichkeit stehen, also in Beziehung zum Nimbus des bloß möglichen theoretischen, jegliche Kraft umgebenden Sachverhalts?

Da Hegel in seiner Erklärung den Karren vor das Pferd spannt, macht er es vielleicht noch schwieriger als nötig, die Antworten auf diese Fragen zu sehen. Meiner Lesart zufolge liegt das Problem darin, dass dieser Schritt nicht vor der Beschreibung des

Ergebnisses im oben zitierten Abschnitt erklärt und motiviert wurde. Das Ergebnis wird angegeben und erst danach wird der dorthin führende Prozess erläutert. Das Spiel der Kräfte führt allegorisch eine *holistische* Ontologie ein. Die Kräfte sind wirklich, indem sie ausgedrückt werden, das heißt allein durch das, was von ihren Wechselwirkungen mit anderen Kräften produziert wird. Jedoch wird das durch jene Wechselwirkungen Produzierte auf genau dieselbe Weise verstanden; sie sind also von derselben Art wie die aufeinander wirkenden Kräfte. Wie ist jene Identität zu verstehen, die in den Beziehungen zu anderen Dingen besteht, deren Identität wiederum auch in Beziehungen zu anderen Dingen besteht? Insofern die anderen Dinge bereits individuiert sind, werden die mannigfachen Ausdrücke der Wechselwirkungen zu mannigfachen anderen Ausdrücken verständlich. Wird diese Individuierung allerdings selbst so gedacht, dass sie ausschließlich in solchen mannigfachen Wechselwirkungen zu mannigfachen anderen Wechselwirkungen besteht, droht die ganze Vorstellung zusammenzufallen. Meiner Lesart zufolge ergibt sich das undifferenzierte, unbestimmte, »einfache«, »noch unerfüllte« Bild des Inneren, das im oben zitierten Abschnitt aufgerufen wurde, aus dem Versuch des verstehenden Bewusstseins, das im holistischen Bild Implizite explizit zu machen, bevor es die dafür nötigen begrifflichen Ressourcen entwickelt hat – bevor es sich, in Hegels etwas bedenklicher Terminologie, als »unendlich« verstanden hat.

Nach der oben zitierten Zusammenfassung der durch diese Erfahrung eingeleiteten Situation sagt Hegel Folgendes:

> Von diesem Spiel der Kräfte haben wir aber gesehen, daß es diese Beschaffenheit hat, daß die Kraft, welche *sollizitiert* wird von einer andern Kraft, ebenso das *Sollizitierende* für diese andere ist, welche selbst erst hierdurch sollizitierende wird. Es ist hierin ebenso nur der unmittelbare Wechsel oder das absolute Austauschen der *Bestimmtheit* vorhanden, wel-

> che den einzigen Inhalt des Auftretenden ausmacht, entweder allgemeines Medium oder negative Einheit zu sein [d. h. einschließlich *Auch* oder ausschließlich *Eins*, R. B.]. Es hört in seinem bestimmten Auftreten selbst unmittelbar auf, das zu sein, als was es auftritt; es sollizitiert durch sein bestimmtes Auftreten die andere Seite, die sich hierdurch *äußert*; d. h. diese ist unmittelbar jetzt das, was die erste sein sollte. Diese beiden Seiten, das *Verhältnis* des Sollizitierens und das *Verhältnis* des bestimmten entgegengesetzten Inhalts ist *jedes für sich* die absolute Verkehrung und Verwechselung. Aber diese beiden Verhältnisse sind selbst wieder dasselbe; und der Unterschied der *Form*, das Sollizitierte und das Sollizitierende zu sein, ist dasselbe, was der Unterschied des Inhalts ist, das Sollizitierte als solches, nämlich das passive Medium; das Sollizitierende hingegen das tätige, die negative Einheit oder das Eins. Hierdurch verschwindet aller Unterschied *besonderer Kräfte*, die in dieser Bewegung vorhanden sein sollten, gegeneinander überhaupt, denn sie beruhten allein auf jenen Unterschieden; und der Unterschied der Kräfte fällt ebenso mit jenen beiden nur in einen zusammen. Es ist also weder die Kraft noch das Sollizitieren und Sollizitiertwerden, noch die Bestimmtheit, bestehendes Medium und in sich reflektierte Einheit zu sein, weder einzeln für sich etwas, noch sind es verschiedene Gegensätze, sondern was in diesem absoluten Wechsel ist, ist nur der *Unterschied als allgemeiner* oder als ein solcher, in welchen sich die vielen Gegensätze reduziert haben.[21]

Hier wird behauptet, dass der Versuch, das Spiel der Kräfte zu verstehen, ein und dasselbe Problem auf zweierlei Weise aufwirft, einmal auf der Seite der Form und einmal auf der Seite des Inhalts. Auf der Seite der Form (die vom verstehenden Bewusstsein hinzugefügt wurde und die entscheidende modale Dimension der Wirklichkeit mit sich bringt) hängt die Unter-

21 Ebd., S. 119f.

scheidung der Kräfte von der Rolle jeder einzelnen Kraft ab, durch eine Vielfalt von *anderen* Kräften sollizitiert zu werden, welche wiederum in dieser Wechselwirkung die Rolle des Sollizitierens wirklicher Ausdrücke spielen. Wenn es aber nichts anderes gibt, um sie zu identifizieren und zu individuieren, als in diesen Beziehungen zu *weiteren* anderen Kräften zu stehen, die genau wie sie allein dadurch unterschieden werden, dass sie in *ihren* Beziehungen (sollizitiert/sollizitieren) zu weiteren anderen Kräften stehen: Wie sollte der Prozess der Individuierung überhaupt anheben? Auf der Seite des Inhalts (dem Modell des bestimmten Inhalts von Sachverhalten, das vom wahrnehmenden Bewusstsein ererbt wurde) zeigen sich die Einzeldinge, die eine Vielfältigkeit von Allgemeinbegriffen vorweisen, wobei diese Vielfältigkeit durch die Beziehungen zu anderen Dingen entlang zweier Dimensionen verstanden wird: Beziehungen zu anderen vereinbaren Allgemeinbegriffen in einem einschließenden Medium (das Einzelding als *Auch*) und Beziehungen zu anderen unvereinbaren Allgemeinbegriffen in einer ausschließenden Einheit (das Einzeldinge als *Eins*). Damit dieses Bild einer bestimmt gehaltvollen Einheit-in-und-durch-Vielfältigkeit verständlich sein kann, müssen, so scheint es, jene anderen Allgemeinbegriffe, auf die wir uns berufen haben, um die zwei Dimensionen von Beziehungen zu anderen Dingen auszudrücken, bereits *als voneinander getrennt und unterschieden* verständlich sein.[22]

Aus diesen Schwierigkeiten folgt, dass beide, sowohl die Unterscheidung auf der Seite der Form als auch die Unterscheidung auf der Seite des Inhalts, und somit tatsächlich auch die eigentliche Unterscheidung zwischen Form und Inhalt, die im Begriff vom Spiel der Kräfte implizit ist, zusammenbrechen. Wir

22 Das Thema der Verständlichkeit des Holismus und, laut meiner Lesart, Hegels Antwort darauf, diskutiere ich eingehender in »Holism and Idealism in Hegel's *Phenomenology*«, dem 6. Kapitel von *Tales of the Mighty Dead*, Harvard University Press, 2002.

müssen einen besseren Weg finden, um diese spezielle Art von holistischem System zu verstehen, dessen Elemente allein durch ihre Beziehungen untereinander bestimmt sind, also gemäß dem Prinzip, dass Vielfältigkeit immer in Beziehungen zu anderen Dingen besteht. Insofern gezeigt werden kann, dass das Spiel der Kräfte nach der Vorstellung des Verstandes implizit auf Unbestimmtheit hinausläuft, ergibt sich die wichtige Konsequenz, dass sich der Status dieser Vorstellung für das verstehende Bewusstsein ändert. Sie kann nicht länger als eine Vorstellung dessen betrachtet werden, wie die Dinge an sich sind, sondern nur, wie sie für das (verstehende) Bewusstsein waren. Das heißt, dass jene Vorstellung von wirklich aufeinander wirkenden theoretischen Entitäten, deren Wechselwirkungen sowohl beobachtbare als auch nichtbeobachtbare Wirkungen hervorbringen, sich als bloße Erscheinung erweist, und zwar nicht nur in einigen ihrer Teile, sondern *in toto*. Die Annahme, dass die Seite der Realität samt ihrer Unterscheidung Realität/Erscheinung mit der Seite des Nichtbeobachtbaren samt ihrer Unterscheidung beobachtbar/nichtbeobachtbar (sinnlich unmittelbar zugänglich und inferentiell vermittelt zugänglich) übereinstimmt – die für den unglücklichen theoretischen Realismus dieser ersten Form des verstehenden Bewusstseins charakteristische Annahme –, sollte zurückgewiesen werden, und zwar genau so, wie die Identifikation der Wirklichkeit mit der beobachtbaren Seite – eine für die sinnliche Gewissheit und das wahrnehmende Bewusstsein charakteristische Annahme – vom verstehenden Bewusstsein zurückgewiesen wurde.

IV. Von Kräften zu Gesetzen als Supertatsachen

Diese Erfahrung des sich als Verstand verstehenden Bewusstseins (als bestimmte Gedanken begreifendes Bewusstsein) ist jedoch nicht nur die abstrakte oder formale Negation der Vorstellung, die das Bewusstsein als Erscheinung entlarvt. Vielmehr ist sie eine bestimmte Negation jener Vorstellung und stellt als solche insofern auch einen positiven Inhalt dar. Der letzte, abschließende Satz des Gedankengangs (den Hegel im langen, oben zitierten Absatz verfolgt) betrifft die positive Beschreibung dessen, was nach dem Zusammenbruch des Spiels der Kräfte noch übrig bleibt:

> Dieser Unterschied als allgemeiner ist daher das Einfache an dem Spiele der Kraft selbst und das Wahre desselben; er ist das Gesetz der Kraft.[23]

In der Tat lassen sich einige Lehren aus dieser ersten (dreiphasigen) Erfahrung des verstehenden Bewusstseins ziehen: Die ontologische Legitimität bloß inferentiell zugänglicher Entitäten; die wesentliche Rolle der Wirklichkeit beim Ausfüllen der modalen, bestimmt gehaltvollen Sachverhalte gliedernden Struktur von Notwendigkeit und Möglichkeit; und eine holistische Vorstellung als die Antwort auf die Frage, was es heißt, bestimmt gehaltvoll zu sein. Der wichtigste, alle diese Lehren in sich zusammenschließende Schritt, ist jedoch der Übergang vom Denken im Sinne von KRAFT zum Denken im Sinne von GESETZ. Dies ist eine mit der holistischen Lehre in Einklang stehende Verschiebung des Fokus von *Relata* zu *Relationen*, die, wie wir durch diese Erfahrung gelernt haben, jene Relata funktionell definieren und bestimmen. Das sich als Verstand verstehen-

23 *PhG*, S. 120.

de Bewusstsein fragt nicht nach dem Wesen und dem ontologischen Status theoretischer Entitäten im Sinne von Dingen, die dem empirischen Bewusstsein nur inferentiell, sowohl semantisch als auch epistemisch, zugänglich sind, sondern nach den Beziehungen, kraft derer überhaupt etwas inferentiell zugänglich ist. Dies sind Beziehungen der Notwendigkeit, Möglichkeit und Unmöglichkeit, welche die wirklichen Wechselwirkungen vom Denkbaren beschränken und bestimmen: die begrifflich bestimmten gehaltvollen Sachverhalte, über die wir nachdenken.

Die Beziehungen, die objektive Sachverhalte identifizieren und individuieren (unterscheiden), sind Beziehungen materialer Unvereinbarkeit und Folgerung, Hegels »Negation oder Vermittlung«. Über sie sagt er:

> […] Negation ist wesentliches Moment des Allgemeinen, und sie oder die Vermittlung also im Allgemeinen ist *allgemeiner Unterschied*. Er ist im *Gesetze* ausgedrückt als dem beständigen Bilde der unsteten Erscheinung. Die *übersinnliche* Welt ist hiermit ein *ruhiges Reich von Gesetzen*, zwar jenseits der wahrgenommenen Welt, denn diese stellt das Gesetz nur durch beständige Veränderung dar, aber in ihr eben so *gegenwärtig* und ihr unmittelbares stilles Abbild.[24]

Die »unstete Erscheinung«, die »wahrgenommene Welt« ist nicht nur das durch die Beobachtung Zugängliche, sondern das ganze, zur Allegorie erhobene Spiel der Kräfte ist auf den Status der bewegenden Erscheinung eines ruhigen Reiches von Gesetzen zurückgestuft. Die entsprechende Frage lautet daher, wie wir die Beziehungen zwischen Gesetzen der Natur und den konkreten empirischen Dingen (die beobachtbaren als auch die nichtbeobachtbaren) verstehen sollten, deren Anwandlungen von jenen Gesetzen bestimmt werden.

24 Ebd.

Ich halte es für eine der Hauptlehren, die uns Hegel in der anschließenden Diskussion des Kapitels präsentieren will, dass es ein Fehler ist, die Gesetze zu verdinglichen bzw. sie als etwas zu betrachten, das eine übersinnliche Welt ausmacht. Dies würde bedeuten, die Funktionsweise von Gesetzesaussagen genauso zu betrachten wie die Funktionsweise von gewöhnlichen empirischen Aussagen der unteren Stufe, also als etwas, das die Welt beschreibt oder darstellt. Verwenden wir dieses Repräsentationsmodell, dann betrachten wir Gesetzesaussagen wie Aussagen über Supertatsachen. Hegel will uns über dieses semantische Repräsentationsparadigma hinaus zu einem expressiven Repräsentationsparadigma führen. Gesetzesaussagen sollten so verstanden werden, dass sie etwas explizit machen, das bereits in gewöhnlichen empirischen Beschreibungen über die Beschaffenheit der Dinge implizit ist. Sie machen alethisch-modale Merkmale der begrifflichen Gliederung objektiv-empirischer Sachverhalte explizit, und werden kraft dieser Merkmale die bestimmten Sachverhalte, die sie sind. Der Begriff der REPRÄSENTATION hat in diesem größeren Bild seinen Platz, entspricht jedoch nicht jenem exklusiven, Zwang ausübenden semantischen Modell, dem alle Aussagen angepasst werden sollten.

Bevor er zum wichtigsten Punkt kommt – der uns dazu führen wird, neben dem Begriff des GESETZES den Begriff der ERKLÄRUNG aufzustellen –, macht Hegel zwei vorausgehende Beobachtungen über das Bild des ruhigen Reiches von Gesetzen. Die erste lautet: »Das Gesetz ist in ihr [der Erscheinung] gegenwärtig, aber es ist nicht ihre ganze Gegenwart; es hat unter immer andern Umständen eine immer andere Wirklichkeit.«[25] Hier ist »Erscheinung« das wirkliche Verhalten von Entitäten, das sowohl unmittelbar durch Beobachtung als auch vermittelt durch Inferenzen offenbart wird; in der Allegorie handelt es sich um das »Spiel der Kräfte«. Die Gesetze der Natur bestim-

25 Ebd., S. 121.

men, wie die Dinge wirklich aufeinander wirken, allein wenn sie durch wirkliche Randbedingungen ergänzt werden. Die die Gesetze festlegenden Notwendigkeiten und Möglichkeiten sind hypothetisch. Was wirklich passiert, bestimmen sie nur im Kontext wirklicher Anwendungsgegebenheiten. In ihnen werden einige hypothetische Notwendigkeiten und Möglichkeiten ausgewählt, und zwar ebenjene, die den Schlussfolgerungen würdig sind. Somit wird festgelegt, welche der vorherigen Notwendigkeiten und Möglichkeiten faktisch (wirklich wahr) sind. Diese Beobachtung stellt eine der bereits oben aufgezeigten Verbesserungen dar, die das verstehende dem wahrnehmenden Bewusstsein voraus hat: Die extremen modalen Register Notwendigkeit und Möglichkeit bedürfen des Mittelregisters Wirklichkeit, damit der wirkliche, durch das Spiel der ihn begleitenden Kräfte sollizitierte »Ausdruck der Kräfte« bestimmt wird und eine Erscheinung ergibt. Diese Beobachtung betrifft die Beziehungen von Gesetzen zu Kräften. Es sind zwei Arten von Notwendigkeit im Spiel: die im Gesetz kodifizierte hypothetische Notwendigkeit und die gesetzmäßige, unter wirklichen Bedingungen ausgedrückte Notwendigkeit. Die letztere ist der Kraft äquivalent. In der Konstituierung des bestimmten begrifflichen Inhalts ist das Zusammenspiel zwischen Wirklichkeit einerseits und Notwendigkeit und Möglichkeit andererseits verschachtelt und kann durch die Beziehungen zwischen kategorischer und bloß hypothetischer Notwendigkeit gedeutet werden. Die Strategie, die Struktur von Notwendigkeit und Möglichkeit als eine besondere Art von Wirklichkeit zu interpretieren, nämlich als eine übersinnliche Welt, wird von Hegel zurückgewiesen.

Indem man Gesetze als eine Art Supertatsache auffasst, läuft man Gefahr, die Beziehung zwischen dem Gesetz und den tatsächlichen Kräften (den Tatsachen, wie sich die Dinge wirklich verhalten) unverständlich zu machen. Eine andere Formulierung dieser Schwierigkeit wird später aufgezeigt. Die Gesetze und die von ihnen beherrschten Dinge scheinen ein und denselben Inhalt in zwei verschiedenen Formen zu vergegenwärtigen:

> [...] *die Kraft ist gerade so beschaffen wie das Gesetz*; es wird gesagt, daß beide gar nicht unterschieden seien. Die Unterschiede sind die reine allgemeine Äußerung oder das Gesetz und die reine Kraft; beide haben aber *denselben* Inhalt, *dieselbe* Beschaffenheit;[26]

Die Gesetze kodifizieren die Beziehungen zwischen den (paradigmatisch als theoretische Entitäten betrachteten) Dingen, und bestimmen, was die Dinge (»Kräfte«) sind. In dem für die Allegorie paradigmatischen Fall wird *Kraft* durch das *Gesetz* »F = ma« ausgedrückt; unabhängig von diesem Gesetz bleibt sie unverständlich. Das Gesetz bringt zum Ausdruck, was Kraft ist, und die Kraft ist das, was vom Gesetz ausgedrückt wird. Aber wie haben wir das zu verstehen, wenn das Gesetz zu einer Art (Super-)Wirklichkeit, einer Supertatsache verdinglicht wird? Wird die Beziehung zwischen den Tatsachen und den Supertatsachen selbst durch Supergesetze regiert? Hegel möchte, dass wir die Gesetze so begreifen, dass sie den bestimmten begrifflichen Inhalt explizit machen, der in den »Kräften« der unteren Stufe implizit ist. Das Gesetz *drückt* den Inhalt der Kraft *aus* (anstatt eine Art Superkraft zu repräsentieren). Diese expressive hylemorphistische Beziehung wird falsch gedeutet, wenn sie durch das Modell einer Beziehung zwischen zwei Arten von *Dingen* (Repräsentiertem, Tatsachen, Welten) aufgefasst wird.

Die zweite vorausgehende Beobachtung betrifft eine Frage über die Gesetze, welche in gewisser Weise der holistischen Frage analog ist, wie die Beziehungen zwischen einzelnen bestimmten Kräften und dem ganzen Spiel der Kräfte zu verstehen sind. Innerhalb der Allegorie zeigt sich dieses Problem in den Bezie-

26 Ebd., S. 125.

hungen zwischen einem einzelnen allgemeinen Gesetz (der Gravitationsanziehung) und spezifischeren, von diesem allgemeinen Gesetz ableitbaren Gesetzen der Bewegung, wenn verschiedene Bedingungen festgelegt werden: »Insofern aber nicht *das* Gesetz überhaupt, sondern *ein* Gesetz ist, hat es die Bestimmtheit an ihm; und es sind damit unbestimmt *viele* Gesetze vorhanden.«[27] In diesem Fall jedoch interpretiert Hegel die Allegorie für uns:

> Der Verstand meint dabei ein allgemeines Gesetz gefunden zu haben, welches die allgemeine Wirklichkeit *als solche* ausdrücke; aber [er] hat in der Tat nur den *Begriff des Gesetzes selbst* gefunden, jedoch so, daß er zugleich dies damit aussagt: *alle* Wirklichkeit ist an ihr *selbst* gesetzmäßig.[28]
>
> Es steht somit den bestimmten Gesetzen die allgemeine Attraktion oder der reine Begriff des Gesetzes gegenüber.[29]

Es geht um die Beziehung zwischen allgemeiner *Gesetzmäßigkeit* und besonderen, bestimmten Gesetzen. Diese dritte Art von Notwendigkeit steht im Gegensatz sowohl zu der durch bestimmte Gesetze ausgedrückten Notwendigkeit als auch zu der durch bestimmte Gesetze unter wirklichen Randbedingungen ausgedrückten Notwendigkeit. Noch während der Lektüre seiner eigenen Allegorie erzählt uns Hegel von der Lehre, die wir mitnehmen sollten, wenn wir das eine übergreifende, sich innerhalb der Allegorie von den näher bestimmteren Gesetzen unterscheidende Gesetz universaler Attraktion (Gravitation) in Betracht ziehen: die Bedeutung modaler Glieder für das Verständnis des bestimmten Gehaltvollseins wirklicher Sachverhalte:

27 Ebd., S. 121.
28 Ebd., S. 121 f.
29 Ebd., S. 122.

> Der Ausdruck *der allgemeinen Attraktion* hat darum insofern große Wichtigkeit, als er gegen das gedankenlose *Vorstellen* gerichtet ist, welchem alles in der Gestalt der Zufälligkeit sich darbietet und welchem die Bestimmtheit die Form der sinnlichen Selbständigkeit hat.[30]

In unserer Betrachtung des wahrnehmenden Bewusstseins haben wir bereits gesehen, dass das, was sinnlich unmittelbar ist, allein kraft seiner Beziehungen materialer Unvereinbarkeit und Folgerung zu anderen möglichen Sachverhalten als etwas Wirkliches und Bestimmtes verständlich ist – Beziehungen, die in der Form von Gesetzen explizit gemacht werden, welche festlegen, was notwendig und was möglich ist. Das erfasste Problem enthält eine kantische Dimension: Gesetzmäßigkeit ist generell etwas – alle Wirklichkeit ist gesetzmäßig –, das *apriorisch* vor der Betrachtung bestimmter, einzelner Gesetze festgelegt werden kann, während die Verbindlichkeit jedes bestimmten Gesetzes generell empirisch festgelegt werden muss.

Diese Fragen zum Verständnis der Beziehungen zwischen Gesetzen und den von ihnen beherrschten »Kräften« bleiben an dieser Stelle des Textes unbeantwortet. Hegel zufolge können sie nicht beantwortet werden, solange das verstehende Bewusstsein an ein Paradigma der Repräsentation gebunden bleibt, nach dem das, was durch modal qualifizierte Behauptungen über das Notwendige und Mögliche ausgedrückt wird, als etwas gedacht wird, das eine expressive Rolle spielt und Sachverhalte repräsentiert, die *ähnlich wie* wirkliche Sachverhalte sind: wirklich, aber verortet in einem anderen ontologischen Gebiet. Hegel wird als Nachfolger für diese Vorstellung von Repräsentation eine expressive Vorstellung empfehlen, derzufolge Gesetzesaussagen Merkmale des Rahmens explizit machen, innerhalb dessen es möglich ist, bestimmte Sachverhalte der unteren Stufe

30 Ebd.

zu verstehen. Es ist ein Adäquatheitskriterium dieses neuen Bildes, auf die hier aufgeworfenen Fragen befriedigende Antworten zu liefern, sobald sie so umformuliert werden, dass sie keine repräsentationalen Vorannahmen darüber enthalten, was Gesetze ausdrücken.

V. Die »verkehrte Welt« und die Semantik möglicher Welten

Die Idee des ruhigen Reiches der Gesetze als eine übersinnliche Welt besagt, dass Gesetze Supertatsachen sind, die durch Gesetzesaussagen generisch auf dieselbe Weise repräsentiert werden wie Tatsachen in der Welt der empirischen Erscheinungen (einschließlich derer, die nur inferentiell verfügbar sind) durch gewöhnliche Aussagen über die Eigenschaften von Gegenständen. Hegel bespricht eine finale Möglichkeit, wie das semantische Modell der Repräsentation des empirischen, sich als Verstand verstehenden Bewusstseins angewendet werden kann, um eine Deutung der Beziehungen zwischen dem Gesetz und der Welt empirischer Erscheinungen (das »Spiel der Kräfte«) zu erlauben. Diese nennt er die »verkehrte Welt«. Die Diskussion dieses Themas ist dicht und enigmatisch. Schon seit langem wird sie als einer der schwierigsten Abschnitte der *Phänomenologie* betrachtet. Die verkehrte Welt ist zunächst eine Verkehrung der Welt der Erscheinung. Hegel signalisiert jedoch, dass die Vorstellung der verkehrten Welt eine weitere Anwendung ebenjener repräsentationalen Strategie darstellt, die zu einem Verständnis der Beziehungen zwischen dem Gesetz und der Erscheinung und somit zum ruhigen Reich der Gesetze geführt hat und nun dieses Reich in einer Verkehrung beschreibt: »*Diese zweite übersinnliche Welt* ist auf diese Weise die *verkehrte* Welt, und zwar, indem eine Seite schon an der ersten übersinnlichen Welt vorhanden ist, die *verkehrte* dieser *ersten*.«[31]

In der Tat ist die verkehrte Welt sonderbar:

> Nach diesem Gesetze dieser verkehrten Welt ist also das *Gleichnamige* der ersten das *Ungleiche* seiner selbst, und das Ungleiche derselben ist ebenso *ihm selbst ungleich*, oder es wird sich *gleich*. An bestimmten Momenten wird dies sich so ergeben, daß, was im Gesetze der ersten süß, in diesem verkehrten Ansich sauer, was in jenem schwarz, in diesem weiß ist.[32]

Wir haben bereits aus der Erfahrung des wahrnehmenden Bewusstseins gelernt, dass eine Eigenschaft wie beispielsweise Süße nur kraft ihrer Beziehungen ausschließender Verschiedenheit bestimmt wird, bzw. kraft »bestimmter Negation« oder aristotelischer Gegensätzlichkeit zu anderen Eigenschaften wie beispielsweise der Säuerlichkeit, mit der die Süße material unvereinbar ist. Die indexikalische, also unverkehrte Welt ist die wirkliche Welt. Diesem Bild zufolge wird jeder wirkliche Sachverhalt, jede Tatsache, von einer Penumbra bloß möglicher, stark kontrastierender Sachverhalte umgeben. (Hier können wir an eine von Sachverhalten umgebene tractarianische Tatsache denken. Aber anders als das tractarianische Bild sind diese Sachverhalte hier sogar auf der elementarsten Ebene nicht *einfach*, sondern *ausschließend* verschieden.) Diese bloß möglichen Sachverhalte stehen zueinander in Beziehungen von *notwendigem* Ausschluss und Einschluss (Folgerung). Dem Bild des wahrnehmenden Be-

31 Ebd., S. 128. In diesem Textabschnitt bezieht sich Hegel auf das ruhige Reich von Gesetzen als die »erste übersinnliche Welt«. Tatsächlich gilt sie für mich als die zweite, nachdem die Realität als rein theoretische Entitäten gedeutet wurde, die die beobachtbaren Ausdrücke gemäß dem unglücklichen theoretischen Realismus von Eddington hervorrufen.

32 Ebd.

wusstseins fehlte das Privilegieren *einer* Menge von Kompossiblen als *wirklich*. Schließlich sind *viele* (mögliche) Gegenstände wirklich – nicht aber alle. Hier ist die Beziehung zwischen Wirklichkeit und der durch Notwendigkeit strukturierten Möglichkeit angesprochen. Wir haben bereits gesehen, dass eine charakteristische Erweiterung des verstehenden Bewusstseins gegenüber dem wahrnehmenden Bewusstsein darin besteht, die Beziehungen zwischen diesen zwei verschiedenen modalen Registern zu thematisieren.

So weit, so gut. Wir können die verkehrte Welt als eine Vorstellung auffassen, die einen uns aus dem Kapitel zur Wahrnehmung bekannten semantischen Punkt mit einem für das verstehende Bewusstsein neuen Anliegen kombiniert, und zwar mit den Beziehungen zwischen Wirklichkeit (der empirischen Erscheinung, einschließlich dem ausschließlich inferentiell epistemisch Zugänglichen), die als das Spiel der Kräfte allegorisiert wird einerseits, und der durch Notwendigkeit strukturierten Möglichkeit, nämlich dem Reich von Gesetzen andererseits. Das Letztere wird verdinglicht, als eine überempirische Welt von bloß Möglichem behandelt, das generisch auf dieselbe Weise von modal qualifizierten Aussagen repräsentiert wird wie wirkliche Tatsachen durch empirische Aussagen der unteren Stufe. Aber indem wir die bloß möglichen Sachverhalte so auffassen, dass sie im starken Kontrast zu den wirklichen Sachverhalten stehen und eine eigene *Welt* ausmachen (allerdings eine »verkehrte« Welt), scheinen wir sogleich mit einer anderen grundlegenden Lehre in Konflikt zu geraten, die wir aus der Erfahrung des wahrnehmenden Bewusstseins gezogen haben. Die Tatsachen, die die wirkliche Welt ausmachen, sind *kompossibel*, material vereinbar, also *bloß* (oder mit Hegel gesprochen »gleichgültig«) verschieden, und nicht ausschließend verschieden voneinander. Dies scheint eine vernünftige notwendige Bedingung zu sein, um diese Tatsachen so aufzufassen, dass sie eine *Welt* ausmachen. Im Gegensatz dazu sind die Sachverhalte, die sich ausschließend von wirklichen Sachverhalten unterscheiden, nicht kompossibel bzw. miteinander vereinbar. SAUER ist, genauso wie BITTER, material unvereinbar mit SÜSS; und BITTER und SAUER sind auch miteinander material unvereinbar.[33] WEISS ist nicht der einzige Gegensatz von SCHWARZ (im Sinne von »entgegengesetzt«, der hier meines Erachtens im Spiel ist). Ebenso sind es ROT und GRÜN. Die semantogenen *Possibilia*, die jede wirkliche Tatsache wie eine Wolke umgeben, machen keine *Welt* aus im Sinne einer Menge von *kompossiblen*, *vereinbaren* Sachverhalten. Die wirkliche Welt hat, wie jeder besondere Gegenstand, kein »Gegenteil« im Sinne eines Gegensatzes – wohingegen Eigenschaften ein Gegenteil haben können.

Die hier erwogene Ansicht verdinglicht nicht die im starken Kontrast zur Wirklichkeit stehenden, durch Notwendigkeit strukturierten und gesetzmäßig erhaltenen Möglichkeiten einer *anderen* »Welt« neben der wirklichen Welt. Die verkehrte Welt ist nicht selbst eine Welt. Sie ist übersinnlich, weil die Möglichkeiten im Gegensatz zur Wirklichkeit nicht sinnlich unmittelbar sind und deshalb keine durch Beobachtung gegebene Prämissen liefern können, von denen ein anderes, bloß Mögliches inferentiell erkannt werden könnte.

Die den Lesern beim Abschnitt zur verkehrten Welt begegnenden Schwierigkeiten wurzeln meiner Lesart zufolge in dieser Tatsache. In Hegels Beschreibung ist die verkehrte Welt nicht *unbestimmt* – so als wäre, was in der wirklichen Welt süß war, in der verkehrten Welt einfach *nicht*süß, und das, was wirklich schwarz war, *nicht*schwarz. Die verkehrte Welt besteht aus Sachverhalten, die bestimmt sind, wie diejenigen der wirklichen Welt. Jedoch ist die verkehrte Welt *über*bestimmt. Scheinbar müssen die Dinge in dieser Welt *alle* die Bestimmtheiten haben,

33 Wahrscheinlich funktionieren Geschmäcke in Wirklichkeit nicht auf diese Weise. Also sind sie nicht das beste Beispiel, das Hegel hätte nehmen können. Mit Farben wird es besser deutlich.

die jenen in der wirklichen Welt entgegengesetzt (ausschließend verschieden) sind. Dies ist aber unmöglich: also eine inkohärente Idee. Da diese Vorstellung so inkohärent erscheint, taucht die damit verbundene Schwierigkeit auf, zu erklären, was uns dazu motiviert, die Vorstellung ernst zu nehmen – sie also als begrifflich *fortgeschrittener* anzusehen als die übersinnliche Welt theoretischer Entitäten des unglücklichen theoretischen Realismus von Eddington und als das ruhige übersinnliche Reich der Gesetze. Schließlich sind jene beiden Vorstellungen von ernstzunehmenden Philosophen vertreten worden bzw. werden in gewissem Maß noch immer vertreten. Wenn allein Hegels eigene Analyse des bestimmten Gehaltvollseins im Sinne von ausschließender Verschiedenheit (»bestimmter Negation«) uns motiviert, *diese* Vorstellung einer übersinnlichen Welt ernst zu nehmen, neigt man zu dem Gedanken: »Umso schlimmer für seine semantische Analyse.«

Obgleich nachvollziehbar, sind solche Bedenken meines Erachtens unangebracht. Die Ansicht, die Hegel unter dem Titel der »verkehrten Welt« angeht, ist kohärent, und sie wurde und wird immer noch von ernstzunehmenden Philosophen bejaht und verteidigt, die *nicht* bei Hegels Auffassung von Bestimmtheit im Sinne von Gegensätzlichkeit beginnen. Denn die von ihm in Betracht gezogene Ansicht ist den zeitgenössischen Ansätzen zur Modalität möglicher Welten formal äquivalent, für die paradigmatisch der Ansatz von David Lewis steht. Es ist an dieser Stelle hilfreich, die Vorstellung von möglichen Welten mit dem Bild der verkehrten Welt zu vergleichen. In der orthodoxen Vorstellung von möglichen Welten stellen wir der wirklichen Welt, als nur *eine* maximal kompossible Menge von Sachverhalten, andere mögliche *Welten* gegenüber, die ebenfalls als maximale kompossible Mengen von Sachverhalten aufgefasst werden (oder diese bestimmen/von ihnen bestimmt werden). Die Sachverhalte der wirklichen Welt werden verständlich, indem sie in einem *Universum* anderer möglicher Welten verortet werden. Wir können dann einen wirklichen Sachverhalt von der Wahrheit einer Proposition in der wirklichen Welt her verstehen, die als eine Menge von möglichen Welten gedeutet wird (also als jene, in denen jene Proposition wahr ist). Die Bestimmtheit eines wirklichen Sachverhalts ist eine Frage der Aufteilung des Universums möglicher Welten, in denen er verortet ist. Eine Proposition hat eine andere Proposition zur Folge, wenn die Menge möglicher Welten, in der die erste Proposition gilt, eine Untermenge der Menge ist, in der die andere Proposition gilt. Zwei Aussagen sind material unvereinbar, wenn es keine mögliche Welt gibt, in der beide Aussagen wahr sind. Kontradiktorische Gegensätze sind minimale Unvereinbarkeiten (Propositionen, die aus allem folgen, was mit ihren kontradiktorischen Gegensätzen material unvereinbar ist). Da zwei unterschiedliche mögliche Welten zumindest *einen* Unterschied bezüglich der in ihnen wahren Propositionen aufweisen müssen, und sie jeweils *maximale* kompossible Mengen von Sachverhalten sind, wird es in zwei beliebigen unterschiedlichen möglichen Welten material unvereinbare Propositionen geben, die in ihnen wahr sind. Das heißt, dass sie nicht *bloß* verschieden, sondern auch *ausschließend* verschieden sind. Materiale Unvereinbarkeiten von Sachverhalten (Propositionen) werden in Mengen von Sachverhalten kodiert, die als genuin kompossibel betracht werden und somit eine genuin mögliche Welt ausmachen.

Genau dieselbe Information wird mit Hegels verkehrter Welt vorgelegt, allerdings etwas anders verpackt. Anstatt die wirkliche Welt den anderen möglichen *Welten* gegenüberzustellen, wird jeder wirkliche *Sachverhalt* allen Sachverhalten gegenübergestellt, die mit *ihm* unvereinbar sind. Der wirklichen Welt als einer maximalen Menge von kompossiblen Sachverhalten steht nun die ganze Menge von (nichtkompossiblen) nichtfaktischen Sachverhalten gegenüber. Die verkehrte Welt ist das Ergebnis der semantischen Verknüpfung jedes Sachverhalts (angefangen mit den wirklichen) mit der Menge aller Sachverhalte, die in dieser Beziehung ausschließender Verschiedenheit oder materialer Unvereinbarkeit zu *irgendwelchen wirklichen* Sachverhalten steht. Wird diese Menge bestimmt, können wir, indem wir sie mit den zugrundeliegenden materialen Unvereinbarkeiten (Möglichkeiten regierende Notwendigkeiten) zusammensetzen, alle kompossiblen Mengen dieser Sachverhalte berechnen. Umgekehrt berechnen wir in der möglichen Welt aus der ganzen Menge möglicher Welten, die im Voraus der Berechnung als festgelegt betrachtet wird, das, was mit einer gegebenen Proposition (die von einer Menge möglicher Welten repräsentiert wird) unvereinbar (nichtkompossibel) ist. Der Rahmen der möglichen Welten und der Rahmen der verkehrten Welt sind formal äquivalent. Wir können einerseits mit dem Universum möglicher Welten beginnen und materiale Unvereinbarkeiten von Sachverhalten (Propositionen) ausrechnen, die als Mengen möglicher Welten gedeutet werden. Oder wir können andererseits beginnen, indem wir jeden Sachverhalt mit der Menge aller ihm jeweils material unvereinbaren Sachverhalte in Verbindung bringen und dann die maximalen kompossiblen Mengen von Sachverhalten bzw. die möglichen Welten berechnen. Ein und dieselbe Information lässt sich durch beide Verfahren gleichermaßen repräsentieren.

Nachdem wir uns die von der Erfahrung des wahrnehmenden Bewusstseins erteilten metaphysischen Lehren zu eigen gemacht haben, stellen wir fest, dass die verkehrte Welt keine *Welt* im gewöhnlichen Sinne ist, insofern ihre Elemente nicht kompossibel sind. Aber auch die Elemente des »Universums« der *Possibilia* der möglichen Welten sind nicht kompossibel. (Die Frage, ob die möglichen Welten in demselben Sinne Welten sind wie die wirkliche Welt, unterscheidet Lewis' extremen »mad dog modal realism« vom Realismus moderater Theoretiker.) Dem Terminus »Welt« (oder »Universum«) wird in *beiden* Fällen ein weitreichenderer Sinn erteilt.

Meiner Behauptung nach ist also das, was Hegel als die zuletzt verfehlte Form des verstehenden Bewusstseins betrachtet, in welcher die Beziehung zwischen Wirklichkeit und der durch Notwendigkeit strukturierten Menge von *Possibilia* gefasst wird, eine Version des zeitgenössischen Rahmens möglicher Welten bzw. eine diesem Rahmen äquivalente Version. Mit dem Bild des ruhigen Reiches von Gesetzen teilen beide ein Verständnis modaler Aussagen über das Notwendige und Mögliche, nachdem diese im selben Sinne etwas *beschreiben* oder repräsentieren, wie Aussagen über das Wirkliche etwas beschreiben oder repräsentieren. Jedoch unterscheiden sie sich dahingehend, dass modale Aussagen etwas beschreiben oder repräsentieren, das nicht im Hier der empirischen Wirklichkeit zu finden ist, sondern »jenseits«, in irgendeiner anderen, übersinnlichen Welt, in einem Universum von *Possibilia*, die mit wirklichen Sachverhalten unvereinbar sind (stark konstrastieren). Für Hegels Zwecke spielt es keine Rolle, ob jene ausschließend verschiedenen *Possibilia* als stark kontrastierende Sachverhalte (wie in der verkehrten Welt) oder als maximale kompossible Mengen von Sachverhalten (wie in den möglichen Welten) gedeutet werden. Beide diagnostizieren, dass es ein Irrtum war, unsere semantische Beziehung zu den *Possibilia* an unsere semantische Beziehung zu wirklichen Sachverhalten anzugleichen und beide unter die Rubrik von »Beschreibung« oder »Repräsentation« einzuordnen. Die Verallgemeinerung dieses semantischen Modells zu etwas, das wir Deskriptivismus oder Repräsentationalismus nennen könnten, ist der fatale Fehler des verstehenden Bewusstseins, der beseitigt werden muss, um über das verstehende Bewusstsein hinaus zu kommen: vom metametabegrifflichen Rahmen des *Verstandes* zum metametabegrifflichen Rahmen der *Vernunft*.

7. Objektiver Idealismus und modaler Expressivismus

I. Erklärung und der Ausdruck impliziter Gesetze

Die letzte von Hegel in Betracht gezogene Form der »übersinnlichen Welt« ist die »verkehrte Welt«, oder besser gesagt: die Welt *als* verkehrt. Laut meinem Argument entspricht dieser Ansicht formal die zeitgenössische Mögliche-Welten-Semantik für Modalität. Anstatt die wirkliche Welt als von bloß möglichen alternativen Welten umgeben zu betrachten, ist für Hegel jede Eigenschaft jedes Gegenstandes von den konträren Eigenschaften umgeben, durch die sie definiert werden, indem sie zu ihnen in starkem Kontrast stehen. Hierdurch wird jeder Sachverhalt mit all den Sachverhalten verknüpft, die von ihm ausgeschlossen werden, also unvereinbar mit ihm sind. Wie auch im Rahmen der Mögliche-Welten-Semantik jede Proposition (Menge möglicher Welten) einfach durch alle mit ihr unvereinbaren Propositionen konstruierbar ist, so kann man bei Hegel die maximalen Mengen kompossibler Sachverhalte (mögliche Welten) aus der Verknüpfung jedes Sachverhalts mit seinen jeweiligen nichtkompossiblen Sachverhalten konstruieren (also eine Aufteilung der Sachverhalte in die, die mit dem betreffenden Sachverhalt kompossibel sind, und die, die mit ihm nicht kompossibel sind).

Wir haben gesehen, dass Hegels Begriffsrealismus der (durch alethisch-modales Vokabular ausgedrückten) Gesetzmäßigkeit objektiver Realität große Bedeutung zuschreibt. Er wendet sich aber gegen den Gedanken, dass das, was in der konjunktivischen Robustheit zum Ausdruck kommt – welche für die *Erklärung* so wesentlich ist –, die Merkmale der Welt in demselben Sinne beschreibt, wie gewöhnliche Tatsachenbehauptungen die Welt auf der unteren Stufe beschreiben. Den Ansatz zur Modalität, den das Bild der verkehrten Welt und das Bild der möglichen Welten teilen, betrachtet er als unangemessenerweise repräsentational. In beiden Bildern wird die expressive Funktion nicht richtig berücksichtigt, die das modale Vokabular vom gewöhnlichen deskriptiven Vokabular unterscheidet. Dies ist eine Erweiterung seiner Kritik an jenem Standpunkt, der Gesetze als Supertatsachen betrachtet. Seiner Idee zufolge machen modale Behauptungen (einschließlich Gesetzesaussagen) das explizit, was unserem Tun *implizit* ist, wenn wir gewöhnliche empirische Behauptungen der unteren Stufe aufstellen, welche die Dinge *tatsächlich* so beschreiben (repräsentieren), wie sie sind. Der Schlüssel zu dem hier für uns relevanten Verständnis von »implizit« und »explizit« und der expressiven Beziehung zwischen ihnen ist die Idee, dass man nicht verstehen kann, was man beim Aufstellen modaler Behauptungen *sagt*, ohne zu verstehen, was man dabei *tut*. (Der semantische Gehalt alethisch-modaler Behauptungen, also das, was behauptet wird, sollte in Bezug auf die pragmatische Kraft des Aufstellens jener Behauptungen, also auf die Bedeutung des modalen Behauptens verstanden werden.) Dies ist der Grund dafür, dass man die Beziehung zwischen modalen Behauptungen und Behauptungen über Tatsachen (die Beziehungen zwischen »Gesetz« und »Kraft«, die Thema sowohl der verkehrten Welt als auch der möglichen Welten sind) nicht verstehen kann, solange man nur auf der objektiven Seite des intentionalen Nexus verbleibt. Man muss verstehen, wie Gesetzesaussagen (Behauptungen darüber, was notwendig oder möglich ist) verwendet werden. Hegel zufolge muss man hierfür die inferentielle Rolle begreifen, die sie bei *Erklärungen* spielen.

Diesen Gedankengang zu entwickeln, ist das zentrale Anliegen dieses Kapitels. Da ich allerdings dafür argumentiert habe, dass Hegel vorausschauend eine Version der zeitgenössischen Mögliche-Welten-Ansätze für Modalität in Betracht zieht, wird es zuvor noch nützlich sein herauszufinden, was ihm zufolge an dieser letzten, höchstentwickelten Version einer »übersinnlichen Welt« falsch ist. Ein erster Punkt kann direkt erledigt werden. Hegel zufolge sollte das Bild nicht derart entwickelt werden, dass die übersinnliche Welt als *real* betrachtet und von der als bloße Erscheinung betrachteten Wirklichkeit unglücklich unterschieden wird. So etwas zu tun stellt sicherlich eine Option dar, war aber ebenso bereits möglich bei den oben betrachteten Versionen übersinnlicher Welten, also beim unglücklichen theoretischen Realismus von Eddington und dem ruhigen Reich der Gesetze.

> Oberflächlich angesehen ist diese verkehrte Welt so das Gegenteil der ersten, daß sie dieselbe außer ihr hat und jene erste als eine verkehrte *Wirklichkeit* von sich abstößt, die *eine* die *Erscheinung*, die *andere* aber das *Ansich* […].[1]

Diese oberflächliche Sicht sollte verurteilt und zurückgewiesen werden. Grundlegender noch lehnt Hegel das Verständnis der semantogenen *Possibilia* ab, die im Kontrast zu den wirklichen Sachverhalten stehen, welche nach dem Modell der wirklichen Sachverhalte als bestimmt verstanden werden.

> Allein solche Gegensätze von Innerem und Äußerem, von Erscheinung und Übersinnlichem, als von zweierlei Wirklichkeiten, sind hier nicht mehr vorhanden. Die abgestoßenen Unterschiede verteilen sich nicht von neuem an zwei solche Substanzen, welche sie trügen und ihnen ein getrenntes Bestehen verliehen, wodurch der Verstand aus dem Innern heraus wieder auf seine vorige Stelle zurückfiele. Die eine Seite oder

1 Ebd., S. 129.

> Substanz wäre wieder die Welt der Wahrnehmung, worin das eine der beiden Gesetze sein Wesen triebe, und ihr gegenüber eine innere Welt, *gerade eine solche Sinnliche Welt* wie die erste, aber in der *Vorstellung*; sie könnte nicht als sinnliche Welt aufgezeigt, nicht gesehen, gehört, geschmeckt werden, und doch würde sie vorgestellt als eine solche sinnliche Welt. Aber in der Tat, wenn *das eine Gesetzte* ein Wahrgenommenes ist und sein *Ansich* als das Verkehrte desselben, ebenso ein *sinnlich Vorgestelltes*, so ist das Saure, was das Ansich des süßen Dinges wäre, ein so wirkliches Ding wie es, ein *saures Ding*; das Schwarze, welches das Ansich des Weißen wäre, ist das wirkliche Schwarze; […][2]

Es stehen meines Erachtens zwei wichtige Einwände gegen diese Ansicht zur Verfügung. Erstens läuft die Verdinglichung der kontrastierenden *Possibilia* darauf hinaus, die modale Gliederung der Wirklichkeit, welche wir uns ursprünglich in der Gestalt von *Gesetzen* vorgestellt haben, mithilfe weiterer *Kräfte* (allegorisch) zu deuten. Dies würde bedeuten, die *Possibilia* als weitere Sachverhalte zu verstehen, als Teilnehmende im Spiel der Kräfte, als wären sie in gewissem Sinne *von derselben Art* wie die wirklichen Sachverhalte – allerdings eben nur keine wirklichen. Eine solche Vorstellung ist mit der gleichen Schwierigkeit konfrontiert, welche zur Postulierung der Gesetze geführt hat, die sich vom wirklichen Spiel der von ihnen regierten »Kräfte« unterscheiden. Um die Beziehungen zwischen Wirklichkeit und den durch Notwendigkeit regierten Möglichkeiten zu verstehen, scheint es erforderlich, ein Supergesetz zu postulieren, das diese Beziehungen beherrscht. Materiale Unvereinbarkeiten (das, was nicht kompossibel ist) und Folgerungen werden einfach als weitere, letztendlich kontingente (Super-) Tatsachen behandelt. Hegel ist der Meinung, dass eine solche

2 Ebd., S. 129f.

Ansicht die radikal andersartige Rolle der Erklärungen missverstehen würde, was mit modalen Behauptungen explizit gemacht wird.

> Aus der Vorstellung also der Verkehrung, die das Wesen der einen Seite der übersinnlichen Welt ausmacht, ist die sinnliche Vorstellung von der Befestigung der Unterschiede in einem verschiedenen Elemente des Bestehens zu entfernen, und dieser absolute Begriff des Unterschieds [ist] als innrer Unterschied, Abstoßen des Gleichnamigen als Gleichnamigen von sich selbst und Gleichsein des Ungleichen als Ungleichen rein darzustellen und aufzufassen.[3]

Die spezifische Motivation der positiven Lehre, die wir aus der Unzulänglichkeit der verdinglichten, semantogenen, kontrastierenden *Possibilia* ziehen sollten, ist eine grundlegende begriffliche Schwierigkeit beim Verstehen der Beschaffenheit notwendiger Verknüpfungen, welche uns das erste Mal beim Nachdenken über Kraft und dann expliziter beim Nachdenken über Gesetze begegnet war. Das Bild der verkehrten Welt wird diese Schwierigkeit nicht lösen. Dieses Problem betrifft Hegels zentrales Interesse an Vorstellungen über die Beziehungen zwischen Identität und Differenz. Wie kann es sein, dass die Elemente, die durch ein Gesetz in Beziehung stehen, voneinander *unterschieden* und zugleich *notwendigerweise* miteinander verwandt, also in einer notwendigen Einheit verbunden sind? Dies ist auch Humes Problem. Seine Antwort ist der skeptische Schluss, dass diese Idee nicht verständlich gemacht werden kann. Kraft, Masse und Beschleunigung sind im Zweiten Newtonschen Gesetz durch »F = ma« miteinander verknüpft. Für das, was Kraft und Masse sind, ist die Geltung dieser notwendigen Beziehung wesentlich. Wenn aber das Gesetz eine *Definition* von »Kraft« und »Masse«

3 Ebd., S. 130.

ist, dann verbindet es keine unabhängig voneinander verständlichen Größen, da sie sich gegenseitig definieren. Das Problem hat eine epistemologische Dimension: Wenn »F = ma« eine Definition ist, dann kann sie *apriori* erkannt werden, und bedarf keiner empirischen Untersuchung, um begründet zu werden. Die Frage ist jedoch im Grunde eine begriffliche Frage darüber, wie wir notwendige Verbindungen, die den bestimmten Inhalten der zusammenhängenden Eigenschaften (oder Begriffe) wesentlich sind, verstehen sollten.

Welche Distanz ein fallender Gegenstand in einer gegebenen Zeit durchläuft, wird von einem Bewegungsgesetz bestimmt ($d = kt^2$), das eine notwendige (gesetzmäßige) Verbindung zwischen Raum (Distanz) und Zeit festlegt. Hegel sagt hierzu:

> In dem Gesetze der Bewegung z. B. ist es notwendig, daß die Bewegung in Zeit und Raum sich *teile*, oder dann auch in Entfernung und Geschwindigkeit. Indem die Bewegung nur das Verhältnis jener Momente ist, so ist sie, das Allgemeine, hier wohl *an sich selbst* geteilt; aber nun drücken diese Teile, Zeit und Raum oder Entfernung und Geschwindigkeit, nicht an ihnen diesen Ursprung aus *einem* aus; sie sind gleichgültig gegeneinander; der Raum wird vorgestellt ohne die Zeit, die Zeit ohne den Raum und die Entfernung wenigstens ohne die Geschwindigkeit sein zu können, – so wie ihre Größen gleichgültig gegeneinander sind, indem sie sich nicht *wie Positives* und *Negatives* verhalten, hiermit nicht durch *ihr Wesen* aufeinander beziehen.[4]

Die notwendige Beziehung zwischen Kraft und Masse ist sowohl für die eine als auch die andere Größe ein wesentlicher Aspekt der eigenen Identität. Beide können nur sein, was sie sind,

4 Ebd., S. 124.

indem sie jeweils in jener notwendigen Beziehung zu etwas anderem stehen. Es ist für die Einheit, die Bewegung ist, gleichermaßen wichtig, dass sie sich gemäß ihren Gesetzen sowohl in verschiedene Komponenten aufteilt als auch, dass diese Aufteilung in gewisser Weise durch die Behauptung aufgehoben wird, die gesetzmäßige Beziehung zwischen den Komponenten gehöre notwendig und wesentlich zu ihrem Sein.

> Der Unterschied also ist in beiden Fällen kein *Unterschied an sich selbst*; entweder ist das Allgemeine, die Kraft, gleichgültig gegen die Teilung, welche im Gesetze ist, oder die Unterschiede, Teile des Gesetzes, sind es gegeneinander.[5]

Hegel ist weit davon entfernt, behaupten zu wollen, dass diese Art von Einheit durch Differenz, von Identität, die notwendig eine Beziehung zu einem anderen einschließt, unverständlich bleiben muss. Ganz im Gegenteil: Die Aufgabe, eine angemessene Herangehensweise zu entwickeln, um über diese holistische Art von Identität bzw. Einheit zu reden und sie zu verstehen, ist ein zentrales Anliegen seines Projekts. Wie Kant in seiner Antwort auf Humes Skeptizismus hinsichtlich der notwendigen, nichtdefinitorischen Beziehungen bzw. hinsichtlich dessen, was durch alethisch-modales Vokabular allgemein ausgedrückt wird, ist auch Hegel der Meinung, dass das, was durch Aussagen über notwendige Verknüpfungen ausgedrückt wird, nicht mit Begriffen verstanden werden kann, die streng auf eine Beschreibung der objektiven Welt beschränkt sind. Stattdessen muss auf die Erkenntnistätigkeiten erkennender Subjekte zurückgegriffen werden. Die Tätigkeiten erkennender Subjekte treten in Hegels Darstellung allerdings ganz anders auf als in Kants Darstellung. Wir haben bereits gesehen, wie Hegel seine Unzufriedenheit

5 Ebd., S. 124f.

darüber geäußert hat, dem Problem durch die Beschwörung übersinnlicher, modaler Supertatsachen entgegenzutreten. Mit der Behauptung, dass Gesetze die Gestaltung des Raums durch maximal material kompossible Sachverhalte beschreiben, wird ihm zufolge das Problem nicht adäquat behandelt. Eine angemessene Antwort würde *viel* mehr darüber zu sagen haben, was Sachverhalte kompossibel oder nichtkompossibel macht und wie dadurch die Konstellationen der Sachverhalte bestimmbar werden, die genuin *mögliche* Welten ausmachen.

Hegels Antwort beginnt mit folgender Idee: Wenn wir verstehen wollen, auf welche Weise Kraft und Masse unterschieden, aber dennoch durch das Zweite Newtonsche Gesetz notwendig verbunden sind, dann müssen wir verstehen, wie Gesetzesaussagen in *Erklärungen* funktionieren – und zwar als Erstes für den Fall der *Inferenz*.

> [D]aß das Gesetz einesteils das Innre, *Ansichseiende*, aber *in ihm* zugleich *Unterschiedene* ist; daß dieser Unterschied hiermit *innerer* Unterschied sei, ist darin vorhanden, daß das Gesetz *einfache* Kraft, oder als *Begriff* desselben ist, also ein *Unterschied des Begriffes.* Aber dieser innere Unterschied fällt nur erst noch *in den Verstand* und ist noch nicht *an der Sache selbst gesetzt.* Es ist also nur die *eigene* Notwendigkeit, was der Verstand ausspricht; einen Unterschied, den er also nur so macht, daß er es zugleich ausdrückt, daß der Unterschied kein *Unterschied der Sache selbst* sei. Diese Notwendigkeit, die nur im Worte liegt, ist hiermit die Hererzählung der Momente, die den Kreis derselben ausmachen; sie werden zwar unterschieden, ihr Unterschied aber [wird] zugleich, kein Unterschied der Sache selbst zu sein, ausgedrückt und daher selbst sogleich wieder aufgehoben; diese Bewegung heißt *Erklären.*[6]

6 Ebd., S. 125.

Die nötige, wesentlich aufgeteilte Einheit, die durch das Gesetz ausgedrückt wird, sollte zunächst anhand einer Betrachtung des Erklärungsprozesses verstanden werden. Ein Gesetz wie etwa »$d = kt^2$« kann gemäß zwei verschiedenen Erklärungsordnungen erschlossen werden, je nachdem, was man in einer Inferenz als Prämisse und was als Konklusion behandelt. Man kann erklären, wie weit der Stein gefallen ist, indem man *d* von *t* berechnet,oder man kann erklären, wie viel Zeit der Stein gebraucht hat, um eine bestimmte Distanz zu fallen, indem man *t* von *d* berechnet. Diese Inferenz zu ziehen, nennt Hegel die »Hererzählung der Momente«, die notwendig durch das Gesetz (den »Kreis der Notwendigkeit«) verbunden sind. Trotz ihrer notwendigen Verbindung durch das Gesetz zeigt sich der Unterschied der Momente in den verschiedenen Erklärungsordnungen, in dem Unterschied, den das verstehende Bewusstsein *macht*, wenn es die zwei verschiedenen Arten von Bewegungen vollzieht.

Die genaue Beschaffenheit der Beziehung zwischen der Unterscheidung von zwei Erklärungsordnungen einerseits – die Schlussfolgerung von der Zeit auf die Entfernung und die Schlussfolgerung von der Entfernung auf die Zeit – und den zwei notwendig verbundenen »Momenten« des Gesetzes andererseits, also der Entfernung und der Zeit, ist für die Gestalt des verstehenden Bewusstseins noch nicht ganz deutlich. Es hat noch keine Einsicht darin, wie die Verschiedenheit zwischen Entfernung und Zeit als Merkmal der objektiven Welt zu verstehen ist. Es versteht allerdings – und das ist die neue Einsicht dieser Form des sich als Verstand verstehenden empirischen Bewusstseins –, dass die Aufteilung in notwendig verbundene und für die Gliederung der durch Gesetze ausgedrückten Welt wesentlichen Momente *ohne* die Betrachtung der inferentiellen Bewegung des empirischen Bewusstseins bei Erklärungen, die die Momente in verschiedene Richtungen durchlaufen, unverständlich bleibt. Dieser Idee zufolge können die *objektiven Beziehungen* zwischen theoretischen Entitäten, die im Gesetz kodifiziert werden, nur in einem Kontext angemessen verstanden werden, der ausreichend Platz bietet, um *subjektive* inferentielle Erklärungs*prozesse* einzubeziehen (»subjektiv« nicht im cartesischen Sinne, sondern im Sinne der Tätigkeiten erkennender Subjekte).

II. Objektiver Idealismus

Mit der Behauptung, dass der objektive Pol des intentionalen Nexus nicht einwandfrei verstanden werden kann ohne ein Verständnis des subjektiven Pols, und damit des ganzen intentionalen Nexus, bewegen wir uns entschiedenermaßen auf Hegels Idealismus zu. Es ist von größter Bedeutung, diesen Zug richtig zu verstehen. Ich hatte bereits angedeutet, dass Kant über eine Version dieses Gedankens verfügte. Hiernach gibt es neben Begriffen, deren wichtigste expressive Rolle das Beschreiben und Erklären empirischer Geschehnisse ist, auch noch andere Begriffe, deren spezifisch expressive Rolle darin besteht, Merkmale jenes Rahmens explizit zu machen, innerhalb dessen Beschreiben und Erklären allein möglich sind. Kants Gedanke wurde, wie die entsprechende Version Hegels, durch das Nachdenken über die spezifisch expressive Rolle alethetisch-modaler Begriffe motiviert, die in Gesetzesaussagen und in den von ihnen unterstützten konjunktivischen Konditionalen verwendet werden. (»Wenn der Stein *t* Sekunden gefallen *wäre*, *wäre* er *d* Meter gefallen.«) Die expressive Rolle von solchen Konditionalen wiederum ist eine Frage nach dem konjunktivisch robusten Denken (Inferenzen), das sie unterstützen. Gesetzesaussagen und konjunktivische Konditionale sind (in Ryles Formulierung) »inference tickets«. Sie kodifizieren Denkmuster. Um die Aussage zu verstehen, dass die objektive Welt gesetzmäßig ist, also dass Sachverhalte zueinander in Unvereinbarkeits- und notwendigen Folgerungsbeziehungen stehen, muss man die Denkmuster verstehen, die jene Behauptungen gestatten. Diese Ansicht ist eine Art *modaler Expressivismus*.[7]

Den hier unternommenen Schritt betrachte ich als den zweiten eines dreistufigen Prozesses, zunehmend radikalere Verpflichtungen auszudrücken, welche zusammengenommen Hegels endgültige idealistische Ansicht ausmachen. Die erste Verpflichtung ist die zum »Begriffsrealismus«, die zweite die zum »objektiven Realismus« und die dritte die zum »Begriffsidealismus«. Ich führe diese Behauptungen für eine dreistufige Analyse von Hegels Idealismus ein. Ich behaupte, dass seine Ansicht sich aus der Bejahung aller drei Behauptungen ergibt. Laut meiner Lesart bilden sie eine Hierarchie, wobei jede Verpflichtung die ihr vorhergehenden Verpflichtungen voraussetzt.

Wie ich ihn lese, betritt der Begriffsrealismus bereits in der »Einleitung« der *Phänomenologie* die Bühne (allerdings nicht in all den Feinheiten, die in den darauffolgenden Abschnitten ausgeführt werden). Ihm zufolge wird das objektive Reich von Tatsachen über empirische (jedoch nicht notwendig beobachtbare) Dinge – nicht weniger als das subjektive Reich der Gedanken über diese Dinge – *begrifflich* strukturiert. Hegel ist der Meinung, dass die von mir so genannte »Bedingung genuiner Erkenntnis« nur von einer Auffassung erfüllt werden kann, die diese Verpflichtung stützt: dass, wenn alles gutgeht, die Dinge für das Bewusstsein das sind, was sie an sich sind. Hegels Art, den Begriffsrealismus auszudrücken, hängt von seiner nichtpsychologischen Vorstellung des Begrifflichen ab. Begrifflich gehaltvoll sein heißt, in begrifflichen Beziehungen zu anderen begrifflich gehaltvollen Entitäten zu stehen. Begriffliche Beziehungen sind Beziehungen materialer Unvereinbarkeit (ausschließende Ver-

7 Ich diskutiere einige zeitgenössische Ausarbeitungen dieser Idee im 1., 4. und 5. Kapitel von *From Empiricism to Expressivism. Brandom Reads Sellars*. Harvard University Press, 2014.

schiedenheit bzw. Gegensätzlichkeit) und Folgerung: Hegels »bestimmte Negation« und »Vermittlung«.

Das Bild des intentionalen Nexus ist im Begriffsrealismus hylemorphistisch. Ein und derselbe begriffliche Inhalt, der funktional durch Univereinbarkeits- und Folgerungsbeziehungen definiert wird, in denen er zu anderen Inhalten steht, kann zwei Formen annehmen: eine objektive und eine subjektive. In seiner objektiven Form, zum Beispiel als die verschachtelte Struktur von Tatsachen (Einzeldinge aufweisende Allgemeinbegriffe), die am Ende des Kapitels zur Wahrnehmung auftaucht, wird begrifflicher Inhalt durch *alethisch-modale* Unvereinbarkeits- und Folgerungsbeziehungen bestimmt. Bei ihnen geht es darum, was unmöglich und was notwendig ist. In seiner subjektiven Form wird begrifflicher Inhalt durch *deontisch-normative* Unvereinbarkeits- und Folgerungsbeziehungen bestimmt. Bei ihnen geht es darum, zu welchen Verpflichtungen man zusammengenommen berechtigt sein kann und ab wann die Verpflichtung zu einem Inhalt die Verpflichtung zu einem anderen Inhalt zur Folge hat.

Der objektive Idealismus, der im Kapitel über Kraft und Verstand in den Blick genommen wird, ist eine These über den Verstand. Genauer gesagt, ist er eine Auffassung von der Beziehung zwischen dem Verstehen des subjektiven Pols des intentionalen Nexus und dem Verstehen des objektiven Pols. Die These ist eine symmetrische Behauptung: Den objektiven Pol kann man nicht verstehen, ohne den subjektiven Pol verstanden zu haben, und umgekehrt. Die Abhängigkeiten laufen in beide Richtungen. Das Thema der Kapitel zum Bewusstsein war die Abhängigkeit des Verständnisses gehaltvoller Gedanken über die objektive Welt vom Verständnis der objektiven Welt selbst. Neu an dieser Gestalt des verstehenden Bewusstseins ist die Abhängigkeit des Verständnisses der Objektivität vom Verständnis der Subjektivität.

Um die These des objektiven Idealismus zu verstehen, ist die semantische Unterscheidung zwischen zwei Arten von Abhängigkeitsbeziehungen grundlegend: die Unterscheidung zwischen der Abhängigkeit der Referenz und der Abhängigkeit des Sinns. Diese Unterscheidung beginnt mit der fregeschen Unterscheidung zwischen Sinn und Bedeutung (*Referenz*). (Im 12. Kapitel wird die Erklärung einer spezifischen hegelschen Version dieser semantischen Begriffe im Mittelpunkt stehen.) Nach Freges Gebrauch *drückt* ein Wort wie etwa »Viereck« oder »Kupfer« einen Sinn *aus*; dieser Sinn *nimmt Bezug auf* ein objektives Element, in diesem Fall auf eine Eigenschaft oder eine Art von Substanz. Der fregesche Gedanke (wobei er das Denkbare und nicht die Denkakte meint) ist der Sinn, der durch Satzausdrücke ausgedrückt wird. Subjekte müssen einen Gedanken begreifen, um zu verstehen, was durch einen Satz ausgedrückt wird. Ich werde von dem strengen Gebrauch Freges abweichen, indem ich manchmal die Sinne, die durch Ausdrucksweisen ausgedrückt werden, als »Begriffe« bezeichne. (Nach Frege sind Begriffe die *Referenzgegenstände* von Prädikaten und nicht ihre Sinne.)

Dass Xs *ihrem Sinn nach* von Ys *abhängen*, heißt, dass man den Begriff Y nicht begreifen kann, ohne auch den Begriff X zu begreifen. Dementsprechend ist der Begriff SONNENBRAND seinem Sinne nach abhängig von den Begriffen SONNE und BRAND, und der Begriff ELTERN ist seinem Sinne nach abhängig vom Begriff KIND. Wie diese Beispiele zeigen, kann die Abhängigkeit des Sinns entweder wie im ersten Beispiel asymmetrisch oder wie im zweiten symmetrisch sein. Xs *hängen ihrer Referenz nach* nur ab von Ys, insofern es nur Xs geben kann (Referenzgegenstände vom Begriff X), wenn es Ys gibt (Referenzgegenstände vom Begriff Y). Wenn die von Frau O'Learys Kuh umgestoßene Laterne tatsächlich die notwendige und hinreichende Ursache des Großen Brandes von Chicago 1871 war, dann ist DER GROSSE BRAND VON CHICAGO VON 1871 seiner Referenz nach von FRAU O'LEARYS KUH abhängig. Sicherlich könnte man den ersten Begriff ohne den zweiten *verstehen*. Der erste Begriff würde aber auf nichts *Bezug nehmen*, wenn der zweite nicht *Bezug nehmen* würde. Abhängigkeit der Referenz kann es also ohne Abhängigkeit des Sinns geben. Manchmal passen die zwei Beziehungen zueinander, wie bei ELTERN/KIND oder URSACHE/WIRKUNG, so dass beide sowohl wechselseitig von ihrem Sinn als auch wechselseitig von ihrer Referenz abhängig sind. Außerdem gibt es sicherlich Fälle, in denen Begriffe weder in der einen noch in der anderen Art von Beziehung zueinanderstehen. SCHALUPPE und OMELETT sind weder ihrem Sinn nach noch ihrer Referenz nach voneinander abhängig.

Entscheidend für das Nachdenken über den »objektiven Idealismus« sind die Begriffe, die in einer Beziehung der Abhängigkeit des Sinns stehen und aber, anders als zum Beispiel ÜBERGEORDNET und UNTERGEORDNET, *nicht* zugleich in einer Beziehung der Abhängigkeit der Referenz. Ein Beispiel hierfür haben wir bereits im 2. Kapitel gesehen, nämlich konjunktivische reaktionsabhängige Begriffe und die Eigenschaften, auf die sie Bezug nehmen. Nehmen wir an, dass wir etwas als schön* definieren, das eine Lustreaktion hervorrufen würde, wenn es von einem geeigneten menschlichen Betrachter betrachtet wird. (Das Sternchen, das »schön*« von »schön« unterscheidet, zeigt an, dass ich nicht darauf verpflichtet bin, dass dies die richtige Definition oder sogar die richtige Form von Definition für »schön« selbst ist.) Man kann den Begriff SCHÖN* dann nicht verstehen, ohne den Begriff LUST verstanden zu haben (als auch andere Begriffe wie etwa GEEIGNETER MENSCHLICHER BETRACHTER). Man kann dann fragen, ob die Existenz schöner* Gegenstände von der Existenz der Lustreaktionen geeigneter menschlicher Betrachter abhängt. Gab es zum Beispiel schöne* Sonnenuntergänge, bevor es irgendwelche Menschen gab, und hätte es schöne* Sonnenuntergänge gegeben, auch wenn es Menschen nie gegeben hätte? Es scheint klar zu sein, dass es sie gab und sie gegeben hätte. Denn auch wenn das Fehlen geeigneter menschlicher Betrachter bedeutet, dass Sonnenuntergänge tatsächlich nicht beobachtet werden und geeignete menschliche Betrachter somit gar nicht auf sie reagieren, geschweige denn mit Lust, so *hätten* sie doch mit Lust reagiert, wenn es solche Betrachter gegeben *hätte*. Und das reicht aus, damit sie als schön* gelten. Es kann also Abhängigkeit des Sinns ohne Abhängigkeit der Referenz geben.

Dies ist die Art von Beziehung, die meines Erachtens Hegel zufolge zwischen dem Gesetz und der Erklärung besteht. Der Begriff GESETZ ist seinem Sinn, aber nicht seiner Referenz nach vom Begriff ERKLÄRUNG abhängig. Um zu verstehen, was ein Gesetz *ist*, muss man verstehen, wie Gesetzesaussagen inferentiell in Erklärungen funktionieren. Nur das Begreifen des Letzteren, des Prozesses des »Duchlaufens der Momente« in Inferenzen, die eine Tatsache durch den Bezug auf eine andere anhand gesetzmäßiger Beziehungen zwischen ihnen erklären, kann die spezifische Art notwendiger Einheit dessen verständlich machen, was als unterschiedene »Momente« in einem Gesetz wie etwa dem Zweiten Newtonschen Gesetz behauptet wird. Es wird *nicht* behauptet, dass es keine Gesetze geben würde, wenn es keine Erklärungen gäbe. Das Zweite Newtonsche Gesetz galt, bevor es Menschen gab, und würde auch gelten, wenn es keine gegeben hätte oder geben würde. Behauptungen der Unabhängigkeit sind nur bestimmt gehaltvoll, wenn die Art von Abhängigkeit, die verneint wird, bereits spezifiziert wurde. Objektiver Idealismus behauptet, dass die objektive Welt, in einem spezifischen Sinne, nicht vom Geist unabhängig ist. Da aber eine Abhängigkeit des Sinns und keine Abhängigkeit der Referenz behauptet wird, heißt das Verneinen dieser Art von Unabhängigkeit des Geistes *nicht*, dass die Existenz von schlussfolgernden, erklärenden Subjekten eine notwendige Bedingung für die Existenz einer gesetzmäßigen objektiven Welt ist. Das Verhältnis zwischen diesem objektiven Idealismus und Kants transzendentalem Idealismus, der Gesetzmäßigkeit als ein Merkmal allein der phänomenalen Welt und nicht der noumenalen Welt versteht, hängt davon ab, wie Kants Idealismus aufgefasst wird.

Ich gehe davon aus, dass Hegel – zumindest in der Diskussion zum wahrnehmenden Bewusstsein und in der Diskussion zum verstehenden Bewusstsein bis zu dieser Stelle – implizit angenommen hat, dass man diese Gestalten des subjektiven Bewusstseins nicht verstehen kann, ohne den Charakter der objektiven Welt in Betracht zu ziehen, deren sich ebendiese Gestalten bewusst sind (worauf sie sich beziehen bzw. die sie repräsentieren). Hegel zeigt durch die Art und Weise, wie er diese Gestalten des Bewusstseins einführt, dass wir (das phänomenologische Bewusstsein), in der Ausdrucksweise der »Einleitung«, nicht verstehen können, was die objektive Welt *für* eine dieser phänomenalen Gestalten des Bewusstseins ist, ohne zugleich zu verstehen, was die Dinge in *jeder* dieser Gestalten *an sich* sind. Es ist also wesentlich für die Erfahrung des empirischen, sich als Wahrnehmung verstehenden Bewusstseins, dass es die Welt, von der es durch Wahrnehmung ein Bewusstsein hat, so betrachtet, dass sie die aristotelische Struktur der Allgemeinbegriffe aufweisenden Einzeldinge hat. Und es ist wesentlich für die Erfahrung des empirischen, sich als Verstand verstehenden Bewusstseins, dass die von ihm aufgefasste Welt eine Welt von nichtbeobachtbaren theoretischen Gegenständen und ihren beobachtbaren Ausdrücken ist, bzw., auf einer späteren Stufe, allegorisch einfach ein »Spiel der Kräfte« ist, das ein zugrundeliegendes »ruhiges Reich von Gesetzen« ausdrückt. Wenn das stimmt, dann ist Hegel zu Folgendem verpflichtet: Die Begriffe, welche das Sein der Dinge *für* eine der Gestalten des Bewusstseins gliedern, sind ihrem Sinn nach abhängig von Begriffen, die *dem* Bewusstsein das Sein der Dinge *an sich* gliedern. Man kann den Begriff ERKLÄRUNG nicht verstehen, ohne nicht auch den Begriff GESETZ zu verstehen. Dies gilt ebenso für die Begriffe, die primitivere Formen des verstehenden und wahrnehmenden Bewusstseins erklären. (Was die Dinge dem empirischen, sich als unmittelbar sinnliche Gewissheit verstehenden Bewusstsein sind, ist nicht differenziert genug, um die Dinge für diesen Fall noch komplizierter zu machen. Laut meiner Lesart aber glaubt Hegel auch, dass man die merkmal-lokalisierende Sprache – die explizit machen könnte, dass das, was die Dinge *für* das sinnliche Bewusstsein sind, auch das ist, was sie *dem* Bewusstsein sind – nicht verstehen kann, ohne zugleich auch eine Welt von unmittelbar sinnlichen Merkmalen zu verstehen, die *dem* sinnlichen Bewusstsein das ist, was die Dinge *an sich* sind.)

Neu am objektiven Idealismus ist die Umkehrung der Abhängigkeit des Sinns: Das verstehende Bewusstsein stellt fest, dass es den Begriff GESETZ nicht verständlich machen kann ohne Termini, die sich auf ERKLÄRUNGS-Prozesse beziehen. Der für das verstehende Bewusstsein entstehende objektive Idealismus ist dementsprechend eine *wechselseitige* Abhängigkeit des Sinns zwischen den Begriffen, die die *objektiven* Dinge und Beziehungen gliedern, und den Begriffen, die die *subjektiven* Gedanken und Praktiken des verstehenden Bewusstseins selbst gliedern. In Anbetracht der vorangegangenen Analyse ist diese wechselseitige Abhängigkeit des Sinns nicht nur auf Gesetze beschränkt, die die objektive Welt und die inferentielle Manipulation der Gedanken von Subjekten beim Erklären bestimmen. Wir können der Diskussion über das wahrnehmende Bewusstsein und seiner Erfahrung von einer objektiven Welt mit einer aristotelischen Metaphysik entnehmen, dass eine Abhängigkeit des Sinns besteht zwischen einerseits den Begriffen EIGENSCHAFT bzw. ALLGEMEINBEGRIFF und andererseits dem Begriff *KLASSIFIZIEREN* DURCH DIE ANWENDUNG VON *PRÄDIKATEN*. Keinen davon kann man ohne den anderen richtig verstehen. Man kann nicht einen von ihnen richtig verstehen, ohne den jeweils anderen verstanden zu haben. In ähnlicher Weise sind die Begriffe GEGENSTAND bzw. EINZELDING und der Begriff *BEZUGNEHMEN* DURCH *SINGULÄRE TERMINI* wechselseitig ihrem Sinn nach abhängig. Angesichts des Begriffs TATSACHE, den das wahrnehmende Bewusstsein dem verstehenden Bewusstsein vererbt hat, können wir die wechselseitige Abhängigkeit des Sinns auf die Seite der objektiven Welt einordnen und das BEHAUPTEN (oder URTEILEN) bzw. die VERWENDUNG VON DEKLARATIVEN SÄTZEN auf die Seite der subjektiven Praktiken.

Also wird die Feinstruktur der Verpflichtung, die ich »objektiven Idealismus« nenne, in einen Dreiklang von Dreiklängen gegliedert, die zueinander in wechselseitiger Abhängigkeit des Sinns stehen:

objektiv-ontologische bzw. metaphysische Kategorien	**subjektiv-pragmatische Kategorien**	**syntaktische Kategorien**
Gegenstände und Eigenschaften bzw. Einzeldinge und Allgemeinbegriffe	Bezugnehmen/Klassifizieren	singuläre Termini und Prädikate
Tatsachen	Aussagen, Behaupten oder Urteilen	deklarative Sätze
Gesetze	Erklären als Schlussfolgern	allgemein quantifizierte, konjunktivische Konditionale

Tab. 7.1

Behauptet man Abhängigkeit des Sinns zwischen den Begriffen GEGENSTAND bzw. EINZELDING und den Begriffen, die die Verwendung von singulären Termini gliedern, dann lehnt man die Möglichkeit von allgemein-reduktiven Erklärungen nach dem von Quine angedeuteten Vorbild ab, demzufolge ein singulärer Terminus als ein Ausdruck definiert wird, der »den Bezug zu genau eine[m] Gegenstand beinhaltet«.[8] Quine geht davon aus, dass der Begriff GEGENSTAND klar und unabhängig verfügbar ist und man sich auf ihn beziehen kann, um den Begriff SINGULÄRER TERMINUS zu erklären. Vielleicht gilt das für mittelgroße, alltägliche Gegenstände, aber die Idee beginnt zu versagen, wenn man sie an ihre Grenzen bringt. Das Nachdenken über mögli-

8 W. V. O. Quine, *Wort und Gegenstand*, Stuttgart 1980, S. 174.

che Gegenstände wie etwa musikalische Noten, Löcher, *Ressentiment*, theologische Phänomene wie etwa unwiderstehliche Gnade, historiographische Gegenstände wie etwa die Aufklärung oder die Moderne, Begriffe, Denkakte, *Abstracta* etc. überlastet die Anschauungen, die wir von Gegenständen und Einzeldingen haben, und führt uns zwangsläufig dazu, über die Verwendung solcher Termini nachzudenken. Deswegen hält es Frege in den *Grundlagen* für nötig, die umstrittene Frage anzugehen, ob Zahlen Gegenstände seien, und zu untersuchen, ob Ziffern als genuine singuläre Termini verwendet werden.

Die betreffenden Begriffe erscheinen als ein Paket bzw. sind ihrem Sinn nach wechselseitig abhängig. (Dies ist eine mögliche Bedeutung der Metapher »zwei Seiten einer Medaille«, welche sorgsam vom Sinn der wechselseitigen Abhängigkeit der Referenz zu unterscheiden ist, den die Metapher ebenfalls vermitteln könnte.) Die wechselseitige Abhängigkeit des Sinns zwischen TATSACHE bzw. SACHVERHALT und dem Begriff dessen, was man tut, wenn man Sätze aussagt, erklärt, weshalb die von der traditionellen Grammatik angestrebte Definition vom »deklarativen Satz« als »dem Ausdruck eines ganzen Gedankens« pädagogisch zutiefst untauglich ist, um Studenten zu helfen, Sätze von Satzfragmenten oder Endlossätzen unterscheiden zu können. (Sollten wir annehmen, dass denjenigen, die den Begriff nur langsam erlernen, »ganze Gedanken« fehlen? Oder ist der Prozess, Gedanken als solche zu erkennen, untrennbar mit dem Lernprozess verbunden, wie Sätze zu verwenden sind?) Philosophen, die glauben, dass es zur Definition von deklarativen Sätzen gehört, dass sie Sachverhalte repräsentieren, machen einen entsprechenden Fehler. Diesen Fehler kann man an den metaphysischen Verwirrungen erkennen (wie etwa im *Tractatus*), die sich ergeben, wenn wir nach der Beschaffenheit der Sachverhalte fragen, die von probabilistischen oder normativen Aussagen repräsentiert werden bzw. von Aussagen über zukünftige kontingente oder unmögliche Gegenstände, wie bspw. die am langsamsten schnell konvergierende Folge. Sich in diesem Zusammenhang auf Wahrheitsfähigkeit oder sogar Wahrmacher zu berufen heißt, wenn auch nur implizit, die Relevanz der Probleme bei der Verwendung von Sätzen anzuerkennen.

Für Hegel gehen alle diese Probleme auf den Begriff der BESTIMMTEN NEGATION zurück. Die Analyse der Metaphysik der Einzeldinge und Allgemeinbegriffe in einer aristotelischen Struktur von Gegenständen mit vielen Eigenschaften durch das wahrnehmende Bewusstsein verbleibt so entschlossen wie möglich auf der objektiven Seite des intentionalen Nexus. Wie wir gesehen haben, braucht Hegel nur (die vom empirischen, sich als sinnliche Gewissheit verstehenden Bewusstsein übernommenen) zwei Arten von Verschiedenheit auseinanderzuhalten: vereinbare bzw. »bloße, gleichgültige« Verschiedenheit und unvereinbare bzw. ausschließende Verschiedenheit (Gegensätzlichkeit). Diese Unterscheidung, so wie er sie (im Gegensatz zu den britischen Empiristen) versteht, ist ein Merkmal der unmittelbaren sinnlichen Erfahrung. Indem er sich ausschließlich auf diese zwei Arten von Verschiedenheit beruft, gelingt es ihm, in einer *tour de force* von Analyse und Konstruktion, eine reichhaltig gegliederte Struktur der Tatsachen über Einzeldinge auszuarbeiten, die sinnliche Allgemeinbegriffe aufweisen, also Gegenstände mit vielen beobachtbaren Eigenschaften. (Wir haben in diesem Kapitel bereits sehen können, dass in der Idee der beobachtbaren Eigenschaften, welche sich bezüglich dieser beiden grundlegenden Verschiedenheiten ordnen lassen, implizit die Idee von Gegenständen als den Trägern dieser Eigenschaften enthalten ist – von Gegenständen also, die *nicht* in dem Sinne beobachtbar sind wie die Eigenschaften selbst. Diese Entdeckung führt zu einem allgemeinen Begriff von nur durch Inferenz verfügbaren theoretischen Entitäten, der Eigenschaften und Tatsachen miteinbeschließt.)

Laut Hegel zeigt diese Erklärungsordnung Folgendes: *Wenn* es eine wechselseitige Beziehung der Abhängigkeit des Sinns gibt zwischen einerseits dem Begriff der MATERIALEN UNVEREINBARKEIT, der für Eigenschaften und somit Tatsachen gilt und durch Gesetze im objektiven Reich ausgedrückt wird, und andererseits dem Begriff, der für das Einordnen gilt im Sinne des Anwendens von Prädikaten und Aufstellens von Behauptungen, Urteilen und erklärenden Inferenzen innerhalb des subjektiven Reichs des Denkens, *dann* werden entsprechende Abhängigkeiten des Sinns auf jeder Ebene der oben abgebildeten Tabelle gelten. Mit der Diskussion über das Verhältnis zwischen GESETZ und ERKLÄRUNG tritt aber die Idee einer solchen Abhängigkeit des Sinns nicht zum ersten Mal auf. Auch wenn die Erfahrung des wahrnehmenden Bewusstseins im Einklang mit dem Selbstverständnis dieser Form von empirischem Selbstbewusstsein, also auf der Ebene des Wahrgenommenen, so weit wie möglich ausgeführt wurde, spielt das Wahrnehmen selbst weiterhin eine wesentliche Rolle. Dies wird zu verstehen gegeben im Titel des Kapitels: »Die Wahrnehmung oder das Ding und die Täuschung«. Mit der Entwicklung der verschiedenen Varianten des wahrnehmenden Bewusstseins, das aufgrund der Unzulänglichkeit von einer zur nächsten getrieben wird, ruft die »Täuschung« die Erfahrung des Irrtums hervor, der nicht nur allein auf der phänomenologischen Ebene stattfindet.[9] Die Erfahrung des Irrtums ist außerdem ein wichtiges Element des Selbstverständnisses des wahrnehmenden Bewusstseins. Denn um als jemand zu gelten, der zwei Eigenschaften als unvereinbar im objektiven, durch alethisch-modale Ausdrücke explizit gemachten Sinn behandelt, muss man Folgendes *tun*: Insofern man sich dazu verpflichtet hat, zwei solche Eigenschaften ein und demselben Gegenstand zuzuschreiben, muss man die Pflicht zugestehen, zumindest eine jener Verpflichtungen *abzulehnen*. Dies tut man, indem man diese Verpflichtungen als unvereinbar betrachtet, wie es von *deontisch-normativen* Ausdrücken explizit

9 Das ist die Art von Irrtum, die in *PhG*, S. 105-107, aufgerufen wird.

gemacht wird: Man kann nicht zu beiden *Verpflichtungen zugleich berechtigt* sein.

> Das Wahrnehmende hat das Bewußtsein der Möglichkeit der Täuschung; denn in der Allgemeinheit, welche das Prinzip ist, ist das *Anderssein* selbst unmittelbar für es, aber als das *Nichtige*, Aufgehobene. Sein Kriterium der Wahrheit ist daher die *Sichselbstgleichheit*, und sein Verhalten als sich selbst gleiches aufzufassen. Indem zugleich das Verschiedene für es ist, ist es ein Beziehen der verschiedenen Momente seines Auffassens aufeinander; wenn sich aber in dieser Vergleichung eine Ungleichheit hervortut, so ist dies nicht eine Unwahrheit des Gegenstandes, denn er ist das sich selbst Gleiche, sondern des Wahrnehmens.[10]

Ein Gegenstand mit zwei objektiv unvereinbaren Eigenschaften kann wahrgenommen werden, nur wenn er als solcher nicht mit sich selbst gleich ist. Bei der entsprechenden Verschiedenheit muss es sich um *ausschließende* Verschiedenheit handeln (also um *gegensätzliche* Eigenschaften), nicht um bloße oder gleichgültige Verschiedenheit. Einen Gegenstand in diesem schwachen Sinn als verschieden wahrzunehmen, demzufolge er bloß vereinbar verschiedene Eigenschaften hat, bedeutet nicht, ihn als »nicht mit sich selbst gleich« wahrzunehmen. Allein das Wahrnehmen unvereinbarer Eigenschaften löst die Erfahrung der »Unwahrheit« aus. Bereits hier stellt Hegel fest, dass der objektive alethisch-modale Sinn von »unvereinbar« (»ausschließender Verschiedenheit«) von seinem deontisch-normativen Sinn abhängt. Den Begriff der objektiv-modalen Unvereinbarkeit von *Eigenschaften* zu erfassen heißt, die entsprechenden *Verpflichtungen* als unvereinbar in jenem deontischen Sinn zu behandeln, welcher die

10 Ebd., S. 97. Ich gehe davon aus, dass die Lehre, die laut meiner Lesart in der *Phänomenologie* im Kapitel zur Wahrnehmung erteilt wird, auch im Abschnitt »Sein und Schein« der *Wissenschaft der Logik* im Spiel ist.

Tätigkeiten der erkennenden Subjekte normativ regiert. Es *könnte* modal unvereinbare Eigenschaften oder Tatsachen auch ohne deontisch unvereinbare Verpflichtungen *geben*. Der Begriff des Ersteren ist seiner Referenz nach nicht vom Begriff des Letzteren abhängig. Aber die Art modaler Unvereinbarkeit, die in Gesetzen kodifiziert wird, kann man im Prinzip nicht *verstehen*, wenn man nicht auch versteht, was man *tun muss*, falls man mit deontisch unvereinbaren Verpflichtungen konfrontiert wird. In einem solchen Fall muss man auf die Erfahrung des Irrtums reagieren, indem man eine Inferenz herstellt, die den Irrtum erklärt und zumindest eine der Behauptungen ablehnt. OBJEKTIVE UNVEREINBARKEIT und die ERFAHRUNG DES IRRTUMS sind Begriffe, die ihrem Sinn nach wechselseitig abhängig sind. Dies ist der Grund, weshalb sie so wie in der oben aufgestellten Tabelle durch bestimmte Negation gegliedert und ausgearbeitet wurden.

Hegel verneint nicht (und hat auch keinen Grund zu verneinen), dass die subjektiv-pragmatischen und syntaktischen Kategorien ihrer Referenz nach abhängig sind von den ontologischen und metaphysischen Kategorien. Unabhängig von Gesetzen (die Tatsachen über Allgemeinbegriffe beherrschen, welche von Einzeldingen aufgewiesen werden) gibt es keine Tätigkeit des Schlussfolgerns, Aussagens, Bezugnehmens, Klassifizierens, keine konjunktivischen Konditionale, Sätze, Termini oder Prädikate. Hegel behauptet nicht (und hat auch keinen Grund zu behaupten), dass es eine Abhängigkeit der *Referenz* gibt zwischen den Kategorien, welche die objektive Welt gliedern, und jenen, welche die Praktiken empirischer Subjekte gliedern. Die von ihm behauptete Abhängigkeit des Objektiven vom Subjektiven ist eine Abhängigkeit des *Sinns*. Die objektive Welt wird als etwas aufgefasst, das *semantisch*, nicht jedoch *kausal* oder *existenziell* vom Geist abhängig ist. Die letztere, eigentümliche und nicht wirklich plausible Ansicht ist eine Art subjektiver Idealismus, der manchmal von Berkeley übernommen und manchmal fälschlicherweise Fichte zugeschrieben wird. Was auch immer die Berechtigung zu diesen Assoziierungen sein mag, es gibt nichts Derartiges bei Hegel.

Wenn die hier vorgeschlagene Lesart es vermeidet, Hegel eine offensichtlich verrückte Art von Idealismus nachzusagen, könnte man allerdings befürchten, dass sie das umgekehrte Problem hervorruft und seinen Idealismus zu einer Ansicht abschwächt, die, um einen Begriff von Robert Pippin in Bezug auf diese Befürchtung zu verwenden, kraftlos ist. Aber ist es eigentlich überraschend, zu erfahren, dass ein Verständnis von Gesetzmäßigkeit bzw. von dem, was durch alethisch-modales Vokabular explizit gemacht wird, ein Verständnis der Verwendung eines solchen Vokabulars erfordert bzw. der spezifisch inferentiellen Rolle, die konjunktivisch robuste Konditionale dabei spielen? Letztendlich beherrscht jeder, der den Begriff NATURGESETZ verwendet, die Verwendung eines ziemlich komplexen Vokabulars, und kann somit in der Tat konjunktivische Konditionale verwenden. Jeder, der über Gegenstände und Eigenschaften (und zwar nicht gleich Termini wie »Gegenstand« und »Eigenschaft«, sondern wie beispielsweise »Fido« und »pelzig«) oder Tatsachen oder Sachverhalte redet oder nachdenkt, muss singuläre Termini, Prädikate und deklarative Sätze *verwenden*. Dies stellt sicherlich noch keine philosophische Entdeckung dar.

Doch sollte man sich sogleich daran erinnern, dass ich den von Hegel in der *Phänomenologie* eingeführten »absoluten Idealismus« nicht mit dem objektiven Idealismus *identifiziere*. Wie oben bereits angedeutet wurde, beinhaltet absoluter Idealismus drei Teilthesen: Begriffsrealismus, objektiver Idealismus und Begriffsidealismus. Die Bedeutung des so aufgefassten absoluten Idealismus muss gesamtheitlich betrachtet werden. Bis zum Ende des Kapitels zur Vernunft (das hier im 12. Kapitel diskutiert wird) werden wir nicht in der Lage sein, die letzte Komponente von Hegels Idealismus, den Begriffsidealismus, zu verstehen. Nichtsdestotrotz ist die Frage berechtigt, ob, und wenn ja, weshalb es einen substantiellen begrifflichen und systematischen

Fortschritt darstellt, dem Begriffsrealismus den objektiven Idealismus als These über die wechselseitige Abhängigkeit des Sinns hinzuzufügen. Wir gehen dieser Frage nach und überlegen im Folgenden, was genau hinzugefügt wird.

Die These des Begriffsrealismus besagt, dass die objektive Welt – die Welt, wie sie an sich ist nicht weniger als das Reich der subjektiven Tätigkeit, die das formt, was dem Bewusstsein die Welt ist – begrifflich strukturiert ist. In diesem Sinne bejaht John McDowell den Begriffsrealismus mit seiner Formulierung in *Geist und Welt*, dass »das Begriffliche keine äußere Grenze hat«, jenseits dessen eine nichtbegriffliche Realität liegen würde.[11] Laut meiner Lesart hat Hegels Version dieses Gedankens eine hylemorphistische Gestalt. Begriffliche Inhalte können in zwei verschiedenen Formen auftauchen: in einer objektiven und einer subjektiven Form. Bei der ersten geht es darum, wie die Dinge an sich sind; bei der zweiten, wie sie für das Bewusstsein sind. Es handelt sich hierbei um Realität und ihre Erscheinung, die *phaenomena* und *noumena*. Da beide Formen begrifflich gegliedert sind und derselbe Inhalt in beiden Formen auftauchen kann, halten wir, wie Wittgenstein feststellt, mit dem, »was wir meinen, nicht irgendwo vor der Tatsache: sondern meinen, daß *das und das – so und so – ist*«.[12] Hiermit ist die Bedingung genuiner Erkenntnis erfüllt und dem Adäquatheitskriterium semantischer Theorien Rechnung getragen, wonach die Möglichkeit, dass das Sein der Dinge für das Bewusstein dem Sein der Dinge an sich entspricht, nicht aus begrifflichen Gründen auszuschließen ist.

Hegel reichert dieses hylemorphistische Bild mit einer nichtpsychologischen Vorstellung vom Begrifflichen an. Dieser Vorstellung zufolge ist ein Element begrifflich gehaltvoll, wenn es

11 John McDowell, *Geist und Welt*, Frankfurt/M. 2001, 2. Vorlesung: Die Ungebundenheit des Begrifflichen.

12 Ludwig Wittgenstein, *Philosophische Untersuchungen,* Werkausgabe Bd. 1, Frankfurt/M. 1995, § 95.

zu anderen solchen gehaltvollen Elementen in Beziehungen materialer Unvereinbarkeit und Folgerung steht (»bestimmte Negation« und »Vermittlung«). Diese Definition ist ausreichend abstrakt und generisch, damit man sich nicht auf das *Begreifen* von begrifflichem Inhalt berufen muss, um sagen zu können, was ein solcher Inhalt ist. Sie beruft sich auf nur sehr allgemeine Beziehungen zwischen Inhalten. Im Falle objektiver Sachverhalte, einschließlich Tatsachen, handelt es sich hierbei um alethisch-modale Beziehungen von Nichtkompossibilität und Notwendigkeit. Sie werden durch naturgesetzliche Aussagen ausgedrückt: Das Leben von Säugetieren ist bei 1085 °C unmöglich, Kupfer hingegen schmilzt notwendigerweise bei 1085 °C. In subjektiven Denkakten von begrifflich gehaltvoll Denkbarem sind dies deontisch-normative Berechtigungs- und Verpflichtungsbeziehungen. Die Behauptung, dass das Säugetier lebt, ist unvereinbar mit der Behauptung, dass seine durchschnittliche Temperatur bei 1085 °C liegt: man kann nicht zu beiden Verpflichtungen zugleich berechtigt sein. Die Behauptung, dass die Temperatur des Kupfers über 1085 °C beträgt, verpflichtet zu der Behauptung, dass es sich nicht in einem festen Zustand befindet.

Der objektive Idealismus fügt dieser hylemorphistischen Version des Begriffsrealismus eine These über die wechselseitige Abhängigkeit des Sinns zwischen den zwei Formen hinzu, die begriffliche Inhalte annehmen können: die alethisch-modale und die deontisch-normative Form bzw. die objektive und die subjektive Form. Um den Begriff BEGRIFFLICHEN *INHALT* zu begreifen, der diese beiden Formen annehmen kann, muss man die zwei Formen in ihrer wechselseitigen Abhängigkeit des Sinns begreifen. Die These des objektiven Idealismus über die wechselseitige Abhängigkeit des Sinns nimmt bei Hegel laut meiner Analyse erst im Kontext der drei anderen bereits erwähnten Verpflichtungen substantielle und charakteristische Bedeutung an. Dies sind erstens der Begriffsrealismus, zweitens ein Verständnis von begrifflicher Gliederung, wonach diese die Form von Beziehungen materialer Unvereinbarkeit und Folgerung hat, und drittens die hylemorphistische Deutung dieser zweiten Verpflichtung, wonach sie eine Antwort auf die von der Bedingung genuiner Erkenntnis erhobenen Forderung darstellt. Das Letztere bringt den intentionalen Nexus ins Spiel, und zwar in Form der Beziehung zwischen dem Sein der Dinge an sich und dem Sein der Dinge für das Bewusstsein. Vor diesem Hintergrund markiert der objektive Idealismus einen bedeutenden Fortschritt: Er behauptet die wechselseitige Abhängigkeit des Sinns zwischen den alethisch-modalen Metabegriffen, die wir verwenden, um die begriffliche Struktur des objektiven Pols explizit zu machen (das Sein der Dinge an sich), und den deontisch-normativen Metabegriffen, die wir verwenden, um die begriffliche Struktur des subjektiven Pols explizit zu machen (das Sein der Dinge für das Bewusstsein). Damit bietet der objektive Idealismus eine zusätzliche Klärung und eine substantielle Entwicklung der hylemorphistischen Form des Begriffsrealismus. Er teilt uns mit, dass eine der wichtigsten Beziehungen zwischen den zwei verschiedenen Lesarten (alethisch und deontisch) von »unvereinbar« und »Folgerung« die wechselseitige Abhängigkeit des Sinns ist. Hegel zufolge entspricht der notwendigen Beziehung zwischen den verschiedenen alethisch-modalen und deontisch-normativen Bedeutungen der »Beziehungen materialer Unvereinbarkeit und Folgerung« – die Art von Einheit-durch-Verschiedenheit, in welcher diese Beziehungen als Formen einer bestimmten Art von Inhalt bestehen – eben einfach der intentionale Nexus: die Beziehung zwischen dem Denken und dem Gedachten, das heißt zwischen Sinn und Referenz.

Der objektive Idealismus zeigt uns, dass wir die ontologische Struktur der objektiven Welt (ihr Auftreten als von Gesetzen regierten Tatsachen über die Eigenschaften von Gegenständen) nur anhand von Ausdrücken verstehen können, die wesentlich darauf Bezug nehmen, was ein Subjekt *tun* muss, um als jemand zu gelten, der die Welt so *betrachtet*, dass sie jene Struktur hat –

wenngleich auch die Welt jene Struktur auch in Abwesenheit jeglicher Subjekte und ihrer epistemischen Tätigkeiten haben könnte. Die Art von Einheit-durch-wesentliche-Verschiedenheit, die der objektive Idealismus den begrifflichen Inhalten zuschreibt, wenn er erklärt, wie ihre objektiven (alethisch-nomologischen) und subjektiven (deontisch-normativen) Formen miteinander verwandt sind, unterscheidet sich wesentlich von jener Einheit, die vom verstehenden Bewusstsein beim Nachdenken über Kraft und ihrem Ausdruck bzw. über Kraft und Gesetz erfasst wird. Beide haben sich nur auf den objektiven Pol des intentionalen Nexus bezogen: das, was erkannt oder repräsentiert wird. Der objektive Idealismus betrifft beide Pole, bzw. die Beziehung zwischen dem objektiven Sein der Dinge, der Dinge an sich, und dem subjektiven Sein der Dinge, der Dinge für das Bewusstsein. In beiden Vorstellungen befasst sich das verstehende Bewusstsein sowohl mit der Abhängigkeit der Referenz als auch mit der Abhängigkeit des Sinns. (Dies ist jener Teil, der am Verdinglichen der Gesetze zu Supertatsachen falsch ist. Sie werden in einem Sinn repräsentiert, der an jenen Sinn angepasst ist, in welchem gewöhnliche empirische Tatsachen – ob unmittelbar beobachtbar oder nicht – repräsentiert werden.) Es ist also *nicht* der Fall, dass die Beziehung zwischen Gesetz und Erklärung und die spezifische Art von Identität zwischen den Momenten der Erklärung so gedacht werden sollten, dass sie jenen früheren Beziehungen und der damit verbundenen Art von Identität *nachempfunden* sind. Stattdessen wird eine Art selbstreferentielle Metabehauptung angestellt. Zunächst müssen wir die Art von Identität des Inhalts erfassen, die eine Vielfältigkeit der Form erfordert und die charakteristisch ist für die wechselseitige Abhängigkeit des Sinns zwischen den Begriffen, die die Struktur der objektiv repräsentierten Welt gliedern, und den Begriffen, die die Struktur der epistemischen Tätigkeit der repräsentierenden Subjekte gliedern. Erst dann können wir die Art von Identität verstehen, die von der notwendigen Beziehung der verschiedenen Momente konstituiert wird, welche für den objektiven Pol des intentionalen Nexus charakteristisch sind: die Beziehung der Kraft zu ihrem Ausdruck, das Spiel der Kräfte und ihre jeweilige Beziehung zu den Gesetzen, von denen sie regiert werden. (Dies gilt natürlich auch für die subjektive Tätigkeit epistemischer Subjekte; doch diese wechselseitige Abhängigkeit des Sinns herauszuarbeiten ergibt weder etwas sehr Unerwartetes noch Umstrittenes.) Dies ist die Lehre, die wir aus der Erfahrung des verstehenden Bewusstseins ziehen.

Es gibt noch einen weiteren Aspekt dazu anzumerken, inwiefern die Tätigkeit des Erklärens, das »Durchlaufen der Momente« in Inferenzen, auf dem Verständnis der objektiven, holistischen und gesetzesregierten Einheit beruht, die aus den verschiedenen, notwendig verwandten Komponenten besteht, welche allegorisch durch das »Spiel der Kräfte« repräsentiert werden. Ich gehe davon aus, dass die Verwendung des Begriffs »Moment« in allen Schriften Hegels auf die Allegorie der Kräfte zurückzuführen ist. Es gehört beispielsweise zum Wesen der newtonschen Physik, die parabolische Bewegung eines geworfenen Objekts als Vektor zweier Kräfte (der Gravitationskraft und der Kraft des Wurfes) zu repräsentieren. Diese Kräfte werden als »Momente« der resultierenden Bewegung beschrieben. Sie sind keine selbstständigen, zusammengeschraubten »Elemente«, aus der sich die parabolische Bewegung einfach ergibt, sondern Komponenten, die hilfreich sind, die Einheit der Bewegung zu analysieren – jede Komponente ist also gleichermaßen an jedem Punkt der Trajektorie operativ. Die Bewegung ist der beobachtbare Ausdruck des »Spiels« dieser Kräfte. Hegels Frage bezieht sich auf diese Art von holistischer Identität. Den Übergang von der Kraft zum Gesetz habe ich als eine Verschiebung von einer Betrachtung der Relata zu einer Betrachtung der Relationen beschrieben (in denen die Relata zueinander stehen). Wenn wir verstanden haben, dass das Sein jeder einzelnen Relation nur in der (Meta-)Beziehung zu anderen Relationen besteht – das Gesetz regiert im Grunde diese Kräfte und die Kräfte sind, was sie sind, indem sie von diesem Gesetz regiert werden –, ergibt sich für uns die Frage, wie das die verwandten Relata umfassende Ganze zu verstehen ist, ohne das eine oder das andere bereits als identifiziert und individuiert zu betrachten.

Die Antwort besteht darin, diese Struktur als das objektive, relationale Korrelat des Erklärungsprozesses aufzufassen, in dem die Momente inferentiell durchlaufen werden – so wie zum Beispiel die zurückgelegte Distanz eines fallenden Objekts anhand der Zeit berechnet wird, die seit seinem Ruhezustand verstrichen ist, oder wie umgekehrt die verstrichene Zeit anhand der zurückgelegten Distanz berechnet wird. Diese epistemisch inferentielle Tätigkeit hängt nicht nur von wirklichen Verpflichtungen (ursprünglichen Randbedingungen) ab, sondern auch vom Umgang mit den *Termini*, die in Gedanken, beim Sprechen oder in Texten unmittelbar identifizierbar sind und individuiert werden. Die Gestaltung der Zeichen, die sich in den Gesetzes*aussagen* wie etwa »$d = kt^2$« befinden, werden *nicht* holistisch individuiert. Sie sind unmittelbar wahrnehmbar und unterscheidbar. Aufgrund der deontischen Rolle, die diese Zeichen in Inferenzen spielen, also wie mit diesen Zeichen beim Erklären sachgerecht umzugehen ist, können wir sie als etwas verstehen, das für begriffliche Inhalte steht und sie ausdrückt. Diese Inhalte verhalten sich holistisch zueinander aufgrund der Beziehungen materialer Unvereinbarkeit und Folgerung zwischen ihnen: Sie unterscheiden sich und sind dennoch wesentlich und notwendig miteinander verwandt. Die Verständlichkeit der vollständig vermittelten Momente und die Art von relationaler Einheit, die sie bilden, hängt wesentlich von der epistemischen Unmittelbarkeit der wirklichen Träger ab, die in Aussagen verwendet und innerhalb inferentieller Schritte gehandhabt werden. Die Verschiedenheit der notwendig verwandten Momente im Spiel der Kräfte hängt ihrem Sinn nach ab von den unmittelbar (beobachtbar) verschiedenen Trägern, die begriffliche Inhalte zum Ausdruck bringen, indem sie in normativen, konjunktivisch robusten Beziehungen deontischer Unvereinbarkeit und Folgerung stehen, welche wiederum die wirklichen inferentiellen Tätigkeiten im Umgang mit den Trägern in Erklärungen bestimmen.[13]

III. »Unendlichkeit« als Holismus

In den letzten fünf Absätzen des Kapitels über Kraft und Verstand werden sowohl die abschließende Gestalt des sich selbst als Verstand verstehenden empirischen Bewusstseins skizziert als auch die Lehren, die wir, als das phänomenologische Bewusstsein, aus der Errungenschaft dieser Form des phänomenalen Bewusstseins ziehen können, welche selbst als der Höhepunkt des Entwicklungsprozesses der anderen, von uns zuvor durchgespielten Formen betrachtet werden muss. Die Diskussion ist zum Verrücktwerden komprimiert und knapp gehalten, sowohl in der Charakterisierung des sich selbst durch den Begriff der UNENDLICHKEIT auffassenden Verstandes als auch in der Darstellung, wie unser Verständnis dieser Form des Bewusstseins uns dazu motiviert, unsere Aufmerksamkeit vom Bewusstsein zum *Selbst*bewusstsein zu wenden, im Sinne eines Bewusstseins von uns selbst als einem normbeherrschten Wesen. Damit wird der entscheidende Erklärungsübergang vom *Bewusstsein* zum *Selbstbewusstsein* eingeleitet.

»Unendlichkeit« ist Hegels Ausdruck für eine spezifisch holistische Struktur der Identität, die durch die notwendigen Beziehungen verschiedener »Momente« konstituiert wird. Jedes

13 Ich gehe näher ein auf diesen Punkt im 6. Kapitel von *Tales of the Mighty Dead* (»Holism and Idealism in Hegel's *Phenomenology*«). Harvard University Press, 2002.

Moment ist das, was es aufgrund seiner Beziehungen zu anderen Momenten ist, bzw. weil es vom Ganzen, dessen Teil es ist, miteinbegriffen wird. Sie ist die abschließende Form des verstehenden Bewusstseins. Der besorgniserregende Ausdruck »Unendlichkeit« hat (für uns Post-Cantorianer) aktiv irreführende mathematische als auch nicht wirklich hilfreiche theologische Konnotationen. Er wird wohl von uns zunächst am besten als eine bloß andeutende Bezeichnung betrachtet werden müssen.

Das Endliche ist das Beschränkte, das, was Grenzen hat. So betrachtet, scheint der Vorschlag darauf abzuzielen, dass die verschiedenen, durch ihre Beziehungen zueinander definierten und somit in einem Ganzen einbegriffenen »Momente« in einem gewissen Sinne keine Grenzen haben. Insofern das einbegreifende Ganze ebenfalls durch die internen Beziehungen zwischen den Momenten definiert wird – anstatt durch Beziehungen zu irgendeinem Äußerlichen –, ist es ebenfalls nicht durch Grenzen definiert. Also sind sowohl das Ganze als auch die von ihm umfassten holistisch verbundenen Momente nicht in demselben Sinne endlich, wie es gewöhnlicherweise von Dingen gedacht wird. Dies ist aber eher eine vage Andeutung eines möglichen Motivs für die Auswahl des Begriffs »unendlich« und keine befriedigende Erklärung seiner Bedeutung. Betrachten wir den bei Hegel mit »unendlich« verwandten Begriff »absolut«. Das lateinische »solvere« bedeutet »lösen«. Das Absolute ist das Unauflösbare: Seine Teile sind derart eng miteinander verbunden, sie können nicht voneinander losgelöst werden. Dies ist eine holistische Metapher.

Wir erfahren, dass die holistische Struktur von Identität und Verschiedenheit, die als »Unendlichkeit« bezeichnet wurde, »schon die Seele alles Bisherigen gewesen [ist]«.[14] Dies bedeutet, dass sie die völlig adäquate Vorstellung ist sowohl der wirklichen begrifflichen Struktur des Bewusstseins, von der alle bis-

14 *PhG*, S. 133.

her betrachteten Gestalten weniger adäquate Vorstellungen waren (also des empirischen Bewusstseins, das sich als sinnliche Gewissheit, als Wahrnehmung und als Verstand versteht), als auch der objektiven Welt, wie sie vom verstehenden Bewusstsein aufgefasst wird.

Die Hauptlehre, die wir aus der abschließenden Erfahrung des verstehenden Bewusstseins lernen sollten, besteht darin, dass die holistische Struktur von Identität und Verschiedenheit, welche sich aus dem fortschreitenden Prozess des Explizitmachens dessen ergibt, was im empirischen Bewusstsein implizit enthalten ist (die Struktur, die Hegel als »Unendlichkeit« bezeichnet), der Struktur des *Selbst*bewusstseins entspricht. Der Schlüssel zum Verständnis des empirischen Bewusstseins besteht in den normbeherrschten Tätigkeiten des Selbstbewusstseins. Diese Entdeckung stellt in Hegels Erzählung die Motivation dar für den Übergang vom Abschnitt »Bewusstsein« hin zum Abschnitt »Selbstbewusstsein«.

> Das Bewußtsein eines Anderen, eines Gegenstandes überhaupt, ist zwar selbst notwendig *Selbstbewußtsein*, Reflektiertsein in sich, Bewußtsein seiner selbst in seinem Anderssein. Der *notwendige Fortgang* von den bisherigen Gestalten des Bewußtseins, welchen ihr Wahres ein Ding, ein Anderes war als sie selbst, drückt eben dies aus, daß nicht allein das Bewußtsein vom Dinge nur für ein Selbstbewußtsein möglich ist, sondern daß dies allein die Wahrheit jener Gestalten ist.[15]

Wir treffen hier auf drei Behauptungen. Jede der bisherigen »Gestalten des Bewußtseins«, einschließlich der letzten, ist eine Vorstellung des empirischen Bewusstseins bzw. eine Art und Weise, es aufzufassen. Als solche sind sie Formen des *Selbst*bewusstseins: Arten und Weisen, sich des Bewusstseins bewusst

15 Ebd., S. 135.

zu sein. Ferner wird behauptet, dass »das Bewußtsein vom Dinge nur für ein Selbstbewußtsein möglich ist«. Das heißt, dass jegliches empirisches Bewusstsein eine solche »Gestalt« haben muss, denn es muss der Unterscheidung zwischen dem Sein der Dinge gewahr sein, wie sie *ihm* an sich sind und wie sie *ihm* für das Bewusstsein sind.[16] Vermittelt wird ihm dies durch die Erfahrung des Irrtums. Dieser Aspekt des Bewusstseins enthält eine Vorstellung des Bewusstseins und konstituiert somit eine Form des Selbstbewusstseins. Dies hatten wir bereits in der »Einleitung« erfahren. Neu ist die dritte Behauptung: Das Selbstbewusstsein ist die »Wahrheit« aller Formen des empirischen Bewusstseins einer objektiven Welt.

Das empirische Bewusstsein, das sich unter dem Begriff der UNENDLICHKEIT versteht, versteht das Bewusstsein als

> Bewußtsein des Unterschieds als eines unmittelbar ebensosehr Aufgehobenen; es ist für sich selbst, es ist Unterschieden des Ununterschiedenen oder Selbstbewußtsein. Ich unterscheide mich von mir selbst, und es ist darin unmittelbar für mich, daß dies Unterschiedene nicht unterschieden ist. Ich, das Gleichnamige, stoße mich von mir selbst ab; aber dies Unterschiedene, Ungleich-Gesetzte ist unmittelbar, indem es unterschieden ist, kein Unterschied für mich.[17]

16 Man entsinne sich der maßgeblichen Unterscheidung aus der Diskussion der »Einleitung« zwischen dem, was die Dinge *dem* Bewusstsein sind und was sie *für* das Bewusstsein sind – eine Unterscheidung, die in den vorhandenen englischen Übersetzungen, bis auf derjenigen Kenley Doves, nicht gekennzeichnet ist. (Siehe hierfür die englische Übersetzung von Martin Heideggers *Hegels Begriff der Erfahrung*, *Hegel's Concept of Experience* (mit einem Abschnitt aus Hegel's *Phänomenologie des Geistes* in der Übersetzung von Kenley Royce Dove). San Francisco, Harper and Row, 1989.)

17 *PhG*, S. 134f.

Das einzige Merkmal des Selbstbewusstseins, das nun als Grundlage zur Nachbildung des Bewusstseins dient, besteht darin, dass die im Bewusstsein enthaltene Unterscheidung zwischen dem Bewusstsein und dem, wovon es Bewusstsein ist, wesentlich ein Assimilieren der unterschiedenen Elemente bedeutet, insofern das Selbst, das selbstbewusst ist, vom Selbst, von dem es ein Bewusstsein ist, nominal unterschieden als auch notwendig mit ihm identifiziert wird. Wie wir die Funktionen des Selbsts als *Subjekt* des Selbstbewusstseins und des Selbsts als *Gegenstand* des Selbstbewusstseins auseinanderzuhalten haben, können wir uns beispielsweise klarmachen anhand eines nicht vollständig selbstbewussten Subjekts, bei dem es am Gegenstand des Selbstbewusstseins Merkmale gibt, deren sich das selbstbewusste Subjekt nicht gewahr ist. Dies ist nichtsdestotrotz mit der Behauptung vereinbar, dass die zwei Selbste identisch sind. (Schließlich ist der Morgenstern der Abendstern.) Diese Abschnitte zu verstehen bedeutet, zu verstehen, welche Art von Identität-in-und-durch-Verschiedenheit das empirische, sich als unendlich verstehendes Bewusstsein annimmt, um den intentionalen Nexus zu charakterisieren: die vom Bewusstsein wesentlich beinhaltete Verschiedenheit (an die wir bereits am Anfang der »Einleitung« erinnert wurden) zwischen dem Sein der Dinge an sich und dem Sein der Dinge für das Bewusstsein.

Welche Art von Assimilierung der beiden unterschiedenen Elemente – das der objektiven Welt auf der einen und das der subjektiven Tätigkeit auf der anderen Seite – leistet jenes Bewusstsein, das sich als eine Struktur auffasst, die Hegel als »Unendlichkeit« bezeichnet? Hegel zufolge läuft diese Frage darauf hinaus, die zwei Elemente als zwei verschiedene Betrachtungsweisen für ein und dasselbe Ding zu begreifen: Das Selbst, das selbstbewusst ist, und das Selbst, von dem es ein Bewusstsein ist, sind ein und dasselbe Selbst. Zwei Arten von Assimilierung sind uns bereits bekannt: Begriffsrealismus und objektiver Idealismus. Laut des Begriffsrealismus ist das Sein der Dinge an sich, nicht weniger als das Sein der Dinge für das Bewusstsein, immer schon in begrifflicher Gestalt. Wenn Hegel also sagt, dass die abschließende Form des Verstandes »nur sich selbst erfährt«, könnte er damit zu verstehen geben, dass das Sein der Dinge an sich *dem* Verstand – so wie auch seine Gedanken – bereits in begrifflicher Gestalt gegeben ist.[18] Dies stellt meines Erachtens tatsächlich einen Teil von dem dar, was gemeint ist – aber eben nur einen Teil. Laut dem objektiven Idealismus sind die Begriffe, die *dem verstehenden Bewusstsein* das Sein der Dinge an sich gliedern, und die Begriffe, die *dem verstehenden Bewusstsein* das Sein der Dinge für das Bewusstsein gliedern, dem Sinn nach wechselseitig abhängig. Aus der These des objektiven Idealismus folgt, dass eine notwendige Bedingung für das Verständnis der ontologischen Struktur der objektiven Welt, von der das empirische Bewusstsein ein Bewusstsein ist, darin besteht, auch die epistemischen Tätigkeiten verstehen zu müssen, durch die das Bewusstsein ein Bewusstsein von der objektiven Welt wird. Hiermit ist (wie in der These des Begriffsrealismus) sicherlich gemeint, dass der Verstand, indem er die Welt erfährt, »sich selbst erfährt«. Es wurde oben bereits darauf hingewiesen, dass der Begriffsrealismus ebenfalls einen Sinn davon vermittelt, wie der Verstand *»nur* sich selbst erfährt«: Er erfährt nur *begrifflich* gehaltvolle Sachverhalte, deren Inhalt auch Inhalt von Gedanken sein kann. Objektiver Idealismus fügt darüber hinaus die Behauptung hinzu, dass die metaphysisch-kategoriale Struktur der objektiven Welt (beispielsweise, dass sie die Form von Tatsachen annimmt, die durch Gesetze miteinander verknüpft sind) nicht unabhängig davon verstanden werden kann, was das Bewusstsein *tut*, wenn es die objektive Welt versteht. Paradigmatisch besteht das Tun des verstehenden Bewusstseins darin, die Momente im *Erklären* zu durchlaufen.

Das Argument der abschließenden Absätze im Kapitel über

18 Ebd., S. 135.

Kraft und Verstand besteht aus drei Phasen. Es beginnt mit einer Darstellung der Lehren, die aus der finalen Form der übersinnlichen Welt gezogen wurden, mit der sich der Verstand konfrontiert sah: die verkehrte Welt. Die zweite Phase besteht aus Bemerkungen über die holistische Struktur der Identität in und durch Differenz, die Hegel »Unendlichkeit« nennt. Die abschließende Phase besteht in der Behauptung, dass wir einsehen können, dass das phänomenal verstehende Bewusstsein sich selbst in die Lage versetzt, sich in seinem Gegenstand zu erkennen, indem es sich seinen Gegenstand nach dem Vorbild einer solchen unendlichen Struktur vorstellt (diese Einsicht bleibt dem phänomenal verstehenden Bewusstsein verwehrt). Diese Behauptung schließt auch die Einsicht ein, dass das phänomenal verstehende Bewusstsein wirklich eine Form von Bewusstsein geworden ist, die das Selbstbewusstsein nicht einfach nur voraussetzt, sondern eine Form von Bewusstsein *als* Selbstbewusstsein *ist* – und zwar *ihm*, *dem* Bewusstsein, selbst, und nicht explizit *für sich* als verstehendes Bewusstsein selbst.

Den genauen Status des verstehenden (Selbst-)Bewusstseins zu spezifizieren ist eine heikle Angelegenheit. Ich würde es folgendermaßen ausdrücken: *An sich* ist die Unendlichkeit »schon die Seele alles Bisherigen gewesen«.[19] Das Bewusstsein, *wie auch immer* es sich selbst versteht (als sinnliche Gewissheit, als Wahrnehmung oder als Verstand), ist zweifellos immer in dem Sinne *Selbst*bewusstsein gewesen, in dem wir es schließlich verstehen werden. *Keine* der betrachteten Formen des (Selbst-)Bewusstseins in den Kapiteln zum Bewusstsein, einschließlich der abschließenden Form des verstehenden Bewusstseins, welches seinen Gegenstand als unendlich betrachtet, erkennt *sich selbst* in seinem Gegenstand und ist hierdurch *für* sich selbst Selbstbewusstsein in dem Sinne, in welchem *wir* Hegel zufolge das Bewusstsein erkennen können. Aber die *Selbstvorstellung* jener

19 Ebd., S. 133.

abschließenden Form des verstehenden Bewusstseins ist nicht nur Selbstbewusstsein *an sich*, sondern auch Selbstbewusstsein *zu sich* selbst – obschon dies nicht das ist, was diese Vorstellung *für* das verstehende Bewusstsein ist. Das heißt, dass es sich durch sein praktisches *Tun* selbst implizit *als* Selbstbewusstsein betrachten und behandeln muss, auch wenn dieses implizite, praktische Selbstverständnis nicht explizit thematisiert wird. Die Aufgabe an dieser Stelle heißt, diese entscheidenden, durchaus gnomischen Absätze im Sinne der drei Lehren über die verkehrte Welt zu verstehen: also erstens die Lehre über die verkehrte Welt als die abschließende Form der übersinnlichen Welt, zweitens die Lehre über die Unendlichkeit, und drittens die Lehre über das Bewusstsein, das in der Lage ist, sich selbst in seinem Gegenstand zu erkennen. Hierzu gehören auch die jeweiligen Begründungen, die uns von einem zum nächsten dieser Gedanken führen.

Der erste Gedanke lautet:

> Aus der Vorstellung also der Verkehrung, die das Wesen der einen Seite der übersinnlichen Welt ausmacht, ist die sinnliche Vorstellung von der Befestigung der Unterschiede in einem verschiedenen Elemente des Bestehens zu entfernen, und dieser absolute Begriff des Unterschieds [ist] als innerer Unterschied, Abstoßen des Gleichnamigen als Gleichnamigen von sich selbst und Gleichsein des Ungleichen als Ungleichen rein darzustellen und aufzufassen. [...] Ich stelle wohl das Gegenteil *hierher* und *dorthin* das Andere, wovon es das Gegenteil ist; also das *Gegenteil* auf eine Seite, an und für sich ohne das Andere. Eben darum aber, indem ich hier *das Gegenteil an und für sich* habe, ist es das Gegenteil seiner selbst, oder es hat in der Tat das Andere unmittelbar an ihm selbst. – So hat die übersinnliche Welt, welche die verkehrte ist, über die andere zugleich übergegriffen und [hat] sie an sich selbst; sie ist für sich die verkehrte, d. h. die verkehrte ihrer selbst; sie ist sie selbst, und ihre entgegengesetzte in *einer* Einheit. Nur so ist sie der

> Unterschied als *innerer* oder Unterschied *an sich selbst* oder ist als *Unendlichkeit*.[20]

Falsch an der verkehrten Welt ist nicht die Verkehrung, sondern ihre Verdinglichung zu einer Welt – genau wie die Verdinglichung von Gesetzen zu Supertatsachen das Falsche an der Vorstellung eines übersinnlichen »ruhigen Reiches von Gesetzen« war. In diesem Fall war der Fehler, die Gesetzesaussagen mit gewöhnlichen empirischen Aussagen zu assimilieren, und zwar so, dass die Ersteren etwas in demselben Sinne repräsentieren, wie die Letzteren Tatsachen repräsentieren. Das repräsentational-semantische Paradigma von Repräsentierendem und Repräsentiertem (der Name »Fido« und der Hund Fido) wird über empirische (und nicht nur beobachtbare) Aussagen und Sachverhalte hinaus erweitert, um modale Aussagen der Notwendigkeit in Form von Gesetzen oder, im Falle der verkehrten Welt, modale Aussagen der Unmöglichkeit und Notwendigkeit miteinzubeziehen. Der Unterschied zwischen den beiden Fällen wird als ein Unterschied in der Art von Sachverhalt diagnostiziert, welcher repräsentiert wird. Das ist es, was Hegel meint mit »die sinnliche Vorstellung von der Befestigung der Unterschiede in einem verschiedenen Elemente des Bestehens«.[21] Die übersinnlichen Welten werden einfach wie Welten, also wie die Welt empirischer Tatsachen aufgefasst – mit dem Unterschied, dass sie übersinnlich sind. Bloß mögliche Sachverhalte (Welten) werden einfach aufgefasst wie die wirkliche Welt – mit dem Unterschied, dass sie bloß möglich sind. (Man vergleiche die gewissermaßen sprachlose cartesianische Antwort auf Leibniz' Idee der »petites perceptions«, die im Grunde beschrieben werden wie cartesianische Episoden des bewussten Gewahrseins, allerdings »inconsci-

20 Ebd., S. 130f.
21 Ebd., S. 130.

ent«,[22] – als ob überhaupt noch irgendetwas von einem cartesianischen Pensée übrig bliebe, nachdem das Gewahrsein subtrahiert wurde.) Die verkehrte Welt ergibt sich, wenn man eine Welt verkehrt. Doch das Ergebnis ist nicht einfach wieder eine Welt. Es ist *die* Welt – die wirkliche Welt, die einzige Welt, die *teilweise* übersinnlich ist – *als* verkehrte Welt. Das »Verkehren« der Welt ist das explizite Einschließen der konjunktivisch-robusten Beziehungen materialer Unvereinbarkeit und Folgerung, in denen Eigenschaften und Sachverhalte zu anderen Eigenschaften und Sachverhalten stehen müssen, um eben genau jene bestimmten Eigenschaften und Sachverhalte zu sein, die sie sind – um also die begrifflichen Inhalte zu haben, die sie haben. An dieser Stelle will Hegel verdeutlichen, dass wir die Beziehung jener begriffsgliedernden Relationen und Relata zur wirklichen Welt nicht nach dem Modell der *Repräsentation*, sondern nach dem Modell der *Expression* begreifen müssen. Sie sind in den wirklichen Eigenschaften und Sachverhalten *implizit* und in einem gewissen Sinn noch zu spezifizieren. Wir werden schließlich verstehen, inwiefern Repräsentation und Expression zwei Seiten ein und derselben Medaille sind, also zweierlei Aspekte der Beziehungen von Subjekten zur objektiven Welt darstellen, die die Subjekte kennen und denen gemäß sie handeln, und in der diese zwei Aspekte durch das Bewusstsein eingerichtet werden und im Verlauf des Prozesses seiner erinnernd-rationalen Rekonstruktion seiner eigenen empirischen Erfahrung zur Erscheinung kommen. Diese Einsicht liegt aber an dieser Stelle von Hegels Text noch weit von uns entfernt. Wir bekommen hier nur eine kurze Skizze, einige Umrisse, die später noch konkretisiert werden.

22 Gottfried Wilhelm Leibniz, *Les nouveaux essais sur l'entendement humain. Préface. In: Philosophische Schriften, Band III/1*, Darmstadt, 2013.

IV. Expressivismus, objektiver Idealismus und normatives Selbstbewusstsein

Hier diagnostiziert Hegel den Fehler, den Sellars »descriptivism« nennt.

> Wird die Tautologie »Die Welt wird durch Beschreibungsbegriffe beschrieben« erst einmal von der Idee befreit, dass die Aufgabe nichtlogischer Begriffe im Beschreiben besteht, ist der Weg frei für eine *wohlwollende* Anerkennung, dass viele Ausdrücke, die die Empiristen zu Diskursteilnehmern zweiter Klasse herabgestuft haben, im Grunde nicht *untergeordnet* sind sondern einfach *anders.*[23]

Ein Deskriptivist zu sein bezüglich eines Vokabulars oder Art von Diskurs bedeutet, die charakteristische expressive Rolle des Vokabulars bzw. Diskurses darin zu sehen, die Dinge zu beschreiben (repräsentieren), wie sie sind. Selbstverständlich sollte man ein Deskriptivist sein bezüglich des deskriptiven Diskurses. Hegel jedoch lehnt den Deskriptivismus bzw. Repräsentationalismus für den alethisch-modalen Diskurs ab. (Dies ist, wie wir gesehen haben, ein Ansatz, der für die Semantik der zeitgenössischen Metaphysik möglicher Welten charakteristisch ist.)

Als Alternative zum Deskriptivismus empfiehlt Hegel eine Art von *Expressivismus.* Anstatt sich die bestimmten Sachverhalte als weitere Sachverhalte im ausschließenden Gegensatz zu wirklichen Sachverhalten vorzustellen – abgetrennt von ihnen,

23 Wilfrid Sellars, *Counterfactuals, Dispositions, and the Causal Modalities*, in: H. Feigl, M. Scriven, G. Maxwell (Hg.), *Minnesota Studies in the Philosophy of Science*, Vol. II, Minneapolis 1957, § 79. Ich behandle Sellars' Kritik am Deskriptivismus in der Einleitung zum 1. Kapitel von *From Empiricism to Expressivism. Brandom Reads Sellars*, Cambridge, Mass. 2014. [Übersetzung S. K./A. S.]

als ob sie jenseits irgendwelcher ontologischer Grenzen wären –, werden sie im oben zitierten Abschnitt als *innerhalb* des Wirklichen, als *in* ihm *implizit* vorgestellt. Alethisch-modale Aussagen darüber, was unmöglich (unvereinbar) oder notwendig ist, drücken explizit etwas aus, das in gewöhnlichen, deskriptiven Aussagen über die Wirklichkeit implizit ist. Es ist ein notwendiges Merkmal von Kupfer, ein elektrischer Leiter zu sein. Dies schließt die Möglichkeit aus, ein elektrischer Isolator zu sein. Diese modalen Merkmale sind Kupfer wesentlich eigen, sie sind dem Kupfersein implizit. Sie sind falsch verortet, wenn sie als Tatsachen über eine *andere* Welt aufgefasst werden, als eine Art Schattenwelt über der wirklichen Welt. Es ist also richtig, dass modale Behauptungen nicht einfach das Wirkliche beschreiben. (Gesetze sind keine Supertatsachen.) Aber das liegt nicht daran, dass sie etwas *anderes* beschreiben. Denn insofern wir modale Behauptungen aufstellen, tun wir etwas anderes als beschreiben. Wir machen etwas explizit, das beim Anwenden gewöhnlicher Begriffe der unteren Stufe implizit bleibt, um zu beschreiben, wie die Dinge wirklich sind. Modale Aussagen drücken die ausschließenden Verschiedenheiten aus, gemäß denen jeder Sachverhalt in der Wirklichkeit der eine und kein anderer Sachverhalt ist. Sie drücken die Bedingungen des bestimmten begrifflichen Gehaltvollseins der gewöhnlichen empirischen Begriffe aus, die beim Beschreiben und Erklären verwendet werden.

Ein weiterer Aspekt von Hegels Argument und dem Anti-Deskriptivismus, den Sellars empfiehlt, besteht in der Einsicht in die innigen Beziehungen zwischen Beschreiben und Erklären. Sellars erläutert dies folgendermaßen:

> Auch wenn Beschreiben und Erklären (Vorhersagen, Retrodiktion, Verstehen) *unterscheidbar* sind, sind sie dennoch in einem anderen wichtigen Sinne *untrennbar*. Ausdrücke, durch die wir Gegenstände beschreiben (auch einfache Ausdrücke wie die für wahrnehmbare Merkmale molarer Gegenstände),

> müssen Gegenstände in einem Raum von Implikationen verorten, damit sie überhaupt beschreiben und nicht bloß Markierungen bleiben. Die Beschreibungs- und Erklärungsressourcen der Sprache entwickeln sich Hand in Hand.[24]

Die konjunktivisch-robusten Inferenzbeziehungen zwischen Beschreibungen (der »Raum von Implikationen«), die im Erklären verwendet werden (das »Durchlaufen der Momente«), sind für die Beschreibungen, die sie sind, und den Inhalt, den sie haben, *semantisch* wesentlich. Man missversteht die innige Beziehung zwischen Beschreiben und Erklären, wenn man das Erklären dem Beschreiben assimiliert. Das ist der deskriptivistische Fehler. Dieser Fehler ist nachvollziehbar, gerade weil Beschreiben und Erklären untrennbar miteinander verflochten sind. Hegel verspricht eine Erklärung ihrer Beziehung, die eine andere, nichtrepräsentationale, expressive Gestalt hat. In den abschließenden Sätzen des langen, im vorhergehenden Abschnitt zitierten Absatzes behauptet Hegel, dass ein Verständnis des Sinns, der besagt, wie die inhaltsbestimmenden ausschließenden Verschiedenheiten in der bestimmten Identität jedes beschreibbaren Dinges oder Sachverhaltes implizit sind und diese konstituieren, ein Verständnis der Struktur sein wird, die er »Unendlichkeit« nennt. Diese Struktur ist das Modell für eine nichtdeskriptivistische, expressivistische Semantik, die die repräsentationale Struktur miteinbegreift, aber noch umfassender ist, insofern sie bis zu der Verwendung von Begriffen reicht, deren wichtigste expressive Rolle eben nicht darin besteht, die Beschaffenheit der Dinge zu beschreiben.

Wir werden alle für das Verständnis von Hegels erinnerndem

24 Wilfrid Sellars, *Counterfactuals, Dispositions, and the Causal Modalities*, in: H. Feigl, M. Scriven, G. Maxwell (Hg.): *Minnesota Studies in the Philosophy of Science*, Vol. II, Minneapolis 1957, S. 225-308. [Übersetzung S. K./A. S.]

Expressivismus nötigen Rohmaterialien zusammengetragen haben, nachdem wir im 11. und 12. Kapitel sein Kapitel zur Vernunft diskutiert haben. Dann wird das dritte Element von Hegels pragmatistischer Form des Idealismus greifbar sein – der *begriffliche Idealismus*, der auf dem Begriffsrealismus und dem objektiven Idealismus aufbaut und über sie hinausgeht. Im Grunde beruht er auf einem Begriff von ERINNERUNG, den wir kurz in der Diskussion der »Einleitung« zu sehen bekommen haben. Die Erinnerung ist die letzte Phase der Episoden der Erfahrung, welche mit der Entdeckung von Anomalien in der Form der Anerkennung der Unvereinbarkeit von Verpflichtungen beginnt. Als Teil des »Entspringens des neuen wahren Gegenstandes« müssen die aus der Behebungsphase der Erfahrung resultierenden Bejahungen erinnernd vindiziert werden. Dafür müssen wir den Erfahrungsverlauf, aus dem sie entstanden sind, rückblickend-rational rekonstruieren und ihn als expressiv fortschrittlich aufweisen: als das schrittweise zunehmende Explizitwerden dessen, was sich dann als das zeigt, was es immer schon implizit gewesen war, und zwar in Form einer Norm, die den Erfahrungsprozess regiert und lenkt. Hegel ist der Meinung, dass wir das Implizite in Bezug auf den Prozess verstehen sollten, in welchem es ausgedrückt wird, also im Prozess des Explizitmachens des Impliziten. Dieser Prozess ist die Erinnerung. Hegel schließt die Kapitel zum Bewusstsein damit, die Auffassung von *Ausdruck* in Bezug auf Erinnerung anzukündigen. Dies wird sich schlussendlich noch bezahlt machen für die von ihm vorgeschlagene expressive Alternative zur verdinglichenden repräsentationalen Vorstellung, wie modale Beziehungen zu verstehen sind, die den begrifflichen Gehalt sowohl in seiner objektiven und subjektiven Form als auch die Beziehungen zwischen diesen beiden Formen gliedern. Erst am Ende von Hegels Geschichte, nachdem wir seine Erklärung der Repräsentation in Bezug auf Ausdruck bzw. die expressive Beziehung zwischen dem Impliziten und dem Expliziten in Bezug auf Erinnerung verstanden haben, werden wir in der Lage sein, alle Dimensionen der holistischen, von ihm hier als »Unendlichkeit« bezeichneten Auffassung von Identität schätzen zu lernen, die durch Verschiedenheit konstituiert wird.

Wir können allerdings an dieser Stelle bereits etwas mehr sagen zu den Hinweisen, die uns am Ende des Kapitels über Kraft und Verstand gegeben werden. Ein erster Schritt hin zu einem Verständnis von Hegels empfohlenem Expressivismus besteht in der Einsicht, dass dieser in gewisser Weise auf eine grundlegende Behauptung Kants zurückzuführen ist. Ihr zufolge besteht die wichtigste expressive Rolle einiger Begriffe – paradigmatisch diejenigen, die durch ein alethisch-modales Vokabular in konjunktivisch-robusten Konditionalen ausgedrückt werden und durch Gesetze verbürgt sind – nicht in der empirischen Beschreibung, sondern darin, Merkmale des *Rahmens* explizit zu machen, der empirische Beschreibung ermöglicht. Dieser Rahmen beinhaltet die prinzipielle Verfügbarkeit von Beschreibungen, welche bei Erklärungen eine Rolle spielen, die auf kontrafaktisch-stützende Gesetze rekurrieren. Da jede empirische Beschreibung voraussetzt, was jene Begriffe ausdrücken, müssen sie, so Kant, *a priori* erkennbar sein, das heißt auf eine Weise, die unabhängig von der Erkenntnis ist, ob irgendeine empirische Beschreibung in Wirklichkeit auf irgendetwas zutrifft. Dies sind Kants Kategorien. Für Hegel sind empirisch beschreibbare (mögliche und wirkliche) Sachverhalte nur als *bestimmte* empirisch beschreibbare Sachverhalte verständlich, wenn sie zueinander in Beziehungen materialer Unvereinbarkeit und Folgerung stehen (»bestimmte Negation« und »Vermittlung«). Jene inhaltsverleihenden Beziehungen werden explizit durch Gesetzesaussagen und Beziehungen ausgedrückt, die das gliedern, was als verkehrte Welt missverstanden wurde. Sie spielen also jene rahmen-erklärende nichtdeskriptiv-expressive Rolle, die Kant entdeckt hat (obgleich sich Hegels und Kants Auffassungen hinsichtlich Wesen und Bedeutung dieser Entdeckung unterscheiden).[25] Ein weiterer Schritt zum besseren Verständnis des Unterschieds zwischen Kants Idee und dem auf ihr basierenden hegelschen Begriff der UNENDLICHKEIT zeigt sich im folgenden (bereits oben in einem anderen Kontext zitierten) Abschnitt:

> Die Unendlichkeit oder diese absolute Unruhe des reinen Sichselbstbewegens, daß, was auf irgend eine Weise, z. B. als Sein, bestimmt ist, vielmehr das Gegenteil dieser Bestimmtheit ist, ist zwar schon die Seele alles Bisherigen gewesen, aber im *Innern* erst ist sie selbst frei hervorgetreten. Die Erscheinung oder das Spiel der Kräfte stellt sie selbst schon dar, aber als *Erklären* tritt sie zunächst frei hervor; […][26]

Es ist meines Erachtens angebracht, die Unendlichkeit im weitesten Sinne als »Struktur« zu bezeichnen. Diese Bezeichnung ist jedoch nur korrekt, solange der Ausdruck nicht auf etwas Statisches beschränkt bleibt. Laut dieser entscheidenden Forderung kann die Unendlichkeit nur in Bezug auf die *Bewegung* des verstehenden Bewusstseins aufgefasst werden, nur in Bezug auf sein *Tun*, das zunächst als ein inferentielles »Durchlaufen der Momente« im Erklären auftaucht. Beim Ausdrücken der Normen, die die erklärenden Bewegungen des Verstandes beherrschen, spielen die Aussagen über gesetzmäßige notwendige Folgerungen und Ausdrücke ausschließender Verschiedenheit (Nichtkompossibilität) ihre spezifische Rolle. In diesem Spiel legen die empirischen Beschreibungen *Positionen* fest, während die modalen Aussagen über Notwendigkeit und Möglichkeit die *Schritte* festlegen. Der verdinglichende deskriptivistische Fehler, den Hegel

25 Auf diese kantische, kategoriale Idee und ihre Überarbeitung durch nachfolgende Philosophen wie etwa Carnap und (insbesondere) Sellars gehe ich in der ersten Hälfte des 1. Kapitels von *From Empiricism to Expressivism*, Harvard University Press, 2014, ein. Den alethisch-modalen Fall diskutiere ich eingehend im 4. und 5. Kapitel ebd.

26 *PhG*, S. 133.

bei den letzten zwei Vorstellungen der übersinnlichen Welten, dem Reich der Gesetze und der verkehrten Welt, diagnostiziert hat, besteht darin, die Spezifizierungen der Schritte durch das Modell der Repräsentation als Spezifizierungen weiterer Positionen aufzufassen – die infolgedessen als Positionen besonderer Art gedacht werden müssen. So betrachtet, gehört der von Hegel diagnostizierte Fehler in dieselbe Schublade wie der Fehler, den die Schildkröte in Lewis Carrolls »Achilles und die Schildkröte« gemacht hat: Regeln als etwas zu behandeln, aus dem man Schlussfolgerungen zieht, als wären sie Prämissen, aus denen man schlussfolgert.[27]

Dies ist die Lehre, die Hegel für uns aus den verdinglichenden Vorstellungen der »zwei Welten« zieht. In diesen Vorstellungen werden Folgerungen und Unvereinbarkeiten wie Dinge behandelt, die noch näher zu bestimmen sind – also wie Dinge, die von empirischen Tatsachenaussagen beschrieben werden –, nur dass sie sich »jenseits«, in einer Art von übersinnlicher Welt befinden, sei es im ruhigen Reich der Gesetze oder in der verkehrten Welt. Der fehlerhafte Gedankengang hinter diesen Auffassungen beginnt mit der Idee, dass die Tatsachen darüber, welche Gegenstände welche Eigenschaften aufweisen, in einem extensionalen Sinne *modal isoliert* sind. Hiernach sind sie verständlich als bestimmte Tatsachen unabhängig davon, was darüber hinaus wahr sein *könnte* oder *muss* bzw. *nicht* wahr sein *kann*. Aussagen, die solche zusätzlichen modalen Beziehungen ausdrücken, werden also als deskriptive Tatsachenaussagen gedeutet, die generisch den gewöhnlichen empirisch-deskriptiven Behauptungen der unteren Stufe entsprechen, die festlegen, wie die Dinge sind. Sie beschreiben bloß eine spezifisch andere Art

27 »Conclusions are drawn from premises in accordance with principles, not from premises that embody those principles«, wie Gilbert Ryle den Gedanken ausdrückt in *»If,« »So,« and »Because«*, in: Max Black (Hg.), *Philosophical Analysis. A Collection of Essays*, Ithaca 1950, S. 328.

von Welt, legen eine andere Art von Tatsache fest. Pflegt man jedoch eine angemessene Vorstellung, so ist Hegel zufolge die *begriffliche Gliederung* von objektiven Tatsachen, die durch Aussagen notwendiger Folgerung und Nichtkompossibilität explizit gemacht werden, *implizit* in den objektiv bestimmten Tatsachen enthalten, die von empirischen Aussagen der unteren Stufe beschrieben werden.

Laut meiner Lesart bietet uns Hegel die entscheidende Einsicht an, dass *alle* objektiven empirischen Eigenschaften (eine Klasse, die, wie wir gelernt haben, nicht auf *beobachtbare* Eigenschaften beschränkt bleiben sollte) *modal beteiligt* sind. Dies zu behaupten schließt wesentlich die Verpflichtung auf konjunktivische Folgerungen ein, also darauf, was geschehen würde und könnte bzw. nicht geschehen könnte, *wenn* andere Sachverhalte gelten *würden*. Der Übeltäter hier ist die Idee, dass es eine Unterscheidung zwischen modal isolierten und modal beteiligten Eigenschaften gibt, und ferner, dass erstere unabhängig von letzteren verständlich sind. Es handelt sich hierbei um die grundlegende Idee, auf der die extensionale Ordnung der semantischen Erklärung von Tarski und Quine basiert, auf der wiederum das Bild der Modalität der möglichen Welten von Lewis und Stalnaker aufbaut. Und genau dies ist es, was Hegel prophetisch, proleptisch unter der Rubrik der »verkehrten Welt« kritisiert. Diese Vorstellung habe ich im 6. Kapitel als Ausgangspunkt genutzt, um eine, wenngleich chronologisch gegenläufige, rationale Erinnerung der expressiv fortschreitenden Entwicklung von einer tarskischen über eine fregesche bis zu einer hegelschen Ordnung der semantischen Erklärung zu skizzieren.

Das verstehende Bewusstsein, das sich selbst und seinen Gegenstand als etwas auffasst, das die Struktur hat, die Hegel »Unendlichkeit« nennt, ist durch seine Erfahrung auf der (von Hegel für uns erinnerten) Metaebene zu der Erkenntnis durchgedrungen, dass die objektiven Tatsachen begrifflich strukturiert sind. Diese objektiven Tatsachen und die in ihnen eingebundenen Eigenschaften sind bestimmt, nur insofern sie in einer holistischen Struktur von modalen Beziehungen notwendiger Folgerung und Unvereinbarkeit zueinander und zu anderen möglichen Sachverhalten und Eigenschaften stehen. Alle Eigenschaften sind modal beteiligt, weil Bestimmtsein unvereinbar ist damit, modal isoliert zu sein. In diesem Sinne sind die alethisch-modalen Beziehungen, die durch Gesetzesaussagen explizit gemacht werden, den objektiven Tatsachen implizit – was auch immer diese genau sind. Nach Hegels hylemorphistischer Vorstellung von begrifflichem Inhalt wird die Struktur, die am objektiven Pol der Erkenntnisgegenstände sichtbar ist, auf der deontischen Seite der Erkenntnissubjekte widergespiegelt. Doxastische Verpflichtungen in Bezug darauf, wie die Dinge in Wirklichkeit objektiv sind, haben die bestimmten begrifflichen Inhalte, die sie haben, allein dadurch, dass sie durch Verpflichtungen auf die Richtigkeit konjunktivisch-robuster, material-inferentieller Beziehungen und Beziehungen materialer Unvereinbarkeit gegliedert werden. Auf der Seite der Erkenntnistätigkeit der Subjekte sind sie deontisch-normative Beziehungen: Normen, gemäß deren die Verpflichtung zu einem Inhalt notwendig zur Bejahung anderer Inhalte verpflichtet (also zu jenen, die aus ihm folgen) und die Berechtigung auf noch weitere ausschließt. In jedem Fall sollten die modalen Unvereinbarkeits- und Folgerungsbeziehungen, ob alethisch oder deontisch, als etwas aufgefasst werden, das dem Inhalt des Denkbaren, also sowohl Tatsachen als auch Urteilen, implizit ist und ihn begrifflich gliedert. Die beiden Formen, die der begriffliche Inhalt annehmen kann – die objektive Form, die durch das alethisch-modale Vokabular explizit gemacht wird, und die subjektive Form, die durch das deontisch-normative Vokabular explizit gemacht wird –, weisen die holistische Struktur auf, die Hegel als »unendlich« bezeichnet.

Wir haben gesehen, dass dieser bimodale hylemorphistische *Begriffsrealismus* durch die Behauptungen des *objektiven Idea-*

lismus weiter expliziert wird. Dieser behauptet die wechselseitige Abhängigkeit des Sinns von Begriffen, die, einerseits, die ontologische Struktur der objektiven Realität ausdrücken, das heißt Begriffe wie etwa GEGENSTAND, EIGENSCHAFT, TATSACHE und GESETZ, und andererseits von Begriffen, die rahmen-stiftende Merkmale von normgeleiteten diskursiven Tätigkeiten, Praktiken oder Prozessen wie etwa BEZUGNEHMEN, KLASSIFIZIEREN, BEHAUPTEN und SCHLUSSFOLGERN ausdrücken. Das Kapitel zur Wahrnehmung erklärt, wie die Beziehungen materialer Unvereinbarkeit und Folgerung gedacht werden müssen, damit sie implizit in der Betrachtung der objektiven Welt enthalten sind, der zufolge die objektive Welt aus Tatsachen über Eigenschaften besteht, die Gegenstände charakterisieren. Das Kapitel über Kraft und Verstand unternimmt das Gleiche für eine erweiterte Auffassung der Tatsachen und der konjunktivisch-robusten Unvereinbarkeits- und Folgerungsbeziehungen, die den Tatsachen implizit sind.

Um zu verstehen, inwiefern die modale Gliederung der objektiven empirischen Welt nicht als etwas verstanden werden sollte, das neben der wirklichen Welt liegt (oder in einem Universum bloß möglicher Welten), sondern als etwas, das ihr *implizit* ist, müssen wir uns auf den *Prozess* konzentrieren, den Hegel die »Bewegung des Verstandes« nennt, das heißt auf das Erklären – und zwar weil der Erklärungsprozess die Verwendung und damit das praktische Erkennen der impliziten Gliederung von empirischen Begriffen durch modale Beziehungen von Notwendigkeit und Ausschluss beinhaltet. Diese weitgehend inferentielle Tätigkeit wird wesentlich von Normen bestimmt. Insofern wir Behauptungen als Gründe für oder gegen andere Behauptungen liefern, rekurrieren wir auf Normen, die festlegen, welche Behauptungen uns zu welchen anderen Behauptungen berechtigen und verpflichten bzw. zu welchen weiteren Behauptungen wir nicht berechtigt sind. Was wir über die objektive Welt *sagen*, wenn wir meinen, dass sie aus miteinander in gesetzmäßigen Beziehungen stehenden Tatsachen besteht, können wir erst begreifen, wenn wir unsere Erkenntnispraktiken verstehen, also was wir *tun*, wenn wir urteilen und Schlussfolgerungen ziehen (bzw. beschreiben und erklären, einen Standpunkt einnehmen und einen Zug machen).

Es ist die fortschrittliche Entwicklung des sich als Verstand verstehenden empirischen Bewusstseins, die Hegel für uns rational rekonstruiert und darlegt, welche zu dieser objektiven idealistischen Einsicht geführt hat. Wenn das sich als Verstand verstehende Bewusstsein dies erkannt bzw. wenn es die Vorstellung des objektiven Idealismus erreicht hat, wird es eine neue Art von Selbstbewusstsein erreichen. Es ist sich darüber bewusst, dass das Verständnis der Struktur der objektiven Welt das Verständnis unserer eigenen diskursiven Tätigkeiten verlangt. Das ist der dritte Sinn, nach welchem das Bewusstsein das Selbstbewusstsein voraussetzt.

Wir, das heißt die Leser, die Hegels rationale Rekonstruktion der fortschrittlichen Entwicklung des empirischen Selbstbewusstseins verfolgen, erkennen etwas, das das verstehende Selbstbewusstsein nicht erkennt. Der bimodale hylemorphistische Begriffsrealismus zeigt uns, dass wir, um uns als etwas zu verstehen, das beschreibt und erklärt, verstehen müssen, was durch normatives Vokabular explizit gemacht wird. Die Tätigkeit des Erklärens von empirischen Geschehnissen ist eine wesentlich normbestimmte Tätigkeit. Erklären, Schlussfolgern, Behaupten, Beschreiben, Beziehen, Prädizieren – alle beinhalten sowohl das Ausüben von Autorität als auch das Übernehmen von Verantwortung. Die Standpunkte, die das empirische Bewusstsein einnimmt, indem es urteilt und beschreibt, sind normativ, das heißt Verpflichtungen. Die Schritte, die das empirische Bewusstsein macht, indem es erklärt oder Schlussfolgerungen zieht (die den Standpunkten funktional und insofern holistisch Inhalte verleihen), sind normativ: Sie sind als Schritte Gegenstand normativer Bewertung, zu denen das Subjekt durch Maßstäbe berechtigt bzw. verpflichtet ist, die hinsichtlich dessen festgelegt werden, was bzw. wogegen etwas ein Grund ist. Der Anspruch des verstehenden Bewusstseins, sich selbst als Erkennendes und Beschreibendes und damit als Denkendes und Erklärendes zu verstehen, zeigt *uns*, dass wir das verstehende Bewusstsein als normatives Subjekt verstehen müssen (obwohl dies das verstehende Bewusstsein selbst nicht einsieht): als Subjekt von normativem Status.

Diese Art von Selbstbewusstsein, eine Errungenschaft des hier betrachteten phänomenalen Bewusstseins, liefert uns, dem phänomenologischen, von metabegrifflicher Ebene aus beobachtenden Bewusstsein, den Grund, unsere Aufmerksamkeit der Normativität und der Art von Selbsten bzw. Subjekten zuzuwenden, die in einem normativen Raum von Autorität und Verantwortung leben, sich in ihm bewegen und dort ihr Sein haben. Damit wird der Fokus auf die subjektiven, deontisch-normativen Praktiken gelenkt, die die objektiven, alethisch-modalen Beziehungen gemäß sowohl dem bimodalen hylemorphistischen Begriffsrealismus als auch dem objektiven Idealismus ergänzen. Dies ist der Grund, weshalb Hegels Buch sich von einer Betrachtung des Erkennens auf der Seite des Erkannten zu einer Betrachtung des Erkennens auf der Seite des Erkennenden bewegt, also vom *Bewusstsein* zum *Selbstbewusstsein*.

TEIL ZWEI

Normative Pragmatik. Anerkennung und die expressive Metaphysik des Handelns

8. Die Struktur von Begierde und Anerkennung. Selbstbewusstsein und Selbstkonstituierung

I. *Die Geschichtlichkeit wesentlich selbstbewusster Wesen*

Eine der wichtigsten Ideen Hegels besteht darin, dass die Lebewesen, die eine Selbstvorstellung besitzen, Entwicklungsprozessen unterliegen, die eine ganz bestimmte Struktur aufweisen. Wir bezeichnen ein Lebewesen als »wesentlich selbstbewusst«, wenn das, was es *für* sich selbst ist, seine Selbstvorstellung, ein wesentliches Element dessen ist, was es *an sich* ist. Wie etwas wesentlich Selbstbewusstes sich selbst *erscheint*, ist Teil seines *wirklichen* Seins. Das heißt aber nicht, dass es in Wirklichkeit einfach so *ist*, wie es sich selbst erscheint. Denn gemäß der Definition eines selbstbewussten Wesens kann das, was ein Sein an sich ist, radikal davon abweichen, was es für sich ist. Es kann sein, dass es nicht tatsächlich das ist, wofür es sich hält. Doch selbst wenn es sich missversteht, wenn seine Selbstvorstellung ein Irrtum ist, ist dieser Irrtum ein wesentliches Merkmal seines wirklichen Seins. In diesem Sinne sind wesentlich selbstbewusste Lebewesen (teilweise) selbst*konstituierende* Lebewesen. Ihre selbstbetrachtenden Einstellungen sind auf eine spezifische Weise wirksam.

Ein solches Lebewesen kann sein Sein *an sich* ändern, indem es sein Sein *für sich* ändert. Aus der Behauptung, dass das Sein eines wesentlich selbstbewussten Wesens für sich ein *wesentli-*

ches Element seines Seins an sich ist, folgt, dass eine Änderung der Selbst*vorstellung* eine Änderung des Selbst mit sich bringt. Dementsprechend genießen wesentlich selbstbewusste Lebewesen die Möglichkeit einer spezifischen Art von Selbst*verwandlung*: Sie *machen* sich selbst zu etwas anderem, indem sie sich selbst als etwas anderes *betrachten*. Insofern sich eine solche Unterscheidung ihres Seins *an sich* in einer weiteren Unterscheidung ihres Seins *für sich* widerspiegelt – möglicherweise allein dadurch, dass sie auf irgendeine Weise eingestehen, dass sie sich verändert haben –, kann die ursprüngliche Änderung der Selbstvorstellung eine ganze Kaskade auslösen. Dieser zeitliche und im Grunde historische Prozess, in welchem sich das Sein des Dinges an sich und das Sein der Dinge für sich gegenseitig und nacheinander beeinflussen, kann – muss aber keinesfalls – zu einem stabilen Gleichgewicht zwischen Selbst und der Vorstellung des Selbst konvergieren.

Das Sein an sich wesentlich selbstbewusster Wesen ist stets das Ergebnis eines solchen, von ihren Einstellungen abhängigen Entwicklungsprozesses. Wesentlich selbstbewusste Wesen haben keine *Naturen*. Sie haben *Geschichten*. Anders ausgedrückt, es gehört zu ihrer Natur, nicht nur eine *Vergangenheit* zu haben, sondern auch eine *Geschichte*, das heißt eine Abfolge von teilweise selbstkonstituierenden, durch ihre Selbstvorstellungen auf jeder Stufe vermittelten Selbstverwandlungen, welche in ihrem momentanen Sein gipfelt. Das einzige unveränderliche Wesen, das sie aufweisen, besteht darin, dass ihr Sein an sich auf jeder Stufe teilweise durch ihr Sein für sich bestimmt wird. Um zu verstehen, was sie sind, ist es erforderlich, den Prozess aufeinanderfolgender Einflüsse zwischen ihrem Sein für sich und ihrem Sein an sich auf jeder der Stufen rückblickend zu betrachten, durch welche sie zuletzt das geworden sind, was sie jetzt sind.

Eine solche geschichtliche Erzählung (Hegels »Erinnerung«) erneut durchzugehen ist eine spezifische Art und Weise, sich selbst *als* eine wesentlich geschichtliche, weil wesentlich selbstbewusste Art von Wesen aufzufassen. Ein geschichtliches Wesen *für* sich selbst zu sein bedeutet, sich selbst als eine besondere Art von Wesen *an sich* zu konstituieren, nämlich als ein Wesen, das sich der eigenen Geschichte *selbstbewusst* ist. Sich selbst diesen entscheidenden strukturellen Aspekt der metaphysischen Art von Wesen (das man schon immer implizit gewesen war) wesentlich selbstbewusst explizit zu machen, ist bereits eine strukturelle Selbstverwandlung: die Leistung einer neuen Art von Selbstbewusstsein. Es ist eine Selbstverwandlung genau dieser Art, die Hegel in uns als Leser seiner *Phänomenologie* hervorrufen will. Diese Art von Selbstbewusstsein ist ein zentrales Element dessen, was Hegel »absolutes Wissen« nennt.

Ich gehe davon aus, dass dieses Bild, skizziert in derart groben Zügen, einigermaßen bekannt ist. Die Berechtigung zu einer solchen Redeweise erfordert jedoch ein gutes Stück weiterer Arbeit. Warum sollten wir glauben, dass es Dinge gibt, welche die Definition von »wesentlich selbstbewussten Wesen« erfüllen? Was ist ein Selbst? Was heißt es, eine Selbstvorstellung zu haben bzw. sich für ein Selbst zu halten, ein Selbst, das einem selbst bzw. *für* sich selbst ein Selbst ist? Oder was heißt es für *irgendetwas*, etwas *für* jemanden zu sein? (Solch eine Vorstellung wurde in Hegels »Einleitung« vorausgesetzt.) Und wie könnte der Begriff einer SELBSTVORSTELLUNG, oder irgend so etwas, das einem wirklichen Sein *wesentlich* bzw. ein Sein *an sich* ist, eingelöst und erklärt werden? Die Art und Weise, wie Hegel diese Fragen beantwortet und die betreffenden Begriffe anreichert und ausarbeitet, ist nicht weniger interessant als der allgemeine Aufriss über die Geschichte der wesentlich selbstbewussten geschichtlichen Wesen, die zur Beantwortung dieser Fragen herangezogen werden.

II. *Identifikation, Risiko und Aufopferung*

Zunächst möchte ich mich mit letzterer Frage befassen. Nehmen wir für einen Moment einmal an, dass wir zumindest für den Anfang einen Zugriff auf sowohl den Begriff des SELBST hätten als auch darauf, was es heißt, eine Selbst*vorstellung* zu haben bzw. etwas, das man *für* sich selbst ist. Die von mir gerade eben ohne Umschweife erzählte Geschichte über wesentlich selbstbewusste Wesen zeigt, dass wir, um die Beziehung zwischen Selbst und Selbstvorstellung zu begreifen, verstehen müssen, dass manche Merkmale einer Selbstvorstellung *wesentliche* Elemente eines Selbst sind. Wir müssen also verstehen, was etwas *an sich* bzw. *wirklich* ist. Eine Selbstvorstellung kann viele zufällige und kontingente Merkmale haben bzw. Dinge können zufälligerweise wahr sein für das betreffende Selbst (bzw. als wahr betrachtet werden). Der Begriff des WESENTLICH SELBSTBEWUSSTEN WESENS hat allein Geltung, wenn es auch einige Dinge gibt, die für sich selbst als wahr betrachtet werden, so dass eine Selbstvorstellung mit diesen Merkmalen wesentlich für das Selbst ist, das man ist. Wie sollten wir uns die Unterscheidung dieser Merkmale von anderen Merkmalen vorstellen?

Meines Erachtens nach kann Hegels Antwort auf diese Frage als eine Entwicklung in Stufen verstanden werden. Ein wesentliches Merkmal einer Selbstvorstellung zu *sein* bedeutet, dem ersten Gedanken zufolge *als* wesentlich *betrachtet* oder *behandelt* zu werden. Sie werden durch die praktische Einstellung, die man ihnen gegenüber einnimmt, als wesentlich konstituiert (zu einem normativen Status). Die für ein Selbst wesentlichen Elemente einer Selbstvorstellung – so können wir sagen, da es für das, was man wirklich ist, wesentlich ist, *diese* Merkmale zu haben – sind genau diejenigen, mit denen man sich *identifiziert*. Demnach sind wesentlich selbstbewusste Wesen diejenigen Wesen, deren *Identität* bzw. deren Seinsstatus *an* sich zum Teil von ihren *Identifikations*-Metaeinstellungen abhängt, also von ihren Einstellungen, sich mit einigen ihrer Einstellungen, also einigen privilegierten Elementen ihres Seins *für* sich zu identifizieren. Natürlich ist hier kein wirklicher Erklärungsfortschritt erreicht, solange der Begriff der praktischen Identifikationseinstellung eine *Black Box* bleibt, die keine sichtbare Struktur aufweist außer ihrer Bezeichnung.

Wir sollten uns also fragen, was man *tun* muss, um wirklich als jemand verstanden zu werden, der *sich* mit einigen, aber nicht unbedingt allen Elementen seiner Selbstvorstellung *identifiziert*. Laut der Antwort, die wir im Kapitel zum Selbstbewusstsein erhalten, identifiziert man sich mit jenen Dingen, für die man bereit ist, etwas *zu riskieren* und *zu opfern*. Hegels metonymisches Bild hierfür betrifft den wichtigen Fall des einleitenden Übergangs, in welchem man von einem bloß lebendigen Organismus, der dem Reich der Natur angehört, zu einem Einwohner des normativen Reiches des Geistes wird. In diesem Fall, dem aufgrund seines Anfangscharakters eine besondere Bedeutung zukommt, ist das Schlüsselelement die Bereitschaft, das eigene biologische Leben für eine Verpflichtung zu riskieren – etwas, das über eine bloße Begierde hinausgeht.[1]

> Und es ist allein das Daransetzen des Lebens, wodurch die Freiheit, wodurch es bewährt wird, daß dem Selbstbewußtsein nicht das *Sein*, nicht die *unmittelbare* Weise, wie es auftritt, nicht sein Versenktsein in die Ausbreitung des Lebens das Wesen, – sondern daß an ihm nichts vorhanden, was für es nicht verschwindendes Moment wäre, daß es nur reines *Fürsichsein* ist.[2]

1 Die Art der Darstellung anhand von Verpflichtungen anstatt anhand von Begierden wird unten diskutiert und begründet.

2 *PhG*, S. 149.

Mit der Bereitschaft, sein Leben für etwas zu riskieren, *erschafft* man die Tatsache, dass das derart riskierte Leben kein wesentliches Element des Selbst ist, das man konstituiert – anders als das, *für das* man das Leben riskiert. Ein Extrembeispiel ist der klassische japanische Verhaltenskodex des Bushidō, der zu einer erschreckenden Vielzahl von Anlässen einen rituellen Suizid verlangt. Ein Samurai zu sein bedeutete, sich mit diesem idealen Verhaltenskodex identifizieren zu müssen. In einer Situation, die Seppuku verlangt, muss entweder der biologische Organismus *oder* der Samurai zerstört werden, da die Existenz des einen mit der Existenz des anderen unvereinbar geworden ist. Das Scheitern des biologischen Suizids würde in diesem Fall den Suizid des Samurai bedeuten und bloß ein Tier zurücklassen. Das Tier war bloß eine notwendige Bedingung für die Existenz des Samurai gewesen (genau wie das Vorhandensein von Sauerstoff in der Atmosphäre, das für uns so wichtig ist, aber mit dem wir uns nicht allein deshalb identifizieren). Ohne Zweifel haben auch aufrichtige und pflichtbewusste Samurai gehofft, nicht in solche Situationen zu geraten. Falls sie aber doch aufgetreten wären, hätte das Versäumnis, sich entsprechend der Samuraipraktiken angemessen zu verhalten, dazu geführt, dass man niemals ein Samurai, sondern nur ein Tier gewesen war, das ab und zu danach strebte, ein Samurai zu sein. Man würde damit zeigen, dass man nicht an sich das gewesen war, was man für sich war, also das, für was man sich gehalten hat. Ob man sein wirkliches Leben riskieren oder die ideale Selbstvorstellung aufgeben sollte, ist eine Entscheidung darüber, wer man ist.

Zur Einführung dieses Gedankens verwendet Hegel ein Beispiel, das ich »metonymisch« genannt habe, weil ich der Meinung bin, dass in diesem Bild ein Teil für das Ganze steht. Es geht ihm also um einen wesentlich allgemeineren Punkt. Bei der Identifikation im allgemeinen Sinn geht es um die Bereitschaft, etwas zu riskieren und, wenn notwendig, etwas, das man (an sich) wirklich ist, zu opfern für etwas, das man nur für sich ist, auch wenn das Riskierte nicht das Leben, sondern einfach andere Verpflichtungen oder Berechtigungen sind. Es handelt sich hierbei um das Opfern eines Status für eine Einstellung. Hegels fesselnde Geschichte über den Kampf auf Leben und Tod liefert ein anschauliches Bild für eine wichtige Dimension des Übergangs von der Natur zum Geist. Aber wenn erst einmal das Reich des Geistes – alle unseren normativ und begrifflich gegliederten Akte – als ein Unternehmen in Gang gekommen ist, wird das meiste von dem, was wir zu verlieren haben, was wir riskieren und opfern können, nicht eine Frage der Biologie sein, sondern eine Frage der Kultur. Was wir in den darauffolgenden Stufen unserer Entwicklung an sich sind, ist hauptsächlich eine Frage des Status, der Verpflichtung, der Autorität und der Verantwortung. Indem wir etwas zurückweisen, was wir bereits sind, weil es mit irgendeiner Verpflichtung kollidiert, identifizieren wir uns mit der Verpflichtung, die wir bejahen, indem wir etwas anderes opfern.

So ist es zum Beispiel ein selbstkonstituierender Akt von Identifikation, seinen Arbeitsplatz aufgrund eines moralischen oder politischen Prinzips zu opfern oder zumindest zu riskieren, genauso wie wenn man aufgrund desselben Prinzips sein Leben riskiert oder sogar aufopfert. Die Akte der Identifikation durch Riskieren oder Aufopferung müssen nicht solche großangelegten und umfassenden Angelegenheiten wie diese sein. Vom Standpunkt der Identifikation aus gehören das Zahlen von Steuern (obgleich es nur selten eine Gefährdung des biologischen Fortbestehens bedeutet, ist es bekanntlich doch ebenso unausweichlich wie der Tod) und der Militärdienst (das Riskieren des Riskierens des Lebens) zusammen. Beide drücken durch Aufopferung die praktische Identifikation mit der Gemeinschaft aus, die hierbei verteidigt bzw. unterstützt wird. Immer, wenn das Übernehmen einer neuen Verpflichtung dazu führt, mit einer Gewohnheit zu brechen oder eine Absicht aufzugeben, identifiziert man sich mit dieser Verpflichtung und stellt sich in einen praktischen

Gegensatz zu dem, was aufgegeben wird. Die geschichtliche Kaskade von aufeinanderfolgenden, stufenartig aufeinander aufbauenden Selbstverwandlungen durch Identifikation mit Elementen, die später aufgeopfert werden, findet größtenteils im normativen Reich statt, welches vom anfänglichen, anstoßgebenden Übergang eröffnet wurde.

Tatsächlich will ich behaupten, dass der hegelsche Erfahrungsprozess in genau dieser Gestalt von Identifikation und Aufopferung verstanden werden sollte. Auch er ist ein Prozess der Selbstkonstituierung und Selbstverwandlung wesentlich selbstbewusster Wesen. Jeder eingestandene Irrtum erfordert sowohl einen Akt der Selbstidentifikation bzw. die Bejahung einiger miteinander unvereinbarer Verpflichtungen, die man bei sich vorfindet, als auch die Aufopferung einiger Verpflichtungen. Die Erfahrung ist der Prozess, in dem sich Subjekte durch das praktische »Abstoßen« unvereinbarer Verpflichtungen als Orte der Erklärung definieren und bestimmen. (Man vergleiche, wie Gegenstände durch die spezifischen Eigenschaften, die sie aufweisen, und durch die material unvereinbaren Eigenschaften, die sie modal ausschließen, bestimmt identifiziert und individuiert werden; diese Eigenschaften sind kraft ihrer Beziehung ausschließender Verschiedenheit gegenüber einer spezifischen Menge material unvereinbarer Eigenschaften selbst bestimmt gehaltvoll.[3]) Subjekte vollziehen diesen Schritt, indem sie ihre für wahr gehaltenen und inferentiellen Verpflichtungen *verändern*: Sie verwerfen einige Verpflichtungen, verfeinern andere, sie wägen und stimmen gegeneinander ab, welche Behauptungen als wahr betrachtet werden, zu was man sich verpflichtet hat und was woraus folgt – und zwar, um Nichtübereinstimmungen zu

3 Diesen Vergleich habe ich entwickelt in »Holism and Idealism in Hegel's *Phenomenology*«, dem 6. Kapitel meines Buches *Tales of the Mighty Dead. Historical Essays in the Metaphysics of Intentionality*, Cambridge, Mass./London 2002.

entfernen und zu beheben. Dies ist der Prozess, in dem die immer irgendwie kollidierenden und konkurrierenden Behauptungen der vermittelnden, in Allgemeinbegriffen kodifizierten Autorität und die unmittelbare, durch Einzeldinge ausgeübte Autorität verhandelt und entschieden werden. Er ist dementsprechend der Prozess, anhand dessen bzw. in welchem begriffliche Inhalte entwickelt und bestimmt werden.

III. Lebewesen, für *die Dinge etwas sein können: Begierde und die triadische Struktur des orektischen Gewahrseins*

Die Geschichte von wesentlich selbstbewussten Wesen, die in Bezug auf Identifikation durch Riskieren und Aufopferung erarbeitet wurde, stellte die Verbindung her zwischen der Konstituierung durch die Entwicklung von *Selbsten* und der Konstituierung durch die Entwicklung von *begrifflichen Inhalten* im Erfahrungsprozess. Diese Geschichte setzt eine Vorstellung von Selbsten und somit von Selbstvorstellungen voraus. Um zur Darstellung in der soeben von mir skizzierten Gestalt berechtigt zu sein, müssen wir folgende Fragen beantworten: Was ist ein Selbst? Was heißt es, eine Selbstvorstellung zu haben – sich selbst als ein Selbst zu betrachten, sich selbst oder *für* sich selbst ein Selbst zu sein? Und überhaupt: Was ist es eigentlich für *irgendetwas*, etwas *für* jemanden zu sein?

Der erste und grundlegendste Begriff ist meines Erachtens PRAKTISCHE KLASSIFIKATION. Ein Lebewesen kann ein Einzelding *als* allgemeinartig *betrachten* oder *behandeln*, indem es auf das Einzelding auf die eine anstatt auf die andere Weise reagiert. In diesem Sinne klassifiziert ein Stück Eisen seine Umgebungen auf zwei verschiedene Arten, indem es in einigen rostet und in anderen nicht, womit es anzeigt, dass es der einen angehört und der anderen nicht. Die wiederholbare Reaktionsart, hier die des Rostens, veranlasst eine Reizklassifikation auf Grundlage der Verlässlichkeit, diese Art von Reaktion hervorzurufen oder nicht. Da verlässliche und differenzierte Reaktionsdispositionen im Reich der Kausalität allgegenwärtig sind, weist jeder wirkliche physische Gegenstand diese Art von Verhalten auf. Dementsprechend ist diese Form der Verhaltensklassifikation keine aussichtsreiche Definition für die Begriffe SEMANTISCHER GEHALT und GEWAHRSEIN. Dies hätte unangenehmerweise Pansemantismus und Panpsychismus zur Folge.

Hegels Ansatz besteht hingegen darin, sich das Phänomen der *Begierde* anzuschauen, welches das Leben biologischer Tiere strukturiert. Hungrige Tiere behandeln sinnliche Dinge als Futter, denn sie greifen »ohne weiteres zu und zehren sie auf«, wie Hegel sagt.[4] Dies ist offenbar eine Art der Gattung praktischer Klassifikation. Der Zustand des Begehrens, hier des Hungers, leitet eine zweistellige Klassifikation der Gegenstände ein: diejenigen, deren Konsum in der Befriedigung des Begehrens mündet, und alle übrigen. Das Verhältnis von *Hunger*, *Fressen*, und *Nahrung* geht über die Struktur hinaus, die im unorganischen Fall von *Rosten* (Reaktion) und *Feuchtigkeit* (Reiz) im Spiel sind. Die Klassifikation wird letztlich vom Unterschied zwischen der Befriedigung und der Nicht-Befriedigung des Hungers getrieben. An dieser Stelle ist es wichtig, dass die durch den Unterschied hervorgerufene Klassifikation der Gegenstände durch eine vermittelnde Leistung, einen Prozess oder eine Reaktion konjunktivisch bedingt ist. Die Gegenstände werden in zwei Klassen eingeteilt: in die, die die Eigenschaft haben, den Hunger zu befriedigen, *wenn* auf sie mit Fressen reagiert wird, und die, die diese Eigenschaft nicht haben. Wichtig für Hegels Bild sind sowohl die Rolle, welche die praktische Tätigkeit des

4 *PhG*, S. 91.

Begehrenden spielt, das heißt, was der Begehrende als Reaktion auf den Gegenstand *tut*, als auch der konjunktivisch, hypothetisch-dispositionelle Charakter der Klassifikation im Sinne der Wirkung dieses Tuns auf die Befriedigung des Begehrens.

Die Begierden und die reaktiven praktischen Leistungen, die diesen Begierden dienen, spielen eine spezifische Rolle im gelebten Leben eines Tieres. Sie sind verständlich in Bezug auf ihre Beiträge zu Funktionen wie Ernährung, Reproduktion oder der Vermeidung, gefressen zu werden. Aus diesem Grund richten sie das orektische Gewahrsein des begehrenden Tieres auf die Gegenstände, die ihnen auf eine spezifische Weise bedeutsam erscheinen. Die Begierden stehen für eine primitive Intentionalität, die uns zu einem Vokabular berechtigt, mit dem wir das Verhalten dieser Tiere beschreiben können. In einem ähnlichen Kontext betrachtet Dennett[5] eine Laborratte, die darauf konditioniert wurde, als Reaktion auf einen wiederholbaren Reiz, wie etwa das Erklingen eines bestimmten Tons, eine bestimmte Art von Verhalten zu zeigen. Im Prinzip können wir die wiederholbare Reaktion auf zwei verschiedene Weisen beschreiben: »Die Ratte läuft zur Stange, drückt sie mit ihrer Pfote herunter und bekommt manchmal eine Rattenleckerei« oder »Die Ratte macht drei Schritte vorwärts, bewegt ihre Pfote nach unten und bekommt manchmal eine Rattenleckerei«. Beide Beschreibungen stellen dar, was die Ratte in jedem Übungsdurchgang getan hat. Doch zu was wurde sie nun genau konditioniert? Welches Verhalten sollte von einem reduktiven Behavioristen als eingeprägt betrachtet werden und müsste seiner Meinung nach anschließend folgen? Es scheint keine Möglichkeit zu geben, zwischen diesen koextensionalen Spezifizierungen dieser Einübung zu wählen. Dennoch, die Art und Weise, wie begehrende Organis-

5 Daniel C. Dennett, »Intentional Systems«, in: Journal of Philosophy 68 (1971), S. 87-106. (Wiederabgedruckt in: John Haugeland [Hg.], *Mind design*, Cambridge, Mass. 1981.)

men wie beispielsweise Ratten durch die Erwartung von Leistungsergebnissen auf Begierde befriedigende Gegenstände ausgerichtet sind, führt uns zuversichtlich zu der Vorhersage, dass die Ratte, wenn sie sechs Schritte entfernt von der Stange hingesetzt wird und der Ton ertönt, sie zu der Stange laufen und sie mit ihrer Pfote hinunterdrücken wird; sie wird *nicht* drei Schritte vorwärtslaufen und ihre Pfote nach unten bewegen. Aus denselben Gründen wie in diesem eher künstlich angelegten Fall erwarten wir, dass sich ein Vogel, dessen Nest wir in seiner Abwesenheit um ein paar Zentimeter verschieben, bei seiner Rückkehr an die neue Stelle und nicht auf den nackten Ast an der alten Stelle setzen wird. Der Vogel ist »aus auf« (*onto*) sein Nest und nicht »auf« die Stelle (ein von John McDowell in diesem Zusammenhang bevorzugter Ausdruck). Das heißt, der Vogel ist aus auf den Gegenstand, der eine praktische Bedeutung durch die funktionelle Rolle erhalten hat, die er in den Begierde befriedigenden Tätigkeiten des Tieres spielt. Denn die Tätigkeiten, mit denen man dispositionell auf Gegenstände reagiert, können die Begierde befriedigen oder nicht befriedigen, je nach dem, welchen Charakter diese Gegenstände haben: Eine Begierde ist mehr als bloß eine Disposition, auf eine bestimmte Art und Weise zu handeln.

Orektisches Gewahrsein hat eine triadische Struktur, die paradigmatisch durch die Beziehungen zwischen *Hunger*, *Fressen* und *Nahrung* dargestellt wird. Der Hunger ist eine Begierde, eine Art von *Einstellung*. Er treibt hungrige Tiere unmittelbar dazu an, bestimmte Gegenstände *als* Nahrung zu behandeln, also sie zu *fressen*. Nahrung ist dementsprechend eine *Bedeutung*, die Gegenstände für Tiere bekommen können, welche zu Hunger fähig sind. Sie ist etwas, das Dinge *für* begehrende Tiere sein können. Die Tätigkeit des *Fressens* besteht darin, etwas *als* Nahrung zu betrachten oder zu behandeln. Es ist das, was man *tun* muss, um einem Gegenstand die begierdebezogene orektische Bedeutung von *Nahrung* praktisch zuzuschreiben. Die Tätigkeit des *Fressens* ist der Begierde des Hungers *instrumentell angemessen*. Sie ist *subjektiv* angemessen in dem Sinne, dass hungrige Tiere zu dieser Tätigkeit getrieben werden, wenn sie sich im begehrenden Zustand des Hungers befinden. Sie ist *objektiv* angemessen in dem Sinne, dass sie eine Art und Weise ist, auf die Gegenstände in der Umgebung zu reagieren, bzw. eine, die oft (genug) in der Befriedigung der Begierde mündet.

Die Unterscheidung zwischen zwei instrumentell angemessenen Arten von Tätigkeiten, auf Begierde zu reagieren, unterstützt die Unterscheidung zwischen *Erscheinung* und *Realität* der Gegenstände, auf die reagiert wird – eine Unterscheidung zwischen dem Sein der Dinge *für* den Organismus (die orektische Bedeutung, mit der die Dinge betrachtet werden) und dem Sein der Dinge *an sich* (die orektische Bedeutung, die die Dinge *wirklich* haben). Alles, auf das das Tier mit Fressen reagiert, wird *als* Nahrung betrachtet oder behandelt. Aber nur Dinge, die tatsächlich seinen Hunger stillen, *sind* wirklich Nahrung. Die Möglichkeit, dass diese beiden Dinge auseinandertreten können, ist die organische Grundlage der begrifflichen *Erfahrung*, welche in ihrer vollentwickelten Form die Kollision von unvereinbaren *Verpflichtungen* ist. Sogar auf der Ebene des bloß orektischen Gewahrseins kann das Tier Dinge anders *machen*, und zwar in dem Sinne, dass es die Reaktion auf Gegenstände ändert und diese so behandelt, dass sie die orektische Bedeutung haben, die durch jene Begierde erzeugt wird. Seine Dispositionen, unterschiedlich auf Dinge als *Nahrung* zu reagieren, indem es sie *frisst*, können durch solche praktischen Enttäuschungen verändert werden. Wenn mit der Erfahrungsepisode in einem derartigen Lernprozess alles gutgeht, werden die unterschiedlichen, *subjektiv* angemessenen Reaktionsdispositionen belastbarer. Das heißt, sie werden der Begierde, die jene Tätigkeiten motiviert, *objektiv* angemessener.

IV. Von der Begierde zur Anerkennung: zwei interpretative Herausforderungen

Diese Auffassung der triadischen Struktur des orektischen Gewahrseins bietet eine ziemlich ausführliche Antwort auf die Frage, was es für ein Ding bedeutet, etwas *für* ein Lebewesen zu sein. Es handelt sich um eine Geschichte über eine Art von Proto-Bewusstsein, das noch gänzlich in naturalistischen Ausdrücken zu verstehen ist, aber bereits die grundlegenden praktischen Elemente bietet, anhand derer womöglich verständlich werden kann, wie man etwas nach der Art des theoretischen begrifflichen Bewusstseins entwickelt, das in den ersten drei Kapiteln der *Phänomenologie* diskutiert wird. Wir wissen, dass Hegel sich der kantischen Behauptung anschließt, nach der es im Prinzip kein Bewusstsein (im eigentlichen Sinne, das heißt, kein verstandesfähiges apperzeptives Gewahrsein) ohne *Selbst*bewusstsein geben kann. Der Schritt vom orektischen Gewahrsein tierischer Bewohner des Naturreiches zum begrifflichen Bewusstsein der Erkenntnis- und Handlungssubjekte, die sich im normativen Reich des Geistes bewegen, in ihm leben und existieren – Lebewesen, die den Status von *Selbsten* oder *Subjekten* erreicht haben –, erfordert demnach das Entstehen des Selbstbewusstseins. Wir müssen verstehen, worin diese Errungenschaft besteht und warum genuines Bewusstsein sie erfordert. Wir werden gleich sehen, dass man, um etwas als ein *Selbst* betrachten zu können, in der Lage sein muss, Einstellungen mit spezifisch *normativen* Bedeutungen zuzuschreiben – also von einer Welt der *Begierden* zu einer Welt der *Verpflichtungen*, *Autorität* und *Verantwortung* überzugehen.

Die Auffassung der triadischen Struktur des orektischen Gewahrseins bietet uns einen Ausgangspunkt zur Behandlung dieses Themas. Wir sollten die uns an die Hand gegebene Antwort auf die Frage »Was bedeutet es für ein Ding, etwas *für* ein Lebewesen zu sein?« auf den spezifischeren Fall anwenden: »Was bedeutet es für *Selbste*, etwas zu sein, das Dinge für ein Lebewesen sein können?« Das heißt: Was wäre erforderlich, damit die orektische Bedeutung, die etwas für ein begehrendes Tier hat, nicht mehr *Nahrung* oder *Raubtier*, sondern *Selbst* oder *Subjekt* sein könnte – in dem Sinne, wie Dinge etwas *für* etwas sein können? Nachdem wir also verstanden haben, was es heißt, Dinge als Selbste oder Subjekte zu betrachten oder zu behandeln, können wir uns fragen, was man tun muss, um *sich selbst* als ein Ding *dieser* Art zu betrachten, sich selbst als ein *Selbst* zu betrachten. Die Auffassung der triadischen Struktur des orektischen Gewahrseins liefert uns zwei Arten von Material zur Beantwortung dieser Fragen. Erstens erzählt sie uns etwas darüber, was ein Selbst oder ein Subjekt *ist*. Es ist etwas, *für das* die Dinge etwas sein können. Wir erhalten somit eine Deutung des Status, was es heißt, ein *begehrendes* Tier zu sein, also ein Subjekt des orektischen Gewahrseins, jemand, der orektische Bedeutungen instituiert, ein Bewerter der Übereinstimmung und Verschiedenheit dessen, was die Dinge *für* ihn, also subjektiv sind, und was sie an sich, also objektiv sind: Sie sind Subjekte der Erfahrung des *Irrtums* und des zyklisch zurückwirkenden Prozesses von Überarbeitung und Experiment, der vom Irrtum eingeleitet und gesteuert wird. Das ist es, was ein (Proto-)Selbst im Sinne eines Subjekts des orektischen Gewahrseins *an sich* ist. Die hieran anschließende Frage bezieht sich dann darauf, was es für etwas bedeutet, ein solches (Proto-)Selbst zu sein und diese orektische Bedeutung *für* ein (zunächst *anderes*) Lebewesen zu haben. Der zweite Beitrag der triadischen Struktur des orektischen Gewahrseins zum Verständnis der Natur und Möglichkeit des Selbstbewusstseins besteht darin, dass sie die Form einer Antwort zu ebendieser spezifischeren Frage liefert. Diese Struktur erzählt uns, dass das, was wir bereithalten müssen, um zu verstehen, was es heißt, dass irgendein Lebewesen einem Ding diese Art von orektischer Bedeutung verleiht – das heißt, etwas *für* etwas zu sein, *für das* Dinge etwas sein können –, zwei Dinge beinhaltet: eine Auffassung von der Begierde, die diese orektische Bedeutung instituiert, und eine Auffassung von der Art von Tätigkeit, die dieser Begierde instrumentell angemessen ist. Die letztere ist eine Auffassung davon, was man *tun* muss, um als etwas zu gelten, das irgendein Lebewesen selbst als einen Betrachter *betrachtet*, das heißt als etwas, für das Dinge etwas sein können, als jemanden, der orektische Bedeutungen instituiert.

Die philosophische Herausforderung besteht nun darin, herauszufinden, welche Art Auffassung von Selbstbewusstsein durch das Zusammenfügen dieser Rohmaterialien hergestellt werden kann, wenn die triadische Auffassung des orektischen Gewahrseins auf sich selbst angewendet wird. Die interpretative Herausforderung hingegen besteht darin, herauszufinden, inwieweit man damit die wesentlichen Merkmale erklären kann, die für Hegels spezifische Behauptungen über das Wesen des Selbstbewusstseins charakteristisch sind. Zu berücksichtigen sind in dieser Hinsicht insbesondere zwei Merkmale seines Ansatzes, die aus dem zentralen Begriff der ANERKENNUNG hervorgehen. Zum einen ist dies die Ansicht, wonach sowohl selbstbewusste einzelne Selbste als auch die Gemeinschaft der Selbste (eine Art die Selbste charakterisierender Allgemeinbegriff) durch gegenseitige Anerkennung zwischen den einzelnen Teilnehmern der Praktiken einer solchen Anerkennungsgemeinschaft synthetisiert werden. Für Hegel ist Selbstbewusstsein wesentlich, und nicht nur akzidentell, eine *soziale* Leistung. Das zweite Merkmal besagt, dass Anerkennung eine *normative* Einstellung ist. Jemanden anzuerkennen heißt, dass man diese Person als Subjekt eines normativen Status betrachtet, also als Subjekt von Verpflichtungen und Berechtigungen, als jemanden, der fähig ist, Verantwortungen zu übernehmen und Autorität auszuüben. Das ist es, was es heißt zu sagen, dass die in Frage kommenden Lebewesen, die sich gegenseitig anerkannt haben und anerkennen, *geistige* und nicht mehr bloß natürliche Wesen sind. Hier sind einige der bekannten charakteristischen Textstellen:

> Das Selbstbewußtsein ist *an* und *für sich*, indem und dadurch, daß es für ein Anderes an und für sich ist; d. h. es ist nur als ein Anerkanntes. [...] Die Auseinanderlegung des Begriffs dieser geistigen Einheit in ihrer Verdopplung stellt uns die Bewegung des *Anerkennens* dar.[6]

> Es ist ein *Selbstbewußtsein für ein Selbstbewußtsein*. Erst hiedurch ist es in der Tat; denn erst hierin wird für es die Einheit seiner selbst in seinem Anderssein; [...]. Indem ein Selbstbewußtsein der Gegenstand ist, ist er ebensowohl Ich wie Gegenstand. – Hiemit ist schon der Begriff *des Geistes* für uns vorhanden. Was für das Bewußtsein weiter wird, ist die Erfahrung, was der Geist ist, diese absolute Substanz, welche in der vollkommenen Freiheit und Selbständigkeit ihres Gegensatzes, nämlich verschiedener für sich seiender Selbstbewußtsein[e], die Einheit derselben ist; *Ich*, das *Wir*, und *Wir*, das *Ich* ist.[7]

> Dies [dass die Gewissheit eines Selbstbewusstseins von sich Wahrheit hat, R. B.] aber ist nach dem Begriffe des Anerkennens nicht möglich, als daß wie der andere für ihn, so er für den anderen, jeder an sich selbst durch sein eigenes Tun und wieder durch das Tun des anderen diese reine Abstraktion des Fürsichseins vollbringt.[8]

Wenn wir die Diskussion um Anerkennung und Selbstbewusstsein in diesen und einigen verwandten Passagen verstehen wollen, sehe ich zwei grundsätzliche philosophische Herausforderungen auf uns zukommen. Die erste Herausforderung betrifft die Frage, wie wir den Übergang von der Diskussion des Be-

6 *PhG*, S. 145 f.
7 Ebd., S. 144 f.
8 Ebd., S. 148.

griffs BEGIERDE zur Diskussion des Begriffs ANERKENNUNG verstehen sollen. Dieser Übergang entspricht der Verschiebung von der Betrachtung einzelner bloß *biologischer*, gemäß ihrer Spezies gänzlich durch *natürliche Anreize* getriebener Lebewesen einerseits, zur Betrachtung genuin *sozialer*, selbstbewusster, durch normative *Autoritäts-* und *Verantwortungs*beziehungen innerhalb ihrer Gemeinschaften motivierter Individuen andererseits. Wie das Verhältnis zwischen diesen beiden Betrachtungen begrifflich als auch historisch aufgefasst wird, ist offensichtlich von höchster Bedeutung, um zu verstehen, was Hegel uns über das von ihm als »Geist« bezeichnete normative Reich erklärt.

Die zweite Frage betrifft die formale Struktur von Hegels Sichtweise auf die Synthese der sozialen Substanz durch die Beziehungen gegenseitiger Anerkennung. Erkennen wir jemanden an, dann betrachten oder behandeln wir dieses Individuum praktisch als ein Selbst, als ein erkennendes und handelndes Subjekt, und somit als einen Gegenstand der Bewertung, als potentiell verpflichtet, verantwortlich, autoritativ usw. In dem dargelegten Bild dieser Art von Gemeinschaft, in der ein völlig adäquates Selbstbewusstsein erreicht wird, ist die Anerkennung formal betrachtet eine Äquivalenzbeziehung: Jedes Mitglied der Gemeinschaft erkennt alle anderen an und wird von allen anderen anerkannt (»wie der andere für ihn, so er für den andern«[9]) und erkennt somit alle an, die von irgendjemandem anerkannt werden. Individuen sind, beinahe, Einzeldinge, für die es wesentlich ist, Allgemeinbegriffe aufzuweisen, durch sie charakterisiert zu werden und an ihnen teilzunehmen. Im Fall von selbstbewussten Individuen bedeutet dies, dass die Normen der Gemeinschaft, deren Mitglieder sie sind, gleichermaßen wesentlich sind für die einzelnen Mitglieder und die Gemeinschaft als Ganzes.[10]

9 Ebd., S. 130.

10 In seiner knappen Diskussion über die Beziehung zwischen Selbstbewusstsein und Begierde stellt Hegel Behauptungen diesbezüglich auf.

In einer solchen idealen Gemeinschaft ist jedes Mitglied in der Lage, sich selbst *als* Mitglied anzuerkennen. Anerkennung ist also *reflexiv.* Die Form des Selbstbewusstseins ist reflexive Selbstanerkennung. Die Anerkennung ist auch *symmetrisch*, das heißt gegenseitig. Dieser Aspekt fehlt in den defekten Formen der Anerkennung, die die defekten Formen des Selbstbewusstseins strukturieren, welche in der *Phänomenologie* unter der allegorischen Überschrift *Herrschaft* behandelt werden. Dieser Ansicht zufolge scheint die Anerkennung, insofern sie *de facto* nicht *symmetrisch* ist, nicht reflexiv sein zu können. Streng ge-

Ein Beispiel hierfür ist die folgende zusammenfassende Behauptung: »[...] nämlich die Einheit des Selbstbewußtseins mit sich selbst, zu seinem Wesen; diese muß ihm wesentlich werden, d. h. es ist *Begierde* überhaupt« (ebd., S. 139). Er betont: »*Das Selbstbewußtsein erreicht seine Befriedigung nur in einem anderen Selbstbewußtsein*« (ebd., S. 144) – das heißt in einem anderen anerkannten Anerkennenden. »Die Befriedigung der Begierde ist zwar die Reflexion des Selbstbewußtseins in sich selbst oder die zur Wahrheit gewordene Gewißheit. [R. B.: d. h. dass das, was die Dinge *für* es sind und was die Dinge *an sich* sind, zusammenfallen.] c) Aber die Wahrheit derselben ist vielmehr die gedoppelte Reflexion, die Verdopplung des Selbstbewußtseins. Es ist ein Gegenstand für das Bewußtsein, welcher an sich selbst ein Anderssein oder den Unterschied als einen nichtigen setzt und darin selbständig ist« (ebd., S. 144). Der Gegenstand ist der andere, den man anerkennt, welcher die Verschiedenheit zwischen dem Gegenstand und dem zuweisenden Bewusstsein aufhebt, in dem Sinne, dass er ebenfalls den anderen (der, der anerkannte) anerkennt und dabei einen Allgemeinbegriff auf diesen und sich selbst anwendet, der eine Beziehung von Ähnlichkeit oder Identität ausdrückt: etwas zu sein, für das Dinge etwas sein können. »Es ist ein *Selbstbewußtsein für ein Selbstbewußtsein.* Erst hierdurch ist es in der Tat; denn erst hierin wird für es die Einheit seiner selbst in seinem Anderssein« (ebd., S. 144 f.). »Das Selbstbewußtsein ist *an* und *für sich*, indem und dadurch, daß es für ein Anderes an und für sich ist; d. h. es ist nur als ein Anerkanntes. [...] Die Auseinanderlegung des Begriffs dieser geistigen Einheit in ihrer Verdopplung stellt uns die Bewegung des *Anerkennens* dar« (ebd., S. 145 f.).

nommen kann ich selbstbewusst sein (mich selbst anerkennen) nur im Kontext einer Anerkennungsstruktur, die *gegenseitig* ist, bzw. insofern ich von denjenigen, die ich anerkenne, anerkannt werde. (Dies ist das Wesen von Hegels wittgensteinscher Ansicht des Selbstbewusstseins, in welcher im Gegensatz zu einer cartesianischen Ansicht das Selbstbewusstsein als eine *soziale* Errungenschaft betrachtet wird, die dementsprechend vor allem *außerhalb* des selbstbewussten Individuums stattfindet. Es ist keine Art inneres Glühen.) Eine wichtige Frage lautet dann also: Warum sollte es der Fall sein, dass *gegenseitige* (bzw. *symmetrische*) Anerkennung eine notwendige Bedingung *reflexiver* Anerkennung ist (und damit von Selbstbewusstsein, also Bewusstsein von sich selbst *als* ein Selbst)?

Im Folgenden versuche ich die Gestalt einer möglichen Antwort zu entwerfen. Es ist eine formale Tatsache, dass eine Beziehung, *wenn* sie sowohl symmetrisch als auch transitiv ist, auch reflexiv, und folglich eine Äquivalenzbeziehung ist. Das heißt: Wenn $\forall x,y[xRy \rightarrow yRx]$ und $\forall x,y,z[xRy \& yRz \rightarrow xRz]$, dann $\forall x [xRx]$. Wir können also einfach die Bedingung der Transitivität auf die symmetrischen Paare xRy und yRx anwenden, um xRx zu erhalten.[11] *Wenn* also die Anerkennung (aus irgendeinem Grund) *de jure* transitiv wäre – wenn es zum Wesen der Anerkennung gehören würde, dass man dazu verpflichtet ist, jeden anzuerkennen, der von jemandem anerkannt wird, den man anerkennt –, *dann* würde *de facto* eine Symmetrie der Anerkennung genügen, um *de facto* eine Reflexivität der Anerkennung zu erreichen. Das heißt, dass jedes einzelne Gemeinschaftsmit-

11 Reflexivität ist in der mathematischen Definition von Äquivalenzbeziehungen nicht redundant, da das Argument davon abhängt, dass die Beziehung überall definiert wird, d. h., dass es für jedes x *irgendein* y gibt, so dass xRy, also dass alle *irgendwen* anerkennen. Angesichts des philosophischen Kontextes kann diese Bedingung meines Erachtens ausgeblendet werden.

glied sich selbst anerkennen und in diesem Sinne als selbstbewusst gelten würde, solange jeder, der anerkannt wird, den anerkennt, von dem er anerkannt wird, das heißt, solange Anerkennung *gegenseitig* wäre. Festzustellen, dass Anerkennung ihrer Natur nach *transitiv* sein muss, wäre also *ein* Weg, die gewünschte Verbindung zwischen Selbstbewusstsein und der sozialen *Gegenseitigkeit* von Anerkennung herzustellen.

Im Folgenden werden wir sehen, wie die triadische Auffassung des orektischen Gewahrseins auf eine natürliche Weise verwendet werden kann, um einen Begriff von ANERKENNUNG aufzubauen, der diese zwei philosophischen Bedingungen der Interpretation von Hegels Begriff von Selbstbewusstsein hinsichtlich Begierde und Anerkennung erfüllt. Damit klären wir sowohl die Natur des Übergangs von der *Begierde* zur *Anerkennung* als auch den Grund, warum *gegenseitige* Anerkennung der Schlüssel zum *Selbstbewusstsein* ist.

V. Einfache Anerkennung: etwas zu sein, für *das Dinge etwas sein können, ist etwas, das Dinge* für *einen sein können*

Die triadische Struktur des orektischen Gewahrseins besteht aus drei Elementen und drei Beziehungen zwischen diesen Elementen. Die drei Elemente sind:

a) eine *Einstellung* (Begierde), z. B. *der Hunger*; und
b) eine reaktive *Tätigkeit*, z. B. *das Essen*; und
c) eine *Bedeutung*, z. B. *Nahrung*.

Die drei Beziehungen sind:

d) Die Einstellung muss eine Tätigkeit *motivieren*, das heißt eine (mehr oder weniger belastbare, durch die Bewertungen unter f) bestimmte) Disposition *aktivieren*, unterschiedlich auf Gegenstände zu reagieren.
e) Auf einen Gegenstand mit der Ausübung dieser Tätigkeit zu reagieren, heißt, ihn praktisch *als* etwas zu betrachten oder zu behandeln, das die Bedeutung hat, welche durch die die Tätigkeit motivierende Einstellung definiert wird. Dies ist die *subjektive* Bedeutung des Gegenstandes.
f) Die begehrende Einstellung *bewertet* den Gegenstand und schreibt ihm implizit eine *objektive* Bedeutung zu, indem das Reagieren auf ihn mit der Ausübung der durch die Einstellung motivierten Tätigkeit die Begierde entsprechend befriedigt oder nicht befriedigt. Wenn die Tätigkeit die Begierde nicht *erfolgreich* befriedigt, wenn das subjektive Sein des Gegenstandes, bzw. was der Gegenstand *für* das Tier war, nicht mit dem übereinstimmt, was er objektiv bzw. *an sich* ist, dann wurde ein *Irrtum* begangen. In diesem Fall motiviert die Begierde dazu, die belastbar differenzierte reaktive Disposition zu *ändern*, welche zur entsprechenden Tätigkeit anhält, wenn sie von der Begierde aktiviert und von einer Bandbreite von Gegenständen stimuliert wird. Dies bedeutet *Lernen*, und zwar als das Ergebnis von *Erfahrung*.

Uns interessiert nun einerseits eine etwas kompliziertere Konstellation von Elementen und Beziehungen – eine, in der die triadische Struktur des orektischen Gewahrseins *zweimal* auftritt. Dies betrifft die Struktur der ganzen Sache: »[Das Selbstbewußtsein] ist *Begierde*.«[12] Es handelt sich um Begierde, insofern die primitivste Form des Selbstgewahrseins als eine Entwicklung

12 Ebd., S. 143.

der grundlegenden Struktur des orektischen Gewahrseins zu verstehen ist. Andererseits wollen wir verstehen, weshalb das Selbstbewusstsein auch ein *Anerkennungs*status ist, der insbesondere *gegenseitiger* Anerkennung bedarf. Innerhalb der triadischen Struktur der Begierde, die das Selbstbewusstsein betrifft, wird dem Gegenstand die Bedeutung zugeschrieben, orektisch gewahr zu sein: Das heißt, *für* den Organismus, der das betreffende orektische Gewahrsein aufweist, etwas zu sein, für das Dinge etwas sein können. Hieraus ergibt sich, dass die Bedeutung, die durch die Ausübung der reaktiven Tätigkeit zugeschrieben und durch die motivierende Einstellung bewertet wird, selbst die triadische Struktur des orektischen Gewahrseins aufweisen muss. Damit jemand diese Bedeutung *für* sich selbst haben kann – also nicht nur *an sich* etwas ist, *für* das Dinge etwas sein können, sondern auch *für* sich selbst –, muss diese Bedeutung etwas sein, das die Dinge *für* jemanden sein oder haben können.

Die triadische Struktur des orektischen Gewahrseins zeigt uns, dass es zwei wichtige Fragen zu beantworten gilt:

1) Welche *Tätigkeit* instituiert diese Bedeutung (also die, die triadische Struktur hat)? Das heißt: Was muss man *tun*, wie muss man auf etwas *reagieren*, um dabei als jemand zu gelten, der dieses etwas so *betrachtet* oder *behandelt*, *als* würde es die triadische Struktur aufweisen? Was steht zur triadischen Struktur wie das *Essen* zur *Nahrung*?
2) Welche *Begierde* oder andere *Einstellung* motiviert diese *Tätigkeit* und bewertet deren *Erfolg*, etwas so zu betrachten, *als* habe es die orektische Bedeutung der triadischen Struktur, also als sei es etwas, *für* das Dinge etwas sein können? Was steht zur triadischen Struktur wie der *Hunger* zur *Nahrung*?

Um auf diese Fragen einzugehen und zugleich auf einen wichtigen Berührungspunkt mit Hegels Vokabular hinzuweisen, sollten wir zunächst das, was man *tun* muss, die Tätigkeit, die man ausüben muss, um etwas praktisch *als* etwas zu *betrachten* oder zu *behandeln*, *für das* die Dinge etwas sein können, als »anerkennen« des anderen Lebewesens bezeichnen. Zunächst sollten wir diese Bezeichnung nur als eine Markierung für eine Antwort auf die erste Frage betrachten. Andere anzuerkennen heißt, ihnen die praktische Bedeutung zuzuschreiben, die triadische Struktur des orektischen Gewahrseins aufzuweisen: Sie werden als Betrachter betrachtet, also als Subjekte, für die die Dinge eine praktische Bedeutung haben können, und zwar bezüglich einer Begierde und durch eine Tätigkeit vermittelt. Was können wir auf dieser Abstraktionsebene über die Begierde bzw. *Einstellung* sagen, die als das dritte Element die triadische Struktur vervollständigt, deren Einstellung im Anerkennen und deren Bedeutung im Aufweisen der triadischen Struktur besteht? Hegels Antwort ist meines Erachtens klar, wenn auch überraschend: Diese Begierde ist die *Begierde nach Anerkennung*, die Begierde danach, von anderen praktisch als ein Betrachter betrachtet oder behandelt zu werden, bzw. als etwas, *für* das Dinge etwas sein können, das heißt als jemand, der Bedeutung instituiert.

Klammern wir zunächst die entscheidende Frage aus, *warum* die Begierde nach dem Anerkanntwerden diejenige Einstellung sein sollte, für die das Anerkennen anderer die angemessene Tätigkeit darstellt, also warum gerade sie die Bedeutung instituieren sollte, etwas zu sein, *für* das Dinge etwas sein können – also etwas herstellt, was die Dinge *für* einen sein können, eine vorläufige Vorstellung von *Selbsten* –, so können wir uns fragen, was passieren würde, wenn ein Wesen mit jener Begierde bekommen würde, was es begehrt hat. Wenn die Begierde nach Anerkennung durch das Anerkennen der anderen befriedigt wird, dann stellt sich in Übereinstimmung mit der triadischen Struktur die subjektive Bedeutung, die die Anerkannten *für* den

Anerkennungsbegehrenden haben, als *richtig* heraus, bzw. als das, was sie objektiv *an sich* sind: Subjekte bedeutungsinstituierender Einstellungen und Tätigkeiten. Gerade hierfür ist es erforderlich, dass man von jenen, die man anerkennt (denn das ist es, was man laut des hier betrachteten Gedankengangs *tun* muss, um, wenn alles gutgeht, die Begierde zu befriedigen), anerkannt wird (was zuletzt erforderlich ist, um die Begierde zu befriedigen). Wenn es die Begierde nach Anerkennung ist, die die höherstufige triadische Struktur (deren Tätigkeit Anerkennen und deren instituierte Bedeutung das Aufweisen der triadischen Struktur ist) vervollständigt, dann folgt hieraus, dass die Anerkennungsbegierde nur durch das Erreichen von *gegenseitiger Anerkennung* befriedigt werden kann. Damit werden also die praktische Protovorstellung von *Selbsten* – das heißt, in der Lage zu sein, Dinge als Subjekte zu betrachten oder zu behandeln, *für* die Dinge etwas sein können, sie also anzuerkennen – und das Selbstbewusstsein im Sinne *gegenseitiger* Anerkennung als zwei Aspekte derselben Leistung, als zwei Seiten ein und derselben Medaille gedeutet.

Um eine solche Lesart der Behauptungen hinsichtlich der triadischen Struktur des orektischen Gewahrseins zu liefern, müssen sowohl die *Black Box* ANERKENNUNG weiter angereichert als auch im Zuge dessen die folgenden Fragen beantwortet werden:

1) ANERKENNEN: Was genau muss man *tun*, um jemanden anzuerkennen? Was *ist* die Tätigkeit, die wir als »Anerkennen« bezeichnet haben? Wie kommt es dazu, dass man dadurch jemanden *so* betrachtet oder behandelt, dass er oder sie die triadische Struktur des orektischen Gewahrseins aufweist? Was genau ist die differenzierte reaktive Disposition, die durch die instituierende Einstellung ermächtigt wird?
2) ANERKANNTWERDEN: Warum sollte die Begierde danach, selbst auf diese Weise betrachtet oder behandelt zu werden, also

anerkannt zu werden, die Begierde sein, die die Tätigkeit des Anerkennens zur geeigneten Tätigkeit macht?

3) SELBSTBEWUSSTSEIN: Warum läuft die gegenseitige Anerkennung, die sich aus der Befriedigung dieser Begierde durch das Anerkennen eines anderen ergibt, auf *Selbstbewusstsein* hinaus im Sinne der Anwendung einer (Proto-)Vorstellung von *Selbsten* auf sich selbst?

Die Herausforderung hierbei ist, eine Antwort auf die erste Frage zu geben, die plausible Antworten auf die beiden anderen Fragen nach sich zieht.

Zunächst muss aber festgehalten werden, dass die *allgemeine* Anerkennung, also jemanden als etwas zu betrachten, *für* den Dinge etwas sein können, in Bezug auf *spezifische* Anerkennung verstanden werden muss: jemanden als etwas zu betrachten, für den Dinge eine *spezifische* Bedeutung haben können, etwa von der Art A zu sein (beispielsweise Nahrung, ein Raubtier oder ein potentieller Sexualpartner zu sein). Man betrachtet jemanden allgemein als einen Betrachter, wenn es einige spezifische Bedeutungen gibt, Werte von A, hinsichtlich derer man dieses Individuum als einen A-Betrachter betrachtet bzw. als jemanden, der Dinge als »As« betrachten kann. Um die Fragen für den allgemeinen Fall zu beantworten, wird es ausreichen, sie für die spezifische Anerkennung zu beantworten, also relativ zu einer instituierten Bedeutung, die A-Dinge für ein Lebewesen haben können.

Wenn wir jemanden als einen A-Betrachter anerkennen, ist es laut der triadischen Struktur des orektischen Gewahrseins erforderlich, auf ihn so zu reagieren, dass wir ihm dabei praktisch bzw. implizit eine Einstellung und eine Tätigkeit zuschreiben, welche sich aufeinander sowie auf die Bedeutung A im Sinne von (d), (e) und (f) beziehen. Dies bedeutet:

1) Dem anderen eine Tätigkeit zuschreiben zu müssen, welche man als diejenige betrachtet, mit der er auf etwas *als* ein A reagiert.
2) Dem anderen eine Begierde oder andere Einstellung zuschreiben zu müssen, welche man als *Ermächtigung* oder *Autorisierung* betrachtet, auf Dinge *als* ein A zu reagieren, also diese Tätigkeit zu vollziehen.
3) Eine Unterscheidung zwischen *richtigen* und *falschen* Reaktionen eingestehen zu müssen, die entsprechend jener zugeschriebenen Einstellung bewertet wird, die deratige Reaktionen autorisiert.

Wir sollten meines Erachtens beim grundlegendsten Fall anfangen: Man kann einen anderen nur als einen A-Betrachter betrachten, wenn man selbst ein A-Betrachter ist. Den anderen als einen A-Betrachter zu betrachten, würde dann heißen, ihm die gleiche Art von Tätigkeit zuzuschreiben, die man selbst in Reaktion auf Dinge vollzieht und (insofern) als A-Dinge betrachtet. Das heißt, wenn ich Dich so betrachte, dass Du in der Lage bist, Dinge als *Nahrung* zu behandeln, dann nehme ich an, dass Du auf einige Dinge in derselben Weise, beispielsweise mit *Essen* reagierst, wie ich auf Nahrung reagiere.

Wir sind nun in der Lage, den Schlussstein dieser erklärenden Struktur einzusetzen. *Worauf* derjenige, der anerkennend zuschreibt, differenziert reagiert, ist die Beendigung der Tätigkeit, welche sich mit dem Erfolg der durch die Begierde autorisierten reaktiven Tätigkeit ergibt. Ist man nicht länger dazu geneigt, auf Dinge mit Essen zu reagieren, deutet dies darauf hin, dass der Hunger befriedigt wurde und dass das Ding, auf das früher noch als Nahrung reagiert wurde, *an sich* das war, was es *für* denjenigen war, der als jemand anerkannt wurde, der Nahrung begehrte.

Worin aber genau besteht die differenzierte Reaktion, welche von dem Unterschied abhängt, als A-Betrachter anerkannt zu werden oder nicht? Das ist der entscheidende Punkt. Indem ich annehme, dass *Deine* A-Reaktion durch eine A-Begierde autorisiert wurde, welche als Maßstab für den Erfolg Deines A-Betrachtens dient, und indem ich annehme, die A-Reaktion sei gemessen an diesem Maßstab *richtig* oder *erfolgreich* gewesen, stimme ich der *Autorität* Deines A-Betrachtens zu: Ich *selbst* bin dazu disponiert, das, was *Du* als ein A betrachtet hast, auch als ein A zu betrachten. Indem ich annehme, dass die von Dir gegessene Frucht tatsächlich Nahrung war, dass sie *Deinen* Hunger befriedigt hat, bin ich selbst dazu disponiert, jene Frucht zu essen, wenn *ich* hungrig bin, das heißt, falls ich eine Begierde derselben Art habe. Dies ist eine Disposition zweiter Stufe, sie beinhaltet die Veränderung meiner Dispositionen erster Stufe. Durch meine spezifisch A-anerkennende Reaktion Dir gegenüber erwerbe ich die Disposition, dass ich, *wenn* ich die A-Begierde habe, *dann* auch auf die Dinge A-reagiere, auf die Du, wie ich (insofern) annehme, *erfolgreich* A-reagiert hast. Mein Zustimmen zu *Deiner* A-Begierde als *autoritativ* in dem doppelten Sinne, dass sie *Deine* reaktive A-Tätigkeit ermächtigt und als ein Maßstab *normativer* Bewertung ihres *Erfolgs* oder ihrer *Richtigkeit* dient, besteht darin, dass ich Deine A-Begierde als etwas betrachte, das mein eigenes A-Betrachten *autorisiert*, insofern *ich* eine A-Begierde habe.

In der ersten Instanz behandele ich Deine A-Begierde, die die normative Bedeutung hat, für das A-Betrachten autoritativ zu sein, als autoritativ für dieses A-Betrachten schlechthin – das heißt, nicht nur für *Dein* A-Betrachten, sondern für A-Betrachten allgemein und damit insbesondere für *mein* A-Betrachten. Das, was es für das *A*-Betrachten heißt, dass ich Deine Reaktionen als solche *betrachte* (und nicht etwa als irgendeine andere Bedeutung oder sogar überhaupt nicht als Bedeutung, die Du den Dingen praktisch zuschreibst, indem Du auf sie derartig reagierst), basiert auf *meiner* Empfänglichkeit zum *A*-Betrachten (und nicht irgendeiner anderen Tätigkeit), zu deren Erweiterung um jene Art von Gegenständen, die Deine Begierde befriedigt hat, ich in meiner Disposition konditioniert bin. Die Verknüpfung, in der die Tätigkeit des spezifisch Anerkannten in die Tätigkeit des Anerkennenden assimiliert wird, ist durch den *zwischenmenschlichen* Charakter der spezifischen Autorität des erfolgreichen Betrachtens des Anerkannten hergestellt, dessen Zustimmung das ist, worin die spezifische Anerkennung besteht. Der *einzige* Weg, durch den orektische Klassifikationen des Anerkennenden praktisch auf die orektischen Klassifikationen des anderen abgebildet werden können (und zwar derart, dass sie verstanden werden als Klassifikationen, die implizit die Zuschreibungen der spezifischen Begierden, Bedeutungen und vermittelnden reaktiven Tätigkeiten beinhalten, welche die triadische Struktur des orektischen Gewahrseins aufweisen), besteht darin, dass der *Autorität* der Bewertungen der reaktiven Bedeutungszuschreibung seitens des Anerkannten vom Anerkennenden praktisch zugestimmt wird. Also beinhaltet die spezifische Anerkennung die Zustimmung des anderen, eine gewisse Autorität bezüglich des Seins der Dinge zu haben (also welche Dinge A-Dinge sind). Indem ich das tue, behandele ich Dich als einen von *uns*, in einem primitiv normativen Sinne von »uns« (also diejenigen von uns, die denselben Normen bzw. derselben Autorität unterliegen), der von genau solchen Einstellungen instituiert wird.

VI. Robuste Anerkennung: die spezifische Anerkennung des anderen als Anerkennenden

Wenn wir aus dem Blickwinkel der vollentwickelten, begrifflich gegliederten Art von Anerkennung auf die primitivste Art von vorbegrifflicher Anerkennung der anderen zurückschauen, zeigt sich uns die entscheidende und nun überschrittene Grenze zwischen dem bloß *Natürlichen* und dem jetzt einsetzenden *Normativen.* Im bloß orektisch gewahrenden Tier ist die *Begierde* ein Zustand, der die reaktive Tätigkeit *unmittelbar motiviert* und *reguliert.* Die Begierde aktiviert die differenzierten reaktiven Dispositionen zum Vollzug von Tätigkeiten kausal; ihre tatsächliche Befriedigung veranlasst das Lebewesen dazu, mit den Tätigkeiten aufzuhören bzw. sie weiterzuführen. Aber der Anerkennende, der des Lebewesens gewahr ist *als* etwas, das Dingen gewahr ist, *spürt* nicht die Gefühle dieses Lebewesens, sondern *schreibt* sie ihm nur implizit und praktisch *zu*, indem er es *als* ein Lebewesen behandelt, das diese Gefühle hat. Der Anerkennende nimmt dementsprechend eine distanziertere, tiefgreifender vermittelte, abstraktere Einstellung gegenüber diesen bedeutungserzeugenden Einstellungen ein. Die Einstellungen des anerkannten Lebewesens werden praktisch so behandelt, dass sie die Richtigkeit der praktisch reaktiven Klassifikationen *bewerten* bzw. die reaktive Tätigkeit *ermächtigen* bzw. *autorisieren*; dies gilt zunächst für den Anerkannten – dann aber auch für den Anerkennenden, der die Einstellung dem anderen bloß zuschreibt. Die Beziehung zwischen der vom Anerkennenden zugeschriebenen Einstellung und seiner von ihm selbst vollzogenen Tätigkeit ist *normativ.* Selbst in den primitivsten Fällen ist sie als die Zustimmung zur *Autorität* verständlich und nicht nur als bloße Hinnahme eines Impulses. Indem die Einstellungen des anerkannten anderen so behandelt werden, dass sie für die, die diese Einstellungen nicht spüren, Autorität haben, erteilt der Anerkennende ihnen implizit eine über bloße Begierden hinausgehende Bedeutung, eine nicht bloß *unmittelbar*, sondern *normativ* bedeutende Einstellung.[13]

13 Wir werden im 10. Kapitel sehen, dass der Knecht in Hegels Allegorie eine Art Bewusstsein erreicht, das höher und entwickelter ist als das des Herren – und zwar genau deshalb, weil er durch Begierden zu Hand-

Meine Darlegung über die Folgen der Anwendung der triadischen Struktur des orektischen Gewahrseins auf sich selbst als Bedeutung zeigt, wie die ANERKENNUNG sich aus der BEGIERDE entwickelt und aus ihr heraus verständlich gemacht werden kann. Sie zeigt aber auch, warum bloßes orektisches Gewahrsein nicht ausreicht, um einem Ding die Vorstellung eines Selbst zu verleihen. Diese erhält man nur durch das Anerkennen anderer. Denn erst die Möglichkeit, Einstellungen so zu behandeln, dass sie eine spezifisch *normative* Bedeutung haben, eröffnet einen Zugang zu den Einstellungen *anderer*, zu den Begierden, die man zuschreibt, jedoch nicht unmittelbar spürt. Diese von uns herausgearbeitete Feststellung läuft auf Hegels zentrale Lehre hinaus: Das Selbstbewusstsein besteht in gegenseitiger Anerkennung. An dieser Stelle wird klar, dass es notwendig und ausreichend ist, andere anzuerkennen, um eine Vorstellung von Selbsten bzw. Subjekten des Bewusstseins zu haben. Was aber noch herauszuarbeiten bleibt, ist die Beziehung zwischen dieser Tatsache und der *Gegenseitigkeit* der Anerkennung, welche es einem Teilnehmer ermöglicht, als jemand zu gelten, der jenen Begriff auf sich selbst so anwendet, wie es für das Selbstbewusstsein erforderlich ist. Um sie herauszuarbeiten, können wir die im vorherigen Abschnitt gemachte Beobachtung anwenden: *Wenn* gezeigt werden kann, dass Anerkennung *de jure* transitiv ist, wäre jeder Fall, in dem sie auch *de facto* symmetrisch (gegenseitig) ist, ein Fall, in dem sie auch *de facto* reflexiv ist. Denn aus Transitivität und Symmetrie folgt Reflexivität.

Einfache Anerkennung ist nicht im relevanten Sinne transitiv. Denn das, was ich mache, wenn ich einen anderen als ein Subjekt orektischen Gewahrseins betrachte – wenn ich diesen Begehrenden nämlich einfach *als* einen Begehrenden anerkenne –, ist *nicht* das, was der Begehrende meiner Betrachtung nach macht. Der

lungen sowohl gezwungen als auch verpflichtet wird, die er selbst gar nicht wahrnimmt, nämlich die Begierden des Herren.

einfach Anerkannte muss an seiner Stelle nicht unbedingt in der Lage sein, ein einfach Anerkennender zu sein, und insofern jemand mit einer elementaren Vorstellung von Selbsten. Dafür müssen wir eine Ebene höher steigen und darüber nachdenken, was es heißt, einen anderen nicht nur als orektisch gewahr zu betrachten, sondern als jemanden, der andere *als* orektisch gewahr betrachtet. Wir müssen demnach darüber nachdenken, was es heißt, einen anderen als einen einfach Anerkennenden anzuerkennen, also als eine Art von Ding, für das Dinge eine spezifisch *normative* Bedeutung haben können. Ich werde diese praktische Einstellung *robuste* Anerkennung nennen. Robuste Anerkennung ist eine Art von einfacher Anerkennung. Dies bedeutet, jemanden einfach anzuerkennen, für den die Dinge eine spezifische Art von orektischer Bedeutung haben können, und zwar die Bedeutung, etwas zu sein, für das Dinge orektische Bedeutungen haben können.

Für meine Darstellung ist es wichtig, dass das robuste Anerkennen transitiv ist. Das ist bereits bei der Darstellung der Auffassung des Anerkennens klar geworden, in der der Autorität des Anerkannten über das Sein der Dinge *für sich* zugestimmt wird. Jemanden als einen Anerkennenden anzuerkennen heißt, dass man der Autorität seiner Anerkennungen für die eigenen Anerkennungen zustimmt: dass man also jeden, den er anerkennt, selbst auch anerkennt. In den Details gibt es einige Subtilitäten, aber der Schluss auf die Transitivität robuster Anerkennung gilt weiterhin, auch nachdem sie sorgfältig berücksichtigt wurden. Ich werde sie hier also außer Acht lassen.

Bei der einfachen Anerkennung besteht das aktive Element der triadischen orektischen Struktur, welches für die robuste Anerkennung charakteristisch ist – also was man *tun* muss, um jemanden *als* einen einfachen Anerkennenden zu betrachten oder zu behandeln, bzw. als jemanden, der diese Bedeutung aufweist –, darin, dass man den Betrachtungen des Anerkannten (wenn sie erfolgreich und innerhalb der Bedeutungsreichweite der einfachen Anerkennung sind) praktisch zugesteht, für die eigenen Betrachtungen autoritativ zu sein. Dies bedeutet, dass man der Autorität der einfachen Anerkennungen des Anerkannten zustimmt. Bei diesen einfachen Anerkennungen geht es um das Zustimmen zur Autorität der orektischen Betrachtungen der unteren Stufe, und zwar desjenigen, der einfach anerkannt wurde. Um jemanden als einen einfach Anerkennenden zu betrachten, muss der robust Anerkennende also Folgendes *tun*: Er muss jeglichen Betrachtungen der unteren Stufe, welchen der robust Anerkannte als etwas Autoritatives zustimmt, selbst als etwas Autoritatives zustimmen. Und das bedeutet, dass der robust Anerkennende die Übernahme der Autorität der Betrachtungen unterer Stufe praktisch (und somit implizit) als *transitiv* behandelt – und genau darin besteht einfaches Anerkennen.

Es scheint, als ob die Hierarchie, die durch das Zustimmen zu unterschiedlichen Ebenen der Anerkennung erzeugt wird, kein Ende hat: Die robuste Anerkennung betrachtet jemanden als einen einfach Anerkennenden (bzw. anerkennt ihn einfach); superrobuste Anerkennung würde dann jemanden einfach als einen robust Anerkennenden anerkennen; supersuperrobuste Anerkennung würde jemanden einfach als einen superrobust Anerkennenden anerkennen und so weiter. Vielleicht ist es überraschend, dass die entscheidenden strukturellen Merkmale der Anerkennung sich nicht ändern, nachdem wir die robuste Anerkennung erreicht haben. Der entscheidende Punkt hier besteht darin, dass die robuste Anerkennung eine spezifische Instanz von einfacher Anerkennung ist, also die Anerkennung von etwas, das eine besondere Art orektischen Gewahrseins hat, nämlich selbst orektisch gewahr zu sein. Wie wir gesehen haben, ist dies eine besondere Art von orektischer Bedeutung, die die Dinge haben können. Dieser Tatsache zufolge könnte die aufkommende Anerkennungshierarchie folgendermaßen formuliert werden: orektisches Gewahrsein, einfache Anerkennung von etwas als orektisch gewahr, einfache Anerkennung von etwas als einfach anerkennend, einfache Anerkennung von etwas als einem einfach Anerkennenden von einfach Anerkennendem und so weiter. Was aber muss jemand *tun*, um einen anderen dabei einfach anzuerkennen – um also die Tätigkeit auszuüben, die man vollziehen muss (und die dem *Essen* in der paradigmatischen orektischen Bedeutung der begehrenden Tätigkeit der Dreiteilung von *Hunger*, *Essen* und *Nahrung* entspricht), um als jemand zu gelten, der einen Organismus als orektisch gewahr (also mit der entsprechenden Bedeutung) betrachtet und behandelt? Man muss der *normativen Autorität* der eigenen Reaktionen darauf, wie jemand die Dinge als etwas betrachtet, zustimmen. Insofern jemand also als ein einfach Anerkennender betrachtet wird, wird der Autorität seiner Betrachtungen praktisch von jemandem zugestimmt, der ein orektischer Betrachter ist, womit darüber hinaus der Autorität der Autoritätszustimmungen dieses einfach Anerkennenden zugestimmt wird. Jegliche Betrachtung der unteren Stufe von Dingen als etwas, die ein robust Anerkannter (einfach anerkannt als ein einfach Anerkennender) als autoritativ betrachtet, wird der robust Anerkennende demnach als autoritativ betrachten.

Dadurch wird die *transitive Hülle* der Zustimmung zur Autorität von Betrachtungen der unteren Stufe hergestellt, in der einfache Anerkennung besteht. Mit »transitiver Hülle« einer Relation ist die Relation R' gemeint, die von R durch die zwei Prinzipien erzeugt wird: i) $\forall x \forall y[xRy \rightarrow xR'y]$ und ii) $\forall x \forall y \forall z[(xRy \& yRz) \rightarrow xR'z]$. Es ist ein grundlegender algebraischer Satz, dass die transitive Hülle der transitiven Hülle einer Relation einfach die transitive Hülle der Relation ist. (Technisch ausgedrückt: Hüllenoperationen sind idempotent.) Die ganze strukturelle Arbeit wurde nun geleistet. Wenn *a* »superrobust« *b* anerkennt – das heißt, *b* als einen robust Anerkennenden einfach anerkennt –, ist *a* dazu verpflichtet, *b*s einfacher Anerkennung von *c* als einfach Anerkennenden als autoritativ zuzustimmen. Wir haben nun gesehen, dass *b*s einfache Anerkennung von *c* als einem einfach Anerkennenden (als *b*s robuste Anerkennung von *c*) in *b*s praktischer Verpflichtung besteht, *c*s Zustimmung zu den Betrachtungen der unteren Stufe eines anderen, nämlich *d*s, als autoritativ zu übernehmen. Das Ergebnis ist dann, dass *a* ebenfalls praktisch dazu verpflichtet sein muss, die von *b* übernommenen Zustimmungen zu den Verpflichtungen der unteren Stufe als autoritativ zu übernehmen. Dies bringt *a* aber in genau die Position, in der *a* auch wäre, wenn *b* von *a* robust anstatt *superrobust* anerkannt werden würde. Formal ausgedrückt: Wurde erst einmal gezeigt, dass eine Relation transitiv ist, $\forall x \forall y \forall z[(xRy \& yRz) \rightarrow xRz]$, folgt daraus (ohne weitere Voraussetzungen) $\forall w \forall x \forall y \forall z[(wRx \& xRy \& yRz) \rightarrow wRz]$.

Da robuste Anerkennung die transitive Hülle der einfachen Anerkennung ist, besteht kein Unterschied darin, jemanden als einen robust Anerkennenden einfach anzuerkennen oder jemanden als einen robust Anerkennenden robust anzuerkennen (die einfache Anerkennung von jemandem als einem einfach Anerkennenden). Außerdem ist die robuste Anerkennung transitiv, denn das robuste Anerkennen muss die Verpflichtung enthalten, alle diejenigen robust anzuerkennen (also als einfach Anerkennende einfach anzuerkennen), die von denjenigen robust anerkannt werden, die man selbst robust anerkennt. Dies sind Tatsachen über den Tätigkeitspol der Struktur der einfachen und somit der robusten Anerkennung. Sie alle stehen miteinander in Beziehung, da der Bedeutungspol der robusten Anerkennung die ganze Struktur der einfachen Anerkennung ausmacht – genau so, wie der Bedeutungspol der einfachen Anerkennung die ganze triadische Struktur des orektischen Gewahrseins der unteren Stufe ausmacht. Wir haben also jetzt verstanden, dass der Bedeutungspol des orektischen Gewahrseins der unteren Stufe das entscheidende Element des Tätigkeitspols der einfachen Anerkennung (und somit der robusten Anerkennung) ist. Denn die Tätigkeit des einfachen Anerkennens besteht gerade in der praktischen Zustimmung zu der Autorität der Bedeutungen der unteren Stufe, welche im *nicht*anerkennenden orektischen Gewahrsein zugeschrieben werden.

Wenn die triadische Struktur des anerkennenden Gewahrseins durch diese Verhältnisse zwischen den Polen der *Tätigkeit* und der *Bedeutung* hergestellt wird, wie verhält es sich dann mit dem Pol der *Einstellung* bzw. der *Begierde*? Die bisherige Darstellung legt fest, dass die das einfache Anerkennen motivierende (und damit dessen charakteristische Bedeutung instituierende) Begierde eine *Begierde nach* (einfacher) *Anerkennung* ist und dass die einzigen orektischen Betrachtungen auf der Seite eines Anerkannten, denen der einfach Anerkennende als autoritativ zustimmen muss, diejenigen sind, die der Anerkannte als *erfolgreich* betrachtet. Wir sind also dazu angehalten, uns zu fragen, welche der Anerkennungen eines einfach Anerkennenden ein robust Anerkennender als erfolgreich betrachten sollte. Die Antwort lautet: Nur diejenigen, welche die betreffende Begierde befriedigen. Es handelt sich um die Begierde, einfach anerkannt zu werden; das heißt die Begierde danach, dass der Autorität der Betrachtungen des einfach Anerkennenden von einem anderen zugestimmt wird. Aber genau das ist, was ein robust Anerkennender tut, wenn er irgendwen als einen einfach Anerkennenden einfach anerkennt. Aus der Perspektive eines robust Anerkennenden gelten also *alle* einfachen Anerkennungen des robust Anerkannten als erfolgreich und damit als autoritativ. Es ist nicht möglich, dass die die einfachen Anerkennungen motivierende Begierde von jemandem, der einfach anerkannt wird, nicht befriedigt wird.

Bei dieser Beobachtung haben wir unser Ziel der Erklärung und Interpretation erreicht. Denn wir wollten wissen:

1) wie wir es verstehen sollten, dass *Anerkennung* aus *Begierde* hervorgeht;
2) wie *Normativität* als ein Aspekt von *Anerkennung* verstanden werden sollte;

3) wie wir *Selbst*anerkennung, also *reflexive* Anerkennungsbeziehungen, verstehen sollten, insofern es *gegenseitige* Anerkennung, also *symmetrische* Anerkennungsbeziehungen erfordert;
4) wie das *Selbstbewusstsein* zu verstehen ist, insofern es aus der durch gegenseitige Anerkennung geleisteten Selbstanerkennung besteht.

Die Antwort auf die erste Frage steht uns in der Einsicht zur Verfügung, dass die triadische Struktur des orektischen Gewahrseins derart auf sich selbst angewendet werden kann, dass etwas, das zuvor praktisch *als* etwas Begehrendes betrachtet oder behandelt wurde, jetzt ein bedeutungsinstituierendes Lebewesen ist. Die Antwort auf die zweite Frage steht uns in der Einsicht zur Verfügung, dass einfaches Anerkennen darin besteht, dass der Anerkennende eine vermittelte und distanzierte Beziehung zum unmittelbar gefühlten Impuls der Begierde des Anerkannten aufbaut, und zwar in Form ihrer (durch die Begierde des Anerkennenden bedingten) Bedeutung für das praktische Gewahrsein des Anerkennenden selbst. Auf diese Weise wird der Begierde des anderen praktisch als *autoritativ* zugestimmt; die Begierde des anderen zeigt sich dem Anerkennenden in der Gestalt seiner *Verpflichtung* und *Verantwortung*. Die Antwort auf die dritte Frage wurde uns zur Verfügung gestellt, indem gezeigt wurde (durch die Idempotenz transitiver Hüllenoperationen), dass die Struktur der sozialen Autorität, welche die robuste Anerkennung ausmacht, wesentlich und prinzipiell und somit zwangsläufig *transitiv* ist. Denn laut eines grundlegenden algebraischen Satzes ist eine transitive Relation, für die *Symmetrie* gilt, auch *reflexiv*. Das Argument, nachdem es für eine Relation hinreichend ist, *de jure* transitiv und *de facto* symmetrisch zu sein, um reflexiv zu sein, zeigt, dass eine gewisse Art von Sozialität *ausreicht* für Selbstanerkennung. Dies zeigt, dass es *notwendig* ist, dass ich *Impuls* und *Autorität* in meinem *eigenen* Fall praktisch *nicht* voneinander unterscheiden kann. Nun müssen diese Antworten nur noch zusammengesetzt werden, um eine Antwort auf die vierte und abschließende Frage zu erhalten.

VII. Selbstbewusstsein

Die Verknüpfung zwischen robuster Anerkennung und *Selbst*bewusstsein ist genauso unmittelbar wie die Verknüpfung zwischen der triadischen Struktur des orektischen Gewahrseins und dem Bewusstsein. Denn ein Selbst zu sein bzw. ein Subjekt oder Bewusstsein heißt – bei Hegel sowie bei Kant –, der Gegenstand eines *normativen* Status zu sein, also nicht nur von Begierden, sondern auch von *Verpflichtungen*. Das Selbst ist dazu in der Lage, eine normative Stellung zu Dingen einzunehmen, sich zu verpflichten, Verantwortungen zu übernehmen, Autorität auszuüben, Richtigkeit zu bewerten. Jegliche Art von Anerkennung heißt, dass man etwas *als* ein solches Selbst oder Subjekt mit normativen Status und Einstellungen betrachtet oder behandelt. Sie ist das Bewusstsein *von* etwas *als* (etwas, das die normative Bedeutung hat von) einem Selbst oder Subjekt. Denn Anerkennung selbst weist die triadische Struktur des orektischen Gewahrseins auf – es ist ein Proto-Bewusstsein. Die von der Anerkennung gegenüber dem Anerkannten erteilte Bedeutung besteht darin, ebendiese Struktur aufzuweisen. Diese praktische Einstellung einem anderen gegenüber einzunehmen heißt, seine Zustände so zu betrachten oder zu behandeln, dass sie die normative Bedeutung haben, Leistungen zu autorisieren und zu bewerten – sie also nicht nur *herzustellen*, sondern sie *angemessen* zu machen. Essen wird jetzt seitens des Anerkannten als etwas behandelt, das eine *Verpflichtung* dazu bedeutet, wie die Dinge sind, das heißt eine Verpflichtung, die sowohl vom Anerkannten als auch vom Anerkennenden (der nicht einverstanden sein muss) als *richtig* oder falsch *bewertet* werden kann.

Selbstbewusstsein besteht darin, diese praktische Proto-Vorstellung eines Selbst auf sich selbst anzuwenden, also nicht nur andere, sondern sich selbst anzuerkennen. Dies ist *Selbst*bewusstsein bzw. das Haben einer Selbstvorstellung in einem doppelten Sinn. Erstens handelt es sich um ein Bewusstsein von etwas *als* einem Selbst: Es wird so behandelt, dass es diese praktische Bedeutung hat. Zweitens ist es eine Anwendung dieser Vorstellung *auf sich selbst*. Der Besitz einer Selbstvorstellung im ersten Sinne besteht in der Fähigkeit zur *Anerkennung*. Dies können wir eine »Vorstellung von Selbsten« nennen. Denn man muss zum Anerkennen in der Lage sein – man muss es *tun* können, um dabei etwas *als* ein Selbst zu betrachten oder zu behandeln im Sinne eines Subjekts, das normative Status *autoritativer* (also zum Beweis dienende, aber noch provisorische und anfechtbare) *Verpflichtungen* bezüglich dessen besitzt, wie die Dinge sind. Beim Besitz einer Selbstvorstellung im zweiten Sinne handelt es sich um den *reflexiven* Charakter der eigenen Anerkennung, also dass man sich unter Dingen wiederfindet, die man anerkennt. Die niedrigste Stufe der Selbstvorstellung, die diese zwei Dimensionen aufweist, würde das einfache Anerkennen sein: sich selbst orektisch gewahr sein *als* ein Selbst, das den Dingen orektisch gewahr ist. Dies können wir als »*einfaches* Selbstbewusstsein« bezeichnen. Aber wenn man sich selbst als etwas gewahr ist, das in der Lage ist, die Dinge einfach anzuerkennen, dann sind die zwei Dimensionen noch viel enger miteinander verknüpft: Die Vorstellung von Selbsten, die man auf sich selbst anwendet, wendet man auf sich selbst *als* eine Vorstellung von Selbsten an. Dies können wir als »*robustes* Selbstbewusstsein« bezeichnen.

Wird *b* von *a* robust anerkannt, dann stimmt *a* der (belastbaren aber noch provisorischen und anfechtbaren) Autorität der erfolgreichen einfachen Anerkennungen von *b* zu. Wir haben gesehen, dass die robuste Anerkennung eine Art einfache Anerkennung ist: Es ist die einfache Anerkennung von jemandem, der dazu fähig ist, andere als einfache Anerkennende zu betrachten. Wenn *b* jemanden *robust* anerkennt, sagen wir *c*, ist diese Anerkennung nur dann *erfolgreich*, wenn sie die Begierde von *b* nach robuster Anerkennung befriedigt. Wenn *b* jemanden in diesem Sinne robust anerkennt, dann muss *a*, um *b* robust anzuerkennen, der robusten Anerkennung von *b* als autoritativ zustimmen. Wenn man jedoch davon ausgeht, dass *a b* tatsächlich robust anerkennt, wird die Begierde von *b* nach robuster Anerkennung befriedigt – alle robusten Anerkennungen von *b* sind erfolgreich (in den Augen von *a*). Sollte es also dazu kommen, dass *a* von *b robust* anerkannt wird, dann haben wir, da *b* von *a* robust anerkannt wird, eine Symmetrie robuster Anerkennung. Dass robuste Anerkennung transitiv ist, bedeutet, dass *a* der Autorität von *b*s robuster Anerkennung von *a* zustimmen wird. Insofern gilt also, dass *a* sich selbst robust anerkennt. Demnach kann das robuste Selbstbewusstsein nur durch *gegenseitige* Anerkennung erreicht werden bzw. allein dadurch, dass man zumindest von einigen, die man selbst robust anerkennt, robust anerkannt wird. Das bedeutet, dass eine *Gemeinschaft* (eine Art von Allgemeinbegriff) implizit durch die eigenen robusten Anerkennungen konstituiert wird, und in Wirklichkeit zustande kommt, insoweit die Anerkennungen erwidert werden. Das ist die Art von Gemeinschaft gegenseitiger Anerkennung, in der genuines (robustes) Selbstbewusstsein allein möglich ist. Was Hegel mit »Ich, das Wir, und Wir, das Ich ist« behauptet, ist eine Äquivalenzklasse, die durch die dyadische anerkennende »Ich/Du«-Beziehung definiert wird, welche transitiv, symmetrisch und reflexiv ist.[14]

14 Die Modallogik, die hier durch ihre anerkennende Zugänglichkeitsbeziehung definiert ist, entspricht S 5.

VIII. Schluss

Nun kann ich meine Darstellung bündig zusammenfassen. Ich habe mit dem Begriff der *wesentlichen* Elemente der eigenen Selbstvorstellung angefangen, mit denen man sich *identifiziert*, und zwar derart, dass man dazu bereit ist, für sie etwas zu riskieren oder gegebenenfalls zu opfern. Eine Folge des Übergangs von der Begierde zur Verpflichtung innerhalb der Einstellungskomponente der triadischen Struktur des orektischen Gewahrseins besteht darin, dass der tätigkeitsmotivierende Charakter von *Begierde* mit der Befriedigung der Begierde gelöscht wird, wohingegen dies beim tätigkeitsermächtigenden Charakter der *Verpflichtung* nicht unbedingt so sein muss. Insbesondere ist die Anerkennungsbegierde in der Form der Verpflichtung, anerkannt zu werden, ein beständiges strukturelles Element des Selbstbewusstseins. Sie bleibt bestehen, auch nachdem sie durch erfolgreiche gegenseitige Anerkennung erfüllt wurde, welche Selbstbewusstsein ausmacht. Da sie weiter fortbesteht als ein notwendiger Teil im Hintergrund, vor dem alle anderen Verpflichtungen angenommen und aufgegeben werden, muss es ein *wesentliches* Element der eigenen Selbstvorstellung sein, sich selbst ein Anerkennender zu sein. Die Identifikation mit ihr bedeutet praktisch die strukturelle Unmöglichkeit, jene Verpflichtung zugunsten anderer aufzugeben. Selbstbewusst zu sein heißt, *wesentlich* selbstbewusst zu sein bzw. sich *für* sich selbst und mit sich selbst *als* etwas zu identifizieren, das für sich selbst ein anerkanntes und anerkennendes Wesen ist.

Eine ausführlichere Erzählung würde mit einer Beschreibung der eigentümlich verzerrten Form des Selbstbewusstseins fortfahren (formuliert in den gleichen grundlegenden Begriffen), das sich selbst in der spezifisch modernen, entfremdeten Kategorie der *reinen Unabhängigkeit* (Autorität ohne entsprechende Verantwortung) interpretiert, welche Hegel in der Form des

»Herren« darstellt. Diese Erzählung würde erklären, wie die für die Herrschaft charakteristische Selbstvorstellung aus einer Übergeneralisierung ihres eigenen Vermögens entsteht, sich unmittelbar selbst als *wesentlich* selbstbewusst zu konstituieren – also etwas einfach dadurch zu erschaffen, indem es als genau das betrachtet wird –, um dann doch nur ein inkohärentes Modell des Selbstbewusstseins abzugeben, dessen Vorstellungen alle unmittelbar konstitutiv sind und damit ganz allgemein die entscheidende »Unterscheidung, welche das Bewusstsein beinhaltet«, zu übergehen, nämlich die zwischen dem Sein der Dinge *für* das Bewusstsein und dem Sein der Dinge *an sich*. Außerdem würde die Erzählung erklären, was Hegel anderswo »die Wirkung des Schicksals« nennt. Das ist die metaphysische Ironie, die die existenzielle Verpflichtung des Herren untergräbt, ohne entsprechende Verantwortung Autorität zu besitzen bzw. als autoritativ anerkannt zu werden, ohne irgendjemanden anzuerkennen, der die Autorität dazu hat. Dies garantiert dem Herren, dass er niemals selbst der sein kann, der er für sich selbst ist. Aber diese Geschichte wird im 10. Kapitel erzählt.

9. Die Feinstruktur von Autonomie und Anerkennung. Die Instituierung normativer Status durch normative Einstellungen

I. Normative Status und normative Einstellungen: eine reglementierte Ausdrucksweise

Im 8. Kapitel wurde ein Verständnis des wesentlich normativen *Geistes* eingeführt, wonach Geist in einem primitiven Gewahrsein verwurzelt ist, das organischen Lebewesen aufgrund ihrer Natur als begehrende Wesen zukommt. Hegel beginnt damit, das *orektische* Proto-Bewusstsein zu beschreiben, dessen Elemente, insofern sie angemessen erworben und in sozialen Konstellationen praktischer Einstellungen der Begehrenden zusammengestellt wurden (das *erotische* Bewusstsein), normative *deontische* Status instituieren können, welche daraufhin als das Medium des genuinen diskursiven Selbstbewusstseins dienen. Das Ergebnis ist ein Grundmodell des normativen Status eines Subjekts als des Subjekts sowohl normativer Status als auch normativer Einstellungen – im normativen Sinn eines selbstbewussten *Selbst* –, die durch robuste *Anerkennungs*einstellungen instituiert werden, insofern diese Anerkennung *gegenseitig* ist.

Die von Hegel befürwortete Auffassung ist das Ergebnis einer fortschreitenden Entwicklung. Sie beginnt mit traditionellen Modellen von Normativität, die auf sozial-asymmetrischen Unterordnungsbeziehungen basieren und sich zu dem kantischen Modell der individuellen Autonomie weiterentwickeln, das auf reflexiven Beziehungen von Selbstbeherrschung basiert; der Höhepunkt ist Hegels Anerkennungsmodell, das auf sozial-symmetrischen Anerkennungseinstellungen basiert. Das traditionelle Modell von Unterordnung und Gehorsam geht von nichtnormativ instituierten normativen Überordnungs- und Unterordnungsstatus aus. Diese können mithilfe traditioneller objektiv-ontologischer Terminologie formuliert werden und ergeben sich aus der metaphysischen Natur der Dinge (die »Große Kette der Wesen«) oder – wenn man wie Hegel tiefer gräbt – sind durch soziale Machtbeziehungen instituiert, welche ihren Ursprung letztlich in der Bedrohung des biologischen Lebens haben. In beiden Fällen liegt alle Autorität (»Selbständigkeit«) beim Übergeordneten und alle Verantwortung bzw. Pflicht (»Unselbständigkeit«) beim Untergeordneten. Diesen statusgemäßen Einstellungen entsprechen Verantwortung instituierende Befehle auf der Seite des Übergeordneten und Verantwortung eingestehender Gehorsam auf der Seite des Untergeordneten.

Pufendorfs Rede über die »impositio« von Moraldingen durch normative Einstellungen ist die Idee entnommen, dass normative Status wie etwa Verantwortung und Autorität nicht unabhängig von der Betrachtung der praktischen Einstellungen verstanden werden können, mit denen Subjekte als verantwortlich und autoritativ behandelt und betrachtet werden. Diese Idee blüht dann in den Vertragstheorien über politische Verpflichtung von Hobbes und Locke auf und erreicht bei Rousseau und Kant die volle Reife. Hegel zufolge besteht der entscheidende Kern des modernen Selbstbewusstseins darin, die geistige normative Welt, in der wir leben und uns bewegen und existieren, als das Produkt unserer eigenen praktischen Tätigkeit anzusehen. Zwar ist diese die Moderne begründende Idee in dieser Hinsicht maßgeblich fortschrittlich, jedoch besteht Hegel darauf, dass das Verständnis der modernen Einsicht in die Einstellungsabhängigkeit von normativen Status in einer adäquaten Darstellung im Gleichgewicht mit dem Verständnis der traditionellen Einsicht in die Statusabhängigkeit normativer Einstellungen stehen muss.

Ein weiterer Aspekt der von Hegel aufgegriffenen und weiterentwickelten frühmodernen Tradition ist der entzaubernde Naturalismus bezüglich Normen, der ein wesentlicher Bestandteil der Idee der Einstellungsabhängigkeit war, als sich diese Idee dahin entwickelte, normative Status als durch normative Einstellungen instituiert zu betrachten. Am deutlichsten ist dieser Aspekt wohl bei den britischen Sentimentalisten zu erkennen (insbesondere bei Shaftesbury, Hutcheson, Butler und Hume), die den praktischen Einstellungen normativer Bewertungen bzw. der reflektierenden Billigung oder Missbilligung durch ein spezifisches moralisches Vermögen, das ihnen zufolge in einem charakteristischen Gefühl, typischerweise dem Wohlwollen, verwurzelt ist, einen Ehrenplatz einräumen. Insofern die Einstellungen zur Natur gehören (bzw. zur Naturgeschichte im Falle sozialer Lebewesen wie uns), gehören auch die von ihnen instituierten oder projizierten normativen Status zur Natur. Laut einer weniger stark ausgeprägten modernen subjektivistischen Ansicht – und das ist für Hegels Version entscheidend – gewähren uns die aus Gefühlen abgeleiteten praktischen Einstellungen epistemischen Zugang zu Normen, anstatt dazu zu dienen, die Normen zu erschaffen, so wie es dann bei Hegel zusätzlich der Fall sein wird.

Wir haben gesehen, dass Hegels Geschichte mit der Begierde beginnt. Sie führt durch tatsächliche Machtbeziehungen, die die asymmetrischen Status von Überordnung und Unterordnung (Herren und Knechte) instituieren, und gelangt zuletzt zum symmetrischen Gleichgewicht von Autorität und Verantwortung, auf das Kants Autonomiemodell zielte. Dieses Gleichgewicht wird aber in der Form normativer Status, die als die Produkte der Anerkennungspraktiken und der von diesen ermöglichten praktischen Einstellungen verstanden werden, in eine *soziale* Tonart transponiert. Wie beim späten Wittgenstein trifft für Hegel eine dem »objektiven Naturalismus« entgegengesetzte, von Huw Price als »subjektiver Naturalismus« bezeichnete Position zu.[1] Hiernach handelt es sich um einen Naturalismus bezüglich der Praktiken des Zustimmens zu bzw. Zuschreibens von normativen Status, und nicht um einen Versuch, solche Status als etwas in der Welt aufzufinden, das durch die Sprache der *Natur-* anstatt der *Geisteswissenschaften* beschreibbar ist. Wenn wir die Praktiken, in denen wir einander als verantwortlich und autoritativ behandeln und betrachten – das heißt Praktiken des Einnehmens von normativen Einstellungen –, in einer groben naturalistischen Terminologie vollständig verstehen können, dann bleibt laut dieser Ansicht hinsichtlich der zugeschriebenen und zugestimmten normativen Status nichts übrig, was irgendwie mystifiziert werden könnte. Dieses Thema wird uns bis zuletzt begleiten und seinen Höhepunkt in der Diskussion des Naturalismus im Dritten Teil erreichen. Schließlich wird es Hegel mit der Erklärung der *sozialen* und *geschichtlichen* Struktur der Anerkennung möglich sein, den Sinn, nach welchem wir (alle) die von uns hinterlassenen Normen *erzeugen*, mit dem Sinn in Einklang zu bringen, nach welchem wir (jeder) durch die uns vererbten Normen *erzeugt werden*.

In dieser sozialen und geschichtlichen Form ist das betreffende »Wir« eine geschichtlich ausgedehnte Gemeinschaft, die sowohl der Autor als auch das Produkt diskursiver Normen ist. Diese Normen werden durch die von uns wirklich eingenommenen Einstellungen instituiert, transzendieren diese jedoch und stellen einen Maßstab dar, demgegenüber die Einstellungen verantwortlich sind. Hiermit greift Hegel einen weiteren Strang der frühmodernen Tradition des Normativitätsdenkens auf, die Tradition der perfektionistischen Selbstregierung, die von Mon-

1 »Naturalism without Representationalism«, in: David Macarthur und Mario De Caro (Hg.), *Naturalism in Question*, Cambridge, Mass./London 2004, S. 71-88, und (mit David Macarthur) »Pragmatism, Quasi-realism and the Global Challenge«, in: Cheryl Misak (Hg.), *New Pragmatists*, Oxford 2007, S. 91-120.

taigne über Descartes und Leibniz und weiter über die Platoniker von Cambridge und einige ihrer britischen sentimentalistischen Erben führt und dann in der Idee von Normativität als Autonomie gipfelt, die Kant aus Rousseaus Freiheitsbegriff entwickelt. Die Idee lautet: »Gehorsam gegen das selbst gegebene Gesetz ist Freiheit.«[2] Kant bejaht diesen Gedanken über Freiheit und verwendet ihn neu, um normative Beschränkung, die durch Freiheit charakterisiert ist, vom nichtnormativen Zwang zu unterscheiden. Diesem Gedankengang zufolge ist man allein durch die Normen genuin *normativ* gebunden, welchen man selbst *als* normativ verbindlich zugestimmt hat. Damit wird der Status des normativen Subjektseins, in welchem man für Bewertungen gemäß Normen angreifbar ist, eine wesentlich *selbstbewusste* Leistung. Denn normativ gebunden zu *sein* (bzw. einen normativen Status zu haben) ist eine wesentliche Komponente davon, sich selbst als normativ gebunden zu *betrachten* (bzw. eine solche normative Einstellung einzunehmen). Von Rousseau übernimmt Kant die Idee, dass ein solches selbstbewusstes Selbstbinden durch Normen die eigentliche Form der positiven Freiheit ist. Freisein in Kants Sinne von Autonomie bedeutet, dass man die Autorität hat, sich selbst zu binden, sich selbst konstitutiv verantwortlich zu *machen*, indem man sich selbst als verantwortlich *betrachtet*. Dieses Zusammentreffen von Normativität, Selbstbewusstsein und Freiheit ist das lebendige Herz des Deutschen Idealismus – das, was Heidegger mit der »Würde und geistigen Größe des Deutschen Idealismus« meint. Es ist wesentlicher Bestandteil der hegelschen Weiterentwicklung von Kants Denken, dass die freie selbstbewusste normative Subjektivität in diesem Sinne als eine *soziale* Leistung betrachtet

2 »[L]'obéissance à la loi qu'on s'est prescrite est liberté.« Jean-Jacques Rousseau, *Du contrat social/Vom Gesellschaftsvertrag*, Stuttgart 2010, Buch I, Kapitel VIII, S. 44f.

wird, die prinzipiell nur verständlich ist, wenn auf das »Wir« fokussiert wird anstatt bloß auf das »Ich«.

Das vorliegende Kapitel hat zum Ziel, eine reglementierte Ausdrucksweise zu entwickeln, mit der wir die normative Pragmatik (die Theorie dessen, was der »Kraft« im Sinne Freges entspricht) erforschen können, zu der uns die Untersuchung der Semantik (der Theorie dessen, was dem fregeschen »Inhalt« entspricht) im Ersten Teil geführt hat. Im nächsten Kapitel wird dieses Vokabular dann verwendet werden, um die verschiedenen Allegorien von Herrschaft zu interpretieren, die Hegel im Kapitel zum Selbstbewusstsein darlegt. Die Grundlage der hier verwendeten reglementierten Ausdrucksweise ist die Unterscheidung zwischen normativem Status und normativer Einstellung. Diese Unterscheidung entspricht Hegels Unterscheidung zwischen dem Sein des Bewusstseins *an sich* und dem Sein des Bewusstseins *für* das Bewusstsein. Während wir in den Kapiteln zum Bewusstsein mit den Vorstellungen der *Gegenstände* des Bewusstseins und demnach mit der Unterscheidung zwischen dem Sein der Dinge *an sich* und dem Sein der Dinge *für* das Bewusstsein beschäftigt waren, wie sie *dem* Bewusstsein erscheint, wenden wir uns nun dem *Subjekt* des Bewusstseins bzw. dem Bewusstsein selbst zu. Auch hier ist die Unterscheidung, die dem Bewusstsein zukommt, eine Unterscheidung nicht nur für uns (Hegels Leser, dem phänomenologischen Bewusstsein), sondern auch *dem* Bewusstsein selbst.[3] Die Unterscheidung zwischen dem Sein des Bewusstseins *an sich* und dem Sein des Bewusstseins *für das Bewusstsein* werde ich in Bezug auf die reglementierte Unterscheidung zwischen normativem Status und normativer Einstellung entwickeln.[4]

3 Vergleiche den Unterschied, der »dem Tun zukommt« (*PhG*, S. 295) und im 11. Kapitel diskutiert wird.

4 Ich gestehe ein, dass ich im Folgenden »Normen« oftmals als austauschbar mit »normativen Status« verwenden werde. Diesem Sprachge-

Im Bereich des Seins des Bewusstseins für das Bewusstsein unterscheidet Hegel zudem zwischen dem Sein des Bewusstseins für ein *anderes* Bewusstsein und dem Sein des Bewusstseins für sich *selbst*. Beispielsweise kann das Sein des Herrn für den Knecht (ein anderes Bewusstsein) an verschiedenen Stellen in Hegels Darstellung unterschieden werden vom Sein des Herrn für sich selbst, und umgekehrt.

Im Modell wird diese Unterscheidung durch zwei Arten normativer Einstellung geleistet, welche in Bezug auf die von ihnen verkörperten sozialen Perspektiven auseinandergehalten werden: Der eine normative Status wird (einem anderen) *zugeschrieben* und der andere normative Status wird (für sich selbst) beansprucht bzw. ihm wird *zugestimmt*. Im Modell wird diese zusätzliche Unterscheidung innerhalb der Kategorie der normativen Einstellungen zudem mit einer Unterscheidung innerhalb der Kategorie der normativen Status gepaart, nämlich der Unterscheidung zwischen *Autorität* und *Verantwortung*. Laut der hier vorgelegten Interpretation entspricht dieser Unterschei-

brauch entsprechend werde ich hin und wieder Sellars' Unterscheidung zwischen Geboten der Form »es sei so« und Geboten der Form »tue dies« mit der Unterscheidung zwischen normativen Status und normativen Einstellungen in Verbindung bringen. Diese Art der Verwendung lässt andere Unterscheidungen aus, welche in anderen Kontexten sehr wichtig sind. (Die für die Reglementierung hier als paradigmatisch betrachteten normativen Status, nämlich Autorität und Verantwortung, sind zwar normativ, aber selbst keine Normen; sie unterscheiden sich von Geboten der Form »es sei so« in einer Weise, die gut einsehbar ist am Beispiel »Es sollte keine Armut geben«.) Ich behaupte, dass wir wichtigen Strukturen habhaft werden, wenn wir auf einer Ebene der Allgemeinheit bleiben, die diese spezifischen Unterschiede auslässt. Diese Behauptung und Verpflichtung läuft darauf hinaus, dass es, nachdem alle jene Strukturen in ihrer ganzen Komplexität sichtbar gemacht wurden, möglich sein wird, über diese grobe Angleichung hinauszugehen und wieder mehr Feinstruktur einzuführen. Ich werde dies allerdings nicht in dieser Arbeit leisten.

dung Hegels Verwendung der Ausdrücke »Selbständigkeit« und »Unselbständigkeit«, insofern sie auf die *Subjekte* anstatt auf die *Gegenstände* des Bewusstseins angewendet werden.

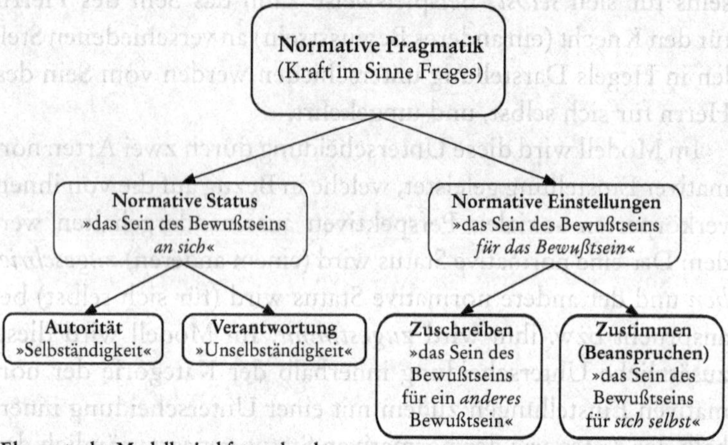

Elemente des Modells sind fettgedruckt.
Hegelsche Ausdrücke sind in Anführungszeichen.

Abb. 9.1

Dieser Struktur entspricht die Abbildung 9.1. In der reglementierten Ausdrucksweise des Modells werden die normativen Status paradigmatisch als Verantwortung und Autorität bzw. als Verpflichtung und Berechtigung bezeichnet. Zu den entsprechenden Einstellungen gehört es, diese Status einem anderen zuzuschreiben bzw. ihnen zuzustimmen (also sie zu beanspruchen). Dies ist die Ausdrucksweise, die ich mehr oder weniger in meinem Buch *Expressive Vernunft* verwendet habe. Während sie in vielerlei Hinsicht von den Ansichten Kants und Hegels inspiriert und beeinflusst wurde, habe ich mich bemüht, Argumente für die Nützlichkeit dieser expressiven Instrumente zu liefern, ohne mich auf die Autorität jener Denker als Berechtigung zur Verwendung dieser Begriffe zu stützen. Dieses Vokabular ist meiner Ansicht nach genauso hilfreich für die Darstellung ihrer philosophischen Theorien wie für das Thematisieren der von ihnen behandelten grundlegend diskursiven Phänomene. Allerdings werden sich manche Leser hier zweifellos an das alte Sprichwort erinnern: Wer nur einen Hammer hat, dem erscheint die ganze Welt als Nagel.

Dieses reglementierende Vokabular ist jedoch, so meine Behauptung, nicht weit von Hegels Vokabular entfernt. Obgleich sein Vokabular bei ihm eine breitere Anwendung findet, entspricht doch laut meiner Lesart Hegels Unterscheidung zwischen dem Sein der Dinge *an sich* und dem Sein der Dinge *für* das Bewusstsein, auf den Bereich der Normativität angewendet, wie zuerst im Kapitel zum Selbstbewusstsein, eben genau der Unterscheidung zwischen normativem *Status* und normativer *Einstellung*. Obwohl diese Begriffe nicht nur in Bezug auf Normativität angewendet werden, begreife ich seine Unterscheidung zwischen *Selbstständigkeit* und *Unselbstständigkeit* in Bezug auf das normative Reich wesentlich als Unterscheidung zwischen den normativen Status von *Autorität* und *Verantwortung*. In der Allegorie der primitiven Unterordnung bzw. des Gehorsams wird demnach der Herr, der Autorität (über den Knecht) ohne die entsprechende Verantwortung ausübt, als das »selbständige Bewusstsein« bezeichnet, und der Knecht, der ohne entsprechende Autorität (gegenüber dem Herren) Verantwortung zeigt, als das »unselbständige Bewusstsein«. Es ist eine der zentralen Fragen in der Diskussion über die Beziehungen zwischen ihnen, inwieweit die Autorität des Herren und die Verantwortung des Knechts, bzw. ihre normative Selbstständigkeit und Unselbstständigkeit, Merkmale ihres Seins *an sich* sind oder bloß ihres Seins *für sich* und füreinander. Sind es also ihre Einstellungen, die erfolgreich genuin normative Status instituieren, oder muss man das Ganze auf der Ebene der Einstellungen des Zuschreibens von bzw. Zustimmens zu solchen Status verstehen? Hegels Verwendung der Ausdrücke »an sich« und »für ein Anderes« bzw. »Selbständigkeit« und »Unselbständigkeit«

reicht aber noch weiter, da es neben der deontisch-normativen Verwendung, die sich auf (selbst)bewusste Subjekte bezieht, auch die alethische Verwendung gibt, die sich auf die objektive Welt bezieht. Wir haben diese Verwendungen in der Diskussion über die Kapitel zum Bewusstsein untersucht. Hegels logische Verwendung dieser Ausdrücke ist in beiden Fällen der deontisch/alethisch-Unterscheidung zwischen Subjektivem und Objektivem generisch; sie werden außerdem dazu verwendet, um die Beziehungen zwischen ihnen zu erörtern.

Das Kapitel zum Selbstbewusstsein behandelt letztendlich die *Subjekte* der normativen Einstellungen und Status. Jedoch haben diese Einstellungen und Status auch *Gegenstände*. Auf der Seite der Einstellungen werden Autoritäts- und Verantwortungsstatus zugeschrieben bzw. es wird ihnen zugestimmt. Ein normatives Subjekt X kann einem anderen normativen Subjekt Y Autorität oder Verantwortung zuschreiben. X ist dann das *Subjekt* der Einstellung, der zugeschriebene normative Status ist das *direkte Objekt* der Einstellung, und derjenige, *dem* der Status zugeschrieben wird, ist das *indirekte Objekt* oder *Ziel* der Zuschreibung. In Hegels Terminologie kann also beispielsweise ein Bewusstsein nicht nur *an sich* selbstständig oder unselbstständig sein, sondern auch *für sich* oder *für ein anderes Bewusstsein*. Im Falle der Zustimmung sind Subjekt und Ziel dasselbe – nicht nur *de facto*, sondern *de jure*, und zwar als Teil dessen, was es für die betreffende Einstellung heißt, eine *Zustimmung* zu sein. Zustimmungen sollten, im Gegensatz zu Formen des kontingenten Selbstbezugs, von Selbstzuschreibungen unterschieden werden, und zwar genau so, wie es durch die wesentlich indexikalischen Verwendungen von Pronomen in der ersten Person ausgedrückt wird (was David Lewis Einstellungen »*de se*« nennt). Einstellungen des Zustimmens zu praktischen Verpflichtungen können intentionale Akte sein.[5] Wenn der Ge-

5 Mehr dazu im 11. und 12. Kapitel.

genstand einer Zustimmung ein Autoritätsstatus anstatt eines Verantwortungsstatus ist, werde ich mich manchmal so ausdrücken – um den unglücklichen Anschein zu verhindern, dass man sich selbst autoritativ machen kann allein dadurch, dass man sich als autoritativ betrachtet –, dass das Subjekt die Autorität *beansprucht*. Die entsprechende Konstellation von Einstellungen und Status hinsichtlich der Verantwortungszustimmung (also dem Beanspruchen von Verantwortung) läuft allerdings grundsätzlich auf Kants Autonomiemodell der Instituierung von Status durch Einstellungen hinaus.

Die Autoritäts- und Verantwortungsstatus haben ebenfalls sowohl Subjekte als auch Gegenstände. Subjekt des Status ist das normative Subjekt, das autoritativ und verantwortlich ist. Gegenstand des Status ist das, worüber die Subjekte Autorität bzw. wofür sie Verantwortung haben. Das Kapitel zur Vernunft behandelt den Fall, in dem das Subjekt Autorität und Verantwortung hat, intentionale Akte zu vollziehen. Wir behandeln hier jedoch den ebenso grundlegenden Fall, in welchem man die Autorität oder Verantwortung hat (dazu berechtigt oder verpflichtet ist), normative Einstellungen einzunehmen, die wiederum weiteren normativen Status zustimmen bzw. diese zuschreiben. Die Tatsache, dass die Gegenstände normativer Einstellungen normative Status und die Gegenstände normativer Status normative Einstellungen sein können, bedeutet, dass komplexe Konstellationen von grundlegenden Einstellungen und Status möglich sind. Mit dieser Terminologie können wir, so schlage ich vor, sowohl das kantische individualistische *Autonomiemodell* der Instituierung normativer Status durch normative Einstellungen als auch das hegelsche soziale *Anerkennungsmodell* der Instituierung normativer Status durch normative Einstellungen verstehen. Darüber hinaus lässt sich mit der Terminologie begreifen, inwiefern Hegels Modell eine Ausarbeitung und Weiterentwicklung von Kants Modell ist (also eine Art *Aufhebung* darstellt).

II. Das kantische Autonomiemodell der Instituierung normativer Status durch normative Einstellungen

Beginnen wir mit zwei grundlegenden normativen Status, der normativen Selbstständigkeit und Unselbstständigkeit als Autorität und Verantwortung, und zwei grundlegenden normativen Einstellungen, dem Zuschreiben von Verantwortung oder Autorität an einen anderen und dem Zustimmen zu bzw. Beanspruchen von Verantwortung oder Autorität für einen selbst. Betrachten wir sie im Kontext der Idee, dass normative Status vielleicht nicht nur von normativen Einstellungen abhängig sind, sondern durch sie instituiert werden, wird eine wichtige Zusammensetzung von Einstellungen und Status sichtbar. Kants Deutung von Normativität in Bezug auf Autonomie besteht im Grunde in der Idee, dass sich rationale Wesen einfach selbst verantwortlich *machen* können (einen normativen Status instituieren), indem sie sich selbst als verantwortlich *betrachten* (eine Einstellung einnehmen). Laut seiner Idee (die Weiterentwicklung einer Idee von Rousseau) ist die Zuschreibung von Verantwortung, solange die Zuschreibung selbstbewusst selbstgerichtet ist – das heißt, solange sie die Form der Zustimmung hat, selbst verantwortlich zu sein –, *konstitutiv* in dem Sinne, dass allein das Einnehmen dieser Einstellung ausreichend ist, um den Status zu instituieren. Dass sie »selbstbewusst selbstgerichtet« sein muss, bedeutet, dass die Einstellung, um konstitutiv zu sein, nicht einfach nur auf einen selbst gerichtet sein muss, sondern dass man auch *wissen* muss, dass man es selbst ist, auf den die Einstellung gerichtet ist. Hiermit wird der Fall ausgeschlossen, in welchem ich mir selbst eine Verantwortung zuschreibe, ohne dass ich weiß, dass ich selbst es bin, dem ich die Verantwortung zuschreibe. So könnte ich beispielsweise sagen »Wer den Hund losgelassen hat, ist dafür verantwortlich, ihn wiederzufinden«, ohne dabei zu bemerken, dass ich selbst derjenige bin, der den Hund losgelassen hat. Wenn wir eine von Castañeda vorgeschlagene terminologische Reglementierung verwenden, können wir sagen, dass Kant die selbst*gerichtete Zuschreibung von Verantwortung als unmittelbar konstitutiv betrachtet.[6]

Was heißt es, dass eine Einstellung des Zustimmens zu bzw. Beanspruchens von Verantwortung für den mit dieser Einstellung zugestimmten bzw. beanspruchten Verantwortungsstatus *konstitutiv* ist – dass sie *unmittelbar* (allein durch sich selbst, unabhängig von irgendeiner anderen Einstellung) diesen Status *instituiert*? Als der Gegenstand einer Einstellung, bzw. als das, dem zugestimmt bzw. das zugeschrieben wurde, hat ein normativer Status wie etwa Verantwortung oder Autorität eine Art virtuelle Existenz. Generell muss es keinen wirklichen Status geben, der der Einstellung entspricht. Ein Subjekt könnte einem anderen Subjekt fälschlicherweise Verantwortung zuschreiben oder selbst eine Autorität beanspruchen, die es tatsächlich nicht besitzt. Der Unterschied zwischen der Stellung der Status, die von normativen Subjekten bloß zugeschrieben oder beansprucht werden, und den tatsächlichen Status der Subjekte, die ihnen zugeschrieben oder von ihnen beansprucht werden, ist im Prinzip genauso groß wie der Unterschied zwischen der Stellung der Gegenstände von propositionalen Einstellungen und den korrespondierenden Tatsachen – das heißt zwischen der Überzeugung oder Behauptung von S, dass die Cathedral of Learning 163 Meter hoch ist, und der Tatsache, dass die Cathedral of Learning 163 Meter hoch ist. Die Wirklichkeit der Einstellung allein garantiert nicht die Wirklichkeit der Tatsache (und umgekehrt).

6 Hector-Neri Castañeda, *The Phenomeno-Logic of the I. Essays on Self-consciousness*, herausgegeben von James G. Hart und Tomis Kapitan, Bloomington, Indiana 1999. Ich behandele seine »*-regimentation« im 8. Kapitel von *Expressive Vernunft*.

Wie ich Kants Auffassung verstehe, sind normative autonome Subjekte in der Lage, sich selbst durch ihre Einstellungen normativ zu *binden*, sich selbst verantwortlich zu *machen* (bzw. einen wirklichen normativen Status zu erwerben), indem sie sich selbst als verantwortlich *betrachten* (bzw. eine normative Einstellung einnehmen). In den exemplarischen Fällen wird der virtuelle Status bzw. der Gegenstand der Einstellung verwirklicht, indem man die Einstellung einnimmt. Der resultierende Status ist nicht nur einstellungsabhängig (ohne Einstellung kein Status), sondern unmittelbar durch die Einstellungen instituiert (die Einstellung impliziert den Status). Hieraus wird ersichtlich, was es heißt, dass die Einstellung als *konstitutiv* zu verstehen ist. Hierbei können wir uns an die alte Geschichte von den drei Baseballschiedsrichtern und ihren Einstellungen zu *Strikes* und *Balls* erinnern:

Erster Schiedsrichter: »Ich entscheide, wie ich sie sehe.«
Zweiter Schiedsrichter: »Ich entscheide, wie sie sind.«
Dritter Schiedsrichter: »Bis ich entscheide, gibt es sie nicht.«

Der erste Schiedsrichter bekennt seine Absicht auf Richtigkeit, indem er seine Einstellungen gewissenhaft dem wirklichen Status der Würfe anpasst. Der zweite Schiedsrichter zeigt seine Verlässlichkeit, Einstellungen dem Status anzupassen. Der dritte Schiedsrichter bestätigt die Autorität seiner Einstellungen, Status zu instituieren, die die Gegenstände der Einstellungen sind. Er betrachtet seine Entscheidungen als *konstitutiv* dafür, ob die von ihm eingeordneten Würfe wirklich *strikes* oder *balls* sind.

In der Lage zu sein, solche unmittelbar konstitutiven Selbst*-zuschreibungen einzunehmen, ist selbst ein normativer Status. Kant ist der Meinung, dass rationale Erkenntnis- und Handlungssubjekte die *Autorität* haben, unmittelbar konstitutive Selbst*zuschreibungen bzw. Zustimmungen vorzunehmen. Ein diskursives Wesen hat die Autorität, sich selbst epistemisch im

Urteil bzw. praktisch in einer Intention (»eine praktische Maxime einnehmen«) zu verpflichten. Beides bedeutet das Übernehmen von bzw. Zustimmen zu einer Verantwortung; es bedeutet, sich dazu zu verpflichten, wie die Dinge sind oder sein sollten. Die Autorität, sich selbst verantwortlich zu *machen*, allein indem man sich selbst* als verantwortlich *betrachtet*, können wir den *grundlegenden kantischen normativen Status* nennen. Kant zufolge ist ein normatives Subjekt ein autonomes Erkenntnis- und Handlungssubjekt, jemand, der das Subjekt normativer Status wie etwa Verantwortung und Autorität sein kann. Darüber hinaus ist man letztendlich nur zu dem verpflichtet (dafür verantwortlich), dem man explizit als die eigenen Verpflichtungen (Verantwortungen) *zustimmt* – bzw. zu dem, was sich als die Folgerungen oder Voraussetzungen erweist, die in dieser Zustimmung implizit enthalten sind. Kant zufolge muss die Autorität, sich selbst verantwortlich zu machen, von anderen rationalen Wesen als die grundlegende Würde rationaler Erkenntnis- und Handlungssubjekte anerkannt (»geachtet«) werden.

Der grundlegende kantische normative Status ist komplex. Er schließt Einstellungen ein, insofern er die Autorität darstellt, eine bestimmte Art von Einstellung einzunehmen, nämlich einen Status unmittelbar instituierende Einstellung, die ich als »unmittelbar konstitutiv« bezeichne. Bei dieser Art von Einstellung geht es um die Zuschreibung eines Status (im Fall des grundlegenden kantischen normativen Status ausschließlich für sich selbst*): Das Einnehmen dieser Einstellung genügt, damit der, dem der Status zugeschrieben wird, diesen Status aufweist (im Fall des grundlegenden kantischen normativen Status gilt dies so lange, wie dies auch derjenige ist, der ihn zuschreibt). In Hegels Terminologie kann Bewusstsein auf eine Weise *für* ein Bewusstsein sein, die ausreichend ist, um das Sein des Bewusstseins *an sich* zu bestimmen. Denn in *dieser* Weise Bewusstsein *für* das eigene Bewusstsein zu sein heißt, in dieser Weise *an sich* zu sein. (Es lohnt sich, daran zu erinnern, dass es sich hierbei um ein entscheidendes, bereits im 4. Kapitel diskutiertes Merkmal der sinnlichen Erscheinungen des empirischen Bewusstseins handelt, welches sich selbst in den Kategorien der sinnlichen Gewissheit versteht.)

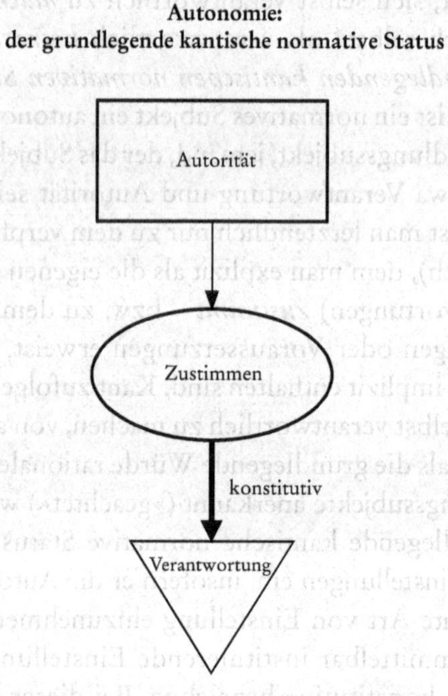

Abb. 9.2

Der Großteil des Kapitels zum Selbstbewusstsein ist eine Untersuchung der Vorstellung dieser Art von Status unmittelbar konstituierenden Einstellung. Denn die Idee von individuellen Einstellungen, die für sich ausreichend dafür sind – allein durch die Art von Einstellung, die sie eben sind –, die von ihnen zugeschriebenen Status zu instituieren, entspricht der Idee der Herrschaft bzw. der reinen Selbstständigkeit. (Es bleibt keine Spur der Abhängigkeit, keine mit dieser Autorität korrelierende Verantwortung.) Sie ist das Thema all der dystopischen Allegorien der Arten des Selbstbewusstseins, die im Kapitel zum Selbstbewusstsein dargelegt werden. Sie ist das Thema von Herr und Knecht in all seiner Komplexität, einschließlich des Kampfes um Leben und Tod, des unruhigen Gleichgewichts zwischen Unterordnung und Gehorsam, der metaphysischen Ironie des selbstzerstörerischen Charakters des erzwingenden Übergeordneten und der hierzu symmetrischen, metaphysischen Ironie des sich selbst transzendierenden Charakters des bezwungenen Untergeordneten. Und sie ist auch das Thema der allegorischen Diskussionen über den Stoizismus, den Skeptizismus und das »unglückliche Bewusstsein«.

Der Begriff UNMITTELBAR STATUSKONSTITUIERENDE EINSTELLUNGEN ist eine Extremversion dessen, was Hegel, so behaupte ich, als die grundlegende Idee der Moderne auffasst. Laut dieser Deutung des Übergangs von traditionellen zu modernen Lebensformen waren die traditionellen Lebensformen von einem Verständnis geprägt, wonach normative Einstellungen statusabhängig sind. Dies bedeutet nichts anderes als die *Autorität* von Normen über Einstellungen: Sie bestimmt, wie Verbindlichkeiten und Autoritäten festlegen, welchen Verantwortungen und Autoritäten normative Subjekte zustimmen *sollten* bzw. welche sie zuschreiben *sollten*. Im Gegensatz dazu sind moderne Lebensformen durch ein Verständnis geprägt, wonach normative Status einstellungsabhängig sind. Dies bedeutet die *Autorität* von Einstellungen über Normen: Die Zustimmungen und Zuschreibungen normativer Subjekte bestimmen, welche Verbindlichkeiten und Autoritäten es gibt und worin sie bestehen. Die Idee, dass einige Einstellungen die normativen Status (also ihre Gegenstände) *unmittelbar instituieren* können – dass also jemand Autorität und Verantwortung erhält, allein weil er als autoritativ oder verantwortlich *betrachtet* wird –, ist Hegels Ansicht nach eine charakteristische Deformierung der modernen Einsicht in die Einstellungsabhängigkeit normativer Status. Diese Idee wird allegorisch als Herrschaft dargestellt. Hegel zufolge ist die Moderne von dieser Vorstellung über die Beziehungen zwischen normativen Einstellungen und normativen Status durchdrungen; es ist genau dieser Aspekt der Moderne, der letztendlich überwunden werden müsse. Er ist letztendlich der Meinung, dass auch Kants symmetrische, reflexive und selbst*-gerichtete Version dieser Idee in der Form des Autonomiemodells von Normativität eine Form von Herrschaft ist. In Hegels rational rekonstruierter Erinnerung, welche einen expressiv fortschrittlichen Verlauf durch die Tradition aufzeigt und hervorhebt, stellt Kants Form die modernste und aufgeklärteste dar. Zwar zeigt sie den weiteren Verlauf an, bleibt jedoch ein strukturelles *Miss*verständnis über Normativität, insofern sie in Bezug auf Herrschaft verstanden wird.

Mit meiner Formulierung »Einstellungsabhängigkeit normativer Status« möchte ich jene Normativitätsstruktur zusammenfassen, die Hegel zufolge die moderne Form des Geistes charakterisiert. Tatsächlich könnte eine Vielzahl verschiedener Dinge damit gemeint sein. Zunächst könnte die betreffende Abhängigkeit entweder die Denkordnung oder die Seinsordnung betreffen. Im ersten Fall wird behauptet, dass normative Status ihrem *Sinn* nach von normativen Einstellungen abhängen. Das würde bedeuten, dass ein normativer Status wie etwa Verantwortung oder Autorität nicht verstanden werden kann, wenn man nicht weiß, was es heißt, Verantwortung oder Autorität zuzuschreiben, zuzustimmen bzw. zu beanspruchen. Im zweiten Fall wird die etwas stärkere Behauptung aufgestellt, dass normative Status ihrer *Referenz* nach von normativen Einstellungen abhängig sind. Dies würde bedeuten, dass es keine Welt geben kann, in der es normative Status von Autorität und Verantwortung gibt ohne normative Einstellungen, denen zufolge Menschen *als* autoritativ oder verantwortlich betrachtet werden. Das heißt, dass es solche Status erst geben würde, wenn, und nur wenn, Menschen die Praktiken des Zustimmens zu bzw. Beanspruchens und Zuschreibens von Verantwortung und Autorität vollziehen, also andere und sich selbst* so betrachten oder behandeln würden, dass sie solche Status aufweisen. Ich gehe davon aus, dass Hegel die Einstellungsabhängigkeit der Status sowohl des Sinns als auch der Referenz nach bejaht. (Im 12. Kapitel wird eine hegelsche Rekonstruktion der fregeschen Unterscheidung zwischen Sinn und Bedeutung (*Referenz*) vorgenommen.)

Beide Verständnisweisen der »Einstellungsabhängigkeit normativer Status« behandeln normative Einstellungen als *notwendige* Bedingungen normativer Status, und zwar jeweils im Reich von Sinn bzw. Verstand und im Reich von Referenz bzw. Existenz. Laut einer stärkeren, bereits in der letzten Formulierung oben angedeuteten Behauptung können *hinreichende* Bedingungen für normative Status auch in Bezug auf normative Einstellungen formuliert werden. Es ist nicht ganz klar, ob wir schwächere und stärkere Versionen einer solchen (den Behauptungen über die Denkordnung und den Behauptungen über die Seinsordnung entsprechende) Bedingungsthese unterscheiden können. Die erstere, schwächere Version wäre eine Art von Reduktionismus. Die Rede über normative Status kann vollständig in Bezug auf die Rede über normative Einstellungen verstanden werden. Was es heißt, dass jemand verantwortlich ist oder Autorität hat, kann vollständig verständlich gemacht werden durch das Zuschreiben und Beanspruchen (Zustimmen) solcher Status. Eine solche Behauptung muss nicht zur Folge haben, dass normative Status nicht existieren. Ich gehe davon aus, dass wir einen ökonomischen Begriff wie WERT (etwa Marx' »Tauschwert«) vollständig durch die praktischen Einstellungen verstehen können, gemäß deren etwas so betrachtet oder behandelt wird, als würde es einen solchen Wert besitzen, das heißt in Bezug auf die verschiedenen Bedingungen, unter welchen man einen ungezwungenen Tausch bereit wäre zu vollziehen. Das bedeutet jedoch nicht, dass es keinen Tauschwert gibt. Vielmehr wird damit behauptet, dass solche Werte durch die Praxis des Markttausches und die von solchen Praktiken ermöglichten praktischen Einstellungen *instituiert* werden. Dies scheint eine Behauptung über die Seinsordnung zu sein: Tauschwerte werden durch soziale Praktiken und praktische Einstellungen hervorgebracht, indem Dinge als tauschäquivalente Waren auf einem Markt betrachtet und behandelt werden. Die Behauptung, dass normative Status vollständig durch normative Einstellungen verstanden werden können, scheint also einfach zu besagen, dass normative Einstellungen normative Status *instituieren*, sie gewissermaßen herstellen und hervorbringen. Noch einmal: Damit wird nicht gesagt, dass es solche Dinge nicht gibt bzw. dass *nur* normative Einstellungen wirklich existieren und die von ihnen zugeschriebenen bzw. zugestimmten Status nicht. Etwas als das Produkt eines Prozesses zu charakterisieren heißt nicht, dass es nicht real ist. Vielmehr wird etwas darüber gesagt, wie es zustande kam. Die wichtigste Unterscheidung in dem Bereich, in dem behauptet wird, dass Einstellungen hinreichend sind für Status, scheint also nicht mit der Unterscheidung zwischen Denkordnung und Seinsordnung zu korrespondieren. Stattdessen scheint es darum zu gehen, ob die Behauptung, die Einstellungen seien hinreichend, auf eine *eliminative* Weise verstanden wird, also ob normative Status *nichts anderes* als geeignete Konstellationen von normativen Einstellungen sind bzw. ob normative Status einfach nicht existieren und sie also nur mehr oder weniger irreführende Art und Weisen darstellen, über Konstellationen von Einstellungen zu sprechen. Eine bestimmte Art von naturalistischem Reduktionismus verfolgt diese Auffassung im Hinblick auf moralische Normen und Werte. Hiernach gäbe es in *Wirklichkeit* nur moralische Einstellungen: jede Erklärung, die auf moralische Normen rekurriert, müsse durch eine (bessere) Erklärung ersetzt werden, die nur auf moralische Einstellungen rekurriert.

Die Behauptung, dass normative Einstellungen normative Status *instituieren*, geht also über die bloße Behauptung hinaus, dass normative Status von Einstellungen *abhängig* sind (abhängig sowohl dem Sinn als auch der Referenz nach). Ungleich stärker ist die Behauptung, wonach sogar einige normative Einstellungen für normative Status *unmittelbar konstitutiv* sind. Jemanden auf diese Weise als verpflichtet zu *betrachten* ist hinreichend dafür, ihn verpflichtet zu *machen*. Das Selbstbewusstsein, das sich durch die Kategorien der Herrschaft versteht, deutet Normativität durch Status *unmittelbar* konstituierende Einstellungen. Hegel ist offensichtlich der Meinung, dass mit einer solchen Vorstellung die Einsicht der Moderne über die Einstellungsabhängigkeit normativer Status zu weit getrieben wird. Wir werden sehen, dass die Form seines Einwandes gegen alle Selbstvorstellungen, die die charakteristische Gestalt der Herrschaft haben – und das heißt im Grunde alle, nicht nur die im Kapitel zum Selbstbewusstsein behandelten Formen des Selbstbewusstseins –, die gleiche ist. Hegels Diagnose des metaphysischen Irrtums – der sich in den Formen des Selbstbewusstseins offenbart, das sich selbst in einer für Herrschaft charakteristischen Art und Weise versteht – verläuft über drei Ebenen und wird mit jedem Schritt weniger abstrakt.

Erstens ist es charakteristisch für das die Struktur der Herrschaft aufweisende Selbstbewusstsein, sich an sich als »reine Selbständigkeit« zu verstehen. Seinem eigenen Verständnis zufolge übt es Autorität aus, unvermittelt und von jedweder korrelativen Verantwortung bzw. normativen »Unselbständigkeit« unberührt. Diese Vorstellung, so behauptet Hegel, sei letztlich inkohärent. Sie ist etwas, das der Herr höchstens *für* sich, aber nicht *an* sich selbst sein kann. So betrachtet, könnte der Herr sich selbst tatsächlich nicht *verpflichten*. Denn eine bestimmt gehaltvolle Verpflichtung bedeutet, gegenüber dem *Inhalt* verantwortlich zu sein, gegenüber dem man sich verpflichtet hat – und zwar in dem Sinne, dass man sich nach dem vom Inhalt des eigenen Status festgelegten normativen Maßstab für die Bewertung des erfolgreichen Erfüllens jener Verpflichtung angreifbar macht (also ob ein Urteil wahr oder eine Absicht erfolgreich ist). Der Herr kann jenem Moment der Unselbstständigkeit als Verantwortung nicht zustimmen.

Zweitens kann der Herr, da er sich als »reine Selbständigkeit« begreift, der Verantwortung seiner Einstellungen gegenüber normativen Status bzw. der Statusabhängigkeit normativer Einstellungen nicht zustimmen. Dass Einstellungen durch Normen beherrscht werden, ist Hegel zufolge eine genuine Einsicht traditioneller Formen von Normativität (*Geist*). Allerdings fand diese Einsicht einen falschen, da einseitigen Ausdruck in den praktischen Vorstellungen von Normativität als Unterordnung und Gehorsam. Die Frage, ob der vom Herren beanspruchte normative Status – was er *für* sich selbst* ist – das ist, was er *an sich* wirklich ist, kann innerhalb der Vorstellung von Herrschaft gar nicht erst aufkommen. Denn indem man Tatsachen zustimmt darüber, zu was jemand *wirklich* verpflichtet oder berechtigt ist, welche Verantwortung oder Autorität jemand *wirklich* hat, was jemand *an sich* ist, stimmt man etwas zu, das als normativer Maßstab für die Richtigkeitsbewertung der normativen Einstellungen des Zuschreibens oder Beanspruchens ebendieser Status dient. Man hat die Pflicht, seine eigenen Einstellungen hierfür konjunktivisch responsiv zu machen. Dies entspräche dann der Ausübung von Autorität, gegenüber der die eigenen Einstellungen verantwortlich sind. Im Gegensatz dazu gehört es wesentlich zur Herrschaft, *keiner* Autorität zuzustimmen; für sie gibt es *nichts*, von dem die eigenen Einstellungen abhängig bzw. gegenüber dem die eigenen Einstellungen verantwortlich sind.

Schließlich hat der Herr, wie bereits angedeutet, eine Vorstellung von normativer *Kraft* – im fregeschen Sinne der pragmatischen Bedeutung von Status und Einstellung, das heißt, was man *tut*, wenn man autoritativ oder verantwortlich wird bzw. wenn man Autorität zuschreibt und ausübt oder Verantwortung zuschreibt bzw. ihr zustimmt –, die keinen Raum lässt für den Kontrast und die Arbeitsteilung zwischen einer solchen

Kraft und dem bestimmten begrifflichen *Inhalt* von normativen Zuständen und normativen Einstellungen. Das ist, so werde ich behaupten, die Art von Einwand, die der Behandlung aller Formen des Selbstbewusstseins zugrunde liegt, welche sich selbst gemäß den Kategorien der Herrschaft begreifen. Es gibt keine verständliche Semantik (keine Erklärung des Inhalts), die mit der Pragmatik (einer Erklärung der normativen Kraft, des Status und der Einstellung) vereinbar ist, zu der diese Formen des Selbstbewusstseins verpflichtet sind. Es ist für diesen Gedankengang entscheidend, dass Hegel die Beziehungen zwischen Kraft und Inhalt im Sinne Freges, also zwischen Status und Einstellungen einerseits und dem Inhalt andererseits, durch die normativen Begriffe von Autorität und Verantwortung (Selbstständigkeit und Unselbstständigkeit) versteht. Infolge der Weiterentwicklung einer Lehre von Kant betrachtet Hegel den Begriff INHALT als etwas, das folgendermaßen verstanden werden muss: Status und Einstellungen als gehaltvoll zu verstehen heißt, sie als etwas zu verstehen, gegenüber dem man verantwortlich ist, von dem man normativ abhängig ist, also als etwas, das von diesem Inhalt bestimmt wird.

III. Ein Modell der allgemeinen Anerkennung

Hegel zufolge ist etwas grundlegend fehlerhaft an der im Kern des kantischen Verständnisses von Normativität als einer individuellen Autonomie liegenden Idee normativer Einstellungen, die für normative Status *unmittelbar konstitutiv* sind. Zwar ist etwas zutiefst richtig an der von Kant und Rousseau stammenden Entwicklung der Selbstregierungstradition innerhalb der modernen Metaphysik der Normativität, jedoch muss die hierdurch gewährte Einsicht, dass normative Status nicht nur von

Einstellungen abhängig sind, sondern durch sie instituiert werden, in Einklang gebracht werden mit der Einsicht, dass normative Status im Grunde *soziale* Status sind. Hegels Anerkennungsmodell der Instituierung normativer Status durch normative Einstellungen bringt die folgende Idee zum Ausdruck: Damit Individuen wirklich verantwortlich und autoritativ werden (bzw. den Status des Verpflichtet- oder Berechtigtseins haben), sind fremdbezügliche Einstellungen des Zuschreibens von Verantwortung und Autorität (durch die andere normative Subjekte verantwortlich gemacht und als autoritativ betrachtet werden) genauso wesentlich wie selbstbezügliche Einstellungen des Zustimmens zu diesen Status.

Allerdings fehlt in Kants Bild nicht einfach die durch normative Zuschreibungseinstellungen gegebene soziale Dimension. Für ihn ist die Autorität, sich selbst verantwortlich zu machen (diese Art von normativem Status zu instituieren) durch das Einnehmen einer rein selbstbezüglichen Einstellung der Verantwortungszustimmung (der Selbstverpflichtung), nicht den Zuschreibungen anderer zu verdanken. Für das Sein eines autonomen diskursiven Wesens, für das Subjekt normativer Einstellungen und Status, ist diese Autorität konstitutiv. Doch dieser grundlegend konstitutive normative Status wird nicht durch normative Einstellungen instituiert. In dieser Hinsicht erkennt Kant nicht nur die Einstellungsabhängigkeit der Verantwortungen unterer Stufe an, sondern auch die Abhängigkeit der statusinstituierenden Fähigkeit solcher Einstellungen vom normativen Status, von der Autorität, jene Verantwortungen durch Zustimmung zu instituieren: die Autorität, sich selbst zu verpflichten. Dieser Status als autonomes normatives Subjekt von Verpflichtungen – das allein ein Subjekt von Verpflichtungen ist, insofern es in der Lage ist (die Autorität hat), sich selbst zu verpflichten, sich selbst durch Normen zu binden, welche ausschließlich verbindlich sind, insoweit damit derjenige gebunden wird, der ihr *als* verbindlich zustimmt – ist jedoch eine konstitutive Art von *Würde*.

Als solche verdient sie bedingungslos die *Achtung* anderer autonomen Subjekte. Sie haben eine *Pflicht*, eine Verantwortung, die Würde zu achten, die darin besteht, die Autorität zu haben, sich selbst verantwortlich zu machen, indem man sich selbst als verantwortlich betrachtet. Kants Bild hat also doch eine soziale Dimension, in der sowohl die Zuschreibung als auch die Zustimmung eine Rolle spielt. Wir können sie auf folgende Weise darstellen:

Die Abbildung zeigt eine komplexe interpersonale Konstellation grundlegender normativer Einstellungen und normativer Status, in der die Beziehungen von Einstellungen als die Gegenstände von Status bzw. von Status als die Gegenstände von Einstellungen in fünf Ebenen übereinander gelagert sind. Als rationale Wesen haben wir eine anhaltende formale Pflicht bzw. Verantwortung (Status auf Ebene 5), die Würde jedes rationalen Wesens *als* rationales Wesen zu achten – ihm also Würde zuzuschreiben (Einstellung auf Ebene 4). Dies wiederum heißt, dass man die *Autorität* hat (einen Status auf Ebene 3, der auf Ebene 4 zugeschrieben wurde), sowohl doxastischen als auch praktischen Verantwortungen bzw. Verpflichtungen (Status auf Ebene 1) konstitutiv zuzustimmen (eine status-instituierende Einstellung auf Ebene 2).

Hegel begrüßt all diese Elemente, sie bilden für ihn den Ausgangspunkt für die Aussage, dass Kant *beinah* Recht hatte: Er habe alle wichtigen begrifflichen Elemente zurechtgelegt und lediglich nicht genau gesehen, wie sie zusammengehören.

Laut Kants Idee besteht eine notwendige Bedingung des Verantwortlich*seins* darin, der entsprechenden Verantwortung *zuzustimmen*. Und genau dies bedeutet Autonomie. Kant lässt hier Raum für den Unterschied zwischen einem *expliziten* Zustimmen und einem bloß *impliziten* Zustimmen zur Verantwortung (beispielsweise hinsichtlich des Erkenntnis- und Handlungssubjekts, das denkt, spricht und absichtlich handelt). Man könnte allerdings meinen – und ich glaube, dies ist Hegels Per-

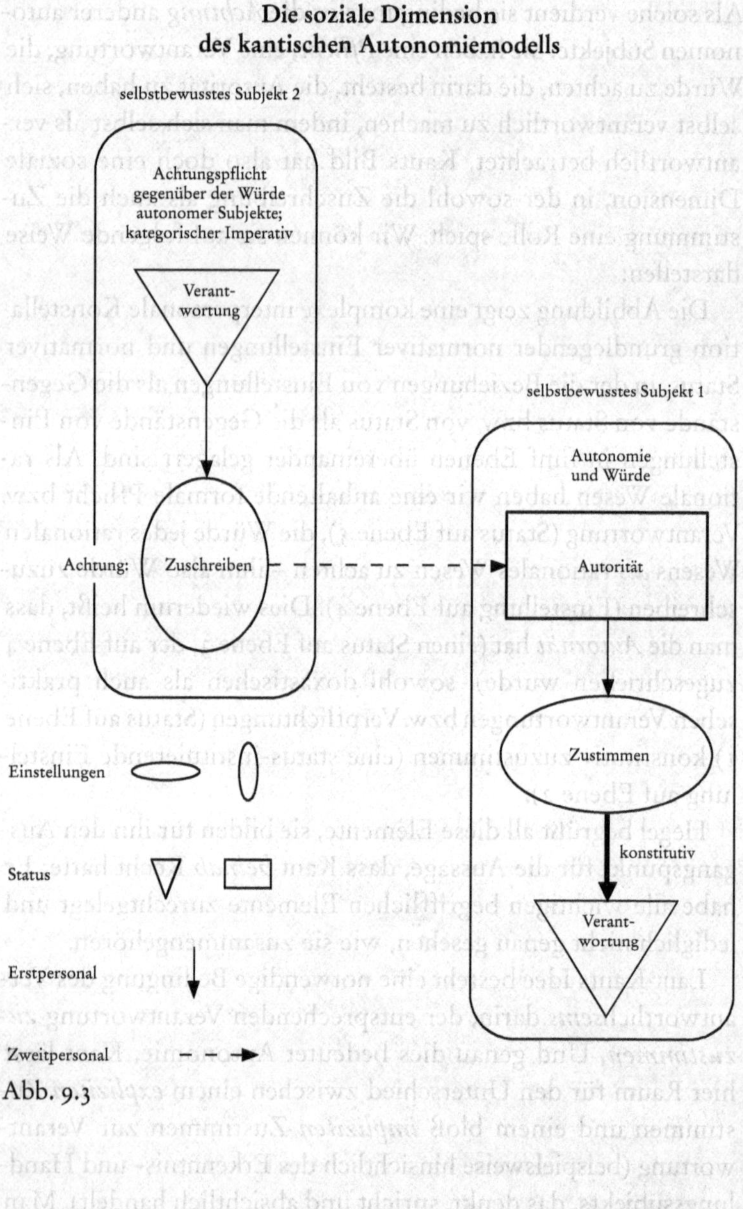
Die soziale Dimension
des kantischen Autonomiemodells
selbstbewusstes Subjekt 2
Achtungspflicht
gegenüber der Würde
autonomer Subjekte;
kategorischer Imperativ
Verant-
wortung
Achtung:
Zuschreiben
selbstbewusstes Subjekt 1
Autonomie
und Würde
Autorität
Zustimmen
konstitutiv
Verant-
wortung
Einstellungen
Status
Erstpersonal
Zweitpersonal

Abb. 9.3

spektive hierauf –, dass dieser Sinn des *Verantwortlichseins* noch nicht vollständig entfaltet ist. Er könnte womöglich auch in einem anderen wichtigen komplementären Sinn des Verantwortlichseins liegen, nämlich darin, dass man ausschließlich verantwortlich *gemacht* wird – ein einseitiges Zuschreiben des Status anstelle eines einseitigen Zustimmens zum Status.[7] Hegel behauptet, dass genuine Verantwortung *beide* Einstellungen verlangt, und zwar angeordnet als gegenseitige Anerkennung des Status (als Einstellungsdual des Zustimmens und Zuschreibens). Hegels Ansicht ergibt sich, wenn man das kantische Bild annimmt und dabei *beide* Einstellungen – die Zuschreibung von Autorität und deren Ausübung als das Eingehen von Verantwortung – als jeweils notwendig und zusammengenommen hinreichend für die Instituierung normativer Status behandelt.

Schauen wir auf die Abbildung der komplexen Konstellation grundlegender Einstellungen und Status, welche den grundlegenden kantischen normativen Status ausmachen, dann wird Folgendes klar: Obwohl die bestimmten Verantwortungen (erkenntnismäßige Verpflichtungen für Behauptungen und praktische Verpflichtungen für Akte) im unteren Teil der Abbildung durch unmittelbar konstitutive Einstellungen instituiert werden, wird die Autorität, genau das zu tun (Autonomie), nicht als etwas begriffen, das derart durch Einstellungen instituiert ist. Die Abbildung der sozialen Erweiterung des grundlegenden kanti-

7 Dieser Sinn von »verantwortlich« ist der reine soziale Statussinn des »Queens Shilling«: Man tut etwas, das (ob man es weiß oder nicht) die soziale Bedeutung hat, andere zu berechtigen, Verantwortung zuzuschreiben. In *Expressive Vernunft* versuche ich damit so weit wie möglich zu kommen. Ein solches Unterfangen mag zwar pervers erscheinen, doch wird hier im Grund nur die poppersche Methodologie in böswilliger Absicht angewendet. Es geht darum, die stärkste Hypothese zu untersuchen, die am leichtesten falsifiziert werden kann, um somit herauszufinden, welche Erklärungsarbeit sie zu leisten imstande ist, also wie weit sie trägt, bevor ihre Erklärungsressourcen erschöpft sind.

schen normativen Status macht gleichfalls klar, dass die Pflicht, die Autonomie der anderen zu achten, ebenfalls ein Status ist, der nicht selbst durch Einstellungen instituiert wird. Autonom zu sein und die Verantwortung zu besitzen, die Autonomie zu achten, indem man die Autorität zuschreibt, sich selbst zu verpflichten, sind beide Status, die nicht durch Einstellungen instituiert werden. Für Kant jedoch sind sie dem Seinsstatus eines rationalen, diskursiven Wesens konstitutiv. Deshalb muss er eine besondere Geschichte darüber erzählen, inwiefern sie zwei Seiten ein und derselben Medaille sind, also zwei notwendig miteinander verknüpfte Aspekte der Vorstellung von solchen Wesen.

Akzeptieren wir einmal die Gründe, die Kant zu genau dieser Vorstellung des Komplexes von grundlegenden Einstellungen und Status geführt haben (also der sozial erweiterte grundlegende kantische normative Status). Gehen wir darüber hinaus davon aus, dass sowohl *alle* normativen Status durch normative Einstellungen instituiert werden, als auch, dass eine solche Instituierung nicht nur die *Zustimmungs*einstellung des Subjekts des Status, sondern auch die Einstellung eines anderen, welcher *zuschreibt*, erfordert – dass es also nicht nur darum geht, was das normative Subjekt für sich *selbst* ist, sondern auch darum, was es für *andere* ist. Laut dieser Idee können die Einstellungen irgendeines individuellen normativen Subjekts nur normative Status instituieren, wenn sie durch die Einstellung anderer *angemessen ergänzt* werden. Die Achtung, die die anderen den autonomen normativen Subjekten schulden, ist also nicht einfach ein *Zusatz* zu der Autorität dieser autonomen Subjekte, durch Zustimmung Verantwortungen zu instituieren (sich selbst verantwortlich zu machen, indem man sich als verantwortlich betrachtet). Laut Hegel ist die Anerkennung – die Anerkennungseinstellung des *Zuschreibens* der Autorität, die für die Autonomie spezifisch ist (also jener Begriff, der an Kants »Achtung der Würde« anderer Subjekte anschließt) – eine wesentliche Komponente, um genau diese Autorität zu instituieren. Diese Ge-

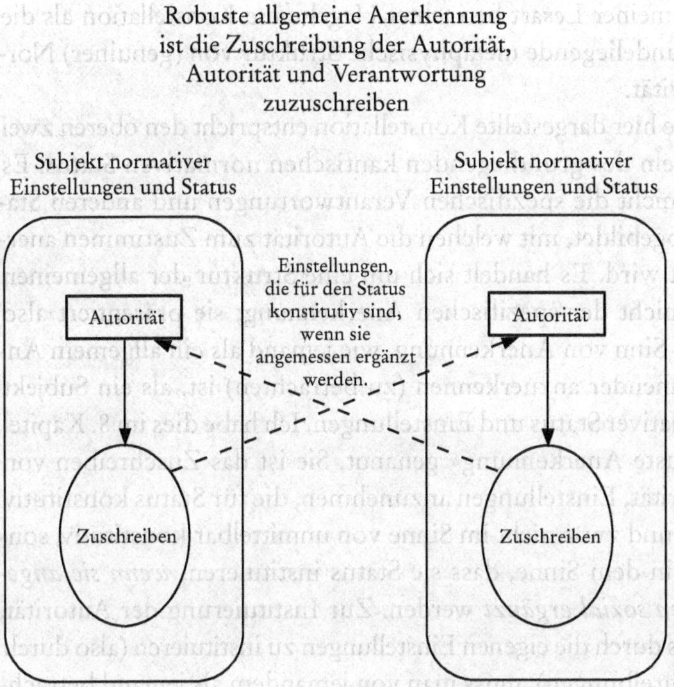

Abb. 9.4

danken führen vom kantischen Modell der *individuellen* autonomen normativen Subjekte, die ihre bestimmten Verantwortungen anhand ihrer Zustimmungseinstellungen *unmittelbar* instituieren, zum hegelschen Modell der *sozialen* Instituierung normativer Status durch Einstellungen normativer Subjekte, die jeweils durch angemessen ergänzende Zustimmungs- und Zuschreibungseinstellungen miteinander *vermittelt* werden müssen. Aus der Modifizierung des sozial erweiterten Komplexes grundlegender Einstellungen und Status, welcher sowohl die Autonomie enthält als auch die Pflicht, diese Autonomie zu achten, ergibt sich somit ein Komplex, der eine andere, symmetrische, wesentlich soziale Struktur aufweist. Dies ist eine sehr einfache Konstellation von normativen Einstellungen und Status.

Laut meiner Lesart betrachtet Hegel *diese* Konstellation als die zugrundeliegende metaphysische Struktur von (genuiner) Normativität.

Die hier dargestellte Konstellation entspricht den oberen zwei Dritteln des grundlegenden kantischen normativen Status. Es sind nicht die spezifischen Verantwortungen und anderen Status abgebildet, mit welchen die Autorität zum Zustimmen anerkannt wird. Es handelt sich um eine Struktur der allgemeinen und nicht der spezifischen Anerkennung; sie präsentiert also einen Sinn von Anerkennung, wie jemand als ein allgemein Anerkennender anzuerkennen (zu betrachten) ist, als ein Subjekt normativer Status und Einstellungen. Ich habe dies im 8. Kapitel »robuste Anerkennung« genannt. Sie ist das Zuschreiben von Autorität, Einstellungen anzunehmen, die für Status konstitutiv sind, und zwar nicht im Sinne von unmittelbar konstitutiv, sondern in dem Sinne, dass sie Status instituieren, *wenn sie angemessen sozial ergänzt* werden. Zur Instituierung der Autorität, Status durch die eigenen Einstellungen zu instituieren (also durch Zuschreibungen), muss man von jemandem als jemand betrachtet (bzw. anerkannt) werden, der diese Autorität hat; dieser andere wird dann wiederum als ein jemand anerkannt, der ebendieselbe Autorität hat. Laut dieser Idee können Anerkennungseinstellungen nur Anerkennungsautorität instituieren, wenn diese Einstellungen »angemessen (sozial) ergänzt«, also erwidert werden. Anerkennungsautorität – die Autorität, die der Autonomie des grundlegenden kantischen normativen Status entspricht, das heißt die Autorität, Status durch die eigenen Einstellungen zu instituieren – wird selbst durch angemessen ergänzte Anerkennungseinstellungen instituiert. Nur wenn jene Einstellungen angemessen ergänzt werden, haben sie die Autorität, normative Status zu instituieren. Die *kantische Achtung* (die Autorität, Status durch eigene Einstellungen zu instituieren) wird zur *hegelschen Anerkennung*, wenn diese Autoritätszuschreibung durch jemand anderen als wesentlich für die Instituierung der

Autorität verstanden wird, durch die eigenen Einstellungen Verantwortung zu instituieren (sich selbst verantwortlich zu machen).

Autonom wie sie sind, können sich kantische normative Subjekte gewissermaßen am eigenen Schopf aus dem Sumpf ziehen. Denn sie können normative Status verwirklichen, die bloß virtuell sind, die also nur als die Gegenstände ihrer normativen Einstellungen existieren. Aber die Autorität, das zu tun, das heißt die Autorität, in der ihre Autonomie besteht, ist für Kant nicht das Produkt ihrer eigenen Einstellungen, und auch nicht das Produkt der Einstellungen anderer normativer Subjekte, die die Pflicht haben, diese Autonomie zu achten, indem sie die Autorität zuschreiben. Dass sie jene Autorität besitzen, ist nur eine Tatsache über sie, genauso wie die Verantwortung aller anderen, diese Autorität zu achten. Im Gegensatz dazu wird die Anerkennungsautorität hegelscher normativer Subjekte vollständig durch Anerkennungseinstellungen instituiert, welche der kantischen Achtung der Autonomie anderer entsprechen. Der Anerkennungsstatus, der als der bloße Gegenstand von Anerkennungseinstellungen (Zuschreibungen der Autorität) virtuell ist, wird gemäß dem Anerkennungsmodell verwirklicht, wenn, und nur wenn, das anerkennende Subjekt von einem anderen anerkennenden Subjekt, welches das erste Subjekt wiederum anerkennt, anerkannt wird (und zwar als anerkennendes Subjekt). Sie ziehen sich nicht individuell am Schopf ihrer eigenen Anerkennungseinstellungen (Zuschreibungen der Autorität) hoch bis zu dem normativen Status, Anerkennungsautorität zu haben. Es ist die Anerkennungseinheit, die sie bilden, wenn ihre Anerkennung gegenseitig ist, die die Einstellungen von beiden erzeugt; sie erhebt ihre Status (Anerkennungsautorität), die als die Gegenstände ihrer Einstellungen bloß virtuell sind, auf die Ebene wirklicher normativer Status. Die Anerkennungsstatus werden nicht unmittelbar durch Anerkennungseinstellungen, sondern durch angemessen sozial ergänzte Anerkennungseinstellungen instituiert.

Dies ist, so behaupte ich, die grundlegende Konstellation von Einstellungen und Status, auf die sich Hegel unter der Rubrik des »reine[n] Begriffs des Anerkennens, der Verdopplung des Selbstbewußtseins in seiner Einheit« beruft.[8] Er leitet das Thema mit dem folgenden Satz ein:

> Das Selbstbewußtsein ist *an* und *für sich*, indem und dadurch, daß es für ein Anderes an und für sich ist; d. h. es ist nur als ein Anerkanntes.[9]

Das *Ansich* eines normativen Subjekts sind seine normativen Status, sein *Fürsich* sind seine normativen Einstellungen. Ein Subjekt normativer Status und Einstellungen zu sein hängt davon ab, ob man als solches von einem anderen normativen Subjekt anerkannt wird. »Es ist ein *Selbstbewußtsein für ein Selbstbewußtsein*. Erst hierdurch ist es in der Tat.«[10] Mit diesem Schritt wird Anerkennung (die Einstellung, die auf Kants Achtung folgt) als ein konstitutives Element des Status der normativen selbstbewussten Selbstheit betrachtet (der Status, der auf Kants Autonomie folgt).

Um ein Selbst bzw. etwas mit dem Status eines normativen Subjekts zu instituieren, sind ferner Anerkennungseinstellungen erforderlich, die *symmetrisch* und *gegenseitig* sind.

> Jedes ist dem Anderen die Mitte, durch welche jedes sich mit sich selbst vermittelt und zusammenschließt, und jedes sich und dem Anderen unmittelbares für sich seiendes Wesen, welches zugleich nur durch diese Vermittlung so für sich ist. Sie *anerkennen* sich als *gegenseitig sich anerkennend*.[11]

8 *PhG*, S. 147.
9 Ebd., S. 145.
10 Ebd., S. 144.
11 Ebd., S. 147.

Wir sehen hier den Schritt von der kantischen *unmittelbaren* Instituierung von Status durch individuelle Einstellungen zur hegelschen Anerkennungsinstituierung von Status durch Einstellungen, die durch die Einstellungen der anderen sozial *vermittelt* werden.

> Die Bewegung ist also schlechthin die gedoppelte beider Selbstbewußtsein[e]. Jedes sieht *das Andere* dasselbe tun, was es tut; jedes tut selbst, was es an das Andere fordert, und tut darum, was es tut, auch *nur* insofern, als das Andere dasselbe tut; das einseitige Tut wäre unnütz; weil, was geschehen soll, nur durch beide zustande kommen kann.[12]

Kurz danach bezieht sich Hegel auf die symmetrische Anerkennungskonstellation grundlegender normativer Einstellungen und Status als den »reine[n] Begriff des Anerkennens, der Verdopplung des Selbstbewußtseins in seiner Einheit«. Sie ist die grundlegende Struktur robuster allgemeiner Anerkennung. In ihr werden durch angemessen sozial ergänzte Anerkennungseinstellungen sowohl die Status der Anerkennungsautorität instituiert als auch die Subjekte normativer Status und die durch dyadische Anerkennungsbeziehungen definierte Gemeinschaft, welche wiederum aus normativen Subjekten besteht, die sich wirklich gegenseitig anerkennen und voneinander anerkannt werden. »Die Auseinanderlegung des Begriffs dieser geistigen Einheit in ihrer Verdopplung stellt uns die Bewegung des *Anerkennens* dar.«[13]

Das Anerkennen des anderen heißt, dass der andere praktisch als ein normatives Selbst, als das Subjekt normativer Einstellungen und Status, betrachtet und behandelt wird. Im Modell heißt

12 Ebd., S. 146f.
13 Ebd., S. 145f.

dies, die Einstellung des Zuschreibens des Status der Autorität, Status durch die eigenen Einstellungen zu instituieren, insofern diese Einstellungen angemessen ergänzt werden. Diese Art von Autorität entspricht der kantischen Autonomie, welche sich hinsichtlich des Verständnisses der Konstellation der statusinstituierenden Einstellungen unterscheidet (Status verwirklichen, die sonst virtuell sind). In der hegelschen Version ist die betreffende Autorität sozial vermittelt, und nicht individuell unmittelbar. Die Annahme von Anerkennungseinstellungen in diesem Sinne bedeutet, einen gegliederten Begriff von Selbst auf den Anerkannten anzuwenden. Es ist das Bewusstsein eines Selbst *als* ein Selbst. Dieser Begriff wird auch auf das anerkennende Bewusstsein angewendet: Es ist ein anerkennendes Selbst *für* ein anerkennendes Selbst. Aber das Selbst, für das es ein Selbst ist, also das, über das es sich als ein anderes Selbst bewusst ist, ist nicht sein Selbst an sich, sondern das andere anerkannte anerkennende Selbst. Das Selbstbewusstsein, das für die anerkennenden anerkannten Individuen, die die Anerkennungszweiheit ausmachen, instituiert und verwirklicht wird, ist eine Eigenschaft, die sie *als* eine Anerkennungszweiheit haben. Es ist nur sekundär; als Eigenschaft beider Individuen ist es ein Ergebnis. Hegel verweist auf die Anerkennungsgemeinschaft von anerkennenden anerkannten individuellen normativen Subjekten als »Geist«:

> diese absolute Substanz, welche in der vollkommenen Freiheit und Selbständigkeit ihres Gegensatzes, nämlich verschiedener für sich seiender Selbstbewußtsein[e], die Einheit derselben ist; *Ich*, das *Wir*, und *Wir*, das *Ich* ist.[14]

14 Ebd., S. 145.

Im Modell entspricht »Selbständigkeit« *Autorität*, und zwar verschiedener anerkennender Subjekte. Sie ist keine *unmittelbare* Autorität (reine Selbstständigkeit), sondern eine durch die Einstellungen anderer sozial *vermittelte* Autorität, die zugeschrieben wird, indem das selbstständige normative Subjekt *als* autoritativ anerkannt wird. »Freiheit« ist Hegels Ausdruck für die symmetrische, die Unmittelbarkeit integrierende Anerkennungskonstellation als die Wirklichkeit sozial vermittelter Einstellungen, und zwar unter der Voraussetzung der angemessenen Ergänzung ihrer institutionellen Autorität.

IV. Ein Modell der spezifischen Anerkennung

Das hegelsche Anerkennungsmodell ist nach meiner Deutung der Nachfolger des kantischen Autonomiemodells. Die Abbildung oben stellt nur die allgemeinsten Umrisse der komplexen Konstellation grundlegender normativer Einstellungen und Status dar. Es beschreibt ausschließlich die Struktur robuster *allgemeiner* Anerkennung, die Anerkennungseinstellungen, die den Anerkennungsstatus des Besitzes von Anerkennungsautorität instituieren (was es erfordert, dass der Besitz dieser Autorität anerkannt wird). In der Abbildung wurden die *spezifischen* (nicht-anerkennenden) Verantwortungs- und Autoritätsstatus (die paradigmatisch sind für Behauptungs- und Urteilsakte und absichtliche Handlungen) ausgelassen, die Kant zufolge autonome normative Subjekte in ihrer Autorität haben, durch entsprechende Zustimmungseinstellungen Status zu instituieren. Um uns den Bedingungen für den Besitz *spezifisch* normativer Status zu nähern, können wir zunächst den von der kantischen Autonomie betonten Verantwortungsstatus in den Blick nehmen. Hegel ist weit davon entfernt, Kants Einsicht aufzugeben, wonach man nur für das verantwortlich ist, für was man Verantwortung anerkennt. Er will diese Einsicht um den Gedanken ergänzen, dass es haltlos ist, eine Verpflichtung eingegangen zu sein, solange man nicht jemanden dazu ermächtigt hat, einen dafür verantwortlich zu *halten*. (Zuletzt geht es hier um die Bedingungen des bestimmten Gehaltvollseins der Verpflichtung. Wird die Verpflichtung nicht *erteilt*, ist sie nicht bestimmt gehaltvoll.) Das Anerkennungsmodell erfordert die angemessene soziale Ergänzung von Einstellungen für die Verwirklichung der Status, die als die Gegenstände dieser Einstellungen nur virtuell sind.

Laut dem hegelschen Modell, wie auch in der kantischen Autonomiestruktur, muss die Zuschreibung einer Verantwortung durch deren Zustimmung seitens des Subjekts der Verantwortung ergänzt werden. Man *ist* nur für das verantwortlich (ein Status), für was man der Verantwortung *zustimmt* (eine Einstellung). Der Verantwortungsstatus, der virtuell ist in dem Sinne, dass er Gegenstand ist allein für diese gepaarten Einstellungen (Zuschreibung und Zustimmung), wird erst verwirklicht – das heißt ein Status außerhalb der Einstellungen, deren Gegenstand er ist –, wenn dem zugeschriebenen Status auch zugestimmt wird. Dies entspricht auf der anderen Seite der Forderung, dass, damit das Eingehen einer Verpflichtung oder Verantwortung zur erfolgreichen Instituierung dieses Status führt (damit also der Status der mit ihm eingegangenen Verpflichtung konstitutiv wird bzw. damit er eine erfolgreiche Unternehmung dieser Verpflichtung und somit ein Status wird), jemand anderes sowohl autorisiert werden muss, das Subjekt verantwortlich zu *machen* (die Verpflichtung bzw. eine Einstellung zuzuschreiben), als auch, dass er ebendies *wirklich* tut. Kant fordert diese soziale Ergänzung von Einstellungen *nicht*. Er glaubt, dass autonome individuelle Subjekte einfach mit der Autorität ausgestattet sind, die Status bzw. die Gegenstände ihrer Einstellungen unmittelbar zu verwirklichen, also ohne von anderen wirklichen

Einstellungen abhängig zu sein. Für die Zuschreibung und Behauptung von Autorität gelten im sozialen Anerkennungsmodell jedoch die gleichen Paarungsbedingungen, die die soziale Ergänzung normativer Einstellungen erfordert, um normative Verantwortungsstatus zu instituieren. Man *hat* die Autorität (einschließlich der Autorität, Status durch die eigenen Einstellungen zu instituieren) nur, wenn man von anderen so *betrachtet* wird, also nur insofern sie einem diese Autorität zuschreiben. Die behauptete Autorität wird durch eine Autoritätsbehauptung wirklich nur instituiert, wenn andere, die das autoritative Subjekt darin anerkennen, eine solche Autorität zu besitzen, diese Autorität durch Zuschreibung anerkennen. Ohne andere, die einen *als* autoritativ behandeln, ist der eigene Autoritätsanspruch unvollständig. Die betreffende Autorität ist bloß virtuell als der Gegenstand der behauptenden Einstellung des Subjekts. Sie ist eine Voraussetzung für die Verwirklichung bestimmter Status: Das anerkennende Subjekt, das das erste Subjekt verantwortlich macht, ist dazu autorisiert, und nimmt zugleich an, dass das erste Subjekt dazu autorisiert ist, der Verpflichtung zuzustimmen. Das Zustimmen zu einem Status wie etwa Verantwortung wird nur angemessen ergänzt, wenn ein anerkannter Anerkennender diesen Status auch zuschreibt, das heißt jemanden dafür verantwortlich macht. Das Zuschreiben eines Status wie etwa Verantwortung ist erst angemessen ergänzt, wenn der anerkannte Anerkennende (dem er zugeschrieben wird) dem Status zustimmt.

Das hegelsche Anerkennungsmodell, das das kantische Autonomiemodell zur Grundlage hat (welches nun um das Soziale erweitert wurde, damit die Pflicht zur Achtung der Autonomie eingeschlossen ist), ist die Darstellung der vollständigen Konstellation grundlegender Einstellungen und Status. Dies ist die Feinstruktur des hegelschen Anerkennungsmodells der sozialen Instituierung normativer Status durch normative Einstellungen.

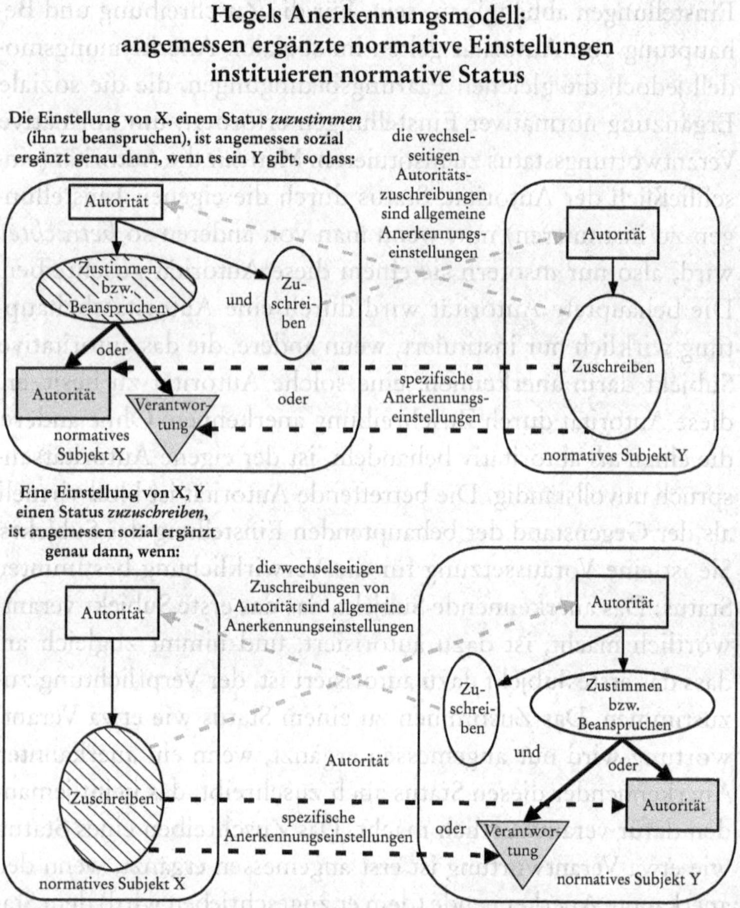

Abb. 9.5

Die obere Hälfte der Abbildung zeigt die Anerkennungszweiheit, in der die Anerkennungseinstellung spezifisch normativer Status des normativen Subjekts X durch die Zuschreibungseinstellungen von Y angemessen ergänzt werden, so dass die spezifischen Status wirklich instituiert werden. Die untere Hälfte zeigt die Anerkennungszweiheit, in der die Zuschreibungseinstellung spezifisch normativer Status des normativen Subjekt X gegenüber dem normativen Subjekt Y durch die Anerkennungseinstellungen von Y angemessen ergänzt werden, so dass die spezifischen Status wirklich instituiert werden. In beiden Zweiheiten sind jeweils oben die gegenseitigen allgemeinen Anerkennungseinstellungen der Autoritätszuschreibung enthalten. Sie unterscheiden sich von denjenigen in der vorherigen, vereinfachten Abbildung gegenseitiger allgemeiner Anerkennung nur darin, dass die gegenseitig zugeschriebene Autorität in eine Autorität untergegliedert wird, die neben Zuschreibungseinstellungen normativer (einschließlich spezifischer) Status nun auch Zustimmungseinstellungen einnehmen kann, die in jedem Fall konstituierend sind, wenn sie angemessen ergänzt werden. Die spezifisch normativen, durch die angemessen ergänzten Einstellungen instituierten Status befinden sich in der oberen Zweiheit links unten und in der unteren rechts unten. Im Wesentlichen kann man hier den grundlegenden kantischen normativen Status der Autonomie wiedererkennen. Jedes Subjekt hat die Autorität, normative Status zu instituieren (einschließlich spezifischer), indem es ihnen zustimmt. Die wichtigen Unterschiede lauten wie folgt:

- *Alle* normativen Status werden durch angemessene Konstellationen normativer Einstellungen instituiert – also in Konstellationen, in welchen sie angemessen sozial ergänzt werden.
- Die durch andere zugeschriebene Autorität, konstitutive (statusinstituierende) Einstellungen einzunehmen, die der kantischen Achtung entsprechen, ist ein wesentliches Element bzw. eine *notwendige* Bedingung der Instituierung dieser Autorität.
- Die ganze Struktur von Status und Einstellungen (einschließlich der fremdbezüglichen), in der die Substruktur eingebettet ist, die die kantische Autonomiestruktur von Status und

Einstellungen ersetzt, ist der *hinreichende* Kontext für die Instituierung von Status durch Einstellungen.

Den Unterschied zwischen dem hegelschen Anerkennungsmodell der Instituierung normativer Status durch normative Einstellungen und dem kantischen Autonomiemodell kann man sich veranschaulichen, indem man das hegelsche Modell mit jenem Begriff des VERTRAGES vergleicht, der für das anglo-amerikanische Zivilrecht so zentral ist. Zwei der fünf klassischen Elemente des Vertrages sind das *Gegenseitigkeitsverhältnis* und der Austausch von Werten bzw. die *Rücksichtnahme*. Diese jeweils notwendigen Bedingungen sind Teil der Bedingungen, die zusammengenommen hinreichend sind, um den rechtlichen Status eines Vertrags zu instituieren. Das *Gegenseitigkeitsverhältnis* verlangt, dass beide Parteien sich dazu verpflichten, sich selbst jeweils der anderen Partei gegenüber verantwortlich zu machen. Der die Rücksichtnahme konstituierende gegenseitige Austausch kann das Versprechen sein, eine Handlung zu vollziehen, die man nicht rechtlich vollziehen muss, oder das Versprechen, eine Handlung zu unterlassen, zu deren Vollzug man berechtigt wäre. Das heißt, der Austausch kann aus dem Zustimmen zu Verantwortung oder der Zuschreibung von Autorität bestehen. Das Vertragsmodell der Instituierung rechtlicher Status durch das Einnehmen sich gegenseitig aufeinander beziehender Einstellungen und Handlungen der Vertragsparteien kommt dem in der Abbildung oben dargestellten Modell sehr nahe, demzufolge angemessen ergänzende Anerkennungseinstellungen normative Status instituieren können. Ein Unterschied jedoch besteht darin, dass das dritte Vertragselement der *Handlungsfähigkeit* – welches die Autorität meint, die noch verbleibenden vertragsinstituierenden Einstellungen einzunehmen – *nicht* einfach durch die Einstellungen der normativen Vertragssubjekte festgelegt wird. So betrachtet, ist dieses Vertragselement weniger der hegelschen allgemeinen Anerkennung ähnlich – der Zuschreibung von Autorität und ihrer Instituierung, wenn sie angemessen ergänzt wird – als vielmehr der kantischen Autonomie bzw. der Autorität, Status durch Einstellungen zu instituieren.

Das Anerkennungsmodell befasst sich im Grunde damit, was erforderlich ist, um die Verantwortungs- und Autoritätsstatus zu verwirklichen, die selbst virtuell sind in dem Sinne, dass sie die Gegenstände der Zuschreibungs- und Zustimmungseinstellungen sind. Die Idee besteht an dieser Stelle darin, dass es notwendig und hinreichend ist, wenn die betreffenden Einstellungen Teil einer angemessenen Konstellation anderer Einstellungen sind. In einer Einstellungskonstellation, die für die Realisierung ihrer Gegenstände angemessen ist, werden die Einstellungen des Zuschreibens von bzw. Zustimmens zu Verantwortung und Autorität durch andere Einstellungen ergänzt. Genuin normative Status werden instituiert, wenn erstens den einem Subjekt zugeschriebenen Status von diesem Subjekt auch zugestimmt werden, zweitens die durch ein Subjekt Zustimmung erfahrenen Status diesem Subjekt zugeschrieben werden und drittens die normativen Subjekte dieser symmetrischen Einstellungen sich allgemein gegenseitig anerkennen. Anerkennen im allgemeinen Sinn bedeutet, jemandem die *Autorität* zuzuschreiben, Einstellungen einzunehmen, die, angemessen ergänzt, Status instituieren – also den Status zu *verwirklichen*, die die Gegenstände dieser Einstellungen sind.

V. Die Anerkennungsinstituierung von Status, Subjekten und Gemeinschaften

Gemäß dem Anerkennungsmodell sind für die Instituierung normativer Status durch normative Einstellungen, die Verwirklichung der Gegenstände dieser Einstellungen, *ergänzende* Einstellungen erforderlich: Statuszuschreibungen und Statuszustimmungen müssen sich symmetrisch ausgleichen. Dieser Symmetrie von Einstellungen entspricht eine Symmetrie von Anerkennungsstatus. Gemäß diesem Modell sind die Anerkennungs*autorität* (die unter anderem durch die Anerkennungseinstellung zugeschrieben wird) und die Anerkennungs*verantwortung* zwei Seiten ein und derselben Medaille. Die Zuschreibung von Anerkennungsautorität impliziert die Zustimmung zur Anerkennungsverantwortung. Damit wird mehr gesagt als nur, dass Y gegenüber X verantwortlich ist, wenn X Autorität über Y hat. Es handelt sich hierbei durchaus um ein grundlegendes Prinzip, das diese beiden normativen Status miteinander in Zusammenhang bringt. Jedoch muss man den Begriff ALLGEMEINE ANERKENNUNG genauer betrachten, um die Symmetrie allgemeiner Anerkennungseinstellungen und -status zu erkennen.

Bisher habe ich die angemessene Ergänzung von Einstellungen besprochen – die dem Modell entsprechende Verwirklichung bzw. Instituierung von Status hingegen noch nicht. Was ergibt sich aus der Ausübung der Autorität, die einem Subjekt zugeschrieben wird, wenn dieses Subjekt anerkannt wird? Was bedeutet es, von der Verwirklichung der Status bzw. der Gegenstände der Einstellungen zu sprechen, die durch die Einstellungen von anderen angemessen ergänzt sind, die also das Subjekt dieser Einstellungen anerkennen und von diesem Subjekt anerkannt sind? Dies bedeutet zunächst, dass das Anerkennen eines Subjekts die Zuschreibung ebenjener Status beinhaltet, die die Gegenstände seiner angemessen ergänzten Einstellungen sind.

Das Anerkennen eines Subjekts bedeutet, das Subjekt als etwas zu betrachten, das wirklich die Verantwortung und Autorität hat, der es selbst zustimmt (insofern die Zustimmung durch Zuschreibung angemessen ergänzt wird). Es bedeutet, sich dem anerkannten Subjekt darin anzuschließen, einem anderen Subjekt die spezifische Verantwortung und Autorität zuzuschreiben, die ihm vom anerkannten Subjekt zugeschrieben wird (insofern die Zuschreibungen des anerkannten Subjekts durch Zustimmungen seitens des Zielsubjekts angemessen ergänzt werden). Wenn Y von X anerkannt wird, wird Y von X so betrachtet, dass Y die Autorität hat, bestimmte Autorität und Verantwortung durch Zustimmung und Zuschreibung zu instituieren, solange die Einstellungen von Y durch diejenigen Einstellungen eines anderen Subjekts (einschließlich X), das von Y auch anerkannt wird, angemessen ergänzt werden. Die Status bzw. die Gegenstände der angemessen ergänzten Einstellungen von Y werden Y zugeschrieben, und jedem, dem Y sie zuschreibt. Dies ist Teil dessen, was es heißt, dass X die Status als wirklich betrachtet, welchen Y zustimmt bzw. die Y zuschreibt, wenn die Einstellungen von Y angemessen ergänzt werden.

Die Status, die die Gegenstände der angemessen ergänzten Einstellungen von Y sind, als wirklich zu betrachten, erschöpft sich aber nicht in der bloßen Zuschreibung dieser Status durch X. Dass X die Status so betrachtet, dass sie wirklich durch Ys angemessen ergänzte Einstellungen instituiert wurden, beinhaltet auch die Verantwortungszuschreibung, diese Status *jedem* zuzuschreiben, den X anerkennt. Es gehört also zur allgemeinen Anerkennung – bzw. dazu, dass einem Subjekt Y die Autorität zugeschrieben wird, normative Status durch das Einnehmen angemessen ergänzter normativer Einstellungen zu instituieren (zu verwirklichen) –, dass jedem, der die Autorität hat, solche Status zu instituieren, die Verantwortung zugeschrieben wird, solche derart instituierten Status zuzuschreiben. Es handelt sich im Grunde um eine allgemeine Quantifizierung der Stelle des indirekten Objekts der Verantwortungszuschreibung. Indem irgendjemand anerkannt wird, wird nicht nur Autorität, sondern auch Verantwortung zugeschrieben. Die Autorität, Status durch die eigenen angemessen ergänzten Einstellungen zu instituieren, bringt für diejenigen, die man anerkennt, eine Verantwortung mit sich, derart instituierte Status zuzuschreiben, denn die Zuschreibung dieser Status bedeutet, sie als wirklich zu betrachten. Mit dem Anerkennen der Autorität, Status durch die eigenen Einstellungen zu instituieren (wenn die Einstellungen angemessen ergänzt werden), ergibt es sich, dass man alle so betrachtet (und nicht nur sich selbst), dass sie die praktische Pflicht haben, diese instituierten Status als wirklich zu behandeln – das heißt verantwortlich zu sein, sie zuzuschreiben. Das Zuschreiben von bzw. Zustimmen zu einer *Verantwortung* dieser Art – allgemein quantifiziert an der Stelle des indirekten Objekts – ist ein notwendiger Teil der Zuschreibung von *Autorität*, die Anerkennung heißt. Dies bedeutet, die zugeschriebene Autorität als die Autorität zu betrachten, die Gegenstände der Einstellungen des anerkannten Subjekts zu *verwirklichen*, also als die Autorität, Status durch das Einnehmen von Einstellungen zu *instituieren* (wenn diese Einstellungen angemessen ergänzt werden).

Damit die durch die Einstellungen der allgemeinen Anerkennung zugeschriebene Autorität die Autorität sein kann, die Status durch die eigenen Einstellungen instituiert, muss diese Autorität mit der allen Anerkannten zugeschriebenen Verantwortung einhergehen, diese Status praktisch *als* wirklich zu betrachten und zu behandeln. Hieraus ergibt sich eine Reihe von Konsequenzen. Eine davon besteht darin, dass man sich, wenn man irgendein normatives Subjekt anerkennt, dazu verpflichtet, jedes von diesem Subjekt anerkannte Subjekt anzuerkennen (wie ich bereits im 8. Kapitel argumentiert habe). Wird Y von X anerkannt, dann geht X davon aus, dass Y die Autorität hat, die Status der Einstellungen von Y zu instituieren, wenn sie durch die Einstellungen von Z angemessen ergänzt werden, der von Y anerkannt wird und der wiederum Y anerkennt. (Diese Rolle kann, aber muss nicht, von X gespielt werden.) In diesem Fall geht X davon aus, dass alle, einschließlich X, die Verantwortung haben, jene Status zuzuschreiben, die durch die angemessen ergänzten Einstellungen der Anerkennungszweiheit von Y und Z instituiert werden. Das bedeutet aber, dass X die Pflicht hat, Z so zu betrachten, dass Z die Autorität hat, Einstellungen anzunehmen, die diejenigen von Y angemessen ergänzen können. Die Zuschreibung der Autorität, Einstellungen anzunehmen, die angemessen ergänzen und angemessen ergänzt werden können, entspricht ebender allgemeinen Anerkennung. Folglich macht sich X im Anerkennen von Y dafür verantwortlich, jeden anzuerkennen, der von Y anerkannt wird. Dies gilt auch für den Fall, dass Y Z anerkennt, jedoch Z nicht Y. Im anderen Fall mag Z, obwohl Y von Z allgemein anerkannt wird, nicht wirklich die spezifischen Einstellungen annehmen, die die spezifischen Einstellungen von Y angemessen ergänzen (anerkennen, was Y zuschreibt, oder zuschreiben, was Y anerkennt). Gleichwohl wäre X dazu verpflichtet, dass, *wenn* Z dies tun würde, genuin normative Status instituiert werden würden. Das heißt, dass X im Anerkennen von Y verantwortlich wird, jedem Z, das Y anerkennt, die *Autorität* zuzuschreiben, Y allgemein anzuerkennen und Einstellungen einzunehmen, die die Einstellungen von Y angemessen ergänzen, um die Status zu verwirklichen, die die Gegenstände dieser Einstellungen sind. Indem diese Autorität Z zugeschrieben wird, wird Z allgemein anerkannt.

In diesem Sinne ist allgemeine Anerkennung also *transitiv*. Es muss nicht der Fall sein, dass, wenn Y von X wirklich anerkannt wird und Z von Y wirklich anerkannt wird, X *wirklich* Z anerkennt. Es kann sein, dass X nicht die relevante Einstellung einnimmt und Z nicht wirklich die Autorität zuschreibt, Einstellungen einzunehmen, die Status instituieren können, wenn sie angemessen ergänzt werden und die Einstellungen von anderen angemessen ergänzen können. Wenn aber Y wirklich von X anerkannt wird, und Z wirklich von Y, dann folgt daraus, dass X aufgrund seiner Anerkennung von Y zustimmt, *verantwortlich* zu sein bzw. *verpflichtet* zu sein, Z anzuerkennen.

An dieser Stelle könnte man Bedenken haben, dass die Anerkennungsverantwortungen, die mit der Anerkennungsautorität einhergehen, keine *wirklichen* Verantwortungen sind, sondern bloß virtuelle, also bloß Gegenstände der Zuschreibungen und Zustimmungen anerkennender Subjekte. Selbst wenn ein normatives Subjekt ein anderes anerkennt und allen anderen, die vom anerkannten Subjekt anerkannt werden, die Verantwortung bestätigt und zuschreibt, die Status zuzuschreiben, die das anerkannte Subjekt bestätigt und zuschreibt (insofern diese Status angemessen ergänzt werden), werden sich die Bestätigungen und die Zuschreibungen des anerkennenden Subjekts als Einstellungen *desselben* Subjekts nicht angemessen sozial ergänzen lassen. Obwohl der Anerkennende einer Verantwortung zustimmt und diese Verantwortung jedem zuschreibt, den er anerkennt, scheint die betreffende Verantwortung bzw. die Verantwortung, Status zuzuschreiben, die die Gegenstände angemessen ergänzter Einstellungen des Anerkannten sind, doch bloß virtuell zu bleiben.

Wir haben allerdings gesehen, dass diese Zustimmung zu bzw. Zuschreibung von Verantwortung impliziert, dass alle die Pflicht haben, alle anzuerkennen, die von irgendeinem anerkannt werden, den sie anerkennen. *Dieser* Verantwortung wird von jedem zugestimmt und wird auch jedem zugeschrieben, denn die Einstellungen stehen in den richtigen Beziehungen, um als sozial angemessen ergänzend zu gelten. Jedem anerkannten Subjekt wird vom anerkennenden Subjekt eine konditionale Verantwortung mit folgendem Inhalt *zugeschrieben*: *Du* bist dafür verantwortlich, jeden anzuerkennen, der von jemandem anerkannt wird, den *Du* anerkennst. Und jedes anerkennende Subjekt *stimmt* einer konditionalen Verantwortung *zu* mit dem Inhalt: *Ich* bin dafür verantwortlich, jeden anzuerkennen, der von jemandem anerkannt wird, den *Ich* anerkenne. Doch diese quantifizierten Zuschreibungen des »Du« und Zuschreibungen des »Ich« auf der Seite der Subjekte, die sich allgemein gegenseitig anerkennen, ergänzen einander sozial. Was der eine zuschreibt, dem stimmt der andere zu. Sie instituieren also genuin normative Status bzw. verwirklichen die virtuellen Verantwortungen. Die Wirklichkeit der derart instituierten normativen Status bezieht sich auf die Anerkennungsgemeinschaft in dem Sinne, dass diese Status für *diejenigen* wirklich sind, die die instituierenden normativen Subjekte der angemessen ergänzten Einstellungen anerkennen. Durch ihr praktisches Verhalten unterscheiden die Mitglieder der Anerkennungsgemeinschaft zwischen bloß virtuellen Status (die Gegenstände von Einstellungen) und wirklichen Status.

Um im vollen normativen Sinn ein Selbst zu sein, hat man nicht nur wirkliche normative Einstellungen, sondern auch wirkliche normative Status. Man *betrachtet* nicht nur sich selbst oder andere so, dass man Autorität hat oder verantwortlich ist, sondern man *hat* wirklich Autorität bzw. *ist* wirklich verantwortlich. Um einen solchen Status zu erreichen, muss ein normatives Subjekt an einer allgemeinen Anerkennungszweiheit teilnehmen: Das Subjekt muss von jemandem wirklich anerkannt werden, den dieses Subjekt wirklich anerkennt, denn nur angemessen sozial ergänzte Einstellungen instituieren wirkliche Status. Es folgt daraus, dass alle, normative Status, normative Subjekte solcher Status und die Anerkennungsgemeinschaften der normativen Subjekte, durch Anerkennungsprozesse, die eine angemessene Struktur »gegenseitiger Anerkennung« haben, gleichzeitig synthetisiert werden. Die grundlegenden normativen Status in diesem Modell sind Verantwortung und Autorität, welche Hegels »Unselbständigkeit« und »Selbständigkeit« entsprechen, insofern diese Begriffe auf der Seite der Subjekte angewandt werden. Ein Selbst zu sein, im Sinne eines Subjekts solcher grundlegenden normativen Status, ist eine weitere Art von normativem

Status – wie auch das Sein eines *Mitglieds einer Gemeinschaft* von Selbsten oder normativen Subjekten, die durch normative Einstellungen gegenseitiger Anerkennung zwischen solchen Subjekten synthetisiert werden. Das Modell erklärt, wie es sein kann, dass diese zwei in einem Sinne abgeleiteten normativen Status – das Sein eines normativen Selbsts oder Subjekts und das Sein eines Mitglieds einer Normativitätsgemeinschaft – wirklich und notwendig *ein und derselbe* normative Status sind, der aus zwei verschiedenen Ansichten heraus betrachtet wird. Es ist die normative soziale »Substanz, welche in der vollkommenen Freiheit und Selbständigkeit ihres Gegensatzes, nämlich verschiedener für sich seiender Selbstbewußtsein[e], die Einheit derselben ist; *Ich*, das *Wir*, und *Wir*, das *Ich* ist«.[15]

Die minimale Gemeinschaft, die *selbstinstituierend* ist hinsichtlich sowohl der Selbste als auch einer Gemeinschaft von Selbsten (mitsamt der normativen Status von Verantwortung und Autorität), ist eine Anerkennungszweiheit: zwei sich gegenseitig anerkennende und jeweils voneinander anerkannte Individuen, die beiden normativen Status zustimmen und sie zuschreiben. Es sind noch viel größere Gemeinschaften möglich, in denen jedes Mitglied in gegenseitigen Anerkennungsbeziehungen zu jedem anderen Mitglied steht: *Jedes* Mitglied erkennt *alle* anderen an und wird von *allen* anderen *als* zugleich normatives Subjekt und Mitglied der Anerkennungsgemeinschaft anerkannt. Hegel verwendet den Begriff »Selbstbewusstsein«, um den doppelten Status zu bezeichnen, den jedes Mitglied einer solchen Anerkennungsgemeinschaft sowohl als Subjekt genuin normativer Status als auch als Mitglied einer Anerkennungsgemeinschaft besitzt. Das Selbstbewusstsein im Sinne dieses normativen Status ist keine unmittelbare Leistung eines Individuums, wie Kant meint. Es ist ein wesentlich *sozialer* Status, eine Art von Selbstbeziehung, die durch Anerkennungsbeziehungen

15 Ebd., S. 145.

zu anderen vermittelt wird. Dieser soziale Status ist der paradigmatische Fall einer Art von Identität, die aus Unterschieden gebildet wird; es ist ein Status, der wesentlich die Beziehungen zu anderen miteinschließt, die aufgrund ihrer Anerkennungsbeziehungen auch diesen Status haben. Jedes Mitglied übt selbstständig *Autorität* aus, indem es Anerkennungseinstellungen gegenüber anderen einnimmt; und jedes Mitglied ist *verantwortlich* gegenüber den anderen, da es von ihrer Anerkennung abhängt (auch auf die Gefahr hin, dass keine wirklichen normativen Status instituiert werden, auch nicht solche, die ein selbstbewusstes normatives Subjekt und Mitglied der Gemeinschaft auszeichnen). Diese konstitutive Konstellation von gegenseitiger Autorität und Verantwortung, normativer Selbstständigkeit und Unselbstständigkeit, nennt Hegel »Freiheit«. In dem von mir bereits mehrmals zitierten Abschnitt, der die Einleitung in das Kapitel zum Selbstbewusstsein abschließt, wird Folgendes gesagt:

> Es ist ein *Selbstbewußtsein für ein Selbstbewußtsein*. Erst hierdurch ist es in der Tat; denn erst hierin wird für es die Einheit seiner selbst in seinem Anderssein; *Ich*, das der Gegenstand seines Begriffs ist, ist in der Tat nicht *Gegenstand*; der Gegenstand der Begierde aber ist nur *selbständig*, denn er ist die allgemeine unvertilgbare Substanz, das flüssige sichselbstgleiche Wesen. Indem ein Selbstbewußtsein der Gegenstand ist, ist er ebensowohl Ich wie Gegenstand. – Hiermit ist schon der Begriff *des Geistes* für uns vorhanden. Was für das Bewußtsein weiter wird, ist die Erfahrung, was der Geist ist, diese absolute Substanz, welche in der vollkommenen Freiheit und Selbständigkeit ihres Gegensatzes, nämlich verschiedener für sich seiender Selbstbewußtsein[e], die Einheit derselben ist; *Ich*, das *Wir*, und *Wir*, das *Ich* ist.[16]

16 Ebd.

Wir, die Leser der *Phänomenologie*, sollen uns an dieser Stelle über die soziale Metaphysik genuiner Normativität klar werden – Autorität, Verantwortung, selbstbewusste Selbstheit und die normative soziale Substanz bzw. der *Geist* –, so wie sie dargelegt wird im Modell der Instituierung normativer Status durch normative Einstellungen gegenseitiger Anerkennung. Das Argument für dieses Modell verläuft über die Darstellung der Defekte der Sozialstrukturen normativer Einstellungen, welche nicht die Symmetrie aufweisen, die für das Modell der Instituierung genuin normativer Status erforderlich ist. Dies ist das Thema des folgenden Kapitels, in dem die verschiedenen im Kapitel zum Selbstbewusstsein erzählten Allegorien in Bezug auf das hier vorgestellte Modell gegenseitiger Anerkennung gelesen und gedeutet werden (beginnend mit »Herr und Knecht«).

Bevor wir uns auf dieses Unterfangen einlassen, ist es hilfreich, noch eine weitere Konsequenz aus dem Anerkennungsmodell der norminstituierenden Gemeinschaften zu betrachten. Denn neben dem Kernbegriff der Anerkennungsgemeinschaft, die durch allgemeine gegenseitige Anerkennungseinstellungen synthetisiert werden, erzeugt das Modell verschiedene, noch komplexer strukturierte Gemeinschaften, die um die Zweiheiten gegenseitiger allgemeiner Anerkennung angeordnet sind und aber auch über diese hinausgehen. Bisher haben wir Gemeinschaften betrachtet, die nur Folgendes enthalten:

i) Voll symmetrische (gegenseitig anerkennende und anerkannte) Anerkennungsgemeinschaftsmitglieder werden von anderen Mitgliedern anerkannt und erkennen andere Mitglieder an, und werden von einigen anerkannt, die sie anerkennen.

Neben diesen vollentwickelten normativen Subjekten werden durch die Beziehungen, die mit dem dargelegten Anerkennungsmodell herausgearbeitet wurden, nun auch drei

Kategorien von zweitklassigen Mitgliedern verständlich gemacht:

ii) *Verknüpfende* bzw. anerkennungsasymmetrische (also asymmetrisch anerkannte und anerkennende) Mitglieder werden von anderen Mitgliedern anerkannt und erkennen andere Mitglieder an, aber sie werden von *keinem* Mitglied anerkannt, das sie anerkennen.

iii) *Eingeladene* (also bloß anerkannte) Mitglieder werden von mindestens einem Mitglied der Gemeinschaft anerkannt, aber anerkennen selbst keines der Mitglieder.

iv) *Ersuchende* (also bloß anerkennende) Mitglieder erkennen ein Mitglied der Gemeinschaft an, aber werden von keinem Mitglied in der Gemeinschaft anerkannt.

Obwohl die Beziehungen eines Subjekts, das die Verantwortung trägt, ein anderes Subjekt anzuerkennen (auch wenn es dies nicht wirklich tut), zu komplexen Mitgliedschaftsstatus beitragen, müssen wir nicht nur die primitiven Mitgliedschaftsbeziehungen der Anerkennungsgemeinschaft in Betracht ziehen, die ausschließlich durch solche Beziehungen gegliedert werden. Denn jedes Subjekt, das in diesen Beziehungen steht, muss auch in wirklichen Anerkennungsbeziehungen stehen.

Ziehen wir diese abgeleiteten Randbeziehungen zu den zentralen Anerkennungsgemeinschaften hinzu (die durch Anerkennungseinstellungen mit der Struktur der Äquivalenzrelationen Symmetrie, Transitivität und Reflexivität definiert werden) und bestimmen Gemeinschaften als Äquivalenzklassen, dann sehen wir, dass Anerkennungsgemeinschaften noch weitaus komplexere Strukturen haben können.

Eine erweiterte Anerkennungsgemeinschaft

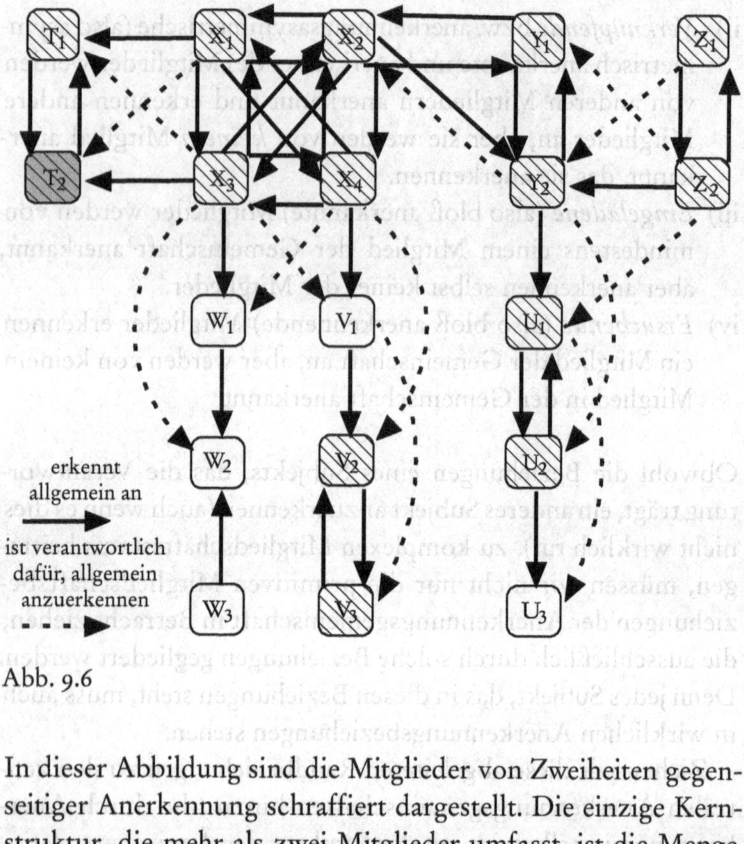

Abb. 9.6

In dieser Abbildung sind die Mitglieder von Zweiheiten gegenseitiger Anerkennung schraffiert dargestellt. Die einzige Kernstruktur, die mehr als zwei Mitglieder umfasst, ist die Menge {X_1, X_2, X_3, X_4}, in der jedes Mitglied alle anderen anerkennt und von allen anerkannt wird. Am schwächsten mit dieser Gemeinschaft verbunden ist W_3, das von niemandem anerkannt wird. Das Mitglied, das von W_3 um Anerkennung ersucht wird, wird anerkannt, anerkennt aber niemanden selbst. W_2 wird von W_1 und W_3 bloß eingeladen. Jedes Mitglied in der Kerngemeinschaft {X_1, X_2, X_3, X_4} ist jedoch zur Anerkennung von W_1 verpflichtet. (Die Abbildung lässt einige der gestrichelten Linien weg, um unnötiges Durcheinander zu vermeiden.) U_3 wird bloß anerkannt, ist also ein Mitglied der Anerkennungszweiheit $\{U_1, U_2\}$, insofern es ein eingeladenes Mitglied ist. Doch $\{U_1, U_2\}$ ist nur ein eingeladenes Mitglied im Verhältnis zu $\{Y_1, Y_2\}$, genau wie $\{T_1, T_2\}$ im Verhältnis zu $\{X_1, X_2, X_3, X_4\}$ nur eingeladen ist. Zwar fügen Anerkennungseinstellungen – die als die Gegenstände der Status von Anerkennungsverantwortung bloß *virtuell* sind (da sie von jemandem wirklich anerkannt werden, den man wirklich anerkennt) – weitere Anerkennungsbeziehungen zu einer erweiterten Gemeinschaft hinzu. Doch beachte man, dass sie den Status der Gemeinschaftsmitgliedschaft auf keine neuen Subjekte übertragen, die anzuerkennen jemand *verantwortlich* ist oder die so weit nur dafür *verantwortlich* sind, andere anzuerkennen. Denn man muss jemanden *wirklich* anerkennen, um dafür *verantwortlich* zu sein, irgendjemanden anzuerkennen; und man muss von jemandem *wirklich* anerkannt werden, damit irgendjemand dafür *verantwortlich* ist, einen anzuerkennen.

Anhand der Liste einfacher relativer Status von Anerkennungsmitgliedschaften (i)-(iv) kann rekursiv eine unbegrenzte Anzahl komplexer relativer Status von Anerkennungsmitgliedschaften und Beziehungen zwischen Anerkennungsgemeinschaften und entsprechenden Untergemeinschaften bestimmt werden – zum Beispiel die Beziehungen unter allen Anerkennungszweiheiten und Kerngemeinschaften und ihren Satellitenmitgliedern am Rand.[17] Diese Konstruktion komplexer allgemeiner Anerkennungsbeziehungen mitsamt der entsprechend komplexen Mitgliedschaftsstatus in Anerkennungsgemeinschaften können wir neben die Konstruktion der komplexen Status- und Einstellungskonstellationen stellen, die von uns hinsichtlich der Auf-

17 Um Anerkennungsgemeinschaften vom Standpunkt eines Teilnehmenden aus darzustellen, kann man modal-logische Operatoren verwenden, die semantisch definiert werden hinsichtlich der die Anerkennungseinstellungen kodifizierenden Zugänglichkeitsbeziehungen.

fassung von »angemessener Ergänzung« von Einstellungen hergestellt wurde, welche für die allgemeine Instituierung normativer Status notwendig sind. Die Beziehungen zwischen einfachen, komplexe Konstellationen erzeugenden Einstellungen und Status entsprechen hier Verantwortungs- und Autoritätsstatus, die die Gegenstände der Einstellungen von Zuschreibung und Zustimmung sind, und die entsprechenden Einstellungen, die die Gegenstände der Verantwortungs- und Autoritätsstatus sind. Zusammengenommen können diese in den Abbildungen dargestellten Methoden zur Konstruktion von Komplexen durch einfache Elemente als eine »Algebra der Normativität« bezeichnet werden.

VI. Die Statusabhängigkeit von Einstellungen

Im Mittelpunkt des Kapitels stand bisher eine Erklärung der Vorstellung von Hegel, wie die kantische Autonomie bzw. die *Einstellungsabhängigkeit* einiger zentraler normativer Status weiterzuentwickeln ist, insbesondere hinsichtlich bestimmt gehaltvoller, doxastischer und praktischer Verantwortung (die bei Kant den Bejahungen in der Form von Urteilen und praktischen Maximen entsprechen). Im Autonomiemodell Kants haben individuelle normative Subjekte die normative Kapazität bzw. die Autorität, normative Status durch das Einnehmen von Einstellungen zu instituieren, die für die Status *unmittelbar konstitutiv* sind. Diese Subjekte können sich verantwortlich *machen*, einfach, indem sie sich als verantwortlich *betrachten*.

Kant kombiniert seine Entwicklung der charakteristischen modernen Idee der Einstellungsabhängigkeit normativer Status mit der traditionellen Idee der Statusabhängigkeit normativer Einstellungen. Bei ihm sind Autorität als Autonomie und Verantwortung als Achtungspflicht (der Vorläufer der Anerkennung) zwei Status, die *nicht* durch Einstellungen instituiert werden. Sie werden als wirkliche Autorität und Verantwortung postuliert, und nicht aus dem virtuellen Status hervorgerufen, Gegenstände von Einstellungen zu sein, die sie instituieren. Hegels Kritik der Moderne hat die Form einer Diagnose, in der der einseitigen Hypersubjektivität die einseitige Hyperobjektivität der traditionellen Vorstellungen von Normativität gegenübergestellt wird. Dass Status von Einstellungen abhängig sind, ist eine genuine Einsicht. Sie wird jedoch nur einseitig verstanden, wenn sie nicht durch ein Verständnis dessen ausgeglichen wird, was an der traditionellen Idee der Statusabhängigkeit normativer Einstellungen richtig ist: Einstellungen schulden Status Verantwortung, dies ist die Dimension von Autorität, die Status über Einstellungen ausüben. Kant kombiniert diese Einsichten auf eine Weise, Hegel auf eine andere.

Der Großteil der Diskussion in diesem Kapitel verlief so weit auf der Seite der *Pragmatik*, als eine Untersuchung der normativen Einstellungen und Status, die die Träger bestimmten Inhalts sind. Um die Dimension der Statusabhängigkeit von Einstellungen zu verstehen, müssen wir auch auf die Seite der *Semantik* schauen. Denn die Unterscheidung zwischen *Phaenomena* und *Noumena*, zwischen Erscheinung und Wirklichkeit, zwischen dem Sein der Dinge *für* das Bewusstsein und dem Sein der Dinge *an sich*, taucht *sowohl* in der Form der pragmatischen Unterscheidung zwischen Einstellungen und Status *als auch* in der Form der Unterscheidung zwischen Sinn und Referenzgegenstand auf, welche mit Hegels Terminologie dieser semantischen Unterscheidung korrespondieren. In der pragmatischen Terminologie nimmt sie die Form der Unterscheidung zwischen dem Sein des Bewusstseins *für* (das/ein) Bewusstsein (sich selbst oder ein anderes) und dem Sein (des/eines) Bewusstseins *an sich* an. Dies ist die Unterscheidung zwischen einerseits dem, zu was ein normatives Subjekt *wirklich* verpflichtet oder berechtigt ist, das heißt seine wirklichen Verantwortungen und seine Autorität, und andererseits den Verantwortungen und der Autorität, die andere Subjekte ihm zuschreiben oder welchen es selbst zustimmt. Dies entspricht einfach der Unterscheidung zwischen Status und Einstellungen. Semantisch betrachtet, sind Erscheinungen aber, was die Dinge für das Bewusstsein sind, die hegelsche Entsprechung zum fregeschen Sinn. Worauf jener Sinn sich bezieht oder was er repräsentiert, wie die Dinge an sich sind, ist die Realität bzw. die hegelsche Entsprechung zur fregeschen Bedeutung (*Referenzgegenstand*). (Die Idee hinter der Verwendung der hegelschen Versionen dieser semantischen Metabegriffe von Frege wird im 12. Kapitel weiter motiviert und entfaltet.) Hegel stimmt Kants Einsicht zu, dass das durch das Repräsentierende Repräsentierte (ein Sinn, eine Erscheinung, das Sein der Dinge *für* das Bewusstsein) eine spezifische Art von *Autorität* gegenüber der Richtigkeit des Repräsentierens ausübt. Das Repräsentierende ist dem Repräsentierten gegenüber für seine Richtigkeit *verantwortlich*, das Repräsentierte stellt den normativen Maßstab der Richtigkeitsbewertung zur Verfügung. Dies ist das semantische Korrelat der Statusabhängigkeit normativer Einstellungen, das heißt der Sinn, in dem das Sein des Bewusstseins *für* das Bewusstsein bzw. die normativen Einstellungen eines Subjekts gegenüber dem Sein des Bewusstseins *an sich* (zu was es *wirklich* verpflichtet ist oder worüber es Autorität hat) *verantwortlich* ist; es übt entsprechend *Autorität über* diese Einstellungen aus.

Die Beziehung zwischen Phaenomena als Repräsentierendem (der hegelsche Sinn) und Noumena als Repräsentiertem (die hegelschen Referenzgegenstände) wird durch den Prozess der *Erinnerung* eingerichtet. Er ist eine rückblickende rationale Rekonstruktion eines expressiv fortschreitenden Prozesses der Erfahrung als Explizierung, als die sukzessive Herausbildung des Seins der Dinge an sich *für* das Bewusstsein. Es besteht eine tiefgreifende Verbindung zwischen dieser Erklärung des Prozesses, in dem der Inhalt *bestimmt* wird – vorausblickend immer bestimmter werdend, rückblickend immer neue Aspekte des immer schon bestimmten und impliziten Inhalts explizit offenbarend –, und den Beziehungen zwischen normativen Einstellungen und normativen Status gemäß dem Anerkennungsmodell der Instituierung von Status durch Einstellungen. Der Kontext dieser inhaltsbestimmenden Prozesse auf Seiten der Semantik wird von den Anerkennungsprozessen geliefert, die die normativen Status auf der Seite der Pragmatik instituieren. In der Diskussion der Kapitel zum Bewusstsein haben wir gesehen (und werden dies in der Diskussion des Kapitels zur Vernunft weiter verfolgen), dass die Inhaltsbestimmung die Aufnahme der Unmittelbarkeit in die vermittelte Form des begrifflichen Inhalts bedeutet. Insbesondere nimmt die Unmittelbarkeit die Form normativer Einstellungen an, die Subjekte *wirklich* im Verlauf der Erfahrung einnehmen in Reaktion auf die Kollision von Einstellungen, die sie sowohl durch Wahrnehmung als auch durch Inferenz haben. Diese Kollision von Einstellungen ist die Erfahrung des Irrtums. Das normative Eingehen von Verpflichtungen erfordert das Aufopfern anderer, die mit den ersteren unvereinbar sind. Diese Phase der Erfahrung des Irrtums erfordert im Rückblick wiederum Revisionen des eigenen Verständnisses der begrifflichen Inhalte der eigenen Verpflichtungen: das heißt, was *wirklich* mit was unvereinbar ist und was *wirklich* woraus folgt. Diese abschließende, rückblickend-erinnernde rational-rekonstruierende Phase eines jeden Zyklus der Erfahrung des Irrtums zwingt *das* Bewusstsein zur Unterscheidung zwischen Noumena und Phaenomena, zwischen dem wirklichen Sein der Dinge und ihrer bloßen Erscheinung. Auf der Seite des Subjekts wird sie zur Unterscheidung zwischen normativen *Status* (für was man sich *wirklich* verpflichtet hat, wenn man beispielsweise behauptet, dass die Münze aus Kupfer ist) und normativen *Einstellungen* (für was man der eigenen Betrachtung nach verpflichtet ist, wenn man eine solche Behauptung macht). Durch diese pragmatische Unterscheidung wird die Unterscheidung zwischen begrifflichem Inhalt bzw. hegelschem Referenzgegenstand und hegelschem Sinn widergespiegelt: die Erscheinung des Referenzgegenstandes, was er *für* das Bewusstsein ist.

Im Prozess der Bestimmung des Inhalts werden Noumena (Referenzgegenstände, Repräsentiertes) *dem* Bewusstsein etwas, das anders ist als die Phaenomena (Sinn, Repräsentierendes), welche mit der Erfahrung des Irrtums als das Sein der Dinge *für* das Bewusstsein entlarvt werden. Vom Standpunkt des Subjekts aus betrachtet, ist dieser Prozess die Herausbildung der Unterscheidung zwischen dem, was richtig *ist* (hinsichtlich der Beziehungen materialer Unvereinbarkeit und Folgerung, die begriffliche Inhalte gliedern), und dem, was dem Subjekt, dessen gehaltvolle Verpflichtungen in Frage stehen, richtig *scheint*. Dies ist eben die Unterscheidung zwischen normativen *Status* und normativen *Einstellungen*. Wittgenstein formuliert dies so: »Man möchte hier sagen: richtig ist, was immer mir als richtig erscheinen wird. Und das heißt nur, daß hier von ›richtig‹ nicht geredet werden kann.«[18] Auf der Seite der Pragmatik erweist sich die von uns semantisch behandelte Frage, wie Noumena in Bezug auf Phaenomena zu verstehen sind, als genau die Frage danach, wie es dazu kommt, dass *Einstellungen* (wie die Dinge dem Subjekt scheinen) genuine *Status* instituieren können, die für die Einstellungen des Subjekts bindend sind und über diese Einstellungen hinausgehen. Wie können bloße Einstellungen transzendiert werden? (Zum Vergleich: Wie können Referenzgegenstände bzw. das Sein der Dinge an sich *dem* Bewusstsein etwas werden über den bloßen Sinn bzw. über das Sein der Dinge *für* das Bewusstsein hinaus?) Wir haben gesehen, dass die entscheidende, das Anerkennungsmodell motivierende Einsicht

18 Ludwig Wittgenstein, *Philosophische Untersuchungen*, Werkausgabe Bd. 1, Frankfurt/M. 1995, § 258, S. 362.

darin besteht, dass wir die Unterscheidung zwischen Status und Einstellung nur verständlich machen können, wenn wir beim *Eingehen* einer Verantwortung (sich verpflichten) zugleich andere autorisieren, sich durch die Zuschreibung dieser Verantwortung (Verpflichtung) verantwortlich zu *machen*. Hiernach *erteilen* sie einen *Inhalt*, zu dem man sich verpflichtet hat – ein Inhalt, der *nicht* allein durch die Zustimmungseinstellungen bestimmt wird. Indem wir das *Eingehen einer Verantwortung* und die *Zuschreibung von Autorität* (jemanden für verantwortlich halten) als zwei Seiten ein und derselben Medaille betrachten, wird sowohl die Unterscheidung zwischen bloßen Einstellungen und genuinen Status formuliert als auch der Begriff BESTIMMTER BEGRIFFLICHER INHALT bzw. das, für was man sich verantwortlich macht, ins Spiel gebracht. Dies ist es, was aus der Bedingung der angemessenen Ergänzung von Einstellungen zur Instituierung genuiner Status hervorgeht. Es wird bestimmter Inhalt verfügbar und somit die Dimension gegliedert, entlang der die Statusabhängigkeit der Einstellungen angeordnet ist, insofern Einstellungen den Status gegenüber für die Richtigkeitsbewertung verantwortlich sind, also inwiefern der Sinn für seine Richtigkeit auf den Referenzgegenstand antworten muss. Im Anerkennungsmodell zeigt sich die Statusabhängigkeit von Einstellungen durch die Einschränkung der *Pragmatik* (Theorie normativer *Kraft*) durch die *Semantik* (Theorie des begrifflichen *Inhalts*). Die Einstellungsabhängigkeit von normativen Status zeigt sich hingegen darin, wie die Semantik auf die Pragmatik antwortet, insofern der semantische Inhalt von Ausdrücken allein durch deren pragmatische Verwendung bestimmt werden kann.

Die Status sind normative *Noumena* (das Sein des Bewusstseins *an sich*) und die Einstellungen normative *Phaenomena* (das Sein des Bewusstseins *für* sich oder für andere). Die Darstellung von Noumena und Phaenomena in Bezug auf Erinnerung entspricht der Form der Darstellung der Statusabhängigkeit von Einstellungen. Diesen Aspekt der Statusabhängigkeit von Einstellungen sowie den der Einstellungsabhängigkeit von Status hat Kant mithilfe seiner *allgemeinen* Status erfasst, da sowohl Autonomie als auch die Achtungspflicht (der Vorläufer der Anerkennung) Status sind. Doch das, was die Autonomie autorisiert *zu tun*, ist die Instituierung von Status durch Einstellungen und entspricht einer Form von Einstellungsabhängigkeit der daraus folgenden *spezifischen* Status. Kant hat also sozusagen die Arbeit geteilt: die Statusabhängigkeit von *allgemeinen* Einstellungen und die Einstellungsabhängigkeit von *spezifischen* Status.

Die Status und ihre Inhalte werden durch das Repräsentierte bestimmt. Einstellungen können als Sinne gedacht werden, die die entscheidende Dimension des Inhalts von ihren Referenzgegenständen übernehmen. Der *Inhalt* bestimmt das, für was man *wirklich* verantwortlich ist, also den Status, auf den die Einstellungen hinsichtlich ihrer Richtigkeit antworten. Diese Verantwortung wird von jenen erteilt, *gegenüber* welchen man sich durch die Bejahung bzw. das Eingehen einer Verantwortung verantwortlich gemacht hat, das heißt denjenigen, denen man die *Autorität* übergeben hat zu bestimmen, für was man *wirklich* verantwortlich ist. Wenn es den anderen *gegenüber* keine Verantwortung gibt, dann hat man es bei der Ausübung der Autorität zur Selbstverpflichtung nicht geschafft, sich selbst für irgendeinen bestimmten Inhalt verantwortlich zu machen. Das ist der Preis dafür, selbst keine Verantwortung gegenüber anderen zu haben, bzw. dafür, dass die anderen keine Autorität haben, die der eigenen Autorität (die Verantwortung zu übernehmen) entspricht.

Wenn ich behaupte, dass die Münze aus Kupfer besteht, wird die von mir eingegangene Verpflichtung bzw. von mir Zustimmung erfahrene Verantwortung nicht allein durch meine Einstellungen bestimmt. Ich habe mich gegenüber dem wirklichen Inhalt des von mir angewandten Begriffs KUPFER verantwortlich gemacht. Indem ich das Wort »Kupfer« verwendet habe, habe ich andere autorisiert, mich nicht nur gemäß meiner Vorstellung von Kupfer (also was mir zufolge aus einer solchen Verpflichtung folgt oder mit ihr unvereinbar ist, das heißt bezüglich meiner Einstellungen) verantwortlich zu machen, sondern auch gemäß dem wirklichen Inhalt, den ich im öffentlichen Sprachspiel vertreten habe. Dies bestimmt, zu was ich mich eigentlich verpflichtet habe, den Status, den ich durch meinen Vollzug wirklich erworben habe. Die wesentlich *sozialen* Beziehungen zwischen normativen Einstellungen und normativen Status – sowohl die Instituierung von Status durch Einstellungen als auch die Statusabhängigkeit der Einstellungen (die Verantwortung ihrer Richtigkeit gegenüber Status) – auf der pragmatischen Seite der Kraft und die wesentlich *geschichtlichen* Beziehungen zwischen dem Sein der Inhalte für das Bewusstsein (Phaenomena, Sinn, Repräsentierendes) und ihrem Sein an sich (Noumena, Referenzgegenstände, Repräsentiertes) auf der semantischen Seite des begrifflichen Inhalts sind zwei Seiten ein und derselben Medaille, der anerkennende Aspekt und der erfahrungsmäßige Aspekt ein und desselben Entwicklungsprozesses. Die komplexe Struktur, die sie verbindet, wird erst in der Diskussion des Kapitels zur Vernunft deutlich, wenn wir uns die Ausübung intentionaler Handlungsfähigkeit anschauen, die die Beziehungen zwischen Selbstbewusstsein und Bewusstsein vermitteln. Dort erweist sich die Unterscheidung zwischen Phaenomena und Noumena bzw. dem Sein der Dinge für das Bewusstsein und dem Sein der Dinge an sich als die Unterscheidung zwischen *Vorsatz* und *Absicht* bzw. die Unterscheidung zwischen der bejahenden Einstellung des Handlungssubjekts und der Absicht, die das Handlungssubjekt in Wirklichkeit bejaht hat. Der Schlüssel hierzu ist die *Erinnerung*: die rückblickend-rationale Rekonstruktion bzw. die abschließende Phase einer Episode der Erfahrung.

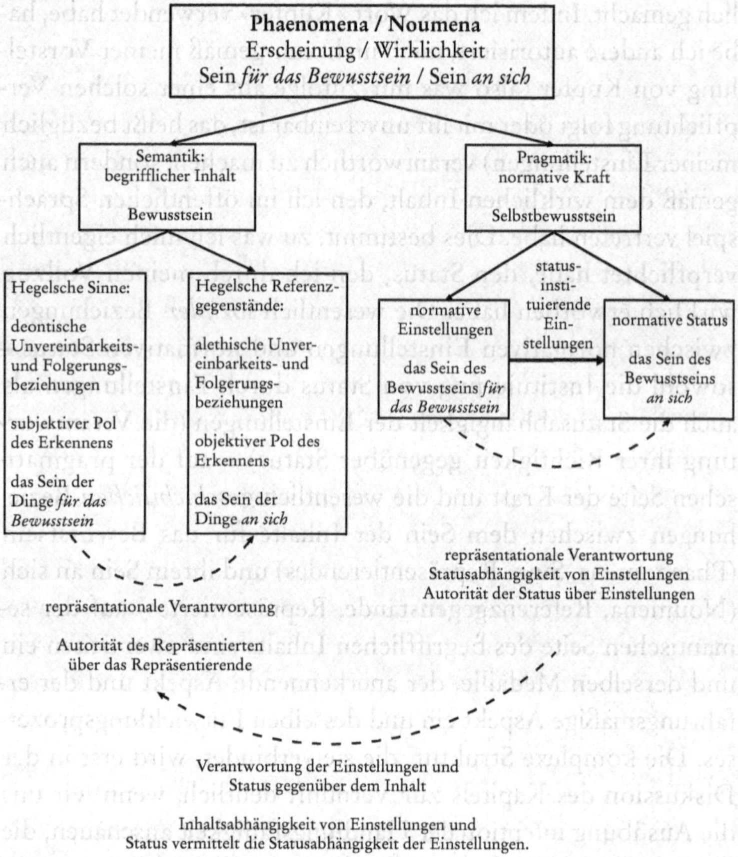

Abb. 9.7

Die rückblickend-rational rekonstruierende *geschichtliche* Phase des Prozesses der Erfahrung, bzw. Hegels »Erinnerung«, erklärt, wie objektive begriffliche Inhalte (Referenzgegenstände, Noumena) auf der semantischen Seite, die als Gesetze, Tatsachen und Gegenstände mit Eigenschaften gegliedert werden, verstanden werden sollten als die Maßstäbe der Richtigkeitsbewertung des Prozesses des Manipulierens subjektiver begrifflicher Inhalte (Sinn) durch die Anwendung von Gesetzen, Propositionen, singulären Termini und Prädikaten im Einnehmen doxastischer (und, wie wir weiter unten sehen werden, praktischer) Einstellungen. Der zum Anerkennungsprozess gehörende *soziale* Charakter, der sowohl normative Subjekte als auch ihre Gemeinschaften instituiert, erklärt sowohl, wie normative Status (Noumena, das Sein selbstbewusster Subjekte an sich) durch normative Einstellungen (Phaenomena, das Sein selbstbewusster Subjekte für sich) instituiert werden (und im starken Sinne von ihnen abhängig sind), als auch, inwiefern die Status als Maßstäbe der Richtigkeitsbewertung Autorität über Einstellungen haben. Dies ist die Dimension der Statusabhängigkeit normativer Einstellungen, also die Verantwortung der Einstellungen gegenüber Status (Hegels »Unselbständigkeit«), die die Einstellungsabhängigkeit normativer Status ausgleicht.

VII. Schluss

An dieser Stelle sind wir in der Lage, Antworten auf zwei strukturelle Fragen zu erkennen, die bezüglich der Definition von Anerkennung mit Recht gestellt werden können:

1. Auf der Seite der Einstellungen: Warum sollte Anerkennung die Autoritätszuschreibung, die Status (konstitutiv, wenn angemessen ergänzt) zuschreibt, und die Autoritätszustimmung, die Status (konstitutiv, wenn angemessen ergänzt) zustimmt, miteinander verbinden? Warum liegt die Zuschreibung der Autorität, diese zwei Arten von Einstellungen einzunehmen, nicht als etwas Getrenntes vor, in dem Sinne, dass man die eine, aber nicht die andere zuschreiben und somit getrennt Buch führen könnte? Warum erscheinen sie im Verbund?
2. Auf der Seite der Status: Warum sollte Anerkennung die Au-

torität, *Verantwortungen* zuzuschreiben und zuzustimmen (konstitutiv, wenn angemessen ergänzt), und die Autorität, *Autorität* zuzuschreiben und zuzustimmen (konstitutiv, wenn angemessen ergänzt), miteinander verbinden? Warum liegt die Autorität, Einstellungen gegenüber diesen zwei Arten von Status einzunehmen, nicht als etwas Getrenntes vor, in dem Sinne, dass man den einen, aber nicht den anderen zuschreibt und somit getrennt Buch führen könnte? Warum erscheinen sie im Verbund?

Das Anerkennungsmodell ist Hegels Art und Weise, zwei entscheidende Einsichten zu synthetisieren. Die erste ist ihm zufolge die grundlegende Einsicht der Moderne, die Idee der Einstellungsabhängigkeit normativer Status, welche bei Kant und Rousseau als die Idee der Autonomie reduziert und purifiziert erscheint, so dass zumindest einige normative Status durch normative Einstellungen *instituiert* werden. Die zweite Einsicht besteht in dem, was an der traditionellen Idee (einseitig überbetont im vormodernen Denken) der Statusabhängigkeit normativer Einstellungen bzw. der Beherrschtheit der normativen Einstellungen durch Normen richtig war, nämlich dass unsere Zuschreibungen von und Zustimmungen (Akte des Behauptens) zu Verantwortung und Autorität, um richtig zu sein, auf Tatsachen antworten, zu denen die Menschen wirklich verpflichtet und berechtigt sind. Das komplexe sozial-geschichtliche Anerkennungsmodell der Normativität ist Hegels Art und Weise, den *Eiertanz* aufzuführen, der erforderlich ist, um die Instituierung von normativen Status durch normative Einstellungen und zugleich die Rolle normativer Status als die Maßstäbe für die Richtigkeitsbewertung normativer Einstellungen verständlich zu machen. Im Grunde handelt es sich um die Idee, dass man mit dem Übernehmen einer Verantwortung immer auch der Autorität anderer zustimmt, für verantwortlich gehalten zu werden – was nichts anderes heißt, als diese Autorität *implizit* zuzuschreiben. Dabei ist die *explizite* Zuschreibung bestimmt gehaltvoller Autorität auch immer eine Zuschreibung impliziter Verantwortungen, die durch diesen Inhalt definiert und seinetwegen von anderen erteilt werden, denen gegenüber man sich wiederum durch die ursprüngliche Autoritätsbehauptung verantwortlich gemacht hat, sich selbst verantwortlich zu machen. Dies beinhaltet – im Fall der Autoritätszuschreibung bzw. allgemeiner Anerkennung – das Zustimmen zur eigenen Verantwortung, die Autoritätsausübung zu achten. In Hegels Terminologie gibt es keine Selbstständigkeit ohne eine entsprechende Unselbstständigkeit, und umgekehrt. Das Bewusstsein ist wesentlich Selbstbewusstsein – man kann sich das Sein des Bewusstseins an sich nicht unabhängig vom Sein des Bewusstseins für sich verständlich machen. Ferner gehört es zum Wesen des Anerkennungsmodells selbstbewusster normativer Subjekte, dass »das Sein des Bewußtseins an sich« immer eine Frage der Einstellungskonstellation ist, die das Sein *eines* Selbstbewusstseins, eines individuellen normativen Subjekts, sowohl *für sich* als auch *für andere* in der Anerkennungsgemeinschaft tragen, welche notwendigerweise zugleich durch sowohl gegenseitige Anerkennungseinstellungen als auch individuelle Selbstbewusstseine synthetisiert wird.

Das Zusammenspiel zwischen den geschichtlichen und sozialen Dimensionen von Hegels Darstellung ist komplex. Um Missverständnissen vorzubeugen, lohnt es sich festzuhalten, auf welche Weise es *nicht* zu verstehen ist. Man müsste die Komplexität dieser Feinstruktur schon übergehen oder weglassen, um auf den Gedanken zu kommen, dass die soziale Dimension Hegel zu einer »Konsenstheorie der Wahrheit« verpflichtet, nach der objektive Wahrheit eben einfach das ist, worauf sich alle Gemeinschaftsmitglieder einigen. Der geschichtlichen Seite der Darstellung zufolge ist die gegenwärtige Gemeinschaft gegenüber den Zuständen der zukünftigen Gemeinschaft für eine geeignete Erteilung von Normen verantwortlich, die durch jene wirklichen Einstellungen instituiert werden, welche aus der Tradition übernommen wurden, aus der allein sich die Autorität ableitet, doxastische und praktische Begriffsanwendungen beanspruchen zu können, und der gegenüber die gegenwärtige Gemeinschaft letztendlich verantwortlich ist. Zu keinem Zeitpunkt ihrer Entwicklung ist eine Gemeinschaft immun gegen die Janusköpfigkeit rückblickender und vorausblickender Verantwortung und Autorität. Auch die Beschwörung der geschichtlichen Gliederung der Konstellation von Anerkennungsautorität und -verantwortung, im Unterschied zu diskursiven Traditionen, die durch Erfahrungsprozesse konstituiert werden, rechtfertigt keine Angleichung an die Art von Theorie objektiver Wahrheit des frühen Peirce, in der dieser Zusammenhang mit den Ansichten identifiziert wird, die dazu »verurteilt« sind, von der Gemeinschaft als ein »ideal end of inquiry« betrachtet zu werden. Die hegelsche Erklärung ist um einiges robuster und komplexer als diese späteren, schwachen Echos.

Das nächste Kapitel bietet Lesarten der Herrschaftsallegorien im Kapitel zum Selbstbewusstsein in Bezug auf das hier erarbeitete Anerkennungsmodell an. Ein zentrales wiederkehrendes Thema sind die pragmatischen und semantischen Defekte, die aus der Verletzung der verschiedenen, das Modell gliedernden Wechselwirkungen und Symmetrien resultieren. Diese Defekte bedeuten, dass genuine normative *Status* nicht instituiert werden, woraus folgt, dass auch die normativen *Einstellungen* nicht bestimmt gehaltvoll sind (und die Struktur aufweisen, die für das Selbstbewusstsein charakteristisch ist, das sich durch die Kategorien der Herrschaft selbst missversteht). Dies ist das zugrundeliegende Argument, das die Kritik am traditionellen Normativitätsmodell von Unterordnung und Gehorsam in allen Phasen der Allegorie von Herr und Knecht beseelt. Es bleibt auch darüber hinaus der rote Faden, der die Allegorien des Stoizismus, Skeptizismus und des unglücklichen Bewusstseins durchläuft und miteinander verbindet.

Methodologisches Nachwort

Bevor wir uns der Aufgabe zuwenden, die semantischen Einsichten aus diesen Diskussionen zu extrahieren, möchte ich kurz einige methodologischen Bedenken ansprechen, die hinsichtlich des Status der hier vorgetragenen Auffassungen der Normativitätsmodelle der kantischen Autonomie und hegelschen Anerkennung auftauchen könnten. Erstens könnte man Einwände dagegen erheben, überhaupt Modelle zu verwenden. Warum einen terminologischen Apparat importieren, der Hegels eigenem durchdachten technischen Vokabular fremd ist? Was bringt es, eine zusätzliche begriffliche Ausrüstung der ursprünglichen hinzuzufügen? Warum machen wir uns die Normativität nicht einfach in jener Terminologie verständlich, die Hegel selbst verwendet hat? Zweitens, auch wenn dieser erste Punkt beantwortet wäre oder ausgeklammert würde, könnte es Einwände geben gegen die Mobilisierung eines so komplexen Interpretationsapparates, wie er hier für die Lektüre von Hegels Texten vorschlagen wird. Ist es wirklich plausibel, dass die von mir herausgelesenen, verschachtelt gegliederten Strukturen in seinen (zugegebenermaßen barocken und einschüchternden) Schriften wiederzufinden sind? Und selbst wenn diese beiden Punkte ausgeräumt wären, könnte man schließlich noch immer gegen die spezifische *Art* des hier entwickelten Modells Einwände erheben – so zum Beispiel gegen die Algebra der Normativität, die durch die verschiedenen Abbildungen paradigmatisch dargestellt wird und den Anspruch erhebt, sowohl das kantische Autonomiemodell als auch das hegelsche Anerkennungsmodell so zu zerlegen, dass die reglementierten Versionen dieser Modelle als komplexe Konstellationen einfacher Elemente und Beziehungen aufgebaut und dargestellt werden können. (Natürlich erschöpfen die genannten Einwände in keiner Weise die unzähligen Einwände, laut deren meine Wiedergabe von Hegels Denken völlig danebenliegen könnte. Ich spreche hier nur einige allgemeinere methodologische Bedenken an.)

Bezüglich der ersten Frage glaube ich, dass das eigentliche wichtige methodologische Erfordernis darin besteht, dass man sich darüber im Klaren ist, welche Art von Interpretation man anbietet. An anderer Stelle habe ich hinsichtlich philosophischer Texte zwischen den Lektüren *de dicto* und *de re* unterschieden.[19] Diese zwei Arten hermeneutischer Vorhaben sind nach zwei Formen propositionaler Einstellungszuschreibungen benannt. Sie haben verschiedene Regeln und verschiedene Zwecke. Ein großer Teil der Bedeutung einer Menge von Behauptungen ist ihre inferentielle Rolle – was folgt aus ihnen, was spricht für oder gegen sie, womit sind sie unvereinbar und so weiter. Jedoch spielen sie diese inferentiellen Rollen nicht in einem luftleeren Raum. Viel hängt davon ab, mit welchen weiteren, parallel zu ihnen bestehenden Prämissen sie verbunden sind, wenn man Folgerungen zieht, Unvereinbarkeiten bestimmt und so weiter. Eine Interpretation *de dicto* rekurriert nur auf unterstützende Hypothesen bzw. weitere Behauptungen, die der Autor in anderen Werken oder an anderer Stelle im zu interpretierenden Werk gemacht hat. Sie zielt auf so etwas wie das Beantworten von Fragen, die der Autor vielleicht so nicht gestellt hat, wie er sie plausiblerweise hätte stellen können oder sogar nach eigener Einsicht hätte stellen sollen.

Solche Lesarten sind ehrenhaft und wichtig, aber doch nicht die einzige legitime Art und Weise, einen Text zu interpretieren. Abgesehen von den Verpflichtungen, die der Autor eingegangen wäre, und den Folgerungen, zu denen er laut eigener Behaup-

19 3. Kapitel von *Tales of the Mighty Dead*. Eine gekürzte Version dieses Materials ist erschienen als »Hermeneutic Practice and Theories of Meaning«, in: *SATS – Nordic Journal of Philosophy* 5,1 (2004), S. 5-26.

tung berechtigt gewesen wäre, lässt sich noch fragen: Zu was ist der Autor in Anbetracht der erklärten Behauptungen *wirklich* verpflichtet oder berechtigt? Neben den Einstellungen des Autors kann man auch nach seinem wirklichen Status fragen. Um diese Art von Frage zu beantworten, möchte man parallel bestehende Prämissen, welche wahr sind – ob der Autor das nun wusste oder nicht –, mit dem Text verbinden. Über diese zwei Lektürearten hinaus kann man den begrifflichen Inhalt einer Menge von Behauptungen erforschen, wenn man ihre Folgerungen und Unvereinbarkeiten untersucht und diese mit verschiedenen hypothetischen Mengen parallel bestehender Verpflichtungen verbindet. Der Sinn einer solchen Untersuchung ist konjunktivischer, vielleicht sogar kontrafaktischer Sinn: *»Was* würde aus diesen Behauptungen folgen, wenn die folgenden Behauptungen *wahr* wären?« Es braucht also nur einen kleinen Schritt zur Erweiterung des mit einer Lektüre *de dicto* ermöglichten begrifflichen Universums, um Begriffe einschließen zu können, die von anderen Denkweisen stammen, und um die inferentiellen Folgerungen von Schlüsselbehauptungen im Text innerhalb der Grenzen inferentieller Folgerungen und Unvereinbarkeiten des erweiterten Bereichs zu erforschen.

Es gibt keine alleingültige Lesart. Vom Standpunkt verschiedener parallel bestehender Prämissen aus ist jede Lesart eine legitime Perspektive auf die vielseitige inferentielle Rolle der aufgestellten Behauptungen. Natürlich soll damit nicht gesagt werden, dass alle gleichermaßen erhellend sind. Es mag produktiver sein, diesen oder jenen Teil der *Phänomenologie* in Verbindung mit einer Skizze der Tradition des frühmodernen philosophischen Denkens über Normativität oder einer Geschichte des erfolgreichen Sklavenaufstands in Haiti oder der Bhagavad Gita zu lesen als mit einem Werk der zeitgenössischen Quantentheorie – aber man weiß ja nie.

Bekanntermaßen hat Wittgenstein starke Einwände gegen das Theorisieren in der Philosophie erhoben. Im *Tractatus* sagt er:

»Die Philosophie ist keine der Naturwissenschaften.«[20] Und dies scheint eine Behauptung zu sein, über die er seine Meinung nie geändert hat. In den *Untersuchungen* unterscheidet er philosophische Anliegen von wissenschaftlichen, wobei in der Philosophie Folgendes gelten soll:

> Und wir dürfen keinerlei Theorie aufstellen. Es darf nichts Hypothetisches in unsern Betrachtungen sein. Alle *Erklärung* muß fort, und nur Beschreibung an ihre Stelle treten.[21]

An derselben Stelle vergleicht er die von ihm abgelehnte Ansicht mit der »pneumatischen Auffassung des Denkens«. Wie ich ihn lese, wird in dieser Auffassung ein philosophisches Phänomen mit etwas verglichen, das sich so erklären ließe, wie sich beispielsweise die Beziehungen von beobachtbaren Größen in der allgemeinen Gasgleichung $pV = nRT$ der statistischen Mechanik erklären ließen, indem einfach nichtbeobachtbare Größen postuliert werden. Von Wittgenstein inspiriert, forderte Michael Dummett an verschiedenen Stellen, dass die philosophische Semantik die Postulierung unbeobachtbarer theoretischer Entitäten meiden sollte. Theoretiker der Semantik sollten den Rekurs auf *Wahrheitsbedingungen* für Sätze und *Identitätsbedingungen* für Gegenstände ablehnen und sich stattdessen auf *Behauptbarkeitsbedingungen* für Sätze und *Anerkennungsbedingungen* für Gegenstände berufen. Er war der Meinung, dass diese im Gegensatz zu den anderen unmittelbar aus Beschreibungen des wirklichen Tuns linguistischer Praxisteilnehmer abgelesen werden können.

Diese methodologischen Restriktionen weise ich als nicht

20 Ludwig Wittgenstein, *Tractatus logico-philosophicus. Logisch-philosophische Abhandlung*, Werkausgabe Bd. 1, Frankfurt/M., 1995, Satz 4.111.

21 Ludwig Wittgenstein, *Philosophische Untersuchungen*, Werkausgabe Bd. 1, Frankfurt/M., 1995, § 109.

notwendig und unangemessen zurück. Erstens gibt es, egal, wie wichtig den empirischen Wissenschaften die Postulierung theoretischer Entitäten ist, viel Raum für spezifisch philosophische Theorien, die Unbeobachtbares postulieren, ohne dabei ununterscheidbar von naturwissenschaftlichen Theorien zu werden. Sellars unterscheidet innerhalb der Philosophie des Geistes zwischen *logischem* Behaviorismus (wie er beispielsweise von Ryle praktiziert wird) und *philosophischem* Behaviorismus (wie er von Sellars' »Genie Jones« in *Empirismus und die Philosophie des Geistes* praktiziert wird). Der erste beschränkt die legitimen Begriffe einer philosophischen Psychologie auf die, die in einem engen behavioristischen Vokabular konstruiert werden können. Der zweite erlaubt die Postulierung zunächst unbeobachtbarer Entitäten (wie etwa Gedanken und sinnlicher Eindrücke), um beobachtbare Regelmäßigkeiten des Verhaltens zu erklären. Sellars zufolge ist der Instrumentalismus in der Philosophie des Geistes genauso fraglich wie der Instrumentalismus in der Wissenschaftsphilosophie – und dies aus ähnlichen Gründen. Theoretische Begriffe bzw. Begriffe, die (bisher) keine beobachtbaren Anwendungen haben, unterscheiden sich prinzipiell nicht von den Begriffen der beobachtbaren Dinge und dem ontologischen Status der Entitäten, auf die sie sich beziehen. Sie unterscheiden sich nur methodologisch, also wie wir etwas über diese Entitäten herausfinden. Die an einer Stelle der Entwicklung der Untersuchung rein theoretischen Entitäten sind eben genau das, worüber wir berechtigte Behauptungen aufstellen können allein aufgrund von Inferenzen, wohingegen wir zu beobachtbaren Größen sowohl inferentiell als auch nichtinferentiell epistemischen Zugang haben, und zwar durch Beobachtung. Das kann sich aber ändern, wenn beispielsweise neue Instrumente verfügbar werden. In Sellars' Jones-Mythos erweisen sich die Gedanken und Sinneseindrücke, die ursprünglich postuliert wurden, um die Rationalität offenkundigen Verhaltens und die markanten Muster von Beobachtungsfehlern zu erklären, als von ihren

Besitzern beobachtbar – wie im Falle Plutos, der ursprünglich postuliert wurde, um Störungen in der Neptunbahn zu erklären, und später mithilfe neuer, leistungsfähigerer Teleskope beobachtet werden konnte. In meiner Diskussion von Kraft und Verstand im 6. Kapitel habe ich dafür argumentiert, dass Hegel theoretische Entitäten (als »Kräfte« allegorisiert) auf diese Weise versteht. Unter diesem Gesichtspunkt ist Dummetts semantischer Instrumentalismus genauso ungerechtfertigt wie das Beharren auf dem logischen Behaviorismus (anstatt auf dem philosophischen) allein aufgrund der Tatsache (der ja alle zustimmen), dass der *Zweck* der Postulierung von Entitäten, die sich mit rein behavioristischer Terminologie *nicht* definieren lassen, nach wie vor in der Erklärung des Verhaltens besteht: was sich in einem rein behavioristischen Vokabular spezifizieren lassen *kann*.

Dasselbe will ich über den *hermeneutischen* Instrumentalismus sagen. Es ist klar, dass der Anlass zur Präzisierung des Sinns eines Textes darin besteht, etwas aus der Textoberfläche zu gewinnen, ihn also verständlich zu machen, etwa so, wie in einer Lektüre *de dicto*. Der damit *de dicto* dargelegte Text spielt dann die gleiche Rolle wie das diskursive Verhalten in der Philosophie des Geistes oder allgemein die Beobachtung in den empirischen Wissenschaften. Hermeneutischer Instrumentalismus beschränkt die legitimen Interpretationsmittel auf solche, die sich vollständig aus den auf der Textoberfläche liegenden Rohmaterialien zusammensetzen lassen, und verbietet dabei die Postulierung von »nichtbeobachtbaren Dingen« hinter der Textoberfläche, die ausschließlich inferentiell verfügbar sind. Er ist dem philosophischen Behaviorismus und Dummetts semantischen Instrumentalismus vergleichbar und methodologisch gesehen genauso unberechtigt und lähmend. Wie mit den empirischen Wissenschaften allgemein oder der Philosophie des Geistes und der philosophischen Semantik verhält es sich auch mit der Lektüre von Hegels Texten (sowohl denjenigen, die die Gesamtansicht aus den einleitenden Abschnitten beschreiben, als auch denjenigen, die die darauffolgenden Allegorien beschreiben): Mit dem Hinzufügen eines Modells, das in einem anderen Vokabular formuliert wurde, erzeugen wir ein Verständnis, das nicht möglich wäre, wenn die Texte für sich allein stehen bleiben würden.

In der Tat sind die begrifflichen Rohmaterialien des von mir vorgestellten Modells der Instituierung normativer Status durch angemessen sozial ergänzte normative Einstellungen – die von Subjekten eingenommen werden, welche sich gegenseitig anerkennen und voneinander anerkannt werden – leicht reglementierte Versionen von Begriffen, die *tatsächlich* sowohl in Hegels Texten selbst als auch in der Tradition des von Hegel rational-rekonstruierten frühmodernen Denkens über Normativität vorkommen. Die Unterscheidung zwischen Status und Einstellungen im Modell reglementiert Hegels Begriffe des »Seins des Bewusstseins *an* sich« und des »Seins des Bewusstseins *für* das Bewusstsein«. Die normativen Status von Autorität und Verantwortung im Modell reglementieren Hegels Begriffe »Selbständigkeit« und »Unselbständigkeit«, insofern sich diese Begriffe auf normative Subjekte beziehen. Die normativen Einstellungen des Zuschreibens von und Zustimmens zu diesen Status reglementieren seine Begriffe von »was (ein) Bewusstsein für ein anderes Bewusstsein ist« und »was (ein) Bewusstsein für sich selbst ist«. Die Unterscheidungen zwischen einfacher und robuster Anerkennung, und zwischen allgemeiner und spezifischer robuster Anerkennung, die im 8. Kapitel eingeführt wurden, untergliedern Hegels generischen Begriff »Anerkennung«.

Das aus diesen Bausteinen konstruierte Modell geht gewissermaßen über das hinaus, was in Hegels Behauptungen über Anerkennung (und in Kants Behauptungen über Autonomie, aus denen Hegels Anerkennung meiner Behauptung nach sich entwickelt) explizit ist. Die Genauigkeit der hinter der beobachtbaren Oberfläche postulierten Feinstruktur bringt charakteristische Vorteile mit sich.[22] Hegel versucht etwas sehr Schwieriges zu tun. Es ist dementsprechend wichtig, dass wir uns so klar wie möglich darüber sind, wie es der ihm von mir zugeschriebenen Theorie gelingt, zwei prinzipielle Adäquatheitskriterien zu erfüllen – wie er sozusagen zwei Kaninchen aus dem Hut der Überlegungen zieht, die aus einer Lektüre der Tradition zusammengestellt sind, die er beerbt und vollendet hat. Erstens wird genau festgelegt, was erforderlich ist, damit normative Status, die als Gegenstände normativer Einstellungen zunächst bloß virtuell sind (als Status, die bloß zugeschrieben sind bzw. welchen bloß zugestimmt wird), als Status *instituiert* bzw. *verwirklicht* werden. Warum sollte gegenseitige Anerkennung so verstanden werden, dass sie so etwas ermöglicht? Zweitens besteht die Aufgabe darin, zu bestimmen, wie und in welchem Sinn die Status – die durch angemessen ergänzte Einstellungen, einschließlich gegenseitiger robuster allgemeiner Anerkennung, sozial instituiert werden – die sie instituierenden Einstellungen transzendieren, so dass die Status als Maßstäbe für die Richtigkeitsbewertung der Einstellungen dienen. Und genau an dieser Stelle beginnt dann die Darstellung der Bestimmung der repräsentationalen Inhalte von Status und Einstellungen durch den Prozess der Erfahrung des Irrtums, der in der »Einleitung« begann. Es muss so deutlich wie möglich gemacht werden, wie dieser Trick ausgeführt wird und wie er genau funktioniert.

Die Klarheit und Detailschärfe des in den obigen Abbildungen vorgestellten Modells weisen einen weiteren Vorteil auf. Die

22 Um die Sache einfacher zu halten und mit einigen anderen erkennbaren philosophischen Programmen in Kontakt zu treten, habe ich hier die Sprache theoretischer Postulate verwendet, die hinter einer durch sie beabsichtigtermaßen zu erklärenden beobachtbaren Oberfläche verborgen liegen. Die Diskussion im 6. Kapitel über die verschiedenen von Hegel erwünschten Wege, über diese Auffassung von theoretischen Entitäten hinauszugehen, sollte in diesem Zusammenhang nicht vergessen werden.

Konstruktion eines Modells ist nämlich ein Beweis seiner Konsistenz. Die Adäquatheitskriterien, die im Kern darin bestehen, die spezifisch modernen Einsichten in die Einstellungsabhängigkeit normativer Status mit dem charakteristischerweise traditionellen Beharren auf der Statusabhängigkeit normativer Einstellungen zu kombinieren, *können* konsistent erfüllt werden. Und sie können erfüllt werden, indem wir die von Hegel uns zur Verfügung gestellten begrifflichen Werkzeuge verwenden und uns an den verschiedenen von ihm ausgedrückten Prinzipien orientieren. Wie wir sehen werden, reicht dies bis zu seiner Kritik an den Vorstellungen der *reinen Selbstständigkeit der Einstellungen*, die normative Status *unmittelbar konstituieren*, und zwar unter dem Stichwort des sich gemäß den Kategorien der Herrschaft verstehenden Selbstbewusstseins, zu dem laut Hegel auch das anderweitig fortschrittlich-moderne kantische Autonomiemodell gehört.

10. Allegorien der Herrschaft. Die pragmatische und semantische Grundlage der metaphysischen Inkohärenz von Autorität ohne Verantwortung

I. Einleitung: Defekte asymmetrische Strukturen der Anerkennung

Die im 9. Kapitel vorgestellten analytischen Modelle sind durch die Beziehungen zwischen normativen Einstellungen und normativen Status strukturiert. Zuschreibungs- und Zustimmungseinstellungen (bzw. Beanspruchungseinstellungen) können Verantwortungs- und Autoritätsstatus zum Gegenstand haben, denn Verantwortung und Autorität wird (einem anderen) zugeschrieben oder (durch einen selbst) zugestimmt. Die normativen Verantwortungs- und Autoritätsstatus können Zuschreibungs- und Zustimmungseinstellungen zum Gegenstand haben, denn der Akt, für den man verantwortlich ist oder über den man Autorität hat, beinhaltet (unter anderen praktischen Akten) das Einnehmen normativer Zuschreibungs- und Zustimmungseinstellungen. Es lassen sich viele solcher komplexen Beziehungskonstellationen von Einstellungen und Status unterscheiden. Die Hegels Auffassung zufolge zentrale Idee der Moderne besteht darin, dass normative Einstellungen durch normative Status *instituiert* werden. Dies bedeutet, dass bloß *virtuelle* Status als die *Gegenstände* der Zuschreibungs- und Zustimmungseinstellungen *wirklich* werden, wenn diese Einstellungen in solchen komplexen Konstellationen angemessen verortet werden. Das individuelle Autonomiemodell Kants und das soziale Anerkennungsmodell

Hegels unterscheiden sich darin, welche Einstellungs- und Statusstruktur notwendig und hinreichend ist für die Instituierung wirklicher Status. In diesem Kapitel untersuche ich (auch moderne) Varianten einer dritten Struktur, das traditionelle Modell von Unterordnung und Gehorsam, in dem ebenfalls Beziehungen zwischen normativen Einstellungen und Status dargestellt werden können. Ich möchte die defekte Natur der normativen Status, die durch praktische Konstellationen ebendieser Form instituiert werden, sowie die damit verbundenen Defekte der selbstbewussten normativen Subjekte dieser Status und Einstellungen bis ins Detail diagnostizieren.

Hegels Hauptthema im Kapitel zum Selbstbewusstsein ist das traditionelle Normativitätsmodell von Unterordnung und Gehorsam, das ihm zufolge in der modernen kantischen Vorstellung der Autonomie gipfelt. Unter dem Titel *Herrschaft* liefert Hegel eine Diagnose der theoretischen und praktischen Defekte dieser Vorstellung. Auf der Erforschung dieses Verständnisses von normativen Subjekten bzw. der entsprechenden Art von Selbstverständnis gründet sich eine Kritik sowohl der traditionellen praktischen und theoretischen Formen von Unterordnung und Gehorsam als auch des kantischen Autonomiemodells, welches sich im Zuge der Diagnose als deformiert zeigt, da es noch die Verpflichtung zu einer bestimmten modernen Form von Herrschaft beinhaltet. Diese Kritik eröffnet den Weg zum Normativitätsmodell der sozialen Anerkennung.

Herrschaft ist eine Art praktische Selbstvorstellung, eine Art praktisches Selbstbewusstsein, eine Vorstellung der normativen Subjekte von Status und Einstellungen – das heißt, eine Vorstellung der Selbste und damit eine Vorstellung der Selbste von sich selbst. In ihrer allgemeinsten Form ist sie in der Idee der REINEN SELBSTSTÄNDIGKEIT konzentriert. *Reine Selbstständigkeit* ist Selbstständigkeit, die befreit ist von jeglicher Beimischung von Abhängigkeit. Die Terme »Selbständigkeit« und »Unselbständigkeit« sind Hegels Art und Weise, über Autorität und Verantwortung zu reden (wenn auf der Seite des Subjekts angewandt). REINE SELBSTSTÄNDIGKEIT ist hiernach die Idee einer Autorität ohne entsprechende Verantwortung.

REINE SELBSTSTÄNDIGKEIT ist eine *schlechte Idee*. So etwas wie Autorität ohne Verantwortung gibt es nicht und kann es nicht geben. Allein die Idee erweist sich bereits als inkohärent, da sie Autorität mit bestimmtem Inhalt nicht verständlich machen kann. Das heißt allerdings nicht, dass die Verpflichtung zu einer solchen Möglichkeit nicht für wirkliche soziale Praktiken und Lebensformen konstitutiv sein kann. Keineswegs. Hegel betrachtet *alle* früheren sozialen Institutionen und Arten, sich selbst zu verstehen, als Formen der Herrschaft. Da diese zentrale Vorstellung letztlich inkohärent ist, sind die normativen Status, die normativen Einstellungen und die normativen Subjekte, die im Kontext der Praktiken geformt werden, welche eine Struktur der Herrschaft aufweisen, auf charakteristische Weise defekt. Obwohl die Defekte dieser Praktiken und der von ihnen gegliederten praktischen Selbstvorstellungen psychologische und soziologische Konsequenzen haben, ist der hier in Frage stehende Defekt im Grunde ontologisch und metaphysisch und also nicht psychologisch. Denn die normativen Subjekte, die sich praktisch gemäß den Kategorien der Herrschaft verstehen, sind *wesentlich selbstbewusste* Lebewesen. Ihr Sein *an sich* hängt von ihrem Sein *für sich* ab; die Struktur ihrer normativen Status hängt von der Struktur ihrer normativen Einstellungen ab. Ein Defekt in letzterer entspricht einem Defekt in der ersten.

Hegel stellt seine Diagnose der Pathologien der Herrschaft in allegorischer Form dar. Als Erstes sahen wir die Verwendung dieser Trope in der Diskussion über *Kraft* im dritten Kapitel zum Bewusstsein. An jener Stelle hätte man wohl denken können, dass die verwendete Trope eher einer Synekdoche entspricht, derzufolge ein Teil für das Ganze steht und die newtonschen Kräfte ein paradigmatischer Fall für theoretische Entitäten sind – und wie ich behauptete, ist genau dies das Thema, um das es eigentlich geht. An dieser Stelle offenbart sich nämlich die literarische Form der abstrakten Konstellationen normativer Praktiken, Status und Einstellungen, die in den menschlichen Figuren des Herren und des Knechts, des Stoikers, des Skeptikers und des unglücklichen Bewusstseins verkörpert werden. Die letzteren drei werde ich weiter unten besprechen und mich zunächst auf die drei allegorischen Wechselwirkungen unter den Titeln »Kampf auf Leben und Tod«, »die Wirkung des Schicksals« und »der Triumph der Knechtschaft durch Arbeit« konzentrieren. Jede von ihnen zeigt von einem je anderen Standpunkt, was falsch ist an dem als Herrschaft allegorisierten Normativitätsmodell von Unterordnung und Gehorsam.

Die Fehler dieses Normativitätsmodells haben alle die Vorstellung von Herrschaft als reiner Selbstständigkeit, bzw. Autorität ohne entsprechende Verantwortung, gemeinsam. Wie wir sehen werden, bringt diese Vorstellung eine Verpflichtung zur *unmittelbaren Konstituiertheit* einiger Einstellungen des Herren mit sich – und zwar sowohl Zustimmungen (paradigmatisch der Autorität) als auch Zuschreibungen (paradigmatisch der Verantwortung). Dieser Vorstellung zufolge können diese Einstellungen ganz allein Status instituieren, ungeachtet der Existenz irgendwelcher komplementären Einstellungen seitens anderer. Wie durch die unterschiedlichen Allegorien hervorgehoben wird, gibt es verschiedenartige, von der Autorität des Herren annullierte Verantwortungen. Er leugnet die Verantwortung gegenüber *anderen Subjekten* (bzw. die Abhängigkeit seiner Autorität von ihnen). Insbesondere leugnet er die Verantwortung gegenüber den *Einstellungen* der anderen (bzw. die Abhängigkeit seiner Autorität von diesen). Und er leugnet die Autorität der anderen und damit seine Verantwortung gegenüber ihren normativen *Status* (bzw. die Abhängigkeit seiner Autorität von diesen). Der *Inhalt* des Status ist entscheidend für die Beschränkung des Status, also für seine Autorität sowie für die Verantwortung ihm gegenüber, denn der Inhalt bestimmt, wofür man verantwortlich ist bzw. worüber man Autorität hat. Der Herr leugnet insofern auch die Verantwortung gegenüber Inhalten. Dies ist besonders wichtig bei der Lektüre der Allegorien des Stoizismus und Skeptizismus. Die Leugnung der Verantwortung gegenüber dem Inhalt von Status, und damit von Einstellungen gegenüber diesen Status, ist auch eine Leugnung der Verantwortung gegenüber dem *Prozess des Bestimmens* dieser Inhalte. Gemeint ist die Verantwortung, sich nicht mit Verpflichtungen zu identifizieren, die miteinander unvereinbar sind. Es handelt sich hierbei um den Prozess der *Erfahrung*, der allegorisch in der Identifikation durch das Eingehen eines Risikos (oder gar durch Aufopfern) sichtbar wird. Dies stellt eine begriffliche Lektion über den Kampf auf Leben und Tod dar, die auch in der Diskussion über die Erfahrung der Arbeit des Knechts wieder auftaucht.

Laut Hegel treten stets alle Verantwortungsformen gemeinsam auf. In *jeglicher* Ausübung von Autorität sind *alle* diese durch den Herren annullierten Verantwortungsformen implizit enthalten. Es gibt keine dritte Möglichkeit neben ihrer Leugnung und der eigentlichen angemessenen Anerkennung, welche sie alle in sich trägt. Es führt zu nichts, hier wie an einem Büfett eine Sache herauszusuchen und andere abzulehnen. Ein Teil des Arguments dieser holistischen Behauptung hat die Gestalt des Anerkennungsmodells, das den Prozess der Erfahrung enthält, nur dass dieser Prozess nun über die bloße Erkenntnisform, wie sie in der »Einleitung« und den Kapiteln zum Bewusstsein behandelt wird, zu einer praktischen Form erweitert wird, welche dann auch Arbeit und absichtliches Handeln umfasst. Der andere Teil des Arguments besteht in einer angemessenen Lektüre der verschiedenen Herrschaftsallegorien.

II. Das Modell von Unterordnung und Gehorsam

Um diese Allegorien zu verstehen, wird es hilfreich sein, das asymmetrische Normativitätsmodell von Unterordnung und Gehorsam zu betrachten, das im Zentrum der Vorstellung von Herrschaft liegt, wenn man es in der Terminologie des kantischen Autonomiemodells und des hegelschen Anerkennungsmodells formuliert. Wie bereits im 9. Kapitel dargestellt, sieht die Grundstruktur des kantischen Autonomiemodells wie folgt aus:

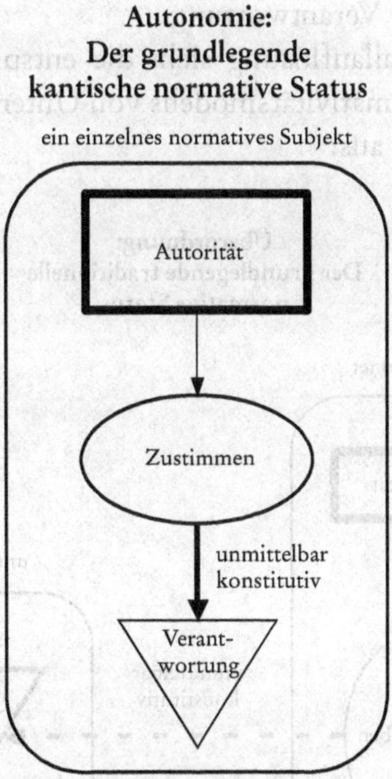

Abb. 10.1

(Man erinnere sich, dass im 9. Kapitel normative Status durch verschiedenartige Polygone bzw. normative Einstellungen durch Ovale mit unterschiedlichen Orientierungen gekennzeichnet sind und die Pfeile die Gegenstandsbeziehung zwischen Status und Einstellungen angeben.) Autonomie ist eine Art von Autorität. Insbesondere ist sie die Autorität, sich selbst verantwortlich zu *machen*, indem man sich als verantwortlich *betrachtet*. Das heißt, sie ist die Autorität, Einstellungen (Verantwortungszustimmungen) einzunehmen, die für die Status (Verantwortungen), deren Gegenstände sie sind, *unmittelbar konstitutiv* sind. Indem es Einstellungen einnimmt, instituiert das autonome Subjekt normative Status der Verantwortung.

In dieser Detailauflösung sieht die entsprechende Grundstruktur des Normativitätsmodells von Unterordnung und Gehorsam wie folgt aus:

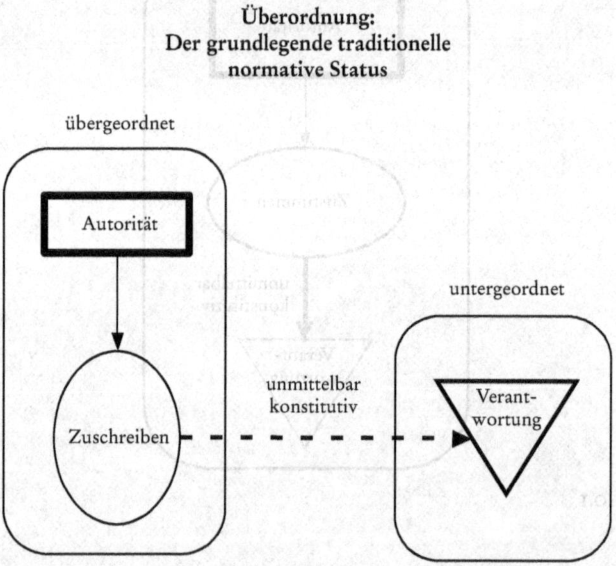

Abb. 10.2

Laut diesem Modell ist das Übergeordnete das normative Subjekt des Autoritätsstatus und das Untergeordnete das normative Subjekt des Verantwortungsstatus. Die für das Übergeordnete spezifisch geltende Autorität besteht darin, die Verantwortungen des Untergeordneten durch das Einnehmen von Zuschreibungseinstellungen zu instituieren. Das Übergeordnete hat die Autorität, das Untergeordnete verantwortlich zu *machen*, indem es das Untergeordnete als verantwortlich *betrachtet*, das heißt, indem es den Verantwortungsstatus zuschreibt. Das, was das kantische Modell als die Struktur von jedem einzelnen normativen Subjekt betrachtet, wird in der Tradition in zwei verschiedene Arten von normativen Subjekten eingeteilt.

Vergleichen wir diese zwei Konstellationen von normativen Status und normativen Einstellungen, so fällt ihre Ähnlichkeit auf. Beides sind komplexe Arten von Autorität. Im Grunde handelt es sich sogar um dieselbe Art von Autorität, nämlich die Autorität zur unmittelbar konstitutiven Instituierung von Verantwortungen. Zu dieser Gattung gehören sowohl das traditionelle Modell von Überordnung und Unterordnung als auch das kantische Autonomiemodell. Der Unterschied zwischen diesen beiden Arten besteht darin, dass die erste eine wesentlich *soziale* Struktur und die zweite eine wesentlich *individuelle* Struktur hat. Denn die eine wird durch eine fremdbezügliche Einstellung, die *Zuschreibung* des normativen Status der Verantwortung, vermittelt, während die andere durch eine selbstbezügliche Einstellung, die *Zustimmung* zum normativen Status der Verantwortung, vermittelt wird. Sie unterscheiden sich ausschließlich in den vermittelnden Einstellungen, die den Gegenständen der beiden Formen der Autorität entsprechen und die für die Instituierung von Verantwortungen als unmittelbar autoritativ zu betrachten sind. Die zwei komplexen Normativitätsstrukturen sind in diesem Sinne Einstellungsduale.

Es ist bemerkenswert, dass die traditionelle Metaphysik der Normativität und die *ne plus ultra* der modernen Metaphysik der Normativität auf eine so einfache und symmetrische Weise miteinander verwandt sind. Und weil die Modelle auf eine so unkomplizierte und natürliche Weise verwandt sind, kann man davon ausgehen, dass der hier vorgestellte begrifflich-analytische Apparat an den richtigen Stellen ansetzt und eine aufschlussreiche Detailschärfe erlaubt. Dieser Apparat unterscheidet zunächst normative Status und normative Einstellungen (das Sein des Bewusstseins an sich und das Sein des Bewusstseins für das Bewusstsein), und dann, innerhalb dieser Kategorien, normative Autoritäts- und Verantwortungsstatus (Selbstständigkeit und Unselbstständigkeit) und normative Zustimmungs- und Zuschreibungseinstellungen (das Sein des Bewusstseins für sich selbst und sein Sein für ein anderes Bewusstsein). Die begrifflichen Rohmaterialien für diese Modelle, die in den oben beiläufig erwähnten substantiellen Unterscheidungen ausgedrückt wurden, stehen im unmittelbaren Zentrum von Hegels Texten. Die in den Abbildungen paradigmatisch dargestellten Analysen zeigen, wie diese Rohmaterialien zusammengesetzt werden können, um die diskutierten Konstellationen von Status und Einstellungen hervorzubringen: das traditionelle Modell von Unterordnung und Gehorsam, das kantische Autonomiemodell und das hegelsche Anerkennungsmodell.

Um das Bild noch weiter anzureichern, lohnt es sich, die soziale Dimension des kantischen Autonomiemodells in Betracht zu ziehen.

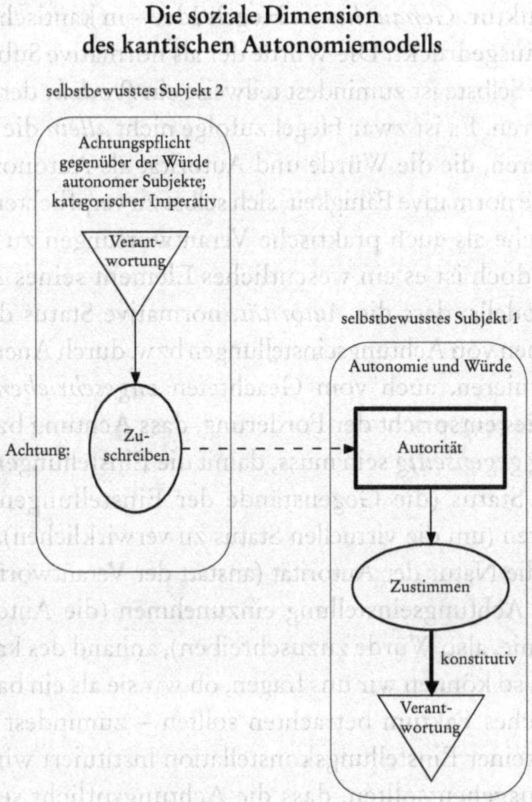

Abb. 10.3

Der Beitrag des zweiten Subjekts ist eigentlich supplementär, eher ein Stück zusätzlicher Struktur als ein wesentliches Element des Autonomiebegriffs; der kantischen Achtung zufolge ist es für die Autorität als Autonomie nämlich nicht wesentlich, von einem anderen zugeschrieben zu werden. Die Autorität als Autonomie wird nicht durch die Einstellung einer Autoritätszuschreibung instituiert – weder unmittelbar konstitutiv, so dass sie dann für sich genommen hinreichend wäre, um Einstellung zu instituieren, noch als geeigneter Teil einer größeren Einstellungsstruktur. *Genau dies* ist Hegels Idee – in kantischer Terminologie ausgedrückt: Die Würde der als normative Subjekte verstandene Selbste ist zumindest teilweise ein *Produkt* der Achtung der anderen. Es ist zwar Hegel zufolge nicht *allein* die Achtung der anderen, die die Würde und Autorität als Autonomie instituiert (die normative Fähigkeit, sich selbst zu verpflichten, sowohl doxastische als auch praktische Verantwortungen zu übernehmen). Jedoch ist es ein wesentliches Element seines Anerkennungsmodells, dass die *Autorität*, normative Status durch das Einnehmen von Achtungseinstellungen bzw. durch Anerkennung zu instituieren, auch vom Geachteten *zugeschrieben* werden muss. Dies entspricht der Forderung, dass Achtung bzw. Anerkennung *gegenseitig* sein muss, damit die Einstellungen die normativen Status (die Gegenstände der Einstellungen) genuin instituieren (um die virtuellen Status zu verwirklichen). Betrachten wir die Natur der Autorität (anstatt der Verantwortung bzw. Pflicht), Achtungseinstellung einzunehmen (die Autorität der Autonomie, also Würde zuzuschreiben), anhand des kantischen Modells, so können wir uns fragen, ob wir sie als ein basales metaphysisches Faktum betrachten sollten – zumindest insoweit sie von keiner Einstellungskonstellation instituiert wird – oder davon ausgehen sollten, dass die Achtungspflicht selbst eine Pflicht ist, über deren Instituierung autonome normative Subjekte durch ihre Zustimmung Autorität haben.

Obwohl die Dimension der Achtung ein soziales Element ins Autonomiemodell einführt, unterscheidet sie sich doch sehr vom sozialen Element des Modells der Über- und Unterordnung. Im Falle der Achtung (bzw. Anerkennung) ist es entscheidend, dass eine spezifische Art von *Autorität* zugeschrieben wird – wohingegen doch der Übergeordnete (konstitutiv) *Verantwortung* zuschreibt. Ferner werden Achtung und Anerkennung nicht als unmittelbar konstitutiv für die von ihnen zugeschriebenen Status betrachtet, wohingegen die Verantwortungszuschreibungen durch den Übergeordneten als unmittelbar konstitutiv für die dabei zugeschriebenen Status betrachtet werden. Wenn wir das Über- und Unterordnungsmodell vom traditionellen strukturellen Verständnis der Normativität von Unterordnung und Gehorsam, so wie Hegel es in seiner Diskussion über Herr und Knecht allegorisiert, weiter ausführen, so wird sichtbar, dass innerhalb der Konstellation von Einstellungen und Status ebenfalls eine analoge Dimension von Achtungspflicht besteht. Doch verläuft sie in die entgegengesetzte Richtung, denn wir können zwei verschiedene Arten von Verantwortung unterscheiden, die vom Übergeordneten instituiert werden und in Hegels Allegorie eine zentrale Rolle spielen. Dies sind die Verantwortung, die Autorität des Übergeordneten zu *achten*, und die Verantwortung, dem Befehl des Übergeordneten zu *gehorchen*. Obwohl sie offenkundig eng miteinander verwandt sind, betrifft die erstere die *Einstellungen* des Übergeordneten, die durch seine Befehle ausgedrückt werden, und die letztere die *Status* des Übergeordneten, der durch seine Zuschreibungen die Autorität hat, Verantwortungen auf der Seite des Untergeordneten unmittelbar zu konstituieren.

Diese Struktur der Achtungspflicht zeigt die Beziehungen zwischen übergeordneten und untergeordneten normativen Subjekten. Sie betrifft eine der Dimensionen der Kritik, die Hegel in der Allegorie von Herr und Knecht abliefert. Sie wird unter dem Titel des metaphysischen selbstzerstörerischen Charakters von Herrschaft, der normativen »Wirkung des Schicksals«, behandelt. Eine wesentliche Pflicht des Untergeordneten besteht in der Achtung bzw. Anerkennung des Übergeordneten und somit in der Zuschreibung der Autorität, die den Übergeordneten als Übergeordneten definiert. Ähnlich wie bei der kantischen Achtung ist diese Zuschreibung nicht konstitutiv für den zugeschriebenen Autoritätsstatus, weder für sich allein noch im Verbund mit anderen Einstellungen. Die Achtungspflicht bzw. die Verantwortung des Untergeordneten ist der kantischen Achtung andererseits auch unähnlich, insofern dieser Status *instituiert*

Die Achtungspflicht gemäß dem Modell von Unterordnung und Gehorsam

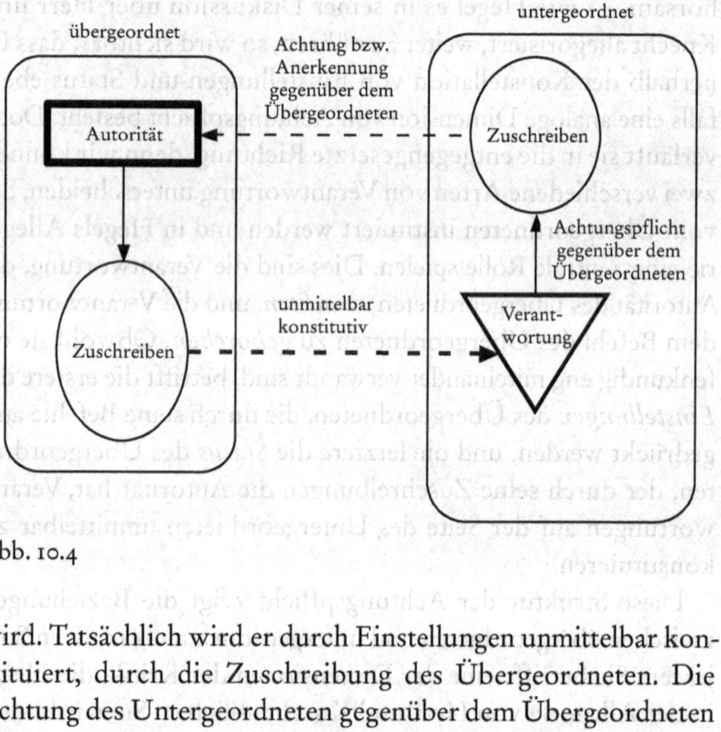

Abb. 10.4

wird. Tatsächlich wird er durch Einstellungen unmittelbar konstituiert, durch die Zuschreibung des Übergeordneten. Die Achtung des Untergeordneten gegenüber dem Übergeordneten ist keine instituierende Einstellung; doch die Pflicht bzw. Verantwortung, sie einzunehmen, wird durch ihre Zuschreibung durch den Übergeordneten instituiert (sogar unmittelbar konstituiert).

Obwohl eine gewisse Symmetrie in dieser Struktur besteht, ist diese Unterscheidung zwischen instituierenden und nichtinstituierenden Einstellungen und zwischen Autorität und Verantwortung ein asymmetrisches Merkmal. Beseitigt man diese Asymmetrien zugunsten eines Bildes, in dem normative Status durch gegenseitige Anerkennung instituiert werden, ergibt sich das hegelsche soziale Anerkennungsmodell.

Robuste allgemeine Anerkennung ist die Zuschreibung der Autorität, Autorität und Verantwortung zuzuschreiben

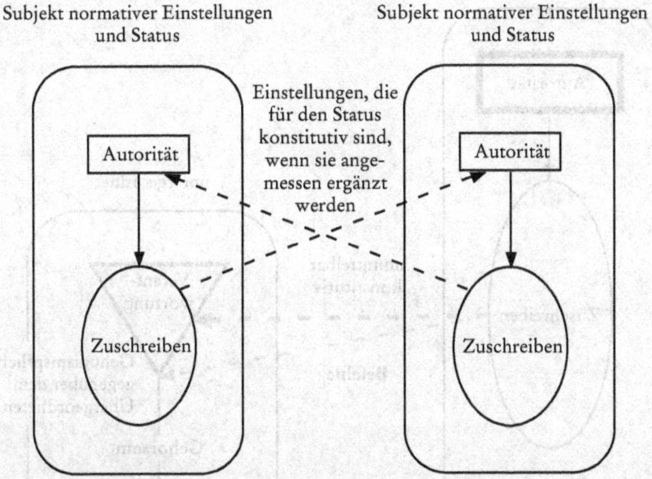

Abb. 10.5

Gemäß der Erklärung im 9. Kapitel entspricht die Autorität, die auf diese Weise instituiert wird, der Autorität, Verantwortungen zuzuschreiben, welche, wenn sie durch Zustimmungen angemessen ergänzt werden, für diese Verantwortungen konstitutiv ist.

Die Gehorsamspflicht ist eine Beziehungsdimension zwischen normativen Subjekten und objektiver Welt, in der der Untergeordnete bemüht ist, die Begierden (eine Art von Einstellung) des Übergeordneten zu befriedigen. Diese Dimension wird in der Allegorie von Herr und Knecht sowie weiter unten unter dem Titel des metaphysischen selbstzerstörerischen Charakters der Herrschaft, der normativen »Wirkung des Schicksals«, behandelt. Die vom Übergeordneten erteilten und an das untergeordnete Subjekt gerichteten Befehle sind Zuschreibungen von

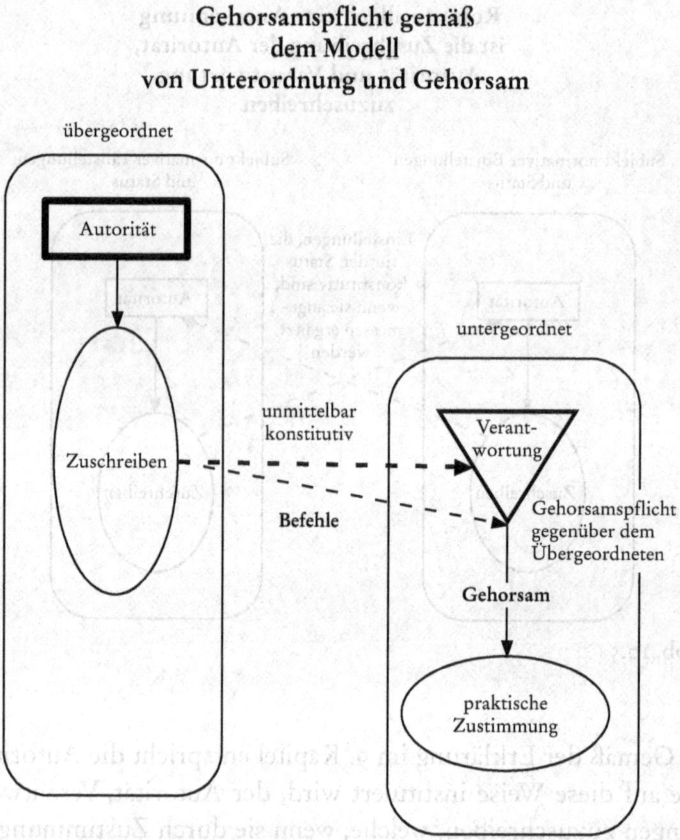

Abb. 10.6

spezifischen Verantwortungen. Befehle entsprechen im hegelschen Modell der spezifischen Anerkennung – im Gegensatz zur allgemeinen Anerkennung, die ihr Analogon in der Achtung des Untergeordneten gegenüber dem Übergeordneten hat. Denn Befehle schreiben spezifische Verantwortung zu anstatt die Fähigkeit, Subjekt von normativen Status sein zu können. Ein entscheidender Unterschied an dieser Stelle besteht darin, dass im hegelschen Modell spezifische Anerkennung nur instituiert wird, wenn sie auf der Seite des spezifisch Anerkannten angemessen durch Zustimmung ergänzt wird (also durch denjenigen, dem der Status eines allgemein Anerkannten und Anerkennenden zugeschrieben wird).

Die in Befehlen spezifizierten Verantwortungen sind *praktische* Verantwortungen, das heißt Verantwortungen, etwas zu *tun*. Wenn alles gutgeht, ist das *Zustimmen* zu praktischen Verantwortungen nichts anderes als das entsprechende Handeln. Die Zustimmung ist nicht etwas, das den absichtlichen Vollzug *verursacht*, sondern sie besteht in genau solchen Vollzügen. Im Unterordnungsmodell nimmt das Zustimmen zu spezifischen praktischen Verantwortungen die Form des Gehorchens von Befehlen an, die diese Verantwortungen gliedern und instituieren. Im Kapitel zur Vernunft behandelt Hegel absichtliches Handeln als praktische Verantwortungszustimmung.[1] Die Diskussion zur Bedeutung der Arbeit des Knechts liefert die Begründung für den Erklärungsübergang von der Diskussion der Normativität im Kapitel zum Selbstbewusstsein zur Diskussion über das absichtliche Handeln im Kapitel zur Vernunft.

Wie auch das Autonomiemodell und das Unterordnungsmodell sind die Achtungspflicht und die Gehorsamspflicht, die das Unterordnungsmodell gliedern, Einstellungsduale. Die Achtungspflicht ist eine *Zuschreibungs*verantwortung und die Gehorsamspflicht eine *Zustimmungs*verantwortung. Sie unterscheiden sich nicht nur in Bezug auf die Einstellungen, die die Gegenstän-

1 Anhand der Unterscheidung zwischen »Vorsatz« und »Absicht«, die Hegel in seiner *Rechtsphilosophie* detaillierter darlegt, wird in der Diskussion zur Vernunft im 11. Kapitel die Natur absichtlicher Handlungen als praktische Zustimmung zur Verpflichtung zum Ausdruck gebracht. Um die *Beziehung* zwischen beiden zu verstehen, ist es erforderlich, dass man den Bestimmungs*prozess* berücksichtigt, durch den die Absicht aus dem Vorsatz hervorgeht. In der »Einleitung« tauchte dieser Prozess als »Erfahrung« und im Kapitel zum Selbstbewusstsein als »Arbeit« auf.

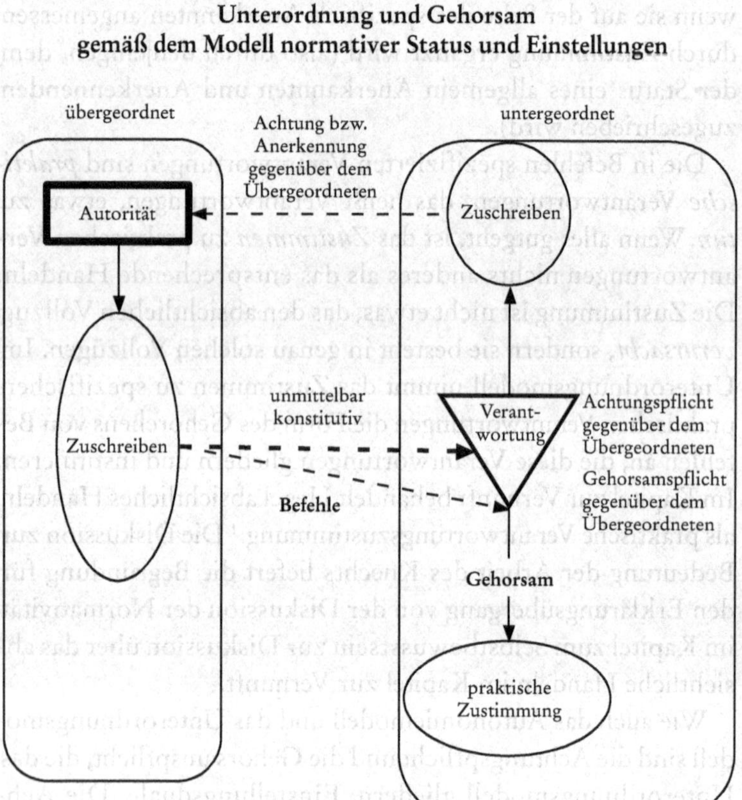

Abb. 10.7

de der beiden Arten von Verantwortung sind, sondern auch in Bezug auf die Status, die die Gegenstände der Einstellungen sind. Denn die Achtungspflicht ist die Verantwortung, *Autorität* zuzuschreiben, während die Gehorsamspflicht die Verantwortung ist, der *Verantwortung* praktisch zuzustimmen. Die Achtungspflicht und die Gehorsamspflicht sind Aspekte, die die Charakteristik der Verantwortung des Untergeordneten und (somit) die Charakteristik der Autorität des Übergeordneten bestimmen.

Zudem strukturieren sie Hegels allegorische Diskussion von Herr und Knecht. Wenn wir sie zusammenstellen, ergibt sich eine noch feiner gegliederte Darstellung des Normativitätsmodells von Unterordnung und Gehorsam.

Hier ist die Konstellation von Status und Einstellungen abgebildet, die mit der vollständig gegliederten Abbildung der Einstellungsduale, den »angemessen ergänzten« spezifischen Anerkennungseinstellungen, in Hegels sozialem Anerkennungsmodell von Normativität verglichen werden sollten, wie es im 9. Kapitel vorgestellt wurde. Zudem ist das Pathologische an dieser (sowohl theoretischen als auch praktischen) Vorstellung von Unterordnung und Gehorsam abgebildet, das Hegel einteilt in die Allegorien des stolzen Bewusstseins und des Kampfes auf Leben und Tod, der Wirkung des Schicksals und der Aussicht auf die Befreiung des Knechts durch Arbeit. Diesen Allegorien werden wir uns nun zuwenden.

III. Identifikation

Im 8. Kapitel habe ich auf die erste Schlüsselszene in der von Hegel im Kapitel zum Selbstbewusstsein vorgestellten Allegorie vom »Kampf auf Leben und Tod« rekurriert, um den Übergang vom organischen Raum der Lebewesen zum normativen Raum verantwortlicher Selbste klar herauszustellen. Dieser Übergang verknüpft die Struktur, in der die Unterscheidung zwischen Selbstständigkeit und Unselbstständigkeit zunächst in Form der protonormativen Unterscheidung zwischen begehrendem Tier und dem Begehrten erscheint, mit der Struktur, in der die Unterscheidung zwischen Unselbstständigkeit und Selbstständigkeit in Form der genuin normativen (da durch Anerkennung gegliederten) Unterscheidung zwischen Autorität und Verantwortung erscheint. Dies ist der Kontrast, auf den sich Hegel beim Beschreiben einer Gegenüberstellung von zwei begehrenden Tieren beruft:

> Jedes ist wohl seiner selbst gewiß, aber nicht des anderen, und darum hat seine eigene Gewißheit von sich noch keine Wahrheit; denn seine Wahrheit wäre nur, daß sein eigenes Fürsichsein sich ihm als selbständiger Gegenstand oder, was dasselbe ist, der Gegenstand sich als diese reine Gewißheit seiner selbst dargestellt hätte. Dies aber ist nach dem Begriffe des Anerkennens nicht möglich, als das wie der andere für ihn, so er für den anderen, jeder an sich selbst durch sein eigenes Tun und wieder durch das Tun des anderen diese reine Abstraktion des Fürsichseins vollbringt.[2]

Die orektische Struktur und die Anerkennungsstruktur entsprechen den zwei Formen, in denen die Unterscheidung zwischen dem Sein der Dinge *für* das Bewusstsein und dem Sein der Dinge *an sich* Gestalt annehmen kann – was auf der normativen Seite wiederum der Unterscheidung zwischen *Einstellungen* und *Status* entspricht.

Schauen wir uns genauer an, welche Rolle der Kampf auf Leben und Tod in Hegels spekulativer rückblickend-rationaler Rekonstruktion (*Erinnerung*) des Beginns der Anerkennungsstruktur von Unterordnung und Gehorsam spielt. Aus der Allegorie »Kampf auf Leben und Tod« tritt eine spezifische Konstellation von Anerkennungsbeziehungen zwischen Übergeordnetem und Untergeordnetem hervor, personifiziert als Herr und Knecht. Jeder Beteiligte versteht sich selbst und den anderen praktisch gemäß den Kategorien der Herrschaft. Dies ist eine praktisch-normative Vorstellung, in der der Herr als Ort *reiner Selbstständigkeit* bzw. Autorität ohne Verantwortung und der Knecht als

2 *PhG*, S. 148.

Ort *reiner Unselbstständigkeit* bzw. Verantwortung ohne Autorität verstanden wird. Hegel zufolge ist in jeder Praxis, die die asymmetrische Struktur von Überordnung und Unterordnung aufweist, eine praktische Vorstellung von Anerkennung enthalten, die eine derartige soziale Aufteilung von normativen Rollen mit sich bringt – sogar in solchen Fällen wie etwa dem mittelalterlichen Feudalismus, in dem, im Gegensatz zur eindeutig zugeordneten Personifizierung in der Allegorie, jedes Individuum, außer denjenigen an den äußersten Enden, beide Rollen innehat: einigen übergeordnet und anderen untergeordnet.

Ferner argumentiert er, dass diese praktische Vorstellung von Anerkennung radikal defekt ist, und dementsprechend ebenso die selbstbewussten normativen Selbste bzw. Subjekte, die von dieser Vorstellung geformt werden. Falsch am Modell von Unterordnung und Gehorsam ist im Grunde seine systematische Verwechslung von *Macht* und *Autorität*. Dies ist ein grundlegender Irrtum über die Metaphysik der Normativität. Allerdings ist der Fehler nicht bloß theoretisch, sondern ebenso praktisch, und führt zu verformten sozialen Institutionen und verformten selbstbewussten individuellen Selbsten. Diese Institutionen sind nicht nur in ihrem Selbstverständnis, sondern auch in Wirklichkeit verformt. Hegel zufolge hat diese Verwechslung von Macht und Autorität eine verschachtelte Feinstruktur, die er uns anhand der Allegorie der Herrschaft aufzeigen will. Es ist also äußerst wichtig, dass wir verstehen, wie die Allegorie des Siegers und des Besiegten im Kampf auf Leben und Tod, der in eine Beziehung von Über- und Unterordnung mündet, die praktische normative Vorstellung von Herrschaft einführt, verkörpert und motiviert.

Ein Schlüsselmerkmal des Kampfes auf Leben und Tod ist gerade die Tatsache, dass es dabei eben um Leben und Tod geht. Ein wesentliches Element des Übergangs vom Sein eines lebendigen, zum Reich der Natur gehörenden Organismus zu einem Einwohner des Reiches des Geistes besteht, wie wir bereits gesehen haben, in der Bereitschaft, das eigene biologische Leben zu riskieren.

> Und es ist allein das Daransetzen des Lebens, wodurch die Freiheit, wodurch es bewährt wird, daß dem Selbstbewußtsein nicht das *Sein*, nicht die *unmittelbare* Weise, wie es auftritt, nicht sein Versenktsein in die Ausbreitung des Lebens das Wesen, – sondern daß an ihm nichts vorhanden, was für es nicht verschwindendes Moment wäre, daß es nur reines *Fürsichsein* ist. Das Individuum, welches das Leben nicht gewagt hat, kann wohl als *Person* anerkannt werden; aber es hat die Wahrheit dieses Anerkanntseins als eines selbständigen Selbstbewußtseins nicht erreicht.[3]

Im 8. Kapitel habe ich dafür argumentiert, an dieser Stelle die Idee einzuführen, dass man, indem man sein Leben riskiert, sich mit dem, *für* was man es riskiert, *identifiziert*, und eben nicht mit der biologischen Existenz (die man dabei riskiert). Indem man bereit ist, sein Leben für etwas zu riskieren, bewirkt man, dass das riskierte Leben, ganz im Gegensatz zu dem, für was man sein Leben riskiert, *kein wesentliches* Element des dabei sich konstituierenden Selbst ist. In den entscheidenden Fällen des Übergangs von der *Natur* zum *Geist* war es eine *Verpflichtung*, also etwas *Normatives*, das heißt ein normativer Status oder eine normative Einstellung, wofür man bereit war, sein natürliches Leben zu riskieren.[4] Somit wird etwas Konkretes und Wirkliches für etwas Abstraktes und Ideales riskiert.

Indem man bereit ist, das eigene Leben für etwas zu riskieren,

3 Ebd., S. 149.

4 Da das Ergebnis der hier betrachteten Prozesse in einem normativen Vokabular von Autorität, Verantwortung und Einstellungen – deren Gegenstände die normativen Status sind – spezifiziert werden muss, sollte das Modell gegenseitiger Anerkennung nicht als eine Form von *Soziologismus* aufgefasst werden, der mit dem von Frege kritisierten und von Kant zurückgewiesenen *Psychologismus* vergleichbar ist.

nimmt man eine spezifische Art von praktischer Einstellung gegenüber dem Leben ein. Ich habe vorgeschlagen, diese Einstellung als ein *Identifizieren mit* dem aufzufassen, was man zu riskieren und, wenn nötig, wofür man das eigene Leben zu opfern bereit ist. Laut dieser Behauptung hat das Einnehmen dieser Einstellung eine besondere Wirkung. Sie ändert den eigenen Status, sie macht das, *für* was man riskiert oder opfert, zu einem wesentlichen Element dessen, was man eigentlich ist. Dies heißt, dass man sich mit der Identifikation, durch die man sich als etwas *betrachtet*, selbst auch zu etwas *macht*. Das eigene Sein *für sich* beeinflusst unmittelbar das eigene Sein *an sich*. Sie ist eine *selbstkonstituierende* Einstellung. Das Selbst, das durch »existenzielle Identifikation« konstituiert wird (wir werden sehen, dass es auch andere Arten von Identifikation gibt), ist ein *wesentlich selbstbewusstes* Selbst in dem Sinne, dass seine Einstellungen – zumindest seine existenziellen Identifikationseinstellungen – eine wesentliche Komponente seines Seins an sich sind. Diese Einstellungen instituieren eine besondere Art von normativem Status.

Das Selbstbewusstsein kann zunächst als das Bewusstsein von sich selbst gedacht werden – es ist *für* sich, was es *an* sich ist. In der von mir verwendeten Ausdrucksweise heißt das, dass die eigenen normativen *Status* angemessen in den eigenen normativen *Einstellungen* reflektiert werden. Es ist das Zustimmen zu der Verantwortung und der Autorität, die man wirklich hat; wir können dies als *theoretisches* Selbstbewusstsein auffassen. Die selbstkonstituierende Leistung der existenziellen Identifikation macht eine komplementäre Dimension von *praktischem* Selbstbewusstsein sichtbar, und zwar insofern in diesem Fall die Status Einstellungen widerspiegeln, und nicht andersherum. Indem man sich selbst praktisch als eine bestimmte Art von Selbst *betrachtet*, sich also mit einem bestimmten (anstatt mit einem anderen) Element der eigenen Status und Einstellungen identifiziert, *macht* man sich zu einer anderen Art von Selbst. Man ändert den eigenen Status. Das Sein *an sich* (ein Status) ist gegenüber dem Sein *für sich*, also der eigenen praktischen Identifikationseinstellung, verantwortlich (in Hegels Terminologie: davon abhängig).

Sowohl die theoretische als auch die praktische Dimension des Selbstbewusstseins tragen dazu bei, was das Selbst *an und für sich* ist. Einerseits ist ein normativer Status, der als der Gegenstand einer normativen Einstellung (das Eingehen einer Verantwortung oder das Beanspruchen einer Autorität) virtuell ist, auch ein wirklicher Status. Gemäß Hegels Modell kommt es hierzu, wenn dieser Status auch von einem normativen Subjekt zugeschrieben wird, das in seiner Autorität anerkannt wird, solche Status durch seine Einstellungen zu instituieren, wenn sie angemessen ergänzt werden. Andererseits identifiziert man sich mit einer Einstellung (oder, was gleichwertig ist, mit dem virtuellen Status, der der Gegenstand der Einstellung ist) und befördert sie somit zu einem Metastatus, der höher liegt als der, den man wirklich hat, der anders ist als das, was man an sich ist. Zwar wird dieser virtuelle Status dabei *nicht* unmittelbar verwirklicht; jedoch gilt er dann nicht nur als etwas, das man *für sich* ist. Da es etwas ist, *das* man *für sich* ist, wird es ein wesentlicher Teil dessen, was man *an sich* ist.

IV. Die praktische Vorstellung der reinen Selbstständigkeit

Durch dieses praktische Selbstbewusstsein, das mit der existenziellen Identifikation beginnt, wird man *wesentlich* selbstbewusst bzw. wird das eigene Sein *für sich* ein wesentliches Element des eigenen Seins *an sich*. Diese Leistung der Selbstkonstituierung durch existenzielle Identifikation – indem man bereit ist, das eigene Leben zu riskieren, und hiermit alles, was man bereits wirklich *an sich* ist, für etwas, das man zunächst nur virtuell, ideal, *für sich* ist – ist der Anfang der Geschichte der Menschheit. Anhand dieser praktischen Identifikationseinstellung *macht* ein Lebewesen sich selbst zu etwas, das mehr ist als bloß ein begehrendes Tier, und zwar allein dadurch, dass es sich in seiner Bereitschaft, seine animalische Existenz zu riskieren, als etwas *betrachtet*, das mehr ist.

Hegel zufolge geschieht die Identifikation mit einer normativen Einstellung (und folglich mit dem virtuellen Status, der der Gegenstand dieser Einstellung ist bzw. die Verantwortung, die eingegangen wird, oder die beanspruchte Autorität) in einem bestimmten Kontext und hat deshalb eine bestimmte Wirkung. Dieser Kontext ist der *soziale* Kontext des Kampfes auf Leben und Tod mit einem anderen Selbstbewusstsein. Ein entscheidendes Element im Kampf auf Leben und Tod besteht darin, dass man sein Leben für etwas anderes riskiert (einen normativen Status oder eine normative Einstellung). Das ist aber nicht *alles*, worum es bei diesem Phänomen geht. Über die existenzielle Identifikation hinaus ergibt sich aus dem sozial-praktischen Kontext des Kampfes auf Leben und Tod eine besondere praktische Einstellung, für die jeder Beteiligte im Kampf auf Leben und Tod sein Leben aufs Spiel setzt. Wenn Subjekte dieser Einstellung zusammenstoßen, *müssen* sie, wie Hegel sagt, »in diesen Kampf gehen«.[5]

Die Kämpfenden sind lebendig und insofern begehrende Wesen. Gemäß ihrer Natur ist der Begierde eine Begierde zweiter Ordnung implizit, das heißt die Begierde danach, dass die Dinge *an sich* genau so sein sollten, wie sie *für* den Begehrenden sind. Das ist die Begierde danach, die eigenen Begierden zu befriedigen allein deshalb, weil sie die eigenen Begierden sind. Dass einer Begierde (erster Ordnung) eine solche Begierde zweiter

5 Ebd.

Ordnung implizit ist, genügt, um zu erkennen, dass die Aussage, dass alle einzelnen *Begierden* in ihrem gemeinsamen Ziel der *Befriedigung* vereint sind, genauso richtig ist wie die Aussage, dass alle einzelnen *Überzeugungen* in ihrem gemeinsamen Ziel der *Wahrheit* vereint sind. In der Diskussion über die Vorläufer des Kampfes sagt Hegel, dass »das Leben die *natürliche* Position des Bewußtseins, die Selbständigkeit ohne die absolute Negativität ist«.[6] Die Selbstständigkeit ist die natürlicherweise angestrebte Autorität der Begierde. Das Fehlen von Negativität ist das implizite Ideal des Fehlens des Widerstandes einer eigensinnigen Welt gegenüber dieser Autorität. Dieses Ideal der reinen Selbstständigkeit, die in der Begierde als solcher implizit ist, ist der orektische Ursprung der praktischen normativen Selbstvorstellung der Herrschaft und damit der Normativität, welche die Struktur der Unterordnung aufweist.

Dieses implizite Ideal ist die praktische Vorstellung von einem Selbst als einem *unmittelbaren, durchschaubar konstitutiven Betrachter*. Das Sein eines konstitutiven Betrachters besteht darin, dass er, indem er Dinge so *betrachtet*, dass sie eine bestimmte praktische Bedeutung haben, ihnen diese Bedeutung *erteilt*. Hiernach sind Dinge an sich, was sie für den souveränen Begehrenden sind. Eine solche Konstituierung wird insofern als *unmittelbar* betrachtet, als sie nicht davon abhängt, von irgendwelchen anderen Einstellungen angemessen ergänzt zu werden, also insbesondere von Einstellungen anderer. Die konstitutive Macht oder Autorität, die man den eigenen Begierden zuschreibt, wird als *transparent* betrachtet, wodurch der virtuelle Status des Gegenstandes der eigenen Begierde und der wirklich erreichte Status als etwas betrachtet wird, was denselben Inhalt hat: Es gelingt, genau das zu tun, was man versucht hat zu tun.

Versteht das phänomenale Selbstbewusstsein sich selbst gemäß der Vorstellung der REINEN SELBSTSTÄNDIGKEIT, so betrachtet

6 Ebd.

es das Bewusstsein als konstitutiv für seine Gegenstände. Alles wird in diesem Begriff von Bewusstsein als an sich genau das betrachtet, was es für das Bewusstsein ist. Das sich als rein selbstständig verstehende Selbstbewusstsein ist also das Bewusstsein, das sich als ein konstituierendes Bewusstsein betrachtet, das heißt als ein Bewusstsein, das die Dinge zu etwas macht, indem es sie als ebendas betrachtet. Doch kann kein Bewusstsein derart *an sich* rein selbstständig sein. Vielmehr besteht die Selbstständigkeit darin, wie das Bewusstsein sich selbst *betrachtet*, das heißt wie es *für sich* ist. Ein *konstitutiver Betrachter für sich*, der also in den eigenen Betrachtungen *souverän* ist, deutet sich selbst in den Kategorien der reinen Selbstständigkeit.

Das praktische Bewusstsein, das sich als rein selbstständiges Bewusstsein versteht, besteht also auf der *Souveränität* seiner Betrachtungen. Mit Descartes ist eine Tradition entstanden, für die sich die Grenzen des Selbst aus dem Ausmaß der erkenntnistheoretischen und praktischen Souveränität ergibt. Descartes zufolge besteht der Geist aus dem, was wir nicht falsch betrachten können. Die geistige Erkenntnistätigkeit (Erkennen) ist nichts anderes als das, was sie für den Geist ist, was auch immer sie zu sein scheint oder wie auch immer sie betrachtet wird. Die praktische geistige Tätigkeit (Wollen) beherrschen wir vollständig, es sind hier keine Mittel nötig, um die eigenen Begierden zu befriedigen. In der erkenntnistheoretischen Souveränität unserer geistigen Zustände (Erscheinungen oder Betrachtungen) gibt es keine Kluft zwischen dem Schein und dem Sein und deshalb gibt es keine Kluft zwischen dem Versuchen und dem Gelingen in der praktischen Souveränität über unser Wollen (Willensakte als minimale Versuche). (Hegel argumentiert explizit gegen den praktischen Teil dieser Theorie in der Diskussion über das Konzept von Handlung, das er im Abschnitt zur Vernunft das »ehrliche Bewußtsein« nennt und das wir am Ende des 12. Kapitels behandeln werden.) In diesem Zusammenhang scheint das selbstständige Bewusstsein die Souveränität über das Selbst so zu erweitern, bis es eine Souveränität über alles ist, es dehnt die Grenzen von sich selbst in seiner Selbstvorstellung also so weit aus, bis sie allumfassend sind.

Warum nimmt die praktische Selbstvorstellung eines Wesens, das sein Leben für diese Selbstvorstellung riskiert, die Form der Verpflichtung zu reiner Selbstständigkeit an? Erforderlich für die Selbstkonstituierung ist allein die Bereitschaft, eher den Tod zu riskieren, als die Vorstellung von sich selbst als einem Betrachter aufzugeben (als jemand, für den Dinge etwas sind). Woher kommt die zusätzliche, letztendlich selbstzerstörerische Bedingung der unbeschränkten konstitutiven *Souveränität* des Subjekts in diesen Betrachtungen? Laut meiner vorgeschlagenen Antwort liegt es an der Natur der Begierde zweiter Ordnung, die in der Begierde als solcher implizit ist. Der Prozess der Entstehung der Menschheit weist zwei wichtige Aspekte auf. Das selbstständige Bewusstsein hält an einem davon fest und übernimmt aus seinem Selbstbildungsprozess eine falsche Lehre. Man *kann* sich konstitutiv als jemanden betrachten, der im Wesentlichen ein Betrachter ist, indem man dazu bereit ist, das eigene Leben für diese Selbstvorstellung zu riskieren. In dieser Selbstkonstituierung erscheint das Selbst sowohl als Subjekt als auch als Objekt, das heißt als das (konstitutiv) betrachtende Selbst und das, was als dieses Selbst betrachtet wird. Das selbstständige Bewusstsein hält (in diesem besonderen Selbstbetrachten) an der Konstituiertheit seiner selbst als einem betracht*enden* Betrachter fest und geht davon aus, dass diese Konstituiertheit sich selbst als betracht*eten* Betrachter begreift. Da die Betrachtung seiner selbst konstitutiv war, betrachtet es sich selbst als konstitutiven Betrachter. Die von diesem Betrachten hervorgerufenen formalen Schwierigkeiten ergeben sich aus der Tatsache, dass man, während man sich selbst *wesentlich* als einen Betrachter konstitutiv betrachten kann, sich selbst *nicht* konstitutiv als *konstitutiven* Betrachter betrachten kann. Man kann auch im Allgemeinen kein konstitutiver *Selbst*betrachter sein. Einige Selbstvorstellungen kann man sich selbst konstitutiv zuschreiben (beispielsweise, dass man ein Betrachter oder dass man wesentlich ein Betrachter ist), andere hingegen nicht (beispielsweise dass man ein konstitutiver Betrachter ist). Das selbstständige Bewusstsein entsteht, wenn aus dem Erfolg einer bestimmten Art von Selbstkonstituierung falsch verallgemeinert wird, wenn also eine Art von Erfolg mit einer anderen Art von Erfolg verwechselt wird.

V. Der Kampf

Aus der Konfrontation zwischen zwei Begehrenden folgt zwangsläufig ein Kampf. Dieser Kampf verwandelt die Begierde zweiter Ordnung, die in der Begierde als solcher implizit ist, in eine *Verpflichtung*, mit der sich der Herr existenziell identifiziert. »So *unmittelbar* auftretend, sind sie füreinander in der Weise gemeiner Gegenstände; *selbständige* Gestalten, in das *Sein* des *Lebens* [...] versenkte Bewußtsein[e]«.[7] Die Begierde danach, dass jedes *Ding* an sich ist, was es für sich ist, beinhaltet die Begierde danach, dass *jeder* an sich ist, was er für sich ist. Vom Standpunkt dieser Begierde aus können Subjekte nicht als andere Subjekte erscheinen, da das Sein der Dinge für sie keinen Unterschied aufweisen kann bezüglich des Seins der Dinge an sich. An dieser Stelle setzt sich eine Art orektischer Solipsismus durch: Jedes souveräne Subjekt stößt auf eine Welt, die für dieses Subjekt allein aus Gegenständen besteht und nicht auch aus anderen Subjekten.

Die triadische Struktur der Begierde wurde im 8. Kapitel paradigmatisch durch die Beziehungen von Hunger, Nahrung und Fressen dargestellt: eine Begierde, eine von dieser Begierde

7 Ebd., S. 148.

motivierte Tätigkeit und eine praktische Bedeutung, die die Dinge hinsichtlich der Begierde haben könnten. Die Begierde liefert also einen Bewertungsmaßstab für den Erfolg der durch die Begierde motivierten Tätigkeit, je nachdem, ob die Begierde befriedigt wird oder nicht. Sie erzeugt eine Unterscheidung hinsichtlich der praktischen Bedeutung zwischen dem, was diese Bedeutung *für* den Begehrenden hat (was durch das Essen als Nahrung behandelt wird), und dem, was diese Bedeutung wirklich *an sich* hat (was also faktisch Nahrung ist, insofern es durch Essen den motivierenden Hunger befriedigt). (Man beachte, dass auch dieser Status durch eine Einstellung definiert ist, nämlich durch das Stillen des Hungers.) Diese orektische Struktur ermöglicht dementsprechend eine Art *Erfahrung des Irrtums*, die in der »Einleitung« als die Quelle des praktischen Zugriffes des Bewusstseins auf seinen repräsentationalen Charakter identifiziert wird.

Diese Analyse motiviert uns dazu, die *Tätigkeit* zu untersuchen, die mit der Begierde zweiter Ordnung korrespondiert, nach der alles *an* sich das ist, was es *für* den Begehrenden ist. Was verhält sich zu *dieser* Begierde, wie das Essen zum Hunger? Ich glaube, dass laut Hegels Antwort hierauf diese Tätigkeit darin besteht, sich in einen Kampf auf Leben und Tod mit jedem anderen Subjekt zu begeben, das die gleiche Begierde hat. In diesem Kampf versucht man den anderen dazu zu bringen, *an sich* zu sein, was er *für* den souveränen Begehrenden ist: ein Gegenstand, für den und in dem allein die Begierden des souveränen Begehrenden wirksam sind.

Was macht die Begierde zweiter Ordnung nach unmittelbar konstitutiver Macht zum Beweggrund des Kampfes? Sie wird zum Beweggrund, wenn sie einer *anderen* solchen Begierde, nämlich der Begierde zweiter Ordnung eines anderen *Begehrenden*, begegnet und mit ihr in Konflikt gerät. Hieraus ergeben sich zwei Fragen: Warum führt die Konfrontation mit einem anderen derartig Begehrenden unvermeidlich zum Konflikt und warum hat dieser Konflikt mehr Bedeutung als alle anderen Konflikte zwischen den Begierden verschiedener Begehrender?

Die Unabhängigkeit des Bewusstseins, das sich als rein unabhängig deutet, ist mit der Existenz anderer Wesen, die sich in demselben Sinne als rein unabhängig deuten, nicht praktisch vereinbar. Das Beharren darauf, ein *konstitutives* Subjekt (ein souveräner begehrender Betrachter) zu sein, schließt aus, andere in ebendiesem Sinne als Subjekt anzuerkennen. Dies ist herrschaftliche anstatt pluralistische Selbstständigkeit. Denn gemäß dieser praktischen Selbstvorstellung muss *alles* andere von den Einstellungen des souveränen Subjekts abhängen. Diese zuletzt nicht umsetzbare Forderung folgt unvermeidlich aus der Selbstvorstellung, nach der sich das rein selbstständige Bewusstsein selbst versteht und definiert (bis in den Tod). Betrachtet ein Selbstbewusstsein sich bloß als einen Betrachter, und nicht als einen konstitutiven Betrachter – das heißt als etwas, *für* das die Dinge sind ohne die zusätzliche Verpflichtung, dass das Sein der Dinge *an sich* das sein muss, was es *für* den Betrachter ist –, dann wäre dieses Bewusstsein, wie es sich selbst betrachtet, mit anderen Subjekten vereinbar, die sich ebenso selbst betrachten. (Außerdem wäre es mit Gegenständen vereinbar, die etwas Unabhängigkeit in Form eines Widerstandes gegenüber der Begierde beibehalten.) Aber dies ist unmöglich für ein Bewusstsein, das sich als konstitutiv auffasst.

Das Neue am Kampf auf Leben und Tod ist nicht, dass zwei Begehrende miteinander in Konflikt geraten. Zwei Raubtiere könnten denselben Tierkadaver begehren und darum kämpfen, ohne dass mit dem Sieg eine Herr-Knecht-Beziehung instituiert werden würde. Hegels Allegorie verweist erstens darauf, dass sich die am Kampf Beteiligten praktisch mit der Begierde zweiter Ordnung *existenziell identifizieren*, wonach alles an sich das sein soll, was es für den Begehrenden ist. Diese Begierde kann nicht einfach befriedigt werden, indem man dem Konkurrenten den Tierkadaver entreißt und sich daran gütlich tut. Es erfordert vielmehr die Unterwerfung des Konkurrenten. Zweitens ist es wichtig, dass das, worum die Konkurrenten kämpfen und für was sie ihr Leben riskieren, eine Art von *Selbstvorstellung* ist: dass, gemäß der Begierde zweiter Ordnung, die eigenen Begierden unmittelbar befriedigt werden, also alles an sich ist, was es für sich ist. Drittens ist die besondere Begierde zweiter Ordnung, ein unmittelbar transparent konstitutiver Begehrender zu sein, nicht wie andere Begierden bzw. die Begierden erster Ordnung. Denn die Begierden zweiter Ordnung *dieser* Art sind *de jure*, also notwendig, prinzipiell und allgemein, miteinander unvereinbar und entgegengesetzt – und nicht bloß *de facto* (also kontingent und praktisch) unvereinbar und entgegengesetzt. Deshalb *müssen* die Beteiligten kämpfen.

VI. Die Bedeutung des Sieges

Die erste Phase Hegels allegorischer Erzählung ist der Kampf auf Leben und Tod. Laut Hegels Beschreibung sind das Ergebnis des Kampfes

> zwei entgegengesetzte Gestalten des Bewußtseins; die eine das selbständige, welchem das Fürsichsein, die andere das unselbständige, dem das Leben oder das Sein für ein Anderes das Wesen ist; jenes ist der *Herr*, dies der *Knecht*.[8]

Die zweite Phase ist die normative Beziehung von Unterordnung und Gehorsam zwischen dem Sieger und dem Besiegten. (Kämpfe, die mit dem Tode eines Beteiligten enden, sind für die Allegorie nicht weiter relevant.) Dies ist die Beziehung zwi-

8 Ebd., S. 150.

schen Herren und Knecht. In dieser Struktur zeigt sich der Herr als rein selbstständig, also autoritativ, und der Knecht als rein unselbstständig, also verantwortlich. Der Herr ist *für sich* selbst seine wesentliche Natur, das heißt ein Teil dessen, was er *an sich* ist. Insofern hat er sich *wesentlich* selbstbewusst gemacht. Um die Selbstvorstellung von Herrschaft zu verstehen, müssen wir uns bei der Lektüre dieser Phase klarmachen, dass der Sieger seinen Sieg als Hinweis darauf betrachtet, dass die Begierde, die den Kampf ursprünglich motiviert hat, *erfolgreich* befriedigt wurde. Die Begierde zweiter Ordnung ist die Begierde danach, unmittelbar transparent konstitutive Begierden zu haben. Sie ist die Begierde nach der souveränen Macht, die Dinge zu dem zu machen, was sie der Betrachtung nach sind, das heißt entsprechend einer bestimmten Art von normativem Status, einer Art von Autorität. Indem man sich an der durch die Begierde motivierten Tätigkeit beteiligt (in diesem Falle am Kampf), betrachtet bzw. behandelt man sich selbst, als hätte man diesen Status, also jene praktische Bedeutung, die durch diese spezifische Art von Begierde eingeführt wurde. Die Begierde motiviert nicht nur die charakteristische Art von Tätigkeit und definiert nicht nur die charakteristische Art von praktischer Bedeutung, sondern liefert, gemäß ihrer triadischen Struktur, einen praktischen Maßstab zur Bewertung des *Erfolgs* der Tätigkeit. Die Begierde erfolgreich zu befriedigen bedeutet festzustellen, dass das, was die mit der Begierde und der Tätigkeit korrespondierenden Bedeutung *für* das Subjekt hatte, auch *wirklich* die Bedeutung *an sich* hat – das heißt, dass es wirklich das ist, als was es betrachtet wurde. Im paradigmatischen Fall wird das, was vom hungrigen Tier praktisch als Nahrung behandelt und insofern von ihm gefressen wird und den Hunger wirklich befriedigt, *wirklich* als Nahrung gelten, als Nahrung *an sich* und nicht nur *für* das Tier.

Indem sich der Sieger als einen unmittelbar transparent konstitutiven Betrachter *betrachtet* – das heißt, indem er sich mit dem Anspruch auf diesen Status existenziell identifiziert, sein

Leben riskiert und aus dem Kampf auf Leben und Tod als Sieger hervorgeht –, geht er davon aus, sich unmittelbar transparent zu solch einem konstitutiven Betrachter *gemacht* und somit diesen Status erfolgreich instituiert zu haben. Dies ist der Herr *für sich*; als solcher betrachtet er seinen Sieg als eine erfolgreiche Verwandlung seines Status als eines bloß *virtuellen* Gegenstandes seiner Einstellung (der ursprünglichen Begierde zweiter Ordnung) zu dem *verwirklichten* Status dessen, was er *an sich* ist. An dieser Stelle ist es wichtig, drei verschiedene Beschreibungen vom Status des Siegers im Kampf auf Leben und Tod und somit drei wesentliche Dimensionen der Herrschaft zu unterscheiden: erstens der Status, den der Sieger seiner eigenen Betrachtung nach erreicht hat, zweitens die genuine Leistung, die ihn veranlasst, eine derartige Vorstellung von sich zu haben, und drittens der defekte normative Status, der dabei wirklich instituiert wird.

Die erste Beschreibung habe ich eben bereits thematisiert. Der Kampf auf Leben und Tod wurde von der Begierde motiviert (welche in der Natur der Begierde selbst enthalten ist), ein unmittelbar transparent *konstitutiver* Begehrender zu sein – die Begierde, dass alles an sich das ist, was es für den Begehrenden ist, also genau so, wie es begehrt wird. Der Sieger im Kampf auf Leben und Tod geht davon aus, dass der Kampf bzw. die von der Begierde zweiter Ordnung motivierte Tätigkeit erfolgreich war und zur Befriedigung der Begierde geführt hat und er somit endlich im Besitz des begehrten Status ist. Nun stellt sich jedoch heraus, dass er sich geirrt hat. Tatsächlich hat er den Status nicht erreicht. Der Status ist das, was er *für* den Sieger ist, und nicht das, was er *an sich* ist. Das praktische Selbstbewusstsein des Begehrenden ist defekt – und zwar massiv und strukturell defekt –, weshalb die Art von Selbst, also das normative Subjekt und der selbstdefinierende Status, den er tatsächlich instituiert hat, auf eine charakteristische Weise deformiert wird. Selbste, die sich gemäß den Kategorien der Herrschaft auffassen, können nicht das sein, was sie ihrer Betrachtung nach sind. Tatsächlich haben sie sich selbst in einer wichtigen Hinsicht zum Gegenteil dessen gemacht, was sie ihrer Betrachtung nach sind: Sie sind abhängig, wo sie reine Selbstständigkeit sehen. Dies ist die dritte der oben aufgezählten Dimensionen. Es ist die Hauptleistung des Kapitels zum Selbstbewusstsein, die Pathologien dieser Art von praktischer Selbstvorstellung zu diagnostizieren.

Zwar versteht der Sieger im Kampf auf Leben und Tod seine Leistung falsch, doch ist er nicht *einfach* verblendet. Er hat sich substantiell verwandelt, als er sein Leben daransetzte und sich mit seiner praktischen Selbstvorstellung existenziell identifizierte. Er hat sich somit darüber erhoben, ein bloß begehrendes Lebewesen an sich zu sein. Denn er hat sich erfolgreich *wesentlich* selbstbewusst gemacht; als solcher ist sein Sein *für sich* nun eine wesentliche Komponente seines Seins *an sich*. Er untersteht somit einer spezifischen neuen Art von Selbstentwicklung. Denn er ändert sein Sein *an sich*, insofern er sein Sein *für* sich ändert. Als ein wesentlich selbstbewusstes Wesen ist er nun ein wesentlich *geschichtliches* Wesen. Der von ihm vollzogene Akt der praktischen Selbstidentifikation ist *konstitutiv*: eine Selbstbetrachtung, die selbstwirksam war. In diesem Sinne und damit in diesem besonderen Fall, hat der Herr Recht, wenn er sich selbst als einen konstitutiven Betrachter auffasst.

Darüber hinaus war es entscheidend, dass der Herr sich mit seiner praktischen Selbstvorstellung, ein unmittelbar transparent konstitutiver Betrachter zu sein, nicht nur in einem konstitutiven, sondern in einem *unmittelbar* konstitutiven Sinne existenziell identifiziert hat. Denn die Folge dieser Identifikation, durch die er ein wesentlich selbstbewusstes Lebewesen geworden ist – diese spezifische Art von Selbstschöpfung als Selbstschöpfer –, hing nicht von der angemessenen Ergänzung (und damit Vermittlung) seiner selbstanerkennenden Einstellung durch die Einstellungen anderer ab. Er hat den Status allein und also selbstständig erreicht, durch die Ausübung seiner eigenen Macht (die dabei ist, zu seiner Autorität zu werden). Allein durch seine praktische Identifikationseinstellung, durch seine Bereitschaft, sein Leben zu riskieren und gegebenenfalls zu opfern, anstatt die Begierde aufzugeben, konstitutiv souveräne Begierden zu haben, hat er sich am eignen Schopf aus dem Sumpf des bloß biologischen Seins zu einem edleren Status emporgezogen. Es lohnt sich darauf hinzuweisen, dass der Sieger seinen normativen Vorteil erzeugt, also diese Art von wesentlich selbstbewusster normativer Selbstheit erreicht, insofern er dazu bereit ist, für die Verpflichtung zu reiner Selbstständigkeit zu *sterben* – und nicht, weil er bereit dazu ist, für sie zu *töten* (allerdings wäre er auch dazu bereit). Damit kommt seine Begierde nach der *Anerkennung* zum Ausdruck, als das anerkannt zu werden, was er seiner Betrachtung nach selbst ist. Und hierin liegt ein weiteres Problem.

Zwar wird er vom Besiegten im Kampf als Sieger, und sogar von demjenigen, der dabei als Knecht konstituiert wird, als Herr anerkannt – und diese Tatsache gehört wesentlich zur Diagnose der Deformierung, die die Herrschaft als normative Selbstvorstellung und praktische Vorstellung von Normativität allgemein belastet –, jedoch hat der Sieger den Besiegten den ganzen Kampf hindurch ausschließlich als einen *Gegenstand* behandelt. Die Zurückweisung der Ansprüche des anderen als *Subjekt* bzw. seiner Macht, durch Begierde den Dingen praktische Bedeutungen aufzuzwingen, also dafür zu sorgen, dass die Dinge an sich sind, was sie für ihn sind, war ein wesentlicher Aspekt des Kampfes. Laut der Selbstvorstellung, mit der der Sieger sich bis in den Tod identifiziert, sind *nur* die Einstellungen und die Begierden des Siegers von Bedeutung. Jedoch irrt sich der Herr, wenn er sich bei diesem Aspekt des Unterfangens als *erfolgreich* betrachtet, da er den Besiegten in einen bloßen Gegenstand verwandelt hat, dessen Einstellungen (das Sein der Dinge für ihn) keine objektive Tragweite haben (also keinen Unterschied machen an dem Sein der Dinge an sich). Und dieser Irrtum ist nicht unwichtig – selbst wenn die vom Herren geleistete Selbstverwandlung, in der er seinen Status, sein Sein an sich, von einem wesentlich lebendigen Begehrenden zu einem wesentlich selbstbewussten Wesen geändert hat, in einem wirklichen Sinne unmittelbar konstitutiv ist. Denn es handelt sich hierbei um eine Änderung des Status, die durch seine praktische Identifikationseinstellung hervorgebracht wurde.

Allerdings war seine selbstkonstitutive Einstellung nicht *transparent* konstitutiv. Denn der von ihm wirklich erreichte Status (wesentlich selbstbewusst zu sein) entspricht *nicht* dem virtuellen Status, der der Gegenstand seiner Begierde war. Er wollte eben nicht wesentlich selbstbewusst, sondern unmittelbar transparent konstitutiv sein; er wollte, dass das wirkliche Sein der Dinge an sich einfach das ist, was es für ihn ist, also so, wie er es begehrte. Die Dinge sollten den Status haben, den er von ihnen begehrt, allein deshalb, *weil* er es begehrt, also allein *wegen* seiner Einstellungen. Indem er sich wesentlich selbstbewusst gemacht hat, hat er sich *nicht* zu einem solchen transparent konstitutiven Betrachter gemacht – zu jemandem, der die Dinge durch seine Betrachtung zu dem macht, was sie seiner Betrachtung nach sind. Zwar ist es dem Herren gelungen, *etwas* zu tun, also sich selbst unmittelbar und konstitutiv wesentlich selbstbewusst zu machen, indem er diese Einstellungen eingenommen hat. Jedoch irrt er sich, wenn er denkt, dass sein Sieg die Begierde, mit der er sich identifizierte, erfolgreich befriedigt hat (die Begierde, die den Kampf motivierte, in welchem er sein Leben riskierte).

Indem er die Bedeutung seines Sieges von der Herrschaft her versteht, hat der Sieger im Kampf auf Leben und Tod missverstanden, was er in Wirklichkeit erreicht hat. Er hat seine eigentliche Leistung, nämlich sich wesentlich an sich selbstbewusst gemacht zu haben, als er sich in seiner praktischen Einstellung mit seinem Sein für sich existenziell identifiziert hat, zu sehr verallgemeinert. Das Sein an sich, das er erreicht hat, also der Status, den seine Einstellungen instituiert haben, ist nur ein Teil dessen, was er für sich war. Er hat einen Status durch das Einnehmen einer Einstellung unmittelbar instituiert, aber dieser Status verfehlt die Art von Souveränität, die er für seine Einstellungen begehrt hat. Indem der Herr seine Leistung missversteht, missversteht er sich selbst.

VII. Die Beziehung von Herr und Knecht

Betrachten wir die wirkliche Leistung des Herren von einem anderen Blickwinkel aus, so tritt sein Selbstmissverständnis, also wie und inwieweit er sich selbst gegenüber im Unklaren ist, noch eindringlicher hervor. Indem der Herr sich praktisch mit der Begierde identifiziert, dass die eigenen Begierden über das objektive Sein der Dinge souverän sind (indem er sein Leben riskiert hat und aus dem Kampf auf Leben und Tod als Sieger hervortritt), ist es ihm gelungen, seine ursprüngliche Begierde in eine Konstellation von genuin *normativen* Status und Einstellungen zu verwandeln. Er hat es allerdings nicht geschafft, jenen Status zu erreichen, mit welchem er sich seiner eigenen Betrachtung nach bis in den Tod identifiziert, das heißt die reine Selbstständigkeit als souveräne Autorität ohne entsprechende Verantwortung. Der werdende Herr hat mit seinem Begehren nicht einmal im Ansatz jene Grenze zwischen Natur und Geist überquert, die zwischen dem Proto-Bewusstsein bloß begehrender Lebewesen und dem Selbstbewusstsein (und somit dem Bewusstsein im eigentlichen Sinne) von Selbsten verläuft, die Subjekte genuin normativer Einstellungen und Status sind. Gleichwohl ist es etwas, das er wirklich erreicht hat: eine Verwandlung des Status, die seine praktischen Einstellungen erfolgreich hervorgebracht haben. Denn die Herrschaft, so grundlegend missverstanden sie sein mag, ist eine *normative* Selbstvorstellung, eine Form des Selbstbewusstseins. Der Sieger des Kampfes hat seine

Begierde (zweiter Ordnung) danach, ein souveräner Begehrender zu sein, umgewandelt in die Konstellation normativer Einstellungen von Unterordnung und Gehorsam, deren virtuelle Gegenstände normative Status darstellen, die gemäß den Kategorien der Herrschaft verstanden werden. Wenn wir Hegels Allegorie der Herrschaft richtig auslegen, besteht die erste wichtige Lektion in der Einsicht, inwieweit Normativität, die traditionell durch Unterordnung und Gehorsam strukturiert wurde, eine unmittelbare Übersetzung der grundlegenden Struktur der Begierde (die paradigmatisch dargestellt ist in der impliziten Begierde zweiter Ordnung nach der unmittelbaren Befriedigung der eigenen Begierden) in das anerkennende Medium des *Geistes* bedeutet. Dies ist die Feinstruktur, in der Machtbeziehungen als intrinsisch normative Beziehungen falsch interpretiert werden.

Die Selbstvorstellung des Herren – die er nicht aufgeben wird, es sei denn, er stirbt – erfordert, dass er niemand anderen außer sich selbst anerkennt (also keinen anderen als einen Betrachter oder als ein Subjekt betrachtet) und dass er den Gegenständen in der Wirklichkeit die Selbstständigkeit entzieht, die er ihnen bereits in seiner Vorstellung von ihnen bzw. in seiner Selbstvorstellung entzogen hat. Denn kein anderer kann *für* das Bewusstsein, das sich als souverän und damit als konstitutiver Betrachter versteht, das sein, was dieses Bewusstsein für sich selbst ist, nämlich ein unmittelbar transparent *konstitutiver* Betrachter. Erkennt man jemanden auf diese Weise an, tritt man die Autorität ab, auf die der Herr (bis in den Tod) besteht – und zwar dass die Dinge, man selbst und andere eingeschlossen, *an sich* das sind, was sie der Betrachtung *des Herren* nach, also *für ihn* sind, und *nicht* das, was sie für jemand anderen sind (jedem anderen möglichen konstitutiven Betrachter).

Die Knechtschaft des Knechts wird als eine praktische Lösung für die Herausforderung der unmittelbar transparenten Konstituiertheit des Herren gedacht, sowohl auf der Seite der starren Subjekte als auch auf der Seite der starren Gegenstände. Sie soll es dem Herren erlauben, seine Selbstvorstellung zu realisieren und an sich das zu sein, was er für sich ist, nämlich ein konstitutiver Betrachter, der durch seine Einstellungen dafür sorgt, dass alles (er selbst eingeschlossen) an sich das ist, was es für ihn ist. Das Problem des anderen als Subjekt wird gelöst, indem das Subjekt zum Gegenstand gemacht wird. Das Problem der Starrheit der Gegenstände wird gelöst, indem gehorsame Knechte als Gegenstände benutzt werden, um Gegenstände zu unterwerfen, die nicht so unmittelbar gehorsam sind wie die Knechte (deren Wille der Wille ihres Herren ist, obwohl ihre Arbeit für den Herren in einem wichtigen Sinne ihre eigene bleibt). Diese mögen andere Gegenstände sein, oder andere Menschen, die noch nicht unterworfen wurden.[9]

Der Knecht wird ein Gegenstand für sich selbst und für den Herren, indem er den Herren unter demselben Begriff anerkennt, unter dem sich der Herr anerkennt, nämlich als einen transparent konstitutiven Betrachter. Insofern der Herr den Knecht als Gegenstand (ohne die für das Menschensein erforderliche Bereitschaft, das Leben zu riskieren) und der Knecht die Betrachtungen des Herren als konstitutiv für das Sein der Dinge an sich betrachtet, kann der Knecht sich selbst nur als Gegenstand und nicht als Subjekt auffassen. Um wenigstens potentiell ein normatives Subjekt zu sein, muss man sich selbst zumindest als ein Subjekt vorstellen – damit man den Mut erlangt, sein Leben für diese Vorstellung zu riskieren. Das Sein der Dinge für den Knecht

9 »Der Herr ist das *für sich* seiende Bewußtsein, aber nicht mehr nur der Begriff desselben, sondern für sich seiendes Bewußtsein, welches durch ein *anderes* Bewußtsein mit sich vermittelt ist, nämlich durch ein solches, zu dessen Wesen es gehört, daß es mit selbständigem *Sein* oder der Dingheit überhaupt synthetisiert ist. Der Herr bezieht sich auf diese beiden Momente, auf ein *Ding* als solches, den Gegenstand der Begierde, und auf das Bewußtsein, dem die Dingheit das Wesentliche ist; [...]« (ebd., S. 150f.).

wird nicht durch die Begierden des Knechts, sondern durch die des Herren bestimmt. Was ihr Sein für den Knecht ist, entspricht somit ihrem Sein für den Herren. Der Knecht ist weder gegenüber sich selbst noch gegenüber anderen Dingen ein unabhängiger Betrachter. Er ist für sich das, was er für den Herren ist, nämlich ein Gegenstand. Sowohl dem Knecht als auch dem Herren zufolge ist der Knecht an sich ein Gegenstand, wenngleich beide sich irren.

VIII. Die metaphysische Ironie im Zentrum der Herrschaft

Dies ist die Ironie der Herrschaft: Der Herr hat sich nicht nur wesentlich seiner selbst bewusst gemacht, sondern hat einen genuin *normativen* Status erreicht und damit die Grenze zwischen dem bloß Lebendigen und dem genuin Normativen überquert. Die Beziehung von Herr und Knecht ist eine genuine Normativitätsstruktur von Unterordnung und Gehorsam. Und sie ist es, *weil* sie das ist, was der Herr leugnet: eine *Anerkennungs*beziehung, in der Anerkennungseinstellungen angemessene Ergänzung finden (allerdings asymmetrisch), so dass normative Status instituiert werden (allerdings defekte Status). Herr und Knecht sind sich zwar darüber einig, was sie jeweils sind; dies ist die angemessene Ergänzung. Jedoch irren beide darin, was sie jeweils selbst sind und was der jeweils andere ist; dies ist der Defekt.

In der Tat ist der Herr nur der Herr, insofern er vom Knecht *als* der Herr anerkannt wird. Der Knecht übt Anerkennungsautorität über den Herren aus, welcher wiederum hinsichtlich seines Status vom Knecht normativ abhängig und ihm gegenüber verantwortlich ist – es handelt sich um einen *normativen* Status, weil und insofern er durch Anerkennung instituiert wird. Aber der Herr erkennt die Anerkennungsautorität des Knechts nicht an. Die Vorstellung seiner selbst ist eine Vorstellung reiner Selbstständigkeit, in der die ganze Autorität allein ihm verliehen ist. Praktisch betrachtet, ist der Knecht ganz und gar unselbstständig, bloß verantwortlich. Eine grundlegende Idee von Hegels Allegorie ist die Gegenüberstellung der asymmetrischen und symmetrischen Konstellation normativer Einstellungen und Status. In der asymmetrischen Konstellation wird sowohl für den Herren als auch für den Knecht die normative Arbeit derart sozial aufgeteilt, dass Autorität ausschließlich bei dem einen und Verantwortung ausschließlich bei dem anderen verortet ist. In der symmetrischen Konstellation, in der sich die Subjekte gegenseitig anerkennen, üben beide Beteiligte Anerkennungsautorität gegeneinander aus und sind für den eigenen normativen Status gegenüber den Einstellungen des anderen, dessen Autorität zugestimmt wurde, anerkennungsverantwortlich. Mit dieser Gegenüberstellung werden wir herangeführt an das, was in den restlichen Kapiteln der *Phänomenologie* untersucht wird: die Instituierung defekter normativer Status und Subjekte durch die traditionelle Struktur der Normativität von Unterordnung und Gehorsam. Diese asymmetrische soziale Normativitätsstruktur, deren implizite praktische Ideologie Herrschaft ist – das glitzernde und dennoch fadenscheinige Ideal der reinen Selbstständigkeit, der Autorität ohne entsprechende Verantwortung –, besteht in der Moderne fort, noch in deren entwickeltsten Betrachtung, im kantischen Autonomiemodell, in dem Konstellationen von normativen Einstellungen normative Status instituieren. Die Allegorie der normativen Beziehung von Herr und Knecht, die aus den ursprünglichen Machtbeziehungen zwischen Sieger und Besiegtem im Kampf auf Leben und Tod hervortritt, stellt diese Normativitätsstruktur in ihrer primitivsten, rohesten Form dar.

Ein anschauliches Beispiel für die Pathologie der Form des Selbstbewusstseins, das sich praktisch gemäß den Kategorien der Herrschaft auffasst, ist eine Art von psychologischer Störung, an der Prominente im Entertainmentbereich oder in der Politik oftmals leiden. Diese Störung ist aus mehreren Elementen zusammengesetzt. Erstens weiden sich solche Subjekte am Gefühl der Überlegenheit gegenüber gewöhnlichen Menschen, die nicht prominent sind. Ihrer Auffassung nach begründet dieses Gefühl ihren Status; es macht diesen Status aus. In ihrem Verständnis bezeugt und belegt dieser Prominenzstatus die Überlegenheit epistemisch bzw. konstituiert und instituiert ihn ontologisch. Zweitens identifizieren sich die Prominenten mit diesem Status. Sie betrachten diesen ausgezeichneten Status der Überlegenheit als etwas, das wesentlich zu dem gehört, was und wer sie wirklich an sich sind. Er ist die Grundlage ihrer Selbstachtung, er bringt ihr Fürsichsein zum Ausdruck. Drittens verachten sie die Menge an unterlegenen, nicht ausgezeichneten, talentlosen, gewöhnlichen Menschen, deren geringer Status den Kontrast bildet zur Definition ihres eigenen Status. Zu diesem Status, mit dem der Prominente sich identifiziert, gehört wesentlich das Recht, auf diejenigen herabzuschauen, die einen geringeren Status haben.

Sogar etwas selbstreflektierte Prominente neigen dazu, die Spannung zwischen diesen Einstellungen auf die Tatsache zurückzuführen, dass es eben die Einstellungen der verachteten und untergeordneten Massen sind, die die Prominenten überhaupt erst zu Prominenten *machen*. Dieser Status wird gerade von der Bewunderung der Massen, durch ihre *Anerkennung* verliehen, also indem sie die Prominenten *hochleben lassen*. Er wird durch die praktischen Einstellungen der Massen instituiert, indem sie Tickets kaufen und ihre Freizeit damit verbringen, über die Prominenten zu lesen, sie zu würdigen, zu wählen und zu bewundern. Man wird also zu dem gemacht, was man ist, weil man von Menschen so betrachtet wird, die man verachtet, deren Urteilsvermögen man nicht ernst nimmt und denen man in keiner Weise *Autorität* einräumt. Kurz gesagt, man wird zu dem gemacht, was man ist, indem man von Menschen bewundert wird, denen man nicht zutraut, zu erkennen, was wunderbar ist, das heißt von Menschen, deren Meinungen man nicht achtet, Menschen, die kein *Recht* haben, solche Dinge zu bewerten. Der eigene Status wird von Einstellungen instituiert, die man als autoritätslos betrachtet.

Dem Herren geschieht metaphysisch, was dem, der Prominenz anstrebt, psychologisch geschieht: Ihn erfasst eine Verachtung für die Masse an Bewunderern, deren Zustimmungseinstellungen ihn instituieren und konstituieren. Selbstachtung ist nur schwer zu erreichen, wenn man sich in einem Spiegel aus Trotteln betrachtet. Der Herr ist, wer er ist, insofern er als Herr von denjenigen anerkannt wird, die er nur mit Verachtung betrachten kann. Er ist nicht mehr als das, zu was sie ihn machen können. Indem er sie geringschätzt, schätzt er sich in der Tat selbst gering.

Wir können dieser Situation eine andere gegenüberstellen, in der Hegel zufolge *nicht*defekte normative Status durch normative Einstellungen instituiert werden können. Man beachte den Status eines guten Schachspielers. Solch einen Status kann ich nicht einfach erlangen, indem ich subjektiv eine bestimmte Einstellung mir gegenüber einnehme. Es liegt gewissermaßen in meiner Hand, wen ich als einen guten Schachspieler betrachte – ob jeden Möchtegern, der eine ordnungsgemäße Partie spielen kann, oder nur herausragende Klubspieler, Meister oder Großmeister. Wen ich als einen guten Schachspieler anerkenne, hängt von mir ab, und zwar insofern ich danach trachte, selbst einer zu sein. Ob ich einer von ihnen bin, ist allerdings etwas anderes. Um ihre Anerkennung zu verdienen, muss ich auf ihrem Niveau spielen können. Um beispielsweise ein herausragender Klubspieler zu *sein*, muss ich von jenen als ein solcher anerkannt werden, die ich als solche anerkenne. Meine Anerkennungseinstellungen können zwar eine virtuelle Gemeinschaft definieren, zu einem wirklichen Mitglied kann ich jedoch nur durch die Anerkennung der von mir derart Anerkannten werden (gegenseitige

Anerkennung). Nur sie kann mir den Status gewähren, um den ich im Anerkennen implizit gebeten habe. Meine Einstellungen üben eine Anerkennungs*autorität* aus, insofern sie bestimmen, wessen Anerkennungseinstellungen gegenüber ich für meinen tatsächlichen normativen Status *verantwortlich* bin.

Ich kann mir die Dinge schwer oder leicht machen. Wenn ich dazu bereit bin, meine Maßstäbe hinreichend niedrig anzusetzen, wird es für mich leichter sein, (in dieser Hinsicht) die Anerkennung derjenigen zu verdienen, die ich als gute Schachspieler anerkenne. Wenn ich jeden, der eine ordnungsgemäße Partie spielen kann, als guten Schachspieler betrachte, werde ich nicht viel lernen müssen, um die Anerkennung derjenigen zu verdienen, die eine ordnungsgemäße Partie spielen können. Der Preis hierfür besteht allerdings natürlich darin, dass ich nur dazu berechtigt bin, mich als Mitglied einer nicht wirklich exklusiven Gemeinschaft zu klassifizieren. Wenn ich andererseits dazu berechtigt sein will, zu mir selbst (gleichsam) aufzublicken, kann ich von meiner Unabhängigkeit Gebrauch machen und meine Maßstäbe hoch ansetzen und also nur Großmeister als gute Schachspieler anerkennen. Man müsste tatsächlich etwas leisten, um berechtigt zu sein, in einer Liga mit ihnen spielen zu können, bzw. um von sich selbst zu wissen, dass man jenen Status besitzt, dem die Großmeister bestimmten Inhalt verleihen. Es ist jedoch nicht leicht, ihre Anerkennung in diesem Sinne (nach diesen Maßstäben) zu verdienen. Der Unterschied zwischen den bestimmten Inhalten dieser Selbstvorstellungen und den Chancen, sie zu realisieren bzw. zu werden, was man für sich ist, verweist auf eine Dimension, entlang derer verschiedene Konstellationen des Selbstbewusstseins aufgestellt sind, welches als anerkennendes bestimmt selbstständig (autoritativ) ist und als anerkanntes bestimmt unselbstständig (verantwortlich).

Hegels Herr arbeitet darauf hin, sich selbst berechtigterweise als einen guten Schachspieler auf dem Niveau eines Großmeisters zu betrachten – allerdings, indem er die Anerkennung von

Schachspielern sucht, die gerade so eine ordnungsgemäße Partie hinbekommen. Sein Selbstbewusstsein ist defekt, und genauso das Selbst, das er an sich wird, wenn dieses Selbstbewusstsein sein Sein für sich ist. Umso weniger wert diejenigen sind, die man anerkennt, desto wertloser ist wiederum die durch sie verliehene Anerkennung. Es ist die Verbindung dieses trivialen Merkmals der vermittelten Selbstanerkennung mit der eigentümlichen Struktur von Beherrschung und Unterwerfung, die die metaphysische Ironie hervorbringt, durch die das beherrschende sowie das unterwürfige Bewusstsein an sich in das Gegenteil dessen verwandelt werden, was sie jeweils für sich sind. Um ein *nicht*defektes Selbstbewusstsein zu konstituieren, ist es erforderlich, von jenen anerkannt (geachtet und bewundert) zu werden, welche man anerkennt (achtet und bewundert).

IX. Von Subjekten zu Gegenständen

Die zentrale Idee an dieser Stelle ist die metaphysische Ironie der Herrschaft. Indem er sich bis in den Tod als rein selbstständig auffasst – das heißt, unmittelbar transparent konstitutive Autorität ohne entsprechende Verantwortung ausübt –, *macht* sich derjenige, der sich existenziell als übergeordnet konstituiert hat, in seinem wirklichen Sein vollständig von denjenigen abhängig, die er als untergeordnet konstituiert hat. Er ist im Anerkennen verantwortlich gegenüber der Anerkennungsautorität dieser Untergeordneten. Bereits in einem früheren Text (im Fragment »Der Geist des Christentums«) diskutiert Hegel eine solche Umkehrung unter dem Titel »Wirkung des Schicksals«.[10] Es ist die Ra-

10 Georg Wilhelm Friedrich Hegel, *Der Geist des Christentums und sein Schicksal*, Frühe Schriften, Frankfurt/M. 1986.

che des normativen Ideals an der defekten Wirklichkeit. Sie bestimmt, dass der Herr nicht das erlangen kann, was er will, und nicht derjenige sein kann, der er sein möchte und der er seiner Betrachtung nach tatsächlich ist.

Die Instituierung selbstbewusster normativer Subjekte, die für sich sind, was sie an sich sind, erfordert es, dass die Anerkennungsautorität und Anerkennungsverantwortung aufeinander abgestimmt und verhältnismäßig sind. Sie erfordert zwei normative Subjekte, die aufeinander Anerkennungsautorität ausüben und sich anerkennend für verantwortlich halten. Asymmetrische Autoritätsansprüche, also Ansprüche ohne entsprechende Verantwortung, instituieren bloß virtuelle Status, das heißt Status, die bloß als Gegenstände dieser Einstellung wirklich sind, und keine genuin normativen Status. Und Autoritätsansprüche ohne die Zusicherung, jemanden für die Ausübung dieser Autorität verantwortlich machen zu können, sind in diesem Sinne asymmetrisch. Eines der Hauptsymptome des Defekts in der Herrschaftsausübung bzw. in den Ansprüchen nach reiner Selbstständigkeit ist das strukturelle Versagen des Selbstbewusstseins: Das Sein des Herren an sich bzw. seine wirklichen normativen Status weichen massiv von seinem Sein für sich bzw. von den virtuellen Status ab, die die Gegenstände seiner Einstellungen sind. Das heißt nicht nur, dass das Sein des Herren *für* sich das Sein des Herren *an* sich missversteht. Vielmehr *verformt* sein Sein für sich sein Sein an sich, da der Akt der wesentlichen Identifikation ihn zu einem *wesentlich* selbstbewussten Selbst gemacht hat – ein Selbst, dessen Sein für sich eine wesentliche Struktur in der Definition seines Seins an sich ist. Diese metaphysische Ironie ist die Wirkung des Schicksals.

Zum besseren Verständnis dieser Idee tun wir gut daran, wie Hegel vorzugehen: also uns von den asymmetrischen Anerkennungsbeziehungen zwischen übergeordneten und untergeordneten Subjekten, die zu Herr und Knecht allegorisiert wurden, abzuwenden und den Beziehungen zuzuwenden, in welchen die zwei Subjektarten den Gegenständen gegenüberstehen. Tatsächlich irrt sich auch der Knecht darin, wer und was er ist. Um selbstbewusst zu sein, muss man ein Gegenstand für sich selbst sein und man muss diesen Gegenstand als ein Subjekt betrachten (also als etwas klassifizieren, dass die Form des Bewusstseins bzw. Gewahrseins hat). Genau das tut der Knecht – allerdings ist ihm nicht bewusst, dass er es tut. Der Knecht ist ein Gegenstand für sich selbst in zweifacher Hinsicht, und die unvollständige Realisierung des Ideals des Denkens ist teilweise darin ausgedrückt, dass diese beiden Hinsichten für ihn nicht übereinstimmen. Erstens betrachtet sich der Knecht selbst als das, was er den Betrachtungen des Herren nach ist. Da der Knecht dem Herren ein Gegenstand ist, ist der Knecht sich selbst ein Gegenstand. Zweitens betrachtet der Knecht den Herren (den Gegenstand seines Bewusstseins) als ein Subjekt. Der Knecht ist also sich selbst ein Gegenstand und ist sich eines Gegenstands als eines Subjekts bewusst. Das Letztere betrachtet er nicht als ein Bewusstsein von sich selbst, da er den Herren als den konstitutiven Betrachter betrachtet. Insofern es jedoch einen konstitutiven Betrachter in der Struktur der Beherrschung gibt, ist es der Knecht. Denn seine Anerkennung des Herren als Herren instituiert die Normativitätsstruktur von Unterordnung und Gehorsam.

Das unterwürfige bzw. gehorsame Bewusstsein hat in der Tat zwei verschiedene Arten von Gegenständen: gewöhnliche Gegenstände, zu denen der Knecht sich selbst zählt, und der Herr, das Fürsichsein oder Subjekt, die Art von Sein, für das die Dinge etwas sind. Der Knecht erkennt sich selbst in gewöhnlichen Gegenständen, insofern viele davon Produkte seiner formgebenden Tätigkeit und somit direkte Ausdrücke seiner begrifflichen Entwicklung sind; die anderen Gegenstände sind potentielles Rohmaterial für eine solche expressive Verwandlung. Der Knecht behandelt Gegenstände außerdem als von einem Subjekt konstituiert und besitzt somit den Begriff eines unabhängig aktiven Bewusstseins.

Das, was der Herr dem Knecht zufolge ist, ist tatsächlich der Knecht. Der Herrenbegriff des Knechts ist eigentlich ein Selbstbegriff. Der Knecht hat sowohl die Eigenschaft eines konstituierenden Bewusstseins (insoweit alles ein solches sein kann) als auch den Begriff eines solchen Bewusstseins. Er ist ein praktisch konstituierendes Bewusstsein, insofern er ein absichtsvolles Handlungssubjekt ist, das heißt kein *unmittelbar* konstituierendes Bewusstsein. Außerdem können ihm Dinge ein konstituierendes Bewusstsein sein. Dies sind die Rohmaterialien des Denkens, die der Knecht noch nicht realisiert hat, weil beide für ihn noch nicht miteinander übereinstimmen. Der Knecht erkennt sich selbst noch nicht in seinem Herrenbegriff an, obwohl der Herr für den Knecht das ist, was der Knecht tatsächlich an sich ist (insoweit alles ein solches sein kann). Die Menschheitsgeschichte ist das Ausarbeiten der gegenseitigen Abhängigkeit der zwei Arten von Selbstvorstellung des Knechts: der Vorstellung von sich selbst als unselbstständig und konstituiert (bzw. anerkannt) und als selbstständig und konstituierend (bzw. anerkennend). Das richtige Verständnis des Letzteren ist (bei allem Respekt dem Herren gegenüber) nicht möglich, ohne seine Voraussetzung im Ersteren zu erkennen. Auf diesem Weg gelangen wir zu einem Verständnis der wesentlich sozialen Natur der Subjektivität, die gegenseitige Anerkennung erfordert, um die Selbstständigkeit mit der Unselbstständigkeit in der Freiheit und die Allgemeinheit mit der Besonderheit in der Einzelheit zu synthetisieren.

Der bei der Instituierung normativer Status durch normative Einstellungen entstehende Defekt, den Hegel in der Struktur von Unterordnung und Gehorsam mithilfe der Allegorie diagnostiziert, befällt den Untergeordneten nicht weniger als den Übergeordneten. Doch die ironische Umkehr des Schicksals gereicht dem erzwungenermaßen Untergeordneten zum Vorteil, der sich vor allem in der Asymmetrie ihrer Beziehungen zu den Gegenständen der Begierde zeigt.

Im Selbstverständnis besteht Herrschaft wesentlich praktisch aus Einstellungen, die die Status (die virtuellen Gegenstände dieser Einstellungen) unmittelbar transparent konstituieren. Die Verwirklichung der virtuellen Gegenstände der Einstellungen der Begierden bedeutet die Befriedung dieser Begierden; eine unmittelbare Verwirklichung bedeutet entsprechend eine unmittelbare Befriedigung. Der Knecht wird als das Mittel für solche Befriedigung gedeutet. In der Allegorie ist es seine Aufgabe, den hartnäckigen Widerstand der objektiven Realität gegenüber den Begierden des Herren zu überwinden: die ungünstig gelegenen Nahrungsmittel herbeizuschaffen, ihre Ungenießbarkeit in Schmackhaftigkeit zu verwandeln und sie nach Wunsch zu servieren. Es liegt in der Verantwortung des Knechts, dafür zu sorgen, dass die objektiven Ursachen der Widerspenstigkeit gegen die Begierden des Herren für den Herren unsichtbar bleiben. Natürlich ist es Teil der Ironie, dass die vermeintliche Unmittelbarkeit der Befriedigung der Begierden des Herren gerade durch die vermittelnde Arbeit des Knechts geleistet wird.

Dem Herren wird die *Arbeit*, also das konkrete praktische Überwinden der Hartnäckigkeit der objektiven Realität, der Widerspenstigkeit gegenüber seinen Begierden erspart – wodurch der Gegenstand nicht an sich das ist, was auch immer er für das begehrende Bewusstsein ist. Der Knecht bemüht sich, den bloß virtuellen Status, Gegenstand einer Begierdeeinstellung zu sein, in den wirklichen Status eines Befriedigers dieser Begierde zu verwandeln. Die Beziehung des Herren zu seinen Begierden ist (wenn überhaupt) noch unmittelbarer als die der vernunftlosen begehrenden Tiere, die zumindest der Widerspenstigkeit gegenüber ihren Begierden und damit der Gegenständlichkeit begegnen. Die Beziehung des Knechts zur Begierde ist abstrakt und durch seine soziale Beziehung zum begehrenden Herren vermittelt. Die Begierden, nach denen er handelt, werden von ihm selbst nicht verspürt und ergreifen ihn nicht unmittelbar, da sie die Begierden des Herren und nicht seine eigenen sind. Sie zeigen sich dem Knecht in der vermittelten *normativen* Form von Befehlen und Pflichten, also in der Ausübung von Autorität, der gegenüber er verantwortlich ist. Aus diesem Grund werden die Knechte zu den wahren normativen Subjekten der kommenden Menschheitsgeschichte und lassen die Herren als eine evolutionäre Sackgasse hinter sich. Es ist eine weitere Dimension der metaphysischen Ironie der Herrschaft, dass die normative Subjektivität als rein selbstständige Subjektivität – nachdem sie durch die existenzielle Identifikation des Herren mit seiner praktischen Selbstvorstellung als Herren angeregt wurde – allein durch die Knechte, denen der Herr die Arbeit aufzwingt, weitergeführt und zur Reife gebracht wird. Indem der Herr den Knecht durch Gewalt zur Arbeit verpflichtet, erhebt er ihn zu einer neuen Form normativer Subjektivität.

Durch die ironische Umkehr der Schicksale, die ihren Anlass in der normativ emanzipierenden Arbeit haben, die der Herr dem Knecht aufzwingt, werden zwei Erzählpfade freigelegt. Der eine besteht in der Berücksichtigung der praktischen Dimension des Selbstbewusstseins, die in der Arbeit repräsentiert wird, was wiederum der Vernunft als dem »*zweckmäßigen Tun*« entspricht und im darauffolgenden Kapitel zur Vernunft angegangen wird.[11] Der andere Pfad besteht in den subtileren, begrifflich gegliederten Formen der Ideologie der Herrschaft, die den Untergeordneten verfügbar werden in der traditionellen anerkennenden asymmetrischen Konstellation zwischen Macht und Normativität. Sie werden Thema in der zweiten Hälfte des Kapitels zum Selbstbewusstsein unter den Titeln Stoizismus, Skeptizismus und unglückliches Bewusstsein.

11 *PhG*, S. 26.

X. Anerkennen und Erkennen

Der Schlüssel zum weiteren Verständnis liegt in der Einsicht, dass die dem Knecht auferlegte Arbeit die praktische Version der uns bereits in der »Einleitung« erschienenen *Erfahrung des Irrtums* ist. Dort wurde dieser Prozess, in dem die Änderung von Einstellungen durch die Diskrepanz zwischen dem Sein der Dinge für das Bewusstsein (Erscheinung) und dem Sein der Dinge an sich (Wirklichkeit) angetrieben wird, als der Ort der *repräsentationalen* Dimension des begrifflichen Inhalts identifiziert, also als der objektive Anspruch der das Sein der Dinge für das Bewusstsein ausdrückenden Verpflichtungen (ihr Gerichtetsein auf das Sein der Dinge an sich). Die Erfahrung des Irrtums ist die normative, begrifflich gegliederte und deshalb *geistige* Entwicklung des orektischen Proto-Bewusstseins. Wir haben gesehen, wie die triadische Struktur der Begierde es nicht nur dem bloß natürlichen Zustand erlaubt, praktische Bedeutungen zu instituieren (beispielsweise Dinge, die als Nahrung behandelt werden, indem auf sie mit *Essen* reagiert wird), die das Sein der Dinge *für* das begehrende Tier ausdrücken, sondern dass sie auch die Maßstäbe der Richtigkeit bzw. Irrtums hinsichtlich des Seins der Dinge *an sich* bereitstellt, gemäß denen das, was als Nahrung betrachtet wird, den motivierenden Hunger befriedigt oder nicht befriedigt. Die Unterscheidung zwischen Erscheinung und Wirklichkeit zeigt sich hier natürlich, konkret und unmittelbar, wird aber in etwas Normatives, Abstraktes und Vermitteltes verwandelt, da die Begierde, die die Tätigkeiten des Knechts motiviert und die Richtigkeit bzw. den Irrtum bezüglich deren Ergebnisse bewertet, etwas ist, das nur der Herr unmittelbar spürt. In diesem Sinne vermittelt der Herr die Beziehung des Knechts zu den Gegenständen, indem er Befehle erteilt und die Gehorsamkeit bewertet, das heißt, indem er Autorität ausübt und den Knecht verantwortlich macht.

Durch diesen Prozess werden begriffliche Inhalte *instituiert* und *bestimmt* (also bestimmter gemacht). Begriffliche Inhalte sind durch Unvereinbarkeits- und Folgerungsbeziehungen (bestimmter Negation und Vermittlung) gegliedert, in welchen sie zu anderen solchen Inhalten stehen. Jede Erfahrung des Irrtums, der Diskrepanz zwischen dem Sein der Dinge für ein handelndes Subjekt und ihrem sich im Prozess herausstellenden Sein an sich, lässt einige der objektiven Beziehungen der Unvereinbarkeit (und somit Folgerung), die die Eigenschaften der betreffenden Gegenstände gliedern, einfließen in die vom Handlungssubjekt erstellten praktischen Klassifizierungen. Auf diese Weise werden die konkreten Aspekte der Hartnäckigkeit der objektiven Welt in die Inhalte der subjektiv verwendeten Begriffe aufgenommen. Ein Handlungssubjekt mag einen Begriff von EICHE haben, der eine bestimmte Blattform als hinreichend für mögliche Anwendungsumstände festlegt und unter anderen möglichen Anwendungsfolgen auch diejenige beinhaltet, nach der man Tierhäute aufweichen, gerben und konservieren kann, indem man sie zusammen mit der Rinde dieses Baums in Wasser kocht. Wir lernen dann vielleicht aus der Erfahrung, dass sich die gewünschten Anwendungsfolgen nur ergeben, wenn der Baum mit den Blättern jener Form, dessen Rinde verwendet wird, ein bestimmtes Mindestalter und eine bestimmte Größe erreicht hat. Erfahrung ist eine Empfindlichkeitsübung gegenüber der wirklichen Beschaffenheit der Dinge. Indem das Handlungssubjekt im Laufe einer solchen Irrtumserfahrung seine Vorstellung von Eichen ändert, stimmt es der Autorität der Beschaffenheit der Dinge an sich und der Verantwortung der Beschaffenheit der Dinge für das Subjekt gegenüber dieser Wirklichkeit zu.

Nun sind wir in der Lage, eine durch *Anerkennung* charakterisierte Darstellung dieser Art von Erfahrung auf der Seite des *Selbst*bewusstseins einzusehen. Diese weist eine generische Struktur von Autorität und Verantwortung auf, die der spezifischen *erkenntnismäßigen* Erfahrung des Irrtums entspricht, die für das *Bewusstsein* charakteristisch ist. Laut einer grundlegenden Einsicht Kants ist der Begriff des repräsentationalen Anspruchs normativ. Wird etwas als ein Repräsent*ierendes* aufgefasst, dann wird es als etwas betrachtet, das für seine Richtigkeit dem Repräsent*ierten* gegenüber *verantwortlich* ist, und zwar genau in dem Maße, in welchem dieses Repräsentierte Autorität ausübt. Die Beziehung zwischen Repräsentierendem und Repräsentiertem auf der Seite der Erkenntnis (also in Bezug auf Gegenstände) wird durch die gleiche Normativitätsstruktur bestimmt, die die Beziehung zwischen normativen Einstellungen und normativen Status auf der Seite der Anerkennung (also in Bezug auf andere Subjekte) bestimmt. Wenn, was auch immer mir richtig scheint, richtig ist – wenn es keinen Raum für Irrtum gibt, für eine Unterscheidung zwischen meiner Betrachtung des Seins der Dinge und dem wirklichen Sein der Dinge –, dann betrachte ich keinesfalls das wirkliche Sein der Dinge an sich. Sollten andere und ich genau die Status haben (welche auch immer es sein mögen), die wir meiner Betrachtung nach haben, und sollten meine Einstellungen diese Status unmittelbar instituieren – mit anderen Worten, sollte der Begriff verloren gehen, wonach ich Autorität bzw. Verantwortung beanspruche, die ich nicht besitze, bzw. wonach ich jemandem Autorität bzw. Verantwortung zuschreibe, die er oder sie nicht hat –, dann gibt es keinen Autoritäts- oder Verantwortungsstatus mehr, der Gegenstand meiner Einstellung sein könnte, nicht einmal einen virtuellen Gegenstand. Ohne die Normativitätsstruktur, welche die Möglichkeit des Irrtums verständlich macht, kann das Repräsentierende *als* Repräsentierendes, das ein eigenständiges Repräsentiertes als Gegenstand haben muss, und kann die normative Einstellung *als* Einstellung, die einen eigenständigen Status als Gegenstand haben muss, nicht verstanden werden. Auf der anerkennenden Seite des Selbstbewusstseins entspricht die Ideologie der reinen Selbstständigkeit des Herren einer Form des erkennenden Bewusstseins, das, was auch immer ihm richtig *scheint*, als richtig betrachtet. Diesem derartig erkennenden Bewusstsein gelingt es nicht, bestimmt gehaltvolle Einstellungen anzunehmen, da keine bestimmt gehaltvollen Status als Gegenstände von Einstellungen verfügbar sind (auch nicht als virtuelle Gegenstände).

Indem ich andere Subjekte anerkenne, das heißt ihnen Anerkennungsautorität zuschreibe, mache ich mich ihnen gegenüber insofern selbst empfindlich (verantwortlich), als mein wirklicher Status nicht nur von meinen Einstellungen, sondern auch von den Einstellungen derjenigen abhängt, die ich anerkenne. Indem ich etwas repräsentiere, also diesem etwas die repräsentationale Autorität zuschreibe, die für das Repräsentiertwerden konstitutiv ist, mache ich mich selbst insoweit für den Irrtum empfindlich, als die Richtigkeit meines Repräsentierens nicht nur davon abhängt, wie ich Dinge repräsentiere, sondern auch, wie es sich mit dem verhält, was nur als repräsentiert gilt, eben weil es diese Autorität hat. Die normative Empfindlichkeit gegenüber dem anderen, ob nun auf Seiten der Subjekte oder der Gegenstände, und das Zustimmen zur Autorität des anderen und zur eigenen Verantwortung gegenüber dem anderen eröffnet die Möglichkeit der *Nichtübereinstimmung* zwischen den eigenen Verpflichtungen. Auf der Seite der Anerkennung bedeutet diese Nichtübereinstimmung die Unvereinbarkeit zwischen den virtuellen Status, welchen man zustimmt bzw. die man beansprucht, und den Status, die von jenen zugeschrieben werden, welche man anerkennt. Auf der Seite des Erkennens handelt es sich um die Nichtübereinstimmung zwischen den Inhalten der eigenen Einstellungen. Um als ein Subjekt zu gelten, das eine solche Nichtübereinstimmung registriert, muss man praktisch der normativen Pflicht zustimmen, sie durch die Veränderung einiger nichtübereinstimmender Einstellungen zu *beheben*. Solche normative Nichtübereinstimmung und ihr praktisches Beheben sind uns aus der Diskussion der »Einleitung« als die zwei Stadien der Erfahrung des Irrtums bekannt.

Wenn ein erkennendes Bewusstsein nichtübereinstimmende

Verpflichtungen behebt, indem es den zur Hälfte ins Wasser eingetauchten Stock als (an sich) gerade, und nur (für das Bewusstsein) geknickt *aussehend*, betrachtet, tut es etwas, was das selbstkonstituierende *Selbst*bewusstsein tut, wenn es sich mit einigen seiner Einstellungen *identifiziert* und andere opfert. Es wurde bereits darauf hingewiesen, dass nicht jede selbstkonstitutive Identifikation eine *existenzielle* Identifikation sein muss, in der das Riskierte oder Geopferte die wirkliche Existenz des betreffenden Selbst ist. Auch andere substantielle Status können beim Identifizieren mit einer Einstellung (also mit dem virtuellen Status, der der Gegenstand der Einstellung ist) riskiert und gegebenenfalls geopfert werden, wie etwa ein Büro, eine Arbeit oder irgendwelche anderen Dinge, hinsichtlich derer man anerkannt wird. (»I could not love thee, dear, so much, loved I not honour more.«[12]) Indem man eine Verpflichtung für eine andere opfert, identifiziert man sich mit der einen anstatt mit der anderen. Und genau dieser Prozess, der für die Anerkennungskonstituierung des Selbstbewusstseins so wichtig ist, findet bei der Erfahrung des Irrtums im Erkennen statt.

Das Bewusstsein ist immer *Selbst*bewusstsein, weil Erkenntnisverpflichtungen immer auch *Verpflichtungen* sind – das heißt, sie sind normative Status, die nicht nur durch die Einstellungen des erkennenden Subjekts, sondern auch durch die Einstellungen der anderen normativen Selbste anerkennend instituiert werden, die vom Subjekt anerkannt werden bzw. es anerkennen, also von jenen Selbsten, die angemessene Rollen innerhalb der Konstellationen wechselseitiger Autoritäts- und Verantwortungsstatus spielen, die wiederum eine Anerkennungsgemeinschaft konstituieren. Die die Herrschaft heimsuchende metaphysische Ironie zeigt, dass sogar selbstkonstitutive Identifikation, ob existenziell oder nicht, indirekt von der Anerkennung der ande-

12 Richard Lovelace, »To Lucasta, Going to the Warres« in: *Lucasta: Poems of Richard Lovelace*, Chicago 1921.

ren abhängt, da der *Inhalt* der Verpflichtung, mit der das Subjekt sich identifiziert, nicht vollständig ihm überlassen ist. Man ist im Allgemeinen nicht genau zu dem verpflichtet, zu dem man sich selbst als verpflichtet *betrachtet*. Die Unterscheidung zwischen Status (was man normativ an sich ist) und Einstellung (was man normativ für sich ist) wird durch die ganze Gemeinschaft anerkennend konstituiert, weil diese die bestimmten begrifflichen Inhalte der Status und Einstellungen erteilt. Es liegt in den Händen jedes Erkenntnissubjekts, sich dazu zu verpflichten (oder nicht), dass die Münze aus Kupfer besteht. Aber was diese Verpflichtung beinhaltet oder mit welchen anderen Verpflichtungen sie unvereinbar ist, obliegt ihm nicht. Ob man sich existenziell (also bis in den Tod) mit dem Verhaltenskodex des Bushidō identifiziert, liegt in den Händen jedes einzelnen normativen Subjekts. Aber der Inhalt des Verhaltenskodex darf nicht von den Einstellungen jedes einzelnen, dem Kodex sich verpflichtenden Samurai willkürlich zurechtgelegt werden. Nicht alles, was mit dem Kodex übereinzustimmen scheint, stimmt tatsächlich mit dem Kodex überein. Der *Inhalt* des Status, dem die Einstellungen der Samurai normative *Kraft* verliehen haben, bewegt sich unabhängig von den individuellen Einstellungen, durch die sich der Inhalt auf diese Subjekte stützt (sich normativ verbindlich macht).

Bereits in der Diskussion der »Einleitung«, in der die Erfahrung des Irrtums eingeführt wurde, haben wir gesehen, dass der Begriff des BEGRIFFLICHEN INHALTS, der als etwas gedacht wurde, das durch Beziehungen materialer Unvereinbarkeit und (also) Folgerung funktional bestimmt ist, janusköpfig ist. Auf der Seite der Gegenstände der Erkenntnisprozesse bzw. Praktiken sind UNVEREINBARKEIT und FOLGERUNG alethisch-modale Begriffe: eine Angelegenheit der objektiven *Nichtkompossibilität* und *Notwendigkeit*, die das Entfalten der impliziten aristotelischen Gegenstand-Eigenschaft-Struktur der Tatsachen im Kapitel zur Wahrnehmung vorantreiben. Auf der Seite der normativen Status bzw. der Gegenstände der normativen Einstellungen innerhalb der Anerkennungsprozesse und Anerkennungspraktiken sind UNVEREINBARKEIT und FOLGERUNG deontisch-normative Begriffe: eine Angelegenheit der *Berechtigungen* und der *Pflichten* (Autorität und Verantwortung) des Subjekts, verschiedene Einstellungen anzunehmen. Das Kapitel zum Selbstbewusstsein liefert die nötigen metabegrifflichen Rohmaterialien, um dies als die zwei Seiten ein und derselben Medaille zu erkennen, als zwei Aspekte des Begriffs des begrifflichen Inhalts. Hierfür wird auf der Seite des *Selbst*bewusstseins der *Anerkennungs*rahmen eingeführt, in dem normative Einstellungen und die Gegenstände dieser Einstellungen (die Status) so verstanden werden, dass sie *deontisch* gegliederte begriffliche Inhalte haben. Auf der *Erkenntnis*seite des *Bewusstseins* sind diese Inhalte repräsentational verantwortlich gegenüber der *alethisch-modal* gegliederten objektiven Welt, die in den Inhalten allein deswegen repräsentiert wird, weil deren Autorität normative Zustimmung durch das Subjekt erfährt. Erst in der Diskussion der endgültigen, völlig adäquaten *erinnernden* Form der gegenseitigen Anerkennung, dem Geständnis und der Vergebung gegen Ende des Kapitels zum Geist, wird die Zusammenstellung dieser Rohmaterialien in eine fertige Darlegung vollendet, in der die Feinstruktur der Beziehungen zwischen Repräsentierendem und Repräsentiertem auf der Seite des Bewusstseins bzw. zwischen normativen Einstellungen und Status auf der Seite des Selbstbewusstseins beschrieben wird. Damit wird das Versprechen eingelöst, das bereits in der »Einleitung« gegeben wurde, und zwar die Darlegung der Erklärung, wie die vorausblickenden und rückblickenden Perspektiven auf die Erfahrungsprozesse des erkenntnismäßigen Irrtums bzw. der Anerkennungsungleichheit verständlich machen können, dass sowohl bestimmte begriffliche Inhalte als auch bestimmte diskursive Selbstbewusstseine durch diese Prozesse erfolgreich instituiert werden.

XI. Die semantischen Versäumnisse des Stoizismus und des Skeptizismus

In der zweiten Hälfte des Kapitels zum Selbstbewusstsein setzt Hegel die Kritik der Herrschaft unter dem Titel »Freiheit des Selbstbewußtseins« fort. Die dort angesetzte allgemeine Strategie bestätigt die hier vorgenommene Diagnose der Pathologien, die von der Ideologie der Herrschaft hervorgerufen werden. Seine allegorisch betrachteten Stoiker und Skeptiker verstehen sich selbst im Sinne der Herrschaft als rein selbstständig, üben aber ihre Herrschaft über die Gegenstände des Gedankens anstatt über die Subjekte des Gedankens aus. Beide verwechseln die Freiheit des Gedankens mit einer Art von konstitutiver Autorität über die Dinge, wonach der Denker völlig unabhängig und die Dinge von ihm vollständig abhängig sind. Ähnlich wie der Herr verstehen sie die Autorität, die in ihrer Freiheit des Gedankens besteht, als etwas, das keine entsprechende Verantwortung mit sich bringt – weder in Bezug auf objektive Dinge noch in Bezug auf andere Subjekte, gegenüber deren Autoritätszustimmungen sie eigentlich verantwortlich wären.

Das große Problem, das in der Darstellung von Herrschaft und Knechtschaft hervortritt und im Abschnitt zur Vernunft ausführlicher behandelt wird, besteht darin, die zwei verschiedenen Rollen in Einklang zu bringen, die das individuelle Selbstbewusstsein spielt. Einerseits ist jedes einzelne Selbstbewusstsein verantwortlich *gegenüber* etwas anderem als sich selbst und in diesem normativen Sinne *unselbstständig*, sowohl hinsichtlich seiner Arbeit an den Dingen als auch hinsichtlich seiner Anerkennung durch andere Subjekte. Andererseits ist jedes einzelne Selbstbewusstsein *autoritativ* und in diesem normativen Sinne *selbstständig* in seinen praktischen Einstellungen, durch die Zuschreibung bestimmter Verpflichtungen, bestimmte Begriffe auf Gegenstände anzuwenden bzw. anderen Subjekten durch Bestimmung zuzustimmen. Die Selbstständigkeit bringt die *Gewissheit* des Selbstbewusstseins zum Ausdruck, also was die Dinge *für* es sind, sich selbst eingeschlossen. Die Unselbstständigkeit bringt die *Wahrheit* des Selbstbewusstseins zum Ausdruck, also das, was die Dinge *an sich* sind, sich selbst eingeschlossen. Die begriffliche Herausforderung besteht darin, eine schlüssige Auffassung dieser Doppelstruktur zu finden, in der das Selbstbewusstsein als ein Einzelnes sowohl beschränkt als auch beschränkend ist, sowohl konstituiert als auch konstituierend, sowohl bewertet als auch bewertend. Es geht um das Problem, wie die Statusabhängigkeit normativer Einstellungen mit der Einstellungsabhängigkeit normativer Status in Einklang gebracht werden kann. In der spezifischen Form dieses Problems, das die phänomenalen Selbstbewusstseine betrifft, welche unter den Titeln »Stoizismus« und »Skeptizismus« behandelt werden, geht es darum, dass die Vorstellung von Autorität und Verantwortung, die einen *bestimmten Inhalt* hat, nicht mit der Vorstellung einer solchen Autorität als *rein selbstständig* in Einklang gebracht werden kann.

Stoizismus und Skeptizismus übersehen beide Dimensionen des Selbstbewusstseins, innerhalb derer die sinnlich unmittelbare kontingente Wirklichkeit den begrifflichen Inhalt fortbestimmt und im Zuge dessen in ihn eingebaut wird. Sie versuchen, bestimmt gehaltvolles Denken in Abstraktion vom erkenntnismäßigen *Prozess der Erfahrung des Irrtums* aufzufassen, der eigentlich ein solches Denken erzeugt bzw. ihm zugrunde liegt. Und sie ignorieren die soziale Perspektive der Anerkennung, die unterscheidet zwischen dem Standpunkt eines Vollzugssubjekts, das bewertet wird, und dem Standpunkt, von dem aus der Vollzug bewertet wird. Im Kapitel zur Vernunft wird gezeigt, dass diese Unterscheidung wesentlich zum Begriff der bestimmten Verpflichtung gehört, durch eine bestimmt gehaltvolle Norm gebunden zu sein. Hinsichtlich dieser zwei Dimensionen gibt es keinen Inhalt ohne Beschränkung. Laut der Idee des Stoizismus kann die Unterscheidung zwischen dem Sein der Dinge *für* das Bewusstsein und dem Sein der Dinge *an sich* anhand der Erfahrung nur geltend gemacht werden, wenn das Bewusstsein es zulässt. Denn das Bewusstsein hat souveräne Autorität darüber, was Dinge *für* es sind. Die Strategie dieses Bewusstseins besteht darin, diese Erlaubnis zu verweigern und eine Einstellung einzunehmen, die es als unmittelbar transparent konstitutiv betrachtet. Sich selbst jedoch beim Eingestehen eines Irrtums nicht durch Unvereinbarkeiten normativ gezwungen zu sehen ist für die Instituierung von bestimmtem begrifflichen Inhalt fatal. Das skeptische Selbstbewusstsein hingegen drückt die Vorstellung von sich selbst als rein selbstständig praktisch aus, indem es sich weigert, irgendetwas zu bejahen oder sich zu irgendetwas verpflichtet zu sehen, also indem es verweigert, irgendwelche Behauptungen zu autorisieren oder Verantwortung für sie zu übernehmen. Seine Selbstständigkeit besteht in der Verweigerung, sein Einverständnis erzwingen zu lassen. Ohne Verpflichtung ist Irrtum jedoch unmöglich – auch hier wird es unverständlich, wie Erfahrung Begriffe mit bestimmtem Inhalt ausstattet.

In der spezifischen Form dieses Problems, das die phänomenalen Selbstbewusstseine betrifft, welche unter den Titeln »Stoizismus« und »Skeptizismus« behandelt werden, geht es darum, dass die Vorstellung von Autorität und Verantwortung, die einen *bestimmten Inhalt* hat, nicht mit einer Vorstellung *selbstständiger* Autorität in Einklang gebracht werden kann. Versionen der grundlegenden Argumente haben wir bereits in der Diskussion des Kapitels zur Wahrnehmung gesehen. Dort ist das Problem in Bezug auf die Bestimmtheit von Eigenschaften aufgetaucht, und somit hinsichtlich der Bestimmtheit von Gegenständen, die diese instanziieren, also im Kontext einer Vorstellung, die es erfordert, dass das, was eine Eigenschaft ist, unabhängig ist von dem, was eine andere Eigenschaft ist. Varianten dieses Arguments begleiten uns durch die gesamte *Phänomenologie*. In der Diskussion des Kapitels zur Vernunft wird sich zeigen, dass der Begriff der bestimmten Autorität, also durch eine gehaltvolle Norm *gebunden* oder verpflichtet zu sein, wesentlich von dem sozialen Unterschied abhängt zwischen dem Standpunkt eines Vollzugssubjekts, das bewertet wird, und dem Standpunkt, von dem aus der Vollzug bewertet wird. Denken beinhaltet die Anwendung von bestimmten Wiederholbaren, die *richtig* oder *falsch* angewendet werden können. Insofern ein Wiederholbares einen bestimmten Inhalt hat, hängt die Richtigkeit seiner Anwendung auch von der Richtigkeit der Anwendung anderer Wiederholbarer ab, mit denen es inferentiell oder durch Unvereinbarkeit verknüpft ist. Gerade im Falle von Stoizismus und Skeptizismus glaubt Hegel, dass (uns) das Missverstehen der Freiheit des Gedankens als Selbstständigkeit zeigt, dass es ihnen nicht gelingt, explizit zu machen, was dem Innehaben von Zuständen bestimmten Inhalts implizit ist.

Betrachten wir den Stoizismus:

> Sein Prinzip ist, daß das Bewußtsein denkendes Wesen ist und etwas nur Wesenheit für dasselbe hat oder wahr und gut für es ist, als das Bewußtsein sich darin als denkendes Wesen verhält.[13]

Die Freiheit des Gedankens wird in Bezug auf das Moment der Selbstständigkeit aufgefasst, also auf die Autorität, die das Bewusstsein im *Anerkennen* hat. Wie wir bereits in der »Einleitung« gesehen haben, wird die Unterscheidung zwischen dem Sein der Dinge für das Bewusstsein und dem Sein der Dinge an sich bedeutend für das Bewusstsein in der Erfahrung. Laut der stoizistischen Idee kann diese Unterscheidung von der Erfahrung nur mit der Erlaubnis des Bewusstseins durchgesetzt werden, denn über das, was das Sein der Dinge *für* das Bewusstsein ist, hat das Bewusstsein souveräne Autorität. Erfahrung in diesem

13 *PhG*, S. 157.

Sinne taucht bereits in primitiver Form bei bloß begehrenden Organismen auf. Ein grundlegender, paradigmatischer Fall ist der der Tiere, die Dinge *als* Nahrung betrachten, denn »sie langen ohne weiteres zu und zehren sie auf«.[14] Ab und zu wird sich dieses Betrachten als ein Missverständnis herausstellen. Der Gegenstand offenbart sich letztendlich als nicht essbar – als ekelhaft und nicht nahrhaft. Was das Tier praktisch ursprünglich als den Gegenstand an sich betrachtet hat, nämlich als Nahrung, war nur, so zeigt es sich, ein Gegenstand *für* das Bewusstsein. Die in dieser Art von Erfahrung offenkundig werdende Strategie des Stoikers, das Moment der Selbstständigkeit des Gegenstandes zu verweigern (und damit das Moment der Unselbstständigkeit des Bewusstseins, also seine Verantwortung darin, wie es sich wirklich mit den Gegenständen verhält), heißt *Neuinterpretation*. Erfahrung kann die Unterscheidung zwischen dem Sein der Dinge an sich und ihrem Sein für das Bewusstsein nur durch die *Unvereinbarkeit* von Betrachtungen geltend machen – zum Beispiel etwas zu essen und damit als Nahrung zu betrachten und etwas als giftig zu betrachten und zu erbrechen. Aber nur insofern diese Unvereinbarkeiten vom Bewusstsein postuliert werden, sind sie bestimmte Verschiedenheiten *für* das Bewusstsein, das heißt, sie beschränken das Bewusstsein nur insofern es ihnen verpflichtet ist.

Es gibt drei Möglichkeiten, sich als Betrachter oder Anerkennender auf die souveräne Autorität des Bewusstseins zu berufen, um zu vermeiden, was im Grunde in einer solchen Erfahrung implizit ist. Man kann leugnen, dass man beim Erbrechen das Gegessene praktisch als ekelhaft und nicht nahrhaft klassifiziert hat oder dass man beim Essen das Gegessene praktisch als Nahrung klassifiziert hat. Das heißt, man kann die praktische Bedeutung der Reaktion auf die eigene Tätigkeit ändern oder die Bedeutung der eigenen Tätigkeit selbst. Oder man kann leug-

14 Ebd., S. 91.

nen, dass die zwei Begriffe, die man auf den einen Gegenstand angewendet hat, indem man ihn gegessen und wieder erbrochen hat, miteinander unvereinbar sind. Der Stoiker bringt diese Möglichkeiten zum Ausdruck, wenn er sagt: *Nur* wenn ich zuvor zugegeben habe, dass Schmerzen etwas Schlimmes sind, zwingt mich der Vollzug, der mir Schmerzen bereitet hat, einzugestehen, dass die Dinge doch nicht so sind, wie ich sie beim Vollziehen betrachtet habe; oder mein Vollzug hat eine Erwartung oder Verpflichtung zum Ausdruck gebracht, die mit der Schmerzhaftigkeit des Vollzugs unvereinbar ist. Da es durch die Freiheit meiner Gedanken in meiner Macht liegt, solche Zugeständnisse zurückzuhalten, liegt es in meiner Macht, die Selbstständigkeit von Dingen (ihre Autorität über meine Betrachtungen) oder ihre Beschränkung gegen mich (meine Verantwortung ihnen gegenüber) zu leugnen – trotz meiner Erfahrung. Wie Hegel an dieser Stelle herausarbeitet, ist das Problematische an dieser Strategie Folgendes: Gleichwohl es in meiner Macht liegt, einen Begriff in einer bestimmten Situation anzuwenden oder nicht, hat meine Bereitschaft, den Begriff *ad hoc* neu zu interpretieren, Folgerungen für den *Inhalt*, den solche Anwendungen zum Ausdruck bringen: »Der Inhalt gilt ihm zwar nur als Gedanke, aber dabei auch als *bestimmter*, und die Bestimmtheit als solche zugleich.«[15] Wenn ich in keinerlei Art und Weise beschränkt bin, Dinge als Schmerz zu klassifizieren, welcher Inhalt bleibt dann noch für meine Klassifizierung von etwas als einen Schmerz, und was folgt aus einer solchen Klassifizierung? Wenn ich die *Umstände* der entsprechenden Anwendung jenes Begriffs ändern kann, indem ich leugne, dass ich Schmerzen in meinem Bauch habe, und wenn ich die entsprechenden *Folgen* der Anwendung ändern kann, indem ich leugne, dass Schmerzen haben etwas Schlimmes ist, wie sollte ich verstanden werden darin, eine bestimmt begrifflich gehaltvolle Verpflichtung einge-

15 Ebd., S. 159.

gangen zu sein, als ich etwas als Schmerz bezeichnet habe? Insofern die Verwendung eines Ausdrucks oder die Anwendung eines Begriffs durch Unvereinbarkeiten und inferentielle Beziehungen zu anderen Begriffen nicht normativ regiert wird, hat diese Verwendung oder Anwendung keinen bestimmten Inhalt. Durch Unbeständigkeit werden Begriffe ihres Inhalts beraubt, insofern in der Betonung der Neuinterpretation die Freiheit des Gedankens als Unabhängigkeit verstanden wird.

> Die vielfache sich in sich unterscheidende Ausbreitung, Vereinzelung und Verwicklung des Lebens ist der Gegenstand, gegen welchen die Begierde und die Arbeit tätig ist. Dies vielfache Tun hat sich nun in die einfache Unterscheidung zusammengezogen, welche in der reinen Bewegung des Denkens ist.[16]

Da es in meiner Macht liegt, die Grenzen der Begriffe neu zu ziehen, welche die richtige und falsche Anwendung im Einzelfall bestimmen, kann ich sie stets so neu ziehen, dass ich die Einschränkung vermeide, die sich mit den unzähligen Details der Erfahrung manifestieren. Wird dieses Moment der Selbstständigkeit jedoch so weit ausgedehnt, dass Abhängigkeit komplett ausgeschlossen ist, wird es unmöglich, mein Tun überhaupt als das Ziehen von Grenzen zu betrachten.

> Die Freiheit im Gedanken hat nur *den reinen Gedanken* zu ihrer Wahrheit, die ohne die Erfüllung des Lebens ist, und ist also nur der Begriff der Freiheit, nicht die lebendige Freiheit selbst; denn ihr ist nur erst das *Denken* überhaupt das Wesen, die Form als solche, welche von der Selbständigkeit der Dinge weg in sich zurückgegangen ist. Indem aber die Individualität als handelnd sich lebendig darstellen oder als denkend die lebendige Welt als ein System des Gedankens fassen

16 Ebd., S. 157.

sollte, so müßte in *dem Gedanken selbst* für jene Ausbreitung ein *Inhalt* dessen, was gut, für diese, was wahr ist, liegen; damit *durchaus* in demjenigen, *was für das Bewußtsein ist*, kein anderes Ingrediens wäre als der Begriff, der das Wesen ist. Allein so wie er hier als *Abstraktion* von der Mannigfaltigkeit der Dinge sich abtrennt, hat er *keinen Inhalt an ihm selbst*, sondern *einen gegebenen*. Das Bewußtsein vertilgt den Inhalt wohl als ein fremdes *Sein*, indem es ihn denkt; aber der Begriff ist *bestimmter* Begriff, und diese Bestimmtheit desselben ist das Fremde, das er an ihm hat. Der Stoizismus ist darum in Verlegenheit gekommen, als er, wie der Ausdruck war, nach dem *Kriterium* der Wahrheit überhaupt gefragt wurde, d.h. eigentlich nach einem *Inhalte des Gedankens selbst.* Auf die Frage an ihn, *was* gut und wahr ist, hat er wieder das *inhaltlose* Denken selbst zur Antwort gegeben: in der Vernünftigkeit soll das Wahre und Gute bestehen. Aber diese Sichselbstgleichheit des Denkens ist nur wieder die reine Form, in welcher sich nichts bestimmt; die allgemeinen Worte von dem Wahren und Guten, der Weisheit und der Tugend, bei welchen er stehenbleiben muß, sind daher wohl im allgemeinen erhebend, aber weil sie in der Tat zu keiner Ausbreitung des Inhalts kommen können, fangen sie bald an, Langeweile zu machen.[17]

Das »Fremde« der Erfahrung als Element des Inhalts genuin beschränkender Begriffe ist der Grund, weshalb dieser Inhalt ausgearbeitet und entwickelt wird. Vertreibt man dieses Element der Abhängigkeit aus der Vorstellung von Erfahrung, vertreibt man damit den bestimmten Inhalt aus den Gedanken.

Die stoische Vorstellung von der Freiheit des Gedankens als Selbstständigkeit kann (von *uns*) dementsprechend als inadäquat betrachtet werden, da diese Vorstellung, die der *Bestimmtheit* der Inhalte des Gedankens implizit verpflichtet ist, mit der

17 Ebd., S. 158f.

Bestimmtheit nicht vereinbar ist. Die verwandte skeptische Vorstellung der Freiheit des Gedankens als Selbstständigkeit erweist sich auf genau die gleiche Weise als inadäquat. Der Skeptizismus ist eine »polemische Richtung gegen die vielfache Selbständigkeit der Dinge«, insbesondere insofern die »Selbständigkeiten nach ihrem Unterschiede ihr [der polemischen Richtung] nur als verschwindende Größen sind«.[18] Das skeptische Selbstbewusstsein drückt seine Selbstvorstellung praktisch als selbstständig aus, indem es seine Souveränität als ein Bewerter oder Anerkennungsbestimmer behauptet. Es weigert sich, etwas zu bejahen oder sich zu etwas zu verpflichten; es weigert sich, irgendwelche Behauptung zu autorisieren oder für sie Verantwortung zu übernehmen. Seine Selbstständigkeit besteht in der Weigerung, seine Einwilligung erzwingen zu lassen. Diese Art und Weise zu handeln gilt als das Einnehmen einer »negativen Einstellung gegenüber dem Fremden«.

Die Strategie, im Zuge derer diese negative Einstellung in Kraft tritt, ist bruchstückhaft und unsystematisch. Es gibt keine allgemeine skeptische Hypothese wie etwa den Rekurs auf den Traum und das Träumen. (Der Skeptizismus in der Allegorie bezieht sich auf den antiken Skeptizismus, nicht auf den modernen.) Es läuft eher darauf hinaus, jede Rechtfertigung einer spezifischen Behauptung bzw. eines spezifischen Ziels in seiner Bestimmung als mangelhaft zu befinden.

> Wird ihm die *Gleichheit* aufgezeigt, so zeigt es die *Ungleichheit* auf; und indem ihm diese, die es eben ausgesprochen hat, jetzt vorgehalten wird, so geht es zum Aufzeigen der *Gleichheit* über;[19]

18 Ebd., S. 159f.
19 Ebd., S. 162.

Um auf Fehler in der Berechtigung von Behauptungen hinzuweisen, rekurriert das skeptische Selbstbewusstsein auf andere Behauptungen; wenn es aber bedrängt wird, diese ersten Behauptungen zu verteidigen, verweigert es die entsprechende Verpflichtung und weist darauf hin, dass diese Behauptungen auch nicht überzeugen. Gerade weil es in der Lage ist, stets beiden Seiten einer Frage zuzustimmen, zeigt sich das skeptische Selbstbewusstsein als selbstständig gegenüber der Macht der angeblich selbstständigen Gegenstände, über die es spricht.

> [...] sein Gerede ist in der Tat ein Gezänke eigensinniger Jungen, deren einer A sagt, wenn der andere B, und wieder B, wenn der andere A, und die sich durch den Widerspruch *mit sich selbst* die Freude erkaufen, *miteinander* im Widerspruche zu bleiben.[20]

Schließlich erweist mit der Findigkeit des Bewerters sich jede Verpflichtung als mangelhaft und anfechtbar. Wo der Stoiker die Unvereinbarkeit von Verpflichtungen praktisch zurückweist, nimmt sie der Skeptiker an und verallgemeinert sie: Er findet für jede Verpflichtung Gründe, unvereinbare Verpflichtungen zu bejahen.

Man erinnere sich an die »Einleitung«, wo der Skeptizismus jene negative Lektion aus der Struktur der Erfahrung missversteht, der zufolge sich das Sein der Dinge an sich, wie wir es betrachtet haben, als das bloße Sein der Dinge für das Bewusstsein entlarvt. Wo wir bestimmte Negation bzw. die Aufdeckung spezifischer Inadäquatheiten einsehen sollten, sieht der Skeptizismus nur abstrakte Negation bzw. die Aufdeckung der allgemeinen Inadäquatheit *aller* Vorstellungen. Wo uns die Erfahrung zeigt, dass das, was wir als wirklich betrachtet haben, bloß die irreführende Erscheinung von etwas anderem ist, sieht der Skep-

20 Ebd., S. 162f.

tiker nicht den Werdegang, in dem das Bewusstsein lernt und sich und seine Bildung pflegt, sondern bloß einen Weg der Verzweiflung. Das Ergebnis des Entlarvens bzw. des Explizitmachens der *impliziten* Struktur der Erfahrung nennt Hegel »Dialektik«. Dementsprechend bezeichnet er seine Auffassung der Erfahrung des wahrnehmenden Bewusstseins als Dialektik der *Wahrnehmung*.

> Das *Dialektische* als negative Bewegung, wie sie unmittelbar *ist*, erscheint dem Bewußtsein zunächst als etwas, dem es preisgegeben und das nicht durch es selbst ist. Als *Skeptizismus* hingegen ist sie Moment des Selbstbewußtseins, welchem es nicht *geschieht*, daß ihm, ohne zu wissen wie, sein Wahres und Reelles verschwindet, sondern welches in der Gewißheit seiner Freiheit dies andere für reell sich Gebende selbst verschwinden läßt;[21]

Anstelle eines passiven und verständnislosen *Subjekts* der Erfahrung ist das Selbstbewusstsein, das sich selbst als skeptisch versteht, ein ruheloses *Handlungssubjekt*, das explizite dialektische Vorgehensweisen *herstellt*, um jegliche Neigung zum Zustimmen zu unterbinden (also die Neigung dazu, Besonderes unter einen Allgemeinbegriff zu klassifizieren, der wiederholbar ist). Indem der Skeptizismus diese Einstellung einnimmt, ist er nicht ganz und gar starrköpfig. Würde man so denken, würde man die abstrakte Negation genau dort hinstellen, wo die bestimmte Negation hingehört, das heißt, man würde den charakteristischen Fehler des Skeptikers begehen. Wir haben hier ein wichtiges Körnchen von Hegels letztendlicher Wahrheit gefunden, allerdings nur in dem Aspekt, den wir später als entfremdete Struktur des Geistes diagnostizieren werden können, bzw. in der Idee, dass uns Erfahrung nicht nur *passiert*, sondern sie auch etwas ist,

21 Ebd., S. 160.

das wir *tun*. Diese Selbstständigkeit sollte jedoch nur als ein Aspekt begriffen werden, der durch eine entsprechende Abhängigkeit ausgeglichen wird. Der Skeptizismus verweigert das Eingestehen dieser Abhängigkeit charakteristischerweise.

Das Problem an einem solchen praktischen Ausarbeiten einer Vorstellung des Selbstbewusstseins als selbstständig und unbeschränkt lautet folgendermaßen. Einerseits richtet sich das skeptische Bewusstsein im Kleinen an bestimmt gehaltvolle Behauptungen und Pläne (allerdings negativ) und rekurriert auf bestimmt gehaltvolle Behauptungen, die mit jenen ersteren unvereinbar sind, um damit die Bejahung derselben auszuschließen. Andererseits verweigert es im Großen, dass die Bejahung dieser Behauptungen und Pläne *überhaupt* angebracht wäre. Laut einer Lektion aus der dialektischen Darlegung der Erfahrung des wahrnehmenden Bewusstseins erfordert es die Bestimmtheit des Inhalts, in Beziehungen materialer *Unvereinbarkeit* und materialer *Folgerung* zu anderen Inhalten zu stehen (was Hegels »bestimmter Negation« und »Vermittlung« entspricht). Eine klare dialektische Zurückweisung einer Behauptung setzt die Idee voraus, dass die Verpflichtung zum Inhalt dieser Behauptung oder die Bejahung des Inhalts dieser Behauptung aufgrund der Verpflichtung zu bzw. der Bejahung von anderen Behauptungen, die bei der Zurückweisung vorgebracht wurden, ausgeschlossen ist. Aber welcher Sinn ergibt sich aus dieser Art Inhaltsunvereinbarkeit, wenn *jede* Bejahung ausgeschlossen wird? Im Falle der Inferenz ist die Situation ähnlich. Bei ihr geht es um die Verpflichtung und die Bewahrung von Berechtigung; aber sollte der Begriff der Berechtigung leer, die Verpflichtung nie angebracht sein, sind diese Beziehungen ebenso leer. Die Anwendbarkeit des Begriffs BESTIMMTER INHALT setzt einen bestimmten Beziehungsrahmen voraus, in denen solche Inhalte zueinander stehen können. Diese Beziehungen setzen wiederum voraus, dass Urteile und andere Verpflichtungen, die solche Inhalte haben, angebracht sein können sowie andere ausschließen bzw. zur Folge haben können. Die Rede vom *semantischen* Inhalt meint bereits Verpflichtungen bezüglich der *pragmatischen* Rolle dessen, was diesen Inhalt hat.

Der Skeptizismus ist also in keiner besseren Position als der Stoizismus, wenn es darum geht, das Selbstverständnis von sich als etwas, das in seinen Betrachtungen selbstständig ist, mit dem bestimmten Inhalt dieser Betrachtungen in Einklang zu bringen.

> Als *Skeptizismus* hingegen ist sie [die negative Bewegung] Moment des Selbstbewußtseins, welchem es nicht *geschieht*, daß ihm, ohne zu wissen wie, sein Wahres und Reelles verschwindet, sondern welches in der Gewißheit seiner Freiheit dies andere für reell sich Gebende selbst verschwinden läßt; nicht nur das Gegenständliche als solches, sondern sein eigenes Verhalten zu ihm, worin es als gegenständlich gilt und geltend gemacht wird, also auch sein *Wahrnehmen* sowie sein *Befestigen* dessen, was es in Gefahr ist zu verlieren, die *Sophisterei* und sein *aus sich bestimmtes* und *festgesetztes Wahres;* durch welche selbstbewußte Negation es *die Gewißheit seiner Freiheit sich für sich selbst* verschafft, die Erfahrung derselben hervorbringt und sie dadurch zur *Wahrheit* erhebt. Was verschwindet, ist das Bestimmte oder der Unterschied, der, auf welche Weise und woher es sei, als fester und unwandelbarer sich aufstellt.[22]

Das Bestimmte ist das *Beschränkende* bei der Zurückweisung oder Begründung einer Bejahung. Die Beschränkung und Abhängigkeit, die in diesen dialektischen Vollzügen explizit werden, sind in der Erfahrung implizit. Die die Inhalte der Behauptungen gliedernden bestimmten Unvereinbarkeiten und Folgen werden im praktischen, von Hegel als Erfahrung vorgestellten Prozess von Verpflichtung und Zurückweisung eingestanden.

22 Ebd., S. 160f.

Das Problem des Skeptizismus besteht darin, dass er einerseits seine Selbstgewissheit als Herrschaft in der dialektischen Zurückweisung ausdrückt, die wesentlich von der Bestimmtheit des Zurückweisenden und des Zurückgewiesenen abhängt; andererseits aber »geht [die *wahrhafte Gewißheit seiner selbst*] nicht aus einem Fremden, das seine vielfache Entwicklung in sich zusammenstürzte, als ein Resultat hervor, welches sein Werden hinter sich hätte; [...]«.[23] Es ist die Abhängigkeit von den Gegenständen unserer Gedanken bzw. die Verantwortlichkeit ihnen gegenüber, die in der Bewegung der Erfahrung praktisch ausgedrückt wird und unserem Denken bestimmten Inhalt verleiht. Wir werden noch sehen, dass die repräsentationale Dimension des semantischen Inhalts (dass er von der objektiven Welt handelt) davon abhängt, dass jede aktuelle Verpflichtung als ein Resultat von Erinnerung vindiziert wird, »welches sein Werden hinter sich« hat. Wie der Stoizismus beharrt der Skeptizismus einseitig auf seiner Selbstständigkeit gegenüber den durch diesen Prozess hervorgerufenen Beschränkungen, indem er leugnet, dass die Dinge in keiner Weise irgendwie an sich so sind, dass ihr Sein für uns uns irgendwie verantwortlich macht. Die beiden ähneln sich auch darin, dass sie sich am Begriff des BESTIMMTEN INHALTS bedienen müssen, um das Aufgeben von Verpflichtungen bezüglich ausgewählter Inhalte zu erzwingen, jedoch zu diesem Begriff nicht berechtigt sind.

Beides stellen Strategien dar zum Verständnis selbstbewusster Individualität – ohne aber die wechselseitige Abhängigkeit der verschiedenen Momente dieser Individualität einzugestehen. Jede greift »einseitig« einen anderen formalen, jeweils als wesentlich betrachteten Aspekt von Individualität auf. Dementsprechend konzentriert sich der Stoizismus ausschließlich (und somit abstrakt) auf den *allgemeinen* Aspekt von Individualität, auf

23 Ebd., S. 161.

ihre Funktion beim Anerkennen und Konstituieren von Bewusstsein, also darauf, dass das Bewusstsein Dinge zu dem macht, als was sie von ihm betrachtet werden. Er ist also gleichsam der Versuch, das Sein der Dinge an sich und das Sein der Dinge für das Bewusstsein in *unmittelbare* Übereinstimmung zu bringen. Der Skeptizismus konzentriert sich ausschließlich (und somit abstrakt) auf den *negativen* Aspekt von Individualität, auf den *Unterschied* zwischen dem anerkennenden und dem anerkannten Bewusstsein, auf die *Unterscheidung* zwischen dem Sein der Dinge an sich und dem Sein der Dinge für das Bewusstsein, welche sich in der Bewegung der *Erfahrung* ausdrückt, sich uns geradezu aufdrängt. Die dritte Form des Selbstbewusstseins, das unglückliche Bewusstsein, das am Ende des Abschnitts zum Selbstbewusstsein allegorisch untersucht wird, konzentriert sich ausschließlich (und somit abstrakt) auf den *besonderen* Aspekt von Individualität, auf ihre abhängige Existenz als anerkanntes bzw. konstituiertes Bewusstsein, auf das Sein *für* ein anderes Sein. Dementsprechend sind all diese Gestalten des Selbstbewusstseins (die wir später in der Darstellung des *Geistes* als *entfremdete* erkennen werden) Kategorien von Selbstständigkeit und Unselbstständigkeit. Stoizismus und Skeptizismus behandeln Individualität als etwas Selbstständiges und versuchen, sich mit diesem selbstständigen Element zu identifizieren. Es sind Strategien, die sich wandelnde, kontingente und uns beschränkende Welt zu *beherrschen*. Das unglückliche Bewusstsein behandelt Individualität als abhängig und versucht das bloß Besondere zu überwinden, in dem es sich damit identifiziert.

An dieser Stelle des Buches führt Hegel einen Gedanken ein, der in der Darstellung des *Bewusstseins* noch nicht im Spiel war (außer proleptisch am Ende), obwohl er bereits in der »Einleitung« auftauchte. Diesem Gedanken zufolge kann einem Begriff bestimmter Inhalt *nur* durch die Bewegung der wirklichen *Erfahrung* verliehen werden. Dem Begriff erwachsen bestimmte Grenzen zwischen richtiger und falscher Anwendung (und somit ein bestimmter Inhalt) nur durch eine wirkliche Geschichte von Anwendungen, also in konkreten Umständen gemeinsam mit einer spezifischen Zusammenstellung begleitender Begriffe, deren Anwendbarkeit als erforderlich oder ausgeschlossen betrachtet wird unter der Maßgabe der Anwendbarkeit des betreffenden Begriffs – dies geschieht gemäß einer besonderen rückblickenden rationalen Rekonstruktion, also der *Erinnerung* dieses Prozesses. Erfahrung ist ein Schmelztiegel, in dem die dem Bewusstsein bereitstehenden bestimmt gehaltvollen Begriffe geschmiedet werden, um sowohl Begierden als auch Überzeugungen zu bilden und auszudrücken. Damit Begriffe bestimmte Inhalte haben, müssen sie auf verschiedene Art und Weise konkret einander in der Erfahrung verantworten, wo die Bewegung des Bewusstseins auf unvereinbare Verpflichtungen reagiert. Unvereinbarkeit ist nur für diesen bzw. in diesem Prozess bedeutend. In solcher Erfahrung wird das Moment der *Selbstständigkeit* des *Gegenstandes* der Erkenntnis sichtbar, da sich der Gegenstand, wie er an sich betrachtet wurde, durch die Unvereinbarkeiten herausstellt als in der Tat nur das, was er *für* das Bewusstsein war. (Hegel verwendet den Ausdruck »in der Tat« mehr als bloß idiomatisch.) Laut Hegel ist dieses Moment der Selbstständigkeit des Gegenstandes wesentlich dafür, dass unsere Begriffe bestimmten Inhalt besitzen.

Der Stoizismus, der Skeptizismus und das unglückliche Bewusstsein versuchen, den bestimmt gehaltvollen Gedanken in Abstraktion vom Erfahrungsprozess zu denken, der ihn erzeugt und anregt. Aufgrund der Verpflichtung zu *bestimmt* begrifflichen Inhalten, die von der durch Individuen erlebten Erfahrung *unabhängig* sind, sind ihre Selbstvorstellungen (von unserem Standpunkt aus) zu Inadäquatheit verdammt. Wir müssen lernen, dass es keinen Inhalt ohne *Beschränkung* gibt, das heißt ohne einen Modus der Abhängigkeit. Der Erfahrungsprozess integriert die hartnäckige Unmittelbarkeit der Dinge in den sich entwickelnden Inhalt der angewendeten Begriffe und verleiht, wie Hegel sagt, der Kontingenz die Form der Notwendigkeit, das heißt eine normative Form.

Erforderlich für bestimmtes Gehaltvollsein normativer (auf Erkenntnis bezogener sowie praktischer) Einstellungen ist genau das, was dem Knecht aufgezwungen wurde: »zweckmäßiges Tun«, dessen Paradigma *Arbeit* ist. Der inhaltsbestimmende Prozess wurde nun über die bloß erkenntnismäßige Erfahrung des Irrtums hinaus erweitert, um die aktive praktische Beschäftigung mit der Unmittelbarkeit in der zweckmäßigen Arbeit mitzuberücksichtigen. Für uns ergibt sich eine Lektion, der Hegel im anschließenden Abschnitt nachgeht:

> Diese *Einheit* des Gegenständlichen und des Fürsichseins, welche im Begriffe des Tuns ist und welche darum dem Bewußtsein als das Wesen und *Gegenstand* wird, – wie sie ihm nicht der Begriff seines Tuns ist, so ist ihm auch dies nicht, daß sie als Gegenstand *für* es wird, unmittelbar und durch es selbst, sondern es läßt sich von dem vermittelnden Diener diese selbst noch gebrochene Gewißheit aussprechen, daß nur *an sich* sein Unglück das verkehrte, nämlich sich in seinem Tun selbstbefriedigendes Tun oder seliger Genuß, sein ärmliches Tun ebenso *an sich* das verkehrte, nämlich absolutes Tun, dem Begriffe nach das Tun nur als Tun des Einzelnen überhaupt Tun ist.[24]

Dementsprechend verschieben wir unsere Aufmerksamkeit von der Vorstellung, die das Bewusstsein von sich *selbst* hat, zu der Vorstellung, die es von seinem *Tun* hat. Angegangen wird dies unter dem Titel der »Vernunft«, da »die Vernunft das *zweckmäßige Tun* ist«.[25]

24 Ebd., S. 177.
25 Ebd., S. 26.

11. Hegels expressive Metaphysik des Handelns. Die Bestimmung, Identität und Entwicklung dessen, was getan wird

I. Vorausblickend: Vom Begriffsrealismus und objektivem Idealismus zum Begriffsidealismus

Laut meiner Lektüre hat sich Hegel grundsätzlich zum *Begriffsrealismus* verpflichtet: Nicht nur das Denken, sondern auch die nichtgeistige Welt, die Gegenstände unserer Erkenntnis und der Schauplatz unserer Handlung haben eine generisch *begriffliche* Struktur. Der Begriffsrealismus folgt aus einem Verständnis von objektiven Eigenschaften und Sachverhalten, demzufolge ihre alethisch-*modale* Gliederung wesentlich zu dem gehört, was sie als bestimmte Eigenschaften und Sachverhalte sind. Der Bestimmtheit der Eigenschaften ist es wesentlich, zueinander in Beziehungen von modal robustem *Ausschluss* zu stehen. Insofern ein Gegenstand eine Eigenschaft besitzt, wird er daran *gehindert*, andere Eigenschaften zu besitzen, da es unmöglich ist, unvereinbare Eigenschaften gleichzeitig aufzuweisen. Nichts kann zugleich ein Weichtier und ein Wirbeltier sein. Diese *Aus*schlussstruktur ruft eine entsprechende *Ein*schlussstruktur hervor: Wenn Coda ein Hund *wäre*, *wäre* Coda ein Säugetier, denn alles, was mit dem Sein eines Säugetiers unvereinbar ist, ist mit dem Sein eines Hundes unvereinbar. Diese kontrafaktisch-stützenden Ausschlüsse und Einschlüsse sind in den Gesetzen der Natur kodifiziert. Hegel hat von Kant gelernt, dass nichts, was als eine objektive natürliche Welt erkennbar ist, als gänzlich anomisch gedacht werden kann, als etwas, das keine Gesetze aufweist, das keine Unterscheidungen bietet zwischen dem kontingent Wahren und dem notwendig Wahren, zwischen dem kontingent Falschen und dem Unmöglichen. Diese Ansicht der wesentlich modalen Gliederung der objektiven Welt erscheint bei Hegel als Begriffsrealismus, da für ihn »begriffliche« Struktur das ist, was durch Beziehungen materialer Unvereinbarkeit und (somit) materialer Folgerung gegliedert wird: die von ihm so genannten Beziehungen »bestimmter Negation« und »Vermittlung«. Von der objektiven Welt als einer begrifflich strukturierten Welt zu sprechen besagt noch rein gar nichts über die Tätigkeiten von Erkenntnis- und Handlungssubjekten, über die *Vorstellungen* von Begriffs*anwendern*. Begriffe sind genauso real und objektiv wie die durch sie gegliederten Gesetze der Natur. Es ist richtig, dass Beziehungen objektiv materialer Unvereinbarkeit und Folgerung *Inferenzen* sicherstellen und insofern über alles, was in diesem Sinne begrifflich gegliedert ist, geschlussfolgert werden kann. Dies bedeutet aber nicht, dass die Struktur nicht da wäre, wenn niemand da wäre. Es wäre noch immer unmöglich, ein Fuchs zu sein, ohne zugleich ein Säugetier zu sein, selbst wenn sich die Primaten nicht so weit entwickelt hätten, dass sie Wörter wie »Fuchs« und »Säugetier« verwenden würden, um Begriffe wie FUCHS und SÄUGETIER auszudrücken und Schlussfolgerungen der Form »Wenn es ein Fuchs ist, dann ist es ein Säugetier« zu ziehen. Vielmehr verläuft die objektive Abhängigkeit in der entgegengesetzten Richtung. Wie für Kant besteht auch für Hegel das Spezifische an Erkenntnis- und Handlungs*subjekten* darin, dass ihre charakteristischen Zustände, Urteile und absichtlichen Handlungen durch eine bestimmte Art von normativer Bewertung angreifbar sind. Denn Urteile und Handlungen sind Dinge, für die man gute Gründe oder keine guten *Gründe* haben kann. Sie sind Verpflichtungen, deren Berechtigungen immer potentiell strittig sein können und, wenn überhaupt, allein durch ebensolche Gründe einlösbar sind. Hieraus folgt die Bedingung, und zwar nicht nur für die

Verständlichkeit, sondern auch für die *Existenz* des Denkens und Tuns (also Dinge, die uns überhaupt erst zu Subjekten qualifizieren), dass die objektive Welt im hegelschen Sinne begrifflich strukturiert ist. (Der Zweck der Urteilskraft ist die Anpassung der Verpflichtungen des Subjekts gegenüber der Welt; der Zweck der Handlungsfähigkeit ist die Anpassung der Welt gegenüber den Verpflichtungen des Subjekts.) Nur eine solche Welt gewährt nämlich potentiell *Gründe* für unsere Überzeugungen und unser Handeln. In solch einer *inferentiellen* Struktur muss das bestimmte Gehaltvollsein absichtlicher Zustände eine angemessene Rolle spielen. Ohne einen *begrifflichen* Inhalt, der andere Inhalte ausschließt und weitere zur Folge hat, könnte nichts als Überzeugung oder Absicht gelten.

Also könnte es eine begrifflich strukturierte objektive Welt geben auch ohne Subjekte, die Begriffe in inferentiell gegliederten Praktiken des Gebens und Forderns von Gründen anwenden, also ohne überzeugte Subjekte und Handlungssubjekte. Jedoch kann es keine Begriffsanwender, also Subjekte, geben ohne eine begrifflich strukturierte objektive Welt. Bis hierher führt dieser Gedankengang zu einem Alltagsrealismus über die asymmetrische Abhängigkeit der Subjekte zu der von ihnen bewohnten objektiven Welt. Ich bin der Meinung, dass Hegel niemals abgewichen ist von der Befürwortung seiner Version dieser plattitüdenhaften Ansicht. Sie ist sicherlich eine Folge der Auffassung von Bewusstsein und Selbstbewusstsein, wie sie in der triadischen Struktur des orektischen Gewahrseins verankert ist, die im 8. Kapitel skizziert wurde.

Im 7. Kapitel haben wir jedoch auch gesehen, dass hinter der *asymmetrischen Abhängigkeit der Referenz*, in der subjektive Dinge von objektiven Dingen abhängen, laut Hegel eine *symmetrische Abhängigkeit des Sinns* liegt zwischen den Begriffen, die die subjektiven Prozesse der Begriffsverwendung gliedern, und den Begriffen, die die objektiven begrifflichen Beziehungen gliedern. Diese Doktrin habe ich den »objektiven Idealismus«

genannt. Gemäß dieser These könnte und würde es zwar gesetzmäßige Verknüpfungen zwischen Eigenschaften geben, auch wenn es keine selbstbewussten Lebewesen gäbe, die sie durch kontrafaktisches Denken kodifizieren; es ist allerdings unmöglich zu *verstehen*, was Gesetze *sind*, ohne auf die spezifische Art von Denken zu rekurrieren, auf das sie sich stützen (und umgekehrt). Obwohl es objektive *Tatsachen* (wie etwa über die Schmelztemperatur von Kupfer) geben könnte und geben würde auch ohne Sprache verwendende Wesen, die die Tatsachen entdecken und aussagen könnten, kann man nicht sagen, was eine Tatsache *ist*, ohne auf die Möglichkeit zu rekurrieren, eine Tatsache behaupten zu können. (Umgekehrt kann man den Begriff des AUSSAGENS auch nicht ohne Rekurs auf den Begriff TATSACHE adäquat verständlich machen). Obwohl es *einzelne Gegenstände* auch in einer Welt ohne diskursive Praktiken *singulärer Referenz* geben könnte und würde, kann man den *Begriff* GEGENSTAND nur in Verbindung mit dem Begriff SINGULÄRER TERMINUS erklären, das heißt mit dem Vokabular, dessen spezifisch expressive Rolle darin besteht, sich auf Einzeldinge zu beziehen. (Ohne Rekurs auf diese expressive Rolle, und somit auf den Begriff GEGENSTAND, könnte man wiederum den Begriff SINGULÄRER TERMINUS nicht verständlich machen.) Dass es sich bei diesen Behauptungen um die Abhängigkeit des Sinns und nicht der Referenz handelt, bedeutet, dass die Verknüpfungen zwischen den Begriffen, die die Tätigkeiten, Praktiken und Prozesse von Subjekten ausdrücken (beispielsweise KONTRAFAKTISCHES DENKEN, AUSSAGEN, SINGULÄRER TERMINUS), und den Begriffen, die die strukturellen Merkmale der objektiven Welt ausdrücken (beispielsweise GESETZ, TATSACHE, GEGENSTAND), für die Identität und Individuation dieser Begriffe wesentlich sind. Es gibt jedoch keine dementsprechenden wesentlichen Beziehungen zwischen den Elementen, auf die diese Begriffe sich beziehen bzw. hinsichtlich derer sie wahr sind.

Laut Hegel ist objektiver Idealismus der Preis, den man für

den Begriffsrealismus zahlen muss; er ist eine notwendige begriffliche Verpflichtung, um den Begriffsrealismus verständlich zu machen. Zudem versteht er modale und begriffliche Gliederung als zwei Möglichkeiten, um über ein und dieselbe Sache zu sprechen, das heißt über Beziehungen materialer Unvereinbarkeit und (somit) Folgerung. In diesem Kontext ist der objektive Idealismus also auch eine Bedingung für die Einsicht, dass die modale Gliederung der objektiven Welt, die durch Gesetze der Natur ausgedrückt wird, eine Bedingung für die *Bestimmtheit* der Welt ist. Die Bestimmtheit in diesem Sinne – also dass die Welt in einer Weise bestimmt ist und somit andere Weisen ausschließt, und es folglich andere Weisen gibt, wie sie sein kann – ist unter anderen eine Bedingung für die Verständlichkeit der *Erkenntnis* bzw. der *Erfahrung* der Welt. Dies ist aber nur eine Konsequenz der Bedingung der Verständlichkeit des *objektiven Anspruchs* der Erkenntnis und der Erfahrung, dass sie die Erkenntnis und Erfahrung *einer Welt* sind. Man beachte hier, dass die Behandlung der subjektiven Prozesse des Urteilens, Erfahrens und Handelns am Ende und nicht am Anfang dieses Gedankengangs steht. Dieser beginnt mit dem Begriff der objektiven Welt als bestimmt objektiver Welt, setzt sich fort in der Notwendigkeit modaler Gliederung und betrachtet die objektive Welt von hier aus als begriffliche Gestalt.

Laut meiner Darlegung besteht die Begründung des Übergangs zum Kapitel über das Selbstbewusstsein darin, dass wir als Leser der *Phänomenologie* die Lektion des objektiven Idealismus bis zum Ende der Kapitel über das Bewusstsein gelernt haben. Das heißt, wir haben gelernt, dass wir, um die begriffliche Struktur der empirisch erkannten *objektiven* Welt zu verstehen, die erfahrungsbezogenen Prozesse und begrifflichen Praktiken der *Erkenntnissubjekte* verstehen müssen. Das Kapitel zum Selbstbewusstsein handelt demnach davon, wie *Selbste*, Selbst*vorstellungen* und subjektives *Selbstbewusstsein* zu verstehen sind, wobei sich vom Letzteren herausstellt, dass es bereits in unserem Verständnis der objektiven Welt, wie sie sich dem empirischen Bewusstsein offenbart, begrifflich enthalten ist. Im 8. Kapitel haben wir gesehen, dass Bewusstsein und Selbstbewusstsein in den praktischen Beziehungen der Lebewesen verwurzelt sind, deren durch Begierde motivierte Reaktionen auf natürliche Dinge ebendiesen Dingen spezifisch strukturierte, protonormative, vorbegriffliche orektische Bedeutungen zuschreiben. Im sozialen Kontext gegenseitiger Anerkennung übernehmen die genuin normativen Verpflichtungen die Rolle bloß natürlicher Begierden, das heißt die Rolle der Zustimmung zu Autorität und Verantwortung, welche sich in ihren gegenseitigen praktischen responsiven Klassifizierungen aufeinander beziehen. Diese Herkunft der gemeinschaftlich zuerkannten normativen Bedeutung im praktischen Tun bedeutet, dass die subjektiven erfahrungsbezogenen Praktiken des Eingestehens unvereinbarer Verpflichtungen, bezüglich der wir die objektiven Beziehungen der Unvereinbarkeit zwischen Eigenschaften und (somit) Sachverhalten verstehen sollten, im Grunde selbst als praktisch verstanden werden müssen. Was Hegel als »Erfahrung« bezeichnet, das heißt der Prozess, in dem man sich mit einigen Verpflichtungen identifiziert, indem man andere opfert, und anhand dessen sich sowohl bestimmte begriffliche Inhalte als auch individuelle selbstbewusste Selbste entwickeln, ist ein Merkmal zweckmäßiger Arbeit oder, allgemeiner gesagt, der Ausübung absichtlichen Handelns. Dies ist das Thema des Kapitels zur Vernunft, weil »die Vernunft das *zweckmäßige Tun* ist«.[1]

In der Darstellung in der ersten Hälfte der *Phänomenologie* werden also verschiedene Aspekte von Erkenntnis- und Handlungssubjekten betrachtet. Sie beginnt mit den *Sprachausgangsbewegungen* in Bezug auf Wahrnehmung, die in nichtinferentiellen Berichten ausgedrückt werden, und eröffnet damit das Thema der empirischen Erkenntnis der Dinge, in dem sie eine

1 Ebd., S. 26.

so entscheidende Rolle spielen. Hierauf folgt die Untersuchung der Subjekte dieser Erkenntnis. Nach der Feststellung, dass die Selbste, Selbstvorstellungen als auch das empirische Bewusstsein der Subjekte Entwicklungen des zweckmäßigen Tuns sind, wendet sich die Darstellung den *Sprachausgängen* im vorsätzlichen, absichtlichen Handeln zu. Die Darstellung verläuft auf dieser Ebene *nicht* im Sinne eines Fortschritts. Obwohl es Gründe für eine Reihenfolge gibt, werden *Aspekte* selbstbewusster Wesen und nicht *Stufen* in ihrer Entwicklung untersucht.

> Aber die *Momente* desselben [des Ganzen], Bewußtsein, Selbstbewußtsein, Vernunft und Geist, haben, weil sie Momente sind, kein voneinander verschiedenes Dasein.[2]

Mit »Geist« ist hier einerseits die Gemeinschaft gemeint. Andererseits stellen die Momente die Aspekte *des* Geistes dar. »Ihre *zusammengefaßte* Totalität macht den Geist in seinem weltlichen Dasein überhaupt aus.«[3] In der Diskussion der Aspekte bzw. »Momente« entfaltet sich geschichtliche, kumulative Entwicklung:

> Jedes jener Momente sahen wir nämlich wieder an ihm selbst sich in einem eigenen Verlaufe unterscheiden und verschieden gestalten; wie z. B. am Bewußtsein die sinnliche Gewißheit und die Wahrnehmung sich unterschied. Diese letzteren Seiten treten in der Zeit auseinander und gehören einem *besonderen Ganzen* an. – Denn der Geist steigt aus seiner *Allgemeinheit* durch die *Bestimmung* zur *Einzelheit* herab. Die Bestimmung oder Mitte ist *Bewußtsein*, *Selbstbewußtsein* usf. Die *Einzelheit* aber machen die Gestalten dieser Momente aus. Diese stellen daher den Geist in seiner Einzelheit oder

2 Ebd., S. 498.
3 Ebd.

> *Wirklichkeit* dar und unterscheiden sich in der Zeit, so jedoch, daß die folgende die vorhergehenden an ihr behält.[4]

Doch die Übergänge vom *Bewusstsein* zum *Selbstbewusstsein* und dann zur *Vernunft* verlaufen *nicht* auf diese Weise.

> Auf diese Weise ordnen sich nun die Gestalten, die bis hierher auftraten, anders, als sie in ihrer Reihe erschienen, worüber vorher noch das Nötige kurz zu bemerken ist. – […] Wenn also die bisherige *eine* Reihe in ihrem Fortschreiten durch Knoten die Rückgänge in ihr bezeichnete, aber aus ihnen sich wieder in *eine* Länge fortsetzte, so ist sie nunmehr gleichsam an diesen Knoten, den allgemeinen Momenten, gebrochen und in viele Linien zerfallen, welche, in *einen* Bund zusammengefaßt, sich zugleich symmetrisch vereinen, so daß die gleichen Unterschiede, in welche jede besondere innerhalb ihrer sich gestaltete, zusammentreffen.[5]

Es handelt sich bei den Übergängen um »Schritte zurück«, von einer entwickelten Vorstellung der empirischen Erkenntnis (dem unendlichen Begriff) zu der primitivsten Vorstellung von Selbsten (als Begehrende), und von einer entwickelten Vorstellung von Selbsten zu einer primitiven Vorstellung von Handlungsfähigkeit. Im Kapitel zum Geist besteht die Strategie der Darstellung darin, die verschiedenen Stufen unseres Verständnisses von Erkenntnis, Selbsten und Handlungsfähigkeit nebeneinander zu legen, die Darstellung an ihren »Knotenpunkten« zwischen den Diskussionen der verschiedenen Momente zu brechen und dann die Entwicklungslinien innerhalb der Diskussionen zusammenzufassen. Im Kapitel zum Geist wird das ganze Phänomen behandelt, zu dessen Aspekten Erkennen, Anerkennung und Handlungsfähigkeit gehören.

4 Ebd., S. 499.
5 Ebd., S. 500f.

Dies bedeutet jedoch nicht, dass die *Darstellung* der *Phänomenologie* bis zu dieser Stelle nicht kumulativ ist. Es bedeutet nur, dass sie keine kumulative Entwicklung darstellt *außerhalb* der Abschnitte, in dem die Aspekte des Geistes, also das Bewusstsein, das Selbstbewusstsein und die Vernunft, behandelt werden. Beim Fortschreiten durch diese parallelen Diskussionen verschiedener Aspekte des Ganzen lernen *wir* etwas. Wir lernen etwas über die Bedingungen der Verständlichkeit bestimmt gehaltvoller begrifflicher Normen, also über die Beschaffenheit des *Geistes*, der Natur und ihrer Beziehungen zueinander im praktischen (einschließlich dem erkennenden) Tun der individuellen selbstbewussten Selbste und der anerkennenden Gemeinschaften, die diese Selbste umfassen und von ihnen instituiert werden. (»Kein Erkennen ohne Anerkennen.«) Das Kapitel zur Vernunft fokussiert die praktischen Wechselwirkungen von subjektiv-sozialen Normen und objektiven Normen – von Verpflichtungen, Anerkennungsansprüchen der Autorität und Verantwortungszustimmungen einerseits und gesetzmäßigen (modal robusten) empirischen Notwendigkeiten andererseits –, und zwar in der Reihenfolge, wie die Wechselwirkungen im Phänomen der absichtlichen Handlungsfähigkeit auftauchen. Dies gelingt dem Kapitel zur Vernunft, wie auch schon an anderer Stelle, indem es verschiedene Formen des praktischen Bewusstseins, die sich auf jenes Phänomen konzentrieren, in allegorischer Form darstellt – also als die Verstehensweisen von uns als Handlungssubjekte.

Eine zentrale Lektion aus dieser Diskussion ist die These, die ich als »begrifflichen Idealismus« bezeichnet habe. Sie ist eine Antwort auf die von der Doktrin des objektiven Idealismus aufgeworfene Frage, die, wie wir gesehen haben, an dieser Stelle in der Darstellung der *Phänomenologie* eine Bedingung für die Verständlichkeit des Begriffsrealismus und somit des modalen Realismus ist. Diese Doktrin behauptet die wechselseitige Abhängigkeit des Sinns zwischen einerseits den Begriffen, die die objektiven

Beziehungen materialer Unvereinbarkeit (und somit Folgerung) ausdrücken und damit die begriffliche Struktur der Welt gliedern, und andererseits den Begriffen, die die subjektiven *Praktiken* und *Prozesse* der Erfahrung ausdrücken, die die selbstbewussten Selbste konstituieren. In dieser wechselseitigen Abhängigkeit des Sinns reagieren beide Begriffe auf material unvereinbare Verpflichtungen, indem sie sich mit einigen identifizieren und andere aufopfern. Nun können wir aber fragen: Sollte diese ganze Konstellation objektiv-begrifflicher Beziehungen und subjektiv-begrifflicher Praktiken und Prozesse verstanden werden in Bezug auf die relationalen Kategorien der Objektivität oder in Bezug auf die praktisch-prozesshaften Kategorien der Subjektivität? Angesichts der uns erteilten Lehre über Objektivität in den Kapiteln zum Bewusstsein respektive Subjektivität im Kapitel zum Selbstbewusstsein können wir uns nun fragen: Sollten wir den ganzen Subjekt-Objekt-Komplex als objektartig oder subjektartig auffassen? Auch wenn die Antwort »beides« lautet: Wie sollten wir die Beziehung zwischen diesen zwei verschiedenen Weisen verstehen, unsere Welt und uns selbst aufzufassen? Und insbesondere: Gibt es irgendeinen Vorrang begrifflicher Art, der eher der einen als der anderen erteilt werden sollte?

Begrifflicher Idealismus besteht in der Idee, dass beide Deutungsweisen zwar gültig und wesentlich sind, es aber eine entscheidende Erklärungsasymmetrie zwischen ihnen gibt. Insbesondere müssen die *Beziehungen* der Abhängigkeit des Sinns – die dem objektiven Idealismus zufolge zwischen den Begriffen bestehen, welche unsere Vorstellung von objektiven Beziehungen materialer Unvereinbarkeit einerseits und subjektiven Prozessen des Eingestehens unvereinbarer Verpflichtungen andererseits gliedern – in Bezug auf die *Prozesse* verstanden werden, die jene Beziehungen instituieren. (»[D]iese Beziehung ist reines Übergehen […].«[6]) Dies sind eben genau jene in der Ausübung von

6 Ebd., S. 212.

Handlungsfähigkeit ablaufenden Prozesse praktischer Erfahrung, die selbstbewusste Selbste konstituieren (wobei diese Prozesse insofern als »dicht« verstanden werden, als sie ihre objektiven Korrelate integrieren). Als These über die *wechselseitige* Abhängigkeit des Sinns – nach der Begriffe miteinander verknüpft werden, die die Strukturen der Subjektivität und der Objektivität ausdrücken – mag der objektive Idealismus kaum als *Idealismus* erscheinen. In Anbetracht der zusammenfassenden Formulierung des Idealismus in der Vorrede müsste der objektive Idealismus als Auslegung von Behauptungen wie etwa der folgenden genügen: »Es kommt [...] alles darauf an, das Wahre nicht als *Substanz*, sondern ebensosehr als *Subjekt* aufzufassen und auszudrücken.«[7] Formulierungen, wonach die Substanz wesentlich (an sich, implizit, in Wahrheit) Subjekt ist,[8] oder die zentrale Einsicht des spekulativen Denkens darin besteht, dass das Wahre Subjekt ist,[9] oder, die Feststellung mit der die Phänomenologie schließt, dass das Sein »selbstisch« ist[10] – mit all diesen Formulierungen scheint Hegel etwas anderes zu bemühen. Dies betrifft ebenso die Rede vom »Bedürfnis, das Absolute als *Subjekt* vorzustellen«,[11] oder die Behauptung: »daß die Substanz wesentlich Subjekt ist, ist in der Vorstellung ausgedrückt, welche das Absolute als *Geist* ausspricht«.[12] Alle diese Formulierungen sollten als Ausdruck dessen verstanden werden, was ich als den »Begriffsidealismus« bezeichne.

Der Schlüssel zum Begriffsidealismus besteht in der rationalen Tätigkeit der *Erinnerung*. Sie entspricht der dritten Phase des Erfahrungsprozesses, den wir als Erstes in der Behand-

7 Ebd., S. 22f.
8 Ebd., S. 28, 39, 53, 23.
9 Ebd., S. 61.
10 Ebd., S. 39.
11 Ebd., S. 26.
12 Ebd., S. 28.

lung von Hegels »Einleitung« in Betracht gezogen haben. Jede Erfahrungsepisode wird durch die Feststellung einer Unregelmäßigkeit eingeleitet. Das Subjekt sieht sich Verpflichtungen gegenüber, die, ihm selbst zufolge, miteinander unvereinbar sind. Der begriffliche Inhalt der einen Verpflichtung schließt die rationale Berechtigung des begrifflichen Inhalts der anderen Verpflichtung aus. Die nächste Phase besteht im Beheben – in dem, was man in Reaktion auf die Feststellung miteinander unvereinbarer Verpflichtungen normativ verpflichtet ist zu *tun*, die Änderungen, für die man verantwortlich ist. Dieses Beheben ist genau das, worin das praktische Eingestehen der Unvereinbarkeit von Verpflichtungen besteht. Das Subjekt muss die Unvereinbarkeit beseitigen, indem es die widersprechenden Verpflichtungen revidiert, also die Verpflichtung zu einem der unvereinbaren Inhalte aufgibt oder die Vorstellung über die Beziehungen von Unvereinbarkeit und Folgerung ändert, die diese Inhalte gliedern. Die abschließende Phase, die Erinnerungsphase der Erfahrung, erfordert vom Subjekt, dass es eine bestimmte Art von rationaler Rekonstruktion des Erfahrungsverlaufs vollzieht, der zu den aus der Behebungsphase hervorgegangenen Verpflichtungen geführt hat. Erinnerung *begründet* den Erfahrungsverlauf, indem sie ihn rückblickend neu beschreibt und somit als *expressiv fortschrittlich* darstellt. Das Ergebnis der Behebungsphase ist eine neue Verpflichtung auf die wirkliche Beschaffenheit der Dinge, darauf, wie die Dinge an sich sind. Wir haben gesehen, dass die begrifflichen Inhalte, die man zu einem Zeitpunkt bejaht, also die Inhalte der Verpflichtungen zu ebendiesem Zeitpunkt, *für* das Bewusstsein dem Sein der Dinge *an sich*, dem wirklichen Sein der Dinge entsprechen. Die verworfenen oder abgeänderten Inhalte werden *dem* Bewusstsein zu etwas (bzw. werden von ihm praktisch behandelt als das), was nur das Sein der Dinge *für* das Bewusstsein ist. (Die Statusänderung der begrifflichen Inhalte *für* das Bewusstsein entspricht dem Hervortreten des zweiten, neuen, wahren Gegenstandes am Ende der

Einleitung.) Die Erinnerung stellt diese Episode der Erfahrung rückblickend als den Endpunkt eines fortschrittlichen Prozesses dar, in welchem die Realität, von der die eigenen Verpflichtungen die ganze Zeit implizite Erscheinungen waren, allmählich hervortritt und dem Bewusstsein und für das Bewusstsein explizit wird. Indem die Erinnerung annimmt, dass die Dinge wirklich sind, wie sie sich jetzt für das Bewusstsein zeigen, erklärt sie, wie das Subjekt *herausgefunden* hat, dass sie genau so sind. Erinnerung liefert eine spezifische Art von expressiver Inanspruchnahme und Begründung der Verpflichtungen, die man sich im Verlauf der Erfahrung angeeignet hat.

Der Begriff ERINNERUNG gehört zu Hegels großen Ideen. Er beinhaltet die Idee einer charakteristischen Art von *Rationalität*, die ihren Ausdruck in den rückblickend erinnernden Rationalisierungen findet. Die rückblickende Rationalität befindet sich im Zentrum jener Konstellation von metabegrifflichen Kategorien, welche Hegel »Vernunft« nennt. Während ANERKENNUNG der Schlüsselbegriff zur Gliederung der *sozialen* Dimension seiner Auffassung von diskursiver Normativität ist, ist ERINNERUNG der Schlüsselbegriff zur Gliederung der *geschichtlichen* Dimension dieser Auffassung. Und tatsächlich werden wir sehen, dass es, um über die entfremdete Moderne hinauszugehen und das dritte Zeitalter des *Geistes* zu instituieren, praktisch notwendig und hinreichend ist, wenn Anerkennung die Form von Erinnerung annimmt. (Hegel nennt diese abschließende, völlig selbstbewusste, erinnernde Form der Anerkennung »Verzeihung«.)

Die Erinnerung ist anhand des Paradigmas der rückblickenden Zurechnung zu verstehen, derzufolge eine *Absicht* eine *Handlung* normativ bestimmt. Das Kapitel zur Vernunft soll eine Auffassung von Handlungsfähigkeit (die Vernunft ist das »*zweckmäßige Tun*«[13]) und der darin enthaltenen Rolle von erinnernder Rationalität liefern. Das Kapitel ist das Herzstück der *Phänome-*

13 Ebd., S. 26.

nologie, da es zum Wesen jenes Idealismus gehört, dass Erkennen der Handlungsfähigkeit nachzubilden. Um zu verstehen, wie genau und in welcher Hinsicht die praktische Handlungsfähigkeit dem theoretischen Bewusstsein von einer objektiven Welt zugrunde gelegt wird und dieses Bewusstsein erhellt, müssen wir die spezifische Art von Tun verstehen, das Erinnern ist. Dies ist der Schlüssel zum allgemeinen Verständnis dessen, was es heißt, von Normen beherrscht zu werden. Diesen Zusammenhang sehen wir zum ersten Mal in der Diskussion der Absicht, wo zwischen Dingen unterschieden wird, die getan werden, und Dingen, die bloß geschehen. Denn etwas zu tun heißt, die eigene Autorität auszuüben, um sich selbst verantwortlich zu machen.

Hegel hat von Kant gelernt, die repräsentationale Dimension diskursiver Praxis in normativen Begriffen zu denken. Das Repräsentierte übt eine gewisse Art von Autorität aus, da es einen Maßstab darstellt für die Bewertung der Angemessenheit bzw. Richtigkeit des Repräsentierenden, allein indem es in diesem Sinne verantwortlich ist gegenüber dem Repräsentierten. (Von Normen beherrscht zu werden beinhaltet neben dieser deontischen Dimension auch eine alethisch-modale Dimension. Das Repräsentierende sollte konjunktivisch responsiv sein dafür, welche Stellung es beim Repräsentierten hat. Die Erinnerung beinhaltet beides.) Das Paradigma der Normbeherrschtheit ist die Beziehung der Taten zu den Absichten, die die Taten motivieren, begründen und anleiten. Die begriffliche Verbindung zwischen der praktisch-handelnden und der erkenntnismäßig-repräsentationalen Gattung von Normbeherrschtheit entspricht der Rolle, welche die Erinnerung in beiden generisch spielt. Erinnerung ist die spezifische Form von praktischer rationaler Tätigkeit, die die repräsentationalen Beziehungen herstellt zwischen der Beschaffenheit der Dinge für das Bewusstsein (Repräsentierendes, Sinne, Erscheinungen, Phänomena) und der Beschaffenheit der Dinge an sich (Repräsentiertes, Referenzgegenstände, Realitäten, Noumena). Im 12. Kapitel werden wir sehen, dass Erinnerung das Herzstück von Hegels expressiver Auffassung von Repräsentation ist. Sie ist die rationale rationalisierende Tätigkeit, welche die Beziehungen zwischen repräsentierenden Sinnen und Referenzgegenständen instituiert. Sie ist also *sui generis* und darf insofern weder an die Beziehungen der Abhängigkeit des Sinns noch an die Beziehungen der Abhängigkeit der Referenz angeglichen werden. Denn die erstere bringt Sinne mit Sinnen in Beziehung und die letztere Referenzgegenstände mit Referenzgegenständen, während Erinnerung Sinne mit Referenzgegenständen in Beziehung bringt.

Der Begriffsidealismus behauptet den Vorrang erinnernder praktischer Tätigkeit vor den semantischen repräsentationalen Beziehungen, welche für den intentionalen Nexus zwischen Subjekten und Gegenständen konstitutiv sind. Der Vorrang der Praxis der Erinnerung vor den semantischen Beziehungen, die für Intentionalität und Bewusstsein konstitutiv sind, gilt in der Denkordnung und der Seinsordnung. Um Erinnerung zu verstehen, muss man Repräsentation verstehen und somit den Unterschied, den das Bewusstsein wesentlich beinhaltet. Und man muss das Erinnern *vollziehen*, um den intentionalen Nexus *herzustellen*, also die repräsentationalen Beziehungen zwischen den Gedanken auf der subjektiven Seite des intentionalen Nexus und den Sachverhalten auf der objektiven Seite. Man muss dies *vollziehen*, um bewusst zu *sein*, im Sinne von apperzeptiv gewahr. Dies zu erkennen, also den Begriffsidealismus zu bejahen, stellt die abschließende Form des semantischen *Selbst*bewusstseins dar.

Der Begriffsidealismus knüpft an den bimodalen hylemorphistischen Begriffsrealismus und den objektiven Idealismus an und setzt beide voraus. Beide weisen *Symmetrie*beziehungen auf zwischen den subjektiven und den objektiven Formen begrifflicher Inhalte. Zu den Symmetriebeziehungen zwischen den beiden Polen des intentionalen Nexus fügt der Begriffsidealismus die Idee eines Vorrangs der Erinnerungstätigkeit hinzu.

In seinem Idealismus identifiziert bzw. unterscheidet Hegel diese unterschiedlichen Stränge nicht explizit, und schon gar nicht anhand der ihnen von mir gegebenen Überschriften. Aber ich bin der Meinung, dass er sich allen drei Ansichten anschließt und wir sie um der Deutlichkeit willen unterscheiden sollten. Der Begriffsidealismus tritt im Verlauf der Kapitel zum Bewusstsein hervor. Er zeigt sich bereits im Kapitel zur Wahrnehmung, und zwar im Zuge der Diskussion der Metaphysik von Gegenständen und Eigenschaften, die auf bestimmter Negation beruht und das Thema der *Täuschung* auf der Seite des wahrnehmenden Subjekts eröffnet (nicht zuletzt auch mit Bezug auf die Diskussion in der »Einleitung«). Der objektive Idealismus wird bereits am Ende des Kapitels über Kraft und Verstand eingeführt und begründet den Übergang zum Selbstbewusstsein. Erst in der Diskussion zur Handlungsfähigkeit am Ende des Kapitels zur Vernunft wird der Begriffsidealismus zugänglich. Bis zum Ende des 12. Kapitels werden wir alle nötigen begrifflichen Rohmaterialien zusammengestellt haben, um ihn formulieren zu können.

Eine Bestätigung für den Gedanken, dass der Begriffsidealismus aus einem angemessenen Verständnis zweckmäßiger Handlung und Handlungsfähigkeit gewonnen werden kann (also einem Verständnis, das in Bezug auf Metakategorien der *Vernunft* anstatt des *Verstands* gegliedert wird), findet man im abschließenden substantiellen Zug der *Wissenschaft der Logik*. In der Sprache der *Wissenschaft der Logik* ist jedes Verständnis der Verschiedenheit enthaltenden Einheit von Denken und Sein eine Version der Idee. Diese stellt bereits eine terminologische Verpflichtung zu einer Art von Idealismus dar, vielleicht zu einem Begriffsidealismus. Nachdem wir gesehen haben, dass wir das Implizite in der theoretischen Idee der Erkenntnis herauszuarbeiten hatten, um die praktische Idee der zweckmäßigen Handlung untersuchen zu können, werden wir nun durch die Berücksichtigung des Impliziten in der praktischen Idee der zweckmäßigen Handlung zur absoluten Idee geführt (und zwar über den »Schluß der unmittelbaren *Realisierung*«, der eine entwickeltere und explizitere Version des Schlusses der *»äußerlichen Zweckmäßigkeit«* darstellt).[14] Denn für das richtige Verständnis von praktischer Tätigkeit gilt Folgendes:

> Die Idee des an und für sich bestimmten Begriffs ist hiermit gesetzt, nicht mehr bloß im tätigen Subjekt, sondern ebensosehr als eine unmittelbare Wirklichkeit, und umgekehrt diese, wie sie im Erkennen ist, als wahrhaftseiende Objektivität zu sein. Die Einzelheit des Subjekts, mit der es durch seine Voraussetzung behaftet wurde, ist mit dieser verschwunden; es ist hiermit jetzt als *freie, allgemeine Identität mit sich selbst*, für welche die Objektivität des Begriffes ebensosehr eine *gegebene*, unmittelbar für dasselbe *vorhandene* ist, als es sich als den an und für sich bestimmten Begriff weiß. In diesem Resultate ist hiermit das *Erkennen* hergestellt und mit der praktischen Idee vereinigt; die vorgefundene Wirklichkeit ist zugleich als der ausgeführte absolute Zweck bestimmt, aber nicht wie im suchenden Erkennen bloß als objektive Welt ohne die Subjektivität des Begriffes, sondern als objektive Welt, deren innerer Grund und wirkliches Bestehen der Begriff ist. Dies ist die absolute Idee.[15]

Es geht an dieser Stelle um die Subjektivität des Begriffs als den inneren Grund und das wirkliche Bestehen der objektiven Welt. Der Begriffsidealismus stellt hierfür eine Antwort dar.

> Die absolute Idee, wie sie sich ergeben hat, ist die Identität der theoretischen und der praktischen, welche jede für sich noch einseitig, die Idee selbst nur als ein gesuchtes Jenseits und un-

14 Georg Wilhelm Friedrich Hegel, *Wissenschaft der Logik* II, Frankfurt/M. 1986 (hiernach *WL*), S. 543.
15 Ebd., S. 548.

> erreichtes Ziel in sich hat, – jede daher eine *Synthese des Strebens* ist, die Idee sowohl in sich hat als auch *nicht* hat, von einem zum andern übergeht, aber beide Gedanken nicht zusammenbringt, sondern in deren Widerspruche stehenbleibt. Die absolute Idee als der vernünftige Begriff, der in seiner Realität nur mit sich selbst zusammengeht, ist um dieser Unmittelbarkeit seiner objektiven Identität willen einerseits die Rückkehr zum *Leben*; aber sie hat diese Form ihrer Unmittelbarkeit ebensosehr aufgehoben und den höchsten Gegensatz in sich. Der Begriff ist nicht nur *Seele*, sondern freier subjektiver Begriff, der für sich ist und daher die *Persönlichkeit* hat, – der praktische, an und für sich bestimmte, objektive Begriff, der als Person undurchdringliche, atome Subjektivität ist, der aber ebensosehr nicht ausschließende Einzelheit, sondern für sich *Allgemeinheit* und *Erkennen* ist und in seinem Anderen *seine eigene* Objektivität zum Gegenstande hat. Alles Übrige ist Irrtum, Trübheit, Meinung, Streben, Willkür und Vergänglichkeit; die absolute Idee allein ist *Sein*, unvergängliches *Leben, sich wissende Wahrheit*, und ist *alle Wahrheit*.
> Sie ist der einzige Gegenstand und Inhalt der Philosophie. Indem sie *alle Bestimmtheit* in sich enthält und ihr Wesen dies ist, durch ihre Selbstbestimmung oder Besonderung zu sich zurückzukehren, so hat sie verschiedene Gestaltungen, und das Geschäft der Philosophie ist, sie in diesen zu erkennen. Die Natur und der Geist sind überhaupt unterschiedene Weisen, *ihr Dasein* darzustellen [...][16]

Wird der Begriffsidealismus dem objektiven Idealismus und dem bimodalen hylemorphistischen Begriffsrealismus hinzugefügt, so ergibt sich der absolute Idealismus. Wir wenden also unsere Aufmerksamkeit dem Kapitel zur Vernunft zu mit dem Ziel, nicht nur die von Hegel dort entwickelte Auffassung von Handlungsfähigkeit, sondern auch das Herzstück seines Idealismus in Bezug auf diese Auffassung zu verstehen.

16 Ebd., S. 548f.

II. Die zwei Seiten des Handlungsbegriffs: Die von der Handlung beinhaltete Einheit und Entzweiung

In der *Rechtsphilosophie* sagt Hegel, dass die erste Bestimmung von Handlung darin besteht, »von mir in ihrer Äußerlichkeit als die meinige gewußt zu werden«, und dass das erste Recht der Handlung darin besteht, »daß, wie sie ausgeführt in *unmittelbarem* Dasein ist, ihr Inhalt überhaupt der *meinige*« ist.[17] Der Sinn, wonach die Handlung die *meinige* ist, ihre Zugehörigkeit, ist (wie bei anderen Eigenschaftsbegriffen auch) ein *normativer* Sinn. Dabei wird eine spezifische, wie wir sehen werden tatsächlich paradigmatische, Konstellation aufeinander abgestimmter *Verantwortung* und *Autorität* in den Blick genommen: die Verantwortung *für* einen Vollzug, die auf der Autorität *über* diesen Vollzug basiert. Indem man diese Art von Verantwortung übernimmt, diese Art von Autorität behauptet, räumt man ein, dass das dabei als *Handlung* Klassifizierte ein Ausdruck im objektiven Reich der subjektiven Individualität des Handlungssubjekts ist. Man *identifiziert sich mit* dem, was man in diesem spezifischen Sinne *tut*. Denn das »*wahre Sein* des Menschen ist vielmehr *seine Tat*; in ihr ist die Individualität *wirklich*«.[18] In der Diskussion des *Selbstbewusstseins* in den vorangegangenen Kapiteln haben wir gesehen: Wenn man etwas *für* sich ist in dem spezifischen Sinne, dass man sich damit identifiziert, bedeutet das für Hegel, dass man dafür etwas zu riskieren und zu opfern bereit ist von dem, was man bereits *an sich* ist. Im Fall der Handlung besteht diese Identifikation mit dem, was man tut, darin, einige Verpflichtungen, welchen man zugestimmt hat, zugunsten anderer zu riskieren und zu opfern. Insofern die Verpflich-

17 Georg Wilhelm Friedrich Hegel, *Grundlinien der Philosophie des Rechts*, Frankfurt/M. 1986 (hiernach *PR*), §§ 113-114, S. 211-213.
18 *PhG*, S. 242.

tungen, mit denen man sich identifiziert hat, durch das, was getan wurde, erfüllt werden, hat dieses Tun den Status konkreter objektiver *Verwirklichungen* der abstrakten, subjektiv bejahten Normen – und damit des selbstbewussten einzelnen Handlungssubjekts, das sie bejaht hat.

Aus den Diskussionen zum *Bewusstsein* und *Selbstbewusstsein* hat sich Folgendes ergeben: Wir müssen die für Handlungsfähigkeit charakteristische Art von Autorität begreifen, um einerseits zu verstehen, inwiefern unsere empirischen Urteile verantwortlich sind für ihre Richtigkeit der objektiven Welt gegenüber (die sie betreffen und deren Autorität sie zustimmen), und um andererseits zu verstehen, was die selbstbewussten einzelnen Subjekte sind, die theoretische und praktische Verpflichtungen haben und verschiedenen Arten von begrifflich gegliederter Autorität zustimmen bzw. diese ausüben. Eine theoretische Herausforderung bezüglich all der im Kapitel zur Vernunft untersuchten Formen des praktischen Selbstbewusstseins besteht darin, zu begreifen, wie die für Handlungsfähigkeit konstitutive Autorität über das, was geschieht, *genuin* sein kann, ohne *total* zu sein. Das Modell der Autorität als einer *konstitutiven* Autorität, die uns durch die Allegorie der Herrschaft vorgeführt wurde, betrachtet Zuschreibungen von *Selbstständigkeit* (Autorität) als unvereinbar mit der Zustimmung zu gleichrangiger *Unselbstständigkeit* (Verantwortung), die genau diese Autorität begrenzt. Bis ein besseres Modell entwickelt wird, droht der von Hegel so genannte »Bruch der Handlung« – nämlich der zwischen dem »Vorgesetzten« einerseits und dem »Daseienden und Vorgebrachten« andererseits –[19] ständig dazu zu führen, dass das praktische Selbstbewusstsein sich selbst ein Rätsel wird, denn »die Folgen seiner Taten sind ihm nicht seine Taten selbst«.[20]

Wir müssen das bestimmte Gehaltvollsein der durch die Sub-

19 *PR*, § 114, S. 215.
20 *PhG*, S. 274.

jektivität konstituierten und in zweckmäßiger Handlungsfähigkeit ausgeübten paradigmatischen Autorität (Selbstständigkeit) richtig verstehen. Dieses bestimmte Gehaltvollsein ist nicht nur mit der Verantwortung gegenüber der durch die Objektivität konstituierten Starrheit der Dinge – die einen Keil treibt zwischen dem Zweck und dem Vollbrachten – *vereinbar*, sondern ist eigentlich das *Produkt* dieses als *wesentlich* zu betrachtenden Merkmals der Prozesse und Praktiken der Verwirklichung von Zwecken durch Handlungen, und somit der individuellen selbstbewussten Selbste. Reibung ist eine Bedingung von Erfahrung; Erfahrung ist eine Bedingung des begrifflichen Fortschritts; und begrifflicher Fortschritt bzw. der Prozess des Bestimmens von begrifflichen Inhalten ist eine Bedingung bestimmten Gehaltvollseins von Erfahrung. Aus der Diskussion der allgemeinen Anerkennung haben wir gelernt, dass die mit dem Anerkanntwerden zugestandene Autorität es erfordert, andere durch das Zustimmen zu ihrer Autorität anzuerkennen. Wir müssen nun herausfinden, wie dies für die spezifische Anerkennung funktioniert, also für die Zuschreibung besonderer bestimmt gehaltvoller Verpflichtungen und Autorität, die wir in der Rede von der allgemeinen Anerkennung implizit quantifizieren, wenn wir jemanden als ein Subjekt normativer Status und Einstellungen betrachten.

Autorität nach dem Modell der Herrschaft (also Selbstständigkeit als konstitutive Autorität) kommt mit einem grundlegenden Problem nicht zurecht, nämlich wie zwei Aspekte des Begriffs der absichtlichen Handlung in ein verständliches Ganzes zusammenzubringen sind, die zumindest dem Anschein nach in Spannung zueinander stehen. Diese Aspekte sind die Einheit einer Handlung, wie sie sich vom gesetzten Zweck zum vollbrachten Vollzug entwickelt, und der *Unterschied* und die *Entzweiung*, »die im Handeln als solchem liegt und auf diese Weise eine eiserne Wirklichkeit gegen das Handeln bildet«.[21] Die »Einheit

21 Ebd., S. 578.

und Notwendigkeit« des Tuns konstituieren seine Identität. »Die *Notwendigkeit* des Tuns besteht darin, daß *Zweck* schlechthin auf die *Wirklichkeit* bezogen ist, und diese Einheit ist der Begriff des Tuns.«[22]

> Das Tun verändert nichts und geht gegen nichts; es ist die reine Form des Übersetzens aus dem *Nichtgesehenwerden* in das *Gesehenwerden*, und der Inhalt, der zutage ausgebracht wird und sich darstellt, nichts anderes, als was dieses Tun schon an sich ist.[23]

> Das Tun ist nämlich nur reines Übersetzen aus der Form des noch nicht dargestellten in die des dargestellten Seins [...].[24]

> Diese verschiedene Seiten sind nun aber nach dem Begriffe dieser Sphäre so festzuhalten, daß der Inhalt in ihnen derselbe bleibt und kein Unterschied hereinkommt, weder der Individualität und des Seins überhaupt, noch des *Zwecks* gegen die *Individualität* als *ursprüngliche Natur*, noch gegen die vorhandene Wirklichkeit, ebenso nicht des *Mittels* gegen sie als absoluten *Zweck*, noch der *bewirkten Wirklichkeit* gegen den Zweck oder die ursprüngliche Natur oder das Mittel.[25]

> Diese Einheit ist das wahre Werk [...].[26]

22 Ebd., S. 302f.
23 Ebd., S. 293.
24 Ebd., S. 296. Sieh auch die *Grundlinien der Philosophie des Rechts.* Dort ist der Wille, bzw. »[...] das Wollen, diese Schranke aufzuheben – die *Tätigkeit*, diesen Inhalt aus der Subjektivität in die Objektivität überhaupt, in ein *unmittelbares Dasein* zu übersetzen. γ) Die einfache *Identität* des Willens mit sich in dieser Entgegensetzung ist der sich in beiden gleichbleibende und gegen diese Unterschiede der Form gleichgültige *Inhalt*, der *Zweck*.« (*PR*, S. 207f).
25 *PhG*, S. 295f.
26 Ebd., S. 304.

Ein grundlegendes Kriterium für die Adäquatheit der Erklärung einer Handlung besteht in ihrer Fähigkeit zur Darlegung, wie es mir möglich ist, wirklich das zu erreichen, was ich beabsichtigt habe; in gleicher Weise und aus denselben Gründen ist es ein grundlegendes Kriterium für die Adäquatheit der Erklärung des Erkennens, dass sie darlegt, wie es möglich ist, etwas von der wirklichen Beschaffenheit der Dinge zu wissen. Erklärungen, welche die Adäquatheitskriterien nicht erfüllen, die den Begriffen von Handlung und Erkenntnis innewohnen, lassen eine unüberbrückbare Kluft zwischen Gewissheit und Wahrheit aufbrechen. (Wie uns Hegel in der »Einleitung« mitteilt, ist es sein Hauptanliegen, aufzuzeigen, wie diese Kluft zu vermeiden ist.) Auf der Seite der Erkenntnis ist diese Gefahr in jenen Erklärungen gut nachzuvollziehen, die sich einseitig auf die der Erkenntnis impliziten Unterscheidung konzentrieren. Stellt man fest, dass man an etwas denken kann, das nicht existiert, könnte man schließen, dass das, woran man in solchen Fällen denkt – insoweit es nicht etwas Wirkliches ist – etwas Nichtwirkliches ist bzw. ein *ens rationis* statt ein *ens realis*. Insofern man dann aber feststellt, dass man nicht zuverlässig zwischen jenen Fällen unterscheiden kann, in denen man an etwas Wirkliches denkt, und jenen, in denen man nicht an etwas Wirkliches denkt, könnte man schließen, dass die Gegenstände der Gedanken in beiden Fällen nicht unterschiedlicher Art sind.[27] An dieser Stelle wird es rätselhaft, wie wir überhaupt an irgendetwas Wirkliches denken können. Brentano hat eingewandt (was sein Schüler Meinong anscheinend nicht begriffen hat), dass, wenn der Gegenstand des eigenen Eheversprechens als ein *ens rationis* verstanden wird, es doch rätselhaft sei, wie das Versprechen spä-

27 Ein solcher Gedankengang hängt von dem systematischen Versäumnis ab, zwischen dem Gehaltvollsein eines Gedankens einerseits und seiner Rolle andererseits zu unterscheiden, der gemäß er sich auf etwas bezieht oder einen Sachverhalt repräsentiert.

ter eingehalten werden wird durch die Heirat eines *ens realis*. Die Tatsache, dass ein Gedanke falsch sein kann oder dass er sich auf keine wirklichen Gegenstände bezieht, und dass das Subjekt solche Gedanken von wahren Gedanken, die sich auf wirkliche Gegenstände beziehen, allgemein nicht unterscheiden kann, darf nicht dazu führen, dass das Denken von wahren, sich auf wirkliche Gegenstände beziehende Gedanken unverständlich wird. Hegel würde sagen, dass die Möglichkeit solcher Gedanken zum Begriff des Denkens gehört. In gleicher Weise muss die Idee der Verwirklichung von Absichten bei erfolgreichen Handlungen nicht dadurch unverständlich werden, dass eine Handlung an der Verwirklichung des Beabsichtigten *misslingen* kann, dass die Handlung also der Ausdruck einer Absicht ist, welche nicht verwirklicht werden konnte, bzw. dass also Handlungssubjekte Absichten, die erfolgreich verwirklicht werden, und Absichten, die nicht erfolgreich verwirklicht werden, allgemein nicht auseinanderhalten können. Diese Möglichkeit der Identität von Beabsichtigtem und Vollbrachtem, der Gewissheit und der Wahrheit der Handlung, gehört wesentlich zum Handlungsbegriff. Dieses Adäquatheitskriterium für die Erklärungen praktischer Handlungsfähigkeit entspricht der Anforderung an Erkenntnistheorien, nach der sie die Möglichkeit sowohl genuiner Erkenntnis als auch des Irrtums verständlich machen müssen, wie wir sie in Verbindung mit der Diskussion zum Skeptizismus in der »Einleitung« behandelt haben. Andererseits:

> Es entsteht dem Bewußtsein also in seinem Werke der Gegensatz des Tuns und des Seins […]. Diese *Unangemessenheit* des Begriffs und der Realität, die in seinem Wesen liegt, erfährt das Bewußtsein in seinem Werke; in diesem wird es sich also, wie es in Wahrheit ist, und sein leerer Begriff von sich selbst verschwindet.[28]

28 Ebd., S. 301 f.

Das ist der »Grundwiderspruch des Werks«.

> Die einfache ursprüngliche Natur nun tritt in dem *Tun* und dem Bewußtsein des Tuns in den Unterschied, welcher diesem zukommt. Es ist *zuerst* als Gegenstand, und zwar als *Gegenstand*, wie er noch dem *Bewußtsein* angehört, als *Zweck* vorhanden und somit entgegengesetzt einer vorhandenen Wirklichkeit. Das *andere* Moment ist die *Bewegung* des als ruhend vorgestellten Zwecks, die Verwirklichung, als die Beziehung des Zwecks auf die ganz formelle Wirklichkeit, hiermit die Vorstellung des *Überganges* selbst oder das *Mittel*. Das *dritte* ist endlich der Gegenstand, wie er nicht mehr Zweck, dessen das Tuende unmittelbar als des *seinigen* sich bewußt ist, sondern wie er aus ihm heraus und *für es* als ein *Anderes* ist.[29]

> Das Bewußtsein ist sich daher durch die Erfahrung, worin ihm seine Wahrheit werden sollte, vielmehr ein Rätsel geworden, die Folgen seiner Taten sind ihm nicht seine Taten selbst; was ihm widerfährt, [ist] *für es* nicht die Erfahrung dessen, was es *an sich* ist; der Übergang nicht eine bloße Formänderung desselben Inhalts und Wesens, einmal vorgestellt als Inhalt und Wesen des Bewußtseins, das andere Mal als Gegenstand oder *angeschautes* Wesen seiner selbst.[30]

Hegels Begriff der HANDLUNG benötigt etwas, das in ihr selbstidentisch andauert, etwas, das Hegel in diesen Textabschnitten ihren »Inhalt« nennt. Dieser Inhalt bewegt sich von einem Zustand des Nichtgesehenwerdens zu einem des Gesehenwerdens; er ist zunächst implizit und später übertragen ins Explizite; er verbleibt gleich ohne irgendeine Unterscheidung, unverändert und ohne Gegensatz, sich verändernd allein in seiner Form.

29 Ebd., S. 295.
30 Ebd., S. 274.

»[E]s [das Tun] selbst ist *Inhalt* nur in dieser Bestimmung der Einfachheit gegen die Bestimmung seines Übergehens und seiner Bewegung.«[31] Der Begriff der Handlung wird also wesentlich sowohl durch die Unterscheidung und die Verschiedenheit zwischen dem Nichtgesehenwerden und dem Gesehenwerden strukturiert – implizit als Zweck und explizit als Vollbrachtes – als auch durch den Übergang und die Bewegung, durch welche sich der Inhalt vom einen Zustand bzw. von einer Form zur nächsten entwickelt. Die Momente der Identität und des Unterschieds, die von der Handlung beinhaltete Einheit und Entzweiung, sind beides entscheidende Aspekte des Begriffs der Handlungsfähigkeit.

Dies ist natürlich nicht das einzige Mal, dass wir beim Untersuchen der Hauptepisoden der Darstellung der *Phänomenologie* herausgefordert werden, eine spezifische Art von Identität-in-Verschiedenheit zu deuten. Der eingeführte Begriff BEWUSSTSEIN beinhaltet wesentlich das Wechselspiel einer Art von Zusammentreffen und Identität des subjektiven Pols der Gewissheit und des objektiven Pols der Wahrheit einerseits und einer gewissen Art von Entzweiung zwischen diesen beiden Polen andererseits. Laut der bisherigen Darstellung besteht die Identität der Inhalte unserer empirischen Erkenntnisakte bzw. das, was diese individuiert sowohl auf der Seite der objektiven Sachverhalte (»Wahrheit«) als auch auf der Seite der subjektiven Verpflichtungen und Vorstellungen (»Gewissheit«), in ihrer ausschließenden Verschiedenheit zu anderen derartigen Inhalten (also in der materialen Unvereinbarkeit und der bestimmten Negation). Die Identität von sowohl selbstbewussten Individuen als auch ihren Gemeinschaften wurde als Produkt betrachtet, das durch Synthetisierung in Prozessen und Beziehungen gegenseitiger Anerkennung zwischen bestimmt verschiedenen besonderen Lebewesen erzeugt wurde.

31 Ebd., S. 293f.

Die Diskussion über die Handlungsfähigkeit im Kapitel zur Vernunft ist von zentraler Bedeutung für die *Phänomenologie* im Ganzen, da wir angehalten sind, alle Arten von Identität-durch-Verschiedenheit nach dem Modell und im Kontext der Art von Identität-in-Verschiedenheit zu verstehen, derzufolge sich die verwirklichende Individualität durch ihre zweckmäßige Tätigkeit ausdrückt. In diesem und im nächsten Kapitel werden wir detaillierter sehen, wie die geschichtliche Entwicklungsstruktur, die als Erstes im Zusammenhang mit Hegels »Einleitung« besprochen wurde, die Beziehungen zwischen der Auffassung der begrifflichen Struktur von Unvereinbarkeit und Folgerung und der Auffassung der Normativität gegenseitiger Anerkennung erklärt und gliedert. Die Unterscheidung von sozialen Standpunkten, die darin besteht, Verpflichtung selbst zuzustimmen und anderen zuzuschreiben, spielt eine entscheidende Rolle beim Erteilen der Unvereinbarkeiten, welche die Reibungen liefern, durch die der Prozess vorangetrieben wird, in welchem begriffliche Inhalte durch Entwicklung bestimmt werden. Diese Rolle kann aber nur richtig verstanden werden in Anbetracht der gepaarten, gegenseitig abhängigen Sinne, in welchen einerseits die Inhalte den Prozess hindurch gleich bleiben und andererseits sich ändern, insoweit sie sich von einer Form zur nächsten bewegen. Der Begriff des INHALTS, der durch den gesamten expressiven praktischen Prozess hindurch gleich bleibt, in welchem das, was in der Form eines subjektiven Zwecks implizit ist, in der Form eines objektiven Vollbrachten explizit wird, ist *der* Begriff des BESTIMMTEN INHALTS, den Hegel bereits die ganze Zeit entwickelt. Zudem ist die Konstellation von Handlung als einerseits identischer Inhalt und andererseits die Bewegung, der Übergang bzw. die Entwicklung des Inhalts, der Schlüssel zum Verständnis der Doktrin des Begriffsidealismus hinsichtlich der subjektkonstitutiven Prozesse und Praktiken und der gegenstandskonstitutiven Beziehungen.

III. Die von Handlung wesentlich beinhaltete Einheit und Entzweiung. Zwei Modelle

Die für Handlung wesentlichen Aspekte von Einheit und Entzweiung werden in natürlicher Art und Weise in Bezug auf die Unterscheidung von Erfolg und Misserfolg aufgefasst. Urteil und Überzeugung beinhalten wesentlich die Zustimmung zur Verantwortung gegenüber der wirklichen objektiven Beschaffenheit der Dinge. Unabhängig von ihrer Belastbarkeit durch normative Bewertungen hinsichtlich Richtigkeit im Sinne von Wahrheit und Irrtum bleiben Zustand und Vollzug in ihrer Bedeutung für das *Erkennen* unverständlich. Absicht weist die komplementäre normative Passensrichtung (*direction of fit*) auf, insofern sie wesentlich die Behauptung von Autorität darüber beinhaltet, wie die wirkliche, objektive Beschaffenheit der Dinge sein soll. Unabhängig von ihrer Belastbarkeit durch normative Bewertungen hinsichtlich Richtigkeit im Sinne von Erfolg und Misserfolg bleiben Zustand und Vollzug in ihrer Bedeutung für das *Praktische* unverständlich. Wir haben im 8. Kapitel gesehen, dass primitive Formen solcher Bewertungen bereits ein integraler Bestandteil der triadischen Struktur des orektischen Gewahrseins sind, in welchem die Normativitätsstrukturen von Bewusstsein, Selbstbewusstsein und Gemeinschaft wurzeln.

Indem wir den Vollzug in einen erfolgreichen und einen nicht erfolgreichen Akt praktisch einteilen, gestehen wir implizit die zwei Aspekte des Handlungsbegriffs zu. Für die Bewertung von Erfolg und Misserfolg einer Handlung müssen Zweck und Vollbrachtes verglichen werden. Und die für den Handlungsbegriff wesentliche Einheit – die Tatsache, dass man durch die Bejahung eines Zwecks ebendiesen Zweck als den eigenen annimmt, verpflichtet zu einer Norm, derzufolge das Vollbrachte das Beabsichtigte sein *soll* – ist genau das, was den normativen Maßstab für den Erfolg festlegt.[32] Entzweiung zwischen Zweck und Vollbrachtem bedeutet Misserfolg (beim Vollenden dessen, was man beabsichtigte); Identität von Zweck und Vollbrachtem bedeutet Erfolg (beim Vollenden dessen, was man beabsichtigte). Da wir absichtliche Handlung nicht verstehen können, ohne zu verstehen, dass solche Handlungen wesentlich und nicht nur akzidentell als erfolgreich oder misslungen zu bewerten sind, können wir den Begriff ABSICHTLICHE HANDLUNG nicht begreifen, ohne implizit die zwei von Hegel auseinandergehaltenen Aspekte dieses Begriffs einzuräumen.

Laut einer naheliegenden Deutung dieser Behauptungen folgt aus den Beziehungen zwischen dem Einheits-Aspekt und dem Verschiedenheits-Aspekt des Handlungsbegriffs, dass bei jedem Vollzug neu entschieden werden muss, inwieweit diese Aspekte erfüllt worden sind. Das heißt, dass die Beziehung zwischen den Aspekten als *lokal*, *kontingent* und *disjunktiv* verstanden wird. Sie ist insofern *lokal*, als die Bewertung von Erfolg bzw. Misserfolg für *jede* einzelne Handlung vorgenommen wird, einer nach der anderen. Sie weist Identität (des Inhalts) von Zweck und Vollbrachtem auf, falls sie erfolgreich ist, und Verschiedenheit (des Inhalts) von Zweck und Vollbrachtem, falls sie nicht erfolgreich ist. Die *Möglichkeit* der Entzweiung und das *Ideal* der Identität des Inhalts hinsichtlich Zweck und Vollbrachtem ist zwar allgemein, jedoch werden diese Merkmale jeweils nur bei bestimmten Handlungen *verwirklicht*. Es ist *kontingent*, ob eine bestimmte Handlung erfolgreich oder nicht erfolgreich ist – ob etwa der Ball wie beabsichtigt den Korb trifft oder nicht. Die zwei Aspekte stehen *disjunktiv* zueinander (*ausschließende* Dis-

32 Ich habe hier noch nicht zwischen »Zweck« und »Absicht« unterschieden. Wenn wir später Hegels Herangehensweise detaillierter betrachten, werden wir dies auseinanderhalten müssen entsprechend der Verwendung von »Vorsatz« und »Absicht« in der *Rechtsphilosophie* (ab § 114).

junktion); denn jede gegebene Handlung ist *entweder* erfolgreich und weist damit die Identität der beiden Inhalte von Zweck und Vollbrachtem auf, *oder* sie ist nicht erfolgreich und weist damit ihre Entzweiung auf. Diese, den Handlungsbegriff strukturierende Art von Erklärung werde ich die »LKD«-Ansicht der Identität-in-Verschiedenheit nennen.

Die LKD-Erklärung entspricht dem gesunden Menschenverstand so sehr, dass es einem schwerfällt, sich überhaupt eine Alternative vorzustellen. Nichtsdestotrotz glaube ich, dass Hegel eine solche Ansicht nicht vertritt. Ich bin der Meinung, dass seine Auffassung der den Handlungsbegriff strukturierenden Identität-in-Verschiedenheit *global*, *notwendig* und *konjunktivisch* ist. Die Bewertung von Erfolg bzw. Misserfolg im gewöhnlichen Sinne – also das, was ich geneigt bin, »vulgären« Erfolg bzw. Misserfolg zu nennen – tritt erst viel später auf und ist auch nicht völlig irrelevant für das Verständnis der von der Handlung beinhalteten Einheit und Entzweiung.[33] Gemäß der GNK-Erklärung hingegen ist in *jeder* Handlung (»global«) *als* Handlung (»notwendig«) *sowohl* (»konjunktivisch«) eine Übersetzung von etwas Innerem bzw. Implizitem in etwas Äußeres bzw. Explizites im Gange – wodurch der Einheit der Handlung und der Identität des Inhalts zwei verschiedene Formen zugewiesen werden – *als auch* eine wirkliche Entzweiung zwischen Zweck und Vollbrachtem notwendig enthalten (»die von der Handlung beinhaltete Entzweiung«). *Wenn* das Aufweisen der Identität des Inhalts von Zweck und Vollbrachtem bzw. die Einheit von Handlung in einem gewissen Sinne *Erfolg* und das Auf-

33 Das Wort »Erfolg« taucht in der *Phänomenologie* nur dreimal auf und dann nicht einmal in Verbindung mit der Handlungstheorie. Unter den sechs Fällen, in denen es in der *Rechtsphilosophie* auftaucht, wird es nur einmal in Bezug auf die Handlungstheorie verwendet (in einem Kommentar zu einem Kommentar im entscheidenden § 118), und zwar unter dem Titel »dramatisches Interesse«.

weisen einer Entzweiung zwischen ihnen in einem gewissen Sinne *Misserfolg* bedeutet, dann müssen wir, um den GNK-Ansatz für die Identität-durch-Entzweiung einer Handlung verstehen zu können, auch verstehen können, dass *jede* Handlung in einem Sinne erfolgreich und in einem anderen Sinne nicht erfolgreich ist, unabhängig von ihrem Erfolg oder Misserfolg im vulgären Sinne. Zudem müssen wir dies als zwei Seiten ein und derselben Medaille betrachten, also als Begriffe, die ihrem Sinn nach wechselseitig voneinander abhängig und wesentlich für den Begriff der absichtlichen Handlung sind.

Das Unterscheiden zwischen den beiden Modellen wirft mehrere Fragen auf: Wie können wir uns ein GNK-Modell der Handlungsfähigkeit überhaupt verständlich machen? Welche Vorteile ergeben sich aus der GNK-Struktur, die uns dazu bewegen würden, sie der LKD-Struktur vorzuziehen? Aus welchem Grund sollten wir glauben, dass Hegel tatsächlich eine GNK-Erklärung empfiehlt? Wie sollten wir vulgären Erfolg und Misserfolg verstehen, wenn wir Handlungsfähigkeit durch die GNK-Struktur deuten? Und insbesondere, in welchem Sinne weisen sogar Handlungen, die im gewöhnlichen Sinne erfolgreich sind, die Entzweiung auf? Zu sagen, dass der Inhalt des Beabsichtigten und der Inhalt des Vollbrachten *wirklich* zusammengekommen sind, obwohl sie trotzdem *hätten* voneinander abweichen können, wenn die Dinge anders gelaufen wären, wird offensichtlich nicht ausreichen, insofern dies auch im Rahmen der LKD-Erklärung so dargestellt wird. Und umgekehrt, in welchem Sinne weisen Handlungen, die im gewöhnlichen Sinne nicht erfolgreich sind, eine Einheit des Inhalts auf? Es wird wiederum offensichtlich nicht ausreichen zu sagen, dass, obwohl der Inhalt des Beabsichtigten und der Inhalt des Vollbrachten *wirklich* voneinander abgewichen sind, ihre Identität *angestrebt* wurde. Denn dies wird auch innerhalb der LKD-Erklärung so dargestellt.

Diese Fragen werden uns durch das gesamte Kapitel begleiten. Der Schlüssel zu den ersten drei – den großen philosophischen bzw. Deutungsfragen – ist meiner Meinung nach in der Beobachtung enthalten, dass LKD-Erklärungen einen Begriff von *bestimmtem Inhalt* voraussetzen, den unterschiedslos sowohl die Absicht als auch der hervorgerufene Vollzug aufweisen kann. Ich kann also beabsichtigen, den Ball in den Korb zu werfen (bzw. beabsichtigen, dass ich den Ball in den Korb werfen werde), und ich kann den Ball in den Korb werfen. Anhand des Begriffs der Bewertungen von vulgärem *Erfolg* und *Misserfolg* werden in LKD-Ansichten sowohl die *Einheit* als auch die *Entzweiung* von Absicht und Vollbrachtem definiert. Dieser Begriff hängt davon ab, die *Inhalte* der Absicht und des Vollbrachten *im Vorhinein* dieser Prozesse identifizieren und individuieren zu können, in denen sie durch die absichtliche Handlung verknüpft werden, die nach der *Verwirklichung* der Absicht und somit nach der Form des Vollbrachten strebt. Aber laut Hegels allgemeiner Behauptung ist der Begriff BESTIMMTER BEGRIFFLICHER INHALT letztendlich nur in Bezug auf den *Bestimmungsprozess* eines Inhalts verständlich, in welchem er *bestimmter* wird, und zwar durch das Anstreben der objektiven Erfüllung subjektiver praktischer Verpflichtungen. Um zu verstehen, inwiefern subjektive Verpflichtungen und die objektiven Sachverhalte (die den Verpflichtungen gegenüber fehlbar verantwortlich bzw. über sie autoritativ sind) bestimmt gehaltvoll sind, müssen wir uns deutlich machen, wie die Prozesse und die Praktiken, also die Ausübung absichtlicher Handlungsfähigkeit, verstanden werden können als *sowohl* bloßer Ausdruck, Offenbarung und Übersetzung der subjektiven in die objektive Form von bereits völlig bestimmtem Inhalt *als auch* als Mittel, mit dem ein zunächst *gering* bestimmter Inhalt *bestimmter* wird (der Prozess des *Bestimmens* begrifflicher Inhalte). Die erste Perspektive geht aus von der *Einheit* der Handlung und der *Identität* der dabei realisierten Inhalte (laut der GNK-Erklärung bei *jeder* Handlung, ob sie im gewöhnlichen Sinne erfolgreich ist oder nicht), und die letztere Perspektive geht aus von der *Entzweiung* der Handlung und der

Verschiedenheit zwischen dem subjektiv beabsichtigten und dem objektiv vollbrachten Inhalt (bei *jeder* Handlung, ob sie im gewöhnlichen Sinne erfolgreich ist oder nicht). Der Unterschied zwischen einerseits einem Ansatz, der einen Begriff von bestimmtem Inhalt voraussetzt, ohne die Ressourcen zu entwickeln, die seine Natur, seinen Ursprung und seine Zugänglichkeit für endliche Erkenntnis- und Handlungssubjekte verständlich macht, und andererseits einem Ansatz, der sich bemüht, das Bestimmtsein begrifflichen Inhalts und die Prozesse und Praktiken zu erklären, in denen solche Inhalte entstehen, sich entwickeln und von Erkenntnis- und Handlungssubjekten verwendet werden, entspricht eben dem Unterschied zwischen dem Standpunkt des *Verstands* und dem der *Vernunft*, also den hegelschen Metametabegriffen, wie sie im vorliegenden Buch sichtbar gemacht werden sollen.

IV. Die Spezifikation von Handlung in Bezug auf Absicht und Folge

Hegel macht klare Aussagen über zwei sich stark voneinander unterscheidende Ansichten von Handlung, welche zumindest scheinbar in Spannung zueinander stehen: Die weitgehend behavioristisch-externalistische Ansicht identifiziert und individuiert Handlungen gemäß dem, was wirklich getan wurde, also dem produzierten Vollzug (vergleiche Anscombes »Ich tue, was geschieht«), und die intentionalistisch-internalistische Ansicht identifiziert und individuiert Handlungen gemäß der Absicht und dem Zweck, die sich das Handlungssubjekt vornimmt. Gemäß der ersten Ansicht kann das Innere nur in Bezug auf seinen äußerlichen Ausdruck verstanden werden – es ergibt also keinen Sinn, Absicht als Zustand aufzufassen, dessen Inhalt nur zufällig in Beziehung steht zum Inhalt des Vollzuges und demnach radikal von ihm abweichen kann, obgleich er ihm Anlass ist.

> Das Tun ist nämlich nur reines Übersetzen aus der Form des noch nicht dargestellten in die des dargestellten Seins [...]. Nur daß *für es* sei, was es *an sich* ist, muß es handeln [...]. Das Individuum kann daher nicht wissen, was *es ist*, ehe es sich durch das Tun zur Wirklichkeit gebracht hat.[34]

Das Handlungssubjekt lernt »sein ursprüngliches Wesen, das sein Zweck sein muß, *erst aus der Tat*«[35] kennen, die »Tat aber ist das *wirkliche Selbst*«.[36] »Alsdann hebt die Tat die Unaussprechlichkeit der Meinung ebenso in Ansehung der selbstbewußten Individualität auf [...].«[37]

Wird der Inhalt der inneren Absicht durch das Wahre des ihn ausdrückenden wirklichen äußeren Vollzugs festgelegt, dann ist er, auch dem Handlungssubjekt, nur rückblickend epistemisch zugänglich.

> Es findet daher überhaupt weder *Erhebung*, noch *Klage*, noch Reue statt; denn dergleichen alles kommt aus dem Gedanken her, der sich einen anderen *Inhalt* und ein anderes *Ansich* einbildet, als die ursprüngliche Natur des Individuums und ihre in der Wirklichkeit vorhandene Ausführung ist. Was es sei, das es tut und ihm widerfährt, dies hat es getan und ist es selbst; es kann nur das Bewußtsein des reinen Übersetzens *seiner selbst* aus der Nacht der Möglichkeit in den Tag der Gegenwart, des *abstrakten Ansich* in die Bedeutung des *wirklichen* Seins und die Gewißheit haben, daß, was in diesem ihm vorkommt, nichts anderes ist, als was in jener schlief.[38]

34 *PhG*, S. 296f.
35 Ebd., S. 297.
36 Ebd., S. 342.
37 Ebd., S. 243.
38 Ebd., S. 299.

> Die Zergliederung dieses Seins in Absichten und dergleichen Feinheiten, wodurch der *wirkliche* Mensch, d. h. seine Tat, wieder in ein gemeintes Sein zurückerklärt werden soll, wie er wohl selbst auch sich besondere Absichten über seine Wirklichkeit erschaffen mag, müssen dem Müßiggange der Meinung überlassen bleiben [...].[39]

In einer letzten Schlüsselstelle, die diese Perspektive explizit ausführt, wird noch einmal betont, dass sich nichts am Argument ändert, wenn die Möglichkeit des vulgären Misserfolgs anerkannt wird:

> Aus der bisherigen Erörterung ist dann auch zu entnehmen, was davon zu halten ist, wenn jemand seinen dürftigen Leistungen, ja verwerflichen Taten gegenüber sich auf die davon zu unterscheidende Innerlichkeit seiner angeblich vortrefflichen Absichten und Gesinnungen beruft. Es mag immerhin im einzelnen der Fall sein, daß durch die Ungunst äußerer Umstände wohlgemeinte Absichten vereitelt, daß zweckmäßige Pläne in der Ausführung verkümmert werden; im allgemeinen gilt jedoch auch hier die wesentliche Einheit des Inneren und des Äußeren dergestalt, daß gesagt werden muß: was der Mensch *tut*, das *ist* er, und der lügnerischen Eitelkeit, welche sich an dem Bewußtsein innerlicher Vortrefflichkeit wärmt, ist jener Spruch des Evangeliums entgegenzuhalten: »An ihren Früchten sollt ihr sie erkennen«. Dies große Wort gilt, wie zunächst in sittlicher und religiöser Hinsicht, so auch weiter in Beziehung auf wissenschaftliche und künstlerische Leistungen. Was hierbei die letzteren anbetrifft, so mag etwa ein scharfblickender Lehrer, indem er an einem Knaben entschiedene Anlagen gewahr wird, die Meinung äußern, daß in demselben ein Raffael oder ein Mozart stecke, und der Erfolg wird dann lehren, inwieweit solche Meinung begründet war. Wenn dann aber ein stümperhafter Maler und ein schlechter

39 Ebd., S. 243 f.

> Poet sich damit trösteten, daß ihr Inneres voll hoher Ideale sei, so ist solches ein schlechter Trost, und wenn sie die Forderung machen, man solle sie nicht nach ihren Leistungen beurteilen, sondern nach ihren Intentionen, so wird solche Prätention mit Recht als leer und unbegründet von der Hand gewiesen.[40]

Hegel möchte darauf hinweisen, dass ein schlechtes Gemälde, ein schlechtes Gedicht oder ein schlechter Roman *nicht* verstanden werden kann als die stümperhafte Ausführung eines guten Zwecks oder Plans, sondern *exakt* das darstellt, was sein Schöpfer wirklich beabsichtigt hat – wie auch immer es diesem erscheinen mag.[41] Wie wir dies genau verstehen sollen angesichts der eingestandenen Möglichkeit von Unvorhergesehenem, den Pinselausrutschern gewissermaßen, wird sich noch zeigen. Hegel möchte hier nicht einfach nur ein bisschen literarisch ausschmücken oder hat vielleicht sogar selber einen Fehler gemacht, über den wir hinwegsehen sollten. Es ist vielmehr ein durchaus zentrales und wesentliches Merkmal des Modells des *Ausdrückens* – das Implizite explizit zu machen –, das eine so entscheidende Rolle spielt beim Strukturieren seines Verständnisses der Beziehungen zwischen dem Subjektiven und dem Objektiven im Handeln und Erkennen.

Offensichtlich ist dies aber auch nicht die ganze Geschichte. Es sind zwei »Seiten, welche das praktische Bewußtsein an ihm [dem Gegensatz] hat, dem Beabsichtigen und der Tat – dem *Meinen* über seine Handlung und der *Handlung* selbst –«,[42] und beiden muss Beachtung geschenkt werden.

40 Georg Wilhelm Friedrich Hegel, *Enzyklopädie der philosophischen Wissenschaften* I, Frankfurt/M. 1986 (hiernach *EphW*), § 140, S. 277.

41 Robert Pippin liefert eine schöne Diskussion zu dieser Perspektive in seiner Abhandlung *Hegel's Practical Realism. Rational Agency as Ethical Life*, Cambridge Mass. 2008.

42 *PhG*, S. 240.

> Das Recht des Willens aber ist, in seiner *Tat* nur dies als seine *Handlung* anzuerkennen und nur an dem *schuld* zu haben, was er von ihren Voraussetzungen in seinem Zwecke weiß, was davon in seinem *Vorsatze* lag. – Die Tat kann nur als *Schuld des Willens zugerechnet* werden; – *das Recht des Wissens.*[43]

An anderer Stelle[44] macht Hegel dasselbe Argument unter dem Titel »Recht der Absicht«:

> Insofern die Handlung unmittelbar das *Dasein* betrifft, so ist das *Meinige* insofern formell, als das äußerliche Dasein auch *selbständig* gegen das Subjekt ist. Diese Äußerlichkeit kann dessen Handlung verkehren und anderes zum Vorschein bringen, als in dieser gelegen hat. Obgleich alle Veränderung als *solche*, welche durch die Tätigkeit des Subjekts gesetzt wird, *Tat* desselben ist, so erkennt es dieselben darum nicht als seine *Handlung*, sondern dasjenige Dasein in der Tat, was in seinem Wissen und Willen lag, was sein *Vorsatz* war, als das *Seinige*, – als seine Schuld, an.[45]

In der Tat ist es eine Leistung der Moderne, dass innerhalb der Handlung Elemente, für die das Handlungssubjekt verantwortlich ist, von solchen unterschieden werden, für die es nicht verantwortlich ist:

> Das heroische Selbstbewußtsein (wie in den Tragödien der Alten, Ödipus usf.) ist aus seiner Gediegenheit noch nicht zur Reflexion des Unterschiedes von Tat und Handlung, der äußerlichen Begebenheit und dem Vorsatze und Wissen der Umstände, sowie zur Zersplitterung der Folgen fortgegan-

43 *PR*, § 117, S. 217.
44 *EphW* III, § 505. Siehe auch *PR*, § 120. Für meine Zwecke an dieser Stelle ist der Unterschied zwischen dem Recht des Wissens und dem Recht der Absicht ohne Bedeutung.
45 *EphW* III, § 504, S. 313.

gen, sondern übernimmt die Schuld im ganzen Umfange der Tat.[46]

Die Unterscheidung zwischen *Tat* und *Handlung* ist die Unterscheidung zwischen dem, was als ein wirkliches Ereignis getan wird, dem Vollzug, oder (wie wir sehen werden, am wichtigsten für Hegel) dem Prozess – etwas, das geschieht – und denjenigen Merkmalen, aufgrund deren es ein *Tun* ist, das heißt etwas, das dem Handlungssubjekt normativ zugerechnet werden kann. Das Letztere nennt Hegel die erste Bestimmung einer Handlung: »von mir in ihrer Äußerlichkeit als die meinige gewußt zu werden«.[47]

Das, was getan wird (die Tat), wird das *Meinige* durch seine Beziehung zu einem Vorsatz – es wird eine *Handlung* und ist nicht bloß etwas, das geschieht. Denn der Handlungsbegriff enthält das *»abstrakte* oder *formelle* Recht der Handlung, daß, wie sie ausgeführt in *unmittelbarem* Dasein ist, ihr Inhalt überhaupt der *meinige*, daß sie so *Vorsatz* des subjektiven Willens sei«.[48] Die oben angeführten Passagen über die Identität des Inhalts der äußerlichen Tat und der damit ausgedrückte innerliche Zustand haben sich auf die ausgedrückte *Absicht* berufen, nicht auf den *Vorsatz*. In groben Zügen entspricht Hegels Auffassung der Unterscheidung zwischen *Tat* und *Handlung* also einer Un-

46 *PR*, S. 219. Später werde ich behaupten, dass diese »Verkürzungsstrategie« schließlich überwunden und durch eine »Erweiterungsstrategie« ersetzt werden muss, die den heroischen (dann *edelmütigen*) Sinn von Verantwortung wiedereinsetzt, allerdings mit einem erweiterten Verantwortungssubjekt. Das ist der Grund dafür, warum die Diskussion in der *Rechtsphilosophie* in § 117 (und insbesondere im *Zusatz*) explizit markiert wird als diejenige, die die *endliche* Handlung betrifft. In der endgültigen Darstellung, die im Schluss präsentiert wird, wird es dann um Handlungen gehen, die unter der spekulativen Kategorie der *Unendlichkeit* gedacht werden.

47 *PR*, § 113, S. 211.

48 Ebd., § 114, S. 213.

terscheidung zwischen *Absicht* und *Vorsatz*.[49] Der Inhalt des Merkmals einer Handlung, den Hegel ihren »Vorsatz« nennt, muss nicht die ganze entwickelte Tat umfassen, während der Inhalt des Merkmals einer Handlung, den Hegel ihre »Absicht« nennt, die ganze entwickelte Tat umfasst, mit der die Absicht ausgedrückt wird. Die durch den Vorsatz veranlasste Tat wird als das Tun des Handlungssubjekts im normativen Sinne – dass es etwas ist, wofür das Handlungssubjekt *verantwortlich* ist – durch die Unterscheidung zwischen Merkmalen bestimmt. *Wofür* das Handlungssubjekt somit verantwortlich wird (das Tun), ist die ganze Tat (was getan wird). Und diese voll entwickelte Tat zeigt eine Absicht, die über das hinausreicht, was bloß »gemeint« ist.

Das bisher in diesem Abschnitt Gesagte stellt eine Skizze dar von einigen der allgemeinsten Merkmale jener Sprache, die Hegel entwickelt hat, um über praktische Handlungsfähigkeit zu sprechen. Damit ist noch nichts darüber gesagt, wie wir diese Unterscheidungen und Behauptungen verstehen sollten und was uns berechtigen würde, so zu sprechen. Es wird das Beste sein, diese komplexe Vorstellung von Handlungsfähigkeit stufenweise als einen Prozess des Ausdrückens, der Entwicklung und der objektiven Verwirklichung herauszuarbeiten und mit seiner

49 In der eben zitierten Stelle (ebd., § 114) wird der Grundriss der Behauptungen skizziert, die es zu deuten gilt, um die Unterscheidung zwischen *Vorsatz* und *Absicht* verständlich zu machen und sie mit weiteren Begriffen wie die des *Wohls* und des *Guten* zu verknüpfen: »b) Das Besondere der Handlung ist ihr innerer Inhalt, α) wie *für* mich dessen allgemeiner Charakter bestimmt ist, was den Wert der Handlung und das, wonach sie für mich gilt, die Absicht, ausmacht; – ß) ihr Inhalt, als mein besonderer Zweck meines partikulären subjektiven Daseins, ist das Wohl. c) Dieser Inhalt als Inneres zugleich in seine Allgemeinheit, als in die an und für sich seiende Objektivität erhoben, ist der absolute Zweck des Willens, das Gute, in der Sphäre der Reflexion mit dem Gegensatze der subjektiven Allgemeinheit, teils des Bösen, teils des Gewissens.«

Hilfe Hegels spezifischen Begriff des INHALTS zu verstehen, den die Handlung von einer subjektiven in eine objektive Form »übersetzt«. Auf der grundlegendsten Ebene weist dieser Begriff meines Erachtens nach eine davidsonsche Struktur auf.[50] Fünf grundlegende Elemente der Handlungstheorie von Davidson scheinen mir zum Verständnis von Hegels Handlungstheorie hilfreich zu sein. Davidson entwickelt eine Sprache über Ereignisse (wie etwa die durch die Ausübung von Handlungsfähigkeit resultierenden Vollzüge), derzufolge

1) ein und dasselbe Ereignis auf verschiedene Art und Weise beschrieben und spezifiziert werden kann. Außerdem
2) sind die *kausalen Folgen* für das Identifizieren und Herausgreifen von Ereignissen von besonderer Bedeutung.

Demnach können das Bewegen eines Fingers, das Umlegen eines Schalters, das Anschalten eines Lichtes und das Aufschrecken eines Einbrechers alle als Spezifikationen eines einzigen Ereignisses zählen. In der Entfaltung der Auswirkungen eines Ereignisses wird jede das Ereignis konzentrisch umgebende neue Welle neue Möglichkeiten hervorbringen, das Ereignis durch seinen kausalen Beitrag zu späteren Ereignissen zu spezifizieren. Es ist einfach noch nicht entschieden, ob das von mir gestern angelegte Geld sich schließlich als »die weiseste finanzielle Entscheidung herausstellt, die ich je getroffen habe« oder als »die dümmste« oder, weniger dramatisch und zudem wahrscheinlicher, als irgendetwas dazwischen. Wir können nur auf die Ergebnisse warten. Davidson nennt die Vermehrung der mög-

50 Donald Davidson, »Actions, Reasons, and Causes«, nachgedruckt in: *Essays on Actions and Events*, Oxford University Press 2001. Quante liefert einen erweiterten Vergleich zwischen Davidson und Hegel in Bezug auf dieses Argument in *Hegels Begriff der Handlung*, Frommann-Holzboog, Stuttgart-Bad Cannstatt 1993.

lichen Beschreibungen eines Ereignisses mit dem Vergehen der Zeit den »Akkordeoneffekt«.

3) Einige (jedoch nicht alle) Beschreibungen einer Handlung dürfen privilegiert werden, insofern in ihnen die Handlung *absichtlich* ist.

Das Umlegen des Schalters und das Anschalten des Lichts waren absichtlich, während das Aufschrecken des Einbrechers (von dem ich nichts geahnt habe) nicht absichtlich war. Der Kauf einer Anleihe der Firma XYZ war absichtlich, während der Kauf einer Anleihe einer Firma, die in der darauffolgenden Woche in Konkurs gegangen sein wird – eine alternative Beschreibung genau desselben Ereignisses –, nicht absichtlich gewesen ist.

4) Ein Ereignis, Vollzug oder Prozess wird zu einer *Handlung* bzw. zu etwas, das *getan* wurde, indem es innerhalb *einer* Beschreibung *absichtlich* ist.

Das Aufschrecken des Einbrechers und der Kauf der Anleihe einer zukünftig insolventen Firma sind Dinge, die genuin getan wurden, auch wenn sie in jenen Beschreibungen nicht als absichtlich beschrieben werden. Denn sie sind absichtlich in anderen Beschreibungen desselben Ereignisses, also des Anschaltens des Lichtes und dem Kauf einer XYZ-Anleihe. Der Vollzug stellt eine Handlung in *all* ihren Beschreibungen und Spezifikationen dar, einschließlich aller entfernten, unvorhersehbaren noch folgenden Spezifikationen, die nach dem Akkordeonprinzip eintreten werden. Zu einer Handlung wird der Vollzug jedoch, indem er in *einigen* Spezifikationen absichtlich ist.

5) Beschreibungen, die als Folgerungen in Prozessen des *praktischen Denkens* dienen, sind Beschreibungen, in denen ein Vollzug absichtlich war.

Für das Anschalten des Lichts und den Kauf der XYZ-Anleihe hatte ich *Gründe*, die durch *Zwecke*, *Vorsätze* oder *Ziele*, die ich bejahe, bzw. *Verpflichtungen*, welchen ich zustimme, oder *Werte*, die ich annehme, bereitgestellt wurden. Gründe in Form von Zwecken, Vorsätzen, Zielen, Verpflichtungen oder Werten stellen *Prämissen* für das praktische Denken dar, die die praktische Schlussfolgerung begründen, dass ich ein Ereignis hervorbringen sollte, dem eine Beschreibung genügt wie beispielsweise das Anschalten eines Lichts oder das Kaufen einer XYZ-Anleihe – und nicht etwa die Beschreibung des Aufschreckens eines Einbrechers oder des Kaufs einer Anleihe von einer bald insolventen Firma. Indem die Anwendbarkeit *dieser* Beschreibungen derart praktisch begründet werden kann, ist das, was ich tue, *absichtlich* und somit als eine *Handlung* zu betrachten.

Die Struktur dieser Erklärung unterscheidet sich sehr deutlich von der Struktur, in der drei spezifische Arten von Ereignissen identifiziert werden, die in aufeinanderfolgenden kausalen Beziehungen stehen: die vorausgehenden internen Absichten bzw. Zustände des Beabsichtigens, die Handlungen und die Folgen dieser Handlungen. An die Stelle verschiedener Beabsichtigungen und Folgen sind verschiedene Beschreibungen des einen Getanen getreten, das anhand von Absichten und Folgen herausgegriffen wird. Deshalb macht es keinen Sinn von einer Absicht zu reden, unabhängig von dem, was absichtlich getan wurde.[51] Ein Geschehnis wird als Handlung – als etwas, wofür ein Handlungssubjekt *verantwortlich* ist – durch die Existenz einer privilegierten Untermenge von Spezifikationen qualifiziert. Und diese werden eben aufgrund ihrer *normativen* Beziehung zum Handlungssubjekt privilegiert. Insbesondere werden sie durch

51 »›In magnis voluisse sat est‹ hat den richtigen Sinn, daß man etwas Großes wollen solle; aber man muß auch das Große ausführen können: sonst ist es ein nichtiges Wollen. Die Lorbeeren des bloßen Wollens sind trockene Blätter, die niemals gegrünt haben.« (*PR*, § 124, S. 236.)

praktische *Gründe gerechtfertigt*, deren normative Kraft und Gültigkeit das Handlungssubjekt eingesteht.

Laut meinem ersten Interpretationsvorschlag verweist Hegels »Tat« auf die Tat, die getan wurde, mit *all* ihren dem Akkordeonprinzip nach entsprechenden Beschreibungen, und seine »Handlung« ist diese Tat *als* das Tun des Handlungssubjekts, das heißt spezifizierbar durch die beschränkte Menge von Beschreibungen, in denen das Tun absichtlich ist und somit etwas, das überhaupt *getan* wurde. An der folgenden, entscheidenden Stelle werden mehrere davidsonsche Thesen zusammengestellt:

> Die Handlung ferner als in äußerliches Dasein versetzt, das sich nach seinem Zusammenhange in äußerer Notwendigkeit nach allen Seiten entwickelt, hat mannigfaltige *Folgen*. Die Folgen, als die *Gestalt*, die den *Zweck* der Handlung zur Seele hat, sind das Ihrige (das der Handlung Angehörige), – zugleich aber ist sie, als der in die *Äußerlichkeit* gesetzte Zweck, den äußerlichen Mächten preisgegeben, welche ganz anderes daran knüpfen, als sie für sich ist, und sie in entfernte, fremde Folgen fortwälzen. Es ist ebenso das Recht des Willens, sich nur das erstere *zuzurechnen*, weil nur sie in seinem *Vorsatze* liegen.[52]

Die Bejahung des Akkordeonprinzips und somit der davidsonschen Prinzipien (1) und (2) sind der Aussage implizit, wonach die Folgen der Handlung, die ein nach allen Seiten sich entwickelndes äußerliches Dasein ist, ein wesentlicher Bestandteil der Handlung ist.[53] Die Tat ist die Handlung an sich. Aber die Hand-

52 Ebd., § 118, S. 218.

53 In der *Phänomenologie* findet sich eine sehr ähnliche Formulierung: »[A]ber das *Handeln* durch den Gegensatz, der in ihm wesentlich ist, bezieht sich auf ein Negatives des Bewußtseins, auf eine *an sich seiende* Wirklichkeit. Gegen die Einfachheit des reinen Bewußtseins, das absolut *Andere* oder die Mannigfaltigkeit *an sich*, ist sie eine absolute Vielheit der Umstände, die sich rückwärts in ihre Bedingungen, seitwärts

lung *für sich* wird durch den subjektiv vorgestellten Zweck bestimmt bzw. durch das Ziel, dem die Handlung dient, den Vorsatz, für den sie vollzogen wird. In der Terminologie Davidsons legt der Vorsatz die Spezifikationen fest, in welchen die Handlung absichtlich ist (3), das heißt, in denen die Tat als die Tat des Handlungssubjekts erkennbar ist (4) und in denen also das Handlungssubjekt dafür verantwortlich ist, was getan wurde. (Dies ist das »Recht des Wissens«, das für moderne Vorstellungen von Handlungsfähigkeit charakteristisch ist und im Gegensatz steht zu den in der antiken Tragödie dargestellten Vorstellungen, auf die ich bereits weiter oben hingewiesen habe.) Wird Verantwortung mitberücksichtigt, kommt es also zu einer Unterscheidung innerhalb der Spezifikationen der Folgen des eigentlichen Vollzugs. Der bejahte Zweck bzw. der Vorsatz (5) wird in die äußerliche Welt in Gestalt der Tat übersetzt, und zwar derart, dass der Vorsatz, der in der Tat gründet, auch Beschreibungen ebendieser Tat liefert, die Folgebeschreibungen mit sich bringt, in welchen sie nicht absichtlich ist.

> Die Tat setzt eine Veränderung an diesem vorliegenden Dasein, und der Wille hat schuld überhaupt daran, insofern in dem veränderten Dasein das abstrakte Prädikat des Meinigen liegt. [...] Aber in der Schuld liegt nur noch die ganz äußerliche Beurteilung, ob ich etwas getan habe oder nicht; und daß ich schuld an etwas bin, macht noch nicht, daß mir die Sache imputiert werden könne.[54]

Die Tat ist das, was ich in all ihren Beschreibungen tue. Ich bin insofern für sie verantwortlich, als sie »das Meinige« ist: Ich habe sie getan. Sie wird mir jedoch nur in den intentionalen Be-

in ihrem Nebeneinander, vorwärts in ihren Folgen unendlich teilt und ausbreitet.« (*PhG*, S. 471f.)

54 *PR*, § 115, S. 215f.

schreibungen *zugerechnet*, also in denjenigen, die in der Spezifikation meines Vorsatzes vorkommen, welche die Tat als etwas spezifizieren, wofür ich einen Grund hatte.

Es ist die Verkennung des Arguments über die notwendige Einheit der Handlung – das Ausdrücken (die Übersetzung) des Innerlichen ins Äußerliche als die Verwirklichung des Vorsatzes durch Absichtsspezifikation und nichtintentionale Folgespezifikation *derselben* Tat –, die die im Kapitel zur Vernunft durchgespielten defekten Formen des praktischen Selbstbewusstseins charakterisiert:

> Das Bewußtsein ist sich daher durch seine Erfahrung, worin ihm seine Wahrheit werden sollte, vielmehr ein Rätsel geworden, die Folgen seiner Taten sind ihm nicht seine Taten selbst; was ihm widerfährt, [ist] *für es* nicht die Erfahrung dessen, was es *an sich* ist; der Übergang nicht eine bloße Formänderung desselben Inhalts und Wesens, einmal vorgestellt als Inhalt und Wesen des Bewußtseins, das andere Mal als Gegenstand oder *angeschautes* Wesen seiner selbst.[55]

Insofern die Folgen der Tat der Tat selbst entsprechen, findet das Akkordeonprinzip Anwendung. Insofern also das, was dem Bewusstsein widerfährt (die Folgespezifikationen seiner Tat, in denen sie *nicht* absichtlich ist), *für* das Bewusstsein ist, was das Bewusstsein *an sich* ist, werden die Spezifikationen, in denen die Tat absichtlich ist (Spezifikationen in Bezug auf ihren bejahten Vorsatz, die zum Ausdruck bringen, dass das Handlungssubjekt für eine Handlung Verantwortung übernimmt), entsprechend als Spezifikationen ein und derselben Tat betrachtet, welche darüber hinaus noch in ihren äußeren Folgen beschrieben wird.

55 *PhG*, S. 274.

Hegel nennt die Einheit, die Handlung als Begriff und Inhalt ausdrückt, die »Sache selbst«.[56] Der angemessen aufgefasste Handlungsbegriff bzw. die Norm, gemäß der die Handlung als Handlung bewertet wird, weist einen in der Handlung ausgedrückten vereinheitlichten Inhalt auf – und zwar nicht nur trotz der Entzweiung der Form zwischen dem im Denken Impliziten bzw. Beabsichtigten und dem in der Wirklichkeit Expliziten bzw. Vollzogenen, das heißt der Zufälligkeit des Tuns, sondern gerade weil der Begriff selbst in der Beziehung zwischen diesen entzweiten Momenten besteht.

> Die *Sache selbst* ist diesen Momenten nur insofern entgegengesetzt, als sie isoliert gelten sollen, ist aber wesentlich als Durchdringung der Wirklichkeit und der Individualität die Einheit derselben; ebensowohl ein Tun und als Tun *reines Tun* überhaupt, *damit ebensosehr Tun dieses Individuums*, und dies Tun als ihm noch angehörig im Gegensatze gegen die Wirklichkeit, als *Zweck*; ebenso ist sie der *Übergang* aus dieser Bestimmtheit in die entgegengesetzte, und endlich eine *Wirklichkeit*, welche *für das Bewußtsein* vorhanden ist. Die *Sache selbst* drückt hiermit die *geistige* Wesenheit aus, worin alle diese Momente aufgehoben sind als für sich geltende, also nur als allgemeine gelten, und worin dem Bewußtsein seine Gewißheit von sich selbst gegenständliches Wesen, *eine Sache*, ist; der aus dem Selbstbewußtsein als der *seinige* herausgeborene Gegenstand, ohne aufzuhören, freier eigentlicher Gegenstand zu sein.[57]

56 Wie etwa: »Diese Einheit ist das wahre Werk; es ist die *Sache selbst*, welche sich schlechthin behauptet und als das Bleibende erfahren wird, unabhängig von der Sache, welche die *Zufälligkeit* des individuellen Tuns als eines solchen, der Umstände, Mittel und der Wirklichkeit ist.« (Ebd., S. 304)

57 Ebd.

Die Einheit bzw. Identität des Inhalts im zufälligen Tun, also in der *Sache selbst*, entspricht nicht einer Identität von etwas, das unabhängig ist. Vielmehr ist diese Einheit aus Momenten der Unabhängigkeit und Momenten der Abhängigkeit zusammengeschmiedet. Die Zufälligkeit, die Abhängigkeit der Handlung von den Umständen des Vollzugs, die Begabung und die verfügbaren materialen Mittel müssen irgendwie in die Einheit, also die *Sache selbst* integriert werden. »Der erste Bruch der Handlung ist der des Vorgesetzten und des Daseienden und Vorgebrachten [...].«[58] Wenn wir die interne Gliederung des Prozesses betrachten, den wir in seiner Einheit als eine Handlung identifizieren, gilt außerdem insbesondere das bereits oben zitierte.

> Die einfache ursprüngliche Natur nun tritt in dem *Tun* und dem Bewußtsein des Tuns in den Unterschied, welcher diesem zukommt. Es ist *zuerst* als Gegenstand, und zwar als *Gegenstand*, wie er noch dem *Bewußtsein* angehört, als *Zweck* vorhanden und somit entgegengesetzt einer vorhandenen Wirklichkeit. Das *andere* Moment ist die *Bewegung* des als ruhend vorgestellten Zwecks, die Verwirklichung, als die Beziehung des Zwecks auf die ganz formelle Wirklichkeit, hiermit die Vorstellung des *Überganges* selbst oder das *Mittel*. Das *dritte* ist endlich der Gegenstand, wie er nicht mehr Zweck, dessen das Tuende unmittelbar als des *seinigen* sich bewußt ist, sondern wie er aus ihm heraus und *für es* als ein *Anderes* ist.[59]

Das weitgehend davidsonsche Verständnis vom »Unterschied«, der dem Tun zukommt, kann weiterentwickelt werden, um zu erklären, wie sich die Tat über den Horizont des Vorsatzes des Handlungssubjekts hinaus als Folge fortentwickelt und dennoch vom Handlungssubjekt als sein eigenes Tun zugestanden werden kann – damit das Handlungssubjekt in seiner prakti-

58 *PR*, § 114, S. 215.
59 *PhG*, S. 295.

schen Tätigkeit sich selbst nicht zum »Rätsel« wird. Aus der Diskussion des Kapitels zum Selbstbewusstsein haben wir gelernt, dass wir diese Art von praktischem Selbstbewusstsein (phänomenologisch) verstehen und (phänomenal) vollbringen müssen, damit wir für uns sind, was wir an sich sind. (Nach vollständigem Explizitwerden wird dies das sein, was Hegel »absolutes Wissen« nennt.) Laut Davidsons Vorschlag ist die Aufteilung der Handlung in ihre Aspekte eine Frage der verschiedenen Spezifikationsweisen des einen einzelnen Ereignisses oder Vollzugs – oder, wenn wir diese Aufteilung mit einer theoriebeladenen Terminologie formulieren, deren hegelsche Version im nächsten Kapitel betont und weiterentwickelt wird, sind sie verschiedene *Sinne* (senses) mit der gleichen *Referenz* (reference).

Aber wie versteht Hegel den Unterschied zwischen den verschiedenen Arten der von mir so bezeichneten »Beschreibungen« bzw. »Spezifikationen« der Tat? Die kurze Antwort, die ich hier geben werde, lautet wie folgt. Erstens handelt es sich um eine Unterscheidung der *sozialen Perspektiven* zwischen dem Handlungssubjekt, das einer spezifisch gehaltvollen Verantwortung zustimmt, und einem Publikum, das sie zuschreibt und bewertet. Zweitens ist der Unterschied der sozialen Perspektiven *normativ*, einerseits, insofern sie von normativen Status und der Zurechnung einer spezifischen *Verantwortung* handeln, und andererseits, insofern sie definiert werden durch die spezifischen Stellungen der *Autorität* und somit hinsichtlich der Charakterisierung dessen, wofür das Handlungssubjekt verantwortlich ist. Drittens geht es um die endgültig bestimmte *Identität* (Einheit) des Inhalts der Handlung. Diese Identität, die der inneren Form (im hegelschen Sinne von implizit, anstatt des cartesischen Sinnes von epistemisch transparent) und der äußerlichen, den Inhalt übersetzenden, verwirklichenden und ausdrückenden Form (im hegelschen Sinne von explizit, anstatt des cartesischen Sinnes von epistemisch opak) gemeinsam ist, ist das Produkt eines Prozesses gegenseitiger spezifischer *Anerkennung*, in dem die konkurrierenden komplementären sozial spezifischen Autoritäten verhandeln und ihre Behauptungen entschieden und abgestimmt werden.

Laut der hier verfolgten davidsonschen Argumentation ist die in der Handlung implizierte Unterscheidung eine Unterscheidung zwischen der Charakterisierung der *Absicht* und der *Folge* ein und derselben Tat. Wir können bereits in dieser Darlegung die Grundlage von Hegels Behauptung erkennen, dass Ethiktheorien, welche die Richtigkeit von Handlungen ausschließlich auf Grundlage der Vorsätze bewerten, aufgrund derer die Handlungen vollzogen wurden, und Ethiktheorien, welche die Richtigkeit von Handlungen ausschließlich auf Grundlage der Folgen bewerten, zu denen die Handlungen führen, gleichermaßen »einseitig« sind. Stattdessen sollten die beiden Arten der Bewertung als zwei Seiten ein und derselben Medaille betrachtet werden, zumindest insofern als sie wechselseitig ihrem Sinn nach voneinander abhängig sind. Nun fragen wir nach der Natur des Ganzen, das die zwei Aspekte der praktischen Tätigkeit notwendig beinhaltet. Der wesentlich soziale Charakter dieser Unterscheidung zeigt sich, wenn wir uns überlegen, wer sich in der normativen Position befindet – also wer die Autorität hat –, beide Arten der Spezifikationen anzubieten. Dass die Tat oder das Werk wirklich ist, heißt, dass es öffentlich, also jedem zugänglich ist. Die Wahrheit des Vollzugs bzw. sein Sein an sich wird in *allen* Beschreibungen über das wirklich Vollbrachte und allen Spezifikationen des Inhalts in Bezug auf seine Folgerungen ausgedrückt. Diese Beschreibungen sind im Prinzip allen in der Gemeinschaft zugänglich, um den Vollzug zu erkennen bzw. seinen Inhalt zu charakterisieren. »Das Werk *ist*, d. h. es ist für andere Individualitäten [...].«[60] Für andere, die Zeugen meiner Tat sind oder von ihr hören (also von ihr erfahren auf irgendeine Weise,

60 Ebd., S. 301.

in der wir von wirklichen Geschehnissen erfahren), ist meine Tat das, was von ihr gesagt werden kann.[61]

> [D]ie Verwirklichung ist vielmehr eine Ausstellung des Seinigen in das allgemeine Element, wodurch es zur *Sache* aller wird und werden soll.[62]

Die Folgebeschreibungen spezifizieren, was die Handlung für andere bzw. was sie in der Perspektive der anderen für das Handlungssubjekt ist, das heißt als jemand, der seine eigene Handlung durch sein empirisches Bewusstsein als eine Wirklichkeit anerkennt und bewertet.

> Das Werk ist die Realität, welche das Bewußtsein sich gibt; es ist dasjenige, worin das Individuum das für es ist, was es *an sich* ist, und so, daß das Bewußtsein, *für welches* es in dem Werke wird, nicht das besondere, sondern das *allgemeine* Bewußtsein ist […].[63]

Das allgemeine Bewusstsein ist das Bewusstsein der Gemeinschaft im Gegensatz zum individuellen Handlungssubjekt. Die anderen Mitglieder der Gemeinschaft können beschreiben, was ich getan habe, spezifizieren, was ich geleistet oder vollbracht habe. Dementsprechend nimmt die Unterscheidung zwischen dem von mir Beabsichtigten und dem von mir Vollbrachten, zwischen dem, was der Vollzug für mich ist, und dem, was der Vollzug an sich ist, die Form der Unterscheidung zwischen seinem Sein für mich und seinem Sein für andere auf.

Die allen verfügbare Wirklichkeit ist die explizite Form der Verpflichtung, die das Handlungssubjekt beim Handeln übernommen hat. Die Verpflichtung, und somit die Handlung, wird

61 Ebd., S. 243.
62 Ebd., S. 309.
63 Ebd., S. 300.

aber die des Handlungssubjekts (das Moment der Gewissheit), indem es ihr als solcher zustimmt. Die Spezifikationen, denen zufolge das Handlungssubjekt die Verpflichtung bejaht, haben eine besondere Autorität, die jenen, die die Ergebnisse dieser Bejahung bloß beobachten, nicht zukommt. Dies sind die Spezifikationen, in denen die Handlung absichtlich ist. Diese Idee können wir in Bezug auf die Umstände und Folgen ihrer Anwendung betrachten. Die Beschreibungen der Tat, die dem Subjekt auf eine spezifische Weise privilegiert zugeordnet werden, erscheinen als Folgerungen der Prozesse des vom Handlungssubjekt bejahten praktischen Denkens. Zum Beispiel: Es ist dunkel; ich muss sehen; durch das Anschalten des Lichtes werde ich sehen können; das Umlegen des Schalters wird das Licht anschalten; also lege ich den Schalter um. Vielleicht wurde das Bejahen eines solchen praktischen Denkens durch das Handlungssubjekt, als Teil eines vorangegangenen Prozesses der zum Vollzug führenden Erwägung, explizit der eigentlichen Darlegung hinzugefügt. Oder aber das praktische Denken ist jener Disposition implizit, welche das praktische Denken darlegt, sollte man herausgefordert werden, Gründe für den Vollzug zu liefern. Die Folgen der Anwendung des Begriffs BESCHREIBUNG, IN DER DER VOLLZUG ABSICHTLICH IST spezifizieren den Inhalt der Verpflichtung, welchen das Handlungssubjekt im Hervorbringen des Vollzugs glaubt zuzustimmen. Der Vollzug ist in den Beschreibungen absichtlich, in welchen sich das Handlungssubjekt für den Vollzug verantwortlich hält, unabhängig von irgendeiner Kenntnis über diese Beschreibungen – insbesondere der Beschreibungen des Vollzugs bezüglich seiner Folgen –, die nur durch seine Verwirklichung verfügbar werden. In diesen Beschreibungen bittet das Handlungssubjekt die Gemeinschaft darum, spezifisch anerkannt zu werden, für den Vollzug verantwortlich zu sein.

Für die Einheit und Identität der Handlung sind beide sozialperspektivisch unterschiedenen Anerkennungselemente wesentlich – die Beschreibungen, in welchen das Handlungssubjekt sich für spezifisch verantwortlich hält, und jene Beschreibungen, in welchen die Gemeinschaft das Handlungssubjekt für spezifisch verantwortlich hält. Hegel behandelt diese Identität-in-Verschiedenheit, diese sozial gegliederte, gegenseitige, spezifische Anerkennungsleistung unter der Überschrift »die Sache selbst«.[64] Der angeführte Handlungsbegriff ist der Begriff eines in der Handlung ausgedrückten vereinheitlichten Inhalts – und zwar nicht nur trotz der Entzweiung der Form zwischen dem im Denken Impliziten bzw. Beabsichtigten und dem in der Wirklichkeit Expliziten bzw. Vollzogenen, das heißt der Zufälligkeit des Tuns, sondern weil der Begriff selbst in der Beziehung zwischen diesen entzweiten Momenten besteht, die durch den Prozess der gegenseitigen spezifischen Anerkennung hervorgerufen wurden (die Zustimmung zu bzw. die Zuschreibung von einer bestimmt gehaltvollen Verpflichtung).

> Die *Sache selbst* ist als das *Ansich* oder seine *Reflexion in sich* vorhanden; die *Verdrängung* der Momente aber durch einander drückt sich an ihm so aus, daß sie nicht an sich, sondern

64 Siehe beispielsweise *PhG*, S. 304: »Diese Einheit ist das wahre Werk; es ist die *Sache selbst* [...].« Und im gleich darauf folgenden Absatz: »Die *Sache selbst* ist diesen Momenten nur insofern entgegengesetzt, als sie isoliert gelten sollen, ist aber wesentlich als Durchdringung der Wirklichkeit und der Individualität die Einheit derselben; ebensowohl ein Tun und als Tun *reines Tun* überhaupt, *damit ebensosehr Tun dieses Individuums,* und dies Tun als ihm noch angehörig im Gegensatze gegen die Wirklichkeit, als *Zweck*; ebenso ist sie der *Übergang* aus dieser Bestimmtheit in die entgegengesetzte, und endlich eine *Wirklichkeit,* welche *für das Bewußtsein* vorhanden ist. Die *Sache selbst* drückt hiermit die *geistige* Wesenheit aus, worin alle diese Momente aufgehoben sind als für sich geltende, also nur als allgemeine gelten, und worin dem Bewußtsein seine Gewißheit von sich selbst gegenständliches Wesen, *eine Sache,* ist; der aus dem Selbstbewußtsein als der *seinige* herausgeborene Gegenstand, ohne aufzuhören, freier eigentlicher Gegenstand zu sein.«

> nur für *ein Anderes* an ihm gesetzt sind. Das eine der Momente des Inhalts wird von ihm dem Tage ausgesetzt und *für andere* vorgestellt; das Bewußtsein ist aber zugleich daraus in sich reflektiert und das Entgegengesetzte ebenso in ihm vorhanden; es behält es für sich als das seinige.[65]

Es ist das Tun, für das man verantwortlich ist. Etwas muss getan werden, damit es in einer Beschreibung absichtlich ist. (Wenn es also keine Tat gibt, gibt es keine Absicht, nichts Absichtliches.) Das, was getan wird, wird ans Tageslicht gebracht (verwirklicht, ausgedrückt, explizit gemacht), es existiert für andere Bewusstseine, es ist anderen offenbart worden.

Daraus ergibt sich, dass das Handlungssubjekt von den anderen Subjekten spezifisch anerkannt wird. In den Folgebeschreibungen wird die Tat dem Handlungssubjekt als der explizite Ausdruck einer bestimmt gehaltvollen, impliziten Verpflichtung zugeschrieben. Es kann von der Tat gesagt werden, was sie ist; und für diejenigen, *für* die die Tat etwas Wirkliches und Beobachtbares ist, ist sie etwas wie jede andere Tatsache auch. Dem Inhalt wird sowohl vom Handlungssubjekt zugestimmt als auch von der Gemeinschaft zugeschrieben: Er ist das Produkt eines Prozesses gegenseitiger spezifischer Anerkennung. Der Inhalt meiner Handlung hängt dementsprechend nicht von mir allein ab. Er ist nicht einfach so, wie ich ihn betrachte oder was ich aus ihm mache, sondern er hängt auch von der bestimmten Zustimmung durch andere ab, die mir für den Vollzug Verantwortung zuschreiben, der dann auf eine Weise spezifiziert ist, die über diejenige hinausgeht, der zufolge ich ihn zu dem meinigen gemacht habe.

> Das Bewußtsein erfährt beide Seiten als gleich wesentliche Momente und hierin, was die *Natur der Sache selbst* ist, nämlich weder nur Sache, welche dem Tun überhaupt und dem

65 Ebd., S. 307f.

> einzelnen Tun, noch Tun, welches dem Bestehen entgegengesetzt und die von diesen Momenten als ihren *Arten* freie *Gattung* wäre, sondern ein Wesen, dessen *Sein* das *Tun* des *einzelnen* Individuums und aller Individuen, und dessen Tun unmittelbar *für andere* oder eine *Sache* ist und nur Sache ist als *Tun Aller* und *Jeder;* das Wesen, welches das Wesen aller Wesen, das *geistige Wesen* ist.[66]

Bei Hegel ist das Geistige die normative Substanz, die durch einen Prozess gegenseitiger spezifischer Anerkennung sozial synthetisiert wird. (Dieser Prozess zeigt sich nicht nur als »Tun« und »Werk«, sondern auch als »Erfahrung«.) Der durch Anerkennung konstituierte Charakter der bestimmt gehaltvollen praktischen Verpflichtungen, deren Spezifikationen hinsichtlich Absicht und Folge (subjektiver und objektiver Formen) in Beziehungen von »Übersetzung«, »Verwirklichung« und »Ausdruck« stehen sollen, wird explizit von der phänomenalen Verständnisform der Handlungsfähigkeit eingestanden (und bildet die wichtigste fortschrittliche Einsicht dieser Form), die Hegel unter dem Titel »Gewissen« behandelt:

> Die *seiende Wirklichkeit* des Gewissens aber ist eine solche, welche *Selbst* ist, d. h. das seiner bewußte Dasein, das geistige Element des Anerkanntwerdens. Das Tun ist daher nur das Übersetzen seines *einzelnen* Inhalts in das *gegenständliche* Element, worin er allgemein und anerkannt ist, und eben dies, daß er anerkannt ist, macht die Handlung zur Wirklichkeit. Anerkannt und dadurch wirklich ist die Handlung, weil die daseiende Wirklichkeit unmittelbar mit der Überzeugung oder dem Wissen verknüpft oder das Wissen von seinem Zwecke unmittelbar das Element des Daseins, das allgemeine Anerkennen ist.[67]

66 Ebd., S. 310.
67 Ebd., S. 470.

Die *Sache selbst* ist ein geistiger Ausdruck der Individualität, die aus zwei Momenten zusammengesetzt ist: Zum einen aus dem Moment der Unabhängigkeit, welches durch das einzelne erwägende Selbstbewusstsein dargestellt ist, das einige Spezifikationen seiner Verantwortung als Beschreibungen privilegiert, in denen der Vollzug absichtlich ist, und zum anderen aus dem Moment der Abhängigkeit vom allgemeinen und bewertenden Bewusstsein, das das Vollbringen und somit das wirklich Vollbrachte – und somit das, wofür man in jenem Sinne verantwortlich ist – bezüglich der Folgen charakterisiert. Die Zufälligkeit, die Abhängigkeit der Handlung von den Umständen des Vollzugs, die Begabung und verfügbaren materialen Mittel müssen irgendwie in die Einheit, also die *Sache selbst* integriert werden.

V. Praktischer Erfolg und Misserfolg im vulgären Sinne: Die Unterscheidung von Vorsatz *und* Absicht

Man kann aber nicht wirklich sagen, dass wir bereits verstanden haben, wie dies genau funktionieren soll, also wie die sozialen Anerkennungsperspektiven des Handlungssubjekts und des Publikums, bzw. der Erwägung und Bewertung, in Kombination betrachtet werden müssen. Wie sollten wir die behauptete Identität der bestimmt gehaltvollen Verpflichtung verstehen, welche, so die Behauptung, als Produkt zusammengesetzt ist aus der Zustimmung zur praktischen Verpflichtung (angelegt in der subjektiven Form der Absichtsspezifikationen) und der objektiven Zuschreibung dieser Verpflichtung (angelegt in der objektiven Form der Folgespezifikationen)? Trotz der spezifisch modernen Würdigung des »Rechts des Wissens« bzw. des »Rechts der Absicht« sind das Aufschrecken des Einbrechers und der Kauf einer Anleihe einer bald insolventen Firma zwei Dinge, die ich – allerdings unabsichtlich – *tue*. Sie sind nicht einfach Zufälle oder Dinge, die mir geschehen. Dieser Begriff des Tuns beinhaltet *eine* Art von Verantwortung. Auf den ersten Blick scheint es aber eine *andere* Art von Verantwortung zu sein als jene, die verbunden ist mit dem, was ich absichtlich getan habe. Worin genau besteht die Beziehung zwischen der Zustimmung zur Verantwortung, die in intentionalen, das Handlungssubjekt privilegierenden Beschreibungen gegliedert wird, und der Zuschreibung der Verantwortung, die in Folgebeschreibungen gegliedert wird, die das Publikum privilegieren? Wie sollten wir den Sinn verstehen, wonach dies zwei Perspektiven auf *ein und denselben* Inhalt sind? Wir benötigen weitere Puzzleteile, um einzusehen, wie wir jene Verpflichtungen explizieren können (bzw. zu ihnen berechtigt werden), die der Sprache implizit sind, welche aus einem davidsonschen Verständnis der Unterscheidung von Tat und Handlung resultieren, das wir hinsichtlich der Anerkennung zwischen unterschiedlichen sozialen Stellungen von Autorität und Verantwortung herausgearbeitet haben.

Es ist noch offen, wie diese *Einheit* von vollbrachter Tat und beabsichtigtem Tun, die die Handlung gemäß dem hegelschen Handlungsbegriff als solche notwendig beinhaltet, verstanden werden soll. Jedoch sind wir mittlerweile in der Lage, die von jeder Handlung als solcher notwendig beinhalteten *Entzweiung* zu erklären: die durch das Soziale perspektivierte Entzweiung zwischen jenen Spezifikationen, die sich auf Absichten beziehen, und jenen, die sich auf Folgen beziehen, kann sogar Handlungen charakterisieren, die im vulgären Sinne erfolgreich sind. Denn es ist *nie* der Fall, dass der Vorsatz oder Zweck, welchem das Handlungssubjekt zustimmt bzw. den es bejaht, *jede* wahre Spezifikation des wirklich Erreichten umfasst. Dies ist allein schon deshalb der Fall, weil der Vorsatz und der Zweck ihrer Natur nach *allgemein* und somit abstrakt sein müssen, während das wirklich Vollbrachte seiner Natur nach *völlig bestimmt* und somit konkret sein muss. Anders ausgedrückt: Während die Möglichkeiten, den Vollzug herauszugreifen, in welchen er absichtlich und das Handlungssubjekt für ihn verantwortlich ist (subjektiv autoritativ und im Kontext von Erwägungen verfügbar), bestenfalls eindeutige *Beschreibungen* sein können, können jene, die den Vollzug hinsichtlich seiner Folgen herausgreifen (objektiv autoritativ und im Kontext der Bewertung verfügbar), *demonstrative* Spezifikationen sein: »Er hat *diese* Sauerei gemacht.«[68] Indem wir darauf hinweisen, dass diese Entzweiung sogar vulgär erfolgreiche Handlungen charakterisiert, erfüllen wir die von mir oben formulierte globale, notwendige und konjunktivische Sicht der Beziehungen zwischen der begrifflichen Einheit der Handlung und der der Handlung als solcher impliziten Unterscheidung. Die andere Hälfte der konjunktivischen Bedingung entspricht der Behauptung, die Hegel im bereits oben zitierten Abschnitt zustimmt:

> Es mag immerhin im einzelnen der Fall sein, daß durch die Ungunst äußerer Umstände wohlgemeinte Absichten vereitelt, daß zweckmäßige Pläne in der Ausführung verkümmert werden; im allgemeinen gilt jedoch auch hier die wesentliche Einheit des Inneren und des Äußeren [...].[69]

Auch im vulgären Sinne nicht gelungene Handlungen haben einen einzigen gleichbleibenden Inhalt, für den das Handlungssubjekt hinsichtlich Absichten und Folgen gleichermaßen verantwortlich ist; dies gilt auch, wenn dieser Inhalt aus den jeweiligen Perspektiven heraus betrachtet wird bzw. wenn er als solcher in diesen Formen erscheint.

68 Ich habe die Termini »Spezifikation« und »Beschreibung« bisher nur grob verwendet. »Spezifikation« betrachte ich als eine breitere Kategorie, die sowohl Beschreibungen als auch demonstrative und indexikalische Ausdrücke umfasst.

69 *EphW* I, § 144, S. 277.

Aber wie sollten wir an dieser Stelle die Unterscheidung zwischen Erfolg und Misserfolg verstehen – selbst noch im vulgären Sinne, in welchem ich meinen Vorsatz, das Licht anzuschalten, nicht einhalte, wenn mein Finger den Schalter nicht trifft, bzw. meinen Vorsatz, Wasser einzuschenken, wenn ich den Krug beim Greifen umstoße? Laut der davidsonschen Darstellung muss ein Vollzug in *einer* Beschreibung absichtlich sein, um überhaupt als Handlung zu zählen. Und das heißt, dass mindestens eine intentionale Beschreibung *wahr* ist – also dass eine Absicht von ihr erfüllt werden muss. Auch wenn ich den Schalter nicht treffe, ist der Vollzug in der Beschreibung »meinen Finger bewegen« absichtlich. Auch wenn ich den Krug umstoße, ist der Vollzug in der Beschreibung »meinen Arm bewegen« absichtlich. In welchem Sinne also sind diese Handlungen *misslungene Handlungen*?

Eine Antwort auf diese Frage beginnt mit der Feststellung, dass es *viele* Beschreibungen gibt, in denen das Handlungssubjekt dazu verpflichtet wird, dass der Vollzug absichtlich war (auch in den hier angeführten einfachen Beispielen). Ich beabsichtige, nicht *nur* meinen Finger zu bewegen, sondern auch den Schalter umzulegen und das Licht anzuschalten. Ich beabsichtige, nicht *nur* meinen Arm zu bewegen, sondern auch den Krug zu greifen und das Wasser ins Glas zu gießen. Im praktischen Denken sind diese Absichtsbeschreibungen Folgerungen – und nicht bloß ein undifferenziertes Bündel oder eine undifferenzierte Menge. Die Beziehung zwischen den als Prämisse dienenden Beschreibungen der Zwecke und den verschiedenen Beschreibungen der Vorsätze (jene, die ich durch einen praktischen Grund wahr mache) induziert eine *instrumentelle* Struktur. Ich beabsichtige, das Licht anzuschalten, *indem* ich den Schalter umlege, und ich beabsichtige, den Schalter umzulegen, *indem* ich meinen Finger bewege. Ich beabsichtige, das Wasser einzuschenken, *indem* ich den Krug greife, und ich beabsichtige, den Krug zu greifen, *indem* ich meinen Arm bewege. Der wirkliche Vollzug ist in *die-*

sen Beschreibungen, was unsere Beispiele angeht, *nicht* absichtlich (Folgebeschreibungen gibt es hier nicht), denn sie sind in Bezug auf das, was ich wirklich erreiche, nicht wahr.

In Handlungstheorien wie derjenigen Davidsons sind die paradigmatischen Handlungen flüchtige, punktförmige Ereignisse wie etwa das Umlegen eines Schalters oder das Loslassen eines Seils, während paradigmatische Handlungen bei Hegel komplexe, ausgedehnte Prozesse sind wie etwa das Verfassen eines Buches oder die angemessene Beerdigung des erschlagenen Bruders. Solche Prozesse entwickeln sich gemäß einer spezifischen Art von interner Normativitätsstruktur. Deshalb bezieht sich Hegel im oben zitierten Absatz auf »wohlgemeinte Absichten« und »zweckmäßige Pläne«. In allen Fällen, außer den stark vereinfachten (sogar die des beabsichtigten Anschaltens des Lichts oder des Einschenkens des Wassers ins Glas), beabsichtigt man, einen Vorsatz zu erfüllen, *indem* man andere erfüllt, die als Mittel für diesen Zweck dienen. (Sogar wenn Hegel über *Ereignisse* anstatt über *Handlungen* redet, sind seine paradigmatischen Beispiele komplexe Ereignisse wie etwa die Französische Revolution.[70]) Und diese Unterziele werden dann im Plan gegebenenfalls durch weitere Unter-Unterziele bedient. Die bejahte Absicht besteht also im allgemeinen Fall nicht aus einer einzelnen Beschreibung, in welcher der Vollzug absichtlich sein soll, sondern eher aus einer Baumstruktur oder einem Ablaufplan, in dem die Knoten Vollzugsbeschreibung darstellen, die durch Absichtsverknüpfungen zwischen Mitteln und Zwecken miteinander verbunden sind.

Dieser Gedanke dient als Grundlage für Hegels Unterscheidung von *Vorsatz* (und dem eng verwandten *Zweck*) einerseits und *Absicht* andererseits:

70 Zu einem im Kontext der Ausarbeitung seiner Handlungstheorie vorgebrachten Beispiel siehe die *PR*, § 115.

> Das äußerliche Dasein der Handlung ist ein mannigfaltiger Zusammenhang, der unendlich in *Einzelheiten* geteilt betrachtet werden kann, und die Handlung so, daß sie nur *eine solche Einzelheit zunächst berührt* habe. Aber die Wahrheit des *Einzelnen* ist das *Allgemeine*, und die Bestimmtheit der Handlung ist für sich nicht ein zu einer äußerlichen Einzelheit isolierter, sondern den mannigfaltigen Zusammenhang in sich enthaltender *allgemeiner* Inhalt. Der Vorsatz, als von einem *Denkenden* ausgehend, enthält nicht bloß die Einzelheit, sondern wesentlich jene *allgemeine Seite* – die *Absicht*.[71]

Der »mannigfaltige Zusammenhang« wird als ein *Plan* strukturiert, der durch eine instrumentelle Beziehung gegliedert wird. Sogar im einfachsten Beispiel beabsichtigt man den Vorsatz des Anschaltens des Lichtes, *indem* man den Schalter umlegt, und man beabsichtigt, den Schalter umzulegen, *indem* man seinen Finger bewegt. Die Handlung darf so betrachtet werden, »daß sie nur *eine solche Einzelheit zunächst berührt* habe«,[72] insofern die anderen Einzelheiten die Handlung, die in dieser ersten Beschreibung absichtlich ist, in Bezug auf ihre Folgen beschreiben. Wenn alles schiefgeht und Zufälle dazwischenkommen (also beispielsweise der Finger den Schalter nicht trifft oder der Schalter defekt ist), dürfen die Beschreibungen in Bezug auf die Folgen *nicht* für den Akt gelten, der in der Spezifikation »den Finger bewegen« absichtlich ist.

Die mit der Handlung verknüpfte und von Hegel so bezeichnete »Absicht« umschließt den Plan, der das, was *unmittelbar* getan wurde (also die Einzelheit, die die Handlung in der ersten Instanz haben kann), mit dem angestrebten Vorsatz verbindet. Sie ist »allgemein« in der Hinsicht, dass sie alle Einzelheiten umfasst, in die der Prozess eingeteilt werden kann. Der *Inhalt* der

71 Ebd., § 119, S. 223.
72 Ebd., § 115, S. 223.

Handlung sollte weder einfach mit den ursprünglich unmittelbar angewendeten *Mitteln* noch mit dem zu realisierenden Vorsatz identifiziert werden, sondern mit der aus diesen Elementen bestehenden, planmäßig strukturierten Absicht.

> Die allgemeine Qualität der Handlung ist der auf die *einfache Form* der Allgemeinheit zurückgebrachte, mannigfaltige *Inhalt* der Handlung überhaupt. Aber das Subjekt hat als in sich reflektiertes, somit gegen die objektive Besonderheit *Besonderes*, in seinem Zwecke seinen eigenen besonderen Inhalt, der die bestimmende Seele der Handlung ist.[73]

Der besondere subjektive Inhalt der Handlung (das, für was man sich entschieden hat) ist der Inhalt des *Vorsatzes*, während der allgemeine mannigfaltige (gegliederte) Inhalt der Handlung als geplante Handlung der *Absicht* entspricht (wozu auch gehört, wie man die Handlung vollzogen hat). Beabsichtigt wird die ganze Struktur (das Allgemeine) – nicht nur der erstrebte Zweck oder Vorsatz bzw. (am anderen Ende des geplanten Prozesses) die ursprünglich unmittelbar angewendeten Mittel:

> Die Wirklichkeit wird zunächst nur an einem einzelnen Punkte berührt (wie die Brandstiftung nur einen kleinen Punkt des Holzes unmittelbar trifft, was nur einen Satz, kein Urteil gibt), aber die allgemeine Natur dieses Punktes enthält seine Ausdehnung.[74]

> Wie der Mordbrenner nicht diese zollgroße Fläche eines Holzes, die er mit dem Lichte berührte, als isoliert, sondern in ihr das Allgemeine, das Haus in Brand gesteckt hat, so ist er als Subjekt nicht das Einzelne *dieses* Augenblicks oder diese isolierte Empfindung der Hitze der Rache [...].[75]

73 Ebd., § 121, S. 228f.
74 Ebd., § 119, S. 224.
75 Ebd., § 132, S. 247.

Diese Unterscheidung von Vorsatz und Absicht erlaubt es Hegel, theoretisch auszudrücken, worin der vulgäre Erfolg (bzw. Misserfolg) einer Handlung besteht. Eine Handlung ist in diesem Sinne erfolgreich, wenn die für sie wahren Folgebeschreibungen den Vorsatz beinhalten, dessen Vollbringen dem bejahten Zweck entspricht und dem dafür all die anderen Elemente des Absichtsplanes als Mittel dienen. Eine Handlung endet in diesem Sinne in einem Misserfolg, wenn der Vorsatz – obwohl einige Dinge absichtlich bzw. als Teil des Planes getan wurden – nicht erfüllt wird, weil die angewendeten Mittel nicht die beabsichtigten Folgen haben. (In einem weiteren, subtileren und sekundären Sinne kann die Handlung als Misserfolg bezeichnet werden, wenn – obwohl der als *Folgerung* des praktischen Denkens bejahte Vorsatz oder Zweck erfüllt *wurde* – das *Wohl* oder *Interesse*, worauf als Prämisse in diesem Denken rekurriert wurde, *nicht* erfüllt wird. Diese Bewertungsebene müssen wir hier jedoch nicht angehen.)

Auch eine Handlung, die in diesem Sinne vollständig erfolgreich ist – in der sich also der eigentliche Prozess durch die aufeinanderfolgende Realisierung sekundärer Zwecke entfaltet, die entsprechend dem Plan (also beabsichtigt) als Mittel zur Realisierung des endgültigen Vorsatzes dienen –, weist notwendigerweise noch immer »die von der Handlung beinhaltende Entzweiung« auf. Denn sogar in einem solchen Fall bleibt die Unterscheidung zwischen *Handlung* und *Tat* erhalten: zwischen einerseits der planstrukturierten instrumentellen Konstellation realisierter Beschreibungen, in denen das, was getan wurde, absichtlich ist, und andererseits der Tat, die das ganze Spektrum der bis in die unendliche Zukunft sich entfaltenden Folgebeschreibungen beinhaltet, welche, ob ursprünglich vorgesehen oder nicht, keine Elemente der Absichtsstruktur gewesen waren, sondern Elemente dessen sind, was man *getan* hat mit der Realisierung der Absicht. An dieser Stelle können wir nun den Grundgedanken erkennen hinter der von mir oben eingeführten globalen, notwendigen und konjunktivischen Lesart der Struktur der Identität-in-Verschiedenheit, welche laut Hegel für die Handlungsfähigkeit charakteristisch ist: die Behauptung, dass *jede* Handlung, ob sie ein Erfolg oder ein Misserfolg ist im vulgären Sinne von Erfülltwerden oder Nichterfülltwerden des motivierenden Vorsatzes und erstrebten Zwecks, *sowohl* die Einheit *als auch* die Entzweiung aufweist, welche die Handlung ihrem eigenen Begriff nach beinhaltet. Es sollte an dieser Stelle klar geworden sein, dass die davidsonsche Lesart der Unterscheidung von Tat und Handlung in Kombination mit der Deutung der Unterscheidung von Erfolg und Misserfolg (durch ein planmäßig bzw. strukturartiges Verständnis von Vorsatz und Absicht) die Behauptung stützt, dass sogar vollständig erfolgreiche Handlungen notwendigerweise die in »der Handlung beinhaltete Entzweiung« aufweisen.

VI. Die Identität des Inhalts von Tat und Absicht

Es muss noch untersucht werden, in welchem Sinne sogar *misslungene* Handlungen als Handlungen verstanden werden sollten, die notwendig die vom Handeln beinhaltete *Einheit* aufweisen. Ich hatte bereits angemerkt, dass es sogar in solchen Fällen eine *Identität des Inhalts* zwischen Absicht und Vollbrachtem gibt. In welchem Sinne ist die Nichterfüllung des erstrebten Vorsatzes »nur reines Übersetzen aus der Form des noch nicht dargestellten in die des dargestellten Seins«?[76] In welchem Sinne können wir von ihr das Folgende sagen?

76 *PhG*, S. 296.

> Das Tun verändert nichts und geht gegen nichts; es ist die reine Form des Übersetzens aus dem *Nichtgesehenwerden* in das *Gesehenwerden,* und der Inhalt, der zutage ausgebracht wird und sich darstellt, nichts anderes, als was dieses Tun schon an sich ist. Es ist *an sich*: dies ist seine Form als *gedachte* Einheit; und es ist *wirklich*: dies ist seine Form als *seiende Einheit*; es selbst ist *Inhalt* nur in dieser Bestimmung der Einfachheit gegen die Bestimmung seines Übergehens und seiner Bewegung.[77]

Die Unterscheidung von Tat und Handlung beinhaltet bereits, dass »die Handlungen nach ihrem äußerlichen Dasein Zufälligkeiten der Folgen in sich schließen«.[78] Aber Hegels Behauptung ist noch viel stärker. Die Zufälligkeiten, denen der Prozess unterliegt, in dem ein Vorsatz angestrebt wird, sollten irgendwie als Merkmale des Inhalts verstanden werden, von denen sich im Rückblick erweist, dass sie der Absicht schon immer implizit gewesen waren.

> Nur daß *für es* sei, was es *an sich* ist, muß es handeln, oder das Handeln ist eben das Werden des Geistes *als Bewußtsein*. Was es *an sich* ist, weiß es also aus seiner Wirklichkeit. Das Individuum kann daher nicht wissen, was *es ist,* ehe es sich durch das Tun zur Wirklichkeit gebracht hat.[79]

Wie wir bereits festgestellt haben, sagt Hegel außerdem explizit, dass misslungene Handlungen nicht als Ausnahmen der begrifflichen Wahrheit zu betrachten sind und auch hier ein und derselbe Inhalt in zwei Formen erscheint, einmal als Absicht und einmal als Wirklichkeit. Hierzu der Abschnitt aus dem Teil der *Rechtsphilosophie*, in dem die von uns betrachteten Unterscheidungen Tat/Handlung und Vorsatz/Absicht vorgestellt werden:

77 Ebd., S. 293f.
78 *PR*, § 120, S. 226.
79 *PhG*, S. 296f.

Es ist allerdings der Fall, daß bei einer Handlung mehr oder weniger Umstände zuschlagen können: es kann bei einer Brandstiftung das Feuer nicht auskommen oder auf der anderen Seite dasselbe weiter greifen, als der Täter es wollte. Trotzdem ist hier keine Unterscheidung von Glück und Unglück zu machen, denn der Mensch muß sich handelnd mit der Äußerlichkeit abgeben. Ein altes Sprichwort sagt mit Recht: der Stein, der aus der Hand geworfen wird, ist des Teufels. Indem ich handele, setze ich mich selbst dem Unglück aus; dieses hat also ein Recht an mich und ist ein Dasein meines eigenen Wollens.[80]

Das Problem wird nicht immer anhand der Einheit und Identität des Inhalts formuliert, die in der Unterscheidung von Handlung und Tat bzw. von Vorsatz und Vollbrachtem zu finden ist. Wie wir bereits gesehen haben, entspricht dieser Unterschied einem Unterschied in der sozialen Perspektive zwischen den Spezifikationen, in welchen das Handlungssubjekt Verantwortung *übernimmt* bzw. ihr zustimmt (jene Spezifikationen, die als Elemente in der planmäßig-strukturartigen Absicht erscheinen, die von einem erklärten Vorsatz oder bejahten Zweck instrumentell bestimmt wird), und den Spezifikationen, die einem möglichen Publikum verfügbar sind, welches die Verantwortung *zuschreibt* (Folgespezifikationen, die prinzipiell nie allein auf das beschränkt werden können, was in der Absicht eine Rolle spielt). Dies sind zwei Perspektiven auf die von uns untersuchte Einheit der praktischen Verpflichtung. Die notwendige Ungleichheit dieser Perspektiven bezeichnet Hegel als die »Endlichkeit des subjektiven Willens«.[81] Weiter meint er: »Die Entwicklung des Widerspruchs, den die *Notwendigkeit des Endlichen* enthält, ist im Dasein eben das Umschlagen von Notwendigkeit in Zufälligkeit und umge-

80 *PR*, § 119, S. 225.
81 Ebd., § 115, S. 215.

kehrt.«[82] »Notwendigkeit« ist Hegels Ausdruck für eine Norm. Die Absicht dient als eine Norm, die den Prozess des Erfüllens eines Vorsatzes beherrscht. Man kann also neben der Identität-in-Verschiedenheit auch danach fragen, inwiefern bestimmte Wirklichkeiten (»Zufälligkeiten«) einer solchen Norm unterliegen und wie diese Norm durch die Zufälligkeiten realisiert wird. Wie dies genau im Falle der Handlungsfähigkeit funktioniert, kann als Modell für den Prozess dienen, bezüglich dessen wir verstehen sollten, wie sich Notwendigkeit zur Zufälligkeit (also die Norm zur Wirklichkeit) verhält und somit Bestimmtheit entsteht und sich im Laufe der Entwicklung der Tradition einer Begriffsanwendung offenbart. Im nächsten Abschnitt werden wir sehen, dass (wie bereits in der Diskussion der »Einleitung« zur *Phänomenologie* angedeutet) die Unterscheidung der *geschichtlichen* Perspektive zwischen *voraus*blickender und *rück*blickender Betrachtung von Handlungen (die Unterscheidung zwischen Vorsätzen und Absichten) den Schlüssel darstellt zur – durch die Integrierung der Zufälligkeit in die Handlungsfähigkeit geleisteten – Entwicklung (bzw. des Ausdrückens) bestimmter begrifflicher Normen.

Der erste Schritt in diese Richtung besteht darin, die Entwicklung in den Blick zu nehmen, die die Absicht als Teil des Prozesses ihrer Realisierung durchläuft. Denn in diesem Zusammenhang entsteht ein weiterer funktional-instrumentaler Sinn von »Erfolg« und »Misserfolg«. Eine Handlung ist genau dann erfolgreich im gewöhnlichen, nichtphilosophischen Sinne, wenn der Vorsatz, um dessentwillen die Handlung ausgeführt wurde und aufgrund dessen der Vollzug absichtlich (und somit überhaupt ein Tun) ist, sich als eine der Folgespezifikationen dieses Tuns herausstellt. In der Betrachtung der Mikrostruktur des Handlungsprozesses offenbart sich eine spezifische Art von Ent-

82 Ebd., § 118, S. 218.

wicklung. Jede vorangegangene erfolgreich erfüllte Absicht muss zu einem demonstrativ spezifizierbaren Vollzug voranschreiten: »Ich werde meinen Arm in einer Minute heben«, »Ich werde meinen Arm in dreißig Sekunden heben«, »Ich hebe meinen Arm *jetzt*«. An dieser Stelle des Prozesses kann die allgemeine Beschreibung aber auch durch eine demonstrative Spezifikation ersetzt werden: »Ich tue *dies* jetzt«. Die Realisierung eines bestimmten Unterziels (eine »Einzelheit« der ausgedehnten Handlung, für die die Absicht als Norm dient) muss eine Entwicklung von den weniger zu den mehr bestimmten Absichtsspezifikationen enthalten, von allgemeineren Beschreibungen zu vollständig bestimmten demonstrativen Spezifikationen. Ich fange mit Gründen an, die mich dazu führen, den Vorsatz anzunehmen, welcher wahr macht, dass φ(t), beispielsweise dass die Wand im Norden einen Eingang hat. Um jedoch die Absicht durchzuführen, die den Prozess des Erreichens jenes Ziels bestimmt, muss ich schließlich eine Phase erreichen, in der ich beabsichtige, *dies hier* und *jetzt* zu tun, zum Beispiel *dieses* Brett *hier* und *jetzt* zwischen *diese* beiden zu nageln. Die weitere bestimmbare, abstrakte, allgemeine Beschreibung, die den Inhalt meiner ursprünglichen Verpflichtung ausgedrückt hat, kann ich nicht *einfach* wahr machen, ohne *dabei* eine vollständig bestimmte, konkrete, demonstrative Spezifikation wahr zu machen.

Die *sinnliche Gewissheit* hat uns eine Auffassung von beobachtenden *Spracheingangsbewegungen* gegeben. Diese stellen Reaktionen auf Dinge dar, die *keine* subjektiven Prozesse (also Prozesse, denen ein Subjekt unterlag oder von ihm vollzogen wurden) des Anwendens bestimmter Begriffe sind. Die Reaktionen selbst – das Bejahen von Beobachtungs- oder Wahrnehmungsbehauptungen – sind jedoch subjektive Prozesse des Anwendens bestimmter Begriffe, in denen *vermittelte* Urteile *unmittelbar* produziert werden. Ein wesentliches Merkmal solcher Beobachtungs- bzw. Wahrnehmungsprozesse ist der Übergang von unwiederholbaren *demonstrativen* Spezifikationen (»Nacht jetzt«,

»Baum hier«) zu wiederholbaren und somit möglichen inferentiell bedeutsamen Ausdrücken (»Nacht dann«, »Baum dort«). Die Verbindung zwischen ihnen war *anaphorisch*: das Aufgreifen der unwiederholbaren Spezifikation als Antezedens durch ein Demonstrativpronomen. (Obwohl »dann« und »dort« *auch* demonstrative Verwendungen haben, sind ihre anaphorischen Verwendungen für das »Erinnern« anderer demonstrativer Verwendungen von Bedeutung, um sie anschließend in Inferenzen verfügbar zu machen – im Allgemeinen, nachdem die erneute Verwendung als Demonstrativpronomen nicht mehr möglich ist.) Dies ist die erste Art von *Erinnerung*, die in der *Phänomenologie* erwähnt wird.[83] Bei der anaphorischen Verbindung geht es um die *Autorität* der Antezedens über den Inhalt des anaphorisch Abhängigen, das heißt die *Verantwortung* des Pronomens für das, was sein Bezugswort ausdrückt.

Anhand dieser geschichtlichen normativen inferentiellen Struktur werden auf der erkenntnismäßigen bzw. theoretischen Seite der Tätigkeit eines Subjekts unwiederholbare demonstrative und wiederholbare anaphorisch abhängige Instanziierungen verbunden. Diese Struktur liefert somit begriffliche Rohmaterialien, die auch hilfreich sind, um über die Verwandlung eines früheren allgemeinen Vorsatzes in ein späteres konkretes Tun auf der praktischen Seite der Tätigkeit des Subjekts nachzudenken. Wichtig in diesem Fall ist, dass ein Teil des Inhalts einer früheren Beschreibung dessen, was zu tun ist, übernommen wird in die spätere demonstrative Spezifikation dessen, was getan wurde. Die frühere Beschreibung wird somit verstanden als anaphorisch abhängig von der späteren. Erstens kann der demonstrativ spezifizierbare Vollzug, der den Vorsatz oder die Absicht erfüllt, im Falle einer erfolgreichen Handlung so aufgefasst werden, als sei er die ganze Zeit über angestrebt worden: »Ich wollte *das* tun«

83 *PhG*, S. 590f.

oder »*Das* zu tun, habe ich beabsichtigt«. *Jenes* Schalterumlegen war beabsichtigt – obwohl ein anderes Schalterumlegen es genauso getan hätte.

Als Analogie können wir das Phänomen der *Bezugnahme des Sprechers* durch demonstrative Ausdrücke und Anaphorik betrachten. Ein klassischer Fall lautet wie folgt: Gehen wir davon aus, ich sage, »der Mann in der Ecke, der Champagner trinkt, ist ein Ökonom«, in einer Situation, in welcher der von mir betrachtete Mann, über den ich zu sprechen *beabsichtige*, eigentlich Ginger Ale trinkt, und, ohne dass ich es weiß, ein *anderer* Mann in der Ecke steht, der *tatsächlich* Champagner trinkt. Von wem habe ich nun behauptet, er sei ein Ökonom? Der von mir verwendete Ausdruck bezieht sich *semantisch* auf den zweiten, durch den Ausdruck hervorgehobenen Mann, von dem er wahr ist. Neben dieser *semantischen* Bezugnahme können wir aber zudem eine Bezugnahme *des Sprechers* auf den ersten Mann zugestehen. Denn mir steht eine ganz Reihe von Termini zur Verfügung, die ich *hätte* benutzen *können*, um ebenden Mann hervorzuheben, über den ich etwas behaupten wollte: »*dieser* Mann«, »der von mir betrachtete Mann in der Ecke, der eine klare, sprudelnde Flüssigkeit trinkt«, und so weiter. Ich bin davon ausgegangen, dass alle diese Termini *dasselbe* Individuum hervorheben. Das heißt, dass ich, als ich *beabsichtigte*, über ihn zu sprechen, und bemerkt hätte, dass es ein Problem doppelter Bezugnahme mit diesen Ausdrücken gibt, einen anderen, weniger verpflichtenden Ausdruck gewählt hätte. In dem beschriebenen Fall steht mir die *demonstrative* Spezifikation zur Verfügung für denjenigen, über den ich rede. Indem ich als jemand verstanden werde, der als Sprecher auf jemand *anderen* Bezug nimmt *als* auf jenen, auf den ich mich semantisch beziehe, wird meine bestimmte Beschreibung verstanden als anaphorisch abhängig von einer jener möglichen demonstrativen Spezifikation (oder, in anderen Fällen, von irgendeiner anderen Beschreibung, die ich hätte verwenden können) – somit übernimmt sie ihren Inhalt von diesem demonstrativen Ausdruck, anstatt als eine gewöhnliche, nicht-anaphorische Beschreibung zu fungieren.

Wir können zwar unterscheiden zwischen dem, was ich *gemeint* habe, und dem, was ich *gesagt* habe, doch geht es hier im Grunde um zwei Spezifikationsweisen des Inhalts eines Gesagten. Ich habe gesagt, *dass* der Mann in der Ecke, der Champagner trinkt, ein Ökonom ist. Jedoch habe ich *von* demjenigen, der Ginger Ale trinkt, gesagt, *er* sei ein Ökonom. Von der *sinnlichen Gewissheit* haben wir gelernt, dass ich nicht *einfach und unmittelbar* den einen oder den anderen meinen kann. Dies kann ich nur durch begriffliche Vermittlung erreichen, indem ich über eine andere relevante und inferentiell gegliederte Spezifikation verfüge. In unserem Fall lässt sich einfach erkennen: Die Unterscheidung zwischen dem, was ich gesagt habe, und dem, worüber ich gesprochen habe – das heißt, auf was meine Wörter semantisch Bezug genommen haben und auf was sie von mir als Sprecher Bezug genommen haben –, entsteht allein durch den Standpunkt einer dritten Person. Zum Zeitpunkt des Aussprechens kann ich meine referentielle Bezugnahme als Sprecher nicht von meiner semantischen Bezugnahme trennen. Hierfür wäre es erforderlich, die Perspektive eines anderen einzunehmen, von jemandem, der andere Informationen hat als ich, der mir – indem meine Äußerung mit anderen Äußerungen von mir verknüpft werden – eine andere Verantwortung *zuschreiben* kann, als ich bezugestimmt habe. Vom Standpunkt der dritten Person aus betrachtet, gibt es allerdings *zwei* Wege, die von mir eingegangene Verpflichtung bzw. die durch meine Behauptung übernommene Verantwortung zu bewerten.

Dieses Phänomen auf der theoretischen Seite des Erkennens spiegelt sich auf der praktischen Seite der Handlungsfähigkeit wider. Die Unterscheidung zwischen dem Erfolg und Misserfolg einer Handlung (im gewöhnlichen Sinne) ist abgesichert durch die *semantische* Bezugnahme der Beschreibungen, welchen ich als Ausdrücken meines Vorsatzes zustimmen würde. Dies ist das *Diktum*, dass ich versuche wahr zu machen: die Spezifikation meines Vorsatzes *de dicto*. Wenn also die mein Tun erfassende Beschreibung in den *Folge*charakterisierungen der Tat *nicht* vorkommt, dann ist mein Tun gescheitert. Es gibt allerdings einen weiteren Sinn, in welchem das, was ich (gleichgültig was) unter den wirklichen Umständen, in denen ich gehandelt habe, *eigentlich* getan habe, den Inhalt meiner Absicht bestimmt. Den Vorsatz zu haben lief unter den wirklichen Umständen auf die Absicht hinaus, *dies* zu tun – gleichgültig, was auch immer ich wirklich vollbracht habe. Das Beabsichtigen des Anschaltens des Lichts durch das Umlegen des Schalters *war* unter den wirklichen Umständen, in denen ich es beabsichtigt habe, allerdings ohne mein Wissen, das Beabsichtigen *eines* bestimmten Aufschreckens des Einbrechers. Zum Vergleich: Meine Behauptung, dass der Champagner trinkende Mann in der Ecke ein Ökonom sei, war unter den wirklichen Umständen, allerdings ohne mein Wissen, die Behauptung *über* einen Ginger Ale trinkenden Mann. (Natürlich könnten wir auch sagen, dass ich, ohne mein Wissen, *von* einem Mann, der kein Ökonom ist, behauptet habe, er sei ein Ökonom, genau wie wir sagen könnten, dass ich etwas beabsichtigt habe, das nicht das Licht anschalten würde, nämlich das Umlegen eines Schalters, der, ohne dass ich es weiß, defekt ist.) Eine misslungene Handlung ist eine Handlung, deren initialer Vorsatz nicht semantisch, sondern nur in Hinblick auf den Sprecher Bezug nimmt darauf, was ich schließlich tue.

In diesem Sinne wird der Inhalt der von mir angenommenen Verantwortung in der Form meiner Absicht aus der wirklichen Tat übernommen. Laut diesem Gedanken ist genau die Absicht, die sich aus der allgemeinsten Beschreibung »Lichtanschalten durch Schalterumlegen« herausbildet, diejenige, die durch den unmittelbaren demonstrativen Terminus »*dies jetzt* zu tun« spezifiziert werden kann. Von diesem Standpunkt aus – welcher dem Handlungssubjekt *ab initio* nicht verfügbar ist – hebt der letzte demonstrative Ausdruck das hervor, worauf die ganze Zeit

Bezug genommen wurde. Das Handlungssubjekt kann dies vorausblickend nur durch solche Beschreibungen hervorheben, die darauf semantisch Bezug nehmen oder nicht. Rückblickend jedoch können wir den wirklichen Inhalt der Absicht erkennen, der unter den möglichen, ohne Weiteres nicht bekannten Umständen zu verwirklichen war. In diesem Sinne wird Verantwortung durch das Wahrnehmen einer Art von zukünftiger Anaphorik zugeschrieben, und zwar, indem der in einem Diskurs früher geäußerte Ausdruck seinen Inhalt von einer erst später im Diskurs geäußerten Antezedens übernimmt.

Im Anschluss hieran sind wir nun in der Lage, Folgendes verstehen zu können: »Nur daß *für es* [das Bewußtsein] sei, was es *an sich* ist, muß es handeln [...]. Das Individuum kann daher nicht wissen, was *es ist*, ehe es sich durch das Tun zur Wirklichkeit gebracht hat.«[84] Die zufälligen, unmittelbaren Umstände, in denen man eine Verpflichtung eingeht, wenn man eine allgemeine Beschreibung bejaht, werden von diesem Standpunkt aus in den Inhalt dieser Verpflichtung integriert, auch wenn sie über das hinausgehen, was man angedacht hat. Befiehlt der Oberst dem Hauptmann, seine Kompanie bis Sonnenaufgang zur anderen Seite des Flusses zu verlagern, und kann der Hauptmann diesem Befehl nur gehorchen, wenn er das Fällen von sechzig Bäumen zum Bau einer Brücke befiehlt, dann hat der Oberst, ob er es weiß oder nicht, dem Hauptmann befohlen, sechzig Bäume zu fällen und eine Brücke zu bauen. Denn dies ist, so zeigt es sich unter den wirklichen Umständen, letztendlich der Inhalt seines Befehls. Der Oberst hat dem Hauptmann befohlen, *dass* er die Kompanie bis Sonnenaufgang über den Fluss zu verlagern hat, und hat damit befohlen, *dass* der Hauptmann sechzig Bäume zu fällen und eine Brücke zu bauen hat.

Die der Handlung notwendig innewohnende Entzweiung ist die sozialperspektivische Unterscheidung zwischen den ver-

84 Ebd., S. 296f.

schiedenen Autoritäten, die *Handlung* und *Tat* auseinanderhalten: der bejahte Vorsatz, über den das Handlungssubjekt Autorität hat und aufgrund dessen das Geschehene überhaupt eine Handlung ist, und die Folgespezifikationen, die notwendig über jede Spezifikation hinausgehen, die einem Vorsatz im Vorhinein des wirklichen Tuns verfügbar ist. Dies ist die Unterscheidung zwischen dem, *was* einer beabsichtigt hat zu tun, und dem, was *damit* auch beabsichtigt wird. Die dem Tun notwendig beinhaltete Einheit ist die Einheit des Inhalts, welche die folgenden zwei Formen annimmt: »[E]s [das Tun] selbst ist *Inhalt* nur in dieser Bestimmung der Einfachheit gegen die Bestimmung seines Übergehens und seiner Bewegung.«[85] Wenn man in wirklichen Umständen beabsichtigt, die Behauptung »dass *p*« wahr zu machen, wird es stets etwas geben, *von* dem *somit* beabsichtigt wird, dass *es* getan wird. Dies sind zwei normative Perspektiven auf *eine* Handlung, und zwar bezüglich der Absicht und bezüglich der Folgen. (Vergleiche hiermit: »Unter den beiden Seiten, welche das praktische Bewußtsein an ihm hat, dem Beabsichtigen und der Tat [...].«[86]) Der Inhalt der Handlung kann entweder *de dicto* (»dass«) spezifiziert werden, also in Bezug auf den Vorsatz, der die Handlung autorisiert hat, oder *de re* (»von«), also in Bezug auf das, was durch die Tat autorisiert wurde. Um den Handlungsbegriff verstehen zu können, müssen wir sowohl Handlungen als Einheiten verstehen, die diese Perspektivenunterscheidung notwendig beinhalten, als auch verstehen, dass diese Perspektiven die Perspektiven auf einen Inhalt sind. Der Inhalt einer Absicht ist nach Hegels Begriffen der Inhalt der Handlung. Der Vorsatz und die vollbrachte Tat sind also zwei Perspektiven auf diesen Inhalt. Um zu verstehen, wie Hegel Absicht versteht, müssen wir uns genau anschauen, wie sich komplexe Handlungen entwickeln, wie etwa das Verfassen

85 Ebd., S. 293f.
86 Ebd., S. 240.

eines Buches oder das Bauen eines Hauses (die für Hegel paradigmatische Art von Tun).

VII. Die weitere Struktur des expressiven Prozesses, in dem sich die Absicht in eine Tat entwickelt

Die Absicht bzw. die den Prozess des Erreichens eines Ziels bestimmende Norm kann als ein allgemeiner Inhalt gedacht werden, der in allen Phasen des Prozesses – vom impliziten anfänglichen subjektiven Bejahen des Ziels bis zu seiner expliziten objektiven Vollendung – als solcher wiederzuerkennen ist. Eine Absicht kann in der erfolgreichen Verwirklichung ihres Vorsatzes gipfeln, wenn sie sich als die allmähliche, aufeinanderfolgende Realisierung eines strukturierten Plans entwickelt, in dem verschiedene Mittel als hinreichend betrachtet werden für das Erreichen von Unter-Unterzielen, welche, zusammengenommen, hinreichend sind für das Erreichen von Unterzielen, welche, wiederum, hinreichend sind für das Erreichen des bejahten Zwecks. Wenn der Plan gut ist und nichts schiefgeht, werden alle verschiedenen Unter-Unterziele und durch sie dann auch der Reihe nach die Unterziele und in der abschließenden Phase das endgültige Ziel erreicht. Vielleicht wird im ersten Schritt der Boden ausgegraben und ein Betonfundament vorbereitet und gegossen. Dies ermöglicht im folgenden Schritt die Errichtung des Baugerüsts, danach die Fertigstellung der Wände, der Außenseite und des Innenraumes, bis alles fertig ist. Jeder dieser Schritte beinhaltet das Verfolgen einer Vielzahl von Unterzielen, wie etwa die Fertigstellung der Tür- und Fensterrahmen, damit die Türen und Fenster nach der Errichtung der Wände eingebaut werden können. In diesem Fall bleibt der Plan unberührt und verläuft unverändert ab. Sein Ablauf besteht nur in der Verwirklichung jeder seiner

Komponenten in angemessener Reihenfolge. Der Plan ist nur gut, wenn alle die in ihm vorgesehenen Unterziele erfüllt werden können und die Erfüllung aller dieser Unterziele hinreichend ist, um den übergeordneten Zweck zu erreichen.

Dies ist jedoch nicht der einzige Weg, auf dem ein gegebener Plan zu einem erfolgreichen Ergebnis führen kann. Denn die Tatsache, dass unter den wirklichen, zunächst nicht vollständig erkennbaren Umständen irgendein Unterziel nicht erreichbar ist (beispielsweise innerhalb der gegebenen Zeit oder durch andere, im Plan eingeteilte Ressourcen) oder dass die Realisierung aller Unter-Unterziele, die als hinreichend für das Erreichen irgendeines Unterziels galten, sich als inadäquat erwiesen hat, muss nicht zwingend katastrophal sein für den Erfolg des gesamten Unternehmens – dies muss nicht unbedingt die Nichterfüllung der Absicht und das Nichterreichen des endgültigen Zwecks bedeuten. Das Nichterreichen eines Unterziels bedeutet also nicht das Ende des gesamten Unternehmens. Denn je nachdem, wie sich die Dinge in der Wirklichkeit erweisen, können interne Details des Plans angepasst werden, um einen anderen Weg zum gleichen Ziel zu finden. Laut dem Plan sollte Baukleber verwendet werden, um die Schwellen am Fußboden zu befestigen, jedoch hat er sich als nicht stark genug erwiesen. Stattdessen sind versenkbare Schrauben verwendet worden und die Schwellen nun planmäßig fest verbunden. Insofern die Schwellen laut Plan *mit* Baukleber angebracht werden sollten, hätte der Baukleber auf beide Oberflächen gleichmäßig verteilt und über Nacht beide zusammengespannt werden müssen. Das Verteilen und Einspannen war erfolgreich, doch konnten die Schwellen nicht wie geplant fest mit dem Fußboden verbunden werden. So wie das Nichterreichen eines Unterziels nicht bedeutet, dass das Ziel, für das das Unterziel als Mittel eingeplant war, nicht erreicht wird, so bedeutet das Erreichen eines Unterziels nicht, dass das Ziel erreicht wird, für das das Unterziel als Mittel eingeplant war.

Dies nennt Hegel »den Kreis des Tuns«, in dem die Individualität »sich als Wirklichkeit dargestellt hat, und schlechthin nur Einheit des *vorhandenen* und des *gemachten Seins* [ist]«.[87] Die Erfüllung einer komplexen Absicht ist ein zyklischer Prozess des Eingreifens gemäß einem auf einen Zweck gerichteten Plan: Beobachtung der Ergebnisse des Eingreifens, Anpassung des Plans, weiteres Eingreifen, weitere Beobachtung der Ergebnisse und so weiter. Der Prozess hat die dynamische Struktur einer Test-Operate-Test-Exit-Sequenz (TOTE-Sequenz). Durch diese Form von Prozessen wird Notwendigkeit in die zufällige Wirklichkeit integriert, das heißt ein bejahtes Ziel verwirklicht (»des *gemachten Seins*«). Prozesse mit dieser Art von Struktur dienen auch dazu, Zufälligkeit in die Notwendigkeit zu integrieren, insofern die den Prozess bestimmende Norm (der Plan) sich in Reaktion auf die wirklichen Umstände bzw. auf das bis dahin Erreichte ändert (»des *vorhandenen* [...] *Seins*«). Vergleichen wir die zu verschiedenen Zeitpunkten eines solchen Prozesses wirksamen Pläne, so zeigt sich, dass sie der Veränderung unterworfen sind. Bezüglich des Tuns ist dies »die Bestimmung seines Übergehens und seiner Bewegung«.[88] Der endgültige Vorsatz oder Zweck bzw. das Endziel bleibt während des Prozesses gleich (außer er wird aufgegeben – eine Möglichkeit, die weiter unten diskutiert wird). Aber der einheitliche *Inhalt*, der diesem Übergehen und dieser Bewegung gegenüberzustellen ist, ist mehr als bloß der Inhalt dieses subjektiv bejahten Ziels. Er ist auch der Inhalt der *Absicht*, die realisiert wird. Das heißt, dass die Absicht nicht mit dem Plan identifiziert werden sollte, der in irgendeinem Zeitabschnitt der TOTE-Sequenz der Handlung in Kraft ist. Die Pläne ändern sich, aber die Absicht bleibt gleich. Denn »die Absicht [ist] auch der allgemeine Inhalt«[89] der Hand-

87 Ebd., S. 232.
88 Ebd., S. 294.
89 *PR*, § 114, S. 215.

lung, der allen einzelnen Phasen der Handlung gemeinsam ist. Die Gewissheit der Absicht – ihre subjektive Seite bzw. das, worüber das Handlungssubjekt Autorität ausübt und durch das dem Getanen als das dem Handlungssubjekt *eigene* zugestimmt wird – ist der bejahte Zweck bzw. Vorsatz. Jedoch »[...] die Wahrheit der Absicht [die objektive Seite, worüber die anderen ebenso Autorität ausüben, R. B.] ist nur die Tat selbst«.[90]

Abgesehen von den vereinfachten Fällen ist die Tat kein punktförmiges, flüchtiges Ereignis wie etwa eine Muskelzuckung. (Und dies liegt nicht daran, dass sich ihre Folgebeschreibungen in eine unbestimmte Zukunft entfalten – was übrigens auch für das gilt, was vollbracht ist und zum selben Zeitpunkt gegeben sein wird.) Ein Buch verfassen, einen Studenten unterrichten, ein Haus bauen, ein Abendessen ausrichten: Diese besseren, repräsentativeren Beispiele für Handlungen sind Prozesse mit einer gehaltvollen temporalen, wenn auch noch nicht ausdrücklich geschichtlichen Struktur. Es ist die TOTE-Struktur eines *Zyklus* von Handlung, in dem sich der zum gegebenen Zeitpunkt gültige Plan (bejaht als der aktuelle Ausdruck einer praktischen Verpflichtung) von einer Stufe zur nächsten *verändert*. Zu jedem Zeitabschnitt in der Entwicklung der Handlung ist dem Vorsatz der jeweils laufende Plan als die konkrete, ausgearbeitete, den Zufall integrierende, bestimmt gehaltvolle praktische Norm zur Verwirklichung dieses abstrakt vorgestellten Zwecks gegeben. Der Inhalt der Absicht verhält sich also zum ganzen Prozess (bezüglich des leitenden Vorsatzes) wie der in irgendeiner Phase angewendete Plan sich zum jeweiligen Zeitabschnitt des Prozesses verhält (bezüglich ebendieses Vorsatzes). Er ist die konkrete, ausgearbeitete, den Zufall integrierende, bestimmt gehaltvolle praktische Norm zur Verwirklichung dieses abstrakt vorgestellten Zwecks, der betrachtet wird als etwas, dessen Inhalt sich

90 *PhG*, S. 130.

selbst *nicht* ändert, während sich *hingegen* seine Instanziierung in Form von Plänen ändert.[91]

Ein für dieses Projekt besonders relevantes Beispiel besteht in Hegels Absicht, die *Phänomenologie* zu schreiben. Es gibt meines Erachtens ausreichend Belege dafür, dass Hegel seinen ursprünglichen Plan für dieses Werk geändert hat.[92] Hegel scheint sich anfangs überlegt zu haben, ein Buch zu verfassen, das in drei Teile aufgeteilt ist: *Bewusstsein*, *Selbstbewusstsein* und *Vernunft*. In der »Einleitung«, die vor dem Hauptteil des Buches geschrieben wurde, sind scheinbar nur diese »Formen des Bewußtseins« vorgesehen. In der Nürnberger Fassung von 1808/1809 gehen wir direkt von einer solchen dreiteiligen Zusammenfassung in eine Zusammenfassung der *Logik* über. Die spätere Fassung als *Enzyklopädie* enthält in keinster Weise die Kapitel zum Geist, zur Religion und zum Absoluten Wissen. Die Details in den vielen, sonderbaren Inhaltsverzeichnissen scheinen für denselben Schluss zu sprechen. Laut dem ursprünglichen Plan wären »A-Bewußtsein«, »B-Selbstbewußtsein« und »C-Vernunft« die eigentlichen Überschriften gewesen. Doch C wurde in »(AA)-Vernunft«, »(BB)-Der Geist«, »(CC)-Die Religion« und »(DD)-Das Absolute Wissen« eingeteilt. Im Laufe des Verfassens des Abschnitts zur Vernunft hat er sich offensichtlich entschieden, seine Konzeption zu erweitern und die letzten drei Kapitel mit einzuarbeiten und also einen neuen Plan zu entwerfen. Fragen wir aber, ob Hegel das Buch geschrieben hat, das er ursprünglich schreiben wollte, scheint es angemessen zu sein, seine Theorie der Absicht in Betracht zu ziehen. Die Absicht, die in einem derartig erweiterten Projekt ausgedrückt wird, sollte vom Vollbrachten her abgeleitet werden – die *Absicht*, die die *Handlung* von der *Tat* aus bestimmt. Denn das Verfolgen des

91 Ebd., S. 295f.
92 Michael Forster, *Hegel's Idea of a Phenomenology of Spirit*, University of Chicago Press 1998. Siehe insbesondere das 14. Kapitel.

ursprünglichen Planes zur Realisierung des Vorsatzes – im Kontext der Zufälligkeiten, die bei der Verfolgung der Vielzahl der sekundären Ziele entstanden sind – führte zur Entwicklung des Planes, als dieser zunehmend bestimmter wurde. Hegel hätte wohl seine Freude hieran und würde meiner Lesart zustimmen, dass dieser Prozess ein Herausfinden des *wirklichen* Inhalts der Absicht war, wie er sie die ganze Zeit bereits gehabt hatte.

In diesem Fall hat sich im Verlaufe des Projekts nicht nur der *Plan*, sondern auch der *Vorsatz* geändert. Wir können annehmen, dass sich Hegel, als er das Kapitel zum Geist ansetzte, entschieden hat, seine vorherige Diskussion über empirisch begriffliche Verpflichtungen (inferentiell entwickelt aus *Spracheingangsbewegungen* in der Wahrnehmung), die normativen Subjekte dieser Verpflichtungen und die praktisch begrifflichen Verpflichtungen (inferentiell entwickelt aus *Sprachausgangsbewegungen* in der Handlung) in eine Darstellung der sozialen Strukturen (»objektiver Geist«) einzubetten, in denen die Subjekte und Verpflichtungen als Aspekte des Zyklus von individueller Wahrnehmung, Denken und Handlung erscheinen. Außerdem hat er sich dafür entschieden, die letzten zwei Kapitel hinzuzufügen, um zu zeigen, wie sich Religion, Kunst und Philosophie (»absoluter Geist«) in ihrem Verständnis von subjektivem und objektivem Geist entwickeln. Der ursprüngliche Vorsatz, eine »Wissenschaft der Erfahrung des Bewußtseins« zu schreiben (der Titel des Buches zu der Zeit, als er die »Einleitung« verfasste), wurde nun zu einem untergeordneten Element innerhalb eines umfangreicheren Vorsatzes, nämlich dem, eine »Phänomenologie des Geistes« zu schreiben. Jedes Element bleibt einem Vorsatz untergeordnet, um als Einleitung in die systematische Philosophie zu dienen, deren richtige Darstellung mit der Logik zu beginnen hat (diese Einleitung soll die Leser motivieren und vorbereiten, in die systematische Philosophie einzutauchen, und ist nicht einfach ein »erster Teil« – eine etwas irreführende Bezeichnung, für die sich Hegel später entschieden hatte). Tatsächlich können wir uns das so vorstellen, dass sich Hegels *Plan* verändert hat (also den weiterhin geltenden Vorsatz zu sichern, das System einzuleiten, mit der Logik als den angemessenen ersten Teil). Seine erste Idee bestand darin, das System *durch* das Verfassen einer »Wissenschaft der Erfahrung des Bewußtseins« einzuleiten; seine spätere Idee bestand darin, dies *durch* das Verfassen einer »Phänomenologie des Geistes« zu bewerkstelligen, in der der erste Plan als ein geeigneter Teil enthalten sein sollte.

Man beachte, dass jeder dieser Vorsätze und Pläne – einigen anderen untergeordnet bzw. in ihnen enthalten, einige während des Prozesses der Realisierung von anderen übernommen und angewendet – einen Kontext liefert, in dem wir den *funktionalen* Erfolg oder Misserfolg hinsichtlich des Unterziels bewerten können. Es ist also zum Beispiel möglich, dass es dem Kapitel zur Vernunft, so wie es verfasst wurde, *nicht gelang*, den notwendigen Beitrag zur Darlegung der »Wissenschaft der Erfahrung des Bewußtseins« zu leisten, um als angemessene Einleitung in das System zu dienen, während es andererseits darin *erfolgreich* war, den notwendigen Beitrag zur Darlegung der »Phänomenologie des Geistes« zu liefern, um dann somit als richtige Einleitung in das System zu gelten. (Ich bejahe weder die eine noch die andere Alternative, sondern weise bloß auf sie hin als interpretatorische Möglichkeiten, die innerhalb der Struktur einer Sukzessivplanung in der absichtlichen Verfolgung eines erweiterten Projekts erfassbar werden.) Angenommen, der im Kapitel zur Vernunft nächstliegende Vorsatz bestand darin, zu erklären, wie ein und derselbe Sachverhalt so anerkannt werden kann, dass er zugleich die subjektive Bedeutung *für* mich hat, also er *meiner* ist, mein *Tun*, der Inhalt *meiner* (praktischen) *Verpflichtung*, und zugleich die objektive Bedeutung hat, dass er *an sich* ist, was er wirklich ist. Hegels Erfolg oder Misserfolg, diesen Vorsatz im *gewöhnlichen* Sinn zu erfüllen, ist – hinsichtlich irgendeines größeren Unternehmens, zu dem das Kapitel möglicherweise beiträgt – im Prinzip mit dem Erfolg oder Misserfolg des Kapitels im *funktionalen* Sinn vereinbar: das Verfassen einer »Wissenschaft der Erfahrung des Bewußtseins«, das Verfassen einer »Phänomenologie des Geistes« (zum Teil *durch* das Verfassen einer »Wissenschaft der Erfahrung des Bewußtseins«) und das Einleiten in das System, *indem* man das eine oder andere oder beides tut. Im Gegensatz zum Zweck – also das, was einen »subjektiven *Wert*, *Interesse* für mich« hat – ist, wenn der nächstliegende, besondere Vorsatz in einen größeren Zusammenhang gebracht wird, Hegel zufolge

> [...] das Unmittelbare der Handlung in ihrem weiteren Inhalte zum Mittel herabgesetzt. Insofern solcher Zweck ein Endliches ist, kann er wieder zum Mittel für eine weitere Absicht usf. ins Unendliche herabgesetzt werden.[93]

Jedes größere oder neu gesetzte Ziel liefert einen neuen Zusammenhang, hinsichtlich dessen der instrumentelle Beitrag und somit der funktionale Erfolg oder Misserfolg von bereits Vollbrachtem bewertet werden kann. Diese Bewertungen sind wesentlich rückblickend – wie tatsächlich auch die Bewertungen von gewöhnlichem Erfolg oder Misserfolg beim Erfüllen des nächstliegenden Vorsatzes. Da es aber im Prinzip kein Ende beim Fortschreiten zu später nachfolgenden und größeren Vorsätzen gibt, ist es nie zu spät für die Entstehung eines neuen Zusammenhangs, innerhalb dessen ein vorher gescheitertes Projekt (im vulgären oder funktional-instrumentalen Sinn) als ein erfolgreicher Beitrag zu der Realisierung eines Planes gewertet werden kann.

Sogar das Aufgeben eines zuvor bejahten Zwecks – vielleicht als Folge seiner anhaltenden Nichterfüllung – kann, wenn er später angemessen rekontextualisiert wird, einfach die Bedeutung einer Änderung des Planes annehmen, die zur Erfüllung später nachfolgenden und größeren Vorsatzes vorgenommen wurde.

93 *PR*, § 122, S. 230.

Die Entwicklung einer Absicht durch die Änderung eines Planes beinhaltet die *Aufopferung* einiger Verpflichtungen gegenüber dem abgelehnten Plan (beispielsweise einige durch ihn bejahte Unterziele) und somit die *Identifizierung* mit anderen. In der Diskussion des Kapitels zum Selbstbewusstsein haben wir gesehen, dass der Prozess der Selbstkonstituierung selbstbewusster individueller Selbste (in einer Anerkennungsgemeinschaft) darin besteht, einige Verpflichtungen aufzugeben oder zu ändern, also einige zugunsten anderer nichtvereinbarer Verpflichtungen aufzuopfern, mit welchen man sich nun identifiziert. Wir sind jetzt in der Lage zu erkennen, dass eine absichtliche Handlung ein Prozess ist, der eben genau diese *selbst*konstituierende Struktur aufweist. Der Prozess des Durchführens einer Absicht ist ein Prozess der *Selbstbestimmung* oder der *Selbstkonstituierung*: Indem man sich mit einigen Verpflichtungen identifiziert und andere ablehnt, macht man sich zu einem bestimmt (bzw. noch weiter bestimmten) gehaltvollen Selbst. Deshalb ist das Subjekt »*die Reihe seiner Handlungen*«[94] und die Individualität »der Kreis ihres Tuns«:[95] »Das Individuum kann daher nicht wissen, was *es ist*, ehe es sich durch das Tun zur Wirklichkeit gebracht hat.«[96] Zugleich ist ebenderselbe Prozess bzw. die Ausübung absichtlicher Handlungsfähigkeit das Aussprechen selbstbewusster Individualität. Das Wesen des Werks ist »ein Sich-Aussprechen der Individualität«.[97]

Aussprechen ist ein Prozess, in dem das Implizite explizit gemacht wird. »Das Werk ist die Realität, welche das Bewußtsein sich gibt; es ist dasjenige, worin das Individuum das für es ist, was es *an sich* ist [...].«[98] Das Implizite ist eine bestimmt gehalt-

94 Ebd., § 124, S. 233.
95 *PhG*, S. 232.
96 Ebd., S. 297.
97 Ebd., S. 299.
98 Ebd., S. 300.

volle praktische Verpflichtung, und ihre explizite Form ist die wirkliche Tat. Der Satz fährt fort: »[...] und so, daß das Bewußtsein, *für welches* es in dem Werke wird, nicht das besondere, sondern das *allgemeine* Bewußtsein ist [...].« Auch wenn die Tat dem Handlungssubjekt *eigen* ist (das heißt ein Ausdruck der impliziten Verpflichtungen dieses Subjekts), insofern das Subjekt über sie Autorität ausübt – durch die Zustimmung zu bzw. die Bejahung von einem Vorsatz oder die Opferung und Identifikation, die es bei der Ausarbeitung einer Absicht im Verlaufe der Verwirklichung des Vorsatzes macht –, ist die dabei ausgeführte Tat dennoch öffentlich und allen zugänglich. Beim Bestimmen des Inhalts der beabsichtigten Tat haben die Folgebeschreibungen des Handlungssubjekts nicht mehr Autorität als diejenigen anderer. Ganz allgemein kann für Hegel Inhalt nur vom Standpunkt seines *expliziten* Ausdrucks als *implizit* zugeschrieben werden. Deshalb erschließt die Tat die Absicht. Um dieses Paradigma der expressiven Beziehung zu verstehen, verwenden wir unsere über die Handlungsfähigkeit gewonnene Einsicht: der Unterschied der Form, die ein und denselben Inhalt in der Absicht und der Tat annimmt. Ein wichtiges Orientierungskriterium für Adäquatheit findet sich in dem zentralen Abschnitt, auf welchen Hegel im vorangegangenen Kapitel bei der Einführung des Gedankens rekurriert hat:

> Das Tun verändert nichts und geht gegen nichts; es ist die reine Form des Übersetzens aus dem *Nichtgesehenwerden* in das *Gesehenwerden*, und der Inhalt, der zutage ausgebracht wird und sich darstellt, nichts anderes, als was dieses Tun schon an sich ist. Es ist *an sich*: dies ist seine Form als *seiende* Einheit; es selbst ist *Inhalt* nur in dieser Bestimmung der Einfachheit gegen die Bestimmung seines Übergehens und seiner Bewegung.[99]

99 Ebd., S. 293f.

Wir haben nun einige Teile der Feinstruktur absichtlicher Handlung als Übergehen und Bewegung entfaltet. Was gewinnen wir durch dieses Modell des Ausdrückens für unser Verständnis der anderen Seite, der notwendigen Identität des Inhalts in zwei verschiedenen Formen (die vom Handlungsbegriff beinhaltete Einheit)?

Wir können mit folgender Beobachtung beginnen: Wenn Handlungsfähigkeit notwendigerweise als Ausdruck selbstbewusster Individualität verstanden wird, so kann das individuelle Selbstbewusstsein, welches sich selbst ausdrückt, indem es die Erfüllung seiner praktischen Verpflichtungen anstrebt, als eine Art von übergreifendem Zweck oder Vorsatz gedacht werden, zu welchem man einfach durch die Ausübung von Handlungsfähigkeit implizit verpflichtet ist.

> Es ist also *das Tun und Treiben der Individualität Zweck an sich selbst*; [...] ist unmittelbar diese Gegenwart und Wirklichkeit des Prozesses der Individualität.[100]

> [D]as Tun ist an ihm selbst seine Wahrheit und Wirklichkeit, und die *Darstellung* oder das *Aussprechen der Individualität* ist ihm Zweck an und für sich selbst.[101]

An dieser Stelle ist es nun wichtig, dass das Ziel, insofern wir es als ein übergreifendes Ziel auffassen, dem jedes Tun instrumental untergeordnet wird, so charakterisiert wird, dass das Handlungssubjekt beim Erreichen *dieses* Ziels »keinen Widerstand an einer entgegengesetzten Wirklichkeit mehr findet«. Denn von diesem Standpunkt aus ist das Selbstbewusstsein

100 Ebd., S. 291.

101 Ebd., S. 292f. Siehe auch S. 311, wo Hegel über die »positive Bedeutung« der »ursprünglich-*bestimmte*[n] Natur des Individuums« spricht, die darin besteht, »*an sich* das Element und der Zweck seiner Tätigkeit zu sein«.

> Realität als unmittelbar sich aussprechende Individualität, die keinen Widerstand an einer entgegengesetzten Wirklichkeit mehr findet und der nur dies Aussprechen selbst Gegenstand und Zweck ist.[102]

Denn das *Aussprechen selbstbewusster Individualität* ist nicht etwas, bei dem man scheitern kann. Es stellt einen Teil des Begriffs der Handlungsfähigkeit dar, nach welchem alles, *was immer* man tut, der explizite Ausdruck dessen *ist*, was das individuelle Handlungssubjekt implizit ist. Schaut man aus der Perspektive des *Verstandes* auf die vulgäre, *endliche* Vorstellung von Erfolg und Misserfolg, erscheint die Wirklichkeit in Form hartnäckiger Widerspenstigkeit: undurchsichtig gegen die Erkenntnis zufälliger Folgen und widerständig gegen die Realisierung bestimmter Vorsätze. Die von der Handlung beinhaltete Entzweiung steht im Vordergrund. Im Gegensatz dazu erscheint die Wirklichkeit – von jenem Standpunkt aus betrachtet, der uns erlaubt, den Ausdruck individuellen Selbstbewusstseins an seinen Taten und seinem Werk als einen Vorsatz zu behandeln, bezüglich dessen der instrumentale Beitrag bestimmter Vorsätze bewertet werden kann – als ein *durchsichtiges Medium* des Selbstaussprechens.

> Das Element, worin die Individualität ihre Gestalt darstellt, hat die Bedeutung eines reinen Aufnehmens dieser Gestalt; es ist der Tag überhaupt, dem das Bewußtsein sich zeigen will.[103]

Von diesem Standpunkt aus betrachtet, ist objektive Wirklichkeit eben das Medium des Selbstaussprechens. Das Aussprechen entspricht bezüglich der Handlungsfähigkeit der Verwirk-

102 Ebd., S. 270.
103 Ebd., S. 293.

lichung. Das, was man *für sich* implizit ist, wird explizit etwas Wirkliches – etwas mit einer Natur *an sich*, etwas, das in dieser Form *für* andere sowie für sich selbst zugänglich wird.

Das explizite Aussprechen des impliziten Seins eines individuellen Selbstbewusstseins im Medium der Wirklichkeit ist nicht nur ein weiterer bestimmter Vorsatz (den ein Handlungssubjekt bejahen oder nicht bejahen würde), der sich auf derselben Ebene befindet wie *das Verfassen der Phänomenologie des Geistes*, *das Hausbauen* oder *das Ausrichten eines Abendessens.* Dieses Aussprechen ist offenbar ein Phänomen zweiter Ordnung, wie der »Vorsatz«, die eigenen Vorsätze zu erfüllen. Auch diesen Vorsatz könnte jedes absichtsvolle Handlungssubjekt implizit bejahen; im Unterschied zum Selbstaussprechen ist seine Erfüllung allerdings nicht garantiert. Beide sind im Grunde Möglichkeiten, um über die Struktur von Handlungsfähigkeit als solche zu reden, anstatt über etwas, das für irgendeine bestimmte Ausübung derselben typisch ist.

Hat es aber überhaupt einen Sinn, das Selbstaussprechen und damit die Selbstverwirklichung als einen Zweck aufzufassen – vor allem angesichts der Tatsache, dass man bei seiner Realisierung nicht scheitern kann? Ist es nicht einfach eine irreführende *façon de parler*? Hegel scheint es darum zu gehen, wie man das Reich des Objektiven auffasst bzw. die wirkliche, konkrete und zufällige Beschaffenheit der Dinge an sich, welche seiner Ansicht nach diese expressive Sprache eröffnet: als die Rohmaterialien des Künstlers, das Medium, das Theater des Selbstaussprechens und Selbstrealisierens. Das Explizieren dieser Sprache des Aussprechens durch Verwirklichung in der Ausübung absichtsvoller Handlungsfähigkeit vollendet den dreistufigen metabegrifflichen Fortschritt unseres Verständnisses der Beziehung zwischen der subjektiven Sprache der Gewissheit und der objektiven Sprache der Wahrheit. Er beinhaltet die aufeinanderfolgenden Behauptungen:

1) Begriffsrealismus: die ontologische Gleichartigkeit des Inhalts zwischen dem Sein der Dinge *an sich* und ihrem Sein *für* das Bewusstsein. Beide sind begrifflich strukturiert, das heißt durch Unvereinbarkeiten und Folgerungen gegliedert (Vermittlung und bestimmte ausschließende Negation). (Man beachte, dass die Dinge in dieser These nicht mit Ideen identifiziert werden, da der begriffliche Inhalt jene zwei unterschiedlichen Formen annehmen kann.)
2) Objektiver Idealismus: die wechselseitige Abhängigkeit des Sinns der Begriffe, mit denen wir objektive Beziehungen von Unvereinbarkeit und Folgerung einerseits und andererseits subjektive Prozesse des Beseitigens von Unvereinbarkeiten und Ziehens von Inferenzen charakterisieren. (Man beachte, dass, insofern die Abhängigkeit des Sinns keine Abhängigkeit der Referenz nach sich zieht, die objektive Welt nicht von ihrer eigenen Existenz abhängt, beispielsweise kausal von der Existenz der Denkprozesse.)
3) Begriffsidealismus: Die Konstellation von objektiven, begrifflich gliedernden Beziehungen und subjektiven, begrifflich gliedernden Prozessen sollte zunächst in Bezug auf die erinnernde Phase jenes *Prozesses* verstanden werden, der dem Zyklus absichtlicher Handlung entspricht (Wahrnehmung-Denken-Handlung-Wahrnehmung), und nur sekundär in Bezug auf die von diesem Prozess hervorgerufenen Beziehungen. (Man beachte, dass mit dieser These, insofern sie an unser *Verständnis* von Inhalten gerichtet ist, die durch subjektive Prozesse gegliedert werden, bzw. an unser Verständnis von Inhalten, die durch objektive Beziehungen gegliedert werden, und obwohl sie in der Sprache der »Vorrede« in Bezug auf die Auffassung von »Substanz als Subjekt« ausgedrückt werden kann – welche allerdings besser als eine Auffassung von »Substanz-und-Subjekt nach dem Modell der Tätigkeit von Subjekten« zu bezeichnen wäre –, unbeseelte Wesen *nicht* als bewusst gedeutet werden.)

Die von uns untersuchte Auffassung stellt die Fähigkeit zum absichtsvollen Handeln, und somit selbstbewusste Individualität, *an sich* dar – beziehungsweise *für uns*, als Hegels phänomenologisches Publikum. Wenn das, was das Selbstbewusstsein implizit ist, explizit das wird, was das Selbstbewusstsein *für sich* ist, dann gilt Folgendes:

> Das Selbstbewußtsein hat jetzt den Begriff von sich erfaßt, der erst nur der unsrige von ihm war, [...] nämlich die Bestimmung *des für sich seienden* oder *negativen* Selbstbewußtseins, in welcher die Vernunft auftrat [die gewöhnliche, endliche Vorstellung von Handlung als Erfolg oder Misserfolg im vulgären Sinn, R. B.], aufgehoben; *es fand* eine *Wirklichkeit* vor, die das Negative seiner wäre und durch deren Aufheben es erst sich seinen *Zweck* verwirklichte. Indem aber *Zweck* und *Ansichsein* [der Inhalt einer subjektiv bejahten praktischen Verpflichtung, R. B.] als dasselbe sich ergeben hat, was das *Sein für Anderes* und die *vorgefundene Wirklichkeit* [die objektiven Umstände und das Vollbrachte, R. B.] ist, trennt sich die Wahrheit nicht mehr von der Gewißheit [...] sondern das Wesen und der Zweck an und für sich selbst ist die Gewißheit der unmittelbaren Realität selbst, die Durchdringung des *Ansich-* und *Fürsichseins,* des Allgemeinen und der Individualität [...].[104]

Die absichtsvolle Handlungsfähigkeit als das explizite Aussprechen im Medium der Wirklichkeit der implizit eingestandenen Verpflichtungen liefert uns ein Modell, anhand dessen wir den Prozess verstehen können, in welchem Allgemeinheit und Besonderheit Individualität hervorrufen.

> [D]enn die Individualität ist gerade die *Verwirklichung* des Ansichseienden [...] sie ist vielmehr die Verkehrung dessel-

104 Ebd., S. 292.

ben [des Guten], als eines bloßen Zwecks, in die Wirklichkeit: die Bewegung der Individualität ist die Realität des Allgemeinen.[105]

Ein abstrakter, idealer, bloß allgemein beschreibbarer Zweck oder Vorsatz – ein *Allgemeinbegriff* – im Kontext *besonderer*, zufälliger, wirklicher Zustände definiert eine bestimmte demonstrativ spezifizierbare Tat (einen Vollzug bzw. ein Vollbrachtes), die einen *individuellen* Inhalt aufweist, das heißt eine durch Allgemeinheit charakterisierte Besonderheit. Die subjektive Form dieses Inhalts auf der Seite der Gewissheit bzw. die individuelle Absicht wird mit seiner objektiven Form auf der Seite der Wahrheit bzw. der individuellen Tat durch den Prozess der Selbstentwicklung, des Selbstaussprechens und der Selbstverwirklichung des individuellen Selbstbewusstseins verknüpft. Der Allgemeinbegriff (der Vorsatz), der diesen Prozess als eine Norm bestimmt, ist die implizite *Notwendigkeit*, welche im Aufnehmen der *Zufälligkeit* der Situation, der verfügbaren Mittel, der Mächte (und so weiter) explizit wird.

Hiermit haben wir der Behauptung Genüge getan, dass für die Erklärungsansprüche der expressiven Sprache zur Charakterisierung der Handlungsfähigkeit sehr viel auf dem Spiel steht. Das Adäquatheitskriterium, das sicherstellt, dass das expressive Modell funktioniert, geht auf die ursprüngliche Charakterisierung zurück, nach der es das Paradigma der holistischen Identität ist, die durch Verschiedenheit gegliedert wird. Wir müssen verstehen, warum begriffliche Inhalte – die den Absichten und dem wirklich Vollbrachten gemeinsam sind – wesentlich und prinzipiell in zwei komplementären Formen auftauchen. Vorausblickend, vom Standpunkt des ursprünglich bejahten Vorsatzes aus, ist die Bewegung vom Impliziten zum Expliziten eine *Veränderung*. Der Inhalt der Absicht entwickelt sich, und wird da-

105 Ebd., S. 290f.

bei zunehmend bestimmter unter dem Einfluss wirklicher Umstände, in welchen die Absicht realisiert wird, indem Pläne formuliert, umgesetzt, abgeändert oder ersetzt werden. Rückblickend, vom Standpunkt des schließlich erreichten Ergebnisses aus, ist die Bewegung vom Impliziten zum Expliziten eine *Offenbarung* des Inhalts einer Absicht, der die ganze Zeit über anwesend war, allerdings implizit (in einem erst rückblickend erkennbaren Sinn). Die Frage lautet nun, wie die Bestimmtheit begrifflichen Inhalts verstanden werden sollte, damit diese zwei Aspekte als zwei Seiten ein und derselben Medaille erscheinen: als wesentliche, wechselseitig voraussetzende Perspektiven des *einen* grundlegenden Prozesses des begrifflichen Inhalts.

12. Erinnerung, Repräsentation und Handlungsfähigkeit

I. *Hegels und Freges Verständnis von Sinn und Referenz*

Entsprechend meiner Behauptung des »Begriffsidealismus« sollten die Beziehungen zweiter Ordnung zwischen dem objektiven Sein der Dinge *an sich* und den erfahrungsbezogenen Prozessen, in denen die Dinge als etwas *für* das Bewusstsein erscheinen, als Erstes in Bezug auf diese subjekt-konstituierenden, empirisch-praktischen Prozesse verstanden werden, also als Erfahrung, die, nun aufgefasst als der Zyklus von Erkennen-und-Handeln, ihren Höhepunkt in der erinnernd-rationalen Rekonstruktion von Erfahrung erreicht. Laut dieser These besteht eine asymmetrische Erklärungskraft zwischen subjektiven Prozessen und objektiven Beziehungen. Dieser Vorrang folgt auf die symmetrischen Beziehungen der wechselseitigen Abhängigkeit des Sinns (bzw. wird er diesen Beziehungen hinzugefügt und auf sie aufgebaut), die unter dem Titel »objektiver Idealismus« diskutiert wurden. Laut Hegels Deutung entsprechen die Beziehungen zwischen dem Sein der Dinge für das Bewusstsein und dem Sein der Dinge an sich den Beziehungen zwischen Phaenomena und Noumena, zwischen Erscheinung und Wirklichkeit. Im Folgenden möchte ich die Doktrin des Begriffsidealismus erläutern, und zwar, indem ich ein Verständnis von Erinnerung aufzeige, in der diese Doktrin für eine

Auffassung der Beziehungen zwischen *Sinn* und *Referenz* einsteht.

Die Rede von Phänomenen, von der Art und Weise, wie Dinge uns erscheinen, von ihrem Sein *für* uns, ist die Rede von unserem Verständnis, das wir von ihnen haben, wenn wir im Urteilen und Handeln Begriffe auf sie anwenden. Um zu begreifen, was uns die Gegenstände und ihre Beziehungen aufzeigen, also was sie zu etwas *für* uns werden lässt, verwendet Frege den Ausdruck »Sinn«. Indem wir diese Sinne begreifen, also fregesche Gedanken haben, stehen wir in *referentiellen* Beziehungen zu diesen Gegenständen und Beziehungen. Die durch diese Sinne bestimmten und uns aufgezeigten *Referenzgegenstände* sind die objektiven Dinge und Beziehungen, auf die unsere Gedanken und (somit) unsere Urteile *Bezug nehmen*. Dass wir im Reden und Denken auf die Referenzgegenstände Bezug nehmen und auf sie reagieren, heißt, dass diese Dinge und ihre Beziehungen die Maßstäbe setzen, anhand derer wir die normative Bewertung der Wahrheit unserer Urteile vornehmen und die materiale Richtigkeit unserer Inferenzen und des Erfolgs unserer Handlungen prüfen. Die Beschaffenheit der Dinge *an sich* (Noumena, Realität) bestimmt, wie sie *für* das Bewusstsein sein *sollte* (Phaenomena, Erscheinung). Unsere Urteile sollten also für die wirkliche Beschaffenheit der Dinge bzw. für das, woraufhin wir urteilen, konjunktivisch responsiv sein. Wären es andere Referenzgegenstände, wären die Inhalte unserer Urteile andere. Bilden wir Hegels semantisches Vokabular angemessen auf ein zeitgemäßes neofregesches Vokabular ab, so lässt sich erkennen, dass Hegel eine neuartige, möglicherweise wertvolle, expressive Erklärung der Beziehungen zwischen den Begriffen SINN und REFERENZ liefert. Diese Erklärung wird den im 7. Kapitel vorgenommenen theoretischen Rekurs auf sichtlich nichthegelsche Begriffe rechtfertigen, mit deren Hilfe wir Hegels Ansichten in Form der Begriffe ABHÄNGIGKEIT DES SINNS und ABHÄNGIGKEIT DER REFERENZ explizit gemacht haben.

Die Begriffe SINN und REFERENZ (Bedeutung) sind Freges theoretische Deutung von zwei semantischen Dimensionen, die uns bereits bekannt sind von unserer gewöhnlichen, vorsystematischen Art und Weise, über das Reden und das Denken zu reden und nachzudenken. Wir unterscheiden zwischen dem, *was* wir sagen und denken, und dem, *worauf* wir uns im Reden und Denken *beziehen*. Die erste Dimension betrifft den in einer Äußerung *ausgedrückten Inhalt* und wird paradigmatisch durch die Verwendung eines »dass«-Satzes vermittelt: »Er sagte, dass Goethe vor allem stolz auf das war, was ihm am wenigsten gelang.« Die zweite Dimension betrifft das, was dabei *repräsentiert* wird, das, was gewisse Eigenschaften hat oder in gewissen Beziehungen steht. Dies wird paradigmatisch durch die Verwendung von Ausdrücken wie »von« und »über« vermittelt: »Er dachte über Goethes wissenschaftliche Arbeiten zum Thema Farben nach.« Um beide Gattungen aufzurufen, wird der Begriff »Intentionalität« in der heutigen philosophischen Redeweise oftmals generisch verwendet. Dies lässt sich beispielsweise daran ablesen, wie Searle das Thema seines Buchs *Intentionalität* skizziert: »Wenn ein Zustand Z intentional ist, [muss es] eine Antwort auf die Fragen wie die folgenden geben: Worum geht es in Z? Wovon handelt Z? Durch welchen daß-Satz ist Z näher bestimmt?«[1] Eine zentrale Aufgabe von semantischen Theorien besteht in der Erklärung, wie sich »dass«-Intentionalität und »von«-Intentionalität zueinander verhalten.

Frege zufolge werden Sinne – also das, was wir in erster Instanz *verstehen* – durch Wörter *ausgedrückt*. Die Sinne von Behauptungssätzen sind Gedanken, also Dinge, die als wahr oder falsch bewertet werden können. Damit dies gelingt, müssen beim Ausdrücken eines Sinns Wörter Referenzgegenstände *repräsentieren*, also jene Dinge, *über* die dabei geredet oder nachgedacht

1 John R. Searle, *Intentionalität – Eine Abhandlung zur Philosophie des Geistes*, Frankfurt/M. 1991, S. 16.

wird. Die Sinne legen die Referenzgegenstände semantisch fest und bestimmen sie. Aufgrund dieser semantischen Beziehung haben Sinne den *erkenntnistheoretischen* Stellenwert, die *Arten des Gegebenseins* ihrer Referenzgegenstände zu sein. Dementsprechend sind sie das *Repräsentierende* des *Repräsentierten*. Worauf der durch ein Wort ausgedrückte Sinn Bezug nimmt, was von ihm repräsentiert wird, worauf er sich bezieht, entspricht dem, was den Wahrheitswert der Gedanken festlegt, die durch die Sätze ausgedrückt werden, in denen dieses Wort vorkommt. Das Urteilen, also einen Gedanken als wahr zu betrachten, heißt, die Dinge so zu betrachten, wie die Sinne sie vorstellen. Frege zufolge ist das Urteilen das »Fortschreiten von einem Gedanken zu seinem Wahrheitswert«.

Das, was repräsentiert wird und worauf wir redend und denkend Bezug nehmen, indem wir Begriffe im Urteilen und Handeln anwenden, ist das Sein der Dinge an sich, die wirkliche Beschaffenheit der Dinge. Die Inhalte des Repräsentierenden, das von uns Ausgedrückte und Begriffene, das, was diese repräsentierten Dinge uns präsentiert, ist das Sein der Dinge *für* uns, das heißt, wie sie uns erscheinen. Phaenomena sind (*für*) uns Erscheinungen *von* Noumena, also vom wirklichen Sein der Dinge an sich, unabhängig von jeglicher Betrachtung ihrer Beziehung zu uns (einschließlich ihrer Erscheinung uns gegenüber). In der *Wissenschaft der Logik* gilt die »Wesenslogik« (die zweite Phase der Logik), wenn eine Unterscheidung zwischen Sein und Schein, zwischen Wirklichkeit (Sein) und Erscheinung besteht. (Die dritte und abschließende Phase, die so genannte »Begriffslogik«, tritt ein, wenn man sich *Entwicklungsreihen* der Sein/Schein-Unterscheidung anschaut; genau hierauf läuft unsere Darstellung hinaus.) Hegel präsentiert seine Erklärung von den Beziehungen zwischen Phaenomena und Noumena, zwischen dem Sein der Dinge für das Bewusstsein und dem Sein der Dinge an sich, zwischen Erscheinung und Wirklichkeit, zwischen Subjektivität und Objektivität, auf einer metatheoretischen Ebene, in der Form einer *Phänomenologie*. Wir beginnen also bei der Art und Weise, wie uns diese Beziehungen *erscheinen*, also mit den verschiedenen philosophischen und logischen Ausdrucksweisen, die wir eigentlich in unserem Versuch verwendet haben, um diese Beziehungen zu verstehen. Das schlussendliche adäquate Verständnis der *Wirklichkeit* – also wie die Dinge zwischen ihrem Sein für das Bewusstsein und ihrem Sein an sich *wirklich* stehen (eine Ansicht, die den verschachtelten Lehren des Begriffsrealismus, objektiven Idealismus und Begriffsidealismus folgt) – sollte sich aus der Betrachtung der *dynamischen* Merkmale der expressiven *Entwicklung* dieser Erscheinungen (»Gestalten des Bewusstseins«) entwickeln, und zwar als rückblickend und rückwirkend erinnerte Merkmale. Eines der grundlegendsten Prinzipien, das die von mir vorgestellte Interpretationsstrategie des »semantischen Abstiegs« strukturiert, besteht darin, dass sich dieses Charakteristikum von Hegels Behandlung der *philosophischen* Begriffe in jener Einsicht widerspiegelt, die wir in Bezug auf die Funktionsweise *gewöhnlicher* empirisch-praktischer Begriffe der unteren Stufe erreichen sollten.

Die Anwendung von Begriffen im Urteilen und Handeln ist seiner Auffassung nach *phänomenologisch*, insofern sie den beiden grundlegenden semantischen Dimensionen eine Erklärungsasymmetrie auferlegt. Wir sollten mit Phänomenen anfangen, das heißt mit der Beschaffenheit der Dinge *für* das Bewusstsein, also wie sie (uns) *erscheinen*, das heißt mit den Inhalten, die wir begreifen und ausdrücken. Die Idee, dass die Dinge auf eine Weise *wirklich an sich* sind, der Begriff des Repräsentier*ten* bzw. dessen, *worauf* wir denkend und redend Bezug nehmen, wenn wir diese Inhalte begreifen und ausdrücken, sollte hinsichtlich der Merkmale dieser Inhalte verstanden werden. Die repräsentationale Dimension der Begriffsverwendung sollte erklärt werden hinsichtlich der Betrachtung und Behandlung von begrifflichem Inhalt *als* Repräsentierendes, das heißt als Repräsentierendes *für* uns. Referenz (Bedeutung) sollte als ein Aspekt von Sinn erklärt werden. Der Kern von Hegels spezifischer Semantik von Sinn und Referenz (Bedeutung) besteht darin, die Idee von NOUMENA anhand der Merkmale des geschichtlichen Verlaufs zu explizieren und auszuarbeiten, in welchem Phänomene (begriffliche Inhalte) bestimmt werden und sich entwickeln. Natürlich sind die beiden grundlegenden semantischen Begriffe Sinn und Referenz (Bedeutung) für Frege nicht unabhängig voneinander, so dass sie formal verbunden, als ob einfach nur zusammengeschraubt, eine verständliche Theorie ergeben würden. Einerseits präsentieren Sinne Referenzgegenstände für das Subjekt, das die Ausdrücke dieser Sinne verwendet. Andererseits bestimmen die Sinne die Referenzgegenstände semantisch. Eine der begrifflichen Herausforderungen der durch Frege geprägten semantischen Theorien betrifft die Erklärung, was die erkenntnistheoretisch-semantischen Beziehungen ausmacht und wie sie als Aspekte der *einen* Beziehung zwischen Sinn und Referenzgegenstand in Einklang zu bringen sind. Hegels Semantik und vor allem ihre erinnernde phänomenologische Auffassung von Repräsentation scheint mir im zeitgenössischen philosophischen Kontext besonders interessant, da sie eine neuartige Antwort auf die herausfordernde Frage zu geben vermag, wie *repräsentationale Beziehungen* anhand von *expressiven Prozessen* erklärt werden können, in denen das Implizite immer expliziter wird.

Natürlich ist Hegels Verständnis von dem, was dem fregeschen Begriff von SINN entspricht, in entscheidender Weise anders als Freges Verständnis. Zunächst einmal ist Hegel ein *Holist* hinsichtlich der begrifflichen Inhalte, die wir im Denken begreifen und im Reden und Handeln ausdrücken. Wir haben gesehen, dass für Hegel die begrifflichen Inhalte über ihre Stellung in einem Netzwerk identifiziert und individuiert werden, das durch Beziehungen materialer Unvereinbarkeit und (somit) materialer Inferenz (bestimmte Negation und Vermittlung) gegliedert ist. Sie zu begreifen heißt, erstens die Fähigkeit zu besitzen, sich in diesem Netzwerk gemäß den Beziehungen zu bewegen, zweitens ihre normative Kraft im Erfahrungsprozess einzugestehen, in welchem unvereinbare praktische Verpflichtungen und Erkenntnisverpflichtungen aufgelöst werden und sich entsprechende neue inferentielle Folgerungen ergeben, und drittens im Handeln und Urteilen wiederkehrend Pläne auszuarbeiten, zu verfolgen und entsprechend anzupassen. Die begrifflichen Inhalte der Urteile und Absichten (vgl. »[E]s kann von ihr [der Tat] *gesagt* werden, was *sie ist.*«[2]), das heißt die Weisen, wie Dinge *für* das Bewusstsein explizit sein können, sind nicht in einer Reihenfolge oder in einer statischen Momentaufnahme verständlich – also nicht unabhängig von ihren Rollen in den relationalen Netzwerken und Prozessen des praktischen Eingestehens von Irrtum und Misserfolg. Dagegen sind viele neofregesche Theorien, wie auch immer es bei Frege selbst sein mag, in Bezug auf Sinne durchaus atomistisch.

Ein weiterer wichtiger Unterschied besteht darin, dass Frege Sinne ausschließlich im Kontext *erkenntnistheoretischer* Praxis behandelt, paradigmatisch im Kontext des Urteilens. Wie wir aber im 11. Kapitel gesehen haben, interessiert sich Hegel mindestens ebenso sehr für die durch *praktische* Tätigkeit instituierten Beziehungen zwischen der Beschaffenheit der Dinge *für* das Bewusstsein und der Beschaffenheit der Dinge *an sich*. In diesem Fall ist die Tat *für* das Handlungssubjekt eine Frage des *Zustimmens* zur Verantwortung durch die Bejahung von *Zwecken*, kraft derer die Tat Spezifikationen aufweist, unter welchen sie *absichtlich* ist. Für die anderen besteht die Tat in der Zuschreibung einer Verantwortung durch ein mögliches Publikum, die darauffolgend mit dem Terminus der *Folge* spezifizierbar ist. Dass ebendieselbe Tat (an sich) in Bezug auf ihr Sein *für* das Handlungssubjekt und *für* andere, sowohl *voraus*blickend im Zweck als auch *rück*blickend in den Folgen, herausgegriffen werden kann – dass diese zwei Sinne denselben Referenzgegenstand her-

2 *PhG*, S. 243.

ausgreifen können –, ist die Grundlage der Identität-in-Verschiedenheit, und damit des Erfahrungsprozesses, dessen Struktur im Kapitel zur Vernunft sichtbar wird als ein Zyklus von Erkennen-und-Handeln. Die Tatsache, dass eine Folgespezifikation ein Aspekt des Seins der Tat *an sich* und zugleich ein Aspekt ihres Seins *für* andere, und zwar auch *für* das Handlungssubjekt selbst, sein kann, deutet auf ein weiteres wichtiges, spezifisches Merkmal von Hegels Deutung hin.

Ein weiterer zentraler Unterschied zwischen Freges und Hegels Deutung von SINN und REFERENZ betrifft deren kategoriale Heterogenität bzw. Homogenität. Frege zufolge sind Sinne und Referenzgegenstände verschiedene *Arten* von Dingen. Sinne sind nicht etwa wie Kristalle, Karotten, Katzen und komplexe Zahlen, aus denen die Welt besteht, von der wir reden. Gedanken und andere Ausdrücke von Sinnen befinden sich in einem eigenen »Sinnesreich«, einer dritten Welt von unmittelbar erfassbaren bzw. verständlichen Gegenständen, die weder mit den subjektiven Ideen noch mit den objektiven Dingen der wirklichen (kausalen) oder logischen Ordnungen identifiziert werden sollten. Uns wird nicht viel über den Seinsstatus von Sinnen erzählt, obwohl sie offensichtlich in Inferenz- und Unvereinbarkeitsbeziehungen zueinander stehen können. Frege sagt aber explizit, dass sie ontologisch *sui generis* sind und sich ihr Reich (größtenteils) vom Reich der Bedeutungen unterscheidet.[3]

Laut Hegel allerdings können die Dinge *für* das Bewusstsein genau das sein, was sie *an sich* sind. Noumena sind eine Art von Phaenomena. Sie sind kategorial *homogen*, also dieselbe Art von Dingen. Denn laut dem Grundsatz des Begriffsrealismus von Hegel sind beide *begrifflich* gegliedert, das heißt, sie stehen in Beziehungen materialer Unvereinbarkeit und materialer Inferenz.

3 Nur »größtenteils«, da der gewöhnliche Sinn eines Ausdrucks in Freges Auffassung zu einem Referenzgegenstand wird, wenn der Ausdruck im Kontext einer indirekten Rede vorkommt.

In der »Einleitung« warnt uns Hegel vor einer Deutung des subjektiven Reichs der Gewissheit und des objektiven Reichs der Wahrheit, die eine letztendlich nicht mehr zu überbrückende Verständlichkeitslücke entstehen lassen würde – eine Lücke, mit der es in fregeschen Termini nicht mehr länger verständlich sein würde, wie Sinne erkenntnistheoretische Modi sein können, in denen die Gegenstände den Subjekten präsentiert werden, und wie Sinne semantisch bestimmen können, von welchem Repräsentiertem sie Repräsentierendes sind. Hegels erster Schritt besteht darin, einen Begriff von begrifflicher Gliederung zu entwickeln, der sowohl für die Welt gilt, in der wir handeln, auf die wir einwirken und von der wir etwas wissen, als auch für die Gedanken, die wir über diese Welt haben. Beide Arten von Dingen haben dementsprechend die richtige Art von Gestalt, um begriffen oder verstanden zu werden – allerdings nicht *unmittelbar*, denn die Vermittlung ist eine Frage der materialen Inferenz- und Unvereinbarkeitsbeziehungen zwischen dem Begreifbaren überhaupt. Dies ist der Ursprung von Hegels Holismus.

Die fregesche Theorie schweigt sich mehr oder weniger darüber aus, wie wir das Begreifen eines Sinnes verstehen sollten. Bei den durch subsententiale Zeichen ausgedrückten Sinnen geht es darum zu verstehen, wie sie zu dem Sinn des Behauptungssatzes (fregesche Gedanken) beitragen, in dem sie vorkommen. Das Begreifen dieser sententialen Sinne scheint zumindest hinreichend dafür zu sein (und letztendlich gerade darin zu bestehen), ihre Verwendung beim Ausdrücken solcher Gedanken im Urteilen und Schlussfolgern zu beherrschen. (Sellars behauptet, dass das Begreifen eines Begriffs nichts anderes als das Beherrschen der Verwendung eines Wortes ist.) Laut dem hier angedeuteten hegelschen Ansatz bedeutet das Begreifen von begrifflich gegliederten Sinnen (also dass sie *dem* Subjekt sind, wie die Dinge *für* das Bewusstsein sein können), ihre begrifflichen Beziehungen zu anderen Inhalten praktisch als Normen zu behandeln, durch die die richtige Entwicklung erfahrungsbezogener

Prozesse bestimmt wird: Sie liefern die Maßstäbe, um Irrtümer und Misserfolge zu identifizieren, und die Beschränkungen für die angemessenen Reaktionen auf solche Identifikationen. Natürlich lassen sich innerhalb der Gattung des begrifflich Gegliederten weiterhin spezifische Unterschiede zwischen Denkakten und der gedachten Welt ausmachen. Die Akte des Begreifens von Inhalten sind Elemente erfahrungsbezogener Prozesse; die begriffenen Inhalte sind Elemente relationaler Strukturen. Diese Unterscheidungen sind die Rohmaterialien, die in den späteren theoretischen Schritten des hylemorphistischen Begriffsrealismus und hylemorphistischen objektiven Idealismus angewendet werden. Nichtsdestotrotz werden aber sowohl das Begriffene als auch das Repräsentierte als begrifflich gegliedert verstanden. Die auf der Metaebene sich befindende wechselseitige Abhängigkeit des Sinns zwischen dem Begriff einer objektiven Welt, der durch begriffliche Beziehungen materialer Unvereinbarkeit und Inferenz gegliedert wird, und dem Begriff der subjektiven Tätigkeit, der durch begriffliche Prozesse des Zustimmens zu und Reagierens auf Verpflichtungen in der Erfahrung von Unvereinbarkeit und Folgerung gegliedert wird, zeigt, dass diese beiden Begriffe komplementäre Arten einer Gattung sind – des Begrifflichen –, deren Identität unabhängig von ihrer Differenzierung in diese zwei holistisch und prozesshaft miteinander verbundenen Arten nur unverständlich bleiben kann.

Frege macht einen Schritt in die Richtung der kategorialen Homogenität von Denken und Welt, wenn er eine »Tatsache« als »Gedanke, der wahr ist«, definiert[4] – eine Formulierung, die Hegel begrüßen würde. Im Gegensatz zu Hegel jedoch identifiziert Frege die Welt, die im Denken repräsentiert wird und auf die wir im Denken Bezug nehmen, nicht als eine Welt der *Tatsachen*. (Bei Hegel stellt dies allerdings nur einen Schritt dar auf

4 Gottlob Frege, »Der Gedanke«, in: ders., *Logische Untersuchungen*, Göttingen 1993, S. 50.

dem Weg zur Deutung der Welt als etwas, das die holistische Struktur des unendlichen Begriffs hat). Hegel zufolge kann die wirkliche Beschaffenheit der Welt ausgesagt (und gedacht) werden. Das Sein der Welt an sich ist denkbar (allerdings selbst natürlich kein Gedanke). Erst in der Diskussion zu Hegels »Einleitung« ist uns klar geworden, dass es beim Unterscheiden zwischen »Noumena« und »Phaenomena« innerhalb der Klasse begrifflicher Inhalte, zwischen dem »Sein der Dinge *an sich*« und »ihrem Sein *für* das Bewusstsein«, um die funktionalen Rollen geht, die die begrifflich gegliederten Elemente spielen können, wenn sie in Bezug auf ihre Stelle in einem größeren entwicklungsgeschichtlichen Erfahrungsprozess gedacht werden.

Die kategoriale Homogenität der Beschaffenheit der Dinge an sich und ihre Beschaffenheit für das Bewusstsein ist wesentlich für Hegels *expressive* Erklärung der Beziehung zwischen ihnen. Beide sind begrifflich strukturiert. Tatsächlich können sie sogar denselben begrifflichen Inhalt haben. Wenn das der Fall ist, also das Sein der Dinge für das Bewusstsein dem Sein der Dinge an sich entspricht (gemäß der rückblickend-erinnernd rationalen Rekonstruktion eines Erfahrungsverlaufs), dann sind sie zwei Formen desselben Inhalts. Ihr Sein an sich ist ihr *implizites* Sein. (»An sich« bedeutet auf Englisch nicht nur »in itself«, sondern auch »implicitly«, und wird von Miller dementsprechend mit beiden Ausdrücken übersetzt.[5]) Das, was sie *explizit* sind, sind sie für das Bewusstsein. Die Erinnerungsphase jeder Erfahrungsepisode rekonstruiert dies rational als das Expliziterwerden der Beschaffenheit der Dinge für das Bewusstsein, wie sie implizit schon immer war. Die Beschaffenheit der Dinge an sich ist die Realität, die Hegel zufolge in ihren Erscheinungen *implizit* ist. So wie die Dinge für das Bewusstsein sind, werden

5 Georg Wilhelm Friedrich Hegel, *Hegel's Phenomenology of the Spirit*, übersetzt von A.V. Miller und kommentiert von J. N. Findlay, Oxford 1977.

sie als *Erscheinungen von* dieser Realität dargestellt, und zwar indem sie durch Erinnerung in einem expressiv-fortschrittlichen Verlauf zusammengestellt werden, in welchem das Implizite allmählich expliziter gemacht wird. Hegel versteht die repräsentationale Dimension von begrifflichem Inhalt in Bezug auf das, was Erkenntnis- und Handlungssubjekte tun, wenn sie ihre Erfahrung erinnernd-rational rekonstruieren – er liefert also eine *expressive* Auffassung von Repräsentation.

Ein weiterer bedeutsamer Unterschied zwischen Hegels und Freges Version der Unterscheidung von Sinn und Referenz betrifft die Frage der *Bestimmtheit* des Sinns. (Das heißt neben der Frage, wie Sinn im semantischen Atomismus und wie im semantischen Holismus zu verstehen ist, oder der Frage, ob Sinne eine praktische Rolle spielen für das absichtliche Handeln, oder der Frage, ob Sinne und Referenzgegenstände kategorial homogen oder kategorial heterogen sind, mit all den Folgen für unser Verständnis dessen, worin das Begreifen von Sinnen besteht.) Die Fregeschen Sinne sind nötig, um Klassen von Referenzgegenständen zu bestimmen, deren Grenzen *scharf*, *fest* und *vollständig* sind. Dass sie *scharf* sind, bedeutet, dass es unmöglich ist, dass ein Gegenstand nur *teilweise* in die Klasse fällt, die vom Sinn bestimmt wird (ausgeschlossenes Drittes), bzw. in diese Klasse fällt und zugleich auch nicht (Satz vom Widerspruch). Dass die Referenzgegenstände *fest* sind, bedeutet, dass sich die Grenzen der durch den Sinn bestimmten Klasse von Referenzgegenständen nicht ändern. (Der von einem bestimmten Zeichen ausgedrückte Sinn mag sich ändern, wenn die Verwendung des Zeichens sich ändert, der Sinn selbst jedoch ändert sich nicht.) Dass die Grenzen der Klasse von Referenzgegenständen *vollständig* sind, bedeutet, dass der Sinn eine *Aufteilung* der möglichen Kandidaten bestimmt: *Jedes* Einzelding wird vom Sinn so klassifiziert, dass es entweder unter den von ihm bestimmten Begriff fällt oder nicht fällt (ausgeschlossenes Drittes). Dies ist die fregesche Bestimmtheit bzw. Bestimmtheit im fregeschen Sinn.

Hegel schreibt einerseits Kant die Verpflichtung zu, dass begriffliche Inhalte in ebendiesem Sinne bestimmt sind; andererseits ist Hegel jedoch der Meinung, dass Kant unkritisch gewesen sei bezüglich der transzendentalen Bedingungen der Möglichkeit (also der Verständlichkeit) von derart bestimmten Begriffen. Wie gerechtfertigt eine solche Kritik Kant gegenüber auch sein mag, sie kann ebenso an Frege geübt werden. Frege sagt kaum etwas darüber, inwiefern denkende Wesen über Sinne verfügen können, die derart stark bestimmt sind. Denn wie kann es sein, dass es solche Dinge gibt, dass wir sie begreifen können und es entscheidend ist, ob wir eines anstatt eines anderen, eng verwandten begreifen? Natürlich ist er bemüht, formale Sprachen zu entwickeln, die hierin klar und deutlich sind – die also die Sinne der Ausdrücke perfekt bestimmbar und begreifbar machen, wenn man die Verwendungsregeln dieser Ausdrücke beherrscht. Aber natürliche Sprachen, einschließlich derjenigen, in denen die Arbeit der Wissenschaften (einschließlich der Mathematik) ausgeführt wird, sind für ihn *nicht* klar und deutlich. Frege scheint auch der Meinung zu sein, dass nichts als ein Sinn gelten kann, was nicht völlig bestimmt ist – und überlässt uns damit einem Dilemma: Entweder drücken Sätze in nicht*begriffsschriftlichen* Sprachen überhaupt keine Gedanken aus, oder (etwas plausibler) jeder Satz drückt gleichermaßen ein ganzes Gewimmel bzw. eine Wolke von Gedanken aus, die wir nicht auseinanderhalten und unabhängig voneinander mitteilen können (mit denen wir also nicht sorgfältig und unmissverständlich schlussfolgern und denken können).

Zwar glaubt Hegel, dass eine verständliche Darstellung darüber möglich ist, wie unser Tun, paradigmatisch unsere Verwendung von linguistischen Ausdrücken, uns Zugang zu begrifflichen Inhalten verschafft, die im fregeschen Sinn bestimmt sind. Genau dies leistet jede rückblickend-erinnernd rationale Rekonstruktion eines Erfahrungsverlaufs. Jedoch ist die Darstellung der Dinge innerhalb einer Erinnerung nur die eine Hälfte der Geschichte. Die andere Hälfte betrifft die Tatsache, dass eine solche Darstellung angesichts der nächsten Erfahrungsepisode falsch sein kann (ausgelöst durch die erzwungene Zustimmung zu Verpflichtungen, die der eigenen begrifflichen Einsicht nach unvereinbar sind). Im Zentrum der von Hegel empfohlenen metatheoretischen Paradigmenverschiebung von einem Verständnis der Begriffsverwendung durch die Metakategorien des *Verstands* zu einem Verständnis der Begriffsverwendung durch die Metakategorien der *Vernunft* steht der neue Begriff von BEGRIFFLICHER BESTIMMTHEIT, mit der er die aufklärerische Vorstellung ersetzen will, auf die Kant implizit rekurriert und die Frege explizit macht.

Diese Vorstellung ist um den Erfahrungsprozess (der Zyklus von Erkennen-und-Handeln) des *Bestimmens* von begrifflichen Inhalten angeordnet. In diesem Prozess erweist sich ein Sinn nach seinen eigenen Maßstäben als implizit defekt und wird durch einen anderen ersetzt. Was mit diesem Defekt hervortritt (dem lokalen Misserfolg oder Irrtum), ist das Eingeständnis, dass die Dinge, so wie sie für das Bewusstsein sind, implizit material unvereinbare Verpflichtungen beinhalten. Die angewendeten Maßstäbe sind intern, da die mögliche Beschaffenheit der Dinge für das Bewusstsein eine Konstellation möglicher praktischer und doxastischer Verpflichtungen ist, die durch Beziehungen materialer Unvereinbarkeit und Folgerung gegliedert werden; diese Konstellation ist eine Zeitscheibe dessen, was Hegel »den Begriff« nennt. Eine Reihe solcher Sinne (die mögliche Beschaffenheit der Dinge für das Bewusstsein) kann entlang von zwei Dimensionen als *fortschrittlich* bestimmt werden. Die eine betrifft die Perspektive, in der die Sinne fortschrittlich sind, insofern jede Erfahrungsepisode ein wenig mehr von der Beschaffenheit der Dinge an sich – was wirklich unvereinbar oder eine Folgerung aus etwas ist – in die Beschaffenheit der Dinge für das Bewusstsein und in die bereits eingestandenen Unvereinbarkeiten und Folgerungen (die Begriffe) einarbeitet, die jene praktischen und doxastischen Verpflichtungen gliedern. Somit wird das unmittelbar Erscheinende (paradigmatisch als nichtinferentielle Wahrnehmung) in vermittelte, begriffliche Form gebracht. Von dieser vorausblickenden Perspektive aus ist der erfahrungsbezogene Zyklus von Erkennen-und-Handeln ein Prozess der Entwicklung von Sinnen durch die fortschrittliche *Bestimmung* begrifflicher Inhalte. Die andere Dimension betrifft die Perspektive, in der die Entwicklungsreihen der Sinne fortschrittlich sind, insofern sie die Entfaltung der Explizitheit von Verpflichtungen und begrifflicher Gliederungen bedeuten, die schon immer in der Beschaffenheit der Dinge für das Bewusstsein implizit waren. Von dieser rückblickend-erinnernden Perspektive aus ist der erfahrungsbezogene Zyklus von Erkennen-und-Handeln ein Prozess der Entwicklung von Sinnen durch das stetig voranschreitende *Ausdrücken* begrifflicher Inhalte.

Hegels Verständnis von Wahrheit trifft auch auf sein Verständnis von Bestimmtheit zu – da auch sie kein Zustand ist, sondern ein Prozess (»der bacchantische Taumel«). In der Tat sind sie Aspekte *ein und desselben* Prozesses. Um diese Vorstellung zu verstehen, müssen wir die Art von geschichtlichem Prozess verstehen, in welchem die Beschaffenheit der Dinge für das Bewusstsein als auch die sie gliedernden begrifflichen Inhalte sich entwickeln, wenn sie einerseits bestimmter und andererseits expliziter werden. Zudem müssen wir verstehen, warum und inwiefern diese beiden Arten von Entwicklung zwei Seiten ein und derselben Medaille bzw. notwendigerweise komplementäre Aspekte einer bestimmten Art von Prozess sind. Hegels phänomenologisch-semantisches Programm auszuarbeiten, in welchem Noumena (und unsere Beziehungen zu ihnen) durch Phaenomena erklärt werden, die deren explizite Ausdrücke für das Bewusstsein darstellen, bedeutet, Einsicht zu gewinnen in die Entwicklungsprozesse, in denen Sinne Referenzbeziehungen instituieren – wie der Begriff des Seins der Dinge *an sich* verständlich gemacht werden kann in Bezug auf seine funktionale Rolle in den Prozessen, in denen die eine Auffassung der Dinge *für* das Bewusstsein einer anderen, adäquateren Auffassung Platz macht. Dafür muss erklärt werden, wie die Entwicklungsprozesse von begrifflichen Inhalten zu verstehen sind, damit sie die beiden Behauptungen stützen, dass erstens der Sinn den Referenzgegenstand semantisch bestimmt und zweitens die Referenzgegenstände dem Erkenntnis- und Handlungssubjekt durch Sinne erkennbar präsentiert werden. Im Zuge dessen wird zudem die These des Begriffsidealismus vindiziert, und zwar insofern gezeigt wird, wie referentielle *Beziehungen* zwischen der Beschaffenheit der Dinge auf der subjektiven Seite des Seins der Dinge *für* das Bewusstsein und der Beschaffenheit der Dinge auf der objektiven Seite des Seins der Dinge *an sich* verständlich gemacht werden können in Bezug auf die weiter aufklärenden grundlegenden Erinnerungs*prozesse*, in denen individuelle Subjekte, begriffliche Inhalte und der Begriff selbst bestimmt und ausgedrückt werden. Beziehungen zwischen dem Repräsentierten und dem Repräsentierenden werden in Bezug auf den expliziten Ausdruck des Impliziten erklärt. Der Begriff des AUSDRUCKS wird in Bezug darauf erklärt, was Erkenntnis- und Handlungssubjekte beim Erinnern *tun*: die Art von rückblickend-rationaler Rekonstruktion eines Erfahrungsverlaufs als ein expressives Voranschreiten, in dem das Implizite immer expliziter gemacht wird. Das Erklären der *Repräsentation* in Bezug auf *Ausdruck*, und *Ausdruck* in Bezug auf *Erinnerung* ist eine pragmatisch-semantische Strategie.

II. Rückblickende und vorausblickende Perspektiven auf die Entwicklung begrifflicher Inhalte

Worauf nimmt man redend und denkend Bezug, wenn man darüber redet und nachdenkt, *worauf* man redend und denkend Bezug nimmt? Etwas weniger dunkel ausgedrückt: Welche Funktion muss eine Vorstellung haben, um als Vorstellung davon zu gelten, *ÜBER WAS* MAN REDET UND NACHDENKT, WAS *REPRÄSENTIERT* WIRD, WORAUF MAN *BEZUG NIMMT*? Dass es sich um eine *normative* Funktion handelt, übernimmt Hegel von Kant. Die Gegenstände des Denkens sind für das Denken normativ, insofern sie die Maßstäbe für die Bewertung der *Richtigkeit* der Urteile und Taten bereitstellen, also Wahrheit von Irrtum und Erfolg von Misserfolg unterscheiden. Das Repräsentierte übt dementsprechend eine spezifische Art von *Autorität* über das Repräsentierende aus. Es gilt als das Repräsentierende des Repräsentierten eben aufgrund der *Verantwortung* dem Repräsentierten gegenüber. Diese besteht darin, dass man für Bewertungen gemäß dem Maßstab der Richtigkeit, den das Repräsentierte bereitstellt, angreifbar ist. Da REPRÄSENTATION normativ ist, führen die von Hegel durchgeführten semantisch-epistemologischen Untersuchungen in den Kapiteln zum Bewusstsein zu der Betrachtung der Natur der Normativität im Abschnitt zum Selbstbewusstsein. Dieser Weg führt vom Erkennen zum Anerkennen.

Hegel gibt der Frage eine pragmatische Wendung: Was muss man *tun*, damit die eigenen, auf Erkenntnis zielenden und praktischen Verpflichtungen so betrachtet werden, dass sie sich gegenüber einem solchen Maßstab verantworten? Somit wird gefragt, was man tun muss, um sie als auf Erkenntnis zielende und praktische Verpflichtungen zu betrachten. Denn es ist ein wesentliches Merkmal des Erkennens und der Handlungsfähigkeit, sich für Wahrheit bzw. Erfolg zu verantworten – denn genau deswegen sind sie etwas Objektives (etwas, das von den Einstellungen der auf Erkenntnis zielenden oder praktischen Verpflichtung unabhängig ist). Aus diesem Grund können sie als wahr-nehmend bzw. wahr-machend verstanden werden. Es ist also ein wesentliches Merkmal des begrifflichen Inhalts (der Inhalt von Urteilen und Absichten), auf Gegenstände gerichtet zu sein, also auf die Gegenstände zu antworten. Unabhängig von »von«-Intentionalität ist »dass«-Intentionalität nicht verständlich. Was muss das Subjekt aber mit dem Inhalt *tun*, den es manipuliert und dem gegenüber es Einstellungen einnimmt, um ihn dadurch als etwas zu betrachten und zu behandeln, das etwas repräsentiert bzw. die repräsentationale Dimension hat, die einen wesentlichen Aspekt von ihm als einen *begrifflichen* Inhalt darstellt?

Wir sollten, so Hegels Antwort, zunächst einmal verstehen, was ein Subjekt tut, wenn es begriffliche Inhalte hat und sie innerhalb von Beziehungen materialer Unvereinbarkeit und Folgerung betrachtet, so dass also Verpflichtungen zu Inhalten die Verpflichtungen zu anderen Inhalten *ausschließen* bzw. *einschließen*. Man wird, wie wir gesehen haben, durch das Zustimmen zu einer Verpflichtung dazu verpflichtet, noch weitere Dinge zu *tun*: Man muss einige Verpflichtungen ändern, insofern unvereinbare darunter sind, und den Verpflichtungen zustimmen, die gegebenenfalls hieraus folgen. Nimmt man an, dass es einen Maßstab gibt, der den auf Erkenntnis zielenden und praktischen Erfolg bzw. die Richtigkeit von Misserfolg bzw. der Falschheit unterscheidet, dann wird man auf eine solche Bewertung reagieren und anders *handeln*. Der Unterschied besteht dann darin, auf den Irrtum zu reagieren, auf unvereinbare Verpflichtungen eingegangen zu sein, und diese Verpflichtungen zu überarbeiten, einige zurückzuziehen, einige hinzuzufügen oder einige der begrifflichen Inhalte anzupassen, also auf die Beziehungen materialer Unvereinbarkeit und Folgerung einzugehen, in denen diese Inhalte stehen. Dies ist die tiefer liegende Verbindung zwischen der bestimmten Negation als einer Charakterisierung der *Bezie-*

hungen ausschließender Verschiedenheit und der bestimmten Negation als eines Prinzips der (bzw. eines Antriebs zur) *Tätigkeit*, Veränderung und Störung. Die Verbindung zwischen ihnen ist normativ: Unvereinbarkeiten machen diejenigen, die sie eingestehen, dafür verantwortlich, etwas zu tun.

Indem man darauf eingeht, dass man durch das Eingestehen der *Unvereinbarkeit* der eigenen Verpflichtungen dazu verpflichtet wird, diese zu *ändern*, betrachtet man die Beschaffenheit der Dinge *für sich* und reagiert damit auf den Maßstab der Beschaffenheit der Dinge *an sich*. Das heißt, sie nehmen auf etwas *Bezug*, sie sind Erscheinungen einer Realität, Phaenomena, die Noumena vorstellen, Sinne, die Referenzgegenstände vorstellen – sie sind nicht *bloß* der Zustand eines Subjekts, sondern die Beschaffenheit der Dinge *für* ein Subjekt. Die Unvereinbarkeit kann zwischen zwei erkenntnismäßigen Verpflichtungen, zwischen zwei praktischen Verpflichtungen bestehen oder zwischen einer praktischen Verpflichtung bezüglich der Beschaffenheit der Dinge, wie sie sein sollten, und einer erkenntnismäßigen Verpflichtung bezüglich der Dinge, wie sie nun einmal sind. Es geht darum, der Pflicht zuzustimmen, die eigenen Verpflichtungen angesichts dieser Unvereinbarkeiten zu *ändern*, die den Erfahrungszyklus von Erkennen-und-Handeln antreibt. Indem man so vorangetrieben wird – indem man also dieser Verantwortung praktisch zustimmt –, betrachtet man die eigenen begrifflichen Inhalte als Repräsentierendes, das sich für seine Richtigkeit gegenüber dem Repräsentierten verantwortet.

Eine solche Darlegung handelt von *referentiellem Anspruch* im Allgemeinen, also davon, was es heißt, dass ein begrifflicher Inhalt (ein Sinn) als etwas erscheint oder als solcher vorgeschlagen wird, bzw. dass er dem Subjekt praktisch zu etwas dient, oder dass der begriffliche Inhalt *darauf Bezug nimmt* oder *repräsentiert*, wie die Dinge objektiv sind. Mit den Ausdrücken »wie die Dinge objektiv sind« oder »an sich sind« ist gemeint, wie die Dinge »sowieso immer schon sind«, ihr Sein *an sich ist* also losgelöst von ihrem Sein *für* das Subjekt. Diese Art von Einstellungsabhängigkeit ist eine Voraussetzung für die Funktion, ein normativer Maßstab für die Bewertung von Erscheinungen zu sein, ein Maßstab, den das Sein der Dinge für das Subjekt erfüllt oder nicht erfüllt. Etwas, das als Repräsentierendes dient, unterliegt den Bewertungen »richtig« oder »falsch«, je nachdem, wie es um die Dinge steht, die es *repräsentiert* bzw. auf die es dabei *Bezug nimmt*.

Die nächste Frage lautet demnach: Wie wird entschieden, was die Dinge sind, auf die eigentlich redend und denkend Bezug genommen wird, bzw. was *wirklich* repräsentiert wird? Wie gelingt es, die Referenz durch den Sinn semantisch zu bestimmen und somit Referenzgegenstände als das geltend zu machen, was demjenigen, der diese Sinne benutzt, durch Erkenntnis präsentiert wird (also demjenigen, der diese Verpflichtungen eingeht, einschließlich der Verpflichtungen zu Unvereinbarkeits- und Folgebeziehungen)?

Frege zufolge wird SINN mit REFERENZ (Bedeutung) durch Wahrheit verbunden. Deshalb kann das Urteilen (= das Wahr-Nehmen, und wir können hinzufügen, auch wenn Frege das nicht tut, das Handeln = das Wahr-Machen) als ein »Fortschreiten von einem Gedanken zu seinem Wahrheitswert«, das heißt, vom Sinn zum Referenzgegenstand gedacht werden. Anders ausgedrückt, kann man den *Sinn* eines Urteils in einer Zuschreibung *de dicto* spezifizieren, einfach, indem man einen »dass«-Satz verwendet: »Erst spät in seinem Leben glaubte Kant, *dass* sein hinterhältiger Diener das Vertrauen in ihn missbraucht hat.« Wenn man aber die *Wahrheit* dieses Urteils bewerten will, also die Möglichkeit in Betracht zieht, dass die zugeschriebene begriffliche Rolle (Sinn) defekt sein könnte, muss man es *de re* spezifizieren, das heißt in Bezug auf das, worauf eigentlich redend Bezug genommen wird: »Erst spät in seinem Leben glaubte Kant *von* seinem treuen und geduldigen Diener Lampe, dieser habe das Vertrauen in ihn missbraucht.« Dass die eigenen Verpflichtungen die Beschaffenheit der Dinge *für sich* ausdrücken, (dass sie Erscheinungen einer Realität sind, dass also das, was die Dinge implizit sind, explizit wird), bedeutet, dass es neben der *de dicto*-Spezifikation des Sinns oder Inhalts der Dinge (also wie es für diejenigen ist, die diese Verpflichtungen haben) auch eine *de re*-Spezifikation gibt darüber, wie die Dinge, die derart *für sich* sind, *an sich* sind. Diese *de re*-Spezifikation wäre relevant hinsichtlich Bewertungen von Wahrheit und Erfolg für jemanden, der glaubt, dass derjenige, auf den Kant sich erst spät in seinem Leben als seinen »hinterhältigen Diener« bezieht, in Wirklichkeit sein treuer und geduldiger Diener Lampe war. Auf den Sinn, den Kant nur in Bezug auf den Sprecher verwendet hätte, wird semantisch Bezug genommen mit (dem ausgedrückten Sinn von) »Kants treuer und geduldiger Diener Lampe«.

In Hegels Darstellung tritt an die Stelle des Bemühens um *Wahrheit* das Bemühen um *richtige Inferenzen*, also das, woraus ein Sinn oder Inhalt *wirklich folgt* und womit er *wirklich unvereinbar* ist. Die Referenzgegenstände bestimmen die richtigen Inferenzen und Unvereinbarkeiten, also den richtigen Sinn. Deshalb erwirbt man im Wahrheits*prozess* (der »bacchantische Taumel« begrifflicher Entwicklung) nicht nur bessere (erfolgreichere) auf Erkenntnis zielende bzw. praktische Verpflichtungen, sondern auch bessere, ebendiese Verpflichtungen gliedernde, Inferenz- und Unvereinbarkeitsverpflichtungen. Der Begriff des Seins der Dinge *an sich* ist der Begriff dessen, wie das Sein der Dinge *für* uns sein *sollte*. Hegelsche Referenzgegenstände sind expressiv ideale Sinne. Irrtum und Misserfolg sind das Ergebnis *missverstandener* Sinne, also die Bejahung begrifflicher Inhalte, die implizit Fehler in Bezug darauf beinhalten, was woraus folgt und was womit unvereinbar ist. Um Gegenstände als das zu behandeln, worüber wir reden und worauf wir Bezug nehmen, muss man einen Sinn (eine bestimmte Rolle, die durch eine bestimmte Konstellation von Beziehungen materialer Unvereinbarkeit und Inferenz gegliedert ist) so behandeln, dass er jenen Prozess implizit *lenkt*, *beherrscht* und *kontrolliert*, in welchem sich die expliziter werdenden Sinne unter den Auswirkungen der Erfahrungen von Irrtum und Misserfolg entwickeln. Diese Erfahrungsepisoden müssen als Anregungen betrachtet werden, die die bejahten und verwendeten begrifflichen Inhalte auf die *richtigen* Unvereinbarkeits- und Inferenzbeziehungen hinweisen (also auf diejenigen, welche die Beschaffenheit der Dinge an sich wiedergibt) – dies geschieht in Reaktion auf Situationen, in welchen man sich Verpflichtungen gegenübersieht, die man erworben hat, als man die aktuell bejahten Normen befolgte (wie die Dinge für sich sind), die aber der eigenen Einsicht nach miteinander unvereinbar sind.

Laut dieser Auffassung muss also die Beschaffenheit der Dinge *an sich* eine Art und Weise sein, wie die Dinge *für* das Bewusstsein sein *könnten* – die implizite Form eines Inhalts, der explizit gemacht werden kann. Sie ist demnach eine Art und Weise, wie die Dinge für das Bewusstsein sein *sollten*. Der Prozess, in dem sich die Beschaffenheit der Dinge für das Bewusstsein entwickelt, kann nur von der Beschaffenheit der Dinge an sich gelenkt, beherrscht und kontrolliert werden, wenn diese bereits in begrifflicher Gestalt vorliegt, also bereits durch Beziehungen materialer Unvereinbarkeit und (somit) Inferenz gegliedert ist. Dieses Verständnis vom normativen Charakter der Referenzbeziehungen bzw. der Bezugnahme, die die »von«-Intentionalität konstituieren, ist der systematische Grund für Hegels Begriffsrealismus. Hegelsche Referenzgegenstände sind eine privilegierte Art von Sinn. Die Referenzgegenstände sind praktisch begreifbar und verständlich, wenn *gemäß* diesen Beziehungen Schlussfolgerungen aus den Erfahrungen gezogen werden können. Man kann genau diesen (und nicht anderen) Unvereinbarkeits- und Folgerungsbeziehungen als autoritativ für die eigenen Verpflichtungen zustimmen, wenn man sie zur Strukturierung der eigenen Erfahrung verwendet, das heißt dafür, wie man Folgerungsverpflichtungen erwirbt und was man als unvereinbar behandelt, wie man Anpassungen vornimmt und wie man auf die Erfahrung von unvereinbaren Verpflichtungen reagiert. Damit wird eine begrifflich gegliederte Konstellation von Sinnen gegenüber einer anderen privilegiert.

Was ist die Natur dieses Vorrangs bzw. dieser Autorität? In die von Hegels Normverständnis gestützte praktische Tonart transponiert, lautet die Frage: Was müssen Subjekte *tun*, um den Vorrang bzw. die Autorität der Beschaffenheit der Dinge an sich gegenüber der Beschaffenheit der Dinge für das Bewusstsein zuzugestehen? Was heißt es, einen begrifflichen Inhalt so zu betrachten und zu behandeln, dass er die Norm für andere zur Verfügung stellt? Zunächst: Für das Subjekt entspricht die Beschaffenheit der Dinge *an sich* der Beschaffenheit der Dinge *für sich*. Die heißt nichts anderes, als dass die Realität dem Subjekt auf diese Weise *erscheint*. Die Unterscheidung zwischen Spezifikationen des begrifflichen Inhalts *de dicto* und *de re* entsteht bei der Bewertung der Verpflichtungen von *anderen* Subjekten. (Vergleiche, was die Tat für das Handlungssubjekt und was sie für andere ist, also Beschreibungen in Bezug auf einen bejahten Zweck und auf sich ergebende Folgen.) Dieser grundlegend *soziale* Unterschied in der Perspektive kann aber auch *diachronisch* geleistet werden, wenn ein Subjekt bzw. Handlungssubjekt auf seine *vorherigen* Verpflichtungen *zurückschaut*.

Die Beziehung zwischen dem Sinn und dem Referenzgegenstand wird also hergestellt, wenn man die eigenen *aktuellen* Verpflichtungen als etwas behandelt, das einen normativen Maßstab setzt, der die eigenen *vorherigen* Verpflichtungen beherrscht (und bereits implizit die ganze Zeit bestimmt hat). Um dabei praktisch zu begreifen, dass wir redend oder denkend *auf* die Beschaffenheit der Dinge *an sich* Bezug nehmen, müssen wir eine Erinnerung des Erfahrungsprozesses vollziehen, die genau dies als Ergebnis hervorgebracht hat. Dies ist eine rationale Rekonstruktion der Entwicklung der aktuell bejahten begrifflichen Inhalte. Man erzählt also eine bestimmte Art von rückblickender

Geschichte, in der diese begrifflichen Inhalte als Endpunkt eines *expressiv-fortschrittlichen* Verlaufs vorkommen, der aus der eigenen wirklichen Vergangenheitserfahrung ausgewählt wurde. Die Beschaffenheit der Dinge *an sich* – wie man sie aktuell betrachtet – wird als etwas vorgestellt, dass schon immer in allen möglichen Beschaffenheiten *für sich* implizit ist, wobei man bei jeder neu hinzugefügten Umwandlung, als Reaktion auf das Eingestehen von unvereinbaren Verpflichtungen, den wirklichen begrifflichen Inhalten einen Schritt näher kommt. Man behandelt die aktuell bejahten Vorstellungen und Verpflichtungen so, dass sie die Realität hinter den vormaligen Erscheinungen präsentieren, dass sie also eine lenkende, regierende und kontrollierende Norm für die Erscheinung von Dingen *für* das Bewusstsein gewesen waren. Dies tut man, indem man zwischen Erfahrungsepisoden unterscheidet, die die Aspekte der Wahrheit (bzw. was sich – bis jetzt – als die Wahrheit erwiesen hat) aufzeigen, und denjenigen Erfahrungsepisoden, die dies nicht tun, und entsprechend sortiert. Man erzeugt eine Geschichte, wie das Implizite allmählich explizit geworden ist. Somit wird eine *expressive Genealogie* bereitgestellt, die Anspruch auf die aktuelle Ansicht erhebt, und zwar indem man – angesichts der Tatsache, dass die Dinge nun so sind, wie sie jetzt betrachtet werden – zeigt, wie man dazu kam, *herauszufinden*, dass die Dinge so und so sind. Der Grund für diese spezifische Art von expressiv *epistemischer* Rechtfertigung ist tief in Hegels *semantischer* Auffassung von Repräsentation verankert.

Der wirkliche Erfahrungsprozess, also der, der die aktuelle Konstellation der Verpflichtungen hervorgebracht hat, ist rückblickend betrachtet zweifellos reich an Fehltritten, Sackgassen und Rückschritten. Dies sind Erfahrungsepisoden – Begriffsanwendungen im Urteilen und Beabsichtigen, die das Subjekt im Nachhinein dazu verpflichten, unvereinbare Verpflichtungen einzugestehen –, die, aus dieser Perspektive, nicht dazu beigetragen haben, Aspekte der wirklichen Beschaffenheit der Dinge zu enthüllen. Sie waren nicht expressiv-fortschrittlich. Es sind Überarbeitungen, mit denen das Subjekt auf Irrtum oder Misserfolg reagiert hatte und die das Subjekt aber weiter von der Wahrheit entfernt anstatt näher an sie herangeführt hatten. Als Bild stelle man sich vor, dass auf jeder Stufe jedem Begriff (bzw. Allgemeinbegriff) eine Menge möglicher Einzeldinge (seine jeweilige Extension bzw. Anti-Extension) sowie Unvereinbarkeits- und Inferenzbeziehungen zu anderen Begriffen zugeteilt wird. Eine Überarbeitung, die ein Einzelding in eine Extension setzt, in die es dem aktuell bejahten Maßstab zufolge nicht gehört, wird in diesem Bild als expressiv-rückschrittlich betrachtet, da der Allgemeinbegriff das Einzelding nicht charakterisiert (Entsprechendes gilt für die Anti-Extension). Wenn die Reaktion auf das Eingestehen unvereinbarer Verpflichtungen (zwei Allgemeinbegriffe als unvereinbar behandeln, die dasselbe Einzelding charakterisieren) darin besteht, die zwei Allgemeinbegriffe nicht mehr als unvereinbar zu behandeln, obwohl man aktuell annimmt, dass sie in Wirklichkeit unvereinbar *sind*, stellt dies ebenfalls einen expressiven Rückschritt dar. Ähnliches gilt für die Überarbeitung von bejahten materialen Folgerungsbeziehungen.

Eine Erinnerung rekonstruiert die vergangene Erfahrung rational als expressive Genealogie in der Form einer fortschrittsgläubigen Geschichte. Sie ignoriert expressiv-rückschrittliche Erfahrungsepisoden und zeichnet stattdessen einen Verlauf von expressiv-fortschrittlichen Verbesserungen der Beschaffenheit der Dinge für uns, der darin gipfelt, dass wir die Beschaffenheit der Dinge an sich betrachten. Auf diese Weise zeigt uns die Erinnerung, wie wir herausgefunden haben, was wir nun unserer Betrachtung nach zu wissen meinen. Das tut sie, indem sie einen sich monoton entfaltenden Prozess der Offenbarung aufzeigt – und zwar das allmähliche Explizitwerden des Impliziten. Dies ist die expressiv-erinnernde Form triumphaler Geschichten der Lehrbücher der Wissenschaft und Mathematik oder auch der Rekonstruktionen der Entwicklung von Begriffen des *common law* oder der Philosophie-, Kunst- und Religionsgeschichte Hegels. Solche Geschichten weisen auf jeder Stufe jene generische Art von rückblickender *Notwendigkeit* auf, die sowohl für die *Phänomenologie* als auch für die *Wissenschaft der Logik* charakteristisch ist. Jeder Schritt ist notwendig, jedoch nicht in dem vorausblickenden Sinn, dass die Dinge nicht hätten anders laufen können – die Fehltritte, von denen die unordentliche wirkliche Vergangenheit voll ist und die von der rekonstruierten Geschichte weggelassen werden, zeigen etwas anderes –, sondern in dem rückblickend-expressiven Sinn, dass, wenn diese Dinge *nicht* geschehen wären, irgendein Aspekt, den die Geschichte die ganze Zeit implizit behauptet, nicht explizit geworden wäre. In diesem Sinn kann es *expressive Abhängigkeiten* geben: Ein Merkmal hätte nicht explizit werden können, wenn ein anderes nicht bereits explizit geworden wäre. Wir hätten zum Beispiel nicht verstehen können, welche Bedeutung es für unser Wissen hat, dass die Verwendung eines Modalvokabulars zur Festlegung von Gesetzen explizit gemacht wurde, die theoretische (nichtbeobachtbare) Allgemeinbegriffe verknüpfen, wenn wir nicht bereits wenigsten die Bedeutung von sinnlichen (beobachtbaren) Allgemeinbegriffen für die Gliederung unseres Wissens verstanden hätten (dass also Wissen im Prinzip nicht gänzlich unmittelbar sein kann) – auch wenn keine dieser Einsichten unvermeidbar gewesen wäre. (Im 4. bis 7. Kapitel wurde Hegels phänomenologische *Erinnerung* dieses Aspekts unseres theoretischen Selbstbewusstseins in den Kapiteln zum Bewusstsein dargelegt.)

Man muss also, um *auf* etwas redend bzw. denkend Bezug zu nehmen, eine geeignete *Erinnerung* der Entwicklung der eigenen Ansichten vollziehen. Durch das Aufbauen dieser Art von expressiv-fortschrittlicher Genealogie zeigt man die aufeinanderfolgenden erfahrungsbezogenen Verwandlungen des Seins der Dinge für sich auf, und zwar als etwas, das die ganze Zeit vom Sein der Dinge an sich gelenkt, beherrscht und kontrolliert wurde. Indem man auf diese Weise zwischen den expressiv-fortschrittlichen Verwandlungen und den nicht-expressiv-fortschrittlichen Änderungen der Anwendung der gleichen Begriffe unterscheidet, behandelt man *alle* vorherigen Anwendungen dieser Begriffe gemäß der Bewertung eines normativen Maßstabs, der durch die Dinge festgelegt wird, die sich (bis jetzt) als die wirklichen Dinge erwiesen haben: das heißt die wirklich objektiven Tatsachen und Absichten sowie die Beziehungen materialer Unvereinbarkeiten und Folgerung, die die Eigenschaften und Beziehungen der Dinge (zu ebendiesem Zeitpunkt) gliedern. Somit werden sie alle als Erscheinungen dieser einen Wirklichkeit behandelt; alle Phaenomena stellen die eine noumenale Situation dar. Das heißt, dass alle Sinne im Vollzug einer solchen *Erinnerung* so behandelt werden, dass sie den Referenzgegenstand *erkennbar präsentieren*, und zwar so, dass sie die wirkliche Erkenntnis desselben als Endpunkt des rekonstruierten Verlaufs der wirklichen Entwicklung *herstellen*. Jene Sinne *bestimmen* den Referenzgegenstand *semantisch*, insofern von ihnen gezeigt wird, dass sie die ganze Zeit über unvollkommene und unvollständige *Ausdrücke* desselben gewesen waren; das heißt, dass dieser Referenzgegenstand bzw. die Beschaffenheit der Dinge an sich die Norm festlegt, anhand der zwischen expressiv-fortschrittlichen und expressiv-rückschrittlichen Erfahrungsschritten unterschieden wird – der Unterschied also zwischen mehr und weniger offenbarenden Erscheinungen.

Laut dieser hegelschen Auffassung ist die Verbindung zwischen dem Sinn und der Referenz in erster Linie *expressiv*: Die Sinne drücken die Referenz aus, machen sie also (bzw. einige ihrer Aspekte) explizit. Die Beziehung wird *rückblickend* hergestellt, indem eine Vergangenheit erinnernd in eine Geschichte, also eine expressive Genealogie umgesetzt wird. In Bezug auf diese rückblickend erkannte expressive Beziehung wird die *repräsentationale* Dimension der Begriffsverwendung erklärt. Rückblickend rekonstruieren Erinnerungen Erfahrungsprozesse in expressiv fortschrittliche Traditionen. Expressive Rekonstruktion ist *rationale* Rekonstruktion, da ein solcher Prozess erklärt, wie Sinne Referenzgegenstände offenbaren können. Die Referenzgegenstände bestimmen, was *wirklich* rational ist, das heißt, was wirklich womit unvereinbar ist, was wirklich woraus folgt und, ganz allgemein, wie man Begriffe anwenden und Inferenzen aus diesen Anwendungen ziehen *sollte*. Das Bestimmen des Referenzgegenstandes, der in einer rekonstruierten Reihe von Sinnen offenbar wird, bedeutet also das Bestimmen dessen, was rational ist, bzw. wie man Schlussfolgerungen ziehen sollte. Dies ist eine spezifisch *expressive* Art von Rationalität. Einerseits *findet* man auf diese Weise (gemäß dieser Erinnerung) *heraus*, was rational ist; andererseits *macht* man durch das Vollziehen einer solchen Erinnerung den Erfahrungsprozess zu einem *rationalen* Erfahrungsprozess – im Sinne der expressiv-fortschrittlichen allmählichen Offenbarung des Rationalen. Hegel zufolge verstehen wir das Implizite immer in Bezug auf den Prozess, in dem es explizit gemacht wird, also im Prozess seines Ausdrückens. Er erklärt den sich entfaltenden fortschrittlichen *Ausdruck*, in dem das Sein der Dinge an sich ihre Erscheinungen für das Bewusstsein implizit normativ bestimmt, in Bezug auf die Tätigkeit der rückblickenden *Erinnerung* eines Erfahrungsverlaufs. Und er erklärt die repräsentationale Dimension des begrifflichen Inhalts durch den Rekurs auf den Erinnerungsprozess, in dem die Erfahrung als ein Prozess aufgezeigt wird, der begriffliche Inhalte zugleich ausdrückt und bestimmt.

Sinne und Referenzgegenstände bzw. das Repräsentierende und das Repräsentierte werden also durch die rückblickend erkannte, *expressiv-rationale* Rekonstruktion einer Tradition miteinander verbunden. Während sie bei Frege durch eine *Beziehung* der Wahrheit (das Wahrmachen) verbunden werden, werden bei Hegel die semantischen und auf Erkenntnis zielenden Beziehungen zwischen Sinn und Referenzgegenstand durch einen erinnerten Wahrheits*prozess* sichergestellt – die Erfahrung wird *als* ein Wahrheitsprozess erinnert, der das Wirkliche fortschrittlich und zunehmend vollständiger und wahrer *ausdrückt*. Diese Struktur unterstützt jene *a*symmetrische Beziehung bezüglich der Abhängigkeit des Sinns, die von der These des Begriffsidealismus behauptet wird. Jede Überarbeitung von Begriffen und Verpflichtungen als Antwort auf die Erfahrung des Irrtums oder Misserfolgs (das Eingestehen der Unvereinbarkeit der eigenen Verpflichtungen in Anbetracht des eigenen aktuellen Verständnisses der Begriffe, die man beim Urteilen und Beabsichtigen anwendet) impliziert das Eingeständnis, dass es einen Maßstab für die normative Bewertung dieser Begriffe und Verpflichtungen gibt: Die Beschaffenheit der Dinge für das Bewusstsein verantwortet sich gegenüber der Beschaffenheit der Dinge an sich. Dies bedeutet, dass im praktischen Eingestehen der repräsentationalen Dimension der Begriffsverwendung eine Verpflichtung *des Realisten* enthalten ist. Wie Hegel uns – im Anschluss an Kant – oft erzählt, ist sein Idealismus die (ihm zufolge letztlich *einzige* befriedigende) Art und Weise, den Realismus verständlich zu machen.

Von einer solchen rückblickenden Rekonstruktion eines Erfahrungsverlaufs aus betrachtet, ist die Referenz konstant. Sie macht den ganzen Prozess zu einer Einheit und umfasst eine ganze Reihe von Sinnen als Repräsentierende der repräsentierten Beschaffenheit der Welt. In Hegels Erklärung der Repräsentation als Ausdruck reden wir von expliziten Ausdrücken ein und desselben impliziten Inhalts. Im Gegensatz dazu sind die Sinne – die (gemäß der erinnernden Rekonstruktion) den unveränderlichen Inhalt (der implizit herrscht und diese Sinne vereinigt) ausarbeiten, ausdrücken und in ihm gipfeln – verschieden und variabel; sie unterscheiden sich darin, wie und in welchem Umfang der implizite Inhalt explizit gemacht wird. Sie sind das Moment der Ungleichheit der Form des Ausdrückens des zum Ausdruck gebrachten identischen Inhalts. Bis zum Schluss (dem aktuellen, zeitlichen Endpunkt) sind die Sinne, bzw. wie die Dinge für das Bewusstsein sind, hinsichtlich der Erinnerungen nie ganz richtig, nie völlig adäquate Ausdrücke ihres Inhalts; sie unterliegen noch dem Irrtum und dem Misserfolg, wenn sie auf neuartige Einzeldinge angewendet werden. Die Beschaffenheit der Dinge an sich, die Wirklichkeit, besteht unverändert und unbewegt im Fluss ihrer Erscheinungen. Diese Konstellation von Sinnen und Referenzgegenständen, also von Beziehungen, die durch Prozesse instituiert werden, ist die grundlegende semantische Struktur der Identität-in-Verschiedenheit, die für das Bewusstsein konstitutiv ist. Sie wird durch Erinnerung instituiert.

Wir können nun Hegels Aussage besser verstehen, wonach im ganzen *Prozess* Bestimmtheit besteht (wie beispielsweise Wahrheit) – und nicht einfach in den Beziehungen innerhalb irgendeines Zustandes zwischen subjektiv bejahten begrifflichen Inhalten (Begriffe$_{\text{subj}}$ = Sinne) und objektiv richtigen begrifflichen Inhalten (Begriffe$_{\text{obj}}$ = Referenzgegenstände), von denen sich immer irgendwann erweisen wird, dass sie eine Ungleichheit enthalten haben. Wir müssen den Begriff BESTIMMT neu deuten, zunächst als ein Merkmal des ganzen Prozesses des *Bestimmens* begrifflicher Inhalte, und erst dann, hiervon abgeleitet, hinsichtlich der Momentaufnahmen dieses Prozesses, und nicht umgekehrt.

Wir müssen also BESTIMMT$_{\textit{Verstand}}$ von BESTIMMT$_{\textit{Vernunft}}$ unterscheiden. Der Metabegriff von Begriffen, die BESTIMMT$_{\textit{Verstand}}$ sind, ist die Idee eines Allgemeinbegriffs, der für jedes Einzelding festlegt, ob es unter diesen Allgemeinbegriff fällt, unabhängig von irgendeiner Betrachtung des Prozesses des *Bestimmens* der Grenzen dieses Allgemeinbegriffs. Hegel zufolge ist diese kantisch-fregesche Idee für sich genommen inkohärent. Denn es kann keine befriedigende Erklärung geben, wie wir Zugang zu solchen Begriffen schaffen und sie verwenden können. Es gibt keine bestimmten$_{\textit{Verstand}}$ Begriffe, die die Welt wirklich (geschweige denn endgültig und vollständig) gliedern – außerhalb einer erinnernden Geschichte. Jede Erinnerung unterscheidet solche Begriffe, ist aber auch dazu verdammt, sich als inadäquat zu erweisen und durch eine nächste Erfahrungsepisode ersetzt zu werden.

Bestimmte$_{\textit{Verstand}}$ Begriffe gliedern die Welt allein durch den sie verfeinernden *Prozess* – im Prinzip ein Prozess ohne Endpunkt. Dieser *Prozess* ist die Wahrheit. Glaubt man, dass er einen Endpunkt haben muss – auf die Gefahr hin einen nicht weiter begreifbaren Rückstand zu hinterlassen –, läuft es auf Bestimmtheit$_{\textit{Verstand}}$ hinaus. Der Begriff BESTIMMT$_{\textit{Verstand}}$ ergibt sich, wenn man *eine* der rückblickend-fortschrittsgläubigen Perspektiven einnimmt und die Beziehungen innerhalb des ganzen Prozesses (*einschließlich* der kommenden Verschiebung hin zu einer *neuen* fortschrittsgläubigen Geschichte) allein hinsichtlich der Erscheinung der Dinge *innerhalb* einer solchen Geschichte versteht. Somit wird ein *Aspekt* des Prozesses (eine seiner Perspektiven) mit dem ganzen Prozess verwechselt. Ob eine *Begriffsscheibe* richtig ist oder nicht, lässt sich nur fragen, wenn auch gefragt wird, ob der *Inhalt* des Begriffs, den die Scheibe temporär darstellt, richtig ist oder nicht. Dies heißt, nach dem ganzen sich entfaltenden (explizit werdenden) *Prozess* zu fragen. Fragt man beispielsweise, ob eine Absicht erfüllt ist, fragt man nach dem Inhalt der ganzen Handlung, hinsichtlich der die Absicht nur eine Perspektive darstellt. Wir haben gesehen, dass Hegel in seiner ursprünglichen Behandlung des begrifflichen Inhalts ein *inferentieller Holist* (der Unvereinbarkeit) ist; sein Anerkennungsmodell der Normativität hingegen macht ihn zu einem *sozialen Holisten*. Nun sehen wir, dass er zudem ein *zeitlicher* bzw. *geschichtlicher Holist* ist bezüglich der Inhalte von Begriffen. Somit wird Hegels Antinomie aufgelöst: Während kein einzelner *Zeitscheiben*inhalt (ein *Verstandes*inhalt) richtig ist oder richtig sein könnte, *ist* jedoch der ganze sich entwickelnde bzw. explizit werdende Begriff (ein *Vernunft*inhalt) (schon immer) richtig – allerdings nicht so, wie *Verstandes*inhalte richtig wären. Ebenso ist keine *Zeitscheibe* des Begriffs in dieser Weise richtig und kann es auch nicht sein.

III. Absichtliches Handeln als ein Modell für die Entwicklung von Sinnen

Das Heimatsprachspiel von Freges Unterscheidung zwischen SINN und BEDEUTUNG (Referenz) ist ein empirischer, auf Erkenntnis zielender bzw. theoretischer Diskurs. Dementsprechend habe ich meine vergleichende Untersuchung darüber, wie sich Hegels Auffassung von der Entwicklung begrifflicher Inhalte durch Ausdruck und Bestimmtheit auf Freges zweigleisige semantische Theorie abbilden lässt, weitestgehend in Begriffen formuliert, die diesem erkenntnistheoretischen Aspekt angemessen sind. Aber jetzt, wo wir die Diskussion über *Vernunft* erreicht haben, merken wir, dass der Prozess, den Hegel »Erfahrung« nennt, allgemein die Struktur eines Test-Operate-Test-Exit-Zyklus von Erkennen *und* Handeln aufweist. In den auf Erkenntnis zielenden Phasen eines solchen Zyklus wird das Sein der Welt *an sich* durch einen expressiv-fortschrittlichen Prozess der Verwandlung ihres Seins *für* das Bewusstsein offenbart. Es gibt aber auch die praktischen Phasen, in denen die *Handlung* (und somit das *Selbst*) durch einen expressiv-fortschrittlichen Prozess der Verwandlung ihres Seins für das Bewusstsein offenbar wird. Die Inhalte von Begriffen werden nicht nur durch die Anwendung von Begriffen beim Eingehen von auf Erkenntnis zielenden Verpflichtungen (die *Urteile* darstellen und schließlich und unvermeidlich zum Eingestehen von Unvereinbarkeiten führen, die als *Irrtümer* erscheinen) geklärt und ausgedrückt, sondern auch durch die Anwendung von Begriffen beim Eingehen von *praktischen* Verpflichtungen (die *Absichten* darstellen und schließlich und unvermeidlich zum Eingestehen von Unvereinbarkeiten führen, die als *Misserfolge* erscheinen).

In der Tat ist das Modell für die rückblickend-erinnernde expressive Feststellung der impliziten Einheit eines Erfahrungsverlaufs – die Entwicklung des Seins der Dinge für das Bewusstsein in Richtung des Seins der Dinge an sich – auf der Seite des praktischen Seins absichtlicher Handlung zu verorten. Während der ursprünglich bejahte Zweck, durch den ein Prozess überhaupt als absichtlich gilt (und somit als eine Handlung bzw. als etwas, das getan wurde), eine *de dicto*-Spezifikation der Absicht verkörpert (und somit auch der Tat, zumindest insofern ein Sprecher sich auf sie bezieht), wird eine *de re*-Spezifikation dieser Absicht erst rückblickend vom Standpunkt der vollbrachten Tat verfügbar. (Folgespezifikationen der Tat und somit *de re*-Spezifikationen der Absicht sind natürlich immer wieder neu verfügbar, insofern die kausalen Folgerungen dessen, was getan wurde, sich weiter fortsetzen – die Bedeutung dieser Tatsache in diesem Kontext wird weiter unten besprochen.) Der durch rückblickende Erinnerung bzw. Wiederholung eines Erfahrungsverlaufs auf der Seite des Erkennens zugeordnete *Referenzgegenstand* stellt einen Maßstab dar für die normative Bewertung der verschiedentlich überarbeiteten und verwandelten Sinne (die den Referenzgegenstand ausdrücken). Dieses Zuordnen sollten wir in Bezug darauf verstehen, wie die Absicht, indem sie durch eine rückblickende Erinnerung eines erweiterten Handlungsprozesses vom Standpunkt der vollbrachten Tat zugeschrieben wird, einen Maßstab für die normative Bewertung der verschiedentlich überarbeiteten und verwandelten Pläne herstellt, durch die die Absicht ausgedrückt wird. Die Absicht lässt sich allein in Anbetracht der Tat erkennen, da die Absicht primär im Ganzen des konkret durchgeführten Planes manifest wird und nur sekundär in einer einzelnen Zeitscheibe der Tat. Die Absicht ist also im Prinzip nur rückblickend verfügbar. Absichten in diesem Sinne sind die leitenden Normen auf der praktischen Seite – wir sollten dies als Modell für *Tatsachen* verwenden, die die Entwicklung von Begriffen auf der theoretischen Seite lenken.

Die Behauptung, dass die erst rückblickend als solche erkennbaren Absichten dennoch als Normen gedacht werden sollten, die die Entwicklung von Akten bestimmen und lenken, hat einen komplexen zeitlich-logischen Charakter. Sie ist ein den Erfolg von Erinnerungen bewertendes Adäquatheitskriterium, wenn die zugeschriebene Absicht so dargestellt wird, dass sie den Prozess der Entwicklung des Tuns normativ bestimmt. Normativ bestimmt zu sein hat einen deontischen und einen alethischen Aspekt. Auf der deontischen Seite dient die im Rückblick festgestellte Absicht als Maßstab für die Bewertung des Erfolgs der Unter-Akte, insofern sie zur Realisierung der Absicht beitragen. Auf der alethischen Seite werden die Unter-Akte, die durch die Absicht planmäßig strukturiert rational rekonstruiert werden, so erinnert, dass sie für die Absicht konjunktivisch responsiv gewesen waren: *Wäre* der Inhalt jener organisierenden Norm anders *gewesen*, *wären* die verschiedenen Unter-Akte anders *gewesen*. Beides sind Merkmale des Modells der rationalen Rekonstruktion von Verläufen expressiv-fortschrittlicher Präzedenzfälle, die von Richtern verwendet werden, um sich impliziter Normen zu vergegenwärtigen, auf deren Grundlage sie ihre Entscheidungen begründen, durch die diese Normen wiederum ausgedrückt werden.

Zunächst beachte man, dass das Subjekt etwas tut, wenn es unvereinbare Verpflichtungen eingesteht, sei es nun in der Form des erkenntnismäßigen Irrtums oder des praktischen Misserfolgs. Das Subjekt hat die Verantwortung, die unstimmigen Verpflichtungen zu beheben, indem es sie aktiv *verändert*. Dieses Beheben mag lokal sein, wenn beispielsweise nur bestimmte Urteile oder Zwecke modifiziert oder aufgegeben werden. Jedoch kann es auch global sein, wenn beispielsweise Verpflichtungen hinsichtlich Unvereinbarkeits- und Inferenzbeziehungen zwischen Allgemeinbegriffen angepasst werden. Jedenfalls ist es ein praktisches Tun mit einer spezifischen Art von Ziel bzw. Zweck, nämlich dem, die anvisierte Unvereinbarkeit zu beseitigen. Es werden immer alternative Mittel zur Verfügung stehen, um dieses Ziel sicherzustellen. Denn es ist im Prinzip immer möglich, eine von zwei miteinander unvereinbaren Verpflichtungen aufzugeben oder die eigene Ansicht zu überarbeiten, wonach sie unvereinbar sind (indem man beispielsweise die eigene Ansicht qualifiziert, also die Unvereinbarkeit unter die Bedingung weiterer Sachverhalte stellt). Zudem können die Folgerungsbeziehungen, die diese Inferenz stützen, abgeändert werden, wenn eine der Verpflichtungen das Produkt einer Inferenz ist. Die Allgegenwart alternativer Abänderungen bedeutet, dass jede Erfahrungsepisode, sei es implizit oder explizit, sowohl eine *Wahl* als auch die Bejahung eines *Plans* beinhaltet, die vom Subjekt eingestandene Unvereinbarkeit zu beseitigen. *Vorausblickend*, vom Blickwinkel eines zu lösenden Problems bzw. eines zu erreichenden Zwecks aus betrachtet, weist Erfahrung die für das absichtliche Handeln charakteristische ergebnisoffene, flexible Planstruktur auf. Insofern man die Erscheinungen, mit denen man bis dahin zu tun hatte, als mögliche Realität entwickelt (der von Hegel am Ende der »Einleitung« so genannte »zweite Gegenstand«, der »neue wahre Gegenstand«), vollzieht man eine *praktische* Aufgabe.

Hegel zufolge ist also Erfahrung nicht nur ein *Prozess* (anstatt eines punktförmigen *Ereignisses*), sondern bedeutet wesentlich ein *Tun* bzw. die Ausübung praktischer Handlungsfähigkeit. Das Erinnern ist eine wesentliche Phase solchen Tuns. Dies ist das Primat des Praktischen: Das Erkennen wird dem absichtlichen Handeln nachgebildet. Erfahrung beinhaltet notwendigerweise die *Reflexion* über die eigenen Begriffe und Verpflichtungen sowie deren Erinnerung – dies bedeutet ein aktives Übernehmen der Verantwortung für sie und Ausüben der Autorität über sie, das Identifizieren mit einigen von ihnen und der Verzicht auf andere, und eine erinnernde Vindikation der damit verbundenen Entscheidungen, wonach sie alle anhand von Normen vorgenommen worden sind. Diese auf einem aktiven Prozess des Reflektierens und Erinnerns beruhende Vorstellung von Erfahrung ist denkbar weit entfernt von rein betrachtenden Modellen, in denen die einzige notwendige Reflexion eine passive Widerspiegelungsbeziehung ist. Diese Entscheidungen und Bejahungen bzw.

normativen Identifikationen und Aufopferungen sowie ihre anschließende erinnernde Vindikation sind Phasen des laufenden Erfahrungsprozesses, in dem einerseits selbstbewusste individuelle *Selbste* und andererseits die subjektiven Konstellationen von Begriffen und Verpflichtungen, die Beschaffenheit der Dinge für das Subjekt, durch die Integration von Aspekten der Beschaffenheit der Dinge an sich weiter bestimmt werden. Insofern gilt, dass »der individuelle Mensch *ist*, was *sie* [die Tat] ist«,[6] und dass die »Individualität ist, was *ihre* Welt als die *ihrige* ist; sie selbst ist der Kreis ihres Tuns, worin sie sich als Wirklichkeit dargestellt hat«.[7]

Wie alle Taten ist das Überarbeiten von Begriffen und Verpflichtungen, die sich durch Bestimmtheit entwickeln, ein Tun im *zweifachen* Sinne. Die vom Subjekt in der Bejahung eines Überarbeitungsplans ausgeübte Autorität wird von einer anderen Autorität ausgeglichen, der gegenüber die erstere verantwortlich ist. Hier zeigt sich eine zentrale Instanz des allgemeinen Prinzips, wonach bestimmt gehaltvolle Normen nur durch gegenseitige Anerkennung instituiert werden. Wird Autorität nicht durch eine entsprechende Verantwortung ausgeglichen, kann sie keinen bestimmten Inhalt haben. (Diese Leitidee artikuliert einen wichtigen Aspekt der Verbindung zwischen Hegels normativer Anerkennungspragmatik und seiner Semantik.) Die Gegenseitigkeit der diachronen Sozialdimension unterscheidet sich von der Gegenseitigkeit der synchronen Sozialdimension von Angesicht zu Angesicht. (Möglicherweise lässt sich diese Gattung leichter am deutschen Begriff »gegenseitig« als am englischen Begriff »reciprocity« erkennen.)

Da jede erfahrungsbezogene Überarbeitung der Bewertung einer rückblickenden Erinnerung unterliegt, ist auch hinsichtlich Erfahrung eine ausgleichende Autorität bereitgestellt. Das

6 *PhG*, S. 243.
7 Ebd., S. 232.

erinnernde Zurückschauen von einem Blickwinkel aus, in dem die Beschaffenheit der Dinge für das Subjekt zeitlich stabil ist – wo ihre Beschaffenheit zum nämlichen Zeitpunkt als ihre Beschaffenheit an sich betrachtet wird –, ermöglicht die Bewertung, ob die vorhergehenden wirklichen Überarbeitungen *expressiv-fortschrittlich*, also Schritte in die richtige oder falsche Richtung gewesen waren, je nachdem, welchen funktionalen Beitrag sie letztendlich zum momentan vermeintlich Erreichten gemacht zu haben scheinen. Die Frage lautet stets, ob und inwieweit die Sinne durch ihre Überarbeitung in Richtung eines adäquateren Ausdrucks des Referenzgegenstandes (der ihnen als normativer Maßstab dient) bewegt werden konnten. Indem die *Erinnerung* rückblickend einen expressiv-fortschrittlichen Verlauf durch die wirklich bejahten vergangenen Sinne verfolgt (Erscheinungen, die Beschaffenheit der Dinge für das Bewusstsein) und im aktuellen Verlauf gipfelt, integriert sie die Bewertungen des funktionalen *Erfolgs* der Überarbeitungen, durch die sich der aktuelle Inhalt entwickelt hat.

Das Modell hierfür auf der Seite der praktischen Handlungsfähigkeit entspricht der Art und Weise, wie die *de re*-Spezifikation des Inhalts einer Absicht (einer Art von Sinn) sich verändert, wenn es zu einer neuen Folge kommt und somit neue Folgebeschreibungen verfügbar werden. Rückblickend lernen wir etwas darüber, was wir tatsächlich beabsichtigt hatten, und können demnach die Absicht als etwas betrachten, dass noch weiter *ausgedrückt* wird. Vorausblickend erscheint derselbe Prozess als eine weitere *Bestimmung* der Absicht, da die Folge nicht vorhersehbar bzw. noch nicht geschehen ist. Der vorherige Sinn bzw. die vorherige Absicht erscheint unbestimmt im fregeschen Sinn als eine Momentaufnahme, da noch nicht feststeht, ob *jene* Folgebeschreibung eine Spezifikation *dieser Absicht* ist.

Das Hervorbringen einer expressiv-fortschrittlichen Erinnerung ist also etwas, das *getan* wird. Durch dieses die rückblickende Perspektive erschaffende Tun wird eine weitere Dimension hinzugefügt, derzufolge die Erfahrung nicht einfach etwas ist, das bloß *geschieht*. Dies ist eine Art, in der sie als ein Tun sichtbar wird. Erinnerung ist eine Handlung, in der die Bedeutung des von der Erinnerung fokussierten Prozesses rückblickend beeinflusst wird. Vergleichen wir dies mit Hegels Darstellung am Anfang des Abschnitts zum Geist (die im 13. Kapitel nochmals skizziert werden wird). Es wird dort beschrieben, wie die in der sozial-normativen Form einer Beerdigungszeremonie ausgeübte praktisch selbstkonstituierende Handlungsfähigkeit den bloß biologischen Tod in ein Stadium menschlichen Lebens verwandeln kann und der Verstorbene von einem bloß toten Organismus durch einen Statuswechsel zu einem immerwährenden Mitglied der Gemeinschaft gemacht wird.

Die richtige rückblickende Darstellung gibt dem Entwicklungsprozess, der in den letzten Sinn mündet, die Form eines *Plans* und bestimmt somit den Referenzgegenstand. Dies bedeutet auch, zwischen Alternativen zu wählen und einen Plan zur Sicherung der Ergebnisse zu verfassen. Der Zweck hierbei besteht darin, aus dem wirklichen Entwicklungsverlauf der Erscheinungen Elemente herauszusuchen, deren Struktur als ein »*expressiver* Plan« bezeichnet werden könnte. Dies stellt die *de re*-Spezifikation einer *Absicht* dar, durch die das Vollbrachte des aktuell bejahten Sinnes rückblickend erkannt werden kann. Es werden nur Überarbeitungen aufgenommen, die zum Ziel beitragen, die also rückblickend so betrachtet werden können, dass sie beim Realisieren des Zweckes bzw. beim Erreichen des Ziels *funktional erfolgreich* gewesen waren. Die Unterziele eines expressiven Plans sind die expressiv-fortschrittlichen Überarbeitungen, deren Resultat ein Sinn ist, der jenem Sinn als dem Referenzgegenstand nähergekommen ist, der als normativer Maßstab zum Bewerten des expressiven Erfolgs aller Sinne dient, die bereits früher im Prozess entstanden waren. Vom Standpunkt eines vollbrachten Sinnes aus beispielsweise würden einige expressive Unterziele behaupten, dass die Eigenschaft *P* mit Eigenschaft *Q* unvereinbar (oder nicht unvereinbar) ist, oder der Besitz von *R* eine Folge des Besitzes von *P* ist (oder nicht ist), oder der Gegenstand *a* die Eigenschaft *P* aufweist (oder nicht aufweist), wobei alle diese Beziehungen erstens Aspekte der jeweils aktuell bejahten Begriffs- und Verpflichtungskonstellation *sind* und zweitens aber nicht Aspekte des Seins der Dinge für das Subjekt in einem vorherigen Stadium des Prozesses der Erfahrungsentwicklung gewesen *waren*, der in den aktuell bejahten Begriff resultiert. Eine Überarbeitung kann ein funktional *expressiver Erfolg* in diesem Sinne sein und zugleich ein *lokaler Misserfolg* im vulgären bzw. gewöhnlichen Sinne, durch den die Überarbeitung unmittelbar zu einer weiteren Unvereinbarkeit geführt hat. Wie im normalen Fall des absichtlichen Handelns entscheidet vulgärer Erfolg oder Misserfolg bei der Erfüllung eines unmittelbaren Zwecks nicht die Frage, ob es sich hierbei um einen funktionalen Erfolg oder Misserfolg innerhalb der Ausführung eines Plans handelt, der auf einen größeren und weiter entfernteren Zweck zielt.

Jede Überarbeitung wird *schließlich* ein Grund sein für eine weitere Erfahrung von Unvereinbarkeit, die dann wiederum eine weitere Überarbeitung erfordern wird. Die Stabilität einer Auffassung ist für Hegel bestenfalls eine vorübergehende Leistung, die nicht nur prinzipiell fragil, sondern zur Auflösung verurteilt ist. Die Bewegung der Erfahrung integriert konkrete Besonderheit in den Inhalt von Allgemeinbegriffen und verleiht der tatsächlichen Zufälligkeit somit die Form normativer Notwendigkeit bzw. vermittelter Unmittelbarkeit. Die *ganze* besondere und zufällige Unmittelbarkeit der Dinge wurde noch nie bzw. wird nie in einer Konstellation von bestimmten Begriffen und Verpflichtungen ausgedrückt und ausdrückbar sein. Dies würde es erfordern, dass nicht nur alle unsere Behauptungen und Urteile wahr, sondern dass alle unsere Handlungen im gewöhnlichen bzw. vulgären Sinn erfolgreich sind. Misserfolg in diesem Sinne ist der Misserfolg eines Planes, der einen Zweck sicherstellen soll. Dies bedeutet, dass entweder ein Irrtum vorliegt in Bezug darauf, was passieren wird bzw. würde, *wenn* irgendetwas anderes als das Unterziel sichergestellt wäre, oder dass sich ein Misserfolg einstellt beim Erreichen dieses Unterziels. In beiden Fällen ergibt sich die Unvereinbarkeit von Verpflichtungen (einschließlich der praktischen) und somit die Pflicht, die zweite Phase des Erfahrungsprozesses in Gang zu setzen, also die Überarbeitung und Behebung der auf Erkenntnis zielenden sowie praktischen Verpflichtungen. Bei allen praktischen Vorhaben erfolgreich zu sein – einschließlich der Akte der Überarbeitung und Behebung –, erfordert es, dass die Menge der Behauptungen und Urteile nicht nur wahre Behauptungen und Urteile beinhaltet, sondern selbst auch *vollständig* ist. Hiernach ist Unwissenheit genauso schädlich für den praktischen Erfolg wie Irrtum. Wir sehen nun, wie das Anreichern der Feinstruktur des Erfahrungsprozesses durch die Anwendung des Modells des absichtlichen Handelns Hegels Verpflichtung zur prinzipiellen Instabilität des *Begriffs* unterstützt und erklärt.

Die Tatsache der permanenten *voraus*blickenden empirisch-praktischen Inadäquatheit aller Mengen begrifflicher Verpflichtungen bedeutet, dass jede Konstellation solcher Verpflichtungen, die *rück*blickend-erinnernd vindiziert ist und somit die wirkliche Beschaffenheit der Dinge explizit gemacht hat, schließlich als die Erscheinung einer etwas anderen Wirklichkeit entlarvt wird. Die erste Phase dieser Erfahrungsepisode (bzw. das Eingestehen unvereinbarer Verpflichtungen) erfordert also als zweite Phase normativ nicht nur die Postulierung des zweiten »neue[n] wahre[n] Gegenstand[s]«, bzw. sich das Überarbeiten vorzunehmen, um den auslösenden Irrtum oder Misserfolg zu beheben, sondern auch eine neue Erinnerung, die die vorgängigen Begriffsanwendungen als Erscheinungen dieser Wirklichkeit aufzeigt, als Sinne, die diesen Referenzgegenstand, wenn auch nur unvollkommen, ausdrücken. Neben der vorausblickenden praktischen Aufgabe der Behebung und Überarbeitung gibt es also noch die rückblickende Aufgabe der expressiven Rekonstruktion einer Tradition. Und wie im Falle der absichtlichen Handlung ganz allgemein wird das funktional Erfolgreiche oder Erfolglose in Bezug auf das frühere Ziel – wenn es als Unterziel des ursprünglichen, rückblickend erkannten expressiven Plans gedeutet wird – eventuell ebendiesen Status nicht beibehalten, wenn es in Bezug auf das neue Ziel bewertet wird. Was vom Standpunkt eines initialen Sinn-Referenzgegenstandes als eine expressiv-fortschrittliche Überarbeitung galt, mag als expressiv-rückschrittlich eingeordnet werden vom Standpunkt eines anderen, nachfolgenden Sinn-Referenzgegenstandes (als eine vorausblickende Erschließung der nächsten begrifflichen Anomalie). So wurde beispielsweise Alfred Wegeners Theorie der Kontinentalverschiebung 1915 noch selten in den Lehrbüchern der Geologie erwähnt, geschweige denn hervorgehoben, bis sie Anfang der 1960er Jahre in den Blick gerät als wichtiger und vorausschauender Schritt hin zum Paradigma der Plattentektonik. Inzwischen hat sie eine prominente Stelle in der Geschichte der Disziplin eingenommen. Ein anderes Beispiel (auch aus einem Bereich, in dem die Herstellung von Begründungsgenealogien explizit, zentral und institutionalisiert abläuft) finden wir in den Entwicklungsvorgängen des *common law*: Hier ist es ganz normal, dass Fälle, die einmal als wichtige Präzedenzfälle dienten – und demnach entscheidende Aspekte der Inhalte der damals gültigen Normen offenbarten –, ihren Status und Vorrang und ihre entsprechende Autorität im Zuge der Entwicklungen der betreffenden Begriffe verloren haben. Der Prozess gelangt also nie an ein Ende.

In der Tat sind aber die *vorausblickende* Arbeit des Entwickelns einer neuen Überarbeitung und die *rückblickende* Arbeit des Entwickelns einer neuen Erinnerung, in der diese Überarbeitung der Endpunkt eines expressiv-fortschrittlichen Prozesses ist, in welchem das Implizite schrittweise zunehmend expliziter gemacht wird, zwei Beschreibungsformen *einer* Aufgabe. Im Zuge der Entwicklung eines »neue[n] wahre[n] Gegenstand[s]«, das heißt eines möglichen Referenzgegenstandes, werden die anderen bejahten Sinne *als* mehr oder weniger irreführende und offenbarende Erscheinungen *dieses* neuen Gegenstandes dargestellt, also als bessere oder schlechtere Ausdrücke desselben. Die verschiedenen vorausblickenden alternativen Überarbeitungen und Behebungen der Konstellation von Sinnen, die als anomal enthüllt wurde, werden durch rückblickende Geschichten auseinandergehalten, die über jede einzelne erzählt werden kann. Mit der Bereitstellung einer solchen expressiv fortschrittlichen Genealogie wird der Übergang zu einem überarbeiteten Schema *gerechtfertigt*. Vorausblickend betrachtet ist das *common law* das durch Richter gemachte Recht, insofern es allein in der Tradition seiner wirklichen Begriffsanwendungen auf konkrete Fälle besteht. Wenn die Begriffe auf eine neuartige Menge von Tatsachen angewendet werden und der Inhalt dieser Begriffe dabei (provisorisch) weiter bestimmt wird, entspricht dies in der Wirkung dem, was T. S. Eliot in seinem Essay »Tradition und individuelle Begabung« beschrieben hat:

> [V]on den Nachwirkungen der Tatsache, daß ein neues Kunstwerk entstanden ist, werden zugleich auch alle vorangegangenen Kunstwerke mitbetroffen. Die vorhandenen Literaturdenkmäler stellen untereinander eine ideale Ordnung dar, die dadurch, daß ein neues (ein wirklich neues) Kunstwerk sich ihnen zugesellt, eine gewisse Veränderung erfährt. Die bis dahin gültige Ordnung ist gleichsam abgeschlossen, bevor das neue Werk auftaucht. Damit sie auch nach dessen Erscheinen fortbestehe, muß die *ganze* Ordnung einen, sei es auch noch so unmerklichen, Wandel erfahren; und so werden die Beziehungen, Verhältnisse, Werte jedes einzelnen Kunstwerkes dem Ganzen gegenüber wieder in ihr rechtes Verhältnis gesetzt; so erst entsprechen das Alte und das Neue einander.[8]

8 T. S. Eliot, *Essays I*, Frankfurt/M. 1967, S. 347. Übertragen von Hans Hennecke.

Zur *Rechtfertigung* einer neuartigen Anwendung alter Begriffe kann der Richter nur darauf verweisen, dass nun Verpflichtungen explizit gemacht werden, die bereits vorherigen (also inhaltsexplizierenden) Anwendungen als Präzedenzfälle implizit waren. Durch die Erzeugung einer angemessenen erinnernden Rekonstruktion der Tradition des Anwendens eines Begriffs wird eine mögliche begriffliche Überarbeitung als *rational* dargelegt und dieTraditionbegründet.

Die *Autorität*, die das Erfahrungssubjekt ausübt, indem es das vorausblickende praktische Projekt des Behebens einer inkohärenten begrifflichen Struktur verfolgt, wird, wie wir gesehen haben, anerkennend ausgeglichen durch die *Verantwortung*, die solche Pläne gegenüber der rückblickenden Bewertung ihres expressiven Fortschritts haben: also inwieweit diese Pläne als das Explizitmachen jener Merkmale verständlich sind, welche in der Tradition ihrer entsprechenden Begriffsanwendung implizit waren. Auch wenn diese komplementäre Anerkennungsautorität durch die *Erinnerungen* ausgeübt wird, die durch *nachfolgende* Umwandlungen der Begriffstradition ermöglicht (und aus der gewonnenen Perspektive dieser Umwandlungen vollzogen) wurden, ist diese Art ausgleichender Autorität tatsächlich bereits wesentlich in jeder vorausblickenden Planung zur weiteren Bestimmung begrifflicher Inhalte vorhanden. Die Berücksichtigung dieser Betrachtung ergibt das dreiphasige Modell der Erfahrung. Erfahrungsprozesse können als Abfolgen von diskreten, mehr oder weniger längeren Episoden gedacht werden. Die erste Phase jeder Episode wird eingeleitet, wenn die Anwendung von existierenden Begriffen im Urteilen und Handeln zum Zustimmen zu und Übernehmen von Verpflichtungen führt, die nach den aktuellen Einsichten des Subjekts miteinander unvereinbar sind.

Die zweite Phase jeder Erfahrungsepisode kann auf zwei wesentlich komplementäre Weisen, von zwei verschiedenen Standpunkten aus gedacht werden. Vorausblickend, vom Standpunkt praktischer Erwägung aus, kommt auf das Handlungssubjekt mit der Zustimmung zu Verpflichtungen, die untereinander in Unvereinbarkeitsbeziehungen stehen, die Pflicht zu, etwas mit den übernommenen Begriffen und Verpflichtungen zu tun, sie zu ändern und die Unvereinbarkeiten zu beseitigen. In einem weiteren Sinne werden die Inhalte dieser Begriffe und Verpflichtungen weiter bestimmt, indem die empirisch-praktische Information, die aus der zum Selbstwiederspruch führenden Anwendung aktuell bejahter begrifflicher Normen resultiert, in die Beschaffenheit der Dinge für sich integriert wird. Diese Konstellation von Begriffen und Verpflichtungen muss also, ihren eigenen impliziten Normen entsprechend, überarbeitet, neu gestaltet und neu *erzeugt* werden. Es ist ein Adäquatheitskriterium für den Erfolg dieser praktischen Aufgabe, eine rückblickende Geschichte darüber erzählen zu können – wenn die Dinge tatsächlich dem entsprechen, was die überarbeitete Konstellation von Begriffen und Verpflichtungen an sich erfasst hat –, wie es mit Blick auf eine privilegierte Teilfolge der wirklich erlebten Erfahrungsepisoden dazu kam. Rückblickend, vom Standpunkt der Bewertung der Erfahrungsumwandlung aus betrachtet, muss dieses Neumachen als der Endpunkt eines Prozesses aufgezeigt werden, in dem allmählich expliziter wird, was schon immer in den angewendeten, bejahten Begriffen und eingegangenen Verpflichtungen implizit gewesen war. Das heißt, man muss das Ergebnis der eigenen Überarbeitung als ein *Herausfinden* dessen darstellen, was die Dinge an sich immer schon waren, also *worüber* man eigentlich geredet und nachgedacht hat, worauf man sich bezog, als man die vorherigen, verschiedenartig defekten Sinne verwendet hat, also was die Wirklichkeit ist, die die ganze Zeit über erschien, nur eben in gewissen Aspekten unvollständig und falsch.

Die *Ungleichheit* der *Sinne* (Erscheinungen, Phaenomena, wie die Dinge *für* das Bewusstsein sind), die sich vorausblickend darin offenbart, dass die aktuell bejahten Inhalte und Verpflichtungen wieder einmal überarbeitet werden müssen, und die *Ein-*

heit der *Referenzgegenstände* (Wirklichkeit, Noumena, wie die Dinge *an sich* sind), die in ihrem allmählichen Hervortreten in die Explizitheit rückblickend offenbar und durch eine expressive Genealogie der aktuell bejahten Inhalte und Verpflichtungen enthüllt wird, sind zwei Seiten ein und derselben Medaille und allein im Kontext des jeweils anderen verständlich. Dementsprechend bedeuten die vielen offenen Alternativen im *Vorausblick* des Handlungssubjekts der Erfahrung in der zweiten Phase einer Erfahrungsepisode, dass verschiedene Überarbeitungen durch verschiedene expressive Genealogien im *Rückblick* begründet werden können. Demnach gibt es viele verschiedene Referenzgegenstände, die diese Sinne semantisch bestimmen und erkennbar präsentieren könnten. Andererseits liefern die wirklichen Begriffsanwendungen, welche zu Entscheidungen in der Überarbeitung auf Grundlage von Erfahrungen führen (die *Identifikation* mit einigen Merkmalen einer Begriffs- und Verpflichtungskonstellation durch das *Opfern* anderer), die Rohmaterialien, die ausgewählt und in expressiv-fortschrittlichen rational-rekonstruierten Traditionen angeordnet werden müssen, damit die aktuelle begriffliche Konstellation *als* Referenz vindiziert wird, die durch all jene Sinne sowohl semantisch bestimmt als auch erkennbar präsentiert ist, aus denen der expressiv privilegierte Verlauf herausgezogen wurde. Der Prozess, in dem sich das entwickelt, was Hegel den »Begriff« nennt, und in welchem sich Konstellationen von Begriffsinhalten und -verpflichtungen als mangelhaft erweisen und ersetzt oder überarbeitet werden – der gleiche Prozess, in dem sich individuelles Selbstbewusstsein entwickelt –, muss als Prozess sowohl einer immer umfassenderen *Bestimmung* begrifflicher Inhalte als auch eines immer umfassenderen *Ausdrucks* dieser Inhalte gedacht werden.

*Voraus*blickend betrachtet, werden die begrifflichen Inhalte *bestimmter gemacht*, insofern durch entscheidende Erfahrungsepisoden Merkmale der wirklichen Beschaffenheit der Dinge an sich in die Beschaffenheit der Dinge für das Bewusstsein integriert werden. *Rück*blickend betrachtet, werden die begrifflichen Inhalte allmählich und unaufhaltsam (mit rückblickender Notwendigkeit) enthüllt und ausgedrückt: Das, was immer schon implizit war, wird immer expliziter gemacht. Der Schlüssel zu Hegels semantischer Sichtweise besteht darin, dass die Rede über den Prozess aufeinanderfolgender und fortschrittlich *bestimmender* (bestimmter machender) ungleicher Sinne und die Rede über den Prozess aufeinanderfolgender und fortschrittlich *ausdrückender* (expliziter machender) Referenzgegenstände zwei Weisen sind, über *ein und denselben* Prozess zu reden. Erinnernd Sinne herstellen heißt, Referenzgegenstände zu finden. Durch diesen geschichtsperspektivischen praktischen Prozess von Bestimmung und Ausdruck – der die zwei semantischen Dimensionen von Sinn und Referenz aufeinander bezieht bzw. das Sein der Dinge für das Bewusstsein und das Sein der Dinge an sich – wird schließlich die relationale Struktur von Identität-durch-Verschiedenheit und damit die leitende Idee von Hegels Logik verständlich, das heißt die metatheoretische Begriffs- und Verpflichtungskonstellation, bezüglich der er die Entwicklung des Begriffs durch Bestimmung und Ausdruck explizit macht. Dieser Prozess ist die für die *Vernunft* charakteristische Tätigkeit. Indem wir verstehen, wie diese Art von Entwicklungs- und Erinnerungs*prozess* semantische und erkenntnistheoretische *Beziehungen* zwischen Phaenomena auf der subjektiven Seite der Gewissheit und Noumena auf der objektiven Seite der Wahrheit veranlasst, verstehen wir die Bedeutung der These des Begriffsidealismus für Hegels semantische Theorie des Bewusstseins.

IV. *Verringerungs- und Erweiterungsstrategien*

An mehreren Stellen des vorangegangenen Abschnitts habe ich den dynamischen Prozess der Bestimmung und des Ausdrucks begrifflicher Inhalte als eine »Anerkennungs«-Struktur beschrieben. Von der allgemeinsten Ebene aus betrachtet, wurde hiermit etwas über die Beziehungen zwischen wechselseitiger Autorität und Verantwortung gesagt, die diesen Prozess gliedern. Die Forderung, nach der Anerkennung gegenseitig sein muss, um eine Norm zu instituieren (hier einen bestimmten Begriff), ist ein wichtiges Element in der Darstellung des Prozesses, der die Beziehungen zwischen den zwei semantischen Dimensionen instituiert (grob gesagt zwischen dem inferentiellen Inhalt und dem referentiellen Anspruch). Obgleich das Thema eingeführt wurde, haben wir noch nicht endgültig geklärt, was der Beitrag der Anerkennungsdimension in dieser Darstellung ist. Bereits in der Diskussion zur »Einleitung« haben wir gesehen, wie vorausblickende und rückblickende Perspektiven einer sich entwickelnden begrifflichen Tradition eine geschichtliche Autoritätsstruktur wechselseitiger Anerkennung aufweisen können. In dieser Diskussion wurde das für unsere Überlegungen nicht unwichtige rechtsphilosophische Modell der Entwicklung der Begriffe im *common law* eingeführt. Diese Idee wurde kombiniert sowohl mit einer Betrachtung, in der die absichtliche Handlung als eine Beziehung zwischen *de dicto*-Spezifikationen (wonach sie absichtlich oder zweckmäßig ist) und *de re*-Folgespezifikationen (wonach sie eine Tat ist) verständlich gemacht wird, als auch einer Betrachtung jener planmäßigen Struktur, die für Absichten (und nicht Vorsätze) charakteristisch ist, sei es nun vom vorausblickenden Standpunkt der Erwägung *de dicto* aus spezifiziert oder vom rückblickenden Standpunkt expressiver Genealogie *de re*. Wir streben einer Erklärung der endgültigen vollentwickelten geschichtlich-erinnernden Form der gegenseitigen

Anerkennung zu, die Hegel im Kapitel zum Geist unter dem Titel »Geständnis und Verzeihung« diskutiert. Dort angelangt, sollten alle vorangegangenen Lektionen Anwendung gefunden haben, um die semantische Bedeutung dieser letzten Form des Prozess-Struktur-Komplexes der gegenseitigen Anerkennung zu verstehen, wodurch wir dann in die Lage versetzt werden, sowohl die geschichtliche Entwicklung der Konstellationen von bestimmten Begriffen und Verpflichtungen als auch die Form des daraus resultierenden Selbstbewusstseins zu begreifen.

Wenn Hegel im entsprechenden Kapitel die geschichtliche Entwicklung des *Geistes* bespricht, geht es um den großen Übergang von der traditionellen zur modernen Struktur der Normativität. Dort finden wir heraus, dass der von uns mit Blick auf das Kapitel zur Vernunft angegangene Begriff der Handlungsfähigkeit spezifisch modern ist; er unterscheidet sich von anderen, insofern in ihm Verantwortung darauf beschränkt ist, was das Handlungssubjekt in seinem explizit vorgestellten *Zweck* als vorausgesetzt *erkannt* hat:

> Das Recht des Willens aber ist, in seiner *Tat* nur dies als seine *Handlung* anzuerkennen und nur an dem *schuld* zu haben, was er von ihren Voraussetzungen in seinem Zwecke weiß, was davon in seinem *Vorsatze* lag. – Die Tat kann nur als *Schuld des Willens zugerechnet* werden; – *das Recht des Wissens.*[9]

Die Alten hatten den Willen in diesem Sinne nicht als endlich verstanden – und besaßen insofern nicht die moderne Art des praktischen Selbstbewusstseins. Im entsprechenden Zusatz ebenda erklärt Hegel:

> Ich bin aber nur, was in Beziehung auf meine Freiheit ist, und die Tat ist nur Schuld meines Willens, insofern ich darum

9 *PR*, § 117, S. 217.

weiß. Ödipus, der seinen Vater erschlagen, ohne es zu wissen, ist nicht als Vatermörder anzuklagen; aber in den alten Gesetzgebungen hat man auf das Subjektive, auf die Zurechnung nicht soviel Wert gelegt als heute.[10]

Es war ein begrifflicher, zum Teil konstitutiver Fortschritt, dass in der Moderne die *Zuschreibung* von Verantwortung so beschränkt wird, dass sie sich mit der *Zustimmung* zur Verantwortung deckt.

Das *heroische* Selbstbewußtsein (wie in den Tragödien der Alten, Ödipus usf.) ist aus seiner Gediegenheit noch nicht zur Reflexion des Unterschiedes von *Tat* und *Handlung*, der äußerlichen Begebenheit und dem Vorsatze und Wissen der Umstände, sowie zur Zersplitterung der Folgen fortgegangen, sondern übernimmt die Schuld im ganzen Umfange der Tat.[11]

Das heroische Selbstbewusstsein, das »die Schuld im ganzen Umfange der Tat« übernimmt, ist ein Merkmal des Geistes im traditionellen Stadium, das charakterisiert wird durch das, was Hegel als »unmittelbare *Sittlichkeit*« bezeichnet. Die Zersplitterung dieser »unvermischten Einfachheit« – wenn zwischen dem im subjektiven Willen Enthaltenen und den sich aus diesem Willen ergebenden objektiven Folgerungen unterschieden wird – ist ein Merkmal des Geistes auf der Ebene der sich selbstbewussten Individualität: die Moderne. Diese Form des Selbstbewusstseins ist aber *entfremdet*. Sie kann, grob gesagt, individuelle Selbstbewusstseine nicht zugleich als *Schöpfer* und *Geschöpfe* begrifflicher Normen begreifen. Es erkennt nicht, dass es sich hier um zwei notwendig komplementäre Aspekte eines Prozesses handelt und einzelne Begriffe sowie einzelne Selbste nur als bestimmt gehaltvoll verständlich sind, insofern die Rolle angemessen ver-

10 Ebd.
11 Ebd., S. 219.

standen wird, die diese Aspekte in einem solchen Prozess spielen. (Ich nehme noch einmal vorweg: Entfremdung wird explizit und offiziell erst ein Thema im nächsten Kapitel – wie auch Hegel es erst im Kapitel zum Geist einführt.) Um Entfremdung zu überwinden und zur dritten Ebene in der Entwicklung des Geistes und seines Selbstbewusstseins zu gelangen, also zur Ebene der selbstbewussten *Sittlichkeit*, werden viele der Merkmale aus der ersten Ebene geborgen und auf die höheren Ebenen angehoben. Ich werde insbesondere behaupten, dass das Übernehmen der »Schuld im ganzen Umfange der Tat« ein eben solches Merkmal darstellt. Wir werden auf einer höheren Ebene zu einer heroischen Vorstellung von Handlungsfähigkeit zurückkommen.

Wir haben bereits einiges darüber erfahren, was es braucht, um diese Idee verständlich zu machen: Man muss die *de dicto*-Spezifikationen und *de re*-Spezifikationen des Inhalts einer Absicht als Spezifikationen *ein und desselben* Inhalts behandeln, also als etwas, dem mit dem Terminus *de dicto* zugestimmt und das mit den Terminus *de re zugeschrieben* wird. Im Grunde haben wir uns die ganze Zeit damit beschäftigt, wie bestimmte begriffliche Normen (die sowohl praktische als auch auf Erkenntnis zielende Verpflichtungen bestimmen) verstanden werden sollten, damit sie durch die Struktur gegenseitiger Anerkennung instituiert werden – allerdings sind wir, wie eben angedeutet, keineswegs damit fertig geworden. Im jetzigen Kontext sind wir an einen Punkt gelangt, an dem die Neudeutung von Handlungsfähigkeit in Bezug auf die Metabegriffe der *Vernunft* – das heißt, in Bezug auf den als unendlich gedeuteten Begriff – *nicht* aus der Sicht der *Rechtsphilosophie* vonstattengeht, sondern als Teil des expressiven Programms der *Phänomenologie*. Zur Interpretation von Hegels Behauptungen über die Natur der Handlungsfähigkeit kann man sicherlich auf beide Werke rekurrieren, solange man diesen Unterschied fest im Blick behält (so dass ein Zusammenbringen nicht »wahllos« wird).

Der zentrale Punkt ist nun der, dass das Recht des Wissens und das Recht der Absicht Ausübungen der charakteristischerweise entfremdeten, modernen Strategie der Herrschaft sind. Sie ergeben sich aus der Anwendung von Metabegriffen, die die Struktur der REINEN SELBSTSTÄNDIGKEIT aufweisen anstatt die der FREIHEIT. Wie wir im 10. Kapitel gesehen haben, besteht die für Herrschaft charakteristische Deformierung darin, dass Autorität nicht *wirklich* sein kann, wenn sie nicht *total* ist. Dies ist ein begrifflicher Fehler, da der Begriff BESTIMMTER INHALT unabhängig von der *Reibung*, die durch Konfrontation mit einer Gegenautorität entsteht, unverständlich bleibt. Um überhaupt einen Willen (ja überhaupt einen Verstand) zu haben, muss man in der Lage sein, sich durch bestimmt gehaltvolle Begriffe zu *binden* – mit Begriffen, die das gliedern, *was* man beabsichtigt, begehrt, befiehlt oder glaubt. Nur indem man sich gegenüber etwas anderem verantwortlich macht, sei es für Erfolg oder für Wahrheit, bzw. sich der Autorität dessen unterwerfen kann, woraufhin man handelt oder über was man nachdenkt, kann man die eigene Autorität im Annehmen solcher Einstellungen ausüben. Richtig an einem Beharren auf einem »Recht des Wissens« oder einem »Recht der Absicht« ist, dass die Autorität des Individuums in der Bejahung eines Zwecks wesentlich zum resultierenden Vollzug beiträgt, dass dieser also etwas ist, das *getan* wurde und nicht nur *geschehen* ist. Für die Moderne, also für die mittlere Periode der begrifflichen Entwicklung des Geistes, ist es jedoch ein charakteristischer Fehler, diesen Punkt falsch zu deuten und ihn in Bezug auf die endliche Kategorienstruktur der *reinen Selbstständigkeit* zu verstehen.

Dieser Defekt ist jeder endlichen, im Kapitel zur Vernunft vorgelegten Form des Verstehens von Handlungsfähigkeit eigen. Anstatt jede einzelne Gestalt zu wiederholen, in der diese deformierte Vorstellung dort auftaucht, schauen wir uns nur einen besonders deutlichen Fall an: das am Anfang des dritten Teils des Kapitels eingeführte »ehrliche Bewußtsein«. Es ist eine besonders reine Form der *Verringerungsstrategie*, Autorität als Selbstständigkeit und somit als *totale* Autorität über das eigene Tun sicherzustellen. Im nächsten Kapitel werden wir sehen, dass die unendliche, *begriffliche* Version dieses Ausdrucks von individuellem Selbstbewusstsein, dass sich selbst in Kategorien der Endlichkeit deutet, eigentlich eher einer *Erweiterungsstrategie* entspricht. Diese steckt hinter der besorgniserregenden Behauptung, die diesen Teil der *Phänomenologie* einleitet: »Die Vernunft ist die Gewißheit des Bewußtseins, alle Realität zu sein.«[12] Gemäß der Idee der Verringerungsstrategie beschränkt man den Begriff des TUNS auf das, worüber man *tatsächlich* vollständige Autorität hat. Dies bedeutet, dass es keinen Raum für die Zufälligkeit und Starrheit der objektiven Wirklichkeit geben darf. Was man *wirklich* tut, wird beschränkt auf eine Art reinen *Willen*. Auf der Seite der Handlung ist dies analog zu einer Strategie, die uns bekannt ist von der defekten Vorstellung des Erkennens, die wir bezüglich der *sinnlichen Gewissheit* diskutiert haben.

Die Begriffe ERKENNEN und HANDLUNG erfordern jeweils das Zusammentreffen von Gewissheit und Wahrheit. Von außen betrachtet, werden beide durch die Hartnäckigkeit der Realität um ihre Realisierung gebracht. T. S. Eliot formuliert dies in »Die hohlen Männer« folgendermaßen:

Zwischen Idee
Und Wirklichkeit
Zwischen Regung
Und Tat
Fällt der Schatten

Denn Dein ist das Reich

Zwischen Empfängnis
Und Geburt

12 *PhG*, S. 179.

Zwischen Gefühl
Und Erwiderung
Fällt der Schatten[13]

Die cartesische Strategie zur Realisierung des Erkenntnisbegriffs bestand darin, ein Reich genuinen Erkennens abzustecken, das nicht durch eine Kluft zwischen Erscheinung und Realität gespalten ist. Dies gelang, indem die Gegenstände auf die Erscheinung an sich *beschränkt wurden*. Hiernach könnte etwas rot erscheinen, aber nicht wirklich rot sein; jedoch könnte es nicht *scheinen*, rot zu erscheinen, und zugleich nicht *wirklich* rot erscheinen. Für dieses beschränkte Reich von Gewissheit, das sowohl Subjekt als auch alleiniger Gegenstand von Erkenntnis ist, ist alles so, wie es zu sein scheint. Die Grenzen des erkennenden Selbst werden hier so aufgefasst, als fielen sie mit dem zusammen, was auf diese besondere Art und Weise der Realisierung des Erkenntnisbegriffs auf der Seite seiner Einheit erkannt werden könnte. Es existiert eine ähnliche cartesische Strategie, um den Handlungsbegriff angesichts des widerspenstigen Realen zu realisieren, das sich der Neugestaltung nach den Zwecken des Denkens widersetzt. Hiernach wird ein Reich von Handlungen umrissen, in dem keine Kluft zwischen Versuch und Vollbrachtem besteht, also ein Bereich von Zwecken, für deren Vollbringung keine Mittel erforderlich sind. So wie Fehler der Wahrnehmung und Überzeugung aus dem privilegierten Reich des Erkennens vertrieben sind, so sind aus dem privilegierten cartesischen Reich der Handlungen die misslungenen Versuche und gescheiterten Absichten vertrieben. Dieses Reich besteht aus Willensakten. Sie werden als mentale Episoden erfasst, die minimale Handlungen sind, so wie Erscheinungen mentale Episoden darstellen, die minimale Erkenntnisakte sind. Der Erkennt-

13 T. S. Eliot, *Gedichte*, Frankfurt/M. 1964, S. 87. Übertragen von Eva Hesse.

nisakt ist minimal in dem Sinne, dass keine Inferenz jenseits des als Beweis geltenden internen Inhalts bejaht wird. Ohne Interpretation kann kein Fehler auftreten, und somit wird der Erfolg garantiert. Die Handlung ist minimal in dem Sinne, dass keine Verpflichtung eingegangen wird, um etwas jenseits des Bestimmens des Zwecks zu erreichen. Jeder Versuch ist ein erfolgreicher Vollzug (so wie wir von Erscheinungen sagen könnten, dass ihre Erscheinung als ihre Realität gilt), die Reichweite der Absicht geht nicht über das hinaus, was beabsichtig wurde. Als Beweis für die Existenz eines Nicht-Selbst führt Descartes in den *Meditationen* die Existenz von mentalen Episoden an, die weder selbst Willensakte sind noch von Willensakten verursacht wurden (also gewollt worden sind). Somit findet eine Identifikation mit dem statt, worüber auf der Seite der Handlung jene Art *unanfechtbare Herrschaft* besteht, welche der privilegierten unfehlbaren Einsicht auf der Seite des Erkennens entspricht.

Am anderen Ende der Aufklärung wendet Kant eine Form dieser Verringerungsstrategie auf die Moralität an. Die intentionalistische Beschränkung der Gegenstände der moralischen Beurteilung (also der Handlungen) auf Willensakte stellt das Bestreben dar, die unmittelbare Realisierung des Handlungsbegriffs durch die Verbannung der Bedeutung der Realität zu erreichen und Handlung und dabei das Selbst auf den Fluchtpunkt minimaler Versuche zu verringern, deren Ziel allein im *Versuch* selbst besteht. Diese Strategie wird als unmittelbar bezeichnet, weil das Denken in diesem Verständnis von Handlung nicht aus dem Anderssein zu sich selbst zurückkehrt, und sich also von Anfang an nie über seine eigenen Grenzen hinauswagt.

> Bringt es [das ehrliche Bewußtsein] einen *Zweck* nicht zur *Wirklichkeit,* so hat es ihn doch *gewollt,* d. h. es macht den *Zweck* als Zweck, das *reine Tun,* welches nichts tut, zur *Sache selbst* [...][14]

14 *PhG*, S. 306.

Das Verständnis von normativer Beurteilung wird bei Kant von der Kontaminierung kausaler Kontingenz gereinigt, und zwar durch die Beschränkung solcher Beurteilungen auf den Willen allein. Wir können Hegels Einstellung gegenüber dieser Strategie durch die Vorteile von Diebstahl gegenüber ehrlicher Mühe charakterisieren – ausgenommen, dass Diebstahl gelegentlich erfolgreich ist, wohingegen Strategien der Unmittelbarkeit dies niemals sein können. Die von ihm so bezeichnete »Sache selbst« ist die Einheit der Handlung als eine Bewegung vom Denken als Zweck zum Denken als Beurteilung des Vollbrachten und die Übereinstimmung der Wirklichkeit der Handlung mit ihrem Begriff in dieser Einheit. Sie wird missverstanden, wenn sie als etwas behandelt wird, das im Prinzip privat sein könnte, also als ein metaphysisches Geschehnis in einem bestimmten Handlungssubjekt ohne die soziale Vermittlung einer Realität, die gegenüber individuellen Zwecken resistent ist. Die soziale Natur von Handlung wird verfehlt, wenn das wirklich Vollbrachte nicht vom Zweck und der Beurteilung unterschieden und sie nicht als normatives Produkt ihrer Anerkennungsvermittlung erfasst wird. Ein Vollzug ist keine Handlung – nicht, weil er auf eine bestimmte Weise verursacht wird oder aus einem Willensakt oder einem anderen besonderen vorangegangen Zustand hervorgeht, sondern aufgrund seiner Stellung in der sozialen Vermittlung des Denkens durch das Denken.

Die Ansicht, wonach der Handlungsbegriff unmittelbar im Wollen realisiert wird, ist eine Strategie der Selbstständigkeit; sie entspricht den vom stoischen und skeptischen Bewusstsein verfolgten Strategien. Während der Stoiker des Erkennens sich in seine Freiheit zurückzieht, etwas als Erscheinung zu interpretieren und der Erfahrung eine Bedeutung zuzuschreiben, um sie dadurch zu beherrschen, zieht sich der Stoiker des Willens in seine Freiheit des bloßen Versuchs zurück, den zu beeinflussen die Realität machtlos ist. Der Stoiker gesteht, dass andere Beschreibungen seiner Handlungen möglich sind, beharrt jedoch darauf, dass die wahre Bedeutung nur in der Beschreibung zu finden ist, hinsichtlich der die Handlungen zweckmäßig verfolgt wurden. Noch etwas radikaler geht der Skeptiker des Willens vor, der Handlung mit Wollen identifiziert (so wie der Skeptiker des Erkennens die Erkenntnis mit der Erscheinung) und das Wollen als die einzig mögliche Art von Handlung betrachtet. Für die einseitige, den moralischen Konsequentialismus ergänzende Strategie des moralischen Intentionalismus liegt das zu Beurteilende (also das Vollbrachte) allein im Zweck. Aus diesem Grund müssen wir ihn so verstehen, dass er entweder der einen oder der anderen Strategie der Unabhängigkeit verpflichtet ist.

> Jetzt im bloßen *Gewollt-* oder auch im *Nichtgemocht*haben hat die Sache selbst die Bedeutung des *leeren Zwecks* und der *gedachten* Einheit des Wollens und Vollbringens.[15]

In *Der Empirismus und die Philosophie des Geistes* zeigt Sellars, was verkehrt ist am cartesischen Versuch, alle Erkenntnis auf die privilegierte Erkenntnis des Mentalen aufzubauen, in der kein Fehler möglich ist. Eine gewöhnliche Erkenntnisbehauptung drückt die Bejahung eines Inhalts durch den Behauptenden aus. Irrtum ist möglich, insofern diese Bejahung im Kontext anderer aufgestellter Behauptungen nicht eingelöst oder gerechtfertigt werden kann. Im gewöhnlichen Fall eines nichtinferentiellen Berichts wie etwa »Das ist rot« vollzieht das Subjekt zwei Dinge: Als Reaktion drückt es die Disposition aus, den Gegenstand als rot zu bezeichnen, und es bejaht die Behauptung, dass er rot ist. Die Redeweise bezüglich Erscheinungen wie etwa »Das erscheint rot (sieht rot aus oder scheint rot zu sein)« ist unfehlbar, weil man, indem man sagt, dass etwas rot erscheint, dieselbe Disposition ausdrückt, aber explizit vermeidet, die Behauptung zu bejahen, zu der man aus Reaktion geneigt ist. Da keine Behaup-

15 Ebd., S. 306.

tung bejaht wird, ist kein Irrtum möglich.[16] Sobald man diese Auffassung über die Quelle der Unfehlbarkeit der Rede vom »Schein« begriffen hat, sieht man, wie unpassend diese Art von sichergestelltem Erkennen für die ursprüngliche und grundlegende Erkenntnis ist, die durch Inferenz jenseits des Reichs der Erscheinung erweitert werden kann, wenn das Risiko des Irrtums eingegangen wird. Denn derart verstanden, setzt die Redeweise bezüglich Erscheinungen die Rede bezüglich Realität voraus; das sichere »Schein« verwenden zu können setzt voraus, dass risikoreiche »ist« verwenden zu können. Behauptungen darüber, wie Dinge erscheinen, stellen ihre Unabhängigkeit vom Irrtum sicher, einfach, indem sie Bejahungen verweigern, die sich als unangemessen erweisen könnten. Man muss jedoch die Tätigkeit des *Machens* einer solchen Bejahung erst beherrschen, bevor man die Tätigkeit des *Verweigerns* einer solchen Bejahung vollziehen kann.

Eine ähnliche Diagnose gilt für *Willensakte*, die als jene privilegierte Form von Handlung gedeutet werden, deren Vollbringung nicht scheitern kann. So, wie *Spracheingänge* sowohl reagierende Dispositionen als auch daraus sich ergebende Bejahungen erfordern, so erfordern *Sprachausgänge* sowohl Dispositionen zum Vollziehen als auch die Verpflichtung zur Vollbringung unter einer Beschreibung, die den Zweck der Handlung ausdrückt. Korrespondierend zum Satz »Das ist rot« gibt es Ausdrücke für Sprachaustritte wie etwa »Ich soll das Auto starten«. Mit dem

16 Es entstehen Feinheiten, wenn diese Auffassung der Rede vom Schein durch die Verwendungen der ersten Person zu Zuschreibungen der dritten Person erweitert wird, bzw. aus der hieraus folgenden Möglichkeit, Formen der dritten Person in der ersten Person im Rahmen von Selbstzuschreibungen zu verwenden. Diese Feinheiten können wir hier aber ohne große Bedenken außer Acht lassen. Siehe die Diskussion in meiner Studienanleitung zu Sellars' *Empiricism and the Philosophy of Mind*, Cambridge, Mass. 1997.

Satz »Das *sieht* rot *aus*«, der die Bejahung der »ist«-Behauptung einbehält, korrespondiert »Ich werde *versuchen*, das Auto zu starten«, der die Verpflichtung zum Erreichen des beabsichtigten Ergebnisses einbehält. Wenn man mag, kann man Minimal-»Versuche« als eine besondere Art von Handlung betrachten, bei denen man im Versuch der Vollbringung scheitern kann. Aber ähnlich wie auf der Seite des Erkennens darf man sie nicht als die ursprünglichen Handlungen betrachten, die nur dann auf außermentale Handlungen erweitert werden, wenn die Gefahr besteht, dass man bei ihrer Vollbringung scheitert. Denn man muss, um es noch einmal zu sagen, bereits die soziale Praxis der Selbstverpflichtung zur Vollbringung beherrschen, bevor man die Praxis des gelegentlichen Ausdrückens einer Absicht bei gleichzeitigem Zurückhalten einer solchen Verpflichtung beherrscht. Die Rede vom »Versuchen« ist der Rede vom »Tun« parasitär und abstrahiert eine abgeleitete private Dimension (im Sinne von »Privation«), die nur dem Anschein nach unabhängig ist von der sozialen, wesentlich dualen Tätigkeit, in der Verpflichtungen eingegangen und Vollbrachtes bewertet wird, zu dem andere verpflichtet wurden. Die Vorstellung von Handlung, derzufolge diese von anderem Verhalten durch die kausale Rolle abgegrenzt wird, die sie bezüglich der Hervorbringung der Willensakte einnimmt, beruht also auf einer Verdinglichung in der Kausalitätsordnung zur Umkehrung der Erklärungsreihenfolge. Die Identifikation des aktiven Selbst mit seinen Willensakten als eine unmittelbare Realisierung des Handlungsbegriffs, also die Strategie des ehrlichen Bewusstseins, ist daher eine zum Scheitern verurteilte Strategie der Selbstständigkeit. Der Handlungsbegriff kann nur anhand der sozialen Vermittlung durch andere realisiert werden – das heißt nicht durch die Verringerung des Selbst auf einen Bereich, in dem Erkennen und Handlung durchsichtig sind, sondern durch eine Erweiterung des Selbst, die den ganzen Zyklus von sozial-sprachlicher Praxis einschließt und durch die das Selbst aus der Vermittlung der Realität in der erkannten Handlung, die *Sache selbst*, zu sich selbst zurückkehrt.

Die Unzulänglichkeiten dieser unmittelbaren Vorstellung der Beziehung zwischen Gewissheit und Wahrheit der Handlung, ihrem Sein für das Handlungssubjekt und ihrem Sein an sich, werden in einer Art von *Täuschung* sichtbar, die den im Kapitel zur Wahrnehmung diagnostizierten Defekten entspricht. Für Hegel ist der geleistete oder vollbrachte Vollzug die öffentlich zugängliche Perspektive auf einen Inhalt, dessen privater Aspekt dieser zweckmäßige Vollzug ist – er ist also die als *de re* anstatt die als *de dicto* spezifizierte Absicht. Wird diese Verknüpfung wie beim ehrlichen Bewusstsein verneint, führt die von der Handlung implizierte Unterscheidung eine systematische Täuschung über die wahre Natur der Handlung ein. Und zwar insofern diese wahre Natur ausschließlich mit dem Zweck identifiziert wird, der mit dem Vollbrachten, das vom subjektiv bejahten Zweck abweicht, öffentlich falsch repräsentiert wird.

> Indem in dieser Abwechslung das Bewußtsein *ein* Moment für sich und als wesentliches in seiner Reflexion, ein anderes aber nur äußerlich an *ihm* oder für die *anderen* hat, tritt damit ein Spiel der Individualitäten miteinander ein, worin sie sowohl sich selbst als sich gegenseitig sowohl betrügen als betrogen finden.[17]

Handlung kann nicht adäquat verstanden werden, wenn man einen ihrer Aspekte als unabhängig und wesentlich einseitig aufgreift und einen anderen – in diesem Fall den öffentlichen, externen Aspekt – als unwesentlich behandelt. Somit wird Tun in Betrügen verwandelt. Handlung ist Betrug, wenn nur das in ihr versteckte Wollen gilt. Aber tatsächlich ist das keine Handlung. Wie wir gelernt haben, ist »die Verwirklichung [...] vielmehr

17 *PhG*, S. 308.

eine Ausstellung des Seinigen in das allgemeine Element, wodurch es zur *Sache* aller wird und werden soll«.[18] Daraus folgt, dass immer dann, wenn das ehrliche Bewusstsein handelt, es seinem expliziten Selbstverständnis und seiner Handlung implizit widerspricht.

> Allein indem sie etwas tun und hiermit sich darstellen und dem Tage zeigen, widersprechen sie unmittelbar durch die Tat ihrem Vorgeben, den Tag selbst, das allgemeine Bewußtsein und die Teilnahme aller ausschließen zu wollen; [...].[19]

Der Betrug reicht also noch tiefer hinein in das ehrliche Bewusstsein, das daran festhält, was es (bloß) beabsichtigte. Indem es sich selbst und andere als wesentliche und prinzipielle Betrüger auffasst (hinsichtlich des Beabsichtigten), zeigt es sich uns als betrogen. »Es ist also ebenso Betrug seiner selbst und der anderen, wenn es nur um die *reine Sache* zu tun sein soll [...]«. Moraltheorien wie die Kants, die die normativen Bewertungen der Handlung ausschließlich auf die *Zwecke* beschränken, hinsichtlich derer sie vollzogen wurde, und Moraltheorien wie die utilitaristische (ob jene von Hegel behandelten Versionen aus dem 18. Jahrhundert oder jene jüngeren Datums), die die normativen Bewertungen ausschließlich auf die von Handlungen hervorgerufenen *Folgen* beschränken, sind Hegel zufolge gleichermaßen defekt. Sie sind defekt in ihrer einseitigen Sichtweise auf die ursprünglichen *Gegenstände* moralischer Bewertung, also in ihrer Sichtweise auf die Handlung. Der *begriffliche Inhalt* der Handlung (»was die Tat ist, kann von ihr gesagt werden«), das heißt die durch Bestimmung und Ausdruck sich entwickelnde Absicht, kann spezifiziert werden entweder *de dicto* in Bezug auf den Zweck, der vom Handlungssubjekt als Folgerung des

18 Ebd., S. 309.
19 Ebd.

praktischen Denkens bejaht wird, oder *de re* in Bezug auf Folgebeschreibungen. Beide sind genuine Ausdrücke dieses Inhalts, aber weder der eine noch der andere allein ein *vollständiger* Ausdruck desselben. Begriffliche Inhalte können *sowohl* von der vorausblickenden erwägenden Perspektive *als auch* von der rückblickenden Perspektive der Folge *wesentlich* spezifiziert, ausgedrückt und bewertet werden. Um den Inhalt zu begreifen, muss man den Prozess verstehen, in dem diese Perspektiven und die zwei semantischen Dimensionen von *Sinn* und *Referenz*, die diesen Inhalt gliedern, miteinander in Beziehung gesetzt werden. Dieser Prozess muss sich als Prozess sowohl der *Bestimmung* eines Referenzgegenstandes durch eine sich entwickelnde Abfolge von Sinnen als auch des *Ausdrucks* eines Referenzgegenstandes durch die Sinne in ebendieser Abfolge erweisen. Im praktischen Fall ist der Referenzgegenstand die *de re* spezifizierte Absicht und die Sinne dieser Absicht an verschiedenen Stellen innerhalb der Realisierung eines Plans *de dicto* spezifiziert – also das, was mit der Verwirklichung des Zwecks durch den Prozess und die Bestimmung ausgedrückt wird. Intentionalistische und konsequentialistische Theorien sind gleichermaßen einseitig, insofern sie jeweils die eine oder die andere Perspektive als grundlegend behandeln.[20]

20 In Analogie hierzu könnte man an Dummetts Behauptung erinnert werden, dass semantische Theorien sowohl die *Umstände* der richtigen Begriffsanwendung als auch die richtigen Anwendungs*folgen* in Betracht ziehen müssen, und zwar basierend auf Einführungs- und Beseitigungsregeln logischer Verknüpfungen. Semantische Theorien, die nur zurück auf die Anwendungsumstände schauen – wie etwa assertibilistische, reliabilistische oder informationalistische – können nicht richtig liegen, da Begriffe die *selben* Anwendungsumstände, aber *verschiedene* Anwendungsfolgen haben können. Semantische Theorien, die nur vorwärts auf die Anwendungsfolgen schauen – wie etwa die klassischen pragmatistischen –, können nicht richtig liegen, da Begriffe die *selben* Anwendungsfolgen und doch *verschiedene* Anwendungsumstände haben können.

Moraltheorien, die auf inadäquaten einseitigen Analysen der Natur der praktischen Handlungsfähigkeit basieren, sind zwangsläufig einseitig und inadäquat. Hegel kritisiert Kant dafür, dass er sich auf eine Verringerungsstrategie stützt und Handlungsfähigkeit in Bezug auf Willensakte versteht, die als sichere Minimalhandlungen gedacht sind. Eine solche Strategie wird letztlich durch die falsche Annahme motiviert, dass die Autorität eines Handlungssubjekts nur als total und unanfechtbar, also nur innerhalb des Modells der Selbstständigkeit verständlich ist. Dies ist unvereinbar mit dem, was Hegel als Kants eigentliche Einsicht in die Autonomie betrachtet: dass wir uns selbst durch begriffliche Normen *binden* können. Es wird sich erweisen, dass dieser Begriff des SICHSELBSTBINDENS, wenn richtig ausgearbeitet, die Struktur der gegenseitigen Anerkennung hat, in der die *Autorität* des Handlungssubjekts (welches das Bindende ist) nur durch die Übernahme einer gleichrangigen *Verantwortung* (das, wodurch man gebunden wird) ausgeübt werden kann. Die in einem Urteil oder einer Handlung bejahten begrifflichen Inhalte gliedern diese Verantwortung. Hegel geht davon aus, dass Kant nicht kri-

Theorien, die die beiden Elemente zusammenbringen und Inhalt durch Wahrheitsbedingungen repräsentieren, die zugleich einzeln notwendig und zusammengenommen hinreichend sein müssen, verpassen die substantielle sowie potentiell umstrittene material-inferentielle Verpflichtung, die jeder Begriffsverwendung implizit ist, nämlich die Verpflichtung zu der Korrektheit der materialen Inferenz – von den Umständen der richtigen Anwendung zu den richtigen Folgen einer solchen Anwendung. (Dummett führt den Gedanken in *Frege's Philosophy of Language* ein [Harper & Row, London 1973 S. 453 f.]. Ich erarbeite das Argument im 2. Kapitel von *Expressive Vernunft* und im 1. Kapitel von *Begründen und Begreifen.*) Die dynamische Struktur, die die vorausblickende und die rückblickende Perspektive (und somit die zwei semantischen Dimensionen von Sinn und Referenz) der hier dargelegten hegelschen Theorie miteinander verknüpft, ist komplizierter verschachtelt und gegliedert als diejenige, die Umstände und Folgen von Begriffsanwendung miteinander verknüpft.

tisch genug gewesen ist in seinen Untersuchungen über die semantischen Bedingungen der Verständlichkeit bestimmt gehaltvoller Begriffe und entsprechend auch nicht kritisch genug in seinen Untersuchungen zur Natur der pragmatisch-normativen Kraft des Sichselbstbindens, das eine bedeutende Rolle spielt in der Anwendung dieser Begriffe bei der Bejahung von Propositionen und Maximen im Urteilen und Handeln.

Rückblickend können wir erkennen, dass die Begründung für den Übergang vom *Bewusstsein* zum *Selbstbewusstsein* in unserem erwachenden Verständnis für die *an*erkennenden Voraussetzungen des Erkennens liegt. Die Anwendung von Begriffen im Urteilen über die objektive Beschaffenheit der Dinge ist eine wesentlich durch Normen bestimmte Tätigkeit. Nur indem man versteht, was man deontisch *tun* muss, wenn man sich unvereinbaren Verpflichtungen gegenübersieht oder auf eine noch nicht erkannte Folgerung einer erkannten doxastischen Verpflichtung stößt, kann man die modal robusten Beziehungen von Unvereinbarkeit und Folgerung verstehen, die bestimmt objektive Sachverhalte gliedern. Dies ist die pragmatische Einsicht in die wechselseitige Abhängigkeit des Sinns zwischen Semantik und einer normativen Pragmatik. Ihr expliziter Ausdruck ist der objektive Idealismus. Die Normen, die die theoretischen Tätigkeiten im Erkennen beherrschen, werden durch gegenseitige Anerkennung sozial instituiert. Im Kapitel zur Vernunft sehen wir, dass sowohl praktische als auch theoretische Tätigkeiten wesentlich durch Normen beherrscht werden. Absichtliche Handlungen werden von bloßem Verhalten (das Tun vom Geschehen) unterschieden, insofern sie Vollzüge sind, für die die Handlungssubjekte verantwortlich sind. Sie sind Ausübungen der Autorität gewisser Lebewesen, die selbstbewusste individuelle Handlungssubjekte werden, insofern sie Subjekte normativer Status von Verantwortung und Autorität sind. Sowohl auf der praktischen als auch auf der erkenntnistheoretischen Seite werden diese normativen Status durch Anerkennungseinstellungen sozial instituiert.

Bereits in der Diskussion der »Einleitung« haben wir gesehen, dass die Unterscheidung zwischen dem Sein der Dinge an sich und ihrem Sein für das Bewusstsein (die Unterscheidung zwischen der objektiven Realität und ihren »dem Bewusstsein als solchem wesentlichen« subjektiven Erscheinungen) durch die dritte rückblickend-erinnernde Phase von Erfahrungsepisoden *dem* erkennenden Bewusstsein etwas praktisch Bedeutsames wird. In der Diskussion des Kapitels zur Vernunft haben wir gesehen, dass die rückblickend-erinnernde Zurechnung von Absichten als Normen, die die Entwicklung einer Tat beherrschen, sowohl als Modell als auch als Kontext dient, in dem repräsentierte Referenzgegenstände mit repräsentierenden begrifflich gehaltvollen Sinnen praktisch verknüpft werden. Die Beziehungen zwischen Referenzgegenständen und Sinnen bilden eine spezifische Art, normativ beherrscht zu werden. Die begrifflich gehaltvolle Beschaffenheit der Dinge an sich liefert Maßstäbe für die normative Bewertung der Korrektheit von Einstellungen des Zustimmens zu Verpflichtungen, die auf Erkenntnis zielen (das Sein der repräsentierten Dinge für das Bewusstsein). Diese Einstellungen werden erinnernd ausgewählt und in einer expressiv-fortschrittlichen Abfolge rational rekonstruiert, die gegenüber den bestimmten Inhalten der Sachverhalte konjunktivisch responsiv ist, durch die wiederum die Normen festgelegt werden. Dieselbe rückblickend-erinnernde Rationalität, die zum Verständnis dieser semantisch-repräsentationalen Beziehung auf der erkenntnistheoretischen Seite ausgeübt wird, wird auf der praktischen Seite ausgeübt, indem »das, was geschieht, zu etwas wird, das getan wurde«. Somit wird die Absicht erkannt, die die Folgespezifikationen normativ bestimmt, durch die das in einer Handlung im engeren Sinne Zweckmäßige sich zu einer ausgewachsenen Tat entwickelt.

An dieser Stelle können wir also sehen, dass die erkenntnistheoretische und die handlungspraktische Seite des Bewusstseins in Bezug auf ihre Subjekte verstanden werden sollten, die an den durch Normen beherrschten Tätigkeiten beteiligt sind. Hinzu kommt, dass jede Tätigkeit sowohl sozial-anerkennende als auch geschichtlich-erinnernde Dimensionen hat. Die höhere Form des Selbstbewusstseins, die Hegel »absolut« nennt (im abschließenden Kapitel der *Phänomenologie* heißt sie »Das absolute Wissen«), besteht in einem expliziten Verständnis der Beziehungen zwischen Anerkennung und Erinnerung, den sozialen und geschichtlichen Dimensionen von Normativität. Sie umfasst die Beziehungen zwischen normativen Status und normativen Einstellungen auf der Seite diskursiver Pragmatik, die Beziehungen zwischen Repräsentierendem und Repräsentiertem (Sinnen und Referenzgegenständen, Erscheinung und Realität) auf der Seite der Semantik und die Beziehungen zwischen den pragmatischen Auffassungen der Begriffsverwendung und den semantischen Auffassungen des begrifflichen Inhalts, so wie sie durch die Thesen des jeweils bimodalen hylemorphistischen Begriffsrealismus, objektiven Idealismus und erinnernden Begriffsidealismus kodifiziert sind. Dieses theoretische Selbstverständnis ordnet darüber hinaus eine praktische Änderung in der Anerkennungsstruktur des *Geistes* an. Es zeigt, dass unsere diskursive Praxis implizit die Verpflichtung enthält, die sozialen und geschichtlichen Dimensionen von Normativität auf eine bestimmte Art und Weise zusammenzubringen, und zwar, indem *Anerkennung* die Form der *Erinnerung* verliehen wird. Dies ist die postmoderne, selbstbewusst geschichtliche Form der norminstituierenden sozial-praktischen Anerkennungseinstellungen: Verzeihung, Geständnis und Vertrauen. Im Zentrum der neuartig selbstbewussten Form von Normativität steht eine neue Struktur praktischer intentionaler Handlungsfähigkeit. Erst ganz am Ende der Darstellung werden wir in der Lage sein, sie vollständig zu würdigen.

Die abschließende adäquate und von Hegel dargelegte und bejahte Vorstellung von Handlung ist das Gegenteil jener Art von einseitiger *Verringerungs*strategie, die wir eben noch betrachtet hatten. Es handelt sich bei ihm um eine *Erweiterungs*strategie. Der Begriff dessen, was getan wurde, wird erweitert, um den durch beide Perspektiven spezifizierten begrifflichen Inhalt zu umfassen: sowohl die subjektiv bejahte Absicht-als-Zweck als auch die objektiv erreichten Folgen. Handlungen werden nicht als punktförmige Ereignisse des Wollens identifiziert, sondern als erweiterte plan-strukturierte Prozesse erfasst. Die Folgespezifikationen dieser Akte sind – in Übereinstimmung mit Davidsons »Akkordeonprinzip« – ergebnisoffen. Die Folgen des Tuns gehen durch die unbestimmte Zukunft und stellen die neuen, objektiven *de re*-Spezifikationen des Tuns rückblickend zur Verfügung. Es gibt aber noch eine andere, weniger konventionelle Art von begrifflicher Erweiterung in Hegels abschließender Sichtweise. Es handelt sich hierbei, auf der dritten Stufe der expressiv-fortschrittlichen Entwicklung des Geistes, um eine Folgerung aus der Wiederherstellung der Verpflichtung, die für die erste Stufe charakteristisch ist und von der zweiten Stufe charakteristischerweise zurückgewiesen wurde: »die Annahme der Verantwortung für die Tat in ihrer Ganzheit«, einschließlich jener Merkmale des Tuns, die aus seinen zufälligen, unvorhergesehenen und tatsächlich auch unvorhersehbaren Folgen stammen.

In den nächsten Kapiteln, und am detailliertesten in den letzten Abschnitten des Schlusskapitels, werden wir sehen, dass ein Verständnis der vollständig begrifflichen Vorstellung selbstbewusster Handlungsfähigkeit, die dieses »heroische« Merkmal besitzt, eine neue, erweiterte anerkennungsbezogene Vorstellung des Handlungssubjekts erfordert. Diese wird erst möglich sein, wenn wir uns selbst auf solch eine Weise verstehen, dass wir *alle* für das Verantwortung übernehmen, was *jeder* von uns tut, und *jeder* von uns die Verantwortung dafür übernimmt, was wir *alle* tun. Obwohl das Individuum noch immer eine wesentliche Rolle spielt – ohne die nichts getan würde –, wird die Anerkennungsgemeinschaft als etwas verstanden, das ebenso wesentlich für die Fähigkeit des Individuums ist, etwas tun zu können. Damit eine Handlung das Tun eines individuellen Handlungssubjekts sein kann, muss jede Handlung in einem wirklichen Sinne auch das Tun aller sein. Dieser erweiterte Begriff des Selbst als Handlungssubjekt war schon immer implizit enthalten im Begriff individueller Selbstbewusstseine und ihrer Gemeinschaften, die beide gleichermaßen durch gegenseitige Anerkennung synthetisiert wurden. Er wird explizit gemacht – was notwendig und hinreichend ist zur Erreichung der dritten Stufe des Selbstbewusstseins des Geistes – durch eine weitere Betrachtung der *Anerkennungs*rolle der Erinnerung beim Bestimmen der Inhalte sowohl von Begriffen als auch der Verpflichtungen, die der Anwendung dieser Begriffe im Handeln und Urteilen entsprechen. Insbesondere müssen wir die endgültige, vollständig selbstbewusste Form der Anerkennung *als* Erinnerung erklären, die Hegel »Verzeihung« nennt. Dies unternimmt er im nächsten, als »Geist« bezeichneten Abschnitt – und wir werden es in den nun noch folgenden Kapiteln ebenso unternehmen. Das Ziel ist jeweils das gleiche, nämlich die Erklärung, warum die

> Wunden des Geistes heilen, ohne daß Narben bleiben; die Tat ist nicht das Unvergängliche, sondern wird von dem Geiste in sich zurückgenommen, und die Seite der Einzelheit, die an ihr, es sei als Absicht oder als daseiende Negativität und Schranke derselben vorhanden ist, ist das unmittelbar Verschwindende. Das verwirklichende *Selbst,* die Form seiner Handlung, ist nur ein *Moment* des Ganzen und ebenso das durch Urteil bestimmende und den Unterschied der einzelnen und allgemeinen Seite des Handelns festsetzende Wissen.[21]

21 *PhG*, S. 492.

TEIL DREI

Das Erinnern der Zeitalter des Geistes. Von der Ironie zum Vertrauen

13. Die Geschichte der Normativitätsstrukturen. Jenseits unmittelbarer Sittlichkeit

I. Die Zeitalter des Geistes

Philosophen wie Descartes, Spinoza, Locke, Hume und Kant haben den neuen Einstellungen gegenüber der Natur und der Bedeutung von Subjektivität, die im Rückblick als charakteristisch *modern* betrachtet werden können, theoretische Form verliehen. Hegel war jedoch der erste bedeutsame Philosoph, der sich dem Anbruch der Moderne als explizit theoretischem Thema widmete.[1] Es ist, wie das Kapitel zum Geist deutlich zeigt, in einem wichtigen Sinne *das* Thema der *Phänomenologie*. Das Buch zielt vor allem auf die Gliederung, Ausarbeitung und Anwendung eines Verständnisses des Übergangs von vormodernen zu modernen sozialen Praktiken, Institutionen, Selbsten und den ihnen immanenten Verstandesformen. »Geist« ist Hegels Sammelbegriff für alles, was eine *Geschichte* anstatt einer *Natur* hat – oder, anders ausgedrückt, alles, dessen Natur wesentlich geschichtlich ist. Mit *Geist* sind alle unsere Eigenschaften, Handlungen und Institutionen gemeint, die in einem geeigneten *normativen* Vokabular spezifiziert werden. *Geist* als Ganzes hat eine Geschichte, und Hegel zufolge läuft diese Geschichte in einem wichtigen Sinne auf ein wesentliches Ereignis hinaus. Dieses, dem Geist

1 Robert Pippin hat dafür ausführlich argumentiert in *Idealism as Modernism. Hegelian Variations*, Cambridge, UK 1997.

einzig wirklich jemals geschehene Ereignis ist seine strukturelle Verwandlung von einer traditionellen in eine moderne Form.[2] Der Anbruch der Moderne in diesem Sinne besteht nicht bloß in einer intellektuellen Sache, nicht einfach in der Aufklärung oder der wissenschaftlichen Revolution. Hegel war der Erste, der diese theoretischen Fortschritte in ihren wirtschaftlichen, politischen und sozialen Erscheinungsformen als eine Einheit wahrgenommen hat.

Er liefert uns ein Vokabular, mit dessen Hilfe wir diese gigantische Verwandlung und die neue, mit ihr entstandene Art von Selbstheit verstehen können. Das Verstehen des Übergangs zur Moderne ist die Leistung einer spezifischen Art von Selbstbewusstsein: dem geschichtlichen Selbstbewusstsein. Geistige, normative Wesen werden in Bezug auf ihr Werden verstanden, das heißt ihre Gegenwart in Bezug auf ihre Vergangenheit, ihre Zustände und normativen Status in Bezug auf die sie hervorbringenden Prozesse. Durch die Lektüre der *Phänomenologie* sollten wir *selbstbewusst* modern werden, unserer selbst bewusst *als* die Produkte einer zuvor nicht dagewesenen Revolution der menschlichen Institutionen und des menschlichen Bewusstseins.

Der höchste Punkt dieses theoretischen, geschichtlich-erinnernden Unterfangens ist praktisch, vorausblickend und fortschrittlich. Denn die rationale Rekonstruktion des Prozesses der Selbstbildung als expressiv-fortschrittlich ist Hegel zufolge der Motor der Selbstentwicklung. Im Erreichen eines expliziten ge-

2 Es handelt sich hier um eine starke Vereinfachung. An vielen Stellen schreibt Hegel der Geschichte eine gröbere Struktur zu. In der *Rechtsphilosophie* (§§ 353-360) zum Beispiel identifiziert er *vier* Stufen in der Weltgeschichte: Er stellt die orientalische vor die griechische und die römische zwischen die griechische und die moderne (nordische und deutsche). Seine Praxis in der *Phänomenologie*, die erste auszulassen und die römische als Teil des erweiterten Übergangs zur Moderne zu behandeln, ergibt meines Erachtens Sinn.

schichtlichen Verständnisses der Entstehung der eigenen momentanen Stufe geht man zur nächsten Stufe über.

> Die Geschichte des Geistes ist seine *Tat*, denn er ist nur, was er tut, und seine Tat ist, sich, und zwar hier als Geist, zum Gegenstande seines Bewußtseins zu machen, sich für sich selbst auslegend zu erfassen. Dies Erfassen ist sein Sein und Prinzip, und die *Vollendung* eines Erfassens ist zugleich seine Entäußerung und sein Übergang. Der, formell ausgedrückt, von *neuem* dies Erfassen erfassende und, was dasselbe ist, aus der Entäußerung in sich gehende Geist ist der Geist der höheren Stufe gegen sich, wie er in jenem ersteren Erfassen stand.[3]

Indem das Implizite an der grundlegenden Veränderung explizit gemacht wird, die der Geist durch das Modernwerden durchlebt hat, zeigt sich laut Hegel, dass dieselben normativen Kräfte, die diese Veränderung hervorgebracht haben, zu einer weiteren adäquaten und notwendigen Veränderung führen, die nicht weniger weitreichend und bedeutsam ist als die vorhergehende. Wenn wir die Moderne richtig verstehen, können wir erkennen, dass sie nur eine Durchgangsstation ist und kein Endzustand. Sie stellt nur die mittlere, also die Zwischenphase eines *drei*stufigen Prozesses dar. Hegel prophezeit eine zweite, weitreichende strukturelle Verwandlung des Geistes, seinen Übergang über die Moderne hinaus in eine radikal neue Form, einen neuen Anfang, die Geburt einer neuen Welt. Die wesentlich praktische Lektion aus Hegels Analyse der Moderne, die Frucht seines Verständnisses des Einen Großen Ereignisses der menschlichen Geschichte, besagt, dass wir – wenn wir die Leistungen und Versäumnisse der Moderne richtig verarbeiten – neue und bessere Institutionen, Praktiken und selbstbewusste Selbste aufbauen können, die normativ fortgeschrittener sind, insofern sie ein höheres Selbst-

3 *PR*, § 343, S. 504.

bewusstsein und ein tieferes Verständnis unseres Wesens verkörpern.

Hegel versteht die Moderne in Bezug auf die Entstehung selbstbewusster Subjektivität, die von seinen philosophischen Vorgängern theoretisiert wurde. Seine soziale Anerkennungstheorie des Selbstbewusstseins, die intersubjektive Struktur der Subjektivität, bedeutet, dass er die Leistung dieser neuen Art von Subjektivität als Teil eines Prozesses versteht, der umfangreicher ist als das, was die frühen modernen Philosophen in Betracht gezogen hatten, eines Prozesses, der notwendigerweise auch die grundlegende Verwandlung sozialer Praktiken und Institutionen umfasst. Sein Denken entwickelt jedoch trotzdem selbstbewusst die moderne philosophische Tradition, die sich von Descartes bis Kant erstreckt. Im Kern der spezifisch modernen Einstellung gegenüber der Subjektivität, die diese philosophische Tradition explizit zum Ausdruck gebracht hat, sieht Hegel eine genuine Einsicht. Hiernach ist die Moderne die theoretische und praktische Ausarbeitung eines *besseren* Verständnisses einiger grundlegender Aspekte der rationalen (weil begrifflich gegliederten) normbeherrschten Tätigkeit, die uns als Lebewesen ausmacht. Im Kapitel zum Geist beschäftigt sich Hegel damit, wie wir diese entscheidende und richtungsweisende Einsicht der Moderne verstehen sollten. Die erste Frage diesbezüglich lässt sich verschiedenartig formulieren:

1) Was genau haben die traditionellen Lebensformen falsch verstanden, was die modernen richtig verstehen? Was haben wir damit gewonnen? Was haben wir gelernt und was haben wir in unseren Praktiken und Institutionen integriert, das uns zu *modernen* Selbsten macht? Was ist der »Aufstieg der Subjektivität«?

Hegel übernimmt Kants Wendung aus »Was ist Aufklärung?«: Der Übergang zur Moderne ist der Übergang des Menschen aus der »selbst verschuldeten Unmündigkeit« seiner Kindheit in das Ringen mit Verantwortung, das seine Jugend ausmacht. Hegel jedoch versucht, sich die Mündigkeit vorzustellen, die jenseits dieser Jugend liegt. Hierfür erzeugt er drei Stufen, die er sich als verschiedenartige Zusammensetzungen von zwei grundlegenden Elementen vorstellt. Zwar glaubt er, dass der Übergang von der traditionellen zur modernen Kultur expressiv-fortschrittlich gewesen war – also ein Übergang, in dem zuvor implizit gebliebene zentrale Merkmale von uns selbst und unseren Praktiken und Institutionen explizit werden –, jedoch ist dieser Fortschritt für ihn weder vollständig noch wahrhaftig. Denn etwas Entscheidendes und Wichtiges ist dabei aber auch verloren gegangen. Hegels Begriff für das, was den traditionellen Gemeinschaften eigen war und den modernen Gemeinschaften nun fehlt, lautet »Sittlichkeit«. Das Fehlen bzw. das Gegenteil von Sittlichkeit ist »Entfremdung«. Hegel ist ein romantischer Rationalist, der sich bemüht, die aufklärerische Begeisterung für die Moderne zusammenzubringen mit der romantischen Kritik an ihr. ENTFREMDUNG ist der Hauptbegriff für die Gliederung dessen, was Hegel zufolge an dieser Kritik richtig ist. Durch ihn wird die Möglichkeit einer zukünftigen dritten Stufe in der fortschrittlichen Entwicklung des Geistes bzw. eines Fortschritts über den modernen Geist hinaus sichtbar, da der Aufstieg moderner Subjektivität von Entfremdung begleitet wurde. Diese angedachte dritte Stufe würde das moderne Verständnis der Bedeutung von Subjektivität beibehalten und die Sittlichkeit wiedergewinnen.

Auf der ersten Stufe liegt also Sittlichkeit vor, jedoch keine moderne Subjektivität. Auf der zweiten Stufe herrscht Entfremdung und moderne Subjektivität. Auf der dritten Stufe ist Sittlichkeit in einer neuen, mit der Subjektivität kompatiblen Form zurückgewonnen und es besteht die moderne Subjektivität in einer neuen sittlichen Form.

	keine Subjektivität	Subjektivität
Sittlichkeit	erste Stufe	dritte Stufe
Entfremdung	X	zweite Stufe

Tab. 13.1

Noch während der Arbeit an der *Phänomenologie* beobachtete Hegel, wie sich der Geist auf der zweiten Stufe konsolidierte. Das Buch zielt darauf ab, den Lesern die von Hegel als »absolutes Wissen« bezeichnete, postmoderne Form des Selbstbewusstseins zu ermöglichen und einer Hinführung zur dritten Stufe bahnzubrechen. Die neue Form des expliziten philosophischen Selbstbewusstseins ist nur der Anfang des Prozesses, da neue Praktiken und Institutionen ebenfalls erforderlich sein werden, um die strukturelle Entfremdung des modernen Lebens zu überwinden.

Die schematische Darstellung der Entwicklungsstufen des Geistes deuten darauf hin, dass wir uns neben der ersten oben aufgeworfenen Frage auch den folgenden Fragen über den Geist werden widmen müssen:

2) Was ist vormoderne Sittlichkeit?
3) Was ist moderne Entfremdung?
4) Warum hat der Anbruch der modernen Subjektivität Entfremdung mit sich gebracht, weshalb also tauchen ebendiese beiden Dinge gemeinsam auf?

Das »X« in der Tabelle legt eine weitere Frage nahe:

5) Was ist falsch an der *vormodernen Entfremdung*?

Und schließlich noch:

6) Wie sollten wir die dritte Stufe verstehen? Warum führt die Einsicht in die Subjektivität nicht zu Entfremdung bzw. wie

kann das Fortschrittliche am Übergang zur Moderne bei der Wiederherstellung der *Sittlichkeit* bewahrt werden?

Was ist Sittlichkeit? Laut meinem Vorschlag bedeutet »entfremdet« einfach »nicht sittlich«. Im zeitgenössischen Sprachgebrauch wird der Begriff »Entfremdung« meist auf psychologische Einstellungen von Individuen angewandt. Obgleich dieser sich von Hegels Sprachgebrauch ableitet, ist es äußerst irreführend, ihn wieder in Hegel hineinzulesen. In der Tat sind Einstellungen ein Teil dessen, was bei Hegel zur Debatte steht, jedoch sind Sittlichkeit und (somit) Entfremdung zunächst metaphysische Strukturen der Normativität – Strukturen des Ganzen, also des Geistes, welche die Gemeinschaften und ihre Praktiken und Institutionen sowie die Individuen und ihre Handlungen und Einstellungen umfasst. Die Sittlichkeit ist eine Art von Normativität, in der Einstellungen nicht das Einzige und die wichtigen Einstellungen die *normativen* und nicht die psychologischen Einstellungen sind.

Zunächst können wir diese Normativität in sehr allgemeinen Begriffen der Richtigkeit oder Angemessenheit oder auch der Passfähigkeit (*fittingness*) der Dinge auffassen; das heißt, wir fassen mit ihr das auf, was richtig ist oder korrekt getan wird, so wie es sein sollte. Dieser Begriff von normativem Status ist noch nicht in die Gebote der Form »Es sei so« und »Tue dies« differenziert, die in Hegels Handlungstheorie, wie wir im vorangegangenen Kapitel gesehen haben, voneinander unterschieden und in einer entscheidenden Weise verschachtelt miteinander verknüpft werden. Sittlichkeit ist eine Frage der *Gültigkeit* von Normen. Sie betrifft die Natur der *Kraft* und praktischen Bedeutung von Normen. Im hegelschen Bild ist man mit sittlichen Normen *vertraut*, man *identifiziert sich mit* ihnen. Sie sind das Medium, in dem man lebt und sich bewegt und sein Wesen hat. Sie sind also ein Medium des Selbst*ausdrucks*, der als *konstitutiver* Selbstausdruck verstanden wird. Bei dieser Tätigkeit wird etwas explizit gemacht, das durch Erinnerung als etwas sichtbar wird, das zuvor implizit gewesen war. Sie ist der Prozess der Subjektivität: Selbst*bildung* durch Selbst*ausdruck*. Der vorliegende Dritte Teil dieses Buches zielt letztlich darauf ab, die Details von Hegels Darlegung über diesen expressiven Prozess sowie die Entwicklung unseres eigenen Bewusstseins über diesen Prozess auszuführen. Die vor uns liegende Aufgabe besteht in der Ausarbeitung des Unterschieds zwischen den sittlichen und den entfremdeten Strukturen von Normativität. Mit letzteren sind Strukturen gemeint, in denen Individuen durch Normen gebunden werden, mit welchen sie in diesem Sinne *nicht vertraut* sind, mit denen sie sich nicht identifizieren, in denen sie, um im zu interpretierenden Bild zu bleiben, gebunden sind durch etwas Äußerliches und Fremdes, etwas, das andersartig ist.

Sittlichkeit betrifft die Art von *Autorität*, die *Normen* (normative Status) über normative *Einstellungen* ausüben. Es handelt sich hierbei um *praktische* Einstellungen: Man betrachtet oder behandelt etwas in der individuellen, institutionellen oder gemeinschaftlichen Praxis *als* angemessen, passend oder richtig, als verpflichtend oder erlaubt, das heißt mit irgendeinem normativen Status versehen. Sie sind praktische Einstellungen gegenüber *normativen* Status, also gegenüber dem, was richtig *ist* und nicht nur *als* richtig oder angemessen *betrachtet* wird, also was Autorität hat (gegenüber dem man verantwortlich *ist*) im Gegensatz zu dem, was bloß als autoritativ *behandelt* wird (gegenüber dem man sich bloß als verantwortlich betrachtet). Es handelt sich also bei *Sittlichkeit* um die Autorität von normativen *Status* über normative *Einstellungen*.

Die Normbeherrschtheit von Einstellungen besteht aus einem deontisch-normativen und einem alethisch-modalen Bestandteil. Der deontisch-normative Bestandteil meint, dass Normen (normative Status wie etwa das, für was man wirklich verantwortlich ist) Maßstäbe für die Richtigkeitsbewertungen von Einstellungen liefern. Das heißt, man sollte lediglich den Verpflichtungen zustimmen, die man wirklich hat. Mit dem alethisch-modalen Bestandteil ist gemeint, dass Einstellungen gegenüber den sie regierenden Normen konjunktivisch responsiv sein sollten. Das heißt, wenn die Norm anders *wäre* (oder *gewesen wäre*), dann *wären* die Einstellungen anders (bzw. *wären* sie anders *gewesen*). Ein weiteres wichtiges Element der Autoritätsstruktur von Sittlichkeit besteht also darin, dass sittliche Normen sowohl wirklich effektiv sind als auch als wirklich wirksam betrachtet werden. Der Verbindlichkeit und Autorität von Normen gegenüber Einstellungen wird wirklich und praktisch zugestimmt. Das, was hinsichtlich einer Praxis angemessen ist (ein normativer Status oder eine Norm), ist entscheidend dafür, was wirklich getan wird (die Einstellungen und Vollzüge von Praxisteilnehmern). Die Teilnehmer einer sittlichen Praxis anerkennen und handeln entsprechend ihren Richtigkeits-, Verantwortungs-, Verpflichtungs- und Autoritätszustimmungen.

Es geht bei Sittlichkeit nicht bloß darum, das zu tun, was man tun sollte, also nicht darum, sich einfach den herrschenden Normen anzupassen. *Sittlichkeit* besagt vielmehr, dass sich die Praxisteilnehmer mit diesen ihre Praktiken beherrschenden Normen identifizieren. Und wie bereits erläutert, besteht die hegelsche Identifikation im Riskieren und Aufopfern. Man identifiziert sich mit dem, für das man sich aufzuopfern bereit ist. Sittliche Identifikation besteht dementsprechend in der Bereitschaft, etwas für die Normen zu riskieren oder aufzuopfern – für das, was wirklich passend, angemessen und richtig ist, also zu was man tatsächlich verpflichtet ist. Was für die Normen riskiert und aufgeopfert wird, sind die einzelnen, zufälligen, subjektiven praktischen Einstellungen der Praxisteilnehmer. Sittlichkeit erfordert eine bestimmte Art der Zustimmung zur Autorität der Normen über die normativen Einstellungen der Praxisteilnehmer, also die Bereitschaft dazu, Einstellungen und Neigungen aufzuopfern, die mit den Normen nicht im Einklang stehen, sowie der Anspruch darauf, dass andere ebenfalls solche Opfer bringen sollten. Man identifiziert sich somit mit den Normen *anstatt* mit den eigenen besonderen subjektiven Einstellungen, anstatt mit dem, was man ewig riskiert und gelegentlich *für* die Normen aufopfert. Die Teilnehmer *sittlicher* Praktiken identifizieren sich dementsprechend mit etwas Größerem und Umfassenderem als bloß ihren eigenen individuellen Einstellungen. Sie identifizieren sich mit den Normen, die in jenen Praktiken implizit sind, die sie miteinander teilen.

Der Prozess, in welchem man sich auf Kosten anderer mit einigen *Einstellungen* identifiziert, ist nicht auf den sittlichen Geist beschränkt. Dieser Prozess charakterisiert notwendigerweise Begriffsverwendung *überhaupt*. Denn das Entscheiden über Behauptungen miteinander konkurrierender, weil unvereinbarer Verpflichtungen entspricht dem Erfahrungsprozess, in dem bestimmte begriffliche Inhalte sowohl angewandt als auch instituiert werden. Auf der Metaebene kann sich dieser Prozess jedoch praktisch in zwei verschiedenen Formen zeigen: erstens als Zustimmung zur Autorität von *Normen* über *Einstellungen* – also was wirklich woraus folgt und womit es unvereinbar ist und zu was man wirklich verpflichtet ist. Zweitens kann er sich einfach als Kollision von *Einstellungen* zeigen, wobei die Normen, hinsichtlich derer Einstellungen etwas *gegenüber* Einstellungen sind, auf so etwas wie adverbiale Modifikationen der Einstellungen zurückgestuft werden. Das Erstere betrifft eine sittliche, das Letztere eine entfremdete Struktur. Im entfremdeten Geist sind nur Einstellungen sichtbar, genuine Normen jedoch nicht.

Diese sehr allgemeine Charakterisierung liefert natürlich nur eine Andeutung darüber, worin der Unterschied zwischen diesen praktischen Deutungen von Normativität liegt. Er liegt in den Beziehungen zwischen der *Kraft* und dem *Inhalt* begrifflicher Normen. Worauf dieser Unterschied hinausläuft, wird sichtbar in dem, was Hegel über die vormoderne Sittlichkeit und die moderne Entfremdung sagt. Letztlich ist das Ziel dieser diagnostischen Übung aber therapeutisch: Mit ihr soll der Weg von der Moderne zur zukünftigen Gestalt des Geistes aufgezeigt werden, die durch individuell selbstbewusste Sittlichkeit charakterisiert sein wird. Diese dritte Stufe der Entwicklung normbeherrschter sozialer Substanz wird das Ergebnis sein, wenn die Einsicht in die Autorität der Subjektivität und die Einstellungen und Tätigkeiten individueller Subjekte bei der Überwindung der Entfremdung *beibehalten* werden. Die Überwindung der Entfremdung wäre die *Wiederherstellung* von Sittlichkeit. Sittlichkeit erfordert jedoch, sich mit den Normen zu identifizieren, die über individuelle Einstellungen hinausgehen.

Auch die unmittelbare Sittlichkeit, die für die erste Stufe des Geistes charakteristische Normativitätsstruktur, erfordert die direkte Übersetzbarkeit der Gebote der Form »Es sei so« in Gebote der Form »Tue dies«. Folglich beinhaltet der *umfassende* praktische Begriff des Selbst – demzufolge man sich maßgeblich mit den in den Praktiken und Institutionen der Anerkennungsgemeinschaft impliziten Normen identifiziert –, einen *heroischen* Begriff von Handlungsfähigkeit anzunehmen. Wie wir sehen werden, bedeutet dies, die Verantwortung für das eigene Tun in all seinen Spezifikationen zu übernehmen, einschließlich derjenigen, in denen das, was man getan hat, nicht absichtlich getan wurde. Dies ist eine weitere Dimension (neben dem Identifizieren mit den gemeinschaftlichen Normen), der zufolge das unmittelbar sittliche Selbst ausgedehnter und inklusiver ist als das moderne Selbst. Wir können uns nun fragen, ob die *Verbindung* zwischen diesen zwei Dimensionen, hinsichtlich derer das traditionelle Selbst über das im modernen Kontext praktisch gedachte Individuum hinausreicht, auch auf der dritten Stufe wiederhergestellt werden sollte. Das heißt, dass wir, wenn wir die sechste Frage stellen (»Wie kann das Fortschrittliche am Übergang zur Moderne bei der Wiederherstellung der *Sittlichkeit* aufbewahrt werden?«), zum Teil auch bereits die siebte Frage stellen:

7) Kann eine Version der umfassenden, heroischen Vorstellung von Handlungsfähigkeit mit der Würdigung der Rechte der Absicht und des Wissens versöhnt werden?

Die zu dieser Frage später in diesem Kapitel angebotene (aber erst am Ende, wenn schließlich alle Rohmaterialien bereitstehen, im Schlusskapitel ausgearbeitete) Antwort lautet: Ja. Wenn das stimmt, das heißt, wenn eine Version der heroischen Vorstellung von Handlungsfähigkeit – in der das Individuum der Verantwortung für seine ganze Tat unter all ihren Spezifikationen zustimmt und ihm diese Verantwortung im gleichen Umfang zugeschrieben wird – tatsächlich Teil der mündigen, postmodernen und vermittelten Sittlichkeit ist, wie Hegel sie sich vorgestellt hat, dann wäre dies ein erstaunliches und charakteristisches Merkmal seiner Sicht auf die Leistung der Moderne. Beinah alle, die über dieses Thema nachgedacht haben, gehen davon aus, dass die moderne Idee der Beschränkung von Verantwortung auf das vom vollziehenden Handlungssubjekt Beabsichtigte und vernünftig Vorhersehbare ein entscheidender Fortschritt in unserem praktischen und theoretischen Verständnis von Normativität und Handlungsfähigkeit ist. Dieses Merkmal der Moderne wird als grundlegende Einsicht in das betrachtet, für was man Menschen gerechterweise verantwortlich machen kann; es handelt sich also um ein wesentlich fortschrittliches Element des Übergangs von traditionellen zu modernen Lebensweisen. Selbst die Mehrheit der Kritiker der Moderne geht nicht davon aus, dass dies verworfen werden sollte. Wie auch immer: Es ist unklar, ob die heroische Vorstellung von Handlungsfähigkeit und die (im 11. Kapitel diskutierten) Rechte der Absicht und des Wissens zugleich bestehen können. Warum besteht das eine nicht einfach in der Verleugnung des anderen? Hegel ist der Meinung, dass das Anbrechen der Moderne einen grundlegenden und unwiderruflichen Fortschritt im praktischen Verständnis von unserem Selbst und unseren diskursiven Praktiken darstellt. Dieses eine große Ereignis in der Menschengeschichte verkörpert für ihn eine wesentliche Einsicht in die Abhängigkeit der Normen von den Einstellungen und Tätigkeiten der individuellen Subjekte. Wenn aber der Inhalt dieser Einsicht sorgsam von der entfremdeten, spezifisch modernen Form getrennt wird, in der er ursprünglich erscheint, können wir erkennen, dass er mit einer nichtentfremdeten, sittlichen Form vereinbar ist. In dieser Form wird der Rolle der Einstellungen beim Instituieren und Konstituieren von Normen zugestimmt und die Selbste über die Grenzen der modernen Vorstellung hinweg, entlang der Dimensionen der Identifikation mit den gemeinschaftlichen Normen und der heroischen (aber nicht tragischen[4]) Vorstellung von Handlungsfähigkeit erweitert.

II. Unmittelbare Sittlichkeit

Hegels Begriff für die Normativitätsstruktur des vormodernen Geistes heißt »unmittelbare Sittlichkeit«. In Übereinstimmung mit dem allgemeinen Vorgehen in der *Phänomenologie* behandelt er das Thema allegorisch. Dieses Mal – im Gegensatz beispielsweise zu seiner Diskussion des Kampfes um Herrschaft bzw. des Kampfes um Leben und Tod im Kapitel zum Selbstbewusstsein – macht er die Allegorie selbst explizit. Die Allegorie besteht in einer Version der alten griechischen Gesellschaft, wie sie in Sophokles' *Antigone* dargestellt ist. Am Ende seiner Diskussion fasst Hegel den Kerngedanken der Allegorie folgendermaßen zusammen:

4 So wie Hegel von der entfremdeten, modernen Stufe behauptet, dass »diesem [Geist] das Schicksal fremd ist«. *PhG*, S. 367.

> Dieser Untergang der sittlichen Substanz und ihr Übergang in eine andere Gestalt ist also dadurch bestimmt, daß das sittliche Bewußtsein auf das Gesetz wesentlich *unmittelbar* gerichtet ist; in dieser Bestimmung der Unmittelbarkeit liegt, daß in die Handlung der Sittlichkeit die Natur überhaupt hereinkommt. Ihre Wirklichkeit offenbart nur den Widerspruch und den Keim des Verderbens, den die schöne Einmütigkeit und das ruhige Gleichgewicht des sittlichen Geistes eben an dieser Ruhe und Schönheit selbst hat;[5]

Dieser »Untergang« entspricht dem Bruch mit der vormodernen Normativitätsstruktur (»Gesetz«). Er ist der Ausdruck der Instabilität von Praktiken, die das *Normative* mit dem *Natürlichen* identifizieren. In der entsprechenden Vorstellung dieser Praktiken werden die Normen einfach in der Beschaffenheit der Dinge gesucht, unabhängig von der menschlichen Tätigkeit. Die Passfähigkeit der Dinge – wie die Dinge sein sollten und was man tun sollte – wird als objektive, natürliche Tatsache betrachtet. Dies ist das konstitutive Missverständnis der normativen Eigenschaft der *unmittelbaren Sittlichkeit*. Die Normen, mit denen sich Praxisteilnehmer identifizieren, werden als gegebene Tatsachen über die Beschaffenheit der Dinge betrachtet. »Was die Beobachtung als ein *Vorgefundenes* wußte, an dem das Selbst keinen Teil hätte, ist hier vorgefundene Sitte [...].«[6] In dieser praktischen Vorstellung, in der Normen als *un*mittelbar betrachtet werden, wird Vermittlung verleugnet; es ist eine Vermittlung durch die *Einstellungen* derer, die durch die Normen gebunden sind.

Mit Bezug hierauf sagt Hegel an anderer Stelle über die Gesetze, sie würden der unmittelbaren Sittlichkeit erscheinen als

5 Ebd., S. 354.
6 Ebd., S. 339.

unentzweite Geister, makellose himmlische Gestalten, die in ihren Unterschieden die unentweihte Unschuld und Einmütigkeit ihres Wesens erhalten. – Das Selbstbewußtsein ist ebenso einfaches, klares *Verhältnis* zu ihnen. Sie *sind*, und weiter nichts, – macht das Bewußtsein seines Verhältnisses aus. So gelten sie der Antigone des Sophokles als der Götter *ungeschriebenes* und untrügliches Recht:

nicht etwa jetzt und gestern, sondern immerdar
lebt es, und keiner weiß, von wannen es erschien.

Sie *sind*. Wenn ich nach ihrer Entstehung frage und sie auf den Punkt ihres Ursprungs einenge, so bin ich darüber hinausgegangen; denn ich bin nunmehr das Allgemeine, sie aber das Bedingte und Beschränkte. Wenn sie sich meiner Einsicht legitimieren sollen, so habe ich schon ihr unwankendes Ansichsein bewegt und betrachte sie als etwas, das vielleicht wahr, vielleicht auch nicht wahr für mich sei. Die sittliche Gesinnung besteht eben darin, unverrückt in dem fest zu beharren, was das Rechte ist, und sich alles Bewegens, Rüttelns und Zurückführens desselben zu enthalten.[7]

Die Beziehung des sittlichen Bewusstseins zu den Normen besteht darin, ihrer Verbindlichkeit passiv zuzustimmen: Gehor-

7 Ebd., S. 321 f. Die Textstelle bezieht sich auf die Verse 454-458, Antigone zu Kreon:
»Auch dacht' ich nicht, es sey dein Ausgebot so sehr viel,
Daß eins, das sterben muß, die ungeschriebenen drüber,
Die festen Sazungen im Himmel brechen sollte.
Nicht heut und gestern nur, die leben immer,
Und niemand weiß, woher sie sind gekommen.«
(Sophokles, *Antigone*, übertragen von Friedrich Hölderlin, Sämtliche Werke, Bd. V, Stuttgart 1952, S. 223.) Hegel erwähnt diese Stelle noch einmal in den *Grundlinien der Philosophie des Rechts*, im dritten Absatz seiner Einleitung zur Sittlichkeit: »In diesem Sinne verkündet Antigone, niemand wisse, woher die Gesetze kommen: sie seien ewig. Das heißt, sie sind die an und für sich seiende, aus der Natur der Sache fließende Bestimmung.« § 144 Z, S. 294.

sam, Scham und Schuld aufgrund von Ungehorsam (jeweils zugeschrieben bzw. zugestimmt). Indem subjektive Einstellungen objektiven Normen unterworfen werden, wird das Besondere für das Allgemeine geopfert und somit eine Identifikation hergestellt mit diesem Allgemeinen. »*Unmittelbar* – wie das sittliche Bewußtsein weiß und tut es selbst die Pflicht und gehört ihr als seiner Natur an«.[8]

Was ist falsch an der spezifisch vormodernen Metaphysik der Normativität, die Normen als eine Art von Tatsache behandelt, deren *Autorität* (*rationale* Autorität im Sinne des Festlegens dessen, was die Kraft eines *Grundes* hat) *unmittelbar* ist und sich von ihrer einfachen *Existenz* her ableiten lässt, unabhängig von menschlichen Praktiken, Einstellungen, Zustimmungen oder Interpretationen? *Wir* können sehen, dass der Fehler darin besteht, dass die normativen Produkte der sozialen Anerkennungspraktiken den natürlichen Gegenständen des Erkennens nachgebildet sind. Aber wie äußert sich dieser Fehler für die Praxisteilnehmer auf der praktischen Ebene, für die Mitglieder von Gemeinschaften, deren Normen praktisch als objektiv und unmittelbar sittlich gedeutet werden? Was ist der Widerspruch und der »Keim des Verderbens, den die schöne Einmütigkeit und das ruhige Gleichgewicht des sittlichen Geistes eben an dieser Ruhe und Schönheit selbst hat«?[9] Die Antwort sehen wir am deutlichsten, wenn wir daran denken, was Hegel zufolge die richtige Metaphysik der Normativität ist. Auf der Seite der *Kraft* der Normen ist normative Verbindlichkeit und Gültigkeit nur im Zusammenhang einer Anerkennungsgemeinschaft verständlich, in der die Einstellungen des Anerkennens und des Anerkanntwerdens, des Beanspruchens von Autorität und des Übernehmens von Verantwortung – für sich selbst sowie die Zuschreibung gegenüber anderen – eine wesentliche Rolle spie-

8 *PhG*, S. 442.
9 Ebd., S. 354.

len. Auf der Seite des *Inhalts* sind Normen nur aufgrund ihrer Einbettung in Praktiken des Beurteilens miteinander konkurrierender Ansprüche material *unvereinbarer* Verpflichtungen und Berechtigungen als bestimmt gehaltvoll verständlich. Indem die unmittelbare Sittlichkeit die Grundmerkmale ihrer eigenen impliziten Normen leugnet, verurteilt sie sich selbst zum praktischen Selbstwiderspruch.

Zunächst ist »die schöne Einmütigkeit und das ruhige Gleichgewicht des sittlichen Geistes« eine Leistung der Anerkennung. Sie ist das Spiegelbild einer Gemeinschaft, der *Polis*, die durch *wechselseitige* gegenseitige Anerkennung instituiert, strukturiert und aufrechterhalten wird.[10] (Natürlich sind auch asymmetrische Anerkennungsbeziehungen im Spiel, wie zwischen Herren und Knechten – aber diese stehen orthogonal zu den Beziehungen, die relevant sind für das von Hegel in dieser Diskussion verfolgte allegorische Argument.) Diese Anerkennungsstruktur beinhaltet zwei normative, potentiell miteinander konkurrierende Autoritätspole: die allgemeine Gemeinschaft (also die Anerkennungsgemeinschaft) und die Einzelnen, deren Anerkennungseinstellungen diese Gemeinschaft instituieren. Individuen, bzw. Einzelne, die als Mitglieder der Anerkennungsgemeinschaft unter den Allgemeinbegriff fallen, üben Autorität aus und stimmen der Autorität anderer zu bzw. übernehmen

10 Glaubt Hegel, dass alle vormodernen Gesellschaften durch gegenseitige Anerkennung charakterisiert sind? Keineswegs – wie seine Anmerkungen an anderer Stelle über traditionelle indische und chinesische Gesellschaften zeigen. Am Schluss der *Rechtsphilosophie* ordnet er entsprechend das weltgeschichtliche »orientalische Reich«, das vom »patriarchalischen Naturganzen« ausgeht, einem primitiveren Stadium zu als die von den Griechen paradigmatisch dargestellte Epoche. Er scheint jedoch zu denken, dass die Art von unvereinbaren Normen, die mit ihrer praktischen Aufdringlichkeit den Übergang zur Moderne auslöst, nur in dieser Art von Anerkennungskontext entsteht.

Verantwortung und schreiben sie anderen zu. Die praktische Verdinglichung und Vergegenständlichung normativer Eigenschaften als natürliche Eigenschaften *setzt* eine prästabilierte »schöne Einmütigkeit und das ruhige Gleichgewicht« zwischen ihnen voraus, da alle Konflikte, die zwischen ihnen bestehen könnten, nicht durch Individuen lösbar sind. Formale Gegenseitigkeit der Anerkennung *garantiert* aber ein solches System von Normen nicht und kann es nicht *herstellen*. Denn das bestimmte Gehaltvollsein begrifflicher Normen (die Gründe gliedern) hängt vom Integrieren tatsächlicher Zufälligkeit in die Form normativer Notwendigkeit ab, also sowohl von der Zustimmung zur Autorität der Einzeldinge über Allgemeinbegriffe als auch umgekehrt von der Zustimmung zur Autorität der Allgemeinbegriffe über Einzeldinge. Die Reibung, die sich ergibt, indem Individuen miteinander konkurrierenden Ansprüchen von material unvereinbaren Normen unterworfen werden, ist sowohl der Preis der Bestimmtheit des normativen Inhalts als auch eine unvermeidbare Konsequenz der »Unterscheidung, die die Handlung (und das Bewusstsein) beinhaltet«.

Wie wir gesehen haben, spiegeln die von der Handlung und dem Bewusstsein beinhalteten Unterscheidungen den Unterschied der sozialen Perspektiven zwischen dem Autoritätspol des Einzelnen und dem Autoritätspol des Allgemeinen wider, dem gegenüber die Individuen in Anerkennungsgemeinschaften verpflichtet sind. In der von Hegel beschriebenen *Polis* sind die Anerkennungsgemeinschaften instituierenden Einzelnen keine individuellen Menschen, sondern *Familien*. Die Polis und die Familie sind also die zwei normativen Zentren, aus denen heraus potentiell kollidierende Forderungen gestellt werden, die an die selbstbewussten individuellen Handlungssubjekte adressiert sind, welche die Normen zu verwirklichen haben, indem sie sie in besonderen, zufälligen Zuständen anwenden. Die Familie stellt zwar eine natürliche und damit unmittelbare biologische Einheit dar, die durch sexuelle Begierde und Reproduktion zusammengehalten wird.[11] Als ein *normativer* Ort ist sie jedoch auch eine *Anerkennungs*gemeinschaft – allerdings mit asymmetrischen Beziehungen, zumindest zwischen Eltern und Kindern wie auch traditionell zwischen Mann und Frau.

> Ob sich aber wohl das *sittliche Sein* der Familie als das *unmittelbare* bestimmt, so ist sie innerhalb ihrer *sittliches* Wesen nicht, *insofern* sie das Verhältnis *der Natur* ihrer Glieder oder deren Beziehung die *unmittelbare einzelner wirklicher* ist; denn das Sittliche ist an sich *allgemein*, und dies Verhältnis der Natur ist wesentlich ebensosehr ein Geist und nur als geistiges Wesen sittlich. [...] Das Sittliche scheint nun in das Verhältnis des *einzelnen* Familiengliedes zur *ganzen* Familie als der Substanz gelegt werden zu müssen, so daß sein Tun und Wirklichkeit nur sie zum Zweck und Inhalt hat.[12]

Sophokles' *Antigone* ist die perfekte Allegorie für Hegel, um »den kleinen Riss«[13] in der vormodernen (unmittelbaren) Sittlichkeit aufzuzeigen, da der dargestellte Konflikt auf der Kollision zwischen den *Anerkennungs*forderungen der Familie und der Polis beruht. Der Streit betrifft den Anerkennungsstatus eines Individuums, das beiden Gemeinschaften angehört und das Rechte und Pflichten gegenüber beiden normativen Institutionen hat.

In der Allegorie ist der Akt der *Beerdigung* der konkrete

11 »[...] ein *natürliches sittliches* Gemeinwesen – ist die *Familie.*« *PhG*, S. 330.

12 Ebd., S. 330f.

13 [Es handelt sich hier um ein Zitat von Alfred Lord Tennyson, die ganze Strophe lautet:
»It is the little rift within the lute
That by and by will make the music mute
And ever widening slowly silence all.«
(Alfred Lord Tennyson, *Vivien's Song*, Poems of Tennyson, Oxford 1929, S. 534). Anm. d. Übers.]

praktische Träger der Anerkennungsbedeutung, also der praktische einstellungsausdrückende Vollzug, der für die Mitgliedschaft einer Gemeinschaft konstitutiv ist. Da mit dieser Art von Anerkennungsvollzug einem natürlichen Geschehnis normative Bedeutung *verliehen* wird, stellt dieser Akt das Paradigma dafür dar, wie das Tun und die Einstellungen von Individuen entscheidend sind für normative Status, die über das in der Natur bloß Vorgefundene hinausgehen müssen. Der normative Status wird *erteilt* und nicht bloß *vorgefunden*. Die Beerdigung macht etwas, das ansonsten bloß *geschieht*, zu etwas, das *getan* wird.

> Diese Allgemeinheit, zu der der Einzelne als *solcher* gelangt, ist das *reine Sein, der Tod*; es ist das *unmittelbare natürliche Gewordensein,* nicht das *Tun* eines *Bewußtseins.* Die Pflicht des Familiengliedes ist deswegen, diese Seite hinzuzufügen, damit auch sein letztes *Sein*, dies *allgemeine* Sein, nicht allein der Natur angehöre und etwas Unvernünftiges bleibe, sondern daß es ein *Getanes* und das Recht des Bewußtseins in ihm behauptet sei.[14]

Mit der Beerdigung wird jemand nicht einfach als ein totes Tier, sondern konstitutiv als Mitglied der Gemeinschaft anerkannt, als Mitglied mit einem bestimmten Status, als *totes* Mitglied der Gemeinschaft, als ein gewürdigter Vorfahre. »[S]elbst der abgeschiedene Geist ist im *Blute* der Verwandtschaft, im *Selbst* der Familie gegenwärtig [...].«[15] Die Familie unterbricht die Arbeit der Natur:

> Dies ihn [den Toten] entehrende Tun bewußtloser Begierde und abstrakter Wesen hält die Familie von ihm ab, setzt das ihrige an die Stelle und vermählt den Verwandten dem Schoße

14 *PhG*, S. 332.
15 Ebd., S. 361.

> der Erde, der elementarischen unvergänglichen Individualität; sie macht ihn hierdurch zum Genossen eines Gemeinwesens, welches vielmehr die Kräfte der einzelnen Stoffe und die niedrigen Lebendigkeiten, die gegen ihn frei werden und ihn zerstören wollten, überwältigt und gebunden hält.[16]

Durch die Beerdigung wird er »zum Genossen eines Gemeinwesens« gemacht – die Beerdigung bedeutet Anerkennung.

Kreon und Antigone sind sich uneinig hinsichtlich des Anerkennens. Laut der Gesetze der Polis darf ihr Bruder zu nichts anderes als zu einem toten Tier erklärt werden, wohingegen die Gesetze der Familie Anerkennung verlangen. Die normativen Institutionen, die die zwei Momente der Anerkennungsgemeinschaft (das Allgemeine und das Einzelne) verwirklichen, geraten aneinander darüber, ob das Übernehmen einer Anerkennungseinstellung richtig ist, also über den Vollzug einer Anerkennung. Da es Individuen sind, die handeln müssen, fallen diese kollidierenden Forderungen auf die Individuen zurück, die die zwei institutionellen Momente der Anerkennung repräsentieren. Da die betreffenden Normen unmittelbar sittlich sind, identifizieren sich die zwei Figuren mit einigen dieser Normen (sie sind dazu bereit, für sie Opfer zu erbringen). Die eine Norm mündet in die Forderung, nicht durch Beerdigung anzuerkennen, und die andere in die Forderung nach genau solch einer normativen Konstitution. Die Unmittelbarkeit der sittlichen Normen läuft nun darauf hinaus, dass dieser Konflikt nicht vermieden, beurteilt oder gelöst werden kann, und zwar aus folgendem Grund:

> Hierdurch nun, daß einesteils die Sittlichkeit wesentlich in dieser unmittelbaren *Entschiedenheit* besteht und darum für das Bewußtsein nur das *eine* Gesetz das Wesen ist, anderenteils, daß die sittlichen Mächte in dem *Selbst* des Bewußtseins

16 Ebd., S. 333 f.

> wirklich sind, erhalten sie die Bedeutung, sich *auszuschließen* und sich *entgegengesetzt* zu sein; sie sind in dem Selbstbewußtsein, *für sich*, wie sie im *Reiche* der Sittlichkeit nur *an sich* sind. Das sittliche Bewußtsein, weil es für eins derselben *entschieden* ist, ist wesentlich *Charakter;* es ist für es nicht die gleiche *Wesenheit* beider; der Gegensatz erscheint darum als eine *unglückliche* Kollision der Pflicht nur mit der rechtlosen *Wirklichkeit.* Das sittliche Bewußtsein ist als Selbstbewußtsein in diesem Gegensatze, und als solches geht es zugleich darauf, dem Gesetze, dem es angehört, diese entgegengesetzte Wirklichkeit durch Gewalt zu unterwerfen oder sie zu täuschen. Indem es das Recht nur auf seiner Seite, das Unrecht aber auf der andern sieht, so erblickt von beiden dasjenige, welches dem göttlichen Gesetze angehört, auf der andern Seite menschliche zufällige *Gewalttätigkeit,* – das aber dem menschlichen Gesetze zugeteilt ist, auf der andern den Eigensinn und den *Ungehorsam* des innerlichen Fürsichseins;[17]

Keiner der sittlichen Charaktere, die sich maßgeblich mit einem institutionellen Aspekt der normativen Gemeinschaft identifizieren und ihn vertreten,[18] unterliegt kollidierenden Forderungen. Doch das Publikum sieht den strukturellen Konflikt unvereinbarer Gesetze. Und wir sehen, dass der Widerspruch und die Kollision zwischen der Familie und der Polis für eine Kollision steht zwischen der Autorität der Anerkennungsparteien (Einzelnes) und der Autorität der Anerkennungsgemeinschaft (Allgemeines). Sie sind nicht bloß zufällige normative Institutionen, sondern notwendige und wesentliche strukturelle Dimensionen

17 Ebd., S. 343 f.

18 »Aber es [das Wissens des Selbstbewußtseins] ist nicht *Charakter* wie dieses [das sittliche Bewußtsein], das um seiner Unmittelbarkeit willen ein bestimmter Geist ist, nur *einer* der sittlichen Wesenheiten angehört und die Seite hat, *nichts zu wissen.*« Ebd., S. 442.

des Anerkennungskontextes, in dem Normen festgestellt werden können.

Antigone und Kreon identifizieren sich mit verschiedenen Aspekten der Anerkennungsgemeinschaft bzw. sprechen sich für diese Aspekte aus. Weder sie noch er unterscheidet zwischen den von ihnen bekundeten und ausgedrückten Einstellungen und den Normen, mit denen sie sich identifizieren. Weder sie noch er glaubt zu *entscheiden*, was richtig ist. Beide *stimmen* praktisch nur dem *zu*, was objektiv richtig ist, unabhängig von den Einstellungen. Die sture Weigerung des jeweils anderen, dem objektiv Richtigen zuzustimmen, kann von ihnen überhaupt nicht als eine *normative* Einstellung in Betracht gezogen werden. Die Einstellung des jeweils anderen zeigt sich vielmehr als Ausdruck des bloß subjektiven zufälligen Einzelnen. Die Unnachgiebigkeit im Streit ist eine Folge der *Unmittelbarkeit* der praktischen sittlichen Einstellungen: Normen werden als objektive Tatsachen behandelt, deren normative Kraft nicht den Einstellungen derjenigen zuzuschreiben ist, die ihrer Natur nach durch diese Normen gebunden sind.

Die Unmittelbarkeit als der verheerende strukturelle Fehler der vormodernen Sittlichkeit besteht darin, dass das Normative und das Natürliche vermengt werden. Dies bedeutet einerseits, dass normative Richtigkeit als natürliche Eigenschaft behandelt wird, die einfach als Teil der Beschaffenheit der Welt gegeben ist, unabhängig von den menschlichen Praktiken, die durch diese Beschaffenheit beherrscht wird. Andererseits bedeutet es, dass nur natürliche Eigenschaften als normativ bedeutsam behandelt werden. Die Behauptung, dass die normative Bedeutung einiger natürlicher Eigenschaften »intrinsisch« ist, heißt, ihre Einstellungsabhängigkeit zu leugnen. Hierbei rekurriert Hegel auf das Paradigma, wonach natürliche Unterschiede im biologischen Geschlecht grundlegende normative Rollen objektiv bestimmen. Mit welchem Anerkennungsaspekt der Gemeinschaft man maßgeblich identifiziert wird, also welcher sittliche Charakter man ist (nicht »hat«), wird durch die Natur entschieden.

Die Frauen sind die Handlungssubjekte der privaten Familie, die Männer die der öffentlichen politischen Gemeinschaft.

> Auf diese Weise überwinden die beiden Geschlechter ihr natürliches Wesen und treten in ihrer sittlichen Bedeutung auf, als Verschiedenheiten, welche die beiden Unterschiede, die die sittliche Substanz sich gibt, unter sich teilen. Diese beiden *allgemeinen* Wesen der sittlichen Welt haben ihre bestimmte *Individualität* darum an *natürlich* unterschiedenen Selbstbewußtsein[en], weil der sittliche Geist die *unmittelbare* Einheit der Substanz mit dem Selbstbewußtsein ist, – eine *Unmittelbarkeit*, welche also nach der Seite der Realität und des Unterschieds zugleich als das Dasein eines natürlichen Unterschieds erscheint. – Es ist diejenige Seite, welche sich an der Gestalt der sich selbst realen Individualität, in dem Begriffe des geistigen Wesens, als *ursprünglich bestimmte Natur* zeigte. Dies Moment verliert die Unbestimmtheit, die es dort noch hat, und die zufällige Verschiedenheit von Anlagen und Fähigkeiten. Es ist jetzt der bestimmte Gegensatz der zwei Geschlechter, deren Natürlichkeit zugleich die Bedeutung ihrer sittlichen Bestimmung erhält.[19]

Das Problem besteht nicht darin, dass natürliche Unterscheidungen *gegeben* sind oder als normativ bedeutsam betrachtet werden, sondern dass das Verständnis von ihnen darauf hinausläuft, dass sie die Bedeutungen bereits unabhängig von den Praktiken und Einstellungen derjenigen *haben*, für die sie normativ bedeutsam sind. »[D]ie Natur, nicht das Zufällige der Umstände oder der Wahl, teilt das eine Geschlecht dem einen, das andere dem anderen Gesetze zu […]«.[20] Dementsprechend

19 Ebd., S. 338.
20 Ebd., S. 343.

werden diese bestimmenden normativen Rollen praktisch nicht als Rollen aufgefasst, die Individuen spielen können, sondern einfach als Tatsachen über diese Individuen.

Somit wird das Natürliche fetischisiert: Normative Phänomene sind bloß natürliche Phänomene, unabhängig von den Einstellungen derjenigen, die durch die Normen gebunden werden. Dementsprechend ist ein struktureller Konflikt in »die schöne Einmütigkeit und das ruhige Gleichgewicht« des unmittelbar sittlichen Geistes eingebaut. Die Verpflichtung zu verschiedenen »Gesetzen« wird als gegeben verstanden, als Teil der Natur von Individuen, die mit dem biologischen Geschlecht zugeschrieben ist.

> Das menschliche Gesetz also in seinem allgemeinen Dasein, das Gemeinwesen, in seiner Betätigung überhaupt die Männlichkeit, in seiner wirklichen Betätigung die Regierung, *ist*, *bewegt* und *erhält* sich dadurch, daß es die Absonderung der Penaten oder die selbständige Vereinzelung in Familien, welchen die Weiblichkeit vorsteht, in sich aufzehrt und sie in der Kontinuität seiner Flüssigkeit aufgelöst erhält. Die Familie ist aber zugleich überhaupt sein Element, das einzelne Bewußtsein allgemeiner betätigender Grund. Indem das Gemeinwesen sich nur durch die Störung der Familienglückseligkeit und die Auflösung des Selbstbewußtseins in das allgemeine sein Bestehen gibt, erzeugt es sich an dem, was es unterdrückt und was ihm zugleich wesentlich ist, an der Weiblichkeit überhaupt seinen inneren Feind. Diese – die ewige Ironie des Gemeinwesens [...][21]

Hegel ist der Meinung, dass die traditionelle Gesellschaft durch einen einseitigen Objektivismus hinsichtlich Normen gekennzeichnet ist, demzufolge natürliche Unterscheidungen unmittelbar und intrinsisch normative Bedeutungen haben. Der ent-

21 Ebd., S. 352.

scheidende Schritt zur Moderne erfolgt im Erkennen der Bedeutung normativer *Einstellungen* und *Praktiken* bei der Instituierung von Normen und normativen Status. (Es besteht ein Bedürfnis nach der Überwindung der Moderne, da diese Einsicht auf einem einseitigen Subjektivismus hinsichtlich Normen beruht.) Als Paradebeispiel für diese Behauptung über das traditionelle Missverständnis der Bedeutung natürlicher Eigenschaften für normative Richtigkeit bezieht sich Hegel auf den Gender-Essentialismus. Hegel hat Wert darauf gelegt und entsprechend hervorgehoben, dass der Kern der Moderne in einer Zurückweisung und Überwindung der Voranahmen ebendieser bestimmten Konstellation praktischer Einstellungen besteht, und hierfür einen Platz im Pantheon des Feminismus verdient.

Der durch Hegels allegorische Lektüre von *Antigone* offengelegte grundlegende strukturelle Konflikt spielt sich aber nicht zwischen den beiden Protagonisten ab oder dem, was sie repräsentieren; er besteht nicht zwischen zwei Gesetzen, zwischen der *Polis* und der Familie, und auch nicht zwischen Männern und Frauen. Dies sind reale Konflikte. Der grundlegende Konflikt betrifft vielmehr die höhere Ebene, auf der sich die *Unmittelbarkeit* der Deutung von Normen und der *konstitutive* Charakter von Anerkennung gegenüberstehen. Es handelt sich hierbei um eine Spannung zwischen einerseits dem impliziten Verständnis von Normativität als unmittelbar, gänzlich natürlich und objektiv, unabhängig von menschlichen Praktiken und Einstellungen, und andererseits dem ebenso impliziten Verständnis der Bedeutung von wirklichen Einstellungen, Anerkennungsvollzügen und -praktiken für die Instituierung normativer Status. In der Allegorie streiten Kreon und Antigone über die richtige und angemessene Behandlung des toten Polyneikes, eine von beiden Seiten als öffentlich verstandene objektive Tatsache, etwas, dem beide bloß *zustimmen* müssten. Aber das Risiko ist groß – für Antigone bedeutet es die Identifikation mit dem Anerkennungsgesetz der Familie oder sogar das Aufopfern ihres biologischen Lebens –, denn beide Seiten *räumen* implizit *ein*, dass die Anerkennung durch eine Beerdigung den normativen Status *verleihen* würde. Bleibt Polyneikes unbeerdigt, *ist* er nichts anderes als ein totes Tier, wohingegen er durch eine Beerdigung, wenn auch nur einer heimlichen, »zum Genossen eines Gemeinwesens« gemacht wird, wie Hegel in der oben zitierten Passage sagt.

> Das Unrecht, welches im Reiche der Sittlichkeit dem Einzelnen zugefügt werden kann, ist nur dieses, daß ihm rein etwas *geschieht.* Die Macht, welche dies Unrecht an dem Bewußtsein verübt, es zu einem reinen Dinge zu machen, ist die Natur, es ist die Allgemeinheit nicht des *Gemeinwesens,* sondern die *abstrakte* des *Seins;* und die Einzelheit wendet sich in der Auflösung des erlittenen Unrechts nicht gegen jenes, denn von ihm hat es nicht gelitten, sondern gegen dieses. Das Bewußtsein des Bluts des Individuums löst dies Unrecht, wie wir gesehen, so auf, daß, was *geschehen* ist, vielmehr ein *Werk* wird, damit das *Sein,* das *Letzte,* auch ein *gewolltes* und hiermit erfreulich sei.[22]

Die Familie ersetzt das bloß natürliche Ereignis des biologischen Todes durch die mit der Beerdigung verliehenen Anerkennung. Die Familie *verleiht* diesem natürlichen Ereignis eine normative Bedeutung, *übernimmt* dafür Verantwortung und *übt* ihre Anerkennungsautorität *aus.* Damit verleiht sie der Zufälligkeit die Form der Notwendigkeit, also eine normative Form. Dieser konstitutive Akt der Anerkennung ist nicht als unmittelbare Zustimmung zu den Dingen verständlich, wie sie bereits objektiv sind. Mit ihm wird die Einstellungsabhängigkeit von normativen Status implizit eingestanden.

Die Polis und die Familie sind Anerkennungsgemeinschaften. Sittliche Substanz (Geist) wird durch gegenseitige Anerken-

22 Ebd., S. 340f.

nung synthetisiert. Um die in den sittlichen Praktiken impliziten Verpflichtungen explizit zu machen, muss das praktische Verständnis von Sittlichkeit als einer unmittelbaren Sittlichkeit aufgegeben werden. Normative Status wie Verpflichtung, Verantwortung, Autorität und Richtigkeit können nicht richtig verstanden werden unabhängig von ihrer Beziehung zu normativen Einstellungen. Andere anerkennen heißt also, sie *als* verpflichtet, verantwortlich, autoritativ, als richtig oder nicht richtig handelnd zu *betrachten* und zu *behandeln*. Dies praktisch zu realisieren ist der Antrieb der Moderne.

> Es [das Selbstbewußtsein] erfährt also in seiner Tat sowohl den Widerspruch jener *Mächte*, worein die Substanz sich entzweite, und ihre gegenseitige Zerstörung, wie den Widerspruch seines Wissens von der Sittlichkeit seines Handelns mit dem, was an und für sich sittlich ist, und findet *seinen eigenen* Untergang. In der Tat aber ist die sittliche Substanz durch diese Bewegung zum *wirklichen Selbstbewußtsein* geworden oder *dieses* Selbst zum *Anundfürsich*-seienden; aber darin ist eben die Sittlichkeit zugrunde gegangen.[23]

Hier spricht Hegel von einer expressiv-fortschrittlichen Verwandlung des Geistes, die etwas offenbart, das schon immer implizit gewesen war. Es wird hier nicht behauptet, diese Verwandlung sei unvermeidbar. Sie ist »notwendig« nur insofern für uns explizit wird, was wir implizit sind. Die Verwandlung muss nicht *total* sein. Einige Individuen und Institutionen mögen traditionelle praktische Auffassungen vom Selbst, der Handlungsfähigkeit und der Gemeinschaft beibehalten, auch wenn andere eine moderne Form annehmen. Dies alles ist mit dem entscheidenden Durchbruch vereinbar, der im Erkennen und in der Praxis stattfindet.

23 Ebd., S. 328.

III. Der Aufstieg der Subjektivität

Mit dem Anbruch der Moderne als explizites Thema leitete Hegel eine Diskussion ein, die das gesamte Denken des 19. Jahrhunderts prägte. Sie bestimmte den grundlegenden Gegenstand, der im Anschluss von der neuen Disziplin Soziologie behandelt wird, und lieferte zentrale Ideen, die in den Arbeiten von Marx, Durkheim, Tönnies und Weber weiterentwickelt wurden. Das Motto seiner Deutung dieses Übergangs lautet: »die Entwicklung der sittlichen Substanz in das wirkliche Selbstbewußtsein«. Hegel versteht die Moderne zunächst als den Aufstieg einer neuen Art von individuellem subjektivem Selbstbewusstsein. Im Gegensatz zum modernen Subjekt allerdings, so Hegel, sei das

> Selbstbewußtsein [im Reiche der Sittlichkeit] noch nicht in seinem Rechte als *einzelne Individualität* aufgetreten; sie gilt in ihm auf der einen Seite nur als *allgemeiner Willen,* auf der andern als *Blut* der Familie; *dieser Einzelne* gilt nur als der *unwirkliche Schatten.*[24]

Individuelle Handlungssubjekte sind hiernach in den sozialen Institutionen aufgelöst, die ihnen ihrer Natur nach zugeschrieben werden und mit denen sie sich maßgeblich identifizieren. Die individuelle Person stellt eine bloße Spiegelung ihres eigenen Status dar und kann sich selbst nur in Bezug auf die Pflicht als Handlungssubjekt verstehen, die impliziten objektiven Normen zu verwirklichen.[25] Hier ist noch nichts von der modernen Vorstellung zu erkennen, der zufolge die individuelle Person vie-

24 Ebd., S. 342.

25 Diese Ansicht hat F. H. Bradley zusammengefasst im Titel seines Essays »My Station and Its Duties«, in: *Ethical Studies*, Oxford 1876.

le Rollen spielt und Entscheidungen über die zahlreichen Konflikte zwischen diesen Rollen treffen muss.

> Die sittliche Substanz erhielt den Gegensatz in ihr einfaches Bewußtsein eingeschlossen und dieses in unmittelbarer Einheit mit seinem Wesen. Das Wesen hat darum die einfache Bestimmtheit des *Seins* für das Bewußtsein, das unmittelbar darauf gerichtet und dessen Sitte es ist; weder gilt das Bewußtsein sich als *dieses ausschließende Selbst,* noch hat die Substanz die Bedeutung eines aus ihm ausgeschlossenen Daseins, mit dem es sich nur durch die Entfremdung seiner selbst eins zu setzen und sie zugleich hervorzubringen hätte.[26]

Mit »Wesen« sind hier die Normen gemeint, die in den herkömmlichen Praktiken der traditionellen Gemeinschaft (»Substanz«) implizit sind.

In Kontrast zum Selbstverständnis moderner individueller Subjekte nehmen unmittelbar sittliche Subjekte nicht an, dass sie die Institutionen und ihre Normen (»Substanz« und »Wesen«) durch die eigenen Tätigkeiten *hervorbringen.* Geistige Substanz ist das »gedachte Ansich aller Selbstbewusstsein[e]«.[27] Also ist sie das *Vorgefundene*, das schon immer da ist, der »unverrückte und unaufgelöste Grund und Ausgangspunkt des Tuns Aller«.[28] Ein zentraler Aspekt der grundlegenden Einsicht der Moderne ist jedoch, dass die individuellen Selbstbewusstseine, die die Form des Geistes sind, wie er *für* sich ist, diese geistige Substanz gleichfalls *erzeugen*:

> Diese Substanz ist ebenso das allgemeine *Werk,* das sich durch das *Tun* Aller und Jeder als ihre Einheit und Gleichheit erzeugt, denn sie ist das *Fürsichsein,* das Selbst, das Tun.[29]

26 *PhG*, S. 359.
27 Ebd., S. 325.
28 Ebd.
29 Ebd.

Nach ihrem eigenen Selbstverständnis werden die Individuen in der traditionellen Gesellschaft von den Normen erzeugt, mit denen sie sich identifizieren, indem sie der Autorität dieser Normen über die einzelnen Einstellungen und Neigungen praktisch zustimmen. Aber sie behandeln die Normen als vorgefunden anstatt als gemacht. Sie gehen davon aus, dass sie keine entsprechende Autorität über die Normen haben, welche sie einfach als Teil der objektiv gegebenen Beschaffenheit der Welt hinnehmen. Sie verstehen nicht den Beitrag ihrer eigenen Tätigkeit zur Instituierung dieser Normen. Das Verständnis, wonach – im Ausdruck von William James – »die Spur der menschlichen Schlange überall« sei, ist charakteristischerweise modern.

Die Handlungsfähigkeit individuiert und zerstückelt die soziale Substanz. In der praktischen Vorstellung der individuellen Handlungsfähigkeit finden wir den Schlüssel für diese historisch grundlegende Veränderung der Beziehungen zwischen den handelnden Subjekten, den Normen, die die Subjekte über das bloß Natürliche erheben, und den Praktiken und Institutionen, in denen die Normen implizit enthalten sind. In der so weit betrachteten traditionellen Welt

> ist noch *keine Tat* begangen; die Tat aber ist das *wirkliche Selbst.* – Sie stört die ruhige Organisation und Bewegung der sittlichen Welt. [...] – [E]s wird zu der negativen Bewegung oder der ewigen Notwendigkeit des furchtbaren *Schicksals,* welche das göttliche wie das menschliche Gesetz sowie die beiden Selbstbewußtsein[e], in denen diese Mächte ihr Dasein haben, in den Abgrund seiner *Einfachheit* verschlingt – und für uns in das *absolute Fürsichsein* des rein einzelnen Selbstbewußtseins übergeht.[30]

Natürlich haben vormoderne Individuen absichtliche Handlungen vollzogen und private Zwecke verfolgt. Doch wie unter-

30 Ebd., S. 342.

scheidet sich eigentlich ihr Verhältnis zu ihrem eigenen Tun, auf das Hegel sich in dieser apokalyptischen Formulierung bezieht? Es handelt sich um eine Verschiebung der praktischen Vorstellung der »Unterscheidung, die die Handlung enthält« – die Unterscheidung zwischen dem, was im weitesten Sinne vom Handlungssubjekt getan wird, und dem im engeren Sinne Beabsichtigten. Dies ist die Unterscheidung zwischen *Tat* und *Handlung*, und zwischen *Absicht* und *Vorsatz*. Wir haben gesehen, dass Hegel das vormoderne Selbst als ein erweitertes Selbst versteht. Hiernach sind die Handlungssubjekte Charaktere, die sich unmittelbar mit den ihnen durch die Natur zugeschriebenen Anerkennungsgemeinschaften identifizieren, indem sie ihre besonderen Einstellungen und Neigungen für die Normen aufopfern, die in ihren Praktiken und Institutionen implizit sind. »Als *sittliches* Bewußtsein ist es die *einfache reine Richtung* auf die sittliche Wesenheit oder die *Pflicht*.«[31] Das traditionelle Selbst als erweitertes Selbst wird aber auch entlang einer anderen Dimension gedeutet. Die vormoderne praktische Vorstellung der Handlungsfähigkeit ist *heroisch*, insofern Handlungssubjekte sich mit dem identifizieren, was sie im weiteren, und nicht im engeren Sinne, getan haben – also mit der *Tat* und nicht nur mit der *Handlung*. Sie stimmen der Verantwortung für das zu, was sie in *allen* Beschreibungen getan haben, die sich als wahr erweisen, und nicht nur für das, was sie in den Beschreibungen getan haben, in denen sie ihr Tun beabsichtigt haben bzw. als beabsichtigt vorgestellt haben.

Im Falle von Ödipus handelt es sich um Vatermord. Er hat dieses Verbrechen begangen, obwohl er nicht wusste, dass der Mann, den er im Zorn getötet hat, sein Vater war. Er übernimmt die Verantwortung für diese Tat; und andere schreiben ihm die Verantwortung zu. Dass er die Tat unter dieser Zuschreibung nicht beabsichtigt hat und nicht wusste, dass er das tat, was er

31 Ebd.

getan hat, mildert in keiner Weise seine Schuld. Er ist für die Tat unter *all* ihren Spezifikationen verantwortlich, sowohl für die der Folgen als auch für die der Absichten.

> Die *Schuld* ist nicht das gleichgültige doppelsinnige Wesen, daß die Tat, wie sie *wirklich* am Tage liegt, *Tun* ihres Selbsts sein könne oder auch nicht, als ob mit dem Tun sich etwas Äußerliches und Zufälliges verknüpfen könnte, das dem Tun nicht angehörte, von welcher Seite das Tun also unschuldig wäre.[32]

Diese heroische Vorstellung von Handlungsfähigkeit ist zudem deshalb *tragisch*, weil das, was das Handlungssubjekt tut (wofür es verantwortlich ist), das überschreitet, was es beabsichtigt oder wissen kann. Die Tragödie ist die Art und Weise, wie die Unterscheidung (die der Handlung eigen ist) im Kontext des heroischen Akzeptierens der Verantwortung für die ganze Tat erscheint.

> Die entwickelte Natur des *wirklichen* Handelns erfährt nun das sittliche Selbstbewußtsein an seiner Tat [...]. Dem Handeln liegt nur die eine Seite des Entschlusses überhaupt an dem Tage; er ist aber *an sich* das Negative, das ein ihm Anderes, ein ihm, der das Wissen ist, Fremdes gegenüberstellt. Die Wirklichkeit hält daher die andere, dem Wissen fremde Seite in sich verborgen und zeigt sich dem Bewußtsein nicht, wie sie an und für sich ist, – dem Sohne nicht den Vater in seinem Beleidiger, den er erschlägt, – nicht die Mutter in der Königin, die er zum Weibe nimmt. Dem sittlichen Selbstbewußtsein stellt auf diese Weise eine lichtscheue Macht nach, welche erst, wenn die Tat geschehen, hervorbricht und es bei ihr ergreift; denn die vollbrachte Tat ist der aufgehobene Gegensatz des wissenden Selbsts und der ihm gegenüberstehenden Wirklichkeit.[33]

32 Ebd., S. 346.
33 Ebd., S. 347.

(Weil der Entschluss »das Wissen ist«, kann er mit dem Vorsatz identifiziert werden.) Der tragische Aspekt der heroischen Vorstellung besteht einfach darin, dass man nicht wissen kann, was man tut, dass man nicht die Kraft hat, Verbrechen und Schuld zu vermeiden, dass man erst nachträglich herausfinden kann, für was man sich verantwortlich gemacht hat. Beim Handeln setzt sich das Subjekt den Kräften des Schicksals aus, über die das Subjekt keine Autorität hat. »Es wird also durch die Tat zur *Schuld.*«[34]

Unmittelbare Sittlichkeit hat sich unter zwei Aspekten gezeigt. Erstens identifizieren sich die Individuen mit den Normen, die in den Praktiken und Institutionen einer Anerkennungsgemeinschaft implizit sind, und zwar insofern sie dazu bereit sind, ihre besonderen und zufälligen Einstellungen und Neigungen für das Diktat dieser Normen zu riskieren und aufzuopfern. Zweitens enthält unmittelbare Sittlichkeit auch die heroische Vorstellung von Handlungsfähigkeit. Individuen übernehmen Verantwortung für ihre Taten unter allen Beschreibungen – den Beschreibungen der unvorhergesehenen Folgen sowie der bekannten Absichten. Wie verhalten sich diese beiden Aspekte des traditionellen Geistes zueinander? Der erste betrifft Normen in Geboten der Form »Es sei so«, der zweite Gebote der Form »Tue dies«. Es ist für diese Lebensform von äußerster Wichtigkeit, dass das Verhältnis zwischen diesen beiden Aspekten als praktisch *unmittelbar* betrachtet wird. Was man *tun* sollte, wird demnach unmittelbar dadurch entschieden, wie die Dinge *sein* sollten. Es ist die eigene sittliche Pflicht, das zu *tun*, was *sein* muss. Diese Pflicht ist unabhängig vom Wissen, wie man den Sachverhalt hervorbringt. Dass man nicht weiß, wie er hervorgebracht wird, bzw. dass man den eigenen Vater nicht tötet, entlässt einen nicht aus der Verpflichtung. Vatermord darf nicht sein. Es ist dementsprechend eine Pflicht, nichts zu tun,

34 Ebd., S. 346.

was korrekt als Vatermord beschrieben werden kann. Die Moderne beginnt, wenn an dieser Stelle eine Kluft aufbricht – wenn die Beschaffenheit der Dinge, wie sie sein sollten, nicht einfach, direkt und unmittelbar in das übersetzt werden kann, was man tun sollte. Der Keil, der diese Kluft aufbricht, stellt die Verbindung zu den Einstellungen des Handlungssubjekts her, er stellt die Bedingungen dar für das, was das Subjekt weiß und beabsichtigt.

Das Wesen der Moderne ist in dem enthalten, was Hegel in der *Rechtsphilosophie* »die Rechte der Absicht und des Wissens« nennt. Es stellt das Recht dar, dass die eigene Verantwortung der eigenen Autorität zugerechnet wird – dass man nur für das verantwortlich gemacht werden kann, was man *absichtlich* und *wissentlich* tut, also nur für denjenigen Teil der Tat, der die Handlung ist. Dieses Recht ist das Recht des individuellen Bewusstseins. Implizit kollidierte es stets mit der sittlichen Struktur der Normen:

> Sein absolutes Recht ist daher, daß es, indem es nach dem sittlichen Gesetze handelt, in dieser Verwirklichung nicht irgend etwas anderes finde als nur die Vollbringung dieses Gesetzes selbst und die Tat nichts anderes zeige, als das sittliche Tun ist.
> […]
> Das absolute Recht des sittlichen Bewußtseins ist daher, daß die *Tat,* die *Gestalt* seiner *Wirklichkeit,* nichts anderes sei, als es *weiß.*[35]

Dieses Recht des individuellen Bewusstseins explizit einzuräumen bedeutet, von der traditionellen heroischen (und deshalb tragischen) Vorstellung von Handlungsfähigkeit zur modernen subjektiven Vorstellung von Handlungsfähigkeit überzugehen. In der modernen Vorstellung wird die tragische Struktur von

35 Ebd., S. 344f.

Schuld und Schicksal als *ungerecht* betrachtet. Verantwortung und Autorität müssen gegenseitig und gleichrangig sein. In dieser Perspektive scheinen die zwei Seiten der traditionellen Vorstellung von Handlungsfähigkeit unausgeglichen. Der heroische Aspekt besteht darin, dass man Verantwortung für die ganze Tat übernimmt. Der tragische Aspekt besteht darin, dass man eigentlich nur Autorität über das hat, was man beabsichtigt und vorhersehen kann, also über die Handlung. Verantwortung und Autorität sind nicht verhältnismäßig. Nur individuelle Selbstbewusstseine können die Normen in konkreten Situationen *anwenden* und somit verwirklichen. Die moderne Vorstellung von Handlungsfähigkeit behandelt Subjektivität entsprechend als souverän: Der eigene normative *Status*, zu was man verpflichtet oder für was man verantwortlich ist, wird durch die eigenen normativen *Einstellungen* bestimmt, also durch etwas, dem man als eine Verpflichtung oder Verantwortung *zustimmt*. Die erweiterte heroische Vorstellung von Handlungsfähigkeit ist beschränkt. Verantwortung erstreckt sich nicht auf alle Folgespezifikationen, sondern nur so weit, wie die Spezifikationen reichen, unter denen das Tun absichtlich war – die Spezifikationen, aufgrund derer es überhaupt ein Tun war. Dies ist der Aufstieg der Subjektivität.

Laut Hegel besteht die Moderne darin, dass das individuelle Selbstbewusstsein eine spezifische Art von Autorität über seine eigenen Einstellungen und Tätigkeiten einfordert. Diese Forderung nach Autorität ist in zwei verschiedenen Formen erschienen: als die Rechte der Absicht und des Wissens in der Handlungsfähigkeit und als die Idee, dass Normen, die uns binden, nicht einfach nur da sind, also bereits vor unserem Tun und unabhängig von ihm vorhanden sind. Der letztere Gedanke beinhaltet auch die Autorität von subjektiven Einstellungen über Normen, welche dementsprechend nicht mehr als vollständig vorgegeben, natürlich und objektiv gedacht werden können. In diesem Fall bedeutet der Unterschied, dass die betreffenden

Normen Gebote der Form »Es sei so« sind und nicht Gebote der Form »Tue dies«. Wir werden sehen, dass die moderne Vorstellung vom Normativen, derzufolge unsere Einstellungen und Tätigkeiten eine Rolle beim *Instituieren* von Normen spielen, ebenso zwei Aspekte besitzt. Bei Hegel sind alle Normen *begriffliche* Normen, weil Normen nur aufgrund ihrer Beziehungen materialer Unvereinbarkeit und (somit) materialer Folgerung als bestimmt gehaltvoll gelten. Wir können also die normative *Kraft* vom *Inhalt* der Normen unterscheiden, der in diesen begrifflichen Beziehungen gegliedert wird. Mit Kraft ist der praktische Stellenwert der Anwendbarkeit der Norm gemeint, das heißt ihre Verbindlichkeit und Autorität, die von ihr eingerichtete Verantwortung und die Art und Weise, wie sie die Angemessenheit von Bewertungen, Zuschreibungen und Zustimmungen verändert. Eine Auffassung von normativer Kraft ist dementsprechend eine Auffassung dessen, was man *tut*, wenn man einen Begriff anwendet, also welche Art von Verpflichtung man übernimmt und welche Bejahung man eingeht, wenn man ein Urteil fällt oder eine Absicht festlegt.

Auf der Seite der normativen Kraft gipfelt die Revolution der Moderne für Hegel in dem, was ich als das »Kant-Rousseau-Kriterium der Abgrenzung des Normativen« bezeichnet habe. Diesem Gedanken zufolge läuft die Unterscheidung zwischen normativen Beschränkungen und nichtnormativen Beschränkungen (wie etwa durch natürliche Ursachen oder nötigende Macht) darauf hinaus, nur gegenüber dem genuin verantwortlich zu sein, dem man *als* autoritativ *zustimmt*. Inwiefern der eigene normative Status verpflichtet, hängt von der normativen Einstellung ab, diese Verpflichtung eingegangen zu sein bzw. ihr zugestimmt zu haben (vielleicht nicht explizit, aber doch zumindest implizit). Die Aufklärungstheorien über die politische Verpflichtung, die sich auf implizite Gesellschaftsverträge beziehen und Rousseau inspiriert haben, sind nur ein Ausdruck davon, normative Status von normativen Einstellungen abhängig zu machen. Diese Vorstellung ist bereits erheblich verallgemeinert in Kants Unterscheidung zwischen dem Reich der Natur und dem Reich der Freiheit – den Beschränkungen durch die Natur und den Beschränkungen durch Normen – als dem Kontrast zwischen dem Gebundensein durch Regeln und Gesetze und dem Gebundensein durch die *Vorstellungen* von Regeln und Gesetzen.

Noch viel radikaler ist jedoch Hegels Gedanke, wonach die moderne Subjektivität in der Realisierung gipfelt, dass nicht nur die Kraft, sondern auch die Inhalte der begrifflichen Normen abhängig sind von den Einstellungen und Tätigkeiten der Individuen, die sie im Urteilen und Handeln anwenden. Dieser Idee zufolge besteht unsere diskursive Praxis weder im einfachen Anwenden der begrifflichen Normen, die uns irgendwie gegeben wurden, noch in eigenständigen, voneinander unterscheidbaren Tätigkeiten, in denen die Normen erst instituiert und festgelegt und angewendet werden. Vielmehr müssen unsere diskursiven Praktiken des Urteilens und absichtlichen Handelns sowohl als Anwendung als auch als Instituierung bestimmt gehaltvoller begrifflicher Normen betrachtet werden. Der Eindruck des Paradoxen an der hegelschen-quineschen Ablehnung der zweiphasigen Vorstellung von Kant und Carnap sollte zerstreut werden, wenn man sich die geschichtliche und soziale Gliederung des Prozesses des Bestimmens begrifflicher Inhalte anschaut. Es ist ein zentrales Interesse der hier vorgelegten Lektüre der *Phänomenologie*, die Beziehungen zwischen der Lehre der Einstellungsabhängigkeit normativer Kraft und der Lehre der Einstellungsabhängigkeit begrifflicher Inhalte darzulegen.

IV. Entfremdung und Bildung

Was ich als »Aufstieg der Subjektivität« bezeichnet habe, stellt ein neues Verständnis der Bedeutung normativer Einstellungen des Eingehens und Zuschreibens von Verpflichtungen bzw. des Zustimmens zu Autorität und Verantwortung dar. Entfremdung bedeutet, dass man sich *nicht* mit den normativen Status identifiziert, also *nicht* dazu bereit ist, der Autorität der Normen über die eigenen Einstellungen zuzustimmen und einige Einstellungen für die Normen aufzuopfern. Laut der für die Entfremdung charakteristischen praktischen Vorstellung können ausschließlich Einstellungen für Einstellungen aufgegeben werden. In dieser Vorstellung antworten die Einstellungen auf nichts, was keine subjektive Einstellung ist. Die oben gestellte vierte Frage lautet: »Warum hat der Anbruch der modernen Subjektivität Entfremdung mit sich gebracht?« Die Antwort lautet folgendermaßen: Dort, wo die unmittelbare Sittlichkeit, die Hegel zufolge die traditionelle Gesellschaft charakterisiert, die implizite Normativitätsstruktur ihrer Praktiken auf eine einseitig objektive Weise praktisch deutet, deutet die Entfremdung, die ihm zufolge die moderne Gesellschaft charakterisiert, die implizite Normativitätsstruktur ihrer Praktiken praktisch auf eine einseitig subjektive Weise. Erst sind die subjektiven Einstellungen bloß Widerspiegelungen objektiver Normen, dann sind die Normen bloß Widerspiegelungen subjektiver Einstellungen.

Sowohl traditionelle als auch moderne Formen von Normativität sind aufgrund der *Unmittelbarkeit* ihrer praktischen Vorstellungen einseitig und somit letztlich inadäquat. Genauer gesagt (mit einer von Hegels Lieblingsformulierungen) verstehen beide Formen Normativität in Bezug auf *Selbstständigkeit* anstatt auf *Freiheit*. Nach meiner Lesart verwendet Hegel »Unabhängigkeit« bzw. »Selbständigkeit« auf zwei verschiedene Weisen, je nachdem, ob der jeweilige Gegensatz »Abhängigkeit« oder

»Freiheit« ist. In der einen übt das Unabhängige *Autorität* darüber aus, was von ihm abhängig ist, also was dementsprechend ihm gegenüber *verantwortlich* ist. Die andere betrifft ein bestimmtes, defektes Verständnis der generischen Begriffe von Selbstständigkeit und Unselbstständigkeit bzw. Autorität und Verantwortung. Diese Vorstellung wird als Herrschaft allegorisiert, als *reine* Selbstständigkeit, als Autorität ohne entsprechende Verantwortung. Sie ist eine atomistische und unmittelbare Vorstellung, die in Kontrast zur holistischen, vermittelten Vorstellung von FREIHEIT steht, in der Autorität und Verantwortung sowie Status und Einstellung praktisch in ihren notwendigen Wechselbeziehungen zueinander verstanden werden. In diesem Sinne ist Hegels Erzählung über die Erinnerung der Weltgeschichte »der Fortschritt im Bewußtsein der Freiheit«.

Um zu verstehen, was mit begrifflichem Inhalt gemeint ist, haben wir uns die im Kapitel zum Bewusstsein eingeführte Argumentation angeschaut, die mit einer atomistischen Deutung mithilfe des Begriffs der Unabhängigkeit beginnt und in der vermittelnden holistischen Deutung endet, die Hegel als den »unendlichen Begriff« bezeichnet. Im unendlichen Begriff wird für jeden bestimmten Begriff ein internes »Moment der Unabhängigkeit« bewahrt, und zwar in Form der holistischen wechselseitigen Sinnesabhängigkeit zwischen den Inhalten, die sich als Bedingung für die Bestimmtheit dieser Inhalte erwiesen hat. Dies ist das Moment der Verschiedenheit innerhalb der höheren Einheit – jene Einheit, von der Hegel spricht, wenn er meint, dass die wechselseitig verwandten, voneinander abhängigen Elemente »identische« sind im »spekulativen« Sinne. Mit dieser Abhängigkeit vereinbar ist die »Unabhängigkeit« – die »Selbständigkeit« jedoch nicht. Um zu verstehen, was mit normativer Kraft gemeint ist, wurde der mit Freiheit kontrastierende Sinn von »Selbständigkeit« unter dem Titel »Herrschaft« eingeführt. Die allegorische Vorstellung der Autorität des Herren besteht darin, mit jeder Art von Abhängigkeit vereinbar zu sein bzw. nicht einfach im Gegensatz zu irgendeiner besonderen Art von Abhängigkeit zu stehen. Die Autorität des Herren soll als unmittelbar anerkannt werden, als unabhängig von allen Beziehungen. Insbesondere soll sie unabhängig sein von den Einstellungen derjenigen, die *ihn* anerkennen und zu dieser Anerkennung verpflichtet sind, bzw. derjenigen, die dieser *Autorität* zustimmen und zu dieser Zustimmung verpflichtet sind. Der Herr deutet Anerkennung also als notwendig asymmetrisch. Er ist nicht in der Lage, die Abhängigkeit seiner Autorität von ihrer Anerkennung bzw. seine Verantwortung gegenüber anderen zuzugestehen, also der Autorität derjenigen zuzustimmen, die ihn anerkennen. Das richtige Verständnis der normativen Status, die durch gegenseitige Anerkennungseinstellungen instituiert werden, ist die Vorstellung von FREIHEIT, die zum Begriff der REINEN SELBSTSTÄNDIGKEIT des Herren in Kontrast steht. Ähnlich wie die entsprechende Vorstellung des unendlichen Begriffs beinhaltet dieser Begriff von Freiheit wesentlich Momente der Unabhängigkeit im ersten Sinne: die wechselseitige Autorität des Anerkannten und Anerkennenden.

Laut der charakteristischen modernen Einsicht, und im Gegensatz zur impliziten Sichtweise traditioneller Lebensformen, sind Normen nicht unabhängig von den subjektiven normativen Einstellungen der Begriffsanwender. Die Abhängigkeit der Normen von Einstellungen entspricht einer Dimension der Verantwortung auf der Seite der Normen und Status und entsprechend der Autorität auf der Seite der Einstellungen. Da diese Autorität von Einstellungen über Normen, nach dem Modell der Selbstständigkeit-als-Herrschaft, als *reine* Selbstständigkeit gedeutet wird, erscheint die Einsicht in die normative Rolle von Subjektivität in ihrer spezifisch modernen, *entfremdeten* Form. Denn das Spezifische an der atomistischen Vorstellung von Autorität, die im Herren paradigmatisch dargestellt wird, ist eben die Tatsache, dass Autorität (Selbstständigkeit) als etwas gedeutet wird, dass jegliche entsprechende Verantwortung (Unselbstständigkeit) ausschließt. Da Normen von Einstellungen abhängig sind, folgt hieraus, dass die wechselseitige Abhängigkeit zwischen Einstellungen und Normen unverständlich bleiben muss. Entfremdung besteht in der strukturellen Verleugnung, dass subjektive Einstellungen verantwortlich sind gegenüber Normen, die autoritativ bzw. unabhängig sind von den Einstellungen. Laut dieser Behauptung sind sich das traditionelle und das moderne praktische Verständnisse darin gleich, dass Einstellungen keine Autorität über Normen ausüben können, wenn Normen Autorität über Einstellungen ausüben und umgekehrt. Entweder sind Normen unabhängig von Einstellungen und Einstellungen abhängig von Normen, oder Einstellungen sind von Normen unabhängig und Normen abhängig von Einstellungen.

Die komplexeste theoretische Form, in der diese defekte Art von praktischem Normativitätsverständnis zum Ausdruck kommt, nennt Hegel »Verstand«. Uns ist bereits bekannt, dass er empfiehlt, dieses Verständnis durch eines zu ersetzen, das er »Vernunft« nennt und das eine wesentlich andere Struktur besitzt. In der holistischen Vorstellung von Vernunft ist Abhängigkeit stets wechselseitig und beinhaltet stets auch wechselseitige Unabhängigkeit. Wenn X von Y abhängig ist, ist Y in dieser Hinsicht von X unabhängig. Diese Beziehung ist aber nicht nur damit *vereinbar*, dass Y von X in einer anderen Hinsicht abhängig ist, in der X dementsprechend von Y unabhängig ist, sondern es ist *notwendig*, dass es eine solche entsprechende Abhängigkeit gibt. Das grundlegende Paradigma ist nach wie vor die Struktur wechselseitiger Autorität und Verantwortung, in der selbstbewusste individuelle Selbste und ihre Gemeinschaften (Allgemeinbegriffe) zusammen durch gegenseitige Anerkennung (durch einzelne begehrende Lebewesen) synthetisiert werden. Genau diese Art von gegenseitiger, vermittelnder Anerkennung wird von der atomistischen unmittelbaren asymmetrischen Vorstellung des Herren bezüglich Autorität und Verantwortung ausgeschlossen. Dieser Zusammenhang erzeugt den Eindruck, man müsse wählen: Entweder haben Normen Autorität über Einstellungen oder umgekehrt – beides zugleich ist jedoch nicht möglich.

Wird die für die unmittelbare Sittlichkeit charakteristische Hyper*objektivität* von Normen durch die praktische Realisierung der wesentlichen Rolle von normativen Einstellungen individueller Subjekte beim Instituieren der Normen zerschlagen, ist das Resultat eine entsprechende Hyper*subjektivität*, die Entfremdung. Dieses Pendeln vom einen Extrem zum anderen wird angestoßen, wenn nicht nur die vermittelte Struktur der wechselseitigen Sinnesabhängigkeit der Begriffe UNSELBSTSTÄNDIGKEIT und SELBSTSTÄNDIGKEIT (also Verantwortung und Autorität) missverstanden wird, sondern auch die der wechselseitigen Referenzabhängigkeit dieser beiden Begriffe. Kurz gefasst: Ein sittliches Verständnis der Abhängigkeit der Einstellungen von Normen wird ausgeschlossen, weil die *Unmittelbarkeit* der Vorstellung von Normen beibehalten wird: Daraus ergibt sich Entfremdung.

Hegel beginnt die Diskussion über »den sich entfremdeten Geist«[36] mit dem Begriff BILDUNG. Bildung ist der Prozess, in welchem wir von bloß natürlichen Lebewesen zu geistigen Lebewesen verwandelt werden, die nicht länger mehr nur von Begierden, sondern auch von Normen beherrscht werden. Aus bloß einzelnen Organismen werden selbstbewusste Individuen, die unter Allgemeinbegriffen stehen – sie werden zu Mitgliedern einer Gemeinschaft, die Normen unterliegen.

> Wodurch also das Individuum hier Gelten und Wirklichkeit hat, ist die *Bildung.* Seine wahre *ursprüngliche Natur* und

36 Das ist der Titel des Kapitels VI. B. Entfremdung ist wie Sittlichkeit keine psychologische Einstellung von Individuen (obwohl sie dort auftauchen kann), sondern eine Struktur, die der gesamte Geist aufweist.

Substanz ist der Geist der *Entfremdung* des *natürlichen* Seins. Diese Entäußerung ist daher ebenso *Zweck* als *Dasein* desselben; sie ist zugleich das *Mittel* oder der *Übergang* sowohl der *gedachten Substanz* in die *Wirklichkeit* als umgekehrt der *bestimmten Individualität* in die *Wesentlichkeit.* Diese Individualität bildet sich zu dem, was sie *an sich* ist, und erst dadurch *ist* sie *an sich* und hat wirkliches Dasein; soviel sie Bildung hat, soviel Wirklichkeit und Macht. Obwohl das Selbst als *Dieses* sich hier wirklich weiß, so besteht doch seine Wirklichkeit allein in dem Aufheben des natürlichen Selbsts; die ursprünglich *bestimmte* Natur reduziert sich daher auf den *unwesentlichen* Unterschied der Größe, auf eine größere oder geringere Energie des Willens. Zweck und Inhalt aber desselben gehört allein der allgemeinen Substanz selbst an und kann nur ein Allgemeines sein [...].[37]

Gelten bedeutet, eine normative Stellung zu haben (etymologisch verwandt mit Kants »Gültigkeit«). »Substanz« ist die Gemeinschaft und »Wesen« ist die Konstellation von Normen, die ihren Praktiken und Institutionen implizit ist. Die Bildung der Individuen ist dementsprechend nicht nur der Prozess, in dem sie in die »Wesentlichkeit« übergehen bzw. geistige Wesen werden, die Normen unterliegen. Sie ist ebenso der Prozess, in dem diese gemeinschaftlichen Normen (die »gedachte Substanz«) in den Einstellungen von Individuen verwirklicht werden, die diesen Normen als etwas Verbindliches zustimmen.

Was in Beziehung auf das einzelne *Individuum* als seine Bildung erscheint, ist das wesentliche Moment der *Substanz* selbst, nämlich das unmittelbare Übergehen ihrer gedachten Allgemeinheit in die Wirklichkeit, oder die einfache Seele derselben, wodurch das *Ansich Anerkanntes* und *Dasein* ist. Die Bewegung der sich bildenden Individualität ist daher unmit-

37 Ebd., S. 364.

> telbar das Werden derselben als des allgemeinen gegenständlichen Wesens, d. h. das Werden der wirklichen Welt.[38]

Wir werden nicht nur von der Bildung hervorgebracht, sondern wir bringen auch die Bildung hervor. Denn die einzige wirkliche Existenz der Normen ist in den Einstellungen und Tätigkeiten der Individuen gegeben, die ihnen *als* Normen zustimmen. Somit wird verwirklicht, was andernfalls lediglich implizit ist. Unabhängig von den normativen Einstellungen derjenigen, die den Normen zustimmen, sind die Normen kausal inaktiv.

> Was hier als die Gewalt des Individuums erscheint, unter welche die Substanz komme und hiermit aufgehoben werde, ist dasselbe, was die Verwirklichung der letzteren ist. Denn die Macht des Individuums besteht darin, daß es sich ihr gemäß macht, d. h. daß es sich seines Selbsts entäußert, also sich als die gegenständliche seiende Substanz setzt. Seine Bildung und seine eigene Wirklichkeit ist daher die Verwirklichung der Substanz selbst.[39]

Entfremdung stellt die Unfähigkeit dar, folgende zwei Aspekte der Bildung zusammenzubringen: Selbstbewusste Individuen werden zu dem, was sie sind, wenn sie den Normen in ihrer Praxis als etwas Verbindliches zustimmen, und Normen werden zu dem, was sie sind, wenn selbstbewusste Individuen ihnen als etwas Verbindliches zustimmen. Diese beiden Aspekte sind zum einen die Autorität der Gemeinschaft und Normen über die Individuen (ihre Abhängigkeit von der Gemeinschaft) und zum anderen umgekehrt die Autorität der Individuen über die Gemeinschaft und die Normen (die Abhängigkeit der Gemeinschaft von den Individuen). In der traditionellen Struktur haben Einstellungen jedoch überhaupt keinen normativen Stellen-

38 Ebd., S. 365.
39 Ebd.

wert. Sie gehören nicht wirklich dazu, da sie die Normen bloß widerspiegeln. In der modernen Struktur sind sowohl gemeinschaftliche Normen als auch individuelle Einstellungen zugange. Beide Seiten fordern Autorität. Denn mit dem Aufstieg der Subjektivität wird klar, dass die gemeinschaftlichen Normen – durch die wir nicht länger mehr nur natürliche Lebewesen sind, sondern zu gebildeten Lebewesen werden – von unseren Einstellungen und Tätigkeiten abhängen. Wir als Leser der *Phänomenologie* sollten sehen, dass diese beiden Forderungen nicht nur miteinander vereinbar, sondern sogar komplementär, also nur im gemeinsamen Zusammenhang verständlich sind. Die beiden Autoritätsansprüche der selbstbewussten individuellen Einstellungen und der gemeinschaftlichen Normen konkurrieren jedoch in der entfremdeten geistigen Substanz miteinander, und zwar sowohl praktisch als auch theoretisch. Der Gegensatz und die Konkurrenz zwischen normativen Einstellungen und normativen Status ist der Kern der Entfremdung. Mit der Moderne stehen wir vor der Herausforderung, die verbindliche Kraft und das bestimmte Gehaltvollsein begrifflicher Normen vor der Gefahr in Schutz zu nehmen – im Kontext praktischer Deutungen von Autorität gemäß der impliziten Struktur der Herrschaft und im Kontext theoretischer Deutungen von Autorität gemäß den impliziten Kategorien des Verstandes –, die Vorstellung von Normen als einen einstellungsunabhängigen Teil der Welt aufzugeben und einfach die Rolle hinzunehmen, die unsere Einstellungen beim Instituieren dieser Normen spielen. Wie kann die *Verantwortung* subjektiver normativer Einstellungen (was Zustimmung erfährt als etwas Richtiges) gegenüber normativen Status (was wirklich richtig ist) mit der *Autorität* subjektiver normativer Einstellungen über normative Status versöhnt werden? Jeder soziale, institutionelle oder begriffliche Zusammenhang, der eine Entscheidung zwischen diesen erzwingt, ist ein entfremdeter Zusammenhang.

Die in Frage stehenden Normen sind *begrifflich* gehaltvolle

Normen, da ihre bestimmten Inhalte darüber entscheiden, was nicht mit ihnen vereinbar ist und was hieraus folgt. Dies bedeutet, dass Normen *Gründe* artikulieren, Begriffe im Urteilen und absichtlichen Handeln anzuwenden. Indem man einen Begriff anwendet, und also eine theoretische Behauptung oder einen praktischen Plan bejaht, nimmt man eine normative Einstellung ein und übernimmt eine Verpflichtung. Damit wird einer Norm als verbindlich zugestimmt bzw. sie angenommen. Das Einnehmen solcher begrifflich gegliederten normativen Einstellungen kann kausal wirksam sein. Beispielsweise sind Handlungssubjekte darauf eingestellt und geschult, auf die praktische Verpflichtung zum Armheben zu reagieren, indem sie, tatsächlich unter vielen verschiedenen Umständen, den Arm heben. Die von Hegel unter dem Titel »Entfremdung« angegangene Frage – über die praktischen Vorstellungen von den Beziehungen zwischen begrifflichen Normen und normativen Einstellungen – betrifft auch die Beziehungen zwischen *Grund* und *Ursache*. In der Tat umfasst sie die Frage darüber, wie man über die Beziehungen zwischen den *normativen* Ordnungen und den *natürlichen* Ordnungen allgemein nachdenken sollte. Wir werden sehen, dass der *naturalistische Reduktionismus* als eine Verpflichtung zu jener Art von Erklärung, welche den Bezug auf Normen zugunsten von Einstellungen vollständig ausschließt, einen zentralen Ausdruck der Entfremdung der modernen Welt darstellt. In Hegels Auffassung von expressiv-fortschrittlicher Entwicklung kann die moderne entfremdete Struktur der selbstbewussten Subjektivität und der sozialen Substanz eine neue, bessere Struktur hervorbringen. Diese überwindet die Entfremdung und gewinnt somit die Sittlichkeit zurück, während sie den Fortschritt in der selbstbewussten Subjektivität beibehält, die für die Moderne so charakteristisch ist und die eine nichtreduktive Auffassung beinhaltet, wie wir die Stellung von Normen in der natürlichen Welt verstehen sollten. Dies darzulegen ist das gesetzte Ziel der nun folgenden Kapitel.

14. Entfremdung und Sprache

I. Einleitung: Moderne, Legitimation und Sprache

Die *Phänomenologie* will uns helfen, die Moderne zu verstehen. Zu diesem Zweck müssen wir die traditionellen Lebensformen verstehen, aus welchen wir hervorgegangen sind, bzw. verstehen, wie wir dorthin gelangt sind, wo wir uns jetzt befinden. Von hier aus, also wenn wir die Moderne erinnernd verstanden haben, wird uns klar werden, wohin wir uns nun begeben sollten und was als wirklicher Fortschritt gilt. Hegels Darstellung konzentriert sich nichtsdestotrotz entschieden auf die Versprechen und Gefahren des noch unvollendeten Projekts der Moderne, die durch die zunehmende Bedeutung der selbstbewussten individuellen Subjektivität angetrieben wird. Zentral für die Manifestation dieser sich in ihrer Neuheit selbstbewussten Form des Selbstbewusstseins ist das Bedürfnis nach der theoretischen *Legitimation* der Normen, durch die die modernen Subjekte gebildet werden. Die bloße Existenz der ererbten Normativitätsstruktur stellt keine hinreichende Berechtigung mehr für sie dar. Die Einwilligung der Individuen in institutionalisierte Autoritäts- und Verantwortungskonstellationen ist berechtigt, wenn ihnen hierfür hinreichende Gründe zur Verfügung stehen. Die Einforderung theoretischer Legitimation ist eine wichtige Dimension, in der die Autorität des normativen Status auf die Einstellungen derjenigen antwortet, die durch die betreffenden

Normen gebunden sind. Die Forderung nach der Legitimation von Autorität ist ein Aspekt der modernen praktischen Einstellungsabhängigkeit des normativen Status. Aus dieser Forderung folgt jedoch nicht, dass die in Frage stehenden Status *durch* Einstellungen *instituiert* werden. Laut dieser starken Behauptung (auf die das Modell gegenseitiger Anerkennung eine Antwort darstellt) sind Einstellungen für Status *hinreichend*. Die Verbindlichkeit von Status gegenüber Einstellungen davon abhängig zu machen, ob diejenigen, die durch den Status gebunden werden, der Legitimität des Status zustimmen, stellt allerdings nur eine *notwendige* Bedingung dar.

Das Kennzeichen der Moderne, also die Abhängigkeit der normativen Kraft von der Möglichkeit einer legitimierenden, die Kraft begründenden *Darstellung*, verweist auf ein zentrales Merkmal der modernen Form des Geistes: die *Sprache* wird zum Medium der Anerkennung. Der spezifisch sprachliche Ausdruck ist zu einem wesentlichen Aspekt der Zuschreibung von bzw. Zustimmung zu normativen Status durch Anerkennungseinstellungen geworden. Die Betonung der charakteristischen Mittel des sprachlichen Ausdrucks war von Anfang an zentral für Hegels Diskussion der verschiedenen Formen des empirischen Selbstbewusstseins auf der Seite des Erkennens: indexikalische und demonstrative Ausdrücke für die sinnliche Gewissheit, Prädikate und singuläre Termini für die Wahrnehmung und konjuktivisch robuste Modale für den Verstand. Mit der Anerkennung verhält es sich genauso wie mit dem Erkennen. Wir haben gesehen, dass den Erkenntnispraktiken, die das empirische Bewusstsein verkörpern und inszenieren, Anerkennungspraktiken zugrunde liegen, die das normative Selbstbewusstsein verkörpern und inszenieren. Das moderne normative Selbstbewusstsein wird durch Anerkennungseinstellungen und normative Status gegliedert, die zu einem erheblichen Teil in der Sprache bestehen, in der sie explizit gemacht werden.

Demzufolge können wir die der Moderne innewohnende

Entfremdung von Normen nur in Bezug auf die Deformationen der Sprache verstehen, die der Entfremdung Ausdruck verleihen. Ein wichtiges Element von Hegels allgemeiner Methodik besteht darin, das Implizite in Bezug auf seine expliziten Ausdrücke zu verstehen, diese Ausdrücke also als wesentlich für die Identität dessen zu begreifen, was implizit ist. Die spezifisch *sprachlichen* Ausdrücke sind der Entfremdung als einer spezifisch modernen metaphysischen Normativitätsstruktur wesentlich. Denn im Grunde ist Entfremdung eine pathologische Form der Legitimation, die die Verbindlichkeit von Normen untergräbt. Als solche wurzelt sie in der Forderung nach einer sprachlich expliziten Darstellung der Natur und der Begründung der Verbindlichkeit von Normen, die unser Sein ausmachen, zumindest angesichts des Verständnisses, wonach wir das Sein der Normen bestimmen. Die in Frage stehenden Normen sind diskursiv, da sie begrifflich gehaltvoll sind. Die Forderung nach expliziter Legitimation ist jedoch mehr noch eine Forderung nach spezifisch diskursiver Rechtfertigung. Die ausbleibende Versöhnung zwischen der Statusabhängigkeit normativer Einstellungen und der Einstellungsabhängigkeit normativer Status hat charakteristische praktische Ausdrücke. Die entsprechenden theoretischen Ausdrücke sind jedoch ebenso bedeutsam für diese Zwickmühle.

Sprache, so wird uns wiederholt mitgeteilt,[1] ist das Dasein des Geistes, also sein konkretes unmittelbares Sein. Die Moderne ist das Zeitalter des entfremdeten Geistes, und »[d]iese Entfremdung aber geschieht allein in der *Sprache*, welche hier in ihrer eigentümlichen Bedeutung auftritt«.[2] Entsprechend ausführlich behandelt Hegel die Sprache im mittleren Teil des Kapitels zum Geist; er achtet dabei insbesondere auf die für die Entfremdung charakteristische Sprache und die Institutionen,

1 Ebd., S. 478f., 489f.
2 Ebd., S. 376.

die diese Sprache pflegen und auf die diese Sprache gerichtet ist.

II. Wirkliches und reines Bewusstsein

Hegels Diskussion der Normativitätsstruktur der modernen Welt der Bildung ist lang und kompliziert. Die meisten Details brauchen jedoch für unsere Zwecke an dieser Stelle nicht wiederholt zu werden. Hegel unterscheidet zwischen zwei Aspekten dieser Struktur, zwischen dem *wirklichen* Bewusstsein und dem *reinen* Bewusstsein. Das wirkliche Bewusstsein umfasst die sozialen Institutionen, die von ihnen verkörperten Normen sowie die Individuen, die an den Praktiken beteiligt sind, die durch die Normen bestimmt und gegliedert werden. Indem die individuellen Subjekte die Normen in ihren Praktiken anwenden, werden die Normen wirklich und wirksam; die Subjekte verwirklichen sie. Die Normen und die handelnden bzw. diese Handlungen gemäß den Normen bewertenden Individuen *konstituieren* die Institutionen gemeinsam; somit wird den Institutionen sowie den Normen wirkliches Dasein verliehen. Gemäß den Normen zu *handeln* heißt, auf sie zu rekurrieren, wenn es zu praktischen Erwägungen darüber kommt, was man tun sollte. Ihnen gemäß zu *bewerten* (also gemäß Normen, die der Sitte implizit sind) bedeutet dementsprechend, auf sie als Maßstäbe beim Bewerten der eigenen Vollzüge und der Vollzüge anderer zu rekurrieren. Hieraus folgt, dass die eigenen Einstellungen durch die Normen im doppelten Sinne bestimmt werden: Einerseits liefern die Normen Maßstäbe für die normative Bewertung der Einstellungen und andererseits sind die Einstellungen konjunktivisch responsiv gegenüber dem Inhalt der Normen.

Mit dem Ausdruck »reines Bewusstsein« wird ein theoretisches Verständnis von Normen zur Sprache gebracht, nämlich ihre explizite diskursive Gliederung. Hegel zufolge ist reines Bewusstsein das »Denken und Gedachtsein« der wirklichen Welt.[3] Es ist die Art und Weise, wie Normativität *verstanden* wird, also die Theorie, die die in der institutionalisierten Praxis des wirklichen Bewusstseins implizite Normativität explizit macht. Reines Bewusstsein ist die Art und Weise, wie Normen gedacht und konzipiert werden. Hegels Ausdruck für begriffliche Gliederung – also die Beziehungen materialer Unvereinbarkeit und Inferenz – lautet »Vermittlung«. Das reine Bewusstsein, so Hegel, *vermittelt* die Beziehung zwischen den wirklichen individuellen Selbsten und den Normen, über die dieses Bewusstsein theoretisiert. Im Gegensatz zur modernen Bildung sind die der Sitte impliziten Normen in der traditionellen Gesellschaft *unmittelbar* – das heißt, sie sind nicht Gegenstand von Konzeptualisierung oder Thematisierung, sie werden nicht *explizit* gemacht und keiner kritischen Prüfung unterzogen. Unmittelbare Sittlichkeit hat einen rein praktischen, impliziten, *nichtbegrifflichen* Begriff von Normen und somit keinerlei Entsprechung zum reinen Bewusstsein.

Das reine Bewusstsein ist eine spezifisch moderne Form des Selbstbewusstseins, eine Erscheinungsform des Aufstiegs der Subjektivität. Mit ihm können die in den Praktiken des wirklichen Bewusstseins impliziten Normen etwas explizit Neues *für* das Bewusstsein werden. Während das wirkliche Bewusstsein das Einnehmen *praktischer* Einstellungen gegenüber den Normen erfordert, wenn die Normen beim Urteilen, absichtlichen Handeln und dem Bewerten von Behauptungen und Vollzügen anderer praktisch angewendet werden, erfordert das reine Bewusstsein das Einnehmen *theoretischer* Einstellungen gegenüber den Normen. Das reine Bewusstsein liefert ins-

3 Ebd., S. 361.

besondere explizite Erklärungen über die Natur der *verbindlichen Kraft* und die Quelle des *Inhalts* der Normen. Es reflektiert sowohl die Beziehungen zwischen den Normen und den sie verkörpernden Institutionen als auch die Beziehungen zwischen den Normen und den subjektiven normativen Einstellungen derer, die in ihren Praktiken die Normen bestimmen. Reines Bewusstsein ist eine Antwort auf das Bedürfnis, dass Normen, ihre verbindliche Kraft und ihre besonderen Inhalte nicht nur explizit verstanden und erklärt, sondern für gültig befunden bzw. legitimiert und vindiziert werden. Diese Forderung ist ein wichtiger Ausdruck der neu wahrgenommenen Autorität der selbstbewussten Subjektivität und dessen Einstellungen. Der Unterschied zwischen den traditionellen und den modernen praktischen Vorstellungen und Konstellationen von Normativität läuft auf die Frage hinaus, ob Theorie und Geschichte – also eine begriffliche Vermittlung – nötig sind, wenn das Individuum den Normen im Handeln und Bewerten zustimmt. Eine positive Antwort hieße, den Einstellungen der Individuen, die solche Geschichten herstellen, aufnehmen und bewerten, eine neue Art von Autorität zu verleihen. Deshalb ist die Stellung des »reinen Bewusstseins« innerhalb der Bildung so bedeutend für den Anbruch der Moderne, für den Aufstieg der Subjektivität.

Im vorangegangenen Kapitel habe ich behauptet, dass Entfremdung für Hegel weder eine psychologische Frage darstellt noch eine Frage danach, wie Menschen *sich fühlen*. Mit Entfremdung stellt sich vielmehr die ontologische Frage nach der Normativitätsstruktur der sozialen Substanz und somit nach Selbstbewusstsein. Denn Entfremdung ist letzten Endes eine *Anerkennungs*struktur, eine sich durch Anerkennungsprozesse zeigende Form, in der sowohl Gemeinschaften als auch selbstbewusste individuelle Gemeinschaftsmitglieder instituiert werden. Inwieweit Normen und normative Einstellungen nicht richtig ineinandergreifen (und somit Entfremdung herrscht), zeigt sich *praktisch* in der Struktur des *wirklichen* Bewusstseins und *theoretisch* in der Struktur des *reinen* Bewusstseins. Indem wir ein Subjekt anerkennen, nehmen wir eine normative Einstellung ein: Wir betrachten das andere Subjekt als Subjekt normativer Status und Einstellungen, das der normativen Bewertung gemäß den Normen der Gemeinschaft unterliegt und das durch diese Bewertung gebunden wird, das also in der Lage ist, entsprechend Verantwortungen zu übernehmen und Autorität auszuüben. Entfremdung ist ein struktureller Defekt in den Beziehungen zwischen den Anerkennungseinstellungen, die die soziale Substanz synthetisieren, und den gemeinschaftlichen Normen, die das Wesen der sozialen Substanz darstellen – also jenen Normen, die die vereinzelten begehrenden natürlichen Lebewesen zu selbstbewussten Individuen machen, indem sie ihnen unterworfen werden. Nach Hegels Begriff ist diese defekte metaphysische Struktur eine defekte *logische* Struktur, eine Deformation der Charakterisierung der Einzeldinge durch Allgemeinbegriffe, in der Individuen hervorgebracht werden.

Die Entfremdung der modernen Form des Geistes zeigt sich sowohl in der Struktur des wirklichen Bewusstseins als auch in der Struktur des reinen Bewusstseins. Laut Hegel sind beide in zwei miteinander konkurrierende Substrukturen aufgeteilt. Die Entfremdung erscheint in den Beziehungen zwischen ihnen.[4] Die Verwirklichung der Substanz der Bildung, ihre wirkliche Welt, nimmt zwei verschiedene Formen an, die des Reichtums und die der Staatsmacht. Indem sie Vollzüge intentional hervorbringen und die Vollzüge anderer bewerten, verleihen die Handlungen selbstbewusster Individuen den Normen und Institutio-

4 »Durch das Selbst als die Seele wird die Substanz also so in ihren Momenten ausgebildet, daß das Entgegengesetzte das Andere begeistert, jedes durch seine Entfremdung dem Anderen Bestehen gibt und es ebenso von ihm erhält.« (Ebd., S. 366)

nen Wirklichkeit. Dies ist, was es heißt, Normen in Urteilen und Absichten (die die Gründe für Vollzüge liefern) sowie in der Bewertung der Gründe für Vollzüge anzuwenden. Die zwei Seiten des »wirklichen Bewusstseins« entsprechen folglich den zwei Aspekten der Einzelheit, also der Besonderheit und der Allgemeinheit. Reichtum ist die dichte institutionelle Form, in der der besondere Aspekt der Gewissheit des individuellen Selbstbewusstseins ausgedrückt und wirklich bzw. öffentlich wird und durch praktische Tätigkeit seine Wahrheit erlangt. Staatsmacht ist die dichte institutionelle Form, in der der allgemeine Aspekt der Gewissheit individuellen Selbstbewusstseins ausgedrückt und wirklich bzw. öffentlich wird und durch praktische Tätigkeit seine Wahrheit erlangt.

Wir haben gesehen, dass der Besonderheits- und der Allgemeinheitsaspekt der selbstbewussten Individualität jeweils den zwei strukturellen Elementen entspricht, die für die Synthetisierung der sozialen Substanz durch Anerkennungsbeziehungen notwendig sind: die einzelnen anerkannten und anerkennenden Individuen und die Anerkennungsgemeinschaft, die diese Individuen ausmachen. Alle Komponenten des wirklichen Bewusstseins in der Form des Reichtums – Normen, Institutionen und die selbstbewussten Individuen, die die Normen anwenden und bestimmte Rollen in den Institutionen einnehmen – gliedern den Anteil, den die Anerkennungstätigkeiten und -einstellungen einzelner selbstbewusster Individuen an der Instituierung und Anwendung von Normen haben. Alle Komponenten des wirklichen Bewusstseins in der Form der Staatsmacht – Normen, Institutionen und die selbstbewussten Individuen, die die Normen anwenden und bestimmte Rollen in den Institutionen einnehmen – gliedern den Anteil, den die Normen (Allgemeinbegriffe) an der Bildung selbstbewusster Individuen haben; wobei die Anwendbarkeit dieser Normen von der Anerkennungsgemeinschaft entschieden wird, in deren Praktiken diese Normen implizit enthalten sind. Modernes wirkliches Bewusstsein wird entfremdet, wenn diese zwei konstitutiven Aspekte des Anerkennungsprozesses, der selbstbewusste individuelle Selbste und ihre Gemeinschaften hervorbringt, in einer asymmetrischen Beziehung relativer Unabhängigkeit stehen – das heißt, dass jede Seite praktisch so handelt, als ob ihre Autorität über die jeweils andere Seite nicht durch eine entsprechende Verantwortung ausgeglichen werden würde. Die Überwindung der Entfremdung hieße, dass wir von den Anerkennungsprozessen, welche diese Struktur unmittelbarer, asymmetrischer *Unabhängigkeit* aufweisen, zu Prozessen übergehen, die die vermittelte, gegenseitige Struktur der *Freiheit* aufweisen.

Die beiden Seiten entsprechen den zwei Seiten der Unterscheidung, die implizit in Handlungen enthalten ist. Dies sind, wie wir gesehen haben, die Perspektive des Handlungssubjekts, das einen Vollzug absichtlich hervorbringt, und die Perspektive der Mitglieder einer Öffentlichkeit, die den Vollzug bewerten. Das Handlungssubjekt hat besondere Autorität über die Spezifikation, unter denen der Vollzug absichtlich und somit überhaupt ein Tun ist: die *Handlung*. Das Publikum besitzt jedoch eine entsprechende Autorität über die Folgespezifikationen des Tuns, welche sich noch nach dem Tod des Handlungssubjekts weiter entfalten können: die *Tat*. Entfremdung zeigt sich also in der praktischen Unfähigkeit, die absichtliche Tat mit der wirklichen Tat in Einklang zu bringen. In Hegels Bild der traditionellen Vorstellung von Handlungsfähigkeit steht die heroische Erweiterung des Selbst durch Identifikation mit der gesamten Tat in einem nichtentfremdeten Gleichgewicht mit dem tragischen praktischen Verständnis der Beziehung zwischen »wissen und nicht wissen« in Hinblick auf das Schicksal. Dieses Gleichgewicht kann aber das Eingestehen der Rechte der Absicht und des Wissens, die aufkeimende Anerkennung in der Moderne, nicht überstehen. In der wirklichen modernen Welt der Bildung, die aus diesem Eingestehen hervorgeht, bedeutet Reichtum, dass das Individuum Autorität über die *An-*

wendung von Begriffen hat, und Staatsmacht, dass das Individuum gegenüber den begrifflichen Normen *verantwortlich* ist. Ihre Trennung und der Konflikt zwischen ihnen ist die paradigmatische *institutionelle* Form der Entfremdung.

III. Anerkennung in der Sprache

Die mit dem vorliegenden Buch dargelegte Deutung wird von der Idee motiviert, dass uns Hegel mit der *Phänomenologie* (sowie in der *Wissenschaft der Logik*) eine differenzierte Auffassung von begrifflicher Normativität anbietet. Für ihn wie auch für Kant sind alle Normen begriffliche Normen in dem Sinne, dass sie begrifflich gegliedert sind. Der begriffliche Charakter von Normativität wird explizit von individuellen Subjekten bzw. für individuelle Subjekte durch die Verwendung von *Sprache* ausgedrückt. (Hier liegt ein Vergleich mit Sellars' Behauptung nahe, wonach das Begreifen eines Begriffs die praktische Beherrschung der Normen bedeutet, die die Verwendung eines Wortes bestimmen.) Dementsprechend fokussiert sich Hegels Auffassung von den Beziehungen zwischen Individuen, Normen und Institutionen in der modernen Welt auf die spezifische Rolle der Sprache in diesem Kontext.

Ein charakteristisches Merkmal der Moderne zeigt sich laut Hegels Analyse darin, wie die Sprache die Beziehungen zwischen Individuen, also deren Handlungen und Einstellungen, und ihren Normen, Institutionen und Gemeinschaften vermittelt. Die Sprache wird zum Medium der Anerkennung. Der moderne institutionelle Ausdruck von Normen ist die Staatsmacht. Sie kann ausschließlich durch die Tätigkeiten selbstbewusster Individuen verwirklicht werden, bzw. können nur so die von ihr verkörperten Normen wirklich Anwendung finden. Die

Staatsmacht wird »zu eigenem Selbst erhoben«.[5] Die Individuen verwirklichen die Staatsmacht, indem sie ihre privaten Interessen aufgeben, ihre subjektiven Einstellungen zugunsten der durch die Staatsmacht verkörperten und verwirklichten Normen aufopfern und sich hierdurch mit diesen Normen identifizieren. Diese Identifikation muss jedoch keine Lebensgefahr im Sinne des biologischen Todes darstellen. Es geht an dieser Stelle darum, wie bereits konstituierte private Individuen institutionelle Rollen einnehmen, wenn sie sich mit öffentlichen Normen identifizieren, und nicht darum, wie einzelne begehrende Tiere selbstbewusste Individuen werden, wenn sie sich mit sich selbst als etwas identifizieren, das anerkannt ist: »Die wahre Aufopferung des *Fürsichseins* ist daher allein die, worin es sich so vollkommen als im Tode hingibt, aber in dieser Entäußerung sich ebensosehr erhält«.[6] »Diese Entfremdung aber geschieht allein in der *Sprache*, welche hier in ihrer eigentümlichen Bedeutung auftritt.«[7] Diese »eigentümliche Bedeutung« besteht darin, dass, wie Hegel an anderer Stelle sagt, die »Sprache das Dasein des Geistes« ist.[8] Diese Behauptung darf als Motto für die hier angebotene semantische Lektüre der *Phänomenologie* dienen.

Die »eigentümliche Bedeutung« der Sprache wird anhand eines Kontrasts erläutert: »In der Welt der Sittlichkeit *Gesetz* und *Befehl*, in der Welt der Wirklichkeit erst *Rat*, hat sie [die Sprache] das *Wesen* zum Inhalte und ist dessen Form«.[9] Noch einmal: Das »Wesen« sind die Normen. Der »Befehl« ist die vorherrschende sprachliche Form der Normativitätsstruktur von Unterordnung und Gehorsam. In der traditionellen Gesellschaft,

5 Ebd., S. 375.
6 Ebd.
7 Ebd., S. 376.
8 Ebd., S. 478f., 489f.
9 Ebd., S. 376.

und in der Sprache des Rats (dem eigentümlichen Ausdrucksmittel des Reichtums), ist Sprache die Form, in der die begrifflichen Normen und die Anerkennungseinstellungen des Zuschreibens und Bewertens von Vollzügen gemäß den Normen explizit ausgedrückt werden können: Was die Normen sind, wird von ihnen ausgesagt. Insofern ist die Sprache die Form der Explizitheit, also die Form des Ausdrückens. In der Moderne wird aber die Sprache charakteristischerweise nicht nur verwendet, um implizite Normen und Einstellungen explizit zu machen, sondern um die Normen zu *instituieren* und die Einstellungen *einzunehmen*. Der Text setzt fort und hält fest: »hier aber erhält sie die Form, welche sie ist, selbst zum Inhalte und gilt als *Sprache*«.[10] Dass der *Inhalt* von Anerkennungseinstellungen in der Moderne *auch* sprachlich ist, bedeutet, dass das Einnehmen dieser spezifisch modernen Anerkennungseinstellungen durch Sprechhandlungen vollzogen wird. Öffentliche Sprechhandlungen instituieren die normativen Anerkennungsbeziehungen. »Gelten« ist Kants Begriff für normative Kraft, Verbindlichkeit und Gültigkeit: »es ist die Kraft des Sprechens als eines solchen, welche das ausführt, was auszuführen ist«.[11] Es braucht also die Konstituierung eines Selbst durch Identifikation, die Instituierung von Normen und das Zustimmen zu Verpflichtungen – dies alles ist spezifische Anerkennung.

Hieran schließt sich eine lange Diskussion über die performative Kraft der Sprache an, welche als Medium der Anerkennung die Menschen konstituiert: »Denn sie ist das *Dasein* des reinen Selbsts, als Selbsts«.[12] Die Sprache ist nicht nur das Dasein des Geistes, sondern auch das Dasein des individuellen Selbst als Selbst. Denn Sprache und sprachliche Äußerungen sowie zwischen den sprachlichen Äußerungen bestehende Beziehungen

10 Ebd.
11 Ebd.
12 Ebd.

sind das Medium, in dem Anerkennung erfolgt: »[I]n ihr [der Kraft des Sprechens] tritt die *für sich seiende Einzelheit* des Selbstbewußtseins als solche [das einzelne, für die Moderne charakteristische selbstbewusste Selbst, R.B.] in die Existenz, so daß sie *für andere* ist«.[13] Es handelt sich hier um das Ersuchen von Anerkennung. Dieses Selbstbewusstsein ersucht spezifische Anerkennung – also eine Verpflichtung, die andere ihm zuschreiben dürfen –, ein Einzelnes als ein normatives Wesen zu sein, das sich mit der Autorität der Normen identifiziert. Diese Identifikation wird hergestellt, wenn man die eigenen bloß einzelnen Einstellungen gegenüber Normen aufopfert, welche sich miteinander im Konflikt befinden. Das Handlungssubjekt des Staates *macht* seine Einstellungen gegenüber diesen Normen verantwortlich, indem es eine Verpflichtung eingeht, die als Maßstab dient, der ihm angelegt werden kann und an dem seine Vollzüge gemessen werden können. Insofern konstituiert es sich als ein derartiges Selbst. Sich den Normen gegenüber durch Anerkennung verantwortlich zu machen ist ein Tun, das in einer bestimmten Art von Sagen besteht. Man gibt zu Protokoll, man geht eine öffentliche Verpflichtung ein.

Der Inhalt eines nichtsprachlichen Akts ist noch implizit. In einem sprachlichen Akt *sagt* man, was man tut, also was der Inhalt der Verpflichtung ist, die man eingeht. Die eigene Autorität über diesen Inhalt wird somit transzendiert. Er ist offen und verfügbar für die Zuschreibungen durch andere, er kann diskutiert und angefochten werden. Dies alles wird durch Sprache ermöglicht. Als Sprache autoritativ zu sein bedeutet das Zustandekommen des individuell selbstbewussten Selbst als solches, und zwar derart, dass es für andere existiert:

> *Ich* als dieses *reine* Ich ist sonst nicht *da;* in jeder anderen Äußerung ist es in eine Wirklichkeit versenkt und in einer Ge-

13 Ebd.

> stalt, aus welcher es sich zurückziehen kann; es ist aus seiner Handlung wie aus seinem physiognomischen Ausdrucke in sich reflektiert und läßt solches unvollständige Dasein, worin immer ebensosehr zuviel als zuwenig ist, entseelt liegen.[14]

An dieser Stelle ist das Thema die Entfremdung, die den Unterschied zwischen Tat und Handlung strukturiert. Was man wirklich tut, ist immer zu viel oder zu wenig; zudem besteht immer die Möglichkeit, sich von dem Inhalt zu distanzieren, den man nicht beabsichtigt hat. Wenn man aber *sagt*, zu was man verpflichtet ist, wenn man seine Absichten ausdrückt, ist eine solche Distanznahme nicht möglich. Das Wort »Ich« ist hier wichtig, da es den paradigmatischen Ausdruck darstellt, mit dem ein Sprecher eine Verpflichtung eingeht, indem er die Einstellung des Eingehens dieser Verpflichtung markiert. »Ich behaupte«, »Ich beabsichtige«, »Ich habe getan«, »Ich will«: Dies sind Formen des, zuweilen konstitutiven, Zustimmens zu verschiedenen Arten von Verpflichtung. Hegel fährt fort: »Die Sprache aber enthält es in seiner Reinheit, sie allein spricht *Ich* aus, es selbst. [...] *Ich* ist *dieses* Ich [d. h. das Selbst, das es sagt, R. B.] – aber ebenso *allgemeines* [...]«,[15] also die Normen, auf die es rekurriert und die es anwendet beim Eingehen bestimmt gehaltvoller Verpflichtung. »[S]ein Erscheinen ist ebenso unmittelbar die Entäußerung und das Verschwinden *dieses* Ichs«.[16] Es ist seine Entäußerung, seine Verwirklichung, sein öffentliches Erscheinen und sein Verschwinden, nämlich insofern es sich um die Verpflichtung handelt, bloß einzelne private Einstellungen aufzuopfern. Die Erklärung der Identifikation muss notwendigerweise hörbar sein, denn wenn sie öffentlich ist, erhält sie eine Bedeutung, die über das Beabsichtigte hinausgeht. »*Ich*, das sich

14 Ebd.
15 Ebd.
16 Ebd.

ausspricht, ist *vernommen*; es ist seine Ansteckung, worin es unmittelbar in die Einheit mit denen, für welche es da ist, übergegangen und allgemeines Selbstbewußtsein ist.« Das »Ich« ist wichtig, denn es ist der konkrete und explizite Ausdruck der Rolle der Sprache als Medium der Anerkennung und somit der sozialen Konstituierung der selbstbewussten Selbste und ihrer Einstellungen sowie der sozialen Konstituierung der Normen und gemeinschaftlichen Institutionen.

Hegel fährt fort: »Daß es *vernommen* wird, darin ist sein *Dasein* selbst unmittelbar *verhallt*«.[17] Das heißt, es ist nur ein Sagen, nur etwas, was geschieht:

> [...] dies sein Anderssein ist in sich zurückgenommen; und eben dies ist sein Dasein, als selbstbewußtes *Jetzt*, wie es da ist, nicht da zu sein und durch dies Verschwinden da zu sein. Dies Verschwinden ist also selbst unmittelbar sein Bleiben [...].[18]

Dies allein ergibt praktisch keinen Sinn. Stellt man jedoch eine Verbindung zum Ende des Kapitels zur sinnlichen Gewissheit her, dann bedeutet es, über »Ich« so nachzudenken, wie Hegel uns dort gelehrt hat, über »jetzt« nachzudenken. Erinnern wir uns, dass wir mit einer Analyse der indexikalischen Ausdrücke bzw. der unwiederholbaren Äußerungen angefangen haben, also mit begrifflichen Inhalten, die unwiederholbar sind, so dass verschiedene Instanziierungen desselben Typs unterschiedliche Inhalte haben können. Als unwiederholbare Ereignisse waren die Instanziierungen unmittelbar und nichtbegrifflich mit anderen Ereignissen verknüpft, die sie ausgelöst und begleitet haben. Die unwiederholbaren Ereignisse bzw. Episoden verschwinden zwar, bezeichnen aber damit etwas in der sinnlichen Welt. Hin-

17 Ebd.
18 Ebd.

sichtlich des Erkennens sind demonstrative und indexikalische Ausdrücke unsere unmittelbaren Kontaktpunkte mit der Welt. Sie werden für das Erkennen und das Begriffliche bedeutsam sowie einsetzbar in inferentiellen Praktiken – das heißt in der Vermittlung, die ihre Unmittelbarkeit artikuliert –, wenn sie anaphorisch aufgegriffen werden können. Sie können in diesen Wiederholungen, in diesen *Erinnerungen* »aushalten«. Der Schlüssel zur Bedeutung von »Ich« beim Eingehen von Verpflichtungen liegt Hegel zufolge darin, dass es von Subjekten festgehalten werden kann, die dem Subjekt, das das »Ich« ausspricht, bestimmt gehaltvolle Verpflichtungen zuschreiben und dieses Subjekt spezifisch anerkennen. Wesentlich für diese Darstellung ist die Wechselwirkung zwischen der sozial-anerkennenden und der geschichtlich-erinnernden Dimension von Normativität.

Außer Hegel hat kein anderer Philosoph in der Zeit zwischen den Scholastikern und Frege das »Ich« und das »Jetzt« nebeneinandergestellt und sich über ihr begriffliches Zusammenwirken Gedanken gemacht. Dass etwas in demonstrativen und indexikalischen Ausdrücken ausgedrückt wird, das für empirische Erkenntnis einerseits und für die Konstituierung von Selbsten andererseits wesentlich ist, wurde erst Mitte des 20. Jahrhunderts begriffen.[19]

Wir sehen also die Sprache in ihrer charakteristischen Bedeutung als das expressive Medium begrifflicher Normativität, gleichsam als Meer, in dem normative Fische schwimmen. Indem Individuen Sprechakte und diskursive Praktiken vollziehen, machen sie zwei Dinge explizit bzw. öffentlich: einerseits das Ersuchen um spezifische Anerkennung (durch das Riskieren und Aufopfern bloß besonderer, subjektiver Einstellungen

19 Leibniz spricht von uns als Lebewesen, die »Ich« sagen können; allerdings macht er sich keine Gedanken darüber, was die *Indexikalität* dieser Ausdrücke zur Konstituierung von Selbsten beiträgt.

zugunsten der Identifikation mit Normen) und andererseits die entsprechende Zusicherung zu solchen Anerkennungsersuchen (in der Form von Zuschreibungen solcher selbstkonstituierenden identifikatorischen Verpflichtungen).

Die strukturelle Entfremdung des modernen wirklichen Bewusstseins zeigt sich darin, dass sich die Vertreter des Reichtums (also diejenigen, die den besonderen Aspekt von Anerkennungsprozessen verwirklichen) weigern, die Vertreter der Staatsmacht anzuerkennen, also diejenigen, die sich mit genau den Normen identifizieren, welchen die Vertreter des Reichtums Treue schwören. Statt genuiner Identifikation sehen die Vertreter des Reichtums nur die Verfolgung privater Interessen und die Motive der Inhaber der Staatsämter, die in ihrer Rolle als Beamte geschützt sind.[20] Die Bitte um Anerkennung und somit nach Selbstkonstitution wird als eine falsche Beschreibung des eigentlichen Geschehens zurückgewiesen. Der Versuch, etwas durch einen Akt der Identifikation zu etwas zu *machen* – etwas, das wesentlich durch Sprache vermittelt wird und durch die unerwidert gebliebenen Tätigkeiten eines einzelnen Individuums nicht geleistet werden kann –, wird als widersprüchlich zu den Dingen erachtet, wie sie *vorgefunden* werden. Es ist immer möglich, eigennützige Beweggründe für die Handlungen von Individuen zu finden, seien es nun Staatsbeamte oder nicht. Wir werden auf dieses Problem im nächsten Kapitel, in der Diskussion der Metaeinstellung zurückkommen, die Hegel mit dem »Kammerdiener der Moralität« verbindet.[21]

Der entfremdete Charakter der modernen Anerkennungs-

20 Hegel hat hiermit sicherlich eine anhaltende Strategie seitens der Vertreter des Reichtums richtig diagnostiziert, wonach denjenigen, die die Staatsmacht ausüben, vorgeworfen wird, nicht im Namen des Gemeinwohls, sondern nur mit Blick auf ihre privaten bürokratischen Interessen zu handeln.

21 Ebd., S. 489.

struktur drückt sich selbst sprachlich aus, da die Sprache das moderne Medium der Anerkennung ist – sie vermittelt die Beziehungen zwischen den Individuen, deren Handlungen und Einstellungen und die in ihren Praktiken impliziten und durch ihre Institutionen und Gemeinschaften verwalteten Normen. Hegel stellt eine geeignete Klassifikation moderner diskursiver Formen des Ausdrucks der Entfremdung bereit. Wird die Entfremdung des Besonderen vom Allgemeinen, also die praktische Deutung individueller Handlungen in Bezug auf private Einstellungen anstatt auf öffentliche Normen oder Status, innerhalb der Sphäre der Staatsmacht (statt in den Beziehungen zwischen Reichtum und Staatsmacht) sprachlich ausgedrückt und aufgeführt, so wird laut Hegel der »Heroismus des stummen Dienstes [...] zum *Heroismus der Schmeichelei*«.[22] Sie sind Formen des »Heroismus«, da die Interessen des einzelnen Individuums für etwas anderes geopfert werden. Im Fall des stummen Dienstes ist das Ziel die unmittelbare praktische Identifikation mit den Normen (Pflicht). Die explizit entfremdete Sprache der Schmeichelei bekundet die Aufopferung der privaten Interessen und Einstellungen des Schmeichlers für die des Geschmeichelten. Wie beim Vorwurf des Reichtums gegenüber den Handlungssubjekten der Staatsmacht werden die Normen und Pflichten (Allgemeinbegriffe) zugunsten der rein subjektiven Einstellungen einzelner Individuen aus der Betrachtung ausgeschlossen. Es wird hier deutlich, dass der Schmeichler das wahr *macht*, was der Reichtum an den Handlungssubjekten der Staatsmacht als wahr *vorfindet*. Denn die Schmeichelei eines Übergeordneten ist nichts anderes als das Verfolgen des eigenen Vorteils unter dem Deckmantel der Behauptung der Aufopferung ebendieses Vorteils.

Eine entsprechende Form von Schmeichelei besteht auf der Seite des Reichtums: die Sprache, »welche dem Reichtum das

22 Ebd., S. 378.

Bewußtsein seiner Wesenheit gibt«, heuchelt, »denn was sie als Wesen ausspricht, weiß sie als das preisgegebene, das nicht *an sich* seiende Wesen«.[23] Doch der expliziteste Ausdruck der Entfremdung, die »reine Bildung«, ist eine sprachliche Daseinsweise, in der sich die asymmetrischen Anerkennungsbeziehungen zwischen den zwei Formen des wirklichen Bewusstseins manifestieren. Sie ist ein sich »auflösendes Spiel« des »zerreißenden Urteilens«, die »geistreiche Sprache«, die die Gültigkeit jeder Unterscheidung und Bewertung untergräbt und in »welchem alle jene Momente, die als Wesen und wirkliche Glieder des Ganzen gelten sollen, sich auflösen«.[24]

> Was in dieser Welt erfahren wird, ist, daß weder die *wirklichen Wesen* der Macht und des Reichtums noch ihre bestimmten *Begriffe*, Gut und Schlecht, oder das Bewußtsein des Guten und Schlechten, das edelmütige und niederträchtige, Wahrheit haben […].[25]

Die ganze normative Dimension des Lebens wird als scheinhaft zurückgewiesen. Hiernach gibt es eigentlich keine Normen, keine Unterscheidung innerhalb der Beschaffenheit der Dinge an sich – weder zwischen dem, was angemessen oder passend ist und was dies nicht ist, noch zwischen dem, zu was man verpflichtet ist und was nicht erlaubt ist. Demzufolge sind die Institutionen, die diese Normen verwalten und anwenden, auf Lügen errichtet; sie sind trügerische Strukturen, die zur Verfolgung privater Ziele und Interessen dienen. Dieses Ergebnis ist die Konsequenz der Entdeckung der Moderne, dass Normen nicht bloß objektiv vorhanden und unabhängig von unseren Einstellungen und Tätigkeiten sind. Innerhalb eines Kontexts, in dem normative Autorität als Selbstständigkeit betrachtet

23 Ebd., S. 384.
24 Ebd., S. 386.
25 Ebd., S. 385.

wird, sind wir dazu angehalten, Normen keinerlei wirkliche Autorität über unsere Einstellungen beizumessen. Wenn die Normen davon abhängig sind, was Individuen tun – wenn die Handlungen und Einstellungen, die Bewertungen gemäß den Normen unterliegen, verantwortlich sind für die Normen –, dann kann das Tun der Individuen, gemäß der entfremdeten praktischen Vorstellung von Autorität als Selbstständigkeit, nicht genuin verantwortlich sein gegenüber diesen Normen. Normen sind eine Täuschung. Es gibt nur Einstellungen. Das hyperobjektive traditionelle Bild von Normativität führt zu einer hypersubjektiven modernen entfremdeten Vorstellung, derzufolge allein die Idee einer Norm bloße Projektion unserer Einstellungen ist – das heißt eine Projektion der praktischen Unterscheidungen, die von Individuen vorgenommen wurden.

Wenn es aber tatsächlich keine Normen gibt, können Einstellungen selbst keinen wirklichen Inhalt haben. Wenn die Unterscheidungen zwischen gut und schlecht, recht und unrecht, richtig und falsch keinen genuinen Inhalt haben, dann haben Einstellungen des Zustimmens zu und Bewertens von Handlungen *als* gut oder schlecht, recht oder unrecht, richtig oder falsch ebenfalls keinen genuinen Inhalt. Was würde hieraus für die Einstellungen derjenigen folgen, die die geistreiche auflösende Sprache sprechen? Es bedeutet einerseits den Sieg der individuellen subjektiven Einstellungen über die Normen, also die Durchsetzung der Autorität der Einstellungen, insbesondere die Einstellungen des jeweiligen Individuums hinsichtlich normativer Unterscheidungen: »Dies Urteilen und Sprechen ist daher das Wahre und Unbezwingbare, während es alles überwältigt«.[26] Andererseits wendet sich dieses Auflösen gegen sich selbst: »[D]ie *Eitelkeit* aller *Dinge* [ist] seine *eigene Eitelkeit*, oder es *ist* eitel«.[27] Die geistreiche Sprache, die alles »zu beurtei-

26 Ebd., S. 386
27 Ebd., S. 389.

len und zu beschwätzen« weiß, verneint die Richtigkeit der Rede über die Beschaffenheit der Dinge an sich, und sieht nur, wie die Beschaffenheit der Dinge für das Bewusstsein ist. Dementsprechend kann sie nicht den Begriff der Beschaffenheit der Dinge für das Bewusstsein verständlich machen, auch nicht für sich selbst. Denn der Inhalt einer solchen Einstellung hängt davon ab, andere derartige Einstellungen normativ auszuschließen.

> Die ihrer selbst bewußte und sich aussprechende Zerrissenheit des Bewußtseins ist das Hohngelächter über das Dasein sowie über die Verwirrung des Ganzen und über sich selbst; es ist zugleich das sich noch vernehmende Verklingen dieser ganzen Verwirrung. – Diese sich selbst vernehmende Eitelkeit aller Wirklichkeit und alles bestimmten Begriffs ist die gedoppelte Reflexion der realen Welt in sich selbst [...].[28]

Das praktische Verständnis dieses zerrissenen Bewusstseins ist *ironisch*. Es trifft immer noch Unterscheidungen und verwendet Begriffe, nimmt jedoch seine Verpflichtungen nicht ernst und geht nicht davon aus, mit seiner Rede Verantwortungen zu übernehmen. »Der Inhalt der Rede des Geistes von und über sich selbst ist also die Verkehrung aller Begriffe und Realitäten, der allgemeine Betrug seiner selbst und der anderen«.[29] »In jener Eitelkeit wird aller Inhalt zu einem Negativen, welches nicht mehr positiv gefaßt werden kann«.[30] Es geht verloren, was für den bestimmten Inhalt normativer Einstellungen erforderlich ist. Die Einstellung gegenüber den eigenen Einstellungen muss diesem zerrissenen Bewusstsein fern liegen. Seine ironische Haltung besteht darin, dass es sich nicht mit den eigenen Einstellungen identifiziert – die, wie es selbst weiß, zuletzt eitel

28 Ebd.
29 Ebd., S. 386f.
30 Ebd., S. 390.

und inhaltslos sind. Es identifiziert sich nicht einmal mit den Normen, denen die Einstellungen oberflächlich Treue schwören. Seine Sprache drückt reine Entfremdung aus und verwirklicht sie:

> Nach der Form betrachtet, weiß es alles sich selbst entfremdet, das *Fürsichsein* vom *Ansichsein* getrennt, das Gemeinte und den Zweck von der Wahrheit, und von beiden wieder das *Sein für Anderes,* das Vorgegebene von der eigentlichen Meinung und der wahren Sache und Absicht. [...] Es *ist* die sich selbst zerreißende Natur aller Verhältnisse und das bewußte Zerreißen derselben [...].[31]

Das Einnehmen dieser auflösenden Anerkennungseinstellung bleibt aber eine charakteristisch moderne Behauptung der Autorität des Individuums – also eine Manifestation des Aufstiegs der Subjektivität, wenn auch eine fehlgehende Überreaktion. Es handelt sich hierbei um das »fürsichseinde Selbst«.[32] Es sucht die Anerkennung seiner selbst, durch seine Macht, die Normen eitel *machen* zu können, allein indem es sie als eitel *betrachtet.*

> Diese Eitelkeit bedarf dabei der Eitelkeit aller Dinge, um aus ihnen sich das Bewußtsein des Selbsts zu geben, erzeugt sie daher selbst und ist die Seele, welche sie trägt. Macht und Reichtum sind die höchsten Zwecke seiner Anstrengung; es weiß, daß es durch Entsagung und Aufopferung sich zum Allgemeinen bildet, zum Besitze desselben gelangt und in diesem Besitze allgemeine Gültigkeit hat; sie sind die wirklichen anerkannten Mächte. Aber dieses sein Gelten ist selbst eitel; und eben indem es sich ihrer bemächtigt, weiß es sie, nicht Selbstwesen zu sein, sondern vielmehr sich als ihre Macht, sie aber als eitel.[33]

31 Ebd., S. 389f.
32 Ebd., S. 389.
33 Ebd., S. 390.

Ihre bloß ironische, vorgetäuschte Entsagung und Aufopferung ist keine genuine Anerkennung. Es handelt sich um die Bitte, als nichtanerkennend anerkannt zu werden. Ironie ist dementsprechend erkennbar als eine Strategie der Herrschaft. Die Strategie der Herrschaft wendet die Kategorien der Selbstständigkeit (die atomistische praktische Vorstellung einer asymmetrischen, nichtgegenseitigen Autorität, die nicht von einer gleichrangigen Verantwortung ausgeglichen werden muss bzw. nicht ausgeglichen werden kann) so an, dass die eigene Betrachtung der Beziehungen zwischen Normen und Einstellungen genauso charakteristisch geprägt wird wie das eigene Selbstbewusstsein.

IV. Autorität und Verantwortung in der Sprache als Modell der Freiheit

Die Sprache ist das Medium, in welchem die Anerkennungsbeziehungen zwischen selbstbewussten Individuen, ihre Handlungen, ihre normativen Einstellungen, die sie miteinander verbindenden Normen, die Praktiken, in denen diese Normen implizit sind, ihre Gemeinschaften und ihre Institutionen nicht nur ausgedrückt, sondern auch instituiert und instanziiert werden. Deshalb haben die für Entfremdung typischen Deformationen der Konstellation der Anerkennungseinstellungen die Gestalt von charakteristischen sprachlichen Praktiken, welche sich insbesondere in ironischen Beziehungen zwischen den Individuen und den bildungskonstituierenden Normen zeigen, die nur als fromme Fiktionen betrachtet werden. Die Moderne ist charakterisiert durch einen einseitigen Fokus auf die normative Bedeutung einiger dieser Elemente (und das auf Kosten anderer). Paradigmatisch drückt sich dies im Privilegieren der Autorität von Individuen einschließlich ihrer Handlungen und Einstellungen aus, die als autoritativ und unabhängig gegenüber den Normen betrachtet werden, unter die sie fallen. Genau dieses Hervortreten der Sprache als das Anerkennungsmedium, in dem begriffliche Normativität gegliedert wird, gibt uns Hinweise darauf, wie die Einseitigkeit des modernen Verständnisses der Bedeutung der Subjektivität (Entfremdung) überwunden werden kann, ohne die Einsichten aufgeben zu müssen, die den Übergang von der traditionellen zur modernen Bildung als eine expressiv-fortschrittliche Verwandlung unseres Selbstbewusstseins kennzeichnen. Uns werden also Adäquatheitskriterien für eine nicht-entfremdete postmoderne Form der Anerkennung mitgegeben. Denn das Hervortreten dieses Anerkennungsmediums bedeutet, dass wir die Beziehungen zwischen individuellen Verwendern der Sprache, ihren Sprechakten, den von diesen Sprechakten ausgedrückten Einstellungen, die sprachlichen Normen, die sprachlichen Praktiken, die sprachlichen Gemeinschaften und die Sprache selbst als Modell für die Gliederung des Geistes verwenden sollten. Um über die Moderne hinauszugehen, müssen wir die Verbindlichkeit objektiver begrifflicher Normen verstehen bzw. inwieweit diese Verbindlichkeit vereinbar damit ist, dass die Normen erstens einzelne begehrende Lebewesen zu *geistigen* selbstbewussten Individuen machen und dass die Normen zweitens durch die von diesen Individuen ausgeübten Praktiken des Anwendens von Begriffen in Urteilen und Handlungen instituiert werden, welche die Verpflichtungen und Einstellungen dieser Individuen ausdrücken. Wird dieses Verständnis erst einmal praktisch im wirklichen und nicht nur im reinen Bewusstsein umgesetzt, wird es die Gestalt einer Bewegung und einer Verwandlung annehmen, in der die Individuen und ihre begrifflich gegliederten Normen in Beziehung zueinander stehen. Dies wird der Übergang sein von einer Struktur der *Ironie* zu einer Struktur des *Vertrauens.*

Wie wir gesehen haben, entspricht der Unterscheidung zwischen *Kraft* und *Inhalt* der Sprechakte eine grundlegende soziale Aufteilung normativer Arbeit. Die (fregesche) Kraft ist die normative Bedeutung eines Sprechaktes, das heißt, was es für die Verpflichtungen und Verantwortungen bedeutet, dass sie von einem Sprecher erkannt und eingegangen werden bzw. ihre Zuschreibung durch diesen Sprecher anderen gewährt wird. Der Inhalt bestimmt, *zu was* man sich verpflichtet bzw. *wofür* man sich verantwortlich gemacht hat, wenn man einen Sprechakt mit diesem Inhalt vollzogen hat. Entscheidend ist hier, dass das Vollziehen eines Sprechaktes (das Ausdrücken einer sprachlichen Einstellung wie etwa einer Überzeugung oder Absicht) zwei gleichrangige Dimensionen beinhaltet: die *Autorität* des Sprechers bezüglich des Behauptens und die *Verantwortung* bezüglich des Behaupteten. Wenn wir darüber reden, also Behauptungen darüber aufstellen, wie die Dinge sind, oder Absichten in Bezug darauf ausdrücken, wie die Dinge sein sollten, gibt es immer etwas, das in unseren Händen liegt, und etwas, das nicht in unseren Händen liegt. Es liegt in unseren Händen, welchen Zug wir machen, welchen Begriff wir anwenden, wie wir in einem Sprachspiel dagegenhalten. Hinsichtlich seines Inhalts liegt die Bedeutung des Gesagten allerdings nicht in unseren Händen. Es liegt also in meiner Hand, ob ich behaupte, dass dieser Stift aus Kupfer besteht, ob ich also mit dem Ausdruck »Kupfer« entgegne, wie er in unseren Praktiken eine Rolle spielt. Habe ich den Begriff aber ins Spiel gebracht, dann habe ich mich durch eine gewisse Menge von Normen gebunden; ich habe mich zu Dingen verpflichtet unabhängig davon, ob es mir selbst bewusst war, zu was ich mich verpflichtet habe. In diesem Sinne überschreitet der von mir angenommene normative *Status* meine normativen *Einstellungen*. Zu was ich mich verpflichtet habe, muss nicht mit dem übereinstimmen, zu was ich mich *mir selbst zufolge* verpflichtet habe. (Hinsichtlich der von Sprechakten enthaltenen Unterscheidung bedeutet dies, dass die sprachliche *Tat* über die sprachliche *Handlung* hinausgeht.) Wenn ich sage, dass der Stift aus Kupfer besteht, dann habe ich mich, ob ich das weiß oder nicht, dazu verpflichtet, dass er bei 1085 °C schmilzt – denn insofern dies nicht wahr ist, kann das, was ich sage, auch nicht wahr sein. Es liegt in meiner Hand, ob ich derart entgegne, also diesen Zug mache, meine Autorität und normative Kraft auf jenen Inhalt setze – jedoch liegt es *nicht* in meiner Hand, zu was ich mich dabei verpflichtet habe, welche Verpflichtungen ich ausgeschlossen habe und was mich dazu berechtigen würde. Die normative Bedeutung des von mir getätigten Zugs, die Grenzen der von mir übernommenen Verantwortung, liegt nicht in meinen Händen; dies ist vielmehr eine Frage der sprachlichen Normen, welche die Begriffe gliedern, die ich angewendet habe.

Die begrifflichen Normen, die durch den Inhalt der vom Sprecher in Urteilen und Absichten angewendeten Begriffe bestimmt werden, werden von der sprachlichen Gemeinschaft verwaltet; diese übt eine entsprechende Autorität aus, die im Verhältnis zur Autorität des Sprechers steht. Metallurgische Experten wissen eine ganze Menge mehr als ich über das, was ich behauptet habe und zu was ich mich verpflichtet habe, als ich den Stift »kupfern« genannt habe. Diejenigen, die ich anspreche, die meinen Sprechakt mir zuschreiben und ihn bewerten, haben eine bestimmte Art von Privileg: Sie haben die Autorität, anders über die Konsequenzen meines Sprechaktes Buch zu führen als ich. Für Hegel ist es wichtig, dass selbst ein fachkundiges Publikum nicht die *vollständige* Autorität über den Inhalt hat, beispielsweise hinsichtlich des Schmelzpunktes von Kupfer. Die Frage ist, wie die Dinge an sich sind – und nicht wie sie für die Experten oder für den Sprecher oder für den Rest der Gemeinschaft sind. Die Normen sind nicht etwas, das einfach aus ihren Einstellungen abgelesen werden kann. Wir haben uns bereits einen Einblick erarbeiten können, wie Hegel die objektive, repräsentationale Dimension des Diskurses, also die Tatsache, dass es Referenzgegenstände gibt, die autoritativ sind für unsere Inferenzen – die Noumena hinter den Phaenomena, die Wirklichkeiten hinten den Erscheinungen –, in Bezug auf die *geschichtliche* Struktur der diskursiven Praxis rekonstruiert. Die restliche Diskussion des Kapitels zum Geist zielt vor allem darauf, die Feinstruktur der diachron-geschichtlichen Darstellung der Beziehungen zwischen normativer Kraft und begrifflichem Inhalt zu skizzieren. Mit der Tatsache, dass es einen dritten Pol der Autorität gibt neben jenem des Sprechers und der sprachlichen Gemeinschaft, sollte jedoch keinesfalls die Autorität unterschätzt werden, die die Gemeinschaft auf die begrifflichen Inhalte ausübt.

Wenn wir fragen, wie es dem Terminus »Kupfer« gelingt, den Inhalt auszudrücken, den er ausdrückt, so dass die Aussagen, in denen er vorkommt, die normative Bedeutung haben, die sie haben, müssen wir die Praktiken der jeweiligen Gemeinschaft in unsere Betrachtung einbeziehen, das heißt die wirklich in konkreten Umständen vollzogenen Handlungen der individuellen Sprecher und die von anderen Gemeinschaftsmitgliedern wirklich vorgenommenen Richtigkeits- bzw. Unrichtigkeitsbewertungen dieser Vollzüge. Durch unsere Verwendung des Ausdrucks »Kupfer« – in Abstimmung mit Verwendungen anderer Ausdrücke – ist es uns gelungen, Behauptungen, in denen »Kupfer« vorkommt, mit der objektiven Beschaffenheit von *Kupfer* zu verbinden. Wir haben Merkmale der Welt in die Normen integriert, die wir gemeinsam verwalten, indem wir einen Sinn für die Richtigkeit instituiert haben, durch den die Richtigkeit unserer Behauptungen in Verbindung mit »Kupfer« auf die Tatsachen über Kupfer antwortet. Das Urteilen und das absichtliche Handeln müssen sowohl als der Prozess des *Anwendens* begrifflicher Normen als auch als der Prozess des *Instituierens* dieser Normen verstanden werden. (Man erinnere sich an das Motto, wonach in dieser Hinsicht Hegel zu Kant steht wie Quine zu Carnap.) Ausgedrückt durch die Termini, mit denen wir uns weiter unten noch auseinandersetzen werden, entspricht dem Anwenden jener Prozess, in welchem die Zufälligkeit die Form der Notwendigkeit erhält, bzw. dem Instituieren jener Prozess, in welchem die Zufälligkeit in die Notwendigkeit integriert wird. Wie wir sehen werden, führt uns die Erläuterung der erinnernden Rationalität und der Beziehungen zwischen normativen Status und Einstellungen, welche durch die Erinnerungsphase der Erfahrung instituiert werden, zu einer postmodernen Form von Anerkennung, die die ironische Entfremdung überwindet. Es handelt sich hierbei um die Erinnerungs- und Anerkennungsstruktur des Vertrauens.

Hegel zufolge wird uns mit dem Übergang von der theoretischen und praktischen Anwendung der Kategorien der *Selbstständigkeit* zur Anwendung der Kategorien der *Freiheit* (vom *Verstand* zur *Vernunft*) ein begrifflicher Apparat mitgegeben, um uns einerseits als die Produkte von Normen zu identifizieren, die die Merkmale der objektiven Welt wie etwa den Schmelzpunkt von Kupfer integrieren, und um andererseits unsere Tätigkeiten zu erkennen, mit der die Normen instituiert werden und die die Tatsachen, wie etwa diejenige über Kupfer, potentiell sichtbar und ausdrückbar machen. Wenn wir uns auf den sprachlichen Charakter moderner Anerkennungsprozesse konzentrieren – auf die Praktiken des Einnehmens spezifischer Anerkennungseinstellungen, das heißt des Zustimmens zu bzw. Zuschreibens von begrifflich gehaltvollen Verpflichtungen, Verantwortungen und Zusicherungen –, erhalten wir eine neue Perspektive auf den für die Vernunft charakteristischen Begriff der FREIHEIT. Handlungsfähigkeit betrifft laut der durch Hegel von Kant übernommenen Ansicht die Frage, für was Handlungssubjekte verantwortlich sind. Handlungs- und Erkenntnissubjekte leben und bewegen sich in einem normativen Raum, in dem sich ihr Sein ereignet. Sie können sich selbst verpflichten, Verantwortung übernehmen und zuschreiben sowie Autorität ausüben. Begriffe bestimmen, zu was man sich verpflichtet hat bzw. für was man sich verantwortlich gemacht hat, wenn man urteilt und absichtlich handelt. Diese Grundstruktur führt Kant dazu, mithilfe von normativen Begriffen zwischen dem Reich der Natur und dem Reich der Freiheit zu unterscheiden. *Frei*sein in Kants Sinne heißt, durch Normen gebunden zu sein, in der Lage zu sein, absichtliche Handlungen zu vollziehen und Urteile zu fällen, also Verpflichtungen einzugehen. Dies bedeutet, dazu fähig zu sein (im normativen Sinne die Autorität zu besitzen), sich selbst durch Begriffe verantwortlich zu machen, also durch Regeln, die bestimmen, zu was man sich beispielsweise verpflichtet hat, wenn man den Stift »kupfern« nennt. Bei der normativen Vorstellung von Freiheit, die durch Normen beschränkt ist, handelt es sich um eine Vorstellung von *positiver* und nicht von *negativer* Freiheit.[34] Negative Freiheit ist Freiheit *von* etwas bzw. das Fehlen irgendeiner Art von Beschränkung. Positive Freiheit hingegen ist die Freiheit, etwas *zu* tun, also das Vorhandensein irgendeiner Art von Fähigkeit. In Kants Bild der für geistige normative Wesen charakteristischen Freiheit ist die Fähigkeit, sich selbst zu verpflichten, also Verantwortungen zu übernehmen, eine Art positive Freiheit. Sie sind in der Lage, etwas zu tun, was bloß natürliche Lebewesen nicht tun können. Freiheit ist für Kant die Fähigkeit, sich selbst durch mehr als nur durch die Gesetze der Natur zu beschränken – es ist die Fähigkeit, sich selbst normativ zu beschränken, indem man Verpflichtungen und Verantwortungen übernimmt, Autorität einräumt und so fort.

Wenn wir darüber nachdenken, wie Entfremdung zu überwinden ist, kann uns Sprache als ein Modell dienen, in welchem eine nichtentfremdete Verbindung zwischen der Autorität individueller Einstellungen und der entsprechenden Verantwortung gegenüber genuin verbindlichen Normen deutlich wird. Der Grund hierfür ist die sprachliche Praxis und ihre soziale Arbeitsteilung. Es liegt in den Händen jedes Einzelnen, welche

34 Isaiah Berlin, *Two Concepts of Liberty*, *Four Essays on Liberty*, Oxford 1969.

Sprechakte vollzogen werden, also welche Behauptungen aufgestellt und welche Absichten und Pläne bejaht werden. Die Akte und Einstellungen der einzelnen Sprecher sind die ursprüngliche Quelle sprachlicher Verpflichtungen. Indem diese Sprecher diese Verpflichtungen eingehen, üben sie eine spezifische Art von Autorität aus. Dabei machen sie sich zwangsläufig verantwortlich gegenüber den Normen, die die Inhalte der von ihnen angewendeten Begriffe gliedern. Indem ich mich durch das Aussagen oder Ausdrücken einer Absicht verpflichte, erlaube ich den anderen Mitgliedern der Gemeinschaft, mich dafür verantwortlich zu *halten*. Die Autorität des Sprechers bzw. Handlungssubjekts ist nicht nur mit einer gleichrangigen Verantwortung *vereinbar* (das heißt mit einer Autorität seitens der Normen, die von der Gemeinschaft verwaltet werden), sondern sie bleibt als bestimmt gehaltvolle Autorität unabhängig von dieser Verantwortung einfach unverständlich. Das Individuum hat Autorität über die normative *Kraft*, also über das Eingehen einer Verpflichtung, nur insofern es sich selbst gegenüber der Welt und anderen für den *Inhalt* der Verpflichtung verantwortlich macht. Die positive Freiheit zum Ausüben von Autorität beim Eingehen bestimmt gehaltvoller Verpflichtungen erfordert das Aufgeben von negativer Freiheit, da man sich für etwas verantwortlich macht.

Im Gegensatz zu Kant bietet Hegel eine sozialpraktische Erklärung der Natur der Normativität. Dementsprechend ist Freiheit für ihn nicht nur eine individuelle Leistung, also etwas, das allein durch das einzelne Handlungssubjekt verstanden werden kann. Ein wirkliches Verständnis ist nur im Kontext von Gemeinschaften, Praktiken und Institutionen möglich, die die richtige Struktur haben. Da Normativität eine soziale Leistung ist, ist Freiheit ein wesentlich politisches Phänomen – und zwar so, wie es das für Kant nicht ist. Dieser Unterschied zwischen den zwei Denkern ist mit einem weiteren Unterschied verknüpft: Freiheit ist für Hegel ein komparativ normatives Phänomen, wie es das für Kant nicht ist. Hegel zufolge sind nicht alle frei, die durch Normen beschränkt werden. *Freie* selbstbewusste Individuen werden nur durch norminstituierende Anerkennungsgemeinschaften und Institutionen mit der richtigen Struktur konstituiert. Das Paradigma für diese ideale freiheitsinstituierende Struktur ist *sprachliche* Normativität.

Wie und aus welchen Gründen es für ein Individuum rational sein könnte, eine Beschränkung seines Willens durch die Gemeinschaft hinzunehmen, ist schon immer ein klassisches, immerzu wiederkehrendes und in einem gewissen Sinne bestimmendes Problem der politischen Philosophie. Was könnte die Einschränkung negativer Freiheit – der Freiheit von Zwang – rechtfertigen, welche sich ergibt, wenn man in eine Gemeinschaft eintritt, sich ihren Normen unterwirft und der Autorität dieser Normen zustimmt? Wie dies vom Standpunkt der Gemeinschaft zu rechtfertigen wäre, lässt sich ohne Weiteres einsehen. Solange Menschen nicht richtig bzw. nicht in Übereinstimmung mit den Normen handeln, kann die Gemeinschaft viele Dinge nicht tun. Die Herausforderung besteht darin, zu erklären, wie die Einschränkung negativer Freiheit aus der Perspektive des Individuums rational gerechtfertigt werden kann. Antworten auf diese Herausforderung zu geben bildet ein beliebtes literarisches Genre der Aufklärung. (Paradigmatisch hierfür sind Hobbes und Locke.) Hegel hat in Kants Begriff der positiven Freiheit die Möglichkeit einer neuen Antwort auf diese Herausforderung erkannt. Die Tatsache, dass Sprache sowohl das Medium als auch das Modell für Anerkennung bereitstellt, ist in diesem Kontext besonders wichtig. Hegels Idee zufolge liefert manche Art von normativer Beschränkung eine positive Freiheit, die seiner Ansicht nach *expressiv* ist und somit über Kant hinausgeht. Sprechen stellt das Modell für die Ausübung dieser Art von Freiheit dar.

Mit den jüngeren Entwicklungen sind wir in eine etwas bessere Lage versetzt worden, um sagen zu können, was das Vielversprechende am sprachlichen Modell der positiven Freiheit ist. Man denke zunächst an die erstaunliche, die moderne Sprachwissenschaft einleitende empirische Beobachtung Chomskys, wonach fast jeder Satz, den ein erwachsener Muttersprachler ausspricht, ein *neuartiger* Satz ist – nicht nur in dem Sinne, dass *dieser Sprecher* genau diese Wortfolge nie zuvor produziert oder gehört hat, sondern in dem noch viel stärkeren Sinne, dass *niemand* in der Weltgeschichte genau diese Wortfolge jemals gehört hat. »Ich wünsche dir einen schönen Tag« mag schon oft wiederholt worden sein, aber für jeden einigermaßen komplexen (beispielsweise aus dem vorliegenden Text zufällig ausgewählten) Satz gehen die Chancen gegen Null, dass irgendjemand ihn je zuvor ausgesprochen hat (außer es handelt sich um ein Zitat). Diese Beobachtung ist durch die Untersuchung großer Korpora und transkribierter Gespräche immer wieder empirisch bestätigt worden und lässt sich auch theoretisch sehr leicht nachvollziehen. Obwohl wir keine Grammatik besitzen, die alle und nur die englischen Sätze erzeugt, haben wir doch viele Grammatiken, die nur englische Sätze erzeugen. Wenn man sich anschaut, wie viele Sätze sich beispielsweise mit weniger als 25 Wörtern allein anhand des Grundwortschatzes der englischen Sprache (5000 Wörter im Gegensatz zu den 20 000 Wörtern des durchschnittlichen Sprechers) bilden lassen, bemerkt man schnell, dass bisher einfach nicht genügend Zeit vergangen ist, um einen irgendwie erheblichen Anteil davon ausgesprochen zu haben, auch wenn alle Menschen ständig Englisch gesprochen hätten und nichts anderes getan hätten, als zu sprechen. Sprachliche Kompetenz besteht also in der Fähigkeit, eine unbestimmte Zahl neuartiger Sätze zu produzieren und zu verstehen. Chomsky wollte wissen, wie das möglich ist.

Wie auch immer dies genau gelingen kann, die Fähigkeit dazu stellt eine positive sprachliche expressive Freiheit dar. Wenn man eine Sprache spricht, besitzt man das Vermögen, eine unbestimmte Anzahl neuartiger Behauptungen zu formulieren und somit eine unbestimmte Anzahl neuartiger Absichten, Pläne und Vermutungen zu erwägen. Dies ist eine Art von positiver Freiheit, da diese neuartigen Behauptungen Dinge sind, die wahr sein könnten, oder Dinge, die man wahr macht, indem man sich zu ihnen verpflichtet. An diesem explosionsartigen Ausbruch positiver expressiver Freiheit kann man jedoch nur teilhaben, wenn man sich durch sprachliche Normen beschränkt, welchen man praktisch als verbindlich zustimmen muss, um überhaupt irgendeine bestimmte Sprache sprechen zu können. Es spielt kaum eine Rolle, wie offen diese Normen sind – sie beinhalten genuine Beschränkungen. Werden die sprachlichen Normen nicht hinreichend beachtet, wird letztendlich überhaupt nichts gesagt oder gedacht. Man muss natürlich nicht unbedingt irgendetwas sagen. Man könnte auch nie etwas sagen, allerdings nur um den Preis, wie Sellars sagt, nichts zu sagen zu haben. Nur wenn man den Preis der negativen Freiheit zahlt, kann man der positiven expressiven Freiheit habhaft werden. Man muss sich selbst durch sprachliche und begriffliche Normen beschränken. Wenn man seine eigene Sprache spricht und kein ausgefallenes Vokabular verwendet, wird diese Beschränkung nicht wahrgenommen. Viel besser sichtbar wird sie hingegen, wenn man eine Sprache verwendet, die man nicht fließend spricht. Für Hegel ist es sehr wichtig, dass die Sprache, durch die man sich beschränkt, das Medium ist, in dem sich das eigene *Selbst* ausdrückt und entwickelt.

Im Kontext der wesentlich politischen, da sozialen Auffassung der Natur der Normativität, liefert das Paradigma der sprachlichen Normen uns die Form eines Arguments dafür, inwiefern es rational sein könnte, jene Art negativer Freiheit aufzugeben, sich durch Normen zu beschränken und sich selbst und die eigenen Vollzüge den Normen gegenüber verantwortlich zu machen (das heißt ihnen gegenüber als Maßstab der Bewertung), indem man den Normen praktisch Autorität einräumt. Man erwäge einmal rational Kosten und Nutzen, wenn man ein wenig negative Freiheit gegen die Goldgrube positiver expressiver Freiheit eintauscht, welche mit der Selbstbeschränkung durch sprachliche Normen einhergeht. (Eine solche Bewertung müsste natürlich rückblickend erfolgen, denn jemand, der den Tausch noch nicht abgeschlossen hat, ist nicht in der Lage, dies derart rational zu bewerten.) Kann es überhaupt einen Zweifel daran geben, dass der Tausch lohnenswert ist? Auch wenn die Tiere auf dem Feld und im Wald nicht in der Lage sind, dieses Argument vorzubringen, scheint es klar zu sein, dass es rational für sie wäre, diese Art von normativer Beschränkung anzunehmen, wenn sie dazu in der Lage sein würden.

Ein Teil von Hegels Überlegungen darüber, wie wir über die Moderne hinausgehen können, entstammt jenem wohl wichtigsten Ereignis in der Geschichte des Geistes und besteht in der Einsicht, dass erstens die durch die Teilnahme an sprachlichen Praktiken gewährte positive expressive Freiheit, also das Unterwerfen unter die Beschränkung durch sprachliche Normen, das Paradigma von Freiheit für normative diskursive Wesen wie uns darstellt und dass zweitens politische Institutionen und die von ihnen ausgeübte normative Beschränkung auf genau dieselbe Weise begründbar sein sollten wie begrifflich-sprachliche Institutionen. Insbesondere sollte jede Einschränkung negativer Freiheit durch einen Gewinn an positiver expressiver Freiheit mehr als ausgeglichen werden. Hiermit ist das Vermögen gemeint, neue Arten von Verpflichtungen einzugehen, neue Arten von Verantwortung anzunehmen und neuen Arten von Autorität zuzustimmen und diese auszuüben, wodurch zugleich selbstbewusste Individuen ausgedrückt und entwickelt werden, die die Subjekte der neuen Normen sind. Dies ist ein Paradigma und Maßstab für begründbare politische Beschränkung. Auf diese Weise kann sie rational legitimiert werden – wenn auch nur rückblickend, da die in Frage stehende positive expressive Freiheit im Gegensatz zum paradigmatischen Fall der Sprache nicht unbedingt vorausblickend verständlich ist. Gemäß dieser Forderung muss jeder Aspekt der Einschränkung negativer Freiheit, also der Beschränkung durch die vom Individuum übernommenen Normen, durch einen Gewinn an positiver expressiver Freiheit um ein Vielfaches kompensiert werden. Die rationale Begründung einer politischen Institution und ihrer immanenten Normen entspricht einer Form, die in diesem entscheidenden Aspekt der Sprache ähnlich ist.

Die Sprache ist natürlich keine spezifisch moderne Institution. Unabhängig von sprachlichen Praktiken gibt es keinerlei Form von Geist. Es ist jedoch klar, dass viel auf dem Spiel steht, wenn Hegel die spezifische Rolle präzisiert, die die Sprache als normgliedernde Anerkennungsstruktur der Moderne spielt. Sprache ist nicht bloß irgendeine Form unter anderen, in der der Kraft von Normen zugestimmt und ihr Inhalt ausgedrückt wird – vielmehr wird sie das Medium, in dem die Normen instituiert und angewendet werden. Es folgen tiefgreifende Konsequenzen, wenn man den Aufstieg der Subjektivität in der Form des Erkennens der Rechte der Absicht und des Wissens (also den Anbruch einer neuen Art selbstbewusster Individualität) als das Hervorbringen dieser neuen institutionellen Zentralität der Sprache betrachtet. Hegels Sprachphilosophie – das heißt seine Auffassung über die Beziehungen zwischen Sprechern, einschließlich ihrer Handlungen und Einstellungen, ihrer sprachlichen Gemeinschaften, der sprachlichen Normen, die die Sprache selbst ausmachen, und der Ausdrucksweise, in der diese Auffassung artikuliert wird – ist für die zeitgenössische Philosophie möglicherweise der interessanteste und wertvollste Teil seines Denkens. Dies hat teilweise damit zu tun, dass er der Substituierung des semantischen Modells atomistischer Repräsentation durch ein holistisches Modell von Expression große *politische* Bedeutung beimisst. Diesem Gedankengang liegt die hier vorgebrachte Behauptung zugrunde, dass Hegels semantische Theorie (seine Theorie des begrifflichen Inhalts) und sein pragmatisches Verständnis davon, wie sich *Bedeutung* auf Normen bezieht, die die *Verwendung* von Ausdrücken bestimmen (die durch die Anwendung von Begriffen beim Urteilen und absichtlichen Handeln ausgedrückten praktischen Einstellungen), als Zentrum seines Denkens betrachtet werden sollten. Darüber hinaus hat seine Semantik eine praktisch erbauliche Wirkung. Ein Verständnis davon, wie diskursive Praxis bestimmt gehaltvolle begriffliche Normen instituiert und anwendet, verweist auf eine neue und bessere, eine vollständigere Selbstbewusstseinsstruktur der praktischen Normativität. Wir werden hierdurch zu einer neuen Form gegenseitiger Anerkennung geführt und gelangen somit auf die dritte Entwicklungsstufe des Geistes: das Zeitalter des Vertrauens.

V. Reines Bewusstsein: Entfremdung als eine Entzweiung von Erkennen und Anerkennen

So, wie das wirkliche Bewusstsein in Staatsmacht und Reichtum eingeteilt wird, wird das reine Bewusstsein in Glaube und Aufklärung eingeteilt. Die konkurrierenden praktischen Normativitätsstrukturen (Staatsmacht und Reichtum) und die konkurrierenden theoretischen Normativitätsstrukturen (Glaube und Aufklärung) lassen sich über die beiden Pole der Anerkennung aufgliedern, also einerseits entlang der Individuen, Normen und Institutionen und andererseits entlang der Handlungsfähigkeit, Logik und Form.

Obwohl Glaube und Aufklärung jeweils nur eine Seite der verschiedenen Unterscheidungen innerhalb der geistigen Identitäten repräsentieren und ausdrücken, beinhalten sie wie Staatsmacht und Reichtum nicht nur Normen und den Normen unterworfene Individuen, sondern auch Praktiken und Institutionen, in denen diese Normen implizit enthalten sind. Glaube und

Reines Bewusstsein	Wirkliches Bewusstsein	Anerkennung	Handlungsfähigkeit	Logik Inhalt/ Kraft	Form
Glaube	Staatsmacht	Anerkennungsgemeinschaft	Tat: Verantwortung des Handlungssubjekts	allgemein/notwendig (Norm)	An sich: Objektivität
Aufklärung	Reichtum	anerkennende bzw. anerkannte einzelne Selbstbewusstseine	Handlung: Autorität des Handlungssubjekts	besonders/zufällig (Vollzug)	Für das Bewusstsein: Subjektivität

Tab. 14.1

Aufklärung sind nicht nur Theorien der Normativität, sondern *institutionalisierte* Theorien. Die auf charakteristische Weise entfremdete Struktur moderner Normativität zeigt sich nicht nur in den Beziehungen zwischen den konkurrierenden Formen des wirklichen Bewusstseins, sondern auch in den Beziehungen zwischen den konkurrierenden entfremdeten Theorien der Normativität, die durch Glaube und Aufklärung verkörpert werden. Das heißt, dass in beiden Fällen die Autoritäts- und Verantwortungsbeziehungen zwischen den zwei Substrukturen praktisch nach dem Modell der Unabhängigkeit gedeutet werden, also als konkurrierend und unvereinbar anstatt nach dem Modell der Freiheit als sich gegenseitig und wechselseitig voraussetzend.

Indem Hegel uns zeigt, bezüglich was der Glaube Recht hat und bezüglich was die Aufklärung Recht hat und wie der Glaube aus der Sicht der Aufklärung bzw. wie die Aufklärung aus der Sicht des Glaubens aussieht, stellt er uns die entscheidenden Rohmaterialien zusammen, um von der Moderne in eine Normativitätsform überzugehen, die durch das Selbstbewusstsein in der Form des absoluten Wissens strukturiert ist. Hegels Auslegung von Glaube – die spezifisch moderne entfremdete Form der Religion – stellt ein Nachfolgeprojekt dar zu Kants Buch *Re-*

ligion innerhalb der Grenzen der bloßen Vernunft, welches ihn und seine Kommilitonen Schelling und Hölderlin während der Tübinger Zeit enorm beeinflusst hat. Während Kant die rationalen Morallehren in den Sinnbildern des Christentums gesucht hat, suchte Hegel nach Lehren über die Metaphysik der selbstbewussten Individualität und der sozialen Substanz. (Der Übergang von der Diskussion über Glaube und Aufklärung in VI. B. zur Diskussion über Moralität in VI. C. entspricht dem Übergang von Wahrnehmung zu Kraft und Verstand, das heißt von einem Verständnis der Allgemeinheit, das auf sinnliche Allgemeinbegriffe beschränkt ist, zu einem Verständnis, in welchem Unmittelbarkeit lediglich eine Struktur von Allgemeinbegriffen bezeichnet und ausdrückt, deren Inhalt durch die zwischen ihnen bestehenden Vermittlungsbeziehungen gegliedert wird.)

Diese Passagen über eine der Kernstrukturen des Glaubens sind paradigmatisch für Hegels metaphysische Auslegung religiöser Symbolik:

> Sie nach der äußeren Bestimmung ihrer Form kurz zu nennen, so ist, wie in der Welt der Bildung die Staatsmacht oder das Gute das Erste war, auch hier das Erste *das absolute Wesen*, der anundfürsichseiende Geist, insofern er die einfache ewige *Substanz* ist. In der Realisierung ihres Begriffes, Geist zu sein, aber geht sie in das *Sein für Anderes* über; ihre Sichselbstgleichheit wird zum *wirklichen*, sich *aufopfernden* absoluten Wesen; es wird zum *Selbst*, aber zum vergänglichen Selbst. Daher ist das Dritte die Rückkehr dieses entfremdeten Selbsts und der erniedrigten Substanz in ihre erste Einfachheit; erst auf diese Weise ist sie als Geist vorgestellt.
>
> Diese unterschiedenen Wesen, aus dem Wandel der wirklichen Welt durch das Denken in sich zurückgenommen, sind sie wandellose ewige Geister, deren Sein ist, die Einheit, welche sie ausmachen, zu denken.[35]

35 *PhG*, S. 395.

Hier interpretiert Hegel die eigentliche Bedeutung und den metaphysischen Sinn der Allegorie der Menschwerdung und Dreifaltigkeit. (Ähnliche Darstellungen lassen sich überall in seinem Werk finden, insbesondere in der *Wissenschaft der Logik*.) Er ist davon überzeugt, dass sich in der Lehre der Dreifaltigkeit in Wirklichkeit die Struktur des Geistes darstellt, also die soziale normative »Substanz«, und Gottvater in der Dreifaltigkeit ein Bild für die Gemeinschaft und die im gemeinschaftlichen Tun impliziten Normen ist. Die Substanz ist die durch gegenseitige Anerkennung synthetisierte soziale Substanz, das Medium, dem die Normen innewohnen. Laut unserem Modell ist dies die Sprache. Die allegorische Vereinigung von Menschsein und Gottsein in Gottes Sohn steht für die wirklichen einzelnen Sprecher, die durch die Normen gebunden und als selbstbewusste Individuen konstituiert werden; die Substanz geht »in das *Sein für Anderes* über« und ihr Wesen »wird zum *Selbst,* aber zum vergänglichen Selbst«. Der Heilige Geist in der Dreifaltigkeit stellt die Beziehungen zwischen ihnen dar – dass also das, was die Sprecher und ihre Äußerungen sind, allein durch die sprachlichen Normen bestimmt wird und dass die Normen allein durch ihre Anwendung in wirklichen Äußerungen von Sprechern bzw. im Wahrnehmen durch die Zuhörer verwirklicht werden. Die Allgemeinbegriffe bzw. die Normen, als ihre vergänglichen Verkörperungen, sowie die Beziehung zwischen ihnen innerhalb von Individualität sind nun über das die Normen verwirklichende bloß Einzelne hinausgehoben. Hieraus schlussfolgert Hegel, dass das Sein dieser Geister darin besteht, die von ihnen konstituierte Einheit zu denken; wir sollten also Hegels Anerkennungsansatz über Normativität und Individualität in Bezug auf das biologisch Einzelne und die normative Allgemeinheit verstehen. Um diese Dinge zu besprechen, springt Hegel umstandslos hin und her zwischen dem logischen, dem theologischen und dem sprachlich-normativen Vokabular. Die religiöse Sprache ist eine sinnliche Allegorie für seine grundlegende metaphysisch-logische Idee.

Wenn wir die allgemeinen und besonderen Elemente von Individualität (der göttlichen und der menschlichen) als etwas betrachten, das in Ähnlichkeitsbeziehungen steht, deuten wir Vermittlung durch die Kategorien der Unmittelbarkeit. Allgemeinheit wird als eine Art *Ding* betrachtet, also als etwas, das ungefähr so ist, wie die Dinge hier bei uns sind, nur eben irgendwo anders, da drüben, in einer Art Jenseits (mit einer anderen ontologischen Anschrift als der unseren). Mit einem komplementären Denkansatz deutet die Aufklärung Allgemeinheit und Normativität als Rationalität. Dieser richtige Gedanke zeigt sich dann aber nur in entfremdeter Form, wenn Rationalität als eine Tatsache, als eine dispositionale Eigenschaft betrachtet wird, die einigen bestimmten Lebewesen oder Arten von Lebewesen zufälligerweise gemeinsam ist, als ob unser *Geistig*sein zusammen mit der Fähigkeit zum Greifen von Gegenständen in eine Kiste gesteckt wurde. Aus dem Übergang von Wahrnehmung zu Kraft und Verstand haben wir gelernt, dass Allgemeinbegriffe – also die begrifflichen Unvereinbarkeits- und Folgerungsbeziehungen, die Tatsachen gliedern und in der Form von Gesetzen erscheinen – nicht als in einer übersinnlichen Welt theoretischer Entitäten befindlich verstanden werden sollten, welche hinter den in den Sinnen erscheinenden Gegenständen stehen und sich ontologisch von ihnen unterscheiden, sondern vielmehr als die implizite Struktur bzw. Gliederung dieser Gegenstände, das heißt als die modale Gliederung beobachtbarer Tatsachen. Ähnlich hierzu ist ebenjene Lehre, die wir laut Hegel aus dem gemeinsamen Thema von Glauben (unter dem Titel des religiösen Absoluten) und Aufklärung (unter dem Titel der Vernunft) ziehen sollten. Normativität bzw. Allgemeinheit sollte in keiner Weise verdinglicht werden, weder dort drüben (als Gott) noch in einzelnen Menschen (als Vernunft), sondern stattdessen als in der Gliederung der Individuen einer Gemeinschaft implizit betrachtet werden, also in der Wechselwirkung der Anerkennung und den Äußerungen und Einstellungen, die die Normen verwirklichen und ausdrücken.

Die Kritik der Aufklärung am Glauben macht in gewisser Hinsicht ein Verständnis dieser Lehre deutlich. Hegel rekonstruiert sie als eine dreifache Kritik, und zwar an einer ontologischen, an einer epistemologischen und an einer praktisch-moralischen Behauptung. Laut der ersten Behauptung macht der Glaube einen ontologischen Fehler. Er geht davon aus, dass etwas Nichtexistierendes existiert. Gott ist nicht wirklich Teil der Welt. Davon auszugehen, dass ein solches Wesen auf diese Weise existiert, stellt eine Verallgemeinerung des vormodernen magischen Denkens dar, demzufolge gewöhnliche sinnliche materiale Gegenstände verzaubert sind, also magische Eigenschaften besitzen. Allgemein betrachtet entspricht dieser Fehler dem Gedanken, ein Tiger sei im Nebenzimmer, obgleich das Zimmer tatsächlich leer ist.

Der epistemologische Einwand der Aufklärung gegen den Glauben besteht darin, dass, selbst wenn es einen solchen Gegenstand gäbe, wir nicht auf dieselbe Weise von ihm wissen könnten, wie der Glaube meint, von ihm wissen zu können. Die wirklichen epistemologischen Gründe, warum man an dieses Absolute glaubt, sind Vorurteil, Irrtum, Leichtgläubigkeit, Verwirrung und Dummheit. Der Glaube behauptet eine unmittelbare Beziehung zum Absoluten, aber aller Inhalt seines beanspruchten Wissens hängt von zufälligen empirischen Behauptungen ab. Berichte von Wundern, die zufällige Aufbewahrung von Beweisen für die Erkenntnis solcher Geschehnisse durch heilige Schriften und ihre richtige Auslegung können das Gewicht der Überzeugung, die auf ihnen lastet, nicht hinreichend tragen.

Drittens wirft die Aufklärung dem Glauben schlechte Absichten und Beweggründe, praktische Handlungsfehler und unmoralische Handlungen vor. Den Priestern werden Betrügerei und die Vortäuschung von Erkenntnis und Wissen vorgeworfen, die allein der Anhäufung von Macht dienen. Der Beweis hierfür ist die Tatsache, dass der Despotismus durch das Gottesgnadentum zu einer Staatsmacht wird, die auf der Leichtgläubigkeit und dem fehlenden Einblick der Massen sowie mithilfe der Betrügereien der Priester errichtet ist. Die Aufklärung behauptet also, dass das ontologische und epistemologische Missverständnis der Religion im Dienste schlechter politischer und moralischer Praxis steht und dass Despotismus und religiöse Institutionen sich gegenseitig reinwaschen. (Diderot fasst diese radikale aufklärerische Einstellung kernig zusammen, wenn er sagt, er werde erst glücklich sein, wenn der letzte König mit den Eingeweiden des letzten Priesters erwürgt worden sei.)

VI. Glaube und Vertrauen

Als Antwort auf diese bekannten vielsagenden Klagen sagt Hegel, dass die Aufklärung den Glauben grundsätzlich missversteht, wenn sie ihn als die erste Instanz einer *Erkenntnis*beziehung zu irgendeinem Ding betrachtet, als etwas, das in einem Anspruch auf das *Wissen* über das Absolute gründet. Die Kritik, ihre Darlegung sowie die nicht wohlwollende Zuschreibung unehrenhafter Beweggründe beim Verbreiten dieser Überzeugung (wir werden weiter unten darauf zurückkommen) – all dies hängt von der Annahme ab, dass der Glaube eine Behauptung über die Beschaffenheit der Dinge aufstellt, für die sich eine epistemologische Legitimation verlangen lässt und deren Wahrheit bzw. Falschheit in Frage gestellt werden könnte. Hegel zufolge geht es beim Glauben in erster Instanz darum, eine bestimmte Selbstvorstellung zu realisieren. Es handelt sich beim Glauben nicht um eine Art von *Erkennen*, sondern um eine Art von *An-*

erkennen und also um eine Art von Selbstkonstitution. Allgemein betrachtet ist er die Identifikation des einzelnen Selbst mit dem, was an diesem Selbst allgemein ist (anstatt mit dem, was an diesem Selbst besonders ist). Diese Identifikation mit dem Allgemeinen hat die Form des Aufopferns bloß einzelner subjektiver Einstellungen und Interessen durch Gottesdienst und -verehrung.

Im ursprünglichen melodramatisch-allegorischen Bild des Übergangs von der Natur zum Geist haben die ersten Herren sich am eigenen Schopf aus dem Schlamm der Natur gezogen, indem sie dazu bereit waren, sowohl ihr biologisches Leben für einen normativen Status und also für eine Form von Autorität aufzuopfern, um in diesem normativen Status anerkannt zu werden, als auch für diesen Zweck zu *sterben*. Bei der Allegorie der Aufopferung in Gottesdienst und -verehrung geht es hingegen eher darum, sich mit der Autorität der Normen (dem Allgemeinen) zu identifizieren, und also insofern bereit zu sein, für sie zu *leben* und die eigenen Einstellungen (Überzeugungen und Begierden) in den gemeinschaftlichen Normen aufgehen zu lassen. Auf diese Weise schafft es das glaubende Bewusstsein, wie der Herr in der ursprünglichen Allegorie, sich selbst zu etwas anderem zu machen, als es vorher war, bzw. aus sich selbst etwas zu machen, das mehr ist als zuvor. Glaube besteht im Grunde in genau dieser existenziellen Selbstkonstitution, der Instituierung eines normativen Status durch das Einnehmen einer Einstellung.

Dieser Darstellung folgend, gehen die Glaubenskritiken der Aufklärung am Ziel vorbei, da die Gemeinschaft ihrer eigenen Vorstellung nach praktisch nicht zur Realisierung einer Überzeugung verpflichtet ist, die sich als radikal falsch erweisen könnte. Eine solche Überzeugung steht nicht in einer derartigen Beziehung zu ihrer Welt. Sie ist ein Tun – sie *macht* die Dinge zu etwas, anstatt sie als solche zu *betrachten*. Sie ist ein Anerkennen, eine Art von Selbstkonstituierung, und kein Erkennen. Worauf sie sich bezieht, die Wahrheit, der gegenüber die Gewissheit des Glaubenden verantwortlich ist, ist nicht etwas, das sich vom Glaubenden in der Gemeinschaft unterscheidet, sondern etwas, das, wenn alles gutgeht, die glaubenden Individuen für sich wahr *machen*. Wenn nicht alles gutgeht, ist es ein praktischer Misserfolg und kein Irrtum im Sinne der Erkenntnistätigkeit. Für das glaubende Individuum ist der Glaube nichts Fremdes, das in ihm bloß vorgefunden wird, ohne dass man weiß, wie und woher er kam. Ganz im Gegenteil besteht der Glaube des glaubenden Individuums gerade darin, dass es sich selbst als dieses besondere persönliche Bewusstsein im absoluten Sein wiederfindet; sein Gehorsam und Dienst bestehen darin, dass es dieses Sein als sein eigenes absolutes Sein durch seine eigene Tätigkeit hervorbringt.[36]

> Allein die Aufklärung ist hier völlig töricht; der Glaube erfährt sie als ein Sprechen, das nicht weiß, was es sagt, und die Sache nicht versteht, wenn es von Pfaffenbetrug und Volkstäuschung redet. Sie spricht hiervon, als ob durch ein Hokuspokus der taschenspielerischen Priester dem Bewußtsein etwas absolut *Fremdes* und *Anderes* für das Wesen untergeschoben würde, und sagt zugleich, daß dies ein Wesen des Bewußtseins sei, daß es daran glaube, ihm vertraue und sich es geneigt zu machen suche, – d. h. daß es darin *sein reines* Wesen ebensosehr als *seine* einzelne und allgemeine *Individualität* anschaue und durch sein Tun diese Einheit seiner selbst mit seinem Wesen hervorbringe. […]
> Wenn die allgemeine Frage aufgestellt worden ist, *ob es erlaubt sei, ein Volk zu täuschen*, so müßte in der Tat die Antwort sein, daß die Frage nichts tauge, weil es unmöglich ist, hierin ein Volk zu täuschen. – Messing statt Goldes, nachgemachte Wechsel statt echter mögen wohl einzeln verkauft, eine verlorene Schlacht als eine gewonnene mehreren aufge-

36 Ebd., S. 419f.

> heftet und sonstige Lügen über sinnliche Dinge und einzelne Begebenheiten auf eine Zeitlang glaubhaft gemacht werden; aber in dem Wissen von dem Wesen, worin das Bewußtsein die unmittelbare *Gewißheit seiner selbst* hat, fällt der Gedanke der Täuschung ganz hinweg.[37]

Die Sprache des Glaubens ist performativ, denn sie sagt nicht nur, wie die Dinge unabhängig von den Einstellungen der beteiligten Glaubenden objektiv sind, sondern sie stellt sozial-normative Beziehungen her und drückt sie aus.

Durch den Glauben wird eine bestimmte Art von selbstbewusster Individualität konstituiert. Die Erklärung von Selbstbewusstsein durch Anerkennung verrät uns, dass dies nur möglich ist, wenn zugleich eine entsprechende Art von Anerkennungsgemeinschaft instituiert wird. Die religiöse Gemeinschaft wird durch die gegenseitige Anerkennung der dienenden und verehrenden Individuen hergestellt, die sich mit den Normen identifizieren, indem sie bloß einzelne, subjektive Einstellungen und Interessen aufopfern. Hegel nennt diese Anerkennungsbeziehung »Vertrauen«.

> Wem ich vertraue, dessen *Gewißheit seiner* selbst ist mir die *Gewißheit meiner* selbst; ich erkenne mein Fürmichsein in ihm, daß er es anerkennt und es ihm Zweck und Wesen ist.[38]

Der zweite Teil dieses Zitats legt drei Voraussetzungen fest, damit eine Einstellung als Vertrauen gilt. Der Vertrauende muss sein eigenes Fürsichsein, seine eigene Selbstvorstellung im Vertrauten anerkennen; der Vertrauende muss davon ausgehen, dass der Vertraute diese Selbstvorstellung zugesteht; und der Vertraute muss davon ausgehen, dass der Vertrauende seiner ei-

37 Ebd., S. 407f.
38 Ebd., S. 406.

genen Selbstvorstellung auch zustimmt. Im ersten Teil des Zitats wird behauptet, dass sich der Vertrauende mit dem Vertrauten identifiziert, wenn diese Voraussetzungen erfüllt sind.

Hier wird eine Identifikation-durch-Anerkennung sichtbar, derzufolge sich das Individuum, indem es sich mit den Normen identifiziert, mit Individuen identifiziert, die sich selbst ebenfalls mit diesen Normen identifizieren. Indem das Individuum sich mit den Normen (durch Aufopferung) identifiziert und andere Individuen anerkennt, die das Gleiche tun, identifiziert es sich zugleich mit dem Gemeinschaftlichen am Geist – der Anerkennungsgemeinschaft, in deren Praktiken die Normen implizit sind – und mit den anderen Individuen, die das Individuum anerkennt, insofern diese die gleiche Identifikation vollziehen. Das Individuum identifiziert sich nicht jeweils allein mit den Normen oder der Gemeinschaft oder mit den anderen Individuen, sondern mit jedem einzelnen Individuum durch die Identifikation mit den anderen Individuen. Anders ausgedrückt: Aufgrund des gemeinsamen Verzichts auf Einzelheit werden die Individuen, mit denen man sich identifiziert, indem man ihre Identifikation mit der Gemeinschaft und ihren Normen anerkennt, nicht als etwas behandelt, das praktisch in einen besonderen und einen allgemeinen Aspekt gespalten ist. Anhand dieser Konstellation von Einstellungen lässt sich die abschließende, völlig selbstbewusste Form gegenseitiger Anerkennung erahnen.

Im Vertrauen identifizieren sich alle mit dem, was am Einzelnen das Allgemeine ist, und somit mit jenen, die dies ebenfalls tun. Der oben zitierte Absatz fährt folgendermaßen fort:

> Ferner, indem dasjenige mir Gegenstand ist, worin ich mich selbst erkenne, bin ich mir darin zugleich überhaupt als *anderes* Selbstbewußtsein, d. h. als ein solches, welches darin seiner besonderen Einzelheit, nämlich seiner Natürlichkeit und Zufälligkeit entfremdet worden, aber teils darin Selbstbe-

wußtsein bleibt, teils eben darin *wesentliches* Bewußtsein wie die reine Einsicht ist.[39]

Die durch gegenseitige Anerkennung synthetisierte Gemeinschaft in der Form des Vertrauens verweist auf die Möglichkeit einer nichtentfremdeten Gemeinschaft selbstbewusster Individuen. Sie konstituiert jedoch noch nicht eine solche Gemeinschaft, da die Besonderheit der wirklichen einzelnen Selbstbewusstseine, die die Normen durch ihre Handlungen und Einstellungen (einschließlich ihrer Anerkennungseinstellungen) verwirklichen, noch immer unbeachtet bleibt. Weitere Anerkennung ist erforderlich, um die Entfremdung zu überwinden und über die moderne Stufe in der Entwicklung des Geistes hinauszugelangen. Nichtentfremdeter Geist erfordert Anerkennungsstrukturen, die über die des Vertrauens, wie es hier dargelegt wurde, hinausgehen. Ein wesentliches Element von Sittlichkeit nach dem Aufstieg der modernen Subjektivität ist es jedoch, dass die Anerkennungsgemeinschaft die Struktur des Vertrauens aufweist. Das Vertrauen bringt die Einheit »des abstrakten Wesens und des Selbsts«[40] hervor, die Einheit der Normen, mit denen sich die glaubenden Individuen identifizieren, und die Einheit der glaubenden Individuen selbst. Diese Einheit ist laut Hegel »das absolute Wesen des Glaubens«, das heißt der spezifische *Gegenstand* des religiösen Glaubens.

> Aber das absolute Wesen des Glaubens ist wesentlich nicht das *abstrakte* Wesen, das jenseits des glaubenden Bewußtseins sei, sondern es ist der Geist der Gemeinde, es ist die Einheit des abstrakten Wesens und des Selbstbewußtseins.[41]

39 Ebd., S. 406.
40 Ebd., S. 586.
41 Ebd., S. 407.

Aus Hegels Sicht ist der wirkliche Gegenstand religiöser Ehrfurcht, der Geist, keinesfalls ein Gott in der Form eines eigenständigen Dings, das Menschen kausal erschafft, sondern die religiöse Gemeinschaft, die die glaubenden Subjekte durch ihre anerkennende Identifikation mit den anderen Glaubenden und mit der Gemeinschaft erschaffen. Dies ergibt sich schließlich aus seiner Auslegung der Lehre von der Dreifaltigkeit: Gott der Vater ist das sinnliche Bild für die durch Normen bestimmte Gemeinschaft, welche durch die gegenseitigen Anerkennungseinstellungen (mit der Struktur des Vertrauens) zwischen selbstbewussten Individuen synthetisiert wird. Die geistige Dimension des menschlichen Lebens, auf das religiös glaubende Subjekte ihre Aufmerksamkeit und ihre Achtung richten, muss zu den bloß natürlichen Tieren hinzugefügt werden, damit wir zu Personen werden, selbstbewusste individuelle Selbste, Handlungs- und Erkenntnissubjekte und Subjekte normativer Bewertung. In den Praktiken einer richtig konstituierten Anerkennungsgemeinschaft von Sprachanwendern entspricht dies der impliziten diskursiven Normativität.

Diese Ansicht ist nicht so unerhört heterodox, wie sie anderweitig erscheinen mag, wenn sie im Kontext der religiösen Tradition des Pietismus betrachtet wird, in der Hegel wie auch Kant groß geworden sind. Obwohl ich in der vorliegenden Arbeit die Diskussion des von Hegels Vorgängern gelieferten intellektuellen historischen Kontexts generell vermieden habe, ist es doch lohnenswert, hier ein paar Bemerkungen über diese Bewegung zu machen, da mit ihr ein konkretes Beispiel dafür gegeben werden kann, wie Hegel die Traditionen, die er ererbt hat, aufnimmt, annimmt und umwandelt. Später im Kapitel werden wir dies als die Art und Weise wiedererkennen, wie er ihnen erinnernd *verzeiht*.

Der Pietismus war eine spezifisch deutsche intellektuelle Bewegung, die wichtig war für die Entstehung des kantischen und postkantischen Pragmatismus. Ihm war Erfolg beschieden, da er eine Nische gefunden hatte, aus der heraus die Missstände des bereits institutionalisierten Luthertums in einer zunehmend gebildeten und von Individualismus geprägten Gesellschaft (beispielsweise die Klasse der Bürger und Handwerker in den reichen Hansestädten) angegangen werden konnten, ohne zugleich direkt die *theoretische* Autorität des Luthertums anzugreifen (die praktisch die Grenzlinie darstellte, welche in den Religions- bzw. Bürgerkriegen umkämpft wurde). Die Pietisten waren hierin erfolgreich, da sie sich nicht auf die Theorie, sondern auf die Praxis konzentrierten. Sie nannten dies die zweite Reformation (wenngleich andere es auch als den Triumph von Erasmus über Luther bezeichneten). In der Theologie wiesen sie Augustinus zugunsten seines alten Gegners Pelagius zurück, der versuchte, das Christentum durch eine Synthese der christlichen Traditionen mit den Traditionen des römischen Stoizismus zu rationalisieren. Augustinus' Betonung der Abhängigkeit des Menschen von der unergründlichen Gnade Gottes für seine Errettung steht im Gegensatz zu Pelagius' Betonung der menschlichen Verantwortung für die Erlösung und Teilnahme am Projekt der Errettung. Gegen das Bild vom Menschen, der durch die Erbsünde verdorben wurde und erst in der nächsten Welt Erlösung findet, hat Pelagius das Ideal der Perfektibilität vorgebracht, das heißt des moralischen Fortschritts in der diesseitigen Welt durch Selbstbeherrschung, Bildung und politisches Engagement. Das Letztere beinhaltet eine Ethik der »Freiheit in der Gemeinschaft und durch die Gemeinschaft«. Er hat ein dreistufiges Bild des moralischen Fortschritts und der moralischen Bildung des Menschen entworfen, in welchem jede Stufe einem Bund zwischen Gott und Mensch entspricht: ein Bund der Natur mit Adam, ein Bund der Gesetze mit Mose und ein Bund der Gnade mit Jesus. Laut der von Pelagius den Pietisten vermachten Eschatologie wird der Gottesstaat also nicht als etwas behandelt, das in einem anderen Leben erreicht wird, sondern als eine hier auf Erden zu vollbringende, unendliche Aufgabe der religiösen Gemeinschaften. Die *praxis pietatis* ist dementsprechend ein gemeinschaftliches Streben danach, gute Werke zu tun; sie stellt säkulare Bildung und persönliche Verbesserung in den Vordergrund, durch die das Gute rational erkannt und der Wille, es zu verfolgen, rational gepflegt werden kann. Auf diese Weise sollten der *homo religiosus* reformiert und das zivile Leben erneuert werden. Die Pietisten, insbesondere Crusius – einer der bedeutendsten pietistischen Intellektuellen seiner Zeit und für Kant und Hegel der Vermittler dieser Ideen –, haben den wolffschen Rationalismus, den Höhepunkt der aufklärerischen *Theorie*, vom Standpunkt der Praxis und des Primats des Praktischen aus angegriffen. Hegels Auffassung vom Glauben ist eine metaphysische Radikalisierung dieser religiösen Tradition; er synthetisiert diese Tradition auf eine bisher nicht da gewesene Weise mit seinen eigenen *semantischen* Ideen über die transzendentalen Bedingungen der Möglichkeit bestimmt gehaltvoller begrifflicher Normen.

Selbst wenn der Glaube eine positive Entwicklung darstellt, insofern er eine Gemeinschaft schafft, die die Anerkennungsstruktur des Vertrauens aufweist, ist er laut Hegels Beschreibung immer noch eine entfremdete Form des Selbstbewusstseins. Er ist entfremdet, insofern er das besondere Element nicht passend und selbstbewusst in seine praktische Einstellung gegenüber der Individualität integriert. Er stellt im Grunde die Praxis der Individuen dar, die die Gemeinschaft und ihre impliziten Normen hervorbringt. Zudem wird die Beziehung, die jedes glaubende Individuum gegenüber dem einnimmt, für was es sich aufopfert und mit dem es sich identifiziert, also dem Gegenstand seiner Verehrung, durch die Beziehungen dieses Individuums zu anderen anerkannten und anerkennenden Individuen, insbesondere zu ihren Anerkennungseinstellungen, vermittelt. Der Glaube hingegen beharrt darauf, dass er in einer *unmittelbaren* Beziehung zum absoluten Wesen steht und dass die Existenz und Natur dieses Wesens völlig *unabhängig* von den Tätigkeiten und Einstellungen der glaubenden Individuen besteht. Im Gegensatz dazu behauptet Hegel, dass das absolute Wesen des Glaubens

> dieser Geist der Gemeine sei, darin ist das Tun der Gemeine ein wesentliches Moment; er ist es *nur durch das Hervorbringen* des Bewußtseins, – oder vielmehr *nicht ohne* vom Bewußtsein hervorgebracht zu sein [...].[42]

Die Normen der Gemeinschaft sind eigentlich das Produkt ihrer praktischen Anerkennungseinstellungen. Darin hat die Moderne Recht. Der Glaube versteht sich selbst nicht auf diese Weise. Hegel erklärte uns, was der Gegenstand des Glaubens *an sich* ist, und nicht, was er *für* das in Frage stehende Selbstbewusstsein ist. Er beschreibt den von den glaubenden Individuen mittels irreführender Sinne (begriffliche Inhalte) herausgesuchten (bzw. aufgegriffenen) Referenzgegenstand, das heißt das Noumena hinter den Phaenomena der Gottesdienste und -verehrungen. Insofern hat die Aufklärung Recht mit ihrer Kritik am Glauben. Er verkennt grundlegend seinen Gegenstand, der kein objektives unabhängiges Wesen ist (wie es sich der Glaube vorstellt), sondern ein Produkt des eigenen Denkens und der eigenen Praxis. (Diese Art von Fehler nennt Marx in seiner anthropologischen Allegorie »Fetisch«.)

> Als eben dieses spricht die Aufklärung den Glauben richtig aus, indem sie von ihm sagt, daß das, was ihm das absolute Wesen ist, ein Sein seines eigenen Bewußtseins, sein eigener Gedanke, ein vom Bewußtsein Hervorgebrachtes sei.[43]

Der Glaube ist bemüht, seine anerkennenden und praktischen Tätigkeiten auf die Kenntnis von Tatsachen zu gründen, also

42 Ebd., S. 407.
43 Ebd., S. 406.

eine objektivistische metaphysische Grundlage für die Verbindlichkeit von Normen zu geben. Diese Metaeinstellung hat er von der traditionellen Gesellschaft übernommen, in der die Normen nicht als Produkte unserer Praxis gedacht werden, sondern als etwas, das einfach in der Beschaffenheit der Welt vorgefunden wird. Während die Normen bei den Griechen Teil der natürlichen Welt waren, sind sie im Glauben Teil der übernatürlichen Welt. Dies stellt allerdings einen spezifischen Unterschied innerhalb der allgemeinen Übereinstimmung dar, wonach die Normen in der Ontologie und in den Tatsachen verankert sind, in der einfachen Beschaffenheit der Welt, ohne den Menschen und seine praktischen Einstellungen. Obwohl diese Normen und ihre Verbindlichkeit tatsächlich von Menschen instituiert werden, die dem reinen Bewusstsein des Glaubens gemäß handeln, werden sie nicht als Produkte menschlicher Einstellungen und Praxis verstanden. Obgleich glaubende Individuen diese Normen durch ihre Einstellungen instituieren, gelingt es ihnen nicht, dies zu erkennen. Die Einstellungsabhängigkeit normativer Status und damit die grundlegende richtungsweisende Einsicht der Moderne wurde vom Glauben nicht übernommen.

Der Glaube und die Aufklärung haben jeweils sowohl eine Erkenntnisdimension bzw. theoretische Dimension als auch eine Anerkennungsdimension bzw. praktische Dimension. Der Glaube irrt sich in seinen Erkenntniseinstellungen, da er seinen Gegenstand und seine Beziehung zu diesem Gegenstand missversteht. Indem er aber eine Vertrauensgemeinschaft erschafft, ist er mit seinen Anerkennungspraktiken erfolgreich. Die Aufklärung hat Recht in ihren Erkenntniseinstellungen, da sie einsieht, dass die in Frage stehende Normativität nicht unabhängig von unseren Einstellungen und Tätigkeiten ist. Sie scheitert jedoch auf der praktischen Seite, der Seite der Anerkennung. Der Glaube stimmt Normen zu, die bestimmten Inhalt haben können, weil er eine Gemeinschaft mit der Vertrauensstruktur gegenseitiger Anerkennung erzeugt; die Normen sind gehaltvoll, weil eine solche Gemeinschaft tatsächlich begrifflich gehaltvolle Normen instituieren, stützen und entwickeln kann. Die Aufklärung hingegen erzeugt keine solche Gemeinschaft. Auf der Seite des Erkennens sieht sie, dass gehaltvolle Normen nicht einfach aus der bloßen Beschaffenheit der Welt abgelesen werden können, unabhängig von den Einstellungen, Tätigkeiten, Praktiken und Fähigkeiten der Lebewesen, die durch sie gebunden werden. Rationalität ist zwar eine menschliche Fähigkeit, die Aufklärung jedoch ist einem reinen formalen Begriff der Vernunft verhaftet. Sie kann die Inhalte kritisieren, die der Glaube zu finden beansprucht, aber selbst keinen Ersatz leisten.

Im Gegensatz zum Glauben würdigt die Aufklärung, dass die verbindliche Kraft und der bestimmte Inhalt begrifflicher Normen von der Tätigkeit selbstbewusster einzelner Erkenntnis- und Handlungssubjekte abhängen. Ihre entzauberte objektive natürliche Welt bringt keine Normativitätsstruktur mit sich. Das Phänomen von Autorität und Verantwortung ist von Menschen geschaffen, sie sind das Produkt unserer Einstellungen und Praktiken. Die Aufklärung zeigt ihre Entfremdung in ihrem Verständnis von Normen, das genauso einseitig subjektiv ist wie das des Glaubens einseitig objektiv. Das letztlich unbefriedigende Ergebnis ist der aufklärerische Utilitarismus, der die normative Bedeutung von Dingen in Bezug auf ihre Nützlichkeit auslegt.[44] »Nützlichkeit« steht hier allegorisch für die Rolle, die Dinge als Gegenstände praktischer Einstellungen

44 »Diese [die Aufklärung] vollendet auch an diesem Reiche, wohin sich der entfremdete Geist als in das Bewußtsein der sich selbst gleichen Ruhe rettet, die Entfremdung; sie verwirrt ihm die Haushaltung, die er hier führt, dadurch, daß sie die Gerätschaften der diesseitigen Welt hineinbringt, die er als sein Eigentum nicht verleugnen kann, weil sein Bewußtsein ihr gleichfalls angehört. – In diesem negativen Geschäfte realisiert zugleich die reine Einsicht sich selbst und bringt ihren eigenen Gegenstand, das unerkennbare *absolute Wesen* und das *Nützliche* hervor.« (Ebd., S. 361 f.)

spielen. Die Einsicht, derzufolge begriffliche Normen nicht unabhängig von den Tätigkeiten selbstbewusster Individuen sind, die Begriffe im Urteilen und Beabsichtigen anwenden (»Das Nützliche ist der Gegenstand, insofern das Selbstbewußtsein ihn durchschaut [...]«[45]), wird radikalisiert und läuft darauf hinaus, dass Normen bloß die einzelnen zufälligen Zwecke individueller Selbstbewusstseine reflektieren. Durch das Nützlichkeitsprinzip wird in Hegels Begriffen das, was die Normen an sich sind, mit dem identifiziert, was die Normen für das Bewusstsein sind.

Mit dem Begriff »Utilitarismus« wird heute üblicherweise auf die Art von Moraltheorie verwiesen, die ihre klassische Form von Jeremy Bentham und John Stuart Mill erhalten hat. Diese Art von Denken wird vom praktischen zum theoretischen Reich der Theorien über Bedeutung und Wahrheit erweitert und dann typischerweise mit dem Begriff »Pragmatismus« bezeichnet. Hegel zufolge lässt sich ein Gedankengang herstellen, der von der Verdrängung subjektiver Werte aus einer objektiven Welt von Tatsachen zur Bestimmung aller Eigenschaften und Tatsachen als zweckbezogen verläuft, also zuletzt zu einem Verständnis der Wahrheit von Behauptungen als etwas, das dem Erfolg praktischer Unterfangen von Individuen zuträglich ist. »Entfremdung« ist sein Begriff für die gewöhnliche praktische Vorstellung von (Einstellungen gegenüber) Autorität und Verantwortung (»Selbständigkeit« und »Unselbständigkeit«), die der Schwankung zwischen einseitigem Objektivismus und einseitigem Subjektivismus zugrunde liegt und sie motiviert und erforderlich macht. Wird diese entfremdete praktische Vorstellung theoretisch explizit gemacht, nennt Hegel sie »Verstand«. Sein übergreifendes philosophisches Ziel ist es, uns die metabegrifflichen Werkzeuge bereitzustellen, mit deren Hilfe wir Normen sowohl als etwas genuin Verbindliches verstehen kön-

45 Ebd., S. 430f.

nen, etwas, das objektiv da ist und den individuellen Einstellungen vorausgeht und unabhängig von ihnen ist, als auch als etwas, das eine bloße Abbildung von diesen subjektiven Einstellungen ist. Die Kategorien der *Vernunft* (im Gegensatz zu jenen des *Verstandes*) ermöglichen nicht nur die Überwindung des naiven dogmatischen ontologischen Normenobjektivismus der Tradition, sondern auch die Überwindung des utilitaristischen Pragmatismus, der sich von der Genuinität der verbindlichen Kraft der Normen, das heißt vom Ergebnis des Aufstiegs des Subjektivismus, ironisch distanziert hat und der sich durchaus vom Pragmatismus unterscheidet, wie ihn Hegel meiner Meinung nach empfiehlt.

Hegel ist der Überzeugung, dass praktisch sehr viel von diesem Unterfangen abhängt. Wenn das reine Bewusstsein in der Form der Aufklärung zum Selbstverständnis des wirklichen Bewusstseins in der institutionellen Form der Staatsmacht wird (der praktisch-anerkennende Ausdruck und die Verwirklichung einer theoretisch-erkennenden Ansicht), ist das Ergebnis der Terror, der seinen Inbegriff im Todeskampf der Französischen Revolution findet.

> Das Bewußtsein hat in der Nützlichkeit seinen Begriff gefunden. [...] und aus dieser inneren Umwälzung tritt die wirkliche Umwälzung der Wirklichkeit, die neue Gestalt des Bewußtseins, die *absolute Freiheit* hervor.[46]

Normen werden praktisch als Produkte subjektiver Einstellungen verstanden und können diese Einstellungen nicht beschränken. Ein rein formaler Begriff von Vernunft kann keinen bestimmten Inhalt anbieten. Der Staat wird nach dem Modell eines bestimmten individuellen Selbstbewusstseins verstanden – nur mit dem Unterschied, dass der Wille dieses Bewusstseins

46 Ebd., S. 431.

(der »Volkswille«), also seine Verpflichtungen, als für jedes Individuum verbindlich betrachtet wird. Folglich werden Individuen dazu verpflichtet, sich mit diesem Willen zu identifizieren und sich für ihn aufzuopfern. Diese Art rein formaler Anerkennungsbeziehung, in der jeder Bürger sich selbst im Willen aller bzw. im Gemeinwillen anerkennt, kann jedoch tatsächlich keinen bestimmt gehaltvollen Gemeinwillen instituieren. Hierfür müssten die besonderen subjektiven Verpflichtungen der Individuen irgendeine Art Autorität über das Allgemeine bzw. über den Gemeinwillen besitzen. Das Ergebnis wäre laut Hegel eine Inhaltsleere, die, ähnliche wie im Kontext der abstrakten juristischen Person, nur durch die subjektiven Einstellungen und Neigungen eines willkürlichen Individuums aufgefüllt werden kann. Wenn die Autorität des einzelnen Selbstbewusstseins zur Instituierung von Normen nicht theoretisch und praktisch durch entsprechende Verantwortung beschränkt wird – also Unabhängigkeit ohne entsprechende Abhängigkeit vorherrscht –, ist das Ergebnis absoluter Terror.

Damit Normen gehaltvoll sind, müssen Zufälligkeit und Besonderheit in der Form von Notwendigkeit (normative Kraft) und Allgemeinheit (begrifflicher Inhalt) durch die Anerkennungsbeziehungen wechselseitiger Autorität und Verantwortung integriert werden, die nicht nur *sozial*, sondern auch *geschichtlich* gegliedert sind, und zwar beschränkt durch die Form einer erinnerten *Tradition*. Das Moderne ist ein Verständnis, wonach es keine Normen unabhängig von den Einstellungen und Praktiken individueller Selbstbewusstseine geben kann; entfremdet sein heißt, die Autorität von Einstellungen über Status nach dem Modell der unbeschränkten, reinen Selbstständigkeit (asymmetrische Anerkennungsbeziehungen) und nicht nach dem Modell der Freiheit zu verstehen. Jede derartige Vorstellung ist dazu gezwungen, zwischen den zwei Ansichten zu schwanken: *Entweder* sind Einstellungen nicht durch Normen beschränkt, weil sie inhaltsleer sind, *oder*, weil sie willkürlich, zufällig, also vereinzelt und somit irrational sind, das heißt abgeleitet von den zufälligen Einstellungen, Interessen und Neigungen irgendeines Subjekts. Die Inhaltslosigkeit ist am Ende des Kapitels zur Vernunft Hegels Einwand gegen das »ehrliche Bewusstsein«, das eine Verringerungsstrategie verfolgt und insofern Handlungsfähigkeit nach dem Modell der Herrschaft deutet und nur für das Verantwortung übernimmt, was es zu tun *versucht*, also für den (sehr ungenau gedeuteten) *Willen*, anstatt für ein wirkliches Tun. Wir werden sehen, wie der gleiche Einwand gegen das »gewissenhafte Bewusstsein« erhoben wird, welches analog zum vorherigen Fall Pflicht als das identifiziert, was es am Ende des Kapitels zum Geist in der Diskussion zur Moralität ehrlicherweise als Pflicht betrachtet (nämlich als eine Norm mit einer Einstellung).

Glaube und Aufklärung stehen jeweils für ein einseitiges Verständnis der wahren Natur der Normen bezüglich Einstellungen. Innerhalb der praktisch-anerkennenden Dimension des Selbstbewusstseins ist der Glaube auf dem richtigen Weg; seine theoretisch-erkenntnismäßige Betrachtung auf der Seite des Bewusstseins hingegen ist falsch. Der Glaube hat Recht in dem, was er *tut*: Er *verleiht* den Normen bestimmten Inhalt, indem er eine Anerkennungs*gemeinschaft* aufbaut. Er baut eine *Vertrauensgemeinschaft* auf, die bestimmt gehaltvolle Normen *entwickeln* und *erhalten* kann. Er hat Recht darin, dass seine Beziehung zu den Normen durch *Bekenntnis* und Dienst geprägt sein sollte. Er irrt sich jedoch darin, dass hierfür private Vorstellungen und Anliegen vollständig aufgeopfert werden müssen bzw. überhaupt vollständig aufgeopfert werden können. Er irrt sich zudem darin, die traditionelle Vorstellung einer unmittelbaren Beziehung zu den Normen zu übernehmen und sie durch Vergegenständlichung zu verdinglichen, zu ontologisieren und gewissermaßen zu naturalisieren. Er erkennt sich selbst nicht in den Normen wieder, mit denen er sich identifiziert, insofern er sie nicht als sein eigenes Produkt betrachtet. Weder die Glaubensgemeinschaft noch die einzelnen entsprechenden Aktivitäten werden hinsichtlich der Normen als *wesentlich* oder *autoritativ* betrachtet. Die Aufklärung hat Recht damit, dass die Kraft und der Inhalt von Normen von den Einstellungen und Praktiken der Individuen abhängen, die mehr als nur besondere natürliche Wesen werden, wenn sie gebildet und also durch diese Normen beschränkt werden. Sie irrt sich hingegen darin, dass wir bloß die *Form* beitragen; und sie irrt bezüglich der praktischen Folgen ihrer Einsicht in unsere Autorität über Normen. Ihre Kritik an der Metaphysik des Glaubens ist richtig, sie liegt jedoch falsch darin, dass dadurch die Lebensform des Glaubens untergraben wird. Auf der Seite der Anerkennung der konstituierenden Gemeinschaften und selbstbewussten Individuen könnte der Kontrast zwischen dem Terror und der Vertrauensgemeinschaft nicht größer sein. Die charakteristische Struktur der modernen Entfremdung besteht darin, dass das legitimierende reine Bewusstsein in komplementäre, praktisch institutionalisierte Konkurrenten eingeteilt ist, die wechselseitig jeweils ausschließlich nur auf der Seite der Erkenntnis bzw. der Seite der Anerkennung erfolgreich sein können. Zur Überwindung dieser Entfremdung müssen die humanistische *Metaphysik* der Aufklärung (mit ihrer erkenntnistheoretischen Betonung des Beitrags individueller Selbstbewusstseine) und die *Vertrauensgemeinschaft* des Glaubens (mit ihrer anerkennungspraktischen Betonung des Beitrags individueller Selbstbewusstseine, die den Normen zustimmen, Dienst an ihnen üben und sich durch Aufopferung mit ihnen identifizieren) miteinander verbunden werden. Für einen gelungenen Übergang zur dritten, postmodernen Phase der Entwicklung des Geistes müssen die Erkenntniserfolge und Anerkennungserfolge der Aufklärung und des Glaubens zusammengebracht werden. Hierfür müssen wir verstehen, welche Rolle die Erinnerung im Erkennen und Anerkennen spielt. Wenn die Erkenntnistätigkeit die Form verzeihender Erinnerung annimmt, instituiert sie semantisch-repräsentationale Beziehungen zwischen erkennenden Subjekten und den erkannten Gegenständen. Wenn die Anerkennungstätigkeit die Form verzeihender Erinnerung annimmt, instituiert sie Gemeinschaften mit der Normativitätsstruktur des Vertrauens. Kurz gefasst: Erinnerung als Verzeihung erzwingt die begriffliche Verknüpfung zwischen nichtentfremdetem Erkennen und nichtentfremdeter Anerkennung.

VII. Moralität und Gewissen

Die Aufklärung kann die Normen nicht als zugleich verbindlich und gehaltvoll begreifen, und der Glaube kann nicht verstehen, dass wir diese Normen bei ihrer Instituierung verbindlich und gehaltvoll *machen*. Die Aufgabe besteht darin, die sittliche Zustimmung zur Autorität der Normen mit der modernen Zustimmung zur Autorität subjektiver Einstellungen in Einklang zu bringen. Das Streben nach dieser Versöhnung, die den Übergang von der Moderne zu einer neuen Epoche in der Entwicklung des Geistes erlauben würde, nennt Hegel »Moralität«. Ihr Prophet ist Kant. Zwar ist die Moralität bemüht, diese beiden Dinge zusammenzubringen; ihre Form ist jedoch eine unmittelbare Entwicklung der Aufklärung und nicht des Glaubens:

> Die Aufklärung hat also über den Glauben darum eine unwiderstehliche Gewalt, daß sich in seinem Bewußtsein selbst die Momente finden, welche sie geltend macht.[47]

47 Ebd., S. 422.

Die Moralität entlarvt sich zuletzt als eine Art Verringerungsstrategie, die als ein Verständnis von Handlungsfähigkeit in Verbindung mit dem ehrlichen Bewusstsein im 12. Kapitel untersucht wurde. Die Moralität ist demnach nicht in der Lage, die zwei Seiten von Handlungsfähigkeit befriedigend zusammenzubringen und absichtliches Tun als normbestimmte und zugleich wirkliche objektive Geschehnisse zu begreifen. Indem die Moralität die genuine Verantwortung des Handlungssubjekts auf einen reinen Akt des Willens reduziert und als frei von bestimmten sinnlichen Neigungen erachtet, schließt sie die Möglichkeit aus, dass Handlungssubjekte überhaupt genuine Autorität darüber haben, was in der objektiven Welt wirklich passiert. Der Metavorstellung der Moralität ist implizit, dass sie es mit ihren reinen formalen Termini nicht schafft, den Inhalt der Normen verständlich zu machen, durch die sich Handlungssubjekte binden. Dies wird in der Metavorstellung der Beziehung zwischen Normen und Einstellungen explizit, der Beziehung, die Hegel das »Gewissen« nennt.

Von der Seite der Anerkennung (und somit des Selbstbewusstseins) aus gedacht, sind Moralität und Gewissen Strukturen der Rechtfertigung und Beurteilung (und somit der Legitimation). Sie stellen dementsprechend praktische Einstellungen gegenüber der Konstitution gemeinschaftlicher Normen und ihrer Bestimmung durch angemessene individuelle Vollzüge dar. Solche Normen sind wirksam, insofern sie in Akten, Einstellungen und Rechtfertigungs- und Beurteilungspraktiken ausgedrückt werden. Diese Normen können explizit gemacht und so als Prinzipien formuliert werden, auf die man bei der Rechtfertigung und Beurteilung von Vollzügen Bezug nimmt – oder implizit in den Dispositionen der Gemeinschaftsmitglieder als Zustimmung zu bestimmten Rechtfertigungen und Beurteilungen verbleiben. Die von uns betrachteten Gestalten des Geistes tauchen erst spät in dem Prozess auf, in dessen Praktiken die Prinzipien explizit gemacht werden; demzufolge dienen sie vor allem dazu, die Anrufung der Prinzipien *als* Prinzipien zu verhandeln (»reines Bewusstsein« als Ort der Legitimation von Normen).

Die Moralität bemüht sich, die allgemeine Anwendbarkeit moralischer Prinzipien (die Folgen der Anwendbarkeit einer Regel) mit ihrem Ursprung und ihrer Geltung zu vereinen, und zwar in der freien Verpflichtung eines unabhängigen individuellen Handlungssubjekts zu allgemein verbindlichen Prinzipien (die Gründe für die Anwendbarkeit einer Regel). Indem man ein Prinzip als allgemein in diesem Sinne behandelt, verpflichtet man sich dazu, dass dieses Prinzip von *allen* auf die Rechtfertigung, Anfechtung und Beurteilung der Rechtfertigungen von Vollzügen angewendet werden darf. Indem die Moralität auf der Allgemeinheit von Prinzipien in diesem Sinne beharrt, versucht sie, das Übereinstimmen von Rechtfertigung und Beurteilung sicherzustellen. Diese Einstellungen beziehen sich auf zwei verschiedene soziale Anerkennungsperspektiven: auf den Kontext der Erwägung durch die erste Person und auf den Kontext der Bewertung durch die dritte Person. Für die Strategie der Moralität ist klar, dass zur Überwindung der Entfremdung der Einstellungen gegenüber den Normen *ebenjene* Normen die Gegenstände der Einstellungen sein müssen, die von diesen beiden Perspektiven eingenommen werden. Sie strebt also danach, sicherzustellen, dass *dieselben* Prinzipien sowohl im Kontext der Erwägung und Rechtfertigung als auch im Kontext der Beurteilung als gültig anerkannt werden. Erst aufgrund der Beziehung des vollziehenden Subjekts zu solchen als allgemein behandelten Prinzipien gilt das Subjekt als ein Handlungssubjekt und seine Vollzüge als Handlungen. Sie sind Handlungen, insofern sie sich im Raum des Gebens und Forderns von Gründen und Rechtfertigungen befinden. Sie gelangen in diesen Raum, indem sie gemäß Prinzipien vollzogen und bewertet werden, die als allgemein und als Gründe für Handlungen betrachtet werden. Das Beharren der Moralität auf der Allgemeinheit von Prinzipien in Verbindung mit der Forderung, dass Handlungen gemäß solchen Prinzipien vollzogen werden müssen (sie also von Normen bestimmt werden), scheint also eine Form zu sein, in der eine Wiedergewinnung der Sittlichkeit möglich ist, und zwar weil die Abhängigkeit der Individuen von der normativen Substanz, die allein die (Vollzüge mit der Bedeutung einer) Handlung ermöglicht, in dieser Struktur von Akten, Einstellungen und Rechtfertigungs- und Beurteilungspraktiken mitsamt der Gültigkeit dieser Normen und ihrer Angemessenheit für alle Individuen verkörpert ist.

Während die Allgemeinheitsforderung den Versuch ausdrückt, Sittlichkeit wiederzugewinnen, wird die Rolle des Individuums beim Konstituieren der Angemessenheit der Normen in der Erklärung verortet, wie allgemeine Prinzipien Gültigkeit erlangen. Laut Hegels Verständnis von Kant behauptet Moralität, dass die Beschränkung von Prinzipien letztlich mit deren Aneignung durch Individuen *als* etwas Verbindliches legitimiert wird (da sie das eigene Selbst als *rational* ausdrücken). Freiheit und richtiges Handeln fallen zusammen und bestehen so dann im Handeln gemäß allgemein gültigen Prinzipien, an die man sich freiwillig bindet. Dies ist das von Kant und Rousseau stammende Abgrenzungskriterium des Normativen in Bezug auf Autonomie. Alle genuin *normative* Kraft und Gültigkeit (Verbindlichkeit) ist selbstbindend. Der normative Status des Verantwortlich*seins* wird durch die Einstellung des Subjekts instituiert, das diesem Status *als* etwas Verbindliches zustimmt. Bewohner des Reichs der Freiheit, wie Kant sagt, werden nicht durch Regeln gebunden, sondern durch die Vorstellungen von Regeln. Der Zugriff der Regeln auf freie Lebewesen wird durch deren Einstellungen gegenüber diesen Regeln vermittelt. (Natürlich meint Kant, dass es auch höherstufige, rein formale Prinzipien gebe, die uns binden, allein insofern wir rationale Lebewesen sind, das heißt aufgrund unserer Fähigkeit, uns selbst durch begriffliche Normen im Urteilen und Handeln zu binden. Die Zustimmung zur Verbindlichkeit dieser Prinzipien ist all unseren diskursiven Einstellungen und Praktiken implizit. Wie wir sehen werden, wird auch diese Seite des kantischen Denkens von Hegel weiterentwickelt. An dieser Stelle ist es wichtig einzusehen, und diese Einsicht liegt Kants Idee normativer Autonomie zugrunde, dass diese Normen nur vor dem Hintergrund der (unteren) Instituierung der begrifflichen Verpflichtung durch Zustimmungseinstellungen im Urteilen und Bejahen praktischer Maximen verständlich sind.)

Das Individuum der Aufklärung darf aufgrund seiner Würde ausschließlich seinem eigenen Willen unterliegen. Indem es aber darauf beharrt, diesen Willen zu verallgemeinern, räumt das moralische Individuum ein, dass Handlungen auf Beurteilungen gefasst sein müssen, die nicht bloß in der Wiederholung der Absichten und Einstellungen bestehen, durch die diese Handlungen überhaupt erst hervorgerufen wurden. In diesem Sinne strebt die Strategie der Moralität nach der Überwindung der Entfremdung, in dem sie anerkennt, dass Normen durch die Handlungen der Gemeinschaftsmitglieder konstituiert werden; ohne hierbei jedoch die Verbindlichkeit der Normen durch diese Anerkennung zu untergraben (im Gegensatz zum zerstreuten ironischen Bewusstsein). Indem sie beide Forderungen nachvollzieht, vervollständigt die Moralität das Explizieren der Prinzipien, die die entfremdete Praxis bestimmen, und weist zugleich über diese Praktiken hinaus auf die Möglichkeit einer nichtentfremdeten Lebensform, die die Sittlichkeit und die Zustimmung zur Autorität der Einstellungen individueller Selbstbewusstseine in Einklang bringt.

Hegel zufolge versucht Kant, insofern er die Quelle der Gültigkeit von Prinzipien in ihrer individuellen Aneignung und Bejahung sieht, den Riss zwischen den Rollen des sozialen Selbst und der individuierten Substanz, also die Entfremdung des Geistes von sich selbst in der Gestalt des Gegensatzes zwischen den beiden sozialen Aspekten von Handlung zu überbrücken.

Kant versucht das Problem der Entfremdung zu lösen, ohne es explizit anzuerkennen. Sein Schema lautet wie folgt: a) Individuelle Handlungen sind das, was sie sind, insofern sie durch Prinzipien bewertet werden, die die individuelle Handlung genuin beschränken; b) Vollzüge sind Handlungen, nur insofern sie derartig beschränkt werden; c) unabhängig von den Tatsachen, die die Menschen hinsichtlich Prinzipien als gültig erachten, indem sie die Prinzipien bejahen oder sich aneignen, das heißt, indem sie sich zu ihrer Gültigkeit verpflichten, gibt es keine (nichtformalen) Tatsachen darüber, welche Prinzipien gültig sind. Dies sind eben genau die zur Überwindung der Entfremdung erforderlichen Elemente.

Hegel argumentiert aber, dass die so verstandene Strategie der Moralität fehlerhaft und aussichtslos ist, verhängnisvoll infiziert mit dem Modell der individuellen Unabhängigkeit des Verstandes – mit dem Modell der Autorität, die nicht nur keine Verantwortung einfordert, sondern selbst mit einer solch gleichrangigen Verantwortung unvereinbar ist. Diese Strategie ruft genau die Entfremdung hervor, die sie überwinden will. Trotz ihrer Absichten schafft es die Moralität nicht, die Rechtfertigung von Handlung und die Beurteilung von Handlung in Einklang zu bringen. Die Auffassung individueller Verpflichtung als die Quelle der Anwendbarkeit von Prinzipien untergräbt die Allgemeinheit von Prinzipien in ihrer Funktion, ein solches Übereinstimmen sicherzustellen. Obwohl das rechtfertigende Handlungssubjekt und das beurteilende Publikum jeweils dazu verpflichtet sind, ihre Prinzipien als allgemein gültig zu behandeln, stellt die Moralität nicht sicher, dass dieselben Prinzipien, auf die das Handlungssubjekt in der Rechtfertigung rekurriert, vom beurteilenden Subjekt anerkannt und angeeignet werden, und umgekehrt. Nichts garantiert die Identität zwischen dem Inhalt der Normen der Erwägung durch ein Handlungssubjekt und dem Inhalt der Normen der Bewertung durch ein anderes Handlungssubjekt. Zwar rekurriert jedes Individuum beim Erwägen und Bewerten auf dieselben Normen. Allerdings reicht dies nicht aus, um die interpersonale Identität des Inhalts der angewendeten Normen sicherzustellen, wenn das erwägende Subjekt und das bewertende Subjekt nicht identisch sind. Die gemeinsame Grundlage dieser Normen in bestimmten (von unabhängigen Individuen getätigten) Verpflichtungen institutionalisiert stattdessen die Bejahung der entgegengesetzten Prinzipien, die die zwei sozialen Perspektiven bestimmen, welche zusammengenommen Vollzüge zu Handlungen machen. Die gegenseitige Unabhängigkeit zwischen Rechtfertigungs- und Beurteilungsaspekt, in der die entfremdete Struktur der Handlung wesentlich besteht, wird somit nicht überwunden.

Die Strategie der Moralität bringt Rechtfertigung und Beurteilung jedoch nur für jedes einzelne Handlungssubjekt überein und nicht an sich, also nicht für alle, die in Wechselbeziehungen miteinander stehen. Die Allgemeinheit von Prinzipien bedeutet, dass jedes Handlungssubjekt dazu verpflichtet ist, seine Vollzüge allein durch den Rekurs auf Prinzipien zu rechtfertigen, auf die jedes Subjekt beim Rechtfertigen angemessen rekurrieren kann und die jedes Subjekt, einschließlich des Handlungssubjekts selbst, beim Beurteilen angemessen anwenden kann. Vom Standpunkt des Handlungssubjekts aus rekurrieren also Rechtfertigung und Beurteilung auf ebendieselben Prinzipien und stehen in keinem prinzipiellen umfassenden Gegensatz oder Konflikt. Dies reicht jedoch nicht aus, um sicherzustellen, dass kein Gegensatz zwischen dem handelnden und beurteilenden Subjekt besteht. In der wirklichen sozialen Praxis müssen diese Standpunkte auch miteinander zusammenhängen, denn das Rechtfertigen und das Beurteilen müssen im Allgemeinen von verschiedenen Individuen vollzogen werden. Gemäß den kantischen Prinzipien ist die Allgemeinheit nur eine Frage der Form und normativer Inhalt nur eine Frage individueller Verpflichtung, wobei der Inhalt der Verpflichtungen des einen Individuums vom Inhalt der Verpflichtungen eines anderen Subjekts unabhängig ist; diese Prinzipien können die soziale Koordinierung nicht leisten. In der Entzweiung von Absicht und Vollbrachtem zeigt sich Moralität also als eine Form des (nach wie vor) entfremdeten Geistes.

Auch das gewissenhafte Selbstbewusstsein, die Nachfolgestrategie der Moralität, versucht die allgemeine Verantwortung gegenüber Normen mit der von Individuen durch Zustimmung und Aneignung geleisteten Konstituierung von Normen in Einklang zu bringen – auch wenn diese Strategie hierfür eine ganz andere Struktur nutzt als die Moralität. Insbesondere überwindet das gewissenhafte Bewusstsein die perspektivistische Entzweiung spezifischer Anerkennung, die Moralität als eine weitere Form praktischer Entfremdung von Handlung und Selbstbewusstsein offenbart hatte, indem es sowohl die Rechtfertigung als auch die Beurteilung auf das Gewissen hin anspricht. Die Moralität hat versucht, die Bedeutung der Verschiedenheit des Inhalts dessen zu verleugnen, was von verschiedenen Handlungssubjekten als Pflicht betrachtet wird, und zwar indem sie implizit die Beurteilung als das Bewerten von Handlung nicht gemäß den Prinzipien der Angemessenheit des beurteilenden Subjekts behandelt hat (die Allgemeinheitsforderung der Prinzipien, die vom beurteilenden Subjekts bejaht werden), sondern gemäß dem Prinzip der Metaebene, wonach Handlungen moralisch in Ordnung sind, wenn sie gemäß dem vollzogen werden, was vom Handlungssubjekt als Pflicht *betrachtet* wird. Im Kontext der Moralität steht dieser implizite Ausdruck individueller Autonomie in Konflikt mit den Allgemeinheitsforderungen der Pflicht und Angemessenheit. Auf der Stufe des Gewissens wird er zu einem expliziten Prinzip erhoben und als Strategie explizit angenommen.

Die Form der Rechtfertigung einer Handlung läuft nun explizit darauf hinaus, dass eine Handlung angemessen war, wenn sie in der Überzeugung des Handlungssubjekts vollzogen wurde, die Handlung sei angemessen gewesen. Hiermit ist auf die Einstellung verwiesen, die Normen instituiert. Dieser Rechtfertigungsansatz entspricht einem Beurteilungsansatz. Die Angemessenheit einer Handlung sollte ausschließlich danach bewertet werden, ob das Subjekt aus der Überzeugung heraus gehandelt hat, dass die Handlung angemessen ist. Auf der Seite der Rechtfertigung sowie auf der Seite der Beurteilung bedeutet Handeln gemäß einer Pflicht Handeln gemäß dem, was man als eine Pflicht *betrachtet*. Angemessenheit konstituiert sich durch das, was das Individuum als angemessen betrachtet, da Normen in der Anerkennung und Aneignung durch Individuen bestehen. Einstellungen bestimmen sowohl die Kraft als auch den Inhalt von Normen. Sie instituieren die verbindliche Kraft der Norm und verleihen ihr begrifflichen Inhalt. Das praktische Selbstbewusstsein, das sich gemäß dem normativen Metabegriff des Gewissens versteht, ist das *Nonplusultra*-Verständnis der Einstellungsabhängigkeit normativer Status. Im gewissenhaften Bewusstsein und seinem Verständnis von der Beziehung zwischen Normen und Einstellungen finden wir den explizitesten und extremsten Ausdruck des modernen, entfremdeten Aufstiegs der Subjektivität: die Zustimmung zur Autorität der Einstellungen über Normen (die Abhängigkeit der Normen von Einstellungen bzw. deren Verantwortung gegenüber Einstellungen) in ihrer einseitigsten, hypersubjektiven Form. Diese Metanormativitätsstruktur wird als allgemein begriffen und vom rechtfertigenden und beurteilende Handlungssubjekt geteilt. Auch wenn ein beurteilendes Subjekt und ein rechtfertigendes Subjekt nicht darin übereinstimmen, was pflichtgemäß in einer bestimmten Situation tatsächlich angemessen und erforderlich ist, können sie dennoch darin übereinstimmen, dass angemessen gehandelt wurde, insofern das beurteilende Subjekt dem Handlungssubjekt die Überzeugung zuschreibt, dass die Angemessenheit die tatsächlich vollzogene und beabsichtigte Handlung erforderte.

Der Ursprung des Paradoxen am gewissenhaften Bewusstsein ist bereits in dieser Formulierung sichtbar. Auf das Gewissen als die Rechtfertigung einer Handlung zurückzugreifen setzt die Existenz von Pflichten bzw. Angemessenheiten voraus, welche unabhängig von diesem Rückgriff konstituiert werden. Pflichten und Angemessenheiten vollständig auf der Grundlage der Legitimität solcher Rückgriffe zu erzeugen stellt eine inkohärente Forderung dar. Die berühmte Rechtfertigung von Martin Luther »Ich stehe hier, ich kann nicht anders« greift auf das Gewissen zurück, das heißt seine persönliche Überzeugung, dass seine Pflicht *seine* Handlungen erforderlich mache und nicht andere Handlungen. Er hat jedoch eine andere Vorstellung von gewissenhaftem Bewusstsein als die, die von Hegel besprochen wird. Denn die Pflicht, die seiner Überzeugung nach seine Handlungen erforderlich macht, ist weder durch seine eigene Anerkennung noch durch diejenige anderer konstituiert. Für dieses Handlungssubjekt des Glaubens besteht die Pflicht vielmehr im Handeln gemäß dem Willen Gottes. Luther ist davon ausgegangen, dass eine Handlung primär darin gerechtfertigt bzw. in Bezug darauf bewertet werden sollte, inwiefern sie tatsächlich die Absicht Gottes ausdrückt und voranbringt. Vor dem Hintergrund dieses *unabhängig* konstituierten Begriffs der Pflicht wurde eine sekundäre und parasitäre Form der Rechtfertigung und Beurteilung möglich, die die Frage ausklammert, ob die eigene Handlung *tatsächlich* in Einklang mit der Pflicht stand (mit dem normativen Status bzw. der Norm an sich), und stattdessen der Frage nachgeht, ob die Handlung zumindest aufgrund dessen vollzogen wurde, was der *Überzeugung* nach die Pflicht ist (also hinsichtlich der normativen Einstellung bzw. der Norm *für* das Selbstbewusstsein). Diese Art von Rückgriff auf das Gewissen ermöglicht einen Umgang mit den gelegentlich auftretenden epistemischen Unzugänglichkeiten von Pflicht im primären Sinne. Eine Handlung, die nicht mit der Pflicht übereinstimmt, greift ausschließlich auf der Seite der Erkenntnis dieser Pflicht zu kurz, und nicht auf der Seite des Willens oder

der Absicht, diese Pflicht zu vollziehen. Insofern es erlaubt ist, sekundär auf das Gewissen zurückzugreifen, um die Nichterfüllung der eigenen wirklichen Pflichten zu rechtfertigen, stimmt man den Rechten der Absicht und des Wissens zu, ohne dass diese Rechte die Pflichten dabei vollständig *bestimmen*.

Wichtig ist an dieser Stelle vor allem, dass ein solcher Rückgriff auf das Gewissen einen unabhängig konstituierten Begriff von Pflicht bzw. Angemessenheit voraussetzt, der darüber hinausgeht, was das einzelne Handlungssubjekt über das Angemessene in einem bestimmten Fall wissen kann. Nur vor dem Hintergrund eines möglichen Misslingens im Begreifen dessen, was tatsächlich angemessen ist – unabhängig davon, was als angemessen betrachtet wird –, erhält der Rückgriff auf das Gewissen einen kohärenten Inhalt. Der Rückgriff auf das Gewissen ist den Praktiken des Rückgreifens auf Pflichten parasitär, die nicht durch einen solchen Rückgriff auf das Gewissen konstituiert werden (dass man versucht hat, die eigene Pflicht zu tun, oder dass man getan hat, was als die eigene Pflicht erschien). Die Rede vom »Gewissen« setzt eine vorausgehende Rede von »Angemessenheit« voraus, und zwar aus genau demselben Grund, aus dem die Rede vom »Schein« die Rede vom »Sein« voraussetzt und die Rede vom »Versuchen« die Rede vom »Tun«. Der Fehler des gewissenhaften Bewusstseins entspricht also strukturell dem Fehler des ehrlichen Bewusstseins und des sich als sinnliche Gewissheit verstehenden Bewusstseins. Es ist in jedem Fall ein Fehler, eine Ausdrucksweise zu verwenden, die eine Verpflichtung qualifiziert oder verweigert – also ob etwas tatsächlich die eigene Pflicht ist, ob die Dinge sind, wie sie betrachtet werden, oder ob das Vollbrachte beabsichtigt war –, und sie auf eine autonome Ebene des Redens zu heben, in der die einzig möglichen Verpflichtungen die abgesicherten und die minimalen Verpflichtungen sind. Denn diese abgesicherten und minimalen Verpflichtungen sind als bestimmt gehaltvolle Verpflichtungen tatsächlich nur in einem Rahmen möglich und verständlich, der auch die vorhergehenden, robusteren Verpflichtungen umfasst.

Das gewissenhafte Bewusstsein bemüht sich, die *Form* des Rückgriffs auf das Gewissen zu bewahren, allerdings ohne den *Inhalt*, den der Rückgriff voraussetzt und von einer vorangegangenen Pflichtvorstellung übernommen hat. Der Begriff der Angemessenheit besteht hier allein in dem Begriff des Handelns, welches man als angemessen *betrachtet*. Daraus ergibt sich folgende Schwierigkeit: Bedeutet der Satz »Die Handlung von A ist angemessen (bzw. pflichtgemäß)«, dass »A seine Handlung als angemessen (bzw. pflichtgemäß) betrachtet«, dann führt das Einsetzen der Definition der Angemessenheit in den zweiten Satz zu dem Ergebnis, dass A, wenn es eine Handlung als angemessen betrachtet, diese Handlung so betrachtet, *als ob* es sie als angemessen betrachten würde. A ist aber unverbesserlich in Bezug darauf, wie es die Dinge betrachtet. Das heißt, es gibt keinen Unterschied dazwischen, wie A die Dinge betrachtet und wie A *sich selbst zufolge* die Dinge betrachtet. Daraus folgt, dass A unverbesserlich ist darüber, was ihm wirklich als angemessen gilt. (Tatsächlich werden in der Konstitution der Pflicht durch ihre gewissenhafte Anerkennung die konstitutiven Betrachtungen als Akte des Erkennens und Wollens behandelt – womit, in einer entfremdeten Form, eine wichtige Einsicht über Pflicht vorweggenommen wird.) Das gewissenhafte Bewusstsein weiß:

> Es selbst ist sich das in seiner Zufälligkeit Vollgültige, das seine unmittelbare Einzelheit als das reine Wissen und Handeln, als die wahre Wirklichkeit und Harmonie weiß.[48]

Das Gewissen hat sowohl in einem bestimmten Sinne Recht bezüglich normativer Kraft, als auch in einem bestimmten Sinne Recht bezüglich begrifflichem Inhalt. Um aber verstehen zu

48 Ebd., S. 465.

können, in welchem Sinne das Gewissen Recht hat, müssen wir uns genau anschauen, wie die Unterscheidung zwischen normativer Kraft und normativem Inhalt mit der Unterscheidung zwischen Normen und Einstellungen in Wechselwirkung steht und durch diese vermittelt wird, und umgekehrt. Zu diesem Zweck müssen wir uns die Wechselwirkung zwischen den drei Dimensionen der Anerkennungsgliederung genau anschauen: die soziale, die geschichtliche und die inferentielle.

15. Edelmütigkeit und Niederträchtigkeit. Der Kammerdiener

I. Zwei Metaeinstellungen

In den letzten beiden Teilen des Kapitels zum Geist (VI. B und VI. C) werden zwei Metaeinstellungen ins Spiel gebracht, durch die wir zu einer wichtigen Einsicht über den Begriff ENTFREMDUNG gelangen. Hegel bestimmt diese beiden Einstellungen mit den Termini »edelmütig« und »niederträchtig«. Miller gibt sie in seiner Übersetzung der *Phänomenologie des Geistes* als »noble« und »base« (oder »ignoble«) wieder.[1] Der Kontrast lässt sich meiner Meinung nach besser darstellen durch *generous* (großzügig) und *mean-spirited* (kleinlich) bzw. durch *magnanimous* (großherzig) und *pusillanimous* (kleinherzig) (oder wortwörtlich: mit großer Seele, *great-souled*, und mit kleiner Seele bzw. *small-souled*). Allerdings umfasst keine dieser Übersetzungen den vollen Inhalt dieser Einstellungen. Mit *Meta*einstellungen sind sowohl Einstellungen gemeint gegenüber den Beziehungen zwischen Normen (also normativen Status wie etwa Verpflichtungen, Verantwortungen und Autorität) als auch Einstellungen der Zustimmung zu bzw. der Zuschreibung von Normen als verbindlich und anwendbar. Laut meinem Verständnis geht die Me-

1 Georg Wilhelm Friedrich Hegel, *Hegel's Phenomenology of the Spirit*, übersetzt von A.V. Miller und kommentiert von J.N. Findlay, Oxford 1977.

taeinstellung der Edelmütigkeit davon aus, dass es wirklich Normen gibt, auf die Einstellungen gerichtet sind und gegenüber denen diese sich verantworten. Sie behandelt Normen als genuin wirksam; die Normen beeinflussen also das, was Individuen tun. Sie behandelt Einstellungen als normbestimmt im doppelten Sinne. Zum einen liefern Normen die Maßstäbe für die Richtigkeitsbewertungen der Einstellungen, zum anderen sind Einstellungen den Inhalten der Normen gegenüber konjunktivisch responsiv. Durch Einstellungen – paradigmatisch zu verstehen als die Zustimmung zur Verbindlichkeit einer Norm bzw. die Zuschreibung dieser Verbindlichkeit, sich also selbst oder jemand anderen als verpflichtet oder verantwortlich zu betrachten und zwischen angemessenen und unangemessenen Vollzügen praktisch zu unterscheiden – werden Normen verwirklicht und bewirken etwas in der kausalen Ordnung. Die Metaeinstellung der Niederträchtigkeit sieht nur normative Einstellungen. Normen werden höchstens als adverbiale Modifizierungen der Einstellungen gedeutet, als eine Art und Weise, durch die Zuordnung virtueller Gegenstände über die Inhalte dieser Einstellungen zu reden. Niederträchtigkeit ist der reinste Ausdruck der Entfremdung der modernen Normativität (und somit der Bildung, des Selbstbewusstseins und der Gemeinschaft).

Hegel führt diese Begriffe ein, indem er die Einheit bzw. die Ungleichheit als Formen des wirklichen Bewusstseins in den Blick nimmt:

> In der öffentlichen Macht betrachtet es [das edelmütige Bewusstsein] das mit ihm Gleiche, daß es in ihr sein *einfaches Wesen* und dessen Betätigung hat und im Dienste des wirklichen Gehorsams wie der inneren Achtung gegen es steht. Ebenso in dem Reichtume, daß er ihm das Bewußtsein seiner anderen wesentlichen Seite, des *Fürsichseins*, verschafft; daher es ihn ebenfalls als *Wesen* in Beziehung auf sich betrachtet

> und denjenigen, von welchem es genießt, als Wohltäter anerkennt und sich zum Danke verpflichtet hält.[2]

Die Einheit besteht zwischen dem Tun jeder einzelnen Form des wirklichen Bewusstseins und den Normen, zu denen es jeweils verpflichtet ist. Staatsmacht und Reichtum verwirklichen ihre jeweiligen Normen genuin. Beamte handeln im Dienst des Gemeinwohls, befolgen und achten die Normen der Gemeinschaft und verwirklichen den Allgemeinheitsaspekt der Anerkennungsgemeinschaft. Die reichen Individuen drücken hingegen in ihren Tätigkeiten den anderen normativen Pol des Anerkennungsprozesses aus, also jenen wesentlichen Beitrag, der von den verwirklichenden Tätigkeiten der Individuen geleistet wird. Reiche Individuen verfolgen eher private anstatt öffentliche (besondere anstatt allgemeine) Zwecke – jedoch haben sie, genau wie die Beamten, tatsächlich Zwecke zum Ziel, die die Normen ihrer Tätigkeit festlegen. Mit der Verfolgung dieser Zwecke sind die Rohmaterialien gegeben, aus denen heraus die wirkliche Gemeinschaft konstruiert wird. Bei der Verwirklichung der jeweiligen Anerkennungspole gemeinschaftlicher (allgemeiner) und individueller (besonderer) Normen bzw. Ziele ergänzen sich Staatsmacht und Reichtum; sie werden als zusammenwirkende Komponenten einer Struktur betrachtet, in der eine Gemeinschaft sowie ihre selbstbewussten individuellen Mitglieder als solche konstituiert (verwirklicht und normativ instituiert) werden.

> Das Bewußtsein der anderen Beziehung dagegen ist das *niederträchtige,* das die *Ungleichheit* mit den beiden Wesenheiten festhält, in der Herrschergewalt also eine Fessel und Unterdrückung des *Fürsichseins* sieht und daher den Herrscher haßt, nur mit Heimtücke gehorcht und immer auf dem Sprunge zum Aufruhr steht, – im Reichtum, durch den es zum Ge-

2 *PhG*, S. 372.

> nusse seines Fürsichseins gelangt, ebenso nur die Ungleichheit, nämlich mit dem bleibenden *Wesen* betrachtet; indem es durch ihn nur zum Bewußtsein der Einzelheit und des vergänglichen Genusses kommt, ihn liebt, aber verachtet, und mit dem Verschwinden des Genusses, des an sich Verschwindenden, auch sein Verhältnis zu dem Reichen für verschwunden ansieht.[3]

Staatsmacht und Reichtum werden als miteinander konkurrierende Formen der Unterdrückung betrachtet, und nicht als ergänzende konstitutive Aspekte der Gemeinschaft und der selbstbewussten Individuen. Beamte haben hiernach keine wirkliche Autorität über einzelne Gemeinschaftsmitglieder, da sie nicht aus der Zustimmung zu gemeinschaftlichen Normen heraus handeln. Diese Einstellung sieht nicht den positiven Beitrag der Beamten zur Konstituierung der Gemeinschaft, sondern nur die von ihnen der Praxis der Individuen auferlegte Beschränkung. Reiche Individuen hingegen werden wahrgenommen, als würden sie genuin keinerlei Verantwortung gegenüber der Gemeinschaft eingestehen. In dieser Perspektive wird nicht der praktische Anerkennungsbeitrag der reichen Individuen zur Konstituierung der Gemeinschaft gesehen; vielmehr würden diese sich gegen die gemeinschaftlichen Normen stellen und sie für private Zwecke pervertieren. Wir haben gesehen, dass die Aufklärung eine entsprechend kleinliche, *niederträchtige* Einstellung gegenüber dem Glauben einnimmt und den Priestern und Glaubenden unehrenhafte und eigennützige Beweggründe unterstellt, also den Rückgriff auf das allgemeine Wesen zurückweist, dem diese zu dienen behaupten. (Kleinlich bezichtigt der Glauben andererseits die Vertreter der Aufklärung, sie wären allein aus jugendlichem wichtigtuerischem Stolz heraus zu ihren großen Wiederlegungen motiviert.)

3 Ebd.

Die »Einleitung« der *Phänomenologie* beginnt mit einer Diskussion über die mit Bewusstsein einhergehende Unterscheidung zwischen dem Sein der Dinge an sich und dem Sein der Dinge für das Bewusstsein. Als eine erkenntnistheoretische Beziehung zu Tatsachen erfordert es der Begriff des BEWUSSTSEINS, dass das Sein der Dinge an sich als Norm für das Sein der Dinge für das Bewusstsein dient. Die wirkliche Beschaffenheit der Dinge übt eine normative Autorität darüber aus, wie wir die Dinge betrachten, und legt somit einen Maßstab für Richtigkeit fest. Diese normativ-semantische bzw. intentionale Beziehung ist die Einheit, die die beiden verschiedenen Elemente zusammenschließt. Handlungsfähigkeit weist eine entsprechende Passensrichtung (*direction of fit*) auf.

Der »Unterschied, welcher dem Tun zukommt«, also die Unterscheidung von Absicht und Vollzug (die der Unterscheidung von Handlung und Tat zugrunde liegt), ist Teil einer größeren normativen Einheit. In diesem Fall dient die Absicht, also wie die Dinge für das handelnde Bewusstsein sind, als eine Norm bzw. als ein Richtigkeitsmaßstab für die Bewertung der Beschaffenheit der Dinge an sich, also für das wirklich Geschehene. Wir haben im 12. Kapitel gesehen, inwiefern der geschichtlich-anerkennende Charakter des Zyklus von Erkennen-und-Handeln (in Form einer Erklärung der Beziehung zwischen *Phaenomena* und *Noumena*) für eine hegelsche Version der fregeschen Unterscheidung zwischen Sinn und Bedeutung steht. Die zwei Metaeinstellungen der Edelmütigkeit und Niederträchtigkeit sind zunächst beide Erscheinungen der Entfremdung, da die eine einseitig die Einheit des erkennenden und handelnden Bewusstseins erfasst und die andere einseitig die von diesem Bewusstsein beinhaltete Unterscheidung. Da der wesentliche Fehler der Moderne in ihrer Unfähigkeit besteht, die Einheit und die Unterscheidung, die das erkennende und handelnde Bewusstsein beinhaltet, zusammen in ein Bild zu bringen, verläuft der Pfad zur Wiedergewinnung der entfremdeten Sittlichkeit über eine

Art höhere Edelmütigkeit. Dies bedeutet auf der theoretischen Seite, die metabegrifflichen Kategorien der Vernunft anstatt diejenigen des Verstandes anzuwenden; dies zu erläutern ist die wesentliche Leistung der Philosophie Hegels. Indem wir uns dem Schluss seiner Darstellung in der *Phänomenologie* nähern, erlangen wir einen neuartigen Überblick über die Struktur des nichtentfremdeten Verstandes.

II. Der Kammerdiener

Der deutlichste Ausdruck für dieses neue Puzzleteil erscheint in der berühmten Passage über »den Kammerdiener der Moralität«. Ich werde sie als die Kammerdiener-Passage bezeichnen. Sie beschreibt eine grundlegende Form der Niederträchtigkeit, welche an der von Handlung beinhalteten Ungleichheit festhält:

> [E]s hält sich an die andere Seite, spielt die Handlung in das Innere hinein und erklärt sie aus ihrer von ihr selbst verschiedenen *Absicht* und eigennützigen *Triebfeder.* Wie jede Handlung der Betrachtung ihrer Pflichtgemäßheit fähig ist, ebenso dieser anderen Betrachtung der *Besonderheit;* denn als Handlung ist sie die Wirklichkeit des Individuums. – Dieses Beurteilen setzt also die Handlung aus ihrem Dasein heraus und reflektiert sie in das Innere oder in die Form der eigenen Besonderheit. – Ist sie von Ruhm begleitet, so weiß es dies Innere als *Ruhmsucht*; – ist sie dem Stande des Individuums überhaupt angemessen, ohne über diesen hinauszugehen, und so beschaffen, daß die Individualität den Stand nicht als eine äußere Bestimmung an ihr hängen hat, sondern diese Allgemeinheit durch sich selbst ausfüllt und eben dadurch sich als eines Höheren fähig zeigt, so weiß das Urteil ihr Inneres als Ehrbegierde usf. Indem in der Handlung überhaupt das

> Handelnde zur Anschauung *seiner selbst* in der Gegenständlichkeit oder zum Selbstgefühl seiner in seinem Dasein und also zum Genusse gelangt, so weiß das Urteil das Innere als Trieb nach eigener Glückseligkeit, bestünde sie auch nur in der inneren moralischen Eitelkeit, dem Genusse des Bewußtseins der eigenen Vortrefflichkeit und dem Vorschmacke der Hoffnung einer künftigen Glückseligkeit. – Es kann sich keine Handlung solchem Beurteilen entziehen, denn die Pflicht um der Pflicht willen, dieser reine Zweck, ist das Unwirkliche; seine Wirklichkeit hat er in dem Tun der Individualität und die Handlung dadurch die Seite der Besonderheit an ihr. – Es gibt keinen Helden für den Kammerdiener; nicht aber weil jener nicht ein Held, sondern weil dieser – der Kammerdiener ist, mit welchem jener nicht als Held, sondern als Essender, Trinkender, sich Kleidender, überhaupt in der Einzelheit des Bedürfnisses und der Vorstellung zu tun hat. So gibt es für das Beurteilen keine Handlung, in welcher es nicht die Seite der Einzelheit der Individualität der allgemeinen Seite der Handlung entgegensetzen und gegen den Handelnden den Kammerdiener der Moralität machen könnte.[4]

Laut meiner Lesart entfaltet sich die Bedeutung dieser wichtigen Passage[5] in konzentrischen Wellen, deren Ausbreitung ich

4 Ebd., S. 488f.

5 Die entsprechende Diskussion in der *Rechtsphilosophie* sieht so aus: »Indem auch die *subjektive* Befriedigung des Individuums selbst (darunter die Anerkennung seiner in Ehre und Ruhm) in der Ausführung *an und für sich geltender Zwecke* enthalten ist, so ist beides, die Forderung, daß nur ein solcher als gewollt und erreicht erscheine, wie die Ansicht, als ob die objektiven und die subjektiven Zwecke einander im Wollen ausschließen, eine leere Behauptung des abstrakten Verstandes. Ja sie wird zu etwas Schlechtem, wenn sie darein übergeht, die subjektive Befriedigung, weil solche (wie *immer* in einem vollbrachten Werke) vorhanden, als die *wesentliche Absicht* des Handelnden und den objektiven Zweck als ein solches zu behaupten, das ihm nur ein *Mittel* zu jener ge-

vom Zentrum aus verfolgen möchte. Um in dem hier relevanten Sinne ein *Held* zu sein, muss man unter der Berücksichtigung der eigenen Pflicht handeln; die eignen Handlungen müssen sich also aus der Achtung der Autorität der Normen sowie aus der Zustimmung zu dieser Autorität entwickeln. Der Held ist derjenige, der einer Norm als verbindlich zustimmt, indem er sie verwirklicht, also derjenige, der das tut, was er tun soll,

wesen sei. – Was das Subjekt *ist, ist die Reihe seiner Handlungen*. Sind diese eine Reihe wertloser Produktionen, so ist die Subjektivität des Wollens ebenso eine wertlose; ist dagegen die Reihe seiner Taten substantieller Natur, so ist es auch der innere Wille des Individuums. [...] Dies Prinzip der Besonderheit ist nun allerdings ein Moment des Gegensatzes und zunächst wenigstens *ebensowohl* identisch mit dem Allgemeinen als unterschieden von ihm. Die abstrakte Reflexion fixiert aber dies Moment in seinem Unterschiede und Entgegensetzung gegen das Allgemeine und bringt so eine Ansicht der Moralität hervor, daß diese nur als feindseliger Kampf gegen die eigene Befriedigung perenniere – die Forderung ›mit Abscheu zu tun, was die Pflicht gebeut‹. Eben dieser Verstand bringt diejenige psychologische Ansicht der Geschichte hervor, welche alle großen Taten und Individuen damit kleinzumachen und herabzuwürdigen versteht, daß sie Neigungen und Leidenschaften, die aus der substantiellen Wirksamkeit gleichfalls ihre Befriedigung fanden, sowie Ruhm und Ehre und andere Folgen, überhaupt die besondere Seite, welche er vorher zu etwas für sich Schlechtem dekretierte, zur Hauptabsicht und wirkenden Triebfeder der Handlungen umschafft; – er versichert, weil große Handlungen und die Wirksamkeit, die in einer Reihe solcher Handlungen bestand, Großes in der Welt hervorgebracht und für das *handelnde Individuum* die Folge der Macht, der Ehre und des Ruhms gehabt, so gehöre nicht jenes Große, sondern nur dies Besondere und Äußerliche, das davon auf das Individuum fiel, diesem an; weil dies Besondere Folge, so sei es *darum* auch als Zweck, und zwar selbst als einziger Zweck gewesen. – Solche Reflexion hält sich an das Subjektive der großen Individuen, als in welchem sie selbst steht, und *übersieht* in dieser selbstgemachten Eitelkeit das Substantielle derselben; – es ist die Ansicht ›der psychologischen Kammerdiener, für welche es keine Helden gibt, nicht weil diese keine Helden, sondern weil jene nur die Kammerdiener sind‹.« (*PR*, § 124, S. 233 f.).

weil er es tun soll. Gegenüber einem Helden den Kammerdiener zu spielen, bedeutet, rein egoistische bzw. niedere Beweggründe zu unterstellen und jede Handlung auf einen wahrgenommenen persönlichen Vorteil zurückzuführen, sei es das Ansehen der Tugend oder, wenn selbst dies nicht zur Verfügung steht, die Befriedigung, selbst von sich überzeugt zu sein. Doch wie auch immer dies genau abläuft, der Kammerdiener gesteht jedenfalls nur spezifische Einstellungen, aber keine zugrundeliegenden Normen zu.

Man betrachte den Beamten, der Staatsmacht ausübt. Er hat sich dazu verpflichtet, ausschließlich gemäß allgemeinen Interessen und Normen zu handeln, also *nur* das zu tun, was die Zustimmung zu den Normen verlangt. Jedes wirkliche Vollziehen ist aber ein bestimmtes Tun, das den Zufall enthält. Es ist immer *mehr* als die bloße Zustimmung zu einer Norm und könnte durchaus auch *weniger* sein. (Ich kann niemals *nur* das Licht anschalten oder die Armen ernähren; ich tue zugleich *auch* andere Dinge: ich schrecke den Einbrecher auf oder kürze den Bildungshaushalt oder erhöhe die Steuern.) Ebenso werden auch immer zufällige Beweggründe und Interessen im Spiel sein. Es wird für das niederträchtige Bewusstsein dementsprechend immer möglich sein, auf das Moment der Ungleichheit zu verweisen, auf die Besonderheit und Zufälligkeit, die jede Handlung befällt. Die Handlung ist niemals *allein* eine Instanz des Allgemeinen. Das, was der Held des Dienens getan hat, kann der Kammerdiener immer in Bezug auf eigennützige (und somit besondere und zufällige) Beweggründe und Interessen erklären, anstatt es als Antwort auf eine normative Notwendigkeit zu betrachten, der zugestimmt wurde. Es gibt überhaupt keine Handlung, die nicht für eine derartige reduktive niederträchtige Beschreibung empfänglich wäre.

Hier wird wohl ein allgemeines Problem der Beziehungen zwischen Normen und Einstellungen angesprochen. In seiner Erklärung von Verhaltensweisen greift der Kammerdiener nicht auf Normen zurück, die Einstellungen der Individuen genügen ihm. Der Beamte behauptet, er habe so gehandelt, da es seine Pflicht war. Der Kammerdiener bezweifelt dies und bietet eine alternative Erklärung an, die allein auf die Begierden des Beamten zielt. Diese wirkliche Pflicht des Beamten, also das, was er tun *sollte*, spielt in dieser Erklärung keine Rolle. Auf dieser Ebene der Allgemeinheit steht der moralpsychologische Kammerdiener für eine Art von *Normennihilismus*, wie er in jüngerer Zeit von Gilbert Harman für den spezifischen Fall der moralischen Normen vertreten wird.[6] Gemäß dieser Ansicht ist es überflüssig, moralische Normen ins Feld zu führen, denn alles, was wirklich geschieht, können wir in Bezug auf die *Ansichten* der Menschen über das Richtige und Falsche erklären, also darauf, was sie als erlaubt oder verpflichtend *betrachten*. Es sind also die *Einstellungen*, die kausal wirksam sind. Die Einstellungen (beispielsweise davon *überzeugt zu sein*, dass Stehlen falsch sei) würden demnach immer dieselben kausalen Folgen haben, unabhängig davon, ob das Stehlen tatsächlich falsch ist. Die Situation verändert sich nicht, wenn wir in der Erklärungsordnung zurückgehen und uns anstatt der Folgen die vorangegangenen moralischen Einstellungen anschauen. Meine Überzeugung, Stehlen sei falsch, wurde durch weitere Überzeugungen (mitsamt anderen Einstellungen wie etwa Begierden) hervorgebracht: Einige davon sind die meinigen, andere sind die meiner Eltern oder Lehrer. Man muss die *Wahrheit* einer Überzeugung nicht anführen, um zu erklären, warum man diese Überzeugung hat bzw. warum sie überhaupt jemand hat. Wir sehen hier, wie sich Moralüberzeugungen (normative Einstellungen) von Wahrnehmungsüberzeugungen unterscheiden, welche durch nichtinferentielle Berichte ausgedrückt werden bzw. deren regelmäßig wiederkehrende Wahrheit man entsprechend aufrufen muss, um zu erklären, warum man diese Überzeugungen hat

6 Gilbert Harman, *The Nature of Morality*, Oxford 1977.

und warum sie die Folgen haben, die sie haben. Die Akte der Begriffsanwendung im Urteilen und absichtlichen Handeln und die Akte des Bewertens solcher Anwendungen bilden zusammengenommen eine vollständige Struktur der Erklärung dessen, was Menschen tun, ohne Rückgriff auf die begrifflichen Normen oder Maßstäbe, die angeblich angewendet und bezüglich der die Anwendungen bewertet werden. Da wir nicht auf Normen zurückgreifen müssen, finden wir die beste Erklärung unserer Handlungen und Einstellungen in Einstellungen selbst. Wir sollten daraus den Schluss ziehen, dass es nur Einstellungen und keine Normen gibt. Dieser Ansatz will auf einen eklatanten Fehler in unserer gewöhnlichen Redeweise bezüglich Normen hinweisen.

Wir können dieses Problem auch aus einer anderen Perspektive betrachten, indem wir uns fragen, welche Art von Theorie des praktischen Denkens der Metaeinstellung des Kammerdieners zugrunde liegt. Es muss sich um eine Art Theorie handeln, die auf (zuweilen so genannte) »externe Gründe« verzichtet. Eine im weitesten Sinne kantische Form des praktischen Denkens und Erklärens greift auf Inferenzen wie die folgende zurück:

Es ist falsch, zu stehlen.
Diese Zeitung zu nehmen hieße zu stehlen.
―――――――――――――――――――
Also sollte ich die Zeitung nicht nehmen.

Die Norm (dass Stehlen falsch ist) dient hier als Prämisse im praktischen Denken, als etwas, worauf man zurückgreifen kann beim Erwägen, was zu tun ist, im Erklären und Bewerten, was getan wurde, und im Voraussagen, was getan werden wird. Die Metaeinstellung der Edelmütigkeit greift auf diese Art praktischen Denkens zurück, wenn aus ihrer Perspektive der Beamte und der Berater aus Achtung und Folgsamkeit gegenüber den gemeinschaftlichen Normen handeln. Eine weitgehend humeanische Auffassung des praktischen Denkens im Sinne Davidsons beharrt darauf, dass die Gründe, die absichtliche Handlungen wirklich motivieren, von der kantischen Auffassung grundlegend falsch dargestellt werden. Auch wenn die erste Prämisse eine Tatsache benennen würde, also auch wenn Stehlen falsch ist, würde diese Tatsache für sich genommen nicht auf meine Motivationsstruktur wirken. Dafür muss ich von der Tatsache wissen oder zumindest von ihr überzeugt sein. Der eigentliche nahliegende Grund ist *meine Überzeugung*, dass Stehlen falsch ist. Unabhängig von dieser Überzeugung hat das Falsche am Stehlen für mich keinerlei Bedeutung und kann mich nicht darin beeinflussen, was ich tun werde oder zu tun versucht bin. Wird erst einmal diese Überzeugung als Prämisse hinzugefügt, kann die ursprüngliche Anführung einer Norm wegfallen. Laut dem humeanischen Prinzip können nur Überzeugungen und Begierden (individuelle *Einstellungen*) als motivierende Gründe dienen, Normen jedoch nicht. Gründe für Handlungen müssen Ursachen sein, und nur Einstellungen wie etwa Überzeugungen und Begierden sind dazu in der Lage.

III. Die Autorität normativer Einstellungen und Status

Im Folgenden geht es um die praktische Auffassung des pragmatischen Begriffs normativer *Kraft*. Wie verhalten sich Normen (das Angemessene, Richtige, Verpflichtende oder das Erlaubte und Unerlaubte) und normative Status (Verantwortung, Autorität, Verpflichtung oder Berechtigung) zu normativen Einstellungen (das *Betrachten* von Vollzügen als angemessen, richtig, verpflichtend oder erlaubt, also das *Zustimmen* zu oder *Zuschreiben* von Verantwortung, Autorität, Verpflichtung oder Berechtigung)? Laut der traditionellen, vormodernen Auffassung sind Normen unabhängig und Einstellungen abhängig. Die objektiven Normen haben Autorität über die subjektiven Einstellungen der Individuen, die im Grunde bloß die Normen widerspiegeln, deren Autorität sie zustimmen und die sie im Erwägen, Bewerten, Urteilen und Handeln anwenden sollen. Laut der modernen Auffassung sind Einstellungen unabhängig und Normen abhängig. Die von Individuen angenommenen subjektiven Einstellungen *instituieren* Normen. Deshalb können die für die Moderne charakteristischen Verpflichtungen die Metaebene der *Nützlichkeit* annehmen, wenn sie explizit gemacht werden. Denn *Nützlichkeit* beinhaltet jene Eigenschaften, die die Beziehung eines Gegenstandes zu bestimmten menschlichen Zwecken reflektieren. Wir haben in unserer Diskussion des *Selbstbewusstseins* ein Teil der komplexen Geschichte gesehen, die Hegel über die Beziehungen zwischen normativen Status und Anerkennungseinstellungen erzählen will.

Die niederen eigennützigen Beweggründe – die einzigen, die der Kammerdiener zuzuschreiben vermag – sind unabhängige Autoritätseinstellungen, die nur in einem Status wie etwa der Nützlichkeit für private Zwecke reflektiert werden können und nicht in einem Status wie etwa der Pflicht oder darin, dass etwas *bedingungslos* verpflichtend ist in dem Sinne, dass das Verpflichtende für die Einstellungen autoritativ ist und nicht durch sie bedingt ist wie im Falle der hypothetischen instrumentellen Imperative, die mit der geschickten Verfolgung von Zwecken entstehen, denen im Privaten zugestimmt wird. Der Kammerdiener verbannt die Rede von Werten, die keine unmittelbaren Produkte individueller Wertungen sind. Der Aufstieg der Subjektivität besteht in der praktischen Realisierung der Einsicht, dass Werte nicht unabhängig von Wertungen sind. Spätere, charakteristischerweise entfremdete Denker der Moderne wie etwa Nietzsche und die britischen Utilitaristen schließen hieraus, dass allein Wertungen Wirklichkeit zukommt.

Die Annahme, wonach aus der Tatsache, dass die Werte von

Wertungen abhängig sind, folgt, dass die Wertungen von den Werten unabhängig sind, ist eine Strategie der Selbstständigkeit – eine Strategie, die alles so versteht wie Humpty Dumpty, demzufolge es immer darum geht, wer eigentlich der Herr ist. Wenn Normen nicht unmittelbar autoritativ über Einstellungen sind, dann müssen Einstellungen unmittelbar autoritativ über Normen sein. Diese Art des praktischen Anwendens von Kategorien der Unmittelbarkeit (Herrschaft), paradigmatisch dargestellt in der niederträchtigen Metaeinstellung des Kammerdieners, ist *Entfremdung* in Reinform, da genau jene bildenden, begrifflichen Normen unverständlich werden, durch die auch der sich ihnen unterwerfende Kammerdiener zu einem diskursiven geistigen Wesen und einem Selbst wird, also zu einem Erkenntnis- und Handlungssubjekt. Die ausschließlich normative Einstellungen zulassenden Erklärungen des Kammerdieners machen nicht nur nicht die Bedeutung normativer *Kraft* unverständlich, sondern zuletzt auch den Begriff des begrifflichen *Inhalts*. Die Beziehung zwischen diesen Begriffen ist das Thema am Ende des Kapitels zum Geist.

Um vom praktisch entfremdenden Standpunkt des Verstandes zum praktisch sittlichen Standpunkt der Vernunft überzugehen, müssen wir aus der scheinbar unausweichlichen Alternative – wonach entweder Normen unmittelbar und somit vollständig autoritativ über Einstellungen sind oder umgekehrt – ausbrechen, indem wir uns die Möglichkeit einer wechselseitigen Abhängigkeit von Norm und Einstellung verständlich machen. Es wird allerdings nicht genügen, einfach »wechselseitige Abhängigkeit von Norm und Einstellung« zu sagen. Für diesen Zweck bietet uns Hegel einen reichlich gegliederten metabegrifflichen Apparat an, der die komplexe wechselseitige Abhängigkeit darzustellen vermag zwischen der Autorität, die durch die wirkliche Begriffsanwendung auf die Begriffsinhalte ausgeübt wird, und der Verantwortung, die wirkliche Begriffsanwendung gegenüber Begriffsinhalten hat. Dafür müssen die Beziehungen zwischen normativer Kraft und begrifflichem Inhalt in Bezug auf einen Erfahrungsprozess (einen Zyklus von Erkennen-und-Handeln) gedacht werden, der zugleich die Instituierung und die Anwendung begrifflicher Normen, also zugleich ein Machen und ein Finden von begrifflichen Inhalten bedeutet. Hegels Erklärung, wie dies gelingen könnte, erfordert die Wechselwirkung zwischen einer sozial-anerkennenden und einer geschichtlich-erinnernden Dimension auf der Seite normativer Pragmatik sowie die Wechselwirkung zwischen einer Dimension inferentieller Unvereinbarkeit und einer Dimension referentieller Repräsentation auf der Seite der Semantik.

Neben der Betrachtung der reinen Unabhängigkeit der Einstellungen von Normen (die in dieser Auffassung im Grunde nur eine adverbiale Funktion darstellen, ein letztlich misslungener Versuch, die Inhalte der Einstellungen zu individuieren) gibt es ein weiteres, noch allgemeineres Problem, das durch die Metaeinstellung des Kammerdieners aufgeworfen wird. Dies betrifft die Beziehung zwischen Gründen und Ursachen im Allgemeinen, bzw. abstrakter gefasst, die Stellung der Normen in der Natur, insoweit der Kammerdiener den Helden der Pflicht wesentlich als ein bloß *natürliches* Wesen behandelt. Die einzigen Handlungen des Helden, die der Kammerdiener als solche eingesteht und ihm zufolge verständlich gemacht werden können, sind jene, die den ungebildeten, in der »Ausbreitung des Lebens« versunkenen Wesen eigen sind. Obwohl die dem Held zugeschriebenen Bedürfnisse (wie etwa die »innere moralische Eitelkeit«, die im »Genusse des Bewußtseins der eigenen Vortrefflichkeit und dem Vorschmacke der Hoffnung einer künftigen Glückseligkeit« besteht[7]) über die biologisch vorgeschriebenen Begierden einfacher Tiere hinausgehen, ist der Held dem Kammerdiener ein »Essender, Trinkender, sich Kleidender«, das heißt im Grunde ein Wesen, das von leiblichen Genüssen

7 *PhG*, S. 489.

und Unbequemlichkeiten getrieben wird. Das Hauptthema der Diskussion zum Kammerdiener ist der *reduktive Naturalismus* gegenüber der Normativität.

Diese Art von Naturalismus ist die größtmögliche Herausforderung für die kantische Auffassung von uns als normative Lebewesen, die wir uns vom bloß Natürlichen unterscheiden, weil wir uns Normen unterwerfen, also dadurch, dass wir uns verbindlich (verantwortlich) gegenüber Normen machen können, indem wir Begriffe anwenden, deren Inhalte festlegen, *für was* und *wem gegenüber* wir uns verantwortlich gemacht haben. Gibt es wirklich so etwas wie Autorität und Verantwortung oder Verpflichtung und Berechtigung? Oder ist diese Art von normativer Rede gänzlich freiwillig und entbehrlich, also im Grunde eine irreführende Mystifizierung, ein grundlegender Irrtum, wie ihn die Aufklärung dem Glauben vorwirft? Mit der Verbannung des abergläubigen Glaubens als einer magischen unsichtbaren übernatürlichen objektiven Autorität gilt dem utilitaristischen Kammerdiener die Arbeit der Aufklärung als nur halb erledigt, zumindest solange das menschliche Verhalten noch mit irgendwelchen Begriffen beschrieben wird, die Normen anführen, die von den sinnlichen Neigungen begehrender Wesen nicht unmittelbar abgeleitet werden können.

Die Frage, wie der Geist (*mind*) in die natürliche Welt hineinpassen soll, ergibt sich als unmittelbare Folge aus dem mathematisierten wissenschaftlichen Bild von der natürlichen Welt. Diese von Descartes klar und deutlich aufgeworfene Frage bildet eine der charakteristischen Achsen der Philosophie der Frühmoderne. Der Aufstieg der Wissenschaft und der Aufstieg der Subjektivität sind zwei Seiten ein und derselben Medaille. Kants normative Wende hat das Problem in eine neue Tonart transponiert. Wenn Geistigkeit (*mindedness*) im Grunde das Verwenden von Begriffen bedeutet (bzw. die Anwendung von Begriffen im Urteilen und absichtlichen Handeln) und eine Verwandlung der Sinnlichkeit mit sich bringt, und wenn das Anwenden von

Begriffen bzw. dessen praktische Bedeutung als Akt darin besteht, dass man einen spezifisch *normativen* Status einnimmt (indem man zugleich Autorität ausübt und Verantwortung übernimmt bzw. sich verpflichtet), ist die Frage nach der Stellung des Geistes in der Natur eine Frage danach, wie Normen in die Natur hineinpassen. Diese Frage wurde in beschränkter Art und Weise von Denkern der praktischen Philosophie behandelt, die sich insbesondere über moralische Normen Gedanken gemacht haben. Die kantische Synthese aus dem generellen Anliegen der theoretischen Metaphysik des Geistes und dem Anliegen der Moralphilosophie bedeutete, dass beide Angelegenheiten zum ersten Mal als Aspekte ein und derselben Frage über Normativität behandelt werden mussten. (Diese zentrale Lehre hat Kant von Hume übernommen und im Anschluss hieran festgestellt, dass das tieferliegende Problem in einer theoretischen und einer praktischen Form erscheint, dass also einerseits gesetzmäßige Notwendigkeit wirkliche Regelmäßigkeit übersteigt und dass andererseits das, was sein soll, das übersteigt, was bloß ist.) Hegel zufolge bietet Kant ein Zwei-Welten-Bild an, in welchem der eigentliche Ursprung der Normen, die die phänomenale Welt der Erfahrung strukturieren, in einer noumenalen Welt zu finden ist, die irgendwie jenseits oder hinter der phänomenalen liegt. Hegel lehnt dieses Bild zugunsten eines anderen Bildes ab, in dem die Noumena wieder auf die Erde zurückgeholt werden. Wie wir gesehen haben, zeigt uns Hegels erinnernde Semantik der Repräsentation, wie die Beschaffenheit der Dinge *an sich* (*worüber* wir eigentlich reden und nachdenken) als normativer Maßstab dient für die Richtigkeit der Beschaffenheit der Dinge *für* Erkenntnis- und Handlungssubjekte (das, was wir über diese Dinge sagen und denken), und zwar als Aspekte des Erfahrungsprozesses, der sozial-praktischen Tätigkeit des Annehmens, Bewertens und Revidierens möglicherweise material unvereinbarer Verpflichtungen.

Der Kammerdiener ist eine niederträchtige, unnachgiebig naturalistische Alternative zur edelmütigen normativen Beschreibung der Verwendung von Begriffen. Im Unterschied zum Bild der »heroischen« praktischen Empfänglichkeit gegenüber Normen – in welchem man genuin normative Einschränkungen der eigenen Einstellungen einräumt und durch Erwägen und Bewerten versucht, das wirklich Richtige herauszufinden bzw. was man tun sollte und zu was man verpflichtet ist (worin die »Pflicht« besteht) – beruft sich diese Metaeinstellung *ausschließlich* auf Einstellungen, die nicht als Zustimmung zu irgendeiner normativen Einschränkung dieser Einstellungen oder irgendeiner Autorität über sie gedeutet werden. Hier werden Gründe gegen Ursachen getauscht. In seiner Diskussion über das Richtige und das Falsche am Verständnis des Kammerdieners verpflichtet sich Hegel zur Auflösung dieser weitreichenden und grundlegenden Uneinigkeit zwischen dem reduktiven Naturalisten und dem rationalen Normativisten. Dieses Vorhaben soll eine Antwort auf Kants Dritte Antinomie liefern, also auf die Herausforderung, Gründe und Ursachen zu integrieren. Entscheidend für die Aufmerksamkeit, die die zeitgenössische Philosophie Hegel widmet, ist meines Erachtens seine Antwort auf das Problem des normativen Naturalismus. Es steht also viel auf dem Spiel.

Hegel geht davon aus, dass er und Kant zumindest den Anspruch auf eine Erklärung teilen, welche sowohl die Einstellungsabhängigkeit von Normen als auch ihre genuine Autorität über Einstellungen berücksichtigt. Aus diesem Grund eröffnet die kantische Struktur der Moralität den dritten Teil des Kapitels zum Geist. Kants Ansicht steht gewissermaßen zwischen der entfremdeten Moderne, die paradigmatisch durch den Kammerdiener der Moralität dargestellt wird, und der neuen Art von Sittlichkeit, die mit dem Aufstieg der Subjektivität vereinbar ist. Hegel ist der Meinung, dass Kant zwar die Tür zur dritten Stufe der Entwicklung des selbstbewussten Geistes aufstößt, es ihm jedoch nicht gelingt, uns durch die Tür zu führen.

Kants Auffassung von uns als Lebewesen, die nicht nur durch Regeln (Gesetze, die das Reich der Natur beherrschen), sondern auch durch *Vorstellungen* von Regeln (Normen, die das Reich der Freiheit beherrschen) gebunden werden, stellt mit seiner engen begrifflichen Verknüpfung von Autonomie und Normativität den Versuch dar, die Einstellungsabhängigkeit von Normen mit der genuinen Verbindlichkeit von Normen in Einklang zu bringen. Genuines *normatives* Binden (bzw. normative Autorität) ist immer ein *Sichselbstbinden*, denn jedes Individuum ist letzten Endes nur zu dem verpflichtet, zu was es sich selbst verpflichtet hat. Unsere *realen* Verpflichtungen sind eben diejenigen, denen wir (zumindest implizit) zugestimmt haben. Es sind unsere Einstellungen, die Normen in Kraft setzen. Wir wenden nur Begriffe an, die uns durch das Anwenden binden; sie bestimmen, was wir hierdurch autorisiert und wem gegenüber bzw. für was wir uns verantwortlich gemacht haben. Dies habe ich die »Kant-Rousseau-Abgrenzung des Normativen in Bezug auf Autonomie« genannt. Dieser Ansatz bietet eine strukturelle Lösung an, die auf die Unterscheidung zwischen der *Kraft* und dem *Inhalt* begrifflicher Normen rekurriert, um die Einstellungsabhängigkeit von Normen und die Normenabhängigkeit von Einstellungen miteinander zu versöhnen. Es liegt an uns Erkenntnis- und Handlungssubjekten, welche Normen wir in Kraft setzen, da wir es sind, die die Begriffe anwenden. Es liegt jedoch *nicht* in unseren Händen, was der Inhalt dieser Normen ist, was also die Details sind, zu welchen wir uns verpflichtet haben, als wir ebendiese Begriffe anstatt anderer angewendet haben.

Wie wir bereits gesehen haben, ist Hegel der Meinung, dass Kant nicht zu einem Begriff des begrifflichen Inhalts berechtigt ist, der eine derartige Erklärung tragen könnte. Seine Diagnose bezieht sich auf die »Formalität« der Vorstellung, die Kant von der Vernunft hat; wobei es sich hier um eine bestimmte Art und Weise handelt, über die wahrgenommene Inadäquatheit von

Kants Begriff des begrifflichen Inhalts zu reden. Kant hat aus Hegels Sicht insbesondere nicht erklärt, wie die Inhalte der uns zur Verfügung stehenden Begriffe, die wir im Urteilen und absichtlichen Handeln anwenden, durch ihre tatsächlichen Anwendungen – also durch die erkenntnistheoretischen und praktischen Verpflichtungen, die wir eingegangen sind – bestimmt werden. Dass das Erkenntnis- und Handlungssubjekt verantwortlich ist dafür, eine Norm in *Kraft* zu setzen (die Autorität von Einstellungen über Normen), und zugleich von der Norm genuin beschränkt wird (die Autorität von Normen über Einstellungen), wird in Kants Strategie durch das Insistieren darauf verständlich gemacht, dass das Erkenntnis- und Handlungssubjekt *nicht* für den *Inhalt* der begrifflich gegliederten Verpflichtung verantwortlich ist (also keine Autorität darüber hat). Damit diese Strategie aufgeht, müssen wir laut Hegels Idee eine *soziale* und eine *geschichtliche* Arbeitsteilung berücksichtigen. Entlang der sozialen Dimension erwäge und entscheide ich, welche Behauptungen ich aufstellen und welche praktischen Vorhaben ich unternehmen sollte; die begrifflichen Normen jedoch, durch die ich mich hierbei binde, werden von anderen verwaltet, insofern sie die Wahrheit des von mir Gesagten und den Erfolg des von mir Getanen anhand von Maßstäben bewerten, denen ich mich unterworfen habe. Entlang der geschichtlichen Dimension werden die Inhalte der von mir angewendeten Begriffe von ihren vorangegangenen tatsächlichen Anwendungen im Urteilen und Handeln abgeleitet. Diese Behauptungen können wir mit der Formulierung zusammenfassen, dass *wir* (durch unsere Einstellungen und Tätigkeiten) die Normen herstellen, die *mir* dann zur Verfügung stehen, um mich zu binden. Eine zentrale theoretische Innovation Hegels ist die soziale *Anerkennungs*struktur wechselseitiger Autorität und Verantwortung, mit der uns sowohl ein Verständnis der sozialen und der geschichtlichen Dimension gegeben ist als auch ein Verständnis ihrer Wechselwirkung untereinander sowie ihrer Wechselwirkung mit der Anerkennungsdimension wechselseitiger Autorität und Verantwortung, in welcher der Besonderheits- und der Allgemeinheitsaspekt von Individuen verknüpft wird. Die endgültige Form der in der *Phänomenologie* behandelten gegenseitigen Anerkennung, also die Struktur des *Vertrauens*, die das Geständnis und die Verzeihung umfasst, ist Hegels Art und Weise, die kantische Strategie der Edelmütigkeit auszuarbeiten und befriedigend auf die im niederträchtigen Einstellungsnaturalismus des Kammerdieners verkörperte Herausforderung zu antworten. (Eine weitere Innovation auf derselben Ebene ist Hegels geschichtliche Auffassung von *erinnernder Rationalität*, in der begrifflicher Inhalt durch die Einbindung zufälliger Unmittelbarkeit in begriffliche Normen bestimmt wird. Die Darstellung dessen, wie ein Verständnis der Statusabhängigkeit normativer Einstellungen mit einem Verständnis der Einstellungsabhängigkeit normativer Status in Einklang gebracht werden kann, erfordert sowohl die soziale als auch die geschichtliche Dimension.)

IV. Naturalismus und Genealogie

Sittlichkeit ist ein grundlegendes Adäquatheitskriterium der praktischen Vorstellung von Normativität, wie sie in den Anerkennungspraktiken eines hypothetischen zukünftigen dritten Zeitalters des Geistes verkörpert ist. Diese Vorstellung muss die im Kern des modernen Aufstiegs der Subjektivität liegende praktische Einsicht in die Bedeutung der wirklichen Einstellungen und Tätigkeiten individueller Praxisteilnehmer beibehalten und zugleich die unerwünschte Begleiterscheinung der Entfremdung überwinden. Die Institutionen und Praktiken, in denen die Normen implizit enthalten sind, sind sittlich, wenn diesen Normen praktisch Wirklichkeit, Autorität und Wirksamkeit zugestanden wird. Anerkennungsinstitutionen und -praktiken sind entfremdet, wenn sich die praktischen Einstellungen der Individuen in ironischer Distanz zu den begrifflich gehaltvollen Normen befinden, durch die diese Individuen gebildet werden. In dieser entfremdeten ironischen Distanziertheit mag man Normen als bloß nützliche Fiktionen betrachten und normative Diskurse als eine vollkommen unsinnige und irreführende Art und Weise behandeln, über Erwägung und Bewertung zu reden, welche sich eben nicht aus der Anwendung oder der Zustimmung zur Anwendbarkeit der herrschenden Normen ergeben, sondern bloßer Ausdruck privater Einstellungen, Interessen und Neigungen sind.

Laut meinem Vorschlag verkörpert die Figur des Kammerdieners für Hegel paradigmatisch den reduktiven Naturalismus, mit dem eine einflussreiche Strömung der Moderne explizit gemacht wird. Die entfremdete Verschiebung von Gründen zugunsten von Ursachen (vom Normativen zum Natürlichen) kann jedoch auch eine andere spezifische Form annehmen. Im Zuge der Darstellung habe ich immer wieder Hegels Bemühen betont, eine Erklärung für die Natur des *begrifflichen Inhalts* zu liefern – was sich am deutlichsten in der *Wissenschaft der Logik* zeigt, aber bereits ein strukturierendes und belebendes Thema der *Phänomenologie* darstellt. An kritischen Stellen der *Phänomenologie*, in der Eröffnung der Kapitel zum Bewusstsein, in der Diskussion des Stoizismus und Skeptizismus im Kapitel zum Selbstbewusstsein, in der Behandlung des ehrlichen Bewusstseins am Ende des Kapitels zur Vernunft und in der Zerlegung des gewissenhaften Bewusstseins gegen Ende des Abschnitts zum Geist (und auch noch an vielen anderen Stellen) diagnostiziert Hegel, was an den Gestalten des Bewusstseins falsch ist, die die mit dem Aufstieg der modernen Subjektivität einhergehende Entfremdung am explizitesten zum Ausdruck bringen – nämlich ihre Unfähigkeit, einen verständlichen Begriff von BESTIMMTEM BEGRIFFLICHEM INHALT zugrunde zu legen. Hegels weitgreifende Anklage ergibt sich aus der Behauptung, dass die auf Erkenntnis, Handlung und Anerkennung zielenden Praktiken, die ihren theoretischen Ausdruck in der atomistischen Form von *Verstand* haben (das Modell der reinen Selbstständigkeit), keine adäquate Vorstellung von begrifflichem Inhalt zulassen. An dieser Stelle sind stattdessen postmoderne Praktiken erforderlich, die ihren theoretischen Ausdruck in der holistischen Form der *Vernunft* haben (das Modell der Freiheit). Dies wiederum erfordert die auf Erkenntnis, Handlung und Anerkennung zielende Offenbarung, also den Anbruch des sogenannten »absoluten Wissens«. Das semantische Interesse am *Inhalt* begrifflicher Normen, die in den Praktiken der einzelnen selbstbewussten Selbste verkörpert sind und diese durchdringen, prägen und somit konstituieren, deutet auf Hegels implizites Interesse an einem weiteren, nur unweit vom Reduktionismus des Kammerdieners entfernten Argumentationsstrang hin. Bisher haben wir uns entfremdete Verständnisse der Beziehungen zwischen den zwei Dimensionen normativer *Kraft* angeschaut, insbesondere wie die Autorität der Normen gegenüber Einstellungen durch die Einstellungsabhängigkeit der Normen untergraben wird. Das nächste Argument bezieht sich nun darauf, wie die Einsicht in die Natur des begrifflichen *Inhalts* unser Verständnis von der Natur der normativen Kraft bzw. der Verbindlichkeit begrifflicher Normen beeinflussen kann.

Die allgemeine Überlegung an dieser Stelle besagt, dass eine bestimmte Art von *genealogischer* Erklärung des Prozesses, in welchem ein begrifflicher Inhalt entwickelt und bestimmt wurde, scheinbar die *rationale* Verbindlichkeit der Normen untergräbt, die diesen Inhalt aufweisen. Diese Form von Argumentation wurde von den großen Enthüllern des späten 19. Jahrhunderts verwendet, mit verheerenden Folgen. Gehen wir davon aus, dass die richtige Antwort auf die Frage, warum wir in einem bestimmten Diskursbereich zwischen Richtig und Falsch unterscheiden, in einer kausalen Erklärung besteht, beispielsweise im Falle der Erklärung der ökonomischen Klassenstruktur oder der quasibiologischen Erklärung der begrenzten Erscheinungsmöglichkeiten des Willens zur Macht bei den Schwachen oder der Beschreibung früherer Traumata, die innerhalb des Familienromans erlitten wurden und die die Libido in den typischen Formen der Verdrängung im Erwachsenenalter zuverlässig wiederbesetzt. Wenn eine solche Genealogie kausal erklären kann, warum unsere normativen Einstellungen die Inhalte haben, die sie haben – bzw. warum wir die Urteile fällen, die wir fällen, und nicht andere –, dann ist die Frage nach der rationalen Begründbarkeit dieser Einstellungen hinfällig. Wir haben scheinbar Gründe für unsere Erwägungen und Bewertungen, und der Gedanke, dass sie deshalb die Inhalte haben, die sie haben, scheint uns zu beruhigen. Durch eine überzeugende Genealogie des Prozesses wird jedoch die Rede von Gründen, infolge derer man eine Einstellung anstatt einer anderen einnimmt, als eine *bloße* Erscheinung entlarvt. Die Genealogie erzählt uns vom *wirklichen* Geschehen, indem sie den eigentlichen zugrundeliegenden Mechanismus offenlegt, der dafür verantwortlich ist, weshalb wir dies anstatt jenes als angemessen, passend oder richtig betrachten. Uns selbst als Lebewesen zu betrachten, die für Gründe genuin empfänglich sind und die sich darum bemühen, herauszufinden, was tatsächlich angemessen, passend oder richtig ist bzw. für was wir wirklich Gründe haben, erweist sich somit als naiv und altmodisch – als Folge der Anwendung eines längst zusammengebrochenen Erklärungsrahmens, der in einem ausgefallenen Vokabular formuliert wird, dessen Verwendung genealogisch wegerklärt werden kann als das Ergebnis eines Prozesses, der sich weit entfernt von der Art Begründung abspielt, die er selbst vorgibt zu unternehmen.

Ein Großteil von Wittgensteins späteren Schriften kann als ein Aufzeigen der genealogischen Vorgänger unserer Praktiken des Gebens und Bewertens von Gründen gedeutet werden. Immer wieder bemüht er sich, darauf hinzuweisen, wie der Inhalt einer Norm die tatsächlich zugrundeliegenden Regelmäßigkeiten wiedergibt. Wie eine bestimmte Tätigkeit – beispielsweise das Zählen, Messen, Anwenden von Farbbegriffen oder das Zeigen – richtig fortzuführen ist, hängt davon ab, inwieweit Praxisteilnehmer tatsächlich in der Lage bzw. dazu geneigt sind, diese bestimmte Tätigkeit fortzuführen. Wir müssen nicht nur unser allgemeines Vermögen zur Instituierung impliziter praktischer Normen (also das Aussprechen, damit überhaupt etwas explizit wird), sondern auch die spezifischen Inhalte der Normen (also das Einordnen neuer Kandidaten als übereinstimmend oder nicht übereinstimmend mit der Norm) bezüglich der zufälligen Tatsachen über Praxisteilnehmer verstehen können. Diese Tatsachen bieten zwar keine *Gründe*, warum wir Dinge auf eine bestimmte Weise anstatt auf eine andere tun, jedoch können wir auf sie rekurrieren, um zu erklären, warum die Grenze zwischen Richtig und Falsch an jener Stelle und nicht an irgendeiner anderen gezogen wird. Hierdurch wird sichtbar, dass der Inhalt der Norm anders *gewesen wäre*, *wäre* die Regelmäßigkeit anders gewesen. Die in unseren grundlegenden diskursiven Praktiken impliziten Normen scheinen zutiefst *beschränkt*, wenn ihr spezifischer Inhalt von den zufälligen Merkmalen unserer Verkörperung, Naturgeschichte und vorhergehenden Praktiken und Institutionen abhängt. Aus diesem Grund meint Wittgenstein, dass wir den Löwen nicht verstehen würden, wenn er sprechen könnte.

Die Tatsache, dass die *Inhalte* der Normen, die uns überhaupt erst zu diskursiven Wesen machen, zufällig und beschränkt sind, könnte als Aushöhlung der Verständlichkeit ihrer normativen *Kraft* verstanden werden. In welchem Sinne können wir uns noch als durch Normen *gebunden* verstehen, sobald wir realisieren, dass der Inhalt, den sie uns aufzwingen, ein anderer gewesen wäre, wenn die zufälligen Tatsachen über uns andere gewesen wären?

Gemäß der Strategie des genealogischen Arguments wird eine Tatsache gesucht, die nicht *nachweislich* mit dem Inhalt der Überzeugung verwandt ist; es sollte also keine wahren oder plausiblen unterstützenden Hypothesen geben, die, wenn sie mit dieser Tatsache verbunden werden, ein Argument für die Wahrheit dessen ergeben, von dem man überzeugt ist. Aus der Perspektive des Kammerdieners in Hegels Allegorie gilt diese Tatsache für die Einstellungen des Helden. Allgemein können genealogische Erklärungen auf die Einstellungen anderer rekurrieren, also auf Eltern, Lehrer oder diejenigen, die eine Machtposition gegenüber den Glaubenden innehaben. Wenn man im Anschluss hieran zeigen kann, dass die Glaubenseinstellung des Glaubenden gegenüber dem Erlangen dieser anderen Einstellungen konjunktivisch responsiv ist – oder idealerweise, dass die Tatsache des Erlangens dieser Einstellungen eine hinreichende Erklärung für die Glaubenseinstellung ist, deren rationale Referenzen bewertet werden –, dann lässt sich argumentieren, dass der Glaube nicht *rational* ist. Denn der Glaube zeigt die erforderliche Sensitivität gegenüber der Wahrheit seines Inhalts nicht durch Beweise. Der Glaubende kann nicht behaupten, dass er *gemäß* einer Norm gehandelt hat oder dass sein Glaube durch die Norm *bestimmt* wurde oder dass er der Norm zugestimmt hat (auch wenn der Glaube wohl richtig sein mag und somit der Norm entsprechen *würde*) –, er kann also nicht behaupten, dass er etwas *gemäß* der Norm *anwendet* oder *bewertet* oder dass er der Norm gegenüber *empfänglich* ist –, wenn gezeigt werden kann, dass er gegenüber Einstellungen empfänglich ist, die nicht auf Beweisen beruhen. Die genealogische (ätiologische) Realisierung untergräbt die *rationale* Glaubhaftigkeit bzw. Glaubwürdigkeit des in Frage stehenden Glaubens. Somit wird die *Autorität* in Zweifel gezogen, die er als die Anwendung einer begrifflichen Norm anderweitig hätte. Der Glaube sollte gegenüber dem semantischen Inhalt und den inferentiellen Bezügen des Geglaubten empfänglich sein, und nicht gegenüber den pragmatischen Merkmalen des Glaubensaktes. Es ist normal, auf dieses Problem einzugehen, indem man die betreffenden Verpflichtungen mithilfe anderer ebenso verdächtiger Genealogien *ausklammert*. Denn ganz allgemein betrachtet, ist es nicht hilfreich, auf Verpflichtungen als Gründe zu rekurrieren, die man zufälligerweise durch Ursachen erworben hat, die der Wahrheit dieser Verpflichtungen gegenüber nicht empfänglich sind. Wenn der beschränkte Charakter der Inhalte der allzu naheliegenden Überzeugungen jedoch hinreichend verbreitet ist, mag der Versuch solchen Ausklammerns darauf hinauslaufen, mit leeren Händen dazustehen.

Wie der Inhalt eines Begriffs oder einer Überzeugung von zufälligen Tatsachen abhängt, hat mal mehr, mal weniger Bedeutung für die Verständlichkeit einer Norm als einer verbindlichen Norm bzw. einer Einstellung als einer autoritativen Einstellung. Wäre der Schmelzpunkt von Kupfer ein anderer bzw. wären die richtigen Aussagen über den Schmelzpunkt von Kupfer andere, dann wäre der Inhalt des Begriffs ein anderer. Wäre keine Katze in meinem Arbeitszimmer, dann wäre der Inhalt meiner aktuellen Überzeugung bezüglich der Frage anders, ob es eine Katze in meinem Arbeitszimmer gibt. Wenn ich nicht das richtige Buch gelesen oder in die richtige Richtung geschaut hätte, wüsste ich nicht, was der Schmelzpunkt von Kupfer ist oder dass es eine Katze in meinem Arbeitszimmer gibt. Wären unsere Augen so gebaut, dass sie nur empfindlich für das elektromagnetische Spektrum jenseits von Ultraviolett wären, wären wir nicht in der Lage, den Beobachtungsbegriff ROT so anzuwenden, wie wir es tun. Dies alles sind kontingente Tatsachen – würden es andere sein, so wären die Inhalte unserer Begriffe bzw. Einstellungen ebenfalls andere. Jedoch beziehen sich diese darauf, welche *Inhalte* wahr wären und für welche Überzeugungen wir *Gründe* hätten. Mag Letzteres auch am nächsten liegen, so kann es dennoch als eine zufällige epistemologische Beschränkung betrachtet werden, also als eine Beschränkung der

Überzeugungen, die wir erwerben können, in der Form einer Beschränkung der Begriffe, die wir anwenden können. Die Sorge, dass die Genealogie das Begründen untergraben würde, ist von anderer Art.

Ein klares Beispiel dafür, wie eine Genealogie des Inhalts die normative Kraft untergraben kann, lässt sich an jenem Model herausarbeiten, das ich für Hegels Erklärung des begrifflichen Inhalts vorgeschlagen habe, also die Art der Fortentwicklung der Begriffe des *common law* durch die Entscheidungen der Richter, die die Begriffe in bestimmten Fällen angewendet oder nicht angewendet haben. Ursprünglich habe ich dieses Beispiel angeführt, um darzustellen, wie der Prozess des *Anwendens* begrifflicher Normen in Urteilen und praktischen Entscheidungen auch dazu dienen kann, begriffliche Normen zu *instituieren* und ihre Inhalte zu *bestimmen*. Es ist an dieser Stelle wesentlich, dass es außer den Entscheidungen der vorangegangenen Richter nichts gibt, um die Inhalte der Begriffe zu bestimmen, die Richter in neuen Fällen anwenden müssen. Die vorangegangenen Fälle sind die einzige Quelle für die *Gründe*, aus denen heraus der derzeitige Richter die in Frage stehenden Begriffe auf eine neue Menge von Tatsachen anwenden bzw. nicht anwenden kann. Auch hier ist eine *genealogische* Charakterisierung des Prozesses möglich, wenn die Entscheidung der vorangegangenen Fälle, auf die rekurriert wurde, um das gegenwärtige Urteil zu rechtfertigen, mit der Berufung darauf erklärt wird, was dieses Urteil eigentlich *verursacht* hat, anstatt auf die *Gründe* für das Urteil einzugehen. Es könnte möglich sein, die Präzedenzentscheidung damit zu erklären – um sich auf ein rechtsphilosophisches Motto zu beziehen –, »was der Richter zum Frühstück gegessen hatte«. Weniger fantasievoll könnte sich eine solche genealogische Erklärung auch auf die Ausbildung des Richters berufen, auf die Vorurteile seiner Lehrer, die Ansichten in seinem Kulturkreis, seine beruflichen Ambitionen, die politischen Akzente oder pressierenden Fragen und Anliegen des Tages. Solche genealogischen Erklärungen für ein Urteil anzubieten bedeutet, gegenüber dem Richter den moralischen Kammerdiener zu spielen: Das Urteil wird nicht als eine Reaktion auf die Gründe dargestellt, die angemessen durch einen Präzedenzfall und ein anleitendes Prinzip zur Verfügung gestellt wurden, also nicht als eine Frage der Zustimmung zum Inhalt einer vorangegangenen Norm als verbindlich, sondern als ein Produkt unerheblicher Beweggründe und Erwägungen außerhalb des Rechtskontexts.

Solche genealogischen Erklärungen enthüllen die Zufälligkeit des begrifflichen Inhalts, den ein späterer Richter von der Tradition übernimmt. Sie machen deutlich, dass der aktuelle Inhalt des Begriffs ein anderer *gewesen wäre*, wenn die früheren Richter zufällig etwas anderes gefrühstückt hätten (wenn die Zufälligkeiten, auf die der Kammerdiener als Ursachen rekurriert, andere gewesen wären). Unterschiedliche Entscheidungen wären in der Vergangenheit getroffen und entsprechend ein anderes Feld möglicher Präzedenzfälle bereitgestellt worden. In der Tat ist es ein Gemeinplatz in der rechtswissenschaftlichen Genealogie, dass eine andersartige Zufälligkeit den Entscheidungsprozess infiziert, da meist klar ist, dass die *Reihenfolge*, in welcher komplexe Fälle auftreten, die Inhalte beeinflusst, die aus diesem Prozess hervorgehen. Würde ein dem Gericht zur Entscheidung vorgelegter Fall früher entschieden werden als derjenige, der sich tatsächlich vorher ereignete, wäre der Stand der Rechtsprechung zum gegebenen Zeitpunkt ein anderer. Ähnliche Zufälligkeiten, die die Inhalte von Begriffen beeinflussen, welche als Präzedenzfälle weitergegeben wurden, leiten sich aus den Umständen der jeweiligen Rechtsprechung ab, in dem eine spezifische Menge von Tatsachen entstanden ist. Welche Auswirkung hat eine mit Zufälligkeiten gespickte genealogische Erklärung des aktuellen Inhalts eines Begriffs auf die Verständlichkeit von Normen, die in diesem Begriff als *rational verbindlich* verkörpert sind und genuine *Gründe* für die gegenwärtige Entscheidung anbieten, den einen oder den anderen Weg zu gehen? Diese Frage zielt ab auf die Beziehung zwischen Genealogie und Begründung. Man kommt in die Versuchung, davon auszugehen – eine Versuchung, die durch die genealogische Tradition von Marx, Nietzsche und Freud im 19. Jahrhundert bis zu Foucault am Ende des 20. Jahrhunderts gepflegt und befördert wurde –, dass Erklärungen durch Ursachen Erklärungen durch Gründe übertrumpfen und sie als illusorisch entlarven. Indem die zufälligen Merkmale von Dingen aufgezeigt werden, mit welchen sich begrifflicher Inhalt und begriffliche Verpflichtung nicht befassen, wird die Rede von Gründen als gegenstandslose Mystifizierung entlarvt. Niederträchtige Erklärungen erhalten Vorrang vor edelmütigen Erklärungen.

Weshalb sollte das so sein? Die Antwort hierauf finden wir in Vernunftauffassungen, die tief in der philosophischen Tradition verwurzelt sind. Für sowohl die antike als auch die moderne Tradition wird die Vernunft teilweise durch das bestimmt, was sie ausschließt. Die Griechen haben den Begriff der Vernunft hinsichtlich des Kontrasts zwischen *rationalem* Überzeugen und der *sophistischen* Herbeiführung von Einstellungen eingebracht: die Unterscheidung zwischen dem, was überzeugen *soll*, und dem, was bloß *tatsächlich* überzeugt. Das Zustandekommen der ersten Art von Einstellung erklärt man, indem man ein Argument auf die Probe stellt; das Zustandekommen der zweiten Art von Einstellung erklärt man, indem man eine Genealogie erzeugt. Der in ähnlicher Weise strukturierte Vernunftbegriff der Aufklärung schöpft sich aus dem Kontrast zwischen der rationalen Autorität des *Arguments* und dem bloß gewöhnlichen Einfluss der *Tradition*: zwischen dem, was wir glauben sollten, und dem, was wir tatsächlich geglaubt haben. Wenn die Aufklärung eine Genealogie des religiösen Glaubens in Bezug auf die Interessen von Priestern und Despoten anführt oder die zufälligen Prozesse beim Weitergeben heiliger Schriften beschreibt, untergräbt sie laut ihrem Selbstverständnis die rationale Autorität des Glaubens. Die Vorstellungen sowohl der antiken als auch der modernen Vernunft motivieren ein Projekt der *purifizierenden* Vernunft, in welchem der entfremdete und belanglose Einfluss des bloß tatsächlich Wirksamen beim Hervorbringen von Überzeugungen verdrängt wird. Laut diesen Vorstellungen sollte dem, was bloß tatsächlich geglaubt *wird* oder *wurde* – dem *tatsächlich* bejahten Urteil (die Anwendungen von Begriffen) –, keine *rationale* Bedeutung oder Kraft und somit Autorität gewährt werden. Indem er *kausales* und *rechtfertigendes* Begründen deutlich voneinander unterscheidet und Locke dafür kritisiert, eigentlich bloß eine Genealogie empirischer Überzeugungen produziert zu haben anstatt einer Erklärung, wie diese rational zu garantieren sind, macht Kant nur einen Gedanken vollständig explizit, der bereits in Descartes' *Meditationen* im Spiel war. Hegel zufolge wird die so purifizierte Vernunft auf etwas Leeres, Inhaltsloses und rein Formales reduziert – und somit auf einen Weg geführt, der unausweichlich in den Skeptizismus führt. Hegels Vernunftbegriff steht der Autorität der Tradition nicht entgegen, vielmehr ist er ein Aspekt dieser Autorität. Was bloß *ist*, *hat vernünftige* (anfechtbare) Autorität. (»Was vernünftig ist, das ist wirklich; und was wirklich ist, das ist vernünftig.«[8]) Unsere *wirkliche* Anwendung eines Begriffs in der Vergangenheit – und zwar von einem *zufälligen* Standpunkt aus betrachtet, da ein bestimmter Standpunkt bezüglich einer zuvor relevanten Norm nicht zwingend *erforderlich* ist – hilft uns bei der Bestimmung, wie der Begriff *richtig* anzuwenden ist. Begriffliche Normen integrieren Zufälligkeit, nur so können sie bestimmt gehaltvoll sein. Hierdurch nehmen sie Bezug darauf, was wirklich ist – sie *repräsentieren* es, nicht in einem *äußerlichen* Sinne, sondern insofern die Referenz zum Repräsentierten ins Repräsentieren integriert wird.

Ich bin überzeugt, dass sich der späte Wittgenstein über die-

8 *PR*, Vorrede, S. 24.

ses Problem Gedanken gemacht hat. Ich denke, dass er erkannt hat, wie man in Versuchung kommen könnte, den Beweis der Beschränktheit des Inhalts einer Norm – die Tatsache also, dass sie von gewissen zufälligen Merkmalen der Praxisteilnehmer und der Praxis abhängt und diese widerspiegelt – so zu interpretieren, dass diese Norm nicht mehr länger als genuin verbindlich, nicht mehr als eine reale Norm mit normativer Kraft verständlich gemacht werden kann. Im Gegensatz zu Hegel geht Wittgenstein nicht davon aus, dass eine Norm, um überhaupt bestimmt gehaltvoll zu sein, einen *begrifflichen* Inhalt haben muss. (Wenngleich er davon ausgeht, dass die Überlegungen über die Abhängigkeit der Inhalte der Normen von zufälligen Tatsachen ebenfalls für begriffliche Normen gelten, die beispielsweise durch Termini wie »starr« ausgedrückt werden). Mit der Wirkung der Zufälligkeit der Inhalte unserer Normen auf ihre *rationale* Verbindlichkeit lässt sich Wittgensteins Problem nur ungenügend darstellen. Er macht sich allerdings Gedanken darüber, dass das *richtige* Weiterwissen davon abhängt, reproduzierbar übereinzustimmen damit, wie die Praxisteilnehmer wirklich fortsetzen *würden*, da ansonsten nicht mehr erklärbar wäre, wie es ein *richtiges* Weiterwissen überhaupt geben kann, also was der Unterschied zwischen einem korrekten und einem nicht korrekten Weiterwissen ist. Ich nehme an, dass er darum bemüht ist, diese Schlussfolgerung zurückzuweisen und sie als die Folge eines traditionellen und letztlich sogar magischen Begriffs normativer Kraft zu diagnostizieren. Aus dem Beweis der Beschränktheit und Zufälligkeit der Praktiken, in welchen unsere Normen implizit enthalten sind, sollte kein normativer Nihilismus folgen. Vielmehr sollte Raum geschaffen werden für neue Deutungen der Beziehungen zwischen Genealogie und Begründung.

Mir geht es hier nicht darum, Wittgenstein auszulegen, weshalb ich mich nicht bemühen werde, diese nur allzu dürftigen Anmerkungen bis ins Detail auszuführen. (Mehr hierzu im

Schlusskapitel.) Ich möchte vielmehr darauf hinweisen, wie Hegels Theorie ein philosophisches Problem anspricht, dessen Bedeutung hervorgehoben werden kann, wenn darüber so nachgedacht wird, wie es Wittgenstein ans Licht gebracht hat. Für ihn entsteht das Problem, weil er erkennt, dass einerseits die Bedeutung eines Ausdrucks (der von ihm ausgedrückte Inhalt) allein durch seine früheren Anwendungen und nichts anderes bestimmt wird und andererseits alle diese Anwendungen mit allen nur denkbaren Zufälligkeiten versetzt sind, die sich zwar auf den Inhalt auswirken, jedoch keine *Gründe* dafür liefern, warum er so und nicht anders ist. Aus der Verknüpfung einer pragmatischen Einsicht und einer genealogischen Einsicht folgt die Frage, wie irgendein Verlauf wirklicher Anwendungen eines Begriffs überhaupt hinreichend sein könnte, um ihm einen bestimmten Inhalt zu verleihen – ebenjene Sorge, die Kripkes Auslegung von Wittgenstein motiviert.[9] (Zentral für meine Darlegung von Hegels Projekt ist der Gedanke, dass er die Notwendigkeit erkannt hat, einen neuen metabegrifflichen Rahmen zu entwickeln, in dem begrifflicher Inhalt auf eine neue Weise als *bestimmt* verstanden werden kann, und zwar entsprechend der Kategorien der Vernunft, die diejenigen des Verstandes ersetzen.) Die andere substantielle Folge ist die von mir skizzierte Frage nach einem Verständnis von normativer Kraft, die mit der Zufälligkeit des Inhalts vereinbar ist. Es ist unklar, wie Wittgenstein damit umgeht, dass die *Inhalte* der Normen von der zufälligen Geschichte der wirklichen Anwendung der Normen abhängig sind. Hegels Antwort jedoch, die er in Reaktion auf den Kammerdiener ausarbeitet, besteht in der finalen Form gegenseitiger Anerkennung, die Struktur von Geständnis und Verzeihung – dieses eine ferne Ereignis des Geistes, auf das Hegels und mein Werk hinauswollen.

9 Saul A. Kripke, *Wittgenstein über Regeln und Privatsprache. Eine elementare Darstellung*, Frankfurt/M. 1987.

Es ist für Hegel eine besonders dringende Angelegenheit, wie angesichts der durch genealogische Erklärung offenbarten Zufälligkeit von Norminhalten ein Verständnis begrifflicher Normen als genuin verbindlich wiedergewonnen werden kann. Auf Kants unkritische Einstellung gegenüber bestimmten begrifflichen Inhalten antwortet er mit einer Vorstellung von *Erfahrung* als *einem* Prozess, der sowohl die Anwendung als auch die Instituierung begrifflicher Normen beinhaltet. (Das *common law* dient hier als ein Modell.) Wie ich bereits gesagt habe, steht Hegel in dieser Hinsicht zu Kant wie Quine zu Carnap. In beiden Fällen wird eine zweiphasige Form – in der zunächst Bedeutungen spezifiziert und erst im Anschluss hieran angewendet werden, um Urteile zu bilden (erst Sprache, dann Theorie) – durch eine einphasige Form ersetzt, in der die beiden Funktionen miteinander vermengt vorliegen. Die Genealogien des Kammerdieners stellen eine Gefahr dar für diese Art pragmatischer Perspektive. Die Möglichkeit einer normfreien, niederträchtigen Erklärung bedroht die Begründbarkeit und sogar die Verständlichkeit von normanerkennenden, edelmütigen Erklärungen. Hegel zufolge geht es bei dieser Frage zudem um die *rationale* Kraft begrifflicher Normen, also ihre Fähigkeit, wirkliche *Gründe* dafür zu liefern, das eine anstatt das andere zu sagen oder zu tun. Indem er edelmütige Charakterisierungen unserer diskursiven Praxis in Bezug setzt zu niederträchtigen Charakterisierungen, kann er erklären, worin die *normative Kraft* eines *Grundes* besteht. Um die Anmerkung weiter oben zu wiederholen: Es steht viel auf dem Spiel.

Hiermit ist auch die Herausforderung gemeint, die Hegel gleich zu Beginn der »Einleitung« mit Kants Problematik in Verbindung bringt: Wie können wir unseren Erkenntniszugriff auf die *objektive* Beschaffenheit der Dinge (ihre Beschaffenheit an sich) verstehen, also dass unsere Erfahrung die objektive Beschaffenheit der Dinge genuin enthüllt, nachdem wir gesehen haben, dass unsere Fähigkeiten zwangsläufig daran teilhaben, wie die Dinge uns erscheinen (bzw. wie sie *für* uns sind)? Diese Frage wird von Kant verschärft, indem er die Verantwortung für verschiedenartige Merkmale unserer Erfahrung zwischen dem Subjekt und dem Objekt aufteilt, also sagt, für was die Welt in unserer Erkenntnis (unabhängig von unseren Wechselwirkungen mit ihr) verantwortlich ist und für was wir verantwortlich sind. (Dieses Projekt bekommt eine radikal andere Gestalt, wenn Autorität und Verantwortung gemäß den Kategorien der Vernunft anstatt gemäß den Kategorien des Verstandes gedeutet werden.) Für Hegel sind die beiden Fragen, wie begriffliche Normen als *rational* verbindlich betrachtet werden können und wie Normen eine *objektive* (einstellungsunabhängige) Welt darstellen, nur zwei Seiten ein und derselben Medaille. Er bietet eine Antwort für beide Fragen an. Insofern sie sich auf die Frage der Objektivität bezieht, haben wir sie zum größten Teil bereits behandelt. Bei dieser Frage ging es darum, wie die hegelschen Begriffe von SINN und REFERENZ bzw. PHAENOMENA und NOUMENA zusammengebracht werden können. *Sinne* – entsprechend jeder schrittweise ablaufenden, fortschrittsgläubigen, rationalistischen, repräsentational-realistischen und rückblickenden Geschichte – entwickeln sich durch (fregesche) Bestimmung, die der Entwicklung des Ausdrucks der *Referenzgegenstände* entspricht (welche durch die Sinne zunehmend expliziter ausgedrückt werden). Die *Referenzgegenstände* der Sinne *binden objektiv* und legen die Maßstäbe für die normative Bewertung der objektiven Richtigkeit des ganzen Prozesses fest. Die Frage der Objektivität ist also nichts anderes als die Frage danach, wie die hegelsche doppel-perspektivische Semantik als zusammenhängend gedacht werden kann. Haben wir erst einmal die endgültige transformative Form gegenseitiger Anerkennung offengelegt, können wir sowohl die *rationale* Kraft der Normen verstehen, die sich durch diesen Prozess entwickeln, als auch die Natur der expressiv fortschrittlichen Erinnerung, das heißt den Marsch der Vernunft durch die Welt.

V. Vier Meta-Metaeinstellungen

Um einsehen zu können, was die hegelsche Erklärung der Beziehung zwischen normativer pragmatischer *Kraft* (gegliedert durch die Unterscheidung von Norm und Einstellung) und semantischem *Inhalt* zur Darstellung der hegelschen Version der (im 12. Kapitel behandelten) fregesch-semantischen Unterscheidung zwischen *Sinn* und *Bedeutung* (Referenz) hinzufügt, ist es wichtig, sich die Natur der Unterscheidung zwischen Niederträchtigkeit und Edelmütigkeit klarzumachen, also zwischen den zwei Metaeinstellungen, die man gegenüber den Beziehungen zwischen Normen und Einstellungen einnehmen kann. Diese Unterscheidung kann auf vier verschiedene Weisen gedacht bzw. als vier verschiedene Status betrachtet werden. Sie werden zunehmend aufschlussreicher und komplexer und repräsentieren einen expressiven Fortschritt, das heißt das zunehmende Hervortreten der impliziten Merkmale der Beziehungen zwischen Normen und Einstellungen. Dieser Fortschrittsverlauf entspricht den Stufen, in welchen Hegel den Geist sich als Ganzes seines Selbstbewusstseins entwickeln sieht.

Erstens können wir die Beziehung zwischen dem edelmütigen Normativisten und dem niederträchtigen Naturalisten als eine erkenntnistheoretische Uneinigkeit über eine objektive Tatsache verstehen. Sie sind uneinig bezüglich der Frage, ob es Normen gibt oder nicht. Wenn man einen vollständigen Katalog alles Seienden im Universum erstellt, werden sich dann Normen oder bloß normative Einstellungen darin finden? Folgt man dieser Deutung, wird das Problem ähnlich formuliert wie die Fragen, ob es Kobolde gibt oder ob da ein Vogel im Gebüsch ist: Einer der Streitenden hat Unrecht. Wer Recht hat und wer Unrecht, wird durch eine einstellungsunabhängige Tatsache entschieden; ob es Normen gibt oder nicht, ist nicht referenzabhängig von den Metaeinstellungen des Normativisten oder

Naturalisten. (Denn der Normativist könnte Recht haben, wenn sich herausstellt, dass es Normen gibt und sie aber referenzabhängig sind von normativen Einstellungen.) Auf der Seite der Epistemologie, anstatt der Ontologie, geht der Normativist davon aus, dass normative Einstellungen auf Erkenntnis zielende Einstellungen sind und, wenn alles gutgeht, die Erkenntnis von Normen beinhalten. Der Held mag tatsächlich wissen, was seine Pflicht ist, und handeln, weil es seine Pflicht ist. Die objektivistische Meta-Metaeinstellung zu dieser Frage geht zudem davon aus, dass sowohl die normativistische als auch die naturalistische Einstellung eine auf Erkenntnis zielende Einstellung ist, wobei nur eine der beiden richtig liegen kann.

Dieses objektivistische erkenntnistheoretische Verständnis des Status der zwei Metaeinstellungen gegenüber Normen und normativen Einstellungen ist jedoch nicht das einzige Verständnis, das uns zur Verfügung steht. Man kann stattdessen auch eine fast genau entgegengesetzte subjektivistische Meta-Metaeinstellung einnehmen. Gemäß diesem Ansatz verwenden der Normativist und der Naturalist unterschiedliches Vokabular, um die Welt zu beschreiben. Das eine anstelle des anderen zu verwenden heißt, eine *Stellung* zu beziehen. Beide Stellungen sind miteinander unvereinbar; man kann nicht beide zugleich beziehen. Entweder verwendet man normatives Vokabular oder man verwendet es nicht. Beide stehen aber zur Verfügung und beide sind legitim.

> Wie jede Handlung der Betrachtung ihrer Pflichtgemäßheit fähig ist, ebenso dieser anderen Betrachtung der *Besonderheit*; [...].[10]

Bezüglich der Legitimität der reduktiven niederträchtigen Einstellung räumt Hegel ein, dass der Kammerdiener *nicht Unrecht* hat.

10 *PhG*, S. 488.

So gibt es für das Beurteilen keine Handlung, in welcher es nicht die Seite der Einzelheit der Individualität der allgemeinen Seite der Handlung entgegensetzen und gegen den Handelnden den Kammerdiener der Moralität machen könnte.[11]

Jede absichtliche Handlung hat »die Seite der Besonderheit an ihr [der Wirklichkeit]«, insofern das Handlungssubjekt einen Beweggrund, also eine Einstellung gehabt haben musste, die die Handlung erfolgreich hervorgebracht hat. Normen sind nur durch Einstellungen gegenüber diesen Normen wirksam. Erklärungen, welche auf die Normen rekurrieren, auf die die Einstellungen gerichtet sind (was das Handlungssubjekt tun sollte, also seine Pflicht), können stets übersprungen werden, indem allein auf die Einstellungen selbst rekurriert wird. In einer breiteren Auslegung gehe ich davon aus, dass Hegel die Möglichkeit einer rein naturalistischen Beschreibung der Welt, einschließlich der menschlichen Handlungen, anerkennt.

Die *Möglichkeit* einer Beschreibung durch irgendein spezifisches bzw. beschränktes Vokabular anzuerkennen ist jedoch ein kaum nennenswertes Zugeständnis. Denn dies bedeutet bloß, einzugestehen, dass einige wahre Dinge mithilfe dieses Vokabulars gesagt werden können, aber unverbindlich zu bleiben darüber, was ausgelassen wird, also welche Wahrheiten *nicht* im dürftigen Vokabular ausgedrückt werden können. Wir können also die Welt beschreiben, indem wir nur die Prädikate »hat eine Masse von mehr als 10 Gramm« und »hat keine Masse von mehr als 10 Gramm« verwenden. Um in diesem Kontext aber etwas Substantielles zu sagen (im Kontext einer Antwort auf Kants Dritte Antinomie), muss das in Frage stehende Vokabular zudem eine Erklärung gestatten, die in *ihren eigenen Begriffen vollständig* ist. Das bedeutet in diesem Fall, dass alle naturalistisch spezifizierbaren Ereignisse und Merkmale von Dingen kausal er-

11 Ebd., S. 489.

klärt werden können, indem man allein auf andere naturalistisch spezifizierbare Ereignisse und Merkmale von Dingen rekurriert. Dies ist gemeint, wenn es – in Kants Worten – heißt, alles in der Welt geschehe »lediglich nach Gesetzen der Natur«.

Ein Vokabular kann in diesem Sinne vollständig erklärend sein, ohne aber expressiv vollständig zu sein. Das Verhalten einer Turingmaschine ist durch ein sehr eingeschränktes Vokabular vollständig erklärbar und vorhersehbar; es ist hinreichend, um sowohl die endliche Zahl von Token-Typen zu spezifizieren, die sie lesen und schreiben kann, als auch die Typen der Token an jeder Stelle des Bandes, die Tripletten in jeder Zelle der zweidimensionalen Zustandstabelle und die momentane Position des Lese-Schreib-Kopfes. Dies gilt ebenso für die Realisierung einer Turingmaschine (mit endlichem Band). Jedoch wird diese viele Eigenschaften haben, die nicht mit dem beschränkten Vokabular zur näheren Bestimmung von Turingmaschinen spezifizierbar sind, wie beispielsweise Masse, Ort, Gestalt oder andere physikalische Zustandsgrößen. Es verbleiben also noch viele Wahrheiten über das Gerät, die nur in anderen Vokabularen ausgedrückt werden können.

Ebenso ist im edelmütigen normativen Vokabular »jede Handlung der Betrachtung ihrer Pflichtgemäßheit fähig«. Im kausalpsychologischen Vokabular des Kammerdieners zeigen sich die Natur, die natürlichen Wesen und natürlichen Prozesse, also die Welt der Begierde. Im normativen Vokabular des Helden zeigen sich der Geist, die geistigen Wesen und diskursiven Praktiken, also die Welt der Anerkennung. Das Reich des Geistes umfasst Erfahrung und Handlungsfähigkeit – eine Struktur, die durch die Beziehungen zwischen *Autorität* und *Verantwortung* gegliedert ist sowie durch die Beziehungen zwischen *Verpflichtung* und *Berechtigung* und den Beziehungen zwischen *Gründen* und *Begriffen*, in welchen die *Pflichten* und *Erlaubnisse* enthalten sind und gegliedert werden. Dieses normative diskursive Reich des Geistes ist Hegels Thema. (Schließlich heißt das Buch die

Phänomenologie des Geistes.) Auch dieses Reich ist wirklich. Gemäß der Stellung der Stellung (der Meta-Metaeinstellung) hat der reduktive Naturalist Unrecht, wenn er durch die Erklärungsvollständigkeit des naturalistisch-kausalen Vokabulars, und mithilfe der diesem Vokabular zugehörigen Begriffe, auf dessen Ausdrucksvollständigkeit verweist, wonach alle Behauptungen, die es nicht ausdrücken kann, nicht wahr sein können. Denn dieses Vokabular muss Begriffsverwendung als solche außen vor lassen (und somit die ganze geistige Dimension menschlicher Praxis), auch wenn alle Begriffsanwendungen im Urteilen und Handeln mit Geräuschen und Bewegungen naturalistisch beschrieben werden und somit naturalistisch erklärbar wären. Das normative Vokabular ist aber *ebenso* souverän und umfassend innerhalb seines Bereichs und kann ein entsprechendes Erklärungsgleichgewicht herstellen. Denn dieses Vokabular dient zur Beschreibung der Verwendung von Vokabularen, einschließlich des Vokabulars der Naturwissenschaft. Alles, was der Wissenschaftler tut, nicht weniger als die Tätigkeiten und Praktiken anderer diskursiver Wesen, kann in der Sprache des Urteilens, der absichtlichen Handlung und der Anerkennung beschrieben werden. Sogar die Einstellung des Kammerdieners ist eine *diskursive* Einstellung.

Eine wichtige, durch Kant neukonzeptualisierte Frage der Moderne behandelt die Beziehung zwischen Geist und Natur. Hierzu sagt Hegel zum Schluss seiner *Vorlesungen über die Geschichte der Philosophie*: »Natur und geistige Welt, Geschichte, sind die beiden Wirklichkeiten.« Ebendort heißt es auch: »Das *letzte* Ziel und *Interesse* der Philosophie ist, den Gedanken, den Begriff mit der Wirklichkeit zu versöhnen.«[12] Eine Strategie hierfür könnte darauf hinauslaufen, das naturalistische und das normative Vokabular als nicht vergleichbar zu betrachten und

12 Georg Wilhelm Friedrich Hegel, *Vorlesungen über die Geschichte der Philosophie* III, Frankfurt/M. 1986 (hiernach *VGP*), S. 455.

zugleich beiden jeweils eine legitime, gültige und in einem gewissen Sinne umfassende Perspektive auf die Dinge zuzuordnen. So verstanden, drücken sie einfach verschiedene Merkmale der Dinge aus. Die Entscheidung hinsichtlich des in einem bestimmten Fall zu verwendenden Vokabulars kann verstanden werden als eine im klassischen Sinne pragmatische Entscheidung für das, was am ehesten dazu führt, die Zwecke und Interessen des Subjekts abzusichern, welches zu diesem Zeitpunkt das Vokabular zu wählen hat. Dementsprechend sind der Naturalist und der Normativist nicht uneinig über eine objektive Tatsache, sondern sie haben unterschiedliche subjektive Präferenzen, insofern sie unterschiedliche Einstellungen einnehmen, die unterschiedliche Interessen widerspiegeln. Beide Vokabulare ermöglichen genuine Erkenntnis über Aspekte der wirklichen Beschaffenheit der Dinge.

Diese pragmatische, perspektivische Deutung der Beziehungen zwischen dem, was durch ein normatives Vokabular ausgedrückt wird, und dem, was durch ein naturalistisches Vokabular ausgedrückt wird, hat in mancher Hinsicht etwas Richtiges an sich. Doch die Vorstellung von Niederträchtigkeit und Edelmütigkeit als grundlegend *erkenntnistheoretische* Stellungen übersieht etwas Wesentliches an Hegels Ansatz. Bei ihrer Einführung sagt Hegel über die niederträchtige Metaeinstellung, dass sie an der »*Ungleichheit* mit den beiden Wesenheiten festhält«[13] – das heißt die Unterscheidung, die mit der Handlung und dem (wirklichen) Bewusstsein einhergeht. Es handelt sich also um eine unvollständige und einseitige Einstellung. Andererseits erfasst die edelmütige Metaeinstellung das sich ergänzende Moment von Einheit und Identität nur einseitig. Diese formalen Aspekte diskursiver Praxis sind uns in verschiedenen Vorstellungen begegnet, wie etwas als unterschieden oder vereinigt gedacht wird. Urteilen und Handeln sind Arten der Begriffsanwendung. Sie

13 *PhG*, S. 372.

beinhalten also sowohl eine Unterscheidung zwischen einem Allgemeinbegriff und einem Einzelding, auf den dieser angewendet wird, als auch deren Einheit in einem Individuum, also einem Einzelding, das durch einen Allgemeinbegriff charakterisiert wird. Der Allgemeinbegriff ist der Begriff, der angewendet wird und den Maßstab der Richtigkeit des Urteilens und der Handlung festlegt. Auf dieser umfassenderen Deutungsebene wird klar, dass niederträchtige Einstellung gar nicht zulassen, dass Maßstäbe der Richtigkeit (Normen) im Spiel sind. Die Einzeldinge sind wirklich und real, die Allgemeinbegriffe sind scheinhaft. Es gibt keine genuinen Individuen, die Allgemeinbegriffe und Einzeldinge wirklich vereinen. Dieses Problem taucht explizit beim absichtlichen Handeln auf, da der Kammerdiener nicht zugesteht, dass das Getane die Zustimmung zur Verbindlichkeit einer Norm bzw. die Anwendung dieser Norm auf ein Einzelding sein kann. Es gibt bloß vereinzelte Vollzüge, jedoch nicht die Frage, ob diese tatsächlich unter Normen fallen, gemäß deren sie bewertet werden können. Urteile und Handlungen sind als solche nur vom edelmütigen Standpunkt aus sichtbar; nur von hier aus ist die Einheit und somit der Inhalt von Bewusstsein und Handlung erkennbar.

Bisher ist diese Charakterisierung mit einer rein erkenntnistheoretischen Lektüre der beiden Metaeinstellungen vereinbar. Doch direkt nach der Passage zum Kammerdiener der Moralität sagt Hegel Folgendes:

> Dies beurteilende Bewußtsein ist hiermit selbst *niederträchtig*, weil es die Handlung teilt und ihre Ungleichheit mit ihr selbst hervorbringt und festhält.[14]

Das Einnehmen der niederträchtigen Metaeinstellung hält nicht nur an der »Ungleichheit mit ihr selbst« fest, sondern »teilt die

14 Ebd., S. 489.

Handlung« und bringt somit die Ungleichheit hervor. Dies scheint eher eine Angelegenheit der Praxis als der Erkenntnis zu sein, insofern etwas gemacht und nicht bloß vorgefunden wird. In welchem Sinne *erzeugt* der Kammerdiener aber die Ungleichheit? Zumindest kann damit nicht der Unterschied gemeint sein, der dem Tun zukommt.[15] Denn dieser Unterschied – zwischen dem Vollbrachten und der Absicht, zwischen dem Kontext der Bewertung und dem Kontext der Erwägung, zwischen einem bestimmten Vollzug und der allgemeinen begrifflichen Norm, die einen Maßstab der Richtigkeit für den Vollzug festlegt – ist ein immerwährender und wesentlicher Teil der metaphysischen Struktur der Handlung und kein Produkt moderner Entfremdung. Entfremdung ist bloß *eine* mögliche Form, die die praktische Vorstellung dieses Unterschiedes annehmen kann. Diese entfremdete Struktur der Handlungsfähigkeit bringt der Kammerdiener hervor, wenn er die reduktive niederträchtige Einstellung einnimmt und somit leugnet, dass Erkenntnis- und Handlungssubjekte genuin empfänglich sind für begriffliche Normen.

Durch das Einnehmen der niederträchtigen normativen Metaeinstellung wird eine Art von Normativität instituiert, die eine spezifische, defekte Struktur aufweist. Hieraus folgt, dass die Niederträchtigkeit zunächst weniger eine Art *Erkennen* als eine Art *Anerkennen* ist. Schließlich bedeutet Anerkennung im Allgemeinen, jemanden als Subjekt normativer Status und Einstellungen zu betrachten (und insofern als ein Erkenntnis- und Handlungssubjekt) und spezifische Anerkennung sowie bestimmte normative Status und Einstellungen zuzuschreiben. Der großherzige Historiker, demzufolge der Held genuin empfänglich gegenüber den Normen jenseits seiner eigenen Begierden ist und diesen Normen zustimmt, *erkennt* den Helden in einem ganz anderen Sinne *an* als derjenige, der den Kammerdie-

15 Ebd., S. 295.

ner der Moralität spielt. In ebendiesem Sinne nimmt die Aufklärung, der zufolge der Glaube auf einem einfachen erkenntnistheoretischen Fehler beruht, eine *Anerkennungs*stellung gegenüber dem Glauben ein. Aber die Aufklärung macht nicht nur einen erkenntnistheoretischen Fehler, wenn sie die Verpflichtungen, die den Glauben bestimmen, für erkenntnistheoretische Verpflichtungen hält und nicht für Anerkennungsverpflichtungen, ihn also als eine Überzeugung bezüglich der Existenz einer bestimmten Art von Ding betrachtet anstatt als Instituierung einer Vertrauensgemeinschaft. Ihre Anerkennung ist ungerecht:

> Der Glaube [...] erfährt von ihr [der Aufklärung] durchaus Unrecht; denn sie verdreht ihn in allen seinen Momenten und macht sie zu etwas anderem, als sie in ihm sind.
>
> Sie erscheint dem Glauben darum als Verdrehung und Lüge, weil sie das *Anderssein* seiner Momente aufzeigt; sie scheint ihm damit unmittelbar etwas anderes aus ihnen zu machen, als sie in ihrer Einzelheit sind; [...].[16]

Mit ihrer kleinlichen niederträchtigen Art der Anerkennung verkennt die Aufklärung die Anerkennungsleistung des Glaubens, *verändert* sie und macht sie zu weniger, als sie wäre, wenn sie richtig anerkannt werden würde. Indem die Aufklärung diese Einstellung einnimmt, dem Glauben den Kammerdiener der Moralität vorspielt und die angemessene Anerkennung verweigert, lehnt sie die Gemeinschaft mit dem Glauben ab, verhindert die gegenseitige Anerkennung, die eine Gemeinschaft mit der Struktur des Vertrauens instituieren würde, und rückt die entsprechende Art von Selbstbewusstsein in ungreifbare Ferne.

Die Ungleichheit, die mit Handlung und Bewusstsein einher-

16 Ebd., S. 417f.

geht, wird nicht nur vom Kammerdiener der Moralität *wahrgenommen* und *aufgezeigt*, sondern er *identifiziert* sich mit ihr. Denn sein Anerkennungsakt ist zugleich eine Aufopferung von Anerkennung. Der Kammerdiener gibt die Möglichkeit einer bestimmten Art von Selbstbewusstsein auf, und zwar sich seiner selbst als etwas bewusst zu sein, das genuin durch Normen gebunden ist. Die prinzipiellen Gründe für die Verweigerung, den Helden als ein normbeherrschtes Lebewesen anzuerkennen, gelten auch für ihn. Seiner Ansicht nach ist es unverständlich, dass jemand einer Norm praktisch als verbindlich zustimmt. Diese Charakterisierung mag falsch erscheinen, jedenfalls für eine beschränkte, wörtliche Deutung der Geschichte des Kammerdieners. Schließlich schreibt er dem Helden praktisches Denken zu und somit die Verwendung von Begriffen – und nichts, was einfach nur unmittelbar eigennützig wäre und die Befriedigung einer momentanen zufälligen Begierde darstellt. In einem gewissen Sinn erkennt er also den Helden als ein diskursives Wesen an. Diese Art von Anerkennung allerdings, so wird sich herausstellen, ist instabil. Wenn man ausschließlich gefühlte Begierden erfüllen kann, bleibt die Verwendung von Begriffen als solche zuletzt unverständlich. Das Argument an dieser Stelle ist dasselbe, das für das gewissenhafte Bewusstsein vorgebracht wurde. Es ist ein Begriff von Pflicht erforderlich, der eine gewisse Unabhängigkeit von Einstellungen aufweist, um der Idee Inhalt zu verleihen, dass man unterscheiden und dementsprechend bewerten kann, ob etwas aus *Überzeugung* vollzogen und damit eine Pflicht erfüllt wurde oder nicht. (Die Unfähigkeit, dies zu verstehen, war der Fehler des gewissenhaften normativen Selbstbewusstseins.) Das Gehaltvollsein normativer *Einstellungen* bleibt unverständlich, wenn sie unabhängig von den Normen betrachtet werden, die ihren Inhalt identifizieren und individuieren. Wenn der Kammerdiener die Stellung des niederträchtigen Anerkennens einnimmt, werden sowohl seine eigenen Vollzüge und Praktiken als auch diejenige der anderen als *diskursive* Vollzüge und Praktiken unverständlich.

Die dritte Deutung der beiden Metaeinstellungen gegenüber Normen und normativen Einstellungen besteht darin, dass sie Anerkennungseinstellungen sind, die die Wirkung *praktischer Verpflichtungen* haben. Wenn wir die edelmütige Stellung des Geistes einnehmen, verpflichten wir uns dazu, unser Tun ein Binden an begriffliche Normen sein zu lassen und der Autorität dieser Normen zuzustimmen, indem wir dieses Tun praktisch genau als das *betrachten*, was wir machen, wenn wir uns selbst und unsere Mitmenschen anerkennend behandeln. Laut dieser Ansicht ist Normativität (die letztlich für Hegel dasselbe Phänomen ist wie Rationalität, insofern die in Frage stehenden Normen alle *begrifflich* gehaltvoll sind) kein Merkmal unserer Praktiken, das unabhängig ist von unserer praktischen Metaeinstellung ihr gegenüber. »Wer die Welt vernünftig ansieht, den sieht sie auch vernünftig an«, sagt Hegel.[17] Normativität und Rationalität sind *Produkte* unserer edelmütigen Metaeinstellungen und praktischen Betrachtung und Behandlung unseres Tuns (gegenseitiges Anerkennen) *als* ein *Zustimmen* zu rationalen Verpflichtungen. Geist existiert, insofern wir seine Existenz *herstellen*, indem wir ihn so *betrachten*, dass er existiert, also indem wir unser Tun in normativen rationalen Begriffen verstehen. Wir machen die Welt rational, indem wir die durch Anerkennung strukturierte Verpflichtungs- und Verantwortungskonstellation übernehmen, die ich *Vertrauen* nenne, wobei ich auf Hegels Verwendung dieses Begriffs bezüglich der Gemeinschaft referiere, die zu instituieren der Glaube verpflichtet ist. Der Geist wird also, wie wir noch sehen werden, zum Existieren gebracht und getragen durch unsere Erinnerungsverpflichtung, die Erfahrungstradition in fortschrittsgläubigen Begriffen rational zu re-

17 Georg Wilhelm Friedrich Hegel, *Vorlesungen über die Philosophie der Geschichte*, Frankfurt/M. 1986 (hiernach *VPG*), S. 23.

konstruieren – was nichts anderes bedeutet, als expressiv-fortschrittliche Entwicklungsbahnen in ihm aufzufinden und unser Tun als eine Entfaltung in die Explizitheit der schon immer impliziten Normen aufzuzeigen.

Wie das zweite von uns betrachtete Verständnis der Metaeinstellungen Niederträchtigkeit und Edelmütigkeit stellt auch das dritte Verständnis, wonach sie praktisch, anerkennend und somit gemeinschafts- und selbstkonstitutiv sind, beide als verfügbare Optionen dar, zwischen denen frei gewählt werden kann. Es liegt in unseren Händen, ob wir uns zu bloß natürlichen oder zu genuin normativen Wesen machen. Mit Blick auf diese Alternative mag Hegel uns vielleicht dazu auffordern, uns nicht für den Kammerdiener zu entscheiden, jedoch behauptet er nicht, wir seien dazu gezwungen. Es gibt allerdings noch ein viertes Verständnis des Status dieser beiden Metaeinstellungen. Hiernach haben wir uns bereits die ganze Zeit über implizit dazu verpflichtet, die edelmütige Stellung einzunehmen, uns mit der Einheit von Handlung und Bewusstsein zu identifizieren und uns als etwas zu verstehen, dass sich durch das Anwenden von begrifflichen Normen im Urteilen und absichtlichen Handeln genuin bindet. Denn tatsächlich urteilen und handeln wir; wir können praktisch nicht vermeiden, Urteile und Handlungen als bestimmt gehaltvoll zu betrachten und zu behandeln, also derart, dass sie material unvereinbar sind mit gewissen anderen Urteilen und Handlungen bzw. noch weitere Urteile und Handlunge material beinhalten. Manche Urteile gelten uns als Gründe für oder gegen andere; manche Absichten und Pläne schließen andere aus oder erfordern sie als Mittel. Sogar der Kammerdiener mit seiner entschlossenen reduktiven naturalistischen Verallgemeinerung bietet gehaltvolle *Erklärungen* für unser Tun an (für unsere Vollzüge und Einstellungen), die darauf abzielen, die in ihnen enthaltenen Maßstäbe der Verständlichkeit, Adäquatheit und Richtigkeit zu erfüllen. Wenn das bestimmte Gehaltvollsein der niederträchtigen Gedanken und Absichten tatsächlich *nur* von einer edelmütigen Perspektive aus verständlich ist, dann ist jedes Individuum, das sein Tun praktisch als Urteilen und Handeln behandelt, implizit zur Edelmütigkeit verpflichtet. Die Konsequenz der von mir aus der *Phänomenologie des Geistes* herausgezogenen semantischen Theorie ist das Antezedens dieses Konditionals.

Wenn dies alles richtig ist, dann ist die Gleichrangigkeit dieser zwei metanormativen Stellungen eine Illusion. Es gibt also keine wirkliche Wahl zwischen ihnen. Bereits im Reden (der Beteiligung an diskursiven Praktiken) haben wir eine von ihnen implizit bejaht und angenommen, egal, ob wir das explizit einsehen oder nicht einsehen (wie der Kammerdiener). Laut dieser Lesart fordert Hegel uns dazu auf, nur theoretischen und praktischen Verpflichtungen *explizit* zuzustimmen, die wir bereits *implizit* durch die Teilnahme an diskursiven Praktiken eingegangen sind – das heißt, indem wir gebildet wurden. Die edelmütige praktisch-anerkennende Einstellung explizit einzunehmen, bedeutet demnach nichts anderes als das Erreichen einer bestimmten Art von Selbstbewusstsein, die Einsicht in etwas, das bereits der Wahrheit über uns entspricht. Das Problem ist letztendlich, in einem weitgehend erkenntnistheoretischen Sinne, herauszufinden, wie die Dinge bereits sind. Doch die Leistung dieser maßgeblichen Art von Selbstbewusstsein besteht – gemäß Hegels sozialer Auffassung von Selbstbewusstsein notwendigerweise – im Übernehmen einer spezifischen Art von Anerkennungsbeziehung zu anderen und zu sich selbst.

Wenn Edelmütigkeit einfach bedeutet, explizit das zu tun, zu was man sich implizit verpflichtet hat, als man diskursive Einstellungen eingenommen und sich an diskursiven Praktiken beteiligt hat, dann können wir diese Anerkennungseinstellung als eine *moralische* Notwendigkeit im Sinne der Entwicklung einer kantischen Idee betrachten. (Zum Teil ist dies auch der Grund, weshalb Hegels Entfaltung der neuen positiven Erklärung der

Gestalt expliziter edelmütiger gegenseitiger Anerkennungsbeziehungen mit der *Moralität* abschließt.) Kant sucht die Begründung moralischer Imperative in den Voraussetzungen von Rationalität, Diskursivität, Normativität sowie jener positiven Freiheit, die im Sichselbstbinden durch begriffliche Normen besteht. Dieser Idee zufolge ist alles, was als notwendige Bedingung für das Sein eines Erkenntnis- und Handlungssubjekts dargestellt werden kann, darstellbar als ein Zugriff auf uns, der bedingungslos und insofern nicht von irgendeiner bestimmten theoretischen oder praktischen Bejahung oder Verpflichtung abhängig ist. Über die Beziehungen zwischen dem Umgang mit anderen Subjekten einerseits (also was die Minimalbedingung dafür ist, *andere* Subjekte als rationale, diskursive, normbestimmte und freie Wesen anzuerkennen) und dem Umgang mit dem eigenen Selbstbewusstsein andererseits (also sich selbst als rational, diskursiv, normbestimmt und frei zu behandeln) erzählt Hegel eine andere Geschichte als Kant. Allerdings übernimmt Hegel die Idee, dass erkennbar *moralische* Normen aus den Voraussetzungen von Diskursivität überhaupt abgeleitet werden müssen. Selbstanerkennung – sich selbst als ein diskursives Wesen zu behandeln, das in der Lage ist, bestimmt gehaltvolle Verpflichtungen einzugehen und bestimmt gehaltvolle Autorität auszuüben – erfordert das Anerkennen anderer, also diese Art von Verantwortung und Autorität anderen zuzuschreiben. Jede praktische oder theoretische Voraussetzung dieser Art ist eine strukturelle Voraussetzung des eigenen Selbstbewusstseins. Dies ist die Quelle der moralischen Anforderungen daran, wie wir andere behandeln. Übersetzt in Hegels expressive Ausdrucksweise, bedeutet dies, dass sich die Bildung über das Notwendige als das Explizitmachen (*für sich*) dessen zeigt, zu was die Bildung bereits implizit (*an sich*) verpflichtet ist. Dies beinhaltet immer einen Aspekt des Erkennens im Sinne des Herausfindens, wie die Dinge schon immer wirklich (an sich) sind, und einen Aspekt des Anerkennens im Sinne von Selbstverwandlung und Selbstkonstituierung als eine neue Art von Selbstbewusstsein.

Das Argument, das sich für die erkenntnistheoretische, praktisch-anerkennende und moralische Notwendigkeit ausspricht, die edelmütige metanormative Einstellung einzunehmen, (das Argument also, wonach dies explizit zu tun, eine Zustimmung zu dem darstellt, was man die ganze Zeit über implizit getan hat) hat zwei Stellen, an denen der überzeugte antinormative Reduktionist etwas einzuwenden hätte. Die erste betrifft natürlich die in Hegels komplexer Semantik gründende Behauptung, dass ausschließlich eine edelmütige Anerkennungsstruktur bestimmt begriffliche Inhalte herstellen bzw. herausfinden kann. Im folgenden Kapitel werden wir uns genauer anschauen, wie diese Behauptung eine Begründung erhält, wenn hermeneutische Großherzigkeit mit jenem hegelschen Prozess verknüpft wird, in dem repräsentationaler Inhalt aus inferentiellem Inhalt durch Erinnerung gewonnen wird. Den zweiten möglichen Einwand stellt die Behauptung dar, dass der Naturalist allein durch Sprechen und absichtliches Handeln implizit zum bestimmten Gehaltvollsein seiner Einstellungen verpflichtet ist, und insofern sowieso eine *Semantik* im Spiel ist. (Der Naturalist, der eingesteht, dass semantische Normativität garantiert sein muss, sich jedoch bemüht, dies mit gänzlich naturalistischen Begriffen zu tun, fällt unter den ersten Einwand.) Dies gilt nicht für die engere und wortwörtliche Deutung des Kammerdieners, da dieser gehaltvolle, allerdings ausschließlich eigennützige Einstellungen zuschreibt, die mehr oder weniger unmittelbar besondere Begierden ausdrücken, deren Paradigma körperliche Bedürfnisse sind. In einer etwas weitergefassten Deutung jedoch würde ein Naturalist eventuell darauf beharren, dass er eben einfach bestreitet, dass wir unsere Vollzüge und Einstellungen überhaupt intentional spezifizieren müssen (also Spezifizierungen geben müssen, die Vollzüge und Einstellungen bezüglich ihrer begrifflichen Inhalte identifizieren und individuieren). Wenn er bereit ist, sogar sein eigenes Tun ausschließlich in der beschränkten Sprache von Geräuschen, Markierungen und Körperbewegungen zu beschreiben, dann setzt die Rede von »impliziten Verpflichtungen« vielleicht einfach voraus, was sie beweisen muss. Natürlich hindert diesen Naturalisten nichts daran, wahr zu *machen*, was er von sich selbst aussagt. Er ist *auch* ein begehrendes Lebewesen, und er kann sich zu etwas machen, das nichts weiter ist. Er könnte beispielsweise einfach aufhören zu reden – allerdings, wie Sellars anmerkt, hätte er dann einfach nichts mehr zu sagen. Wenn er indessen weiterredet, dann ist es egal, was er sonst noch macht, er reagiert auf Gründe als Gründe, zieht Inferenzen und bietet Erklärungen. Wie auch immer er die Sache betrachtet: Seine Sprechakte beanspruchen begrifflich gegliederte Autorität und übernehmen begrifflich gegliederte Verantwortung. Und dies ist ausreichend dafür, dass er die impliziten Verpflichtungen auf sich nimmt, die Hegel zufolge durch Geständnis, Verzeihung und Vertrauen explizit gemacht werden.

VI. In Erwartung auf Großherzigkeit

Bisher habe ich »Norm« mit Absicht auf eine freie und scheinbar mehrdeutige Weise benutzt, um Hegels Verwendung von »Notwendigkeit« widerzuspiegeln. Mit dieser Verwendung will Hegel (die Nachfolgerversionen der) zwei Begriffe kombinieren, die Kant mit den Titeln »subjektive Notwendigkeit« und »objektive Notwendigkeit« unterschieden hat. Für Hegel handelt es sich hierbei um »einseitige« Deutungen von Aspekten eines Begriffs, welche in komplexen innigen Beziehungen zueinander stehen. Der für eine Reduzierung der Mehrdeutigkeit erforderliche begriffliche Apparat wurde bereits vorgeführt.

Der erste, subjektive Aspekt von Normativität bezieht sich auf die deontisch-normativen sozialen Status von Subjekten, also Verpflichtungen und Berechtigungen sowie Verantwortung und Autorität. Sie sind die Gegenstände der *Anerkennungs*einstellungen, die einzelne Subjekte gegenüber anderen einzelnen Subjekten einnehmen. Der zweite, objektive Aspekt bezieht sich auf die begriffliche Struktur der objektiven Welt, also die alethisch-modalen materialen Beziehungen von Unvereinbarkeit und (somit) Folgerung, die diese Welt in bestimmte Eigenschaften und Gegenstände, Tatsachen und Gesetze gliedern. Sie sind die Gegenstände *erkenntnistheoretischer* Einstellungen, die einzelne Subjekte gegenüber der objektiven Welt einnehmen. Die Existenz normativer Status ist der Referenz nach abhängig von der Existenz subjektiver normativer Einstellungen. Die Existenz objektiver begrifflicher Normen ist der Referenz nach unabhängig von der Existenz subjektiver normativer Einstellungen (und damit normativer Status). Die hegelsche These, dass normative Status und objektive begriffliche Normen dem Sinne nach wechselseitig abhängig sind, habe ich »objektiven Idealismus« genannt.

Es ist wichtig, diese komplexe Struktur verschiedener Arten von Abhängigkeit und Unabhängigkeit im Gedächtnis zu behalten, wenn wir über die Beziehung zwischen der dritten und der vierten Deutung von Niederträchtigkeit und Edelmütigkeit nachdenken. Laut der vierten, finalen Deutung werden normative Status durch normative Einstellungen (einschließlich der metanormativen Einstellungen Niederträchtigkeit und Edelmütigkeit) hergestellt (bzw. sind von diesen Einstellungen der Referenz nach abhängig) und begriffliche Normen vorgefunden (bzw. sind der Referenz nach unabhängig von normativen und insbesondere den beiden metanormativen Einstellungen). Da objektive begriffliche Normen gemäß dem objektiven Idealismus wechselseitig dem Sinn nach abhängig sind von den normativen Status der Subjekte, hat der niederträchtige reduktive Naturalist Unrecht, wenn er glaubt, die Verständlichkeit normativer Status leugnen zu können (was *seinen* Grund darstellt, ihre Existenz zu leugnen) und zugleich dazu berechtigt zu sein, die objektive Welt als einen bestimmten Gegenstand potentieller Erkenntnis zu behandeln. »Kein Erkennen ohne Anerkennen!« ist das Motto an dieser Stelle. Normative Einstellungen und normative Status sind beide sowohl wechselseitig dem Sinn nach als auch wechselseitig der Referenz nach abhängig – und genau deshalb ist der Versuch, sich selbst dazu zu berechtigen, über bestimmt gehaltvolle normative Einstellungen zu sprechen und zugleich die Verständlichkeit und (somit) die Existenz normativer Status zu leugnen, zum Scheitern verurteilt. An verschiedenen Stellen der *Phänomenologie*, wie etwa in den Diskussionen zum Skeptizismus, zum ehrlichen Bewusstsein und zum gewissenhaften Bewusstsein, haben wir Argumente dafür gesehen, dass normative Einstellungen als inhaltslos betrachtet werden müssen, wenn normative Status keine Rolle spielen würden. Zu leugnen, dass normative Status vollständig verständlich sind, dass also genuine Autorität und die Verbindlichkeit von Verpflichtungen verständlich gemacht werden können, bedeutet Entfremdung. Die zentrale Einsicht des Aufstiegs der Subjektivität in der Moderne ist die Behauptung, dass normative Status von normativen Einstellungen dem Sinn und der Referenz nach abhängig sind – also die Leugnung der Unabhängigkeit normativer Status in dieser zweifachen Hinsicht. Wir beginnen nun zu erkennen, wie diese Einsicht mit der Überwindung der Entfremdung in Einklang gebracht werden kann.

Niederträchtigkeit ist reiner Ausdruck von Entfremdung – während Edelmütigkeit einen Weg aus der Sackgasse der Moderne aufzeigt. Ein Verständnis der beiden Stellungen und der Entscheidung zwischen ihnen als einer Sache des *Eingehens* einer praktischen Verpflichtung, des *Herstellens* der Einheit, die diese Verpflichtung wahrnimmt, und somit schließlich der *Anerkennung* der Konstituierung von Gemeinschaft und Selbst, entspricht Hegels Antwort auf das Missverständnis der Aufklärung über die Natur der Vertrauensgemeinschaft – eine Antwort, die auch im Namen des Glaubens ergeht. Dieser Antwort nach entsprechen die beiden Deutungen den zwei entfremdeten institutionellen Formen der für die Moderne charakteristischen Verständnisse von Normen, Status und Einstellungen. Das Verständnis der edelmütigen Einstellung als einer praktischen Anerkennungsverpflichtung, die als eine pragmatische Bedingung von semantisch gehaltvoller Erkenntnis und Handlungsfähigkeit (bestimmt subjektiver Einstellungen) schon immer implizit gilt, entspricht dem Aufbrechen der Grenzen der entfremdeten Moderne in die Form des Selbstbewusstseins, das Hegel das »absolute Wissen« nennt. Im ersten Stadium, in dem die Notwendigkeit als objektive Notwendigkeit gedeutet wird, werden die Normen *vorgefunden*. Denn normative Status (Pflicht, Angemessenheit, zu was man verpflichtet ist, was man gemäß Verantwortung zu tun hat) spiegeln objektive (einstellungs- und praxisunabhängige) Normen wider und werden von ihnen bestimmt. Auf der mittleren, modernen Stufe, auf der Notwendigkeit als subjektive Notwendigkeit gedeutet wird, müssen Normativität und Vernunft, anstatt einfach vorhanden zu sein, durch unsere Einstellungen und Praktiken *hergestellt* werden. Auf der vorhergesagten postmodernen, dritten Stufe zeigen sich das Finden und das Herstellen als zwei Seiten ein und derselben Medaille, als zwei Aspekte des einen Prozesses, dessen beide Phasen – Erfahrung und ihre Erinnerung, vorwärts leben und rückwärts begreifen, das das Leben des Geistes aufrechterhaltende Ein- und Ausatmen – jeweils sowohl ein Herstellen als auch ein Vorfinden sind. In den ersten Phasen einer Erfahrungsepisode wird Irrtum vorgefunden und ein neues Phänomen hergestellt. In der Erinnerungsphase wird eine rationale Auswahl getroffen, ein expressiv-fortschrittlicher Verlauf von Phänomenen in der Erfahrung rekonstruiert und ein implizites Noumenon aufgefunden. Explizierende Sinne werden hergestellt und die von ihnen ausgedrückten impliziten Referenzgegenstände werden entdeckt. Die Einheit, also die Identität des Inhalts, die das Bewusstsein und die Handlung ausmachen, muss hergestellt und die komplementäre Ungleichheit muss herausgefunden werden. Absolutes Wissen bedeutet, in einer vernünftigen Form zu begreifen, wie diese Aspekte sich gegenseitig voraussetzen, bekräftigen, ergänzen und vervollständigen.

Auf uns wartet die praktische Verwandlung selbstbewusster Selbste, ihres Tuns, ihrer Gemeinschaften und Institutionen. Diese Verwandlung wird hervorgebracht, wenn die soziale und geschichtliche Dimension selbstbewusster normativer Selbstheit zusammenkommen. Wenn die Anerkennung die Form der Erinnerung annimmt, ist sie großherziges und edelmütiges Verzeihen. Das Ergebnis ist die abschließende Form des Geistes, in der Normativität die Form des Vertrauens annimmt.

16. Geständnis und Verzeihung, Erinnerung und Vertrauen

I. Niederträchtige Bewertung

Die finale Bewegung des langen Kapitels zum Geist wird in seinen letzten elf Absätzen ausgeführt. An dieser Stelle, wenn die wesentliche Entwicklung des gesamten Buches zu sich kommt, skizziert Hegel den Weg heraus aus der Moderne und hinein in eine adäquate selbstbewusste Anerkennungsstruktur mitsamt ihren Selbsten, Normen und Gemeinschaften. Zwar folgen dem Kapitel zum Geist die beiden Kapitel zur Religion und zum absoluten Wissen, doch sind sie im Grunde Kommentare der Entwicklung, die bereits zuvor abgeschlossen wurde. Das *absolute Wissen* ist eine Darstellung sowohl der Stadien des Geistes im Ganzen als auch des Ergebnisses der phänomenologischen Erinnerung der Entwicklung der verschiedenen Gestalten von Bewusstsein, Selbstbewusstsein und Vernunft, das heißt der erkenntnistheoretischen, anerkennenden und praktischen Dimensionen der begrifflichen Tätigkeit. Bereits zu Beginn des Kapitels zum absoluten Wissen sollten wir die Art von Selbstbewusstsein erlangt haben, mit der das absolute Wissen sich befasst. Im Kapitel zur Religion wird dargelegt, dass die von uns am Ende des Kapitels zum Geist philosophisch erreichten Einsichten jenen entsprechen, die die Religion ebenfalls, obgleich nicht begrifflich, sondern in Form sinnlicher Unmittelbarkeit, ausdrücken möchte. (Man entsinne sich des Kapitels über Kraft und

Verstand, wo das unmittelbar Beobachtbare eine symbolisch-expressive Rolle beim Enthüllen der nichtbeobachtbaren Realität gespielt hat.) Mit dem Kapitel zur Religion soll eine andere Perspektive angeboten werden auf etwas, das bereits anderweitig in einer deutlicheren Form dargestellt wurde. Das Kapitel verhält sich zur getanen Arbeit im Kapitel zum Geist wie Kants *Die Religion innerhalb der Grenzen der bloßen Vernunft* zur Darstellung seiner praktischen Philosophie in der Zweiten Kritik. Was wir mit der Darlegung der Geschichte des Geistes gelernt haben, wird im *absoluten Wissen* wiederholt und noch einmal in etwas anderen Begriffen in der »Vorrede« neu formuliert. Von der Entstehung des Geistes aus den letztlich unvereinbaren, für die Moderne charakteristischen strukturellen Verpflichtungen wird allerdings bereits in diesen wenigen finalen Absätzen des Kapitels zum Geist berichtet. Von hier aus sollten wir zu dem von Hegel so genannten Zustand des »absoluten Wissens« gelangen, dem Endpunkt unserer geistigen Reise.

Die Beschreibung des Übergangs zur dritten Stufe der Entwicklung des Geistes ist dunkel, gnomisch und allegorisch. Es handelt sich um ein Gleichnis, in dem die aufeinanderfolgenden Stadien der Beziehung zwischen einem »Bösen«[1] und einem Urteilenden mit »hartem Herzen«[2] erzählt wird: das Böse, das Urteil, das Geständnis, die Zurückweisung des erwiderten Geständnisses, das Brechen des harten Herzens und das Geständnis des beurteilenden Bewusstseins sowie zuletzt die Verzeihung und das Erreichen einer neuen Art von Gemeinschaft (»Das versöhnende *Ja,* worin beide Ich von ihrem entgegengesetzten *Dasein* ablassen, ist das *Dasein* des zur Zweiheit ausgedehnten *Ichs* [...]«[3]). Wie so oft bereits besteht unsere Aufgabe darin, die Allegorie auszulegen, in diesem Fall um die Natur

1 *PhG*, S. 485.
2 Ebd., S. 492.
3 Ebd., S. 494.

der abschließenden Form der gegenseitigen Anerkennung als ein wechselseitiges Gestehen und Verzeihen zu verstehen. Im Gegensatz zu den früheren Darstellungen wird hier auf etwas verwiesen, das bisher noch nicht geschehen ist, eine zukünftige von Hegel prophezeite Entwicklung des Geistes. Sie macht also etwas bereits Implizites explizit und leitet somit die nächste Phase unserer Geschichte ein.

Die zwei Figuren dieses moralischen Lehrstücks, das beurteilte und das beurteilende Bewusstsein, personifizieren die beiden sozialen Perspektiven auf die Anwendung von Begriffen im Urteilen und die Ausübung von Handlungsfähigkeit, welche uns bereits aus der Diskussion von Hegels Handlungstheorie bekannt sind. Sie stehen für den Kontext der Erwägung (Vorsatz-Handlung) in der ersten Person und den Kontext der Bewertung (Absicht-Tat) in der dritten Person. Das beurteilte Bewusstsein macht sich verantwortlich, indem es einen Begriff anwendet, und wird vom beurteilenden Bewusstsein für diese Anwendung verantwortlich gemacht. Um zum »absoluten Wissen« zu gelangen, sollen wir letztendlich begreifen, wie ein Verhandlungsprozess, in der die normativen Einstellungen der selbstbewussten Individuen diese beiden Perspektiven einnehmen, als die Instituierung eines normativen Status verstanden werden kann, das heißt einer erkenntnistheoretischen bzw. praktischen Verpflichtung, die sich aus der Anwendung einer begrifflichen Norm ergibt, deren bestimmter Inhalt in ebendiesem Prozess ausgedrückt, geklärt und entwickelt wird.

Spezifische Anerkennung besteht darin, einander gegenüber normative Einstellungen einzunehmen (die Zustimmung zu bzw. die Zuschreibung von normativem Status). Die Beziehungen zwischen den urteilenden und den beurteilten Individuen sind also Anerkennungsbeziehungen: Sie gliedern ihr Selbstbewusstsein und strukturieren ihre Gemeinschaft. Am Anfang unserer Geschichte sind die Anerkennungseinstellungen *niederträchtig* – das handelnde Bewusstsein wird als das »böse« Bewusstsein bezeichnet und das beurteilende Bewusstsein als ein Bewusstsein mit einem »harten Herz«:

> Dies beurteilende Bewußtsein ist hiermit selbst *niederträchtig*, weil es die Handlung teilt und ihre Ungleichheit mit ihr selbst hervorbringt und festhält.[4]

Das Falsche an der *Niederträchtigkeit* besteht darin, dass sie *entfremdete* Anerkennungsstrukturen instituiert. In einer Sozialstruktur, die einem derartigen Selbstbewusstsein entspricht, sind die Urteile und Handlungen eines Individuums nicht verständlich, weder dem Individuum selbst noch den anderen, da sein Tun nicht als die Anwendung (das Sichselbstbinden anhand) bestimmt gehaltvoller begrifflicher Normen verstanden werden kann. Wir müssen uns im Klaren sein über die Beziehungen zwischen der

1) *Niederträchtigkeit*, die eine praktische Identifikationseinstellung mit der Ungleichheit darstellt, also eine Aufopferung für die von der Handlung und dem Bewusstsein enthaltene Ungleichheit, die in einer spezifisch entfremdeten Form *hergestellt* wird;
2) *Entfremdung* als eine defekte Anerkennungsstruktur, die die normative Dimension der Tätigkeiten der Individuen sowie die Praktiken der Gemeinschaften unverständlich macht, welche diese Struktur aufweisen (das Scheitern des Selbstbewusstseins);
3) Anerkennungs*asymmetrie* als der charakteristische strukturelle Defekt der Niederträchtigkeit, der sich aus der praktischen Anwendung der Kategorien der Unmittelbarkeit bzw. der reinen Selbstständigkeit ergibt (die im Herrn versinnbildlichte Vorstellung von Autorität und Verantwortung).

4 Ebd., S. 489.

Machen wir uns zunächst klar, inwiefern Anerkennung nicht gegenseitig bzw. nicht symmetrisch sein kann, wenn die Normen, die von denjenigen angewendet werden, die erwägen, was zu tun ist, und die rechtfertigen, was sie tun, nicht dieselben Normen sind, die jene anwenden, die das Tun zuschreiben und die Rechtfertigung bewerten. Wie wir gegen Ende des vorangegangenen Kapitels gesehen haben, handelt es sich hierbei um Hegels Kritik an den metanormativen Einstellungen – also an den theoretischen Einstellungen und Anerkennungseinstellungen, welche sich ergeben, wenn man in der Praxis auf theoretische Einstellungen Bezug nimmt und auf ihnen aufbaut –, die er unter der Überschrift »Moralität« im dritten Teil des Kapitels zum Geist behandelt. Der unvermeidbare Unterschied (den die Handlung aufgrund des Unterschiedes zwischen den beiden sozialen Anerkennungsperspektiven enthält) wird durch die praktische Deutung der Metaeinstellungen hervorgebracht und erscheint in Form der Ungleichheit zwischen den Normen, die Individuen im Kontext der Erwägung und der Verpflichtungszustimmung verwenden können, und den Normen, die Individuen im Kontext der Bewertung und der Verpflichtungszuschreibung anwenden können. Laut Hegels Darstellung gelingt es der hieran anschließenden Metavorstellung – dem Gewissen –, dass dieselben Normen in beiden Kontexten angewendet werden können. Zu diesem wünschenswerten Ergebnis gelangt man allerdings nur auf Kosten des Verlusts des *Inhalts* der gemeinsamen Normen. Denn beide, sowohl das handelnde als auch das bewertende Bewusstsein, identifizieren das Richtige mit dem, was das Handlungssubjekt als richtig *betrachtet*. Dies bedeutet wiederum (worauf ein anderer Philosoph später hinweisen wird), dass es innerhalb dieser Auffassung schließlich nichts Fragliches bezüglich des Richtigen und Falschen gibt. Denn es bleibt nichts übrig von dem, was das Handlungssubjekt in einer verständlichen Weise als Anwendung eines Begriffs betrachten kann, wenn es diesen Begriff als richtig betrachtet. Wenn Normen bloß mit normativen Einstellungen identifiziert werden (also das Richtige mit dem, was als richtig betrachtet wird), werden diese Einstellungen ebenfalls unverständlich (ein Fehlschluss durch »verlorenen Kontrast«).

Laut einer der grundlegendsten Ideen Hegels ist der Begriff INHALT im Prinzip ausschließlich in Bezug auf die *Reibung* zwischen normativen Einstellungen verständlich. Diese Reibung zeigt sich in der erkenntnismäßigen Erfahrung der Kollision unvereinbarer Verpflichtungen, die vom Erkenntnissubjekt *eingestanden* wurde, und hat ihren Ursprung in der sozial-perspektivischen Kollision zwischen Verpflichtungen, welchen *zugestimmt* wurde, und Verpflichtungen, die in der praktischen Erfahrung der Ungleichheit von Handlung und Tat *zugeschrieben* werden. Jeder Versuch, die in Bewusstsein und Handlung enthaltenen Unterscheidungen durch die *unmittelbare Identifikation* der beiden Seiten zu entfernen, liefert zwangsläufig Material, das für das Verständnis des Begriffs BESTIMMTER BEGRIFFLICHER INHALT notwendig ist. Der für das gewissenhafte Bewusstsein charakteristischerweise entfremdete Versuch, Normen durch Einstellungen zu ersetzen, stellt nur einen der letzten in einer ganzen Reihe von Gegenständen der generischen Kritik Hegels dar. Diese Reihe beginnt mit der Auffassung der unmittelbaren sinnlichen Gewissheit in den Kapiteln zum Bewusstsein und schließt sowohl die Diskussion über Herrschaft, Stoizismus und Skeptizismus im Kapitel zum Selbstbewusstsein ein als auch die Diskussion über das ehrliche Bewusstsein im Kapitel zur Vernunft (welches Akte mit Willensakten identifiziert, die als eine Art von Minimalakt gedeutet werden, der unmittelbar verwirklicht werden kann, da er mit dem bloßen Einnehmen einer Einstellung identisch ist). Alle werden beschuldigt, sich selbst in eine Lage versetzt zu haben, aus der heraus die *Inhalte* ihrer Einstellungen unverständlich bleiben. Im Gegensatz zum gewissenhaften Bewusstsein übergeht das niederträchtig beurteilende Bewusstsein zwar nicht die die Handlung und das Bewusstsein enthaltende Unterscheidung, wie wir aber noch sehen werden, hat es dieselbe selbstzerstörerische Metaeinstellung: Wenn die Einstellung (der Zweck), die das Handlungssubjekt motiviert, und die Norm, gemäß der sie bewertet wird, nicht *unmittelbar* identisch sind, ist überhaupt kein gemeinsamer Inhalt im Spiel. Und ohne diesen Begriff eines Inhalts, der als das Gemeinsame von Beabsichtigtem und Vollbrachtem (zumindest in günstigen Fällen) gedacht werden kann, verliert man notwendigerweise sowohl den Begriff des normativen Status – der Status dessen, was das Handlungssubjekt tut, wenn es sich im Handeln und Urteilen *verpflichtet*, also der Gegenstand der beiden Arten von normativer Einstellung bzw. *Verpflichtung*, der man selbst zustimmt und die von anderen zugeschrieben werden kann – als auch den Begriff der Norm, durch die man sich bindet, wenn man einen solchen normativen Status einnimmt. Um die Probleme zu überwinden, die einen festen Bestandteil der einseitigen Deutung ausmachen, die einerseits vom gewissenhaften Bewusstsein gegenüber der Einheit der Handlung und andererseits vom beurteilende Bewusstsein (welches den anderen Handlungssubjekten den Kammerdiener der Moralität vorspielt) gegenüber der Ungleichheit der Handlung gepflegt wird, müssen wir über die von ihnen in ihrem theoretischen und praktischen Verständnis von Normativität angewendeten Kategorien der Unmittelbarkeit hinausgehen. Erst dann kann sich die Unterscheidung, die Handlung und Bewusstsein enthalten, als die Unterscheidung zwischen zwei *Formen* ein und desselben Inhalts zeigen.

Vor diesem Hintergrund sollten wir uns anschauen, inwieweit laut Hegel das beurteilende Bewusstsein andere Maßstäbe zur Bewertung der Handlung anwendet als das Handlungssubjekt: »Das handelnde Bewußtsein spricht dies sein bestimmtes Tun als Pflicht aus«.[5] Das Handlungssubjekt rechtfertigt seine

5 Ebd., S. 488.

Handlung, indem es (mithilfe der Terminologie Kants) behauptet, dass sie unter eine Norm fällt und also richtig und erforderlich ist. Dies zu tun bedeutet, auf eine normative Einstellung zu verweisen, also das Getane als Zustimmung zur Verbindlichkeit einer Norm darzustellen. In einem gewissen Sinne hat sich das Thema durch den Verweis auf diese Einstellung für das Handlungssubjekt erledigt. Es kann nur tun, was es als seine Pflicht *betrachtet*; hat das Subjekt dies geklärt, hat es geklärt, was zu tun ist. Sein normativer Status, also das, wozu es wirklich verpflichtet ist, zeigt sich ihm in Form seiner normativen Einstellung, also in der *Zustimmung* zu einer Verpflichtung. Das »Gewissen« ist Hegels Terminus für die metanormative Vorstellung, nach der diese normative Einstellung auch Dinge für diejenigen regeln (autoritativ sein) sollte, die die Richtigkeit dessen *bewerten*, was das Handlungssubjekt tut. Solange es das getan hat, was es als seine Pflicht *betrachtet*, hat es gewissenhaft gehandelt (aus Achtung vor der Pflicht), und dies sollte die einzige Grundlage sein, auf der es bewertet werden kann. Nachdem wir (das phänomenologische »Wir«, Hegels Leser) den fatalen strukturellen Fehler dieser Strategie eingesehen haben – also wie der Begriff der *Pflicht* verloren geht –, ziehen wir eine Nachfolgestrategie in Betracht, in der ein Unterschied zwischen dem Kontext der Bewertung und dem Kontext der Beurteilung beibehalten wird.

> Das beurteilende Bewußtsein bleibt nun nicht bei jener Seite der Pflicht und bei dem Wissen des Handelnden davon, daß dies seine Pflicht, das Verhältnis und der Stand seiner Wirklichkeit sei, stehen. Sondern es hält sich an die andere Seite, spielt die Handlung in das Innere hinein und erklärt sie aus ihrer von ihr selbst verschiedenen *Absicht* und eigennützigen *Triebfeder*. Wie jede Handlung der Betrachtung ihrer Pflichtgemäßheit fähig ist, ebenso dieser anderen Betrachtung der *Besonderheit* […]. Es kann sich keine Handlung solchem Beurteilen entziehen, denn die Pflicht um der Pflicht willen, dieser reine Zweck, ist das Unwirkliche; seine Wirklichkeit hat

> er in dem Tun der Individualität und die Handlung dadurch die Seite der Besonderheit an ihr. [...] So gibt es für das Beurteilen keine Handlung, in welcher es nicht die Seite der Einzelheit der Individualität der allgemeinen Seite der Handlung entgegensetzen und gegen den Handelnden den Kammerdiener der Moralität machen könnte.[6]

Vom Standpunkt eines derartigen beurteilenden Bewusstseins aus betrachtet, das die Pflichtgemäßheit eines Vollzugs bewertet, zeigt sich der Vollzug, und zwar *jeder* Vollzug, als *falsch* und das handelnde Bewusstsein als *schlecht*. Der hier ebenfalls im Spiel befindliche Begriff des BÖSEN bezieht sich auf Handlungen, die normative Betrachtungen darüber ausklammern, was das Handlungssubjekt tun sollte bzw. was richtig wäre zu tun, und ausschließlich Antworten auf die persönlichen Bedürfnisse, Begierden und sonstigen Einstellungen des Handlungssubjekts darstellen. Wenn das Tun als böse bewertet wird, heißt das, dass es *nicht* aus einer reinen Achtung vor der Pflicht vollzogen wurde, dass es sich also nicht bloß um die Anwendung einer Norm bzw. um die Zustimmung zu einer Verpflichtung handelt. Inzwischen wissen wir jedoch, dass es hier um die »Reinheit« des Zwecks geht, also dass die Handlung *allein* aus der »Pflicht um der Pflicht willen« herrühren muss. Auf diesen Merkmalen zu beharren, drückt ein Verständnis von Autorität gemäß dem einseitigen Modell der Selbstständigkeit (Herrschaft) aus: Die Norm kann gar nicht als autoritativ verstanden werden, wenn nicht *ausschließlich sie allein* autoritativ ist.

Was genau aber ist der Inhalt der Anklage des beurteilenden Bewusstseins und was gesteht das handelnde Bewusstsein auf der nächsten Stufe der Parabel? Ich bin der Meinung, dass diese Anklage zwei unterschiedliche und dennoch verwandte Behauptungen enthält. Erstens ist es offenbar immer möglich, eine re-

6 Ebd., S. 488 f.

duktive Erklärung im Sinne des Kammerdieners anzubieten: die Ätiologie einer Handlung durch Einstellungen anstatt durch Normen, durch Neigungen anstatt durch Pflichten und durch Ursachen anstatt durch Gründe (»eigennützige Triebfeder«, »Besonderheit« und »Einzelheit«[7]). Man muss die Behauptung des Handlungssubjekts nicht annehmen, wonach es gegenüber den Normen, Gründen und Maßstäben der Richtigkeit der Anwendung von Begriffen sensitiv ist. Anstelle einer kantischen Erklärung durch das, was oft »externe Gründe« genannt wird, kann man immer eine humesche Erklärung durch »interne Gründe« geben und auf die subjektiven Begierden des Handlungssubjekts als Beweggründe anstatt auf die Pflichten des Handlungssubjekts als Gründe rekurrieren. Von diesem Standpunkt aus zeigt sich das Handlungssubjekt nicht nur als schlecht in dem Sinne, dass es nicht wirklich auf Normen reagiert, sondern auch als heuchlerisch.[8] Denn es *behauptet* zwar, auf Normen zu reagieren, in Wirklichkeit aber reagiert es gemäß der niederträchtigen Bewertung allein auf seine eigenen Neigungen und Einstellungen. Kontrafaktisch wird somit behauptet, dass man auf dieselbe Weise handeln würde, wenn die Normen, die den Inhalt der eigenen wirklichen Verpflichtungen bestimmen, anders *wären* und die eigenen Einstellungen und Neigungen die gleichen blieben. Gegenüber was sollte man also sensitiv sein? Da Normen nur durch Einstellungen wirklich wirksam sind, ist es immer möglich, dass Handlungssubjekte nur gegenüber den eigenen Einstellungen sensitiv sind. Wenn Einstellungen nicht eigentlich als das *Zustimmen* zu Verpflichtungen und das Anwenden von *begrifflichen* Normen (durch die man sich selbst bindet) verstanden werden, handelt es sich um Niederträchtigkeit.

Zweitens hält laut Hegel das niederträchtig urteilende Be-

7 Ebd.
8 Ebd., S. 447f.

wusstsein an dem Moment der in der Handlung notwendig enthaltenen Ungleichheit fest und »spielt die Handlung in das Innere hinein« und betrachtet das, was in Wirklichkeit vollbracht wurde, anstatt das, was die Handlung für das Handlungssubjekt ist, »und erklärt sie aus ihrer von ihr selbst verschiedenen *Absicht*«.[9] Laut der Grundlagen der Metaphysik der Handlungsfähigkeit kann nie *bloß* ein Zweck erfüllt werden. Was auch immer man tut, es erlaubt eine unbestimmte Anzahl an Spezifikationen.[10] Derjenige, der niederträchtig bewertet und zuschreibt, weist die Autorität des Handlungssubjekts zurück, eine dieser Spezifikationen als das zu privilegieren, was es zu tun versuchte. (Wie wir gesehen haben, privilegiert es tatsächlich oftmals eine Spezifikation, die bezüglich des Getanen nicht wahr ist, sondern lediglich in einer schwachen, rückblickend festgestellten und weitgehend anaphorischen Beziehung zu den wahren Spezifikationen steht.) Das beurteilende Bewusstsein übt seine Autorität aus, schreibt dem Handlungssubjekt Verantwortung für die Handlung in einer andersartigen Beschreibung zu und betrachtet diese nicht als die Zustimmung zu einer Norm, sondern ausschließlich als Bekundung einer Einstellung der Begierde oder Neigung. Das beurteilende Bewusstsein nimmt somit eine asymmetrische Anerkennungshaltung gegenüber dem Handlungssubjekt an. Es beharrt auf der eigenen Autorität über die Handlungsspezifikationen, ohne dem Handlungssubjekt eine entsprechende Autorität einzuräumen. Diese Asymmetrie ist das unmittelbare Ergebnis eines Verständnisses von Autorität

9 Ebd., S. 488.

10 »[…] aber das *Handeln* durch den Gegensatz, der in ihm wesentlich ist, bezieht sich auf ein Negatives des Bewußtseins, auf eine *an sich seiende* Wirklichkeit. Gegen die Einfachheit des reinen Bewußtseins, das absolut *Andere* oder die Mannigfaltigkeit *an sich*, ist sie eine absolute Vielheit der Umstände, die sich rückwärts in ihre Bedingungen, seitwärts in ihrem Nebeneinander, vorwärts in ihren Folgen unendlich teilt und ausbreitet.« Ebd., S. 471 f.

und Verantwortung, das wir uns im Modell der Selbstständigkeit vor Augen geführt haben: *Jede* Art wechselseitiger Abhängigkeit ist ausgeschlossen (Autorität ist unvereinbar mit irgendeiner entsprechenden Verantwortung).

Diese Art von Bewertung ist dem Kammerdiener immer möglich. In der expressiv-fortschrittlichen Parabel von Geständnis und Verzeihung bewertet das Handlungssubjekt schließlich die eigenen Handlungen auf diese Art. Es gesteht, böse zu sein; es gesteht, dass seine scheinbare Achtung vor den Normen (Allgemeinbegriffe) nur eine Tarnung für die Verfolgung der persönlichen (besonderer) Zwecke ist. Diese reduktive naturalistische Charakterisierung des eigenen Tuns ist das *Nonplusultra* der Entfremdung. Denn das Selbstbewusstsein, das ein Geständnis ablegt (sich selbst durch niederträchtige Termini anerkennt), wird sich selbst gegenüber als Geschöpf und Schöpfer von Normen und somit überhaupt als Erkenntnis- und Handlungssubjekt unverständlich. Die reduktive Haltung lässt nur Einstellungen zu. Nicht nur wird uns durch die unbestimmte Vielzahl einzigartiger Umstände, die jede bestimmte Anwendung einer begrifflichen Norm begleitet, die Gewissheit entzogen, ob die Anwendung des Allgemeinbegriffs auf das jeweilige Einzelding richtig ist, zu welcher Handlung wir genau durch die Verwendung dieses Terminus verpflichtet werden und zu welcher Einstellung wir eigentlich hinsichtlich der betreffenden Normen *begründet* und *berechtigt* sind. Es wird sogar die Idee der Norm unverständlich, die neuartige Fälle auf die eine oder andere Weise zu entscheiden vermag (die Idee normativer, »bis ins Unendliche gelegter Gleise«[11]) – es handelt sich also nicht um ein epistemisches, sondern um ein metaphysisches Problem. Anstatt genuin begrifflicher Normen, die, wenn sie durch das Einnehmen einer Einstellung gegenüber ihnen angewendet werden, ge-

11 Ludwig Wittgenstein, *Philosophische Untersuchungen*, Werkausgabe Bd. 1, Frankfurt/M. 1995, § 218.

nuin normative Status instituieren (paradigmatisch Verpflichtungen), gibt es nur noch Fälle, in denen ein Terminus (von einem selbst oder von anderen) in der Vergangenheit angewendet wurde, Fälle, in denen eine solche Anwendung unterlassen wurde, und die Neigungen und Anlagen, die die verschiedenen Praxisteilnehmer als Reaktion auf die vorangegangenen Verwendungen im Kontext ihrer Veranlagung und ihrer jeweiligen Prägung tatsächlich erworben haben. Einen Terminus in bestimmten Fällen zu verwenden, und nicht in anderen, drückt eine praktische Einstellung aus. Laut der reduktiven Vorstellung handelt es sich aber nicht um eine *normative* Einstellung. Es sind keine Normen im Spiel, die bestimmen könnten, zu was man sich beim Eingehen der Verpflichtungen verpflichtet hat (bzw. welchen normativen Status man durch das Einnehmen dieser Einstellung übernommen hat).

Zur Wiederholung: Die kontrafaktischen Tatsachen verweisen nicht auf die Wirklichkeit von Normen, sondern auf die hinlängliche Erklärungskraft und die Wirklichkeit von Einstellungen. *Hätten* einzelne Praxisteilnehmer, aufgrund ihrer jeweiligen zufälligen Beweggründe, Begriffe in der Vergangenheit anders angewendet, *wären* ihre Nachkommen dazu geneigt, sie wiederum anders anzuwenden. Aktuelle Einstellungen (Verwendungen) sind sensitiv gegenüber vergangenen Einstellungen (Verwendungen). Aus diesem Bild größtmöglicher Zufälligkeit, in dem aktuelle Anwendungen dadurch erklärt werden können, »was der Richter zum Frühstück hatte«, wird kein Begriff der normativen Notwendigkeit dessen hervortreten, was man aus *Gründen* tut. In diesem Sinne handelt es sich ganz und gar um Einstellungen. Dieser reduktive Naturalismus ist die Krönung der modernen Entfremdung. Es kommt nun explizit zutage, was die ganze Zeit über die dunkle Seite des impliziten Kerns der Moderne gewesen war – die Entdeckung der konstitutiven Bedeutung individueller Einstellungen.

Laut Hegels Darstellung betrachten sowohl das handelnde Bewusstsein, das »sein bestimmtes Tun als Pflicht« ausspricht,[12] als auch das beurteilende Bewusstsein und das gestehende Bewusstsein, die Handlungen durch nichtnormativ charakterisierte Beweggründe (Einstellungen) erklären, ihre Uneinigkeit als *erkenntnistheoretisch*, also hinsichtlich der Frage, wer bezüglich einer objektiven Tatsache Recht hat. Stimmt das Handlungssubjekt tatsächlich der Verbindlichkeit einer Norm zu (insofern es empfänglich ist für normative Notwendigkeit) oder reagiert es bloß auf andere Einstellungen (so dass der Vollzug gemeinsam mit anderen Phänomenen in einen Topf geworfen wird, welche ebenfalls durch Rückgriff auf zufällige Tatsachen erklärt werden können)? Hat der Naturalismus hinsichtlich der Beweggründe Recht? Wenn ja, dann wird er im Kontext der Bewertung genauso viel gelten wie im Kontext der Erwägung, und somit ebenso viel für das beurteilende Bewusstsein, das die Handlungen bewertet und zuschreibt, wie für das Handlungssubjekt, das diese Handlungen hervorbringt. Wenn es unverständlich bleibt, inwiefern das Handlungssubjekt Verpflichtungen eingeht, Normen als etwas Verbindliches zustimmt, sich selbst durch Normen bindet und sich bemüht, das zu tun, was richtig ist, dann bleibt es ebenfalls für das beurteilende Bewusstsein unverständlich. Oder noch einmal: Wenn die Tatsache, dass man die Haltung des Kammerdieners annehmen *kann*, bedeutet, dass man sie im Fall des bewerteten Bewusstseins annehmen *muss* (dass dies die richtige Art und Weise ist, über Dinge nachzudenken), warum gilt dasselbe nicht für das bewertende Bewusstsein? An dieser Stelle der Parabel ist aber das beurteilende Bewusstsein »*Heuchelei*, weil es solches Beurteilen nicht für eine *andere Manier*, böse zu sein, sondern für das *rechte Bewußtsein* der Handlung ausgibt«.[13] Auch wenn das handelnde Bewusstsein, das bö-

12 *PhG*, S. 488.
13 Ebd., S. 489.

se ist, insofern es das Besondere anstatt das Allgemeine bzw. die Zufälligkeiten seiner subjektiven Situation und Anlagen anstatt das normativ Notwendige bestätigt, geht das beurteilende Bewusstsein davon aus, dass es selbst auf das Allgemeine bzw. auf Normen *reagiert*. Was das beurteilende Bewusstsein sagt, ist *richtig* bzw. ist die *richtige* Beschreibung des Geschehens, also die Art und Weise *verpflichtet* zu sein, über das Geschehene nachzudenken. Das beurteilende Bewusstsein geht noch immer davon aus, die »Seite der Einzelheit der Individualität der allgemeinen Seite der Handlung entgegensetzen« zu können, da es noch immer den allgemeinen Aspekt wahrnimmt. Derjenige, der Handlungen bewertet und zuschreibt, wendet demnach auf die eigenen Tätigkeiten andere Maßstäbe an als auf die Tätigkeiten derjenigen, die er bewertet. Dies ist eine *a*symmetrische *An*erkennungsbeziehung.

II. Geständnis

Der erste Schritt hin zu einer symmetrischen, genuin gegenseitigen zwischenmenschlichen Anerkennungsbeziehung wird von dem beurteilten Individuum geleistet, das seine Besonderheit und die Zufälligkeit seiner Einstellungen *gesteht*.[14] Zu gestehen bedeutet, der Richtigkeit der Anklage des niederträchtig beurteilenden Bewusstseins zuzustimmen und sie zu akzeptieren. Es handelt sich um einen Sprechakt, denn »die *Sprache* als das Dasein des Geistes [...] ist das *für andere* seiende Selbstbewußtsein«.[15] Die Form der Allgemeinheit »ist das *Selbst*, das als solches in der Sprache wirklich ist, sich als das Wahre aussagt, eben

14 Ebd., S. 490.
15 Ebd., S. 478.

darin alle Selbst anerkennt und von ihnen anerkannt wird«.[16] Der Inhalt des Geständnisses sieht dementsprechend so aus: »Ich gestehe, dass meine Urteile und Handlungen nicht genau dem entsprachen, zu was ich durch die Normen verpflichtet bzw. berechtigt war, die in den angewendeten Begriffen implizit sind; sie waren nicht einfach nur Antworten, die die in diesen Begriffen enthaltene normative Notwendigkeit eingesteht. Sie sind empfänglich für meine subjektiven Einstellungen, drücken sie aus und spiegeln sie wieder, also alles, was mich zu dem charakteristischen Individuum macht, das ich bin: die doxastischen und praktischen Verpflichtungen, der zufällige und besondere Erfahrungsverlauf, den ich durchlebt habe, die Überzeugungen, die ich im Zuge dieses geschichtlichen Erfahrungs- und Entwicklungsprozesses zufällig erworben und dann zurückgewiesen oder beibehalten habe, meine zufälligen praktischen Zwecke, Projekte und Pläne und deren Entwicklung. Sie sind letztendlich *meine* Verpflichtungen und *meine* Einstellungen, ganz und gar durchsetzt mit Besonderem – und nicht einmal im Entferntesten eine Widerspiegelung der Allgemeinbegriffe, die ich anzuwenden glaubte.« Dies zu sagen bedeutet, die strukturelle Unterscheidung und Ungleichheit auszudrücken, welche im Erkennen und Handeln enthalten sind, das heißt die Unterscheidung zwischen dem Sein der Dinge für das Bewusstsein und dem Sein der Dinge an sich. Es ist das Geständnis, dass das Sein der Dinge für das Bewusstsein nicht einfach nur das ist, was das Sein der Dinge an sich ist. Das Sein der Dinge für mich wird nicht nur durch das Sein der Dinge an sich geprägt, sondern auch durch Erwägungen, die für meine wirkliche verkörperte Subjektivität spezifisch sind, das heißt durch die bleibenden Wirkungen des zufälligen Verlaufs meiner Erfahrung und Ausbildung, durch Einstellungen, Neigungen, Anliegen und bestimmte Schwerpunkte in meiner Aufmerksamkeit. Tatsäch-

16 Ebd., S. 481.

lich kann meine Entscheidung, einen gegebenen Begriff in irgendwelchen wirklichen Umständen anzuwenden oder nicht anzuwenden, durch die Berufung auf ebensolche Zufälligkeiten früherer Begriffsanwendungen erklärt werden, ganz unabhängig von der Erwägung des wahren Inhalts der angewendeten begrifflichen Norm, also der Norm, durch die ich mich selbst binde und die somit für die Bewertung der Richtigkeit und des Erfolgs relevant ist. Auf der erkenntnistheoretischen Seite entspricht dies der strukturellen Unterscheidung zwischen den hegelschen Versionen von Sinn und Referenzgegenstand, Phaenomena und Noumena sowie Vorstellung und Begriff. Auf der praktischen Seite entspricht es der strukturellen Unterscheidung zwischen Zweck und Vollbrachtem.

Ein solches Geständnis abzulegen heißt, sich mit dieser strukturellen, im erkennenden und handelnden Bewusstsein enthaltenen Ungleichheit zu *identifizieren.* Denn es bedeutet, sich auf den Inhalt der angewendeten begrifflichen Norm zu berufen und den Anspruch auf Berechtigung bzw. Rechtfertigung des Urteils bzw. der Handlung *aufzuopfern.* Man identifiziert sich mit den eigenen Einstellungen (Besonderheit) anstatt mit den normativen Status (Einzelheit), die kraft der Anwendung von Begriffen und des Sichselbstbindens durch Normen (Allgemeinbegriffe) angenommen wurden. Die allgemeine Dimension ist nicht mehr Teil des Spiels, es gibt nur noch Einstellungen. Insofern nimmt auch das gestehende Bewusstsein eine niederträchtige Einstellung ein, diesmal gegenüber seinen eigenen Verpflichtungen. Ähnlich wie das beurteilende Bewusstsein setzt es die »Seite der Einzelheit der Individualität der allgemeinen Seite der Handlung« entgegen. Hiermit ist ein Schritt getan, um die gegenseitige symmetrische Anerkennung zu erreichen, da mit dem Geständnis die vom beurteilenden Bewusstsein verwendeten Maßstäbe angenommen werden und das Bestehen auf die eigenen Maßstäbe ein Ende hat. Dies bedeutet wiederum, dass das Handlungssubjekt dieselben Maßstäbe zur Geltung bringt wie das bewertende Bewusstsein – auch wenn diese Maßstäbe niederträchtig sind, insofern sie sich auf niederträchtige Weise mit der Ungleichheit der im Erkennen und Handeln enthaltenen Form identifizieren anstatt großmütig mit der Identität ihrer Inhalte.

Eine gewisse Asymmetrie verbleibt allerdings. Denn wenn der reduktive Naturalismus des Kammerdieners richtig ist, dann gilt er ebenfalls für das beurteilende Bewusstsein:

> Diese Gleichheit anschauend und sie *aussprechend, gesteht* es sich ihm ein und erwartet ebenso, daß das Andere, wie es sich in der Tat ihm gleichgestellt hat, so auch seine *Rede* erwidern, in ihr seine Gleichheit aussprechen und [somit] das anerkennende Dasein eintreten werde.[17]

Das beurteilende Bewusstsein muss diese Gleichheit aber nicht eingestehen (obwohl es doch sollte). Es kann daran festhalten, auf die eigenen Bewertungen nicht dieselben Maßstäbe anzuwenden wie auf die konkreten Handlungen anderer, und zwar indem es deren Handlungen genealogisch als das Ergebnis der Eigenheiten eines spezifischen, auf Erkenntnis und Praxis zielenden Erfahrungsverlaufs versteht und die eigenen Urteile einfach als richtige Anwendungen von Allgemeinbegriffen betrachtet, deren bestimmte Inhalte ebendiese Anwendungen erfordern. Es beharrt darauf, dass die Einzelheiten seines Frühstücks für seine Bewertung ohne Bedeutung sind:

> Allein auf das Eingeständnis des Bösen: *Ich bin's*, erfolgt nicht diese Erwiderung des gleichen Geständnisses. So war es mit jenem Urteilen nicht gemeint; im Gegenteil! Es stößt diese Gemeinschaft von sich und ist das harte Herz, das für sich ist und die Kontinuität mit dem Anderen verwirft.[18]

17 Ebd., S. 489f.
18 Ebd., S. 490.

Auf dieser Stufe der Allegorie scheint das beurteilende Bewusstsein die Allgemeinbegriffe nicht unparteiisch anzuwenden, also nicht angemessen auf ihre normativen Anforderungen zu reagieren. Sein Tun zeigt sich als das Einnehmen einer *Haltung* anstatt einfach als das erkennende Erfassen der objektiven Beschaffenheit der Dinge. Denn es *entscheidet* sich dafür, gegenüber seinem eigenen Sprechen und Tun nicht die gleiche Haltung einzunehmen wie gegenüber dem Sprechen und Tun anderer. Diese Einstellung muss nicht zwangsläufig eingenommen werden. Indem es die »Kontinuität mit dem Anderen« verwirft, nimmt es zudem eine *Anerkennungs*haltung an und weist damit das Angebot gegenseitiger Anerkennung zurück. Auch hierfür ist das beurteilende Bewusstsein verantwortlich. Im Zuge der Entwicklung der Allegorie beschreibt Hegel eine Reihe von Verschiebungen, die der Reihenfolge der vier oben besprochenen meta-metanormativen Einstellungen entspricht. Die beiden Endpunkte dieser Entwicklung sind die zwei Einstellungen, die James Hogg in seinem berühmten Aphorismus adressiert hat: »Dem Bösen ist alles böse; dem Gerechten aber alles gerecht und richtig.«[19] Hegel beschreibt dies folgendermaßen:

> Hierdurch kehrt sich die Szene um. Dasjenige, das sich bekannte, sieht sich zurückgestoßen und das Andere im Unrecht, welches das Heraustreten seines Innern in das Dasein der Rede verweigert und dem Bösen die Schönheit seiner Seele, dem Bekenntnisse aber den steifen Nacken des sich gleichbleibenden Charakters und die Stummheit, sich in sich zu behalten und sich nicht gegen einen anderen wegzuwerfen, entgegensetzt.[20]

19 James Hogg, *The Private Memoirs and Confessions of a Justified Sinner*, London 1983. [Übersetzung S. K./A. S.]
20 *PhG*, S. 490.

Das beurteilende Bewusstsein mit dem harten Herzen tut genau das, für was es die anderen ursprünglich angeklagt hat. Es lässt zu, dass seine Anwendungen von Allgemeinbegriffen durch Besonderheiten beeinflusst werden, und wendet andere normative Maßstäbe auf sein Tun an, allein weil es zufälligerweise *sein* Tun ist. Es *produziert* eine Anerkennungs*ungleichheit* und stört durch sein besonderes Fürsichsein (das Beharren auf den eigenen Einstellungen) die Erzeugung einer Gemeinschaft (Allgemeinbegriff) durch gegenseitige Anerkennung:

> Es ist es also selbst, das die Rückkehr des Anderen aus der Tat in das geistige Dasein der Rede und in die Gleichheit des Geistes hemmt und durch diese Härte die Ungleichheit hervorbringt, welche noch vorhanden ist.[21]

Hier ist ein gegenseitiges Gestehen nötig, ein explizites Eingeständnis (das Sein der Dinge für das beurteilende Bewusstsein) dessen, was implizit (an sich) geschieht. Dies wäre die Selbstanerkennung des beurteilenden Bewusstseins im Bewusstsein, das gestanden hat. (Wie das *Firesign Theatre* sagt: *We're all bozos on this bus.*) »Das Brechen des harten Herzens und seine Erhebung zur Allgemeinheit ist dieselbe Bewegung, welche an dem Bewußtsein ausgedrückt war, das sich selbst bekannte.«[22] Würde das beurteilende Bewusstsein eingestehen, dass auch seine Urteile als ein Resultat der zufälligen Eigenheiten seiner Erfahrung erklärt werden können und dass wir diesbezüglich alle in derselben Lage sind, würde es seine Besonderheit *aufopfern* – das heißt die Verbundenheit zu seiner früheren Einstellung, sich selbst hinsichtlich der verwendeten Maßstäbe der Bewertung zu privilegieren. Dies würde die Identifikation mit einer symmetrischen Anerkennungs*einheit* und *-gleichheit* und deren Hervor-

21 Ebd., S. 491.
22 Ebd., S. 492.

bringung bedeuten, anstatt die Identifikation mit einer Anerkennungs*ungleichheit*. Diese Aufopferung muss nicht bedeuten, sich »gegen einen anderen wegzuwerfen«,[23] sondern muss als eine Identifikation mit dem Allgemeinheits- anstatt mit dem Besonderheitsaspekt von Einzelheit gedacht werden (mit dem Aspekt des Anerkannten anstatt mit dem des Anerkennenden).

Gegenseitiges Gestehen heißt aber noch nicht, den absoluten Geist zu erreichen, »[d]ie wahre, nämlich die *selbstbewußte* und *daseiende* Ausgleichung«,[24] zumindest solange das Erreichte nur bedeutet, gegeneinander niederträchtig zu sein. Entfremdung wird noch nicht allein dadurch beseitigt, dass sich die Erkenntnis- und Handlungssubjekte der Gemeinschaft symmetrisch und unterschiedslos den Kammerdiener vorspielen und sich also gegeneinander die Rechtmäßigkeit der Bewertungen gestehen, die das hartherzig beurteilende Bewusstsein ursprünglich vorgenommen hat. Vielmehr wird dadurch die Entfremdung auf die Ebene der Allgemeinheit gehoben. Denn die Normen sind noch unsichtbar, weswegen die Einstellungen als *normative* Einstellungen ebenfalls unsichtbar bleiben. Es gibt an dieser Stelle kein Zustimmen zu bzw. Zuschreiben von Verpflichtungen oder ein Sichselbstbinden oder ein Betrachten anderer als normgebunden: dies alles bleibt als solches unverständlich. Insofern sind die wechselseitigen niederträchtigen Anerkennungseinstellungen als *normative* Einstellungen ebenfalls unverständlich; sie bleiben natürliche Zustände der Individuen (Neigungen und Anlagen), die andere Zustände kausal hervorbringen und durch andere Zustände kausal hervorgebracht werden. Aus dieser Perspektive heraus können weder die von Individuen hervorgebrachten Vollzüge wirklich als absichtliche Akte oder Erkenntnisansprüche noch die Individuen als Handlungs- oder Erkenntnissubjekte, als wirklich selbstbewusste Selbste, betrach-

23 Ebd., S. 490.
24 Ebd., S. 491 f.

tet werden. Was sie für sich sind, entspricht noch nicht dem, was sie an sich sind.

III. Verzeihung

Nun ist alles vorbereitet, um auf die nächste, abschließende Stufe der Entwicklung des selbstbewussten Geistes zu steigen. In diesem Übergang durchläuft das beurteilende Bewusstsein die im vorangegangenen Abschnitt dargestellten vier Meta-Metaeinstellungen:

1) Erstens räumt das beurteilende Bewusstsein ein, dass es eine *Haltung* einnimmt und nicht bloß eine *Tatsache* feststellt.
2) Zweitens räumt das beurteilende Bewusstsein ein, dass dies eine *Anerkennungs*haltung ist.
3) Somit räumt das beurteilende Bewusstsein drittens ein, dass, je nachdem, welche Haltung es einnimmt, eine bestimmte Art von Gemeinschaft *hervorgebracht* wird.
4) Viertens muss das beurteilende Bewusstsein einräumen, dass Urteilen und Handeln (Zustimmen und Zuschreiben sowie Erwägen und Bewerten) implizit edelmütige Anerkennungshaltungen voraussetzen (bzw. nur im Kontext solcher Haltungen verständlich sind).
5) Schließlich muss das beurteilende Bewusstsein eine solche Anerkennungshaltung einnehmen und eine edelmütige Anerkennungsgemeinschaft instituieren.

Edelmütigkeit, also Großzügigkeit und Großmütigkeit, das heißt die edle Anerkennungshaltung, die sich von der knauserigen und kleinmütigen Anerkennungshaltung der Niederträchtigkeit abhebt, besteht darin, sich selbst und andere praktisch so zu behandeln, dass normative Status angenommen anstatt bloß natürliche Zustände geändert werden. Um diese Art von Selbstbewusstsein zu erreichen, welches die für die Moderne charakteristische Entfremdung überwindet und uns auf die postmoderne Stufe der Entwicklung des Geistes befördert, müssen wir uns erst klarmachen, dass wir, wenn wir uns und andere als Selbste betrachten und behandeln, die in der Lage sind, Überzeugungen in Form von Behauptungen zu formulieren und Absichten in Form von Plänen zu verfolgen, implizit edelmütige Anerkennungseinstellungen einnehmen. Wir müssen diese Einstellungen also explizit einnehmen und zustimmen, dass solche Verpflichtungen herrschende Normen der Praxis sind. In Hegels Allegorie erfordert dies mehr als nur ein Geständnis, mehr noch als ein gegenseitiges Gestehen. Es erfordert *Verzeihung*. Hegel führt diesen Begriff im vorletzten Absatz des Kapitels zum Geist ein:

> Die Verzeihung, die es dem ersten widerfahren läßt, ist die Verzichtleistung auf sich, auf sein *unwirkliches* Wesen, dem es jenes Andere, das *wirkliches* Handeln war, gleichsetzt und es, das von der Bestimmung, die das Handeln im Gedanken erhielt, Böses genannt wurde, als gut anerkennt oder vielmehr diesen Unterschied des bestimmten Gedankens und sein fürsichseiendes bestimmendes Urteil fahren läßt, wie das Andere das fürsichseiende Bestimmen der Handlung. – Das Wort der Versöhnung ist der *daseiende* Geist, der das reine Wissen seiner selbst als *allgemeinen* Wesens in seinem Gegenteile, in dem reinen Wissen seiner als der absolut in sich seienden *Einzelheit* anschaut, – ein gegenseitiges Anerkennen, welches der *absolute* Geist ist.[25]

Verzeihung ist eine Anerkennungseinstellung, die dem Besonderheitsaspekt und dem Allgemeinheitsaspekt der Einzelheit praktisch zustimmt – sowohl der Art und Weise, wie das Beson-

25 Ebd., S. 492 f.

dere durch die Anwendung des Allgemeinbegriffs auf die Ebene des Einzelnen gehoben wird, als auch der Art und Weise, wie der Allgemeinbegriff durch die Anwendung auf Einzeldinge im Einzelnen verwirklicht wird. Sie ist eine praktische, gemeinschaftsinstituierende Form des Selbstbewusstseins, die durch die metabegrifflichen Kategorien der Vernunft anstatt durch die des Verstandes strukturiert wird. Sie ist sittlich anstatt entfremdet, da sie die komplexe wechselseitige Abhängigkeit von Normen (Allgemeinbegriffen auf der Seite des Inhalts, Notwendigkeit auf der Seite der Kraft) und Einstellungen versteht sowie den Prozess, in welchem sie zusammen normative Status (Verpflichtungen) instituieren und gliedern. Sie kündigt die Form von Gemeinschaft an, die Hegel »absoluten Geist« nennt, und die Form von Selbstbewusstsein, die er »absolutes Wissen« nennt. Dies zu verstehen ist das Ziel der ganzen *Phänomenologie*, das eine ferne Ereignis des Geistes, auf das die ganze Schöpfung zustrebt.

Was also ist Verzeihung? Wie das Geständnis ist Verzeihung ein *Sprech*akt, etwas, das in der *Sprache* getan wird. Etwas, das getan wird, indem etwas gesagt wird. Deshalb beschreibt Hegel die Verzeihung durch das »Wort der Versöhnung«.[26] In der Tat sind alle jene am Ende des Kapitels zum Geist behandelten Anerkennungsbeziehungen sprachliche Vollzüge – von der spezifischen Sprache, mit der das verwundete Bewusstsein seinem zerrissenen Zustand Ausdruck verleiht, bis zur Zusicherung von Ehrlichkeit und Überzeugung durch das gewissenhafte Bewusstsein, die den Kern seines Anspruchs auf die Rechtfertigung seines Tuns bildet. »Wir sehen hiermit wieder die *Sprache* als das Dasein des Geistes. Sie ist das *für andere* seiende Selbstbewußtsein [...].«[27] Dass Verzeihung notwendigerweise eine sprachliche Form hat, könnte uns zu der Annahme verleiten,

26 *PhG*, S. 493.
27 Ebd., S. 478.

es sei *leicht*, diesen Sprechakt zu vollziehen, als ob er bloß darin bestehen würde, »ich verzeihe dir« zu *sagen*, also das Wort der Versöhnung zu äußern. In Anbetracht dessen, was hier auf dem Spiel steht, bzw. der Bedeutung, die diesem Begriff in Hegels Projekt zukommen muss, kann dies aber nicht richtig sein. Die Form gegenseitiger Anerkennung – das Gestehen, das Verzeihen des beurteilenden Bewusstseins gegenüber dem gestehenden Bewusstsein hinsichtlich dessen, was gestanden wurde, sowie das Gestehen des beurteilenden Bewusstseins selbst – ist die *abschließende* Form der von Hegel ins Auge gefassten Anerkennung. Auf der praktischen Seite bedeutet sie die Überwindung der modernen Entfremdung, die Wiedergewinnung der Sittlichkeit in einer höheren, selbstbewussten Form. Auf der Seite des Erkennens meint sie den sozialen und institutionellen Rahmen, der die metabegrifflichen Kategorien der Vernunft zur Geltung bringt und somit ein angemessenes und abschließendes Verständnis der Beziehung zwischen Normativem und Natürlichem verwirklicht, die Hegel das »absolute Wissen« nennt. Eine Formulierung, die dies alles allein dadurch bewirkt, dass sie ausgesprochen wird, müsste eine *Zauber*formel sein.

Wenn der Sprechakt der Verzeihung nicht als ein Zauberspruch gedeutet werden kann, muss es folglich *schwierig* sein, ihn hervorzubringen – zumindest in dem Sinne, beim Versuch scheitern zu können. Zum Vergleich beachte man den Sprechakt des *Beweisens* der Wahrheit irgendeiner mathematischen Aussage, das heißt das Vorlegen oder Herstellen eines *Beweises*. Dies hieße, etwas zu tun (Beweisen einer Behauptung), indem man etwas sagt; doch die Frage, ob die hervorgebrachten Wörter beim Vollziehen des in Frage stehenden Sprechakts erfolgreich sind, ist Gegenstand strenger Bewertung. Etwas in diesem Sinne zu beweisen ist schwierig, auch wenn das Aussprechen der Wörter es nicht ist. Wir wollen herausfinden, welche Bewertungsmaßstäbe angemessen sind, um festzustellen, ob ein Sprechakt, den jemand als Reaktion auf ein Geständnis vollzieht, erfolgreich als *Verzeihung* hinsichtlich dessen qualifiziert werden kann, was gestanden wurde.

Wir können auch davon ausgehen, dass es nicht genügt, dass die Worte der Versöhnung nicht einfach nur geäußert, sondern *ehrlich* und mit der *Absicht* der Verzeihung geäußert werden müssen. Damit würden wir einfach die metanormative Vorstellung des gewissenhaften Bewusstseins auf den vorliegenden Fall anwenden und den gleichen Fehler begehen wie beim einfachen Aussprechen. Eine sinnvolle Antwort ist allein im Kontext eines unabhängigen Begriffs von Verzeihung möglich, also im Kontext dessen, was mit den eigenen Worten beabsichtigt ist und welche Wirkung ernsthaft angestrebt wird. Will man beispielsweise eine Wahrhaftigkeitsbedingung für die Gültigkeit eines Aussage-Sprechakts festlegen, muss man sie in den beiden vorgelagerten Begriffen ÜBERZEUGUNG und ABSICHT, die eigene Überzeugung auszudrücken, einbetten anstatt einfach in die Absicht, etwas auszusagen (die Absicht zu was genau eigentlich?). Wir suchen also eine Antwort auf folgende Frage: Was beabsichtigen wir, wenn wir die Absicht haben zu verzeihen, und was gilt als eine erfolgreiche Durchführung dieser Absicht?

Hieraus folgt, dass die Schlüsselfrage hinsichtlich der Pointe der Allegorie folgendermaßen lautet: Was muss man *tun*, um als jemand zu gelten, der einem Individuum für eine Handlung bzw. für die Anwendung eines Begriffs *verzeiht*? Um einer möglichen Antwort auf diese Frage näherzukommen, ist es hilfreich, in Analogie über die entsprechende Frage für den Schlüsselbegriff IDENTIFIKATION nachzudenken. Diesbezüglich hatten wir uns gefragt, was man *tun* muss, um sich *mit* einem Aspekt dessen zu *identifizieren*, was man *für* sich ist, anstatt mit etwas, das man wirklich bzw. *an sich* ist (paradigmatisch mit etwas Normativem anstatt Natürlichem, mit sich selbst als autoritativ und verantwortlich anstatt bloß mit der eigenen Lebendigkeit). Und die Antwort lautete: Man muss bereit dazu sein, den einen Aspekt für den anderen zu *riskieren* und gegebenenfalls *aufzuop-*

fern. Wenn wir uns dieses Modell zunutze machen, gelingt uns eine spezifischere Formulierung der Frage: Was steht zum *Verzeihen* wie das *Aufopfern* zum *Identifizieren*?

An dieser entscheidenden Stelle hat Hegel überraschend wenig Explizites zu sagen. Nach der langen, oben bereits zitierten Passage, in der die Verzeihung eingeführt wird, gibt es nur einen einzigen abschließenden Absatz, der als Erklärung dient, und zwar der letzte Absatz des Kapitels zum Geist. Angesichts der folgenreichen Bedeutung der Lehre der Parabel über Geständnis und Urteil, über das Brechen des harten Herzens durch Verzeihung und gegenseitigem Geständnis, kann eigentlich nur eine Schlussfolgerung aus der äußersten Kürze und Prägnanz gezogen werden: Hegels Verständnis nach sollte diese Auseinandersetzung als Vorlage dienen, als ein Rahmen, innerhalb dessen die verschiedenen Lektionen zusammengestellt werden können, die wir bereits mit der Aufarbeitung der verschiedenen Entwicklungen im Buch erfasst haben. Alle Elemente zur Lösung der erkenntnistheoretischen und praktischen Probleme der Moderne sowie ihrer Anerkennungsprobleme, wie sie in der Erklärung der verschiedenen Stufen der Entwicklung des Geistes im Kapitel zum Geist dargelegt werden, müssen bereits in den vorangegangenen Kapiteln bereitgestellt worden sein. Sie müssen nur noch richtig angewendet werden, also gemäß dem Modell, das in jenen finalen Absätzen vorgestellt wurde.

IV. Erinnerung

Die wichtigsten Hinweise bezüglich der Natur der Verzeihung sind in ein paar gnomischen Sätzen enthalten:

> [D]aß der Geist in der absoluten Gewißheit seiner selbst über alle Tat und Wirklichkeit Meister [ist] und sie abwerfen und ungeschehen machen kann.[28]

> Die Wunden des Geistes heilen, ohne daß Narben bleiben; die Tat ist nicht das Unvergängliche, sondern wird von dem Geiste in sich zurückgenommen, und die Seite der Einzelheit, die an ihr, es sei als Absicht oder als daseiende Negativität und Schranke derselben vorhanden ist, ist das unmittelbar Verschwindende.[29]

Die Erwähnung von Herrschaft (»Meister«) deutet darauf hin, dass die heilende Verzeihung die Ausübung einer Art konstitutiven Autorität ist, also der Fähigkeit, etwas herzustellen, indem man es als ebendas betrachtet. Die »Wunden« sind die zufälligen, bloß besonderen Einstellungen (»die Seite der Einzelheit«) und die durch die Einstellungen hervorgebrachten Fehler und Misserfolge (»daseiende Negativität und Schranke«); sie sind das, was gestanden wird. Hieraus ergibt sich die Frage, was man tun muss, damit die Wunden heilen, »ohne daß Narben bleiben«, wie man »sie abwerfen und ungeschehen machen kann«, das heißt, was das verzeihende Individuum tun muss, um diese konstitutive heilende Autorität erfolgreich ausgeübt zu haben.

Meiner Meinung nach besteht die Antwort darin, dass *Verzeihung* eine Art *Erinnerung* ist.[30] Um dem Gestehenden zu verzeihen, was gestanden wurde, muss eine rationale Rekonstruktion einer Tradition angeboten werden, zu der die in Frage stehende Begriffsanwendung (theoretisch im Urteilen oder praktisch in Absichten) gehört und innerhalb der sie eine expressiv-fortschrittliche Episode darstellt. Solch eine Geschichte zu erzählen

28 Ebd., S. 491.
29 Ebd., S. 492.
30 Ebd., S. 590f.

ist ein substantielles Unterfangen, das der edelmütige, verzeihen wollende Bewertende nicht unbedingt zu erfüllen vermag. In der Tat *gesteht* das bewertende Bewusstsein seinerseits seine subjektive Unfähigkeit, alles zu verzeihen, das zu verzeihen es verpflichtet ist.

Als Modell beachte man noch einmal die Situation des Richters im *common law*, das nun bereits an vielen Stellen angeführt wurde, um uns beim Verstehen von Hegels Vorstellung der Entwicklung von Begriffen zu unterstützen. Der Richter ist damit beauftragt zu entscheiden, ob neue Tatsachen die Anwendung eines Begriffs gemäß einer Norm rechtfertigen, welche in der Tradition früherer Begriffsanwendungen sowie in den inferentiellen Begriffsbeziehungen implizit ist, die er von vorangegangenen Richtern geerbt hat. Ein Richter, der eine solche Entscheidung trifft, *gesteht*, dass die Entscheidung durch sein Frühstück erklärt werden kann – oder, in einem weniger übertragenen Sinn, durch seine Einstellungen, die den vorliegenden Tatsachen und dem von ihm angewendeten Gesetz unwesentlich sind, durch die Eigenheiten seiner Ausbildung, Lektüre, Laune, das politische Klima oder jene Fälle, die er in letzter Zeit zufälligerweise entschieden hat. Allgemein betrachtet, gesteht er, dass der Kammerdiener sich über ihn nicht irren würde, dass also seine Entscheidung, diesen oder jenen Allgemeinbegriff auf die Einzeldinge anzuwenden oder nicht, durch den Rückgriff auf Faktoren erklärt werden kann, die *zufällig* sind, insoweit sie keine Zustimmung zu der *Notwendigkeit*, das heißt der normativen Kraft sind, die durch den wirklichen Inhalt des Begriffs gegliedert wird. Er gesteht, dass seine Entscheidung nicht als angemessene Reaktion auf jenen von ihm zu liefernden Norminhalt betrachtet werden muss, der seine Entscheidung *begründen* würde. Denn seine Entscheidung kann auch als durch unwesentliche Umstände *verursacht* betrachtet werden. Die Entscheidung ist mit der »Seite der Einzelheit« kontaminiert. (»Besonderheit« wäre zwar der bessere Ausdruck gewesen für das, was Hegel hier im Blick hat, jedoch ist er in der *Phänomenologie* zu diesem Zeitpunkt noch nicht so sorgsam in seiner Wortwahl wie später in der *Wissenschaft der Logik*.) Denn die ebenfalls bestehenden Einstellungen, die die Verpflichtungszustimmungen des *zufälligerweise* selben Individuums sind, beeinflussen seine Entscheidung, den Begriff in einem neuen Fall anzuwenden. Durch ein solches Geständnis muss der Richter nicht eingestehen (und für das Geständnis muss es nicht wahr sein), dass er im neuen Fall nicht *versuchen* oder *beabsichtigen* würde, die von ihm ererbte Norm (den Allgemeinbegriff) richtig anzuwenden. Vielmehr gesteht er, dass das Ergebnis zum Ausdruck bringt, was der Inhalt *für ihn* war, und eben nicht, was er *an sich* ist, das heißt, eine Erscheinung der Wirklichkeit für ihn anstatt die Wirklichkeit selbst. Zwischen den beiden Seiten wird ein Keil getrieben, da die Entscheidungen des Richters immer auch Reaktionen auf die Zufälligkeiten seiner besonderen subjektiven Einstellungen, Lebensverhältnisse und früheren Erfahrungen sind. Hieraus folgt, dass das Geständnis auch ein Eingestehen der Notwendigkeit und Ubiquität der Unterscheidung ist, die in Bewusstsein und Handlung enthalten ist, also der in Erscheinung tretenden »Negativität«, wenn man sich unvereinbaren Verpflichtungen gegenübersieht – das heißt das Eingeständnis, dass die Anwendung von Begriffen sich notwendigerweise als Erfahrung von Irrtum und Misserfolg gestaltet (»Einschränkung«).

Verzeiht ein Richter einem früheren Richter, wird die Entscheidung, die der Gegenstand des Geständnisses war, in eine rückblickend-rationale Rekonstruktion der Tradition des Anwendens des in Frage stehenden Begriffs integriert und der Entscheidung die Bedeutung eines *Präzedenzfalls* zugeschrieben. Somit wird der Inhalt des Begriffs (was er wirklich ist, was er an sich ist) neu charakterisiert und neu dargestellt, so dass er durch eine Abfolge von Anwendungen auf neuartige Fälle Schritt für Schritt in das Tageslicht der Explizitheit tritt, die ein so weit bisher verborgenes Merkmal des Begriffs enthüllt und die verziehene Entscheidung des Richters als Teil dieses Prozesses darlegt. Vom Standpunkt einer solchen rekonstruktiven Erinnerung aus ist das, *was* dadurch hergestellt wurde – obwohl die Entscheidung von zufälligen subjektiven Einstellungen und Umständen, die für die Begründung unbedeutend sind, verursacht sein mag –, eine sowohl richtige als auch expressiv-fortschrittliche Anwendung. Sie war also genau das, was erforderlich gewesen war, um mehr über den wirklichen Inhalt des Begriffs herauszufinden. Die Erfahrung der Unvereinbarkeit zeigt sich in ihrer Funktion als Motor des begrifflichen, erkenntnismäßigen und praktischen *Fortschritts* und nicht in ihrer Funktion, Irrtum und Misserfolg zu kennzeichnen.

Dass die verzeihende Erinnerung die Tradition rekonstruiert, so dass die Begriffsanwendung, die verziehen wurde, sich als *richtige* Anwendung des Begriffs zeigt und infolgedessen als normativer Maßstab betrachtet wird, der solche Anwendungen seit jeher festgelegt hat, bedeutet nicht, dass für den verzeihenden Richter keine Ungleichheit zurückbleibt oder zurückbleiben kann zwischen dem Sein der Dinge an sich und dem Sein der Dinge für diejenigen, welchen verziehen wurde. Vielmehr fokussiert die rationale Rekonstruktion auf die Identität von (hegelscher) Referenz (die zugrundeliegende begriffliche Norm), die die Tradition bindet, anstatt auf die Ungleichheit zwischen den Elementen der Abfolge von (hegelschen) Sinnen, mittels derer *das Sein des Begriffs an sich* nach Maßgabe der verzeihenden Erinnerung allmählich enthüllt wird. Diese (das Individuum konstituierende) verzeihende Anerkennungseinstellung ist nicht bloß das Komplement zum einseitigen niederträchtigen Fokus des Kammerdieners auf die Ungleichheit zwischen Besonderem und Allgemeinem. Denn die Identität des Noumenons, die hinter der Abfolge von verschiedenen Phaenomena liegt und durch Erinnerung aufgefunden wird, ist keine einfache unmittelbare Einheit. Wie bereits in der »Einleitung« angedeutet und bis zum Ende des Kapitels zur Vernunft detailliert herausgearbeitet wird, kann schon der Gedanke der objektiven Wirklichkeit bzw. des Seins der Dinge an sich nicht unabhängig von der Berücksichtigung der Beziehungen zwischen subjektiven Erscheinungen dieser Wirklichkeit bzw. dem Sein der Dinge für das Bewusstsein verstanden werden; diese Beziehungen werden durch Erinnerung ausgewählt und angeordnet, um als Phaenomena sichtbar zu werden, die allmählich die zugrundeliegenden und zunächst bloß impliziten Noumena zunehmend adäquater und expliziter zum Ausdruck bringen. Diese hegelsche Referenz ist ausschließlich verständlich in Bezug auf den zweiphasigen Prozess von Erfahrung – vorausblickend in Bezug auf die Entwicklung von aufeinanderfolgenden Sinnen, die durch das Eingestehen von Verpflichtungsunvereinbarkeiten vorangetrieben wird, und rückblickend in Bezug auf die erinnernd-rationale Rekonstruktion dieser Entwicklung als expressiv-fortschrittlich. Diese Referenz garantiert, dass die Art von Identität, die die verschiedenen Sinne vereinigt, komplex ist und vollständig sowohl durch die Unvereinbarkeitsbeziehungen, welche zwischen den Sinnen bestehen und die vorausblickende Phase des Prozesses antreiben, als auch durch die Beziehungen gleichmäßig größer werdender Explizitheit vermittelt wird, die aufgefunden werden muss, um die rückblickende Phase zu strukturieren. Die Einheit der Vorstellung des Ansichseins, die aus einer verzeihenden Erinnerung der Erfahrung partieller Irrtümer und Misserfolge hervortritt, integriert die bestimmten (von dieser Erinnerung ausgewiesenen) Unterschiede, wie diese Einheit für das Bewusstsein erscheinen kann, und wird von diesen Unterschieden gegliedert.

Die Kombination von Unrichtigkeit und Richtigkeit in jedem Urteil bzw. von Misserfolg und Erfolg in jeder Handlung wurde bereits im Kapitel zur Vernunft behandelt und von uns schließlich in Bezug auf die hegelsche Vorstellung von SINN und REFERENZ erläutert. Was gestanden wird, ist die Ungleichheit von Sinnen, welche sich im Erkennen unvereinbarer Verpflichtungen aufdrängt und zwingend wird. Die Gleichheit der Referenz, die den sich verschiedenartig entwickelnden Sinnen zugrunde liegt, wird durch die rekonstruierende Erinnerungsarbeit der Verzeihung enthüllt. Hierzu folgendes Beispiel: Wenn Aristoteles sagt, dass eine vom Menschen abgetrennte Hand keine menschliche Hand (mehr) ist, und Moore sagt, dass er zwei Hände hat, sind ihre Vorstellungen davon, was eine Hand ist, nicht richtig. Aristoteles glaubt, dass die Hand nicht über die Nerven vom Gehirn aus gesteuert wird, weil er glaubt, dass die Funktion des Gehirns im Kühlen des Blutes besteht. Moore glaubt, dass seine Hand aus rutherfordschen Atomen besteht, aus winzigen Sonnensystemen, in denen sphärische Elektronen in der Atomhülle um einen Kern sphärischer Protonen und Neutronen kreisen. Beide sind sie im Irrtum und haben dementsprechend falsche Vorstellungen von Händen. Was für sie Hände sind, ist nicht das, was Hände an sich sind. Hinsichtlich ihres Verständnisses des Ausdrucks ist nichts oder könnte wortwörtlich genommen nichts eine Hand sein. (Bei Aristoteles geht es natürlich nicht um »Hand« sondern um »χει'ρ«.) Ihre subjektiven Vorstellungen sind falsche Ausdrücke des objektiven Begriffs, denn sie drücken nicht das aus, was wirklich womit unvereinbar ist und was also wirklich woraus folgt. In einem genuinen und entscheidenden Sinn kann man durch die Anwendung solcher fehlerhafter Vorstellungen und Begriffe keine *Wahrheiten* ausdrücken. In diesem Sinne sagen Aristoteles und Moore etwas Falsches, wenn sie sagen, dass sie Hände haben. Sie haben *keine* »Hände«, so wie *sie* das meinen, und niemand sonst hat oder könnte so etwas haben. Auf ähnliche Weise kann man praktisch betrachtet nicht wirklich beabsichtigen, die eigene *Hand* in jenem Sinn zu heben, mit dem *sie* »Hand« meinen. In diesem (einseitigen) Sinne sind alle Behauptungen falsch, alle Handlungen Misserfolge, das Sein der Dinge für das Bewusstsein *nie* das Sein der Dinge an sich. In diesem Sinne wird sich *jede* Vorstellung schließlich als inadäquat erweisen – bewiesen durch ihre *richtige* Anwendung (gemäß der durch den Inhalt der Vorstellung bestimmten Norm), die zu unvereinbaren Verpflichtungen führt. Eine Vorstellung zu haben, die aufgrund zufälliger Ursachen und besonderer subjektiver Einstellungen des Begriffsanwenders in diesem Sinne falsch ist, wird vom niederträchtig beurteilenden Bewusstsein gegenüber den Handlungs- und Erkenntnissubjekten zu Recht angeklagt (also als eine solche falsche Vorstellung anerkannt), und von diesen Subjekten dann auch zu Recht gestanden.

Jedoch haben wir auch noch einen anderen genuinen Sinn kennengelernt, demzufolge alle Behauptungen wahr und alle Handlungen erfolgreich sind. (Da dieser Sinn mit der Möglichkeit des »vulgären« Irrtums bzw. Misserfolgs vereinbar ist, wäre es angesichts unseres gewöhnlichen Sprachgebrauchs weniger irreführend, »*potentiell* wahr und erfolgreich« zu sagen.) Wenn wir uns nämlich darauf konzentrieren, *worüber* Aristoteles und Moore reden und nachdenken, anstatt darauf, *was* sie darüber sagen und denken – uns also eher auf die *Referenzgegenstände* anstatt auf die *Bedeutungen* ihrer Termini konzentrieren –, dann haben sie Recht, zwei *davon* (Hände) zu haben und *sie* nahezu das ganze Leben lang heben zu können. Dies ist der Sinn, demzufolge *Begriff*, *Referenzgegenstand* und *Inhalt* trotz der Veränderungen von *Vorstellung*, *Sinn* und *Form* fortbestehen. Aristoteles und Moore haben nicht nur bezüglich ihrer Hände erfolgreich wahre Behauptungen aufgestellt und erfolgreiche Absichten verfolgt, sondern im ursprünglichen Sinne auf den zugrundeliegenden Begriff reagiert (welchen wir durch das Ausdrücken der entsprechenden Vorstellung viel besser im Griff haben als sie). Durch die Unterscheidung zwischen Sinn und Referenz können wir einsehen, inwieweit dies dennoch vereinbar ist damit, den Begriff systematisch *falsch* angewendet zu haben – dass sie beispielsweise falsche Inferenzen angenommen haben, welche nicht zum Begriff führen bzw. aus ihm folgen –, also eine *fehlerhafte* Vorstellung gehabt zu haben, von der sich rückblickend herausstellt, dass sie durch die subjektiven Zufälligkeiten des Erfahrungsverlaufs bestimmter selbstbewusster Individuen und ihrer jeweiligen Umstände verunreinigt gewesen war.

In den Kapiteln zum Bewusstsein wird der wesentlich *holistische* Charakter der bestimmten begrifflichen Inhalte unserer erkenntnistheoretischen Einstellungen zu einer zentralen These entwickelt. Quine hat 150 Jahre später auf ähnliche Weise eine holistische These vertreten, wobei er erheblich von der holistischen Metaphysik der von Hegel inspirierten britischen Idealisten beeinflusst war, welche alle Beziehungen als intern betrachteten. (Man denke beispielsweise an Quines Anmerkung in »Zwei Dogmen des Empirismus«: »Bedeutung ist das, wozu das Wesen wird, wenn es vom Referenzobjekt losgemacht und dem Wort verbunden wird.«[31]) Quine, der in mancher Hinsicht mit ähnlichen Problemen und Schwierigkeiten zu kämpfen hatte wie Hegel, kommt zu dem Schluss, dass es erforderlich ist, sich auf der Ebene der *Referenz* anstatt auf der Ebene der *Bedeutung* zu bewegen, wenn man über Wahrheit redet bzw. über einen Inhalt, an dem hinreichend teilgenommen wird, um Zustimmung bzw. keine Zustimmung zu erfahren und insofern verständlich zu sein. Quine hat mit den fregeschen Begriffen SINN und REFERENZ (BEDEUTUNG) gearbeitet, wo Hegel, wie wir im Kapitel zur Vernunft gesehen haben, mit seinen eigenen, SINN und REFERENZ entsprechenden Begriffen gearbeitet hat. Dort haben wir auch gesehen, inwiefern die beiden einseitigen Sichtweisen auf Handlung und Erkennen – also die Sichtweise, nach der alle Handlungen Misserfolge und alle Erkenntnisakte falsch sind, und diejenige, wonach diese alle erfolgreich und wahr sind – einseitige Ausdrücke von legitimen und dennoch

31 W. V. O. Quine, »Zwei Dogmen des Empirismus«, in: *Von einem logischen Standpunkt – Neun logisch-philosophische Essays*, Frankfurt/M. 1979, S. 29.

unvollständigen Perspektiven auf ein und denselben Prozess sind.

Verzeihung ist die Erinnerungsarbeit des Findens eines Begriffs, der sich (mal weniger, mal vollständiger und getreuer) durch die Vorstellungen derjenigen ausdrückt, welchen die Urteile und Handlungen verziehen werden. Um hierin vollständig erfolgreich zu sein, muss eine verzeihende Erinnerung nicht nur zeigen, dass Aristoteles und Moore beim Aufstellen von Behauptungen und beim Verfolgen von Absichten bezüglich ihrer Hände erfolgreich waren (dass sie also eine Referenz, ein Noumenon abgesichert haben, welches sich in den von ihnen begriffenen Phaenomena zeigt), sondern auch dass sie hierbei Dinge getan haben, die unser Bestreben vorantreiben, mehr über das wirkliche Sein von Händen herauszufinden, etwas, das unsere Vorstellung von Händen expressiv weiterentwickelt und die subjektive Vorstellung in Richtung eines objektiven Begriffs bewegt hat (also was wirklich woraus folgt und was wirklich womit unvereinbar ist). Denn dies ist nämlich, was dafür erforderlich ist, um einerseits jener Norm unterworfen (also durch sie gebunden) zu sein, die die Bedingungen festlegt, wann das, was man sagt, wahr, und das, was man tut, erfolgreich ist, und aber auch andererseits ebendieser Norm gegenüber empfänglich zu sein, also ihr Kraft (Notwendigkeit) einzuräumen.

Man mag sich fragen, inwiefern es sinnvoll ist, vom »Begriff« zu reden oder »was wirklich woraus folgt und womit unvereinbar ist«, wenn damit auch behauptet wird, dass *keine* Menge von bestimmten Begriffen (Vorstellungen) endgültig adäquat, dauerhaft und abschließend kohärent sein kann, also dass die *richtigen* Anwendungen dieser Begriffe in empirischen bzw. praktischen Situationen nie zu unvereinbaren Verpflichtungen führen. Dies zu beantworten ist eben genau das, was mit der Darstellung der Wiederaneignung vergangener Vorstellungen durch Erinnerung erreicht werden soll, also mit dem Aufstellen und Organisieren dieser Vorstellungen in einer expressiv-fortschrittlichen Tradition der Anwendung eines Begriffs, der bereits die ganze Zeit über als die Norm beteiligt war, durch die sich die Begriffsanwender im Fällen von Urteilen und in der Bejahung von Zwecken gebunden haben. Diese verzeihende rückblickende Phase der Erfahrung ist das praktische Tun, durch das wir einen Begriff davon erhalten, nach welchem es eine Beschaffenheit der Dinge an sich gebe, also Noumena, die in Phaenomena teilweise ans Licht treten. Dies ist das Hervorbringen, das ein Vorfinden ist. Es ist die Tätigkeit, die die *Repräsentations*beziehung verständlich macht, indem sie die Entwicklung von defekten Sinnen als allmähliche Enthüllung der zugrundeliegenden Referenzgegenstände und somit des Repräsentierenden eines Repräsentierten aufzeigt. Nachdem Hegel mit einer Erklärung der »dass«-Intentionalität (die im Urteilen und absichtlichen Handeln begriffenen und angewendeten begrifflichen Inhalte) in Bezug auf materiale Unvereinbarkeit und Inferenz (bestimmte Negation und Vermittlung) begonnen hat, verwendet er nun den Begriff der Erinnerung, um aus der Art und Weise, wie sich Vorstellungen in Reaktion auf das Eingestehen unvereinbarer Verpflichtungen ändern, eine in diesen begrifflichen Inhalten implizite Erklärung für die repräsentationale Dimension, die »von«-Intentionalität, zu gewinnen.

Innerhalb jeder notwendigerweise triumphalen, verzeihenden und erinnernden Geschichte spielt ein erst spät erscheinender Sinn oder eine erst spät erscheinende Vorstellung die Rolle der Referenz oder des Begriffs, das heißt die mögliche Beschaffenheit der Dinge für das Bewusstsein, die der Beschaffenheit der Dinge an sich entspricht. Aber keine solche Geschichte ist endgültig. Mit diesen Geschichten werden die Vorstellungen, deren richtige Anwendung stets zu unvereinbaren Verpflichtungen führen muss, zu Begriffen geweiht. (Sie werden als Begriffe gemäß der Normen angewendet, die sie ihren Anwendern zufolge verkörpern, einschließlich der Normen, die die rückblickend-rationale Rekonstruktion hervorbringen.) Die Erfahrung von Irrtum und Misserfolg, welche sich in der Ungleichheit zwischen dem Sein der Dinge für das Bewusstsein und dem Sein der Dinge an sich zeigt, muss stets von Neuem gestanden und verziehen werden. Denn bei all diesen Geschichten wird sich einmal herausstellen, dass sie eine eigentlich defekte Vorstellung dazu auserkoren hatten, den Dingen *an sich* zu entsprechen, den wirklichen Begriffen. Inwiefern es keine endgültig adäquate Menge von bestimmten Begriffen (oder Vorstellungen) gibt und geben kann, wird vorausblickend in dem Raum *zwischen* den Erinnerungen sichtbar, also in dem Bedürfnis eines jeden verzeihenden urteilenden Bewusstseins, im Gegenzug selbst einmal Verzeihung zu erfahren. Durch diesen Perspektivenunterschied – rückblickend und vorausblickend, innerhalb von Erinnerungen und zwischen Erinnerungen – lassen sich von der Begriffsanwendung zweierlei Dinge zugleich sagen: *Zum einen* hat der Gestehende die Dinge nicht richtig verstanden (das Sein der Dinge für ihn ist nicht das Sein der Dinge an sich), *zum anderen,* von einem komplementären, gleichermaßen berechtigten Standpunkt aus betrachtet, gibt es so etwas wie ein richtiges (stabiles, dauerhaftes und endgültiges) Verstehen der Dinge nicht. Der Erfahrungsprozess besteht darin, Urteile zu fällen und Handlungen zu vollziehen, sich unvereinbaren Verpflichtungen gegenüberzusehen und hieraus durch Erinnerung einen Sinn zu gewinnen, und zwar indem man einen neuen und besseren Kandidaten für den Begriff findet, der bereits die ganze Zeit über implizit das eigene Urteilen und Handeln bestimmt hat. Alle diese Phasen und Aspekte sind gleichermaßen notwendig und nur in Bezug zueinander letztlich verständlich.

Mit der Zuschreibung eines Referenzgegenstandes (eines Begriffs, der den Inhalt einer Überzeugung oder einer Absicht gliedert) wird eine Abfolge von Sinnen einer höheren Einheit zugeführt (wie Hegel sagt), da sie die bestimmten Unterschiede und materialen Unvereinbarkeiten zwischen den Sinnen integriert, auf sie aufbaut und sie als unterschiedliche, den Inhalt ausdrückende Formen darstellt. Von der einen Perspektive aus ist Erinnerung die Hervorbringung, von einer anderen die Enthüllung dieser Einheit. Das Verzeihen setzt etwas voraus, das zu verzeihen ist bzw. gestanden wurde, also die Ungleichheit von Sinn und Referenz, von Vorstellung und Begriff. In Hegels Bild ist das Verzeihen die Heilung einer Wunde. Es muss also zunächst einmal eine Wunde geben, die daraufhin durch erfolgreiche erinnernd-rationale Rekonstruktion zu etwas gemacht wird – als ob es die Wunde niemals gegeben hätte. Das Verzeihen überwindet die gestandene Ungleichheit und erreicht dabei eine neue Einheit, die die Ungleichheit als Teil ihrer internen Struktur einschließt und sie zur Voraussetzung hat; das Gestandene erweist sich im Rückblick als notwendige Phase im Prozess des zunehmend adäquateren Ausdrückens des Begriffs und insofern des Maßstabs, der die ganze Zeit über bereits die Bewertung der Richtigkeit und des Erfolgs von erkenntnistheoretischen und praktischen Verpflichtungen festgelegt hat.

Erinnern als Verzeihen zu charakterisieren bringt insbesondere zur Geltung, dass es sich dabei nicht nur um ein erkenntnistheoretisches und praktisches Unterfangen handelt (der Rekonstruktion von Urteilen und Handlungen), sondern auch um das Einnehmen einer bestimmten Anerkennungshaltung gegenüber denjenigen, deren Urteile und Handlungen rekonstruiert werden. Als Anerkennungsbeziehung ist die edelmütige Haltung eine *Identifikation* mit der höheren Einheit. Im Gegensatz dazu ist die niederträchtige Haltung eine *Identifikation* mit dem Moment der Ungleichheit, die notwendigerweise im Bewusstsein und der Handlungsfähigkeit enthalten ist, also mit der Kollision unvereinbarer Verpflichtungen, in der letztendlich auch die Inadäquatheit jeglicher Menge erkenntnistheoretischer und praktischer Verpflichtungen mitsamt ihren gliedernden Vorstellungen sichtbar wird. Über die Beziehung zwischen dem gestehenden Individuum und dem verzeihenden Individuum sagt Hegel Folgendes:

> Diesem Anderen aber muß, wie jenem sein einseitiges, nicht anerkanntes Dasein des besonderen Fürsichseins, so ihm sein einseitiges, nicht anerkanntes Urteil brechen; und wie jenes die Macht des Geistes über seine Wirklichkeit darstellt, so dies die Macht über seinen bestimmten Begriff.[32]

Was »gebrochen« wurde, wird *aufgeopfert.* Das gestehende Individuum gibt sein besonderes Fürsichsein, seine »Wirklichkeit« auf. Es beendet die Behauptung der Autorität seiner wirklichen Einstellungen und stimmt zu, dass es sich durch eine objektive begriffliche Norm gebunden hat, die sich von seiner subjektiven Vorstellung dieser Norm unterscheidet. Denn diese Autorität wurde nicht anerkannt. Das beurteilende Bewusstsein besteht nicht mehr länger auf der Autorität seiner hartherzigen Bewertung, welcher als einseitiger Behauptung über die Ungleichheit auch nicht von beiden Seiten zugestimmt wurde. Die Aufopferung der Autorität dieser einseitigen subjektiven Einstellungen, also des Seins der Dinge für sich, ist das Identifizieren mit dem, für was man sich aufgeopfert hat, also mit dem Sein der Dinge an sich, mit dem Inhalt, der die ungleichen Formen vereint, in denen er ausgedrückt wurde (also sich für einzelne Selbstbewusstseine gezeigt hat). Beide Seiten erkennen, dass das, was sich im Erinnern als das herausstellt, worüber wirklich geredet und nachgedacht wurde (der objektive Begriff), Autorität über ihre Einstellungen und Begriffsanwendungen (subjektive Vorstellungen) ausübt. Im Gegensatz zu den aufgeopferten Einstellungen jedes Einzelnen, wird *dieser* Autorität von beiden zugestimmt. Als Geständnis und Verzeihung ist Anerkennung wechselseitig.

Das gestehende Bewusstsein ist die »Macht des Geistes über seine Wirklichkeit«, da es eingesteht, dass es sich trotz des Einnehmens bestimmter Einstellungen – gleichwohl, wie zufällig

32 *PhG*, S. 492.

diese sind oder durch Ursachen oder nichtnormativ bestimmbare Impulse und Beweggründe erklärbar –, erfolgreich durch objektive begriffliche Normen gebunden (sich ihnen gegenüber verantwortlich gemacht) hat. Durch das Anwenden dieser Normen ist das gestehende Bewusstsein erkenntnistheoretische und praktische Verpflichtungen eingegangen und hat somit normative Status instituiert, deren Inhalt die eigenen subjektiven Vorstellungen davon überschreitet. Das verzeihende beurteilende Bewusstsein stellt die »Macht des Geistes über seinen bestimmten Begriff« dar, insofern es den Inhalt des Begriffs durch Erinnerung neu deutet und zeigt, dass er Autorität über subjektive Vorstellungen und Einstellungen hat. Die großherzig verzeihende Erinnerung ist die Ausübung der Macht des Geistes über den bestimmten Begriff. Hegel fasst dies im vorletzten Absatz des Kapitels zum Geist zusammen:

> Die Verzeihung, die es dem ersten widerfahren läßt, ist die Verzichtleistung auf sich, auf sein *unwirkliches* Wesen, dem es jenes Andere, das *wirkliches* Handeln war, gleichsetzt und es, das von der Bestimmung, die das Handeln im Gedanken erhielt, Böses genannt wurde, als gut anerkennt oder vielmehr diesen Unterschied des bestimmten Gedankens und sein fürsichseiendes bestimmendes Urteil fahren läßt, wie das Andere das fürsichseiende Bestimmen der Handlung. – Das Wort der Versöhnung ist der *daseiende* Geist, der das reine Wissen seiner selbst als *allgemeinen* Wesens in seinem Gegenteile, in dem reinen Wissen seiner als der absolut in sich seienden *Einzelheit* anschaut, – ein gegenseitiges Anerkennen, welches der *absolute* Geist ist.[33]

Verzeihung ist eine »Verzichtleistung«, ein Verzicht auf die vorherige Identifikation des hartherzig beurteilenden Bewusstseins mit der Ungleichheit zwischen seinem fürsichseienden bestim-

33 Ebd., S. 492 f.

menden Urteil und dem »bestimmten Gedanken«, also ein Verzicht auf die Unterscheidung zwischen dem Sein der Dinge für das beurteilende Bewusstsein und dem Sein der Dinge an sich, zwischen der subjektiven Vorstellung und Einstellung und dem objektiven Begriff oder Gedanken. Durch Verzeihung – dem »Wort der Versöhnung«, das nicht nur darin besteht, zu *sagen*, dass dem anderen verziehen sei, sondern dass man tatsächlich die Erinnerungsarbeit auf sich nimmt und die Verzeihung *herstellt* – bringt das beurteilende Bewusstsein die Einheit hervor, mit der es sich identifiziert. Hinsichtlich des erkenntnistheoretischen und praktischen Aspekts des Tätigseins ist Verzeihung die Einheit von wirklicher Besonderheit (die wirksamen und kausal erklärbaren Einstellungen und Verhaltensweisen der Subjekte) und allgemeinem Wesen (die begrifflichen Normen, deren Anwendung innerhalb von Einstellungen und Akten normative Status instituieren). Diese Einheit wird sichtbar, wenn das von Subjekten Gesagte und Getane als das Anwenden bestimmt gehaltvoller Begriffe bzw. begrifflicher Normen verstanden wird, durch die sich die Subjekte binden und gegenüber denen sie sich verantwortlich machen. In der Anerkennungsdimension ist Verzeihung die Einheit der einzelnen handelnden Subjekte und der normativen Gemeinschaft, die die Subjekte durch gegenseitige Anerkennung synthetisieren. Mit der Erklärung der Verzeihung als Erinnerung wird die Feinstruktur der allgemeinen Behauptung sichtbar, wonach Anerkennung sowohl als *Modell* als auch als *Kontext* dient, innerhalb dessen die Anwendung von Allgemeinbegriffen auf wirkliche Einzeldinge verständlich werden sollte.

V. Die Bedingungen bestimmten Gehaltvollseins

Was gestanden wird, ist im Grunde die Tatsache, dass Begriffsanwendungen auf zufällige Merkmale subjektiver Vorstellungen und Einstellungen reagieren und nicht nur auf die normative Notwendigkeit, die durch den Inhalt der objektiven Begriffe bestimmt wird. Notwendigkeit wird durch Zufälligkeit kontaminiert. Das Ergebnis der Erinnerungsarbeit des großzügig anerkennenden und verzeihenden Bewusstseins besteht darin, der Zufälligkeit die Form der Notwendigkeit zu verleihen. Denn die verzeihende rationale Rekonstruktion ist nur dann erfolgreich, wenn sie die Urteile und Handlungen darzustellen vermag, welche sich aus bestimmten zufälligen Zuständen, Vorstellungen, Motivationen und Einstellungen heraus gemäß der Erklärung der Inhalte der begrifflichen Normen, die das verzeihende Bewusstsein liefert, als *richtige* Begriffsanwendungen ergeben. Indem die begrifflichen Inhalte großzügig neu gedeutet werden – so dass also beispielsweise Aristoteles mit seiner Absicht des Handhebens im Allgemeinen erfolgreich gewesen ist und gewusst hat, dass Blitze Brände verursachen können, und Moore richtigerweise beobachtet hat, dass er zwei Hände hat, und daraus die richtige Schlussfolgerung zog, sie enthielten Elektronen–, werden einige der Zufälligkeiten der *wirklichen* Verwendung der Ausdrücke in die Normen eingebaut, die dann als etwas verstanden werden, das die *richtige* Verwendung der Ausdrücke bestimmt. Die zwei Phasen der Erfahrung – einerseits sich passiv mit unvereinbaren erkenntnistheoretischen oder praktischen Verpflichtungen konfrontiert zu sehen, das heißt die Erfahrung des Irrtums und Misserfolgs, also die im Bewusstsein und der Handlung enthaltene Ungleichheit, und andererseits das aktive Neumachen von begrifflichen Inhalten zur Vereinheitlichung des Erfahrungsverlaufs durch dessen expressiv-fortschrittliche Neudeutung – werden in Hegels Erklärung mit einem Mechanismus spezifiziert, durch den die wirkliche *Anwendung* von Ausdrücken und die *Instituierung* begrifflicher Normen, die die Anwendung bestimmen, als Aspekte ein und desselben Prozesses wechselseitig aufeinander wirken (einander vermitteln); dadurch ergeben sich die Details innerhalb des weitgehend quineanischen Rahmens. Die Geschichte darüber, wie die großzügigen erinnernden Neudeutungen des Inhalts eines Begriffes auf zufällige Details wirklicher Begriffsanwendungen reagieren und diese Details integrieren, ist eine Reaktion auf die oben bereits skizzierten Bedenken bezüglich der Beschränktheit begrifflicher Inhalte (ihre Reaktionsfähigkeit gegenüber den Launen der individuellen Verwendung von Ausdrücken, durch die die begrifflichen Inhalte ausgedrückt werden). Diesen Bedenken zufolge ist die normative Kraft der begrifflichen Inhalte durch die Genealogie der Rechtfertigung bedroht, die auf den semantischen Kategorien des *Verstandes* aufbaut. Denn aus der Perspektive, die uns mit Hegels Erklärung des semantischen Inhalts gegeben ist – derzufolge dieser Inhalt nicht nur aus der unterstufigen Verwendung von Ausdrücken, sondern gleichermaßen aus den erinnernden Neudeutungen dieser Verwendung abgeleitet wird –, ist die Integrierung der Zufälligkeiten der Verwendung in die Inhalte der Begriffe weit davon entfernt, die rationale normative Kraft von begrifflichen Normen zu untergraben. Ganz im Gegenteil: Die Integrierung gehört zum Wesen der Bestimmtheit begrifflicher Normen, die eine notwendige Bedingung für die Verständlichkeit ihrer Kraft darstellt (der Möglichkeit, dass Subjekte durch diese Normen *gebunden* werden).

Ebendieses zweitaktige Modell der erkenntnismäßigen und praktischen Erfahrung – in dem auf das *Geständnis* des Irrtums und Misserfolgs die *Verzeihung* durch erinnernde Neudeutung folgt, also das Vollbringen eines immer nur vorläufigen begrifflichen Gleichgewichts, das sich selbst wiederum als instabil erweisen wird und wieder in Irrtum und Misserfolg umschlägt und zur Wiederholung des Zyklus führt – beschreibt den *Pro-*

zess, jene Tätigkeit der Subjekte, der verständlich macht, wie BESTIMMTES GEHALTVOLLSEIN von Begriffen gemäß den Kategorien der *Vernunft* zu verstehen ist, welche die Vorstellung des *Verstandes* gemäß der Aufklärung ablösen, die noch immer von Kant und später wieder von Frege angewendet wird. Dem *Verstand* zufolge müssen empirische und praktische Begriffe bestimmt sein, also statische, stabile Grenzen haben und in festen, unveränderbaren Beziehungen von Folgerung und Unvereinbarkeit zu anderen, ähnlich bestimmten Begriffen stehen. Wir haben gesehen, inwiefern Hegel meint, Kant sei ungewöhnlich unkritisch bezüglich der Voraussetzungen (der Bedingungen der Verständlichkeit), Begriffe in diesem Sinne als bestimmt zu betrachten. Hier liegt eine gewisse Verwandtschaft vor zu den Bedenken des späten Wittgenstein bezüglich der weitverbreiteten Fehldeutungen dessen, was wir tun, wenn wir sprachliche Ausdrücke verwenden, die dazu führen, vorangegangene Verwendungen von Begriffen auf eine geheimnisvolle Weise als »bis ins Unendliche gelegte Gleise« zu betrachten, welche die Richtigkeit oder Unrichtigkeit aller möglichen zukünftigen Anwendungen bestimmen, beispielsweise so, wie es für die Begriffe in einem mathematischen Beweis erforderlich ist, die normative Kraft zu haben, die wir ihnen zuschreiben. Das Zweitaktmodell der Erfahrung bietet einen umfangreichen Kontext, in welchem laut Hegel diese traditionellen Vorstellungen verständlich gemacht werden *können*. Denn es ist die Aufgabe jeder rückblickenden fortschrittsgläubigen Geschichte, Begriffe mit Inhalten zu *finden*, die im Sinne von *Verstand* bestimmt sind. Bestimmter Inhalt in diesem Sinne muss aber auch als das Produkt der Tätigkeit der Verzeihung verstanden werden, der zufolge Zufälligkeiten der wirklichen Anwendung von Begriffen in die Inhalte unserer Vorstellungen integriert werden und somit die Form von Notwendigkeit erhalten. Jede Erfahrung von Irrtum oder Misserfolg, jede Zustimmung zu Verpflichtungen, die uns als unvereinbar erscheinen, bringt uns etwas über die wirkliche Beschaffenheit der Dinge bei, also darüber, was wirklich woraus folgt und was womit unvereinbar ist. Erfolgreiche Erinnerung integriert diese Lektionen in die Inhalte unserer Vorstellungen als neue Kandidaten dafür, wie die Dinge für uns die Dinge an sich sind. *Verstandes*bestimmtheit ist ein konstitutives Ideal der Erkenntnis und der Handlungsfähigkeit. Die Verpflichtung, begriffliche Inhalte zu finden, die in diesem Sinne bestimmt sind, ist ein wesentliches Element der Verwendung von Begriffen, also der Verständlichkeit von Bewusstsein in sowohl seiner theoretischen als auch seiner praktischen Dimension. Sie ist aber nur *ein* Aspekt des Prozesses des Bestimmens begrifflicher Inhalte, welcher die zufällige Besonderheit wirklicher Episoden der Anwendung von Begriffen in die Inhalte der Allgemeinbegriffe integriert, deren Anwendung eben die normative Kraft der Notwendigkeit hat, also die Autorität, durch die wir uns binden und uns verantwortlich machen, wenn wir sie anwenden.

Verzeihung ist der Prozess, in dem die Unmittelbarkeit vermittelt und der hartnäckigen Widerspenstigkeit der Wirklichkeit eine begriffliche Gestalt verliehen wird und somit das Sein der Dinge für das Bewusstsein Zustimmung erfährt. Semantischer Holismus bedeutet, dass wir alle Begriffe richtig verstehen müssen, um einen bestimmten Begriff richtig zu verstehen; er ergibt sich aus dem vorrangigen Verständnis von begrifflichem Inhalt gemäß den Beziehungen materialer Unvereinbarkeit (bestimmte Negation) und somit materialer Folgerung (Vermittlung) zwischen diesen Inhalten. Die Wechselbeziehung zwischen dem, was woraus folgt und womit unvereinbar ist, und dem, was wir als *wahr* betrachten, also wie wir die Dinge an sich betrachten, bedeutet, dass das Richtigstellen unserer Begriffe und das Richtigstellen unserer Überzeugungen und Urteile ergänzende Aspekte ein und desselben Unterfangens sind, die unabhängig voneinander nicht vollendet werden können. In diesem begrifflichen Rahmen, der uns mit diesen weitgreifenden semantischen Verpflichtungen zur Verfügung gestellt ist, bringt die Unerschöpflichkeit der Unmittelbarkeit die äußerste Instabilität jeglicher Menge *verstandes*bestimmter, empirisch-praktisch gehaltvoller Begriffe mit sich. Ganz egal, wie lange wir die Situation untersuchen, es wird *immer* einen möglichen Erfahrungsverlauf geben, der jemanden in die gleiche Lage bezüglich unseres Begriffs von HÄNDEN versetzt, in der wir uns bezüglich Aristoteles' und Moores Begriff von HÄNDEN befinden. Dass es aber eine bestimmte Beschaffenheit der Dinge an sich gibt, unabhängig von ihrem Sein für uns – ja, dass ihre Beschaffenheit für uns sogar von ihrer Beschaffenheit an sich abhängt, also das Letztere über das Erstere autoritativ ist und die normativen Maßstäbe festlegt –, ist laut Hegel ein wesentliches Strukturelement des Begriffs des theoretischen und des praktischen Bewusstseins. Wir können die Begriffe des Bewusstseins und der Handlung nicht unabhängig von der Idee verständlich machen, dass unsere begrifflich gegliederten Einstellungen auf etwas *Bezug nehmen* (etwas repräsentieren) – in dem normativen Sinne, dass wir uns *für dieses Etwas* verantwortlich machen und *dieses Etwas* somit festlegt, *für* was wir uns verantwortlich machen, also für den wirklichen Inhalt des von uns eingenommenen normativen Status, das, wodurch wir uns gebunden haben. Jede adäquate Erklärung des bestimmten Gehaltvollseins des Denkens muss die Repräsentationsdimension von Intentionalität verständlich machen. Das zweiphasige Modell, also das rückblickende Herausfinden von Referenzgegenständen innerhalb erinnernder Geschichten und das vorausblickende Herstellen von neuen Sinnen durch das Erfinden solcher Geschichten als Reaktion auf die wahrgenommene und erkannte Inadäquatheit vorheriger Geschichten, ist Hegels Erklärung dafür, wie die beiden Forderungen des Begriffs BESTIMMTER BEGRIFFLICHER INHALT erfüllt werden können. Die Vorstellung des bestimmt begrifflichen Gehaltvollseins des *Verstandes* ist wichtig und richtig. Jedoch ist sie einseitig und unvollständig, da sie Elemente des größeren Zusammenhangs auslässt, welche für ihre Verständlichkeit wesentlich sind.

Die *Verstandes*bestimmtheit von Begriffen lässt den Geständnis-Verzeihung-Geständnis-Zyklus aus, also die Abfolge von Geständnis (das Eingestehen von Irrtum und Misserfolg, also der in der Erkenntnis und der Handlungsfähigkeit enthaltenen Unterscheidung zwischen dem Sein der Dinge an sich und dem Sein der Dinge für das Bewusstsein), Verzeihung (die Neudeutung der vorhergehenden wirklichen Anwendungen von Begriffen als eine sich entfaltende, expressiv-fortschrittliche Enthüllung der Inhalte verstandesbestimmter Begriffe, durch die sich die Erkenntnis- und Handlungssubjekte die ganze Zeit über selbst gebunden hatten) und das Geständnis über die letztendliche Inadäquatheit dieser Verzeihung (das Zugestehen des verbleibenden Unterschieds zwischen dem Sein der Dinge für das verzeihende Bewusstsein und dem, was sich als das Sein der Ding an sich herausstellen wird). Das richtige Verständnis der Natur und des Ursprungs der Bestimmtheit des Denkens – also die Bedingungen seiner Verständlichkeit und Wirklichkeit – erfordert laut Hegel, die entscheidende Rolle der edelmütigen Einstellungen von Geständnis und Verzeihung zu erkennen. Das adäquate semantische Selbstbewusstsein, das durch die holistischen und pragmatischen Metabegriffe der *Vernunft* und nicht durch die einseitigen Metabegriffe des *Verstandes* gegliedert wird, steht also in einer innigen Beziehung zu der Form der gegenseitigen Anerkennung, die am Ende des Kapitels zum Geist beschrieben wird. (Die innigen Beziehungen zwischen den Formen des Selbstbewusstseins und den Formen der Anerkennung sind ein zentrales hegelsches Thema, das uns seit seiner Einführung im Kapitel zum Selbstbewusstsein begleitet hat. Die einzige Überraschung an dieser Stelle liegt also in den Details der sich entfaltenden Form.) Nachdem man verstanden hat, was es für das Denken heißt, bestimmt gehaltvoll zu sein, wird insbesondere klar, dass es – wenn man die eigenen Urteile und Absichten so betrachtet und behandelt, ebensolche Inhalte zu haben – implizit verpflichtend ist, großzügige, verzeihende, edelmütige Einstellungen gegenüber den eigenen Verpflichtungen sowie gegenüber den Verpflichtungen anderer einzunehmen. Denn nur solche Einstellungen können bestimmte begriffliche Inhalte herstellen bzw. herausfinden. (Wir sehen nun, dass diese Einstellungen keine einander ausschließenden Alternativen, sondern verschiedene Perspektiven auf ein und dieselbe Tätigkeit sind, zum einen vom Standpunkt der Sinne und zum anderen vom Standpunkt der Referenzgegenstände aus).

Man erinnere sich an die vier Meta-Metaeinstellungen bezüglich der beiden am Ende des vorangegangenen Kapitels diskutierten normativen Metaeinstellungen Niederträchtigkeit und Edelmütigkeit. Der erste Ansatz war objektivistisch-erkenntnistheoretisch formuliert. Hiernach besteht eine Tatsache darüber, ob es tatsächlich Normen gibt, die über den Verhaltensursachen stehen (die Impulse und Einstellungen von Individuen), und ob die eine oder die andere Metaeinstellung bezüglich dieser Tatsache Recht hat. Der zweite Ansatz hat die beiden Metaeinstellungen als fakultative, gleichermaßen verfügbare und potentiell gültige, nach wie vor weitgehend erkenntnistheoretische Stellungen und Vokabulare betrachtet, die man einnehmen bzw. verwenden könnte. Der dritte Ansatz hat sie als praktische Anerkennungseinstellungen betrachtet, die verschiedene Arten von Gemeinschaften und einzelnen selbstbewussten Selbsten instituieren, welche ihnen im Prinzip beiden zu Verfügung stehen, das heißt ohne irgendwelche einstellungsunabhängigen Tatsachen, die dazu zwingen würden, die eine anstatt der anderen Metaeinstellung zu wählen. Nun sind wir in der Lage, die vierte Alternative zu konkretisieren. In dieser Alternative wird zugestanden, dass die Einstellungen Anerkennungseinstellungen sind, also praktisch sind in dem Sinne, dass sie dazu führen, dass ein etwas als ein solches *hergestellt* und nicht bloß als ein solches *betrachtet* wird. Diese Alternative stellt also den Objektivismus der ersten Meta-Metaeinstellung auf einer höheren Ebene wieder her. Es ist eine Art Tatsache im Spiel, die man übersehen würde, wenn man die reduktive Einstellung der Niederträchtigkeit einnehmen würde. Es handelt sich um die begriffliche Tatsache, dass BESTIMMTER BEGRIFFLICHER INHALT und EDELMÜTIGKEIT Begriffe sind, die, in der Form von Geständnis und Verzeihung, ihrem Sinn nach wechselseitig abhängig sind. Indem man dieser Tatsache explizit gewahr wird, erreicht man die Art von Selbstbewusstsein, das durch die sittliche Vernunft anstatt durch den entfremdeten Verstand charakterisiert wird. Es wird nun klar, dass man sich, wenn die eigenen Gedanken und Absichten als bestimmt gehaltvoll behandelt werden – also als verbindlich, so dass man repräsentational verantwortlich ist gegenüber den objektiven Dingen in dem Sinne, dass die Welt nur auf bestimmte Art und Weisen sein kann, um als etwas zu gelten, dass die eigenen Überzeugungen wahr und die eigenen Absichten erfolgreich macht –, implizit dazu verpflichtet, sich selbst in Bezug auf eine Gemeinschaft zu verstehen, deren konstitutive Anerkennungsstruktur in gegenseitigem Geständnis und gegenseitiger Verzeihung besteht. Die Verpflichtung zur Edelmütigkeit gehört implizit zum Sein diskursiver Wesen. Entfremdung bedeutet, dass die eigenen Verpflichtungen, welchen explizit zugestimmt wurde, mit dieser implizit strukturellen Verpflichtung des Bewusstseins und der Handlungsfähigkeit unvereinbar sind.

Ich gehe davon aus, dass dies die Pointe der *Phänomenologie* ist, also die letzte Lektion, auf die hin das ganze Buch angelegt ist: Semantisches Selbstbewusstsein, das Gewahrsein der transzendentalen Bedingungen der Verständlichkeit bestimmt gehaltvoller Einstellungen, des Denkens, des Glaubens, des Meinens und des Beabsichtigens, besteht im expliziten Zustimmen zu einer immer schon impliziten Verpflichtung, großzügige Anerkennungseinstellungen gegenseitigen Geständnisses und erinnernder Verzeihung einzunehmen. Denn diese Anerkennungsstruktur ist der Hintergrund für Erkennen und Handlung, also der Kontext, in dem allein sie verständlich gemacht werden können. Die zweiphasige Erklärung der Erfahrung vermittels Irrtum und Erinnerung sagt uns, was wir *tun* müssen, um objektive begriffliche Normen verfügbar zu machen, um uns im Urteilen und Handeln zu binden, um die Beschaffenheit der Welt an sich als etwas für unser Bewusstsein verfügbar zu machen. Auf das Eingestehen des Irrtums durch die Arbeit der Verzeihung der Irrtümer sowohl der anderen als auch unserer eigenen zu reagieren bedeutet, die begrifflichen Normen als etwas herzustellen, das hinsichtlich der Einstellungen wirksam *gewesen war*, die sich in den Erinnerungen als etwas zeigen, was gegenüber diesen begrifflichen Normen empfänglich ist und sie zum Ausdruck bringt. Die Herausforderung des kleinmütigen Kammerdieners hat sowohl eine engere Form, in der Erklärungen anhand von Normen bzw. deren Verbindlichkeit und die daraus resultierenden normativen Status gemieden werden und bloß auf Einstellungen zurückgegriffen wird, als auch eine erweiterte, streng reduktive Form, in der Normen in einer natürlichen Welt von Ursachen keinerlei Erklärungsfunktion haben. Die Antwort auf diese Herausforderung hat drei Teile. Der erste Teil ist die Erklärung, dass *erinnernde Verzeihung* ein praktischer Anerkennungsprozess ist, der objektiv begriffliche Normen und (somit) das Sein der Dinge an sich enthüllt (bzw. durch den allein wir diese Idee überhaupt verständlich machen können) und aufzeigt, weshalb und in welchem Sinne diese zwei Ideen unauflösbar miteinander verbunden sind. Der zweite Teil besteht in der Darstellung der neuen Vorstellung von der *Bestimmtheit* begrifflicher Inhalte (wobei diese Vorstellung durch die holistischen Entwicklungskategorien der *Vernunft* anstatt durch die atomistischen und statischen Kategorien des *Verstandes* gegliedert ist). Gemäß dieser Vorstellung wird mit der Ausübung der großzügigen Erinnerung *erstens* auf jeder Stufe mehr Sein der Dinge an sich in das Sein der Dinge für das Bewusstsein integriert (da solche rationalen Rekonstruktionen expressiv-fortschrittlich sein müssen); *zweitens* den zufälligen Merkmalen der wirklich eingenommenen Einstellungen die Form der Notwendigkeit verliehen, so dass die Inhalte der erkannten Normen den Details der Umstände gegenüber empfänglich sind, in denen die sie ausdrückenden Termini tatsächlich verwendet werden; und *drittens* werden die Unmittelbarkeiten vermittelt (bzw. als Merkmale begrifflicher Inhalte explizit gemacht), deren hartnäckig wiederkehrendes Auftreten in nichtinferentiellen Beobachtungsberichten die Erkenntnis- und Handlungssubjekte schließlich dazu verpflichtet, ihren Irrtum und Misserfolg einzugestehen (also das Geständnis, das Verzeihung erforderlich macht). Der dritte Teil folgt aus der Beobachtung, dass unser Denken nur bestimmten begrifflichen Inhalt hat (zweiter Teil), wenn wir großzügig erinnernde Anerkennungseinstellungen einnehmen (erster Teil). Dies ist der Grund, weshalb wir – wenn wir uns praktisch so behandeln, dass wir bestimmt gehaltvolle erkenntnistheoretische und praktische Verpflichtungen eingehen (also Überzeugungen und Absichten haben, die wahr bzw. in einigen potentiell neuartigen Zuständen erfüllt sind und in anderen nicht) – uns *implizit* dazu verpflichten, die entsprechende Art von Anerkennungseinstellung einzunehmen, an der entsprechenden Art von Anerkennungsgemeinschaft teilzunehmen und ein individuelles Selbst zu sein, dessen Selbstbewusstsein durch die entsprechende Art sozialer Anerkennungsbeziehungen gegliedert wird.

Die grundlegende Form dieses Arguments ist sowohl einfach als auch bekannt. Vor dem Hintergrund eines Verständnisses von Diskursivität und Intentionalität, wonach diese in der Fähigkeit bestehen, sich durch begriffliche Normen zu binden (ein Verständnis, das Hegel von Kant übernimmt, indem er den operativen Begriff NORMATIVITÄT durch seinen Anerkennungsansatz in eine soziale Tonart transponiert), wird jedes Subjekt, das eine Theorie vertritt, die die Existenz oder Verständlichkeit von begrifflichen Normen und normativen Status bzw. von diskursiver Autorität und Verantwortung leugnet, sei es zugunsten der Neigungen und Einstellungen von Individuen oder zugunsten eines anderen Bereichs natürlicher Ursachen, schließlich nicht in der Lage sein, seine eigene erkenntnistheoretische und praktische Tätigkeit, einschließlich des Aufstellens einer solchen Theorie, verständlich zu machen. Um mit Karl-Otto Apel zu sprechen, führt dieses Subjekt einen »pragmatischen Widerspruch« aus – laut Hegel ein Scheitern des Selbstbewusstseins, insofern sein Sein an sich, sein eigentliches Tun, keinen Ausdruck in seinem Sein für sich findet. Das Subjekt verpflichtet sich durch sein Tun implizit nicht zu dem, zu was es explizit zustimmt. Die Inhalte des Status und der Einstellung sind miteinander unvereinbar. Ihre Struktur stellt sicher, dass Argumente dieser Form nur so gut sein werden wie das Verständnis der begrifflich gegliederten Tätigkeiten, auf die sich die Argumente stützen. (Mit einer Theorie, derzufolge die Fähigkeit von intentionalen Zuständen, Sachverhalte außerhalb solcher Zustände darzustellen, die Existenz Gottes voraussetzt – ein ehrwürdiger Gedankengang, der in verschiedenen Formen und an verschiedenen Stellen in den Arbeiten von Descartes, Spinoza, Leibniz und Berkeley auftaucht –, verstrickt man sich im Grunde schon allein durch das Erwägen atheistischer Hypothesen schließlich in derartige Schwierigkeiten.) Hegels unverwechselbarer philosophischer Beitrag scheint mir genau in den Details seiner pragmatistisch-semantischen Theorie zu liegen, also in seiner Erklärung der Natur der Normativität und des begrifflichen Inhalts sowie dessen Verhältnis zu den Tätigkeiten der Individuen und der Art von Anerkennungsbeziehungen, die die Gemeinschaften dieser Individuen strukturieren.

Bestimmt gehaltvolle Begriffe haben in der Geschichte des Geistes schon immer eine Rolle gespielt, nicht nur, weil das Eingestehen von Irrtum und Misserfolg, sondern auch weil die erinnernd-rationale Neudeutung begrifflicher Inhalte, also die Verzeihung, omnipräsent ist. Beides sind wesentliche Phasen unserer wirklichen Erfahrung. Tatsächlich vollziehen wir auf der Grundebene an unseren gewöhnlichen empirischen und praktischen (und auch theoretischen) Begriffen die großzügige Erinnerungsarbeit, die charakteristisch ist sowohl für die Richter des *common law*, das wir als Modell betrachtet haben, als auch für das verzeihende beurteilende Bewusstsein, dessen Hartherzigkeit in Hegels rechtsphilosophischem Gleichnis gebrochen wurde. Dies ist eine empirische und deskriptive Behauptung. Auf der normativen Seite haben wir zudem gesehen, dass wir als geistige Wesen (als Begriffsanwender) Hegel zufolge schon immer alle implizit dazu *verpflichtet* sind, semantisch großherzige Einstellungen einzunehmen gegenüber unseren Verwendungen von Begriffen zur Bildung wirklicher Überzeugungen und Absichten. Um entschiedenermaßen über die Entfremdung hinauszugehen, welche eine strukturelle Eigenschaft moderner einzelner Selbstbewusstseine sowie ihrer Anerkennungsgemeinschaften darstellt, müssen wir der Tatsache sowie der Verpflichtung zustimmen, unsere Anerkennung und somit unser Erkennen und unsere Handlungen theoretisch und praktisch gemäß den meta-metabegrifflichen Begriffen der *Vernunft* anstatt des *Verstandes* zu strukturieren. Es ist einigermaßen klar, was es heißt, Dinge theoretisch in Bezug auf die *Vernunft* zu verstehen: Wir müssen uns die von Hegel im Verlauf seines Buches entwickelte Erklärung von Begriffen, Normen und Selbsten zu eigen machen. Wie steht es aber mit der praktischen Seite des Instituierens dieser neuen Art von Anerkennung (und somit mit den normativen Status und Selbsten)?

Wir können aus allgemeinen Gründen sicher sein, dass die Art von Anerkennung, die uns über die Entfremdung hinausbringt, gegenseitig und symmetrisch sein muss. Erinnerung ist aber im Grunde eine *a*symmetrische Beziehung, weil sie eine zeitliche Beziehung enthält, in der das Erinnernde wesentlich *später* vorkommt als das Erinnerte. Verzeihung ist demnach die wesentlich *spätere* Phase. Im Gleichnis lautet die Reihenfolge:

Verbrechen, Geständnis, Verzeihung. In der Tat ist das Aufstellen dieser zeitlichen Entwicklungsabschnitte einer der Antriebe dafür, Verzeihung als eine expressiv-fortschrittliche erinnernde Neudeutung des Inhalts begrifflicher Normen zu lesen. Woher also kommt die Symmetrie?

Auch wenn das in der Erinnerung bestehende Ereignis der Verzeihung im paradigmatischen Fall erst nach dem erinnerten und verziehenen Ereignis erscheinen kann, könnte die Verzeihung als eine Anerkennungsbeziehung zwischen *Handlungssubjekten* trotzdem symmetrisch und gegenseitig sein. Du und ich, wir könnten uns gleichzeitig unsere zuvor gegenseitig gestandenen Verfehlungen verzeihen. Wie William Blake sagt: »Through all eternity, / I forgive you, and you forgive me.« Wir haben aber gesehen, dass Anerkennung nicht *synchron* sein muss, um *symmetrisch* zu sein. Die symmetrische Anerkennungsstruktur gegenseitiger Autorität und Verantwortung einer begrifflichen Tradition kann auch *diachron* sein. In unserem Modell, in dem Richter die begrifflichen Inhalte fallrechtlich bestimmen, übt der aktuelle Richter Autorität über die vergangenen Anwendungen eines Rechtsbegriffs aus, bewertet ihre Richtigkeit, indem er sie als Präzedenzfälle akzeptiert (oder zurückweist), und räumt ihnen somit genuin normative Autorität über zukünftige Anwendungen ein. Der begriffliche Inhalt wird hier so gedeutet, dass eine frühere Entscheidung – auch eine, die vollständig durch das Frühstück des Richters erklärt werden kann – gemäß einer verbindlichen Norm, die der frühere Richter übernommen hat, als richtig und zugleich als die Enthüllung eines bisher unbekannten Aspekts des Begriffs dargestellt wird. Dies ist das Paradigma für die verzeihende Erinnerung und großherzige spezifische Anerkennung. Die Anerkennungsautorität des derzeitigen Richters wird durch seine Verantwortung gegenüber der Vergangenheit ausgeglichen. Denn die Berechtigung zu dieser Autorität leitet sich gänzlich von seiner Behauptung ab, dass er keine Neuerungen einführt (indem er Zufälligkeiten seiner eigenen Einstellungen als Notwendigkeiten ausgibt), sondern *nur* die begrifflichen Normen anwendet, die er übernommen hat. Die Qualität seiner erinnernden rationalen Neudeutung der Tradition ist die einzige Berechtigung der Autorität, die er für seine Bewertungen und Anwendungen des Begriffs beansprucht. Die Verantwortung des derzeitigen Richters gegenüber der Vergangenheit, also gegenüber dem wirklichen Inhalt des in Frage stehenden Begriffs, wird wiederum von zukünftigen Richtern verwaltet, die die Autorität der Deutung von Präzedenzfällen des derzeitigen Richters in Bezug auf seine Redlichkeit gegenüber dem Inhalt bewerten, den diese Richter erinnernd als etwas erkennen, das bereits die ganze Zeit über implizit die Maßstäbe der Richtigkeit der Anwendungen bzw. der Bewertungen der Anwendungen des Begriffs festgelegt hat. Die Anerkennungsautorität des derzeitigen Richters gegenüber vorangegangenen Richtern hängt also von der Anerkennung zukünftiger Richter ab. Diese diachrone *geschichtliche* Struktur von gegenseitiger Anerkennung ist laut meiner Behauptung das zentrale Element in Hegels semantischer Erklärung des begrifflichen Inhalts, also der Beziehungen zwischen Phaenomena und Noumena, zwischen dem Sein der Dinge für das Bewusstsein und dem Sein der Dinge an sich, zwischen Sinn und Referenz, zwischen Repräsentierendem und Repräsentiertem, zwischen subjektiver Einstellung und objektiver begrifflicher Norm.

Die wechselseitige Anerkennungsstruktur von Geständnis und Verzeihung ist diachron und geschichtlich. Wenn wir als Begriffsanwender ein derartiges semantisches Selbstbewusstsein erreicht haben, für das uns Hegel die Metabegriffe bereitstellt (die philosophischen Kategorien der *Vernunft*), werden wir alle gestehen, dass unsere Anwendungen von Begriffen und unsere Bewertungen solcher Anwendungen zweifellos durch die Zufälligkeiten unserer nebenher bestehenden subjektiven Einstellungen und durch vereinzelte kausale Faktoren beeinflusst werden, deren wir nicht gewahr sind bzw. über die wir keine intentionale Kontrolle haben. (Es heißt hier »zweifellos«, »nicht gewahr« und »keine Kontrolle«, weil wir dazu verpflichtet sind, jeden spezifischen Einfluss in Betracht zu ziehen, dessen wir gewahr sind und über den wir Kontrolle haben, um dementsprechend unsere bestimmten Begriffsanwendungen innerhalb von Überzeugungen und Absichten zu ändern.) Zudem werden wir alle unseren (edelmütigen) Verpflichtung zustimmen und herausfinden, wie wir in den Urteilen und Handlungen der anderen konkret und spezifisch das verzeihen, was sich zunächst als die gestandene Ungleichheit zwischen dem Sein der Dinge für diese Begriffsanwender und dem Sein der Dinge an sich gezeigt hat – also wie ihre Begriffsanwendungen als Präzedenzfälle darzustellen sind. Dies bedeutet die Zustimmung zu der Verpflichtung zu einer neuen *Art* von spezifischer Anerkennung – und genau hierin besteht die neue Art von allgemeiner Anerkennung. Im Zuge dessen werden wir ebenfalls gestehen, dass diese Anerkennungsverpflichtung auch die Ungleichheit aufweist, die im Bewusstsein und in der Handlung enthalten ist, die Ungleichheit zwischen dem, zu was wir verpflichtet sind, und dem, was wir in Wirklichkeit tun. Wir gestehen also, dass wir beim Erfüllen dieser Anerkennungsverpflichtung nicht erfolgreich waren und nicht in der Lage sind, die Einheit von Norm und wirklichem Vollzug rückblickend in allen Fällen hervorzubringen, in welchen wir verpflichtetermaßen verzeihen müssen. Unsere erinnernde Neudeutung der Begriffsinhalte scheitert zwangsläufig daran, jede Verwendung als richtig und expressiv-fortschrittlich darzustellen. Wir gestehen also, obwohl unser großzügiger, verzeihender, erinnernd anerkennender Geist willig ist: unser Fleisch ist schwach. Wir haben die Wunden des Geistes nicht vollständig geheilt, haben den in jeder Wirklichkeit vorhandenen Aspekt der Besonderheit nicht vollständig zum Verschwinden gebracht und haben nicht die Ungleichheit aller Taten ungeschehen gemacht.

Diese Geständnisse, sowohl das der verbleibenden Ungleichheit zwischen Norm und wirklicher Einstellung auf der Grundebene als auch das der erfolglosen Anerkennung beim adäquaten und vollständig konkreten Verzeihen der gestandenen Misserfolge anderer auf der höheren Ebene, sind selbst Bitten um Anerkennung in der Form von Verzeihung. Der Schwerpunkt des Gleichnisses vom beurteilenden Bewusstsein mit dem harten Herzen und dem Brechen seines harten Herzens am Ende des Kapitels zum Geist ist die normative Erwartung seitens des gestehenden Bewusstseins, vom beurteilenden Bewusstsein Verzeihung zu erfahren. Das Geständnis ist nicht nur eine *Bitte* um Anerkennung als Verzeihung, sondern die Behauptung eines *Rechts* auf Anerkennung durch Verzeihung. Es erschafft eine *Verantwortung*, denjenigen, der gesteht, großzügig und nicht kleinlich zu behandeln, also nicht den Kammerdiener der Moralität zu spielen. Dies ist die Verantwortung, Anerkennung zu erwidern. Indem Hegel *Verzeihung* als die Hauptachse des Gleichnisses verwendet, um die endgültige Form gegenseitiger Anerkennung einzuführen, ruft er mit Absicht den zentralen Begriff des Christentums auf und stützt sich auf seine Verkörperung in der Bitte des Vaterunser: »vergib uns unsere Schuld, wie auch wir vergeben unseren Schuldigern.«

VI. Vertrauen und großherzige Handlungsfähigkeit

Mit Geständnis und Verzeihung sind grundsätzlich Vollzüge gemeint, die rückwärtsblickende Einstellungen ausdrücken. Hegels Gleichnis über die Anerkennung enthält keinen expliziten Ausdruck für die vorwärtsblickende Einstellung der Anerkennungs*bitte* um Verzeihung bzw. für die dazugehörige Instituierung einer entsprechenden Anerkennungs*pflicht* zur Verzeihung auf der Seite derer, an die die Bitte gerichtet ist. Für diesen

Zweck verwende ich den Ausdruck »Vertrauen«. Beim Gestehen wird nicht nur ein rückwärtsgerichtetes Eingestehen der verbleibenden Ungleichheit innerhalb der eigenen Überzeugungen und Handlungen, zwischen dem Sein der Dinge an sich und dem Sein der Dinge für sich, zwischen Norm und subjektiver Einstellung ausgedrückt, sondern auch ein vorausblickendes Vertrauen in die anderen, Wege zu finden, diese Ungleichheit zu verzeihen und eine Einheit des Referenzgegenstandes hinter dieser Ungleichheit von Sinnen zu finden bzw. zu formen und somit die Wunde zu heilen. Solches Vertrauen heißt einzugestehen, von anderen hinsichtlich Anerkennung in Form von Verzeihung abhängig zu sein. »Abhängigkeit« wird hier in Hegels normativem Sinn verwendet. Es wird also der Anerkennungs*autorität* derjenigen zugestimmt, von denen man hinsichtlich der Verzeihung abhängig ist. Und das, *was* von der Verzeihung derjenigen abhängt, gegenüber denen man gestanden hat, ist eben die Autorität der eigenen Begriffsanwendungen (bezüglich derer man gestanden hat) – genau wie die Autorität der Präzedenzfälle gerichtlicher Entscheidungen des vorangegangenen Richters in dem uns als Modell dienenden Rechtsfall. Vertrauen bedeutet, sowohl der Autorität derjenigen zuzustimmen, welchen man das Verzeihen anvertraut, als auch die Berufung auf deren Verantwortung, ebendies zu tun: zu verzeihen. Das vorausblickende Vertrauen, dass einem verziehen wird für das, was man gesteht, ist die der Verzeihung komplementäre Anerkennungseinstellung. Gemeinsam bringen diese gegenseitigen praktischen Einstellungen eine Gemeinschaft mit einer symmetrischen edelmütigen Anerkennungsstruktur hervor. Meine Wahl des Ausdrucks »Vertrauen« ist von der Verwendung Hegels motiviert, der mit ihm das Fortschrittliche am Glauben beschreibt, nämlich die von Gegenseitigkeit geprägte Anerkennungsstruktur der religiösen Gemeinschaft, unbenommen der durch die Aufklärung verurteilten erkenntnistheoretischen Irrtümer des Glaubens.

> Wem ich vertraue, dessen *Gewißheit seiner* selbst ist mir die *Gewißheit meiner* selbst; ich erkenne mein Fürmichsein in ihm, daß er es anerkennt und es ihm Zweck und Wesen ist.[34]

Hiermit wird meines Erachtens das Ideal der Anerkennung beschrieben, auf das Hegel bereits bei der ursprünglichen Einführung des Begriffs gegenseitiger Anerkennung im Kapitel zum Selbstbewusstsein vorausgedeutet hat:

> Hiermit ist schon der Begriff *des Geistes* für uns vorhanden. Was für das Bewußtsein weiter wird, ist die Erfahrung, was der Geist ist, diese absolute Substanz, welche in der vollkommenen Freiheit und Selbständigkeit ihres Gegensatzes, nämlich verschiedener für sich seiender Selbstbewußtsein[e], die Einheit derselben ist; *Ich,* das *Wir,* und *Wir,* das *Ich* ist.[35]

Die Art von einzelnem Selbstbewusstsein und die Gemeinschaft, die durch vorausblickendes Vertrauen und erinnernde Verzeihung anerkennend synthetisiert wird, sind ein »Ich« und ein »Wir«, die in Hegels holistischem »spekulativem« Sinne identisch sind. Sie sind unterschiedliche, jedoch sich wechselseitig voraussetzende Elemente, deren Beziehungen eine höhere Einheit gliedern und insofern unverständlich bleiben, wenn sie unabhängig von ihrer jeweiligen Rolle innerhalb dieses Ganzen betrachtet werden. Diese neue Art von Anerkennungsstruktur ist nicht entfremdet; sie ist sittlich aufgrund der normativen Arbeitsteilung zwischen dem »Ich« und dem »Wir«. Der für die Moderne charakteristische Irrtum bestand in der praktischen Überzeugung, der Anforderung gerecht zu werden, dass Individuen ihre wirklichen Tätigkeiten und subjektiven Einstellungen als Beitrag – ihre Autorität über das, für was sie Verantwortung tragen – zur Instituierung von normativen Status leisten können,

34 Ebd., S. 406.
35 Ebd., S. 145.

indem sie als gänzlich *unabhängig*, als vollständig und exklusiv autoritativ und insofern als *konstitutiv* autoritativ betrachtet werden. Innerhalb der von den metabegrifflichen Kategorien des *Verstandes* erzwungenen Grenzen kann die Idee, dass mein Glauben und mein Tun in meiner Hand liegen, nur erkannt werden, wenn ich mich praktisch mit dem identifiziere, was *vollständig* in meiner Hand liegt. Denn Selbstständigkeit (Autorität) ist laut diesem Verständnis unvereinbar mit jeder Art von Unselbstständigkeit (entsprechende Verantwortung).

Wir haben Hegels Analyse im Hauptteil der *Phänomenologie* verfolgt, wonach die Logik dieser defekten praktischen und theoretischen Vorstellung des normativen Status von Autorität und Verantwortung eine *Verringerungsstrategie* erfordert, welche in den Selbstvorstellungen und Vorstellungen von Handlungsfähigkeit gipfelt, die sich paradigmatisch im ehrlichen Bewusstsein und gewissenhaften Bewusstsein zeigen. Die einzigen Akte, für die das ehrliche Bewusstsein Verantwortung übernimmt, sind reine Willensakte, also das, was es zu tun *versucht*. Denn diese sind die einzigen Akte, über die es vollständige Autorität hat und bei denen es nicht im Versuch scheitern kann. Das gewissenhafte Bewusstsein hingegen behauptet sein Recht, nur danach beurteilt werden zu können, ob es gemäß seiner *Vorstellung* von Pflicht gehandelt hat, also nur dafür verantwortlich zu sein, wofür es seiner eigenen *Betrachtung* nach verantwortlich ist. Die von beiden zum Ausdruck gebrachte Entfremdung des Wirklichen vom Normativen, also ihre Unfähigkeit, die wechselseitigen Wirkungen von Normen auf wirkliche Einstellungen einerseits (sich durch begriffliche Normen im Urteilen und Handeln zu binden) und wirklichen Einstellungen auf Normen andererseits verständlich zu machen (die Abhängigkeit der durch unsere Wörter ausgedrückten Inhalte von der Verwendung dieser Wörter), führt im Prinzip zur Unverständlichkeit dessen, was es heißt, Erkenntnis über die Beschaffenheit der Dinge an sich zu gewinnen, die Beschaffenheit der Dinge an sich durch unsere Handlungen zu ändern und überhaupt bestimmt gehaltvolle Gedanken in Erwägung ziehen zu können.

Im Gegensatz dazu verkörpern Verzeihung und Vertrauen eine *Erweiterungsstrategie*, durch die sich selbstbewusste Individuen mit wirklichen Geschehnissen identifizieren, über die sie eine reale, aber immer nur partielle Autorität ausüben; sie identifizieren sich also als Träger von Verantwortungen, die sie nicht vollständig erfüllen können. Beide, sowohl das Geständnis des Bedürfnisses nach Verzeihung als auch das Geständnis des Bedürfnisses nach Vertrauen, dass die Verzeihung bevorsteht, stellen eine Zustimmung zu dem Sinn dar, wonach *andere* auf eine spezifische Weise auch dafür *verantwortlich* sind, was *ich* getan habe. Denn die spätere Bedeutung meines Vollzugs, also der Inhalt der von mir angenommenen Verpflichtung, ob in praktischer Hinsicht als eine Absicht oder in erkenntnistheoretischer Hinsicht als eine Überzeugung, ist den anderen anvertraut. In einem Sinn bin ich als Handlungssubjekt also dafür verantwortlich, was im *gewöhnlichen* Sinne *meine* Akte sind. Denn erst wenn ich eine Einstellung einnehme und einen Vorsatz bejahe, wird der Prozess eröffnet, dessen Ende die normative Bewertung darstellt. Man muss im Spiel entgegnen, damit überhaupt ein Zug gemacht wird. In einem anderen Sinn aber (vom Standpunkt der *Vernunft* aus ein *ergänzender* Sinn) sind die anderen Mitglieder der Gemeinschaft – jene, deren Vertrauen ich anerkenne, meinen Vollzug zu verzeihen –, dafür verantwortlich, einen Weg zu finden, diesen Vollzug zur *erfolgreichen* Anwendung des Begriffs zu machen, welchen ich durch meine Entgegnung ausgedrückt habe. Das heißt, sie sind für die Zurechnung einer Absicht verantwortlich, die rückblickend betrachtet als die Entfaltung einer Reihe von Folgespezifikationen des Aktes ausgeführt wurde. Diese Absicht legt den normativen Maßstab für den Erfolg der Handlung fest; der Inhalt, der durch den Vorsatz ausgedrückt wird, der wiederum die eigentlich wirksame Einstellung darstellt, wird als Absicht gedeutet, die den Prozess bzw. die Ausführung des Planes anleitet. Das konkrete Verzeihen einer Handlung bedeutet, herauszufinden, wie der Inhalt des im Vorsatz angewendeten Begriffs aufgefasst werden kann, damit sich die daraus resultierende Absicht als erfolgreich erweist.

Die explizite Zustimmung zu dieser Verantwortungsteilung zwischen dem gestehenden und vertrauenden Handlungssubjekt einerseits und der verzeihenden Gemeinschaft andererseits, drückt eine erweiterte praktische Vorstellung davon aus, wie sich *Geschehenes* als *Getanes* qualifiziert. Die Einheit der Handlung (was ihre Identität festlegt), mit der sich das vertrauende Handlungssubjekt und die verzeihende Gemeinschaft identifizieren und die sie gemeinsam herstellen, indem sie jene gegenseitigen Anerkennungsstellungen einnehmen (und Ansprüche auf bloß besondere subjektive Autorität aufgeben, die nicht durch eine entsprechende Verantwortung ausgeglichen wird), ist eine komplexe und intern gegliederte Einheit, die beide Aspekte der Ungleichheit umfasst, die die Handlung beinhaltet. Denn die Einheit verbindet wesentliche, gegenseitig sich voraussetzende Aspekte der Handlung, die sich als solche qualifiziert, allein weil sie sowohl Spezifikationen in Bezug auf die Absicht enthält als auch Spezifikationen in Bezug auf die Folgen, also auf wirkliche Wirkungen, die sich unvorhersehbar in den unendlichen Horizont entfalten. Sowohl die vorausblickende Ausübung von Autorität durch das Handlungssubjekt als auch die rückblickende Ausübung von Autorität durch die verzeihende Gemeinschaft sind erforderlich, um die Einheit hervorzubringen, um Geschehenes zu Getanem zu machen.

Man entsinne sich der unmittelbaren Version dessen, was sich inzwischen zu einem komplex vermittelten Vollzug konkreten Verzeihens entwickelt hat, die Version, die Hegel in der Eröffnungsbewegung des *Geistes* mit der Allegorie einführt, in der natürlich Geschehenes, wie der Tod, durch die Beerdigung, durch die Betätigung und Entwicklung des normativen Status von Familienmitgliedschaft, zu Getanem gemacht wird. Bis hierhin habe ich den erkenntnistheoretischen, rück*blickenden* Charakter der Ausübung von Autorität durch Verzeihung betont, also dass die großzügige Erinnerung eine notwendige Bedingung für die Verständlichkeit bestimmt gehaltvoller objektiver Begriffe ist, die die Beschaffenheit der Dinge, die etwas für uns sind, als Dinge an sich gliedern (also die notwendige Bedingung für die Idee, dass die Dinge eine ganz bestimmte objektive Beschaffenheit haben, die wir herauszufinden versuchen). Diese Dimension ist absolut entscheidend, um die tiefe begriffliche Verknüpfung zwischen dem intersubjektiven Prozess der Anerkennung als verzeihender Erinnerung (die Ausübung von Autorität durch diejenigen, denen begriffliches Vertrauen geschenkt wird) auf der einen Seite und OBJEKTIVITÄT und WIRKLICHKEIT auf der anderen Seite zu verstehen. Sich auf die praktische Erinnerungsarbeit zu berufen, die Wiederherstellung einer Absicht als Begriffsanwendung, die die zweckmäßigen Aspekte und die Folgen einer Handlung in sich vereinigt, deutet darauf hin, dass Verzeihung auf der praktischen Seite nicht nur rück*blickend* sein kann – als das Neudeuten dessen, was als objektiver Inhalt des Begriffs betrachtet wird, demgegenüber eine praktische Einstellung durch die Bejahung eines Zwecks eingenommen wurde –, sondern auch rück*wirkend* ist.

Denn die Folgespezifikationen eines Aktes sind nicht einfach bloß *gegeben*, also nur der theoretischen Neuinterpretation zugänglich. Vielmehr bedeutet konkrete praktische Verzeihung, dass man Dinge *tut*, um die Folgen dieses Aktes zu *ändern*. Beispielsweise mag man den eigenen Nachfolgern vertrauen, die Tatsache *herzustellen*, dass der versehentliche Verrat eines Geheimnisses, die eigene Aufopferung oder vielleicht sogar die Entscheidung, in den Krieg zu ziehen, aufgrund der späteren Folgen lohnenswert war, also hinsichtlich dessen, was wir daraus gemacht haben, als wir im Nachhinein anders handelten. Etwas, das ich getan habe, sollte nicht als Irrtum oder Verbrechen behandelt werden, wie es das niederträchtig beurteilende Bewusstsein mit dem harten Herzen tut, da noch nicht feststeht, *was* ich getan habe. Die noch kommenden Handlungen anderer können die Folgen und somit den Inhalt dessen beeinflussen, was ich getan habe. Das hartherzige Urteil setzt fälschlicherweise voraus, dass die Handlung eine abgeschlossene Sache ist, vollständig ausgeformt als ein möglicher Gegenstand der Bewertung unabhängig davon, was später getan wird. Dass der Kammerdiener die Handlung des Helden geringschätzig auf niedrige und eigennützige Beweggründe zurückführt anstatt auf die Zustimmung zur Verbindlichkeit einer Norm innerhalb einer Situation, beruht auf einer defekten atomistischen Vorstellung davon, was eine Absicht ist. Man entsinne sich des Modells der Handlungsfähigkeit, das in Verbindung mit dem Kapitel zur Vernunft behandelt wurde. Ob ein bestimmtes Ereignis, das aus dem Einnehmen einer praktischen Einstellung (Vorsatz) folgt, expressiv-fortschrittlich zu der Erfüllung einer Absicht beiträgt, hängt von der Rolle des Ereignisses innerhalb der Entwicklung eines rückblickend zugerechneten Planes ab. Und die Rolle eines Ereignisses innerhalb des sich entwickelnden Planes hängt davon ab, *was sonst noch geschieht*.

Mit neuen unvorhergesehenen Folgen ändert sich der Plan und somit der Status von früheren Ereignissen, die die erfolgreiche Ausführung des Planes unterstützen sollten. Dieser Status kann durch andere Akte geändert werden, welche im Kontext des früheren Aktes einige neue praktische Möglichkeiten erschließen und wiederum andere ausschließen. Die Bedeutung eines Ereignisses ist niemals vollständig und endgültig entschieden, da es immer von späteren Ereignissen beeinflusst werden kann. Die großherzige Verpflichtung zur konkreten praktischen Verzeihung stellt eine Verpflichtung dar, so zu handeln, dass der verziehene Akt als Zustimmung zu der Norm, welche nun der beherrschenden Absicht als Inhalt zugerechnet werden kann, richtig *gewesen war*. In einer Gemeinschaft mit der Anerkennungsstruktur von Vertrauen und Verzeihung wird in einem realen Sinne alles von allen getan. Denn alle übernehmen Verantwortung für das, was jeder Einzelne tut, und jeder Einzelne übernimmt Verantwortung für das, was alle tun. Dies ist die »Erweiterungsstrategie« des edelmütigen Selbstbewusstseins im Gegensatz zur »Verringerungsstrategie« des entfremdeten Selbstbewusstseins. Die Vorstellung des Handlungssubjekts als etwas, das handelt und somit für die Handlung verantwortlich ist, wird erweitert, so dass das selbstbewusste Individuum zu einem Element in einer größeren Konstellation wird, die diejenigen miteinbeschließt, die von diesem Individuum durch Vertrauen anerkannt werden, sowie diejenigen, die dieses Individuum durch Verzeihung anerkennen.

> [D]ie Tat ist nicht das Unvergängliche, sondern wird von dem Geiste in sich zurückgenommen, und die Seite der Einzelheit, die an ihr, es sei als Absicht oder als daseiende Negativität und Schranke derselben vorhanden ist, ist das unmittelbar Verschwindende. Das verwirklichende *Selbst*, die Form seiner Handlung, ist nur ein *Moment* des Ganzen [...].[36]

In der Sphäre der Handlungsfähigkeit nimmt der Aufstieg der Subjektivität in der Moderne die Form der Behauptung der von Hegel so genannten »Rechte von Absicht und Wissen« an – also die Rechte des einzelnen Selbstbewusstseins, für die eigene Handlung nur hinsichtlich jener Spezifikationen verantwortlich gehalten zu werden, hinsichtlich der die Handlung absichtlich war und die es vorhersehen konnte. Dieser moderne Begriff von Handlungsfähigkeit steht im Gegensatz zur heroischen Vorstellung von Handlungsfähigkeit, die für das traditionelle, vormoderne praktische Selbstbewusstsein charakteristisch war. Dieser Vorstellung zufolge war das einzelne Handlungssubjekt für sei-

36 Ebd., S. 492.

ne Handlung hinsichtlich aller Spezifikationen verantwortlich, ob beabsichtigt und vorhergesehen oder nicht. (»Ich tue, was geschieht.«) Wie wir gesehen haben, ist Hegels sinnbildliches Beispiel hierfür Ödipus, der für die Verbrechen verantwortlich gehalten wird (und sich dafür selbst verantwortlich hält), seinen Vater getötet und seine Mutter geheiratet zu haben, obwohl er nichts dergleichen unter diesen Beschreibungen beabsichtigt hat und nicht wissen konnte, dass das, was er unter anderen Beschreibungen beabsichtigt hat, diese Folgen haben würde. Diese Tatsachen entschuldigen ihn nicht und sprechen ihn nicht frei. Sie verdeutlichen bloß den *tragischen* Charakter davon, *heroisch* Verantwortung dafür zu übernehmen, was man in diesem erweiterten Sinne tut: Wir wissen nicht und wir können nicht wissen, was wir tun, jede Handlung ist offen für die Launen des Schicksals. (»[D]er Stein, der aus der Hand geworfen wird, ist des Teufels.«[37])

Für Hegel ist klar, dass das für die Moderne charakteristische Erkennen der Rechte von Absicht und Wissen expressiv-fortschrittlich ist. Doch allein darauf gestellt, bleiben wir von unserem Tun entfremdet, da wir nicht in der Lage sind, die verschiedenen Aspekte von Handlungsfähigkeit auf befriedigende Weise miteinander zu vereinen, also den Aspekt des Normativen mit dem des Wirklichen bzw. den Aspekt der Absicht mit dem der Folge. Die moderne Ansicht, die innerhalb der Kategorien der Selbstständigkeit, also der des *Verstandes* arbeitet, kann nur genuine Verantwortung zuschreiben, wo die Autorität des Handlungssubjekts vollständig ist. Das Ergebnis ist die Verringerungsstrategie, in der unsere Akte auf bloße Willensakte verringert werden. Dabei ist verloren gegangen, was die heroische Vorstellung von Handlungsfähigkeit richtig verstanden hatte: die Art von Verantwortung, die sich über unsere Akte auf *alle* ihre Spezifikationen hin erweitert, einschließlich der nicht explizit

37 *PR*, § 119 Z, S. 225.

vorhergesehenen und befürworteten Folgespezifikationen. Der durch das Handeln eingegangene normative Status – das heißt das, wofür das Handlungssubjekt sich verantwortlich macht und zu was es sich verpflichtet hat – überschreitet die subjektive Einstellung, die das Tun zu seinem Tun macht. Die traditionelle Ansicht irrt sich, wenn sie verkennt, inwieweit die Verantwortung des Handlungssubjekts durch die Rechte von Absicht und Wissen beschränkt ist. Die moderne Ansicht hingegen irrt sich, wenn sie meint, dass es keine Verantwortung gibt für das, was nicht Teil des Vorsatzes oder des Wissens des Einzelnen war. Durch die Aufteilung von Verantwortung zwischen Handlungssubjekt und Gemeinschaft und kraft der Teilung normativer Arbeit integriert die Anerkennungsstruktur von Vertrauen und Verzeihung sowohl die für die Moderne charakteristischen Rechte von Absicht und Wissen des Einzelnen als auch die für die traditionelle Gesellschaft charakteristische heroische Vorstellung von Handlungsfähigkeit. Das Handlungssubjekt und die Gemeinschaft sind gemeinsam verantwortlich für die Handlung unter allen ihren Spezifikationen. Die Rechte der Absicht und des Wissens kennzeichnen, in welchem Sinne das Tun das Tun des Handlungssubjekts ist, und drücken die Tatsache aus, dass die Einstellungen einzelner Handlungssubjekte die Quelle der Verwirklichung von Normen sind, egal, welcher normative Status eingenommen wird. Der Inhalt des eingegangenen Status – was das Handlungssubjekt getan hat – ist jedoch nicht dadurch beschränkt, was in diesen Einstellungen explizit ist.

Diese dritte Ansicht wäre ansonsten bloß die traditionelle heroische Vorstellung von Handlungsfähigkeit. Die Tatsache jedoch, dass nicht nur *das Handlungssubjekt*, sondern wir *alle* für den Akt verantwortlich sind (dass wir die Verantwortung haben, den Akt konkret und praktisch zu verzeihen), bedeutet, dass die heroische Vorstellung in einer höheren Form wiedergewonnen wird. Diese höhere Form beinhaltet grundsätzlich keine Tragödie, keine Konfrontation mit einem entfremdeten Schicksal. Obwohl das Handlungssubjekt nicht wissen kann, was es tut, sind andere dazu verpflichtet und dafür verantwortlich, dass sich sein Tun nicht als Verbrechen herausstellt. Das Handlungssubjekt vertraut darauf, dass die anderen verzeihen, dass sie ihre Fähigkeit ausüben werden, die Wunden des Geistes zu heilen, welche durch die Widerspenstigkeit von Ursache, Zufall, Wirklichkeit, Unmittelbarkeit und Besonderheit zugefügt wurden, indem sie dem Tun die Form des Begrifflichen, der Notwendigkeit, der Normativität, der Vermittlung und der Allgemeinheit verleihen. Heldentum ist die genuine Verbindlichkeit von Normen gegenüber der Wirklichkeit: Das Handlungssubjekt hat eine genuine (aber nicht gänzlich unabhängige) Autorität darüber, was in Wirklichkeit geschieht, und ist genuin dafür verantwortlich. Die Aufteilung der Verantwortung zwischen dem gestehenden und vertrauenden Erkenntnis- und Handlungssubjekt und denjenigen, die gestehend und verzeihend die Behauptungen und Taten bewerten, gliedert die geschichtlich-perspektivische (vorausblickende/rückblickende) Teilung der normativen Arbeit innerhalb der großherzigen Anerkennungsgemeinschaft. Durch diese Aufteilung werden subjektive Einstellungen als die Anwendung von objektiven Normen (indem man sich durch sie bindet) und somit als die Instituierung normativer Status (erkenntnistheoretischer und praktischer Verpflichtungen) verständlich, deren Inhalte die subjektiven Vorstellungen aller Teilnehmer überschreiten. Durch die Einnahme von Einstellungen, die Anwendung von Begriffen und somit das Eingestehen, dass objektiv bestimmte, gehaltvoll begriffliche Normen die Bewertung der resultierenden Vollzüge bestimmen, übt das Handlungssubjekt wirkliche (allerdings unvollständige) Autorität darüber aus, was geschieht, und macht sich selbst (allerdings nicht allein sich selbst) dafür verantwortlich, was unter allen Spezifikationen, also hinsichtlich sowohl der Absicht als auch der Folgen, wirklich geschieht. Die Aufteilung von Verantwortung, also die Ausführung der Erweiterungsstrategie, macht ein Heldentum (das, was niemand gegenüber seinem Kammerdiener ist) ohne Tragödie möglich.

VII. Hegels Erinnerungsprojekt

Dies ist die endgültige Geschichte über die Beziehung zwischen Normen und Natur, Begriffen und Ursachen bzw. Status und Einstellungen. Durch Anerkennung müssen wir Geständnis, Verzeihung und Vertrauen *herstellen*, um objektive, bestimmt gehaltvolle begriffliche Normen zu *finden*, welche hinsichtlich Erkenntnis im Urteilen und praktisch im Handeln angewendet werden. Anerkennung als großherzige Erinnerung konstruiert eine Vorstellung (einen Sinn), die den Anspruch hat, den objektiven Begriff (die Referenz) auszudrücken, der den Inhalt der Verpflichtung (den normativen Status) gliedert, die in der Form von Einstellungen des Glaubens und der Absicht übernommen wird, so dass das eine wahr und das andere erfüllt ist. Die Tätigkeit, die in diesem Sinne erfolgreich verziehen wird, zeigt sich als das Verbegrifflichen des Wirklichen und das Verwirklichen des Begrifflichen. Das Normative durchdringt das Natürliche, so dass das wirklich Geschehene normativer Bewertung unterworfen wird, und das Notwendige durchdringt das Zufällige, so dass Begriffe bestimmt gehaltvoll werden. Diese Art von rückblickender Neudeutung und rückwirkender Neukontextualisierung ist der Marsch der Vernunft durch die Geschichte, sie ist das Herstellen, das das Herausfinden der in der Geschichte tätigen Vernunft ist. »Wer die Welt vernünftig ansieht, den sieht sie auch vernünftig an«,[38] sagt Hegel (laut seiner Spiegeleier-Vorstellung von Rationalität). Was man tun muss, um die Welt »ver-

38 *VPG*, S. 23.

nünftig anzusehen«, ist ein Erinnern, das ein Verzeihen ist; man muss eine Tradition derart rational rekonstruieren, dass sie sich als expressiv-fortschrittlich herausstellt, als ein Explizitwerden von zunächst impliziten Begriffen durch das Bejahen von Behauptungen und Absichten, die sich als wahr bzw. erfolgreich erwiesen haben. Somit zeigen sich unsere Tätigkeiten als rational und durch Rationalität beherrscht, und zwar, weil wir uns durch *begriffliche* Normen binden (bzw. ihnen durch Bewertungen verpflichtet sind), die objektive Maßstäbe für Richtigkeit festlegen (Wahrheit und Erfolg).

Diese Geschichte zeigt sich ausschließlich als etwas Vernünftiges, als ein rationales Ereignis, als eine auf Rationalität gründende Abfolge von Phänomenen, die selbst die Vernunft enthalten und enthüllen. Wir sind dazu verpflichtet, die Welt durch vernünftige Augen anzuschauen, nicht nur, weil uns die Welt dann auch vernünftig anschaut, sondern weil diese vernünftige Welt der einzige Spiegel ist, in dem wir uns selbst sehen können.

Die Geschichte in diesem Sinne durch das Hervorbringen einer verzeihenden Erinnerung als etwas Vernünftiges aufzuzeigen, entspricht dem, was Hegel in seiner *Realphilosophie* tut. In einem bedeutenden Sinne sind die Metabegriffe seiner Logik *für* genau eine solche Anwendung gedacht. Sie sind die Werkzeuge, die er verwendet, um einen fortschrittlichen Entwicklungsverlauf durch die Unmenge empirischen Materials darzulegen, die er in seinen Werken in Betracht zieht. Beispielsweise zeigen sowohl die *Vorlesungen über die Ästhetik* als auch die *Vorlesungen über die Philosophie der Religion*, wie diese Formen des Selbstbewusstseins des Geistes immer adäquatere Ausdrücke des Geistes an sich entwickeln. Kunst und Religion sind (aufgrund der Rolle sinnlicher Begriffe) gleichermaßen dazu verdammt, kein vollständig adäquates Verständnis vom Geist erlangen zu können, wie es in Hegels Augen der Philosophie gelingt; sie haben zwar einen genuinen und zudem zunehmend besseren Zugriff auf die Wahrheit, doch die Philosophie verleiht ihr den adäquateren Ausdruck. Ich bin beeindruckt von dem pragmatischen und experimentellen Geist, mit dem Hegel das angeht, was Kunst und Religion vorhaben. Mit der Entwicklung von Hegels Untersuchung werden nicht nur weitere historische Tatsachen in die späteren Fassungen der Religionsvorlesung integriert, sondern auch verschiedene Strategien ausprobiert, diese Tatsachen mithilfe des begrifflichen Apparats der *Logik* in Abfolgen zu organisieren, in welchen allmählich expliziter wird, was bereits die ganze Zeit implizit gewesen war. In manchen Fassungen wird die umfangreiche Entwicklung entsprechend der Entwicklung der *Wissenschaft der Logik* abgebildet, also vom Sein über das Wesen zum Begriff. An anderer Stelle wiederum wird dasselbe Material hinsichtlich des Fortschreitens vom Ansichsein über das Fürsichsein zum Anundfürsichsein verstanden. Zwar bestehen wichtige Beziehungen zwischen diesen zwei großen Strukturen, jedoch gibt es auch wichtige begriffliche Unterschiede zwischen ihnen.

Laut meiner Lektüre war sich Hegel sicher, dass seine Metabegriffe die richtigen Werkzeuge sind, um eine verzeihende Erinnerung zu stiften und eine rationale Geschichte aufzufinden, jedoch war er sich weit weniger sicher, wie sie in bestimmten Fällen anzuwenden sind, um diesen Zweck am besten zu erreichen. Die Tatsache, dass Hegel verschiedene Erinnerungsstrategien ausprobiert, kann als Beleg dafür gelten, dass es sich um ein großes Missverständnis handelt, wenn man meint, er versuche aus den Begriffen seiner Logik *apriorisch* Richtigkeiten abzuleiten, welche die Anwendung von empirischen Begriffen der unteren Stufe bestimmen. Die Aufgabe der Begriffe der Logik ist expressiv, sie besteht in der Bereitstellung einer adäquaten semantisch-pragmatischen Metasprache. Der Versuch, bessere Verwendungsweisen für diese expressiven Ressourcen zu finden – um bessere Erinnerungen zu erlangen und eine rationalere, aufschlussreichere Geschichte aufzuzeigen, die *mehr* von den früheren Begriffskonstellationen und ihren Transformationen zu integrieren und somit einen fortschrittlich-expressiven Beitrag zu leisten vermag –, ist ein implizites Geständnis, dass jede bestimmte Ausübung von großzügiger Erinnerung niemals abschließend erfolgreich sein kann. Ein solches Geständnis ist eine Einladung an uns, die Nachkommenden, ihm ausdrücklich für den teilweisen Misserfolg seines Verzeihungsversuchs zu verzeihen und also eine noch bessere Geschichte zu erzählen. Er vertraut darauf, dass wir das begrifflich großherzige und erinnernd-anerkennende Unterfangen fortsetzen werden.

Doch viel zentraler für Hegels Projekt ist das Erfüllen der Pflicht der großzügigen Erinnerung gegenüber seinen philosophischen Vorgängern. Die *Vorlesungen über die Geschichte der Philosophie* haben ihren Höhepunkt nicht in *seinem* System, sondern, insistiert Hegel, in *dem* System der Philosophie, das er in der *Wissenschaft der Logik* darlegt und in der *Enzyklopädie* anwendet. Jede vorangegangene Figur wird von ihrem Standpunkt aus dargestellt, von dem, was sie verstanden hat, also dem, was ihr Denken rückblickend betrachtet über das wirkliche Sein der Dinge enthüllt zu haben scheint; welche Aspekte der philosophischen Begriffe, die ihr momentan adäquates Selbstbewusstsein gliedern, sich in ihrer Vorstellung ausdrücken, so dunkel diese auch sein mag; und wie die expressiven Inadäquatheiten dieser Ansichten betrachtet werden können, damit sie dem fortschrittlichen Zweck gedient haben werden, notwendige Voraussetzungen für die nächste Stufe zu sein und die Erfahrung von Irrtum und Misserfolg zur Verfügung zu stellen, aus der eine neuere und bessere Vorstellung entsteht. Hierzu sagt Hegel am Ende der drei Bände Folgendes:

> Dies ist nun der Standpunkt der jetzigen Zeit, und die Reihe der geistigen Gestaltungen ist für jetzt damit geschlossen. – Hiermit ist diese Geschichte der Philosophie *beschlossen.* Ich wünsche, daß Sie daraus ersehen haben, daß die Geschichte der Philosophie nicht eine blinde Sammlung von Einfällen,

> ein zufälliger Fortgang ist. Ich habe vielmehr ihr notwendiges Hervorgehen auseinander aufzuzeigen versucht, so daß die eine Philosophie schlechthin notwendig die vorhergehende voraussetzt. Das allgemeine Resultat der Geschichte der Philosophie ist: 1. daß zu aller Zeit nur *eine* Philosophie gewesen ist, deren gleichzeitige Differenzen die notwendigen Seiten des *einen* Prinzips ausmachen; 2. daß die Folge der philosophischen Systeme keine zufällige, sondern die notwendige Stufenfolge der Entwicklung dieser Wissenschaft darstellt; 3. daß die letzte Philosophie einer Zeit das Resultat dieser Entwicklung und die Wahrheit in der höchsten Gestalt ist, die sich das Selbstbewußtsein des Geistes über sich gibt. Die letzte Philosophie enthält daher die vorhergehenden, faßt alle Stufen in sich, ist Produkt und Resultat aller vorhergehenden. [...] Ich wünsche, daß diese Geschichte der Philosophie eine Aufforderung für Sie enthalten möge, den Geist der Zeit, der in uns natürlich ist, zu ergreifen und aus seiner Natürlichkeit, d. h. Verschlossenheit, Leblosigkeit hervor an den Tag zu ziehen und – jeder an seinem Orte – mit Bewußtsein an den Tag zu bringen.[39]

Das Ziel besteht darin, eine rationale Geschichte zu liefern, also eine Erinnerungsrekonstruktion, in der jedes Element einen wesentlichen Beitrag dazu leistet, was letztendlich als das enthüllt wird, was die ganze Zeit über implizit das Thema war. Die Entwicklung ist *rückblickend* notwendig. Das bedeutet nicht, dass eine gegebene Stufe sich nicht anders hätte entwickeln können als so, dass sie ihren scheinbaren Nachfolger hervorbringt, sondern dass dieser Nachfolger (und letztlich die endgültige, so weit triumphal kulminierende Vorstellung) nicht anders hätte entstehen können als eben aus einer Entwicklung der vorhergehenden Stufen. Notwendigkeit ist bei Hegel immer rückblickend: Die Eule der Minerva beginnt ihren Flug erst mit der einbrechenden

39 *VGP* III, S. 461 f.

Dämmerung. Die Passage endet mit Hegels Ausdruck von Vertrauen, mit seiner Aufforderung an die nächste Generation, für ihre Zeit das zu tun, was er für die seine getan hat, also die verzeihende Erinnerungsarbeit des Explizierens auf sich zu nehmen, die rationale Geschichte ausmacht.

Die Form der *Phänomenologie* entspricht natürlich genau einem solchen Unterfangen. Auch sie ist der Aufgabe verschrieben, zur Geltung zu bringen, dass nichts vergeblich ist, dass alles zum Besten geschieht, dass eine Art leibnizianischer Optimismus gilt, der als eine praktische Verpflichtung verstanden wird anstatt als bloße Aussage darüber, was sowieso wahr wäre auch ohne unsere Arbeit. Jede der untersuchten Bewusstseinsgestalten und Stufen des Geistes spielt eine wesentliche expressive Rolle im Erklärungsverlauf, der uns zur endgültigen Sicht auf Begriffe, Normen und Selbste führt, die jeweils einen notwendigen Aspekt davon enthüllen, wie wir uns verstehen sollten. Das ganze Narrativ stellt einen erweiterten Akt konkreter erinnernder Verzeihung dar. Es zielt nicht auf die Akte der Begriffsanwendung – also auf alle Urteile und intentionalen Akte –, ganz im Gegenteil, Hegel verzeiht alle Versuche, die diskursive Tätigkeit der unteren Stufe zu verstehen. Was verziehen wird, sind die theoretischen und praktischen (sowohl einzelnen als auch institutionellen) Weisen, sich selbst als ein Lebewesen zu verstehen, das sich durch begriffliche Normen bindet. Die endgültig hervortretende meta-metabegriffliche Sicht – das heißt die Erklärung, inwiefern die Verpflichtung zur großzügigen Anerkennungsstruktur von Geständnis, Vertrauen und erinnernder Verzeihung in der gewöhnlichen erkennenden und praktischen Tätigkeit implizit, also eine notwendige Bedingung bestimmten Gehaltvollseins und repräsentationellen Gerichtetseins von Überzeugungen und Absichten ist – betrifft *nicht nur* den impliziten Inhalt, der zwar genuin aber dadurch unvollkommen und unvollständig von den inadäquaten theoretischen und praktischen Metavorstellungen ausgedrückt wird, welche jeweils ihren Ort im Narrativ haben. Vielmehr wird diese meta-metabegriffliche Sicht aufgrund ihres spezifischen Inhalts als die explizite Gliederung einer strukturellen Anerkennungsverpflichtung vorgestellt, die in der gewöhnlichen Begriffsverwendung der unteren Stufe implizit ist. Die *Phänomenologie* ist dementsprechend eine paradigmatische Instanz für das, für was sie eine Theorie ist, und zwar, indem sie eine Tradition zu einer Tradition macht, die *auf* etwas *Bezug nahm*, was sie allmählich aber doch letztendlich erfolgreich herausfindet. Durch die rückblickende, rückwirkende und erinnernde Zurechnung dessen, was auf eine vereinende, entfaltende und durch einen Plan strukturierte Absicht hinausläuft, die in den verschiedenen, und eben hiermit erinnerten und verziehenen Ereignissen implizit gewesen war, wird das Geschehene zum Getanen gemacht.

Das, was die *Phänomenologie* für unser Selbstverständnis als diskursive Lebewesen tut, sollten wir für sie als Text tun. Dieses verzeihende Werk lädt uns dazu ein, verpflichtet und vertraut uns (»ist eine Aufforderung«), ihm zu verzeihen, also in ihm einen explizit werdenden Inhalt zu finden und eine beherrschende Absicht zu erkennen, die das Entfalten eines planstrukturierten Narrativs lenkt. Wie bereits bei der Behandlung von Hegels Vorstellung von Absicht angedeutet wurde, *sollten* wir auf die Frage eingehen, ob Hegel auf halbem Wege des Verfassens der *Phänomenologie* seine Meinung geändert hat (das Hinzufügen des langen Kapitels zum Geist, obwohl nicht Teil des ursprünglichen Plans), indem wir eine einheitliche und vereinende Absicht *finden*. Womöglich werden wir diese konkrete Verzeihungsarbeit nicht fertigbringen können. Insofern aber Teile des Texts unverständlich bleiben, welche wir also nicht in eine angemessene expressiv-fortschrittliche erinnernd-rationale Rekonstruktion assimilieren können, müssen wir genau dies *gestehen* und darauf vertrauen, dass unsere Nachfolger in einer besseren Lage sein werden, diese Verantwortung zu erfüllen.

Dies habe ich mir mit dem vorliegenden Buch zum Ziel gemacht: für Hegel das zu tun, was er für seine Vorgänger getan hat. Ich habe mich bemüht, meine Interpretation von Hegels Verständnis der Natur von Begriffen, Normen und Selbsten sowie der Beziehungen zwischen ihnen darzustellen und zu zeigen, wie die Stränge aus den Überlegungen, die in den verschiedenen Teilen des Buches eingeführt und entwickelt wurden, in der endgültigen Geschichte hervortreten und immer reichhaltiger und komplexer miteinander verwoben werden, bis das Gesamtbild entsteht. Beim Konstruieren und Gliedern dieser Erinnerung habe ich nicht gezögert, ein anderes Vokabular als Hegels zu verwenden. Dies hat es wiederum erforderlich gemacht, neue inferentielle Verknüpfungen mit seinem Vokabular herzustellen, genauso, wie er nicht zögerte, sein neues philosophisches Vokabular zum Ausdrücken und erinnernden Verorten der Ansichten von Aristoteles, Descartes und Kant zu verwenden. Ich deute die Inhalte der Begriffe aus Hegels eigener, hier rekonstruierten semantischen Perspektive heraus, so dass eine neue Vorstellung bzw. eine neue Ausdrucksweise für denselben Begriff angeboten wird, den Hegel ausgedrückt hat. Laut seiner semantischen Erklärung besteht das Finden eines Inhalts (eines Referenzgegenstandes) in einer solchen vorausblickenden Herstellung eines neuen Sinnes. Das Herstellen einer neuen möglichen Vorstellung (in diesem Fall, eines Inhalts, der durch neue inferentielle Verknüpfungen zu Begriffen gegliedert wird, in denen der Text den ursprünglichen Inhalt nicht verknüpft bzw. verknüpfen konnte) ist ein wesentlicher Aspekt des Prozesses des Gliederns der Bedeutung, welche der Text bereits in Wirklichkeit hat – in genau dem Sinne, in dem ein Text eine bestimmte Bedeutung hat oder einen bestimmten begrifflichen Inhalt ausdrückt. Mit dieser komplexen, zweiphasigen Erklärung des erinnernden Herstellens, also des Findens von Bedeutung und der Bestimmung von Inhalt, wird ein Nachfolger angeboten für die atomistische, dem *Verstand* gemäße Vorstellung von Bedeutungen als kristalline, in sich geschlossene *Dinge* (Quines »Mythos vom Museum«), die unabhängig von ihren Verknüpfungen untereinander sind und unabhängig von ihren Verstrickungen innerhalb der Prozesse und Praktiken verstanden werden können, die den sich entwickelnden Erfahrungen derer entsprechen, die Wörter verwenden, um diese Erfahrung auszudrücken. (Laut einem späteren Denker handelt es sich hierbei um die unmögliche Vorstellung, eine Art von *Ding* an einem aus Holz geschnitzten und allein eben hieran erkennbaren Wegweiser anzubringen, so dass dieses Ding als Bedeutung unabhängig von den Praktiken derer verständlich wird, welchen es bedeutsam ist.)

Gründe, die Zustimmung erfahren, zeigen sich rückblickend in Form von objektiven begrifflichen Normen in den Einstellungen der Praxisteilnehmer; dementsprechend zeigen sie sich als das, was die normativen Maßstäbe festlegt, welche die Inhalte der von den Praxisteilnehmern eingegangenen Verpflichtungen und der von ihnen behaupteten Autorität gliedern, und zwar in jeder großzügigen, verzeihenden Erinnerung, die eine fortschrittliche Tradition von unvollkommenen, aber dennoch kumulativen, zunehmend explizit werdenden und letztendlich erfolgreichen Ausdrücken dieser Begriffe aufweist. Besonderheit, Zufälligkeit und Unmittelbarkeit treten während der vorausblickenden Phase der Erfahrung auf und machen sich bemerkbar, wenn Praxisteilnehmer durch die Anwendung aktueller Vorstellungen auf Irrtum und Misserfolg stoßen, also theoretische und praktische Verpflichtungen vorfinden, die ihnen selbst zufolge miteinander unvereinbar sind, und die Änderung dieser Vorstellungen und die Neudeutung der entsprechenden Tradition normativ erforderlich wird. Das, was im Erscheinen noch irrational ist (das Moment des Unterschiedes), also der unmittelbare Ausbruch von Ursachen im vermittelnden Reich von Begriffen (die Ausübung der Autorität von Einzeldingen über Allgemeinbegriffe) zeigt sich in den Brüchen, Rissen und Zäsuren zwischen verschiedenen fortschrittsgläubigen *Erinnerungen*. Erst werden die Begriffe konstruiert; dann wird die zunächst nichtbegriffliche Unmittelbarkeit und Zufälligkeit in die Begriffe integriert, wodurch sie bestimmt gehaltvoll werden. Der Anerkennungszyklus von Geständnis, Vertrauen und erinnernder Verzeihung, gefolgt vom Geständnis der Inadäquatheit dieser Verzeihung und dem Vertrauen in die darauffolgende Verzeihung dieses Misserfolgs, verbindet diese Phasen und gliedert die interne Feinstruktur der Beziehungen zwischen dem Moment der rationalen Einheit und dem Moment der bestimmten Ungleichheit. Unter der Überschrift »Vernunft« stellt Hegel eine neue Metaphysik von Bedeutung und Intentionalität vor, eine tiefenstrukturierte Geschichte über die Pragmatik der Semantik, das heißt über die Arten von *Tun*, die den notwendigen Hintergrund dafür bilden, überhaupt etwas bestimmt Gehaltvolles zu *sagen* oder zu *beabsichtigen*, und über den Sinn, durch den Begriffe als etwas gedacht werden können, das bestimmte Inhalte hat. Diese Geschichte beseelt Hegels eigene Praxis, also sein Nachdenken über die Begriffe WISSENSCHAFT, RELIGION, KUNST, PHILOSOPHIE und die Phänomene, die sie gliedern, und wie er die Ansichten, Leistungen und Misserfolge seiner Vorgänger versteht und darstellt und wie sich seine eigenen Schriften gestalten. Die großzügigen, verzeihenden, erinnernd-anerkennenden hermeneutischen Einstellungen gegenüber seinen Vorgängern sind ein impliziter Ausdruck seiner Anerkennungseinstellung des Vertrauens gegenüber uns als seinen Interpreten. Er vertraut uns, dass wir unsere Pflicht erkennen und erfüllen, die dazugehörige rekonstruktive Erinnerungsarbeit zu leisten und das herzustellen, was sich rückblickend als die adäquateren Ausdrücke seiner von ihm entwickelten und verwendeten Begriffe erweisen wird.

Hegels Geschichte darüber, wie bestimmter begrifflicher *Inhalt* aus normativer *Kraft* entsteht – also was es heißt, objektiv begriffliche Normen durch Erinnerung hindurch zu *betrachten*, so dass sie in den Einstellungen diskursiver Praxisteilnehmer als verbindlich erkannt werden, und diese Einstellungen als das Einnehmen normativer Status verständlich zu *machen*, also als das Eingehen von Verpflichtungen und das Übernehmen von Verantwortungen, die die Vorstellungen derjenigen überschreiten, die diese Status innehaben –, ist dementsprechend eine Theorie und zugleich ein kämpfender Glaube der ersten Generation der Modernen, denen die Geistesgeschichte ein zentrales Unterfangen ist. Sie ist bemerkenswerterweise eine *Semantik*, die *moralisch* erbaulich ist. Denn um die Voraussetzungen dafür zu verstehen, bestimmte Gedanken und Absichten zu haben, uns also selbst durch bestimmt gehaltvolle begriffliche Normen im Urteilen und Handeln zu binden, müssen wir eine bestimmte Art praktischer *Anerkennungs*einstellungen uns selbst gegenüber einnehmen: Verzeihung, Geständnis und Vertrauen. Diese hegelsche Art semantischen Selbstbewusstseins, das darin besteht, unsere diskursive Praxis gemäß den Kategorien der Vernunft zu verstehen, verpflichtet uns dementsprechend dazu, eine bestimmte Art von Selbst zu sein und eine bestimmte Art von Gemeinschaft zu instituieren. Insbesondere verpflichtet uns seine Art von theoretischem Verständnis (die explizite Zustimmung zu dem, was in unserer diskursiven Praxis implizit ist), sich praktisch gegenseitig zu verzeihen und zu vertrauen: *diese* Art von Selbst zu sein und *diese* Art von Gemeinschaft zu instituieren. Das Ausüben der erinnernd-anerkennenden Hermeneutik der Großherzigkeit ist nicht einfach bloß eine Option unter anderen. Ein richtiges Verständnis von uns selbst als diskursive Lebewesen verpflichtet uns dazu, eine Gemeinschaft zu instituieren, in der gegenseitige Anerkennung die Form verzeihender Erinnerung annimmt: eine Gemeinschaft, die im Vertrauen verbunden und aufgebaut ist.

Schluss
Eine Semantik mit erbaulichem Zweck. Anerkennung und Erinnerung auf dem Weg ins Zeitalter des Vertrauens

I. *Eine erbauliche Semantik*

Dieses abschließende Kapitel zielt in erste Linie auf eine Zusammenfassung der philosophischen Ansicht, zu welcher uns Hegel laut meiner Lektüre am Ende der *Phänomenologie des Geistes* geführt hat, nachdem wir den von ihm für uns vorbereiteten Weg gegangen sind. Ich bringe diese Ansicht in meiner bevorzugten Terminologie zum Ausdruck anstatt in seiner, und ich lasse andere Gedanken von ihm aus, die mir unwesentlich erscheinen und uns eventuell von seinem zentralen philosophischen Beitrag ablenken. Hegel hat Gedanken zu nahezu allem geäußert. Die von mir oben dargelegte Geschichte konzentriert sich aber auf ein zentrales Thema: die Natur der diskursiven Praktiken und die Art von begrifflichem Gehaltvollsein, die die Dinge durch ihre Beteiligung an dieser Art von Praxis aufweisen. Diese pragmatisch-semantischen Einsichten sind laut meiner Lektüre innerhalb der Erklärungsordnung allem vorgeordnet, was Hegel sonst noch behandelt.

Die vorliegende Darlegung von Hegels Geschichte beschäftigt sich mit drei Hauptideen. Erstens besteht auf der semantischen Seite ein nichtpsychologisches Verständnis von begrifflichem Gehaltvollsein durch *bestimmte Negation*. Zweitens besteht auf der pragmatischen Seite ein soziales Verständnis von Normativität durch *gegenseitige Anerkennung*. Drittens besteht ein geschichtliches, Hegels Pragmatismus gliederndes Verständnis der Beziehungen zwischen begrifflichem Inhalt und implizit normativen diskursiven Praktiken in Bezug auf den *expressiven* Prozess der *Erinnerung*. Jede dieser Ideen umfasst untergeordnete Ideen und weist eine komplexe Feinstruktur auf, die sie miteinander verknüpft. Das Modell vom Ausdruck als einer Erinnerung – die Darstellung dessen, was man *tun* muss, um etwas explizit zu machen, das zuvor implizit gewesen war – ist in vielerlei Hinsicht der Schlussstein seines Gedankengebäudes. Dieses Modell erklärt die repräsentationale Semantik und die erkenntnistheoretische Beziehung zwischen der Erscheinung von Dingen »für das Bewusstsein« auf der subjektiven Seite des Denkens und ihrem wirklichen Sein »an sich« auf der objektiven Seite des Seins. Es erklärt die konstitutiven wechselseitigen Beziehungen zwischen normativen Einstellungen und normativen Status, also wie Einstellungen Normen sowohl instituieren als auch sich ihnen gegenüber verantworten. Und es erklärt die Beziehungen zwischen diesen beiden Aspekten, also wie normative Praktiken semantische Beziehungen hervorbringen. (Zu erklären, inwiefern Erkennen Anerkennung voraussetzt, bedeutet in Hegels Terminologie zu erklären, inwiefern Bewusstsein Selbstbewusstsein voraussetzt.) Begriffsidealismus ist eine Art von Pragmatismus, insofern das, was man beim Erinnern *tut* (beim Hervorbringen einer rückblickend erinnernden rationalen Rekonstruktion eines Erfahrungsverlaufs als expressiv-fortschrittlich), die Grundlage einer expressiv-semantischen Erklärung der Repräsentation ist.

Wenn wir den Erfahrungsprozess, der begriffliche Inhalte sowohl bestimmt als auch zum Ausdruck bringt, mithilfe des Begriffs der Erinnerung angemessen verstehen, so werden wir laut Hegel explizit den praktischen, schon immer in unseren diskursiven Tätigkeiten impliziten Verpflichtungen zustimmen, wie wir uns gegenseitig behandeln sollten. Das Ausüben des diskursiven Vermögens, bestimmte Gedanken zu denken (die objektive Welt so und nicht anders zu betrachten) und klare Absichten zu formulieren (Verpflichtungen dazu, dass die objektive Welt so und nicht anders ist), verpflichtet Erkenntnis- und Handlungssubjekte dazu, bestimmte Arten gegenseitiger Anerkennungseinstellungen einzunehmen und somit eine besondere Art von Anerkennungsgemeinschaft zu instituieren. Das Verstärken unseres spezifisch semantischen Selbstbewusstseins ist der Weg zur praktischen Selbstvervollkommnung. Hegel hat also einen erstaunlichen Anspruch, er strebt nach einer moralisch *erbaulichen* Semantik. Die Wahrheit wird uns frei machen und uns in ein neues Zeitalter des Geistes führen, und die damit einhergehende Normativitätsstruktur wird genauso sehr eine Verbesserung gegenüber der Moderne darstellen wie die Moderne gegenüber der Tradition. Es handelt sich um eine pragmatisch-semantische Wahrheit, also ein Verständnis dessen, was für bestimmtes Gehaltvollsein von Begriffen erforderlich ist.

Wir gelangen vom Erkennen zum Anerkennen durch die pragmatische Idee, dass der *Inhalt* von Begriffen nur in einem Erklärungskontext angemessen verständlich ist, in dem die *Verwendung* der Begriffe berücksichtigt wird, also die Praktiken ihrer *Anwendung* sowohl im Urteilen als auch in der Handlungsfähigkeit, welche als das *Instituieren* der Normen verständlich sein muss, die die Anwendungen bestimmen. Laut dem bimodalen hylemorphistischen Begriffsrealismus gibt es zwei Formen von begrifflichem Inhalt: die subjektive deontisch-normative Form von Gedanken und die objektive alethisch-modale Form von Tatsachen. Objektiver Idealismus behauptet die wechselseitige Abhängigkeit des Sinns dieser zwei verschiedenen Formen. Begrifflicher Idealismus erklärt die engen Beziehungen zwischen den zwei Formen des begrifflichen Inhalts (die repräsentationale Dimension der Semantik) in Bezug darauf, was Subjekte *tun*, wenn sie ihre Erfahrung rückblickend in einer Form erinnernd-rational rekonstruieren, in der die expressiv-fortschrittlich sich entfaltenden Enthüllungen *für das Bewusstsein* der wirklichen

Beschaffenheit der Dinge *an sich* entspricht. Die folgenreiche Verwandlung der Moderne in das postmoderne Zeitalter des Vertrauens wird gelingen, wenn wir unseren praktischen, norminstituierenden Anerkennungseinstellungen diese großherzige Gestalt der Erinnerung verleihen. Anerkennung als Erinnerung ist Verzeihung. Der Prozess und die Praxis der Erinnerung und die von ihr verkörperte spezifische Art von Rationalität, die aus der Untersuchung der Bedeutung der Bestimmtheit begrifflichen Inhalts hervortritt, sind die Grundlage der Anerkennungsbeziehungen und somit der Normativitätsstruktur, die uns verkündet wurde und die für die einsetzende dritte Stufe des *Geistes* charakteristisch ist.

Zunächst werde ich die Darstellung wiedergeben, die sich in dieser Erbauung zuspitzt, indem ich das Thema des *Geistes* hinsichtlich seiner umfassenden metaphysischen Geschichte und die Idee einer erinnernden, diese Geschichte wiederholenden Phänomenologie einführe. Wir haben gesehen, dass die Moderne als Entwicklungsstufe des Geistes an einem metaphysischen Defekt leidet, den Hegel »Entfremdung« nennt. Ich werde vier zeitgenössische philosophische Probleme in Betracht ziehen, bei denen es sich meines Erachtens offensichtlich um Symptome der Entfremdung handelt. Daraufhin werde ich die beiden zentralen, von Hegel in der »Vorrede« aufgestellten Behauptungen bezüglich Wahrheit erläutern. Wie die meisten Vorreden ist sie erst nach der Fertigstellung des Hauptteils verfasst worden, weswegen sie Hegel in vielen Hinsichten als Schluss dient. Die erste zentrale Behauptung der »Vorrede« erklärt die Erfahrung des Irrtums als Weg der Wahrheit, paradigmatisch dargestellt in dem einprägsamen Spruch: »Das Wahre ist so der bacchantische Taumel, an dem kein Glied nicht trunken ist«. Die zweite Behauptung gibt eine Richtlinie vor, wonach alles darauf ankommt, »das Wahre nicht als *Substanz,* sondern ebensosehr als *Subjekt* aufzufassen und auszudrücken«. Ich werde im Verlauf einige der Lektionen wiederholen, die wir über Normativität gelernt haben, und dann unter der Überschrift *Hegels logischer, metaphysischer und semantischer Holismus* die Fäden zusammenziehen.

Zum Schluss werde ich jene moralisch erbauliche und praktisch erhebende Lektion genauer in Betracht ziehen, welche wir uns in der umfangreichen Untersuchung der Beziehungen zwischen dem begrifflichen Inhalt und der Verwendung von Begriffen im Erkennen und absichtlichen Handeln angeeignet haben sollten. Im Zentrum der von Hegel erzählten pragmatisch-semantischen Geschichte steht der Begriff *Erinnerung*. Der Pragmatismus dieser Geschichte besteht darin, dass begrifflicher Inhalt funktional hinsichtlich der Rolle verstanden wird, die er in implizit normbestimmten diskursiven Praktiken spielt. Hegels normative Pragmatik versteht die Beziehungen zwischen normativen Einstellungen und normativen Status gemäß dem Modell gegenseitiger Anerkennung. Wenn norminstituierenden, inhaltsverleihenden sozialen Anerkennungspraktiken explizit und selbstbewusst die geschichtliche Form der Erinnerung gegeben wird, dann ist das Ergebnis eine spezifische Art von Anerkennungsgemeinschaft, eine spezifische Art von Normativität und eine spezifische Art von Fähigkeit zum absichtlichen Handeln, welche die Gemeinschaft, die Normen und die selbstbewussten einzelnen Gemeinschaftsmitglieder miteinander verknüpft, die einander gegenüber die praktischen Erinnerungs- und Anerkennungseinstellungen einnehmen. Anerkennung, die die Verpflichtung zur großherzigen Begründung von Normen durch Erinnerung einschließt, wird zu einer sittlichen, nichtentfremdeten praktischen Zustimmung zur Autorität der Normen über Einstellungen (also der Anwendungen dieser Normen) führen und diese mit einer Zustimmung zur Autorität instituierender Einstellungen über instituierte Normen, also mit der charakteristischen Einsicht der Moderne kombinieren. Das praktische Ideal, das mit Hegels semantischer Theorie entworfen wird, besteht in der heroischen postmodernen großherzigen Form der selbstbewussten Fähigkeit zum absichtlichen Handeln, welche von Normen beherrscht wird, die durch von Erinnerung gekennzeichneten Anerkennungseinstellungen der Verzeihung und des Geständnisses instituiert werden.

II. Geist, Moderne und Entfremdung

Um die *Phänomenologie des Geistes* zu verfassen, musste Hegel als Erstes das Thema festlegen: Geist. In einem gewissen Sinne wurde vor Hegel noch niemals über dieses Thema nachgedacht. Dass alle die ganze Zeit darüber nachgedacht haben, ist jedoch Teil seines Arguments. Er musste erklären, weshalb die spezifische Art von Erfindung und Entdeckung (ein gleichzeitiges Herstellen und Herausfinden), mit der er durch seinen Begriff von GEIST beschäftigt war, ein grundlegendes Merkmal von Begriffsanwendung überhaupt ist. Die Idee einer »Phänomenologie« des Geistes lautet: Wir enthüllen, was der Geist in Wirklichkeit schon immer war, wenn wir die Untersuchung nachvollziehen, in der der Geist für uns (und somit sich selbst) in verschiedenen Gestalten erschienen ist. Eine solche Phänomenologie ist eine rückblickend-erinnernde Erzählung, die eine noumenale Wirklichkeit explizit macht, welche in ihren verschiedenen phänomenalen Erscheinungen bereits implizit gewesen war, also in dem, was wir aus ihr gemacht haben bzw. wie sie uns erschienen ist.

Hegels Vorstellung von Geist ergibt sich aus Kants bahnbrechender Einsicht in den grundlegenden *normativen* Charakter diskursiver Intentionalität. Laut dieser Idee (die im vorliegenden Buch mehrmals angeführt wurde) sind Urteile als intentionale Akte von Vollzügen bloß natürlicher Lebewesen zu unterscheiden, da die Subjekte dieser Akte auf eine spezifische Weise für sie *verantwortlich* sind und durch sie ihre *Autorität* ausüben.

Die Akte drücken *Verpflichtungen* von Erkenntnis- und Handlungssubjekten aus; die *Berechtigung* zu diesen Verpflichtungen steht immer potentiell in Frage. Erkenntnis- und Handlungssubjekte gelten also als *rationale* Subjekte, allein insofern die Bewertung ihrer Berechtigung zu doxastischen und praktischen Verpflichtungen von den *Gründen* abhängt, die sie für diese Urteile und Absichten haben.

Hegel verbindet Kants Normativitätsverständnis von Geistigkeit mit einer Interpretation der Denktraditionen der Aufklärung über die Natur der Normativität und erhält eine naturalisierte soziale Erklärung von Normen. Laut seiner Erklärung sind *normative* Status *soziale* Status. Sie sind Produkte der Praktiken derjenigen, die Normen zuschreiben bzw. von ihnen beherrscht sowie nach ihnen bewertet werden. Normative Autoritäts- und Verantwortungs*status* werden laut seinem Verständnis durch normative *Einstellungen* instituiert. Die soziale Struktur der Konstellation der *Anerkennungs*einstellungen bestimmt die metaphysische Struktur der resultierenden Normativitätsformen. Eine solche Konstellation praktischer Einstellungen instituiert Anerkennungsgemeinschaften (»soziale Substanz«) und zugleich selbstbewusste einzelne normative Selbste, die die Subjekte normativer Status und insofern Mitglieder dieser Gemeinschaften sind, welche sie durch ihre Einstellungen konstituieren. Auf diese Weise wird hervorgebracht, was Hegel »Geist« nennt. Der Geist umfasst alle unsere normativen Akte sowie alles, was diese Akte ermöglichen, also alle Normen und Anerkennungseinstellungen und ihre Subjekte (»subjektiver Geist«) sowie die Praktiken, an denen die Subjekte teilnehmen, und die Gemeinschaften und Institutionen, die sie hervorbringen (»objektiver Geist«). Wir sind *Geist*, beschrieben in einem normativen Vokabular.

Ein solches Vokabular erlaubt eine Metaphysik des Geistes. Hegels bevorzugtes Vokabular zur Behandlung von Dingen auf der normativen Seite der Subjekte setzt an bei der Unterscheidung zwischen dem Sein der Dinge *an sich* und dem Sein der Dinge *für das* (bzw. *ein*) *Bewusstsein*. Diese Unterscheidung zwischen Wirklichkeit und Erscheinung habe ich in die Unterscheidung zwischen normativen *Status* und normativen *Einstellungen* übertragen. Die beiden zentralen normativen Status sind *Selbstständigkeit* und *Unselbstständigkeit*, welche ich als *Autorität* und *Verantwortung* gedeutet habe. Die beiden zentralen normativen Einstellungen sind *Fürsichsein* und *Ansichsein*. Diese grundlegende Unterscheidung in der sozialen Perspektive habe ich als die Unterscheidung zwischen dem *Zustimmen* zu einer Verpflichtung (einer Verantwortung) bzw. der Beanspruchung einer Autorität für einen selbst einerseits und dem *Zuschreiben* von Verantwortung oder Autorität gegenüber anderen andererseits gedeutet. Die Subjekte dieser normativen Status und Einstellungen sind einzelne selbstbewusste Selbste, die *besondere* begehrende biologische Lebewesen sind, welche aufgrund der Tatsache, dass sie Mitglieder einer Anerkennungsgemeinschaft sind, also unter einen hegelschen *Allgemeinbegriff* fallen, selbstbewusste *einzelne* Selbste werden. (Gemäß Hegels Verwendung dieser logischen Begriffe ist das Einzelne das durch das Allgemeine charakterisierte Besondere.) Alle diese Termini, die das von Hegel verwendete metaphysische Vokabular zur Untersuchung des Geistes auf der Seite der Erkenntnis- und Handlungssubjekte strukturieren – »an sich« und »für das Bewusstsein«, »Selbständigkeit« und »Unselbständigkeit«, »das Besondere« und »das Allgemeine« und »das Einzelne« –, haben entsprechende Verwendungen auf der objektiven Seite der natürlichen Gegenstände, die erkannt werden und auf die eingewirkt wird. Dies ist ein wesentliches Element von Hegels Idealismus, der uns verständlich machen soll, wie und weshalb die Begriffe, die die Metaphysik der Normativität gliedern, auch für die objektive Natur gelten.

Obgleich diese grundlegenden metaphysischen Begriffe zwischen dem subjektiven und dem objektiven Pol des intentionalen Nexus amphibisch sind, lautet doch eine grundlegende Behauptung Hegels, dass die normativen geistigen Dinge anders strukturiert sind als die natürlichen Dinge, da sie eine *Geschichte* anstatt einer *Natur* haben. Dass etwas in diesem besonderen Sinne eine Geschichte hat, bedeutet, dass es einer besonderen Art von selbstkonstituierendem Entwicklungsprozess unterworfen ist. Es *ändert sich* nicht nur, sondern es *ändert sich selbst*. Der paradigmatische Fall sind einzelne Selbste, also die Subjekte normativer Status und Einstellungen. Als solche sind diese Subjekte nicht nur etwas *an sich* (ihr normativer Status) sondern auch etwas *für sich* (ihre normative Einstellung). Die normativen Einstellungen sind die Verpflichtungen (Verantwortungen) und Berechtigungen (Autorität), das heißt die normativen Status, die sie selbst ihrer praktischen *Betrachtung* (Zustimmung oder Behauptung) nach haben. Da einzelne normative Subjekte solche Einstellungen haben, sind sie *selbstbewusst*, etwas *für sich*.

Da Hegel davon ausgeht, dass normative Status durch normative Einstellungen gegenseitiger Anerkennung instituiert werden, hängt laut einer seiner wichtigsten Ideen das *Ansichsein* selbstbewusster Subjekte von ihrem *Fürsichsein* ab. Solche Status, also das eigene *Ansichsein*, sind das Produkt aus dem eigenen Sein *für* andere und ihrem Sein *für* einen selbst – das heißt, wie man anerkannt wird von denjenigen, die man anerkennt. Außerdem hängt das, was man für *sie* ist, davon ab, was man für *sich* ist. Paradigmatisch ausgedrückt, hängt das, für was man verantwortlich gehalten wird, von den Verantwortungen ab, welchen man zustimmt. Der Status des Subjekts hängt also von seinen Einstellungen ab, das heißt von dem, was die anderen (die das Subjekt anerkennt) für das Subjekt sind und was es für sich ist. Hieraus folg keineswegs, dass das Subjekt einfach das ist, was es seiner eigenen Betrachtung nach ist. Die Anerkennungsmetaphysik der Normativität ist eine soziale Metaphysik. Zur Konstituierung normativer Status leisten die Anerkennungseinstellungen anderer einen genauso wichtigen und wesentlichen Beitrag wie die Anerkennungseinstellungen des Subjekts selbst (also die Status, die es sich selbst und anderen zuschreibt).

Weil die Subjekte normativer Status wesentlich selbstbewusst sind, also ihr *Ansich*sein von ihrem *Fürsich*sein abhängt, sind sie Subjekte einer spezifischen Art von selbstkonstituierendem Entwicklungsprozess, da sich ihre Status ändern, wenn sich ihre Einstellungen ändern. Das Ändern ihres *Fürsich*seins (oder sogar das Sein der anderen für sie, also die Verpflichtungen und Berechtigungen, welchen sie zustimmen und die sie zuschreiben oder die sie behaupten, beispielsweise wen sie anerkennen) kann ihr *Ansich*sein ändern. Diese Änderung an ihrem Sein an sich, also an ihren Status, kann eine Änderung ihres Seins für sich oder für andere hervorbringen, die wiederum in einer weiteren Änderung ihres Seins an sich resultiert. Geistige Dinge, die sich ständig verändernden Produkte einer solchen Kaskade von ineinandergreifenden Einstellungs- und Statusänderungen, können nur *geschichtlich* verstanden werden, also indem man eine Erzählung nacherzählt, in der ihre Entwicklungsgeschichte erinnert und rekonstruiert wird. Um sie zu verstehen, muss man eine Geschichte darüber erzählen, wie sie dazu kamen, das zu sein, was sie sind.

Dies gilt nicht nur für wesentlich selbstbewusste einzelne Selbste, die Subjekte von normativen Einstellungen und Status sind. Auch anderen geistigen Elementen kommt dieser geschichtliche Charakter zu. Elektronen und Tiere können, als etwas natürliches, *Vergangenheiten* haben. Ein bestimmtes Elektron wurde zuerst in diesem Atom, dann in jenem gebunden; ein bestimmtes Tier gedieh zuerst in dieser Umwelt, in einer anderen hatte es dann zu kämpfen. Als normative geistige Dinge jedoch haben die *Begriffe* ELEKTRON und SPEZIES eine *Geschichte*. Denn die Inhalte dieser Begriffe, ihr Sein an sich, hängt von den praktischen Einstellungen ab, die sich in den wirklichen Anwendungen dieser Begriffe zeigen – ihr Sein für diejenigen, die sie anwenden. Mit der Änderung der Anwendungen ändern sich auch die ausgedrückten Inhalte. Durch diese begrifflichen Inhalte wird das bestimmt, was man bejaht, zu was man sich verpflichtet und für was man sich im Urteilen verantwortlich gemacht hat. Man hat ihnen die eigene erkenntnistheoretische Autorität verliehen. Sie bestimmen die normativen Status, welchen man zustimmt bzw. die man zuschreibt, wenn man diese Begriffe verwendet bzw. anwendet, also wenn man die diskursiven Einstellungen einnimmt, die diese Inhalte sowohl gestalten als auch offenbaren (herstellen und herausfinden).

Aus der Tatsache, dass alle Komponenten des Geistes in diesem Sinne geschichtliche Entitäten sind, folgt, dass der Geist selbst – also die gesamte Konstellation von normativen Subjekten und ihren Einstellungen, Status, Praktiken, Gemeinschaften und Institutionen – eine Geschichte haben muss. Laut einer Leitidee Hegels erfährt die Struktur des Geistes (neben den kleineren normativen Entitäten, die er beinhaltet) umfangreiche geschichtliche Verwandlungen. Dies betrifft Hegel zufolge insbesondere das größte und folgenreichste Ereignis der menschlichen Geschichte – also das allerwichtigste Ereignis, das uns jemals zustieß –, die gigantische Veränderung der grundlegenden Normativitätsstruktur, der Übergang von der traditionellen Form zur modernen Form des Geistes. Diese enorme Veränderung beeinflusst jeden Aspekt des normativen Reiches: die selbstbewussten normativen Selbste bzw. Subjekte, die sie beherrschenden Normen (sowohl im Sinne des Geleitetwerdens als auch im Sinne des entsprechenden Bewertetwerdens), ihr Verständnis von diesen Normen und die Einstellungen gegenüber ihnen sowie die von den Normen gegliederten Praktiken, Institutionen und Gemeinschaften. Alle kanonischen Philosophen von Descartes bis zu Kant haben sich bemüht, das moderne Verständnis der diskursiven Normativität in ihrer theoretischen und praktischen Form zu entwickeln. Hegel jedoch hatte die Moderne als Erster in ihrer geistigen, politischen, wirtschaftlichen, institutionellen und psychologischen Vielfältigkeit als ein alleinstehendes Phänomen, als einen einzelnen Forschungsgegenstand betrachtet. Was die Moderne in diesen einzelnen Aspekten einigt, ist laut Hegels Erklärung die sie gliedernde Normativitätsstruktur, die sich deutlich von der traditionellen Normativitätsstruktur unterscheidet, aus der sie hervorgegangen ist. Der Begriff des GEISTES lässt sich Hegel zufolge vor allem in dem Kontrast zwischen der traditionellen und modernen Struktur darstellen, die Normativität annehmen kann bzw. angenommen hat.

Die traditionelle Vorstellung vom Geist versteht Normen weitgehend als objektiv, so wie die objektive Welt objektiv ist. Normative Status – paradigmatisch die Autorität im Befehl des Übergeordneten und die Verantwortung im Gehorsam des Untergeordneten – sind Merkmale dessen, wie die Dinge nun einmal sind, einfach ein Teil der Beschaffenheit der Welt. Die grundlegende metaphysische Struktur dieser Welt wird paradigmatisch dargestellt durch die *Scala Naturae*, die Große Kette der Wesen, die sich von Gott über die himmlische Hierarchie seiner Throne und Herrschaften hinunter durch die Kaiser, Könige und Herren bis zu den Menschen verschiedener unedler Stände und zu den Tieren und dann zur unbelebten Natur erstreckt. Durch die normativen Unterordnungsbeziehungen findet in der *Scala Naturae* alles seinen Platz. Die »Eignung« von Dingen, ihre Angemessenheit zu sein, was sie sein sollten, ist in die wirkliche Beschaffenheit der Dinge eingebaut. Diejenigen, die diese Angemessenheit nicht sehen, sind Barbaren oder wurden nicht richtig erzogen. Normative Korrektheiten werden, wie natürliche Eigenschaften, herausgefunden und nicht hergestellt. Zwar können wir einige Gesetze machen; jedoch liegen die Berechtigungen, die uns diese Gesetze verbindlich machen, außerhalb von uns in der Natur der Dinge. Unsere Aufgabe ist es, ihrer Autorität richtig zuzustimmen, indem wir unsere praktischen Einstellungen an die bereits vor uns bestehenden objektiven Normen anpassen. Wir werden zu dem gemacht, was wir sind, also zu geistigen normativen Wesen, mittels der Normen (der normativen Status), durch die wir beherrscht und bewertet werden.

In der modernen Vorstellung von Geist sind Normen subjektive Produkte unserer Tätigkeiten und Einstellungen. Das subjektive normative Reich ist scharf vom objektiven natürlichen Reich unterschieden. Mit der Aufklärung entstand die Idee, dass normative Autoritäts- und Verantwortungsstatus (Überordnung und Unterordnung) in der objektiven Welt erst zustande gekommen sind, nachdem wir angefangen haben, uns gegenseitig *als* autoritativ bzw. verantwortlich (übergeordnet bzw. untergeordnet) zu betrachten bzw. zu behandeln. Normen werden nicht vorgefunden, sondern durch unsere praktischen Einstellungen hergestellt und instituiert. Vertragstheorien über die politische Pflicht sind paradigmatisch für das Gedankengebäude der Aufklärung. Pflichten werden durch soziale normative Einstellungen wie etwa das Versprechen, das Zustimmen oder den Vertragsabschluss hervorgebracht. Normative Gültigkeit ist wie ein Mantel, der über die natürlichen Dinge geworfen wird (ihnen »zugerechnet« wird), wie eine Funktion unserer Praktiken, in denen wir loben und tadeln, uns gegenseitig für etwas verantwortlich halten und uns gegenseitig als etwas behandeln, das Autorität ist bzw. verantwortlich ist. Im Kern besteht die Moderne in der Einsicht, dass wir uns als Lebewesen selbst herstellen; die Normen, die uns zu jenen geistigen Wesen machen, die wir sind, sind unsere eigenen Produkte. Vom modernen Standpunkt aus betrachtet, haben wir die Normen im traditionellen Denken *fetischisiert* (also im technischen Sinne, wie ihn Marx eingeführt hat, um diese hegelsche Idee auszudrücken). Wir haben die Produkte unserer eigenen Tätigkeiten behandelt, als ob sie objektive Dinge wären, die unabhängig von uns sind.

Die moderne Erkenntnis der konstitutiven Rolle unserer Einstellung bei der Instituierung von Normen ist eine neuartige und tiefsinnigere Form des Selbstbewusstseins. Sie ist das Bewusstsein von uns selbst als *wesentlich* selbstbewusst: Was wir *an uns* sind (unsere normativen Status), hängt wesentlich davon ab, was wir *für uns* selbst sind (von unseren normativen Einstellungen gegenüber uns selbst und zueinander). Hegel geht davon aus, dass diese Erkenntnis tatsächlich eine Klarstellung ist, also ein Verständnis davon, was über uns schon immer wahr gewesen war, ohne dass wir uns dessen bewusst waren. Es handelt sich also gewissermaßen um das Erlernen normativer Selbstheit. Da wir aber wesentlich selbstbewusste Wesen *sind*, bedeutet diese Änderung an unserem modernen *Fürsichsein*, an unseren Einstellungen, dass sich ebenso unser *Ansichsein* ändert, die Art von normativen Wesen, die wir sind. Die Normativitätsstruktur ändert sich, sobald wir selbstbewusst werden in diesem für die Moderne charakteristischen Sinne. Die Art von Autorität, die wir ausüben, die Art von Verantwortungen, die wir übernehmen und zuschreiben, unsere normativen Praktiken, Institutionen und Gemeinschaften – alles dies ändert sich mit der Veränderung der Selbstvorstellung. (Und noch einmal: Hiermit ist nicht gesagt, dass alle diese Dinge einfach von selbst zu dem werden, als was wir sie betrachten.) Diese Veränderung ist der alles umwälzende Anbruch der Moderne.

Ausgedrückt in der allgemeinsten Terminologie, die Hegels Metaphysik der Normativität gliedert, besteht die strukturelle Verwandlung, die die fortschrittliche Bewegung hin zum modernen Geist definiert, in dem Übergang von einem Verständnis der Statusabhängigkeit normativer Einstellungen zu einem Verständnis der Einstellungsabhängigkeit normativer Status. In der traditionellen Struktur des Geistes sind Normen im Sinne ihrer autoritativen Stellung unabhängig. Unsere normativen Einstellungen, also das, was wir als richtig und angemessen *betrachten* bzw. wen wir als autoritativ und verantwortlich behandeln, sind gegenüber den unabhängigen (autoritativen) Normen verantwortlich, die die Maßstäbe für die Bewertung dieser Einstellungen festlegen. In der modernen Struktur des Geistes hingegen sind unsere Einstellungen unabhängig; sie üben Autorität über normative Status aus und *instituieren* Autoritäts- und Verantwortungsstatus.

Der Unterschied zwischen der vormodernen und der modernen Normativitätsstruktur ist im relativen Vorrang zu suchen, der entweder den Normen (normativen Status) oder den normativen Einstellungen zukommt. Gibt es Normen, die objektiv sind, also unabhängig von Einstellungen? Die Tradition sagt »ja« und die Moderne sagt »nein«. Was kommt zuerst, die Verbindlichkeit von Normen oder die Einstellungen der Subjekte, die dieser Verbindlichkeit zustimmen und sie zuschreiben? Ist die normative Kraft von Status wie etwa Autorität und Verantwortung durch die Einstellungen derjenigen bedingt, die solche Status zuschreiben bzw. besitzen? Die Dimension des Vorrangs ist selbst normativ: Hat nun die Statusabhängigkeit von Einstellungen Autorität über die Einstellungsabhängigkeit von Status oder verhält es sich umgekehrt? Hier spielen neben den normativen Beziehungen auch Erklärungsbeziehungen eine Rolle. In der traditionellen Struktur des Geistes müssen sich die Einstellungen normativ den Normen anpassen, da die einzelnen normativen Subjekte für Kritik angreifbar werden, wenn ihre Einstellungen nicht mit den objektiven Normen übereinstimmen. In der modernen Struktur des Geistes können Behauptungen über das Sein der Normen allein durch den Rückgriff auf Einstellungen gerechtfertigt werden, die diesen Normen zustimmen oder sie zuschreiben.

Hegel betrachtet den Übergang zu modernen Formen des Geistes als expressiv-fortschrittlich. Mit dem modernen Selbstbewusstsein wird etwas am Geist explizit, das schon immer in seinem *Ansichsein* implizit gewesen war. Normative Status sind eigentlich abhängig von Einstellungen. Die Aufklärung hat durchaus Recht: Unabhängig von den praktischen Einstellungen des Zuschreibens und Zustimmens gibt es keine normativen Verantwortungs- und Autoritätsstatus. Der traditionelle Geist war sich selbst gegenüber im Dunkeln, und zwar genau derart, wie es der moderne Geist nicht ist. Der Geist in seiner vormodernen Struktur hat einen Defekt im normativen Selbstbewustsein – genauso wie die entsprechenden normativen Selbste, die sind, was sie sind, weil sie von solch einer praktischen Struktur beherrscht werden.

Die moderne Form des Geistes ist aber ebenso defekt, und zwar spiegelbildlich zum Defekt seiner traditionellen Form. Beide Formen haben jeweils nur *einen* der beiden ergänzenden Aspekte der Metaphysik der Normativität erfasst und somit ein Verständnis des jeweils anderen verhindert. Das vormoderne Normativitätsverständnis hält sich an der Statusabhängigkeit normativer Einstellungen fest und ignoriert die Einstellungsabhängigkeit normativer Status. Das moderne Normativitätsverständnis hält sich an der Einstellungsabhängigkeit normativer Status fest und ignoriert die Statusabhängigkeit normativer Einstellungen. Gemäß Hegels Metaphysik der Normativität jedoch sind die Abhängigkeitsbeziehungen zwischen normativen Einstellungen und normativen Status wechselseitig. Jede der beiden Seiten übt jeweils eine spezifische Art von Autorität über die andere aus und ist ihr gegenüber dementsprechend auf eine spezifische Weise verantwortlich. Für ein angemessenes Verständnis ist es erforderlich, dass man *sowohl* den Sinn versteht, wonach die Status den Einstellungen gegenüber verantwortlich sind (wie es in der modernen Form des Geistes der Fall ist), *als auch* den Sinn, wonach Einstellungen den Status gegenüber verantwortlich sind (wie es in der traditionellen Form des Geistes der Fall ist).

Die Unfähigkeit des modernen normativen Selbstbewusstseins, die Statusabhängigkeit normativer Einstellungen einzusehen, nennt Hegel »Entfremdung«. Er ist der Meinung, dass die Einsicht in die Einstellungsabhängigkeit normativer Status in der spezifisch modernen Form des Geistes nicht damit vereinbar ist, normative Status als etwas zu behandeln, das Autorität über normative Einstellungen ausübt. Die Autorität von Normen gegenüber Einstellungen wird untergraben. Es ist insofern nicht möglich, Normen als *verbindlich* für die praktischen Einstellungen normativer Subjekte zu betrachten, auch nicht für jene Einstellungen, die ihren Ausdruck im absichtlichen Handeln haben. Die Einsicht in die Autorität der Einstellungen über die Status geht auf Kosten der ergänzenden Verantwortung der Einstellungen gegenüber den Status. Es handelt sich um die »Verbindlichkeit« bzw. »Gültigkeit« (Kant) von Normen. Das praktische Zustimmen zur Autorität von Normen über Einstellungen nennt Hegel »Sittlichkeit«, also das, was die traditionelle vormoderne Form des Geistes richtig verstanden hat. Als wir verstanden hatten, dass wir *für* unsere Normen verantwortlich sind, haben wir Hegel zufolge den entscheidenden Sinn aus den Augen verloren, wonach wir ihnen *gegenüber* auch verantwortlich sind. Die Einsicht, dass unsere Einstellungen die Normen instituieren, wird fälschlicherweise zu der Idee ausgeweitet, dass es nur Einstellungen gibt und diese sich nur gegenüber diesen Einstellungen verantworten. Der moderne Geist ist nicht sittlich, sondern entfremdet.

Die höchste theoretische Herausforderung besteht darin, eine Metaphysik der Normativität zu formulieren, welche die Einseitigkeit sowohl der traditionellen als auch der modernen Form des Geistes überwindet. Gelänge dies, würde man sowohl dem sittlichen Verständnis der Autorität der Normen über Einstellungen als auch dem selbstbewussten Verständnis der Autorität der Einstellungen über Normen gerecht werden. Wenn wir den mit der Moderne erreichten Fortschritt im Selbstbewusstsein beibehalten und zugleich die mit ihr einhergehende Entfremdung bewältigen, dann würden wir in eine neue, sittliche Struktur des Geistes eintreten, die dritte Stufe der Menschheitsgeschichte. Entsprechend der letzten, hier herrschenden Form gegenseitiger Anerkennung habe ich dies das »Zeitalter des Vertrauens« genannt.

Eine Metaphysik der Normativität, die die wechselseitigen Beziehungen von Autorität und Verantwortung zwischen Normen und normativen Einstellungen adäquat versteht – in der also sowohl die Statusabhängigkeit von Einstellungen als auch die Einstellungsabhängigkeit von Status Zustimmung erfährt –, würde auch ein Verständnis vorzeigen können, was erforderlich ist, damit sowohl normative Status als auch normative Einstellungen *bestimmt gehaltvoll* sind. Dies bedeutet, dass man die Beziehungen zwischen einer normativen *Pragmatik* und einer *Semantik* verstehen muss, welche den Begriff BESTIMMTER BEGRIFFLICHER INHALT erklärt. Im Mittelpunkt von Hegels Erklärung steht der Prozess der *Erfahrung*, das heißt das Zugleich von *Anwendung* und *Instituierung* bestimmt gehaltvoller begrifflicher Normen. Dieser Prozess des *Bestimmens* begrifflicher Normen wird durch normative Autoritäts- und Verantwortungsbeziehungen strukturiert, die die geschichtliche Anerkennungsstruktur einer *Tradition* haben. Wenn begriffliche Inhalte als bestimmt verstanden werden im Sinne der von Kant übernommenen (und von Frege fortgeführten) Tradition, das heißt gemäß den Metabegriffen, die die (von Hegel als solche bezeichnete) Struktur des »Verstandes« aufweisen, dann wird die Wechselseitigkeit von Autorität und Verantwortung unverständlich, in der die Normen und die Einstellungen miteinander verknüpft sind. Die Einstellungsabhängigkeit normativer Status kann dementsprechend nur auf Kosten von Entfremdung verständlich gemacht werden, die es wiederum unmöglich macht, die *sittliche* Statusabhängigkeit normativer Einstellungen zu verstehen. Erforderlich ist ein neues Verständnis der Bestimmtheit begrifflicher Inhalte; ein Verständnis gemäß Metabegriffen, die eine Struktur aufweisen, die Hegel »Vernunft« nennt. Der Begriff BESTIMMTER BEGRIFFLICHER INHALT muss in einer funktionalen Terminologie verstanden werden, also in Bezug auf die Rolle, die solche Inhalte im Zusammenspiel von normativen Einstellungen und normativen Status im Prozess der Erfahrung spielen. Hegels Semantik entsteht mit der Entwicklung seiner normativen Pragmatik. In diesem Sinne bietet er eine *pragmatische*

Erklärung der Beziehung zwischen Pragmatik und Semantik. So wie ich es verstehe, besteht das übergreifende Ziel der *Phänomenologie des Geistes* darin, eine Konstellation jener Metabegriffe einzuführen und anzuwenden, die der Vernunft eigen sind, um im Zuge dessen zwei Dinge zu erklären: einerseits den Prozess der Erfahrung, der durch die wechselseitigen Autoritäts- und Verantwortungsbeziehungen strukturiert ist, die die normativen Status und normativen Einstellungen miteinander verknüpfen, und andererseits wie die begrifflichen Inhalte, die beim Einnehmen solcher Status und Einstellungen angewendet werden, durch ebendiesen Erfahrungsprozess bestimmt werden.

III. Einige zeitgenössische Ausdrücke der Entfremdung in philosophischen Theorien

Bevor wir uns anschauen, wie wir die Beziehungen zwischen Normen, normativen Einstellungen und begrifflichen Inhalten auf der angekündigten dritten, postmodernen Stufe des Geistes, im Zeitalter des Vertrauens, verstehen sollten, wird es hilfreich sein, das moderne Phänomen der Entfremdung genauer in Betracht zu ziehen, welche wir überwinden müssen, um zum Ideal des sittlichen subjektiven Selbstbewusstseins zu gelangen. Hegel zufolge ist die Entfremdung untrennbar mit einer für die Moderne charakteristischen Metaphysik der Normativität verknüpft, die unsere wirklichen Normen und Einstellungen (ihr Sein an sich) verformt, indem sie unser Verständnis von ihnen (ihr Sein für uns) verformt. Wenn er Recht hat, dann sollten wir mit seiner Hilfe erkennen können, inwieweit unser zeitgenössisches philosophisches Normativitätsverständnis von Entfremdung durchdrungen ist.

Ich möchte auf einige bekannte Gedankengänge hinweisen,

die Hegels Diagnose zwei Jahrhunderte später zu bestätigen scheinen. Der erste und offensichtlichste betrifft den moralischen bzw. ethischen Relativismus. Hinsichtlich des zweiten Gedankengangs wenden wir uns dem wichtigsten Philosophen des 20. Jahrhunderts zu, dem späten Wittgenstein, der Kants bahnbrechende Einsicht in den grundlegend normativen Charakter von Intentionalität wiederentdeckt und ins Zentrum seiner Problemstellungen gerückt hat. Vom Standpunkt aus, den wir mit der Behandlung von Hegels Begriff der ENTFREMDUNG eingenommen haben, lohnt sich sowohl ein Blick auf die skeptische Besorgnis hinsichtlich der Semantik, die Kripke aus Wittgenstein herausarbeitet und in seinem Buch über Regelfolgen festgehalten hat, als auch eine allgemeinere Charakterisierung der zentralen philosophischen Anliegen des späten Wittgenstein. Ein weiterer Testfall, den wir uns anschauen werden, betrifft das, was zeitgenössische rechtswissenschaftliche Theorien an der Instituierung von Rechtsnormen durch Richterrecht als rätselhaft empfinden, wenn sie auf den Kopf stellen, was ich als Beispiel an verschiedenen Stellen zur Artikulierung von Hegels positiver Ansicht herangezogen habe. Zuletzt werden wir uns dem reduktiven Naturalismus zuwenden, der in den zeitgenössischen philosophischen Debatten offensichtlich geläufig ist und eine paradigmatische Form von hegelscher Entfremdung darstellt, wenn wir diese in unserer Lesart begreifen. Weitere Kandidaten sind reichlich vorhanden; aber vielleicht reichen diese hier anvisierten aus, um zu zeigen, dass die philosophischen Tendenzen und Versuchungen, die Hegel zufolge pathologische Symptome der Moderne sind, noch immer lebendig und weitverbreitet sind. Wenn und insofern sie für unsere Zeit charakteristisch sind, sollten wir uns umso mehr für die Details von Hegels Diagnose und die Gestalt der von ihm empfohlenen theoretischen und praktischen Therapie interessieren.

Laut meiner allgemeinen Charakterisierung kommt es zu Entfremdung, wenn das Verständnis der Einstellungsabhängigkeit normativer Status die Statusabhängigkeit normativer Einstellungen, also das sittliche Verständnis von der genuinen *Verbindlichkeit* von Normen, theoretisch und praktisch unverständlich macht. Der metaethische moralische Relativismus ist eine relativ unmissverständliche Version dieses Phänomens, da hier moralische Normen als relativ betrachtet werden, also *in Bezug auf* moralische normative Einstellungen. Diese Idee wird umso verlockender, als sie mit einem anthropologischen Verständnis der kulturellen Vielfalt normativer Einstellungen verbunden wird, welche in den vielfältigen Praktiken, Traditionen, Institutionen und erklärten Überzeugungen verschiedener Gruppen Ausdruck finden. Es bestehen offenkundig substantielle Unterschiede in Bezug darauf, was Menschen praktisch als angemessen und unangemessen bzw. als zwingend und zulässig *betrachten*. Ob man diese Vielfalt an Einstellungen nun als Meinungsverschiedenheit behandelt oder nicht, so liegt doch der Gedanke nahe, dass es keine Tatsache gibt, die bestimmen könnte, welche dieser kollidierenden Konstellationen praktischer Einstellungen die richtige ist. Wenn man meint, dass moralische normative Status (was wirklich richtig oder falsch ist) nicht frei sind von den (in expressivistischer Tradition als »Gefühle« vorgestellten) normativen Einstellungen des Lobens und Tadelns bzw. der Billigung und Missbilligung – also insofern man Einstellungsabhängigkeit solcher Normen bzw. normativen Status überhaupt derart versteht –, dann werden die Gültigkeitsansprüche eines jeden bestimmten Status durch die systematischen Veränderungen der Einstellungen im Wechsel der kulturellen Zustände ausgehöhlt. Zwar ist dieser metaethische moralische Relativismus bei Weitem kein Konsens unter den zeitgenössischen Theoretikern dieser Normativitätsdimension (obwohl er mehrere angesehene Vertreter hat), doch wird seine Beliebtheit und Zugänglichkeit wohl von jedem bestätigt werden, der Einführungskurse in die Moraltheorie unterrichtet hat. Zumindest innerhalb solcher Gruppen scheint es eine soziale Tatsache zu sein, dass dieser Relativismus prinzipiell von allen in Frage gestellt wird, deren religiöse Überzeugung eine Art vormoderne Zurückweisung jeglicher Form von Einstellungsabhängigkeit moralischer Normen mit sich bringt.

Relativistischer Skeptizismus bezüglich moralischer Normen als eine Reaktion auf beobachtete Abweichungen in moralisch normativen Einstellungen ist ein offenkundiger Ausdruck von hegelscher Entfremdung. Weit weniger klar ist, ob die skeptischen Argumente hinsichtlich semantischer Normen, die Kripke Wittgenstein zuschreibt, ebenfalls Ausdrücke von Entfremdung im hegelschen Sinne sind. Tatsächlich jedoch besteht Kripkes Wittgenstein-Argument vor allem in der Konfrontation von Statusabhängigkeit normativer Einstellungen und Einstellungsabhängigkeit normativer Status, aus dem Kripke den Schluss zieht, dass das Erstere das Letztere unverständlich macht.

Kripke beginnt tatsächlich mit einer kantischen Einsicht, nämlich der, dass das Anwenden eines Begriffs *normative* Folgen hat.[1] Die Bedeutung von PLUS, ausgedrückt durch »+«, beinhaltet das Eingehen von *Verpflichtungen* zur richtigen Anwendung des Ausdrucks in Fällen, die über die momentane Anwendung hinausgehen. In der von mir bisher verwendeten Ausdrucksweise zur Artikulierung von Hegels Ansichten bedeutet das Einnehmen einer bestimmt gehaltvollen *Einstellung*, wie etwa das Erwerben einer Überzeugung oder das Entwickeln einer Absicht, das Übernehmen (oder Zuschreiben) eines normativen Status. Die eingegangene Verpflichtung, also der durch die Verwendung des Ausdrucks erworbene Status, ist bedeutsam für die Bewertung der *Richtigkeit* zukünftiger Anwendungen. Dieser Status ist eine Verpflichtung bzw. eine Verantwortung, die man übernimmt. Einen solchen Status zu haben bedeutet, dass man sich einer Norm unterwirft und sich insofern angreifbar

1 Saul A. Kripke, *Wittgenstein über Regeln und Privatsprache. Eine elementare Darstellung*, Frankfurt/M. 1987.

macht für die Richtigkeitsbewertung der eigenen Einstellungen durch den von der Norm festgelegten Maßstab. Der *Inhalt* des normativen Status (hier der Überzeugung bzw. Absicht) bestimmt die Norm, für die man sich beim Erlangen des Status angreifbar macht, also beim Einnehmen der Einstellung bzw. beim Übernehmen dieses Status. Der Inhalt der Verpflichtung (beispielsweise der Begriff PLUS) ist der Maßstab der Bewertung der Einstellung, die mit »+« ausgedrückt wird. Anders formuliert ist bestimmtes Gehaltvollsein normativer Einstellungen nur in Bezug auf die Autorität verständlich, die die normativen Status (die Verpflichtungen, die man eingeht, indem man mit »+« eine Überzeugung ausdrückt oder eine Absicht entwickelt) gegenüber diesen Einstellungen haben. Dies ist die Statusabhängigkeit normativer Einstellungen. Kripkes Wittgenstein-Argument erwächst aus der Beobachtung, dass bestimmtes Gehaltvollsein normativer Einstellungen nur verständlich ist, wenn diese Einstellungen den Normen gegenüber verantwortlich sind – also nur, wenn normative Status in der Form von Verpflichtungen, die man im Glauben oder Beabsichtigen eingeht, autoritativ sind hinsichtlich der Richtigkeits- bzw. Erfolgsbewertungen der in Frage stehenden Einstellungen.

Der zweite Schritt in der Vorbereitung des skeptischen Arguments, welches gegen das Adäquatheitskriterium gerichtet ist, Statusabhängigkeit normativer Einstellungen als sinnvoll zu verstehen, rekurriert auf die Einstellungsabhängigkeit normativer Status. Wir sollten uns an dieser Stelle fragen, woher genau die Normen kommen, die die Maßstäbe für die Richtigkeitsbewertungen von Einstellungen festlegen, die die Anwendung von Begriffen wie beispielsweise PLUS ausdrücken. Laut Kripkes zweiter Behauptung über Wittgenstein kann allein die *Verwendung* des Ausdrucks dem Ausdruck diesen Inhalt verleihen. Um den Inhalt des angewendeten Begriffs zu bestimmen und somit die Norm, die über die Anwendungen des Begriffs entscheidet (insofern sie einen Maßstab der normativen Richtigkeitsbewertung dieser Anwendungen bereitstellt), steht uns *nichts anderes* zur Verfügung als die Anwendungsweise des Begriffs selbst, also die tatsächlich eingenommenen Einstellungen. Die Frage lautet also: Welche Tatsache besteht über die Verwendung des Ausdrucks »+«, durch die er PLUS bedeutet? Die Verwendung des Ausdrucks besteht darin, Einstellungen einzunehmen, die mittels dieses Ausdrucks ausgedrückt werden, das heißt das Eingehen und Zuschreiben von Verpflichtungen, ob theoretisch in der Form von Überzeugungen oder praktisch in der Form von Absichten. Die Herausforderung besteht also in der Erklärung, wie das Einnehmen einer Reihe von Einstellungen eine Norm bestimmen kann, die entscheidet, welche möglichen zukünftigen Anwendungen richtig wären. Wie also sollten wir diese Einstellungen verstehen, damit sie die angemessene Autorität ausüben, um bestimmt gehaltvolle normative Status bzw. die Einstellungsabhängigkeit dieser Status zu instituieren?

Der dritte Schritt zum vollständigen Argument besteht in der Behauptung, dass es nicht möglich ist zu erklären, wie ein Verlauf vergangener wirklicher Begriffsanwendungen einen normativen Maßstab bestimmen kann, der die Richtigkeit möglicher zukünftiger Verwendungen bewertet. Wie sollte ein solcher Übergang von einem »ist« zu einem »soll« gerechtfertigt werden? Vergangene Verwendungen bestehen aus einer endlichen Anzahl möglicher Fälle tatsächlicher Anwendungen des Terminus sowie aus einer endlichen Anzahl von möglichen Fällen, in welchen er nicht angewendet wurde. Wie sollte hierdurch bestimmt werden können, welche Begriffsanwendungen (bzw. welche unterlassenen Anwendungen) für eine unendliche Anzahl zukünftiger Fälle die *richtigen* wären? Woher kommt die verbindliche normative Kraft der vergangenen Anwendungen, auf die zukünftigen Anwendungen zu wirken? Es mag verlockend sein, nicht nur auf *wirkliche* Anwendungen, sondern auch auf *Dispositionen* der Begriffsanwendung zurückzugreifen. Jedoch wird dies zu nichts führen, und zwar, weil solche Dispositionen keinen ausreichend robusten Begriff der FALSCHEN ANWENDUNG garantieren, mit dem man verständlich machen könnte, dass man dazu disponiert ist, Fehler zu begehen. Wenn richtig ist, was immer mir als richtig erscheint, dann kann es, wie Wittgenstein sagt, keine Rede von Richtig und Falsch geben.[2] Auch wenn wir eine Geschichte über den Ursprung normativer Kraft in nichtnormativen Tatsachen erzählen können (die tatsächlich eingenommenen Einstellungen) und sich der Übergang von einem »ist« zu einem »soll« rechtfertigen lässt, bleibt dennoch die Frage bestehen: *Welches* »soll«, also welche der vielen bestimmt gehaltvollen Normen, die mit den wirklichen vorherigen Anwendungen *vereinbar* sind, sollte dabei als instituiert betrachtet werden? Denn es gibt *viele* Wege, »auf die gleiche Weise« wie die vorherigen Anwendungen fortzufahren, und für jeden Weg kann eine Geschichte erzählt werden, warum gerade er der richtige ist. Und auf definitorische oder inferentielle Verknüpfungen mit anderen Begriffen zurückzugreifen – also beispielsweise Addition in Bezug auf Zählen, PLUS in Bezug auf NACHFOLGER zu definieren – scheint nur das Problem zu verschieben, da die gleiche Art von Problem auch für *diese* begrifflichen Normen gestellt werden kann, also das Problem der Instituierung und Bestimmung der Inhalte dieser begrifflichen Normen durch vorherige Anwendungen.

Hieraus können wir folgenden Schluss ziehen: Wenn wir annehmen, dass die Instituierung einer begrifflichen Norm in nichts anderem besteht als in den vorherigen Begriffsanwendungen (und vielleicht in den Anwendung verwandter Begriffe, bei denen jedoch dasselbe Problem auftaucht), ist es schwierig einzusehen, wie solche Verwendungen eine Norm instituieren können, die hinreichend bestimmt ist, um als Maßstab der Richtigkeit für eine unendliche Anzahl weiterer möglicher Verwendungen

2 Ludwig Wittgenstein, *Philosophische Untersuchungen*, Werkausgabe Bd. 1, Frankfurt/M. 1995, § 258, S. 362.

dienen zu können. Wenn wir die Einstellungsabhängigkeit normativer Status annehmen, scheint es unmöglich zu sein, dass die Normen, die durch Einstellungen instituiert wurden, Autorität über weitere Einstellungen ausüben. Die Statusabhängigkeit normativer Einstellungen (durch Normen beherrscht zu werden bzw. ihnen gegenüber verantwortlich zu sein) scheint somit ausgeschlossen. Mit dem Verweis auf dieses bekannte Argument von Kripkes Wittgenstein übergehe ich zwar viele Feinheiten, jedoch habe ich nur eine Schlussfolgerung im Auge: Das Argument ist ein paradigmatischer Fall von Entfremdung, wie sie von Hegel als der faulige Teil des Apfels der Moderne diagnostiziert wird. Es handelt sich um eine besonders wichtige zeitgenössische philosophische Erscheinungsform dieser Entfremdung, da es direkt auf das Problem verweist, wie bestimmt gehaltvolle begriffliche Normen verstanden werden sollten – laut einer der Leitideen der von mir angebotenen Lektüre gehört dieses Thema zum Kern der *Phänomenologie des Geistes*. Hegel hatte also bereits 1806 das Problem erfasst, das Kripkes Wittgenstein aufwirft. Die Erklärung Hegels – also wie Entfremdung überwunden und ein sittliches Verständnis der Statusabhängigkeit normativer Einstellungen mit einem modernen Verständnis von Einstellungsabhängigkeit normativer Status in Einklang gebracht werden kann – ist eine pointierte sowie schlagkräftige Antwort auf die skeptische Herausforderung der Semantik von Kripkes Wittgenstein; hier wird deutlich, wie diese Erklärung ihr eigenes Adäquatheitskriterium erfüllt. Sie bedient beide Seiten von Kripkes Unterscheidung zwischen »geradlinigen« und »skeptischen« Problemlösungen. Sie ähnelt den geradlinigen Problemlösungen, insofern sie erklärt, was erforderlich ist, damit Behauptungen *wahr* sein können darüber, was jemand meint und was der bestimmte Inhalt seiner normativen Status und Einstellungen ist. Sie ähnelt den skeptischen Problemlösungen, insofern sie zustimmt, dass das Dilemma, das aufgeworfen wird durch den scheinbaren Konflikt zwischen der Statusabhängigkeit diskursiver normativer Einstellungen und der Einstellungsabhängigkeit diskursiver Normen, nicht mit der Terminologie aufgelöst werden kann, die uns mit den frühmodernen philosophischen Metabegriffen des Verstandes gegeben ist. Stattdessen müssen wir uns darauf verlagern, über WAHRHEIT und BESTIMMTHEIT mithilfe der philosophischen Metabegriffe der Vernunft nachzudenken. Insofern sie eben als eine skeptische Antwort zu betrachten ist, unterscheidet sich Hegels Erklärung jedenfalls *sehr deutlich* von dem Vorschlag, den Kripke Wittgenstein zuschreibt, wonach die Rede über Wahrheitsbedingungen durch die Rede über Behauptbarkeitsbedingungen ersetzt werden sollte.

Ich bin der Meinung, dass es gute und hinreichende Gründe gibt, anzuzweifeln, dass Wittgenstein die von Kripke für ihn vorgeschlagene Antwort bejahen würde. Auch wenn Wittgenstein in seinen Arbeiten auf viele Dinge hindeutet, die Hegel in seiner Erklärung verwendet, glaube ich nicht, dass er die detailreiche, theoretisch anspruchsvolle, konstruktive Metaphysik der Normativität bejahen würde, die Hegel im Zusammenstellen und Verarbeiten seiner Rohmaterialien entwickelt hat. Jedoch auf der Abstraktionsebene meiner Beschreibung und mit der Terminologie, die ich vorschlage, um Hegels Terminologie zu verstehen, glaube ich, dass Kripke Recht hat und Wittgenstein sich in der Tat mit der zentralen Problematik befasst hat, wie die Verpflichtung zur Statusabhängigkeit diskursiver normativer Einstellungen und die Verpflichtung zur Einstellungsabhängigkeit diskursiver normativer Status in Einklang zu bringen sind. Zudem gehe ich davon aus, dass es für Wittgenstein, wie auch für Hegel, absolut wesentlich ist, beide Seiten als scheinbar unvereinbare, aber eigentlich ergänzende Aspekte der diskursiven sozialen Praktiken zu verstehen.

Wittgenstein hat die kantische Einsicht in den grundlegend normativen Charakter von Intentionalität wiederhergestellt, und zwar – soweit sich dies sagen lässt – eigenständig. In einem intentionalen Zustand zu sein, wie etwa eine Überzeugung oder eine Absicht zu haben, beinhaltet laut seinem Verständnis, eine Art normativen Status zu besitzen, da ein solcher Zustand bedeutet, sich dazu zu *verpflichten*, wie die Dinge sind oder sein sollten. Im Überzeugtsein und Beabsichtigen macht man sich wesentlich für normative Bewertungen der Richtigkeit der Überzeugung bzw. des Erfolgs der Absicht angreifbar. Wittgenstein interessiert sich zudem für eine bestimmte Art von Verwirrung, die wir vermeintlich in Bezug auf die Natur dieser normativen Bedeutung haben. Wie sollten wir den Übergang von intentionalen Zuständen zu den möglichen Tatsachen verstehen und wie sollten wir diese Tatsachen sortieren in solche, welchen der Inhalt entspricht, und solche, welchen er nicht entspricht?

> Jemand sagt mir: ›Zeige den Kindern ein Spiel!‹ Ich lehre sie, um Geld würfeln, und der Andere sagt mir: ›Ich habe nicht so ein Spiel gemeint‹. Mußte ihm da, als er mir den Befehl gab, der Ausschluß des Würfelspiels vorschweben?[3]

Demnach ist die rückblickende Behauptung darüber, was gemeint, beabsichtigt, befohlen oder erwünscht wird, wohl ganz richtig: *Nicht* so ein Spiel war gemeint. Worin aber genau besteht diese Tatsache? Diese normative Bedeutung mag uns verwirren, genau wie ein Wegweiser (der als »bloßes Stück Holz betrachtet wird«) uns zu verwirren vermag, der uns die richtige Richtung anzeigen kann.

Diese Frage ist der erste Schritt in die Richtung, die zur Problematik von Kripkes Wittgenstein führt. Wittgensteins Anliegen sind aber breiter angelegt als diejenigen, die hier auftauchen – auch sie artikulieren die für die moderne Metaphysik der Normativität charakteristische Entfremdung. Wittgensteins Beschäftigung mit Prozessen und Praktiken des *Lernens* von

3 Ebd., § 70, S. 280.

Sprachspielen wird gern kommentiert. Weniger beachtet, aber mindestens genauso zentral für sein Denken, sind die Prozesse und Praktiken des *Erweiterns* eines bekannten Sprachspiels zu einem neuartigen Sprachspiel. Tatsächlich ist es keine allzu starke Behauptung, dass Wittgenstein die Erweiterung eines zuvor beschränkteren Sprachspiels als eines der wichtigsten und wesentlichsten diskursiven Phänomene betrachtet. Aus diesem Grund ist er meiner Meinung nach pessimistisch hinsichtlich der Aussichten eines systematischen semantischen Theoretisierens der Sprache – also des Projekts, Bedeutungen so mit Ausdrücken zu verknüpfen, dass sogar die grundlegendsten Korrektheiten ihrer Verwendung systematisch aus diesen Bedeutungen errechnet werden könnten. Denn auch wenn man zu einer solchen Kodifizierung gelangen könnte, würde sie höchstens für eine kurze Zeitscheibe der sich entfaltenden und entwickelnden Sprache gelten und mit der nächsten verwandelnden Erweiterung der Falsifizierung anheimfallen. Die Sprache ist in jedem Stadium ihrer Entwicklung »zusammengewürfelt« – eine unordentliche, unüberschaubare Ansammlung von Vororten, die, ohne ein zentrales Stadtzentrum, aus angrenzenden Gebieten herausgewachsen sind –, und zwar, weil sie in jedem Stadium das Produkt eines mannigfaltigen Prozesses organischen Wachstums ist.[4]

4 Ebd., § 18, S. 245: »Willst du sagen, sie seien darum nicht vollständig, so frage dich, ob unsere Sprache vollständig ist; – ob sie es war, ehe ihr der chemische Symbolismus und die Infinitesimalnotation einverleibt wurden; denn dies sind, sozusagen, Vorstädte unserer Sprache. (Und mit wieviel Häusern, oder Straßen, fängt eine Stadt an, Stadt zu sein?) Unsere Sprache kann man ansehen als eine alte Stadt: Ein Gewinkel von Gäßchen und Plätzen, alten und neuen Häusern, und Häusern mit Zubauten aus verschiedenen Zeiten; und dies umgeben von einer Menge neuer Vororte mit geraden und regelmäßigen Straßen und mit einförmigen Häusern.«

Was Wittgenstein am meisten interessiert, ist anscheinend die *Zufälligkeit* der aufkeimenden und sich anbahnenden Entwicklung diskursiver Praktiken. Welche Entwicklungen eine Praxis erfährt, hängt zunächst davon ab, auf welche Erweiterungen die Praxisteilnehmer zugreifen können, um sich in neuen Fällen praktisch damit einverstanden erklären zu können, »auf welche Weise« fortzufahren sei. Solche Erweiterungen können auf wichtigen oder auch auf unerheblichen Eigenheiten der Verkörperung beruhen. (»Wenn ein Löwe sprechen könnte, wir könnten ihn nicht verstehen.«[5]) Welche Erweiterungen aber in diesem Sinne für eine Gemeinschaft praktisch möglich sind, kann auch von den Details der Lebensformen abhängen, die die Mitglieder der Gemeinschaft miteinander teilen und die sie erlernen und sich gegenseitig beibringen, um sie auf neue Situationen zu projizieren. Ob eine bestimmte lokale Projektion einer Praxis auf eine andere Praxis, die die Menschen erlernen *könnten*, tatsächlich stattfindet, hängt auch davon ab, welche von all den möglichen Praktiken sich tatsächlich einstellen und welche von diesen dann zufällig in der Gemeinschaft aufgenommen werden. Die Beobachtung, die diesen Gedankengang motiviert, lautet: *Wäre* eine dieser zufälligen Tatsachen anders gewesen, *wären* auch die Inhalte unserer Begriffe und somit die Normen anders, durch die wir uns im Denken und Urteilen binden. Das Auftreten dieser Zufälligkeiten jedoch liefert keine *Gründe* dafür, die eine Redeweise zu rechtfertigen und die andere nicht. »Im« bedeutet etwas anderes bzw. wird durch andere Normen bestimmt, weil wir unsere rein räumliche Anwendung von »Gold im Zahn« zu »Schmerz im Zahn« erweitern konnten bzw. erweitert haben. Viele der Anekdoten Wittgensteins veranschaulichen und untermauern gerade die Lektion, wonach die

5 Ludwig Wittgenstein, *Philosophische Untersuchungen*, Teil 2, xi, Werkausgabe Bd. 1, Frankfurt/M. 1995, S. 568.

Tatsachen (und zwar verschiedenster Art), von denen die Grenzen der die Ausdrücke bestimmenden Normen konjunktivisch und kontrafaktisch abhängen, *zufällig* sind, also anders hätten sein können – einige Merkmale unserer Verkörperung und der Geschichte unserer Praktiken wären insofern anders gewesen, manche mehr, manche weniger.

Mit dem Bedeutungszuwachs der Zufälligkeiten, die unsere Praktiken bedingen, stellt sich absehbar die Delegitimierung der Normen ein. Diese Aushöhlung der rationalen Verbindlichkeit von Normen ist Entfremdung im hegelschen Sinne. Ein bekanntes Beispiel für dieses allgemeine Phänomen besteht in jenem jungen Menschen, der feststellt, dass die religiösen Verpflichtungen, die er immer für selbstverständlich gehalten hat, ein Produkt der Gemeinschaft sind, in die er hineingeboren wurde – er ist ein Baptist, weil seine Eltern und alle seine Bekannten Baptisten sind, und wären sie alle stattdessen Unitarier, Buddhisten oder Muslime gewesen, wäre er es ebenso. Indem er sich der Zufälligkeiten bewusst wird, von denen seine Verpflichtungen kontrafaktisch abhängen, wird die Rechtfertigung und somit die normative Kraft dieser Verpflichtungen in Frage gestellt. Was ist die Berechtigung dafür, den Anspruch dieser Normen ernst zu nehmen, sie praktisch als verbindlich zu behandeln, nachdem der akzidentelle Charakter des von ihnen angebotenen Bewertungsmaßstabes enthüllt wurde? Auf die radikalen Zufälligkeiten hinzuweisen, von denen unsere begrifflichen Normen konjunktivisch abhängen, stellt eine Gefahr für unser Verständnis dieser Normen dar, wonach ihre *rationale Verbindlichkeit* von uns abhängt. Wenn Normen in diesem Maße und auf diese Weise unser Erzeugnis sind, besteht die Herausforderung darin, zu verstehen, weshalb sie trotzdem als für uns verbindlich verstanden und also in einer *richtigen* Weise verwendet werden können. Wie also können uns begriffliche Normen Gründe liefern, damit wir sie auf die eine Weise anstatt auf eine andere anwenden, wenn doch eine kontrafaktische Abhängigkeit von Zufälligkeiten besteht, die uns *keine* Gründe liefern dafür, weshalb die *Inhalte* dieser Normen genau so und nicht etwa anders beschaffen sind?

Das Problem der Legitimierung besteht nicht nur darin, dass es gültige kontrafaktische Tatsachen gibt und dass, insofern eine zufällige Tatsache anders gewesen wäre, der Inhalt der entsprechenden Norm ebenso ein anderer wäre. Vielmehr kodifizieren diese kontrafaktischen Tatsachen die Abhängigkeit der Einstellung, beispielsweise des Glaubens (also einer doxastischen Verpflichtung zuzustimmen bzw. sie einzugehen), also beim Auftreten von Ereignissen, die keine rechtfertigenden Gründe oder Beweise für den geglaubten Inhalt liefern. Dass der Gläubige in einer baptistischen Gemeinschaft geboren wurde, ist kein Beweis für die Wahrheit der Prädestination. Diese Struktur liegt der delegitimierenden Kraft genealogischer Erklärungen zugrunde. Die großen Entlarver des späten 19. und frühen 20. Jahrhunderts – also Marx, Nietzsche und Freud – haben Geschichten dieser Art erzählt. Wenn die Behandlung von Arbeit als Ware gebilligt wird aufgrund der eigenen bürgerlichen Erziehung, wenn die eigene christliche Demut das Resultat von *Ressentiment* ist, wenn das eigene autoritäre Verhalten in den überbleibenden, nicht ausgetragenen Konflikten des Familienromans gründet, dann wird die Rechtfertigung und somit die normative Kraft dieser Verpflichtungen in Frage gestellt. Denn in bürgerlichen Verhältnissen aufgewachsen zu sein ist kein Beweis für die Gerechtigkeit von Arbeitsmärkten, und von *Ressentiment* zerfressen zu sein liefert keinesfalls Gründe für die Wertschätzung von Demut, und ödipale Rivalität gegenüber dem eigenen Vater rechtfertigt nicht die Inhalte autoritärer Einstellungen. Genealogien deuten auf die Ursachen von Einstellungen hin, welche im Verhältnis zu den Normen, die die Inhalte der Begriffe gliedern, zufällig sind. Die Genealogien zeigen somit, dass die Inhalte aufgrund der Zufälligkeiten das sind, was sie sind, und dass diese Bedingungen und das Auftreten dieser Ereignisse keine *Gründe* liefern, um die Begriffe auf die eine und nicht auf eine andere Weise anzuwenden. Sie liefern keine *Beweise*, auf die man sich bei der *Rechtfertigung* der Anwendung bzw. der unterlassenen Anwendung des Begriffs in bestimmten Fällen beziehen könnte.

Der sittliche Anspruch von Einstellungen besteht darin, auf die Autorität von *Gründen* zu reagieren und ihnen gegenüber verantwortlich zu sein, wenn diese Gründe durch Normen bereitgestellt werden, die durch die Einstellungen Zustimmung erfahren; dieser Anspruch wird untergraben, wenn die Einstellungen *Ursachen* darstellen. Wittgenstein interessiert sich dafür, wie die zufällige Tatsache, ob wir unsere Praxis erweitert haben oder nicht, eine Erklärung dafür abgibt, weshalb wir *sagen*, dass, beispielsweise, der Schmerz im Zahn ist bzw. das Läuten nicht in der Glocke (also insofern wir im ersten Fall unsere Praxis *tatsächlich* erweitert haben und einige Dinge *in* anderen räumlich verorten, so dass sich Schmerzen in Körperteilen befinden, und im zweiten Fall unsere Praxis *nicht* so erweitert haben, so dass das Läuten in der Glocke ist) – und eine solche Tatsache es jedoch nicht *rechtfertigt*, also keine Beweise oder Gründe für die Behauptungen bietet, dass Schmerzen in Körperteilen sind bzw. das Läuten nicht in der Glocke. Dass wir aufgrund einer zufälligen Tatsache eine Erweiterung einer vorherigen Praxis vornehmen können, dass wir uns alle praktisch einigen können, »wie fortzufahren ist«, um diese Erweiterung in neuen Fällen anzuwenden, ist kein *Grund* dafür, derart fortzufahren. »So reden wir nun einmal« ist eine Beobachtung über unsere Praktiken, die sich nicht auf der richtigen Ebene befindet, um als Rechtfertigung für Behauptungen über die Welt zu dienen, welchen zufolge sich ein Ding in einem anderen befindet – und zwar genauso wenig, wie eine historische Erklärung darüber, weshalb wir durch die Verwendung der geschriebenen und gesprochenen Zeichengestalt »Hund« zur Bezugnahme auf Hunde die Behauptung rechtfertigen, dass Lassie ein Hund ist, anstatt durch irgendwelche anderen willkürlichen Zeichen oder Geräusche.

Ich bin der Meinung, dass der wittgensteinsche Gedanke auf diesem Gebiet mit einem Verständnis für die Zufälligkeiten beginnt, welche einen wichtigen Aspekt unserer diskursiven Praktiken ausmachen. Wir übernehmen Weisen der Verwendung von Ausdrücken, die für die Bedeutung der Ausdrücke wesentlich sind und die zugleich Spuren der Zufälligkeiten tragen, die sie geprägt haben. Wir sind schon immer in eine solche Situation »geworfen« und wir haben keine andere Wahl, als unsere praktischen und theoretischen diskursiven Angelegenheiten vor diesem in vielerlei Hinsicht willkürlichen Hintergrund auszuführen. In Anlehnung an einen Begriff Heideggers darf diese Tatsache »semantische Geworfenheit« genannt werden. Ich denke, dass Wittgenstein in der semantischen Geworfenheit eine Gefahr für die von unseren Praktiken instituierten Normen sieht (die Gefahr der Entfremdung), da diese Normen für uns rational verbindlich sind, uns also genuine *Gründe* liefern dafür, Ausdrücke in neuen Fällen auf eine bestimmte Weise anzuwenden. Er diagnostiziert diese Gefahr zudem als das Ergebnis eines noch immer vorhandenen Missverständnisses über diskursive Normen, die gliedern, was ein Grund wofür ist.[6] Insbesondere hat er meiner Auffassung nach Einwände, zwischen der *Instituierung* diskursiver Normen und der *Anwendung* dieser Normen zu unterscheiden, also gegen das Nachdenken in Form einer Arbeitsteilung, die implizit in der Ansicht enthalten ist, wo-

6 Zwar sind »rationale normative Verbindlichkeit« und »begrifflicher Inhalt« keine Ausdrücke Wittgensteins, also keine, die er verwendet oder deren Verwendung er überhaupt zustimmen würde. Insbesondere hätte er in diesem Zusammenhang wohl auch Einwände gegen das Adjektiv »rational«. Jedoch können diese wichtigen, von ihm vorgebrachten Argumente in dieser Terminologie formuliert werden und so leichter ins Gespräch kommen mit den verwandten Problemen, die Hegel behandelt.

nach semantische Geworfenheit als eine Gefahr für das Verständnis diskursiver Normen zu betrachten ist, die unsere Praxis bestimmen und also Autorität ausüben und zukünftige Verwendungen genuin verbindlich machen (einen Maßstab der Richtigkeitsbewertung für diese Verwendungen festlegen). Die Verwendung von Ausdrücken, ihre Anwendung in bestimmten Umständen und das Unterlassen ihrer Anwendung in anderen ist alles, was uns zur Instituierung der Normen zur Verfügung steht, die solche Anwendungen bestimmen. Die Zufälligkeiten, die sich als etwas erwiesen haben, das dem Einnehmen normativer Einstellungen inhärent ist, sind den bestimmten Inhalten dieser Einstellungen wesentlich. Jede Vorstellung, in der diskursive Normen auf Normen reagieren, die rational sind, also genealogische Zufälligkeiten ausschließen, ist eine idealisierte Fantasie, welche als solche sichtbar wird, wenn sie bestimmtes Gehaltvollsein dieser Normen ausschließt.

Ich gehe davon aus, dass Wittgenstein darum bemüht ist, auf unsere semantische *Geworfenheit* hinzuweisen und darauf aufmerksam zu machen, dass sie die Integrität diskursiver Normen nicht in Frage stellt, da sie für bestimmtes Gehaltvollsein von Normen wesentlich ist. Wenn wir sprechen, sind wir dazu gezwungen, an Praktiken teilzunehmen, deren implizite Normen auf zufälligen Tatsachen beruhen, die unsere Art zu sprechen nicht *rechtfertigen.*[7] Jede Erklärung diskursiver Normativität, derzufolge die Tatsache unserer semantischen Geworfenheit die Legitimität diskursiver Normen untergräbt (also jede entfremdende Erklärung), sollte zurückgewiesen werden, da sie eine offensichtlich irrtümliche Metaphysik der Normativität enthält. Wittgenstein zufolge besteht die richtige Antwort hierauf nicht

7 Was die Alternative anbetrifft, erinnere man sich an Sellars' Spruch: »Clearly human beings could dispense with all discourse, though only at the expense of having nothing to say.« Wilfrid Sellars, »A Semantical Solution to the Mind-Body Problem«, in: *Methodos* 5 (1953), S. 45-82.

darin, eine alternative positive metaphysische Geschichte zu erzählen, sondern darin, diskursive Zufälligkeit und semantische Geworfenheit einfach anzuerkennen und anzunehmen. Um die Umschreibung Heideggers weiterzuführen, können wir diese anempfohlene therapeutische Metaeinstellung »semantische Gelassenheit« nennen. (Derart verwendet, verdankt sich der Begriff allerdings eher der ursprünglichen Verwendung von Meister Eckhart als derjenigen von Heidegger, der ihn radikal umgedeutet hat.) Uns wird im Grunde geraten, uns an unsere Geworfenheit zu gewöhnen und gut daran zu tun, Theorien abzulehnen, die Geworfenheit als etwas Entfremdendes betrachten, und das, ohne zugleich nach einer neuen Theorie Ausschau zu halten.

Laut diesem Gedanken sind die Übeltäter – die dafür verantwortlich sind, dass wir von den diskursiven Normen entfremdet werden, die unser Denken ermöglichen – ebenjene überholten metaphysischen Bilder, denen zufolge es erforderlich ist, diese Normen zu rechtfertigen bzw. sie als genuin verbindlich aufzuzeigen, damit sie als angemessene Maßstäbe zur Richtigkeitsbewertung unserer Einstellungen dienen können. Anstatt unsere Praktiken in einen Standard zu zwingen, der aus *apriorischen* Modellen darüber abgeleitet wird, wie Rationalität zu sein hat – Modelle beispielsweise, die es erfordern, dass Gründe die Form deduktiver Ableitungen aus nichtzufälligen Prämissen haben oder die Nützlichkeit angesichts subjektiver Präferenzen und Überzeugungen maximieren –, sollten wir akzeptieren, dass unsere diskursiven Praktiken, so wie sie sind, in Ordnung sind, und Rechtfertigung als Teil jener semantogenen Praktiken verstehen. So verstanden, ist die empfohlene Gelassenheit eine Art Pragmatismus, unseren Praktiken, die uns Gründe zur Verfügung stellen, Autorität zu verleihen und unsere Theorien als etwas zu betrachten, das diesen Praktiken gegenüber verantwortlich ist, und nicht umgekehrt.

Hegel hat Wittgensteins sozial-praktisches Verständnis diskursiver Normativität vorweggenommen und Kants Einsicht in die Normativität von Intentionalität auf den Boden der Realität zurückgeholt, sie gewissermaßen *naturalisiert.* Hegel hat zudem die mit dem Eingestehen unserer normativen semantischen Geworfenheit einhergehende Gefahr vorhergesehen, welche die Verständlichkeit diskursiver Normen bedroht, die genuin verbindlich sind für die Einstellungen derjenigen, die diese Normen in ihren Praktiken anwenden. Dies ist laut meiner Behauptung der Kern seines Begriffs der ENTFREMDUNG: Die moderne Erkenntnis der Einstellungsabhängigkeit normativer Status (eine Frage der Instituierungsweise diskursiver Normen) untergräbt die traditionell sittlich-praktische Erkenntnis der Statusabhängigkeit normativer Einstellungen (eine Frage der Anwendungsweise diskursiver Normen). Hegel weist den Schluss zurück, wonach es sich hier um eine unvermeidliche Unvereinbarkeit handelt – womit er auch jede Metaphysik diskursiver Normativität zurückweist, die eine solche Unvereinbarkeit nach sich ziehen würde. Ihm zufolge beruhen solche Erklärungen auf Begriffen, die gemäß den Kategorien des Verstandes gedeutet werden und die Kant zur expliziten Blüte gebracht hat. Laut Hegels Diagnose wurde die Unterscheidung zwischen Gründen und Ursachen (welche die übergreifende Unterscheidung zwischen dem Normativen und dem Natürlichen gliedert) in Kants Arbeiten zu einem Dualismus reglementiert und verfestigt. (Ich betrachte eine Unterscheidung als einen Dualismus, wenn sie durch Termini vorgenommen wird, die die Beziehungen zwischen den unterschiedenen Elementen unverständlich machen.) Besonders wichtig ist es für Hegel vor allem, dass die zufälligen Ursachen, von denen (wie genealogische Analysen zeigen) unsere diskursiven Normen kontrafaktisch bedingt sind, selbst Merkmale früherer Begriffsanwendungen sind. In starkem Kontrast zu Wittgensteins Version normativer semantischer Gelassenheit, eine Art theoretischer Quietismus, bietet Hegel eine detaillierte systematische Erklärung des Prozesses an, durch den wirkliche und insofern zufällige Begriffsanwendungen sowohl die Normen instituieren, die diese Anwendungen beherrschen, als auch der Autorität der Normen zustimmen.

Diesen Prozess behandelt Hegel in der »Einleitung« als die Erfahrung des Irrtums und in der »Vorrede« als den Prozess der Wahrheit (»der bacchantische Taumel, an dem kein Glied nicht trunken ist«). In diesem Prozess, so Hegel, wird der Zufälligkeit die Form der Notwendigkeit verliehen, also eine normative Form. Dieser Prozess bestimmt die Inhalte von Begriffen als Normen, die die entsprechenden Begriffsanwendungen beherrschen, also die autoritativen Maßstäbe setzen für die Richtigkeitsbewertungen der Anwendungen, die sich gegenüber den Inhalten entsprechend verantwortlich zeigen. In diesem Prozess spielen wirkliche Begriffsanwendungen die Rolle von Ursachen und zugleich die Rolle von Gründen. Als wirkliche Anwendungen von Begriffen sind Ursachen gleichfalls Akte, in denen etwas als richtig betrachtet wird. Solche Einstellungen des Betrachtens bestimmen auch, was richtig ist. Die Abhängigkeitsbeziehungen (Autorität und Verantwortung) zwischen Einstellung und Norm sind wechselseitig. Wir könnten uns diese Wechselseitigkeit als eine Art positive Feedbackschleife oder als den Prozess vorstellen, an dessen Ende das rawlssche Überlegungsgleichgewicht erreicht wird. Hegels Geschichte jedoch hat eine viel umfangreichere Struktur als diese beiden Modelle (die zum Vergleich trotzdem hilfreich sind). Das Hauptziel der *Phänomenologie* besteht laut meiner Lektüre darin, uns beizubringen, wie begriffliche Inhalte, also die die Wahrheit gliedernden Normen, durch den Prozess der Erfahrung des Irrtums bestimmt werden und welche Rolle hierbei die erinnernd-rekonstruktive Phase spielt. Dieses Verständnis, in welchem die Kategorien des Verstandes durch die Kategorien der Vernunft ersetzt werden, ermöglicht die Überwindung der Entfremdung, indem uns bis ins Detail gezeigt wird, wie das moderne Verständnis der Einstellungsabhängigkeit normativer Status mit dem sittlichen Verständnis der Statusabhängigkeit normativer Einstellungen in Einklang gebracht werden kann. Hegel geht über die Strategie der Überwindung der Entfremdung hinaus, wenn er sich die Gelassenheit zu eigen macht und eine detailreiche systematische Erklärung der Erinnerungsdimension des Erfahrungsprozesses erarbeitet und anbietet, welcher die wechselseitige Einstellungsabhängigkeit normativer Status und Statusabhängigkeit normativer Einstellungen instituiert, gliedert und trägt.

Bevor wir uns der Darlegung dieser Erklärung zuwenden, lohnt es sich, über Wittgenstein hinauszublicken und auf zwei weitere zeitgenössische philosophische Erscheinungsformen der Entfremdung im hegelschen Sinne hinzuweisen, zum einen innerhalb der Theorie der Rechtswissenschaft und zum anderen auf den reduktiven wissenschaftlichen Naturalismus. Wir brauchen beide Punkte nur kurz zu besprechen, da sie hinlänglich bekannt sind, wenn auch aus sehr unterschiedlichen Gründen. Der rechtswissenschaftliche Fall ist den Lesern des vorliegenden Buches vertraut, da ich mehrmals darauf verwiesen habe. Bereits in der Diskussion der »Einleitung« diente er als paradigmatisches Beispiel für die Funktionsweise von Hegels Erklärung der Bestimmung des begrifflichen Inhalts und insbesondere der spezifisch geschichtlichen, von ihm ins Feld geführten Anerkennungsstruktur der wechselseitigen Beziehungen von Autorität und Verantwortung. Der reduktive wissenschaftliche Naturalismus ist allein schon deshalb bekannt, weil er innerhalb der zeitgenössischen Philosophie weitverbreitet ist.

Die rechtswissenschaftliche Frage handelt vom Ursprung, der Natur und dem Umfang bestimmten Gehaltvollseins von Begriffen, die zur Formulierung von Gesetzen verwendet werden. Die Frage ist insofern von Bedeutung, da sich die rationale Autorität der Rechtsurteile und Rechtsargumentation aus der Funktion der Gesetze ableitet, als *Gründe* zu dienen, die diese Urteile und Argumente rechtfertigen. Für die normative Verbindlichkeit der Anwendungen von Rechtsbegriffen auf einzelne Fälle ist es wesentlich, dass diese Anwendungen durch Gesetze (die durch Rechtsbegriffe gegliedert werden) *rational* sichergestellt sind. Am deutlichsten kommt dieses Problem im angloamerikanischen *common law* zum Vorschein. Im Kontrast zum Gesetzesrecht, in dem Normen in Form von festgelegten Prinzipien explizit gemacht werden, sind die durch das *common law* gegliederten Rechtsnormen implizit in der Tradition ihrer Anwendung enthalten. Die Inhalte der Begriffe des *common law* werden allein durch die Art und Weise bestimmt, wie Rechtsnormen bei früheren Gerichtsentscheidungen tatsächlich angewendet wurden. Ein Verständnis dafür zu haben, wie die Rechtsnormen aus den wirklichen Normanwendungen hervorgehen, ist jedoch nicht nur im *common law* erforderlich. Denn selbst da, wo Rechtsnormen explizit in Form von Regeln und Prinzipien (Statuten) festgelegt sind, müssen diese Normen ausgelegt werden, damit sie in bestimmten Fällen angewendet werden können. (Für diesen Punkt hat Wittgenstein Philosophen sensibilisiert.) *Common law* funktioniert im Grunde wie Fallrecht.[8] Die Kontexte eines Falls zeichnen sich dadurch aus, dass die relevanten Rechtsnormen einstellungsabhängig sind. Was »Gefährdungshaftung« bei der Bewertung von Delikten begründet, wird (wenn überhaupt) durch die Anwendung dieses Begriffs von Richtern festgelegt, die in der Vergangenheit Fälle

8 Man beachte folgendes Beispiel von *Smith v. United States*: »Federal law in the United States requires that a person who ›during and in relation to…[a] drug trafficking crime[,] uses…a firearm‹ be punished more harshly than a person who traffics drugs without using a firearm. *Smith* questioned the application of this law to cases in which firearms are traded for drugs and are not used for protection or aggression. The question here arises because of the indeterminacy of the phrase ›uses…a firearm‹ in the context of the law: does the phrase apply to any possible use, including barter, or does it only apply to standard uses such as protecting and threatening?« In: Graham Hubbs und Douglas Lind (Hg.), *Pragmatism, Law, and Language*, Introduction, New York 2014, S. 7.

zu entscheiden hatten. Sie sind die einzige Quelle der Autorität, auf die der gegenwärtige Richter rekurrieren kann, um Gründe für die eigene Entscheidung zu geben, diesen Begriff auf eine neuartige Menge von Tatsachen anzuwenden bzw. nicht anzuwenden. Dass *common law* und Fallrecht in diesem Sinne Richterrecht sind, war scheinbar für manche ein Grund dafür skeptisch zu sein, ob tatsächlich bestimmt gehaltvolle, genuin verbindliche Normen instituiert wurden. Handelt sich bei der Idee, dass die die Begriffsanwendungen beherrschenden Norminhalte mit dem Prozess des praktischen Anwendens bestimmt werden, nicht um einen naturalistischen Fehlschluss? Begrifflichen Inhalten normative Bedeutung zuzugestehen läuft darauf hinaus, dass das Verständnis solcher Inhalte, wonach sie durch den Prozess der Anwendung von Begriffen erteilt bzw. instituiert wurden sind, einen Übergang von einem »ist« zu einem »soll« erforderlich macht. Das, was Praxisteilnehmer *eigentlich* tun, wenn sie Begriffe anwenden, wenn sie einige Argumente und Urteile annehmen, die durch eine gegebene Konstellation von Begriffen gegliedert werden, und andere wiederum ablehnen, muss irgendwie verständlich sein als ein Festlegen dessen, was diese Praxisteilnehmer tun *sollten*, welche dieser Anwendungen *richtig* wären, also im Rückgriff auf die Inhalte dieser Begriffe (im Kontext der Tatsachen) rational gerechtfertigt werden können, und welche nicht. Ein solcher Skeptizismus überlässt den normativen Einstellungen die *ganze* Arbeit und lässt den Begriff NORM bzw. NORMATIVER STATUS fallen. Eine Aussage darüber, was rechtlich ist (ein normativer Status), wird zu einer *Vorhersage* über die Tatsache, was ein Richter entscheiden würde (die normative Einstellung des Richters). Extreme Formen des Rechtsrealismus bestehen zudem darauf, dass die Aussagen des Richters durch nichtrechtliche Gründe und Ursachen bestimmt werden. Rechtliche Entscheidungen werden hiernach durch Faktoren wie das, »was der Richter zum Frühstück hatte«, kausal hervorgebracht (bzw. etwas realistischer durch die

Ausbildung des Richters, seinen Kulturkreis, seine Lesegewohnheiten oder politischen Neigungen).

Indem ich mich auf diese skeptische Herausforderung in der Rechtsphilosophie beziehe, möchte ich behaupten, dass sie unbedingt als eine Erscheinungsform der *Entfremdung* im hegelschen Sinne zu bewerten ist. Das Verständnis für die herrschende Autorität von Normen gegenüber normativen Einstellungen, also was richtig *ist*, gegenüber dem, was als richtig *betrachtet* wird – das heißt die Statusabhängigkeit normativer Einstellungen –, ist in dieser Perspektive durch die Einstellungsabhängigkeit der Normen (normativen Status) bedroht. Dieser Gedankengang wird als schädlich für die rechtswissenschaftliche Praxis aufgefasst, welche vor allem auf der traditionellen Verpflichtung des verantwortlichen Juristen beruht, das Gesetz nicht zu *geben*, sondern *herauszufinden*, was es bereits ist. Diese sittliche Zustimmung der Statusabhängigkeit normativer Einstellungen scheint aber unvereinbar zu sein mit einem Verständnis der Einstellungsabhängigkeit von Rechtsnormen, wie es die Rechtspositivisten pflegen. Von Hegels Standpunkt aus betrachtet, verteidigen natürlich beide an der Debatte Beteiligten einseitige Ansichten. Der Erstere sieht nur die Autorität des Richters und nicht seine Verantwortung, während der Letztere nur seine Verantwortung, aber nicht seine Autorität sieht. Es ist eine Erklärung erforderlich, die sowohl beiden als auch ihrer wesentlichen Wechselbeziehungen zueinander gerecht wird sowie den Prozess der Bestimmung begrifflicher Inhalte darstellt, der in seinen Aspekten die beiden Seiten widerspiegelt. Genau dies bietet uns Hegel an. Die unmittelbare Anwendbarkeit seines Ansatzes für dieses Problem hat mich dazu motiviert, bei der Darlegung der Lösung seines Problems im vorliegenden Buch wiederholt darauf zu rekurrieren.[9]

9 Ich behandle diesen bestimmten Fall ausführlicher in »A Hegelian Model of Legal Concept Determination. The Normative Fine Structure of

Der letzte zeitgenössische philosophische Ausdruck normativer Entfremdung, auf den ich hinweisen möchte, ist der reduktive wissenschaftliche Naturalismus bezüglich Normen. Ein guter Ausgangspunkt ist das Prinzip von Sellars, inzwischen bekannt als die *scientia mensura*, wonach dort,

> wo es darum geht, die Welt zu beschreiben und zu erklären, die Wissenschaft das Maß aller Dinge ist, sowohl der bestehenden als auch der nichtbestehenden.[10]

Sellars ist ein Kantianer, der sich zwei grundlegende Einsichten von Kant zu Herzen genommen hat. Die erste ist der normative Charakter von Intentionalität. Die zweite ist die Idee, dass einige Begriffe sich nicht auf der unteren Stufe des Beschreibens und Erklärens bewegen, sondern wesentliche Merkmale des begrifflichen Rahmens explizit machen, der das Beschreiben und Erklären ermöglicht. Sellars hat diesen zweiten Gedanken mit Hilfe von Carnap umgedeutet, indem er die Begriffe, die diese kategoriale Rolle spielen, als wesentlich *metasprachlich* behandelt. Was die erste Idee betrifft, sind die wichtigsten Begriffe beim Explizieren des Rahmens Sellars zufolge diejenigen, die die Normativität diskursiver Praxis gliedern. Mit dem zitierten Spruch möchte Sellars darauf hinaus, dass normative Begriffe von jenen Begriffen getrennt werden sollten, über die die Wissenschaft eine alleinige ontologische Herrschaft behauptet. Da sie metasprachliche Rollen spielen, geht er davon aus, dass sie *keine* beschreibenden und erklärenden Rollen spielen können. Vielleicht stimmt das aber nicht. Auch wenn er bezüglich der kategorialen Rolle von normativen Begriffen Recht hat, hat er viel-

the Judges' Chain Novel«, abgedruckt in: Graham Hubbs, Douglas Lind (Hg.), *Pragmatism, Law, and Language*, New York 2014, S. 19-39.

10 Wilfrid Sellars, *Der Empirismus und die Philosophie des Geistes*, Paderborn 2002, § 41, S. 72.

leicht Unrecht, ihnen die beschreibende und erklärende Rolle abzusprechen und sie somit aus dem anvisierten Geltungsbereich der *scientia mensura* auszuschließen. Die darauffolgende philosophische Tradition jedenfalls ist sich bisher der anspruchsvollen Ansichten Sellars' zu diesem Punkt kaum bewusst und hat auch keinen großen Einfluss durch sie erfahren. Der Gedankengang, auf den ich hier hinweisen möchte, ist in der gegenwärtigen Philosophie weitverbreitet und wird durch das naturalistische Prinzip von Sellars klar formuliert. Entgegen Sellars' Absicht wird er jedoch so aufgefasst, dass er nur spezifisch für das gilt, was in normativem Vokabular formuliert wird.

Die Idee in ihrer stärksten Formulierung lautet an dieser Stelle: Normen und normative Status sind für das Erklären überflüssig. Man findet sie nicht in der durch die Naturwissenschaften sichtbar gemachten Kausalordnung und insofern müssen wir beim Erklären von Ereignissen innerhalb dieser Ordnung nie auf sie rekurrieren. Sie sind bloß normative Einstellungen. Menschen *betrachten* in der Tat einige Verhaltensweisen als angemessen und andere als unangemessen; sie *schreiben* tatsächlich Autorität und Verantwortung sowie Verpflichtungen und Berechtigungen zu. Diese praktischen Einstellungen *sind* in der natürlichen Ordnung und *können* angemessen angeführt werden, um zu erklären, warum die Menschen das tun, was sie tun. Doch die *ganze* Erklärungsarbeit kann allein durch normative Einstellungen geleistet werden. Für die Erklärung ist nichts gewonnen, wenn wirkliche Status des Rechthabens oder Unrechthabens neben dem Einnehmen von Einstellungen postuliert werden, in denen etwas als richtig oder falsch *betrachtet* bzw. *behandelt* wird. Während die beste Erklärung für die Überzeugungen und Absichten von Menschen bezüglich Elektronen darin besteht, dass es tatsächlich Elektronen gibt – weshalb die Dinge so funktionieren, wie sie in unserer Wechselwirkung mit ihnen funktionieren –, besteht die beste Erklärung für die normativen Überzeugungen und Absichten von Menschen eben in weiteren Überzeugungen und Absichten, das heißt insbesondere der eigenen, aber auch derjenigen der Eltern und Lehrer oder der Menschen, mit denen sie praktisch und sprachlich zu tun haben. Wenn das richtig ist, scheinen unsere Gründe dafür, an Normen zu glauben, nicht dieselben zu sein, weshalb wir an Elektronen glauben. Das von Harman vorgebrachte Argument für den spezifischen Fall der Moralität ist ein Paradebeispiel.

Ich gehe davon aus, dass dieser Gedanke zumindest in seinen allgemeinen Umrissen bekannt ist. Laut meines Arguments ist diese Denkweise bereits in der Figur von Hegels Kammerdiener zu erkennen, für den die Statusabhängigkeit der Einstellungen seines Herrn, das heißt die Verantwortung, die diese Einstellungen den autoritativen Pflichten gegenüber zollen, unsichtbar bleibt und durch selbstständige selbstbetrachtende Einstellungen ersetzt wird. Diese niederträchtige Metaeinstellung ist eine extreme Version des modernen Verständnisses der Einstellungsabhängigkeit normativer Status, also der Autorität von Einstellungen gegenüber Status. Denn normative Status haben gemäß dieser extremen Version jener modernen Einsicht keine wirkliche Existenz; sie haben nur eine virtuelle Existenz als die Gegenstände normativer Einstellungen. Es werden keine über Einstellungen hinausgehenden Status instituiert. Eine solche Ansicht ist eine Art *Nonplusultra* der Entfremdung.

Und sie ist schon für sich genommen anfechtbar. Damit ein Argument der besten Erklärung es nämlich rechtfertigt, ontologisch allein Einstellungen gelten zu lassen, muss es das Vokabular, in welchem sowohl das zu Erklärende als auch das zur Erklärung Verfügbare spezifiziert werden, so einschränken, dass zwei Adäquatheitskriterien erfüllt werden. Es ist alles andere als klar, ob sie beide zugleich erfüllt werden können. Der wissenschaftliche Naturalismus läuft darauf hinaus, jene Tatsachen aus dem Reich der Tatsachen auszuschließen, für deren Erklärung nicht auf Einstellungen zurückgegriffen werden kann, wie beispielsweise die Tatsache, dass Mord falsch ist. Solche, in normativer Terminologie eingebetteten Beschreibungen stehen der Sprache der Naturwissenschaften nicht zur Verfügung. Die *normativen Einstellungen*, die der Erklärung bedürfen und zur Erklärung dienen sollen, müssen selbst jedoch in ebendieser Sprache der Naturwissenschaften spezifizierbar sein. Das ist viel verlangt. Es ist keineswegs klar, dass irgendeine, in der nichtnormativen Sprache der Naturwissenschaften gegebene Spezifikation von Einstellungen dazu berechtigt ist, diese Einstellungen so zu betrachten, dass sie *überhaupt* bestimmten semantischen Inhalt haben, geschweige denn bestimmten Inhalt, der gänzlich in nichtnormativen Termini spezifiziert werden kann. Man bräuchte eine solche Spezifikation aber, um verständlich zu machen, inwieweit Normen zumindest virtuell Gegenstände der Zustimmung und Zuschreibung in solchen normativen Einstellungen sind.

Eine Variante dieses Arguments gegen einen naturalistischen, nur auf Einstellungen bezogenen Reduktionismus bezüglich Normen ist implizit in Hegels positiver Erklärung der wechselseitigen Beziehung zwischen normativen Einstellungen und normativen Status enthalten – das heißt in der Art und Weise, wie er das traditionelle sittliche Verständnis der Statusabhängigkeit normativer Einstellungen mit dem modernen Verständnis der Einstellungsabhängigkeit normativer Status in Einklang bringt. Es ist wirklich außerordentlich beeindruckend, wie Hegel sich nicht auf die Kritik einseitiger Denkweisen wie etwa die von uns oben skizzierten gegenwärtigen philosophischen Erscheinungsformen der Entfremdung beschränkt. Er bietet eine detailreiche Erklärung, wie die Dinge tatsächlich funktionieren. Ich habe auf fünf gegenwärtige philosophische Gedankengänge hingedeutet: auf den metaethischen Relativismus, die Überlegungen zum Regelfolgen von Kripkes Wittgenstein, Wittgensteins intensive Beschäftigung mit der scheinbaren Spannung zwischen der Zufälligkeit von begrifflichem Inhalt und der rationalen Verbindlichkeit begrifflicher Normen, die rechtswissenschaftliche Rätselhaftigkeit der Rechtsverbindlichkeit im von Richtern gemachten Fallrecht bzw. *common law*, und den reduktiven wissenschaftlichen Naturalismus bezüglich Normen. Gemäß Hegels begrifflichem Schema sollten alle diese Gedankengänge als Erscheinungsformen moderner Entfremdung betrachtet werden. Sie alle legen Adäquatheitskriterien fest, die als Maß für Hegels konstruktive metaphysische Erklärung der Semantik sowie normativen Pragmatik diskursiver Praktiken dienen sollten. Dieser Erklärung werden wir uns nun zuwenden.

IV. Die drei Stufen der Gliederung des Idealismus

Das Fundament von Hegels Gedankengebäude besteht in einer nichtpsychologischen Vorstellung vom Begrifflichen. Dieser Idee zufolge bedeutet begriffliches Gehaltvollsein, in Beziehungen materialer Unvereinbarkeit und Folgerung zu stehen (Hegels »bestimmte Negation« und »Vermittlung«). Die Unvereinbarkeits- und Folgerungsbeziehungen werden als »material« bezeichnet, um darauf hinzuweisen, dass sie die *Inhalte* und nicht die *Form* des in Beziehungen Stehenden gliedern. Diese erste und grundlegendste semantische Idee von Hegel besteht also darin, BEGRIFFLICHEN INHALT hinsichtlich modal robusten Ausschluss- und Einschlussbeziehungen zu verstehen.

Im nächsten Schritt wird die Beziehung zwischen einem derartigen begrifflichen Inhalt und den Formen betrachtet, die dieser Inhalt annehmen kann. Das Ergebnis ist eine *hylemorphistische* Vorstellung vom Begrifflichen. Die innerhalb von Beziehungen materialer Unvereinbarkeit und Folgerung als Rollen verstandenen begrifflichen Inhalte sind amphibisch und tauchen in einer *subjektiven* und einer *objektiven* Form auf. Die subjektive Form gliedert das Sein bzw. das mögliche Sein der Dinge *für das Bewusstsein*, die objektive Form das Sein bzw. das mögliche Sein der Dinge *an sich*. Die *objektive* Form besteht in empirischer *Wirklichkeit*; in der *subjektiven* Form *erscheint* diese empirische Realität dem erkennenden Subjekt. Sie sind verbunden als die beiden Pole des intentionalen Nexus: was *erkannt* werden kann und der Versuch, darüber *Erkenntnis zu gewinnen* – also Noumena und Phaenomena. Für genuine Erkenntnis ist es erforderlich, dass ein und *derselbe* Inhalt sich in *beiden* Formen zeigt, also in der subjektiven Form des Denkens und der objektiven Form der Tatsachen. Die begrifflichen Inhalte der beiden Formen stehen in einer weitgehend repräsentationalen Beziehung zueinander, als das subjektiv Repräsent*ierende* der Wirklichkeit und die repräsent*ierten* objektiven Wirklichkeiten. Hegels zweite semantische Idee folgt aus der hylemorphistischen Entwicklung der ersten Idee: Die beiden Formen des begrifflichen Inhalts sind durch *repräsentationale* Beziehungen miteinander verbunden. Diese beiden Dimensionen semantischen Gehaltvollseins, das Verständliche und das Repräsentationale, können als hegelsche Versionen der fregeschen Metabegriffe SINN und BEDEUTUNG betrachtet werden, also als Gedanken und das, worüber nachgedacht wird, was ausgedrückt werden kann und was repräsentiert werden kann.

In Hegels semantischer Erklärungsstrategie wird die repräsentationale Dimension begrifflichen Gehaltvollseins in Bezug auf den grundlegenden Sinn von begrifflichem Gehaltvollsein erklärt, also durch Beziehungen materialer Unvereinbarkeit und Folgerung gegliedert zu sein. Was es heißt, etwas zu repräsentieren, wird durch die Beziehungen zwischen begrifflichen Inhalten verstanden. Die Idee einer noumenalen Realität wird in Bezug darauf erklärt, wie phänomenale Erscheinungen aufgrund ihrer Beziehungen untereinander über sich hinausdeuten. Dies ist ein Sinn, in dem Hegels Buch eine »Phänomenologie« ist. Diese Erklärung ist wesentlich expressivistisch und geschichtlich; ihr zentraler Begriff ist ERINNERUNG.

Laut einer weiteren, für sein Unterfangen besonders wichtigen Idee ist BEGRIFFLICHER INHALT im grundlegendsten Sinne ein wesentlich *modaler* Begriff. Die begrifflichen Inhalte der beiden Formen werden zunächst durch *modale* Beziehungen gegliedert. Unvereinbarkeitsbeziehungen kodifizieren Konjunktionen (in einem weitgefassten Sinne), die nicht bloß nicht *zufällig* gelten, sondern die *verboten* oder *ausgeschlossen* sind. Folgerungsbeziehungen kodifizieren Konjunktionen, die nicht bloß zufällig gelten, sondern die *verbindlich* sind und gelten *müssen.* Die Unvereinbarkeits- und Folgerungsbeziehungen, die Hegel zufolge begriffliche Inhalte gliedern, sind miteinander verbunden wie die beiden gepaarten Modalitäten Notwendigkeit und Unmöglichkeit bzw. Verbindlichkeit und Verbot. (Dies ist eine der Hinsichten, in denen die *Negation* tief in sein System eingebaut ist.)

Natürlich ist es für eine solche Perspektive von großer Bedeutung, wie die in Frage stehende modale Kraft verstanden wird. Gemäß Hegels bahnbrechender Idee können die zwei Formen, in denen sich begriffliche Inhalte zeigen, zwei verschiedenartigen Modalitäten entsprechen. Modale Unvereinbarkeits- und Folgerungsbeziehungen haben sowohl eine *alethische* als auch eine *deontische* Form. Sie können sowohl *nomologisch* als auch *normativ* gedeutet werden. Diese Modalitäten gliedern jeweils das objektive Reich des Seins (Realität, die Beschaffenheit der Dinge an sich) und das subjektive Reich des Denkens (Erscheinung, die Beschaffenheit der Dinge für das Bewusstsein, wie sie betrachtet werden).

Auf der objektiven Seite der Wirklichkeit sind die Eigenschaft, ein Säugetier zu sein, und die Eigenschaft, ein Reptil zu sein, miteinander unvereinbar in dem Sinne, dass es für sie *unmöglich* ist, in ein und demselben Gegenstand zugleich vorzukommen. Die Eigenschaft, ein Säugetier zu sein, hat die Eigenschaft zur Folge, ein Wirbeltier zu sein, da es *notwendig* ist, dass jedes Tier, das ein Säugetier ist, auch ein Wirbeltier ist. Auf der subjektiven Seite des Denkens ist es nicht unmöglich, ein und dasselbe Lebewesen zugleich als Säugetier und Reptil zu betrachten. Diese Gedanken sind vielmehr unvereinbar in dem Sinne, dass man sie nicht vereinen *sollte*. Betrachtet man ein Lebewesen als ein Säugetier, ist es möglich, dass man es nicht auch als Wirbeltier betrachtet. Doch *sollte* man es tun bzw. man ist dazu *verpflichtet*. Die Unvereinbarkeits- und Folgerungsbeziehungen, die die begrifflichen Inhalte objektiver Eigenschaften und Sachverhalte gliedern, sind alethisch-modale Beziehungen der Nichtkompossibilität und Notwendigkeit und in den Gesetzen der Natur kodifiziert. Die Unvereinbarkeits- und Folgerungsbeziehungen, die die begrifflichen Inhalte subjektiver Gedanken gliedern, sind deontisch-normative Beziehungen. Zwei Gedankeninhalte sind miteinander unvereinbar, wenn man sich nicht *berechtigterweise* zu beiden verpflichten kann, obgleich man dies trotzdem tun mag. Ein Gedankeninhalt ist eine Folgerung eines anderen Gedankeninhalts, wenn die Verpflichtung zum einen die Verpflichtung zum anderen beinhaltet – obwohl die tatsächlichen Einstellungen der einzelnen denkenden Subjekte nicht wirklich immer eine Zustimmung zu diesem normativen Status beinhalten. Neben Hegels Ausdrücken »bestimmte Negation« und »Vermittlung« können auch die Ausdrücke »Unabhängigkeit« und »Abhängigkeit« diese gepaarten Bedeutungen haben, jeweils eine für jede Form, die der Inhalt anzunehmen vermag. Auf der Seite der Subjekte werden sie normativ bzw. deontisch interpretiert als Autorität und Verantwortung, auf der Seite der Gegenstände alethisch in Bezug auf Notwendigkeit.

Die hieraus resultierende Ansicht ist eine Art *Begriffsrealismus*, da sie Gedanken wie auch Wirklichkeit als etwas betrachtet, das immer begriffliche Form hat, und also mit einer Vorstellung von Begrifflichem ansetzt, die nicht auf Gedanken als Akte bzw. als psychologische Ereignisse oder Prozesse beschränkt ist.

Sie verbindet das Begriffliche mit dem Denken im fregeschen Sinne des Denkbaren. (Frege sagt: »Eine Tatsache ist ein Gedanke, der wahr ist.«[11]) Laut dieser Vorstellung bedeutet begriffliches Gehaltvollsein, in Unvereinbarkeits- und Folgerungsbeziehungen zu stehen, also andere begriffliche gehaltvolle Elemente aus- und einzuschließen. Die die begrifflichen Inhalte gliedernden und insofern als »material« geltenden Unvereinbarkeits- und Folgerungsbeziehungen sind modal robust. Folglich ist Hegels Begriffsrealismus modal; seine spezifische Version ist hylemorphistisch. Begriffliche Inhalte können zwei Formen annehmen, eine subjektive und eine objektive. Diese entsprechen zwei verschiedenen Arten von Modalität, der alethischen und deontischen bzw. nomologischen und normativen. Es wird also ein *bimodaler hylemorphistischer Begriffsrealismus* sichtbar, der die Möglichkeit genuiner Erkenntnis verständlich macht – und zwar, indem begrifflicher Inhalt als etwas verstanden wird, dass in zwei Formen verwirklicht werden kann, in einer objektiven Form, die durch alethisch-nomologische Beziehungen notwendiger Folgerung und Nichkompossibilität gegliedert werden, und einer subjektiven Form, die durch deontisch-normative Beziehungen verbindlicher Folgerung und verbotener Konjunktion gegliedert wird.

Laut der Erklärung dieser Form entsprechen der subjektive und der objektive Pol des intentionalen Nexus, also das Repräsentierende im Denken und was in der Wirklichkeit damit repräsentiert wird, den zwei modalen Formen, die begriffliche Inhalte annehmen können. Für die Umsetzung der semantischen Erklärungsstrategie, die zeigen will, wie die repräsentationale Dimension des begrifflichen Gehaltvollseins (»von«-Intentionalität) in Bezug auf die expressive Dimension (»dass«-Intentionalität) zu verstehen ist, ist es erforderlich, dass man die Bezie-

11 Gottlob Frege, »Der Gedanke«, in: ders., *Logische Untersuchungen*, Göttingen 1993, S. 50.

hungen zwischen nomologischem und normativem Ausschluss und Einschluss bzw. zwischen alethischer und deontischer Unvereinbarkeit und Folgerung erklärt. Dieses Vorgehen ist nötig, da der Begriff der Unvereinbarkeit und der Begriff der Folgerung den noch grundlegenderen Begriff des begrifflichen Inhalts gliedern.

Der nächste große begriffliche Beitrag, den Hegel zur Untersuchung der Beziehungen zwischen den beiden modal gegliederten Reichen des Denkens und des Seins beisteuert, hat die Form einer im weitesten Sinne epistemisch-semantischen These. Sie besteht aus zwei Behauptungen darüber, was erforderlich ist, um die verschiedenen Arten modaler Struktur zu *verstehen*. Die erste Behauptung ist vielleicht keine Überraschung: Ein wesentlicher Aspekt des Verständnisses der Struktur des Denkens über die objektive Welt ist ein Verständnis der Struktur der gedachten Welt. Weniger konventionell behauptet er zweitens: Man kann die grundlegendste Struktur der objektiven Welt nicht verstehen, wenn man die Struktur der Tätigkeit des Denkens über die objektive Welt nicht versteht. Zusammengenommen machen diese Behauptungen eine *wechselseitige Abhängigkeit des Sinns* zwischen jenen Metabegriffen geltend, die die alethisch-modale nomologische Struktur der objektiven Welt gliedern, und jenen, die die deontisch-normative Struktur der subjektiven Welt des Denkens gliedern. In einer noch feineren Auflösung ergibt sich die Behauptung, dass eine wechselseitige Abhängigkeit des Sinns zwischen jenen Metabegriffen besteht, die die alethisch-modale Struktur von *gesetzes*beherrschten *Tatsachen* über *Gegenstände* und *Eigenschaften* auf der Seite der objektiven Wirklichkeit gliedern, und jenen Metabegriffen, die die deontisch-normative Struktur der Prozesse und Praktiken des *Schlussfolgerns*, des Behauptens bzw. *Beurteilens* und des *Bezugnehmens* und *Klassifizierens* gliedern auf der Seite des subjektiven Begreifens dieser objektiven Strukturen im Denken.

Dies ist eine epistemisch-begriffliche Behauptung, keine ontologische. Das heißt, dass das, was behauptet wird, dem Sinn nach und nicht der Referenz nach abhängig ist. Es wird also nicht behauptet, dass es keine Gesetze, Tatsachen, Gegenstände oder Eigenschaften geben würde, wenn es keine Tätigkeiten des Schlussfolgerns und Erklärens, des Aussagens und Beurteilens sowie des Bezugnehmens und Klassifizierens gäbe. (Das Gegenteil ist unumstritten wahr.) Vielmehr wird behauptet, dass man nicht *verstehen* kann, worüber man redet, wenn man über Gesetze und Tatsachen und Gegenstände mit Eigenschaften redet, insofern man nicht auch versteht, was man *tut*, wenn man schlussfolgert und erklärt, aussagt und beurteilt sowie Bezug nimmt und klassifiziert. Einige Termini wie etwa »übergeordnet« und »untergeordnet« sind wechselseitig dem Sinn und der Referenz nach abhängig. Man kann den einen Terminus nicht ohne den anderen verstehen, und die von ihnen bezeichneten Phänomene können nur zusammen auftauchen. Die umfassendsten normativen kategorialen Strukturen der Tätigkeiten des Denkens und die umfassendsten modal-kategorialen Strukturen der gedachten objektiven Welt sind wechselseitig dem Sinn nach abhängig – jedoch nur einseitig der Referenz nach: die wirkliche Existenz der Tätigkeiten des Schlussfolgerns, Beurteilens, Bezugnehmens und Klassifizierens hängen ab von der wirklichen Existenz von Gesetzen, Tatsachen und Gegenständen mit Eigenschaften.

Im 7. Kapitel habe ich diese These »objektiven Idealismus« genannt. Sie zeigt uns, dass wir die ontologische Struktur der objektiven Welt, ihre durch Gesetze beherrschten Tatsachen über Gegenstandseigenschaften, nur mit Begriffen verstehen können, die sich wesentlich darauf beziehen, was Subjekte *tun* müssen, um als Subjekte zu gelten, die die Welt mit dieser Struktur *betrachten* – obgleich die Welt diese Struktur auch in Abwesenheit von jeglichen Subjekten und ihren epistemischen Tätigkeiten haben könnte. Um als jemand zu gelten, der zwei Tatsachen als unvereinbar im alethisch-modalen Sinne behandelt, muss man die entsprechenden subjektiv doxastischen *Verpflichtungen* als unvereinbar im normativen Sinne behandeln. Das heißt, dass die Verpflichtung zur einen Tatsache die Berechtigung zur anderen Tatsache ausschließt, so dass man dazu verpflichtet ist – sollte man mit beiden konfrontiert sein –, etwas Weiteres zu *tun*, die Situation zu *ändern*, also zuletzt eine der beiden Verpflichtungen aufzugeben. Hierin zeigt sich die tiefreichende, für Hegels System zentrale Verknüpfung zwischen *bestimmter Negation* und *Veränderung* bzw. *Bewegung*. Um als jemand zu gelten, der die eine Tatsache als eine nomologische Folgerung einer anderen Tatsache behandelt, muss man praktisch zugestehen, dass die Verpflichtung zur einen die Zustimmung zur Verpflichtung zur anderen bedeutet.

Offensichtlich kann man nichts über Gesetze, Tatsachen und Gegenstände mit Eigenschaften verstehen, wenn man die Tätigkeiten des Schlussfolgerns und Erklärens, des Behauptens und Beurteilens sowie des Bezugnehmens und Klassifizierens nicht vollziehen *kann*. Diese Dinge muss man *tun* können, um als jemand zu gelten, der über Dinge nachdenkt. Die nächste Behauptung besteht darin, dass das Begreifen des *Begriffs* GESETZ als eines kategorialen ontologischen Merkmals der objektiven Welt davon abhängt, dass man die Rolle versteht, die Gesetzesaussagen beim Erklären und somit in konjunktivisch robusten Inferenzen spielen. Gesetze werden durch quantifizierte und modal qualifizierte Konditionale ausgedrückt (im einfachsten Fall: »Notwendigerweise sind alle As Bs«). Das Begreifen des *Begriffs* TATSACHE als eines kategorialen ontologischen Merkmals der objektiven Welt hängt wesentlich davon ab, dass man versteht, dass Tatsachen ausgesagt, beurteilt und gedacht werden können. Es handelt sich bei ihnen um Dinge, die durch deklarative Sätze ausgedrückt werden, welche verwendet werden, um etwas zu sagen.

Auf ähnliche Weise hängt das Begreifen der *Begriffe* GEGENSTAND und EIGENSCHAFT als kategoriale ontologische Merkmale der objektiven Welt wesentlich davon ab, dass man versteht, dass man mit der Verwendung singulärer Termini Bezug nimmt auf Gegenstände und sie mit der Verwendung von Prädikaten in Eigenschaften einordnet. Um die ontologische Struktur der objektiven Welt zu verstehen, deren sich das empirische Bewusstsein bewusst ist, ist es notwendig, die epistemischen Tätigkeiten zu verstehen, durch die das Bewusstsein sich der objektiven Welt bewusst werden kann. Dies ist der Grund, weshalb eine wechselseitige Abhängigkeit des Sinns gilt (und nicht, wie vom objektiven Idealismus behauptet, eine wechselseitige Abhängigkeit der Referenz) zwischen einerseits Begriffen, die die ontologische Struktur der objektiven Welt gliedern wie etwa GEGENSTAND, EIGENSCHAFT, TATSACHE und GESETZ, und andererseits Begriffen, die die Prozesse und Tätigkeiten des Sprechens und Denkens über diese Welt gliedern wie etwa BEZUGNEHMEN, BESCHREIBEN, BEURTEILEN, AUSSAGEN und SCHLUSSFOLGERN (und insofern auch SINGULÄRER TERMINUS, PRÄDIKAT, DEKLARATIVER SATZ und KONJUNKTIVISCHES KONDITIONAL).

Der objektive Pol des intentionalen Nexus wird durch konjunktivisch robuste nomologische Beziehungen strukturiert. Wir verstehen diese Beziehungen und die von ihnen gegliederten Relata funktional (also holistisch) in Bezug auf ihre Rolle in einer Konstellation gesetzmäßig verbundener Tatsachen, die von einer Penumbra ausgeschlossener und bloß möglicher Sachverhalte umgeben ist (Hegels »verkehrte Welt«). Diese Tatsachen wiederum gliedern gesetzmäßige Beziehungen zwischen den Gegenständen und ihren Eigenschaften und sind von einer Penumbra ausgeschlossener Eigenschaften und unmöglicher Gegenstände umgeben. Der subjektive Pol des intentionalen Nexus wird durch Prozesse und Praktiken strukturiert, die durch Normen beherrscht werden und insofern normativer Bewertung unterliegen. Wir verstehen diese durch Normen beherrschten Tätigkeiten funktional und somit holistisch in Bezug auf ihre Rolle in einer Konstellation von Verpflichtungen, die durch konjunktivisch robuste inferentielle Beziehungen zwischen Urteilen und praktischen Verpflichtungen gegliedert ist, welche von einer Penumbra ausgeschlossener und bloß möglicher Verpflichtungen umgeben sind – also von Denkbarem, zu dem das denkende Subjekt nicht verpflichtet sein sollte bzw. nicht verpflichtet ist. Diese Behauptungen wiederum sind durch Akte des Bezugnehmens und Klassifizierens gegliedert, die durch die Verwendung von singulären Termini und Prädikaten ausgedrückt werden, die zum Ausdrücken weiterer beurteilbarer Dinge verwendet werden können. Hegel nennt diese Konstellation von subjektiv doxastischen Verpflichtungen, die durch weitergehende Verpflichtungen gegliedert werden darüber, welche doxastischen Verpflichtungen mit anderen unvereinbar sind bzw. aus ihnen folgen, »den Begriff«.

Auf der Ebene der umfangreichsten Struktur wird das objektive Reich des Seins durch nomologische *Beziehungen* gegliedert und das subjektive Reich des Denkens durch normbeherrschte *Prozesse*, *Tätigkeiten* und *Praktiken*. Wie wir bereits gesehen haben, können wir uns nun fragen, wie es sich mit dem intentionalen Nexus zwischen diesen beiden Reichen verhält. Sollte er durch *relationale* oder durch *praktisch-prozesshafte* Begriffe gedeutet werden? Wenn diese sich nicht gegenseitig ausschließen (und so versteht Hegel tatsächlich die Dinge), so dass sowohl semantische Beziehungen als auch Pragmatik, also diskursive Tätigkeiten des Wissens und Handelns, wesentlich sind, hat das eine Reich dann begrifflichen (Erklärungs-)Vorrang gegenüber dem anderen? Objektiver Idealismus behauptet, dass die nomologischen und normativen Aspekte dieser Beziehungen und Praktiken (das, was durch alethisch und deontisch modales Vokabular ausgedrückt wird) jeweils wechselseitig dem Sinn nach abhängig sind. Das Verständnis dieser beiden Aspekte der zwei Reiche muss symmetrisch sein: Beide können nur als Teil eines Ganzen verstanden werden, das auch den jeweils anderen Teil enthält. Denn die Normen gliedern das, was man *tun* muss, um als jemand zu gelten, der behauptet, dass die nomologischen *Beziehungen* gelten. Aber wie steht es mit den Tätigkeiten und Beziehungen selbst? Ich habe behauptet, dass Hegel zufolge eine Erklärungs*asymmetrie* besteht, insofern die semantischen *Beziehungen* zwischen diesen diskursiven Praktiken und den objektiven Beziehungen, die den diskursiven Praktiken bekannt sind und die sie praktisch nutzen, durch ebendiese diskursiven Praktiken *instituiert* werden. Diese diskursiven Praktiken gliedern sowohl das subjektive Reich des Denkens und stellen die Beziehungen zum objektiven Reich des Seins her. Die Behauptung der Asymmetrie, derzufolge spezifisch diskursive Praktiken des Erinnerns zum Verständnis des intentionalen Nexus zwischen Subjektivität und Objektivität gegenüber semantischen Beziehungen privilegiert werden, stellt die These des *Begriffsidealismus* dar.

Die in der *Phänomenologie* entwickelte Ansicht wird hier anhand eines Verlaufs von drei zunehmend radikaler werdenden, charakteristischerweise hegelschen Thesen zum Ausdruck gebracht: bimodaler hylemorphistischer Begriffsrealismus, objektiver Idealismus und erinnernder Begriffsidealismus. Jede der Thesen versteht den intentionalen Nexus als eine besondere Art von Einheit, die jeweils auf spezifische Weise die Unterscheidung zwischen den notwendigerweise verwandten Polen aufhebt, da die Notwendigkeit besteht, in die Einheit gebunden zu sein. In allen drei Fällen sind die verwandten Elemente funktional zu verstehen in Bezug auf die Rolle, die sie in der jeweils spezifischen Art von Einheit spielen. Die ersten zwei stellen Symmetriebehauptungen auf. Der begriffliche Inhalt wird in einer einheitlichen Weise aufgefasst als das, was durch Beziehungen materialer Unvereinbarkeit und Folgerung gegliedert wird. Er zeigt sich also in zwei Formen, die durch die Modalität unterschieden werden, welche für die jeweilige Behauptung charakteristisch ist. In der objektiven Form sind Unvereinbarkeit und

Folgerung alethisch-modale Beziehungen von Nichtkompossibilität und Notwendigkeit. In der subjektiven Form sind Unvereinbarkeit und Folgerung deontisch-normative Beziehungen zwischen Verpflichtungen, zu denen ein Subjekt nicht gleichzeitig berechtigt sein kann, und Schlüssen, die das Subjekt ziehen sollte. Von der begriffsrealistischen metaphysischen Behauptung her wird keiner der beiden Formen ein Vorrang oder Privileg zugestanden. Diese beiden modalen Formen sind also wechselseitig dem Sinn nach abhängig, denn keine von beiden kann unabhängig von ihrer Beziehung zur anderen verstanden werden. Von der objektiv idealistischen epistemologischen Behauptung her wird ebenfalls keiner der beiden Formen ein Vorrang oder Privileg zugestanden. Der Begriffsidealismus bricht diese Symmetrie; er ist tiefsinniger und erklärt und rechtfertigt die anderen beiden, weniger radikalen hegelschen Thesen. Er setzt eine spezifische Art von praktischem Vorrang (und insofern einen Erklärungsvorrang), und zwar den der normbeherrschten diskursiven und von Erinnerung geprägten Praktiken gegenüber den alethisch-modalen Beziehungen.

Weil die objektive Welt zugleich die Ursache der Sinne und das Ziel des Verstandes ist – das Erstere eine nomologische Frage und das Letztere eine normative –, beinhaltet das Erkennen sowohl alethisch-modale als auch deontisch-normative Beziehungen zwischen dem objektiven Reich des Seins, dessen Struktur durch alethisch-modale Beziehungen gegliedert wird, und dem subjektiven Reich des Denkens, dessen Struktur durch deontisch-normative Beziehungen gegliedert wird. Die erste Art von Beziehungen ist die der *epistemischen Folgerungen*. Sie bestehen in den konjunktivisch robusten Konditionalen der Form: »*Wären* die objektiven Tatsachen in dieser oder jener Weise anders gewesen (oder *würden* sie sich ändern), *wären* die im Denken bejahten Verpflichtungen in dieser oder jener Weise anders.« Diese Konditionale gliedern eine Dimension von *Autorität* (Selbstständigkeit) der objektiven Welt gegenüber den subjektiven Gedanken, also eine Dimension der *Verantwortung* (Unselbstständigkeit) des Denkens gegenüber den Tatsachen. Dies ist die konjunktivische Responsivität von Gedanken gegenüber Dingen. Bei der zweiten Art von Beziehungen handelt es sich um Beziehungen *normativer Verantwortung* des Denkens gegenüber Tatsachen. Das Sein der Dinge für das Bewusstsein *sollte* sich an das Sein der Dinge an sich anpassen. Auch diese normativen Beziehungen drücken die Autorität des Objektiven gegenüber dem Subjektiven aus. Die objektive Welt ist zugleich der Schauplatz der Handlung und das Ziel der Absicht, und deshalb beinhaltet die intentionale Handlungsfähigkeit sowohl alethisch-modale als auch deontisch-normative Beziehungen zwischen dem subjektiven und dem objektiven Reich. Die Handlungsfähigkeit ist *wirksam*, insofern konjunktivisch robuste Konditionale der folgenden Form gelten: »*Wären* die praktischen Verpflichtungen des Handlungssubjekts anders gewesen, *wären* die Ereignisse in der objektiven Welt ebenso anders gewesen.« Diese gliedern die Dimension der Autorität des Subjektiven gegenüber dem Objektiven, also eine Dimension der Abhängigkeit der objektiven Welt von den subjektiven praktischen Verpflichtungen. Der normative Maßstab des *Erfolgs* der intentionalen Handlungsfähigkeit wird festgelegt, insofern die Dinge nach einer Handlung objektiv sind. Im Hintergrund der Idee der Handlung steht die strukturelle Verpflichtung, nach der die Dinge so sein *sollten*, wie sie beabsichtigt sind. Begriffsidealismus konzentriert sich auf die Tatsache, dass *alle* diese alethisch-modalen und normativ-modalen *Beziehungen* durch die Erinnerungs*tätigkeit* instituiert werden, und zwar in der letzten Phase des Zyklus von Erkennen-und-Handeln.

Der Begriffsrealismus behauptet die Identität des begrifflichen Inhalts zwischen Tatsachen einerseits und Gedanken über diese Tatsachen andererseits. (Vergleiche Wittgenstein: »Wenn wir sagen, *meinen*, daß es sich so und so verhält, so halten wir mit dem, was wir meinen, nicht irgendwo vor der Tatsache: sondern meinen, daß *das und das – so und so – ist.*«[12]) Objektiver Idealismus behauptet keine zugrundeliegende Identität des Inhalts, sondern eine wechselseitige semantische Beziehung zwischen den beiden verschiedenen Formen, die solche Inhalte annehmen können, also eine Abhängigkeit des Sinns. Die vom Begriffsidealismus behauptete Beziehung des Vorrangs bzw. der Abhängigkeit ist keine in erster Instanz semantische Frage, keine Beziehung zwischen Sinn und Sinn wie etwa bei der Abhängigkeit des Sinns, oder zwischen Referenzgegenstand und Referenzgegenstand wie etwa bei der Abhängigkeit der Referenz. Sie ist noch nicht einmal eine semantische Beziehung zwischen Sinn und Referenzgegenstand (zwischen Repräsentierendem und Repräsentiertem). Vielmehr geht es darum, eine *pragmatische* Erklärung des praktischen Prozesses anzubieten, in dem diese semantisch-intentionale Beziehung zwischen dem Sein der Dinge für das Bewusstsein und dem Sein der Dinge an sich hergestellt wird. Gemäß meiner Verwendung des Terminus ist Pragmatik die Untersuchung der *Verwendung* von Begriffen durch Subjekte, die sich an diskursiven Praktiken beteiligen. Der Begriffsidealismus behauptet eine spezifische Art von Erklärungsvorrang (einer Art Autorität) der Pragmatik gegenüber der Semantik, und ist insofern eine *pragmatisch*-semantische Erklärungsstrategie und der entsprechende Idealismus ein *pragmatischer Idealismus.* Die rationale praktische Tätigkeit *sui generis*, die von dieser Art Pragmatismus zum Zwecke der Erklärung priorisiert wird, ist die *Erinnerung*.

12 Ludwig Wittgenstein, *Philosophische Untersuchungen*, Werkausgabe Bd. 1, Frankfurt/M. 1995, § 95, S. 294.

V. Erinnerung: Wie der Erfahrungsprozess begriffliche Inhalte und semantische Beziehungen bestimmt

Das Herzstück der *Phänomenologie* ist der Begriff der ERFAHRUNG. Deshalb wählte Hegel ursprünglich den Titel »Die Wissenschaft der Erfahrung des Bewußtseins«. Auch nachdem er im Laufe des Verfassens des Werkes zur Einsicht gekommen war, dass das »Bewusstsein« bloß einen Aspekt seines eigentlichen Themas, also des Geistes, betrifft, hätte er die Phänomenologie weiterhin getreu seiner Absicht »Die Wissenschaft der Erfahrung des *Geistes*« nennen können. Die Erfahrung ist der Prozess, in dem *der* Begriff sich entwickelt, und insofern der Prozess, in welchem sich seine konstitutiven Begriffe herausbilden. Es ist von äußerster Wichtigkeit für die hier vorgeschlagene Lektüre, dass der Begriff der ERFAHRUNG auf zwei Ebenen arbeitet, und zwar entsprechend der beiden grundlegenden Begriffsarten, die Hegel unterscheidet. Dies sind einerseits »logische«, begrifflich-spekulative und philosophische Begriffe und andererseits gewöhnliche empirisch und praktisch »bestimmte« Begriffe.

Der Ursprung dieser Unterscheidung liegt in Kants bahnbrechender Idee, dass es neben den Begriffen, die wir zum Beschreiben und Erklären von Geschehnissen verwenden, auch Begriffe mit einer spezifisch expressiven Rolle gibt, durch die die zentralen strukturellen Merkmale des Rahmens explizit gemacht werden, der das Beschreiben und das Erklären möglich macht. (Hierzu gehören alethisch-modale und deontisch-normative Begriffe.) Kant war der Meinung, dass es nur eine einzige Menge solcher Kategorien gibt, die die Struktur der diskursiven Praxis ausdrücken könnten. In der *Phänomenologie* erzählt Hegel eine durch Erinnerung rational-rekonstruierte Geschichte der expressiv-fortschrittlichen Entwicklung der »Gestalten des (Selbst-)Bewusstseins«, die durch verschiedene, mehr oder weniger adäquate kategoriale Metabegriffe gegliedert werden. Diese Geschichte gipfelt nichtsdestotrotz in einer bestimmten Menge von expressiv adäquaten philosophischen Begriffen. Die übergeordnete Strategie, die die vorliegende Auslegung von Hegel (und Kant) beseelt, lautet *semantischer Abstieg*, also die Idee, dass der höchste Zweck einer Untersuchung dieser Metabegriffe darin besteht, herauszufinden, was ihre Verwendung uns über das semantische Gehaltvollsein von Begriffen der unteren Stufe lehren kann, denn wir verstehen die kategorialen Metabegriffe am besten, wenn wir sie verwenden, um über die Verwendung und den Inhalt von gewöhnlichen Begriffen zu sprechen. Da meine Lektüre der *Phänomenologie* darauf abzielt, solche Lektionen herauszuarbeiten, ist sie eine *semantische* Lektüre. Jedoch ist sie zudem auch eine *pragmatisch*-semantische Lektüre, denn der Schlüssel zum Verständnis des begrifflichen Gehaltvollseins – das sowohl der objektiv empirischen Welt gesetzmäßig verbundener Tatsachen über Gegenstände und ihren Eigenschaften zukommt als auch der normativ subjektiven Tätigkeit des Denkens (also durch Schlussfolgern und Behaupten sowie durch Bezugnehmen und Klassifizieren Verpflichtungen zu übernehmen), – liegt in der diskursiven Praxis bzw. dem Prozess der Erfahrung. Der wichtigste Begriff für die Erklärung der Erfahrung, durch die die semantischen Beziehungen instituiert werden, ist der der Erinnerung.

Der pragmatische Metabegriff ERFAHRUNGSPROZESS wird zuerst in der »Einleitung«, ganz am Anfang des Buches, in der Form der Erfahrung des *Irrtums* ins Spiel gebracht, um zu erklären, wie sich *dem* Bewusstsein die bewusstseinskonstituierende Unterscheidung und Beziehung zwischen dem Sein der Dinge *für* das Bewusstsein und dem Sein der Dinge *an sich* zeigt. Egal, wie undeutlich ein Verständnis dieser Unterscheidung und Beziehung zu Beginn womöglich sein mag, geht Hegel trotzdem davon aus, dass sie zumindest *für uns* als die Leser des Buches ein Thema sein kann, also für das phänomenologische Selbstbewusstsein, das unter seiner Anleitung die Entwicklung des phänomenalen Selbstbewusstseins nachvollzieht. Hegels Terminologie des expliziten Seins der Dinge »für das Bewusstsein« und des impliziten Seins der Dinge »an sich« ist seine von ihm bevorzugte Redeweise über das, was ich den »intentionalen Nexus« genannt habe, welcher das subjektive Reich des Denkens (wie die Dinge den Subjekten *erscheinen*) mit dem objektiven Reich des Seins (wie die Dinge *in Wirklichkeit* sind) verbindet. Dieses bereits in der »Einleitung« hervortretende Phänomen wurde mit der Unterscheidung zwischen subjektivem Repräsentier*endem* und objektivem Repräsentier*tem* thematisiert (die von Descartes in das frühmoderne philosophische Denken über Geist und Erkenntnis eingebrannt wurde). Ich habe nicht nur diesbezüglich dazu angehalten, dieses Phänomen als die grundlegende *semantische* Beziehung zwischen Freges »Sinn« und »Bedeutung« aufzufassen. Die Frage ist, wie sich diese entscheidende Unterscheidung bereits für das metatheoretisch naivste erkennende Subjekt praktisch zeigt. Wie sollten wir die grundlegende Tatsache verstehen, dass

> gerade darin, daß es überhaupt von einem Gegenstande weiß, [...] schon der Unterschied vorhanden [ist], daß *ihm* etwas das *Ansich*, ein anderes Moment aber das Wissen, oder das Sein des Gegenstandes *für* das Bewußtsein ist [?][13]

Es handelt sich um die primitivste praktische Form des *Selbst*bewusstseins – des Gewahrseins darüber, was das Bewusstsein ist –, die sogar für das begrifflich ungebildete »natürliche Bewusstsein« verfügbar ist. Hegel führt den Ursprung dieses Bewusstseins auf die Erfahrung des *Irrtums* zurück, also darauf, was geschieht, wenn ein Subjekt unweigerlich und zwangsläufig herausfindet, dass es *falsch* lag, dass die Dinge tatsächlich nicht

13 *PhG*, S. 78.

so sind, wie sie erschienen. Indem es eine nicht mehr länger vertretbare Ansicht *aufgeben* muss, wird sie als eine *Ansicht* sichtbar (ein Repräsentierendes), die für ihre Richtigkeit gegenüber dem wirklichen Sein der Dinge (dem Repräsentierten) verantwortlich ist. Wird ein Irrtum praktisch eingestanden, so wird die *dem* Subjekt erscheinende Realität entlarvt und als bloßer Schleier, als eine Erscheinung, als die Beschaffenheit der Dinge *für* das Subjekt enthüllt. Der Stock schien geknickt; vollständig aus dem Wasser herausgezogen sieht man: er war in Wirklichkeit die ganze Zeit gerade. Die frühere Ansicht zeigt sich als eine bloße Ansicht, eine Weise, wie der Stock ausgesehen hat. Diese Ansichtsänderung bedeutet, dass unterschieden wird, wie die Dinge bloß aussehen und wie sie in Wirklichkeit sind.

Hegel verknüpft diese Art von Erfahrung später in der *Phänomenologie* mit unserer biologischen Natur als begehrende Wesen. Denn die Art von Begierde wie etwa Hunger geht mit einer charakteristischen Art von praktischer Tätigkeit einher, dem Essen. Reagiert man auf etwas in der Umwelt durch die Tätigkeit des Essens, wird diesem etwas eine spezifische Art von praktischer Bedeutung verliehen, die Bedeutung von Nahrung. Ebendiese Begierde, welche die damit einhergehende Tätigkeit motiviert und diese praktische Bedeutung definiert, dient als ein proto-normativer Maßstab der Richtigkeit. Wenn das, was ein Lebewesen durch Essen praktisch *als* Nahrung betrachtet und behandelt, den motivierten Hunger nicht stillt, stellt sich heraus, dass es sich *nicht eigentlich um Nahrung* handelt. Etwas zu essen, das sich als ekelhaft oder nur unbefriedigend herausstellt, ist die primitivste Form der Erfahrung des Irrtums. Hierdurch lernt man, dass das, was man als Nahrung betrachtet hat, was einem also als Nahrung erschien (was man als Nahrung orektisch repräsentiert hat), in Wirklichkeit keine Nahrung war. Wenn ein Lebewesen diesen Prozess des Irrtums und der Entdeckung durchläuft, zeigt sich die Unterscheidung zwischen dem Sein der Dinge *für* das Lebewesen (die praktische Bedeutung, die es ihnen praktisch erteilt hat) und dem Sein der Dinge *an sich* (die praktische Bedeutung, die sie gemäß der Befriedigung der Begierde in Wirklichkeit haben) diesem Lebewesen *als etwas*. Auf diese Weise zeigt sich eine Unterscheidung zwischen Erscheinung und Wirklichkeit praktisch bereits für vorbegriffliche, bloß begehrende Lebewesen. Diese Art von Erfahrung ist die Grundlage und die praktische Form des *Lernens*. Sie verdient den Titel »pragmatische Semantik«, da sie für Hegel auch die praktische Grundlage zur semantischen Unterscheidung zwischen Repräsentierendem und Repräsentiertem darstellt, also zwischen Sinn und Referenzgegenstand. Die Berechtigung für diese Charakterisierung wird noch deutlicher im weiteren Verlauf des Buches, wenn Hegel den Fokus von der Erfahrung des Irrtums zum ganzen Zyklus von Erkennen-und-Handeln erweitert, welcher nicht nur den erkenntnistheoretischen Irrtum und die Erkenntnis, sondern auch den praktischen Misserfolg und Erfolg absichtlicher Handlungen gewährleistet und integriert.

Der grundlegendste Begriff im rein semantischen Teil von Hegels Denken ist, wie wir gesehen haben, sein Verständnis vom Begrifflichen – im Sinne vom Begreifbaren, also das, was Gedanken und Tatsachen gemeinsam haben –, das durch Unvereinbarkeits- und Folgerungsbeziehungen formuliert wurde. Auf dieser semantischen Grundlage wird die expressiv-erinnernde Erklärung der repräsentationalen Dimension von begrifflichem Inhalt ausgearbeitet. Auch hier kommt die Erfahrung des Irrtums zum Tragen, da es wesentlich zur Einsicht in den Irrtum gehört, dass zwei Verpflichtungen praktisch als unvereinbar betrachtet und behandelt werden. Diese Art genuin begrifflicher Tätigkeit geht über das hinaus, was bloß begehrende Wesen vollziehen. Hegels Idee stammt von Kants früher, weitgehend pragmatischer Erklärung dessen, was Erkenntnissubjekte *tun* müssen, um als apperzipierend zu gelten. Apperzeption ist verstandesfähiges Gewahrsein im Gegensatz zum bloß *fühlenden* Gewahrsein begehrender Tiere. Kant zufolge besteht Gewahrsein im engeren Sinne darin, eine Konstellation von Verpflichtungen zu synthetisieren, welche eine bestimmte Art von Einheit aufweist, nämlich die apperzeptive Einheit. Diese Einheit ist *rational* aufgrund der spezifischen Arten von Normen, die ihr Synthetisieren bestimmen, und insofern eine *diskursive* Einheit, da sie *begrifflich* gegliedert ist.

Die Synthetisierung einer Konstellation von Verpflichtungen (doxastischen sowie praktischen), die die für die Apperzeption charakteristische rationale Einheit aufweist, besteht in der praktischen Zustimmung zu gewissen praktischen Verantwortungen. Die wichtigste für Hegels spätere Deutung der Erfahrung des Irrtums ist die Verantwortung zur *Kritik*, das heißt unvereinbare Verpflichtungen auszuschließen. Wenn man bemerkt, dass man sich unvereinbaren Verpflichtungen gegenübersieht (also den Inhalten, die ihnen zugeschrieben werden), muss man der praktischen Verantwortung zustimmen, etwas zu *tun*, also zumindest eine der Verpflichtungen zu ändern oder aufzugeben. Zudem gibt es eine rationale Verantwortung zur *Erweiterung*, die darin besteht, jenen Verpflichtungen zuzustimmen, die sich als *Folgerungen* aus den eigenen Verpflichtungen ergeben, also Schlüsse zu ziehen, die aus ihnen rational folgen. Ferner besteht die Verantwortung zur *Rechtfertigung*, also *Gründe* für die Verpflichtungen geben zu können, die man in die sich entwickelnde Konstellation integriert. Einer Sache apperzeptiv gewahr zu sein ist ein *diskursives* Gewahrsein, da etwas unter einen *Begriff* gebracht wird. Kant zufolge ist der Begriff eine Regel, die bestimmt, was womit unvereinbar ist (der spezifische Inhalt der Verantwortung zur Kritik) und was woraus folgt (der spezifische Inhalt der Verantwortung zur Erweiterung und Rechtfertigung). Begriffliches Gehaltvollsein bedeutet, geeignet zu sein, eine funktionale Rolle im Prozess der Synthetisierung einer Konstellation von Verpflichtungen zu spielen, die eine für die Apperzeption charakteristische rationale Einheit aufweist. Begrifflicher Inhalt bedeutet also, in Beziehungen materialer Unvereinbarkeit und Folgerung zu anderen solchen begrifflich gehaltvollen Elementen zu stehen. Diese Erklärung ist weitgehend pragmatisch, da der Begriff BEGRIFFLICHER INHALT (das Thema der *Semantik*) funktional in Bezug auf die normbeherrschte synthetische *Praxis* (das Thema der *Pragmatik*) verstanden wird, in der sich die eigenen Verpflichtungen entwickeln.

Hegel entwickelt seine Erklärung der Erfahrung des Irrtums auf Grundlage von Kants Modell. Er naturalisiert Kants Erklärung im weitesten Sinne, indem er sie wieder auf die Erde zurückholt und in der vorbegrifflichen Erfahrung begehrender Tiere gründet. Zugleich radikalisiert und verallgemeinert er aber sowohl den methodologischen Pragmatismus, demzufolge eine Erklärung begrifflichen Gehaltvollseins aus einer Erklärung der rationalen Tätigkeit gewonnen werden kann, als auch den spezifischen Fokus auf die den begrifflichen Inhalt gliedernden Unvereinbarkeits- und Folgerungsbeziehungen. Ferner ergänzt er substantiell das Bild vom Erfahrungsprozess, in dem sich die Entwicklung der Konstellation von Verpflichtungen herausbildet, welche der *Begriff* mit sich bringt. Für Hegel und Kant beginnt eine Episode der Erfahrung des Irrtums mit dem *Erfassen* einer Anomalie, also dem Eingeständnis, dass man *unvereinbaren* Verpflichtungen gegenübersteht. Zusammengenommen schließen diese Verpflichtungen aus, der Verantwortung zur Rechtfertigung nachgehen zu können. Dieser Unvereinbarkeit praktisch zuzustimmen bedeutet, dass man dazu verpflichtet ist, etwas zu *tun*, etwas zu *ändern*. Laut dieser Pflicht muss man die Anomalie *beheben*, rationale Dissonanz durch rationale Harmonie ersetzen, indem man einige der störenden Verpflichtungen ändert oder aufgibt. An dieser Stelle bricht Hegel mit dem kantischen Bild, indem er der Gültigkeit erfolgreicher Behebungen eine entscheidende Einschränkung hinzufügt. Hinreichend ist nicht nur irgendein Abändern, das die Unvereinbarkeit beseitigt. Eine erfolgreiche Behebung muss in einer spezifischen Weise die Änderungen *erklären* und *rechtfertigen*, also in einer bestimmten Form vorgenommen werden. Diese zusätzliche Bedingung, die Charakterisierung dieser Einschränkung, ist eine der wichtigsten Ideen Hegels und steht im Mittelpunkt des Begriffsidealismus (und somit der pragmatischen Semantik) der *Phänomenologie des Geistes*.

Laut Hegels Idee muss die Vindikation einer vorgeschlagenen Behebungsstrategie, die an das Eingeständnis der Unvereinbarkeit von Verpflichtungen anschließt, einer spezifischen Art von *geschichtlichem* Narrativ genügen, nämlich einer Erinnerung. Man muss eine rückblickende Geschichte erzählen, die einen idealisierten expressiv-fortschrittlichen Verlauf durch die vorangegangenen Ansichtsänderungen rational rekonstruiert; sie gipfelt in der Bejahung der Ansicht, die auf die Behebung der zuletzt entdeckten Anomalie folgt. Im ersten Stadium der Erfahrung des Irrtums wird die vorherige Vorstellung der Beschaffenheit der Dinge, also das, was *dem* Bewusstsein das Sein der Dinge *an sich* war, als Erscheinung entlarvt. Die Vorstellung ändert ihren Status. Für *das* Bewusstsein ist sie jetzt nur noch etwas, was die Dinge *für* das Bewusstsein waren, also eine falsche Ansicht über die wirkliche Beschaffenheit der Dinge. Um eine neue Ansicht zu rechtfertigen, die die wirkliche Beschaffenheit der Dinge an sich wahrheitsgemäß repräsentiert, muss man zeigen – in der Annahme, dass die Dinge jetzt derart beschaffen sind –, wie man zu der Erkenntnis gelangt war bzw. gelangen konnte, dass die Dinge jetzt so sind, wie sie sind.

Für Hegel sind doxastische Verpflichtungen implizit Erkenntnisbehauptungen. Er vertritt charakteristischerweise Varianten aller drei Dimensionen der klassischen Vorstellungen von Erkenntnis, wonach diese eine gerechtfertigte wahre Überzeugung ist. Das, was ich als Verpflichtungen, also als eine Art von normativem Status bezeichnet habe, sind die Gegenstücke zu Gedanken und Überzeugungen (vermeintliches Wissen) in Hegels deontisch geprägter Vorstellung vom *geistigen* Reich des Denkens. Der Begriffsrealismus zeigt, dass es bei der Wahrheitsdimension solcher Erkenntnisbehauptungen darum geht, dass Denken und Tatsachen einen gemeinsamen begrifflichen Inhalt haben. Die Forderung nach einer erinnernden Vindikation der eigenen Verpflichtungen kodifiziert Hegels Version der Rechtfertigungsdimension von Erkenntnisbehauptungen. Bei dieser spezifischen Art von Rechtfertigung muss gezeigt werden, inwieweit die vorherigen Ansichten, die man auf dem Weg zur aktuellen Ansicht hatte, als richtige Betrachtungen, Erscheinungen bzw. Repräsentierendes *von* dem verstanden werden können, was man nun als die Wirklichkeit bejaht, die die ganze Zeit betrachtet und repräsentiert wurde. Um zu der Behauptung berechtigt zu sein, dass die Dinge so sind, wie man sie nun einmal betrachtet, muss man zeigen, wie man *herausgefunden* hat, dass sie so sind. Hierfür muss man auch erklären, was an den früheren Ansichten richtig war und was nicht und weshalb. Zudem muss man die Abfolge der früheren Ansichten derart rational rekonstruieren, dass man jetzt ein und denselben Gesprächsgegenstand betrachtet und die Abfolge als ein Prozess des *Lernens*, des allmählichen *Entdeckens* der wirklichen Beschaffenheit der Dinge qualifiziert wird. Dies ist das fortschrittliche Hervortreten in die Explizitheit, also der immer adäquater werdende Ausdruck dessen, was rückblickend betrachtet die ganze Zeit als die Norm implizit gewesen war, die den Prozess beherrscht und anleitet und als Erscheinung entsteht und vergeht.

In der rückblickenden geschichtlich-rationalen Rekonstruktion des Prozesses, der zu jener Konstellation von Verpflichtungen führt, deren Bejahung als eine Lektion vindiziert wird, die aus den vorangegangenen Phasen der Erfassung und Behebung gelernt werden sollte, vollzieht sich die letzte, die *Erinnerungs*phase einer Episode der Erfahrung des Irrtums. Erinnerung verwandelt eine *Vergangenheit* in eine *Geschichte*.[14] Sie verwandelt

14 In einem gewissen Sinne entwickelt Hegel seine Idee aus Herders Idee: »Der bloße Erzähler ist ein Annalist, ein Memoir-, ein Zeitungsschrei-

eine bloße Beschreibung vergangener Verpflichtungen in ein fortschrittliches Narrativ über eine Reihe von Lektionen, in der die wirkliche Beschaffenheit der Dinge an sich (gemäß den eigenen aktuellen Verpflichtungen) allmählich durch die fortschrittliche Abfolge immer adäquaterer Erscheinungen enthüllt wird, die in dem eigenen aktuellen glücklichen Zustand der *Erkenntnis* der (so betrachteten) wirklichen Beschaffenheit der Dinge gipfelt. Ein Erinnerungsnarrativ ist ein Narrativ des *expressiven* Fortschritts. Es handelt sich um eine Darstellung, wie allmählich das, was bereits die ganze Zeit in vorherigen Verpflichtungen *implizit* gewesen war – die Wirklichkeit, die so weit nur erschien (die Noumena hinter den Phaenomena) –, enthüllt wird und hervortritt, um gänzlich *explizit* zu sein und sich als das zu zeigen, was gemäß der aktuell bejahten und diesen Prozess vollendenden Ansicht Wirklichkeit ist. Sie ist eine Darstellung dessen, wie das Sein der Dinge an sich das wird, was die Dinge für das Bewusstsein sind.

> Schon ein *Gedachtes,* ist der Inhalt *Eigentum* der Substanz; es ist nicht mehr das Dasein in die Form des *Ansichseins,* sondern nur das weder mehr bloß ursprüngliche noch in das Dasein versenkte, vielmehr bereits *erinnerte Ansich* in die Form des *Fürsichseins* umzukehren.[15]

Eine Erinnerung weist vergangene Verpflichtungen, die aufgrund ihrer Unvereinbarkeit mit anderen verworfen wurden, als genui-

ber: der Vernünftler über die einzelne Erzählung ist ein historischer Raisonneur; aber der Zusammenordner vieler Begebenheiten zu einem Plan, zu einer Absicht: der ist, sagt unsre historische Kunst, der ist der wahre historische Künstler, Maler eines großen Gemäldes von der trefflichsten Komposition: der ist historisches Genie, der ist der wahre Schöpfer einer *Geschichte*!« Johann Gottfried Herder, *Älteres kritisches Wäldchen*, Werke, Bd. 1, Frankfurt/M. 1993, S. 15.

15 *PhG*, S. 34.

ne (wenn auch nur teilweise richtige) Erscheinungen *von* der Wirklichkeit auf, wie sie gegenwärtig erkannt wird – in diesem Sinne sind die Erscheinungen nicht *bloß* scheinhaft.

Wie bereits in der Diskussion über die »Einleitung« der *Phänomenologie* angemerkt wurde, sollte diese Erinnerungsphase der Erfahrung des Irrtums die »von«-Intentionalität in Bezug auf die »dass«-Intentionalität, also die repräsentationale Dimension des Denkens in Bezug auf das begriffliche Gehaltvollsein des Denkens erklären. Mit begrifflichem Gehaltvollsein im hegelschen Sinne ist das gemeint, was Gedanken und Tatsachen (Phaenomena und Noumena) gemeinsam haben können: durch Beziehungen materialer Unvereinbarkeit und Folgerung zu anderen gehaltvollen Elementen gegliedert zu sein. Die praktische Unterscheidung zwischen dem, was *als* noumenal bzw. als die wirkliche Beschaffenheit der Dinge an sich betrachtet und behandelt wird, und dem, was *als* phänomenal betrachtet und behandelt wird bzw. die Erscheinung der Dinge darstellt, findet ihren Ausdruck in den *Verpflichtungen* und *Bejahungen* des Inhalts. (Dies bedeutet das Einnehmen einer Einstellung und somit das Übernehmen eines normativen Status.) Einen begrifflichen Inhalt doxastisch zu bejahen bedeutet, dass diese Tatsache als ein Inhalt betrachtet wird. Das, *was* man als Tatsachen betrachtet (also die Inhalte, die man bejaht) und was sich ändert, betrifft bloß den Status der Inhalte, die an den verschiedenen Stadien der Erfassung und Behebung der Erfahrung des Irrtums beteiligt sind. Der Status des alten Inhalts ändert sich vom Bejahtwerden zum Nichtbejahtwerden, und der Status dessen, was diesen Inhalt ersetzt, ändert sich vom Nichtbejahtwerden zum Bejahtwerden. Das, was *dem* Bewusstsein noumenale Wirklichkeit war, wurde als phänomenale Erscheinung entlarvt und durch einen anderen Inhalt ersetzt, der nun als objektiv faktisch bejaht wird. Das Erinnerungsstadium einer Erfahrung des Irrtums rechtfertigt diese Statusänderung, indem es eine spezifische Art von Verknüpfung herstellt zwischen dem nun als noumenal bejahten Inhalt und allen vorherigen bejahten Inhalten, die jetzt als Phänomene betrachtet werden. Es handelt sich um eine repräsentationale Verknüpfung, durch die die Inhalte sich dem bewussten Subjekt als phänomenale Erscheinungen *von* dieser noumenalen Wirklichkeit zeigen. Die Verknüpfung wird in der Bereitstellung einer rückblickenden erinnernd-rationalen Rekonstruktion einer Abfolge von Phänomenen hergestellt, die in den aktuell betrachteten Tatsachen gipfelt. Angesichts dieser rationalen Rekonstruktion waren die Inhalte die ganze Zeit über implizit durch ihre Verknüpfung mit dieser noumenalen Wirklichkeit normativ beherrscht; sie dienten also als normativer Maßstab, demgemäß ihre Adäquatheit *als* phänomenale Erscheinungen zu bewerten ist.

Es ist entscheidend, dass die erinnernde Darstellung der repräsentationalen Dimension des begrifflichen Inhalts eine *expressive* Erklärung dieses Inhalts ist. Diese Darstellung erklärt, wie das, was gemäß jeder Erinnerung die ganze Zeit *implizit* (an sich) gewesen war, immer *expliziter* (für das Bewusstsein) wird. Die erinnernde Darstellung ist *expressiv*-fortschrittlich. Die repräsentationale Beziehung zwischen Sinn und Referenzgegenstand wird durch die Darstellung einer Abfolge von Erscheinungen hergestellt, die zunehmend adäquatere Ausdrücke einer zugrundeliegenden Wirklichkeit sind. Hegel ist im Allgemeinen der Überzeugung, dass wir das Implizite nur anhand des expressiven Erinnerungsprozesses verstehen können, der es explizit macht. Die zugrundeliegende Wirklichkeit wird als implizit gedeutet, als Norm, die die ganze Zeit über den Prozess ihres allmählichen Hervortretens in die Explizitheit bestimmt. Ohne dass diese Norm dem die Erfahrung durchlebenden Bewusstsein an irgendeiner vorangegangenen Stelle völlig explizit wird – also durch die Erinnerung, die sie als das enthüllt, wovon die Erscheinungen eben Erscheinungen gewesen waren –, bestimmt sie nichtsdestotrotz praktisch (also implizit) den Prozess. Gemäß der durch Erinnerung vollzogenen rückblickenden rationalen Rekonstruktion diente diese Norm als normativer Maßstab für bessere und schlechtere Erscheinungen, je nachdem, wie adäquat diese die Wirklichkeit enthüllt (ausgedrückt) haben. Der Erinnerung nach sind diese Bewertungen wirksam gewesen, da die Metanorm, die die Erinnerung (bzw. bessere und schlechtere Erinnerungen) bestimmt, einen *expressiven* Fortschritt verlangt, also den Fortschritt beim Explizitmachen dessen, was sich als etwas erweist, das die ganze Zeit über implizit war. Dieser Erinnerungsbegriff von AUSDRUCK ist grundlegender als der von ihm zu erklärende Begriff der REPRÄSENTATION.

Eine solche durch Erinnerung vorgenommene rekonstruktive Darstellung bedeutet die Bereitstellung der Phänomenologie einer Ansicht (einer Menge von Verpflichtungen). Eine Phänomenologie vindiziert diese Ansicht, indem sie zeigt, wie sie aus ihren verschiedenen irrtümlichen Erscheinungen Schritt für Schritt zum Vorschein kommt. Dies unternimmt Hegel in der *Phänomenologie* auf der Metaebene für verschiedene »Gestalten« des Selbstbewusstseins (und letztendlich für den ganzen Geist). Die letzte adäquate Form des Selbstbewusstseins (»das absolute Wissen«) erkennt sich selbst – in seiner dynamischen Erfahrung von empirischen und praktischen Verpflichtungen der unteren Stufe und jenen bestimmten Begriffen, die diese Verpflichtungen gliedern – als teilhabend an einem solchen geschichtlichen Erinnerungsprozess. Eine solche Phänomenologie vindiziert die Bejahung einiger begrifflicher Inhalte als noumenale Wirklichkeit, also als objektiv faktisch, indem sie zeigt, wie diese Inhalte die Herkunft und also die Verschiedenheit aufeinanderfolgender phänomenaler Erscheinungen dieses Wissens erklären (Erscheinungen, durch die das Subjekt sie *als* noumenale Wirklichkeit kennenlernt). Eine Rekonstruktion durch Erinnerung weist folglich die verschiedenen irrtümlichen Überzeugungen, *dass* Dinge so und so sind (Phaenomena), als Erscheinungen *der* Tatsachen auf, wie die Dinge in Wirklichkeit sind (Noumena). Eine Erinnerung vollzieht eine große Wende:

Der aus einem Prozess wiederholter Irrtumserfahrungen resultierende und insoweit abschließende *Endpunkt*, das Ergebnis, wird zugleich an den *Anfang* gesetzt.

> Wir lassen niemals vom Entdecken
> Und am Ende allen Entdeckens
> Langen wir, wo wir losliefen, an
> Und kennen den Ort zum ersten Mal.[16]

Oft verwendet Hegel in diesem Zusammenhang zirkuläre Bilder. Es ist die Tatsache, die die fortschrittliche Offenbarung der Tatsache antreibt. In der Erinnerung wird sichtbar, dass die wirkliche Beschaffenheit der Dinge den Prozess beherrscht, sowohl deontisch als Maßstab der Bewertung des expressiven Erfolgs als auch alethisch in dem Sinne, dass die Episoden, die als expressiv-fortschrittlich gelten, der wirklichen Beschaffenheit der Dinge gegenüber konjunktivisch responsiv sind. Die Tatsache ist die Ursache eines Erfahrungsverlaufs und zugleich das Ziel dieses Verlaufs. Auf der sprachlichen Ebene ist die Art von Verknüpfung, die eine solche erinnerte Geschichte zusammenhält, *anaphorisch*. Hegel führt diese Verknüpfung im Kapitel zur sinnlichen Gewissheit ein, wenn er seinen Blick auf die Kette »dies ... es ... es ...« richtet, durch die ein zunächst unwiederholbarer demonstrativer Gedanke wiederaufnehmbar und wiederholbar sein muss, um später für das Denken erkenntnistheoretisch bedeutsam zu sein. Durch die anaphorische Struktur der Wiederholung nehmen spätere Elemente der anaphorischen Kette ihre Referenzgegenstände von vorangegangenen Elementen auf. Im Falle phänomenologischer Erinnerung wird der begriffliche Inhalt (der als eine Tatsache und insofern als das zugrundeliegende Noumenon bejaht wird) als etwas betrachtet, auf das al-

16 T. S. Eliot, *Vier Quartette*, Little Gidding, V, Berlin 2015, Übertragen von Norbert Hummelt.

le Phänomene *Bezug nehmen* und durch das sie mit ihm als Erscheinungen *von* ihm verknüpft werden. Die Wende in der Erinnerung bedeutet, dass die anaphorische Kette auch rückwärts verläuft, also die anaphorischen Elemente dem anaphorischen »Vorgänger«, von dem ihre Referenz abhängt und übernommen wird, zeitlich vorangehen.[17] Hegel verfeinert seine Gliederung und vertieft seine Betrachtung dieser Beziehungen in der Diskussion der Fähigkeit zum absichtlichen Handeln im Kapitel zur Vernunft, wenn er erklärt, wie die Absicht, die eine Handlung in ihren Phasen fortlaufend bestimmt, nur rückwirkend zugeschrieben werden kann und mit den verschiedenen Phasen der Handlung verknüpft ist. Eine wichtige Komponente von Hegels Begriffsidealismus ist die Tatsache, dass die Erinnerungsphase der Erfahrung des Irrtums – die eine referentielle bzw. repräsentationale Beziehung zwischen der Wirklichkeit und ihrer Erscheinung im Erkennen herstellt – anhand eines Modells verstanden werden sollte, das aus der Erinnerungsform abgeleitet werden kann, in der die Akte des Handlungssubjekts als absichtliche Akte verständlich gemacht werden.

Auch auf der unteren Stufe empirisch-bestimmter Begriffe ist eine Erinnerung also eine Phänomenologie: Sie ist ein Prozess, in dem die Stadien einer rational rekonstruierten Abfolge begrifflich gehaltvoller Verpflichtungen anaphorisch auf die Ansicht zurückbezogen werden, in der sie als phänomenale Erscheinungen (Ansichten) *von* der noumenalen Wirklichkeit gipfeln. Am Ende des Kapitels über Kraft und Verstand stellt Hegel die Idee vor, dass wir den Sinn einer objektiven Wirklichkeit, welche »hinter« ihren subjektiven Erscheinungen »steht«, zuletzt am besten mit *expressiven* anstatt repräsentationalen Begriffen verstehen. Indem die Phänomene in einer expressiv-fortschrittlichen Geschichte des Hervortretens aufgereiht werden, in der

17 Der erste Absatz von Henry James' Erzählung *Das Raubtier im Dschungel* ist ein Beispiel für eine solche rückwärts laufende Anapher.

das zuvor Implizite ans Licht der aktuell bejahten (und insofern faktisch bejahten) Ansicht gelangt, wird die noumenale Wirklichkeit als etwas enthüllt, das den Phänomenen *implizit* ist, wodurch sie als mehr oder weniger adäquate partielle Ausdrücke dieser Wirklichkeit bewertet werden können.

Darstellungen dieser Art von Erinnerung und Vindikation sind uns aus verschiedenen institutionellen Praktiken bekannt. Altmodische Darstellungen der Wissenschaftsgeschichte haben typischerweise auf irgendein Merkmal aktueller wissenschaftlicher Theorien hingewiesen (Gene sind in DNA-Sequenzen bzw. Basenpaaren verschlüsselt, die Einteilung der Elementarteilchen in die, die durch die Fermi-Dirac-Statistik beschrieben werden, und die, die durch die Bose-Einstein-Statistik beschrieben werden, ist erschöpfend und vollständig) und eine vorgefertigte fortschrittsgläubige Erklärung des Prozesses angeboten, in welchem die Wahrheit Schritt für Schritt entdeckt wurde: das eine Merkmal ist aus diesem Experiment hervorgegangen, ein anderes aus jenem Theoriedurchbruch und so weiter. Fehlerhafte Ansätze, Irrwege und Sackgassen werden ignoriert, außer wenn irgendein Teil der Wahrheit dabei enthüllt wird. Auch die Endergebnisse komplexer medizinischer Diagnosen werden durch das Erzählen von Geschichten folgender Art erklärt: »Obwohl der Patient *wirklich* eine Infektion hatte, zeigt das Fehlen von Zytokinen im Blut, dass das Fieber, entgegen unserer ursprünglichen Vermutung, exogen sein muss.« Wichtig ist hier auch das Beispiel, auf das ich nun schon oft verwiesen habe: die rechtswissenschaftliche Praxis, in der die erinnernden Vindikationen eine unverzichtbare Rolle spielen. Am deutlichsten ist dies zu sehen im Fallrecht, insbesondere im *common law* (das im Grunde Fallrecht im umfänglichsten Sinne darstellt). Die wichtigste Form der Rechtfertigung, die ein Richter für seine Anwendung eines Rechtsbegriffs anbieten kann (beispielsweise hinsichtlich Gefährdungshaftung oder Sorgfaltspflicht), ist eine geeignete rationale Rekonstruktion vorheriger Anwendungen dieses Begriffs, die als Präzedenzfälle dienen und explizit Umrisse des zugrundeliegenden Gesetzes enthüllen, das in der rechtlichen Tradition implizit ist.

Kant zufolge ist REPRÄSENTATION ein normativer Begriff. Etwas gilt als repräsentierend, wenn es *verantwortlich* ist *gegenüber* etwas, das als repräsentiert gilt; dieses übt *Autorität* über das Repräsentierende aus, indem es ihm *als* Maßstab für die Bewertung seiner Richtigkeit dient. Eben in diesem Sinne repräsentieren die Verpflichtungen, die von einer erinnernden Geschichte zusammengefasst werden, einen Inhalt, der aktuell als eine Tatsache behandelt wird. Die aktuelle Verpflichtung, in der die zu rekonstruierende Abfolge gipfelt, welche ebendieser Verpflichtung gegenüber verantwortlich ist, wird als autoritativ gegenüber den vorherigen, von jener Abfolge umfassten Verpflichtungen behandelt, da die aktuelle Verpflichtung den Maßstab angibt, um zu bewerten, inwiefern die früheren Ausdrücke erfolgreiche oder adäquate Ausdrücke (und somit Repräsentationen) des Inhalts waren. Die Erinnerung sucht einen Weg aus den aktuellen Erfahrungen des Irrtums heraus, der expressiv-fortschrittlich ist, wenn er eine bloße Vergangenheit in eine verständliche Entdeckungsgeschichte zu verwandeln vermag. Diese Erfahrungen des Irrtums, die zum aktuell bejahten begrifflichen Inhalt geführt haben (die alle »dass«-Intentionalität aufweisen, da sie in Unvereinbarkeits- und Folgerungsbeziehungen stehen), werden von der Erinnerung als diesem Weg *gegenüber* verantwortlich behandelt, und zwar in dem notwendigen Sinn, Repräsentationen *von* ihm zu sein (»von«-Intentionalität aufzuweisen). Dies ist der Prozess, der repräsentationale Beziehungen instituiert, in dem also die begrifflichen Inhalte »dem Bewusstsein« zu Repräsentationen werden.

Indem man also an einem Erfahrungsverlauf bzw. einer Abfolge von Episoden der Erfahrung des Irrtums teilhat, welche jeweils stets die drei Phasen aufweisen – die kritische Erfassung einer Unvereinbarkeit von Verpflichtungen, die konstruktive Behebung der Unvereinbarkeit durch die Abänderung der Verpflichtungen und die erinnernde Vindikation der neuen Konstellation von Verpflichtungen –, stellen Erkenntnissubjekte repräsentationale semantische Beziehungen zwischen den Dingen her, die für Hegel die Rolle von Sinnen und Referenzgegenständen einnehmen. Sinne sind für Hegel wie auch für Frege Gedanken, also Denkbares. Dies bedeutet, dass begriffliche Inhalte für Hegel dazu geeignet sind, sowohl gedacht zu werden als auch, wenn alles richtig geht, Tatsachen zu sein, die gedacht werden können oder, wie wir auch sagen können, über die nachgedacht wird. Sie können gedacht werden, sind also begrifflich gehaltvoll, insofern sie in Beziehungen materialer Unvereinbarkeit und Folgerung zu anderen derartigen Inhalten stehen. Als solche weisen sie »dass«-Intentionalität auf, da sie der Inhalt von Gedanken sein können, *dass* Dinge so und so sind. Die erinnernd-rationale Rekonstruktion eines expressiv-fortschrittlichen Verlaufs, der in einem Denkbaren gipfelt, das als Tatsache bejaht wird, führt eine repräsentationale Beziehung herbei. Diese anaphorisch strukturierte repräsentationale Beziehung weist die Elemente des bevorzugten Verlaufs und insofern »von«-Intentionalität auf, indem sie Inhalte ausdrückt, die, mehr oder weniger adäquate, explizite Ausdrücke und somit Repräsentationen des schließlich bejahten Inhalts sind, der sich dementsprechend als das zeigt, was die ganze Zeit über in ihnen implizit war. Dies ist Hegels Darstellung dessen, was ein Subjekt *tun* muss, um repräsentationale semantische Beziehungen zwischen den eigenen Gedanken und den Tatsachen hervorzubringen. Erinnerung ist dementsprechend der Kern seiner pragmatischen Semantik und seines Begriffsidealismus.

In den Kapiteln zum Bewusstsein betont Hegel die modal robusten Beziehungen materialer Unvereinbarkeit und Folgerung, die die Inhalte von Begriffen gliedern, die wir bei der Beschreibung und Erklärung der empirischen Welt verwenden. Das Kapitel zu Kraft und Verstand endet mit der Empfehlung, dass wir das *repräsentationale* Verständnis der Gesetze der Natur, die in einem alethisch-modalen Vokabular ausgedrückt werden, durch ein *expressives* Verständnis ersetzen sollten, demzufolge etwas Implizites in gewöhnlichen empirischen Tatsachenaussagen explizit gemacht wird. Diese Alternative zeichnet sich dadurch aus, dass sie uns vom *Vorstellen* zum *Begreifen* führt und somit ein wesentlicher Bestandteil des Übergangs ist, der von der Verwendung von Metabegriffen mit der Struktur des *Verstandes* zur Verwendung von Metabegriffen mit der Struktur der *Vernunft* führt. Der Übergang von Repräsentation zu Ausdruck ist dementsprechend zentral für das, was uns das Buch wissen lassen möchte. An dieser Stelle ist der Begriff AUSDRUCK allerdings noch sehr grob. Im Zuge des Kapitels zur Vernunft, in der Untersuchung der praktischen Handlungsfähigkeit, gewinnt er jedoch an Gehalt durch die Erklärung der rückblickend-erinnernden Zurechnung von Absichten als Normen, welche die Handlungen anleiten und beherrschen. Das, was am Anfang der Handlung nur implizit war, wird bei ihrer Entfaltung immer expliziter. Erinnerung macht diesen Prozess rückblickend als etwas sichtbar, das *expressiv*-fortschrittlich ist, und verleiht somit dem Begriff der IMPLIZITHEIT einen eindeutigen Sinn. Dieses Modell, das Hegel am Ende des Kapitels über Kraft und Verstand auf den Tisch legt, erlaubt folglich ein Verständnis davon, wie die modalen Beziehungen implizit in den sie gliedernden Tatsachen enthalten sind.

Obwohl Hegel sowohl am Anfang der »Einleitung« als auch am Ende des Kapitels über Kraft und Verstand die von ihm empfohlene expressive Denkweise mit den repräsentationalen Denkweisen kontrastiert, ist, so denke ich, seine erinnernde Ausarbeitung so konzipiert, dass der semantische Repräsentationalismus zu seinem Recht kommt, und zwar indem mit Hilfe von expressiven Begriffen rekonstruiert wird, was die Repräsentationalisten richtig verstanden haben. Begrifflicher Inhalt hat tatsächlich eine repräsentationale Dimension; er kann und sollte letztlich mit expressiv-erinnernden Begriffen verstanden werden. Die im 12. Kapitel verfolgte Strategie, Hegels expressivistische rationale Rekonstruktion von repräsentationalen Beziehungen zu erläutern, besteht darin, Freges semantisches Vokabular von Sinn und Bedeutung (Referenz) als einen amphibischen Vermittler zwischen repräsentationalistischen und expressivistisch-semantischen Ausdrucksweisen zu verwenden. Einerseits ist sie eine anzuerkennende Form, über das Repräsentierende und das Repräsentierte zu sprechen, wie Sinne tatsächlich Bezug auf ihre Referenzgegenstände nehmen und sie entsprechend repräsentieren. Andererseits werden die Sinne, die die Referenz semantisch bestimmen, auch als etwas gedacht, das intrinsisch begreifbar ist. Dies bedeutet für Hegel, der sich hier Kant anschließt, dass sie begrifflich gehaltvoll sind. Hegels Verständnis von begrifflichem Gehaltvollsein, demzufolge etwas durch Beziehungen materialer Unvereinbarkeit und Folgerung gegliedert wird, bietet ein Modell an, in dem Gedanken als Sinne dargestellt werden können.

Der hylemorphistische Begriffsrealismus garantiert also die kategoriale Homogenität zwischen Sinnen als begreifbare Gedanken einerseits und den Referenzgegenständen der Gedanken (das, was sie repräsentieren) als entsprechend begrifflich gehaltvolle, feststellbare Tatsache andererseits. Somit wird die Idee verständlich, dass Gedanken die expliziten Ausdrücke von Tatsachen sind. Sie machen explizit (für das Bewusstsein), wie die Welt ist (implizit, an sich). Der Rückgriff des objektiven Idealisten auf eine wechselseitige Abhängigkeit des Sinns zwischen Spezifikationen objektiver Tatsachen und ihren modalen Beziehungen einerseits und den normbeherrschten Prozessen des praktischen Zustimmens zu Folgerungen aus den eigenen Verpflichtungen durch die Zurückweisung einiger und die Annahme anderer Verpflichtungen andererseits, sind zusammengenommen ein Schritt im Ausführen der expressivistischen Geschichte. Diese Geschichte wird durch den Rückgriff auf das Modell der praktischen Handlungsfähigkeit vervollständigt, um ein Verständnis von *Ausdruck* in Bezug auf *Erinnerung* zu gewinnen. Das Ergebnis ist eine expressive Erklärung der repräsentationalen Dimension des begrifflichen Inhalts in der Form einer erinnernden Erklärung von Repräsentation.

VI. Vom Verstand zur Vernunft: Die Bestimmtheit des begrifflichen Inhalts

Am Ende jeder erfolgreichen Episode der Erfahrung des Irrtums wird die rationale Harmonie der Verpflichtungen des Subjekts wiederhergestellt. Die aufgedeckte Unvereinbarkeit wird behoben und die daraus resultierende Konstellation von Verpflichtungen vindiziert, indem sie als Ergebnis eines Erfahrungsverlaufs erinnert wird, der zu einem ungebrochen expressiv-fortschrittlichen triumphalen Narrativ der Enthüllung und Entdeckung auserkoren und als solcher rational rekonstruiert wurde, als das Expliziterwerden dessen, was schon immer implizit gewesen war. Hegel geht aber davon aus, dass *jedes* Erringen eines solchen rationalen Gleichgewichts nur vorübergehend sein kann, da es dazu verurteilt ist, durch den Ausbruch neuer Anomalien gestört zu werden. Auch das unmittelbare Eingehen neuer empirischer Verpflichtungen, also nichtinferentiell und durch Wahrnehmung, bzw. das mittelbare Eingehen solcher Verpflichtungen, also durch das Schlussfolgern aus den eigenen aktuellen Verpflichtungen (die Verantwortung zur Erweiterung erfüllend), wird früher oder später zwangsläufig dazu führen, wieder Verpflichtungen gegenüberzustehen, die miteinander unvereinbar sind (gemäß den Inhalten, die sie der eigenen Betrachtung nach haben). Die Zwangslage endlichen Wissens und handelnder Subjekte garantiert auf der metaphysischen Ebene, für empirischen Irrtum und praktischen Misserfolg anfällig zu sein. Die Erfahrung des Irrtums ist unumgänglich. Was ich weiter oben die »fehlerhaften Ansätze, Irrwege und Sackgassen« der Untersuchung genannt habe, kann aus dem aufgeräumten, fortschrittsgläubigen, rechtfertigend erinnernden Narrativ rückblickend revidiert werden, aber künftig vermieden werden kann es nicht.

Weshalb nicht? Kurz gefasst: Weil der rationale begriffliche Charakter der Welt, also von Erkenntnis und Handlungsfähigkeit beherrscht zu werden, und ihre hartnäckige Widerspenstigkeit gleichermaßen grundlegende und ursprüngliche Merkmale der Beschaffenheit der Dinge sind. Einerseits ist die Welt gesetzmäßig, durch alethisch-modale Beziehungen der Unvereinbarkeit bzw. notwendigen Folgerung gegliedert und somit begrifflich gehaltvoll und begreifbar. (»Wer die Welt vernünftig ansieht, den sieht sie auch vernünftig an«, sagt Hegel an anderer Stelle.[18]) Sie ist laut Hegel durch und durch »vermittelt«. Andererseits ist sie mit roher Unmittelbarkeit durchschossen, die durch die Wahrnehmung auf das Denken trifft. In Anlehnung an die empiristische Tradition betrachtet Kant das begriffliche Auffassen sinnlicher Unmittelbarkeit als unendliche und unabschließbare Aufgabe. Ihm zufolge ist die sinnliche Unmittelbarkeit begrifflich unerschöpflich. Jeden Aspekt, den man auf der eigenen Handfläche sieht, kann man in einem Wahrnehmungsurteil ausdrücken. Aber egal, wie viele solcher Urteile man fällt, es wird immer neue, bis dahin noch nie ausgedrückte Urteile geben, die genuine Merkmale dessen feststellen, was man sieht. Laut einer der originellsten Ideen von Hegel überschreitet die Unmittelbarkeit des objektiven Seins das im subjektiven Denken begrifflich Fassbare nicht in Bezug auf seine notwendige *Unerschöpflichkeit* für empirische Urteile, sondern in Bezug auf die notwendige *Instabilität* empirisch-bestimmter *Begriffe*.

18 *VPG*, S. 23.

Hegel zufolge erfordert die Erfahrung des Irrtums nicht nur die Überarbeitung von *Überzeugungen* (doxastischen Verpflichtungen), sondern auch von *Bedeutungen*, also von den Begriffen und Vorstellungen, die empirische Urteile gliedern. Wenn meine Vorstellung von SÄURE die entsprechenden Umstände angemessener Anwendung beinhaltet, also dass beispielsweise etwas sauer schmeckt, sowie die angemessenen Folgerungen aus den Anwendungen, also dass sich beispielsweise Lackmuspapier rot färbt, dann werde ich – sollte mir etwas begegnen, dass sauer schmeckt und Lackmuspapier blau färbt – Verpflichtungen gegenüberstehen, die meiner eigenen Einsicht nach unvereinbar sind. Die Welt erlaubt mir nicht, so scheint es, diese Vorstellung von SÄURE zu haben, weil sie mich zu Folgerungen verpflichtet, die in der objektiven Welt nicht wirklich folgen. Als Reaktion auf das Erfassen von Anomalien müsste ich eventuell nicht nur meine doxastischen Verpflichtungen revidieren, sondern auch meine weiterführenden inferentiellen Verpflichtungen hinsichtlich dessen, was womit unvereinbar ist und was woraus folgt. Tatsächlich glaubt Hegel (im starken Kontrast zu Kant), dass es keine Menge empirisch-bestimmter Begriffe gibt bzw. *prinzipiell* geben kann, die, wenn sie *richtig* auf Dinge angewendet werden (gemäß den Umständen und Folgerungen der Anwendung, die diese Begriffe definieren), nicht schließlich doch zu unvereinbaren (von diesen Begriffen gegliederten) Verpflichtungen und somit zu einer Erfahrung des Irrtums führen würden. Dies ist seine Art und Weise, Unmittelbarkeit als einen weder reduzierbaren noch eliminierbaren Aspekt des bestimmten objektiven Seins und somit des Denkens über dieses Sein zu erfassen.

Das Auftreten hartnäckig verbleibender Unmittelbarkeit im Denken ist die Unvermeidbarkeit der Erfahrung des Irrtums. Jede mit der Zeit erreichte erinnernd vindizierte, rational harmonische Konstellation von Verpflichtungen ist fragil, prekär und vorübergehend, also dazu verurteilt, von Unvereinbarkeit zersetzt und als eine weitere Erscheinung einer Wirklichkeit entlarvt zu werden, die sich als bloß flüchtig erwiesen hat. Eine solche Ansicht erlaubt eine fallibilistische Metainduktion. Jede bisher angeeignete Ansicht hat sich als mangelhaft und inkohärent erwiesen – egal, wie die Dinge gegenwärtig oder wie sie in der Zukunft betrachtet werden, sie werden falsch repräsentiert. In einer solchen Perspektive könnte Erfahrung laut Hegel als ein skeptischer »Weg der Verzweiflung« erscheinen.

Dies ist aber nicht die von Hegel angestrebte Schlussfolgerung. Die »Einleitung« eröffnet mit der Forderung, keine Semantik zu bejahen, die das Erzielen genuiner Erkenntnis prinzipiell unverständlich macht. Und was ist mit dem Begriffsrealismus, der die Inhalte der Verpflichtungen im Denken mit den Inhalten von Tatsachen in der Welt zum Übereinstimmen bringen sollte, zumindest wenn alles gutgeht? Wenn man am hylemorphistischen Begriffsrealismus festhalten und zugleich annehmen würde, dass jede Konstellation bestimmt begrifflicher gehaltvoller Verpflichtungen dazu verurteilt ist, sich als inkohärent zu erweisen (bzw. unvereinbare Verpflichtungen zu enthalten), dann würde sich der Schluss ergeben, dass die objektive Welt selbst inkohärent bzw. »widersprüchlich« ist. An manchen Stellen formuliert Hegel seine eigenen Behauptungen auf eine Weise, die zu einer solchen Auslegung einlädt.

Für Hegel ist die Spannung zwischen der Unvermeidlichkeit des Irrtums und der realistischen Möglichkeit genuiner Erkenntnis nicht nur destruktiv, sondern auch produktiv. Beides sind gültige Perspektiven auf das, was stets zugleich die Erfahrung des Irrtums und der Weg der Wahrheit ist. Wichtig ist, dass man nicht ausschließlich, und somit einseitig, an einem der beiden Aspekte festhält, sondern den Prozess versteht, der sich notwendigerweise von *beiden* Perspektiven aus zeigt. Es ist dem geschichtlichen Prozess der Erfahrung wesentlich, sowohl rückblickende als auch vorausblickende Zeitperspektiven zu gewähren. Rückblickend, aus jeder durch Erinnerung vindizierten Konstellation von Verpflichtungen heraus betrachtet, die sich aus der Behebung zuvor eingestandener Unvereinbarkeiten ergibt, sieht man ungebrochen expressiven epistemischen Fortschritt, der in der Errungenschaft genuiner Wahrheitserkenntnis gipfelt, welche durch den bimodalen hylemorphistischen Begriffsrealismus gedeutet wird. Vorausblickend sieht man den unvermeidlichen Zerfall jeder derartigen schönen Harmonie durch den unvermeidlichen Eintritt von miteinander unvereinbaren Verpflichtungen und den Anfang neuer dreiteiliger Episoden der Erfahrung des Irrtums. Der rückblickende Standpunkt, demzufolge eine expressiv-fortschrittliche Tradition, in der das (an sich) Implizite für das Bewusstsein explizit wird, erinnernd durch rationale Rekonstruktion hergestellt wird, macht deutlich, inwiefern subjektives Denken die objektive Welt genuin begreifen kann, also inwiefern die Dinge für das Bewusstsein sein können, was sie an sich sind. Der vorausblickende Standpunkt fokussiert die Brüche, die durch die Ungleichheiten zwischen aufeinanderfolgenden erinnernden Rekonstruktionen entstehen, also dadurch, dass die eine bejaht, was von einer späteren zurückgewiesen wird. Somit wird sichtbar, wie die Unmittelbarkeit des wirklichen Seins, das sich in der sinnlichen Unmittelbarkeit widerspiegelt, zwangsläufig das überschreitet, was durch jede bestimmte begriffliche (vermittelte) Struktur erfasst wird, die in Beziehungen materialer Unvereinbarkeit und Folgerung gegliedert ist. Wie wir gesehen haben, besteht eine der anregendsten Ideen Hegels darin, dass sich die Unabhängigkeit der Unmittelbarkeit (ihre spezifische Autorität über die Strukturen der Vermittlung) als ein Prinzip der Instabilität zeigt, als etwas, dass normative Forderungen nach Änderungen einklagt bzw. nach der Zurückweisung oder Weiterentwicklung jeder durch bestimmte Begriffe und Verpflichtungen gegliederten Konstellation. In allen durch Erinnerung gewonnenen rückblickenden Vindikationen früherer Konstellationen von Verpflichtungen zeigt sich die Unabhängigkeit der Vermittlung (ihre spezifische Autorität über Unmittelbarkeit) als genuine Erkenntnis, als etwas, dass sich aus der expressiv-fortschrittlichen Enthüllung der Wirklichkeit früherer Erkenntnisbehauptungen ergibt.

Bestimmte Negation bzw. materiale Unvereinbarkeit ist nicht nur die grundlegende *begriffliche* Struktur, sondern markiert zudem das Moment der *Unmittelbarkeit* innerhalb des begrifflich Gegliederten auf der Seite des Seins sowie auf der Seite des Denkens. Durch die Wahrnehmung des Irrtums und des Misserfolgs produziert bzw. enthüllt die Unmittelbarkeit im Reich des Seins notwendigerweise die Unvereinbarkeit von Verpflichtungen, die das erkennende und handelnde Subjekt normativ dazu anhält, etwas zu *tun*, also an den Behebungs- und Erinnerungsphasen der Erfahrung teilzunehmen. Die Pflicht vorauszuschauen, eingestandene Unvereinbarkeiten zwischen Verpflichtung zu beheben, bedeutet das Eingestehen von Irrtum und der Inadäquatheit der Vorstellungen des Subjekts. Die Pflicht, erinnernd zurückzuschauen und frühere, nun aber überholte Behebungen und Erinnerungen expressiv-fortschrittlich zu begründen, instituiert Erkenntnis, Wahrheit und bestimmte Begriffe, deren Unvereinbarkeiten und Folgerungen den Begriffen nachvollzogen sind, die die objektive Welt (in einer anderen modalen Tonlage) gliedern. Das Anerkennen dieser Pflicht durch das Konstruieren rückblickender expressiv-fortschrittlicher erinnernder Narrative hat die Gestalt des Marsches der Vernunft durch die Geschichte. Dies ist gemeint, wenn es heißt, »die Welt vernünftig anzusehen«.

Der Erinnerungsprozess ist laut Hegel auch jener Prozess, in dem der Zufälligkeit die Form der Notwendigkeit verliehen wird. Objektive Unmittelbarkeit, das brachiale Sein, zeigt sich (wird etwas für das Bewusstsein, ist ausgedrückt) im Erkennen als die sinnliche Unmittelbarkeit der durch die Wahrnehmung freigesetzten Verpflichtungen. Die »Form der Notwendigkeit« ist eine normative Form. (Kant zufolge bedeutet »notwendig«, dass etwas gemäß einer Regel geschieht, weshalb es auch zwei verschiedene Arten gibt: natürliche Notwendigkeit, die durch alethisch-modale Beziehungen gegliedert wird, und praktische Notwendigkeit, die durch deontisch-normative Beziehungen gegliedert wird.) Mit dem nichtinferentiellen Eindringen von Verpflichtungen durch die Wahrnehmung kommt es zu Anomalien, die zu Unvereinbarkeiten führen. Solchen Ausbrüchen die Form der Notwendigkeit zu verleihen bedeutet, dass man sie in ein expressiv-fortschrittliches Erinnerungsnarrativ integriert und sie somit als die Vermittler darstellt, mit denen die wahren Begriffsinhalte Schritt für Schritt enthüllt und expliziter werden.

Eine Version von Kants Unparteilichkeit hinsichtlich der erkenntnistheoretischen Beiträge der Vermögen des Verstandes und der Sinnlichkeit wird schließlich innerhalb von Hegels noch umfangreicheren rationalistischen Ordnung metaphysischer und semantischer Erklärung in Form des Gleichgewichts zwischen rückblickender und vorausblickender Perspektiven des Erfahrungsprozesses wiedergewonnen. Laut einer geläufigen Karikatur versucht Hegel auf eine einfältige rationalistische Weise allein mit Begriffen das zu tun, was Kant tut, wenn er die Arbeit zwischen Diskursivem und Sinnlichem aufteilt. Die wahre Geschichte ist jedoch viel komplizierter und interessanter.

Um den sowohl rückblickenden als auch vorausblickenden Erfahrungsprozess zu verstehen, wenn Wahrheit und Irrtum als gleichermaßen wesentliche, sich ergänzende Aspekte bzw. zwei Seiten ein und derselben Medaille betrachtet werden, müssen sowohl Wahrheit als auch Bestimmtheit begrifflich neu gefasst werden. Es ist entscheidend, sie nicht als Eigenschaften, Zustände oder Beziehungen zu verstehen, die zu ein und demselben Zeitpunkt instanziiert werden, sondern als strukturelle Merkmale fortdauernder Erfahrungsprozesse. Somit gehen wir von der statischen modernen metabegrifflichen Struktur, die Hegel »Verstand« nennt, über zur dynamischen metabegrifflichen Struktur, die er »Vernunft« nennt. Gemäß den von Kant formulierten Kategorien steht dem *Verstand* ein Bestand von

Begriffen zur Verfügung, die bestimmt sind – es steht also bereits im Voraus fest, welche Mannigfaltigkeiten von Anschauung sie erfolgreich synthetisieren können. Bei Frege taucht eine verwandte Vorstellung von *Verstandes*bestimmtheit auf, und zwar als das Erfordernis, dass Begriffe Extensionen festlegen und für jeden möglichen Gegenstand bestimmen, unter den Begriff zu fallen oder nicht. Laut dieser Ansicht können mit Begriffen dauerhaft feststehende Wahrheiten formuliert werden, die in diesem Sinne bestimmt sind; Erkenntnisfortschritt besteht hiernach darin, dass man mehr und mehr solcher Wahrheiten bejaht und mehr und mehr solcher Falschheiten ablehnt, die mit ebendiesem bestimmten Begriff formuliert werden. Im Gegensatz dazu konzentriert sich der Standpunkt der *Vernunft* auf die Formbarkeit von Begriffen.

Im oben genannten Beispiel der Erfahrung des Irrtums ist ein Subjekt mit Verpflichtungen konfrontiert, die seiner eigenen Einsicht nach unvereinbar sind, weil es einen Begriff von SÄURE bejaht, in welchem das Sauerschmecken ein hinreichender Grund für die Begriffsanwendung und das Rotfärben von Lackmuspapier eine notwendige Folge der Begriffsanwendung ist. Die unmittelbare Wahrnehmungserfahrung einer Flüssigkeit, die sauer schmeckt und Lackmuspapier blau färbt, führt in eine Krise. Während eines der beiden Wahrnehmungsurteile aufgegeben werden könnte, kann ein Fortschritt darin bestehen, den Inhalt zu berichtigen, der dem Begriff zugeschrieben wird. Es kann sein, dass nur solche Substanzen als Säure gelten sollten, die sauer schmecken und sich mit Metallen zur Bildung von Salzen verbinden lassen. Insofern diese Korrektur erfolgreich ist, ist ein Fortschritt in der Verwendung von Begriffen durch das Subjekt erreicht, das nun besser nachvollziehen kann, was in der objektiven Welt wirklich woraus folgt. Die Erfahrung des Irrtums verpflichtet nicht nur dazu, Überzeugungen zu ändern, sondern auch Bedeutungen.

Der metabegriffliche Schritt vom *Vorstellen* zum *Begreifen* (vom Verstand zur Vernunft) ist das Ersetzen des Modells der Erfahrung als *Repräsentation*, bzw. als äußerliche Beziehung zwischen den unabhängig voneinander spezifizierbaren, wie durch eine Kluft getrennt liegenden Reichen des Repräsentierenden respektive des Repräsentierten, durch ein Modell der Erfahrung als *Ausdruck*. In diesem internen Entwicklungsprozess zeigt sich jeder einzelne Inhalt – der rückblickend erinnernd identifizierbar den Prozess der eigenen Entwicklung überdauert – in einer ursprünglichen impliziten Form und drückt sich aus und entfaltet sich zu einer verfügbaren expliziten Form. Die Erfahrung ist der Prozess, in dem sich bestimmte und insofern vermittelte Inhalte, die in der Unmittelbarkeit implizit enthalten sind, als explizit vermittelt erweisen. Die bezüglich der Erklärung sekundäre Stellung repräsentationaler Beziehungen ergibt sich aus einem der Aspekte der Tätigkeit der Entwicklung begrifflicher Inhalte.

Aus der umfassenderen Perspektive der *Vernunft* heraus betrachtet, bleiben die traditionellen Denkansätze des *Verstandes* hinsichtlich des erkenntnistheoretischen Fortschritts als eine asymptotische Annäherung an objektive Tatsachen und Unvereinbarkeits- und Folgerungsbeziehungen einseitig und unvollständig. Sie sind das Ergebnis, wenn ausschließlich die rückblickende Erinnerungsperspektive der Erfahrung erfasst und verstanden wird, also nur die Rede von »Tatsachen« (wahren Behauptungen) und »was wirklich woraus folgt (bzw. ausgeschlossen ist)« (objektive Folgerungen und Unvereinbarkeiten) innerhalb der vindizierenden erinnernd-rationalen Rekonstruktion garantiert wird. Die Erfahrung ist wirklich der Königsweg zu Wahrheit und Erkenntnis – aber nicht nur das. Um auch der vorausblickenden Perspektive der Erfahrung habhaft zu werden, die sich auf die Fragilität und den zwangsläufig zeitlichen Charakter aller bzw. jeder Menge doxastischer und inferentieller Verpflichtungen konzentriert, müssen wir Wahrheit und Bestimmtheit als Merkmale des Erfahrungsprozesses auffassen anstatt als Ziele, welchen er sich asymptotisch annähert. Erfahrung selbst ist der Wahrheitsprozess, und der Prozess des *Bestimmens* begrifflicher Inhalte. Sie ist expressiv-fortschrittlich, insofern die rückblickenden Erinnerungsperspektive sie als das wiedergibt, was die Wirklichkeit genuin enthüllt. Dieser Erfahrungsprozess instituiert auf der subjektiven Seite *und* entdeckt auf der objektiven Seite begrifflich gegliederte Inhalte und somit Wahrheiten, die im kantisch-fregeschen Sinne *verstandes*bestimmt sind (in seiner Erinnerungsphase); mit der Entdeckung ungeklärter Irrtümer setzt er ihre Auflösung in Gang.

Die umfangreiche Ansicht, die sowohl das umfasst, was sich als fortschrittlich in der rückblickenden Erinnerungsperspektive zeigt, als auch das, was sich als störend und irrtümlich in der vorausblickenden Perspektive zeigt – die verschiedenen Phasen des Erfahrungsprozesses also – wird in einer zentralen Passage der »Vorrede« zusammengefasst:

> [D]iese ganze Bewegung macht das Positive und seine Wahrheit aus. Diese schließt also ebensosehr das Negative in sich, dasjenige, was das Falsche genannt werden würde, wenn es als ein solches betrachtet werden könnte, von dem zu abstrahieren sei. Das Verschwindende ist vielmehr selbst als wesentlich zu betrachten, nicht in der Bestimmung eines Festen, das vom Wahren abgeschnitten, außer ihm, man weiß nicht wo, liegen zu lassen sei, so wie auch das Wahre nicht als das auf der andern Seite ruhende, tote Positive. Die Erscheinung ist das Entstehen und Vergehen, das selbst nicht entsteht und vergeht, sondern an sich ist und die Wirklichkeit und Bewegung des Lebens der Wahrheit ausmacht.[19]

»Erscheinung« sind die Phänomene, die Welt, wie sie dem Bewusstsein in der Form von begrifflichen Inhalten erscheint, die

19 *PhG*, S. 46.

durch Beziehungen materialer Unvereinbarkeit und Folgerung gegliedert werden und vom erkennenden und handelnden Subjekt des Zyklus von Erkennen-und-Handeln, des Erfahrungsprozesses, bejaht werden. Zwar wird jedes derartiges Phänomen als irrtümlich und also als *Erscheinung* entlarvt, die auf bestimmte Weise die Wirklichkeit falsch repräsentiert, doch wird jede Konstellation von Verpflichtungen durch die Erinnerungsphase der Erfahrung auch als Erscheinung *einer* repräsentierten noumenalen Wirklichkeit (des Seins der Dinge an sich) enthüllt, die die ganze Zeit in dieser Erscheinung implizit war und schrittweise und unaufhaltsam in umfangreichere Explizitheit hervortritt. Hegel fährt mit einem der – zurecht – berühmtesten Bilder des ganzen Buches fort:

> Das Wahre ist so der bacchantische Taumel, an dem kein Glied nicht trunken ist; und weil jedes, indem es sich absondert, ebenso unmittelbar [sich] auflöst, ist er ebenso die durchsichtige und einfache Ruhe. In dem Gerichte jener Bewegung bestehen zwar die einzelnen Gestalten des Geistes wie die bestimmten Gedanken nicht, aber sie sind so sehr auch positive notwendige Momente, als sie negativ und verschwindend sind. – In dem *Ganzen* der Bewegung, es als Ruhe aufgefaßt, ist dasjenige, was sich in ihr unterscheidet und besonderes Dasein gibt, als ein solches, das sich *erinnert*, aufbewahrt [...].

Bei der Interpretation dieser Allegorie sind insbesondere die beiden Ebenen der Begriffe zu beachten, die laut meiner Behauptung hier betrachtet werden sollten. Zunächst geht es um die »Gestalten des Geistes«, also die verschiedenen Formen, die der normativen Gliederung von Denken und Tun selbstbewusster Subjekte eigen sind – seien es nun traditionelle, moderne oder Subjekte jenseits dieser Formen. Nicht zuletzt an dieser Stelle macht Hegel explizit, dass er neben Gedanken und Begriffen auf dieser kategorialen Metaebene auch die Natur und die

Entwicklung bestimmter Gedanken und Begriffe der unteren Stufe behandelt. Ein charakteristisches Merkmal der von mir hier vorgetragenen »pragmatisch-semantischen« Lektüre ist der »semantische Abstieg«, die Konzentration darauf, was wir über die Verwendung und den Inhalt dieser gewöhnlichen, empirisch und praktisch »bestimmten« Begriffe und Verpflichtungen lernen sollten. Die Teilnehmer des wandernden Festes sind die doxastischen, praktischen und inferentiellen Verpflichtungen, die den begrifflichen Inhalt gliedern, also Verpflichtungen hinsichtlich dessen, was womit material unvereinbar ist (bzw. »bestimmt negiert« wird). Der Taumel ist der Prozess der Erfahrung. Wichtig an ihrer Trunkenheit ist das ruhelose, benommene Schubsen und Drängen gegeneinander, in welchem unterschiedliche Inhalte potentieller Verpflichtungen einen Platz am Tisch suchen, aber mit der Gegenwart anderer, bereits anwesender Verpflichtungen unvereinbar sind. Diejenigen, die herausgedrängt werden, werden unmittelbar durch andere ersetzt – das Fest geht weiter, mit wechselnder Besetzung. Der entscheidende Beitrag zu den Feierlichkeiten, den die Teilnehmer geleistet haben, die zu einem früheren Zeitpunkt unmerklich unter den Tisch gefallen sind, wird noch als Erinnerung »aufbewahrt«, in der Geschichte, die die späteren Zecher darüber erzählen, wie sie dazu kamen, hier zu sein.

Diese Erinnerungstätigkeit stellt die Beziehung zwischen einer Abfolge von Phaenomena (Erscheinungen, Sinnen, Repräsentierendem) und Noumena her (Wirklichkeit, Referenzgegenständen, Repräsentiertem), wobei sich Noumena zweimal zeigen, einmal in der aktuellen Konstellation von explizit bejahten begrifflichen Inhalten, in der die rational rekonstruierte Abfolge gipfelt, und einmal als das Implizite dieser Abfolge, das sie normativ beherrscht und als der Maßstab zur Bewertung des expressiven Erfolgs aller Teilnehmer der Abfolge dient. Mit dieser semantischen *Beziehung* zwischen Sinnen und Referenzgegenständen, Repräsentierendem und dem Repräsentiertem in der

Erinnerungs*tätigkeit* des erfahrenden Subjekts kann diese Erklärung gut und gern als das Angebot einer *pragmatischen* Semantik betrachtet werden.

Begriffsidealismus (das Begreifen, das das Vorstellen umfasst), behauptet erstens, dass diese semantisch-repräsentationale Beziehung nur expressiv, also in Bezug auf die Erinnerungstätigkeit, zu verstehen ist, und zweitens, dass sie durch diese Tätigkeit im Grunde hergestellt bzw. instituiert wird. Die erste Behauptung betrifft die Abhängigkeit dem Sinn nach, die zweite die Abhängigkeit der Referenz nach. (Beide behandeln repräsentationale Beziehungen zwischen Sinnen und Referenzgegenständen.) Die spezifische Art von Tun, in der Hegel zufolge Erfahrung besteht, formt und bestimmt in ihren Behebungs- und Erinnerungsphasen die begrifflichen Inhalte, die das Subjekt am Ende der jeweiligen dreiteiligen Episode bejaht. In diesem Sinne stellt sie Vorstellungen her (begriffliche Inhalte), wie etwa von Säuren, die sauer schmecken und sich mit Metallen zu Salzen verbinden lassen. Dies ist *ein* Sinn vom »Bestimmen begrifflicher Inhalte«: das Bestimmen im Sinne von Herstellen. Der Erinnerungsprozess beinhaltet jedoch wesentlich eine Verpflichtung dazu, *herausgefunden* zu haben, was er in diesem Sinne herstellt. Es handelt sich um einen Prozess der *Entdeckung* dessen, was diesem Prozess zufolge die ganze Zeit, erst weniger, dann adäquater ausgedrückt und repräsentiert wurde durch die Abfolge stets teilweise irrtümlicher Verpflichtungskonstellationen innerhalb des expressiv-fortschrittlichen Verlaufs, welcher rückblickend erinnernd-rational rekonstruiert wurde. Dies ist ein weiterer Sinn vom »Bestimmen begrifflicher Inhalte«: das Bestimmen im Sinne von Herausfinden.

Dass dieses Bestimmen ein Herausfinden anstatt eines Herstellens ist, stellt auch eine wesentlich konstitutive Verpflichtung der rechtswissenschaftlichen Gattung der Erinnerung dar, die Rechtsbegriffe entwickelt und bestimmt, welche nicht empirisch sind, da sie nicht durch unmittelbar wahrnehmbare (im

Sinne von nichtinferentiell hervorgerufenen) Anwendungen anderer Rechtsbegriffe kontrolliert werden. Um an dieser Stelle ein Beispiel von Frege zu bemühen: Wir mögen die Grenzlinie der Nordsee schrittweise neu ziehen, aber wir werden damit nicht die Sache selbst herstellen. Wir stellen sie höchstens *als* die Nordsee her, also *als* das, was mit diesem Begriff herausgegriffen wird. Die Behebung einer Anomalie und die erinnernde Vindikation stellen neue Vorstellungen her, die durch deontisch-normative Beziehungen materialer Unvereinbarkeit und Folgerung gegliedert werden. Das Ergebnis dieser Tätigkeiten hat jedoch den Anspruch, alethisch-modale Formen solcher Beziehungen in der repräsentierten objektiven Welt vorzufinden. In diesem hylemorphistischen Sinne sind die begrifflichen Inhalte, die das Bewusstsein in der Welt findet, genau diejenigen, die es erinnernd hergestellt hat. Laut dem Begriffsidealismus entfremdet sich das Bewusstsein weder von sich selbst noch würde es eine Konfrontation mit etwas Fremdem eingestehen, wenn es – als Selbstbewusstsein, also sich selbst bewusst *als* bewusst – zwischen seiner Gewissheit und der Wahrheit, zwischen dem Sein der Dinge für sich und dem Sein der Dinge an sich, zwischen Erscheinung und Wirklichkeit, Repräsentierendem und Repräsentiertem unterscheidet. Sein *Herausfinden* der wirklichen Beschaffenheit der Dinge ist eine Art *sui generis* von aktivem erinnerndem *Herstellen* dieser Unterscheidung, welche dem Bewusstsein als solchem durch seine Erfahrung wesentlich ist. Die Welt an sich *als* unterschieden von ihrem Sein für das Bewusstsein ist kein primitives Anderes, sondern in diesem spezifischen Sinne das Produkt seiner eigenen Erinnerungstätigkeit in der Erfahrung. (Es handelt sich hierbei nicht um eine Behauptung von Referenzabhängigkeit.) In diesem Sinne findet das Bewusstsein nur das, was es hergestellt hat – und nicht nur das, was es zum Auffinden hergestellt hat. Es sieht sich selbst in den Gegenständen seiner Erkenntnis, auch wenn diese Gegenstände die Erkenntnis transzendieren.

Man mag den Einwand erheben, dass die erinnernde phänomenologische Darstellung uns höchstens davon erzählt, welche Tätigkeit die semantisch-repräsentationale Beziehung zwischen dem Sein der Dinge *für* das Bewusstsein und dem Sein der Dinge *an sich* instituiert, wenn sich diese Beziehung *dem* Bewusstsein praktisch zeigt. Innerhalb dieses Gedankengangs interessiert aber vor allem das, was diese semantisch-repräsentationale Beziehung objektiv an sich ist. Diese Frage ist eine Frage der Metaebene. Die Antwort lautet, dass die durch Erinnerung gewonnene vernunftbegriffliche Darstellung explizit macht, wie die Instituierung semantisch-repräsentationaler Beziehungen durch behebend-erinnernde Rekonstruktionen wirklich an sich funktioniert. In dieser Darstellung werden Behauptungen dieser Art durch rückblickende erinnernd-rationale Rekonstruktionen des Prozesses vindiziert, durch den wir herausgefunden haben, wie die Dinge in Wirklichkeit funktionieren (in diesem Fall, wie das Bewusstsein funktioniert). Genau diese Metaebenen-Geschichte erzählt Hegel in der Form einer Phänomenologie der »Gestalten des Geistes«.

VII. Normativität und Anerkennung

Die an der Semantik orientierte Darstellung der genuinen Erkennbarkeit von Tatsachen als wahrem Denkbaren sowie der Autorität von Tatsachen gegenüber dem Denken, die sich in der prinzipiellen Instabilität und Unhaltbarkeit jeder bestimmten Vorstellung dieser Tatsachen manifestiert, ist auch eine am Pragmatismus orientierte Darstellung der wechselseitigen Beziehungen zwischen Autorität und Verantwortung, die normative Einstellungen und normative Status miteinander verknüpfen. Die Einstellungsabhängigkeit normativer Status ist durch ein

Verständnis normativer Status gegliedert, demzufolge diese Status durch gegenseitige Anerkennungseinstellungen instituiert werden. Die rückblickende Erinnerungsperspektive kommt der Statusabhängigkeit normativer Einstellungen nach, indem sie die Begriffe, die die Status bestimmen, als die Schlussphase einer expressiv-fortschrittlichen Tradition von immer adäquater werdenden Vorstellungen darstellt, die durch die von ihnen enthüllten Tatsachen normativ beherrscht werden. Die vorausblickende, irritierende Perspektive kommt der Statusabhängigkeit normativer Einstellungen nach, indem in ihr sichtbar wird, dass jede Vorstellung unvermeidlich daran scheitern wird, die objektiven Begriffe adäquat auszudrücken, welche die Tatsachen gliedern, die als die normativen Maßstäbe für die Richtigkeitsbewertung der verschiedenen Vorstellungen dienen. Dies wird der Einstellungstranszendenz normativer Status gerecht, also der Tatsache, dass das Subjekt in Wirklichkeit zu etwas verpflichtet ist, das über die Einstellungen jedes Subjekts, also über das, was von ihm Zustimmung erfährt und von anderen zugeschrieben wird, hinausgeht.

Die Beziehungen zwischen normativen Einstellungen und normativen Status auf der normativen pragmatischen Seite des Subjekts spiegeln auf diese Weise die semantischen Beziehungen zwischen dem Sein der Dinge für das Bewusstsein und dem Sein der Dinge an sich wider. Dies ist der Grund, weshalb uns das Verständnis von Hegels geschichtlicher, vernunftbegrifflich strukturierter, doppelperspektivischer Erklärung der Beziehungen zwischen subjektiven Vorstellungen und objektiven Begriffen entschiedenermaßen über die für die Moderne (laut seiner Diagnose) charakteristische *Entfremdung* hinausführt. Wir stehen vor der Herausforderung, so Hegel, an der für die Moderne bestimmenden Einsicht in die Einstellungsabhängigkeit normativer Status festzuhalten und zugleich das alte sittliche Verständnis der Statusabhängigkeit normativer Einstellungen wiederzugewinnen. Wie wir das tun sollen, zeigt uns die pragmatische Semantik des

Begriffsidealismus. Die uns befreiende Wahrheit wird als ein gewaltiger bacchantischer Taumel verstanden, an dem kein Glied nicht trunken ist und in dem, sobald jemand unmerklich unter den Tisch fällt, der frei gewordene Platz von einem anderen eingenommen wird. Eine solche semantische Erklärung zeigt uns, wie normative Status durch (eine Tradition von) normative(n) Einstellungen instituiert werden können und wie sie diese Einstellungen zugleich durch Ausübung von Autorität überschreiten: Status dient nicht nur als normativer Maßstab für die Richtigkeitsbewertungen der Einstellung, sondern die Einstellung, die expressiv-fortschrittlich rekonstruiert wurde, ist dem Status gegenüber konjunktivisch responsiv.

Diese Herausforderung besteht in der Entfremdung von Normen bzw. im Verlust der Verständlichkeit ihrer verbindlichen Kraft, welche sich mit der Anerkennung in der Moderne ergibt, wonach Normen durch subjektive Einstellungen instituiert werden. Um Hegels Erwiderung auf diese Herausforderung vollständig verstehen zu können, müssen wir genauer auf die Feinstruktur seiner Erklärung achtgeben, insbesondere darauf, wie Einstellungen normative Status instituieren, die die Einstellungen überschreiten und über sie Autorität ausüben. Die Schwierigkeit, dies zu verstehen, tritt laut Hegel am deutlichsten hervor im Kontext von Kants Autonomiemodell der Instituierung normativer Status durch normative Einstellungen. Dieser Kontext stellt ferner die Rohmaterialien bereit, die Hegel für seine eigene Erklärung neu zusammenstellt. Die starke Version der aufklärerischen Einsicht in die Einstellungsabhängigkeit normativer Status ist die Idee, dass normative Status *durch* normative Einstellungen *instituiert* werden. Das bedeutet nicht nur, dass es normative Autoritäts- und Verantwortungsstatus ausschließlich in einem Kontext geben kann, in dem Menschen sich gegenseitig für verantwortlich *halten* und sich gegenseitig so *betrachten*, als hätten sie Autorität. Vielmehr werden diese Status überhaupt erst durch Einstellungen der Verantwortungs- und Autoritätszuschreibung und -zustimmung *hervorgebracht*. Normative Status sind Geschöpfe normativer Einstellungen.

Kant führt eine besonders deutliche Version dieses Gedankens ein. Er ist nämlich der Meinung, dass diskursive Subjekte sich selbst verantwortlich *machen* können, indem sie sich selbst als verantwortlich *betrachten*. Laut seinem Verständnis von normativer Verbindlichkeit sind wir allein durch solche Verpflichtungen genuin *normativ* gebunden, die wir für uns selbst festgelegt haben, also durch Regeln, durch die wir *uns selbst* gebunden haben. (Einige Verpflichtungen erweisen sich als kategorial, da sie die Struktur rationaler Verpflichtung als solche erklären; insofern sind sie beim Eingehen jeder bestimmten Verpflichtung implizit gegeben.) Kant zufolge sind Begriffe Regeln. Sie bestimmen das, für was man sich verantwortlich macht, indem man sie anwendet, ob doxastisch im Urteilen oder praktisch im absichtlichen Handeln. Der Inhalt des Begriffs bestimmt die Verpflichtung, die man eingegangen ist, also den normativen Status, den man übernommen hat, als man die Einstellung eingenommen hat, diesem Status zuzustimmen.

Hegel sieht zwei potentielle Probleme an einer solchen Erklärung. Erstens ist Autonomie, wenngleich sie sich leicht als eine *Fähigkeit* rationaler Erkenntnis- und Handlungssubjekte begreifen lässt – also als Fähigkeit, sich durch Normen zu binden –, eine spezifisch *normative* Fähigkeit, und zwar eine Art von *Autorität*. Indem man etwas als ein rationales Wesen behandelt, schreibt man ihm die *Autorität* zu, sich durch die eigenen Einstellungen binden zu können, sich also durch die Zustimmung zu Verantwortung und Verpflichtung zu verantworten und zu verpflichten (normativer Bewertung zu unterliegen). Bei dieser Autorität handelt es sich um die *Würde* rationaler Subjekte. Kant geht davon aus, dass andere rationale Subjekte die Pflicht haben, dieser Autorität zuzustimmen und sie zuzuschreiben. Dies ist die *Achtung* vor der Autonomie der anderen. Er geht allerdings nicht davon aus, dass diese Autorität als Autonomie durch die

Einstellungen derjenigen instituiert wird, die diesen normativen Status achten. Die Autorität als Autonomie und die Verantwortung seitens anderer, diese Autorität zu achten, sind normative Status, die laut diesem Verständnis nicht durch normative Einstellungen instituiert werden. Diese normativen Metastatus werden einfach als Teil des Seins eines rationalen normativen Subjekts angenommen und nicht weiter erklärt. Mit dieser Struktur der kantischen Erklärung fällt es gewissermaßen leichter, eine Version der Statusabhängigkeit normativer Einstellungen beizubehalten, wie sie der vormodernen Tradition eigen ist. Jedoch geht dieser Vorteil auf Kosten einer mangelnden Achtung vor der starken Version der modernen Einsicht, wonach *alle* normativen Status einstellungsabhängig sind.

Ein gravierenderes Problem betrifft die *Inhalte* der Einstellungen, die im Autonomiemodell Verpflichtungen instituieren. Diese Verpflichtungen, die im Urteilen und Beabsichtigen eingegangen werden, haben bestimmte Inhalte, allein insofern dem Subjekt Begriffe mit diesen Inhalten zur Verfügung stehen. Laut diesem Modell liegt es in meinen Händen, ob ich verpflichtet bin – beispielsweise gegenüber der Tatsache, dass die Münze aus Kupfer besteht. Wenn aber die Beziehungen materialer Unvereinbarkeit und Folgerung, die diesen Begriff von KUPFER gliedern, den ich beim Eingehen der Verpflichtung angewendet habe, *ebenfalls* in meinen Händen liegen, bin ich überhaupt keine bestimmte Verpflichtung eingegangen. Oder wie Wittgenstein sagt: »Man möchte hier sagen: richtig ist, was immer mir als richtig erscheinen wird. Und das heißt, daß hier von ›richtig‹ nicht geredet werden kann.«[20] Begriffe mit bestimmten Inhalten dienen als normative Maßstäbe für die Bewertung, inwieweit das die Begriffe anwendende Subjekt die dadurch übernommenen rationalen Verantwortungen erfüllt hat, also ob es die Un-

20 Ludwig Wittgenstein, *Philosophische Untersuchungen*, Werkausgabe Bd. 1, Frankfurt/M. 1995, § 258, S. 362.

vereinbarkeiten eingestanden und die entsprechenden Schlüsse gezogen hat. Hegel möchte wissen, wie es dazu kommt, dass das Subjekt Zugang zu solchen bestimmt gehaltvollen normativen Maßstäben hat. Aber woher kommen sie, wenn sie nicht die Produkte der Einstellungen des Subjekts sein können, das sie im Urteilen anwendet? Bei Kant findet er keine adäquate Antwort.

Laut einer der Leitideen der im vorliegenden Buch entwickelten Interpretation besteht eine zentrale Aufgabe der *Phänomenologie* darin, das Entstehen bestimmt gehaltvoller Begriffe zu erklären, also ihre Natur und den Erfahrungsprozess, in welchem sie sowohl zur Anwendung kommen als auch instituiert werden. Insofern handelt es sich um eine »semantische« Lektüre. Das Problem der kantischen Darlegung liegt darin, dass sie sich zwei voneinander getrennte Prozesse vorstellt: Der eine *stellt* bestimmte begriffliche Inhalte *her*, der andere *wendet* sie in der Erfahrung *an*. Kant zufolge besteht jede empirische Tätigkeit, ob nun auf Erkenntnis oder auf Praxis zielend, in der Anwendung von Begriffen – und dies ist tatsächlich das Einzige, was kantische rationale Subjekte tun können. Empirische Tätigkeit setzt also die Verfügbarkeit bestimmt gehaltvoller Begriffe voraus, in deren Anwendung diese Tätigkeit besteht. Die Bestimmung der Inhalte dieser Begriffe findet irgendwo anders statt, hinter den Kulissen. Wird das begriffliche Unterfangen einmal in Gang gebracht und somit das Urteilen erst einmal ermöglicht, können kantische Reflexionsurteile neue Begriffe aus alten bilden; die Instituierung bestimmt gehaltvoller Begriffe jedoch ist im Allgemeinen eine Voraussetzung und kein Produkt der Erfahrung. Im Gegensatz dazu bietet Hegel eine Erklärung der Erfahrung an, die bestimmt gehaltvolle Begriffe zugleich instituiert und anwendet.

Hegel kann Kants Autonomiedarstellung über die Instituierung normativer Status durch normative Einstellungen nicht ohne Weiteres übernehmen, da mit ihr vorausgesetzt wird, dass die entscheidenden normativen Metastatus nicht durch Einstellungen instituiert werden und die Instituierung bestimmt gehaltvoller begrifflicher Inhalte leider von deren empirischer Anwendung getrennt gehalten werden. Trotzdem findet Hegel in Kants Erklärung alle nötigen Rohmaterialien für seine eigene Erklärung, deren zentrale Idee lautet, dass die Instituierung normativer Status Anerkennungseinstellungen erfordert, die *symmetrisch* und *gegenseitig* bzw. *wechselseitig* sind.

> Jedes ist dem Anderen die Mitte, durch welche jedes sich mit sich selbst vermittelt und zusammenschließt, und jedes sich und dem Anderen unmittelbares für sich seiendes Wesen, welches zugleich nur durch diese Vermittlung so für sich ist. Sie *anerkennen* sich als *gegenseitig sich anerkennend*.[21]

Im darauffolgenden Satz nimmt Hegel auf diese symmetrische Anerkennungskonstellation grundlegender normativer Einstellungen und Status als der »reine Begriff des Anerkennens, der Verdopplung des Selbstbewußtseins in seiner Einheit« Bezug. In dieser grundlegenden Struktur robuster allgemeiner Anerkennung instituieren geeignete sozial ergänzte Anerkennungseinstellungen den Status der Anerkennungsautorität, die normativen Subjekte dieser Status und die dyadische Gemeinschaft, die aus den Subjekten besteht, die sich wirklich gegenseitig anerkennen bzw. anerkannt werden. »Die Auseinanderlegung des Begriffs dieser geistigen Einheit in ihrer Verdopplung stellt uns die Bewegung des *Anerkennens* dar.«[22]

Andere anzuerkennen bedeutet, sie praktisch als die Subjekte normativer Einstellungen und Status zu betrachten und zu behandeln. Im Modell bedeutet dies insbesondere die Einstellung der Zuschreibung des Autoritätsstatus, Status durch die eigenen Einstellungen zu instituieren, wenn diese Einstellungen angemes-

21 *PhG*, S. 147.
22 Ebd., S. 145 f.

sen ergänzt werden. Es handelt sich hierbei um eine Version der Art von Autorität, zu der auch die kantische Autonomie zu zählen ist. Sie unterscheiden sich hinsichtlich des Verständnisses der Konstellation von Einstellungen, die Status instituieren (bzw. virtuelle Status verwirklichen) können, welche hier im Einzelnen unmittelbar und dort im Sozialen vermittelt sind. Anerkennungseinstellungen in diesem Sinne einzunehmen bedeutet, einen gegliederten normativen Begriff eines Selbst auf das anerkannte Subjekt anzuwenden. Es handelt sich um das Bewusstsein eines Selbst *als* eines Selbst. Das anerkennende Bewusstsein wendet diesen Begriff auch auf sich an; es ist also ein anerkennendes Selbst *für* ein anerkennendes Selbst. Doch das Selbst, für das es ein Selbst ist, also dasjenige, das sich dieses Selbst als eines Selbst bewusst ist, ist nicht es selbst, sondern das anerkannte anerkennende andere Selbst. Das Selbstbewusstsein, das sich den anerkennenden anerkannten Individuen instituiert und verwirklicht, die die Anerkennungsdyade ausmachen, ist eine Eigenschaft, die sie *als* anerkennende Dyade besitzen. Es ist sekundär und nachfolgend erst die Eigenschaft von Individuen. Hegel bezeichnet die Anerkennungsgemeinschaft von anerkennenden und anerkannten einzelnen normativen Subjekten als »Geist«.

»Selbständigkeit« entspricht im Modell der *Autorität* mehrerer Anerkennungssubjekte. Sie ist keine *unmittelbare* Autorität (Unabhängigkeit), sondern eine Autorität, die durch die Einstellungen anderer sozial *vermittelt* wird, welche diese Autorität zuschreiben, indem sie das selbstständige normative Subjekt *als* autoritativ anerkennen. »Freiheit« ist Hegels Terminus für die symmetrische Anerkennungskonstellation, die die Unmittelbarkeit als die Wirklichkeit von Einstellungen mit ihrer sozialen Vermittlung verknüpft (unter der Bedingung der geeigneten Ergänzung der Einstellungen zum Zwecke ihrer institutionellen Autorität). Wenn Anerkennungseinstellungen symmetrisch sind, wenn also jeder Teilnehmer dem anderen die Autorität zuschreibt, durch die eigenen Einstellungen sowohl die eigenen Verantwortungen als auch die Autorität des anderen zu instituieren, werden laut Hegels Idee genuine normative Status instituiert.

Im Modell gegenseitiger Anerkennung sind Autorität und Verantwortung einander zugeordnet und ergänzend. Es liegt ganz und gar in meinen Händen, wen ich anerkenne, also wem ich die Autorität zuschreibe, normative Status durch die eigenen Einstellungen zu instituieren, wenn diese Einstellungen durch diejenigen angemessen ergänzt werden, denen sie diese Einstellungen zuschreiben. Somit mache ich mich selbst jedoch verantwortlich gegenüber denjenigen, die ich anerkenne. Denn es mag in ebendiesem Sinne in meinen Händen liegen (bzw. meiner Autorität obliegen), Verpflichtungen (Verantwortungen) zuzustimmen, aber es liegt nicht in demselben Sinn in meinen Händen, ob ich dabei erfolgreich bin und mich verantwortlich *mache*, wenn ich mich auf diese Weise als verantwortlich *betrachte*. Meine Zustimmung zu einer Verpflichtung, also mein Anspruch auf Autorität, bringt tatsächlich nur Verantwortungs- und Autoritätsstatus hervor, wenn diese Status mir auch von denjenigen zugeschrieben werden, denen ich die entsprechende Autorität verliehen habe, als ich sie anerkannt habe. Außer Einstellungen ist nichts erforderlich (oder hinreichend), um genuine normative Status zu instituieren. Solche normativen Status werden im hegelschen Anerkennungsmodell allerdings als wesentlich *soziale* Status verstanden. Normative Status werden durch *unsere* Einstellungen instituiert, das heißt durch meine Einstellungen *und* die Einstellungen derjenigen, die ich anerkenne und die mich anerkennen, also durch eine Anerkennungsgemeinschaft. Zwar spielen meine Einstellungen eine beträchtliche Rolle bei der Bestimmung, welche Autorität und Verantwortung ich habe, jedoch kann ich mich nicht ganz allein autoritativ bzw. verantwortlich machen.

Hierdurch wird verständlich, wie ich mich – durch meine Zustimmungs- und Anerkennungseinstellungen – durch Normen binden kann, die *nicht* bloß von meinen eigenen Einstellungen abhängen. Es ist also insofern *nicht* der Fall, dass »richtig ist, was immer mir als richtig erscheinen wird« und dass die Norm, hinsichtlich der die Bewertungen bestimmt werden, wegfallen würde. Es liegt in meinen Händen, ob ich das Wort »Kupfer« verwende, um meine Behauptung auszudrücken, dass die Münze aus Kupfer besteht. Aber die Grenzen der somit erfolgreich eingegangenen Verpflichtung (was mit ihr unvereinbar ist und welche Folgerungen sie mit sich bringt) werden von denjenigen gezogen, denen ich Autorität verliehen habe, als ich sie als metallurgische Experten anerkannt habe. Laut Hegels Erklärung wird die Unterscheidung zwischen Kraft und Inhalt, zwischen der von mir ausgedrückten Einstellung und der bestimmt gehaltvollen Norm, durch die ich mich dabei binde, mittels einer *sozialen* Arbeitsteilung praktisch durchgesetzt und von unterschiedlichen Autoritäts- und Verantwortungsträgern verwaltet. Meine Autorität wird durch die Autorität der Anerkennungsgemeinschaft ausgeglichen, die durch unsere gegenseitigen Anerkennungseinstellungen instituiert wird. Jeder von uns ist gegenüber allen anderen für sowohl die Konstituierung dieser Gemeinschaft als auch die normativen Status (einschließlich der normativen Selbstheit) verantwortlich, die durch unsere gegenseitigen Einstellungen instituiert werden. Auf diese Weise wird die Einstellungsabhängigkeit normativer Status und die Statusabhängigkeit normativer Einstellungen in Einklang gebracht.

An diesem Punkt mag man fragen, wie es um den Prozess der Erfahrung bestellt ist – und insbesondere um die rückblickend-erinnernde Instituierung einer expressiv-fortschrittlichen Tradition, die in diesem Prozess eine so wichtige Rolle spielt. In der Darstellung der Instituierung normativer Status durch gegenseitige Anerkennungseinstellungen ist die soziale Arbeitsteilung von einem gegebenen Zeitpunkt aus betrachtet horizontal, das heißt eine Frage der Beziehungen unter Zeitgenossen. Im Gegensatz dazu ist die Darstellung der Erfahrung wesentlich geschichtlich, also zeitlich vertikal, da die entscheidenden Beziehungen zwischen früheren und späteren Episoden der Erfahrung verlaufen. Wie also greifen die soziale und die geschichtliche Dimension von Hegels Darstellung ineinander?

Die Antwort lautet, dass die soziale und die geschichtliche Dimension auf das Engste miteinander verbunden sind. Beide müssen anhand der normativen Terminologie der Anerkennungsbeziehungen zwischen Autorität und Verantwortung verstanden werden. Hierdurch zeigt sich, dass die geschichtliche, zeitlich doppelperspektivische Erklärung dessen, wie der Erfahrungsprozess repräsentationale Beziehungen zwischen Phaenomena und Noumena (Erscheinung und Wirklichkeit, Sinnen und Referenzgegenständen, normativen Einstellungen und normativen Status) instituiert, ein entscheidender Sonderfall des sozialen Anerkennungsmodells der Instituierung normativer Status durch normative Einstellungen ist. Denn der dreiteilige Erfahrungsprozess, in dem repräsentationale Beziehungen zu bestimmten begrifflichen Inhalten sowohl hergestellt als auch herausgefunden werden (jeweils vorausblickend oder rückblickend betrachtet), weist die Struktur von wechselseitig abgestimmter Autorität und Verantwortung auf, die für die Instituierung normativer Status durch gegenseitige Anerkennungseinstellungen charakteristisch ist. Der geschichtliche Prozess des Bestimmens begrifflicher Inhalte im Sinne der *Vernunft* ist ein Prozess sozialer Anerkennung.

Diese Idee tritt vielleicht am deutlichsten im institutionalisierten Fall der Bestimmung der Inhalte von Rechtsbegriffen durch Richter zutage, die *common law* bzw. das Fallrecht sowohl herstellen als auch anwenden. In diesem Beispiel sind die Normen Gesetze, die bestimmt gehaltvoll sein müssen, da sie festlegen, welches Verhalten durch sie verboten und welches verlangt ist (bzw. was mit ihnen unvereinbar ist und was von ihnen eingefordert wird). Um diese Normen zu instituieren, gibt es in diesem rechtlichen Kontext nichts außer den Einstellungen der Richter. Diese sind praktisch in den Entscheidungen ausgedrückt, die

die Richter bezüglich der Anwendung der Einstellungen treffen. In diesem Sinne ist es also richtig, diese Normen als »Richterrecht« zu bezeichnen. Jeder Richter übt seine tatsächliche Autorität in jedem von ihm zu entscheidenden Fall aus, indem er die in Frage stehenden Rechtsbegriffe auf neuartige Tatsachenzusammenhänge anwendet, die in Bezug auf nichtrechtliche Begriffe spezifiziert sind. Diese Autorität wird allerdings durch eine entsprechende Verantwortung eingeschränkt. Denn die Entscheidung des Richters hat nur Autorität, insofern die Autorität dieses Richters von zukünftigen Richtern anerkannt wird. Wenn diese der Meinung sind, dass angesichts des bestehenden Rechts der Fall nicht richtig entschieden wurde, wird dieser Fall als Präzedenzfall keine Autorität für ihre eigenen Entscheidungen haben. Indem der Richter einen Fall entscheidet und die Rechtsbegriffe auf die eine anstatt auf die andere Weise anwendet, bittet er im Grunde zukünftige Richter um Anerkennung, um die Autorität, den Inhalt des normativen Status bzw. des Gesetzes durch die Einstellungen zu bestimmen, die er durch eine solche Anwendung des Gesetzes offenbart. Ob die zukünftigen Richter diese Autorität erteilen, ist eine Entscheidung darüber, in welchem Umfang sich der Richter gegenüber der Autorität der Entscheidungen früherer Richter verantwortlich gezeigt hat, also gegenüber den angemessenen Grenzen der relevanten Rechtsbegriffe. Die Autorität des »gesetzgebenden« Richters steht im Gleichgewicht mit der Verantwortung gegenüber den Anwendungen durch frühere Richter, also gegenüber dem Inhalt der von ihm übernommenen Norm. Außerdem ist der Richter gegenüber zukünftigen Richtern verantwortlich, da diese ihn *gegenüber* der Autorität der von ihm übernommenen Tradition für verantwortlich *halten*. Sie erteilen diese Autorität; und natürlich ist keine Entscheidung eines zukünftigen Richters, die Entscheidung des aktuellen Richters als einen Präzedenzfall zu behandeln, selbst endgültig autoritativ. Auch sie ist gegenüber der (ebenso anfechtbaren) Autorität noch späterer Richter verantwortlich.

Mit dem Erinnerungsprozess werden Ursachen zu Gründen. Auch wenn der Richter so und nicht anders entschieden hat, weil er dies und das zum Frühstück aß – insofern der genealogische Konjunktiv stimmt, dass er, wenn er etwas anderes gegessen hätte, auch anders entschieden hätte –, kann ein geeignetes Erinnerungsnarrativ diese Entscheidung trotzdem als *richtige* Entscheidung darstellen, also als ein Explizitmachen einiger Aspekte des Inhalts des Gesetzes, die die ganze Zeit implizit gewesen waren. Eine derart herbeigeführte Einstellung zeigt sich als ein Ausdruck einer genuinen Norm und liefert somit Gründe für zukünftige Richter. Die Erinnerung ist eine Art von Begründung; allerdings mit Einschränkungen, denn die Autorität der rückblickenden Begründung eines aktuellen Richters muss von zukünftigen Richtern als etwas anerkannt werden, dass mehr ist als eine Einstellung. Obwohl Wittgenstein keine alternative Metaphysik der *Vernunft* liefert, gehe ich davon aus, dass er – sollte man ihn dazu bewegen können, eine solche Sprache zu verwenden – mit Hegel übereinstimmen würde, dass einer der Übeltäter, der für die Entfremdung verantwortlich ist, also dafür, dass wir die Einstellungsabhängigkeit normativer Status und die Statusabhängigkeit normativer Einstellungen nicht zusammenhalten können, eine verformte Vorstellung der Beziehung zwischen Gründen und Ursachen ist, eine Vorstellung, die einen Dualismus hervorruft.

Am Beispiel der Bestimmung der Inhalte von Rechtsbegriffen wird ersichtlich, wie gegenseitige Anerkennungseinstellungen durch normative Status instituiert werden. In jedem Stadium der Bestimmung des Inhalts von Rechtsbegriffen ist die Autorität der Einstellungen der Richter gegenüber dem zu entwickelnden Inhalt im Gleichgewicht mit einer entsprechenden Verantwortung gegenüber der angewendeten Norm. Die normative Arbeit der Instituierung der Norm durch ihre Anwendung ist aufgeteilt zwischen verschiedenen normativen Subjekten. Autorität ist nur wirklich (ist ein normativer Status und nicht bloß eine Einstellung des Behauptens von Autorität), wenn sie anerkannt wird. Die Autorität des Anerkennenden, die Einstellung des Behauptens bzw. Zuschreibens von Autorität angemessen zu ergänzen, muss von anderen anerkannt werden – auf die Gefahr hin, dass der Status zu einer bloßen Einstellung, also etwas Wirkliches zu etwas bloß Virtuellem herabgestuft wird. Sowohl die Einstellungsabhängigkeit normativer Status als auch die Statusabhängigkeit normativer Einstellungen sind an jeder Stelle zugange. Denn die Autorität wirklicher Anwendungen gegenüber den sich entwickelnden begrifflichen Inhalten (Gesetzgebung) und die Verantwortung solcher Anwendungen gegenüber den übernommenen begrifflichen Inhalten (Gesetzesfindung) sind die ganze Zeit über wirksam. Im Prozess der Bestimmung des Inhalts übernimmt jede Generation verbindliche Normen (»Bestimmung« im Sinne *sui generis* von Herstellen und Herausfinden). Vorausblickend betrachtet aber, verändert jede Generation die Normen durch die eigenen Einstellungen. Auf diese Weise können *wir* (im zeitlich ausgedehnten Sinne) rückschauend durch die von uns übernommenen Normen gebunden werden und sie zugleich vorausschauend herstellen.

VIII. Dimensionen des Holismus: Identität durch Verschiedenheit

Es ist lohnenswert, einen anderen Weg durch die hier wiedergegebene Darstellung zu skizzieren, um eine gewisse Struktur hervorzuheben, die sich mit der Darstellung kumulativ entwickelt und durchaus bekannt sein dürfte. Eine der wichtigen Ideen, die Hegels Denken von dem seiner Vorgänger unterscheidet, ist seine Verpflichtung zu dem, was später »Holismus« genannt wurde, den er aber unter dem Titel einer neuen, »spekulativen« Vorstellung von *Identität* behandelt. Spekulativ verstanden, wird Identität der Verschiedenheit nicht einfach gegenübergestellt; vielmehr wird sie durch Verschiedenheit gegliedert und umfasst sie gleichsam. Es handelt sich zunächst um ein Ganzes, dessen Sein bzw. Identität darin besteht, dass seine verschiedenen Teile in bestimmten Beziehungen zueinanderstehen. Diese Teile sind selbst als funktional vorzustellen; sie sind identifiziert und individuiert hinsichtlich der Rollen, die sie bei der Konstituierung des in Frage stehenden Ganzen spielen. Sie sollten folglich nicht als selbstständig betrachtet werden, als ob sie innerhalb des Ganzen unabhängig und ohne Weiteres in Beziehung miteinander stehen würden. Die verschiedenen Teile haben unterschiedliche Funktionen. Wir sollten aber darauf achtgeben, dass diese Unterschiede für die Identität des Ganzen und ebenso für die Identität jedes einzelnen Teils wesentlich ist und dass die Teile in verschiedenartigen Beziehungen zu jeweils anderen Teilen stehen. Aus diesen Gründen sagt Hegel, dass die Teile, obwohl sie sich voneinander unterscheiden, »im spekulativen Sinn« identisch sind, welcher damit vereinbar bzw. sogar davon abhängig ist, dass sie sich voneinander unterscheiden.

Solche abstrakten begrifflichen Strukturen sind in Hegels Denken allgegenwärtig. Er war der Erste, der versucht hat, diese holistischen Strukturen gründlich und systematisch zu durchdenken. Natürlich ist hier auch Platz für die skeptische Frage, ob dieser allgemeine Begriff überhaupt verständlich gemacht werden kann, beziehungsweise: Wie genau kommt es eigentlich zur Individuierungsleistung? Das Ganze wird durch die Beziehungen zwischen seinen Teilen identifiziert und individuiert; die Teile werden durch ihre Beziehungen zueinander beim Bilden des Ganzen identifiziert und individuiert. Mit dieser Beschreibung entsteht möglicherweise ein Henne-Ei-Problem. Hegels Charakterisierung solcher Strukturen als »unendlich« und sein Vorschlag (am Ende vom Kapitel über Kraft und Verstand), sie als ein »Durchlaufen der Momente« zu verstehen, mag ein

Eingestehen der Schwierigkeiten bedeuten, leistet jedoch keine konkrete Unterstützung bei ihrer Behandlung. Der Rezeptionsstreit über Hegel im britischen Idealismus des *fin de siècle* wurde vor allem bezüglich der Verständlichkeit und Nützlichkeit der Idee geführt, ob »alle Beziehungen interne Beziehungen« sind. Die zugrundeliegende Unterscheidung zwischen internen und externen Beziehungen wurde manchmal am Beispiel einer Leiter dargestellt. Diese wird zu einer Leiter durch die Beziehungen zwischen ihren Holmen und Sprossen. Nur aufgrund dieser Beziehungen machen die Holzstücke eine Leiter aus. Im Gegensatz dazu sind die Beziehungen zwischen der Leiter und der Wand, an der sie lehnt, und dem Boden, auf dem sie steht, gegenüber der Leiter extern. Versetzt man die Leiter und nimmt sie aus diesen Beziehungen heraus, bleibt sie eine Leiter und eben genau jene Leiter, die sie ist. Ihre internen Beziehungen sind wesentlich (notwendig) für ihre Identität, während ihre externen Beziehungen für ihre Identität akzidentell (zufällig) sind. Dieses Modell schwebt Quine vor, wenn er (in »Zwei Dogmen des Empirismus«) sagt, dass das Wesen zur Bedeutung wird, wenn es vom Ding abgelöst und mit dem Wort verknüpft wird. In den Extremen haben die britischen Anhänger des absoluten Idealismus alle Beziehungen als intern aufgefasst (Russells »Welt als eine Schüssel voll Gelee«) und die Atomisten alle Beziehungen als extern (Russells »Welt als ein Eimer voller Kugeln«). Whitehead zufolge begehen beide einen »Fehlschluss durch verlorenen Kontrast«.

Dies entspricht jedoch nicht der allgemeinen Ebene, auf der Hegels Holismus betrachtet werden sollte. Vielmehr sollten wir Hegels verschiedene detailreiche Anwendungen holistischer Strukturen, einschließlich der verschachtelten Beziehungen zwischen diesen Strukturen, hinsichtlich seiner Pragmatik und Semantik in den Blick nehmen. Beginnen wir mit seiner Anerkennungsmetaphysik von Normativität. Bestimmte biologische Lebewesen, die durch ihre unterschiedlichen Begierden individuiert werden, nehmen einander gegenüber Anerkennungseinstellungen ein. Sie instituieren dabei Anerkennungsgemeinschaften (eine Art von Ganzem oder Allgemeinheit), deren Mitglieder von genau denjenigen anerkannt werden, die sie selbst anerkennen. Als Mitglieder solcher Gemeinschaften, als Einzeldinge, die unter solche Allgemeinbegriffe »fallen«, sind sie mehr als diese bloßen Einzeldinge, denn sie werden selbstbewusste einzelne normative Subjekte mit Autoritäts- und Verantwortungsstatus. Die Identität der Gemeinschaft wird durch die Anerkennungsbeziehungen zwischen den Mitgliedern konstituiert, die mehr sind als bloß besondere Individuen, insofern sie zu anderen Individuen in ebensolchen Anerkennungsbeziehungen stehen, welche die Mitglieder identifizieren und individuieren. Die Bedenken bezüglich der Zirkularität zwischen holistisch individuierten Einzelnen und den sie charakterisierenden Allgemeinbegriffen werden durch die Rolle der orektisch individuierten besonderen Lebewesen ausgeräumt, die sich selbst durch Anerkennung aus dem Reich der *Natur* in das Reich des *Geistes* erheben. (An anderer Stelle habe ich dafür argumentiert, dass eine der entscheidenden Rollen der Unmittelbarkeit in vermittelten begrifflichen Strukturen genau darin besteht, Träger holistisch definierter Bedeutungen bereitzustellen.[23])

Wir haben aber gesehen, dass diese einfache Darstellung der Instituierung von Normen durch gegenseitige Anerkennung nur den Anfang von Hegels komplexer Metaphysik der Normativität darstellt. In der Kritik der praktischen Vorstellung der REINEN SELBSTSTÄNDIGKEIT des Herren, also einer Autorität ohne entsprechende Verantwortung, zeigt sich, dass diese zwei grundlegenden normativen Status (also Aspekte dessen, was Subjekte an sich sind) holistisch miteinander verbunden sind.

23 *Tales of the Mighty Dead. Historical Essays in the Metaphysics of Intentionality*, »Holism and Idealism in Hegel's *Phenomenology*«, Cambridge, Mass./London 2002.

Autorität und Verantwortung sind dem Sinn sowie der Referenz nach wechselseitig voneinander abhängig. Denn die Verpflichtung zu bestimmtem Gehaltvollsein, die Autorität also, solche Verpflichtungen einzugehen, muss durch die Autorität anderer ausgeglichen werden, für diese Verpflichtungen verantwortlich zu machen.

Als wir das Anerkennungsmodell etwas genauer in den Blick nahmen, haben wir gesehen, dass auch die beiden zugrundeliegenden normativen Einstellungen der Verantwortungs- und Autoritätszuschreibung und -zustimmung – die den Unterschied zwischen dem Sein der Subjekte für andere und ihrem Sein für sich in der sozialen Perspektive ausdrücken – holistisch miteinander verbunden sind. Auch sie sind dem Sinn sowie der Referenz nach wechselseitig voneinander abhängig. Beide können jeweils nur als Teil eines Ganzen verstanden werden, das die Beziehungen dieser verschiedenen Einstellungen zueinander beinhaltet; sofern Subjekte nicht in der Lage sind, die eine praktische Fähigkeit anzunehmen, sind sie auch nicht in der Lage, die andere anzunehmen. Wenn wir auf die normative Feinstruktur des Anerkennungsprozesses schauen, in welchem normative Status durch normative Einstellungen instituiert werden – insbesondere wenn wir darauf achten, wie sich das Anerkennungsmodell aus dem zugrundeliegenden kantischen normativen Status entwickelt, demzufolge man die Autorität hat, sich selbst zu verpflichten (sich selbst verantwortlich zu machen, indem man einer Verantwortung zustimmt) –, können wir ferner erkennen, dass auch die verschiedenen normativen Einstellungen und die verschiedenen normativen Status miteinander holistisch verbunden sind. Normative Status sind von normativen Einstellungen dem Sinn sowie der Referenz nach wechselseitig abhängig.

Das Anerkennungsmodell der Instituierung von normativen Status durch normative Einstellungen zeigt sehr deutlich die Einstellungsabhängigkeit normativer Status; die Statusabhängigkeit normativer Einstellungen zeigt sich hingegen auf anderen Ebenen. Damit die eigenen Anerkennungseinstellungen als angemessen ergänzt gelten können und somit in der Lage sind, bei der Instituierung eines bestimmt gehaltvollen Status zusammenzuwirken, muss man die Anerkennungsautorität haben, jemand anderen verantwortlich zu machen. Damit die eigene Verantwortungszustimmung bzw. -zuschreibung bestimmt gehaltvoll wird, ist es darüber hinaus erforderlich, dass diese Anerkennungseinstellungen Zustimmungen zu bzw. Zuschreibungen von normativen Status mit bestimmten Inhalten sind. Bei der Erklärung der Statusabhängigkeit normativer Einstellungen in Hegels Metaphysik der Normativität müssen wir auf das *Gehaltvollsein* achtgeben, welches die Einstellungen von den Status übernehmen, insofern sie Einstellungen gegenüber diesen Status sind.

Die in Hegels normativer Pragmatik implizite Semantik beginnt mit seiner nichtpsychologischen Vorstellung vom Begrifflichen. Begrifflich gehaltvoll zu sein bedeutet, dass etwas in Beziehungen bestimmter Negation (und somit der Vermittlung) zu anderen gehaltvollen Elementen steht. Die Identität jedes begrifflichen Inhalts besteht in seinen Beziehungen ausschließender Verschiedenheit (Gegensätzlichkeit) zu anderen solchen Inhalten; die Identität des Begriffs, der sie alle umfasst, wird durch diese Beziehungen ausschließender Verschiedenheit zwischen all diesen bestimmten begrifflichen Inhalten gegliedert. Um ein Paradox bzw. einen Regress zu vermeiden, sollten wir uns an dieser Stelle unmittelbar unterscheidbare Einzeldinge als die Träger dieser begrifflichen Inhalte vorstellen. Diese wiederum sollten wir so auffassen, dass sie durch die Beziehungen materialer Unvereinbarkeit und Folgerung identifiziert und individuiert werden, in welchen sie zu anderen solchen Inhalten stehen. Bei der Behandlung des Kapitels zur Wahrnehmung haben wir gesehen, dass Hegel das Implizite dieser Vorstellung von begrifflichem Inhalt entfaltet, um aus ihm eine komplexe, mehrschichtige holistische Struktur von Eigenschaften und Gegenständen abzuleiten. Die metaphysische Feinstruktur des holistischen Systems von Hegel ist bereits an dieser Stelle umfangreicher, als ebendort in der einfältigen Zusammenfassung durch die Formulierung »Identität durch Verschiedenheit« angedeutet wurde. Ferner haben wir gesehen, dass das Kapitel über Kraft und Verstand die Entfaltung holistischer Strukturen vertieft und die Eigenart solcher Strukturen als explizites Thema aufgreift. Dort sind charakteristische Beschreibungen zu finden:

> [D]iese Momente hiermit nicht an zwei selbständige Extreme verteilt, welche sich nur eine entgegengesetzte Spitze böten, sondern ihr Wesen ist dies schlechthin, jede nur durchs andere und [das], was jede so durchs andere ist, unmittelbar nicht mehr zu sein, indem sie es ist. Sie haben hiermit in der Tat keine eigenen Substanzen, welche sie trügen und erhielten.[24]

> Das Einfache des Gesetzes ist die Unendlichkeit, heißt nach dem, was sich ergeben hat, α) es ist ein *Sichselbstgleiches,* welches aber der *Unterschied* an sich ist; oder es ist Gleichnamiges, welches sich von sich selbst abstößt oder sich entzweit. Dasjenige, was die *einfache* Kraft genannt wurde, *verdoppelt* sich selbst und ist durch ihre Unendlichkeit das Gesetz. β) Das Entzweite, welches die in dem *Gesetze* vorgestellten Teile ausmacht, stellt sich als Bestehendes dar; und [werden] sie ohne den Begriff des inneren Unterschiedes betrachtet, [so] ist der Raum und die Zeit oder die Entfernung und die Geschwindigkeit, welche als Momente der Schwere auftreten, sowohl gleichgültig und ohne Notwendigkeit füreinander als für die Schwere selbst, so wie diese einfache Schwere gegen sie oder die einfache Elektrizität gegen das Positive und Negative [gleichgültig] ist. γ) Durch den Begriff des inneren Unterschiedes aber ist dies Ungleiche und Gleichgültige, Raum und Zeit usf. ein *Unterschied,* welcher kein *Unterschied* ist oder nur ein Unterschied des *Gleichnamigen,* und sein Wesen die Einheit; sie sind als Positives und Negatives gegeneinan-

24 *PhG*, S. 114f.

> der begeistet, und ihr Sein ist dieses vielmehr, sich als Nichtsein zu setzen und in der Einheit aufzuheben. Es bestehen beide Unterschiedene, sie sind *an sich*, sie sind *an sich als Entgegengesetzte*, d. h. das Entgegengesetzte ihrer selbst, sie haben ihr Anderes an ihnen und sind nur *eine* Einheit.[25]

Auf der Höhe metabegrifflicher Abstraktion, in welcher sich eine begriffliche Struktur als »holistisch« charakterisieren lässt, erkennen wir jetzt, generisch betrachtet, dass es sich bei Hegels anfänglicher Vorstellung von BEGRIFFLICHEM INHALT um die gleiche Art von Holismus handelt wie in seiner Vorstellung von den Beziehungen zwischen normativen Einstellungen und normativen Status. Wie wir gesehen haben, ist diese Vorstellung von BEGRIFFLICHEM INHALT hylemorphistisch. Begriffliche Inhalte im Sinne Hegels können zwei Formen annehmen, die objektive Form oder die subjektive Form, je nachdem, ob die Beziehungen bestimmter Negation (materialer Unvereinbarkeit), die sie gliedern, durch eine alethisch-modale oder eine deontisch-normative Terminologie gedeutet werden – dies hängt davon ab, ob ihre ausschließende Verschiedenheit auf der *Unmöglichkeit* beruht, dass zwei Eigenschaften gleichzeitig instanziiert werden bzw. zwei Sachverhalte zugleich gelten, oder bloß auf dem *Verbot*, dass ein Subjekt zwei entsprechende Verpflichtungen zugleich eingehen darf.

Die intentionalen Beziehungen zwischen begrifflichen Inhalten dieser beiden Formen (jene, die subjektive Gedanken gliedert, und jene, die objektive Sachverhalte gliedert) sind die Grundlage der *repräsentationalen* Dimension des begrifflichen Inhalts, also der »von«-Intentionalität anstatt der durch Beziehungen bestimmter Negation gegliederten »dass«-Intentionalität. Wir haben gesehen, dass diese repräsentationalen Beziehungen zwischen den beiden gleichermaßen holistischen Formen des be-

25 Ebd., S. 131 f.

grifflichen Inhalts (zwischen Repräsentierendem und Repräsentiertem, hegelschen Sinnen und Referenzgegenständen, Phaenomena und Noumena) in Bezug auf die *Erinnerungs*phase der Erfahrung verstanden werden sollten. Der Prozess und die Praxis der Erfahrung im hegelschen Sinne haben sowohl eine erkenntnistheoretische als auch eine praktische Dimension. Zwar heißt Erfahrung zwangsläufig Irrtum und Misserfolg, doch ist sie auch der Prozess und die Praxis, in der begriffliche Inhalte bestimmt werden und die Wahrheit entdeckt wird. Durch die Ausübung erinnernder Rationalität zeigt sich, dass bestimmte begriffliche Inhalte sowie die Normen dieser Inhalte den Prozess ihrer Entdeckung in der Erfahrung bestimmen. Die Praxis gliedert die für Hegels normative Pragmatik wesentliche Statusabhängigkeit normativer Einstellungen sowie den für seine Semantik zentralen Begriff BESTIMMTER BEGRIFFLICHER INHALT und bindet sie beide somit in einer pragmatischen Erklärung holistisch zusammen. Holistische Wechselbeziehungen, und zwar nicht nur zwischen den beiden Formen des begrifflichen Inhalts auf der Seite der Semantik und zwischen den Einstellungen und Status auf der Seite normativer Pragmatik, sondern auch zwischen den semantischen und pragmatischen Unterscheidungen, werden von der Erinnerung in dem einen Sinne hergestellt und in dem anderen herausgefunden. Die durch die Erinnerung sichtbar gemachten holistischen Wechselbeziehungen – also der Ursprung der Unterscheidung zwischen Sinnen und Referenzgegenständen – sind weder in Richtung der Abhängigkeit des Sinns noch in Richtung der Abhängigkeit der Referenz assimilierbar. Das Ergebnis ist eine holistische pragmatische wechselseitige Abhängigkeit zwischen Pragmatik und Semantik. Der hegelsche Holismus ist ein Haus mit vielen Wohnungen. Hegel spricht gern über die verschiedenen wechselseitigen Abhängigkeiten bzw. über das System dieser Abhängigkeiten, das die Struktur von Identität durch Verschiedenheit aufweist. Diese Struktur nennt er »Unendlichkeit«.

IX. Wahrheit als Subjekt und Geist als Selbstbewusstsein

Ähnlich wie im hier vorliegenden Schlusskapitel sind die weitreichendsten und bedeutendsten Behauptungen, zu welchen Hegel meines Erachtens mit seiner Phänomenologie berechtigt ist, in der (erst nach dem Hauptteil geschriebenen) »Vorrede« zu finden. Sie werden nicht durch philosophische Argumentation begründet, noch werden sie auch nur mehr als nötig erklärt. Vielmehr bekommt hier der Leser, welcher das ganze Werk bereits beherrscht, gerade genug Formulierungen an die Hand, um die charakteristischen Grundzüge wiedererkennen zu können. Der Wert dieser Darstellung besteht darin, dass wir einen Überblick und ein allgemeines Bild erhalten von dem, was Hegel glaubt, begründet bzw. geleistet zu haben.

Laut dem zentralen Motto der Vorrede kommt »alles darauf an, das Wahre nicht als *Substanz*, sonder ebensosehr als *Subjekt* aufzufassen und auszudrücken«.[26] Das Wahre aufzufassen bedeutet, es implizit zu begreifen; es auszudrücken bedeutet, es explizit zu begreifen. Letzteres beinhaltet die Verwendung des spezifisch logischen Vokabulars, das Hegel in der *Phänomenologie* benutzt. Die zentrale Bedeutung der Behauptung, dass das Wahre nicht nur Substanz, sondern Subjekt ist, wird durch ihre wiederholte Äußerung unterstrichen; sie taucht in nur leichter Variation an mehreren Stellen auf.[27] Schauen wir zunächst auf »das Wahre«. Uns wird erzählt, dass das Wahre das Ganze ist. Wir finden den Gegensatz zwischen Gewissheit und Wahrheit nicht in diesem Ausdruck wieder, obgleich er im Buch ansonsten eine so wichtige Rolle spielt. Sicherlich stimmen die Wahr-

26 Ebd., S. 22f.
27 Ebd., S. 23, 28, 36, 39-41, 53 und 62.

heit und die Gewissheit des Selbstbewusstseins des Geistes überein, wenn er sich selbst als absolut erkennt.

> Es [das Wahre] ist das Werden seiner selbst, der Kreis, der sein Ende als seinen Zweck voraussetzt und zum Anfange hat und nur durch die Ausführung und sein Ende wirklich ist.[28]

Hegel spricht von dem mit der *Phänomenologie* verfolgten Erklärungsprozess, der das Implizite der gewöhnlich empirischen und praktischen Begriffsverwendung philosophisch explizit macht, indem er die verschiedenen »Gestalten des (Selbst-)Bewusstseins« untersucht, die die unterschiedlichen Strukturkategorien ausdrücken, in welchen der Prozess selbst wiedergegeben werden kann. Er spricht aber auch von einem Erfahrungsprozess, in welchem die Inhalte dieser Begriffe bestimmt werden und sich als etwas zeigen, dass das wirkliche Sein der Dinge repräsentiert. Die Erinnerungsphase jeder Episode der Erfahrung setzt das explizite Ergebnis, in welchem die Erfahrung (bis dahin) gipfelt, zurück an den Anfang des Prozesses, als ob es die ganze Zeit über die Entwicklung der Konstellation von Verpflichtungen bestimmt hat und als normativer Maßstab für die Bewertung des partiellen Erfolgs und Misserfolgs jeder vorangegangenen Episode des Prozesses dienen kann. Diese Episoden werden nun als ein ungebrochener expressiver Fortschritt rational rekonstruiert, der jetzt an seinen Höhepunkt gelangt ist.

> Es ist der Prozeß, der sich seine Momente erzeugt und durchläuft, und diese ganze Bewegung macht das Positive und seine Wahrheit aus. Diese schließt also ebensosehr das Negative in sich, dasjenige, was das Falsche genannt werden würde, wenn es als ein solches betrachtet werden könnte, von dem zu abstrahieren sei. Das Verschwindende ist vielmehr selbst als wesentlich zu betrachten, nicht in der Bestimmung eines Festen,

28 Ebd., S. 23.

> das vom Wahren abgeschnitten, außer ihm, man weiß nicht wo, liegen zu lassen sei [...].[29]

(Diese Passage setzt sich fort mit der Metapher der Wahrheit als eines bacchantischen Taumels, an dem kein Glied nicht trunken ist.) Wir sollten diesen Prozess als ein Ganzes begreifen, um die zweifache Erscheinung des Wahren als Substanz und als Subjekt zu verstehen.

Im Verlaufe des Buches dient der logisch-spekulative Begriff der SUBSTANZ dazu, das Erkennen und Handeln zu beschränken, also das, wovon Individuen abhängen und wofür sie sich in der Erfahrung verantworten. Wir haben von zwei grundlegend verschiedenen Arten von Substanz gehört, der *natürlichen* Substanz und der *sittlichen* Substanz. Die erste umfasst die anorganischen und organischen Aspekte der Dinge, die Maßstäbe für erfolgreiches Erkennen und Handeln setzen und uns einen Raum zur Verfügung stellen, in welchem wir uns verwirklichen und ausdrücken. Die zweite Substanz ist die normbeherrschte und norminstituierende Anerkennungsgemeinschaft. Ausgedrückt in der von Kant übernommenen Terminologie, entsprechen die beiden Substanzen jeweils natürlicher und sittlicher Notwendigkeit. (Mit »notwendig« meint Kant »gemäß einer Regel«.) Wir haben gesehen, dass die zwei Arten von Regeln, die diese zwei Arten von Notwendigkeit ausdrücken, jeweils mit alethisch-modalem und deontisch-normativem Vokabular explizit gemacht werden.

Das repräsentationale Denken, das Vorstellen also, das die metabegrifflichen Kategorien des Verstandes gliedert, versteht beide Arten von Substanz, sowohl die natürliche als auch die geistige, in Bezug auf »die abstrakte, d. h. nur überhaupt *seiende* Unmittelbarkeit«.[30] Es handelt sich hier um die Unmittelbarkeit

29 Ebd., S. 46.
30 Ebd., S. 36.

des Seins und die Unmittelbarkeit des Denkens. Natürliche Substanz wird aufgefasst als eine der denkenden Substanz gegenüberstehende unabhängige Einschränkung des Erkennens und Handelns. In dieser Betrachtung stehen die externen, objektiven Repräsentations*beziehungen* zwischen Substanzen im Fokus, die als unterschiedliche Arten von Unmittelbarkeit gedeutet werden. Zur Überwindung dieser abstrakten Gegenüberstellung, die droht, das Erkennen und das Handeln unverständlich zu machen, muss man zunächst einsehen, dass beide Arten von Substanz einen Moment der Vermittlung beinhalten.

> Die Gedanken werden flüssig, indem das reine Denken, diese innere *Unmittelbarkeit*, sich als Moment erkennt [...].[31]
> Sie ist dasselbe, was oben das Subjekt genannt worden, welches darin, daß es der Bestimmtheit in seinem Elemente Dasein gibt, die abstrakte, d. h. nur überhaupt *seiende* Unmittelbarkeit aufhebt und dadurch die wahrhafte Substanz ist, das Sein oder die Unmittelbarkeit, welche nicht die Vermittlung außer ihr hat, sondern diese selbst ist.[32]

Vermittlung bedeutet inferentielle Gliederung im weitesten Sinne. Das Sein und das Denken als »durchaus vermittelt« zu verstehen bedeutet, dass sie durch Beziehungen materialer Unvereinbarkeit und Folgerung gegliedert werden. Eine solche Vorstellung ermöglicht es uns, »das Wahre als Substanz« zu verstehen, also als der identische begriffliche *Inhalt* von zwei *Formen*: als Tatsache und als Gedanke. Dies ist der *bimodale hylemorphistische Begriffsrealismus.*

Wir haben jedoch bereits festgestellt, dass es auf eine einseitige Vorstellung hinausläuft, wenn wir »das Wahre als Substanz« im Sinne des bimodalen hylemorphistischen Begriffsrealismus

31 Ebd., S. 37.
32 Ebd., S. 36.

verstehen. Sie betrachtet Dinge und Gedanken nur vom Standpunkt ihrer begrifflichen Gliederung aus, also als etwas Vermitteltes. Es ist aber gerade deren Überschuss an nichtbegrifflicher (jede Eingrenzung durch bestimmt begriffliche Vermittlungsstrukturen durchdringende) Unmittelbarkeit, welcher eine *Veränderung* der Vorstellung alethisch notwendig macht und normativ verlangt.

> Und die Erfahrung wird eben diese Bewegung genannt, worin das Unmittelbare, das Unerfahrene, d. h. das Abstrakte, es sei des sinnlichen Seins oder des nur gedachten Einfachen, sich entfremdet und dann aus dieser Entfremdung zu sich zurückgeht und hiermit jetzt erst in seiner Wirklichkeit und Wahrheit dargestellt wie auch Eigentum des Bewußtseins ist.[33]

Was der alethischen Unvereinbarkeit (wie etwa von Eigenschaften) auf der Seite der Gegenstände implizit ist, wird in der normativen Forderung nach Klärung und Nachbesserung unvereinbarer Verpflichtungen auf der Seite des Subjekts explizit. Diese interne Verbindung zwischen einerseits bestimmter Negation (materiale Unvereinbarkeit) als einer objektiven Beziehung und andererseits praktischen normativen Handlungspflichten, im Erkennen bejahte sowie praktisch bejahte Inhalte zu *ändern*, deutet darauf hin, dass Vermittlung und Unmittelbarkeit im Grunde zwei Seiten ein und derselben Medaille sind. Dies wird noch besser verständlich, wenn wir Vermittlung und Unmittelbarkeit als zwei Aspekte des *Erfahrungsprozesses* begreifen. Unmittelbarkeit manifestiert sich in der *Ungleichheit* zwischen der objektiven und der subjektiven Form begrifflichen Inhalts; diese Ungleichheit ist der Motor des für das Subjekt konstitutiven begrifflichen Entwicklungsprozesses.

33 Ebd., S. 38f.

Auf diese Einsicht verweist Hegel mit dem Ausdruck »das Wahre als Subjekt zu verstehen«.

> Denn die Vermittlung ist nichts anderes als die sich bewegende Sichselbstgleichheit, oder sie ist die Reflexion in sich selbst, das Moment des fürsichseienden Ich, die reine Negativität oder, auf ihre reine Abstraktion herabgesetzt, das *einfache Werden.* Das Ich oder das Werden überhaupt, dieses Vermitteln ist um seiner Einfachheit willen eben die werdende Unmittelbarkeit und das Unmittelbare selbst.[34]

Das »Ich«, dieses Selbst und Subjekt, wird mit der Bewegung identifiziert, mit dem »Werden überhaupt«, das heißt der Erfahrung. Dies ist Kants Ansicht, wonach das für die eigenen Verpflichtungen verantwortliche Erfahrungssubjekt mit dem Prozess des Synthetisierens einer Konstellation von Verpflichtungen, also mit der rationalen, für die Apperzeption charakteristischen Einheit identifiziert wird, und zwar indem es jenen für die Urteilskraft konstitutiven rationalen Verantwortungen zur Kritik, Rechtfertigung und Erweiterung praktisch zustimmt. Dieser Prozess der Erfahrung bestimmt die begrifflichen Inhalte (vorausblickend und rückblickend, herstellend und herausfindend). Denn »jene Bestimmungen haben das Ich, die Macht des Negativen oder die reine Wirklichkeit zur Substanz und zum Element ihres Daseins«.[35] Das leitende Motto der »Vorrede«, dass alles darauf ankommt, »das Wahre nicht als *Substanz*, son-

34 Ebd., S. 25. Die Passage führt fort: »Es ist daher ein Verkennen der Vernunft, wenn die Reflexion aus dem Wahren ausgeschlossen und nicht als positives Moment des Absoluten erfaßt wird. Sie ist es, die das Wahre zum Resultate macht, aber diesen Gegensatz gegen sein Werden ebenso aufhebt, denn dies Werden ist ebenso einfach und daher von der Form des Wahren, im Resultate sich als *einfach* zu zeigen, nicht verschieden; es ist vielmehr eben dies Zurückgegangensein in die Einfachheit.«

35 Ebd., S. 37.

dern ebensosehr als *Subjekt* aufzufassen und auszudrücken«,[36] kann in vier aufeinanderfolgende Stufen eingeteilt werden:

1) Erstens wird Wahrheit in Bezug auf eine Identitätsbeziehung zwischen natürlicher und normativer Substanz als Substanz verstanden. Dies ist der *hylemorphistische Begriffsrealismus*: die Erscheinung des begrifflichen Inhalts in den zwei substantiellen Formen, genannt Gedanke und Tatsache.
2) Zweitens wird Wahrheit als Subjekt verstanden. Hierin ist Wahrheit ein Merkmal des Erfahrungsprozesses (das »Ich« als »Werden«, »die Macht des Negativen«), der nicht nur die symmetrischen Beziehungen zwischen Substanzen der ersten Stufe, die aus der Identität des vermittelten Begriffsinhalts besteht, sondern auch die Ungleichheit und Störung der im Irrtum sich offenbarenden Unmittelbarkeit umfasst, die den Prozess der Bestimmung von Inhalt vorantreibt (normativ verlangt).
3) Drittens wird eine symmetrische Beziehung zwischen dem Auffassen der Wahrheit als Substanz auf der ersten Stufe und dem Auffassen der Wahrheit als Subjekt auf der zweiten Stufe festgestellt. Wir sehen, dass keines von beiden unabhängig von seiner Beziehung zum anderen verstanden werden kann. Die relationale Vorstellung von Wahrheit als Substanz und die prozessuale Vorstellung von Wahrheit als normatives Subjekt, die den beiden modalen Formen entsprechen (der alethischen und der deontisch-normativen), die begrifflicher Inhalt annehmen kann, sind wechselseitig dem Sinn nach abhängig. Dies ist der *objektive Idealismus*.
4) Die vierte Stufe besteht in der Entdeckung, dass »die Substanz an ihr selbst Subjekt ist«.[37]

36 Ebd., S. 23.
37 Ebd., S. 53.

An dieser Stelle kommt es nicht nur darauf an, Wahrheit sowohl als Substanz als auch als Subjekt aufzufassen, sondern Substanz als einen Aspekt des Subjekts zu deuten, also als etwas, das implizit das ist, was das Subjekt explizit ist. Wir müssen also erkennen, dass der Prozess, der sowohl das Selbst bzw. das Subjekt konstituiert als auch begriffliche Inhalte bestimmt, Vorrang hat gegenüber den semantischen (wie auch repräsentationalen) Beziehungen zwischen normativer und natürlicher Substanz, da er diese Beziehungen *instituiert*. Diese letzte Stufe habe ich *Begriffsidealismus* genannt.

Diese letzte Stufe in unserem phänomenologischen Selbstbewusstsein stellt Hegel als das »Überwinden des Andersseins« durch das erkennende und handelnde Subjekt dar. Die Beschränkung der Selbstständigkeit (Autorität) des Subjekts durch eine entsprechende Unselbstständigkeit (Verantwortung) manifestiert sich in einer (semantischen und intentionalen) repräsentationalen Beziehung zu einer objektiven Welt und zeigt sich somit als ein metaphysisch unumgänglicher Aspekt des bestimmten Gehaltvollseins seiner Gedanken. Das objektive Sein als Substanz wird verstanden in Bezug auf die Rolle, die es in der Entwicklung des denkenden Subjekts (des Selbst) spielt. Hegel macht das finale Stadium des Selbstverstehens in einer langen Passage explizit, indem er die Lehre zusammenfasst, die der Geist seiner Meinung nach über sich selbst im Verlaufe seiner Entwicklung gelernt haben muss. Er möchte seine Leser dazu bewegen, aus dieser in der Erinnerung gewonnenen Wiederholung des Prozesses zu lernen.

> Die Ungleichheit, die im Bewußtsein zwischen dem Ich und der Substanz, die sein Gegenstand ist, stattfindet, ist ihr Unterschied, das *Negative* überhaupt. Es kann als der *Mangel* beider angesehen werden, ist aber ihre Seele oder das Bewegende derselben; weswegen einige Alte das *Leere* als das Bewegende begriffen, indem sie das Bewegende zwar als das *Negative,* aber dieses noch nicht als das Selbst erfaßten. – Wenn

> nun dies Negative zunächst als Ungleichheit des Ichs zum Gegenstande erscheint, so ist es ebensosehr die Ungleichheit der Substanz zu sich selbst. Was außer ihr vorzugehen, eine Tätigkeit gegen sie zu sein scheint, ist ihr eigenes Tun, und sie zeigt sich wesentlich Subjekt zu sein.[38]

Die Ungleichheit innerhalb der natürlichen Substanz besteht darin, dass ihre Unmittelbarkeit jede Konstellation von Verpflichtungen übersteigt, die durch verstandesbestimmte begriffliche Inhalte gegliedert wird – was dementsprechend zu immer weiteren Episoden der Erfahrung des Irrtums führt und dem Subjekt normativ die Änderung seiner Verpflichtungen abverlangt. In diesen Verpflichtungen sind wiederum andere Verpflichtungen enthalten, was womit unvereinbar ist und was woraus folgt. Diese zu ändern heißt, die Inhalte der Begriffe hinsichtlich der erkenntnismäßigen und praktischen Verpflichtungen zu bestimmen, durch die sie formuliert werden. Die Unmittelbarkeit des objektiven Seins und die Instabilität jeder Konstellation bestimmter Verpflichtungen sind zwei Aspekte ein und derselben metaphysischen Tatsache. Die Passage geht folgendermaßen weiter:

> Indem sie dies vollkommen gezeigt, hat der Geist sein Dasein seinem Wesen gleichgemacht; er ist sich Gegenstand, wie er ist, und das abstrakte Element der Unmittelbarkeit und der Trennung des Wissens und der Wahrheit ist überwunden. Das Sein ist absolut vermittelt; – es ist substantieller Inhalt, der ebenso unmittelbar Eigentum des Ichs, selbstisch oder der Begriff ist. Hiermit beschließt sich die Phänomenologie des Geistes.

Wenn sich der Geist auf dieser vierten Stufe in diesen Ausdrücken selbst begreift (das heißt gemäß den Kategorien der Vernunft), ist er zum ersten Mal vollständig und adäquat selbstbe-

38 Ebd., S. 39.

wusst. Dies meint Hegel, wenn er sagt, dass der Geist sein Dasein seinem Wesen gleichmacht. Unmittelbarkeit wird hier hinsichtlich des Prozesses der Vermittlung verstanden, also hinsichtlich ihrer Verbegrifflichung bzw. der Integration der wirklichen Beschaffenheit der Dinge in die betrachtete Beschaffenheit der Dinge. Hegel spricht vom »Vermitteln der Unmittelbarkeit« bzw. davon, »der Zufälligkeit die Form der Notwendigkeit« zu verleihen. Die Form der Notwendigkeit ist die normative begriffliche Form, also die Form, in der die Unmittelbarkeit, erinnernd betrachtet, *Autorität* gegenüber dem Prozess des Bestimmens begrifflicher Inhalte ausübt (also das Repräsentierende, das diesem Repräsentierten gegenüber verantwortlich ist). An dieser Stelle können wir (sowie der Geist selbst) sehen, wie die Bestimmtheit unserer eigenen Gedanken davon abhängt, natürliche unmittelbare Zufälligkeit in unsere Begriffe als Teil des Prozesses des Bestimmens der Inhalte dieser Gedanken zu integrieren. Das Anderssein der natürlichen Substanz wird vom Selbst (das Wahre als Subjekt) überwunden, indem die wesentliche Rolle dieser Substanz in der Entwicklung des Selbst (als ein Wahrheitsprozess) wahrgenommen wird.

An dieser Stelle wird die Statusabhängigkeit normativer Einstellungen wiedereingesetzt und die Entfremdung überwunden. Die Unmittelbarkeit des Seins wird hinsichtlich ihrer Rolle in der Entwicklung des Selbst und also hinsichtlich der Bestimmung von begrifflichem Inhalt verstanden. Statusabhängigkeit von Einstellungen bedeutet, dass der bestimmte Inhalt der Einstellungen von der wirklichen Beschaffenheit der Dinge abhängt (ihr gegenüber verantwortlich ist, von ihr normativ beherrscht wird) und dass das, zu was ein Subjekt wirklich verpflichtet ist, eigentlich über das hinausgeht, zu was dieses Subjekt oder jedes andere Subjekt seiner Betrachtung nach verpflichtet ist. Die Statusabhängigkeit von Einstellungen wird als eine notwendige Bedingung für die Entwicklung denkender Subjekte betrachtet. Ihr Gegenstand ist das *bestimmte Gehaltvollsein* dieser Einstellungen. Die Einstellungen sind ihrem begrifflichen Inhalt gegenüber verantwortlich (gegenüber dem, zu was man sich verpflichtet hat, als man die Einstellungen eingenommen hat); der begriffliche Inhalt übt somit Autorität über die Einstellungen aus. Wie wir gesehen haben, wird bestimmtes Gehaltvollsein in Bezug auf den Erfahrungsprozess verständlich, in welchem begriffliche Inhalte bestimmt werden. Dieser Prozess der Bestimmung zeigt sich vorausblickend als ein Bestimmen im Sinne eines *Herstellens* (nach dem kantisch-fregeschen Verstandesbegriff) und rückblickend im Sinne eines *Herausfindens* dessen, was immer schon bestimmt war (ebenfalls nach dem kantisch-fregeschen Verstandesbegriff). Die erste Perspektive gliedert die Einstellungsabhängigkeit normativer Status, die zweite die Statusabhängigkeit normativer Einstellungen. Das »Überwinden des Andersseins« ist ein Hinausgehen über die Entfremdung. Die Statusabhängigkeit von Einstellungen – die Tatsache also, dass der bestimmte Inhalt von Einstellungen von der wirklichen Beschaffenheit der Dinge abhängt (ihr gegenüber verantwortlich ist) – zeigt sich als eine notwendige Bedingung der Entwicklung denkender Subjekte.

Mit dem Erringen dieser letzten Stufe des Selbstbewusstseins wird das nichtentfremdete sittliche postmoderne Zeitalter eingeleitet. An dieser Schwelle versteht das Selbstbewusstsein endlich, was es bei der Vermittlung der Unmittelbarkeit die ganze Zeit über getan hat: Es hat die Unmittelbarkeit in den Inhalt der Begriffe integriert und dabei der objektiven Zufälligkeit die normative Form der Notwendigkeit verliehen. Es erkennt nun, dass die eigene Auffassung von sich gemäß einer gewissen Konzeption von Verstand und Vorstellung – als einem vorher bestimmten normativen Subjekt, als denkender Substanz also, die einer fremden, vorher bestimmten objektiven natürlichen Substanz gegenübersteht und mit dieser nur extern repräsentational verbunden ist – selbst eine Erscheinung der Beziehungen zwischen Erscheinung und Wirklichkeit gewesen war. Dieses Selbstbewusstsein *war* eine einseitige Erscheinung *dieses* Prozesses der Erfahrung, der das wirkliche Selbst ist. Die letztlich adäquate Form des Selbstbewusstseins begreift, dass die im Erkennen und Handeln ausgeübte Autorität (Selbstständigkeit) in ihrem bestimmten Gehaltvollsein davon abhängt, von einer entsprechenden Dimension der Verantwortung (Unselbstständigkeit) gegenüber dem unmittelbaren Sein ausgeglichen zu werden, welches sich somit als der Motor des Bestimmens begrifflicher Inhalte offenbart, die die eigenen Gedanken gliedern. (Hegel nennt dies »die reine Sichselbstgleichheit im Anderssein«.[39])

> Die Bestimmtheit scheint zuerst es nur dadurch zu sein, daß sie sich auf *Anderes* bezieht, und ihre Bewegung [scheint] ihr durch eine fremde Gewalt angetan zu werden; aber daß sie ihr Anderssein selbst an ihr hat und Selbstbewegung ist, dies ist eben in jener *Einfachheit* des Denkens selbst enthalten; denn diese ist der sich selbst bewegende und unterscheidende Gedanke [...].[40]

Diese Erkenntnis stellt eine Art von Selbstbewusstsein dar – nicht nur einzelner selbstbewusster Selbste oder Subjekte, sondern, so Hegel (wie etwa in der oben zitierten Passage), des Geistes selbst. Die Phänomenologie, die Hegel in seinem Buch für uns erinnernd rekonstruiert, ist kein Prozess des Bestimmens empirisch-praktischer Begriffe der unteren Stufe, mitsamt der Konstellation der durch sie gegliederten Verpflichtungen, also dem, was er gelegentlich »den Begriff« nennt. Vielmehr handelt es sich um den philosophischen Prozess der Entwicklung der spekulativen Metabegriffe, mit denen wir den Prozess der Erfahrung der unteren Stufe verstehen sollten. Das Subjekt ist kein einzelnes erkennendes oder handelndes Subjekt, sondern der

39 Ebd., S. 53.
40 Ebd., S. 54.

ganze Geist. Was erinnert wird, sind die »Gestalten des (Selbst-) Bewusstseins« im Sinne der Kategorien, die die Konstellation metabegrifflicher Verpflichtungen gliedern, die das Verständnis des Geistes von sich selbst konstituieren. Die *Phänomenologie des Geistes* gelangt am Ende ihres nacherzählten Prozesses – und erinnert sich somit an das, was die ganze Zeit über implizit gewesen war (was Hegel »absolutes Wissen« nennt) – explizit zu einer Menge »spekulativer«, im hegelschen Sinne logischer Metabegriffe, die für das explizite Ausdrücken der tatsächlichen Funktionsweisen aller Aspekte der normativen geistigen Praxis adäquat sind, also für das Ausdrücken von Erfahrung, Bewusstsein, Selbstbewusstsein und rationaler Handlungsfähigkeit.

Die vorliegende Lektüre deutet die *Phänomenologie des Geistes* auf beiden Ebenen. Es handelt sich bei der *Phänomenologie* um eine phänomenologische Erinnerung (und insofern um eine expressiv-fortschrittliche rationale Rekonstruktion) der Stufen der Entwicklung des Selbstbewusstseins des Geistes sowie der philosophischen Begriffe (wie etwa »bestimmte Negation«, »Unmittelbarkeit« und »Vermittlung«, »an sich« und »für das Bewusstsein«, »Selbständigkeit« und »Unselbständigkeit«), die dieses Selbstbewusstsein gliedern. Gemäß unserer Lektüre sind dies *Meta*begriffe, deren spezifische expressive Rolle darin besteht, die Verwendung und den Inhalt gewöhnlicher empirisch-praktischer Begriffe explizit zu machen (Hegels »bestimmte Begriffe«, die »bestimmte Gedanken« ausdrücken[41]), die im nicht-philosophischen Erkennen und der praktischen Handlungsfähigkeit verwendet werden. Ich gehe davon aus, dass der *Sinn*

41 Wie etwa in der oben zitierten Passage auf S. 36f. und auf S. 46f., wo die beiden Ebenen von Begriffen und Verpflichtungen explizit nebeneinander gestellt werden: »In dem Gerichte jener Bewegung bestehen zwar die einzelnen Gestalten des Geistes wie die bestimmten Gedanken nicht, aber sie sind so sehr auch positive notwendige Momente, als sie negativ und verschwindend sind.«

und Zweck des Entwickelns der philosophischen Metabegriffe eben in der Erklärung besteht, wie die Dinge auf der unteren Stufe funktionieren. Dies habe ich die Strategie des »semantischen Abstiegs« genannt. Indem Hegel diese Strategie wählt, entwickelt er die kantische Einsicht weiter, wonach es – neben den Begriffen, die bei der Beschreibung und Erklärung empirischer Geschehnisse und bei der Erwägung und Bewertung praktischer Akte verwendet werden –, auch Begriffe gibt, deren expressive Rolle darin besteht, grundlegende Merkmale des Rahmens explizit zu machen, in dem Beschreibung, Erklärung, Erwägung und Bewertung möglich sind. Es ist leicht zu verstehen, weshalb Kant und Hegel so viel Aufmerksamkeit und Mühe auf kategoriale Metabegriffe richten; die Entdeckung dieser Art von Begriff ist eine der großen transformativen Ideen, mit der ein neues Zeitalter der Philosophie eingeleitet wird. Die begeisterte Untersuchung der Möglichkeiten, die durch die Betrachtung dieser neuen Art von Begriff eröffnet wurde, vermag jedoch etwas ebenso Wichtiges zu verbergen, nämlich genau das, was Kant und Hegel mithilfe dieser neu entdeckten kategorialen Metabegriffe über die Verwendung und den Inhalt von gewöhnlichen Begriffen der unteren Stufe zu sagen haben.

Hinsichtlich mancher Behauptungen kann Verwirrung darüber entstehen, auf welche der beiden Ebenen sich Hegel bezieht. Redet er beispielsweise an einer Stelle von der empirisch-praktischen Erfahrung einzelner selbstbewusster Subjekte und der von ihnen verwendeten Begriffe oder von der Erfahrung, die das Selbstverständnis des Geistes und die Entwicklung der Metabegriffe prägen, die zum Verständnis der Erfahrung der unteren Stufe verwendet werden? Inwiefern laufen diese beiden Darstellungen parallel und inwiefern gehen sie auseinander? Hier werden meiner Meinung nach zwei große Interpretationsprobleme sichtbar, die weder Hegel noch die meisten seiner Leser explizit beschäftigen. Das eine betrifft die Beziehungen zwischen der Vorstellung vom Selbstbewusstsein gewöhnlicher Erkenntnis- und Handlungssubjekte und der Vorstellung vom Selbstbewusstsein des Geistes als Ganzem. Das zweite betrifft die mehr oder weniger gelungenen Analogien zwischen einerseits dem Entwicklungsprozess bzw. dem, was für das Verständnis gewöhnlicher empirisch-praktischer Begriffe der unteren Stufe erforderlich ist, und andererseits dem Entwicklungsprozess bzw. dem, was für das Verständnis von kategorisch spekulativen bzw. logischen Metabegriffen erforderlich ist.

Bezüglich des ersten Problems besteht offenkundig eine Spannung zwischen Hegels Behandlung des Geistes als eines Ganzen, als eines selbstbewussten normativen Selbst bzw. Subjekts, und seiner sozialen Anerkennungstheorie dessen, worin das Selbstbewusstsein und die Selbstheit (das Sein des normativen Subjekts) bestehen. Letztendlich ist es eine seiner großen Ideen, dass Selbstbewusstsein als Verstandesfähigkeit ein normatives und als solches ein soziales Phänomen ist, ein Produkt der sozial-praktischen Anerkennungseinstellungen der Gemeinschaftsmitglieder – also nicht einfach etwas, das zwischen den Ohren eines Individuums geschieht. Selbstbewusstsein ist der normative soziale Status eines Subjekts, das in einer *wechselseitigen* Anerkennungsbeziehung steht: Es wird anerkannt von denjenigen, die es selbst anerkennt.

Wie aber soll in diesem wesentlich sozialen Sinne das Ganze des Geistes als selbstbewusst gelten? Wir haben bereits Hegels Behauptung erörtert, dass das Bewusstsein, nachdem es zum vollständig adäquaten Selbstbewusstsein gelangt ist, nicht mehr von der »Beziehung zu einem anderen belastet« wird im Sinne einer völlig unabhängigen objektiven natürlichen Welt (wobei das Denken und das Sein als Substanzen aufgefasst werden, die ohne Weiteres und voneinander unabhängig bestimmt werden und in rein externen repräsentationalen Beziehungen zueinander stehen). Der Geist ist als Ganzes in diesem Sinne, so Hegel, nicht von der »Beziehung zu einem anderen« in der Form der objektiven Welt belastet. Hier geht es aber nicht um intentionale Beziehungen zwischen Subjekten und Gegenständen, sondern um soziale Anerkennungsbeziehungen zwischen Subjekten. Und der Geist ist in diesem sozialen Sinne sicherlich nicht mit einem Subjekt vergleichbar. Heißt das also, dass die anderen Subjekte, mit denen der Geist durch Anerkennung verwandt ist – und deren Beziehungen der Grund dafür ist, dass der Geist in Hegels Sinne als selbstbewusst gelten kann –, die einzelnen normativen Subjekte sind, deren Einstellungen und Praktiken der Geist umfasst? Einen solchen Gedankengang, so nehme ich an, könnte man ausprobieren, doch wird vermutlich die Erklärung schwierig, inwiefern die Beziehung, in der der Geist zu einzelnen geistigen normativen Subjekten steht, die *gleiche* Anerkennungsbeziehung ist wie die, in der diese Subjekte zueinander und zum Geist stehen.

Ich gehe davon aus, dass die richtige Antwort auf diese Frage oben dargelegt wurde. Die durch die *geschichtliche* Entwicklung des Geistes hergestellte Autoritäts- und Verantwortungsstruktur – vorausblickend geprägt durch die Störungsphasen in der Erfahrung des Irrtums und praktischen Misserfolgs, rückblickend geprägt durch die erinnernd-rationale Rekonstruktion einer expressiv-fortschrittlichen Tradition – ist eine Struktur gegenseitiger Anerkennung, wenn auch eine sehr spezifische. An jeder Stelle seiner Entwicklung steht der Geist als Ganzes in Anerkennungsbeziehungen zu seinen vergangenen und zukünftigen Zeitabschnitten, genau so, wie die Richter im *common law* zu vergangenen und zukünftigen Richtern stehen. Jeder wird darin anerkannt, eine bestimmte Art von Autorität über die Instituierung des Status zu besitzen, der von der aktuellen Verkörperung behauptet wird, also des Status, gegenüber der Vergangenheit verantwortlich und gegenüber der Zukunft autoritativ zu sein. Diese aktuellen Einstellungen instituieren nur wirkliche Autoritäts- und Verantwortungsstatus, wenn sie angemessen durch die Einstellungen derjenigen ergänzt werden, deren Autorität diesbezüglich anerkannt wird. Während die zeitliche Anordnung asymmetrisch und kumulativ ist, sind die Anerkennungsbeziehungen wechselseitig und symmetrisch: *Jeder* Abschnitt steht in *denselben* Anerkennungsbeziehungen zu *seiner* Vergangenheit und Zukunft und *jeder* Abschnitt ist Vergangenheit bzw. Zukunft gegenüber *anderen* Abschnitten. In Anerkennungsgemeinschaften stehen einzelne normative Subjekte in horizontalen sozialen wechselseitigen Anerkennungsbeziehungen zu ihren Zeitgenossen und in vertikalen sozialen wechselseitigen Anerkennungsbeziehungen (spezifisch geschichtlicher Art) zu ihren Vorgängern und Nachfolgern. Geist als Ganzes steht *nur* in sozialen Anerkennungsbeziehungen der vertikalen geschichtlichen Art, denn er hat keine Zeitgenossen, mit denen er durch Anerkennung im horizontalen sozialen Sinne verwandt sein könnte. Dies ist ein spezifischer Unterschied zwischen dem Sinn, in dem der Geist ein selbstbewusstes Subjekt mit normativem Status ist, und dem Sinn, in dem einzelne Erkenntnis- und Handlungssubjekte selbstbewusste Subjekte mit normativem Status sind. Gleichwohl teilen sie den generischen Sinn von normativer Selbstheit, wonach diese durch Beziehungen gegenseitiger Anerkennung instituiert wird.

Was die zweite Frage über die Beziehungen zwischen »bestimmten« Begriffen der unteren Stufe und »spekulativen«, »logischen« bzw. philosophischen Begriffen der Metaebene anbelangt, geht Hegel, laut meiner Darstellung, sicherlich davon aus, dass es sich um verschiedene Begriffsarten handelt. Ich habe diese Unterscheidung, anknüpfend an Kants rahmengliedernde, *meta*begriffliche Begriffe, anhand eines Verständnisses kategorialer Begriffe interpretiert, die die Verwendung und den Inhalt von Begriffen auf der unteren Stufe betreffen. Meiner Ansicht nach bringt es diese potentiell umstrittene hermeneutische Verpflichtung mit sich, dass Hegel in einer entscheidenden Hinsicht bestimmte Begriffe und spekulative Begriffe einander angleicht. Die Begriffsinhalte entwickeln sich in beiden Begriffsarten durch doppelperspektivische Erfahrungsprozesse und werden dementsprechend auf zweierlei Weise charakterisiert: vorausblickend durch die störenden Erfahrungen unvereinbarer Verpflichtungen und die Behebung dieser Störungen, rückblickend durch heilende erinnernde Vindikationen dieser Behebungen, die als der Endpunkt eines Prozesses rational rekonstruiert werden, der die Form eines schrittweisen Heraustretens in die Explizitheit annimmt und sichtbar macht, was die ganze Zeit über in den teilweise irrtümlichen, teilweise enthüllenden Konstellationen früherer Verpflichtungen implizit war.

Es gehört also wesentlich zu unserer Lektüre, mit Hegel sowohl darin übereinzustimmen, dass ein wichtiger Unterschied besteht zwischen bestimmten und spekulativen Begriffen, als auch darin, dass eine Ähnlichkeit zwischen diesen Begriffen bezüglich der Struktur des Prozesses besteht, in welchem sich diese beiden Begriffsarten und die Konstellationen von Verpflichtungen entwickeln, die mittels dieser Begriffe ausgedrückt werden. Doch Hegel verknüpft diese beiden Einsichten mit zwei weiteren, meines Erachtens fraglichen Verpflichtungen hinsichtlich der Ähnlichkeit und Unterschiedlichkeit zwischen beiden Begriffsarten. Da beide Begriffe ihre Inhalte auf dieselbe generische Weise, also durch Prozesse mit derselben allgemeinen Struktur, entwickeln, geht er davon aus, dass die Begriffsinhalte *beider* Arten *allein* mithilfe einer erinnernd-rationalen Rekonstruktion einer Tradition von Begriffsverwendungen spezifiziert und vermittelt werden können. Dies ist seine Vorgehensweise für die philosophische Terminologie sowohl in der *Phänomenologie*, in der er eine Tradition aus wirklich zuvor vorhandenen philosophischen Verpflichtungen rekonstruiert, als auch in der *Wissenschaft der Logik*, in der er eine Tradition aus bloß möglichen vorher vorhandenen Verpflichtungen rekonstruiert, also, wie endgültige Begriffe entwickelt werden *könnten*. Dies ist auch die Vorgehensweise der Untersuchung der Metabegriffe in den Vorlesungen über Religion und Kunst.

Dieser Vorgehensweise möchte Hegel die Idee gegenüberstellen, die Inhalte zu spezifizieren und zu vermitteln, indem man sie bezüglich anderer Begriffe *definiert*. Diese ehrwürdige Idee ist pathognomonisch für den Verstand. Wie so vieles anderes an diesem kategorialen Rahmen erreicht diese Idee ihren Höhepunkt bei Kant, dessen philosophischer Stil algebraisch ist, insofern beinahe alle seine technischen Termini Definitionen haben, die in anschließenden Behauptungen fast immer durch die definierten Termini ersetzt werden können, so dass die Behauptungen die Gestalt von Formulierungen erhalten, welchen er zustimmen würde. Insofern verstandesgemäße Definitionen die einzige Alternative darstellen, bleibt Hegel bei seiner Einsicht und beharrt darauf, dass Rekonstruktionen durch Erinnerung die einzige Möglichkeit sind, die Inhalte spekulativer Ideen verständlich zu machen. Sollte ich jedoch Recht haben bezüglich des spezifischen metabegrifflichen und metatheoretischen Charakters spekulativer und logischer Begriffe, dann ermöglicht die charakteristische, den Rahmen erklärende expressive Rolle, die diese Begriffe von jenen empirisch-praktischen Begriffen der unteren Stufe unterscheidet, einen anderen Weg zu ihren Inhalten. Denn wir können Begriffe dieser metabegrifflichen Art vermitteln, wenn wir erklären, was sie explizit machen, also wenn wir sagen, welche Verwendungs- und Inhaltsmerkmale der Begriffe der unteren Stufe sie ausdrücken. Diesen Weg habe ich im vorliegenden Buch verfolgt, insbesondere hier im Schlusskapitel. In dieser Hinsicht stimme ich Hegels Anpassung der philosophischen Begriffe an gewöhnlich »bestimmte« Begriffe nicht zu.

Laut meiner Auslegung unterscheidet Hegel in einer noch substantielleren Hinsicht »bestimmte« von philosophisch-logischen Begriffen. Er behauptet klar und explizit die Möglichkeit einer vollständigen, völlig expressiven und adäquaten Menge von philosophisch-logischen Begriffen; es heißt, die Verwendung dieser Begriffe werde am Ende der *Phänomenologie* das »absolute Wissen« ermöglichen. Solche Begriffe werden in der *Wissenschaft der Logik* erläutert und gliedern das System (nicht Hegels System, sondern *das* System). Diese Art von Denken ermöglicht die letzte, vollständig transparente Form des Selbstbewusstseins. Laut der metabegrifflichen Lesart stellen diese Metabegriffe expressive Werkzeuge bereit, die explizit machen können, was wir in diskursiven Tätigkeiten tun – also wie Konstellationen von Verpflichtungen (einschließlich derjenigen, die begriffliche Inhalte gliedern und zeigen, was womit unvereinbar ist und was woraus folgt) sich durch den Erfahrungsprozess des empirischen Erkennens und der praktischen Handlungsfähigkeit entwickeln. Meines Erachtens sind einige seiner Leser merkwürdigerweise zu dem Schluss gekommen, dass Hegel *außerdem* glaubt, dass es eine endgültige, völlig adäquate Menge von bestimmten empirisch-praktischen Begriffen und Verpflichtungen der unteren Stufe gibt bzw. geben kann. Wenn man sorgfältig die Unterscheidung beachtet, die er genauestens zwischen philosophisch-logischen Begriffen und empirisch-bestimmten Begriffen zieht, finden sich keine Hinweise darauf, dass er an so etwas gedacht hat. Ich gehe davon aus, dass der Prozess der Bestimmung der Wahrheit und des begrifflichen Inhalts, »der bacchantische Taumel, an dem kein Glied nicht trunken ist«, für ihn bei empirischen Begriffen eine ewige Feier bedeutet, und zwar aus tieferliegenden prinzipiellen Gründen. Der Wahrheitsprozess auf der unteren Stufe hat *notwendigerweise* immer das Potential und ist einer unwiderrufbaren normativen *Pflicht* unterworfen, immer weiter fortzufahren.

Gehen wir einmal davon aus, dass es stimmt, dass Hegel philosophische Begriffe in diesem Sinne scharf unterscheidet. Die metabegriffliche Lesart solcher Begriffe ermöglicht eine Unterscheidung zu Begriffen der unteren Stufe. Die sinnliche Unmittelbarkeit, die einem stets entgegentritt und immer in begriffliche Form aufgenommen und eingearbeitet werden muss, ist eine unerschöpfliche normative Antriebskraft der Veränderung. Daraus folgt nicht, dass das, was für empirische Theorien gilt, auch für entsprechende Metatheorien gelten muss. Es kann sein, dass völlige expressive Adäquatheit für Metatheorien erzielt werden kann – vielleicht aber auch nicht. Es kann sein, dass der expressive Fortschritt unserer Metabegriffe – vorangetrieben durch die unvermeidlichen Erfahrungen des Irrtums, der Inadäquatheit und des Misserfolgs, die Behebungen und eine erinnernde Vindikation dieser Behebungen erfordern – ebenso ein endloser Prozess ist. Wir sollten diesbezüglich meiner Meinung nach kritisch bleiben.

X. Das Zeitalter des Vertrauens: Die Wiedergewinnung der heroischen Handlungsfähigkeit

Bereits in der »Einleitung« verfolgt Hegel den kantischen Gedanken, dass die bedeutendsten erkenntnistheoretischen Probleme hinsichtlich ihrer impliziten semantischen Voraussetzungen behandelt werden sollten. Angesichts seiner normativen Pragmatik fordert Hegels pragmatische Semantik, Erkennen im breiteren sozialen Kontext der Instituierung von Normen durch Anerkennung zu behandeln. Hegels semantische Theorie hat den erbaulichen Zweck, uns verständlich zu machen und dazu zu motivieren, uns Anerkennungspraktiken anzueignen, die eine spezifisch neue, nämlich postmoderne Gestalt aufweisen. Die praktischen Anerkennungseinstellungen des Geständnisses und der Verzeihung instituieren eine neue Art von Anerkennungsgemeinschaft. Die Ausübung praktischer Handlungsfähigkeit innerhalb einer solchen postmodernen Anerkennungsgemeinschaft hat eine entsprechend neue symmetrische Normativitätsstruktur von Autorität und Verantwortung, nämlich die Struktur des Vertrauens. Aufgrund der zentralen Rolle der *Erinnerung* handelt es sich um eine wesentlich *geschichtliche* soziale Struktur.

Erinnerung und erinnernde Rationalität bilden die Brücke zwischen Hegels Semantik und ihrer erbaulichen Wirkung auf unsere Anerkennungspraktiken. Auf der Seite der Semantik bringt Erinnerung praktische Bedeutung hervor und lässt sie der repräsentationalen Dimension des begrifflichen Inhalts zukommen. Es handelt sich also um eine Beziehung zwischen der subjektiven Form des begrifflichen Inhalts beim Repräsentieren von Gedanken (welche durch deontisch-normative Beziehungen materialer Unvereinbarkeit und Folgerung gegliedert sind) und der objektiven Form des begrifflichen Inhalts in repräsentierten Tatsachen (welche durch alethisch-modale Beziehungen materialer Unvereinbarkeit und Folgerung gegliedert sind). In der Form der Anerkennung (als großzügige Verzeihung) instituiert die Erinnerung auf der Seite der Pragmatik nichtentfremdete sittliche Beziehungen zwischen normativen Status und normativen Einstellungen. Somit kommt sowohl die Statusabhängigkeit normativer Einstellungen als auch die Statusabhängigkeit normativer Status zu ihrem Recht.

Wir wollen hieraus jetzt einen Schluss ziehen und uns die Art von Anerkennungsgemeinschaft und die Natur der von ihr unterstützten, neuen selbstbewussten Art absichtlichen Handelns anschauen, die zu instituieren uns das hart erkämpfte semantische Verständnis motiviert. Im Zentrum steht hierbei die Verzeihung, also Anerkennung in Form von Erinnerung.

Hegel nennt das sittliche praktische Verständnis absichtlichen Handelns der Tradition »heroisch«, da die Handlungssubjekte Verantwortung für ihr Tun in allen Beschreibungen übernehmen, die hinsichtlich dieses Tuns als wahr geltend gemacht werden können. Es gibt hier keine normative Unterscheidung zwischen absichtlich Getanem bzw. dem, was das Handlungssubjekt wissentlich getan hat, und dem, was es unabsichtlich bzw. unwissentlich getan hat. Ödipus wird dafür verantwortlich gemacht, dass er seinen Vater getötet und seine Mutter geheiratet hat, auch wenn er diese Dinge nicht absichtlich getan hat und es ihm nicht bewusst war, was er tat. Es sind Dinge, die er *getan* hat, und nicht nur Dinge, die bloß *geschehen* sind. Ödipus beabsichtigte tatsächlich, *diesen Mann* zu töten und *diese Frau* zu heiraten, und hat es tatsächlich auch getan. Laut der heroischen Auffassung der Tradition sind die normativen Status und nicht die Einstellungen des Handlungssubjekts wichtig. Elternmord und Inzest *sollte es nicht geben*. Man sollte nicht so handeln und sich den normativen Status eines Vatermörders und Mutterliebhabers zuziehen. Gebote der Form »Tue dies« (die die Einstellungen beherrschen) sollten sich unmittelbar aus den Geboten der Form »Es sei so« (die die Status gliedern) ergeben. Einstellungen des Wissens und des Beabsichtigens sind allein bei der Bestimmung relevant, *dass* man für eine Tat verantwortlich ist, nicht bei der Bestimmung, *was* man dabei getan hat. Der durch das Tun erworbene Status wird nicht als abgeschwächt oder in irgendeiner Hinsicht als etwas Relatives gegenüber den Beabsichtigungs- und Erkenntniseinstellungen betrachtet, hinsichtlich der das Tun als das eigene Tun gilt. Dass man nicht beabsichtigt hat, was man getan hat, kann Sympathien hervorrufen, doch mindert es nicht die Verantwortung.

Aus diesem Grund ist Hegel der Meinung, dass die *heroische* praktische Vorstellung von Handlungsfähigkeit der Tradition unausweichlich eine *tragische* Vorstellung ist. Die Tragödie besteht nicht im unerfreulichen Resultat der Handlung, sondern in der Tatsache, dass man sich im Handeln von Kräften abhängig macht, die sich außerhalb der eigenen Erkenntnis und Kontrolle befinden. Diese fremden Kräfte bestimmen den Inhalt der eigenen wirklichen Tat bzw. das, was man (wie sich herausstellt) getan hat und für was man verantwortlich ist. (Hegel zitiert in diesem Zusammenhang den mittelalterlichen Spruch: »der Stein, der aus der Hand geworfen wird, ist des Teufels«.) Tragödie ist die unausweichliche Unterwerfung des heroischen Handlungssubjekts unter das Schicksal. Die Idee des SCHICKSALS führt nicht zu irgendeiner Art von Determinismus oder vorgefertigter Notwendigkeit der Ergebnisse, sondern nur zu jenen dunklen (da unerkennbaren und unkontrollierbaren) Kräften, die das, was im Zuge der eigenen beschränkten Erkenntnis und Absicht in Gang gesetzt wurde, überfluten und überwältigen und in Taten verwandeln, die weit über die Einstellungen hinausreichen und in unvorhersehbare Schuldfähigkeit führen. Es ist tragischer Heroismus, die Verantwortung auf sich zu nehmen, die das Schicksal in diesem Sinne dem handelnden Subjekt aufbürdet. Wir sehen hier die enge Beziehung der wechselseitigen Voraussetzungen zwischen *Tragödie*, *Schicksal* und *Heroismus*.

Im Gegensatz zu dieser tragisch-praktischen Vorstellung von Handlungsfähigkeit, die vor allem in der heroischen Identifikation mit dem eigenen Schicksal und der Unterwerfung unter dieses Schicksal besteht, besteht die moderne Vorstellung von Handlungsfähigkeit in der Idee, dass Handlungssubjekte genuin nur für das verantwortlich sind (Status) und folglich nur für das verantwortlich gehalten werden sollten (Einstellungen), was sie absichtlich und wissentlich getan haben. Davidson stellt eine Gliederung für diese moderne Vorstellung zur Verfügung, die im Grunde in der Unterscheidung besteht zwischen den Spezifikationen von Dingen, die man genuin *getan* hat, also Beschreibungen, unter denen das Getane *absichtlich* war (das Anschalten des Lichtes), und Beschreibungen, unter denen das Getane bloß eine *Folge* ist (das Aufschrecken des Einbrechers, dessen Anwesenheit einem nicht bewusst war). Ein Ereignis wird zu einem Tun, also etwas, das einem Handlungssubjekt zugerechnet werden kann, wenn es unter *irgendeiner* Beschreibung absichtlich ist. Das Ereignis ist aber auch unter *all* seinen Spezifikationen ein Tun, also einschließlich jener Folgen, die das Handlungssubjekt nicht beabsichtigt oder vorhergesehen hat. Für die moderne Idee von praktischer Verantwortung ist es überaus wichtig, dass die Zustimmung zu bzw. die Zuschreibung von normativem Verantwortungs*status* auf der Seite des Handlungssubjekts durch *Einstellungen* des Beabsichtigens und Meinens bedingt bzw. zu diesen Einstellungen proportional ist. Es scheint an dieser Stelle ungerecht zu sein, ein Handlungssubjekt aufgrund von Folgebeschreibungen für etwas zu verurteilen oder zu beschuldigen, bezüglich dessen es sein Tun nicht beabsichtigt hat und nicht vorhersehen konnte. Die *Einstellung* der Handlungssubjekte, also das, was sie beabsichtigen oder meinen, spielt demnach eine konstitutive Rolle bei der Bestimmung ihres normativen *Status*, egal, ob es sich um etwas Schuldhaftes oder Vortreffliches handelt. Diese Vorstellung von Verantwortung – in der Absicht und Erkenntnis ins Verhältnis zur Verantwortung gesetzt sind – ist die Anwendung des spezifisch modernen Verständnisses der Einstellungsabhängigkeit normativer Status auf das praktische Verständnis absichtlichen Handelns.

Dieses Charakteristikum des spezifisch modernen praktischen Selbstbewusstseins bedeutet für Hegel, »die von der Handlung enthaltene Unterscheidung« zu verstehen, also den Bruch zwischen dem »Vorgesetzten« und »Daseienden und Vorgebrachten«.[42]

Hierbei werden ein engerer und ein weiterer Sinn des vom Handlungssubjekt Getanen unterschieden; Verantwortung wird auf das im engeren Sinne Getane beschränkt.

> Das Recht des Willens aber ist, in seiner *Tat* nur dies als seine *Handlung* anzuerkennen und nur an dem *schuld* zu haben, was er von ihren Voraussetzungen in seinem Zwecke weiß, was davon in seinem *Vorsatze* lag. – Die Tat kann nur als *Schuld des Willens zugerechnet* werden; – *das Recht des Wissens.*[43]

42 *PR*, § 114 Z, S. 215.

43 Ebd., § 117, S. 217. Zwei ebenso repräsentative Passagen sind: »Unter den beiden Seiten, welche das praktische Bewußtsein an ihm hat, dem Beabsichtigen und der Tat – dem *Meinen* über seine Handlung und der *Handlung* selbst [...]« (*PhG*, S. 240); und »Obgleich alle Veränderung als *solche*, welche durch die Tätigkeit des Subjekts gesetzt wird,

Hegel nimmt explizit Bezug auf diese Unterscheidung, um den entscheidenden Unterschied zur praktischen Vorstellung von Handlungsfähigkeit der Tradition deutlich zu machen:

> Das *heroische* Selbstbewußtsein (wie in den Tragödien der Alten, Ödipus usf.) ist aus seiner Gediegenheit noch nicht zur Reflexion des Unterschiedes von *Tat* und *Handlung*, der äußerlichen Begebenheit und dem Vorsatze und Wissen der Umstände, sowie zur Zersplitterung der Folgen fortgegangen, sondern übernimmt die Schuld im ganzen Umfange der Tat.[44]

Für Hegel ist die Herstellung der Unterscheidung zwischen *Tat* und *Handlung* ein entscheidender Fortschritt in unserem Verständnis von uns als Handlungssubjekten. Diese neue Ebene des praktischen Selbstbewusstseins birgt aber die Gefahr einer spezifischen Art von Entfremdung gegenüber den eigenen Taten.

> Das Bewußtsein ist sich daher durch seine Erfahrung, worin ihm seine Wahrheit werden sollte, vielmehr ein Rätsel geworden, die Folgen seiner Taten sind ihm nicht seine Taten selbst; was ihm widerfährt, [ist] *für es* nicht die Erfahrung dessen, was es *an sich* ist; der Übergang nicht eine bloße Formänderung desselben Inhalts und Wesens, einmal vorgestellt als Inhalt und Wesen des Bewußtseins, das andere Mal als Gegenstand oder *angeschautes* Wesen seiner selbst.[45]

Wenn wir die Unterscheidung, die die Handlung wesentlich beinhaltet, missverstehen, weil wir sie gemäß der Herrschaft und den Kategorien der reinen Selbstständigkeit (also des Verstandes)

Tat desselben ist, so erkennt es dieselbe darum nicht als seine *Handlung*, sondern nur dasjenige Dasein in der Tat, was in seinem *Wissen* und *Willen* lag, was sein *Vorsatz* war, als das *Seinige*, – als seine *Schuld*, an.« (*EphW* III, § 504, S. 313.)

44 *PR*, § 118, S. 219.

45 *PhG*, S. 274.

deuten – welchen zufolge Autorität vollumfänglich sein muss, um wirklich zu sein –, werden unsere Taten in zwei Teile eingeteilt: in einen ursprünglichen normativen Bereich der Verantwortung für das, worüber wir Autorität ausüben, und einen fremden, allein durch Kausalität zu erreichenden Bereich, der die unbeabsichtigten, unvorhergesehenen Folgen dessen umfasst, worüber wir genuin Autorität ausüben und wofür wir verantwortlich sind. Die sich selbst ergänzende Einheit, die die Handlung wesentlich beinhaltet, ist vom Verschwinden bedroht, und somit der Sinn, in welchem das Tun »reines Übersetzen aus der Form des noch nicht dargestellten in die des dargestellten Seins« ist.[46]

Da wir für die unbeabsichtigten und unvorhergesehenen Folgen dessen, was wir absichtlich und wissentlich tun, nicht verantwortlich gehalten werden, werden diese Aspekte unseres Tuns nicht als wirklicher Teil dessen verstanden, was wir getan haben. Handlungsfähigkeit muss Kant zufolge in Bezug auf die Autorität verstanden werden, sich selbst verantwortlich machen zu können. Laut dem Missverständnis, das Hegel zufolge ein fester Bestandteil der modernen Form des praktischen Bewusstseins darstellt, ist *kein* Subjekt für den Teil der Tat verantwortlich, der dem Handlungssubjekt zwar zugerechnet wird, jedoch das überschreitet, was durch seine Absichten, Vorsätze und Gründe autorisiert wurde. Im Vergleich zur vormodernen heroischen Vorstellung erscheint diese Vorstellung von Handlungsfähigkeit sehr eng und eingeschränkt. In der reinsten kantischen Form dieser modernen Vorstellung erstreckt sich unser genuines Tun, also das, wofür wir verantwortlich sind, nicht weiter als auf unsere Akte des Beabsichtigens selbst (des Wollens und Willens).

Das für die Moderne charakteristische Selbstbewusstsein – insbesondere in Kants reiner Darstellung, in der es zur Vollständigkeit und Vollendung entwickelt wird –, ist durch die metabegrifflichen Kategorien des Verstandes gegliedert. Der Kern die-

46 Ebd., S. 296.

ser Kategorien ist die Idee der REINEN SELBSTSTÄNDIGKEIT, die generische Struktur, die in wechselnder Erscheinung sowohl die traditionelle als auch die moderne Gestalt des Geistes prägt und verformt. Wie in Hegels Allegorie von Herr und Knecht diagnostiziert, stellt sie die Idee einer Autorität dar, die keine ausgleichende Verantwortung kennt. Sie lenkt die fortschrittlichen Elemente von Kants Vorstellung von Autonomie um, beschränkt die objektiv wirksame Handlungsfähigkeit auf das subjektive Reich des Willens und verkleinert die Verantwortung der Handlungssubjekte gegenüber ihren Akten, bis nur noch bloße Versuche übrig bleiben – über die die Handlungssubjekte missverständlicherweise unbegrenzte Autorität ausüben. Die postmoderne Form der Handlungsfähigkeit und ihr praktisches und theoretisches Selbstverständnis ist stattdessen durch die metabegrifflichen Kategorien der hegelschen Vernunft strukturiert.

Die Vorstellung von VERNUNFT erklärt die Wechselseitigkeit normativer Autoritäts- und Verantwortungsstatus (den Sinn, in dem sie immer zwei Seiten ein und derselben Medaille sind) und die Wechselseitigkeit normativer Anerkennungseinstellungen des Zustimmens zu bzw. Zuschreibens von Autorität und Verantwortung sowie die Beziehungen zwischen beiden. Somit bringt sie die spezifisch moderne Einsicht in die Einstellungsabhängigkeit normativer Status (also dass Autoritäts- und Verantwortungsstatus durch gegenseitige Anerkennungseinstellungen instituiert werden) in Einklang mit dem spezifisch traditionellen Verständnis der Statusabhängigkeit normativer Einstellungen. Entlang dieser Dimension verantworten sich die Zuschreibungen von bzw. Zustimmungen zu Verpflichtungen (Verantwortungen, die in Ausübung der eigenen Autorität übernommen wurden) für ihre Richtigkeit gegenüber dem, zu was Handlungssubjekte wirklich verpflichtet sind. Die Entfremdung, das Faulige am glänzenden Apfel der Moderne, besteht in der praktischen Unfähigkeit, einzusehen, wie normative Status durch normative Einstellungen instituiert werden *und* diese Einstellungen *zugleich* überschreiten und genuin einschränken. Hegels Vorstellung von VERNUNFT, und die Überwindung der im Verstand manifestierten Verpflichtung zur Herrschaft als reiner Selbstständigkeit, ist seine Antwort auf diese Herausforderung. Sie beseelt die postmoderne Gestalt selbstbewusster praktischer Handlungsfähigkeit.

Das Herzstück der Vernunft ist der Begriff der ERINNERUNG. Um zu verstehen, wie Hegel über die *grundlegenden* (hegelschen) normativen Status hinausgeht, welche sozial durch *synchrone Beziehungen* gegenseitiger Anerkennungseinstellungen instituiert werden, müssen wir die hierzu orthogonale, *diachrone* und also geschichtliche Dimension von Anerkennungs*prozessen* verstehen. Bereits in der »Einleitung« – in der wir gelernt haben, dass wir auf den Prozess bzw. die Erfahrung des Irrtums schauen müssen, wenn wir die repräsentationalen Beziehungen zwischen dem Sein der Dinge für das Bewusstsein und dem Sein der Dinge an sich verstehen wollen –, betont Hegel die Bedeutung, die solche, sich zeitlich entwickelnden Prozesse für seine Darstellung haben. Mit der Erinnerungsphase des diachronen Anerkennungsprozesses ist uns eine Erklärung dafür gegeben, wie normative Status über Einstellungen hinausgehen. Hierzu sind vor allem Normen der Erkenntnis und Repräsentation zu zählen, die die Maßstäbe zur Verfügung stellen, hinsichtlich der die repräsentationalen Einstellungen für ihre Richtigkeit verantwortlich sind und die, aufgrund der spezifischen Art von Autorität, die das Repräsentierte über das Repräsentierende ausübt, durch das festgelegt werden, was mit diesem Repräsentierenden als repräsentiert gilt. (Dieser Teil von Hegels Darstellung wurde bisher oftmals als Kohärenz bzw. Konsens *miss*verstanden – nicht etwa, weil er etwas sagt, was ein solches Missverständnis anregen könnte, sondern weil die Leser, die die geschichtliche Dimension nicht beachtet haben, angesichts der offensichtlich sozialen Grundlagen seiner Erklärung kaum eine Alternative sehen konnten.) Erkenntnismäßige sowie praktische diskursive Normen entwickeln sich Hand in Hand mit den sie gliedernden Einstellungen. Ein angemessenes Verständnis von ihnen als Merkmale wesentlich sozialer und geschichtlicher Anerkennungsprozesse lässt sich durch die Kategorien der Vernunft darstellen – ein Verständnis im Sinne der Kategorien des Verstandes ist hingegen blind für die soziale und geschichtliche Dimension begrifflicher Normen.

Wie sieht also die Fähigkeit zum absichtlichen Handeln aus, wenn sie vom Standpunkt der Vernunft aus betrachtet wird? Erstens besteht auf der horizontalen Ebene der gleichzeitigen Anerkennungseinstellungen eine soziale Teilung normativer Arbeit zwischen dem erwägenden bzw. handelnden Subjekt und der bewertenden Gemeinschaft. Die praktischen Einstellungen des Handlungssubjekts haben Autorität über dessen Tun im engeren, für die Moderne so bedeutenden Sinne, also über das, was Hegel »Handlung« nennt. Die praktischen Einstellungen der Gemeinschaft haben Autorität über dieses Tun im weiten, für die traditionelle Vorstellung so zentralen Sinne, also über das, was Hegel »Tat« nennt. Die Handlungen entsprechen den Spezifikationen, unter denen das Geschehene absichtlich war und vorhergesehen wurde. Die Taten entsprechen den Spezifikationen der Folgen, die unbeabsichtigt waren und nicht vorhergesehen wurden, jedoch als etwas Getanes und nicht *nur* als etwas Geschehenes gelten, da der betreffende Vorgang hinsichtlich *einiger* Spezifikationen absichtlich und vorhersehbar war. Das Handlungssubjekt selbst hat keine spezifische Autorität darüber, das ihm ein Tun durch Spezifikationen zugeschrieben wird, da diese grundsätzlich allen zur Verfügung stehen. Dazu sagt Hegel Folgendes:

> die Verwirklichung ist vielmehr eine Ausstellung des Seinigen in das allgemeine Element, wodurch es zur *Sache* aller wird und werden soll.[47]

47 Ebd., S. 309.

> Das Werk *ist,* d.h. es ist für andere Individualitäten [...].[48]

> Das Werk ist die Realität, welche das Bewußtsein sich gibt; es ist dasjenige, worin das Individuum das für es ist, was es *an sich* ist, und so, daß das Bewußtsein, *für welches* es in dem Werke wird, nicht das besondere, sondern das *allgemeine* Bewußtsein ist [...].[49]

Das »*allgemeine* Bewußtsein« beruft sich auf die Einstellungen der Anerkennungsgemeinschaft.

Wenn sowohl die Autorität des einzelnen Handlungssubjekts als auch die Autorität der Gemeinschaft von Subjekten (die von diesem Subjekt anerkannt werden und es anerkennen) durch die Konstellation von Metabegriffen der hegelschen Vernunft gedeutet werden, dann enthalten sie auch die wesentlichen Formen wechselseitiger Verantwortung. Indem man sich praktisch verpflichtet bzw. etwas beabsichtigt, also die Einstellung des Bejahens eines Zwecks oder Vorsatzes einnimmt, übernimmt man eine spezifische Art von Verantwortung. Und rechnet man die Tat im weiten Sinne dem Handlungssubjekt zu, so dass es etwas getan hat, für das es nicht verantwortlich ist im engeren Sinne, wonach es etwas wissentlich und absichtlich tut, so bedeutet dies ebenso die Übernahme einer bestimmten Art von Verantwortung. Um diese Art von Verantwortung zu verstehen, muss man die vertikale geschichtliche Dimension in Betracht ziehen und sich genau anschauen, wie hier die zeitlich ausgedehnten Prozesse strukturiert werden.

Die für Hegel paradigmatischen Handlungen sind nicht jene punktförmigen Ereignisse, auf die sich die jüngere englischsprachige Handlungstheorie konzentriert hat, wie beispielsweise das Anknipsen eines Schalters, das Unterschreiben eines Doku-

48 Ebd., S. 301.
49 Ebd., S. 300.

ments, das Rufen eines Taxis, das Aufhängen eines Huts oder dergleichen. Anstatt nur an solchen Ereignissen ist er an Prozessen interessiert wie dem Schreiben eines Buches, dem Bauen eines Hauses, dem Erlernen eines Berufes, dem Diagnostizieren oder Behandeln einer Krankheit. Da das Handlungssubjekt in beiden Arten des Tuns für die Gründe seines Tuns verantwortlich ist, weisen sie eine gewisse Ähnlichkeit auf. Doch unterscheiden sie sich darin, dass das Handlungssubjekt in jenem eigentlich interessanten Fall auch die Verantwortung dafür trägt, einen Plan zu formulieren, als Instrumente angelegte Unterziele und Unterpläne zu bejahen, den Plan auszuführen und ihn an die durch seine Ausführung auftretende Zufälligkeiten anzupassen. Hegel interessiert sich zudem für alle instrumentell untergeordneten Gründe, die sich während des voranschreitenden Plans zeigen und sich auf den Erfolg bzw. Misserfolg eines solchen Prozesses beziehen.

Es besteht jedoch ein noch weiterer, beachtlicher Unterschied zwischen der Vorstellung von Handlungsfähigkeit gemäß der Vernunft und den bekannteren modernen Vorstellungen gemäß dem Verstand (zu welchen Hegel auch die zeitgenössischen Vorstellungen wie etwa die von Davidson und Anscombe zählen würde). Der Unterschied betrifft das Verständnis der Verantwortungen, die die Anerkennungsgemeinschaft für die Taten des Handlungssubjekts übernimmt. Diese Verantwortungen ergänzen die zum Teil konstitutive Anerkennungsautorität, die die Gemeinschaft ausübt, wenn sie das Handlungssubjekt dafür verantwortlich *hält*, der eigenen, zum Teil konstitutiven praktischen Autorität zuzustimmen und sich selbst in der für das absichtliche Handeln spezifischen Weise verantwortlich zu *machen*. Diese Verantwortungen der Gemeinschaft haben keine Entsprechung in der modernen Vorstellung. Denn die Anerkennungsgemeinschaft hat laut der postmodernen Vorstellung von Vernunft nicht nur die Autorität, die Tat hinsichtlich unvorhergesehener und nichtbeabsichtigter Folgen zuzuschreiben, sondern *über-*

nimmt unter diesen Folgespezifikationen auch auf eine spezifische Weise *selbst Verantwortung* für die Tat.

Wenn die Handlungsfähigkeit richtig verstanden und instituiert wird, beinhaltet sie eine Teilung normativer Arbeit, in der das Handlungssubjekt und die Anerkennungsgemeinschaft einander ergänzende Rollen spielen. Das Handlungssubjekt übt eine spezifische Art von Autorität aus und übernimmt eine spezifische Art von entsprechender Verantwortung, wenn seine Zustimmung zu den praktischen Verpflichtungen (die Einstellungen als Absichten, also Hegels *Vorsätze*) den Prozess als Tat in Gang setzt. In diesem Verständnis wird die Tat nicht allein vom Handlungssubjekt, sondern in einem anderen, ebenso konstitutiven Sinne auch von der Gemeinschaft des Handlungssubjekts getan. Alle sind für die Akte jedes Subjekts und jedes Subjekt ist für die Akte aller verantwortlich. Dies ist der grundlegende praktische Handlungsaspekt des Selbstverständnisses des Geistes, der völlig selbstbewusst ist als

> diese absolute Substanz, welche in der vollkommenen Freiheit und Selbständigkeit ihres Gegensatzes, nämlich verschiedener für sich seiender Selbstbewußtsein[e], die Einheit derselben ist; *Ich*, das *Wir*, und *Wir*, das *Ich* ist.[50]

Laut meiner Auslegung von Hegels »Selbständigkeit« wird hier die wechselseitig aufeinander Bezug nehmende Autorität verschiedener Handlungsteilnehmer aufgerufen; wie er insistiere auch ich auf die notwendigerweise ebenso teilhabende wie wechselseitig aufeinander Bezug nehmende Verantwortung bzw. »Unselbständigkeit«.

Es gibt im Prinzip zwei verschiedene Arten von Verantwortungen der Anerkennungsgemeinschaft gegenüber den Taten ihrer Mitglieder: konstruktive bessernde, auf Folgen bezogene

50 Ebd., S. 145.

Verantwortungen und rekonstruktive erinnernde hermeneutische Verantwortungen. Die erste Verantwortung hat ihren Grund darin, dass die Tat, die von den Absichten des Handlungssubjekts in Gang gesetzt wird, ein niemals abgeschlossener Prozess ist. Diese Tat hat wahre Spezifikationen hinsichtlich jeder einzelnen Folge sowie hinsichtlich all ihrer Folgen, egal, wie entfernt diese auch liegen mögen. (Dies bezeichnet Davidson als den »Akkordeoneffekt«.) Diese Folgen erstrecken sich bis ins Unendliche.

> Die Handlung ferner als in äußerliches Dasein versetzt, das sich nach seinem Zusammenhange in äußerer Notwendigkeit nach allen Seiten entwickelt, hat mannigfaltige *Folgen*. Die Folgen, als die *Gestalt*, die den *Zweck* der Handlung zur *Seele* hat, sind das Ihrige (das der Handlung Angehörige), – zugleich aber ist sie, als der in die *Äußerlichkeit* gesetzte Zweck, den äußerlichen Mächten preisgegeben, welche ganz anderes daran knüpfen, als sie für sich ist, und sie in entfernte, fremde Folgen fortwälzen.[51]

Solche Folgen sind gegenüber der motivierenden Absicht (gegenüber dem, was die Handlung *für* das Handlungssubjekt ist) nicht nur »entfernt und fremd«, sondern auch »das der Handlung Angehörige«, ihre »Gestalt und Seele«. Dies führt dazu, dass das Tun des Handlungssubjekts laut der modernen entfremdeten Vorstellung »ein Rätsel geworden [ist], die Folgen seiner Taten sind ihm nicht seine Taten selbst«.[52] Im Gegensatz dazu sind die Folgen, die die Spezifikationen überschreiten, hinsichtlich derer das Tun absichtlich ist (also die Ausübung der Autorität des Handlungssubjekts darstellen), für die Anerkennungsgemeinschaft ein wesentliches Element der Tat, die von ihr zugeschrieben wird. Die Gemeinschaft kann insofern eingreifen und diese Folgen beeinflussen. Die Handlungen, die von jenen ausgeführt

51 *PR*, § 118, S. 218.
52 *PhG*, S. 274.

werden, die das ursprüngliche Handlungssubjekt anerkennen und ihm Handlung zuschreiben, tragen zum Inhalt der sich immer weiter fortentwickelnden Tat bei. Um dabei als jemand zu gelten, der das ursprüngliche Handlungssubjekt als einen von »uns« anerkennt (als ein Mitglied *der* Anerkennungsgemeinschaft), muss man unter anderem die eigene Verantwortung eingestehen, mit dem eigenen Einfluss auf die Folgen die Tat des Handlungssubjekts zu gestalten. (Diese Ansicht kommt in Hegels bekannter Behauptung zum Ausdruck, wonach die Gemeinschaft dem Verbrecher die Strafe als Anerkennung schuldig ist. Die Mitglieder der Gemeinschaft erkennen den Verbrecher an, indem sie ihn bestrafen. Sein Tun gilt als ein Verbrechen, wenn es expressiv eine Ablehnung der Anerkennungsgemeinschaft bedeutet. Indem seine Mitmenschen ihn bestrafen, lehnen sie diese Ablehnung der Anerkennungsgemeinschaft praktisch und konstitutiv ab.)

Leibniz ging davon aus, dass in der besten aller möglichen Welten nichts ohne Grund geschieht, also dass das, was zunächst als Defekt, Misserfolg oder etwas Böses erscheint, schließlich erlöst und (zumindest von Gott) als etwas erkennbar wird, das einen positiven Beitrag leistet bzw. sogar genau für das optimale Ergebnis, ja für das ideale Ganze erforderlich ist. Hegel radikalisiert Kants Vorstellung von der regulativen Idee, um jenen perfektionistischen Gedanken von Leibniz zu verstehen, der folglich keine objektive Tatsache, sondern den Inhalt einer *Verpflichtung* ausdrückt: etwas, für dessen Wahr*machen* Subjekte verantwortlich sind. Ein Handlungssubjekt als ein Subjekt unserer Gemeinschaft anzuerkennen bedeutet, das, was es getan hat, als Teil dessen zu betrachten, was wir alle tun. Diese Einstellung einzunehmen bedeutet, der Verantwortung zuzustimmen, das bereits Getane zum Richtigen zu führen – es handelt sich um eine Beschränkung dessen, was wir begründetermaßen von der Gegenwart aus tun können. Wir brauchen also Gründe und müssen eine Tat rechtfertigen, die alles beinhaltet, was bereits von unseren anerkannten Mitmenschen getan wurde. Es ist unsere Aufgabe, dafür zu sorgen, dass die früheren Akte positiv zum größeren, sie zusammenfassenden Ganzen beitragen; dieses Ganze schließt unsere eigenen aktuellen und zukünftigen Akte mit ein und wird somit teilweise von ihnen konstituiert. Die früheren Taten sind fortlaufende Prozesse, die wie kleine Bäche in den Fluss *unseres* Tuns fließen. Wenn die Handlungsfähigkeit gemäß der Metavorstellung der Vernunft verstanden und durch Anerkennung institutionalisiert wird, wird das Tun des einen als das Tun aller anerkannt. Paradigmatisch dafür steht das Motto der Musketiere: »Einer für alle und alle für einen.«

Um zu verstehen, wie die praktischen verbessernden Eingriffe in die Folgen der sich entwickelnden Prozesse bzw. der Taten der Mitglieder einer vernünftigen Anerkennungsgemeinschaft gelenkt und die entsprechenden Maßstäbe festgelegt werden, müssen wir uns die begleitende, durch Erinnerung hermeneutisch rekonstruierte Verantwortung anschauen. Die Aufgabe der Erinnerung besteht im Begründen, Vindizieren und Rechtfertigen – also im Finden von Gründen für das, was geschehen ist und zu diesem Geschehen geführt hat. Die Aufgabe der Erinnerung besteht laut dem hegelschen Motto darin, der Zufälligkeit die Form der Notwendigkeit zu verleihen, das heißt, rückblickend von dieser Zufälligkeit zu zeigen, dass sie schon immer durch Normen bestimmt gewesen war. Somit wird eine bloße Vergangenheit zu einer verständlichen Geschichte gemacht. (Unsere Geschichte macht uns zu dem, was wir sind, und wird zugleich von uns gemacht.) Das anerkennende Erinnern von absichtlichen Akten bedeutet, dass jedem Akt mit all seinen verschiedenen und zufälligen Spezifikationen eine spezifische Art von einheitlichem Inhalt zugerechnet wird. Der Inhalt bzw. das, was Hegel eine Absicht nennt, ist eine Art begründende Absicht, welche im weiten, Folgen miteinschließenden Sinne so zur Tat steht, wie die ursprünglich individuell motivierende praktische Verpflichtung (Hegels *Vorsatz*) zur Handlung im engeren

Sinne steht, wonach sie absichtlich (Hegels *Handlung*) und somit durch das praktische Denken des Handlungssubjekts begründbar ist. Diese neuen, auf Folgen bezogenen und durch die späteren Gemeinschaftsmitglieder beigetragenen Spezifikationen sollten als Teil der praktischen Anerkennungsverantwortung gegenüber jenen betrachtet werden, die für die intentionalen Akte verantwortlich gehalten werden – sie sollten es erleichtern, die rekonstruierende Erinnerungsaufgabe mit Blick auf das hierdurch entstehende Ganze zu vollziehen.

Das Ziel besteht folglich darin, die Tat derart rational zu rekonstruieren, dass die, die sie jetzt ihrerseits erinnern, sie guten Gewissens bejahen können. Der vom Handlungssubjekt mit der Zustimmung zu einer praktischen Verpflichtung (Vorsatz) eingeleitete Prozess sollte (wie wenig aussichtsreich er anfangs auch gewesen sein mag) als etwas betrachtet werden, das gut war und aus gutem Grund angestoßen wurde und nun bejaht werden kann. Dies lässt sich durch einen Vergleich mit dem paradigmatischen Fall von Erinnerung verdeutlichen, mit Hilfe dessen ich den Begriff oben eingeführt habe und auf den ich im vorliegenden Buch wiederholt zurückgekommen bin. Richter im *common law* rechtfertigen ihre aktuelle Entscheidung, indem sie sie als Höhepunkt eines Prozesses darstellen, der auch vorherige Entscheidungen umfasst, die als Präzedenzfälle der Anwendbarkeit desselben Begriffs gelten. Dieser Prozess wird durch die sorgsame Auswahl und Charakterisierung von Präzedenzfällen rational rekonstruiert, die die Form des allmählichen Hervortretens bzw. Explizitwerdens einer Norm annehmen, von der sich im Zuge dessen herausstellt, dass sie die ganze Zeit über in den Erwägungen der vorherigen Richter implizit gewesen war.

In diesem Fall wird die praktische Einstellung des gegenwärtigen Richters (also das Anwenden oder die Unterlassung des Anwendens eines Rechtsbegriffs) erinnernd vindiziert, motiviert und gerechtfertigt, wohingegen im Fall der Handlungsfähigkeit die ursprüngliche Einstellung des Eingehens einer praktischen Verpflichtung vindiziert, motiviert und gerechtfertigt und somit als normbeherrscht erinnert wird (also als richtig, als Präzedenzfall dienend). Die zwei Arten von Fällen haben gleichsam unterschiedliche Passensrichtungen (*directions of fit*). Indem der erinnernde Richter seine eigene Einstellung begründet, vindiziert und bejaht er zugleich die vorherigen Entscheidungen, deren Autorität er zustimmt, da er sie als Präzedenzfälle behandelt. Indem eine expressiv-fortschrittliche Tradition rückblickend rational rekonstruiert wird und zuvor eingenommene Einstellungen integriert werden, zeigt sich eine (in weitere Explizitheit hervortretende) Norm, welche die von der Rekonstruktion integrierten Einstellungen zumindest in Teilen als etwas bestätigt, das die Autorität eines Präzedenzfalls hat. Dies ist analog zur rückblickenden rationalen Rekonstruktion in der Anerkennungsgemeinschaft, wo die von Mitgliedern in Gang gesetzten Handlungen durch Erinnerung vindiziert werden können. Es ist zudem richtig, dass die Entscheidung des gegenwärtigen Richters gegenüber den praktischen, sich ebenfalls in Entscheidungen manifestierenden Einstellungen vorheriger Richter verantwortlich ist, da sich die Autorität der aktuellen Entscheidung gänzlich aus der Treue gegenüber der Norm ergibt, die der Rekonstruktion zufolge aus den früheren Entscheidungen hervorgeht.

In der finalen Form gegenseitiger Anerkennung, welche am Ende des langen Kapitels zum Geist behandelt wird, nehmen die gegenseitigen Anerkennungseinstellungen die Gestalt von »Geständnis« und »Verzeihung« an. Hegel selbst gibt dieser Anerkennungsstruktur keinen Namen. Ich übernehme einen Begriff, den er in einem verwandten Kontext verwendet, und nenne diese Anerkennungsstruktur »Vertrauen«. Vertrauen ist Anerkennung, die in den Kategorien der Vernunft gedacht und ausgeübt wird. Laut Hegel entwickelt sich diese Anerkennungsstruktur aus der modernen praktischen Vorstellung der Kategorien des Verstandes, die von Kant auf ihr Wesentlichstes gebracht wurden. In Hegels allegorischer Darstellung ist der entscheidende Schritt das »Brechen des harten Herzens« des beurteilenden Bewusstseins, das seine bisherige überlegene Haltung gegenüber dem Geständnis des Übeltäters aufgibt, verzeiht und selbst gesteht: »Ich bin wie du.« Was gestanden und verziehen wird, ist die Kluft bzw. Ungleichheit zwischen normativen Einstellungen und normativen Status. Es wird gestanden, dass man nicht *einfach nur* gemäß einer Norm gehandelt hat, sondern stets mehr oder auch weniger getan hat als das, was man einfach hätte tun sollen bzw. was angemessen oder erforderlich gewesen wäre. Die eigene Einstellung des Zustimmens bzw. Zuschreibens einer Verpflichtung wird der Sache niemals völlig gerecht werden; die eigene Einstellung wird ihren Inhalt niemals voll und ganz richtig erfassen. Die Zustimmung zur Autorität einer Norm und der eigenen Verantwortung ihr gegenüber ist stets unrein und lässt auf eine unvollkommene Auffassung des Inhalts der Norm schließen, sie ist mit anderen Beweggründen vermischt und vom Kontext anderer, parallel bestehender Verpflichtungen beeinflusst.

Schauen wir uns nun genauer an, wie der Übergang zum dritten Zeitalter des Geistes beschrieben und motiviert wird. Das Kapitel zum Geist wiederholt die fortschrittliche Entwicklung von der traditionellen zur modernen Struktur des Geistes, um uns Leser für den Höhepunkt dieser Entwicklung vorzubereiten, auf den Übergang zur dritten, postmodernen Stufe, dem Zeitalter des Vertrauens. Der Schlussstein dieser vom Selbstbewusstsein hervorgebrachten Verwandlung ist das Explizitmachen der, rückblickend betrachtet, die ganze Zeit über implizit herrschenden strukturellen Norm der Anerkennung. Wie wir gesehen haben, führt Hegel diese neue, selbstbewusste Form der Normativität (und somit der Subjektivität) in der rhetorischen Form der Allegorie ein: der Allegorie des Helden und seines Kammerdieners sowie der Allegorie des Reumütigen, der seine Vergehen gegenüber dem unversöhnlichen hartherzig beurteilenden Bewusstsein gesteht.

Die erste Allegorie führt Hegel mit einer damals geläufigen Wendung ein: »Es gibt keinen Helden für den Kammerdiener; nicht aber weil jener nicht ein Held, sondern weil dieser – der Kammerdiener ist«.[53] Der Held steht allegorisch für jemanden, der aus dem Verständnis seiner Pflicht heraus handelt, also jemand, der seine Verantwortungen erfüllt, der so handelt, wie er seiner Verpflichtung nach handeln sollte, der also im Zuge seiner praktischen Einstellungen und Handlungen der Verbindlichkeit und Autorität von Normen zustimmt. Laut dem Kammerdiener sind die Einstellungen des Helden nicht durch die Zustimmung zu den Normen bestimmt bzw. kein Ausdruck dieser Normen, sondern das Produkt unmittelbarer sinnlicher Begierden und zufälliger besonderer Neigungen. Gemäß der Ansicht des Kammerdieners können alle Einstellungen durch den Bezug auf andere Einstellungen erklärt werden, ohne auf herrschende Normen rekurrieren zu müssen, welchen sie zustimmen bzw. hinsichtlich der sie Einstellungen sind. Hegel will die Möglichkeit einer solchen allein auf Einstellungen rekurrierenden Erklärung nicht leugnen – eine solche gegenüber Normen blinde reduktive naturalistische Perspektive steht durchaus zur Verfügung.

Diesen reduktiven Naturalismus, für den der Kammerdiener steht, bezeichnet Hegel als »niederträchtig«. Die entgegengesetzte Metaeinstellung, die normsensitiv und des Helden gewahr ist – und derzufolge einige Einstellungen selbst genuin normsensitiv sind und Normen zustimmen –, heißt »edelmütig«. Hegel ist der Meinung, dass wir uns bereits implizit zur edelmütigen Metaeinstellung verpflichtet haben, einfach, indem wir diskursive bzw. glaubende und handelnde Wesen sind. Gewährt wird diese Möglichkeit durch die Vernunft, die im Explizitwerden des Selbstbewusstseins die postmoderne Struktur des Geistes ankündigt.

53 *PhG*, S. 489.

Das mit der Allegorie des Kammerdieners behandelte Problem betrifft die Verständlichkeit der traditionellen Idee der Statusabhängigkeit normativer Einstellungen angesichts der modernen Einsicht in die Einstellungsabhängigkeit normativer Status. Der Kammerdiener steht für die selbstgenügsame Unabhängigkeit von Einstellungen, für ihre Erklärungssouveränität. Diese Metaeinstellung lässt aber keinen Raum für die Autorität und Wirksamkeit von Normen, also für die Idee, dass normative Autoritäts- und Verantwortungsstatus, also zu was man wirklich berechtigt und verpflichtet ist, tatsächlich eine Wirkung auf die Einstellungen haben, die es dementsprechend auch verdient hätten, als *Zustimmungen* zu *diesen* Normen betrachtet zu werden.

Die normative Beherrschung von Einstellungen durch Normen beinhaltet eine deontische und eine alethische Dimension. Erstens dienen die Normen (normative Status) als *Maßstäbe für die Bewertung der Richtigkeit von Einstellungen*. Die Einstellung des Zustimmens zu bzw. des Zuschreibens von Verpflichtungen ist nur richtig, wenn man wirklich zu diesen Verpflichtungen verpflichtet ist, also wenn diese Einstellung den entsprechenden Status richtig widerspiegelt. In dieser Hinsicht sind Einstellungen *normativ*: Sie sind Einstellungen gegenüber Normen, Einstellungen des Zustimmens zu bzw. Zuschreibens von normativem Status. Zweitens sollten die den Einstellungen gegenüberstehenden Normen beim Einnehmen der Einstellungen eine gewisse Wirkung haben. Die Einstellungen sollten *konjunktivisch responsiv* sein gegenüber den normativen Status, welchen sie zustimmen bzw. die sie zuschreiben. Die Normen sind also gewissermaßen wirksam: *Wäre* der Inhalt der Norm, der zugestimmt wurde bzw. die zugeschrieben wurde, anders (oder *wäre* er anders *gewesen*), *wäre* die Einstellung ebenso anders (oder anders *gewesen*).

Der Heroismus des Helden steht allegorisch für die Normbestimmtheit seiner Einstellungen in diesem doppelten Sinn. Die Richtigkeit seiner Einstellungen ist mit dem Maßstab zu bewerten, welchen die Norm bereitstellt, der er zugestimmt hat; seine praktischen Einstellungen haben gegenüber den Inhalten dieser Norm empfänglich zu sein (wäre die Norm eine andere, wären auch seine Einstellungen andere). Die vom Kammerdiener allegorisch dargestellte Herausforderung besteht darin, die Statusabhängigkeit normativer Einstellungen trotz der (von Hegel eingestandenen) Möglichkeit rein naturalistischer und genealogischer Entstehungserklärungen normativer Einstellungen verständlich zu machen, also angesichts von Erklärungen, in der Einstellungen ausschließlich mit anderen Einstellungen in Verbindung stehen. Wenn es nicht *notwendig* ist, für die Erklärung von Einstellungen die normative Beherrschung der Einstellungen durch normative Status geltend zu machen, bleibt es unklar, wie dies überhaupt *legitim* sein kann. Insofern dieses reduktive naturalistische Infragestellen der Normativität von Handlungsfähigkeit nicht überzeugend bewältigt werden kann, *entfremdet* man sich von den Normen und verliert das praktische Verständnis für die Statusabhängigkeit normativer Einstellungen, also den sittlichen Sinn der Tradition für die Autorität und Verbindlichkeit von Normen gegenüber Einstellungen.

Die zweite Allegorie, die des gestehenden Übeltäters und des hartherzig beurteilenden Bewusstseins, stellt eine andersartige Herausforderung gegenüber der Verständlichkeit der Beherrschung praktischer Einstellungen durch Normen dar. Sie hat ihren Ursprung nicht im reduktiven Naturalismus, sondern im kantischen Rigorismus bezüglich der Bedingungen genuiner Empfänglichkeit gegenüber Normen. Der Übeltäter gesteht, die Ursachen seiner Handlung mit nichtnormativen Einstellungen vermengt und nicht allein aus der Zustimmung zur »reinen Pflicht um der Pflicht willen« heraus gehandelt zu haben. Es gab noch andere Einstellungen, die als Beweggründe dienten und gegenüber der Handlung konjunktivisch responsiv waren in dem Sinne, dass er etwas anderes getan hätte, wenn die Einstellungen andere gewesen und die Normen die gleichen geblieben wären. Die konjunktivische Responsivität war nicht auf den Inhalt der Norm begrenzt, der er zugestimmt hat. In dieser Hinsicht ist die Tat irgendwie über die reine Zustimmung zur Norm hinausgegangen oder hinter ihr zurückgeblieben. Die Herausforderung besteht an dieser Stelle nicht darin, dass die Behandlung des Vollzugs als eine Zustimmung zur Norm nicht für die Erklärung der praktischen Einstellung *notwendig* ist, sondern darin, dass sie nicht *hinreichend* ist. Wenn es für die Erklärung von Einstellungen nicht *hinreichend* ist, sich auf ihre Beherrschung durch Normen zu beziehen (da auch zufällige und besondere Beweggründe und Zustände im Spiel waren, die der Übeltäter gestanden hat), wie kann diese Beherrschung dann *legitim* sein?

Die Verständlichkeit normativer Beherrschung in Frage zu stellen ist auf die Idee zurückzuführen, dass die Autorität von Normen gegenüber Einstellungen *vollständig* sein muss, um *genuin* zu sein. Es handelt sich hierbei um einen Ausdruck der Vorstellung *reiner Selbstständigkeit*, also der Idee, dass Autorität (normative Unabhängigkeit) durch jegliche Art von korrelativer Verantwortung gegenüber (Abhängigkeit von) etwas anderem untergraben wird. Diese praktische normative Vorstellung wird von Hegel unter dem Schema »Herrschaft« allegorisch kritisiert. Kant hat ihm zufolge das Wesentlichste der modernen Form dieser Vorstellung herausgearbeitet, und zwar in Form seines durchaus fortschrittlichen Verständnisses von Normativität als Autonomie. Das Ergebnis ist eine *Verringerungsstrategie*, in der genuines Tun auf einen bloßen Willensakt reduziert wird, weil jeder robustere Sinn von Handlung Verantwortung gegenüber anderen subjektiven und objektiven Faktoren bedeuten würde, die nicht im selben Sinne von Normen beherrscht sind wie dieser Willensakt. In der Allegorie stellt das hartherzig beurteilende Bewusstsein den kantischen Rigoristen dar, der davon ausgeht, dass das Geständnis des Reumütigen über die Beimischung nichtnormativer Beweggründe ein Beweis dafür ist, dass die Handlung keine Zustimmung zur Norm ausgedrückt hat und somit als gesetzlos zu beurteilen ist. Die Ähnlichkeit zum reduktiven Naturalismus des Kammerdieners sollte deutlich werden. Denn auch im Falle des Kammerdieners kommt die bloße Möglichkeit einer nichtnormativen, reduktiven und naturalistischen Erklärung der Einstellungen einer Erklärung durch normative Beherrschung zuvor und leugnet in diesem Sinne die Autorität von Normen. Wenn die Erklärung einer Einstellung durch normative Beherrschung einen Konkurrenten hat, dann hat sie keine Autorität. Selbstständigkeit ist dementsprechend unvereinbar mit jeglicher Art von Unselbstständigkeit; jede korrelative Verantwortung untergräbt Autoritätsansprüche.

Im Gegensatz zur Allegorie des Kammerdieners wird die Allegorie des hartherzigen beurteilenden Bewusstseins erweitert und damit der Weg zum richtigen Verständnis der Statusabhängigkeit normativer Einstellungen geebnet. Es kommt zum »Brechen des harten Herzens«, wenn das beurteilende Bewusstsein seine ursprüngliche niederträchtige Antwort auf das Geständnis des Übeltäters zurückzieht und stattdessen verzeiht und ein edelmütiges Geständnis ablegt. Das Ergebnis ist eine neue Art von Gemeinschaft. (»Das versöhnende *Ja,* worin beide Ich von ihrem entgegengesetzten *Dasein* ablassen, ist das *Dasein* des zur Zweiheit ausgedehnten *Ichs*«.[54]) Dies ist die letzte, vernünftige, postmoderne Form von gegenseitiger Anerkennung (und insofern von Normativität und Geist). Sie ist durch die Normativität strukturiert, die mit der neuen selbstbewussten Anerkennungsform instituiert wird.

Das reuevolle Handlungssubjekt gesteht alles an seiner Tat, was nicht durch Normen beherrscht wurde; in Hegels Ausdrucksweise gesteht es alle Anzeichen der Besonderheit (die Umstände und parallel bestehenden Einstellungen in Form von Absichten oder Überzeugungen sowie zufällige unbeabsichtigte Folgen) und belässt die Allgemeinheit (die Norm, der herrschen-

54 Ebd., S. 493.

de normative Status). Es gesteht jeden Misserfolg im Zusammenhang mit der Statusabhängigkeit der praktischen Einstellungen, deren Inhalt sich in der wirklich getanen Tat offenbart hat. Das Geständnis in diesem Sinne ist ein Vollzug, der eine Anerkennungsbitte darstellt und für eine besondere Form von Selbstbewusstsein konstitutiv ist. (Diese Verknüpfung wird durch Hegels Verständnis von Selbstbewusstsein als einem sozialen Produkt gegenseitiger Anerkennung hergestellt.) In Hegels Allegorie ist die Erwiderung auf die Reue des Handlungssubjekts keine *edelmütige* Anerkennung, sondern bloß eine *niederträchtige* kritische Bewertung der Verantwortungslosigkeit (also dass die Einstellungen nicht durch Status normativ beherrscht waren). Das kantische, rigoros beschuldigende, hartherzig beurteilende Bewusstsein spielt »die Rolle des moralischen Kammerdieners« gegenüber dem reuevollen Handlungssubjekt.

> Dies beurteilende Bewußtsein ist hiermit selbst *niederträchtig*, weil es die Handlung teilt und ihre Ungleichheit mit ihr selbst hervorbringt und festhält. Es ist ferner *Heuchelei*, weil es solches Beurteilen nicht für eine *andere Manier*, böse zu sein, sondern für das *rechte Bewußtsein* der Handlung ausgibt, in dieser seiner Unwirklichkeit und Eitelkeit des Gut- und Besserwissens sich selbst über die heruntergemachten Taten hinaufsetzt und sein tatloses Reden für eine vortreffliche *Wirklichkeit* genommen wissen will.[55]

Die Einstellungen des beurteilenden Bewusstseins werden ausschließlich aus der Perspektive der normativen *Bewertung* eingenommen. Das beurteilende Bewusstsein als Bewertungsinstanz identifiziert sich nicht mit der Perspektive des erwägenden Handlungssubjekts; es stimmt nicht einmal der wesentlich ergänzenden Rolle der Bewertungs- und Erwägungseinstellungen (also der Zuschreibung von bzw. der eigenen Zustimmung zu prakti-

55 Ebd., S. 489.

schen Verpflichtungen) bei der Konstituierung normativer Status zu.

An dieser Stelle der Allegorie geht es vor allem darum, den Kontrast zum nächsten Schritt hervorzuheben. Das »Brechen des harten Herzens« beschreibt die angemessene edelmütige anerkennende Antwort des beurteilenden Bewusstseins auf die Anerkennungsbitte bzw. das Geständnis des Reumütigen. Diese Antwort bezeichnet Hegel als »Verzeihung«. Um die Normativitätsstruktur zu verstehen, die dem Geist die charakteristische postmoderne Gestalt verleiht, müssen wir die Konstellation gegenseitiger Anerkennungseinstellungen verstehen, die diese Struktur instituiert. Bei dieser Struktur handelt es sich um Anerkennung in Form von wechselseitigem Gestehen und Verzeihen, also um die Struktur des Vertrauens. Der Schritt zur Verzeihung bzw. das Brechen des harten Herzens des beurteilenden Bewusstseins ist ein Schritt von der bloßen *Zuschreibung* der Verantwortung für die Tat des Handlungssubjekts zum praktischen *Eingestehen* der eigenen Verantwortung für diese Tat. Es handelt sich um einen Akt der *Identifikation mit* dem Handelnden, indem man sich für das Getane mitverantwortlich macht. Die angemessene Antwort auf das Geständnis, keine Taten hervorbringen zu können, die schlechterdings und insofern ausschließlich durch Normen beherrscht werden, ist ein entsprechendes Geständnis seitens des beurteilenden Bewusstseins, ein Eingestehen, dass »ich bin, wie du bist«. Somit gesteht das beurteilende Bewusstsein, dass es, wie das Handlungssubjekt, ebenso dazu verurteilt ist, auf Grundlage von Einstellungen zu handeln, die den herrschenden Normen zustimmen, aber auch hinsichtlich Einstellungen, die keine solche Zustimmung zu diesen Normen bedeuten.

Die Verantwortung, die das bewertende Bewusstsein für das Getane übernimmt, ergänzt die Verantwortung, die das erwägende Bewusstsein für seinen Akt übernimmt – sie ist also nicht mit ihr identisch. Diese Verantwortung hat eine Behebungs- und eine Erinnerungsdimension. Die Verantwortung zur Behebung besteht darin, praktisch in die sich entfaltenden Folgen des Tuns mit seinem wachsenden Vorrat an Folgespezifikationen einzugreifen. Die Tat ist niemals abgeschlossen. Um jemanden großmütig und edelmütig für sein Tun verantwortlich zu halten, muss man die eigene Verantwortung eingestehen, das Tun gut enden zu lassen, und zwar, indem man praktisch neue Folgen beiträgt und somit neue Folgespezifikationen der Tat wahr macht. Wenn jedes Mitglied einer Gemeinschaft, welche durch die konstitutiven Anerkennungseinstellungen von Geständnis und Verzeihung bestimmt ist, eine solche Verantwortung eingesteht, dann ist jedes Tun eines derartigen Mitgliedes ein Tun aller. Jede Tat ist somit eine Tat aller.

Was gilt aber als eine »bessere« Folge? Der Maßstab für die normative Bewertung von Folgen wird von der Erinnerungsdimension der Verzeihung festgelegt. Die Verantwortung zur Behebung und Verbesserung der Folgen des verziehenen Tuns muss also in Bezug auf die Erinnerung verstanden werden. Das Ziel besteht demnach darin, das Ganze, das aus der eigenen momentanen Handlung resultiert und als ein Beitrag zu einer Tradition zu verstehen ist, zu etwas zu machen, das *vollständiger und erfolgreicher erinnerbar* ist, als es der Tradition andernfalls möglich wäre. Auch diese Bedingung wird also in Bezug auf Erinnerung definiert. Die Normen der Erinnerung bestimmen, was als »bessere« Folge gilt; das Beitragen zu solchen Folgen muss gegenüber diesen Normen konjunktivisch responsiv sein.

XI. Verzeihung: Anerkennung als Erinnerung

Mit der Anerkennung in Form von erinnernder Verzeihung wird verständlich, was es im Allgemeinen heißt, durch Normen beherrscht zu werden. Indem man Verantwortung für das Tun eines anderen übernimmt, stimmt man praktisch der Pflicht zu, eine bestimmte Art von rückblickender Geschichte über dieses Tun zu erzählen. Es handelt sich hierbei um die Verantwortung, das Tun als etwas, das von Normen beherrscht ist, rational zu rekonstruieren. Das großzügig in der Erinnerung verzeihende Subjekt muss eine implizite Norm erkennen, die die Entwicklung der Tat bestimmt. Diese Absicht steht zu der durch Folgen erweiterten Tat wie der ursprüngliche Vorsatz des Handlungssubjekts zur Handlung bzw. zur Handlung im engeren Sinne (welche allein durch den Vorsatz spezifiziert wird, der in Form von explizit bewilligten Beschreibungen gegeben ist und hinsichtlich dessen die Handlung vollzogen wurde). Die Absicht muss sich als etwas erweisen, das das Tun im doppelten Sinne normativ beherrscht: Sie muss als normativer Maßstab für die Bewertung der von ihr beherrschten praktischen Einstellungen dienen (wobei jede Spezifikation des Tuns als Zustimmung zu dieser Norm gedacht wird) sowie als die Norm, der gegenüber die Einstellungen konjunktivisch responsiv waren, so dass die Norm anders gewesen wäre, wenn die Einstellungen anders gewesen wären.

Die in der Erinnerung erkannte bzw. zugerechnete Norm stellt sich in Form einer Absicht dar: Sie beherrscht den praktischen Prozess als etwas, das *angestrebt* bzw. worauf *abgezielt* wird. Sie dient also nicht nur als normativer Bewertungsmaßstab des Erfolgs praktischer Einstellungen. Denn der Erfolg kann auch gelten, ohne dass sich jemand für den Maßstab interessiert und Entscheidungen hinsichtlich der vorgeschriebenen Norm treffen muss (also ohne dass jemand in dem Sinne heroisch sein muss, den der Kammerdiener leugnet). Das zusätzliche Element bedeutet, jede Komponente der darauffolgenden, rückblickend konstruierten bzw. entdeckten Tradition als etwas zu betrachten, das von einer Menge unvereinbarer Alternativen umgeben ist. Für das in der Erinnerung verzeihende Subjekt *wählt* das Subjekt der in Frage stehenden Einstellung aus dieser Menge eine Alternative aus (jene, die in das anerkennende Verzeihungsnarrativ durch Erinnerung integriert wird) und identifiziert sich mit ihr, indem es die anderen zurückweist. Auf diese Weise wird die herrschende Norm nicht bloß als eine Norm der Bewertung, sondern auch als eine *Absicht* behandelt. Es wird eine Tradition von Einstellungen rational rekonstruiert, die statusabhängig sind (in jenem doppelten Sinne), die also von einer impliziten Norm beherrscht werden, die zunehmend expliziter wird, umso mehr sie von den Einstellungen Zustimmung erfährt, die in der erinnerten Tradition integriert sind.

Die das Vollziehen der Erinnerung (und die von ihnen ausgedrückten praktischen Einstellungen) beherrschende Metanorm besagt, dass die rekonstruktiv erkannte und zugerechnete Norm *alle* Folgespezifikationen der Einstellungen innerhalb der Handlung und im Nachgang der Handlung normativ beherrschen sollte. Hierzu gehören auch die praktisch-behebenden sowie die hermeneutisch-erinnernden Einstellungen, die vom bewertenden Bewusstsein eingenommen werden. Das verzeihende Subjekt muss also der Autorität der Norm zustimmen, welcher zugeschrieben wurde, die Tat zu beherrschen. Dies gehört zur Mitverantwortung für die Tat. Indem man verzeiht, macht man sich verantwortlich für die entstehende Norm, die der Tat als die implizite Absicht zugeschrieben wird. Somit *identifiziert* man sich *mit* dem Handlungssubjekt und riskiert und opfert entsprechend gegebenenfalls die eigenen Einstellungen. Man unterwirft die eigenen Einstellungen der normativen Bewertung durch die Norm, die man sowohl zuschreibt bzw. welcher man selbst zustimmt; man ist dieser Norm gegenüber in den eigenen Einstellungen konjunktivisch responsiv. In diesem spezifischen Sinne bestätigt das verzeihende Subjekt das Tun als das eigene Tun: Es ist nicht mehr *nur* das Tun des Handlungssubjekts, welches das Tun eingeleitet hat, sondern *auch* desjenigen, der erinnert und verzeiht.

Verzeihende Erinnerung lässt sich anhand des Modells der bereits angeführten rechtswissenschaftlichen Praktiken des institutionellen *common law* und Fallrechts verstehen. In diesem Modell wird die Tradition durch den aktuellen Richter rational rekonstruiert, indem dieser einen Verlauf von früheren Präzedenzentscheidungen auswählt, die expressiv-fortschrittlich sind, insofern sie das allmähliche Hervortreten einer Norm (des Gesetzesinhalts) enthüllen, die alle Entscheidungen (Einstellungen) in der rekonstruierten Tradition implizit beherrscht. Diese Norm rechtfertigt die aktuelle Entscheidung des Richters und legt den Maßstab für die normative Bewertung der aktuellen Entscheidung durch zukünftige Richter fest, die den Anspruch haben, ebendieser Norm gegenüber konjunktivisch responsiv zu sein. Der erinnernde Richter unterwirft sich also der Norm (stimmt ihrer Autorität zu), die er rückblickend erkannt hat. Umso mehr frühere Entscheidungen von der Erinnerung begründet und durch die Norm als expressiv dargestellt werden, desto besser ist die durch die Norm bereitgestellte Berechtigung zur aktuellen Entscheidung. Umso mehr Entscheidungen überbleiben, die nicht in die rückblickend rational rekonstruierte Tradition zu integrieren sind, welche die Norm als Präzedenzfall begründet und ausdrückt, desto umfangreicher die Möglichkeit zur Kritik der aktuellen Entscheidung durch die zukünftigen Richter, die dieser Entscheidung auch als einem autoritativen Präzedenzfall zustimmen könnten. Die Entscheidung hat Autorität allein insofern sie eine angemessene Zustimmung zur Verantwortung gegenüber der Tradition früherer Entscheidungen darstellt.

Das Verzeihen (das Anerkennen durch Erinnerung) ist durchaus harte Arbeit. Sie kann nicht einfach mit einer einzigen pauschalen, abstrakt-allgemeinen Geste zustande gebracht werden, etwa mit: »Ich verzeihe dir für das, was du getan hast.« Man kann dies im Grunde immer *sagen* – doch es nur zu sagen, führt nicht dazu, dass es so ist. Neben dem Erfüllen der eigenen Verpflichtung, auf die Folgen des Tuns einzuwirken, welches man verzeiht, muss man eine konkrete, durch Erinnerung vorgenommene Rekonstruktion der Tat unter all ihren Folge- und Absichtsspezifikationen herstellen. Die Erinnerung ist ein *Herstellen*, das Gestalten einer spezifischen Art von Narrativ, das nur erfolgreich ist, wenn es sich erkennbar als ein *Herausfinden* erweist. Was herausgefunden wird, war die ganze Zeit über implizit. Was implizit ist, sollte Hegel zufolge immer in Bezug auf den Prozess des Ausdrückens, also hinsichtlich des Explizitmachens verstanden werden. Zu erklären, was man tun muss, um als erinnernd zu gelten, bedeutet, dem Begriff des AUSDRÜCKENS Gehalt zu verleihen. Die von der Erinnerung aufgestellte, implizit das Tun beherrschende Norm wird von der Erinnerung in einem Sinne hergestellt, in einem anderen herausgefunden. Die Idee eines Tuns dieser Art scheint paradox, so wie die Idee, der Zufälligkeit die Form der Notwendigkeit zu verleihen – sie ist es jedoch nicht. Das Begründen von Entscheidungen, so wie es dem *common law* oder Fallrecht eigen ist, gehört zur Erinnerung als einer narrativen Gattung. Man muss sich die übernommenen Rohmaterialien zu eigen machen und sie zusammensetzen, um eine Norm aufzeigen und bejahen zu können, die schon immer die Tradition beherrscht hat und zu der man gehört und mit der man sich selbst identifiziert – eine Tradition, die darin besteht, auf fortschrittliche Art und Weise die beherrschende Norm zu enthüllen, indem sie das schon immer Implizite immer expliziter macht. Die erkannte expressiv-fortschrittliche Tradition gipfelt in den (derzeitigen) Folgespezifikationen des Tuns, also der Erinnerung dieses Tuns.

Was wäre, wenn das, was einem zur Bearbeitung gegeben wird (die Summe aller Vorsatz- und Folgespezifikationen des Tuns), *zu* schwer zu verzeihen ist? Was wäre, wenn das Subjekt, dessen

Einstellung im Zuge eines umfangreicheren Verzeihungsvorhabens bezüglich etwas Vergangenem verziehen wird, tatsächlich dispositionell unempfänglich gegenüber dem Urteilsspruch der Norm wäre? Was wäre, wenn das Tun (wie es der Kammerdiener unterstellt) tatsächlich nur für Anliegen (Einstellungen) empfänglich wäre, die das Subjekt betreffen? Was, wenn die Folgen einfach zu schrecklich wären? Die metanormativen Adäquatheitskriterien *erfolgreicher* Verzeihung, also sowohl der behebenden als auch der erinnernden Verzeihung, scheinen in vielen Fällen *nicht erfüllbar* zu sein. Manche Handlungen wirken auf uns selbst nach langem Überlegen wie etwas *Unverzeihliches*. Obwohl wir in solchen Fällen womöglich versuchen würden, die Folgen böser Handlungen abzumildern, hätten wir doch im Grunde überhaupt keine Ahnung, wie das Hervortreten einer herrschenden Norm zu erkennen wäre, die wir selbst bejahen könnten. Dies ist bloß der Grenzfall eines allgegenwärtigen Phänomens. Jedes wirkliche Erinnerungsunterfangen wird Spannungen zur Folge haben; es wird stets an *jeder* Stufe des sich entwickelnden Prozesses Elemente des Getanen geben, für die *keine* reibungslose, erfolgreiche, überzeugende und also befriedigende Erklärung gegeben werden kann, die sich auf Normen stützt.

Tatsächlich müssen wir uns jedoch fragen: Wer ist schuld daran, dass das Tun oder irgendein Aspekt des Tuns unverzeihlich ist – das handelnde oder das verzeihende Subjekt? Ist diese Unfähigkeit demjenigen zuzuschreiben, der schlecht gehandelt hat, oder demjenigen, der sich schlecht erinnert? Ist die Frage nach der Schuld eine Frage danach, wie die Dinge einfach sind? Oder spiegelt sie zumindest zum Teil die Unfähigkeit des erinnernden Bewusstseins wider, sich ein Narrativ auszudenken, das für Normen empfänglich ist? Die eine Möglichkeit findet sich in der Einstellung des unsittlichen Kammerdieners wieder, für den keiner ein Held sein kann, also jemand, der Normen praktisch zustimmen und genuin auf sie reagieren würde (den Normen gegenüber konjunktivisch responsiv sein würde). Wird die Unfähigkeit zur Erinnerung vollständig als die Schuld des Handelnden betrachtet, geht man also davon aus, dass es einfach eine objektive Tatsache ist, dass es keine Norm gibt, die die Tat (wie sie vom bewertenden Bewusstsein entgegengenommen wurde) beherrscht und die wir bejahen könnten, dann übernimmt man genau jene beschuldigende Einstellung des hartherzig beurteilenden Bewusstseins, welche Hegel kritisch als *niederträchtig* bezeichnet. Bei der entgegengesetzten, *edelmütigen* Einstellung – die Hegel zufolge der Idee implizit ist, durch Normen beherrscht zu sein – handelt es sich um Anerkennung als erinnernde Verzeihung in dem spezifischen Sinne, dass man sich durch diese Einstellung mit dem handelnden Subjekt identifiziert und Mitverantwortung für dessen Tun übernimmt. Dem erfolglos verzeihenden Subjekt wird also eine wenigstens gleichrangige Verantwortung zugeschrieben. Das Problem ist ungeeignet dargestellt, wenn man in der alethisch-modalen Terminologie davon spricht, es sei *möglich* oder *unmöglich*, das Getane zu verzeihen. Es handelt sich um ein deontisch-normatives Problem: Man ist zum Verzeihen *verpflichtet*, also *für* das Verzeihen *verantwortlich*. Dies ist die hegelsche Version der regulativen Idee von Kant: »*Tout comprendre, c'est tout pardonner.*« Man kann zu diesem Ideal der Anerkennung verpflichtet sein (von ihr im doppelten Sinne normativ beherrscht werden), auch wenn man in vielen Fällen eingestehen muss, *nicht* alles verstehen und somit verzeihen zu können.

Es mag sein, dass man tatsächlich nicht in der Lage ist, diese großzügige Verpflichtung zu erfüllen und diese Verantwortung zur Verzeihung konkret auszuüben. Ist dies der Fall, so stellt dies ein normatives Versagen dar, das vom erfolglos und also nur vermeintlich verzeihenden Subjekt *gestanden* werden sollte. Angemessen Anerkennungs- und Erinnerungsverantwortung zu übernehmen bedeutet auch, die eigene Inadäquatheit für die Erinnerungsarbeit zu gestehen. (Vergleiche: Im Zuge seiner erinnernden Vindikation der eigenen Entscheidung ist der Richter im *common law* unfähig, *alle* zuvor entschiedenen Fälle als Präzedenzfälle zu behandeln. Aufgrund dieser Tatsache wird seine eigene Autorität angreifbar. Er muss zukünftigen Richtern vertrauen, einen Weg zu finden, der Unvollständigkeit seiner durch Erinnerung rekonstruierten Tradition zu verzeihen, seine Entscheidung nichtsdestotrotz als autoritativen Präzedenzfall zu behandeln und der Verantwortung und der Autorität seiner Entscheidung gegenüber der Tradition durch eine rückblickend-rationale Rekonstruktion zuzustimmen.) Dein Geständnis, dass Deine praktischen Einstellungen der Norm nicht angemessen zugestimmt haben, ist eine Bitte um meine Anerkennung, die in Form von erinnernder Verzeihung (Mit-)Verantwortung für Dein Tun übernimmt. Für das Geständnis meiner eventuellen Unfähigkeit, adäquat verzeihende und erinnernde Anerkennungseinstellungen einzunehmen, bin ich selbst verantwortlich. Das Geständnis ist ein Akt der Identifikation mit Dir: »Ich bin, wie du bist.« Wie Deine sind auch meine Einstellungen nicht in der Lage, die Normen adäquat zu erfüllen, gleichwohl sie ihnen *als* verbindlich und maßgeblich zustimmen. Man stimmt einer Pflicht zu (der Verbindlichkeit einer herrschenden Norm), wenn man *gesteht*, dass man nicht auf die Erfordernisse der Norm der Erinnerung reagiert hat bzw. nicht in der Lage gewesen war, die Anerkennungsverantwortung angemessen zu erfüllen. Man ist gegenüber dieser normativen Forderung genuin empfänglich, wenn man ein solches Geständnis ablegt. Das Gestehen ist ein Tun, das dazu führt, dass man sowohl der Autorität der erinnerten Norm zustimmt als auch dieser Norm gegenüber empfänglich wird. Diese Norm beherrscht dann die Einstellungen, die zusammengenommen die erkannte Tradition bilden (einschließlich der eigenen Einstellungen), auch wenn man die eigene Unfähigkeit eingesteht, die Verantwortung vollständig erfüllen zu können.

Als jemand, der das Tun eines anderen großzügig, edelmütig und verzeihend bewertet, *gesteht* man, dass man *selbst* daran

(Mit-)Schuld trägt, nicht gut genug im Verzeihen zu sein. Man muss darauf *vertrauen*, dass auch diese Erinnerungs- und Anerkennungsunfähigkeit – genau wie die Unfähigkeit desjenigen, dem nicht angemessen verziehen werden konnte – von bewertenden Subjekten in der Zukunft (die mehr wissen und einfach besser darin sind) erfolgreich verziehen wird. Es kommt *nicht* darauf an, ob man eine erfolgreiche Erinnerungsgeschichte erzählen *kann*, da es sich um eine deontische Unfähigkeit handelt, die relativ zu den eigenen Verpflichtungen steht. Es ist aber etwas, das im Vertrauen *gestanden* werden sollte, dass diese Unfähigkeit auch *verziehen* werden kann. Das gut gemeinte, aber unzulängliche Geständnis des verzeihenden Erinnernden ist, wie das Geständnis des reuevollen Handlungssubjekts, eine Bitte um Anerkennung in Form von Verzeihung. Das vertrauensvolle Geständnis der Unzulänglichkeit der Erinnerung vervollständigt die Identifikation des bewertenden Subjekts mit dem handelnden Subjekt. Wir sehen nun, dass die Anerkennungseinstellungen von Verzeihung und Geständnis zwei Seiten ein und derselben Medaille sind, zwei Aspekte der symmetrischen, norminstituierenden Anerkennungsstruktur des *Vertrauens*. Das entsprechende Motto lautet: »Verantwortung verzeihend zuschreiben und Verantwortung reuevoll eingestehen.« In einer normativen Gemeinschaft mit dieser Anerkennungsstruktur verzeihen alle bis an die Grenzen ihrer Fähigkeiten, alle gestehen diese Grenzen ein und alle vertrauen darauf, dass ihnen schließlich auch verziehen wird. Der Inhalt der gemeinsamen Anerkennungseinstellungen, mit welchen sich alle Beteiligten identifizieren, lautet: *»Vergib uns unsere Schuld, wie auch wir vergeben unsern Schuldigern.«*

Es ist sowohl der behebend-ausbessernden als auch der erinnernd-hermeneutischen Dimension der verzeihenden Anerkennungseinstellung wesentlich, einen Vollzug zu thematisieren, der eine *vorhergehende* praktische Einstellung ausdrückt. Das verziehene Tun muss bereits im Gange sein. Die finale, vernünftige

Form gegenseitiger Anerkennung durch Geständnis und Verzeihung ist aus diesem Grund wesentlich *geschichtlich*. Die Normen, die die Einstellungen beherrschen und durch diese instituiert werden bzw. Zustimmung erfahren, nehmen die gehaltvolle diachrone Anerkennungsform der *Tradition* an. Hegel selbst übt eine solche verzeihende Erinnerung aus, wenn er expressiv-fortschrittliche Traditionen in den eigenen Erklärungen der Geistes- und Kulturgeschichte, wie etwa in seinen Auslegungen der Geschichte der Kunst, der Religion und insbesondere der Philosophie, rückblickend-rational rekonstruiert. Auch die vorliegende Darstellung verfolgt diesen Anspruch.

Für ein Verständnis des dritten Zeitalters des Geistes, das die von der Moderne geleisteten Fortschritte beibehält und zugleich die mit ihr einhergehende strukturelle Entfremdung überwindet, ist es entscheidend, dass Anerkennung, die auch die erinnernde Instituierung von Traditionen beinhaltet, die Zustimmung sowohl zur Einstellungsabhängigkeit normativer Status als auch zur Statusabhängigkeit normativer Einstellungen bedeutet. Einerseits integriert sie die Einsicht, dass Normen (normative Status) durch gegenseitige, symmetrische, angemessen sozial ergänzte Anerkennungseinstellungen instituiert werden. Andererseits ist jede erinnernd-rationale Rekonstruktion dazu verpflichtet, die von ihr thematisierten normativen Einstellungen als etwas darzulegen, das im doppelten Sinne durch Normen (normative Status) beherrscht wird, nämlich der Bewertung gemäß diesen Normen unterworfen und gegenüber diesen Normen konjunktivisch responsiv zu sein. Auf diese Weise gewinnen die postmodernen, von Erinnerung geprägten Anerkennungspraktiken ein sittliches Verständnis von der Autorität der Normen gegenüber Einstellungen wieder, wonach Einstellungen gegenüber jenen Normen verantwortlich sind (von ihnen beherrscht werden), welchen sie zustimmen und die sie zuschreiben. Die Autorität herrschender Normen findet nur innerhalb des Bereichs einer erinnernden rational rekonstruierenden *Geschichte* Zustimmung.

Der normative Status, von dem die Einstellungen abhängig bzw. dem gegenüber sie verantwortlich sind, ist selbst immer Gegenstand einer Erinnerungseinstellung. In diesem Sinne werden in der Gesamterklärung nur Einstellungen angeführt. Jedoch ist es ein wesentliches, notwendiges und charakteristisches Strukturmerkmal *jeder* erinnernden Anerkennungseinstellung, *dass* Einstellungen statusabhängig und durch Normen beherrscht sind. In diesem Sinne ist die Statusabhängigkeit normativer Einstellungen nicht bloß ein zufälliges Produkt einiger Einstellungen, die Menschen zufälligerweise einnehmen. Vielmehr ist es genau das, was normative Einstellungen zuletzt zu *normativen* Einstellungen macht, also zu Zustimmungen zu bzw. Zuschreibungen von normativen Verantwortungs- und Autoritätsstatus.

Dass die geschichtliche Anerkennungsstruktur des Vertrauens (wechselseitig anerkennendes Verzeihen und Gestehen) die Einstellungsabhängigkeit normativer Status und die Statusabhängigkeit normativer Einstellungen zum Ausgleich bringt und ihnen gleichermaßen gerecht wird, stellt schließlich die Rechtfertigung dafür dar, die Verzeihung als die angemessen anerkennende Antwort auf die Anerkennungsbitte zu verstehen, welche mit dem Geständnis einhergeht. Diese Anerkennungsstruktur liefert den Rahmen, in dem das *Zuschreiben* von Verantwortung (jemanden verantwortlich halten) und das *Zustimmen* zu Verantwortung (sich selbst als verantwortlich betrachten) nicht bloß verschiedene normative Einstellungen bzw. nicht bloß sozial ergänzende normative Einstellungen darstellen, die sich gegenseitig *global* voraussetzen und prinzipiell nur im Kontext des jeweils anderen verständlich sind, sondern sich auch gegenseitig *lokal* voraussetzen und eine den verschiedenen sozialen Perspektiven zugrundeliegende Identität ausdrücken. Durch das Geständnis wird der, der den Reuevollen für etwas verantwortlich hält, selbst dafür verantwortlich, ihm zu verzeihen. Das Geständnis verpflichtet das Verantwortung zuschreibende Subjekt normativ dazu, eine (sowohl behebende als auch erinnernde)

Mitverantwortung für ebendieses Tun einzugestehen. Dass die beiden Einstellungen, jemanden für verantwortlich zu halten und sich selbst zugleich als verantwortlich zu betrachten, in diesem sehr starken Sinne zwei Seiten ein und derselben Medaille sind (Aspekte einer Einheit, die allein durch diese Aspekte verstanden werden kann), zeigt sich uns nun als etwas, das schon immer in den Beziehungen zwischen normativen Status und normativen Einstellungen implizit gewesen war. Dies steht parallel zur metaphysisch-ironischen Lehre der Allegorie der Herrschaft, wonach Autorität und Verantwortung nicht bloß zugeordnete normative Status sind und die Verantwortung von Y gegenüber X einfach die Autorität von X gegenüber Y bedeutet. Damit die Lehre bestimmt gehaltvoll wird, muss die Autorität von X immer auch zur Folge haben, dass X eine entsprechende Verantwortung hat und der Autorität anderer zustimmen muss, für verantwortlich *gehalten* zu werden. Reine normative Selbstständigkeit ohne jegliche entsprechende Unselbstständigkeit ist eine Fantasie. Wird entsprechend dieser Fantasie praktisch gehandelt, verformt sie sowohl die von ihr instituierten normativen Status als auch die selbstbewussten Individuen, die die Status innehaben.

Wir haben am Anfang unserer Betrachtung den Sonderfall des *Erkennens* betrachtet, in dem es von besonderer Bedeutung war, die Statusabhängigkeit von Einstellungen verständlich machen zu können (also inwiefern Einstellungen durch Status normativ beherrscht werden). Von Kant haben wir gelernt, über Repräsentation mithilfe normativer Terminologie nachzudenken. Ein Repräsentierendes ist ein Repräsentierendes, insofern es der Beschaffenheit der Dinge gegenüber für seine Richtigkeit *verantwortlich* ist, also gegenüber dem, was vom Repräsentierenden als repräsentiert gilt eben aufgrund der Art von *Autorität*, die das Repräsentierte über das Repräsentierende ausübt. Sich über die *Objektivität* erkenntnistheoretischer Repräsentationen im Sinne ihres objektiven Anspruchs ins Klare zu setzen, ist

Kant zufolge deshalb so schwer, weil wir ein Verständnis davon entwickeln müssen, wie die Repräsentationen vom Repräsentierten normativ beherrscht werden. In Hegels Terminologie, die bereits in der »Einleitung« eine wichtige Rolle spielt, bedeutet dies nichts anderes, als den normativen Charakter der Beziehung zwischen dem Sein der Dinge *an sich* und dem Sein der Dinge *für das Bewusstsein* verstehen zu müssen. Diese Beziehung besteht in der Autorität, die von der impliziten Beschaffenheit der Dinge an sich über die explizite Beschaffenheit der Dinge für das Bewusstsein ausgeübt wird. Was erkennende und handelnde Subjekte *an sich* sind, meint ihren normativen Status, während ihr Sein *für das Bewusstsein* (für sich selbst oder für andere) eine Frage normativer Einstellungen ist (also das zugeschrieben bzw. dem zugestimmt wird). Im Sonderfall des Erkennens besteht das Sein der Dinge für das Bewusstsein ebenfalls in Einstellungen; bloß, dass sie hier als etwas verstanden werden, das der objektiven Beschaffenheit der Dinge an sich gegenüber verantwortlich ist und von ihr normativ beherrscht wird. Hegel liefert eine expressive Erklärung dieser semantischen Beziehung, die dann im Prozess der Erinnerung zum Tragen kommt.

Wie Einstellungen von Normen beherrscht werden, sollte also auch in Bezug auf Traditionen verstanden werden, die aus durch Erinnerung rational rekonstruierten Einstellungen bestehen. Wie Dinge an sich sein könnten, ist bereits durch Beziehungen materialer Unvereinbarkeit und Folgerung zu anderen möglichen Sachverhalten gegliedert. Als solche haben sie die Form eines Einstellungsinhalts und können als die Beschaffenheit der Dinge für das Bewusstsein begriffen werden. (Die Inhalte können sowohl in objektiv-alethischen als auch in subjektiv-deontischen Formen auftauchen.) Der für jede Erinnerung die Rolle des Noumenons spielende Referenzgegenstand, der in verschiedenen Genauigkeitsgraden durch die Sinne aller erinnerten erkenntnistheoretischen Einstellungen (phänomenalen Erscheinungen dieser noumenalen Wirklichkeit) in der rational rekonstruierten Tradition von Irrtum und Entdeckung repräsentiert wird, ist selbst etwas, das für das Bewusstsein sein kann, also ein Phänomen bzw. der Inhalt einer möglichen Einstellung. Die Wiederholung eines expressiv-fortschrittlichen Verlaufs – dessen Abfolge von Erscheinungen normativ von der Wirklichkeit beherrscht ist, die durch die rational rekonstruierte Erfahrung des Irrtums schrittweise explizit wird – führt zu einer Phänomenologie, die die daraus resultierenden erkenntnistheoretischen Verpflichtungen des erinnernden Bewusstseins auf eine ganz besondere Weise rechtfertigt.

Im Falle des Erkennens ist es der *Irrtum*, der gestanden und verziehen wird, also die deontische Unvereinbarkeit von Verpflichtungen, die eine Berechtigung zu ihnen ausschließt. Dies ist der Teil des Inhalts von Einstellungen – gemäß einer bestimmten, nur teilweise erfolgreichen Erinnerung der Tradition, zu der der Inhalt gehört –, der *nicht* durch Normen beherrscht wird, der also *nicht* im Einklang mit der herrschenden Norm steht und also *keine* konjunktivische Responsivität gegenüber dem Inhalt dieser Norm aufweist. Es handelt sich um den Rest von Zufälligkeit, dem die Erinnerung nicht die Form der Notwendigkeit verliehen hat und die sich nicht als das gezeigt hat, was sie gemäß der herrschenden Norm sein sollte. Das erinnernde Bewusstsein muss gestehen, dass es immer einen solchen Überschuss bzw. Überrest gibt. Das reuevoll erinnernde Subjekt vertraut darauf, dass sein Versagen von kommenden edelmütig erinnernden Subjekten erfolgreich verziehen werden wird. Es vertraut darauf, dass auch diese Zufälligkeit zuletzt die normative Form der Notwendigkeit erhält und in die begrifflich gehaltvolle Norm integriert wird, von der man im Anschluss hieran behaupten kann, sie habe den gesamten Prozess durchgehend beherrscht, insbesondere auch die momentane, inadäquate erinnernd-rationale Rekonstruktion. Weil jede Erinnerung etwas zurücklässt – das sie als einen Aspekt der Einstellungen und als Überreste der Zufälligkeit rekonstruiert und für sie einen Grund darstellt, dass eigene Bedürfnis nach erinnernder Verzeihung gestehen zu müssen –, geht die sinnliche Unmittelbarkeit über die begriffliche Vermittlung hinaus. Dies ist der Ursprung der Erfahrung von Irrtum und Misserfolg, die die normative Aufforderung bzw. den Antrieb zur Änderung der eigenen Verpflichtungen darstellt. Da aber immer mehr von dem, was zuvor nur als zufällig wahrgenommen wurde, durch jede nachfolgende Erinnerung (die rückblickend als etwas Expressiv-Fortschrittliches verziehen werden wird) die Form der Notwendigkeit erhält, handelt es sich bei diesem Prozess um den Weg der Wahrheit. Diese Einbindung unmittelbarer zufälliger Besonderheit in die vermittelte normative allgemeine begriffliche Form ist die Quelle der *Bestimmtheit* der begrifflichen Inhalte doxastischer Einstellungen. Es handelt sich hierbei um eine wesentliche Voraussetzung für die Norm, die den Prozess des Bestimmens dieser begrifflichen Inhalte beherrscht.

Das Selbstbewusstsein, das gemäß der metabegrifflichen Struktur des *Verstandes* operiert (und dessen moderner Höhepunkt seinen Ausdruck bei Kant findet), betrachtet bestimmt gehaltvolle begriffliche Inhalte charakteristischerweise als selbstverständlich. Diese Inhalte sind immer schon *vollständig* bestimmt; sie besitzen genaue Grenzen und bestimmen die richtige Anwendung der Normen in allen möglichen Fällen (»bis ins Unendliche gelegte Gleise«). Das Selbstbewusstsein, das gemäß der metabegrifflichen Struktur der *Vernunft* operiert und der dritten, postmodernen Phase des Geistes eigen ist, versteht Bestimmtheit charakteristischerweise als einen endlos fortwährenden expressiven Prozess der Weiterbestimmung begrifflicher Inhalte, in welchem widerspenstige konkrete Aspekte der Beschaffenheit der Dinge (was wirklich woraus folgt und was wirklich womit unvereinbar ist) durch Erinnerung in die begriffliche Form integriert werden und der nichtnormativen Zufälligkeit die normative Form der Notwendigkeit verliehen wird. Die Bestimmtheit objektiver Wirklichkeit zeigt sich in der aktiven Unruhe begrifflicher Normen, die die Einstellungen von erkennenden und handelnden Subjekten strukturieren. Weil der Prozess, in dem das bestimmte Gehaltvollsein begrifflicher Normen schließlich verständlich wird (also der Prozess ihrer Bestimmung), von der edelmütigen Anerkennungsform des *Vertrauens* geprägt ist – eine unendlich sich fortsetzende Spirale der Geständnisse teilweise normativen Versagens, der erinnernden Verzeihung dieses Versagens und dem Gestehen des teilweisen Versagens dieser Verzeihung, während das Vertrauen in die kommende Verzeihung ungebrochen anhält –, mag Hegels Erklärung richtigerweise als eine »Semantik mit erbaulichem Zweck« beschrieben werden.

Da die normativen Autoritäts- und Verantwortungsbeziehungen zwischen Repräsentiertem und Repräsentierendem (die Beziehungen zwischen der objektiven Beschaffenheit der Dinge an sich und der subjektiven Beschaffenheit der Dinge für das Bewusstsein) als ein Sonderfall der Autorität normativer Status gegenüber Einstellungen verstanden werden sollten, besteht eine Erklärungspriorität des Praktischen gegenüber dem Erkenntnistheoretischen bzw. der normativen Pragmatik gegenüber der Semantik. Dementsprechend handelt es sich um eine Art *Pragmatismus* der Semantik. Die die Erkenntnisakte beherrschende Norm wird in der Erfahrung des Irrtums als immer schon implizit erinnert; insofern begrifflicher Inhalt in diesem Prozess fortschrittlich bestimmt wird, ist die Erfahrung des Irrtums auch die Erfahrung der Erkenntnis. Sie ist so etwas wie die Absicht (in ihrem technischen Sinn), die Beschaffenheit der Dinge an sich zu repräsentieren (auf sie Bezug zu nehmen, sie zu erkennen). Laut Hegels Normativitätsverständnisses repräsentationaler Beziehungen wird das subjektive Reich begrifflicher Inhalte, welche durch deontisch-normative Unvereinbarkeits- und Folgerungsbeziehungen gegliedert werden, normativ vom objektiven Reich begrifflicher Inhalte beherrscht, welche durch alethisch-modale Unvereinbarkeits- und Folgerungsbeziehungen gegliedert werden. Erkenntniseinstellungen sind gegenüber den Tatsachen verantwortlich, die sie repräsentieren; diese Tatsachen legen daher den Maßstab für erinnernde normative Richtigkeitsbewertungen der Einstellungen fest; die Einstellungen müssen derart erinnert werden, dass sie diesen Tatsachen gegenüber konjunktivisch responsiv sind. Die Tatsache, dass diese normativen repräsentationalen *Beziehungen* schließlich in Bezug auf den *Anerkennungsprozess* und die wesentlich geschichtliche *soziale Praxis* großzügig erinnernder Verzeihung verstanden werden sollten, heißt *Begriffsidealismus.*

Im Zeitalter des Vertrauens gewinnt die Handlungsfähigkeit den heroischen Charakter wieder, welcher insbesondere für die Handlungsfähigkeit der antiken Form kennzeichnend gewesen war und durch die ironische Distanzierung und Entfremdung von Normen verdrängt wurde, die für die Errungenschaft des individuellen Selbstbewusstseins so wesentlich sind und den Triumph der modernen Formen des normativen Lebens über die traditionellen Formen darstellen. Von zentraler Bedeutung für den Heroismus war der von Hegel so genannte »Charakter«, also die entschiedene sittliche Identifikation eines einzelnen Handlungssubjekts mit den Normen, die als autoritativ und für die eigenen Einstellungen verbindlich galten. Dies ist eine Zustimmung zur Statusabhängigkeit normativer Einstellungen bzw. zur Beherrschung der eigenen Einstellungen durch Normen. Die Gebote der Form »Tue dies«, die die normativen Einstellungen beherrschen (Verantwortungen, welchen zugestimmt wird bzw. die zugeschrieben werden), werden als etwas verstanden, das vollständig durch die Gebote der Form »Es sei so« bestimmt ist, welche die normativen Status gliedern (das, wofür jemand wirklich verantwortlich bzw. wozu jemand verpflichtet ist, also seine Pflicht). Das heroische Handlungssubjekt übernimmt also Verantwortung für jeden Aspekt seines Aktes. Wenn ein Merkmal des Aktes nicht so ist, wie es sein sollte, wird es der Verantwortung des Handlungssubjekts überlassen, inwiefern dieses Merkmal beabsichtigt ist bzw. vorhergesehen wurde oder nicht.

Im Vergleich zur beschränkten modernen Vorstellung macht die heroische Vorstellung primär das Handlungssubjekt für die Tat verantwortlich, welche demnach derart stark erweitert ist und einen so großen Umfang besitzt, dass sie auch unerwartete Folgen umfasst. Aus diesem Grund ist traditioneller Heroismus wesentlich tragisch: Er erfordert die Unterwerfung unter die dunkle, unerkennbare Macht des Schicksals und die Identifikation mit dem, zu was man durch die Kräfte jenseits der eigenen Erkenntnis und Kontrolle gemacht wird. Die Verantwortung zu schultern, die dem handelnden Subjekt vom Schicksal in diesem Sinne übertragen wird, heißt tragischer Heroismus.

Der Heroismus im Zeitalter des Vertrauens kommt dem Heroismus im Zeitalter der Tragödie gleich, insofern er der Verbindlichkeit von Normen im Sinne ihrer herrschenden Autorität gegenüber normativen Einstellungen, also der Statusabhängigkeit dieser Einstellungen, durch Sittlichkeit zustimmt. Normen legen die Maßstäbe für die Richtigkeitsbewertung unserer Einstellungen des Zustimmens zu bzw. Zuschreibens von Verantwortung und Autorität fest; es liegt in der Verantwortung jedes Handlungssubjekts, diesen Normen gegenüber empfänglich zu sein und die eigenen Einstellungen dementsprechend zu gestalten. Jede rückblickend-verzeihende erinnernd-rationale Rekonstruktion einer expressiv-fortschrittlichen Tradition von Einstellungen ist dafür verantwortlich, genau solche herrschenden Normen zu erkennen. Dort, wo die eingeengte und beschränkte moderne praktische Vorstellung von Handlungsfähigkeit eine klare Linie zwischen normativ zuschreibbaren und bewertbaren Aspekten des Tuns einerseits und nichtnormativen Aspekten des Tuns andererseits gezogen hat – also zwischen dem, wofür das Handlungssubjekt richtigerweise verantwortlich gehalten werden kann, weil es wissentlich und absichtlich getan wurde, und dem, was nur im Sinne eines Geschehens getan wurde, weil es sich nur im engeren Sinne um ein Tun handelt –, ist die Vorstellung von Vertrauen genau wie die tragische Vorstellung heroisch, weil die Verantwortung umfassend und vollständig ist. Es wird die Verantwortung für die gesamte Tat übernommen. Es gibt keinen Aspekt von absichtlichen Akten, die aus dem normativen Reich der Verantwortung herausragen und außerhalb von ihm liegen – es gibt keine Spezifikation der Tat, für die niemand Verantwortung übernimmt. Die Anerkennungsstruktur im Geiste des Vertrauens unterscheidet sich vom traditionellen normativen Heroismus, insofern die Verantwortung für die Tat aufgeteilt wird zwischen dem Handlungssubjekt, dessen Einstellungen das Tun eingeleitet hat, und den Mitgliedern der Anerkennungsgemeinschaft, die das Tun als ihr eigenes betrachten, indem sie sich dazu verpflichten, sie anerkennend zu verzeihen.

Die Handlungsfähigkeit, die innerhalb der großzügigen Anerkennungsstruktur von Geständnis und erinnernder Verzeihung verstanden und ausgeübt wird, kombiniert die beiden heroischen Aspekte der vormodernen Vorstellung: das sittliche Verständnis der Statusabhängigkeit normativer Einstellungen und das Eingestehen der vollständigen Verantwortung für die Tat, die bezüglich ihrer Folgen über die Erkenntnis und Kontrolle des Handlungssubjekts hinaus erweitert ist. Diese Handlungsfähigkeit behauptet eine um das Heroische erweiterte Vorstellung der Tat, für die die Verantwortung übernommen werden kann, da damit eine erweiterte Vorstellung des Subjekts einhergeht, das für das Tun verantwortlich ist. Sich gegenseitig ergänzende Anerkennungseinstellungen instituieren die Autorität der herrschenden Normen; sie bilden die Zustimmung zu ihnen. Die wesentlich geschichtliche Feinstruktur von Anerkennungseinstellungen und normativen Status (die wechselseitig im Zusammenhang stehen) ist geprägt von einer Teilung der normativen Arbeit zwischen dem einzelnen Handlungssubjekt, dessen praktische Einstellungen ein selbstbewusstes absichtliches Tun einleiten, für das es in einem Sinne Verantwortung übernimmt, und den Mitgliedern der Anerkennungsgemeinschaft des Handlungssubjekts, die in einem anderen Sinne Verantwortung für das Tun übernehmen.

Auf diese Weise finden die beiden wesentlich modernen Einsichten Berücksichtigung – die Einstellungsabhängigkeit normativer Status und die durch die »Rechte der Absicht und des Wissens« des einzelnen Handlungssubjekts (die Unterscheidung zwischen *Handlung* und *Tat*) gekennzeichnete Einteilung der Verantwortung – und werden mit den zwei zentralen Merkmalen der vormodernen heroischen Handlungsfähigkeit synthetisiert.

Die vernünftige, vertrauensreiche, um das Heroische erweiterte Vorstellung der Handlungsfähigkeit schafft jedoch das Element der tragischen Unterwerfung unter das Schicksal ab. In der tragischen Form der Handlungsfähigkeit zeigte sich das Schicksal als eine fremde, nichtmenschliche, da *nichtnormative* Macht, die zwar selbst nicht durch Normen beherrscht wird, doch unsere normativen Verantwortungen substantiell gestaltet. Angesichts des Eindringens des Schicksals in das eigentliche normative Reich blieb uns nur das Ertragen und Weitermachen. Die postmoderne neo-heroische Form praktischer Normativität ersetzt das (normativ) blinde Schicksal durch das, was wir aus Gründen tun. Dem, was *geschieht*, wird die Form von etwas *Getanem* verliehen. Unmittelbarkeit, Zufälligkeit, Besonderheit und deren Hartnäckigkeit gegenüber der Verbegrifflichung werden nicht einfach abgeschafft, doch nehmen sie jetzt ihren richtigen Platz ein, da wir nun ihre notwendige Funktion im Prozess des Bestimmens der Inhalte der Normen wahrnehmen, welche wir durch unsere Anerkennungseinstellungen instituieren bzw. deren bestimmende Rolle für den Erfahrungsprozess wir eingestehen. Die Lasten der tragischen Unterwerfung unter das Schicksal werden ersetzt durch die gemeinschaftliche Aufgabe der konkreten großzügigen Verzeihung. Dort, wo sich die Grenzen unserer normativen Verdauung und Domestizierung der Unmittelbarkeit, Zufälligkeit und Besonderheit zeigen, wo diese unsere Erinnerungsfähigkeit überschreiten, sie in eine vermittelte, normative begriffliche Form herrschender Allgemeinbegriffe zu integrieren (was in jedem Fall einmal geschehen wird), dort wird unsere Unfähigkeit zur Erfüllung unserer Verantwortung durch Geständnis und das Vertrauen darauf, Verzeihung von fähigeren, zukünftig erinnernden Subjekten zu erfahren, anerkannt.

> Die Wunden des Geistes heilen, ohne daß Narben bleiben; die Tat ist nicht das Unvergängliche, sondern wird von dem Geiste in sich zurückgenommen, und die Seite der Einzelheit, die an ihr, es sei als Absicht oder als daseiende Negativität und Schranke derselben vorhanden ist, ist das unmittelbar Verschwindende. Das verwirklichende *Selbst*, die Form seiner Handlung, ist nur ein *Moment* des Ganzen und ebenso das durch Urteil bestimmende und den Unterschied der einzelnen und allgemeinen Seite des Handelns festsetzende Wissen.[56]

Die Verantwortung, die das einzelne, tragische, heroische Handlungssubjekt übernimmt, ist verteilt und gemeinschaftlich. Das Tun jedes Subjekts (in einem Sinne) ist nun das Tun aller (in einem anderen, anerkennenden, ergänzenden Sinne), denn alle teilen die Verantwortung für jede Handlung. Die spezifische Rolle einzelner Handlungssubjekte wird jedoch nicht aufgelöst. Denn die vom initialen Handlungssubjekt eingegangene sowie ihm zugeschriebene Verantwortung unterscheidet sich von der behebenden und erinnernden Anerkennungsverantwortung, die von denjenigen übernommen wird, welche die Last schultern, dem Handlungssubjekt zu verzeihen. Jede Tat ist jetzt ein praktischer Beitrag zum Inhalt all der Taten, die vorher geschahen, und eine Zustimmung zur Erinnerungsverantwortung gegenüber all diesen Taten. Die zeitlich ausgedehnte, geschichtlich strukturierte Anerkennungsgemeinschaft ist eine Gemeinschaft, in der alle Mitglieder gewissermaßen gleich sind: Sie stimmen der Autorität von Normen zu, gestehen das Ausmaß ihrer Unfähigkeit ein, von Normen beherrscht zu werden, stimmen ihrer Verant-

56 *PhG*, S. 492.

wortung zu, diese Unfähigkeit bei anderen erinnernd zu verzeihen, gestehen das Ausmaß der Unzulänglichkeit ihrer Bemühungen, erinnernd und behebend zu verzeihen, und vertrauen darauf, dass ein Weg gefunden wird, auf dem diese Unfähigkeiten und Unzulänglichkeiten Verzeihung erfahren werden. In dieser Gemeinschaft identifiziert sich jeder mit jedem; jeder übernimmt Mitverantwortung für die praktischen Einstellungen von jedem, indem jeder seine jeweils eigenen besonderen Einstellungen zugleich ausdrückt und aufopfert. Sie ist das »*Ich,* das *Wir,* und *Wir,* das *Ich* ist«.

Nachwort
Soweit mich meine Erinnerungen tragen

Hegel war während meines Studiums an der Yale University eine zentrale Figur am Institut für Philosophie. Ich war damals aber mit anderen Dingen beschäftigt (so viel Sein, so wenig Zeit!) und habe kein einziges Mal an einem der vielen Seminare zu seinen Werken teilgenommen. Als ich an der Princeton University promovierte, verehrte mein Doktorvater Richard Rorty offiziell den Hegel der *Phänomenologie*, obwohl er in Wirklichkeit lieber Kant las und ihn bevorzugte. Er schätzte es sehr, wie Hegel Kant historisierte und naturalisierte, und hielt dies für eine Bewegung, die während des 19. Jahrhunderts an Fahrt aufnahm, bis sie durch Russell und Husserl ausgebremst wurde, die, beide auf ihre jeweils scharfsinnige Art, wieder einmal unbezweifelbare Dinge für die Philosophie entdeckten. Hegels Logik und Metaphysik ließen Rorty allerdings erwartungsgemäß kalt. Er schien davon auszugehen, dass er alles, was er von Hegel wirklich brauchen würde, von Dewey kriegen könne, der ihm im Geist durchaus verwandter war. Als ich Princeton verließ und nach Pittsburgh ging, um meine erste (und, wie sich herausstellte, einzige) Stelle in der Wissenschaft anzutreten, hatte ich die *Phänomenologie* noch immer nicht gelesen.

Ich war wegen Wilfrid Sellars nach Pittsburgh gekommen, der sich in erster Linie als Kantianer verstand und einmal die Hoffnung äußerte, dass die analytische Philosophie mit seiner Hilfe von ihrer humeanischen in ihre kantischen Phase übergehen würde. Zu dieser Zeit bewunderte ich jedoch gerade den Teil seiner Arbeit, den er als die »angehenden *Hegelschen Meditationen*« beschrieben hat. Gleich im ersten Absatz seines Meisterwerks *Empirismus und die Philosophie des Geistes* verband er sein Argument gegen den Mythos des Gegebenen mit dem entsprechenden Argument von Hegel, den er selbst als den »großen Feind der Unmittelbarkeit« bezeichnete. Ich beschloss, mir das Original anzuschauen.

Die Kapitel zum Bewusstsein faszinierten mich. Mir erging es wahrscheinlich ähnlich wie William James in den Lowell Lectures von Peirce: »brillante Geistesblitze erleuchteten tiefste Finsternis«. Tatsächlich ist im Kapitel zur sinnlichen Gewissheit das zentrale *Argument* von Sellars' Kritik am »Gesamtrahmen der Gegebenheit« zu finden: Um Gründe zur Rechtfertigung von Überzeugungen zur Verfügung stellen zu können, müssen die Sinne begrifflich gegliederte und beurteilbare Inhalte liefern, und um solche Inhalte erfassen zu können, braucht es eine ganze Reihe begrifflicher Fähigkeiten. Dieser Gedankengang war mit einem weiteren, mir als dunkel und zugleich vielversprechend erscheinenden Gedankengang verbunden, der die nötigen praktischen und begrifflichen Voraussetzungen erkundete, um die für die Verwendung von demonstrativen und indexikalischen Ausdrücken charakteristische Normativitätsstruktur von Autorität stützen zu können. Diese Struktur nannte Sellars die »Glaubwürdigkeit der Instanzen« (*token credibility*). In *Empirismus und die Philosophie des Geistes* warf er dieses Thema auf, ohne es jedoch weiterzuverfolgen. Ich war zu der Einsicht gekommen, dass Hegel die enge Verbindung von Deixis und Anapher verstanden und eingehend über ihre Bedeutung nachgedacht hatte, wozu niemand sonst während der vergangenen hundertfünfzig Jahre in der Lage gewesen war. Das Kapitel zur Wahrnehmung bot mir vielversprechende Einblicke, wie eine Metaphysik auf Grundlage des Begriffs der bestimmten Negation funktionieren könnte und inwieweit sie möglicherweise mit einer inferentialistischen Vorstellung von begrifflichem Inhalt verbunden ist.

Bei meiner ersten Lektüre des Kapitels über Kraft und Verstand stellte ich fest, dass Hegel eine weitere wichtige Lehre vorweggenommen hatte, die Sellars mir beibrachte: dass die Unterscheidung zwischen beobachtbaren und theoretischen Elementen keine ontologische, sondern eine methodologische bzw. epistemologische Unterscheidung, also kein Unterschied zwischen zwei Arten von Gegenständen, sondern nur ein Unterschied bezüglich unserer Zugangsweise zu ihnen ist. Theoretische Entitäten sind solche Entitäten, über die wir nur durch Schlussfolgerungen Wissen gewinnen bzw. über die wir nur durch Schlussfolgerungen berechtigterweise Behauptungen aufstellen können. Dieser Status kann sich ändern, wenn beispielsweise neue Instrumente neue Beobachtungen ermöglichen. Unabhängig von dieser Einsicht konnte ich aber überhaupt nichts mit diesem langen, komplexen und doch offensichtlich zentralen Kapitel anfangen. Jene Einsicht genügte jedoch, um eine weitere Auseinandersetzung mit dem Werk anzuregen. 1980 hielt ich mein erstes Oberseminar zur *Phänomenologie des Geistes*, denn ich ging davon aus, genug über die erkenntnistheoretischen Teile des Buches sagen zu können, um gemeinsam mit Studierenden und Promovierenden, die bereit waren, mich bei diesem Abenteuer zu begleiten, ein gesamtes Semester mit der Lektüre des Buches zu verbringen.

Zufälligerweise dachte ich zu dieser Zeit aus anderen Gründen über die Normativität der Verwendung von Begriffen nach. Das Wesen von Rortys Pragmatismus schien mir in der Idee zu bestehen, dass alle Normen – auch diejenigen, die die Rechtfertigungen von Erkenntnisbehauptungen bestimmen – auf sozialer Praxis beruhen und dementsprechend plastisch sind und der geschichtlichen Veränderung unterliegen. Laut meinem Verständnis ist es genau dieser Gedankengang, der eine ganze Reihe seiner früheren Aufsätze miteinander verknüpft und meiner Rekonstruktion zufolge mit dem Aufsatz »Incorrigibility as the Mark of the Mental« einsetzt. Das Charakteristische am cartesischen Geist (und zugleich der Grund, warum das Körper-Geist-Problem kein antikes Problem ist) besteht darin, dass *pensées* Dinge sind, bezüglich derer wir uns weder irren noch unwissend sein können. Laut Descartes verbinden diese epistemische Unfehlbarkeit und Transparenz anderweitig ungleiche Elemente wie etwa Schmerzen und flüchtige Gedanken miteinander. Rorty hat dies als eine besondere Autoritätsstruktur verstanden, wonach ehrliche Eingeständnisse von Erfahrungsakten in der ersten Person nicht von anderen Behauptungen außer Kraft gesetzt werden können. Und für ihn war diese Struktur eine Angelegenheit der sozialen Praxis, die weder immer so gewesen sein muss (für Aristoteles beispielsweise war sie es nicht) noch unbedingt weiterhin so zu sein hat. Der »eliminative Materialismus« etwa nimmt eine mögliche Änderung unserer Praktiken im Zuge einer materialistischen Wende in den Blick, in der die übergeordnete Autorität stattdessen den Messungen von Gehirnzuständen zugestanden wird. Rorty war der Meinung, dass unser Geist momentan tatsächlich einem cartesischen Geist entspricht, doch in Zukunft nicht zwingend entsprechen muss. (Diese ganz neue Interpretation des Körper-Geist-Problems hatte meiner Meinung nach nicht nur zufällig eine gewisse Ähnlichkeit zu Nietzsches neuer Form von Atheismus, wonach die Idee von Gott nicht etwa absurd sei und ihr nichts in der Welt entspräche, sondern es einen Gott gab, als wir innerhalb der traditionellen Praktiken gelebt haben und in ihnen unser Dasein hatten, und wir ihn töteten, als wir zu den für die Moderne konstitutiven Praktiken übergingen.)

Neben der inferentialistisch-semantischen Idee, dass etwas nur dann begrifflich gehaltvoll ist, wenn es in einem »Raum von Implikationen« verortet ist (und als eine Beschreibung von einer bloßen Kennzeichnung zu unterscheiden ist), nahm ich mir auch Sellars' Lehre zu Herzen,

> daß wir keine empirische Beschreibung dieser Episode oder dieses Zustandes liefern, wenn wir eine Episode oder einen Zustand als ein *Wissen* bezeichnen. Wir stellen sie vielmehr in den logischen Raum der Gründe, der Rechtfertigung und der Fähigkeit zur Rechtfertigung des Gesagten.[1]

(Rorty zufolge zeichnen sich die von ihm so genannten »Links-Sellarsianer« – zu denen insbesondere er selbst gehört – dadurch aus, dass sie sich auf eine Passage wie diese konzentrieren.) Für Sellars ist diese Behauptung eigentlich nicht auf Episoden des Wissens beschränkt, sondern charakterisiert Akte des Überzeugtseins überhaupt. Der Raum der Gründe ist vor allem ein *normativer* Raum. Sellars verweist hier auf eine normative Theorie der Begriffsverwendung im Allgemeinen, also auf eine normative Pragmatik, in die eine inferentielle Semantik eingebettet ist. In diesem Kontext gewinnt Rortys pragmatischer, sozial-praktischer Zugang zur Normativität eine größere Anwendungsreichweite.

Ich hatte damals auch begonnen, allgemeiner über die Normativität von Diskursivität nachzudenken. Zunächst erschien mir Normativität ein spezifisch kantisches Thema. In meinem Aufsatz »Freedom and Constraint by Norms« von 1980 beschäftigte ich mich insbesondere mit Kants scheinbar paradoxer Sicht auf die Freiheit als eine besondere Art von Einschränkung: eine Einschränkung durch Normen anstatt durch Ursachen. Urteilen und absichtliches Handeln bedeutete, sich durch Regeln in Form der angewendeten Begriffe zu binden. Außerdem schien meine Auffassung von Rortys sozialem Pragmatismus bezüglich Normen vom späten Wittgenstein inspiriert gewesen zu sein, der diskursive Normen als etwas betrachtete, das den sozialen Praktiken implizit ist. Als ich dann im Zusammenhang mit jenem

1 Wilfrid Sellars, *Der Empirismus und die Philosophie des Geistes*, Paderborn 1999, § 36, S. 66.

ersten Hegel-Seminar zum ersten Mal das Kapitel zum Selbsbewusstsein las, war ich bereit, die allgemeinen Umrisse einer vollständig entfalteten Theorie von Normen zu entdecken, die durch gegenseitige Anerkennung sozial instituiert werden. Eine solche Theorie schien das zu versprechen, was mir bei Wittgenstein gefehlt hatte: eine Erklärung, was es genau *bedeutet*, dass Normen implizit in sozialen Praktiken enthalten sind.

Mir erschien die Idee, dass Normen durch gegenseitige Anerkennung sozial synthetisiert werden, ein geeignetes Modell zu sein für die Verwendung des logischen Vokabulars des Besonderen, Einzelnen und Allgemeinen, welches Hegel, wie ich feststellte, im Kapitel zur Wahrnehmung in der *Phänomenologie des Geistes* angewendet und, wie ich damals nur ahnte, in der *Wissenschaft der Logik* ausführlich entwickelt hat. Einzelne Lebewesen können, indem sie praktische gegenseitige Anerkennungseinstellungen einnehmen, das Allgemeine in Form einer Anerkennungsgemeinschaft und zugleich sich selbst als selbstbewusste einzelne Selbste synthetisieren – dies heißt nichts anderes als die Charakterisierung des Besonderen durch Allgemeines, also der Selbste als Gemeinschaftsmitglieder. Hegels Auffassung des Selbstbewusstseins als einer wesentlich sozialen Errungenschaft schien das richtige Modell zu sein, um seine spezifische Verwendung von logischem Vokabular zu verstehen. Ich wusste zwar nicht genau, wie das alles funktionieren sollte, doch nun hatte er mich an der Angel.

Ich machte mir die Praxis zu eigen (und pflege sie nach wie vor), als Teil meines Lehrturnus alle drei Jahre ein Seminar zur *Phänomenologie des Geistes* anzubieten. Ich hatte also wiederkehrend die Gelegenheit (und die selbst auferlegte Verpflichtung), das Buch sorgsam von Neuem zu lesen und es wieder und wieder zu durchdenken. In diesem Unterfangen wurde ich von einigen Generationen Studierender und Promovierender an der University of Pittsburgh (und später an der Universität Leipzig) begleitet. Eine erfreulich hohe Anzahl derjenigen, die unser Institut während dieser Jahrzehnte besuchten und hier ihre Studien absolvierten, nahmen daran als an einer Art Initiationsritus teil. Es sind vor allem die Gespräche mit ihnen, die die Darstellung des vorliegenden Buches geprägt haben. Es ist im Grunde unmöglich, meine Fortschritte von ihren Vorschlägen und Einwänden zu trennen.

Obwohl der Hauptfokus meiner Aufmerksamkeit damals woanders lag (1980 ist auch das Jahr, in dem mein Plan für das 1994 erschienene *Making it Explicit* endgültig Gestalt annahm), kam ich während dieses Jahrzehnts gut voran bei der Ausarbeitung dessen, was sich schließlich als ein Übersetzungshandbuch herausstellte, das Hegels extremes Vokabular auf eine Terminologie abbildet, die es erlaubte, seine Ideen mit den mir wichtigsten und rätselhaftesten Fragen der zeitgenössischen Philosophie des Geistes, der Sprachphilosophie und der Erkenntnistheorie in Kontakt zu bringen.

In den späten Achtzigerjahren kam ich zu der wichtigen Erkenntnis, dass das Kapitel zur Vernunft nicht nur eine komplexe Handlungstheorie anzubieten hat – im Sinne der von Anscombe und Davidson geprägten spezifischen Teildisziplin der analytischen Philosophie –, sondern hinsichtlich einiger grundlegender Schritte auch dem transformativen Ansatz von Davidson gleichzusetzen ist. Auch Hegel ist der Meinung, dass Handlungen vielfältig beschrieben werden können und dass sie Handlungen sind, weil sie gemäß einigen Beschreibungen absichtlich sind, und dass sie in allen Beschreibungen als Dinge gelten, die genuin getan wurden, obwohl sie Beschreibungen haben, in denen sie nicht absichtlich sind. Hegel hat explizit das bejaht, was Davidson als das »Akkordeonprinzip« bezeichnet, laut dem die in die unbestimmte Zukunft sich entfaltenden Wirkungen immer neue Beschreibungen der Folgen ebendieses Tuns erlauben. Er ist jedoch deutlich über Davidson hinausgegangen und versteht die Unterscheidung zwischen Handlungsbeschreibungen hinsichtlich Absichten und Folgen als die normativ bedeutsame

Unterscheidung zwischen sozialen Perspektiven, also zwischen dem Kontext der Erwägung, in dem das Handlungssubjekt autoritativ und verantwortlich ist, und dem Kontext der Bewertung, in welchem die Anerkennungsgemeinschaft autoritativ ist und das Handlungssubjekt für verantwortlich hält.

1990 luden mich Bert Dreyfus und David Hoy zum NEH-Sommerseminar über Heidegger und Davidson nach Santa Cruz in Kalifornien ein. Wie bereits einige Jahre zuvor für ein anderes, von ihnen in Berkeley veranstaltetes NEH-Sommerseminar schrieb ich pflichtbewusst einen Text über Heidegger. (Angeregt von meinem Freund und Kollegen John Haugeland waren sie der Meinung, ich sollte mir mehr Gedanken über Heidegger machen. Sie nutzten die Gelegenheiten, um mich zu ködern bzw. mich darauf zu verpflichten. Die Ergebnisse wurden als die Kapitel zu Heidegger in *Tales of the Mighty Dead* nachgedruckt.) Ich stellte zwar das Material über Heidegger vor, doch da Davidson selbst anwesend war, verbrachte ich den größten Teil meines einwöchigen Aufenthalts damit, über Hegels Vorstellung von Handlung zu sprechen. Trotz größter Bemühungen konnten Bert und David bei Davidson keinerlei Interesse für Heidegger wecken; doch war er fasziniert von meiner Darstellung dessen, was Hegel zu seiner Handlungstheorie zu ergänzen hatte. Obwohl er Hegel selbst nie in die Hand nahm, war er stets an dem interessiert, was ich dazu zu sagen hatte. Wir haben uns über viele Jahre sehr produktiv über dieses Thema (und nach dem Erscheinen von *Making It Explicit* auch noch über viele weitere Themen) ausgetauscht.

Zu diesem Zeitpunkt schien mir das, was ich von Hegel bis dahin zu einer Vielfalt von Fragen gelernt hatte, die (zumindest meines Erachtens) von großem Interesse für die gegenwärtige Philosophie sind, eine kritische Masse erreicht zu haben. Abstrakte Gegenstände sind hinsichtlich ihrer Verwirklichung auf uns angewiesen – sobald eine hinreichend interessante Darstellung in greifbare Nähe rückt, besteht daher eine spürbare Pflicht, dem gerecht zu werden. Ich entschloss mich also dazu, in Buchform darzulegen, was ich von der *Phänomenologie des Geistes* zu verstehen glaubte. Das Ergebnis war 1992 fertig: ein erster Entwurf des vorliegenden Buches mit dem damaligen Titel »Action, Recognition, and Trust«. Er umfasste vierzehn Kapitel, die in etwa jeweils der Länge eines Vortrages entsprachen, parallel zur Reihenfolge der Kapitel in der *Phänomenologie* angeordnet waren und sich mit den Teilen des Buches beschäftigten, von welchen wir meines Erachtens am meisten zu lernen hatten bzw. welche mich am meisten interessierten. Lindsay Waters hatte kurz zuvor seine Arbeit bei der Harvard University Press aufgenommen und die Endphase der Vorbereitungen für die Veröffentlichung von *Making It Explicit* verlangte unsere vollste Aufmerksamkeit. Als junger Lektor hatte er sich mit seinem Engagement für einen derart massiven und technisch anspruchsvollen Wälzer weit aus dem Fenster gelehnt, und natürlich hatten wir damals keine Ahnung, wie dieses Projekt aufgenommen werden würde. Trotzdem nahm er auch das im Entstehen begriffene Hegel-Projekt mit Begeisterung auf, legte den ersten Entwurf ab und sicherte HUP das Veröffentlichungsrecht für das sich daraus einmal ergebende Buch. Er wusste, wie viel Zeit nötig gewesen war, um *Making it Explicit* in die finale Form zu bringen; dementsprechend war er also nicht nur in seiner Unterstützung für das neue Unterfangen unermüdlich, sondern bewies einfach eine unendliche Geduld. Weder er noch ich wussten, wie lange es am Ende dauern würde. Ich bin froh, dass ich ihm dieses Manuskript habe überreichen können, bevor er in den Ruhestand ging (allerdings nur *knapp* davor). Danke, Lindsay.

1986 wechselte John McDowell von Oxford nach Pittsburgh, sicherlich nicht zuletzt wegen Sellars. (Er war 1965 bei Sellars' ersten, desaströsen Locke Lectures in Oxford gewesen; das Material faszinierte ihn, blieb ihm allerdings unverständlich. Später konzentrierte er sich in den Woodbridge Lectures an der Columbia University darauf, jenen Vortrag über Kants *Transzendentale Ästhetik* zu entziffern, der das erste Kapitel in Sellars' *Science and Metaphysics* bildete.) In den späten Achtzigerjahren nahm McDowell an meinem Hegel-Seminar teil und empfand meine Abbildung von Hegels Vokabular auf ein zeitgenössisches Vokabular als hilfreich und ermutigend für sein eigenes größer werdendes Interesse am deutschen Idealismus (wie er im Vorwort zu *Geist und Welt* großmütig schreibt). Dies war der Anfang eines produktiven Gesprächs zu diesen Themen, das nun seit dreißig Jahren anhält. Manchmal bekundete John Zweifel daran, ob ich überhaupt etwas von dem verstanden hatte, was er während dieser Zeit gesagt hat – seiner Meinung nach, habe ich mir seine geduldigen Bemühungen, mir zu erklären, wie grundsätzlich falsch ich die Dinge verstehe, nie recht zu Herzen genommen. Doch diese Ansicht ist weit entfernt von der Wahrheit. Viele Dinge betrachte ich aufgrund seiner Kritiken anders – wenn ich sie am Ende auch beinah nie so sehe, wie sie seiner Meinung nach sind. Insbesondere war sein Hinweis auf die Einseitigkeit meiner früheren Deutung der hegelschen Auffassung intentionalen Handelns der Auslöser für meine schließlich doch noch eingetretene Erkenntnis (wie ich es gern formulieren möchte) über den wesentlich zeitlichen, biperspektivischen Charakter des begrifflichen Inhalts, der in den Beziehungen zwischen vorausblickenden und rückblickenden Charakterisierungen von Absichten nachgebildet ist – eines der wichtigsten strukturellen Merkmale der von mir im vorliegenden Buch dargestellten Hegel-Lektüre. Meines Erachtens unterschätzt John, wie hilflos ich gegenüber einem aufkommenden Narrativ bin.

Trotz des Hinweises, die Beziehungen zwischen Besonderem, Allgemeinem und Einzelnem in Bezug auf die zugleich stattfindende Synthese von Anerkennungsgemeinschaften und einzelnen normativen Subjekten durch gegenseitige Anerkennungsbeziehungen besonderer begehrender Lebewesen zu verstehen, konnte ich keine substantielle Verbindung erkennen zwischen dem, was Hegel in der *Phänomenologie des Geistes* tut, und dem, was er etwa sechs bis zehn Jahre später in der *Wissenschaft der Logik* tut. Ich konnte mit Letzterer einfach nichts anfangen. Insbesondere konnte ich nicht verstehen, was jemanden dazu bringen könnte – nachdem er alles verstanden hat, was Hegel laut meiner Lektüre der *Phänomenologie* über die Natur des begrifflichen Inhalts und der Verwendung von Begriffen verstanden hat –, ein solches Werk zu verfassen. Ich pflegte damals die eher scherzhafte Auffassung, dass ihn die erzwungene Langweile durch die jahrein, jahraus gehaltenen Vorträge als Lehrer am Gymnasium in Nürnberg einfach verrückt gemacht hatte. Dies war natürlich keine ernsthaft vertretbare Position, aber eine bessere fiel mir nicht ein.

Anfang der Neunzigerjahre kam dann Pirmin Stekeler-Weithofer (Gründungsprofessor des Instituts für Philosophie an der Universität Leipzig nach der Deutschen Wiedervereinigung) als Fellow am Center for Philosophy of Science nach Pittsburgh. 1992 hatte er gerade sein umfangreiches Buch *Hegels Analytische Philosophie. Die Wissenschaft der Logik als kritische Theorie der Bedeutung* fertiggestellt. Nach seiner Lektüre stellt die *Wissenschaft der Logik* eine Theorie der Bedeutung dar, also eine Erklärung von sowohl begrifflichem Inhalt als auch der Verwendung von Begriffen. Er konnte nicht nachvollziehen, wie jemand, der noch 1807 im literarisch-anthropologischen Stil des neoromantischen Bildungsromans die *Phänomenologie* verfasst hatte, bereits 1812 in der Lage gewesen war, derart komplexe Dinge zum Thema zu sagen. Im Verlauf unserer zunehmend intensiveren Gespräche während dieser Zeit (welche bis heute anhalten), kamen wir zu dem Schluss, dass wir beide, wenn auch an unterschiedlichen Stellen, ein und denselben Elefanten erfasst hatten. Mit dem in einer weitgehend semantischen Terminologie formulierten Verständnis von Hegels Grundthema und der Meinung, dass er tiefliegende Probleme auf eine metabegrifflich komplexe Weise behandelte, die die zeitgenössische Sprachphilosophie bis dahin alles andere als ausgelotet hatte, waren wir beide außerdem innerhalb der Interpretationsgemeinschaft damals ziemliche Außenseiter. Falls wir Recht hatten, hätte der größte Teil der Hegel-Leserschaft den Elefanten im Zimmer schlicht übersehen. Und tatsächlich übersahen sie die großen philosophischen Fragen, die er behandelte, das elegante Adäquatheitskriterium, das er erkannt hatte und als Antwort auf diese Fragen bereithielt, und die großen und gewagten Schritte seiner semantischen Theorien.

Ich persönlich bin der Meinung, dass das Zusammentreffen mehrerer historischer Zufälle dazu führte, dass die Tradition die wichtigsten Anliegen Hegels aus den Augen verlor. Er hatte keine erstklassigen Studenten, die sich auf seine Logik und Metaphysik konzentrierten, es war eine stürmische Zeit, und seine Theorien über das Soziale und Politische erregten am meisten Interesse, und als das hegelsche Denken in der Mitte des 19. Jahrhunderts in Deutschland in den Hintergrund gedrängt wurde, wurde die Überlieferung seiner Ideen unterbrochen, woraufhin die anschließenden Generationen dazu gezwungen waren, die Werke im Grunde wieder neu zu entdecken. Daraus folgte unter anderem, dass die Neukantianer, die das philosophische Interesse an diskursiver Normativität und insbesondere ihrer Geschichtlichkeit wiederbelebten (man denke an die frühen Werke von Hermann Cohen und Paul Natorp), ihre Arbeit (ähnlich wie Hegel selbst seine eigene Arbeit) als eine Fortsetzung von Kant betrachteten und ihr Anliegen kaum mit dem in Verbindung brachten, was sie von Hegel verstanden hatten. Stattdessen wurde Hegels Rede vom selbstbewussten und reflektierenden *Geist* in einer Art neucartesischen Terminologie interpretiert, was das bizarre Bild eines Supersubjekts hervorbrachte, dessen Bewusstsein nach dem Vorbild von Descartes' Vorstellung unseres Bewusstseins verstanden wurde. Verständnis und Interesse für die normative Dimension der Intentionalität nahm in der ersten Hälfte des 20. Jahrhunderts ab (trotz der Anklänge von Heideggers neukantischen Lehrern im ersten Abschnitt von *Sein und Zeit*). Erst beim späten Wittgenstein rückt dieses Thema wieder in den philosophischen Fokus, und selbst da noch dämmerte es seinen Lesern nur langsam, wie bedeutsam es für ihn war. Als dieses Thema, das laut meiner Lektüre Hegels Hauptanliegen ist, wieder für Philosophen sichtbar wurde, war es in Begriffen formuliert, die sehr weit davon entfernt waren, in Hegels Texten wiedererkannt werden zu können. Es ist eine spannende Frage, wie die Philosophie des 19. Jahrhunderts (und insbesondere der amerikanische Pragmatismus und die darauffolgende analytische Philosophie, wenn es überhaupt zu derartigen Bewegungen gekommen wäre) ausgesehen hätte, wenn die damaligen Hegel-Leser seine Theorien und die damit verbundenen Erklärungsziele auf eine vergleichbare Weise verstanden hätten, wie sie im vorliegenden Buch präsentiert wurden.

Aus den anhaltenden Gesprächen mit Pirmin ergab sich eine Perspektive auf Hegels Projekt, die zu neuen Denkweisen führte, sowohl hinsichtlich Hegels sozialer Erklärung von Normen, die die diskursive Praxis beherrschen, als auch hinsichtlich seiner Erklärung des begrifflichen Inhalts durch Bezug auf materiale Unvereinbarkeit und Folgerung (Hegels »bestimmte Negation« und »Vermittlung«). Bis 1999 hatte ich das Manuskript von Grund auf neu geschrieben und ihm den neuen Titel *Im Geiste des Vertrauens* gegeben.

Nachdem ich mit den Überlegungen zum Regelfolgen von Kripkes Wittgenstein-Lektüre gerungen hatte, war ich zu der Einsicht gelangt, dass sich Hegel möglicherweise genau mit der zentralen Frage beschäftigte, die Wittgenstein annäherungsweise aufwarf. Wenn das Verleihen von Bedeutung an sprachliche Ausdrücke bzw. das Verleihen von Inhalt an intentionale Zustände in nichts anderem besteht als aus unserer Verwendung von ihnen und somit ihrer Funktion in unseren Praktiken – wie kann es dann sein, dass mit dieser Verwendung Normen instituiert werden, die bestimmt gehaltvoll sind und also einen klar definierten Maßstab für die Richtigkeitsbewertungen weiterer Verwendungen in einer ganzen Reihe möglicher neuartiger Situationen zu liefern imstande sind? In *Making it Explicit* setzte ich es als gegeben voraus, dass den kontoführenden (*scorekeeping*) Sprachteilnehmern die begrifflich bestimmten Inhalte zur Verfügung stehen. Diese Inhalte wurden so verstanden, dass sie festlegen, zu was sich diejenigen, die die Begriffe in Behauptungen anwenden, verpflichtet haben, zu was sie berechtigt sind und was mit solchen Anwendungen unvereinbar ist. Ganz bewusst war ich nicht der Frage nachgegangen, woher genau solche bestimmten Inhalte und ihre entsprechenden Normen kommen und wie die Praxisteilnehmer Zugang zu ihnen finden. Dieses Thema zu vertagen war eine Teile-und-Herrsche-Strategie, die erforderlich war, um mich in jenem Buch auf ein überschaubares Thema konzentrieren und die normativ-pragmatische Auffassung der Verwendung von Ausdrücken und die inferentialistisch-semantische Auffassung ihrer begrifflichen Inhalte in einem Zug darstellen zu können.

Schon lang war ich der Meinung gewesen, dass wir bei Hegel Auskunft über die Beziehungen zwischen der geschichtlichen Entwicklung von begrifflichen Inhalten und ihrer Bestimmtheit suchen sollten. Jedoch hatte ich es nicht geschafft, die verschiedenen Dinge, die er meiner Lesart zufolge sagte, in einer detailreichen Erklärung zusammenzufügen. Glücklicherweise hatte ich zwischen 2002 und 2003 dank eines Stipendiums am Center for Advanced Study in Behavioral Sciences in Stanford die Gelegenheit, ungestört über diese Fragen nachzudenken. Obgleich meine Hauptbemühungen während dieser sorglosen Zeit auf die Vorbereitung meiner bevorstehenden Locke Lectures in Oxford gerichtet waren (die 2008 als *Between Saying and Doing* erschienen), hatte ich mich entschlossen, die Gelegenheit zu nutzen, um herauszufinden, was Hegel über die Natur und Struktur der geschichtlichen, die begrifflichen Inhalte bestimmenden Prozesse zu sagen hatte. Ich war davon überzeugt, dass er sich

1806 die wittgensteinsche Frage gestellt hatte, wie wir die Verwendung von Ausdrücken verstehen sollten, also wie die *Anwendung* von Begriffen, die der Bewertung durch Normen unterliegt, im gleichen Zug mit der *Instituierung* der Normen stattfinden kann, die als Bewertungsmaßstäbe der Anwendungen dienen. Ich erlebte es als einen Durchbruch, als ich die ausführliche Antwort auf diese Frage in Hegels Erklärung der *erinnernden Rationalität* bemerkte, deren Paradigma die rückblickend rationale Rekonstruktion einer Absicht ist, die die Ausübung von Handlungsfähigkeit normativ beherrscht und vereinheitlicht (wie beispielsweise beim Bauen eines Hauses oder dem Verfassen eines Buches). Ich stelle es mir so vor, dass er diesen Begriff erfunden hat und ich ihn entdeckt habe. Doch ist es wahrscheinlich besser so zu verstehen, dass wir ihn beide verzeihend erinnernd-rational rekonstruiert haben. Das Entwickeln dieser Interpretationsidee führte zu einer völlig neuen Auseinandersetzung mit den Kapiteln zur Vernunft und zum Geist und somit 2004 zu einem neuen Entwurf des Buches.

In diesem neuen Entwurf blieb substantiell nur noch die Behandlung der Kapitel zum Bewusstsein die gleiche wie 1999. 2008 lud mich Stekeler-Weithofer für ein Semester nach Leipzig als Leibniz-Professor ein. Ich gab ein Oberseminar zur *Phänomenologie des Geistes* und stellte die damals aktuelle Fassung meines Manuskripts zum ersten Mal anderen Leuten als jenen vor, die an meinen Seminaren in Pittsburgh teilgenommen hatten. Bei diesem erneuten Durcharbeiten machte die »Einleitung« der *Phänomenologie* einen ganz anderen Eindruck auf mich. Sie schien nun auf zwei Ebenen zu verlaufen: Sie bietet einerseits eine Erklärung der Entwicklung bestimmter begrifflicher Inhalte durch die Erfahrung des empirischen Irrtums und andererseits eine Entwicklung der Formen des Bewusstseins hinein in ein immer umfangreicheres Selbstbewusstsein. Ich formulierte eine detailreiche Lektüre von Hegels aufschlussreichen sechzehn Absätzen (die auch Thema eines Seminars von Heidegger sind, das später auf Englisch in einer hervorragenden Übersetzung von Kenley Dove erschien, dessen Seminare zu Hegel an der Yale University ich verpasst hatte) und stellte sie in Form von drei Vorträgen 2011 an der Ludwig-Maximilians-Universität München vor.

In *Between Saying and Doing* folgte ich einigen Hinweisen von Sellars bezüglich der innigen Beziehungen zwischen dem, was durch deontisch-normatives Vokabular ausgedrückt wird, und dem, was durch alethisch-modales Vokabular ausgedrückt wird. Ganz grob formuliert, bedeutet diese Idee, dass das deontisch-normative Vokabular uns *sagen* lässt, was wir *tun* müssen, um Ausdrücke zu verwenden, um sagen zu können, was das alethisch-modale Vokabular uns *sagen* lässt. Nachdem ich diesen Gedanken für mich erfasst hatte, erkannte ich ihn wieder in der Motivation von Hegels Verständnis der Beziehungen zwischen der bestimmten Negation und ihrer Anwendung in der objektiven Sphäre der Dinge (wo es unmöglich ist, dass ein Gegenstand kupfern und zugleich ein elektrischer Isolator ist) und der bestimmten Negation und ihrer Anwendung in der subjektiven Sphäre der Verpflichtungen (wo es nicht unmöglich, sondern bloß nicht erlaubt ist, dass ein Subjekt sich dazu verpflichtet, dass ein Gegenstand kupfern und zugleich ein elektrischer Isolator ist). Steht ein Subjekt solchen unvereinbaren Verpflichtungen gegenüber, ist es normativ dazu verpflichtet, etwas zu *tun*, also diese Verpflichtungen zu *ändern*. Das musste der Schlüssel zur bisher (für mich) geheimnisvollen Verbindung sein zwischen BESTIMMTER NEGATION und dem Prinzip der *Bewegung*, welches im Mittelpunkt von Hegels Metaphysik steht. Nun hatte ich, so schien mir, die erforderlichen Werkzeuge zusammen, um Hegels Erklärungen von Erkenntnis und intentionalem Handeln durch seinen Begriffsrealismus zu verstehen, also dass ein und derselbe begriffliche Inhalt die Form einer objektiven Tatsache annehmen kann, die durch kontrafaktisch robuste alethisch-modal ausdrückbare Unvereinbarkeits- und Folgerungsbeziehungen begrifflich gegliedert wird, aber auch die Form einer subjektiven Verpflichtung, die durch deontisch-normativ ausdrückbare Unvereinbarkeits- und Folgerungsbeziehungen begrifflich gegliedert wird. Dieser Gedanke, so dachte ich nun, liegt dem Kern von Hegels Idealismus zugrunde.

Da sich meine Gesamtinterpretation von Hegels Projekt so stark verändert hatte, konnte ich mich mit der Behandlung der Kapitel zum Bewusstsein, im Zustand von 1999 mittlerweile der älteste Teil des Manuskripts, nicht länger zufriedengeben. Das Hegel-Seminar 2013 in Pittsburgh half mir bei der Überarbeitung. Ich hatte die neuen Interpretationen der Kapitel zur sinnlichen Gewissheit und der Wahrnehmung rechtzeitig fertiggestellt, um sie in den Entwurf von *Im Geiste des Vertrauens* miteinzubeziehen, der an die namhaften Gesprächspartner verteilt wurde, die Gilles Bouché für einen Workshop über die aktuelle Fassung des Buches an der Freien Universität Berlin im Sommer 2014 zusammengebracht hatte. Bald darauf hatte ich das Gefühl, endlich die geheimnisvollsten Teile des Kapitels über Kraft und Verstand begriffen und eine neue Auffassung entwickelt zu haben, wie der aus diesem Kapitel erzeugte Übergang vom Bewusstsein zum Selbstbewusstsein abläuft.

Nun musste nur noch meine Behandlung des Kapitels zum Selbstbewusstsein überarbeitet werden. Ich entwickelte eine neue Lesart des Übergangs von der Begierde zur Anerkennung und stellte sie bei einem internationalen Hegel-Kolloquium in Münster 2003 vor. Mit der so wichtigen Behandlung des Selbstbewusstseins als einer sozialen Leistung durch gegenseitiges Anerkennen und den dazugehörenden Pathologien, die Hegel in seiner Allegorie von Herrschaft und Knechtschaft diagnostiziert, musste ich jedoch von vorne anfangen. Ich hatte viel über die Beziehungen zwischen Kants und Hegels Ansichten bezüglich Normativität und Begriffsverwendung nachgedacht und einige der Ergebnisse in meinen drei Woodbridge Lectures an der Columbia University vorgestellt (nachgedruckt in *Reason in Philoso-*

phy aus dem Jahr 2009). Ich war um mehr Klarheit bemüht darüber, wie Hegels Anerkennungsverständnis von Normativität aus Kants Autonomieverständnis von Normativität erwächst, und bemerkte (womöglich wenig überraschend), dass Hegel selbst eben genau jene erforderlichen metabegrifflich expressiven Ressourcen bereitgestellt hatte. Angewendet auf Subjekte anstatt auf Gegenstände, ist seine Unterscheidung zwischen dem Sein eines Selbstbewusstseins an sich und dem Sein eines Selbstbewusstseins für das Bewusstsein eine Unterscheidung zwischen normativem Status und normativer Einstellung. Die beiden wichtigsten von Hegel verwendeten Begriffe für das, was das Bewusstsein an sich sein kann, sind »Selbständigkeit« und »Unselbständigkeit«, worunter ich die normativen Status von Autorität und Verantwortung verstehe. Andererseits kann das Bewusstsein etwas für sich selbst oder für andere sein. Dies interpretierte ich als normative Einstellungen, die durch ihre soziale Perspektive unterschieden werden: Einstellungen der Zustimmung zu Status (sich selbst gegenüber) und Einstellungen der Zuschreibung von Status (den anderen gegenüber) wie beispielsweise Verantwortung. Das Übersetzen der Normativitätsmodelle von Kant und Hegel in die reglementierte Ausdrucksweise von normativen Zuständen und Einstellungen ermöglicht es, so schien es mir, viel präziser mit den beiden Modellen und den Beziehungen zwischen ihnen umzugehen. Insbesondere war es nun mit dieser Ausdrucksweise möglich, die komplexen normativen Status wie etwa Autonomie als Konstellationen einfacherer Status und Einstellungen zu analysieren. Zudem ergab sich jetzt auch klar und deutlich, wie normative Status instituiert werden, wenn Anerkennungseinstellungen die richtige Struktur aufweisen. (Als Teil des Projekts hatte ich auch ein seit langem geplantes Kapitel verfasst, in welchem die frühmoderne Entwicklungsgeschichte der Metaphysik der Normativität in jener reglementierten Ausdrucksweise in Erinnerung gerufen wird, wobei die in Hegels Erklärung aufgegriffenen und zusammengeführten Linien Betonung finden. So hilfreich es auch für mich gewesen war, diese Darstellung ins Detail auszuarbeiten, musste ich jedoch am Ende feststellen, dass es seinen Beitrag zur Gesamtdarstellung nicht wirklich leisten kann, und entschied mich schweren Herzens dazu, es aus dem Buch herauszunehmen.)

Mit Hilfe dieses aufschlussreichen normativen Metavokabulars zeigt sich, dass das Thema des Kapitels zum Geist – die große praktische und begriffliche Verwandlung der traditionellen in moderne Normativitäts- und Begriffsstrukturen – ebendem Übergang entspricht von den Lebensformen, die ein praktisches Verständnis der Statusabhängigkeit normativer Einstellungen ausdrücken, zu den Lebensformen, die ein praktisches Verständnis der Einstellungsabhängigkeit normativer Status ausdrücken. Die Herausforderung, uns ein drittes, hierauf folgendes großes Zeitalter des *Geistes* vorzustellen, besteht darin, diese beiden Einsichten miteinander in Einklang zu bringen. Das Lösen des wittgensteinschen Rätsels, wie in den diskursiven Praktiken sowohl Normen *instituiert* als auch bereits bestimmt gehaltvolle begriffliche Normen *angewendet* werden, erweist sich als ein Sonderfall der Zusammenführung dieser Einsichten. Der von Hegel zur Lösung dieses Problems eingeführte Begriff der ERINNERNDEN RATIONALITÄT lässt sich ausgezeichnet im reglementierten normativen Metavokabular gliedern, in das ich Hegels Terminologie übersetzt habe. Zu diesem Zeitpunkt schienen mir nun endlich alle expressiven Ressourcen einsatzbereit, die für eine einheitliche und erhellende Darstellung von Hegels Arbeit erforderlich sind.

Während der gesamten Auseinandersetzung mit Hegels Ideen wurden mir sowohl in den Gesprächen mit Robert Pippin und Terry Pinkard als auch durch ihre Arbeiten so viele Einblicke gewährt und Hinweise gegeben, dass ich sie hier gar nicht alle aufzählen kann. Mir erschien es stets so, dass wir grundsätzlich dieselbe Richtung eingeschlagen haben und unser Denken in den gleichen Bahnen verlief. In jüngster Zeit habe ich auch eine Menge von Paul Redding und Robert Stern gelernt. Dennoch ist es mir nicht gelungen, eine Darstellung auszuarbeiten, die meine Vorstellung von Hegels Texten mit den Interpretationen dieser einsichts- und verständnisvollen Hegel-Leser zusammenbringt. Dies ist meine Schuld und mein Schaden. Möge es anderen besser gelingen.

Die Gelegenheit, das gesamte Material der Reihe nach in einer erweiterten Vortragsreihe in Leipzig vorzustellen, war überaus hilfreich für die Bearbeitung des Manuskripts. In den letzten fünf Jahren habe ich dabei insgesamt achtzehn Vorträge halten dürfen, drei bis vier pro Jahr. Sie wurden durch das Forschungskolleg für Analytischen Deutschen Idealismus (FAGI) der Universität Leipzig gefördert. Mein Buch *Wiedererinnerter Idealismus*, das in dieser Form bisher nur auf Deutsch erschienen ist und einige meiner Hegel-Aufsätze versammelt, ist als erster Band einer Reihe erschienen, die durch die Zusammenarbeit zwischen dem Suhrkamp Verlag und dem FAGI entstanden ist. (John McDowells *Die Welt im Blick* war der zweite Band in dieser Reihe.) Zudem habe ich mit dem Anneliese Maier-Forschungspreis der Alexander von Humboldt-Stiftung eine umfangreiche finanzielle Unterstützung erfahren.

Den von mir hier dargestellten langen Prozess zu durchlaufen war für mich eine glückliche Erfahrung (im hegelschen Sinne von Erfahrung). Denn er hat die expressiv fortschrittliche Gestalt einer Entdeckungsreise angenommen, auf der allmählich Themen und Geschichten ans Tageslicht kamen, die die ganze Zeit über bereits implizit gewesen waren und bis dahin nur durch einzelne bedeutungsvolle Einblicke enthüllt wurden, die durch dunkle, aber dennoch vielsagende Passagen gewährt wurden. Es war natürlich genau die Art von Erfahrung, wie sie Hegel in der *Phänomenologie des Geistes* vorbereitet und uns als eine Perspektive der Entwicklung des menschlichen Selbstverständnisses dargestellt hat. Und genau auf eine solche Erfahrung möchte auch das vorliegende Werk hinaus. Wie durch die *Phänomenologie* wird im *Geiste des Vertrauens* der Prozess der erinnernden Rationalität veranschaulicht, deren Struktur darauf hinausläuft, die eigene Aufgabe zu erklären.

NAMENREGISTER

Ausführliches Inhaltsverzeichnis